C0-ASX-779

Wissenschaftliche Untersuchungen zum Neuen Testament

Begründet von Joachim Jeremias und Otto Michel
Herausgegeben von
Martin Hengel und Otfried Hofius

50

Frühes Christentum im antiken Strahlungsfeld

Ausgewählte Aufsätze

von

Wolfgang Speyer

J. C. B. Mohr (Paul Siebeck) Tübingen

CIP-Titelaufnahme der Deutschen Bibliothek

Speyer, Wolfgang:

Frühes Christentum im antiken Strahlungsfeld : Ausgewählte Aufsätze / von Wolfgang Speyer. – Tübingen : Mohr, 1989
(Wissenschaftliche Untersuchungen zum Neuen Testament ; 50)
ISSN 0512-1604
ISBN 3-16-145238-0
NE: GT

Satz und Druck von Gulde-Druck GmbH in Tübingen. Bindung von Heinrich Koch in Tübingen.

Printed in Germany.

WALTER NEIDL

theologiae facultatis Salisburgensis
professori ordinario
amico

sacrum

Vorwort

Infolge der Anregungen meiner akademischen Lehrer in Köln, H. Dahlmann (1905–1988), A. Dihle, J. Kroll (1889–1980) und R. Merkelbach, bin ich bereits früh mit der Spätantike und dem Prozeß der Begegnung von griechisch-römischer Kultur und Christentum bekanntgeworden. Die in den Studienjahren begonnenen Themen konnte ich dank Theodor Klauser (1894–1984) am Franz Josef Dölger-Institut der Universität Bonn fortsetzen und aufgrund der dort gewonnenen vielfältigen Anregungen erweitern (1963–1976). Diese Forschungen habe ich auch in den darauf folgenden Jahren meiner Salzburger Lehrtätigkeit weitergeführt.

Der vorliegende Band enthält eine thematisch gebundene Auswahl von bisher bereits erschienenen Aufsätzen außer dem letzten, der hier erstmals veröffentlicht wird. Über die angewendete Weise der Betrachtung gibt die Einleitung Aufschluß. In einem Anhang findet der Leser Verbesserungen und Nachträge zu einzelnen Aufsätzen.

Die vorliegende Veröffentlichung wäre nicht ohne die herzliche Anteilnahme und die tatkräftige Ermutigung von Martin Hengel, Tübingen, zustandegekommen, der selbst, von der hellenistisch-jüdischen und intertestamentlichen Literatur und Geschichte sowie vom Neuen Testament ausgehend, die Erforschung des hier angesprochenen Themas durch zahlreiche Aufsätze, Abhandlungen und Monographien gefördert hat. Martin Hengel und den beiden weiteren Herausgebern, Otfried Hofius und Otto Michel, danke ich deshalb sehr herzlich für die Aufnahme meiner ausgewählten Aufsätze in die von ihnen betreute Reihe ‚Wissenschaftliche Untersuchungen zum Neuen Testament'. Damit verbinde ich meinen Dank an den Verleger Georg Siebeck, der auch in schwieriger Zeit vor dem Wagnis nicht zurückgeschreckt ist, eine Aufsatzsammlung herauszubringen.

Mein Dank gilt weiter seinem Mitarbeiter Ulrich Gaebler und meiner Assistentin Frau Christa Waser für ihre Hilfe bei der Drucklegung.

Salzburg, am Feste Christi Auferstehung 1989 — Wolfgang Speyer

Inhaltsverzeichnis

Einleitung

Das Thema ‚Antike und Christentum' bildet seit Hermann Usener (1834–1905) und seiner ‚Schule' und vor allem seit Franz Joseph Dölger (1879–1940) und seinen Nachfolgern bis heute ein Forschungsprogramm der Wissenschaft vom griechisch-römischen Altertum und der christlichen Spätantike[1]. Darüber hinaus gehören Antike und Christentum als die beiden grundlegenden Mächte unserer Vergangenheit zur Mitte der europäisch-amerikanischen Kultur, die als Zivilisation heute alle Ursprungs- und Hochkulturen der Erde überformt hat. Jede auf Wissenschaftlichkeit und damit auf logische und geschichtliche Begründbarkeit und Nachprüfbarkeit angelegte Besinnung über die Gegenwart, ihre Bedingtheiten und ihre Möglichkeiten kann deshalb nicht an den vielfältigen Fragen vorübergehen, die mit dem Phänomen ‚Antike und Christentum' an sich und mit ihrer gegenseitigen Beziehung verknüpft sind.

Die keineswegs unproblematische Synthese zwischen diesen beiden geistigen Mächten, die während der christlichen Spätantike und des Mittelalters im byzantinischen Reich und in den auf den Trümmern des weströmischen Imperium errichteten Reichen der germanischen Stämme bestand und das gesamte Leben vom Herrscher bis zum letzten seiner Untertanen prägte, zerfiel seit dem 14. Jahrhundert mehr und mehr. Der christliche Osten hatte sich seit dem Schisma von 1054 wachsend isoliert und verlor seit der Einnahme Konstantinopels 1453 prägenden Einfluß auf den Geist Europas. Im Westen lösten sich aus der mit dem griechisch-römischen Altertum vielfältig verbundenen katholischen Großkirche im Zeitalter der italienischen Renaissance und des Humanismus eine das Diesseits suchende paganisierende Richtung, die in der Folgezeit an Bedeutung ständig zunahm, und die reformierten Kirchen, die das antike Erbe möglichst auszuscheiden versuchten, ohne dabei das wahrhaft Christliche tatsächlich retten zu können. Die orthodoxen Kirchen des Ostens und die römisch-katholische Kirche blieben zwar als solche weiterhin dem spätantiken und mittelalterlichen Christen-

[1] H. Schlier, Art. Religionsgeschichtliche Schule: Lex. f. Theol. u. Kirche 8 (1963) 1184f.; H. J. Mette, Nekrolog einer Epoche. Hermann Usener und seine Schule: Lustrum 22 (1979/80) 5–106; Th. Klauser, Franz Joseph Dölger, 1879–1940. Sein Leben und sein Forschungsprogramm ‚Antike und Christentum' = JbAC Erg.-Bd. 7 (Münster 1980). Zur Dölger-Schule E. A. Judge, ‚Antike und Christentum.' Towards a Definition of the Field. A Bibliographical Survey: AufstNiedRömWelt 2, 23, 1 (1979) 3–58.

tum treu, konnten sich aber immer weniger gegenüber dem Autonomiestreben des neuen rein profan-wissenschaftlichen Denkens durchsetzen. Die Begegnung von Antike und Christentum lebte so infolge der geistigen Revolution der italienischen Renaissance und des von ihr verkündeten diesseitig geprägten Welt- und Menschenbildes auf einer sozusagen neuen Spiralwindung der Menschheitsgeschichte erneut auf. Als ungelöste Aufgabe erweist sich ihr gegenseitiges spannungsreiches Verhältnis in der Tiefe unserer Kultur bis heute. Allerdings erscheinen das Neuheidentum und der neue Humanismus der Neuzeit in mancher Hinsicht als eine verkürzte Antike. Aber auch das zurückbleibende Christentum konnte weder in den reformierten Kirchen noch in der römisch-katholischen Kirche zu der Geistigkeit der verfolgten Kirche der ersten drei Jahrhunderte zurückfinden. Trotz aller geschichtlich bedingten Veränderungen, Gewinne und Verluste, die beide Kulturmächte, Antike und Christentum, im Laufe ihrer Entwicklung erlebt hatten, bestimmten sie seit der italienischen Renaissance zu einem zweiten Mal die abendländische und damit zugleich die auf Vereinheitlichung zueilende Weltzivilisation von heute.

Wie bereits angedeutet, siegte in dieser zweiten Begegnung nicht der christliche Geist des Evangeliums, sondern ein jetzt gänzlich profaniertes wissenschaftliches Denken. Dieses neue Denken war in der Antike seit dem 6. Jahrhundert v. Chr. grundgelegt und nunmehr durch das Medium des teleologisch bestimmten und auf das Letzte Gericht, auf Himmel und Hölle, gerichtete christliche Denken gegangen, ohne diese jenseitsbestimmten Glaubensinhalte noch weiterhin festzuhalten. Ziel dieses neuen Denkens war es vielmehr, ein glückseliges Leben bereits hier auf der Erde von Gnaden der Menschen zu begründen. Seine missionarische Kraft aber bezog es aus der profanierten Hoffnung des eschatologisch gestimmten frühen Christentums. So wurde die Botschaft Jesu vom Reich seines göttlichen Vaters und seiner Gnadengaben in die Botschaft von der Selbsterlösung des autonomen Menschen gewandelt.

Unter den Folgen dieses neuen, den Menschen und das Diesseits allein in den Mittelpunkt stellenden Denkens, aus dem neben dem die frühere Kultur revolutionierenden Buchdruck, der Voraussetzung für die Breitenwirkung der neuen Aufklärung, die lange, bis heute nicht abreißende Kette der Erfindungen hervorgegangen ist, hat die Gegenwart zu leiden. In aller Welt empfinden die Menschen täglich mehr die Ambivalenz dieser atemlosen Beschleunigung technischer Neuerungen und der Ausbeutung von Energievorkommen. Parallel zu den gewaltigen Erfolgen der Technik fand ein Verlust an Sinnerfülltheit und Lebensfreude statt. So wurde der Mensch sowohl dem Kosmos der Griechen als auch der Schöpfung der jüdisch-christlichen Offenbarung entfremdet.

Aus den mitgeteilten Gründen wird eine Besinnung auf die Kräfte, die in unserer Kultur zu diesem Zustand geführt haben, dem Verhältnis von

Antike und Christentum hohe Aufmerksamkeit schenken müssen[2]. Das Christentum gehört seiner Herkunft und damit auch seinem Wesen nach mehr zum Frühjudentum als zur späthellenistisch-römischen Antike. Alle Versuche, Jesus und seine Botschaft aus griechisch-hellenistischen Voraussetzungen zu deuten, sind gescheitert. Jesus kam vielmehr aus dem Kreis um den prophetisch sowie apokalyptisch und eschatologisch gestimmten Johannes den Täufer. Dieser predigte dem ganzen Volk der Juden die radikale religiös-sittliche Umkehr; denn, wie er rief, ist die Axt bereits an die Wurzel der Bäume gelegt, das heißt, das letzte und unwiderrufbare Gericht Gottes über die Welt steht unmittelbar bevor[3]. Der relative Universalismus seiner Botschaft, die sich an alle im Volk Israel richtete, unterscheidet ihn beispielsweise vom Lehrer der Gerechtigkeit in Qumran. Das drohend verkündete Gericht Gottes bedeutete aber zugleich auch den Anbruch der Gottesherrschaft, also des Reiches Gottes. So zielt bereits die Botschaft des Johannes in die Richtung, daß der strafende Gott auch der gnädige ist, der verfluchende der segnende, der gerechte der liebende. Die Botschaft vom Reiche Gottes, die zugleich eine Droh- und eine Frohbotschaft war, predigt Jesus mit einem unvergleichlich höheren Selbstanspruch. Wie Johannes ist auch Jesus, jedenfalls nach dem Evangelium des Lukas, universalistisch gestimmt: Samaritaner und Heiden schließt er grundsätzlich nicht vom Reich seines Vaters aus. Jesus tritt als der Gesandte und der Sohn Gottes auf[4]. Aber erst nach seinem Tod und der von seinen Jüngerinnen und Jüngern verkündeten Auferstehung erscheint er als der, der er immer schon war, nur verhüllt: als das Spiegelbild des himmlischen Vaters. Die ersten Christen erwarteten ihn als den bald Wiederkehrenden, der im Endgericht die göttliche Macht in Fluch und Segen offenbaren wird, so wie Stephan Lochner und andere Künstler des späten Mittelalters den Weltenrichter darstellen: aus dem Mund des Weltenrichters Christus gehen zugleich ein Schwert und eine Lilie hervor. Diesen universal-kosmischen Aspekt der Persönlichkeit und der Botschaft Jesu enthüllte nach dem Glauben der Urgemeinde die Auferstehung Jesu von den Toten. In ihr erlebten die Jüngerinnen und Jünger das Siegel der Echtheit ihres Glaubens, den sie bereits mehr oder weniger dem lebenden Jesus von Nazareth entgegengebracht hatten. Im Licht des Ostermorgens deuteten sie rückblickend sein Leben, seine Worte und seine Taten.

Bei diesen Deutungen und Vergegenwärtigungen des Göttlichen benutzten die Christen die ihnen bekannten religiösen Vorstellungen, Symbole, Bilder, Worte und Gedanken. Die religiösen Vorstellungen teilten sie mit ihren Zeitgenossen, den Juden und Heiden. Seitdem Paulus das Christentum aus der Enge eines an der Thora festhaltenden Judenchristentums herausge-

---

[2] W. Speyer, Hat das Christentum das heutige Elend von Natur und Mensch mitverursacht?: Zeitschrift für Ganzheitsforschung N.F. 32 (1988) 3–17 = unten S. 463–476.

[3] Mt. 3,10.

[4] M. Hengel, The Son of God (London/Philadelphia 1976); C. Colpe, Art. Gottessohn: RAC 12 (1983) 19–58.

führt und mit anderen ‚Hellenisten' die Heiden missioniert hat, wurden verstärkt religiöse Gedanken der antiken Umwelt aufgenommen, um die Person und die Botschaft Jesu den Menschen der Natur- und Volksreligionen, aber auch den Gebildeten nahezubringen. Dieser Prozeß der Aufnahme und Anverwandlung antiker religiöser Vorstellungen ist teils bewußt, teils unbewußt vor sich gegangen. Die im Neuen Testament gesammelten Texte der Christen zeigen an vielen Stellen Vorstellungen und Bilder für religiöse Erfahrungen und Erlebnisse, die ähnlich auch in antiken Texten begegnen. Sowohl die Kindheitsgeschichten als auch die Auferstehungs- und Himmelfahrtsberichte, die Wunder Jesu, der Apostel und ihrer Schüler oder das Bekehrungswunder Pauli sind mit derartigen Farben der antiken Religiosität gemalt. Die Inkarnation des Logos setzt sich hier gewissermaßen im Wort fort und heiligt somit auch viele uralte religiöse Bilder und Gedanken der Natur- und Volksreligionen. Wie die christliche Kunst der Spätantike das Erbe der antiken Kunst in gewandelter Gestalt angetreten hat, so führt die christliche Volksliteratur die antiken religiös geprägten literarischen Gattungen, die Visions- und Offenbarungsberichte, die Aretalogien und Biographien charismatischer Menschen, der ‚göttlichen' Menschen, sowie die Hymnodik weiter. Insofern beginnt das Problem Antike und Christentum bereits bei den Schriften des Neuen Testaments, bei den literarischen Formen des Evangeliums, der Apokalypse und der Apostelbriefe, sodann bei vielen religiösen Bildern und Gedanken bis hin zum Begriffsinventar der Theologie. So ist die Gestalt Jesu selbst bereits in Farben getaucht, die in der Antike für die ‚göttlichen' Menschen verwendet wurden[5].

Dieser Einkörperung antiker religiöser Symbole, Erlebnisinhalte, Vorstellungen und Gedanken in die christliche Botschaft gehen zahlreiche der folgenden Aufsätze nach. Sie zeigen die Einheit im Vokabular und in der Grammatik der religiösen Ausdrucksweise trotz aller grundsätzlichen Glaubensunterschiede zwischen den Angehörigen der antiken Religionen, den Juden und Christen. Zugleich weisen die aufgezeigten Parallelen und Übereinstimmungen zwischen den verschiedenen Religionen des Altertums auf den relativ eng begrenzten Typenschatz der Bilder, über den die menschliche Seele verfügt, um das Pneumatisch-Geistige, das Göttliche, in die Anschauung zu heben.

Hat dieser Aufweis bereits darin seinen Wert, daß er zur Erhellung der menschlichen Seele und ihrer Begegnung mit dem Übersinnlich-Göttlichen beiträgt, so müßte eine zusammenfassende Betrachtung von Antike und Christentum, die hier nicht vorgelegt werden kann, zugleich auch auf den tiefen Unterschied aufmerksam machen, der beide Religionen und Kulturmächte voneinander trennt: Hier die Ewigkeit der von göttlichen Mächten beseelten Wirklichkeit, die Immanenz der vielen Götter in einer Welt, die als

[5] H. D. Betz, Art. Gottmensch II (Griechisch-römische Antike und Urchristentum): RAC 12 (1983) 234–312, bes. 296–304.

Kosmos gedacht ist, der in einem ewigen Kreis läuft (*κύκλος ἀίδιος*), dort der eine transzendente Gott in drei Personen, der die Welt aus dem Nichts erschaffen und zu bestimmten Zeitpunkten in die Geschichte der Menschheit eingegriffen hat, indem er einzelne Männer und Frauen erwählte und sich ihnen mitteilte, die Patriarchen vor und nach der Sintflut, Mose, die Richter, Könige und Propheten bis hin zu Johannes dem Täufer, zuletzt Maria und Jesus von Nazareth, den Messias-König, dessen Reich nicht von dieser Welt ist[6], und die Heiligen. Diese Geschichte, in der Gott und Mensch als die Hauptpersonen auftreten, war von Beginn an Heils- und Unheilsgeschichte, stand also unter der Ambivalenz von göttlichem Segen und göttlichem Fluch: Gott führt sie an ein Ende, dessen Anfang nach dem Glauben der frühen Christen mit dem Erscheinen des Gottessohnes angebrochen ist.

Neben der unbewußten Beeinflussung des frühen Christentums durch seine Umwelt, die vor allem in bestimmten Äußerungen des Glaubens und Kultes des christlichen Volkes zutage trat, zu dem in dieser Hinsicht aber oft auch Männer der Hierarchie und Theologen im engeren Sinn zählten, steht die bewußte Übernahme antiker Verhaltensmuster, Denkvorstellungen und der philosophischen und theologischen Begriffe. Wie sich unbewußte Beeinflussung, spontanes Entstehen und bewußte Übernahme berühren, zeigt beispielsweise die Erscheinung der Pseudepigraphie bei den Christen mit ihren Unterarten: der ‚echten' religiösen Pseudepigraphie, die insofern echt sein kann, als sie auf tatsächliche Erfahrung eines Offenbarungsempfangs hinweist, ferner der bei den Griechen infolge ihres rational-wissenschaftlichen Denkens entstandenen literarischen Fälschung und den übrigen Arten, wie eine falsche Verfasserangabe entstehen konnte. Bei der Pseudepigraphie, die ihre Spuren auch im Alten und im Neuen Testament zurückgelassen hat, können bisweilen bewußte außerliterarische Absichten und Tendenzen aufgedeckt werden. Diese konstituieren bekanntlich die literarische Fälschung. An den pseudepigraphischen Schriften der Christen kann so eine Skala verschiedener Grade an Bewußtheit in der Auseinandersetzung verdeutlicht werden. Die Übernahme der literarischen Fälschung durch Juden und Christen zeigt an einem Beispiel, wie tief die pagane Umwelt trotz aller grundsätzlichen Ablehnung ihrer Gottesvorstellung auf die Juden des Hellenismus und die frühen Christen eingewirkt hat.

Die im folgenden bis auf einen neuen Beitrag (Nr. 35) wiederabgedruckten und durch Nachträge ergänzten Aufsätze dienen somit verschiedenen Zielen wissenschaftlicher Erkenntnis[7]. Einige wollen innerhalb der gegebe-

---

[6] Joh. 18,36.

[7] Die Artikel aus dem Reallexikon für Antike und Christentum sind aus der vorliegenden Sammlung ausgeschlossen. Seit Bd. 7 (1969) sind in alphabetischer Abfolge erschienen: Fälschung, literarische, Fluch, Gallia II (literaturgeschichtlich), Geier, Genealogie, Gewitter, Gigant, Gottesfeind, Gründer (B. Christlich), Gürtel, Gyges, Gymnasium (A I d/e. II B), Hagel, Heros, Hierokles Sossianos, Himmelsstimme und die Nachtragsartikel Asterios v. Amaseia, Barbar, Baruch (B), Büchervernichtung, Gans.

nen Themenstellung die Geschichte der menschlichen Seele in ihrer Begegnung mit dem Übersinnlich-Göttlichen erhellen; andere die Übernahme bestimmter von den Griechen gefundenen oder formulierten religiösen Ausdrucksweisen durch die Christen darlegen, wieder andere auf die Übernahme oder Ablehnung rational-wissenschaftlicher Erkenntnis- oder Darstellungsweisen der Griechen und Römer aufmerksam machen oder auf Topoi in der Auseinandersetzung hinweisen.

Der Verstand und die Wissenschaft zergliedern, vergleichen, ordnen, systematisieren, wo das Leben und die Seele mit ihren Schöpfungen Einheit zeigen. In einer und derselben der im folgenden betrachteten religiösen Erscheinungen und Texte kann Bewußtes und Unbewußtes, also Übernahme und Spontaneität, kulturell Bedingtes und allgemein Menschliches (Bastians Völkergedanke) miteinander verbunden sein oder ineinander übergehen. Die von Franz Joseph Dölger in die Mitte seiner Untersuchungen gestellte Frage nach der Auseinandersetzung zwischen Antike und Christentum betrifft demnach nur einen Teilaspekt, wenn auch einen wichtigen. Jenseits aller bewußten und kritischen Stellungnahme zwischen den beiden rivalisierenden Weltdeutungen liegt der menschlich bedingte gemeinsame Raum der religiösen Erfahrung und der religiösen Sprache, in dem Altgläubige, Juden und Christen beheimatet sind. Auf die von allen Menschen des Altertums gesprochene und verstandene Sprache der Religion und der religiösen Erfahrung war deshalb vor allem zu achten. Bedenken wir so das Eigentümliche, Unterscheidende und Trennende und andererseits auch das Verbindende der Religionen des Altertums, so tritt das Eigene und das Fremde schärfer auf dem Fundament der gemeinsamen religiösen Wahrnehmung und Erkenntnis hervor. Die so gewonnenen Erkenntnisse können deshalb auch mittelbar dem Gespräch zwischen den heutigen Hoch- und Ursprungsreligionen der Erde dienen.

1. Zu den Vorwürfen der Heiden gegen die Christen

Von den frühen Apologeten verzeichnet Minucius Felix ziemlich vollständig und eindringlich die Hauptvorwürfe, welche die Heiden den Christen gemacht haben. In seiner Rede schleudert der Anwalt des Heidentums, Caecilius Natalis, folgende genauer bestimmbare Anklagen gegen die Christen (c. 9)[1]:

1. Heimliche Erkennungsmale: occultis se notis et insignibus noscunt[2].
2. Der Name Bruder und Schwester für die Mitchristen aufgrund der unterschiedslosen Geschlechtsverbindungen: passim etiam inter eos velut quaedam libidinum religio miscetur ac se promisce appellant fratres et sorores, ut etiam non insolens stuprum intercessione sacri numinis fiat incestum[3].
3. Verehrung eines Eselskopfes: audio eos turpissimae pecudis caput asini consecratum inepta nescio qua persuasione venerari.
4. Verehrung der Genitalien des Priesters: alii eos ferunt ipsius antistitis ac sacerdotis colere genitalia et quasi parentis sui adorare naturam.
5. Verehrung des Kreuzes.
6. Kultischer Kindesmord und anschließendes thyesteisches Mahl.
7. Ein anderes Mahl, das mit geschlechtlicher Ausschweifung der Teilnehmer beendet wird[4].

Bisher hat man, soweit ich sehe, jeweils nur die Herkunft einzelner Anklagepunkte zu erklären versucht, so zB. F. J. Dölger: ACh 4 (1934) 188/228 das sacramentum infanticidii und A. Jacoby: ArchRelWiss 25 (1927) 265/82 den Eselskult. Einem weiteren Vorwurf, den Caecilius nicht besonders berücksichtigt hat[5], den aber andere Apologeten erwähnen, hat A. Harnack eine Studie gewidmet: Der Vorwurf des Atheismus in den drei ersten Jahrhunderten = TU 28,4a (1905) 8/15[6].

[1] Die literarische Fiktion des Dialogs dürfte allein schon dadurch gesichert sein, daß Caecilius bei seiner Freundschaft mit den gebildeten Christen, Octavius Ianuarius und Minucius Felix, unmöglich so verächtlich und unterschiedslos die Christen hätte aburteilen dürfen (vgl. besonders 5,4; 8,3f; 31,6). Das hat bereits G. Boissier, La fin du paganisme 1 (Paris 1891) 321 bemerkt; s. auch I. P. Waltzing, Ausgabe des Minucius Felix (Louvain 1903) 75 zu 9,2. Schon dies dürfte die Annahme, der Dialog »Octavius« wiederhole ein wirklich stattgefundenes Gespräch, erschüttern. Die Frage nach der Wirklichkeit der in der Rahmenerzählung des Dialogs geschilderten Begebenheit soll demnächst gesondert behandelt werden.

[2] Vgl. 31,8 die Verteidigung des Octavius: sic nos denique non notaculo corporis, ut putatis, sed innocentiae ... signo ... dinoscimus. Ob mit dieser Antwort der Vorwurf nur auf die Beschneidung eingeschränkt wird, könnte nach Tertullian apol. 21,2 zunächst angenommen werden: neque de ipso signaculo corporis ... cum Iudaeis agimus. Caecilius hatte gewiß noch an andere Geheimerkennungszeichen gedacht; s. Anm. 12. In dem Bericht des Bischofs Maruta von Maipherkat (um 400 nC.) über die Simonianer: »Einen Faden rot [und rosarot haben sie hängen] an ihrem Halse« (s. A. Harnack, Der Ketzerkatalog des Bischofs M. v. M. = TU 19,1b [1899] 7) dürfte es sich ebenfalls um ein solches signum corporis handeln. F. J. Dölger, Beiträge z. Geschichte d. Kreuzzeichens I: JbAC 1 (1958) 8 bespricht diese Stelle des Min. Felix im Hinblick auf das Kreuzzeichen: »Sicher scheint nur, daß sowohl der Heide wie der Christ nach der von Minucius aufgezogenen Szenerie an ein Mal oder Stigma denken. Wir werden daher die Stellen kaum als klares Zeugnis für das Kreuzzeichen verwerten können«.

[3] Vgl. 31,8.

[4] Als Zeuge für diese Bezichtigung nennt Caecilius eine uns unbekannte Rede Frontos.

[5] Doch s. 10,3/5.

[6] Vgl. auch den zusammenfassenden Artikel über Anklagen gegen die Christen von H. Leclercq: DACL 1 (1924) 265/307.

Dölger[7] hatte treffend nachgewiesen, daß die Anklage wegen des sacramentum infanticidii nicht aus einer einzigen Wurzel hergeleitet werden darf. So sollen auch die nachstehenden Bemerkungen verstanden werden. Nicht der einzige, aber doch ein bestimmender Grund für eine Reihe der oben genannten heidnischen Anwürfe, die bisweilen von der modernen Kritik als böswillige Verleumdungen angesehen wurden, muß in den Gebräuchen bestimmter christlich-gnostischer Sekten Syriens und Ägyptens festgestellt werden. In ihren libertinistischen Ausschweifungen, ihrem antinomistischen Sektentum, das mit christlichen Gedanken sonderbar vereint war, ist gewiß ein triftiger Anlaß der heidnischen Beschuldigungen zu sehen. Epiphanius, Bischof von Salamis auf Cypern[8], berichtet ausführlich in seinem Panarion haereseum (26) über gewisse Sekten, die er als Gnostiker bezeichnet, im weiteren Verlauf seiner Darstellung aber näher Βορβοριανοί[9] oder Κοδδιανοί nennt. In Ägypten hießen sie auch Στρατιωτικοί und Φιβιωνῖται; wieder andere gäben ihnen den Namen Ζακχαῖοι und Βαρβηλῖται. In der Anacephalaiosis zu haer. 26,1 begegnen noch die Namen Σεκουνδιανοί, Σωκρατῖται. Ihre Unsitten hatte Epiphanius teils aus ihren Werken, teils aus eigener Erfahrung kennengelernt; ja beinahe wäre er sogar selbst durch Weiber dieser »Gnostiker« verführt worden[10].

Manche Züge der Beschreibung des Epiphanius stimmen auffallend zu den Anwürfen des Caecilius bei Minucius Felix. Als formaler Unterschied ist zu beachten, daß Ephiphanius breit beschreibt, wenn er auch öfters seinen Unwillen stark anklingen läßt, Caecilius hingegen seine Anklagen knapp formuliert. Zunächst sollen die entsprechenden Stellen aus dem Bericht des Epiphanius angeführt werden.

1. Heimliche Erkennungszeichen. Haer. 26,4,1/2: Καὶ εἴ τις ξένος[11] παραγένοιτο τοῦ αὐτῶν δόγματος, σημεῖόν ἐστι παρ' αὐτοῖς ἀνδρῶν πρὸς γυναῖκας καὶ γυναικῶν πρὸς ἄνδρας ἐν τῷ ἐκτείνειν τὴν χεῖρα, δῆθεν εἰς ἀσπασμόν, ὑποκάτωθεν τῆς παλάμης ψηλάφησίν τινα γαργαλισμοῦ ἐμποιεῖν. διὰ τούτου ὑποφαίνοντες ὡς τῆς αὐτῶν θρησκείας ἐστὶν ὁ παραγενόμενος[12]. Das Erkennungszeichen besteht also in einem bei der Begrüßung unauffällig ausgeführten bestimmten Händedruck.

2. Sie nennen sich ebenfalls Brüder und Schwestern[13] und üben unterschiedslose Geschlechtsbeziehungen aus. Haer. 26,4,4: Καὶ ὁ μὲν ἀνὴρ τῆς γυναικὸς ὑποχωρήσας φάσκει λέγων τῇ ἑαυτοῦ γυναικὶ ὅτι »ἀνάστα, ποίησον τὴν ἀγάπην μετὰ τοῦ ἀδελφοῦ«.

3. Zum Eselskult: Innerhalb ihres Systems der sieben Himmel, die je ein Archon regiert, beherrscht Sabaoth den obersten, siebenten Himmel (haer. 26,10,3)[14]. Haer.

[7] ACh 4 (1934) 223.227.

[8] Zu ihm s. W. Schneemelcher: RAC 5 (1962) 909/27.

[9] Haer. 26,3,6/7. Vgl. L. Fendt, Borborianer: RAC 2 (1954) 510/13; K. Algermissen: LThK 2 (1958) 605f.

[10] Haer. 26,17,4/7; 18,1.

[11] Zu ξένος s. Aristid. apol. 15,7 (= Anm. 13).

[12] K. Holl verweist in seiner Ausgabe des Epiphanius (Bd. 2: GCS 25 [1915] 280) auf Firm. Mat. err. prof. rel. 18: Libet nunc explanare, quibus se signis vel quibus symbolis in ipsis superstitionibus miseranda hominum turba cognoscat. Habent enim propria signa, propria responsa, quae illis in istorum sacrilegiorum coetibus diaboli tradidit disciplina. Zu Geheimerkennungszeichen bei den Pythagoreern s. S. Burkert, Weisheit und Wissenschaft = Erl. Beitr. z. Sprach- u. Kunstwiss. 10 (1962) 159f.

[13] Über die orthodoxen Christen sagt Aristides apol. 15,7: et se invicem diligunt ... ξένον ἐὰν ἴδωσιν, ὑπὸ στέγην εἰσάγουσιν καὶ χαίρουσιν ἐπ' αὐτῷ ὡς ἐπὶ ἀδελφῷ ἀληθινῷ· οὐ γὰρ κατὰ σάρκα ἀδελφοὺς ἑαυτοὺς καλοῦσιν, ἀλλὰ κατὰ ψυχήν ⟨et in deo⟩.

[14] Auch die Archontiker kennen Sabaoth als Archon des siebenten Himmels; s. Epiphan. haer. 40,2,6; H.-Ch. Puech: RAC 1 (1950) 638. 642. Für die Ophiten bezeugt Origenes c. Celsum 6,30 diese Gleichsetzung: εἶθ' ὁ μὲν Κέλσος τὸν ἕβδομον ἔφασκεν ὄνου ἔχειν πρόσωπον, καὶ ὀνομάζεσθαι αὐτὸν Θαφαβαώθ ἢ 'Ονοήλ (Origenes hat das sogenannte Diagramm, eine Schrift der Ophiten, eingesehen).

26,10,6 heißt es von Sabaoth, daß er nach den einen Eselsgestalt (ὄνου μορφήν), nach den anderen Schweinsgestalt (χοίρου sc. μορφήν) hat. Sabaoth ist aber der Schöpfergott des Alten Testamentes (haer. 26,10,6). Im folgenden (haer. 26,12,2) wird vom Tode des Zacharias berichtet, der im jüdischen Tempel einen Menschen mit Eselsgesicht gesehen habe (ὄνου μορφὴν ἔχοντα)[15]. Sicher kann hier nicht unmittelbar von einem Eselskult gesprochen werden. Die Annahme aber, daß der Gott der Juden Eselsgestalt habe, konnte durch diese Lehren weiteren Kreisen bekannt werden[16].

4. Caecilius hatte die Verehrung der Genitalien des Priesters angeprangert. O. BARDENHEWER[17] bemerkt dazu: »Die letztere Verleumdung, deren einziger Zeuge Minucius Felix ist (Octav. 9,4; 28, 10), muß wohl auf die Sitte zurückgeführt werden, daß die Pönitenten bei der Rekonziliation sich vor dem Priester auf die Erde warfen und des Priesters Knie umfaßten«. Auch hier möchte ich einen weiteren Grund für die Verleumdung der Gesamtchristen in den abscheulichen Riten der »Gnostiker« des Epiphanius sehen, bei denen geradezu von einer Religion des Geschlechtlichen gesprochen werden kann[18]. Wenn auch in diesem Bericht der Priester nicht ausdrücklich vorkommt, so kann daraus kein Gegenbeweis für unsere Gesamtargumentation gewonnen werden. Epiphanius konnte diese Einzelheit ausgelassen haben; auch ist mit Mißverständnissen bei der Art der heidnischen Polemik, wie sie in der Rede des Caecilius vorliegt, zu rechnen.

5. Epiphanius hebt die Verehrung des Kreuzes in seiner Schilderung der »Gnostiker« nicht besonders hervor. Das Kreuz ist ihnen aber nicht unbekannt geblieben, wie zB. ein altgnostisches Werk zeigt, das C. SCHMIDT aus dem Codex Brucianus herausgegeben hat[19]: »und die Ausbreitung seiner Hände ist die Offenbarung des Kreuzes, die Ausbreitung des Kreuzes ist die Neunheit zur Rechten und zur Linken; der Sproß des Kreuzes ist der unfaßbare Mensch«[20]. Dieses Buch gehört nach SCHMIDT-TILL XXXIV zur Literatur der sethitisch-archontischen Gruppe der Gnostiker und stammt wohl aus Ägypten (1. Hälfte 3. Jh.)[21].

6. Für die beiden letzten Verleumdungen des Caecilius finden wir wieder Parallelen bei den syrisch-ägyptischen Gnostikern. Für die Untersuchungen über den rituellen Kindermord hatte DÖLGER den Bericht des Epiphanius schon hinreichend gewürdigt und als wichtig für diese Anschuldigung gegen die Großkirche gewertet. Deshalb verzichten wir hier auf eine nähere Darlegung.

[15] Zu dieser Erzählung s. A. BERENDTS, Studien über Zacharias-Apokryphen und Zacharias-Legenden (1895) 35f.

[16] Schon C. SCHMIDT, Gnost. Schriften in kopt. Sprache aus d. Cod. Brucianus = TU 8,1 (1892) 569 Anm. 1 hatte bemerkt: »Wie oben <Epiphan. haer. 26,10,6>, so wird auch hier der Judengott als der eselsköpfige angesehen; dies erinnert nur zu deutlich an den bekannten Vorwurf der Heiden gegenüber den Christen, daß sie Eselsanbeter seien.« Dazu vgl. außer dem S. 129 genannten Aufsatz A. JACOBYS 266/8 E. SCHÜRER, Geschichte d. jüd. Volkes im Zeitalter Jesu Christi 3[4] (1909) 152.532.549 und J. HEINEMANN: PW Suppl. 5 (1931) 20,46ff und 28/30. — Zum Spottkruzifix vom Palatin s. H. LECLERCQ: DACL 3,2 (1948) 3050/55, der an der Deutung, daß hier der gekreuzigte Christus verspottet wird, festhält.

[17] Geschichte d. altkirchl. Literatur 1[2] (1913) 174f.

[18] Haer. 26,4,5f.9,4 u. a.

[19] Koptisch-gnostische Schriften 1 = GCS 45 (13)[3] hrsg. v. W. TILL (1959) 336,8/11.

[20] Ebd. 337,26f.

[21] Wie F. J. DÖLGER, Beiträge z. Gesch. d. Kreuzzeichens I: JbAC 1 (1958) 9f nachgewiesen hat, ist das Kreuzzeichen nicht aus der gnostischen Bewegung in das rechtgläubige Christentum eingedrungen; aber es war den Gnostikern als Symbol ebenfalls nicht unbekannt. — Über Kreuzdarstellungen der vorkonstantinischen Zeit vgl. H. LECLERCQ: DACL 3,2 (1948) 3048/50. 56/62. Als Textzeugnisse seien genannt.: Tert. nat. 1,12; apol. 1,16,6/8 und besonders Orig. c. Celsum 6,34, wo Celsus den Christen die Verehrung dieses Zeichens vorwirft; vgl. 6,36f.

7. Es sind nur noch die convivia impia anzuführen. Schon haer. 26,4,1 hatte Epiphanius hervorgehoben: ihre Frauen haben sie gemeinsam. Er fährt 26,4,3/4 fort: Ἐντεῦθεν λοιπὸν ἐπιγνόντες ἀλλήλους τρέπονται εὐθὺς εἰς ἑστίασιν· δαψιλῆ δὲ τὰ ἐδέσματα κρεοφαγίας καὶ οἰνοποσίας παρατιθέασι, κἂν τε πένητες εἶεν. ἐκ τούτου δὲ συμποσιάσαντες καὶ ὡς ἔπος εἰπεῖν τὰς φλέβας τοῦ κόρου ἐμπλήσαντες ἑαυτῶν εἰς οἶστρον τρέπονται[22]. Καὶ ὁ μὲν ἀνὴρ τῆς γυναικὸς ὑποχωρήσας φάσκει λέγων τῇ ἑαυτοῦ γυναικὶ ὅτι »ἀνάστα, ποίησον τὴν ἀγάπην μετὰ τοῦ ἀδελφοῦ«. Οἱ δὲ τάλανες μιγέντες ἀλλήλοις κτλ. Nach diesem Bericht setzen sich also die »Gnostiker« des Epiphanius sogleich, wenn sie sich als Glaubensgenossen erkannt haben, zu einem reichlichen Mahl mit Fleisch und Wein hin und wenn sie übersättigt sind und ihr Geschlechtstrieb entfesselt ist, fordert der Ehemann seine Frau auf, mit dem Bruder die »Agape« zu üben, worauf sich ein wahlloser Geschlechtsverkehr anschließt.

Haben wir so fast alle sieben Vorwürfe des Caecilius als für die Gnostiker des Epiphanius zutreffend kennengelernt, so muß jetzt noch der Nachweis geführt werden, daß diese Sekte nicht erst zur Zeit des Bischofs von Salamis, also in der Mitte des 4. Jh., ihr Unwesen getrieben hat, sondern schon früher. In der Mitte des 2. Jh. kommen zuerst eine Reihe der oben mitgeteilten Beschuldigungen gegen die Christen auf. Sollen also diese heidnischen Anwürfe von einer häretischen Minderheit mitausgelöst worden sein, so muß diese natürlich damals schon dagewesen sein.

Dabei wird vorausgesetzt, daß Epiphanius nicht seinerseits bloße Verleumdungen ohne einen Wirklichkeitsgrund vorbringt. Doch kann diese Voraussetzung leicht als zutreffend erwiesen werden. Die Wahrheit seines Berichtes bezeugen frühere Aussagen. Durch ältere gnostische Werke, die selber enkratitische Ziele verfolgen und diese libertinistischen Gemeinschaften bekämpfen, wird es möglich, das Dasein der »Gnostiker« des Epiphanius schon für das 3. Jh. zu erweisen. In der Pistis Sophia 147 (251, 14ff Sch.)[23] und im zweiten Buch des Jeû 43 (304,16ff Sch.) werden antinomistische Sekten, die mit den von Epiphanius besprochenen übereinstimmen, angegriffen. In frühere Zeit gelangen wir, wenn wir die von Epiphanius aufgezählten Schriften seiner »Gnostiker« und ihre Chronologie befragen. Fast alle diese Werke werden in das 2. Jh. datiert:

das Evangelium der Vollendung[24];
das Evangelium der Eva[25];
die Fragen Marias[26];
die sogen. »Genna« Marias[27];
das Philippusevangelium[28].

[22] Schon L. Fendt, Gnostische Mysterien (1922) 12 hatte auf die merkwürdige Übereinstimmung zwischen dieser Ausdrucksweise und Min. Felix 9,6 aufmerksam gemacht: illic post multas epulas, ubi convivium caluit, et incestae libidinis ebrietatis fervor exarsit.

[23] Zu der Datierung ins 3. Jh. vgl. C. Schmidt-W. Till, Ausg. der Koptisch-gnostischen Schriften XXIV. XXXII. A. Harnack, Gesch. d. altchristl. Lit. bis Eusebius, Chronologie 1^2 (1958) 533 geht noch einen Schritt weiter, wenn er sagt: »Die Gemeinschaften, aus denen das koptisch-gnostische Buch Pistis Sophia und die beiden Bücher Jeû stammen, lebten wahrscheinlich schon im zweiten Jahrhundert«. Vgl. auch C. Schmidt, Gnost. Schriften = TU 8,1 (1892) 566/598.

[24] Epiphan. haer. 26,2,5: s. A. Harnack, Chronologie 1,178f; H.-Ch. Puech bei E. Hennecke-W. Schneemelcher, Neutestamentliche Apokryphen 1^3 (1959) 159f.

[25] Epiphan. haer. 26,2,6: s. Harnack, Chronologie 1,539; Puech 168.

[26] Epiphan. haer. 26,8,1/3: s. Puech 250.

[27] Epiphan. haer. 26,12,1ff: s. Puech 255f.

[28] Epiphan. haer. 26,13,2: s. Puech 199.

Wie SCHMIDT[29] bewiesen hat, gehört inhaltlich Epiphanius c. 25 über die Nikolaiten eng zum folgenden über die »Gnostiker«. Zu der Datierung der Nikolaiten bemerkt HARNACK, Chronologie 536_1: »Für die entgegengesetzte Anschauung (daß die Nikolaiten z.Zt. des Clemens eine wirklich vorhandene Secte waren) spricht die Art, wie Clemens sie einführt«[30].

Von Bedeutung dürfte hier auch sein, was Didymus in seiner Erklärung des Judasbriefes mitteilt (PG 39, 1813B): necessarium est requirere, qui sint, quos dicit (sc. Iudas) gratiam Domini in luxurias transtulisse, hoc est impios et divinae doctrinae simulatores, nisi forsitan isti sunt praesules haereseos Nicolaitarum, nullam speciem impudentiae derelinquentes. C Πρὸς τούτοις καὶ οἱ ἀπὸ Σίμωνος καὶ Μαρκίωνος καὶ Οὐαλεντίνου Σηθανοί τε καὶ Καϊανῖται, ὧν ἡ ἀσέλγεια ἔκθεσμος. Das Scholion erklärt (1814_2): καὶ Ἑστωτιανοὶ καὶ Βορβοριανοὶ καὶ Βαβυλώνιοι. Hier treffen wir die Bor borianer des Epiphanius wieder[31].

Mit den Vorgängern der ägyptischen gnostischen Sekten des Epiphanius sind andere antinomistische Gemeinschaften des 2. Jh. verwandt wie die Karpokratianer zur Zeit Hadrians und des Antoninus Pius[32], die Peraten[33], gewisse Gruppen der Simonianer[34] und der Archontiker[35], die in ihrer ursprünglichen Form älter als das vierte Jahrhundert sind[36].

Wenn Irenäus von Lyon im Bericht über die Karpokratianer schreibt (1, 20, 3 H.): Καὶ εἰ μὲν πράσσεται παρ' αὐτοῖς τὰ ἄθεα, καὶ ἔκθεσμα, καὶ ἀπειρημένα, ἐγὼ οὐκ ἂν πιστεύσαιμι, so hat er wohl nur schriftliche Berichte über diese Sekte oder ihre eigenen Lehrschriften gelesen und die dort beschriebenen furchtbaren Sitten einfach für unmöglich gehalten, da er sie nicht wie später Epiphanius aus eigener Anschauung kennengelernt hatte[37].

Demnach dürfte feststehen, daß die von Epiphanius genannten libertinistischen gnostischen Sekten tatsächlich schon im 2. Jh. bestanden haben.

Wie haben sich aber die christlichen Apologeten des 2. und 3. Jh. gegenüber den Anklagen, wie sie oben aus Minucius Felix aufgezählt wurden, verhalten? Die ältesten der uns erhaltenen christlichen Verteidigungsschriften gehören in die vierziger und

[29] Gnostische Schriften = TU 8, 1 (1892) 577f.

[30] Vgl. auch A. HARNACK, Gesch. d. altchristl. Lit. 1, 166f.

[31] Nach HARNACK, Chronologie 1, 466 bezieht sich die Polemik des Judasbriefes auf die Archontiker, nicht auf die Karpokratianer. Diese Annahme muß zweifelhaft bleiben, da über die bei Judas Angegriffenen, ja über die Chronologie des Briefes nichts Sicheres ausgesagt werden kann. Vgl. auch W. CHRIST—W. SCHMID—O. STÄHLIN, Gesch. d. griech. Lit. $2{,}2^6$ (1924) $1154_6/_8$. Epiphanius zitiert selbst im Zusammenhang mit den Unsitten der Gnostiker den Judasbrief v. 10 und 8ff (haer. 26, 11, 3/6).

[32] Zur Datierung s. Theodoret. haer. fab. 1, 5 (PG 83,352); HARNACK, Chronologie 21, bes. 296f. Vgl. Iren. adv. haer. 1,20,2 (1,26,2) HARVEY; Clem. Alex. strom. 3,2,10,1 STÄHLIN; 3,4,25,5; Eus. h. e. 4,7,11 (vgl. F. J. DÖLGER: ACh 1 (1926) 222.

[33] Zu ihnen s. Hippol. philos. 5, 17, 12f; HARNACK, Gesch. d. altchristl. Lit. 1, 168.

[34] Vgl. Hippol. philos. 6, 19, 5; Clem. Alex. strom. 7, 17, 108, 2; Epiphan. haer. anaceph. t. 2 zu 21, 1 und 21, 4, 1 (Epiphan. 1, 234f HOLL).

[35] Bei Epiphan. haer. 40, 2, 4. Zu ihnen s. H.-CH. PUECH: RAC 1 (1950) 636.

[36] Eine ähnliche Sekte waren die Antitakten; zu ihnen s. L. CERFAUX: RAC 1 (1950) 476f. Hierher gehören auch die Prodikianer, die für uns als erster Clem. Alex. strom. 3, 4, 30 erwähnt. Vgl. C. SCHMIDT, Plotins Stellung zu Gnosticismus und kirchlichem Christentum = TU 20, 4 (1901) 52/63. Die römischen Gnostiker, die Plotin bekämpft hat, hält SCHMIDT 57.63 für eng verwandt mit den ägyptischen Prodikianern. Dazu s. jetzt H.-CH. PUECH, Plotin et les Gnostiques: Entretiens sur l'antiquité class. 5 (1957) 159/90 und J. H. WASZINK: VigChrist 17 (1963) 55/7.

[37] Anders urteilt H. JONAS, Die mythol. Gnosis 1^2 (1954) 234/8, bes. 237.

fünfziger Jahre des 2. Jh.: Aristides, [Ariston von Pella], Justin, Tatian. Wenn sie die ödipodeischen Verbindungen und die thyesteischen Mahlzeiten erwähnen, so werden diese Anwürfe teilweise mit Berufung auf die menschliche Natur, die sich einer solchen ungeheuren Anklage durch ihr Wesen widersetze, mehr zurückgewiesen als widerlegt; vgl. Iustin. dial. 10,2: πόρρω γὰρ κεχώρηκε τῆς ἀνθρωπίνης φύσεως[38]. Teilweise aber werden die Vorwürfe den Heiden mit Hinweis auf ihre Mythen[39], ihre Menschenopfer[40] und ihr eigenes Verhalten[41] zurückgegeben. Justin kommt aber apol. 1,26,1/6 auch auf die Ketzer Simon, Menander, Markion und seine Schüler zu sprechen. Von ihnen sagt er, daß sie und ihre Gesinnungsgenossen ebenso wie die echten Christen als Christen bezeichnet würden, wie ja auch alle Philosophen, selbst wenn sie ganz verschiedenen Lehrmeinungen huldigten, den Namen Philosoph trügen. Wörtlich fährt Justin § 7 fort: »ob sie aber jene schändlichen Werke, von denen man erzählt, vollbringen: das Umwerfen des Leuchters und die planlosen geschlechtlichen Verbindungen, das Essen von Menschenfleisch, wissen wir nicht. Daß sie aber von euch nicht verfolgt, noch getötet werden, selbst wegen ihrer Lehre, wissen wir«. Schon Irenaeus[42] in seinem Bericht über die Karpokratianer wie auch spätere Apologeten haben klar erkannt, daß Anschuldigungen, die das verkehrte Treiben häretischer Gruppen hervorgerufen hat, auf die rechtgläubigen Christen übertragen wurden, da man auf heidnischer Seite oft nicht den Unterschied zu sehen verstand. Das geht besonders deutlich aus dem Referat des Eusebius h. e. 4,7,9/11 über die Karpokratianer hervor: Τούτοις τε ἀκολούθως πάντα δρᾶν χρῆναι διδάσκειν τὰ αἰσχρουργότατα τοὺς μέλλοντας εἰς τὸ τέλειον τῆς κατ' αὐτοὺς μυσταγωγίας ... ἐλεύσεσθαι ... Die Kandidaten mußten also erst alle möglichen schändlichen Dinge tun. Dadurch sei es dazu gekommen, daß die Ungläubigen den Verdacht hegten, auch die rechtgläubigen Christen trieben so Abscheuliches: τοῖς δ' ἀπίστοις ἔθνεσιν πολλὴν παρέχειν κατὰ τοῦ θείου λόγου δυσφημίας περιουσίαν, τῆς ἐξ αὐτῶν φήμης εἰς τὴν τοῦ παντὸς Χριστιανῶν ἔθνους διαβολὴν καταχεομένης. Ταύτῃ δ' οὖν ἐπὶ πλεῖστον συνέβαινεν τὴν περὶ ἡμῶν παρὰ τοῖς τότε ἀπίστοις ὑπόνοιαν δυσσεβῆ καὶ ἀτοπωτάτην διαδίδοσθαι, ὡς δὴ ἀθεμίτοις πρὸς μητέρας καὶ ἀδελφὰς μίξεσιν ἀνοσίαις τε τροφαῖς χρωμένων[43].

Eine Erklärung für dieses mangelnde Unterscheidungsvermögen auf heidnischer Seite dürfte darin liegen, daß bis zu den Zeiten des Epiphanius nicht in allen Teilen der christlichen Welt Orthodoxie und Ketzertum klar geschieden war. Berichtet doch Epiphanius im selben Abschnitt des Panarion über die sogenannten Gnostiker[44], daß erst durch seine Anzeige gegen achtzig Mitglieder dieser scheußlichen Sekte aus der

[38] Vgl. auch Athenag. 3,3; 32,1.

[39] Z. B. Uranos-Kronos-Zeus: s. Iustin. apol. 21,5; Athenag. suppl. 20,2; 21,1 (Zeus-Hera); Min. Fel. 30,3.

[40] Tert. apol. 9,2/5; Min. Fel. 30,4.

[41] Iustin. apol. 27,3/5 (29,4); Aristid. apol. 17,2; Athenag. suppl. 34,1/2; Min. Fel. 31,4.

[42] 1,20,2 H.: οἵτινες καὶ αὐτοὶ εἰς διαβολὴν τοῦ θείου τῆς Ἐκκλησίας ὀνόματος, πρὸς τὰ ἔθνη ὑπὸ τοῦ Σατανᾶ προεβλήθησαν, ἵνα κατ' ἄλλον καὶ ἄλλον τρόπον τὰ ἐκείνων ἀκούοντες ἄνθρωποι, καὶ δοκοῦντες ἡμᾶς πάντας τοιούτους ὑπάρχειν, ἀποστρέφουσιν τὰς ἀκοὰς αὐτῶν ἀπὸ τῆς ἀληθείας κηρύγματος, βλέποντες τὰ ἐκείνων ἅπαντας ἡμᾶς βλασφημοῦσιν.

[43] Auf diese Stelle hatte bereits F. J. Dölger: ACh 1 (1926) 222 aufmerksam gemacht. Vgl. auch Orig. c. Cels. 6,34: Ἐν τούτοις δὲ δοκεῖ μοι φύρειν τὰ παρακούσματα ὁ Κέλσος. Εἰκὸς γὰρ ὅτι, εἴ τι ἤκουσεν οἱασδηποτοῦν αἱρέσεως λεξείδιον, μὴ τρανώσας αὐτὸ κἂν κατὰ τὸ βούλημα ἐκείνης ἀλλὰ τὰ ῥήματα συμφορήσας, ἐπεδείκνυτο ἐν τοῖς μηδὲν ἐπισταμένοις μήτε τῶν ἡμετέρων μήτε τῶν ἐν ταῖς αἱρέσεσιν ὡς ἄρα πάντα τὰ Χριστιανῶν γιγνώσκοι. Τοῦτο δὲ δῆλον ποιεῖ καὶ ἡ προκειμένη λέξις. Zu anderen Vorwürfen, die Celsus aus falscher Verknüpfung häretischer und orthodoxer Anschauungen gewonnen hat, s. zB. 6,24. 28.30 (vgl. auch 6,27).

[44] Haer. 26,17,9.

ägyptischen Kirche entfernt wurden[45]. Die Forschungen W. BAUERS[46] über die Lage der Christen in Ägypten werden auch von hier gut bestätigt: »So ist also in Ägypten bis ins 3. Jh. hinein keine Scheidung zwischen Rechtgläubigkeit und Ketzertum durchgeführt, haben sich die Typen ganz und gar noch nicht deutlich gegeneinander abgegrenzt. Und bis tief ins 2. Jh. ist das Christentum hier ausgesprochen unorthodox«[47]. Ein solches Christentum konnte aber leicht den umwohnenden Heiden zum Anlaß ihrer heftigen Angriffe werden.

[45] Vgl. C. SCHMIDT, Gnost. Schriften = TU 8,1 (1892) 576.

[46] Rechtgläubigkeit und Ketzerei im ältesten Christentum (1934) 63.

[47] Das Christentum erschien den gebildeten Heiden keineswegs als einheitliche Größe. Dies zeigt deutlich die Polemik des Celsus bei Orig. c. Cels. 5,61/4 (s. BAUER aO. 238_2).
Korrekturzusatz: W. NESTLE, Die Haupteinwände des antiken Denkens gegen das Christentum: ArchRelWiss 37 (1941/2) 57 nennt die von uns behandelten Vorwürfe »volkstümlich« und übergeht sie, wobei auch er folgendes bemerkt: »Einen Anhaltspunkt hatten sie wohl in den widerlichen, ja abscheulichen Gebräuchen einiger gnostischer Sekten.« Er verweist auf die Barbelognostiker, deren Orgien Epiphanius haer. 26,4/5 beschreibt.

2. Octavius, der Dialog des Minucius Felix: Fiktion oder historische Wirklichkeit?

Bei der folgenden Betrachtung soll es nicht um eines der meist umkämpften Probleme der römischen Literaturgeschichte gehen, nämlich ob Tertullian oder Minucius Felix der erste uns erhaltene, lateinische christliche Autor ist. Wir wollen vielmehr zu klären versuchen, ob die in der Einleitung des Dialoges berichteten Tatsachen historische Wahrheit beanspruchen können, oder ob wir uns im Reiche der schriftstellerischen Phantasie bewegen. Die Frage, ob in Ostia das berühmte Streitgespräch zwischen dem altgläubigen Caecilius Natalis und dem Christen Octavius Ianuarius stattgefunden hat oder nicht, ist nicht müßig. Der Dialog Octavius ist die einzige Quelle unserer Kenntnis über Minucius. Schon Laktanz, Hieronymus und Eucherius von Lyon haben nicht mehr über den Apologeten, den sie rühmend erwähnt haben, gewußt, als er selbst in seinem Dialog mitgeteilt hat[1].

Minucius beginnt das Gespräch, das Ciceros de oratore, de legibus[2], de natura deorum verpflichtet ist[3], mit dem Gedenken seines verstorbenen Freundes Octavius: nec inmerito discedens vir eximius et sanctus inmensum sui desiderium nobis reliquit. Wie Cicero seinem Freunde Hortensius am Anfang des Brutus einen Epitaphios gesetzt hat, so tut dies ähnlich Minucius für Octavius[4]. Seinem Gedächtnis hat er den Dialog gewidmet. Als die schönste Begebenheit seines Lebens, so fährt Minucius fort, erinnere er sich an ein Gespräch mit Octavius und Caecilius über die christliche Religion. Dadurch sei Caecilius zum wahren Glauben gekommen[5].

Auf diese Einleitung folgen die Kapitel, in denen die Szenerie des Dialoges dargestellt wird. Diese Beschreibung ist genauer zu betrachten. Dabei wird es zweckdienlich sein, einige bezeichnende Stellen zu übersetzen: 2,1 »Denn um Geschäfte zu tätigen

[1] Die Zeugnisse der Kirchenväter, in denen Minucius Felix erwähnt wird, sind gesammelt von M. Schanz - C. Hosius - G. Krüger, Gesch. d. röm. Lit. 3³ (1922) 263f; vgl. ferner A. Elter, Prolegomena zu Minucius Felix (1909) 11f und H. G. Opitz, Art. Min. Felix: PW 15 (1932) 1817, 62/5. Die Historizität der Einleitung hat besonders A. Pastorino, Ἀντίδωρον H. H. Paoli oblatum (Genova 1956) 250/61 zu verteidigen gesucht. Dort finden sich auch S. 250_1 die verschiedenen Stimmen derer verzeichnet, die für oder gegen die Geschichtlichkeit des Dialogs gestritten haben. Diese Liste könnte unschwer ergänzt werden. So hält zB. A. Jülicher, Art. Caecilius Natalis: PW 3 (1897) 1228,65f die Einleitung des Dialogs für fingiert; vgl. auch H. Boenig, M. Min. Felix (Progr. Königsberg 1897) 30f. S. Rossi, »Feriae vindemiales« e »Feriae iudiciariae« a Roma: GiornItalFilol 15 (1962) 193/224 bezweifelt nicht die Geschichtlichkeit des Gespräches. Er datiert den Dialog auf die Zeit der Herrschaft des Antoninus Pius.

[2] Die Eingangsphrase ist aus Cicero de orat. 1,1 entlehnt. Vgl. S. Colombo, Osservazioni sulla composizione letteraria e sulle fonti dell' Octavius di M. Minucio Felice: Didascaleion 3 (1914) 80/4, der besonders die Imitation von de legibus Ciceros in der Einleitung des christlichen Gespräches hervorhebt.

[3] Die Literatur über Cicero als Quelle des Minucius findet man bei Schanz-Hosius-Krüger aO. 270; vgl. auch I. P. Waltzing, Le texte, l'oeuvre et la vie de Min. Fel. depuis 1902: MusBelge 10 (1906) 280f (vgl. auch ebd. 6 [1902] 251f; ebenfalls abgedruckt in seiner großen Ausgabe [Louvain 1903] 40f).

[4] Vgl. Elter aO. 20/4 und A. Della Casa, Le due date dell' ⟨Octavius⟩: Maia NS 14 (1962) 36f.

[5] Die Namen der im Dialoge auftretenden Personen, Minucius Felix, Octavius Ianuarius, Caecilius Natalis begegnen auf Inschriften Nordafrikas. Alle drei scheinen dorther zu stammen (vgl. die Zeugnisse in Waltzings Ausgabe [Louvain 1903] 52f). Zu der Bedeutung von Cirtensis noster (c. 9,6) vgl. I. H. van Haeringen: Mnemos. 3. S. 3 (1935/6) 30/2.

und mich zu besuchen, war (Octavius) nach Rom gekommen. Er hatte Haus, Frau und Kinder zurückgelassen, die — was bei Kindern besonders liebenswert ist[6] — noch in unschuldigem Alter standen und mit halbgestammelten Worten zu sprechen versuchten, wobei ihre Rede wegen der stockenden Zunge um so süßer war[7].«

Schon dieser erste Satz mit der auffälligen Gewichtsverschiebung des Gedankens erregt Verwunderung. Bestimmte Einzelheiten über den Zweck der Reise nennt Minucius nicht. Auch der Ausgangspunkt der Reise bleibt im Dunkel. Man hat angenommen, Octavius sei von Afrika nach Rom gefahren. Warum Minucius über diese Anreise nichts Genaues zu sagen weiß, dürfte später verständlicher werden.

Nach dieser farblosen Einleitung teilt Minucius im folgenden scheinbar sehr bestimmte Einzelheiten mit: 2,3 »Nach ein paar Tagen ... beschlossen wir, Ostia aufzusuchen, eine höchst anmutig gelegene Stadt; denn wir glaubten, daß dies eine angenehme und geeignete Kur wäre, meinen Körper von schlechten Säften durch Seebäder zu reinigen. Und in der Tat, auch die Gerichtsferien zur Zeit der Weinlese ließen die Sorgen vergessen. Zu diesem Zeitpunkte neigte der Herbst sich nach den Sommertagen zu ausgeglichener Witterung[8]. Als wir so bei Morgendämmerung zum Meer eilten, um am Gestade spazieren zu gehen — die sanftwehende Brise belebte unsere Glieder, und wir vergnügten uns, wie unseren weichen Tritten der Sand nachgab und einsank —, da bemerkte Caecilius das Bild des Sarapis und grüßte es nach Art des abergläubischen Volkes mit einer Kußhand.«

Minucius zeichnet in diesem Abschnitt ein ganz anschauliches Bild, das einheitlich zu sein scheint. Und doch finden sich einige Widersprüche darin. In seinem Kommentar[9] sucht H. A. Holden die Stelle placuit Ostiam petere mit Iuvenal 11,49 zu erklären: Baias et ad Ostia currunt. Jedoch entpuppt sich sogleich Ostia als willkürliche Konjektur gegenüber dem überlieferten ostrea: sie eilen nach Baiae und zu den Austern. Kein antiker Autor kennt Ostia als eine amoenissima civitas[10]. H. Nissen, Italische Landeskunde 2 (1902) 683 hat treffend geurteilt: »Der einförmige latinische Strand konnte kein urwüchsiges Seeleben erzeugen, Ostia ist nie etwas anderes gewesen als der Hafen Roms.«

Die Kur, die Minucius für seine Krankheit (Gicht) anwenden wollte, konnte ihm das Meerwasser Ostias nicht verschaffen. J. van Wageningen hat der Krankheit des

[6] Zu dem Sätzchen quod est in liberis amabilius s. P. Faider, De l'emploi insolite du comparatif: MusBelge 10 (1906) 291f.

[7] Wie Minucius Felix besondere Teilnahme für das Verhalten des Kindes, sein Stammeln und unbeholfenes Reden verrät, so auch schon Seneca: ad Helv. de cons. 18,4.5: Der Enkel Marcus mit seiner neminem satiatura garrulitas soll die Mutter von ihrer Trauer befreien; ausführlicher noch das von Pithoeus Seneca zugeschriebene Epigramm AL 441,5f sic dulci Marcus qui nunc sermone fritinnit,/facundo patruos provocet ore duos (dazu s. F. Gloeckner, Über ein dem Seneca beigelegtes Epigramm: RhMus 34 [1879] 140/2). Vgl. H. Herter, Das unschuldige Kind: JbAC 4(1961) 146/62, bes. 151.160, der Pastorinos Ansicht von der Historizität des Dialoges beipflichtet (160_{86}).

[8] M. Schuster, Art. vindemia: PW 9A, 1 (1961) 23,20/4: »Aus Rom, wo es im September und Oktober für den Senat und die Gerichte Ferien gab (Suet. Aug. 35; Min. Fel. 2,3), pflegten sich zu dieser Zeit Kaufherren, Senatoren und Beamte auf das Land zu begeben«; entsprechende Stellen bei Pastorino aO. 251_{8} und Della Casa aO. 26f; ausführlich von Rossi (s. Anm. 1) behandelt.

[9] M. Min. Fel. Octavius (Cambridge 1853) 47.

[10] Das Adjektiv amoenus zeichnet die liebliche Lage folgender Orte: Alba (Carm. epigr. 1327,5 locus amoenissimus Alba; vgl. Sil. Ital. 12,536), Antium (Cic. ad Att. 4,8,1), Baiae (Hor. epist. 1,1,83; vgl. Stat. silv. 4,7,18f), Cumae (Iuv. 3,2/5), Surrentum (Hor. epist. 1,17,52); vgl. ThesLL 1,1962f passim). Es sind vornehmlich die Ortschaften des Golfes von Neapel (s. Mela 2,70 amoena Campaniae litora). Zum locus amoenus s. E. R. Curtius, Europ. Lit. u. latein. Mittelalter ³(Bern 1961) 202/6.

Minucius und ihrer Heilung einige wichtige Bemerkungen gewidmet[11]. Aus Cassiodor, Var. 10, 29 kann über die Behandlung folgendes entnommen werden. Die überflüssige Feuchtigkeit des Körpers, die die podagra verursacht, kann durch sikkatives Wasser entfernt werden. Cassiodor spricht dabei von warmen, schwefelhaltigen Quellen. Gerade dies trifft für Ostia durchaus nicht zu, wie auch der bisherige archäologische Befund erweist. Nur dadurch, daß VAN WAGENINGEN so tut, als ob Ostia bei Baiae liege, wo es viele Schwefelquellen gibt[12], kann er zu der unrichtigen Schlußfolgerung gelangen: S. 103 »Itaque ex omnibus his locis cuivis patet, cur Minucius ad podagram sanandam potissimum litus Ostiae petiverit.« Zuvor hatte er bemerkt: »Satis autem constat tota illa ora, quae prope Baias est, fuisse et thermas ... et fontes calidos.«

In dem oben übersetzten Abschnitt aus dem 2. Kapitel hatte O. IMMISCH einen anderen Widerspruch entdeckt, ihn aber auf unzulässige Weise zu klären versucht[13]. Wir hatten gehört, daß die drei Freunde am frühen Morgen aufgebrochen waren: cum diluculo ad mare pergeremus. Im letzten Kapitel des Dialoges 40, 2 erklärt sich Caecilius von den Gegenargumenten des Octavius geschlagen, will aber auf einige Einzelheiten am folgenden Tage zurückkommen, quod iam sol occasui declivis est. Da aber das Gespräch nur etwa zwei Stunden gedauert haben kann, sei dieser Fehler Minucius bei seiner sonstigen Eleganz nicht zuzutrauen. Die Überlieferung stimme also nicht. Es sei aber nicht die Zeitangabe in c. 40 zu ändern, sondern in c. 2 diluculo stecke der Fehler. Denn, so sagt IMMISCH, diese Angabe widerstreite auch allem, was wir aus der Typik der antiken Berufsschilderung über die Juristen wüßten. Er nennt Hor. sat. 1, 1, 10 und erinnert daran, daß eine der Hauptstrapazen des juristischen Berufes das dauernde Frühaufstehen war. Nach IMMISCH könne man daher kaum glauben, daß die drei rechtsbeflissenen Freunde auch in den Ferien ihren Morgenschlaf geopfert hätten. Mag dieses Argument auch wenig schlagkräftig sein, es bleibt die richtige Beobachtung, daß der frühe Beginn der Streitreden am Morgen und das Auseinandergehen am Abend schlecht zusammenpassen. IMMISCHS Lösung, die Schuld bei der Überlieferung zu suchen und aus diluculo ein e diverticulo zu machen (mit Hinweis auf Gellius 18, 1), löst die Schwierigkeit nicht. Vielmehr muß eine andere Erklärung gesucht werden. Minucius steht mit seiner Apologie des Christentums, für die er die Form des Dialoges gewählt hat, innerhalb der literarischen Tradition eben dieses Genos. Wir können beobachten, daß seit Plato, dem Vollender dieser Literaturgattung, viele Gespräche mit einem Hinweis auf die späte Tagesstunde schließen, um so auch äußerlich ein Ende für das Gespräch herbeiführen zu können[14]. Dieses Kompositionsmittel wendet auch Cicero nat. deor. 3, 94 an: sed quoniam advesperascit, dabis nobis diem aliquem, ut contra ista dicamus[15]. Wie sehr

[11] De siccandis umoribus Oct. 2, 3: Mnem. NS 49 (1921) 102/5; vgl. auch dens. in der kommentierten Ausgabe des Minucius 2 (Utrecht 1923) 9.

[12] Vgl. auch Cass. Var. 9, 6; Symm. epist. 8, 46, 1 humor enim noxius articulis inlapsus etiam nunc me tenet lectulo et vix litorali siccitate tenuatur. Symmachus hielt sich vielleicht in Campanien auf (s. SEECK MG AA 6 p. CXCIX sq.); vgl. Plin. n. h. 31, 62 (von J. MARTIN, Ausg. des Min. Fel. [1930] zSt. genannt). Auch ROSSI aO. 196 sucht nachzuweisen, daß Minucius nicht durch Baden im offenen Meer seine Krankheit kurieren konnte (Hinweis auf Plin. n. h. 31, 62 und 72; Vitruv. 8, 3, 4; Suet. Aug. 82).

[13] Berl. phil. Wochenschr. 34 (1914) 1062/4.

[14] Phaidros 279B.

[15] Vgl. DELLA CASA aO. 27; Widerspruch bei ROSSI aO. 198f. — Zu dem Topos s. die Beispiele bei R. HIRZEL, Der Dialog (1895) 1, 354f; 2, 49_4. 342; W. KIAULEHN, De scaenico dialogorum apparatu cap. tria (Diss. Halle 1913) 241; A. ST. PEASE (Kommentierte Ausg. von Cicero, de nat. deor. [Cambr./Mass. 1958]) zSt. Vgl. auch R. HELM, Zwei Probleme d. Kritik: Wiss. Ztschr. d.

aber gerade Minucius für viele Gedanken diesem Dialoge Ciceros verpflichtet ist, braucht hier nicht wiederholt zu werden.

Der Apologet fährt in seiner Darstellung der morgendlichen Strandwanderung fort. Octavius rügt die abergläubische Ehrfurchtsbezeugung des Caecilius vor dem Sarapisbildnis (c. 3, 1). Die folgenden erzählenden Worte lauten: »Mit diesem Gespräch hatten wir den Raum, der zwischen der Stadt und dem Meere liegt (medium spatium civitatis), durchmessen und hielten uns am offenen Gestade auf.« Schon vorher, als von litus und dem Sande die Rede war, hätte man glauben können, die Freunde seien am Meeresufer, aber sie sind offenbar erst jetzt dort angelangt. Wo stand die Sarapisherme? In seinem monumentalen Werk über Ostia[16] verwertet R. Meiggs auch diese Beschreibung von Minucius. Die Augenzeugenschaft des Berichterstatters zieht er dabei nicht in Zweifel. Allerdings bemerkt er über die Strandschilderung des Apologeten: »His language, however, is difficult and his meaning is not always clear«. Wie reimen sich die scheinbar so genauen Angaben zusammen, die näher betrachtet zu keinem topographisch klaren Ergebnis führen? Die Wegbeschreibung der drei Freunde zum Meer hat bisher noch niemand zweifelsfrei erklären können[17]. Die Darstellung wird erst wieder durchsichtig, als Minucius über ihre Erlebnisse am Meer berichtet. Wie sie sich am ruhigen Wellenspiel freuen[18], wie sie am sanft gekrümmten Ufersaum ein Stück herunter gehen und über die Seereise des Octavius sprechen, schließlich umkehren und den Knaben beim Spiel des ἐποστρακισμός zusehen. Merkwürdig breit fällt die Schilderung dieses Spieles aus, das ganz ähnlich griechische Lexikographen beschrieben haben[19]. Die Darstellung der Szenerie beendet eine Aufforderung des Caecilius, auf den Steindämmen, die ins Meer hinauslaufen und zum Schutz der Bäder angelegt sind[20], sich

Univ. Rostock 2 (1952/3) 88; s. außerdem Poimandres § 29 N.-F. ὀψίας δὲ γενομένης καὶ τῆς τοῦ ἡλίου αὐγῆς ἀρχομένης δύεσθαι ὅλης ἐκέλευσα αὐτοῖς εὐχαριστεῖν τῷ θεῷ. (Dieser Schluß war durch das Voraufgehende keineswegs begründet.) PsClementinen, hom. 2, 53, 1 τοῦ δὲ λοιποῦ, ὡς ὁρᾷς, ἐπειδὴ ἑσπέρα κατείληφεν, τὰ σήμερον ῥηθέντα αὐτάρκως ἐχέτω. ἄλλοτε κτλ.; Arnob. iun. confl. c. Serap. 1, 18 (PL 53, 271 B). (S. auch Anm. 24).

[16] Roman Ostia (Oxford 1960) 490.

[17] Vgl. J. Le Gall, Le Tibre, fleuve de Rome, dans l'antiquité (Paris 1953) 334/7. Kritische Bemerkungen dazu bei Meiggs aO. 491f und Pastorino aO. 252f. 254f, dessen Erläuterungen mir jedoch gleichfalls gezwungen erscheinen.

[18] Pastorino, aO. 254: »Il mare davanti ad Ostia, per esempio, non è mai perfettamente calmo (Hinweis auf Le Gall 336) e la cosa non è sfuggita a Minucio quando dice, al cap. 3, 2, semper mare etiam positis flatibus inquietum est.« Diese Angabe des Minucius trifft für jedes Meer im Gegensatz zum See zu. Etwas Bezeichnendes für Autopsie des Strandes von Ostia ist damit nicht gewonnen (vgl. zB. Suet. fr. 157 p. 243, 5 R. flustrum motus maris sine tempestate fluctuantis; vgl. auch Greg. Naz. or. 26, 8 [PG 35, 1237 BC]). Auch die nächste, angeblich nur für Ostias Strand passende Bemerkung: oram curvi molliter litoris (c. 3, 4) kann sich auch auf andere Sandstrande beziehen. Minucius wird als Nordafrikaner das Meer gekannt haben. Daß aber seine Beschreibung in der Einleitung nur auf die Verhältnisse von Ostia passe, ist unbeweisbar.

[19] Vgl. zB. Eustathius ad Hom. Iliad. 18, 543 p. 1161, 35f καὶ ὁ ἐποστρακισμός. εἶδος δὲ οὗτος παιδιᾶς, καθ' ἥν, φασίν, ὀστράκια πλατέα ἐκτετριμμένα ὑπὸ θαλάσσης προΐενται κατὰ τῆς ἐπιφανείας τοῦ ὑγροῦ, καὶ ἐπιτρέχοντα ἐνίοτε πολλάκις, ἕως ἀτονήσαντα δυῶσι κατὰ θαλάσσης, ἡδίστην ποιοῦνται πρόσοψιν. Vgl. außer Pastorino aO. 256_{36} A. Labhardt, Min. F. et les ricochets d'Ostie: Hommages à Jean Bayet = Collect. Latomus 70 (Bruxelles 1964) 349/54; vgl. ferner Septim. Seren. fr. 19 (Frg. poet. lat. ed. W. Morel [1927] 147): cedo, testula trita solo curret tibi per speculum Panope (dazu F. Buecheler: RhMus 39 [1884] 289f). — Alte Erklärer des Minucius (F. Balduinus, Diss. de Min. Fel. Octavio [öfters abgedruckt, zB. Ausgabe von Holden 6 (s. Anm. 9) und Migne PL 3 (1844) p. 202 B] und J. H. B. Lübkert [1836] zSt.) erinnern an Cic. de or. 2, 6, 22; vgl. auch Cic. Academ. post. fr. 13 (= Nonius p. 65 M. [p. 91 L.]) et ut nos nunc sedemus ad Lucrinum pisciculosque exultantes videmus.

[20] c. 4, 5 modo in istis ad tutelam balnearum iactis et in altum procurrentibus petrarum obicibus residamus ut et requiescere de itinere possimus et intentius disputare. Die Gleichsetzung dieser

niederzulassen, um dann ruhiger das Streitgespräch führen zu können[21]. Nach Anlaß und Zweck ist diese Aufforderung ein literarischer Topos[22]. Das bestätigt sehr gut Cyprian in seinem Scheindialog ad Donatum[23]: § 1 ac ne loqui nostrum arbiter profanus impediat aut clamor intemperans familiae strepentis obtundat, petamus hanc sedem: dant secessum vicina secreta ...[24].

Das philosophisch-theologische Gespräch am Strand des Meeres kennen nicht nur Minucius und Favorin bei Gellius 18,1, mit dem A. ELTER und W. A. BAEHRENS den christlichen Dialog verglichen haben[25]. Der griechische Apologet Iustinus martyr gibt im Dialog mit dem Juden Tryphon c.3/7 seine Bekehrungsgeschichte wieder, ein Gespräch mit einem ihm unbekannten alten Manne, das in der Nähe des Meeres spielt[26]. Iustin (c.3) weiß dabei besonders die Ruhe des Ortes, die zum Nachdenken einlädt, zu schätzen. Hier sind es nur zwei Personen: Iustinus und der Greis. Der alte Mann übernimmt die Rolle des Octavius. Er bringt den Heiden Iustinus von der platonischen Philosophie zum christlichen Glauben. Das Gespräch hatte also für Iustin dieselbe Bedeutung wie für Caecilius die Unterredung mit Octavius. M. E. ist es aber ebenso als Fiktion zu werten[26a]. Das Motiv »Das nachdenkliche Gespräch am Meeresstrande« scheint demnach fast ein literarisches Klischee gewesen zu sein[27].

Wie sehr Minucius Topoi des künstlerisch gestalteten Dialoges für die Einkleidung seines Gespräches verwertet hat, folgt nicht nur aus dem Dialogschluß, den der Apologet weit unpassender als Lukian im Anacharsis verwendet hat[28]. Zwei weitere Topoi, die in Einleitungen zu Dialogen öfters vorkommen, können auch im Octavius beobachtet werden: Feiertage oder Ferien — bei Minucius die feriae vindemiales — geben die Muße dazu, ein längeres, besinnliches Gespräch mit Freunden zu führen: zB. Lucian. amor. 1 καὶ γὰρ ἄλλως ἑορταστικὴν ἄγομεν ἡμέραν Ἡράκλεια θύοντες, Varro rer. rust.

balnea mit den Thermen der Porta Marina (PASTORINO aO. 261 in Fortführung einer Vermutung LE GALLS aO. 336) wird durch den Text des Minucius nicht gestützt. Noch weniger bestätigt der Text die Annahme ROSSIS aO. 196/9, daß Minucius mit seinen beiden Freunden nach dem Ende des Gesprächs in die »Therme del Foro« zum Bade gehe. Das einzige, was Minucius über Bäder von Ostia sagt, ist außer c. 2,3 die eben genannte Stelle c. 4,5. Die Steindämme (Buhnen) zum Schutz der Badenden sind durch die Ausgrabungen in Ostia nicht zum Vorschein gekommen. MEIGGS (s. Anm. 16) 405_2 zitiert als Zeugen dafür nur Minucius!

[21] Konnten die Freunde hier in der Nähe von balnea (ob Therme oder Freibad ist in diesem Zusammenhang unerheblich) die notwendige Ruhe zum Gespräch finden?

[22] Zu den künstlerischen Gesetzen des Dialoges gehört es, die Gesprächspartner abwechselnd spazierengehend oder sitzend darzustellen; vgl. zB. Cicero de leg. 1,14; 2,1.6 und HIRZEL aO. 1,537.

[23] Kurz nach 246 nC. verfaßt. Hrsg. von W. HARTEL (CSEL 3,1 [1868]).

[24] Vgl. auch Nemesian. ecl. 1,30/2. — Cyprian verlegt das Gespräch, das eigentlich ein Monolog ist, in die Zeit der Weinernte und weist auf die Muße ausdrücklich hin: § 16 et quoniam feriata nunc quies ac tempus est otiosum. (Vgl. DELLA CASA aO. 27.) Es fehlt schließlich auch nicht am Schluß des Traktates der Hinweis auf die untergehende Sonne: § 16 quidquid inclinante iam sole in vesperam dies superest, ducamus hunc diem laeti, nec sit vel hora convivii gratiae celestis inmunis.

[25] aO. 30; Literarhistorische Beiträge: Hermes 50 (1915) 455/63. Zur Datierung der Noctes Atticae s. PASTORINO aO. 251_4.

[26] Der Greis als Lehrer, der über höhere Weisheit verfügt, begegnet häufig: Dion Chrysostomus or. 1,37 p. 125,10 A.; Cebet. tabula 1,3.2,3; vgl. auch das Compendium aureum (Kyraniden): Arpocration und der syrische Greis (hrsg. von L. DELATTE [Liège-Paris 1942] 15/7).

[26a] Vgl. A. D. NOCK, Conversion (Oxford 1933) 256; W. SCHMID, Frühe Apologetik u. Platonismus: EPMHNEIA = Festschr. O. Regenbogen (1952) 163_2.169 und R. M. GRANT, Aristotle and the conversion of Justin: Journ. of Theol. Stud. 7 (1956) 248.

[27] Vgl. ferner die 14. Homilie der PsClementinen (ed. B. REHM GCS [1953]); recogn. 8,1.2 (ed. B. REHM - F. PASCHKE GCS [1958]).

[28] Dazu s. o. S. 46; zu Lukian vgl. KIAULEHN (s. Anm. 15) 207.241 und IMMISCH (s. Anm. 13) 1062.

1,2,1f sementivis feriis ... num feriae sementivae otiosos huc adduxerunt[29]. Bei Cicero, de natura deorum 1,15 findet der Dialog an den feriae Latinae statt[30], wie am gleichen Feste das Gespräch über den Staat gehalten wird (de re publ. 1,14). De oratore spielt an den ludi Romani (1,24). Das bekannteste Beispiel sind die Saturnalia des Macrobius[31].

In der Rahmenerzählung vieler Dialoge wird das eigentliche Gespräch durch ein Bild, eine Figur oder Inschrift ausgelöst. Für diesen Topos nennt KIAULEHN[32] außer Minucius Varro rer. rust. 1,2,1: spectantes in pariete pictam Italiam[33]; Cebet. tabula 1,1f; Lucian. amor. 13/7; Gellius 13,25 u. a.

Eine zweite Reihe von Beobachtungen zur Person des Caecilius und seiner philosophisch-religiösen Einstellung führt auch zu einem Ergebnis, das der Auffassung von der historischen Tatsächlichkeit des Gespräches widerstreitet. In der ersten Szene lernten wir Caecilius als einen Mann kennen, der, wie Octavius sagt, die religiösen Anschauungen des abergläubischen Volkes teilt. Er ehrte ja Sarapis durch eine Kußhand, die er ihm zuwarf[34]. Der ägyptische Gott Sarapis hatte in allen Hafenstädten des Mittelmeeres seit den Zeiten der Ptolemäer allmählich Eingang gefunden. Sein Kult ist für Ostia gesichert. Doch bedeutet dies bei der verbreiteten Verehrung des Gottes kein Argument für die Historizität des Gespräches. Vergleichen wir weiter das Verhalten des Caecilius gegenüber Sarapis mit seinen theoretischen Äußerungen zur Religion, so wird deutlich, wie widersprüchlich er denkt und handelt. Manchmal spricht er wie ein frommer Römer guter republikanischer Zeit, bald wie ein Skeptiker, bald wieder wie ein Anhänger der atomistischen Welterklärung. Gerade diese Widersprüche des religiösphilosophischen Weltbildes des Caecilius hat der Apologet als Folie gebraucht, um dadurch um so wirkungsvoller die Wahrheit der christlichen Lehre aufleuchten zu lassen. Caecilius ist kein einheitlicher Charakter. Er gehört nicht einer bestimmten Gruppe der Christengegner an. Vielmehr hat Minucius die von verschiedenen philosophischen und religiösen Gemeinschaften geäußerten Angriffe gegen das Christentum durch ihn vortragen lassen. Darunter hat die Einheit seiner Persönlichkeit wesentlich gelitten. Eine solche Vielheit gegensätzlicher Auffassungen, die nur im Angriff auf die Christen und ihre Lehren übereinstimmen, spricht kein einzelner in dieser Weise aus[35]. So kommen zu den Widersprüchen der Topographie Härten im Bild des Caecilius, die

[29] Das Gespräch des zweiten Buches wurde an einem Festtage geführt (2,11,12); das des dritten Buches an den comitia aedilicia (3,2,1).

[30] Darauf hat DELLA CASA aO. 27 schon hingewiesen. ROSSI aO. 195/202 wendet sich gegen die Annahme eines Topos.

[31] Zu Cicero de fin. bemerkt KIAULEHN 178: »Utrique (den beiden Gesprächen des ersten und zweiten Buches) feriae videntur occasionem otiandi praebuisse, nam Cicero se pridie ludis commissis ex urbe profectum esse ait (III 8); appropinquante vespere sermo finitur (IV 80)«. Vgl. E. BECKER, Technik und Szenerie des ciceronischen Dialogs (Diss. Münster 1938) 12f. Vgl. auch Horat. sat. 2,7,4f.

[32] S. 241.

[33] Vgl. ebd. 1,2,3/7.

[34] Dazu vgl. W. KROLL, Art. Kuß: PW Suppl. 5 (1931) 518,19/44.

[35] In dieser Weise argumentierten schon COLOMBO (s. Anm. 2) und vor allem A. DELATTE, La réalité du dialogue de l'Octavius de M. F.: Serta Leodiensia (Liège-Paris 1930) 103/8. Nach DELATTE 107 (vgl. schon R. HEINZE, Tertullians Apologeticum [1910] 426f) hat Minucius erst die Rede des Octavius entworfen und danach die des Caecilius geformt. Vgl. auch P. FRASSINETTI, L'orazione di Frontone contro i Cristiani: GiornItalFilol 2 (1949) 238/54, bes. 245/54: »Il discorso di Cecilio, ripetiamo, è un paziente tessuto in cui ad accuse anticristiane provenienti da fonti diverse sono state cucite assieme critiche indirizzate contro particolari atteggiamenti filosofici e volte qui contro la Weltanschauung cristiana« (ebd. 247). Der Harmonisierungsversuch von G. LIEBERG, Die röm. Religion bei Min. Fel.: RhMus 106 (1963) 64/71 hat mich nicht überzeugen können.

unsere Vermutung nur stützen können, daß der Dialog ein Erzeugnis der schriftstellerischen Phantasie ist[36].

Es bleibt schließlich noch die Frage zu beantworten, weshalb das Streitgespräch gerade in Ostia spielt. Folgende Erklärungsmöglichkeit bietet sich an: Cicero war für Minucius das große Vorbild. Dies zeigen die Anlage des Gespräches und viele Einzelheiten in Sprache und Beweisführung. Cicero hatte Italien, besonders die Umgebung von Rom zum klassischen Schauplatz der meisten seiner Dialoge gemacht[37]. Minucius hat vielleicht von dieser Überlieferung ausgehend einen solchen Ort in der Nähe Roms gewählt. Mit der Wahl Ostias hatte er jedoch schon einen Vorgänger. Wie schon erwähnt, finden sich einige überraschende Parallelen zwischen dem von Gellius berichteten Gespräch des Favorin und Minucius Felix[38]. Favorin trifft sich mit zwei philosophischen Freunden, einem Peripatetiker und einem Stoiker, in Ostia. Die beiden Freunde tragen wie bei Minucius einander widersprechende Meinungen vor. Favorin nimmt als Schiedsrichter die Stelle des Minucius Felix ein. Das Streitgespräch, dessen Thema das Wesen der Vita beata ist, findet am Spätnachmittag statt. Diese Situation ist viel wahrscheinlicher als bei dem Apologeten, der am frühen Vormittag mit dem Dialog beginnt und ihn erst abends enden läßt. Auch bei Favorin-Gellius beschließt ein Hinweis auf die erste eintretende Dunkelheit das Streitgespräch: 18,1,15 sed cum iam prima fax noctis et densiores esse tenebrae coepissent.

Vielleicht dürfte Minucius auch deshalb das Gespräch in die Umgebung Roms verlegt haben, weil hier der geistige und kulturelle Mittelpunkt der heidnischen Welt war[39]. Wenn sich hier die Hinwendung zum Christentum vollzieht, wie das Minucius an der Gestalt des Caecilius offenbar werden läßt, so kann dadurch die werbende Kraft dieser Bekehrungsgeschichte auf die Heiden der Provinz nur gesteigert werden.

Das Ergebnis dieser Betrachtung dürfte darin gesehen werden: Minucius Felix kannte Ostia nicht. Es ist ziemlich unwahrscheinlich, daß er überhaupt je in Rom war. Er selbst schrieb wohl in Afrika und mag dort juristisch tätig gewesen sein[40]. Afrika galt ganz besonders als nutricula causidicorum (Iuv. 7,148). Die künstlerisch wohlgelungene Einleitung seines Dialoges hat demnach keinen Anspruch auf historische Wahrheit.

Damit ist das Ergebnis fast rein negativ, einschränkend. Wir wissen tatsächlich weniger über diesen lateinischen Apologeten und sein Werk als das, was bisher über ihn als sicher festzustehen schien.

[36] Zu einem weiteren Widerspruch s. Verfasser: JbAC 6 (1963) 129_1.

[37] Vgl. besonders Becker (s. Anm. 31) 13.

[38] Noct. Att. 18,1: Baehrens (s. Anm. 25).

[39] Vgl. auch Hirzel aO. 2,66 zum Dialog des Florus, der in Taracco spielt.

[40] Vgl. Helm (s. Anm. 15) 90.

3. Religiöse Pseudepigraphie und literarische Fälschung im Altertum

Die Beschäftigung mit der literarischen Fälschung im Altertum fordert eine Berücksichtigung aller Schriften unter einem nicht der Wirklichkeit entsprechenden Verfassernamen; denn die Fälschung stellt nur einen besonderen Fall der Pseudepigraphie dar. Als Pseudepigraphen sind diejenigen Schriften des Altertums zu betrachten, die nicht von den Verfassern stammen, denen sie durch Titel, Inhalt oder Überlieferung zugewiesen sind. Neben der absichtlichen Fälschung kommen als Gründe, die zur falschen Autorschaft geführt haben, besonders folgende in Betracht: Verwechslung wegen Namensgleichheit oder Namensähnlichkeit des Verfassers oder wegen Ähnlichkeit des Buchtitels; falsche Zuschreibung anonymer Schriften durch antike Kritiker; ferner Irrtümer der Kopisten. Manchmal wurden in einer Philosophen- oder Ärzteschule Schülerarbeiten als Werke des Meisters weitergegeben. Besondere Verwirrung stifteten Erfindungen wie Dialoge und Briefe, die als künstlerische oder rhetorische Arbeiten beabsichtigt waren und deren pseudepigraphische Einkleidung wie etwa bei mancher Parodie nur eine literarische Form darstellt[1].

Während die genannten Tatsachen genügen, um die falsche Verfasserangabe bei den profanen Pseudepigraphen hinreichend zu erklären, wenn auch im Einzelfall oft nicht sicher zu sagen ist, auf welcher der genannten Tatsachen die falsche Herkunftsangabe beruht, so trifft dies nicht in gleichem Maße auf die religiösen Pseudepigrapha zu. Es empfiehlt sich demnach, zwischen profanen und religiösen Schriften mit falscher Verfasserangabe zu unterscheiden[2]. Bei den religiösen Pseudepigraphen, die als Fälschungen zu betrachten sind, stellt sich außerdem ein besonderes ethisches Problem. Denn daß für den religiösen Menschen Lüge und Täuschung nicht etwa als sittlich erlaubtes Mittel angesehen wurde, dürfte feststehen und ist auch durch Stimmen aus dem Altertum bezeugt: Augustinus bemerkt ad Consentium contra mendacium 1,1 (CSEL 41, 470,13): »Was heißt denn der Satz ›Laßt uns lügen, damit wir die lügnerischen Häretiker zur Wahrheit führen‹ anderes als: Wir wollen Übles tun, damit daraus Gutes komme?« (vgl. ebd. 2,2). Dennoch sind von Priestern und theologisch Gebildeten viele Schriften gefälscht worden. Auf dieses Problem soll hier nicht näher

[1] Ferner sind noch zu nennen: Kanzleiarbeiten gingen unter dem Namen des regierenden Fürsten, Bischofs oder Papstes in die Öffentlichkeit. Redegewandte Freunde eines angesehenen Politikers haben dessen Reden verfaßt, so daß sie unter dessen Namen publiziert wurden. Ganz selten kam es vor, daß berühmte Benutzer einer Schrift als Verfasser angesehen wurden. Dazu tritt die Pseudonymität im engeren Sinne. Zu den genannten Gründen s. Verf., Die literarische Fälschung im heidnischen und christlichen Altertum: Theophaneia (erscheint demnächst) A III. IV; im folgenden zitiert als Liter. Fälschung. Die Monographie soll durch die vorliegende Studie und eine Arbeit über Das aufgefundene Buch im religiösen Erlebnis, in der literarischen Fälschung und in der Dichtung: Hypomnemata (erscheint demnächst) vorbereitet, ergänzt und entlastet werden. Eine kurze Zusammenfassung bietet mein Art. Fälschung (literarische): RAC Lfg. 50 (1967). —
Für wertvolle Anregungen möchte ich außer Herrn Professor Theodor Klauser den Herren Professoren Harald Fuchs, Basel, und Alfred Hermann, Köln, danken.

[2] In den modernen Literaturen kommt Pseudepigraphie fast nur bei profanen Schriften vor. Darum sind die Probleme dort weniger verwickelt; vgl. für die deutsche Literatur E. Frenzel, Art. Literarische Fälschung: Reallex. d. dtsch. Literaturgesch. 1 (1958) 444/50; dies., Gefälschte Literatur: Arch. f. Gesch. d. Buchwesens 4 (1961/3) 711/40.

eingegangen werden[3]. Nicht alle pseudepigraphische religiöse Literatur ist als Fälschung zu beurteilen. Das liegt nicht etwa daran, daß die oben genannten Gründe besonders oft zur falschen Verfasserangabe geführt hätten, sondern es ergibt sich aus dem Wesen einer bestimmten Form religiöser Pseudepigraphie[4].

Als Grundlage aller weiteren Aussagen sollen zunächst die beiden Begriffe, religiöse Pseudepigraphie und literarische Fälschung, bestimmt werden:

a. Religiöse Pseudepigraphie. Ein Gott, ein Engel, ein Heros oder eine Gestalt des Mythos hat eine bestimmte Schrift eigenhändig verfaßt oder ihren Inhalt einem Menschen durch Diktat oder Inspiration mitgeteilt. Der die Offenbarung Empfangende ist entweder ein Mensch der Geschichte, dessen eigenes Zeugnis unmittelbar noch zu uns spricht, wie etwa der Apostel Johannes, Hermas, Dionysios[5], Thessalos, oder eine Gestalt der Sage und der mythischen Überlieferung. Trifft das letztere zu, so liegt gewissermaßen eine doppelte Erfindung vor. — In der jüdisch-christlichen Literatur erfaßt der Begriff der religiösen Pseudepigraphie einen weiteren Bereich. Seitdem es heilige Schriften gab, die als Gottesoffenbarung galten, war für diese Gott (der Heilige Geist) die letzte Quelle ihrer Entstehung. Menschliche Autoren treten hier besonders seit den alttestamentlichen Propheten stärker hervor. Religiöse Pseudepigrapha der Juden und Christen sind jene Schriften, deren Autor ein Prophet, ein Patriarch, Christus, die Apostel und Apostelschüler, in späterer Zeit auch ein Heiliger sein soll, in Wirklichkeit aber nicht ist[6].

b. Literarische Fälschung. Bei nicht anonym überlieferten Werken der Literatur, wobei Literatur im weitesten Sinne zu nehmen ist: Briefe, Inschriften, Orakel, muß in jenen Fällen von Fälschung gesprochen werden, in denen das behauptete Verhältnis von Verfasser und Werk nicht zu Recht besteht, der wirkliche Verfasser aber die Täuschung aus nichtkünstlerischen Gründen beabsichtigt hat[7].

Darf der moderne Begriff der Fälschung auf die pseudepigraphische religiöse Literatur des Altertums überhaupt angewendet werden? Wenn ja, in welchem Umfange?

[3] Vgl. H. Silvestre, Le problème des faux au moyen âge: Le Moyen Age 66 (1966) 351/70 und H. Fuhrmann, Die Fälschungen im Mittelalter (mit Diskussionsbeiträgen von K. Bosl, H. Patze, A. Nitschke): HistZs 197 (1963) 529/601 und Liter. Fälschung A IX. Zur Lehre von der berechtigten Täuschung bei den Griechen s. W. Nestle, Vom Mythos zum Logos (1940) 318f. 442. 510f. 526_{91}.

[4] Zur Frage der religiösen Pseudepigraphie haben sich eingehender geäußert: C. Alexandre, Excursus ad oracula Sibyllina (Paris 1856) 561/7; A. Jülicher–E. Fascher, Einleitung in das NT [7](1931) 54/6; F. Torm, Die Psychologie der Pseudonymität im Hinblick auf die Literatur des Urchristentums = Stud. d. Lutherakademie 2 (1932); A. Meyer, Religiöse Pseudepigraphie als ethisch-psychologisches Problem: ZNW 35 (1936) 262/79; J. Sint, Pseudonymität im Altertum = Commentationes Aenipontanae 15 (1960); besprochen u. a. von M. Forderer: Gnomon 33 (1961) 440/5 (Sint läßt die christlichen Pseudepigrapha beiseite; im übrigen trägt seine Darstellung gerade zur Frage der religiösen Pseudepigrapha Wesentliches bei [aO. 17/89]: »Pseudonymes Schrifttum aus mythischen und religiösen Triebkräften«). Genannt seien weiter L. H. Brockington, The problem of pseudonymity: JThSt NS 4 (1953) 15/22 (zum AT); vgl. dens. ebd. 54/6 in der Rezension von St. B. Frost, Old Testament apocalyptic (London 1952); K. Aland, The problem of anonymity and pseudonymity in christian literature of the first two centuries: JThSt NS 12 (1961) 39/49; E. Osswald, Zum Problem der vaticinia ex eventu: ZAW 75 (1963) 27/44. Vgl. ferner J. Leipoldt–S. Morenz, Heilige Schriften (1953) und S. Morenz, Ägyptische Religion = Die Religionen der Menschheit 8 (1960) 224/43.

[5] S. S. 104.

[6] Zu den anonym überlieferten jüdischen und christlichen Schriften, die zu den religiösen Pseudepigrapha zu zählen sind s. S. 96/8.

[7] Diese Begriffsbestimmung ist später im Hinblick auf die von uns so benannten ›echten religiösen Pseudepigrapha‹ und gewisse anonym herausgegebene Schriften zu erweitern (s. S. 116.96/8).

Diese Fragen sollen im folgenden behandelt werden. Dabei ist zunächst festzustellen, welche Beziehungen zwischen dem Autor und seinem Werk im Altertum bestanden haben (zur Frage des Selbstverständnisses des antiken Autors; S. 90/5) und welche Literatur der Heiden, Juden und Christen als religiöse Pseudepigraphie zu bezeichnen ist (Bestandsaufnahme; S. 95/100). An einem Beispiel soll gezeigt werden, daß es echte oder mythische religiöse Pseudepigraphie gibt, die nichts mit künstlerischer Fiktion oder Fälschung zu tun hat (S. 100/109). Den Beschluß des Aufsatzes bildet die Beurteilung der religiösen Pseudepigrapha des Altertums (u. S. 109/24).

1. Geistiges Eigentum und Fälschung

In den modernen Erörterungen begegnet häufig die Auffassung, daß der griechisch-römischen Antike der Begriff des geistigen Eigentums gefehlt habe[8]. Gewiß schützten im Altertum nicht Gesetze das geistige Eigentum. Daraus darf aber nicht geschlossen werden, daß die Antike diesen Begriff überhaupt nicht gekannt habe, mag er damals auch weniger ausgeprägt als in der Neuzeit und nicht für jede Art von Literatur gleich verpflichtend gewesen sein. Diese Auffassung wird durch folgende Tatsachen empfohlen:

a. In Griechenland tritt um die Wende des 7. Jh. vC. der einzelne mit seiner Persönlichkeit und seinem Anspruch auf eigene Weltdeutung literarisch hervor. Zu erinnern ist an Hesiod mit seiner Namennennung in der Theogonie V. 22[9], Hekataios von Milet mit seiner bekennerhaften Einleitung zu den Historien (Genealogien)[10] und Heraklit[11]. Die Namenangabe, angedeutet bei dem blinden Sänger aus Chios im pseudohomerischen Apollohymnus (V. 171/3), wurde von den Spruchdichtern des 6. Jh. vC. gerne verwendet. Die weitgehende Anonymität der homerischen Aöden und Rhapsoden[12] weicht der selbstbewußten Sphragis bei Phokylides[13], Demodokos[14], Hipparch[15] und Theognis[16]. Wie diese Dichter mit der Namennennung ihr literarisches Werk als ihr Eigentum siegeln, so signieren die Vasensammler und andere Künstler seit dem 7./6. Jh. ihre Schöpfungen mit ihrem Namen[17]. Nicht zufällig verbreitet sich

[8] Vgl. A. Ronconi, Introduzione alla letteratura pseudoepigrafa: Studi classici e orientali 5 (1955) 20f und H. Brunner: Handbuch d. Orientalistik 1,2: Ägyptologie (Leiden 1952) 92. Die im folgenden von mir vorgetragene Meinung stimmt überein mit L. Haenny, Schriftsteller u. Buchhändler im alten Rom² (1885) 104/7 und K. Dziatzko, Autor- u. Verlagsrecht im Alterthum: RhMus 49 (1894) 564f. 576 (mit Belegen aus Martial 1,52,6; 1,53,2; 1,66,9 und Seneca ben. 7,6,1); vgl. auch K. Ziegler, Art. Plagiat: PW 20,2 (1950) 1962, 29f. 1967f.

[9] Vgl. V. 24 und überhaupt den persönlichen Ton der Erga.

[10] Vgl. FGrHist 1 F 1 a.

[11] Vgl. Th. Bergk, Griech. Literaturgeschichte 1 (1872) 247f; A. Kleingünther, ΠΡΩΤΟΣ ΕΥΡΕΤΗΣ = Philol. Suppl. 26,1 (1933) 21/4 (Entwicklung des Persönlichkeitsgefühls); W. Kranz, Das Verhältnis des Schöpfers zu seinem Werk in der althellenischen Literatur: NJbb 53 (1924) 66.82/4; Kranz, Sphragis: RhMus 104 (1961) 13.44; bemerkenswert Dio von Prusa or. 53,9f »... daß er (nämlich Homer) seinen Namen nirgendwo geschrieben, auch nicht in seiner Dichtung an sich erinnert hat, während alle anderen, die glaubten, eine gewisse Bedeutung in der Dichtkunst oder Prosa zu besitzen, am Anfang und am Ende ihren Namen schrieben, viele auch in den Schriftstücken und Dichtungen selbst, wie Hekataios, Herodot und Thukydides ...« (s. C. Wendel, Die griech.-röm. Buchbeschreibung verglichen mit der des Vorderen Orients = Hall. Monographien 3 [1949] 27); s. ferner E. Nachmanson, Der griech. Buchtitel = Göteborgs Högskolas Arsskrift 47 (Göteborg 1941) 31/4.

[12] Die Sänger Phemios und Demodokos begegnen erst in der Odyssee, dem jüngeren homerischen Epos.

[13] Vgl. P. Ahlert: PW 20 (1941) 503,24/44.

[14] Vgl. R. Reitzenstein: PW 4 (1901) 2870 nr. 7.

[15] Vgl. Kranz, Sphragis (s. Anm. 11) 23.

[16] Vgl. J. Kroll, Theognisinterpretationen = Philol. Suppl. 29 (1936) 48/87 und G. Nenci, Il sigillo di Teognide: RivFilol 91 (1963) 30/7.

[17] Vgl. Kranz, Sphragis 20.45f.

zur nämlichen Zeit das Papyrusbuch, das eine Veröffentlichung bestimmter Schriftwerke mit dem Verfassernamen ermöglicht[18].

b. Die Literarkritiker des griechisch-römischen Altertums kennen sehr wohl den Begriff der literarischen Fälschung, ohne ihn allerdings näher zu bestimmen und von verwandten Begriffen, wie dem der Fiktion, genauer zu scheiden. Sie treffen mit Ausdrücken wie νοθεύειν, παραχαράττειν, κιβδηλεύειν, κίβδηλος, ῥᾳδιουργεῖν[19], falsare (falsum)[20], supponere, adulterinus, spurius[21] u. ä. das Fälscherunwesen[22]. Der Begriff der Fälschung setzt aber zugleich den Begriff des literarischen Eigentums voraus.

c. Die Fälscher bemühen sich, um ihre Erzeugnisse erfolgreich unterbringen zu können, mit allen Mitteln, Echtheit vorzutäuschen. Sie verwenden dazu erfundene Beglaubigungen wie Autopsie, Auffindung von Schriften in Gräbern, Bibliotheken und Archiven, Hinweise auf in Wirklichkeit nicht vorhandene fremdsprachliche Originale, die man zu übersetzen vorgibt, Wahrheitsbeteuerungen, Siegel (Sphragis) u. a.[23].

Dieses Verhältnis zwischen Autor und Werk, das auch in der Neuzeit noch weithin begegnet, ist im Altertum jedoch nicht das einzige gewesen. Ihm gegenüber gab es seit ältester Zeit den Glauben, daß der Sänger und Dichter nur Werkzeug eines offenbarenden Gottes oder der Muse sei, ja daß der Dichter mit den Göttern verkehrt habe und von ihnen belehrt worden sei[24]. Dieses vom Mythos geprägte Verständnis des eigenen Schaffens führte in Griechenland aber nicht notwendig zur religiösen Pseudepigraphie. Hesiod nennt in der Theogonie seinen eigenen Namen, obwohl dieses Werk religiöse Offenbarung widerspiegelt und obwohl er selber von der Inspiration durch die Musen am Helikon ausführlich spricht[25]. Hingegen sind die Orakel aus Griechenland, die ein Gott gegeben haben soll, von unserer Welt aus betrachtet, Erfindungen mit falscher Herkunftsbezeichnung. Ferner gehören hierher die orphischen Gedichte, die heidnischen Sibyllinen, die Werke des Musaios, Linos und anderer mythischer Gestalten.

Die religiöse Pseudepigraphie erlebte nach dem Tode Alexanders durch das erneute Eindringen mythischer Vorstellungen aus dem Orient bedeutenden Auftrieb. In Ägypten war sie von früh an verbreitet. In hellenistischer Zeit hielt man den Gott Thoth für

[18] Vgl. jedoch F. Dornseiff, Antike u. Alter Orient = Kl. Schriften 1² (1959) 31/4 und Wendel (s. Anm. 11) 81/5.

[19] Vgl. auch παραποιεῖν und verwandte Bildungen; A. Gudeman, Literary frauds among the Greeks: Class. Stud. in hon. of H. Drisler (New York 1894) 69_1. Christliche Autoren benutzten daneben öfters im gleichen Sinne das Wort ἀπόκρυφος (vgl. R. Meyer–A. Oepke: ThWb 3, 997, 17.25f; 998, 48f).

[20] Vom lateinischen Stamm fals- sind verschiedene griechische Neubildungen ausgegangen. Die Übernahme des lateinischen Wortes zeigt, wie verbreitet das Fälscherunwesen in der Spätantike gewesen sein muß; vgl. E. A. Sophocles, Greek lexicon of the Roman and Byzantine periods 2 (1914, Nachdruck New York [um 1959]), s. v. φαλσεύω und verwandten Bildungen.

[21] spurius ist gegenüber νόθος sehr selten; vgl. Auson. ep. 18, 30 (179 Schenkl): quique notas spuriis versibus apposuit (sc. Aristarchus).

[22] Urteile heidnischer und christlicher Schriftsteller über unechte und gefälschte Literaturwerke sind Liter. Fälschung (s. o. Anm. 1) zusammengestellt.

[23] Vgl. Liter. Fälschung A V.

[24] Vgl. Tert. an. 2, 3 (3 Waszink); Kranz, Sphragis 67/71; E. Fascher, ΠΡΟΦΗΤΗΣ. Eine sprach- u. religionsgesch. Untersuchung (1927); O. Falter, Der Dichter u. sein Gott bei den Griechen u. Römern, Diss. Würzburg (1934); E. Bethe, Buch u. Bild im Altertum (1945) 89/98; J. Leipoldt, Die Frühgeschichte der Lehre von der göttlichen Eingebung: ZNW 44 (1952/53) 118/45 = ders., Von den Mysterien zur Kirche (1961) 116/49; W. Bappert, Wege zum Urheberrecht (1962) 26/33 (mit Vorsicht zu benutzen). Fast jede dieser Arbeiten ist ohne Kenntnis der anderen geschrieben.

[25] Vgl. A. Kambylis, Die Dichterweihe u. ihre Symbolik (1965) 52/61.

den Verfasser der ältesten Schriften[26]. R. REITZENSTEIN[27] bemerkt dazu: »Der weise Priester erscheint als Inkarnation des Thot und wird nach seinem Tod als Thot verehrt ... Die ganze Auffassung erklärt uns, wie die im Kult rezipierten heiligen Bücher, obgleich von bestimmten Priestern verfaßt, doch dem einen Thot oder Hermes zugeschrieben werden; sie erklärt eine gewisse Neigung, ältere und jüngere Träger desselben Götternamens zu scheiden[28].« Ferner ist folgende Äußerung REITZENSTEINS zu beachten[29]: »Es bestätigt sich uns durchaus, was Iamblich in Ägypten erkundet hat: was der einzelne Priester schreibt, gilt als das Werk seines Gottes ... Nur deshalb kann ja, was der späte Priester schreibt, das Werk seines Gottes sein und als solches angenommen werden, weil der Gott in ihm weilt und durch ihn redet und schreibt. Der ägyptische Namen ›Tintenfaß des Thot‹ gibt diese Anschauung in einem allerdings schiefen Bilde wieder[30].« — Wie Thoth, so galt auch der vergöttlichte Minister und Baumeister Imhotep (3. Dyn.) später als Verfasser heiliger Bücher[31]. Hellenistisch-ägyptische Weihebronzen zeigen ihn als Imuthes auf einem Sessel sitzend in einer Rolle lesend. Im POxy 1381 aus dem 2. Jh. nC. wird von einer Erscheinung dieses Gottes berichtet. In seiner linken Hand hielt er ein Buch. Es war das heilige Buch, das der Gläubige als Dank für die erfolgte Wunderheilung ins Griechische übersetzen sollte[32].

Neben der hellenistisch-ägyptischen Vorstellung vom heiligen Buch steht die griechische Lehre von der Inspiration durch einen Gott. Im alten Ägypten sind Schriften wohl niemals auf göttliche Inspiration zurückgeführt worden[33]. Indessen war eine Art materialisierter Inspiration in Ägypten wie in Israel verbreitet: die magische Vorstellung vom Essen von Büchern oder vom Trinken ausgewaschener Buchstaben[34].

[26] P. BOYLAN, Thoth the Hermes of Egypt (Oxford 1922) 92/7; A. J. FESTUGIÈRE, La révélation d'Hermès Trismégiste 1² (Paris 1950) 74f und MORENZ, Ägypt. Religion (s. Anm. 4) 230/2.

[27] Poimandres (1904) 118f.

[28] Vielleicht darf man damit die im Altertum unternommenen Versuche zusammenbringen, verschiedene Personen namens Orpheus oder Bakis nachzuweisen (s. Orph. frg. test. 223. 225 KERN; zu Bakis s. O. KERN: PW 2,2 [1896] 2801f).

[29] Hellenistische Theologie in Ägypten: NJbb 13 (1904) 180. 181f. Statt ›Tintenfaß des Thot‹ müßte es wohl eher ›Farbtöpfchen des Thot‹ heißen.

[30] Zu Thoth vgl. ferner A. RUSCH: PW 6A (1936) 359, 15/36. Thoth galt auch als Schöpfer der Rituale (s. BOYLAN aO. 88/91 und RUSCH aO. 361, 19/48); s. auch S. MORENZ-J. LEIPOLDT, Art. Buch II (heilig, kultisch): RAC 2 (1954) 689f. — In der ägyptischen Literatur wurden menschliche Verfasser nur von Weisheitslehren namentlich genannt (s. S. SCHOTT: Handbuch d. Orientalistik 1,2: Ägyptologie [Leiden 1952] 229f; WENDEL [s. Anm. 11] 12f). Die Lieder blieben wohl anonym (vgl. A. HERMANN: ZDMG 101 [1951] 363).

[31] Vgl. ROEDER, Art. Imuthes: PW 9,2 (1916) 1217, 19f. Zu der ägyptischen Göttin der Schrift, Seschat, s. BOYLAN (s. Anm. 26) 210/2; H. BONNET, Reallex. d. ägypt. Religionsgesch. (1952) 699/701; D. MÜLLER, Ägypten u. die griechischen Isis-Aretalogien: AbhLeipz 53,1 (1961) 24.

[32] Vgl. J. LEIPOLDT, Von Übersetzungen u. Übersetzern: Aus Antike u. Orient: Festschr. W. Schubart (1950) 56/63 = Von den Mysterien zur Kirche (1961) 150/62 und MORENZ-LEIPOLDT: RAC 2 (s. Anm. 30) 690. 705.

[33] Vgl. MORENZ, Ägypt. Religion (s. Anm. 4) 231. Jedoch begegnen schon in der Hyksoszeit (1700 vC.) Formulierungen wie ›den Thot selbst belehrt hat, in dessen Mund Seschat gespeichelt hat‹ (vgl. H. J. POLOTSKY, An Egypt. epithet for a learned scribe: Bull. of the Jewish Palestine Explor. Soc. 14 [1947/8] 5 hebräisch mit engl. Referat 1*).

[34] Ägypten: die Geschichte vom Prinzen Setna und dem Zauberbuch (übers. von E. Brunner-Traut, Altägypt. Märchen [1963] 181). — Israel: Ezechiel 2,8/3,3; die Schatzhöhle c. 43, 1/4 (übers. von P. RIESSLER, Altjüdisches Schrifttum außerhalb der Bibel [1928] 992); Apc. 10,9f. — Das Motiv wirkt weiter bei Romanos Melodos (dazu s. L. A. PATON, A note on the vision of Romanos: Speculum 7 [1932] 553/5). Vgl. B. OLSSON, Die verschlungene Buchrolle: ZNW 32 (1933) 90f mit Parallelen aus den Zauberpapyri; LEIPOLDT-MORENZ, Heilige Schriften (s. Anm. 4) 178/80 und A. LUMPE, Art. Essen: RAC 6 (1966) 621f. 633. — Zu anderen Formen der Offenbarungsübermittlung, wie Diktat durch den Gott oder seinen Boten, Abschrift eines Buches, das im Himmel verwahrt wird, Himmelsbriefe, vgl. Verf., Buchfunde (s. Anm. 1).

In Kreta dagegen, in Griechenland und Italien wurden Gesetze, die schriftlich niedergelegt waren, teilweise als Werk der Götter angesehen: Minos, Lykurg, Zaleukos, Numa sollen ihre Gesetze von Göttern empfangen haben[35]. Ebenfalls wurden in Griechenland und Rom neben Orakeln Kultordnungen und der Hieros Logos für Werke der Götter gehalten[36].

Haben wir neben dem offenen Bekenntnis des Schriftstellers zu seinem Werk (s. S. 90f) damit ein zweites, und zwar religiös geprägtes Verhältnis, das zwischen Autor und Werk bestehen kann, kennengelernt, so ist zu prüfen, welche der überlieferten pseudepigraphischen Schriften hierher gehören. Religiöse Pseudepigraphie kennzeichnet jedenfalls nicht nur späte Machwerke, wie es manche Schriften unter dem Namen des Orpheus und Pythagoras sind. Als religiöse Pseudepigrapha wird man vielmehr alle Werke, die unter dem Namen von Göttern und mythischen Gestalten von der frühen Zeit bis weit in den Hellenismus und die Kaiserzeit hinein umlaufen, ansehen müssen: es sind die Schriften des Chiron[37], Linos[38], Philammon, Orpheus, Musaios, Bakis[39], Epimenides[40], des Abaris, Aristeas[41], des Thymoites[42], der Phemonoe, der Sibyllen[43], der Vegoia[44], der drei iranischen Magier: des Zoroaster, Hystaspes, Ostanes[45], des Astrampsychos[46], des zu einem Zauberer gewordenen Demokrit, des Hermes Trismegistos[47], des Asklepios-Imuthes[48], der Isis, des Agathodaimon[49], des Nechepso-Petosiris[50], um einige zu nennen. Magische Schriften, Orakelbücher unter den Namen alttestamentlicher Patriarchen und Propheten kommen teilweise aus synkretistischen Konventikeln, teilweise aus jüdischen und christlichen Kreisen[51].

In der ägyptischen Totenliteratur findet man oft die sogenannte Identifikationsformel: Der Tote setzt sich mit einem Gotte gleich: »Ich bin Atum«, »ich bin Re«. Hier wirken magische Vorstellungen ein[52]. Der Zauberer identifiziert sich mit einem Gott oder einer besonders mächtigen Person der Vorzeit, um dadurch die Macht des Gottes oder Heros zu gewinnen[53]. Der Name ist hier selbst schon wesentlicher Bestand-

[35] S. 101/9 — Öfters wurden die menschlichen Gesetzgeber als Götter verehrt. Die göttliche Herkunft ihres Werkes wurde dann wohl auf sie ausgedehnt (vgl. Clem. Alex. strom. 1,67,3f).

[36] Vgl. Morenz–Leipoldt: RAC 2,701/3.

[37] Vgl. jedoch Kranz, Sphragis (s. Anm. 11) 14f.

[38] Pausanias 8,18,1 (vgl. 9,29,9) verwirft seine Gedichte.

[39] Fascher (s. Anm. 24) 55 bemerkt: »Von diesen Gestalten wissen wir so gut wie nichts, immerhin haben die Namen der drei eben Genannten (nämlich Orpheus, Musaios, Bakis) ... den Titel für allmählich anwachsende Spruchsammlungen hergeben müssen, die spätere Fälschung sind.« Vgl. Sint (s. Anm. 4) 35/53.

[40] Vgl. Jacoby zu FGrHist 457.

[41] Vgl. J. D. P. Bolton, Aristeas of Proconnesus (Oxford 1962).

[42] Vgl. Diodor 3,67.

[43] Vgl. Fascher (s. Anm. 24) 55f; Literatur bei A. Kurfess, Christl. Sibyllinen: E. Hennecke–W. Schneemelcher, Neutestamentl. Apokryphen 2³ (1964) 498.

[44] Anm. 114.

[45] Vgl. J. Bidez–F. Cumont, Les mages hellénisés 1.2 (Paris 1938).

[46] Vgl. Riess: PW 2,2 (1896) 1796f.

[47] Vgl. Festugière (s. Anm. 26) 1,309/54 und Sint aO. 54/67.

[48] Vgl. Roeder (s. Anm. 31) 1217,16/29.

[49] Vgl. zB. einen Brief der Isis an ihren Sohn Horus bei M. Berthelot–Ch. E. Ruelle, Collection des anciens alchimistes grecs (Paris 1888 [Nachdr. London 1963]) Textband 28/35; ebd. 268/71 ein Schreiben des Agathodaimon an Osiris.

[50] Vgl. W. Kroll–M. Pieper: PW 16,2 (1935) 2160/7.

[51] Zu Cham vgl. PsClem. recogn. 4,27; zu Moses und Salomon s. Anm. 54; zu Daniel K. Krumbacher, Geschichte d. byzant. Litteratur 1² (1897 [Nachdr. New York 1958]) 628.630.

[52] Vgl. Morenz, Ägypt. Religion (s. Anm. 4) 34_{77}. 242f.

[53] Vgl. Th. Hopfner, Art. Mageia: PW 14 (1928) 368,21/59; E. Norden, Agnostos Theos³ (1923 [Nachdr. 1956]) 191_1 sowie bes. A. M. Kropp, Ausgewählte koptische Zaubertexte 3 (Brüssel 1930) 145/7 (vgl. 220/4).

teil der magischen Handlung oder des magischen Buches[54]. Insofern ist die Pseudepigraphie von Zauberbüchern ein eigener Fall, der weder zur freien Erfindung noch zur Fälschung oder zur religiösen Pseudepigraphie gehört. In ähnlicher Weise wird die pseudepigraphische Einkleidung anderer Geheimschriften mit astrologischem, alchimistischem und pseudomedizinischem Inhalt zu bewerten sein[55]. Manchmal ist aber dennoch eine derartige Schrift als Fälschung anzusehen, da der erborgte Name zugleich oder überhaupt nur als Werbemittel gedacht war[56]. — Auch in den Mysterien setzte der Mensch sich mit seinem Gotte gleich und konnte so die Taten des Gottes als eigene ausgeben[57]. Hier mögen Verbindungen zum Zauberglauben bestehen. Mit Fälschung hat dies nichts zu tun.

Wie muß ferner die religiöse Pseudepigraphie der Juden und Christen beurteilt werden? Die betreffenden Schriften und Aussprüche stammen nicht von den Autoren, die sie geschrieben oder gesprochen haben sollen. Als Erfindung und Dichtung sind sie keinesfalls insgesamt abzutun[58]. Das Altertum hat ihren Echtheitsanspruch ernst genommen. Deshalb wurden einige Pseudepigrapha, deren Inhalt keinen Anstoß gab, aufgrund der falschen Autorschaft sogar in den Kanon des AT und NT aufgenommen und zu heiligen Schriften erklärt[59]. Die jüdischen und christlichen Theologen des

[54] Zum Namenzauber vgl. Ganschinietz, Art. Iao: PW 9 (1914) 710/3. Moses wurde zum Zauberer (vgl. I. Heinemann, Art. Moses: PW 16 [1933] 363,23/44; im Pap. Lond. 46 sagt ein Zauberer: Ἐγώ εἰμι Μωύσης ὁ προφήτης σου, vgl. Reitzenstein: NJbb 13 [s. Anm. 29] 184f; A. Dieterich, Papyrus magica musei Lugduni Batavi: Jbb. f. class. Philol. Suppl. 16 [1888] 755; zum 8. und 10. Buch Mosis s. A. Dieterich, Abraxas [1891] 155/205 [mit Text]) wie Salomon (vgl. Dieterich, Abraxas 160f; K. Preisendanz: PW Suppl. 8 [1956] 660/704; das sogenannte Testamentum Salomonis ist eine magische Schrift, vgl. ebd. 684/90) oder Jakob (vgl. Ganschinietz: PW 9 [1914] 623f und das Gebet des Jakob bei K. Preisendanz, Papyri Graecae magicae 2 [1931] 148f). In Ägypten galten in hellenistischer Zeit Thoth, Isis und Imuthes als Verfasser vieler Zauberbücher (vgl. Morenz-Leipoldt: RAC 2,695f und Th. Hopfner, Griech.-ägypt. Offenbarungszauber 2 = Studien zur Paläographie u. Papyruskunde 23 [1924] § 3.7.14).

[55] Vgl. A. Dieterich: Jbb. f. class. Philol. Suppl. 16 (1888) 751/9; Berthelot (s. Anm. 49) und ders., La chimie au moyen âge (Paris 1893). Zu den pseudepigraphischen Pflanzenbüchern s. F. Pfister: PW 19,2 (1938) 1446/56 passim.

[56] So auch Hopfner, Art. Mageia (s. Anm. 53) 368 und ders. OZ (s. Anm. 54) 2 § 36; vgl. Dieterich, Abraxas 165 über die »Rivalität zwischen den einzelnen Vertretern dieser Bücherfabrikation« mit Hinweis auf das 8. Buch Mosis 1,12.

[57] Vgl. J. Kroll, Die christliche Hymnodik bis zu Klemens von Alexandreia = Verz. d. Vorles. Akad. Braunsberg 1921/22 (1921) $65f_2$. 74/7. Damit kann wahrscheinlich der Wechsel von Ich- und Er-Rede in der 31. Ode Salomonis erklärt werden (s. Kroll $65f_2$. 75_2). Vgl. auch die Aussprüche des Montanus: frg. 1» Ich bin der Vater und ich bin der Sohn und ich der Paraklet« (bei Hennecke-Schneemelcher [s. Anm. 43] 2,486).

[58] Dazu s. S. 113f.

[59] Das Buch Daniel galt als Erzeugnis der prophetischen Zeit und wurde deshalb noch in den Kanon aufgenommen (vgl. E. Schürer, Geschichte des jüdischen Volkes im Zeitalter Jesu Christi 3^3 [1909] 266). Die normative Periode der Gottesoffenbarung lag zwischen Moses und Esra. Alle Schriften unter dem Namen eines älteren Patriarchen oder späteren Schriftstellers wurden als apokryph angesehen (s. G. Hölscher, Kanonisch u. apokryph [1905] 36/44.77). So wurden wohl auch das Hohe Lied, die Sprüche Salomons und Kohelet nur wegen der pseudepigraphischen Verfasserschaft kanonisiert (vgl. E. Fascher, Art. Altes Testament: PW 5A [1934] 908f). — Der Begriff ›apokryph‹ gehört zur Kanongeschichte. Die Juden und Christen haben ihn im Hinblick auf die als heilig und von Gott inspirierten Schriften entwickelt. Für das AT s. Hölscher aO.; A. C. Sundberg, The old testament of the early church: HarvTheolRev 51 (1958) 205/26 und O. Eissfeldt, Einleitung in das AT^3 (1964) 757/73. Für das NT vgl. J. Leipoldt, Geschichte des ntl. Kanons 1 (1907); H. Lietzmann, Wie wurden die Bücher des NT heilige Schrift? (1907) = Kl. Schriften 2 = TU 68 (1958) 15/98. R. Meyer-A. Oepke, Kanonisch u. apokryph: ThWb 3, 979/99; Schneemelcher bei Hennecke-Schneemelcher, Neutestamentl. Apokryphen 1^3 (1959) 1/7 und H. von Campenhausen, Die Entstehung des Neuen Testaments: Heidelb-Jbb 7 (1963) 1/12. Filastrius haer. 88 kennt eine Häresie quae apocrypha, id est secreta ..., non accipit scripturas canonicas (zu ihr zählt er Manichäer, Gnostiker, Nikolaiten, Valentinianer). Der Begriff ›apokryph‹, welcher

Altertums haben die als apokryph ausgeschiedenen Schriften zumeist jedoch nicht wegen der falschen Verfasserangabe verfemt, sondern wegen des Inhalts, der mit der überlieferten Lehre oftmals in Widerspruch stand. Daher wurden selbst echte Bücher als gefälscht verdächtigt. Gaius verwarf die Johannesapokalypse als Fälschung des Kerinth[60].

Welche der religiösen Pseudepigrapha sind als Fälschungen zu betrachten? Bevor diese Frage beantwortet werden kann, muß der Bestand der pseudepigraphischen Schriften näher bestimmt werden. Schon zuvor hatten wir einige von ihnen aufgezählt (s. o. S. 93). Es bleiben aber noch gewisse Schwierigkeiten zu beheben.

2. Die religiösen Pseudepigrapha des Altertums

In Griechenland und Rom nimmt die religiöse pseudepigraphische Literatur im Verhältnis zu den übrigen Schriften nur einen bescheidenen Raum ein. Das rationale Verhältnis von Autor und Werk überwiegt, so daß die profane Literatur trotz mythischer Spuren, wie sie etwa bei Hesiod oder Plato begegnen, das Bild bestimmt. In den östlichen Randgebieten der griechisch-römischen Welt treffen wir auf eine Anzahl religiöser Pseudepigrapha der Heiden: Die Bücher des Corpus Hermeticum, des Nechepso-Petosiris, der Magier und Chaldäer[61] stammen aus diesem Bereich. Im jüdischen Schrifttum wurde die Form religiöser Pseudepigraphie besonders oft seit hellenistischer Zeit verwendet. Schürer hatte bei seiner Darstellung der jüdischen Literatur zwischen einem palästinensischen und dem hellenistischen Zweig unter-

der Kanongeschichte angehört, ist nicht mit dem literargeschichtlichen Begriff ›pseudepigraphisch‹ identisch. Der Sprachgebrauch der evangelischen Theologen seit A. Karlstadt, De canonicis scripturis (1520), die zwischen den Apokryphen und Pseudepigraphen des AT unterscheiden, ist hier ebenfalls fernzuhalten. Unter Apokryphen verstehen sie die deuterokanonischen Schriften, d. h. die Bücher des AT, die nicht im hebräischen Text, wohl aber in der Septuaginta zu lesen sind, unter Pseudepigraphen jene Bücher, die außerhalb des hebräischen und griechischen AT stehen, aber von bestimmten jüdischen Gemeinschaften und teilweise den Christen als inspiriert angesehen wurden. Es sind vor allem die angeblichen Patriarchenschriften wie die des Adam, Henoch, Seth, Abraham, Moses usw. Nach katholischem Sprachgebrauch werden die ›Pseudepigraphen‹ als Apokryphen bezeichnet, die ›Apokryphen‹ aber noch zum Kanon gerechnet (vgl. Eissfeldt aO. 775f). In literarhistorischem Sinne sind diejenigen Schriften als Pseudepigrapha zu bezeichnen, die unter falschem Verfassernamen umlaufen. Derartige Schriften finden sich aber sowohl unter den kanonischen Büchern (Daniel) wie unter den ›Apokryphen‹ (Brief des Jeremias, Baruch, Sapientia Salomonis) wie unter den ›Pseudepigraphen‹ (vgl. auch Anm. 64f. 85). — Als Sammlungen der atl. Apokryphen seien genannt: J. A. Fabricius, Codex pseudepigraphus Veteris Testamenti 1.2 (1713/23); E. Kautzsch, Die Apokryphen u. Pseudepigraphen des Alten Testaments 1.2 (1900 [Neudr. 1921]), Riessler (s. Anm. 34) (vollständigste Sammlung dieser Art [in deutscher Übersetzung]). A. M. Denis, Les pseudépigraphes grecs d'Ancien Testament: NovTest 6 (1963) 310/9 berichtet über den Plan einer Neuherausgabe der griechisch überlieferten atl. Pseudepigrapha mit Übersicht über den Bestand; vgl. A. M. Denis–M. de Jonge: NovTest 7 (1965) 319/28. Als Bd. 1 erschien Testamenta XII Patriarcharum, hrsg. von M. de Jonge (Leiden 1964). — Für die Apokryphen des NT sei angeführt: J. A. Fabricius, Codex apocr. Novi Testamenti 1/2² (1719), 3² (1743) und die bei Hennecke-Schneemelcher aO. genannten Werke. Die apokryphen Apostelgeschichten sind herausgegeben von R. A. Lipsius–M. Bonnet 1; 2, 1.2 (1891/1903 [Nachdr. 1959]); vgl. dazu R. A. Lipsius, Die apokryphen Apostelgeschichten u. Apostellegenden 1; 2, 1.2; Erg. Bd. (1883/90) und R. Söder, Die apokryphen Apostelgeschichten u. die romanhafte Lit. der Antike = Würzb. Stud. z. Altertumswiss. 3 (1932) mit Überblick über die vorhandenen Akten und Ausgaben (6/20). Vgl. ferner F. Stegmüller, Repertorium biblicum medii aevi 1 (Madrid 1950) 25/250 (das vollständigste Verzeichnis der bis dahin bekannten atl. und ntl. Apokryphen). Zu den Funden von Qumran s. A. Dupont-Sommer, Die essenischen Schriften vom Toten Meer (1960) 319/30. 346/56 und die Literatur bei Eissfeldt aO. 897/900; zu den Funden von Nag Hammadi s. die Literatur bei Hennecke-Schneemelcher.

schieden[62]. Während der Hauptteil der hellenistischen Literatur der Juden unter richtigem Autornamen umläuft oder eindeutig gefälscht ist, wird die palästinensische Literatur durch die religiöse Pseudepigraphie gekennzeichnet. Dabei ist die geographische Herkunft für das Verständnis dieser Schriften nicht gleichgültig: einerseits zeigt sich der griechische Einfluß wirksam, andererseits der orientalische. Nicht zufällig stammen aus dem syrisch-ägyptischen Raum viele christliche Pseudepigrapha. Bei ihrer Beurteilung darf der Herkunftsbereich also nicht übersehen werden.

Derartige Schriften gelten oft als Werk eines Gottes oder einer Gestalt des Mythos. Manchmal soll ein Gott sie einem Menschen der Vorzeit offenbart haben; so will im äthiopischen Henochbuch der Patriarch sein Wissen den göttlichen Tafeln verdanken[63]. Diese Schriften sind durch ihre Verfasserangabe leicht als religiöse Pseudepigrapha zu erkennen[64]. Schwieriger steht es mit anonym überlieferten religiösen Schriften, die den genannten inhaltlich gleichen. Sind es Visionen, Offenbarungen (Apokalypsen) und Testamente, die weitgehend in der Ich-Rede abgefaßt sind, so ist hier der Sprechende auch als Autor gedacht[65]. Die Ich-Rede ist aber in verschiedenen jüdischen Schriften merkwürdig mit einem Fremdbericht verknüpft, so im Buch Esra und Nehemia. Manche Forscher sind der Meinung, daß hier derselbe Verfasser von sich bald in der ersten Person, bald in der dritten spreche[66]. Besonders auffallend ist solcher Wechsel im Testament des Isaak, zB. c. 6,6: Er (Isaak) sprach: »ich sah und schaute«; 6,10: »da fragte ich den Engel«; 6,11: »der Engel sprach zu mir«; 6,13: da sprach zu ihm der Engel; 7,1: »er brachte mich« (vgl. aber 9,5: alsdann hob unser Vater Isaak ihn empor). Auch im Buche des Elias beobachten wir diese Erscheinung: 1,1/3; anders 1,4f; dann wieder 8,3f; ebenso in der Apokalypse des Esra: 1,1.10.13 (Er-Bericht); dazwischen 1,2/9 (Ich-Bericht) usw.; ähnliches findet sich im äthiopischen Henoch[67], im Kohelet[68], im Buch Tobit[69] und im Jubiläenbuch (c. 7,20.26). Ein solcher Wechsel

[60] Vgl. Liter. Fälschung C I f2.

[61] W. Kroll, De oraculis Chaldaicis = Breslauer philol. Abhandl. 7,1 (1894, Nachdr. 1962 mit Nachtrag: RhMus 50 [1895] 636/40). Vgl. E. R. Dodds: HarvTheolRev 54 (1961) 263.

[62] aO. 3, 188f; s. auch Anm. 223. — Viele pseudepigraphische Patriarchenschriften stammen aus der Qumran-Gemeinschaft (vgl. Dupont-Sommer aO. 319/30.346/56 und J. Hempel: PW 24 [1963] 1348/51).

[63] M. Rh. James, The lost apocrypha of the Old Testament (London 1920) 29f nennt ferner das Jubiläenbuch und die Testamente der zwölf Patriarchen; vgl. H. Bietenhard, Die himmlische Welt im Urchristentum u. Spätjudentum (1951) 236/50, bes. 241/3 und Dupont-Sommer aO. 352f.

[64] So zB. die Apokalypsen des Abraham, des Baruch (griech. u. syr.), des Elias, Esra und Sophonias; der slavische Henoch, IV Esra. Auch das Testament Iobs ist eindeutig pseudepigraphisch: der Bruder Iobs, Nereus (Nachor), will es geschrieben haben (c. 51,2.4; 53,1). In verschiedenen Rezensionen des Testaments des Adam nennt sich Seth als Verfasser (vgl. J. B. Frey: Dict. de la Bible Suppl. 1 [1928] 120); zum Testament Salomons s. Anm. 54. — Von christlicher Visionsliteratur sind zu nennen etwa die Apokalypsen des Petrus, Paulus, Thomas, V und VI Esra (vgl. Hennecke-Schneemelcher 2,407/572).

[65] Gesicht Esras, Himmelfahrt des Moses (= Testament des Moses), Testamente des Abraham, des Isaak, Himmelfahrt des Jesaia (christlich). Die Testamente der zwölf Patriarchen geben sich als Abschriften der Testamente eben dieser Patriarchen. Die sogenannte Apokalypse des Moses, in Wahrheit ein Leben Adams und Evas (bei Riessler [s. Anm. 34] 138/55), wird in c. 1 als Offenbarung Gottes an Moses ausgegeben; jedoch kann dieses Prooemium auch ein späterer Zusatz sein.

[66] Vgl. Eissfeldt (s. Anm. 59) 738.

[67] Vgl. dazu G. Beer bei Kautzsch (s. Anm. 59) 2,221/3 und 236_1.

[68] Nach Eissfeldt aO. 668 hat auch PsKohelet-Salomon (3. Jh.) von sich in der ersten und dritten Person gesprochen (vgl. Coh. 1,12/8; aber 1,1f. 12,9/11).

[69] Das Buch beginnt mit einer Art Selbstbiographie c. 1,1/3,6 (vgl. Schürer [s. Anm. 59] 3,240), darauf folgt der Fremdbericht. Die Erklärung von E. Meyer, Der Papyrusfund von Elephantine [3](1912) 106 »Aber er war schriftstellerisch nicht begabt genug« reicht nicht aus.

kann zwar teilweise überlieferungsgeschichtlich erklärt werden, daß nämlich verschiedene, ursprünglich selbständige Teile, Ich-Rede und Er-Bericht, von einem Bearbeiter ineinandergeschoben sind [70]. Damit können aber nicht Fälle wie im soeben genannten Testament Isaaks gedeutet werden. Auch in anderer orientalischer Literatur begegnet der Wechsel, so in den Totentexten der Ägypter [71]. Dürfen wir uns wundern, wenn diese Stileigentümlichkeit noch in einem späten koptischen christlichen Text vorkommt? In der von E. A. W. Budge herausgegebenen pseudocyrillischen Predigt über die Jungfrau Maria spricht der Bischof von Jerusalem von sich durchgehend in der ersten Person, geht dann aber auch in die dritte Person über [72].

Der Er-Bericht ist im allgemeinen ein Beweis dafür, daß die Hauptfigur, von der gesprochen wird, nicht mit dem Verfasser identisch ist. Diese Regel gilt indessen nicht für Thukydides [73], Polybius, Cäsar (de bello Gallico), Josephus (Jüdischer Krieg), die, indem sie sich selbst als ihren Gegenstand betrachteten, den Anschein der Objektivität zu erreichen suchten. O. Eissfeldt nimmt diese Absicht auch für das Buch des Haggai an [74]. Ein getarntes Pseudepigraphon dürfte das Buch der Jubiläen sein, wo von Moses in der dritten Person gesprochen wird, das Ganze aber als Gottesoffenbarung an ihn dargestellt ist [75]. In diesem Zusammenhang ist an die Auseinandersetzung zwischen Augustinus und dem Manichäer Faustus zu erinnern [76]. Faustus bezweifelte u. a., daß Matthäus der Verfasser des gleichnamigen Evangeliums sei, da er von sich in der dritten Person und nicht in der ersten spreche. Darauf antwortet Augustinus: »Doch nicht möchte ich ihn (nämlich Faustus) für so unerfahren halten, daß er nicht gelesen oder gehört habe, daß die Historiker, wenn sie auf sich zu sprechen kommen, sich gewöhnlich so verhalten, als ob sie von einem andern erzählen, was sie von sich selbst erzählen ..., und in der Profangeschichtsschreibung findet man für eine derartige Darstellung Beispiele.« Er verweist dann aber nur auf Moses im Exodus und Leviticus.

Ähnliche Schwierigkeiten wie bei den jüdischen anonymen und pseudepigraphischen Patriarchen- und Prophetenschriften begegnen bei den entsprechenden christlichen Apokalypsen, Evangelien und Apostelgeschichten. In manchen von ihnen nennt sich der angebliche Autor ausdrücklich: Das Petrusevangelium will Petrus geschrieben haben, als Verfasser des sogenannten Protevangelium Iacobi stellt sich Jakobus vor, die Epistula apostolorum erscheint als Werk der elf Apostel. Didymus Judas Thomas — der Name eines Verfassers — will ein gnostisches Evangelium verfaßt haben [77]; Jakobus ein griechisches Kindheitsevangelium [78]; die Apostel eine Marienapokalypse [79];

[70] Das nimmt Eissfeldt aO. 739 für Esra und Nehemia an (vgl. ebd. 470f zu Jeremias); s. auch M. Dibelius, Aufsätze zur Apostelgeschichte ²(1953) 171.

[71] Vgl. K. Sethe, Die Totenliteratur der alten Ägypter: SbBerlin (1931) 525f. (531.) 533f. 540f.

[72] Miscellaneous Coptic texts (London 1915) 626/51, bes. 636/9 der englischen Übersetzung.

[73] Vgl. auch 1,1,2; 1,22; 4,104f; 5,26 u. öfter (s. W. Schmid, Gesch. d. griech. Literatur 1,5 [1948] 19₃.20); s. auch das Prooemium Herodots und ebd. 1,5. Die Historiker beginnen oft mit der dritten Person statt der ersten ihre Darstellung (vgl. M. Pohlenz, Thukydidesstudien II: NGGött [1920] 57/9 = Kl. Schriften 2 [1965] 255/7). Zum Wechsel von Wir (Ich)-Rede und referierender Darstellung s. Norden (s. Anm. 53) 313/27 und Dibelius (s. Anm. 70) 170/2.

[74] aO. 578f.

[75] Nach c. 1,5.7.26 (Rede Gottes an Moses); 23,32 (Rede des Engels) soll Moses die ihm zuteil gewordene Offenbarung selber aufschreiben. Nach c. 1,27.29; 6,22; 30,12.21; 50,6 schreibt der Engel, während er c. 2,1 Moses die Urgeschichte diktiert (vgl. 50,13). Dieser Wechsel entspricht in gewisser Weise dem Wechsel von Ich- und Er-Bericht in anderen jüdischen Pseudepigraphen.

[76] c. Faust. 17,1.4 (CSEL 25,1).

[77] Vgl. W. C. van Unnik, Evangelien aus dem Nilsand (1960) 161/73.

[78] Hrsg. von A. Delatte, Anecdota Atheniensia 1 (Liège 1927) 264/71.

[79] Hrsg. von Delatte aO. 1,272/88.

Gamaliel das gleichnamige Evangelium[80] usw. Verschiedene Kirchenordnungen werden als Werk der Apostel ausgegeben, so die Didaskalie, die pseudoapostolische Kirchenordnung, die pseudoapostolischen Konstitutionen, das Testamentum domini nostri Jesu Christi u. a.[81]. Einzelne Evangelien sind jedoch anonym erschienen, wie die Sophia Jesu Christi, die Pistis Sophia, die Fragen des Bartholomäus u. a.[82]. Ebenso wird die pseudepigraphische Einkleidung bei den Apostelgeschichten nicht durchgehend angewendet[83].

Bei diesen pseudepigraphischen Schriften sind zunächst verschiedene Gattungen zu unterscheiden. Apokalypsen sind auf die Angabe des Verfassers mehr angewiesen, da sie Offenbarungen und Visionen, die eine bestimmte Person erlebt haben will, widerspiegeln als Patriarchenleben, Evangelien und Apostelgeschichten. Diese Schriften wollen verschiedene Vorgänge schildern. Eine Ausnahme bilden die Evangelien der Gnostiker, die eher zu den Visionsberichten zu zählen sind. Christus hält als der Offenbarende lange Reden im Ich-Stil. Seine Worte machen den Inhalt aus, so daß er wohl als der eigentliche Verfasser gelten soll. Wenn hier öfters noch ein anderer menschlicher Autor erscheint, so ist er eine Nebenfigur, wie in der Pistis Sophia der Apostel Philippus als Schreiber. Jedenfalls sind zwei Gruppen von Schriften zu scheiden: einerseits Visionsliteratur (Ich-Bericht eines Menschen, wobei Gott als eigentlicher Autor, der Mensch als Empfangender gilt)[84]; andererseits oft anonym überlieferte historisch

[80] M. A. van den Oudenrijn, Gamaliel. Äthiopische Texte zur Pilatusliteratur (Fribourg 1959) 24*f.

[81] Vgl. S. 122f.

[82] Vgl. H. Ch. Puech bei Hennecke-Schneemelcher 1,168/86; F. Scheidweiler ebd. 1,360/72. Im Petrusevangelium wechselt Ich- mit Er-Bericht (s. Norden, Agnostos Theos 325f). In der Pistis Sophia (1,22.42f) wird der Apostel Philippus als Schreiber Jesu genannt, in den pseudoklementinischen Konstitutionen versieht PsClemens das Amt des Secretarius der Apostel. In der Apokalypse des Petrus schreibt Clemens die Offenbarung auf, in der koptischen Version der katholischen Paulusapokalypse tun dieses Marcus und Timotheus. In den Prochorosakten diktiert der Apostel Johannes seinem Schüler Prochoros die Geheime Offenbarung (Text bei Th. Zahn, Acta Ioannis [1880] 184). Die Historia Iosephi fabri lignarii (4./5. Jh. aus Ägypten) wird als Rede des Auferstandenen an die Apostel ausgegeben, welche die Apostel aufgeschrieben und in der Bibliothek zu Jerusalem niedergelegt hätten. (Vgl. S. Morenz, Die Geschichte von Joseph d. Zimmermann = TU 56 [1951] 1.27.112).

[83] Außer den Liter. Fälschung (s. Anm. 1) C II (Erfundene literargeschichtliche Angaben) genannten angeblichen Apostelschülern, deren Werke noch vorhanden sind, gehören hierher: PsJohannes-Markus als Autor der Barnabasakten (5. Jh.; Text bei Lipsius-Bonnet 2,2,292/302); die Presbyter und Diakone der Kirche Achaias als Verfasser der Passio Andreae (Text bei Lipsius-Bonnet 2,1,1/37; vgl. Lipsius, Apostelgeschichten 1,141f); eine kürzere Rezension der Johannesakten, die lateinische Passio, unter dem Namen des Mellitus (= PsMelito, 7. Jh. [PG 5,1239/50]); (Beachtung verdient vielleicht der Hinweis in der Doctrina Addai, ed. G. Phillips [London 1876] »... the acts of the twelve Apostles, which John, the son of Zebedee, sent us from Ephesus«; zu den Akten der zwölf Apostel im Gebrauch des Mani-Schülers Agapius s. Phot. bibl. 179); der PsAreopagite Dionysius, der die Verfasserschaft über ein Martyrium Petri et Pauli beansprucht (die Augenzeugenschaft wird betont; 9. Jh.; s. Lipsius 2,1, 227/31; Söder [s. Anm. 59] 211/3). Einige der anonym überlieferten Akten waren ursprünglich wohl ebenfalls unter die Autorität von Apostelschülern gestellt, da hier, obwohl durchgehend Er-Bericht vorliegt, noch einige Male in der ersten Person des Singular oder Plural gesprochen wird (s. die Beispiele bei Lipsius 1,171f.346f und Söder aO. 213f; s. auch Dibelius [s. Anm. 70] 172). Die Pseudepigraphie war also bei den Apostelakten häufiger angewendet, als W. von Christ-O. Stählin, Geschichte d. griech. Lit. 2,2 (1924) 1201; Torm (s. Anm. 4) 31 und H. Kraft bei Lipsius-Bonnet 1 (Nachdr. 1959) 4* meinen. Eine Fortsetzung dieser Art von Schriftstellerei sind die Martyrerberichte und Heiligenviten. Auch sie sind teilweise anonym überliefert. Viele von ihnen sind aber unter die Autorität angeblicher Zeitgenossen und Schüler der Heiligen gestellt, die ihrem Martyrium und Tod beigewohnt haben sollen.

[84] Das wird im Bild des die Offenbarung aufschreibenden Menschen besonders deutlich (zB. Buch der Jubiläen [s. Anm. 75]). In der christlichen Literatur ist an die beiden nicht pseudepi-

berichtende Literatur[85]. Wie oben gezeigt wurde (s. S. 96f), werden in dieser Literatur mehrmals Ich-Rede und Fremdbericht ohne rechte Absicht vermischt; bald wird ein Werk mit einem Verfassernamen versehen, und der angebliche Verfasser tritt in seiner Schrift deutlich hervor, bald wird es anonym gelassen. Bisweilen beginnen auch die Grenzen der Gattungen zu verschwimmen: Historische Berichte werden als Offenbarung ausgegeben (Jubiläenbuch; Historia Josephi fabri lignarii), und Offenbarungen werden in historische Berichte eingeflochten (Reste der Worte Baruchs). Bei den geschichtlichen Berichten sind die Grenzen zur reinen Erzählung (das heißt Erfindung) oft schmal. Eine klare Abgrenzung, wie sie für den größten Teil der antiken profanen Schriften möglich ist, kann hier anscheinend nicht getroffen werden. So wird die Frage besonders drängend, ob den Verfassern dieser Schriften der Unterschied von echt und falsch, von Wahrheit und Täuschung, Geschichte und Roman, Wirklichkeit und Traum jeweils bewußt gewesen ist[86].

Verschiedene Schriften der Juden und Christen, die ebenfalls als religiöse Pseudepigrapha verbreitet wurden, haben wir bisher noch nicht genannt: so die jüdische Propagandaliteratur, die unter dem Namen des Orpheus und der Sibylle für das Judentum bei den Griechen wirbt. Da die Absichten dieser Schriften auch in anderen Verhüllungen, nämlich unter der Maske profaner Namen wie der griechischen Tragiker, des Heraklit, des Hekataios, des Aristeas u. a. durchgesetzt wurden, geben diese religiösen Pseudepigrapha kein schwieriges Problem auf. Sie sind eindeutige Fälschungen. Der Antrieb, sie herzustellen, lag mehr im politischen als im religiösen Bereich. Sie dienen der Selbsterhaltung und Selbstbehauptung des jüdischen Volkes in einer feindlichen Umwelt. Aus mythischem Erleben sind sie nicht geboren. — Eindeutige christliche Fälschungen sind die Schriften oder Weissagungen, die unter dem Namen mythischer Gestalten der Griechen und anderer Völker in Umlauf gesetzt wurden und christliche Gedanken verbreiten wollen[87].

Auch die pseudepigraphische jüdische Weisheitsliteratur ist verhältnismäßig leicht zu beurteilen. In der Sapientia Salomonis spricht 9,7f Salomon, ebenso will Kohelet-Salomon das gleichnamige alttestamentliche Buch geschrieben haben[88]. Die pseudepigraphische Weisheitsliteratur ist gewiß anders als die entsprechende religiöse Literatur zu verstehen. Schon die Personen, denen im Altertum, nicht nur in Israel, der-

graphischen Schriften, die Johannesapokalypse und den Pastor Hermae, zu erinnern. In Griechenland begegnet diese Form der Offenbarungsübermittlung selten. Ein archäologisches Beispiel bei M. P. Nilsson, Geschichte d. griech. Religion 1² (1955) 682 mit Taf. 49,2. Daneben gibt es noch weitere Formen der Übermittlung schriftlicher Offenbarungen: Aushändigung einer Schrift durch Gott oder seinen Boten; Himmelsbriefe; Entdeckung eines verborgenen heiligen Buches (vgl. A. Dieterich, Eine Mithrasliturgie³ [1923] 46/9; Festugière [s. Anm. 26] 1,309/54; dens., Lieux communs littéraires et thèmes de folklore dans l'hagiographie primitive: WienStud 73 [1960] 124/9 u. Verf., Buchfunde [s. Anm. 1]).

[85] Dazu zählen zB. das Leben Adams und Evas (bei Riessler [s. Anm. 34] 668/81); die Schatzhöhle (bei Riessler 942/1013.1325f); PsPhilo, Buch der biblischen Altertümer; das Martyrium des Jesaia; die Geschichte von Joseph und Asenath; Iannes und Iambres (vgl. J. Andrée: PW Suppl. 6 [1935] 238/40). Auf der Grenze zwischen Visionsliteratur und historischem Bericht steht das Buch ›Reste der Worte Baruchs‹ und das Testament Isaaks. — Ihnen entsprechen aus der christlichen Literatur die anonymen Evangelien und Apostelakten.

[86] Ganz allgemein galten den Juden Bücher, deren Inhalt sich auf Ereignisse der früheren Zeit bezogen, als alt: Ruth, die Chronik, Esther (s. Hölscher [s. Anm. 59] 41).

[87] Vgl. Liter. Fälschung (s. Anm. 1) BIII.CIIIf2.

[88] Zu den Proverbia s. Eissfeldt (s. Anm. 59) 636/45; zum Canticum ebd. 654/64; zum Prediger ebd. 664/77. Vgl. Sint (s. Anm. 4) 135f.

artige Sprüche zugelegt wurden, unterscheiden sich von den religiös-mythischen Gestalten, unter deren Namen die religiösen Pseudepigrapha umliefen. In Israel galt König Salomon als der große Weise[89]. Daher wurden ihm auch kluge Aussprüche späterer Zeit in den Mund gelegt. Es ist ja allgemein zu beobachten, daß dem Archegeten eines literarischen Genos namenlos umlaufende Schriften derselben Gattung zugewiesen wurden: so Homer hexametrische Heroendichtung, Hesiod hexametrische Lehrdichtung, Theognis Spruchweisheit, Anakreon Wein- und Liebeslieder, Äsop Fabeln usw. Die pseudomenandrischen, pseudocatonischen, pseudovarronischen und pseudosenekanischen Sentenzen gehören hierher. Andererseits konnte für eine solche Zuschreibung auch die Absicht bestimmend sein, dem betreffenden Werk oder Ausspruch ein höheres Ansehen zu verleihen. Verbindungen zur Fälschung bestehen hier eher als zur Fiktion. Das trifft für Kohelet und die Weisheit Salomons zu, in denen Salomon als Verfasser erscheint[90]. Wie das Buch Jesus Sirach zeigt, war aber auch bei der Weisheitsliteratur Pseudepigraphie kein allgemein geübter Brauch[91].

Wenn der jüdische Gesetzgeber Moses nach Ansicht der Späteren die ganze Thora verfaßt hat, so hängt dies nicht unmittelbar mit unserem Problem zusammen. Ganz ähnlich wurde Lykurg von den Spartanern als ihr Gesetzgeber schlechthin angesehen: »Alle anderen Punkte der spartanischen Verfassung hat man seit dem Ende des 5. Jhdts. auf Lykurg zurückgeführt, sowohl ... die Machtverteilung der Behörden, ... wie die gleiche Verteilung des Grund und Bodens[92].«

3. Ein Gott als Urheber von Worten und Schriften

In keiner Religion des Altertums wurde das Sprechen Gottes als bestimmende Lebensmacht so erlebt wie in Israel. Gott spricht hier in vierfacher Weise, als Schöpfer, Gesetzgeber, Lehrer und Richter[93]. Diese Ich-Rede Jahwes wird als Anthropomorphismus gedeutet[94]. Damit kann ein Doppeltes gemeint sein: Das Göttliche ist den Menschen auf menschengestaltige Weise begegnet, das heißt: es hat sich ihnen auf menschenverständliche Weise geoffenbart[95], oder der Mensch hat das Bild Gottes nach seinem Ebenbild geschaffen, so daß also Offenbarung nicht ein Geschenk Gottes an den Menschen, sondern menschliches Verstehen der Welt im Mythos wäre. Diese beiden

[89] Vgl. 1 Reg. 5,9/14. 10,1/10. 13,23f (s. Eissfeldt aO. 636/45 und E. Lohse: ThWb 7,460f).

[90] Die Proverbia, das Canticum und Kohelet wurden von jüdischen Schriftstellern für nicht kanonisch gehalten (s. Hölscher [s. Anm. 59] 30/3). Der pseudosalomonische Psalter und die gnostischen Oden Salomons sind wahrscheinlich erst im Laufe der Überlieferung unter die Autorität Salomons gestellt worden (vgl. R. Kittel bei Kautzsch [s. Anm. 59] 2,127). Zur pseudepigraphischen Weisheitsliteratur s. Sint (s. Anm. 4) 134/45.

[91] Vgl. Christ-Stählin (s. Anm. 83) 2,1 (1920) 560f; Hautsch, Art. Septuaginta: PW 2A (1923) 1609/11.

[92] Kahrstedt, Art. Lykurg: PW 13,2 (1927) 2445,33/8. Zu Moses s. M. Noth, Ges. Studien zum Alten Testament (1957) 55f.

[93] Zur Bedeutung des Wortes im altorientalischen und im hebräischen Denken s. das gleichnamige Kapitel bei Th. Boman, Das hebräische Denken im Vergleich mit dem griechischen [2](1954) 45/52; vgl. ferner J. Lindblom, Die Vorstellung vom Sprechen Jahwes zu den Menschen im Alten Testament: ZAW 75 (1963) 263/88.

[94] Vgl. Boman aO. 84/95; W. F. Albright, Von der Steinzeit zum Christentum = Slg. Dalp 55 (1949) 263/5; G. van der Leeuw, Art. Anthropomorphismus: RAC 1 (1950) 446/50 und F. Nötscher-Th. Klauser, Art. Angesicht Gottes: ebd. 437/40.

[95] Vgl. L. Richter, Art. Offenbarung (religionsphilosophisch): RGG 4 (1960) 1606 »Etwas Transzendentes offenbart sich der Immanenz mit immanenten Mitteln.«

Möglichkeiten entsprechen dem Glauben und dem Unglauben: dem Glauben an eine dem Menschen verständliche Offenbarung Gottes, dem der Unglaube im Hinblick auf diese Offenbarungsform gegenübersteht. Dieses Grundproblem der Glaubenswissenschaft gehört nicht zum Bereich der Literaturwissenschaft: diese kann nur die Erscheinungsformen, unter denen die Menschen das Göttliche erlebt haben, insofern es literarischen Niederschlag gefunden hat, beschreiben.

Im alten Orient, in Ägypten, Israel und Griechenland begegnen Götter den Menschen, sie sprechen zu ihnen, speisen mit ihnen, geben ihnen Gesetze und Offenbarungen. Gewiß wurde nicht jeder Beliebige, sondern nur der Schützling der Götter ihres Umgangs gewürdigt[96]. Die Ich-Rede der Götter ist ursprünglich nicht als literarische Form, sondern als Realität erlebt worden. Sie wurde ebensowenig bezweifelt wie die Gegenwärtigkeit und Sichtbarkeit der Götter selbst[97]. Die Jahwesprüche des AT wurden bereits angeführt, ebenfalls Thoth, der Urheber aller Schriften, Gesetze und Rituale in Ägypten[98]. Für die hellenistische Zeit sei auf die Offenbarungen des Hermes Trismegistos und des Mithras und die unechten jüdischen Patriarchenschriften verwiesen[99].

In dem genannten Kulturkreis ist der Gedanke, daß ein Gott dem Menschen Gesetze geoffenbart oder schriftlich ausgehändigt hat, weit verbreitet. Gott wird nach dieser Anschauung zum Urheber und Verfasser von mündlich oder schriftlich überlieferten Gesetzen. Wenn auch fast nur Berichte späterer Zeit darüber überliefert sind, so darf man deren Inhalt doch nicht als späte Legenden abtun. Schon die mythische

[96] Vgl. H. Duhm, Der Verkehr Gottes mit den Menschen im Alten Testament (1926) 1/22.211/8.

[97] Vgl. F. Pfister, Art. Epiphanie: PW Suppl. 4 (1924) 282/91; Söder (s. Anm. 59) 104.

[98] S. S. 91f. Zu Thoth als Gesetzgeber s. Cic. nat. deor. 3,56 (dazu Pease in seinem Kommentar [Cambridge Mass. 1958]); vgl. ferner Rusch, Art. Thoth: PW 6A (1936) 362,5/22. Müller (s. Anm. 31) 26f: »Die Vorstellung von Gott als Gesetzgeber ist in Ägypten auffallend dürftig belegt« (ebd. 26). Isis sagt von sich in der Aretalogie von Kyme V. 4 (= Aretalogie von Ios ed. Peek [s. Anm. 99] V. 3): »Ich habe den Menschen die Gesetze gegeben und habe Satzungen gegeben, die keiner ändern kann« (vgl. ebd. V. 52 und Aretalogie von Andros 20/2; die griechische Herkunft des Gedankens und der Formulierung weist Müller aO. 26/8 nach). — Zu Isis und Osiris als Gesetzgebern s. Kore Kosmou frg. 23,65.68 in: Corpus Hermeticum ed. A. D. Nock–A. J. Festugière 4 (Paris 1954) (= Joh. Stob. ecl. 1,406 W.). — Offenbarungen in Ich-Rede des Gottes haben für die ägyptische Religion, die weitgehend Kultreligion war, nur eine untergeordnete Bedeutung (s. Morenz, Ägypt. Religion (s. Anm. 4) 32/5). Vgl. Die Ägyptische Religion in Text und Bild, hrsg. von G. Roeder, 4 (1961) 322/7 (Ich-Rede des Gottes Amon) und R. Pietschmann, Leder u. Holz als Schreibmaterial bei den Aegyptern = Beitr. z. Kenntnis d. Schrift-, Buch- u. Bibliothekswesens 4 = Sammlung bibliothekswiss. Arbeiten 11 (1898) 57; zur Ich-Rede Marduks s. H. G. Güterbock: ZsAssyr 42 (1934) 82; zur Ich-Rede Jahwes s. Eissfeldt (s. Anm. 59) 95/8.

[99] Zu Mithras vgl. Dieterich (s. Anm. 84) 46f ἣν (δύναμιν) θεὸς Ἥλιος Μίθρας ἐκέλευσέν μοι μεταδοθῆναι ὑπὸ τοῦ ἀρχαγγέλου αὐτοῦ (Mithrasliturgie 2,5f D.). Im PGiss. nr. 3 spricht Apollo in der Ich-Form. — Mit dem Typus der Offenbarungsrede sind die sogenannten Isisaretalogien verwandt. Ihre literarische Gattung ist nur schwer zu bestimmen, da sie griechisch-ägyptische Mischprodukte darstellen. Man nennt sie Hymnen, Aretalogien, aretalogische Autobiographien, Evangelien u. a. (s. Müller [s. Anm. 31] 15/7; Texte bei W. Peek, Der Isishymnus von Andros und verwandte Texte [1930]; vgl. A. J. Festugière, À propos des arétalogies d'Isis: HarvTheolRev 42 [1949] 209/34). Zum Ich-Stil vgl. außer Norden (s. Anm. 53) 188/201; J. Kroll (s. Anm. 57) 22_1. 30f. 54_2. 56.59f. 62, bes. 65_2; A. Deissmann, Licht vom Osten ^{4}(1923) 108/14; E. Schweizer, EGO EIMI = Forsch. z. Rel. u. Lit. d. AT u. NT 56 NF 38 (1939), bes. 13f. 27/33; E. Stauffer, Art. ἐγώ : ThWb 2,341,15/37; A. D. Nock: Gnomon 21 (1949) 224f; R. Bultmann, Das Evangelium des Johannes ^{17}(1962) 167_2 und R. Schnackenburg, Art. Ich-Aussagen: LThK 5 (1960) 594f. Vgl. ferner die Selbstoffenbarungen der Isis bei Apul. met. 11,5 und die Rede des Kulturbringers Prometheus bei Aischylos Prom. 441/506. Zu weiteren Selbstvorstellungen von Göttern in der Tragödie und Komödie s. O. Weinreich, De dis ignotis quaest. sel.: ARW 18 (1915) 34/45.

Denkform widerspricht der Annahme später Erfindung. Auch wird man sich hüten müssen, auf Abhängigkeiten ähnlicher Berichte untereinander zu schließen[100]. Vielmehr ist an verschiedenen Orten des Orients und des Mittelmeergebietes diese Vorstellung entstanden.

Im folgenden seien die Überlieferungen für Moses, Minos, Lykurg, Zaleukos und Numa etwas eingehender besprochen. Heiden, Juden und Christen haben sich verhältnismäßig oft zu der göttlichen Herkunft der Gesetze dieser Nomotheten geäußert, während in den modernen Behandlungen der religiösen Pseudepigraphie dieses lehrreiche Beispiel übergangen wurde[101].

Im Altertum und nicht nur damals glaubten die Menschen, ein Gott habe ihnen die Gesetze gegeben[102]. Das Bewußtsein der Heteronomie gehört zu dem Grundbestand religiöser Erfahrung. Diese Tatsache dürfte schon allein erklären, warum die Gesetze auf einen Gott zurückgeführt wurden. Jedenfalls bedurfte es dafür nicht erst der Frage nach dem πρῶτος εὑρετής[103]. Dieser Begriff setzt bereits eine stark rational gestaltete Weltdeutung voraus, wie man sie erst seit dem 6. Jh. in Griechenland findet. Die antiken Berichte über die Gesetzgebung der Götter kennen ihn nicht. Man wird also annehmen dürfen, daß der Glaube von Gott als dem Gesetzgeber jenseits rationaler Berechnung liegt und von seinem Entstehen her ursprünglich nichts mit Absicht, Täuschung und Trug zu tun hat[104].

In die hier zu behandelnden Überlieferungen führt uns Strabon ein (16,2,38f): »Als staatlich gesonnene Wesen leben sie (die Griechen und Barbaren) unter einem gemeinsam geltenden Gesetz; denn anders kann die Menge nicht harmonisch miteinander ein und dasselbe vollbringen, nämlich sich als Bürger betätigen und überhaupt ein gemeinsames Leben führen. Das Gesetz aber ist ein zweifaches, entweder von den Göttern oder von den Menschen stammend. Die Alten ehrten und rühmten das Gesetz der Götter höher. Deshalb gab es auch viele Orakelsuchende, die nach Dodona gingen, um ›von der hochbelaubten Eiche den Ratschluß des Zeus zu hören‹, wobei sie Zeus als Ratgeber benutzten, oder nach Delphi ... Und auch Minos, ›der neun Jahre lang herrschte, der Genosse des großen Zeus‹ (Homer Od. 19,179[105]), stieg alle neun Jahre

[100] So meint Kleingünther (s. Anm. 11) 123: »Der kretischen Herleitung fehlte nur die göttliche Legitimation, und ich halte es sehr wohl für möglich, daß erst in Anlehnung an die Geschichte von der lykurgischen Orakelbefragung die Sage von Minos, der die Anweisung zu seiner Gesetzgebung von Zeus empfing, entstanden ist.«

[101] Sint (s. Anm. 4) und Morenz–Leipoldt: RAC 2 (s. Anm. 30) 688/717 behandeln die Frage nicht. — Einige Zeugnisse sind genannt von M. Mühl, Untersuchungen z. altoriental. u. althellen. Gesetzgebung = Klio Beih. 29 (1933) 85/8 und Nilsson (s. Anm. 84) 1^2,641/3.

[102] PsDemosthenes sagt or. 25,16: πᾶς ἐστιν νόμος εὕρημα μὲν καὶ δῶρον θεῶν (vgl. Marcian. Dig. 1,3,2). M. Pohlenz, Anonymus περὶ νόμων: NGGött (1924) 28_2 = Kl. Schriften 2 (1965) 323_2 zieht zum Vergleich heran: Soph. Oed. Tyr. 863f; Eurip. Ion 442.1312; Hippol. 98 (dazu vgl. den Scholiasten, hrsg. von E. Schwartz 2 [1891] 18); Demosth. 23,70 und Isocr. Panath. 169. Vgl. M. Gigante, ΝΟΜΟΣ ΒΑΣΙΛΕΥΣ (Neapel 1956) 268/97, bes. 274f. 202/9. — Mit den ἄγραφοι νόμοι, die als die wandellosen und wahren Gesetze gegenüber den Menschensatzungen erlebt wurden, hängt unsere Frage nur mittelbar zusammen; vgl. R. Hirzel, Ἄγραφος νόμος = AbhLeipz 20,1 (1900); M. Pohlenz, Nomos und Physis: Hermes 81 (1953) 418/438 = Kl. Schriften 2 (1965) 341/60. Der 64. orphische Hymnus preist den Nomos als Gottheit; vgl. F. Heinimann, Nomos u. Physis = Schweiz. Beitr. z. Altertumswiss. 1 (Basel 1945 [Nachdr. 1965]) 68f.

[103] Vgl. Kleingünther (s. Anm. 11) 4/25; K. Thraede, Das Lob des Erfinders: RhMus 105 (1962) 158/86; ders., Art. Erfinder II: RAC 5 (1962) 1192/99.

[104] s. S. 110f

[105] Wie dieser Vers zu verstehen ist, war schon im Altertum umstritten (s. Poland, Art. Minos: PW 15,2 [1932] 1902f); vgl. auch Dornseiff (s. Anm. 18) 265f.

bei den Kretern, wie Plato sagt (Minos 319CD), in die Höhle des Zeus und brachte von jenem die Gesetze mit und übergab sie den Menschen.« Entsprechend habe Lykurg die Pythia befragt. »Denn dies — auf welche Weise es auch immer wahr ist — wurde von den Menschen geglaubt und für wahr befunden. Deshalb wurden auch die Seher geehrt, so daß sie der Königswürde für wert erachtet wurden, da sie ja im Leben und Sterben die Befehle und Anordnungen der Götter uns Menschen offenbarten[106].« Strabo nennt als solche von den Göttern beauftragte Seher und Gesetzgeber Teiresias, Amphiaraos, Trophonios, Orpheus, Musaios, Zalmoxis, Dekaineos, Archaikaros, die indischen Gymnosophisten, die persischen Magier, die Chaldäer, die etruskischen Horoskopoi und als letzten Moses.

Es folge eine Äußerung Diodors über die Ägypter (1,94,1/2): »Man erzählt, als erster habe Mneues (= Menes) die Menge überredet, geschriebene Gesetze zu verwenden ... Er habe sich aber so verhalten (προσποιεῖσθαι), als ob Hermes (= Thoth) sie ihm als Ursache bedeutender Güter gegeben habe, wie bei den Griechen es Minos auf Kreta getan habe, bei den Lazedämoniern Lykurg; der eine, indem er behauptete, sie von Zeus, der andere, sie von Apollon empfangen zu haben. Auch bei mehreren anderen Völkern wird überliefert, daß diese Art der Erfindung (ἐπίνοια) zugrunde liege und daß sie denen, die ihr folgten, für viele Güter die Ursache gewesen sei. Bei den Ariern erzählte man, Zarathustra habe behauptet, daß ein guter Daimon ihm die Gesetze gegeben habe.« Bei den Geten habe sich in gleicher Weise Zalmoxis auf Hestia berufen, bei den Juden Moses auf Iao. Zur Erklärung dieses Vorgehens zieht Diodor zwei Möglichkeiten in Betracht: »sei es nun, daß sie die Gedanken für wunderbar und geradezu göttlich hielten, die den Menschen großen Nutzen stiften würden, oder aber, daß sie vom Volke mehr Gehorsam erwarteten, wenn dieses auf die erhabene Macht der angeblichen Urheber der Gesetze schaute[107].«

Schließlich sei noch Dionysius von Halikarnaß genannt (ant. 2,61): »Nach der Meinung derjenigen Forscher, die alle Mythen aus der Geschichte streichen, hat Numa die Erzählung von der Egeria erdichtet, damit die Menschen, die das Göttliche fürchten, eher auf ihn achten und bereitwillig die von ihm verfaßten Gesetze so aufnehmen, als ob sie von den Göttern stammten[108]. Ferner beweisen sie aus griechischen Beispielen, daß Numa damit die Weisheit des Minos von Kreta und des Lykurg von Sparta nachgeahmt habe ...« Dionysius bricht hier ab mit der Bemerkung: »Genauer über die mythischen Erzählungen zu handeln und besonders über die den Göttern zugeschriebenen, bedürfte es längerer Rede; deshalb will ich darauf verzichten[109].«

[106] Strabo geht wohl auf Poseidonios zurück (= FGrHist 87 F 70; dazu Jacoby im Kommentar).
[107] E. Schwartz, Art. Diodoros: PW 5 (1903) 670,20/22: »Der mit der Königsgeschichte nicht übereinstimmende Excurs über die ägyptischen Gesetzgeber (1,94.95) hat sich bis jetzt auf keinen bestimmten Gewährsmann mit Sicherheit zurückführen lassen.« Vgl. auch F. Jacoby, Art. Hekataios: PW 7,2 (1912) 2760,19/23 und Kommentar zu FGrHist 264 F 25, S. 78,24/8; ferner Bidez–Cumont (s. Anm. 45) 2,30/2 (zu Zoroaster als Gesetzgeber).
[108] Diese rationalistische Erklärung bieten ebenfalls Livius 1,19,5 (simulat); Pomp. Trog.-Iust. 3,3; Val. Max. 1,1 ext. 2 (de simulata religione: in diesem Abschnitt werden Numa, Minos, Lykurg und Zaleukos genannt) und Florus 1,2,3. — Plutarch, Numa 4,7f stellt die gläubige Ansicht, der er mehr zuneigt, neben die rationalistische, die er immerhin als möglich zuläßt (s. dens. Lyc. et Numa 1). Auch bei ihm begegnen Zaleukos, Minos, Zoroaster und Lykurg.
[109] Zu Minos vgl. Plato leg. 624A. 632D; PsPlato, Minos 319C; Nicolaus Damasc. = FGrHist 90 F 103aa; PsGalen, an animal sit...5(19,179 Kuehn); Nemes. nat. hom. 39,86; Etym. Magn. 343,26f Ἐννέωροι (s. auch u. zu Rhadamanthys). — Zu Lykurg s. Herodot. 1,65; Plato leg. 632D; Xenophon resp. Lac. 8,5; Ephoros bei Strabon 10,4,19 (= FGrHist 70 F 149); PsPlato Minos 318C

Waren es bisher nur Berichte aus verhältnismäßig später Zeit, so besitzen wir aus dem 1. Jh. nC. sogar ein Selbstzeugnis. Ein Dionysios will im Traum von Zeus Kultordnungen empfangen haben[110].

Aus dem bisher Dargelegten können wir folgendes entnehmen: Die Gesetzgebung Israels und einiger Völker des Mittelmeergebietes mit Ausnahme Alt-Ägyptens wurde auf göttliche Urheberschaft zurückgeführt. Danach war ein Gott der eigentliche Autor, der Mensch nur Empfänger seiner Botschaft.

Bevor wir die jüdischen und christlichen Stimmen zu diesem Sachverhalt hören, sei auf das Thema »Die schreibenden Götter« hingewiesen, da hier das Wesen religiöser Pseudepigraphie am deutlichsten ausgeprägt ist. Nur innerhalb einer Schriftkultur konnte man ein Schriftwerk auf einen Gott zurückführen, so daß dieser auch im buchstäblichen Sinne der Autor war. In den Berichten über die griechischen Gesetzgeber ist nie ausdrücklich gesagt worden, ein Gott habe eigenhändig die Gesetze geschrieben[111]. Auch der erwähnte Dionysios hatte nur den Inhalt seiner Schrift auf Zeus zurückgeführt, nicht aber behauptet, ein Autograph des Gottes zu besitzen. Nach dem Glauben der Griechen schrieben die Götter nicht. Wahrscheinlich hängt dies auch damit zusammen, daß bei ihnen nach der am weitesten verbreiteten Auffassung nicht ein griechischer Gott als ein Erfinder der Schrift galt, sondern der Phönizier Kadmos[112]. Sie erinnerten sich also noch an das geschichtliche Ereignis der Übernahme des Alphabets von den Phöniziern[113]. In der griechischen Literatur werden schreibende Götter

(320A); Cic. nat. deor. 3,91 (dazu s. Pease in seinem Kommentar ²[1963]; Plutarch Lyc. 5.29 Aristid. or. 13 p. 313f Dind.; PsGalen aO.; Nemes. aO. — Lykurg hatte die Gesetze nicht aufgeschrieben. Eine der Rhetren verbot dies sogar (s. Aristot. pol. 2,6,16; Plut. Lyc. 13,1.3). Ein Zusatz zur großen Rhetra galt ebenfalls als von Gott gegeben (Tyrt. bei Plut. Lyc. 6,5 = frg. 3b D.; vgl. H. Schaefer, Art. Polydoros nr. 5: PW 21,2 [1952] 1610f). Zur großen Rhetra s. H. Bengtson, Griech. Geschichte ²(1960) 100/2. 109. — Außer den Genannten wurde Ähnliches auch von Rhadamanthys erzählt: Ephoros bei Strabon 10,4,8 (= FGrHist 70 F 147); vgl. Eustath. Od. 1861,25. Ebenso von Zaleukos: Schol. Pind. Ol. 10,17i (hrsg. v. A. B. Drachmann 1[1903] 314f) = Aristot. frg. 548 R. und Plut. de se ipso c. invid. laud. 11,543A. — Plato leg. 624AB spricht davon, daß Zeus den Athenern, Apollo den Lazedämoniern, und Minos den Kretern ihre Gesetze gegeben haben. Unter diejenigen, welche religionem simulaverunt, rechnet Valerius Maximus 1 c. 1 ext. (15f Kempf) Numa, Minos, Lykurg, Zaleukos (s. auch Anm. 124). Zu den jüdischen und christlichen Zeugnissen s. S. 107f. — In diesem Zusammenhang ist auch an Apollon Nomion zu erinnern: Cic. nat. deor. 3,57 :(Apollo) quartus in Arcadia, quem Arcades Nomionem appellant quod ab eo se leges ferunt accepisse (vgl. auch Clem. Alex. protr. 2,28,3 und Stählin z. St.; vgl. aber Pease zu Cic. aO.; ebd. zum delphischen Apoll als Gesetzgeber). Ferner ist der Heros Buzyges zu nennen, dem Gesetze in Attika zugeschrieben wurden (s. Toepffer: PW 3 [1897] 1095/7). Von Saturnus in Italien wird berichtet: legesque dedit (Verg. Aen. 8,322). Das babylonische Meerungeheuer Oannes soll neben der Schrift und den Künsten den Menschen die Gesetze gebracht haben (vgl. Berossos = FGrHist 680 F 1,4f; s. J. Sturm: PW 17,2 [1937] 1677/9).

[110] Dittenberger, Sylloge 3³,985; von Leipoldt-Morenz, Heilige Schriften (s. Anm. 4) 32f und J. Leipoldt: ZNW 44 (1952/53) 128 besprochen. Leipoldt zweifelt jedoch, daß es sich um eine heilige Schrift handle. Schon Zaleukos soll sich auf Athena berufen haben, die ihm die Gesetze im Traum geoffenbart habe (s. die Zeugnisse Anm. 109).

[111] S. aber Anm. 151.

[112] Vgl. Ephoros bei Clem. Alex. strom. 1,75,1 (= FGrHist 70F 105c); Aristot. frg. 501 R.; Plin. n. h. 7,192 (s. Kleingünther [s. Anm. 11] 60/4; O. Crusius, Art. Kadmos: Roscher, Lex., 2,1,871 [Abb. 8]. 873/5. 892; Wendel [s. Anm. 11] 80f mit Anm. 456). Von christlichen Autoren vgl. Iren. haer. 1,8. 15,4 Harvey; Tat. or. 39; PsIustin. coh. 12; Clem. Alex. strom. 1,75,1; Eus. chron. 1 pr. 3 (PG 19,104); Greg. Naz. or. 4,107 (PG 35,641f); Epiphan. adv. haer. 34,11; Isid. or. 1,3,5f.

[113] Es gab allerdings auch Überlieferungen, nach denen ein griechischer Gott oder Heros die Schrift erfunden habe: Athene (Schol. Vat. in art. Dion. Thr. § 6 ed. A. Hilgard = Gramm. Graeci 1,3 [1901] 182,17f), Prometheus (Aesch. Prom. 460), Palamedes (s. H. Lewy: Roscher, Lex. 3,1,1268f),

sehr selten erwähnt. In diesen Fällen wird mit orientalischem Einfluß zu rechnen sein, so wenn PsDositheus 10 bemerkt: praecepta in Delphis ab Apolline in columna scripta sunt secus deum[114].

Das griechisch-römische Altertum sah in Ägypten das Land der Schrift. Tacitus bemerkt (ann. 11,14): primi per figuras animalium Aegyptii sensus mentis effingebant ... et litterarum semet inventores perhibent. Thoth war der erfinderische Gott, der den Menschen des Niltales Gesetz und Schrift geschenkt hatte: Cicero nat. deor. 3,56[115] quintus (sc. Mercurius) quem colunt Pheneatae, qui Argum dicitur interemisse ob eamque causam Aegyptum profugisse atque Aegyptiis leges et litteras tradidisse; hunc Aegyptii † Theyn appellant[116].

Orpheus, den die Musen belehrt haben (Orph. frg. test. 123.172 K.), Linos (vgl. Jacoby zu FGrHist 32 F 8; 67,1), die Musen (Diod. 5,74,1), Phoinike (Skamon frg. 3 = FGrHist 476 F 3; dazu Jacoby im Kommentar und Thraede: RAC 5 [s. Anm. 103] 1237) u. a. Wenn Hermes genannt wird, dürfte ägyptischer Einfluß anzunehmen sein (zu der Gleichsetzung Thoth-Hermes s. Festugière [s. Anm. 26] 1,69f und Pease zu Cic. nat. deor. 3,56 [1958]). Zu den mannigfachen Berichten der Griechen über die Erfindung der Schrift s. bes. Plin. n. h. 7,192; Hygin. fab. 277,1f; Schol. Vat. in art. Dion. Thr. § 6 p. 182/5. 190/2 Hilg.; Isid. or. 1,3 (s. J. Fontaine, Isidore de Séville et la culture classique dans l'Espagne wisigothique 1 [Paris 1959] 58f). Vgl. ferner Pease zu Cic. nat. deor. 3,56 und Thraede: RhMus 105 (s. Anm. 103) 178/80. — Den Römern sollen Saturn (Min. Fel. 23, 10; Cypr. quod idola 2), Euander, Herkules (vgl. Weizsäcker: Roscher, Lex. 1,1,1394) oder die Nymphe Carmentis die Buchstaben gebracht haben (s. Serv. comm. in Don., ed. H. Keil = Gramm. Lat. 4 [1864, Nachdr. 1961] 421; »Sergius« in Don.: ebd. 4,519; Cledon. ars: ebd. 5,26f; Pomp. comm.: ebd. 5,98; Hygin. fab. 277; Isid. or. 1,4,1; 5,39,11; vgl. G. Wissowa bei Roscher, Lex. 1,1,851/4 und Aust: PW 3,2 [1899] 1595, 24/31). Zum Gesamtthema vgl. F. Dornseiff, Das Alphabet in Mystik und Magie = Stoicheia 7 ²(1925) 2/10 und Tiemann, Art. Schreiben, Schrift, Geschriebenes: Hdwb. d. dtsch. Aberglaubens 9 (1938/41) Nachträge 296/300.

[114] Corp. gloss. lat. 3 ed. G. Goetz (1892) 386f (zu PsDositheus s. Goetz: PW 5,2 [1905] 1606f). Vgl. Mar. Plot. ars gramm. 3,2 p. 502,15 Keil: heroicum metrum et Delphicum et theologicum nuncupatur ... Delphicum ab Apolline Delphico, qui primus hoc usus est metro und die praecepta Delphica Miletopolitana (Dittenberger, Sylloge ³, 1268). — Dike schreibt die Sünden der Menschen auf (s. Hesych s. v. σκυτάλαι). Plutarch, def. or. 417 A spricht von den Dämonen als von Dienern und Schreibern der Götter. In Etrurien schreiben Dämonen. Sie sind »Chronographen, die das Leben und die Besitzverhältnisse, wie der Schreiber auf der Oberwelt es für das Familienarchiv tat, auch für die Ewigkeit festhalten« (F. Messerschmidt, Die schreibenden Gottheiten in der etruskischen Religion: Arch. f. Religionswiss. 29 [1931] 66). Servius bemerkt zu Aen. 6,72: qui libri (sc. Sibyllae) in templo Apollinis servabantur, nec ipsi tantum, sed et Marciorum et Begoes nymphae, quae artem scripserat fulguritarum apud Tuscos (s. G. Wissowa, Art. Begoe: PW 3 [1897] 194; dens., Art. Vegoia bei Roscher, Lex. 6,172f). — Vgl. auch Th. Birt, Schreibende Gottheiten: NJbb 19 (1907) 700/21; dens., Die Buchrolle in der Kunst (1907) 8f. Tiemann aO. 301/3. In Babylon wurde Nebo als Schöpfer der Schreibkunst verehrt (vgl. A. Jeremias bei Roscher, Lex. 3,1,55/7). Vgl. L. Koep, Das himmlische Buch in Antike u. Christentum = Theophaneia 8 (1952) 1/18 und dens., Art. Buch IV: RAC 2 (1954) 725/31.

[115] Von Laktanz, div. inst. 1,6,2f zitiert.

[116] In Ägypten galt Thoth als Schöpfer der Schrift; von den Griechen wurde er als ihr Erfinder bezeichnet: zu diesem Unterschied s. Müller (s. Anm. 31) 22/5.90. — Zu den phönizischen Erfinder-Göttern s. O. Eissfeldt, Taautos u. Sanchunjaton: SbBerl 1 (1952) 57f. Vgl. ferner Diodor 1,16,1; Cic. nat. deor. 3,56 (dazu Pease); Boylan (s. Anm. 26) 99f; Rusch (s. Anm. 30) 358. — Später steht Isis als Erfinderin neben Thoth: Diod. 1,27,3/5; Aretalogie von Kyme 3b; Aretalogie von Ios 2b (bei Peek aO. [s. Anm. 99]); Augustin. c. d. 18,3.37.39f; Isid. or. 1,3,4f; Eugen. Tolet. carm. 39,5 (MG AA 14,257); vgl. bes. Müller aO. 22/5. In Phönizien wurde Taautos, der mit Thoth-Hermes gleichgesetzt wurde, ursprünglich aber wohl von ihm verschieden war, als Erfinder der Schrift verehrt (s. Philo v. Byblos bei Eus. pr. ev. 1,9,24; 1,10,14; s. Eissfeldt aO). Zu beachten ist eine Bemerkung Ciceros (nat. deor. 3,42): alter (sc. Hercules) traditur Nilo natus Aegyptius, quem aiunt Phrygias litteras conscripsisse. — Die Juden waren bei ihrer apologetischen Gegenpropaganda darauf angewiesen, den Altersbeweis besonders zu pflegen (zu diesem Prioritätstopos s. Thraede [s. Anm. 103] 1242/6 [Juden], 1247/61 [griechische Väter] und A. Luneau, Moses u. d. latein. Väter in dem Sammelwerk: Moses in Schrift u. Überlieferung [1963] 319f). Artapanos (2. Jh. vC.) setzte Moses mit Hermes Trismegistos gleich und behaup-

Nach der Überlieferung der Juden hatte Gott nicht nur das Gesetz dem Moses anvertraut, sondern es eigenhändig auf zwei steinerne Tafeln geschrieben. Gewiß sind die Zeugnisse darüber nicht einheitlich: nach Ex. 34,27f war Moses der Schreiber; nach Ex. 24,12; 31,18; 32,15f.32; 34,1; Dtn. 4,13; 5,22; 9,10f u. ö. aber Jahwe selbst[117]. Auch nach der Meinung des späten Judentums und der Christen hatte Gott die Zehn Gebote geschrieben[118]. Einen eigentümlichen Bericht bietet Kosmas Indikopleustes (um 550 nC.)[119]. Er hatte die Wüste Sinai bereist und war dort auf die heute als nabatäisch bekannten Inschriften gestoßen. Diese hielt er für altisraelitisch, und zwar für Schreibübungen der Juden aus ihrer vierzigjährigen Wanderschaft. Wie er meint, waren sie um der Ungläubigen willen bis auf seine Zeit aufbewahrt[120]. Die Juden hätten zugleich mit dem geschriebenen Gesetz die Schrift von Gott erhalten, sie gelernt und ihren Nachbarn, den Phöniziern, überliefert, und zwar dem Kadmos, König der Tyrier, und von jenem hätten die Griechen die Schrift übernommen, von diesen alle übrigen Völker. Kosmas steht mit diesem Gedanken zum Teil in der Nachfolge des Eupolemos[121], nur ist bei ihm die Urheberschaft von Moses auf Gott übertragen[122]. Schon Augustinus hat diesen Gedanken gekannt (c. d. 18,39): non itaque

tete, Moses habe den Beinamen Hermes erhalten διὰ τὴν τῶν ἱερῶν γραμμάτων ἑρμηνείαν, auch habe er die Hieroglyphen gefunden (bei Eus. pr. ev. 9,27,6). Diesen Gedanken entwickelte Eupolemos weiter: Moses, der erste Weise, habe den Juden die Buchstaben überliefert, von ihnen hätten die Phönizier sie übernommen und von diesen die Griechen. Moses habe als erster den Griechen Gesetze geschrieben (bei Clem. Alex. strom. 1,153,4 [dazu die Parallelen in der Ausgabe O. Stählins sowie Thraede aO. 1243] = FGrHist 723F 1b und Eus. pr. ev. 9,26,1; vgl. Anecd. Oxon. ed. J. A. Cramer, 4 [Oxford 1837, Nachdr. 1963] 245,20f). Wie bei Thoth begegnet auch hier die Verbindung von Gesetz und Buchstaben. Zu Moses als Erfinder der Schrift s. Cosmas Indic. top. 5 (PG 88,248B); Isid. or. 1,3,4; Eugen. Tolet. carm. 39,1 und I. Heinemann: PW 16 (1933) 368, 1f. Nach anderer jüdischer Überlieferung galt Henoch als Erfinder der Schrift (Buch d. Jubiläen 4,17; Übersetzung von Riessler [s. Anm. 34] 550), Seth oder Noe (Suda s. v.; Malalas S. 5f Dindorf und Fabricius [s. Anm. 59] 1, 146f.264f) und Abraham (Suda s. v.).

[117] Die Aufgabe, verschiedene Überlieferungen zu scheiden, ist hier besonders schwierig (vgl. W. Rudolph, Der Aufbau von Exodus 19/34 = ZAW Beih. 66 [1936] 41/8; M. Noth, Die Gesetze des Pentateuch = Schriften d. Königsb. Gel. Ges. 17 [1940] = ders., Ges. Stud. z. Alten Testament [1957] 53/8; O. Eissfeldt, Lade u. Gesetzestafeln: TheolZs 16 [1960] 281/4 und H. Seebass, Mose u. Aaron, Sinai u. Gottesberg = Abhandl. z. ev. Theol. 2 [1962] 101/19. Zur inhaltlichen Erklärung s. H. Schmidt, Mose u. der Dekalog: ΕΥΧΑΡΙΣΤΗΡΙΟΝ. Festschr. H. Gunkel 1 (1923) 113f, der aber auf das Problem der Pseudepigraphie nicht eingeht; s. auch u. Anm. 150. — Die Gestalt des Moses ist nur noch sehr undeutlich zu fassen, wie aus folgenden Forschungsberichten zu ersehen ist: E. Osswald, Das Bild des Mose in der kritischen atl. Wissenschaft seit J. Wellhausen = Theol. Arbeiten 18 (1962) und J. J. Stamm, Der Dekalog im Lichte der neueren Forschung ^{2}(1962) 14/36; vgl. aber auch Albright (s. Anm. 94) 249/71.

[118] So zB. Ios. ant. 3,101; Philo migr. Abr. 85 (vgl. dazu Pap. Louvre 3284 II 8f = Buch vom Atmen, aus hellenistischer Zeit: »[Thoth] hat dir das Buch vom Atmen mit seinen eigenen Fingern geschrieben«); Clem. Alex. paed. 3, 94, 1 St.; Or. Sibyll. 3,256f; Greg. Naz. or. 4,107 (PG 35, 641f) πλαξὶ θεοχαράκτοις ἐγγραφῆναι τὸν νόμον παρὰ θεοῦ; Aug. spir. et litt. 29 (PL 44,218); c. d. 16,43; Prud. ditt. 10.

[119] c. 5 (PG 88,217AB).

[120] Reliquien anderer Art aus der Zeit des Untergangs von Sodom und Gomorra nennt Philo v. Moysis 2,56. PsIust. coh. ad Gr. 13 spricht von noch vorhandenen Überresten der Zellen der siebzig Übersetzer der Septuaginta (vgl. R. Grant: HarvTheolRev 51 [1958] 129). Moses v. Choren 1,16, übersetzt von M. Lauer (1869) 32 berichtet von der Wasserleitung der Semiramis, die »bis auf den heutigen Tag erhalten« sei. Vgl. W. Hartke, Röm. Kinderkaiser (1951) 4_5 und im Register s. v. nunc-Formeln; H. Delehaye, Les légendes hagiographiques ^{4}(Brüssel 1955) 40f.

[121] Περὶ τῶν ἐν τῇ Ἰουδαίᾳ βασιλέων (FGrHist 723F 1); s. Anm. 116.

[122] Vgl. auch Greg. Naz. or. 4,107 (PG 35,641f). Auch nach syrischer Überlieferung hat Gott Moses die Schriftzeichen geoffenbart (vgl. R. M. Tonneau, Moses in der syrischen Tradition: Moses in Schrift und Überlieferung (s. Anm. 116) 283f. Theodor bar Kuni stellt sich die Frage: »Gab es also schon Schriften vor dem seligen Moses?« (s. Tonneau aO. 285).

credendum est, quod nonnulli arbitrantur, ... Hebraeas ... litteras a lege coepisse quae data est per Moysen. Er lehnt diese Auffassung ab, da sie ihm für den Altersbeweis gegenüber den Ägyptern unangenehm war[123].

Demnach haben heidnische Gesetzgeber und der jüdische Moses ihre Gesetze auf Gott als Urheber zurückgeführt. In Ägypten, Phönizien und Israel sah man in der Gottheit auch den Verfasser im wörtlichen Sinne. Nachdem die Griechen die Frage nach dem πρῶτος εὑρετής gestellt hatten, konnte leicht ein schreibender Gott auch als Erfinder der Schrift gefeiert werden.

In einem der drei o. S. 102f vorgeführten griechischen Zeugnisse, in denen von der göttlichen Urheberschaft berichtet wurde, ist durch Ausdrücke wie προσποιεῖσθαι, simulare, an der mythischen Überlieferung Kritik geübt worden[124]. Von ähnlichen Voraussetzungen aus hatte schon Kritias im Sisyphos die Gesetze als menschliche Absprache gedeutet[125]. Solche Urteile gründen in der Auffassung, daß religiöse Pseudepigraphie stets reines Menschenwerk sei und bestimmte Zwecke verfolge, etwa um damit Ansehen zu erringen.

Bevor darüber eine Entscheidung zu treffen ist, müssen die kritischen Stimmen der jüdischen und christlichen Schriftsteller beachtet werden. Für Juden und Christen gehörte die Sinaioffenbarung zum Glaubensgut. Wie haben sie die entsprechenden Berichte der Heiden beurteilt? Für Philo decal. 18f steht fest, daß Gott die Zehn Gebote persönlich geoffenbart habe[126]. In den Hypothetica[127] scheint er der rationalistischen Kritik nahezukommen, wenn er von Moses sagt: »Sei es nun, daß er es (das Gesetz) sich selbst überlegt oder, wie er es von einem göttlichen Wesen (δαίμων) hörte, angezeigt hat — das ganze Gesetz hat er auf Gott (θεός) zurückgeführt.« Einen Beweis für die einzigartige Bedeutung des mosaischen Gesetzes sieht Philo also hier nicht darin, daß Gott sein Verfasser ist — darauf konnten sich die Griechen teilweise auch für ihre eigenen Gesetze berufen —, sondern in der Dauer und Wandellosigkeit[128]. Diesen Grund führt er auch im Leben des Moses 2,12f an. Dort (2,17/20) verweist er ferner auf die Anerkennung des mosaischen Gesetzes durch alle Völker, während die heidnischen Gesetze nur auf kleine Völker beschränkt geblieben seien[129]. Ganz ähnlich geht Josephus vor, c. Apionem 2,161f[130]. Er vergleicht nach der Art Diodors Moses mit Minos und den übrigen Gesetzgebern und sucht sodann, wohl im Anschluß an

[123] Zum Altersbeweis s. c. d. 18,37. Isidor or. 1,3,5 schreibt c. d. 18,39 fast wörtlich aus: Hebraeorum litteras a lege coepisse per Moysen (s. FONTAINE [s. Anm. 113] 1,59$_2$). Vgl. auch Aug. quaest. in Hept. 2,69 (CCL 33).

[124] Vgl. Diodor 5,78,3; Nicolaus Damasc. = FGrHist 90F 103aa. Xenophon hatte bei Lykurg von einem Kunstgriff (μηχάνημα) gesprochen; vgl. Ephoros bei Strabo 10,4,8 = FGrHist 70F 147 (von Rhadamanthys: σκηψάμενος); dens. bei Strabo 10,4,19 (= FGrHist 70F 149); Plutarch, Numa 4,8; POLAND, Art. Minos: PW 15,2 (1932) 1905, 12/8 u. o. Anm. 108.

[125] TGF NAUCK Critias 1 = VS 88 B 25 V. 5/40 (vgl. W. JAEGER, Die Theologie der frühen griech. Denker [1954, Nachdr. 1964] 212/4 und die ebd. S. 14 angeführte Stelle aus Aristot. met. Λ 8,1074b 1/5); KLEINGÜNTHER (s. Anm. 11) 113f und W. NESTLE, Vom Mythos zum Logos (1940) 412/9.

[126] Vgl. v. Moysis 2,188/91.

[127] Bei Eus. pr. ev. 8,6,9.

[128] »Mehr als zweitausend Jahre«; vgl. Ios. c. Ap. 1,42f; 2,226/31.

[129] Nach der Absicht der griechischen Gesetzgeber sollten auch deren Gesetze ewige Dauer besitzen (s. MÜHL [s. Anm. 101] 88/95, der u. a. auf Plut. Lyc. 29 verweist; vgl. ferner die Isisaretalogie von Andros V. 20/23 [sprachliche Erklärung bei PEEK (s. Anm. 99) 36f]).

[130] οἱ μὲν γὰρ αὐτῶν τοὺς νόμους ὑποτίθενται † Διί, οἱ δ'εἰς τὸν 'Απολλῶ καὶ Δελφικὸν αὐτοῦ μαντεῖον ἀνέφερον ἤτοι τἀληθὲς οὕτως ἔχειν νομίζοντες ἢ πείσειν ῥᾷον ὑπολαμβάνοντες (Ausgabe von H. ST. J. THACKERAY [London 1956]). Für den Gedanken des letzten Satzes ist wieder an Diodor 1,94,2 zu erinnern.

Philo, aus inneren Gründen die Vortrefflichkeit der mosaischen Gesetzgebung abzuleiten[131].

Auf der Seite der Christen sind folgende Äußerungen zu verzeichnen: Klemens von Alexandrien nennt strom. 2,20,3 Minos, der wie Moses mit Gott gesprochen habe, und nimmt dabei Abhängigkeit von den Juden an. Strom. 1,170,2/4 wendet er sich an die Griechen: »Worin besteht also der Unglaube der Griechen? Doch wohl darin, daß sie die Wahrheit nicht glauben wollen, die behauptet, daß das Gesetz von Gott durch Moses gegeben sei, da sie ja sogar selbst aufgrund ihrer eigenen Überlieferungen Moses ehren müssen[132].« Er nennt hier Minos, Lykurg, Zaleukos und beruft sich auf Platon[133], Aristoteles[134], Ephoros[135] und Chamaileon[136] und fährt dann fort: »Wenn sie so nach dem Vorbild des prophetischen Berichtes über Moses das Ansehen der griechischen Gesetzgebung steigern und auf die Gottheit zurückführen wollen, so sind sie undankbar, weil sie nicht offen die Wahrheit und das Vorbild (τὸ ἀρχέτυπον) der bei ihnen verbreiteten Erzählungen eingestehen.« Klemens redet hier von einer Voraussetzung aus, die auf die jüdischen Apologeten zurückgeht: Die Griechen sind in ihrer Kultur von den Juden abhängig (der sogenannte Altersbeweis)[137]; dabei bezweifelt er nicht die Wahrheit der mythischen Überlieferung. Hingegen bekämpft Laktanz, div. inst. 1,22,1/3 nachdrücklich sowohl Minos wie Numa: »Es gab dort eine Höhle ... dorthin zog er (nämlich Numa) sich gewöhnlich ohne Zeugen zurück, damit er lügen könne, auf Geheiß seiner göttlichen Gemahlin (nämlich Egeria) übergebe er dem Volk solche heiligen Satzungen, die den Göttern sehr angenehm seien. Natürlich wollte er die List des Minos nachahmen[138], der sich in einer Höhle Jupiters verbarg, dort lange verweilte und schließlich Gesetze, gleichsam als ob sie von Jupiter ihm übergeben seien, mitbrachte, damit er die Menschen nicht nur durch den Befehl, sondern auch durch Religion zum Gehorsam brächte.« Laktanz folgt in seiner Polemik der griechischen Aufklärung. Er sieht hier nur Trug und Täuschung. Daß er, der an die übernatürliche Herkunft des Dekalogs glaubt, von diesem Standpunkt aus selbst leicht widerlegt werden könnte, ist ihm entgangen[139].

Theodoret von Kyrrhos wendet cur. aff. Gr. 9,6/15 den Gedanken Philos von der allgemeinen Gültigkeit des jüdischen Gesetzes auf das christliche Gesetz an. Die christlichen Gesetze gelten bei Griechen, Römern und Barbaren, während die Gesetze der griechischen Nomotheten, des Minos, Charondas — nach Theodoret des ältesten Gesetzgebers von Italien und Sizilien[140] —, des Zaleukos, des Lykurg und der übrigen nur bei kleinen Völkern und nur für beschränkte Zeit in Ansehen standen. Theodoret kennt die Überlieferung der Heiden, nach der die Gesetze des Minos, Zaleukos und Lykurg von den Göttern hergeleitet wurden. Er spottet aber über diese Annahme[141]. — Cyrill

[131] Eusebius pr. ev. 8,8,1f läßt diesen Abschnitt aus Josephus (c. Ap. 2,163f) dem Fragment aus den Hypothetica Philons folgen.

[132] Übersetzung von O. Stählin: BKV 2. R. 17 (1936) 140.

[133] PsPlato Minos 319C (vgl. Plat. leg. 624A. 632D).

[134] Frg. 535.548 Rose.

[135] FGrHist 70F 174.

[136] Frg. 13 Wehrli (Schule des Aristoteles 9,74f).

[137] Vgl. strom. 1,71,1 (Numa sei von Moses abhängig; vgl. auch PsIustin coh. passim); 72,4; 87,2; 101,1f; 150,1/4; 160,3 u. ö. (s. Anm. 116).

[138] Zu astutia: Xenophon (s. Anm. 124) hatte von μηχάνημα des Lykurg gesprochen. Tatian or. 41 lobt hingegen Minos.

[139] Laktanz benutzt hier (div. inst. 1,22,1/4) Livius 1,19,5; 1,21,3; richtig S. Brandt-G. Laubmann, Ausgabe des Laktanz CSEL 27 (1893) 256; unzutreffend S. Brandt, Ausgabe d. Laktanz CSEL 19 (1890) zur Stelle.

[140] Zu diesem Irrtum s. M. Mühl, Die Gesetze des Zaleukos u. Charondas: Klio 22 (1928) 461$_4$.

[141] Vgl. 9,9: »Zaleukos gab den Lokrern Gesetze, nachdem er ihre Kenntnis von Athena empfangen

von Alexandrien c. Iul. 6,190f (PG 76,789f) steht mit seiner Kritik nicht unmittelbar in dem hier vorgeführten Zusammenhang. Auch er weiß, daß Minos seine Gesetze von Zeus empfangen haben will[142].

Was wir an den Gesetzen der Kreter, Spartaner, Lokrer, Römer und Israeliten gezeigt haben, gilt entsprechend für die Orakel des Altertums. Manche antike Kritiker hielten die Orakel insgesamt für Fälschungen, wie zB. der Kyniker Oinomaos; andere glaubten ihnen[143]. Dieser Zwiespalt zwischen Glaube und Skepsis gegenüber den Orakeln ist seit Homer zu beobachten[144]. Verschiedene Arten der Prophetie unterscheidet Philo spec. leg. 4,48/52. Er trennt den Propheten vom Pseudo-Propheten. Die Christen sahen in den Orakeln der Heiden meist nur Erfindungen böser Dämonen[145].

4. Die Beurteilung der religiösen Pseudepigraphie

a. Die heidnischen und jüdischen religiösen Pseudepigrapha

Die religiösen Pseudepigrapha können nach mehreren Gesichtspunkten geordnet werden: nach ihrem Entstehen bei Heiden, Juden und Christen oder nach ihrem literarischen Inhalt, und zwar in Offenbarungen (zu denen Apokalypsen, Orakel und, wie wir sahen [s. S. 101f], auch Gesetze zählten), Kosmologien, Werke geschichtlichen Inhalts (wie Erzählungen aus dem AT [zB. Jubiläenbuch], Evangelien, Apostelgeschichten), Kirchenordnungen u. a. An dem Beispiel der auf einen Gott zurückgeführten Gesetze konnte gezeigt werden, wie die antiken Kritiker über diese Dinge gedacht haben (s. S. 107f): sie sind zu keinem einheitlichen und angemessenen Ergebnis gekommen. Es ist die Aufgabe der modernen Kritik, nach einem Urteil zu suchen, das dem schwierigen Befund religiöser Pseudepigraphie vielleicht besser gerecht wird.

Mit den im folgenden verwendeten Begriffen ›Mythos‹, ›mythisch‹ soll nicht etwa die Theorie eines prälogischen oder vorrationalen Denkens aufgenommen werden[146]. Diese Bezeichnungen sollen nur ein dem rational-kausalen Erfahren andersartiges Erleben des Göttlichen umschreiben. Man könnte so auch von religiöser Welterfahrung sprechen. Die Begriffe ›charismatisch‹, ›pneumatisch‹ bezeichnen näherhin die Gruppe

hatte, wie diejenigen behaupten, die Mythen zu erdichten belieben.« Damit zeigt er die gleiche Neigung zur rationalistischen Kritik wie die von ihm bekämpften Heiden (zu Lykurg s. ebd. 9,10; 10,33).

[142] Zu Minos vgl. auch Eus. chron. 2 (PG 19,402). Vom himmlischen Ursprung der Gesetze Lykurgs scheint Tertullian adv. Marc. 2,17,3 nichts zu wissen: dices forsitan haec etiam humanis legibus determinari. sed ante Lycurgos et Solonas omnes Moyses et deus. Diodors Bemerkung 1,94,2 (s. S. 103) wird von PsIustin coh. 9 wiedergegeben. Bei Isid. or. 5,1,2 Lycurgus primus Lacedaemoniis iura ex Apollinis auctoritate confinxit ist Aug. c. d. 2,16 ausgeschrieben. Irrtümlich hat Augustinus ebd. über Numa gesagt: non tamen perhibetur easdem leges a numinibus accepisse. Das ganze Kapitel widerstreitet den römischen Überlieferungen über Numa.

[143] Zitate bei Eus. pr. ev. 5,18/36 (vgl. H. J. Mette: PW 17,2 [1937] 2249/51). Plutarch setzt sich öfters mit kritischen Stimmen auseinander: Pyth. or. 25 (407 C zum Mißbrauch der Orakel durch Gaukler und falsche Seher; vgl. Hopfner, OZ [s. Anm. 54] 2 § 50) und def. or. (vgl. Fascher [s. Anm. 24] 70/5 und K. Ziegler, Art. Plutarch: PW 21 [1951] 829/32.837).

[144] Vgl. Fascher aO. 61.65.70f.

[145] Lact. div. inst. 2,16,1: inventa sunt (sc. daemonum) astrologia et haruspicina et auguratio et ipsa quae dicuntur oracula. Vgl. Lact. epit. 23,7; Theodoret v. Kyrrhos cur. aff. Gr. 10 über echte und falsche Orakel. — Daß die heidnische Sibylle von den Christen weitgehend anerkannt wurde, beweist für viele Theophilus ad Autol. 2,9, beweisen auch die christlichen Fälschungen auf ihren Namen (vgl. Liter. Fälschung [s. Anm. 1] C III f2).

[146] Vgl. zur Kritik dieser Theorie H. Junker, Die Geisteshaltung der Ägypter in der Frühzeit: SbWien 237,1 (1961) 7/43.

der mystisch-visionären Schriften innerhalb der religiösen Pseudepigraphen. Mythische Pseudepigraphie bedeutet in unserem Zusammenhang soviel wie ›echte religiöse Pseudepigraphie‹. Über den Wahrheitsgehalt dieser für unser modernes Denken eigentümlich scheinenden literarischen Form soll hier absichtlich nichts ausgesagt werden. Diese Frage führt unmittelbar in die Glaubenswissenschaft. Ein gläubiger Mormone hält die Angabe des Joe Smith über die goldenen Tafeln des Engel Moroni für wahr, der gläubige Mohammedaner den Empfang des Korans durch einen göttlichen Boten (Gabriel), der Elchasait die übernatürliche Übermittlung des hl. Buches des Elchasai usw. Uns kommt es nur darauf an, zu zeigen, daß religiöse Menschen zu verschiedenen Zeiten göttliche Offenbarung in schriftlicher Form erhalten zu haben glaubten und daß diese echte religiöse Pseudepigraphie von Fälschungen, die ebenfalls vorgekommen sind, sowie von gleichartigen dichterischen Erfindungen abzuheben ist.

Die Frühgeschichte der abendländischen Kulturen beginnt nach unserer Überlieferung überall mit Mythen[147]. Im Mythos hat der Mensch einer frühen Kulturstufe die Welt erfahren. In Griechenland tritt verhältnismäßig früh neben die mythische Welterfahrung das philosophisch-begriffliche Weltverstehen. Bei den ionischen Naturphilosophen und auch noch bei Platon sind beide Arten der Weltdeutung miteinander verknüpft. Die Rede des Pamphyliers Er, deren Autor nur in abgeleitetem Sinne Plato ist (rep. 614Bf), kann weder als dichterische Erfindung noch als Trug bezeichnet werden. Sie stellt eine dritte Form dar, den Mythos.

Für den Menschen, der sich und die Welt im Mythos erlebte, war es nicht eine Fiktion oder Illusion, daß Götter und Engel Menschen begegneten und mit ihnen sprachen. Wo es Schriftkulturen gab und mythisches Erleben nicht restlos durch rationales Denken ersetzt war wie in Ägypten, mußte es naheliegen, daß die Götter auch schrieben und schriftliche Offenbarungen den Menschen übermittelten. Die Juden, die zur Zeit des Moses in Ägypten lebten, übernahmen diese Anschauung[148]. Nach ihrem Auszug aus Ägypten wurde Moses und den jüdischen Stämmen am Sinai eine Gottesoffenbarung zuteil[149]. Die Form, die diesem religiösen Erlebnis in dem Bericht über die beiden von Gott beschriebenen Tafeln nachträglich gegeben wurde, beruhte wohl auf einer Verbindung babylonischer und ägyptischer Vorstellungen: Die Tafeln stammen aus Babylon, der schreibende Gott aus Ägypten[150]. Die oben behandelten

[147] Vgl. Sint (s. Anm. 4) 17/22; S. Moser, Mythos, Utopie, Ideologie: ZsPhilosForsch 12 (1958) 423/36 und F. Vonessen, Wahrheit u. Mythos. Bultmanns ›Entmythologisierung‹ u. die Philosophie der Mythologie (Einsiedeln 1964); J. Hempel, Glaube, Mythos u. Geschichte im Alten Testament: ZAW 65 (1953) 109/67.

[148] Moses galt den Späteren als Schüler der ägyptischen Weisen: Philo v. Moysis 1,23; Apg. 7,22 (Origen. c. Cels. 6,14; in Gen. 2 [PG 12,165B]; Aug. c. d. 18,37); Clem. Alex, strom. 1,153,2f u. a.; vgl. auch Albright (s. Anm. 94) 269f.

[149] Vgl. Albright aO. 262f; M. Noth, Geschichte Israels ^{5}(1963) 120/30. A. Gelin, Moses im Alten Testament: Moses in Schrift u. Überlieferung (s. Anm. 116) 44f und J. Hempel, Die alttestamentl. Religionen: Handb. d. Orientalistik 1,8 (Leiden 1964) 128.

[150] Vgl. Dornseiff (s. Anm. 18) 264. A. Jeremias. Das Alte Testament im Lichte des Alten Orients^{4} (1930) 418/20 betont nur die babylonisch-assyrische Herkunft. Vgl. auch H. Gunkel, Der Schreiberengel Nabû im Alten Testament u. im Judentum: Arch. f. Religionswiss. 1 (1898) 294/300, bes. 298f (dazu s. auch A. Jeremias, Art. Nebo: Roscher, Lex. 3,1,55f.67f). R. Ganszyniec, Der Ursprung der Zehngebotetafeln (1920) (s. dens.: Arch. f. Religionswiss. 22 [1923/24] 352/6) versuchte die beiden Tafeln mit den Stelen von Seir gleichzusetzen. Eine Parallele zu Ägypten (Thoths Bücherlade) darf vielleicht in der Bundeslade gesehen werden (s. Ganszyniec, Ursprung 18). Zu dem Unterschied zwischen der Gesetzgebung des Moses und des Hammurabi, den auch J. Leipoldt: ZNW 44 (1952/53) 119 nicht beachtet, s. Ganszyniec, Ursprung 20 und Lindblom(s. Anm. 93) 286f.

Gesetzesoffenbarungen an Minos, Lykurg, Zaleukos und Numa entsprechen in wesentlichen Teilen der Erzählung vom Dekalog[151]. An der Echtheit des mythischen Erlebnisses zu zweifeln, wie es Xenophon, Ephoros und die übrigen rationalistischen Kritiker des Altertums getan haben, ist nicht gestattet[152].

Die Propheten des Alten Bundes haben Visionen und Auditionen der Jahweworte empfangen und weitergegeben. Ihre Erlebnisse haben ebenfalls als echt zu gelten[153]. Das gleiche trifft auf viele Orakel der griechisch-römischen Welt zu, deren mythische Echtheit nicht zu bezweifeln ist. Demnach gibt es so etwas wie ›echte religiöse Pseudepigraphie‹, die man auch mythische Pseudepigraphie nennen könnte[154]. — Andererseits ist nicht zu leugnen, daß wie alles Echte auch diese nachgeahmt und mißbraucht werden konnte[155]. Die moderne Echtheitskritik muß Kriterien finden, echte von gefälschter religiöser Pseudepigraphie zu scheiden. Auf die Stimmen des Altertums ist dabei nicht immer zu hören, da in der Antike oft verständnislose Aufklärung oder Tendenzkritik geübt wurde: Nach Laktanz scheint Hierokles den Aposteln den Vorwurf gemacht zu haben, die christliche Religion des Erwerbes und Gewinnes wegen erlogen zu haben[156]. In den Glaubenskämpfen wurde die Anklage auf Fälschung von allen und gegen alle erhoben[157].

Da die Frage nach der Beurteilung der überlieferten religiösen Pseudepigrapha bisher noch nicht scharf genug gestellt worden ist, hat die moderne Kritik auf diesem Gebiete nicht allzuviel geleistet. In den Erörterungen um die Apokalyptik ist bisher das meiste dazu beigetragen worden, wiewohl gesicherte Ergebnisse kaum vorliegen. Bezeichnend sind einige allgemeine Äußerungen: »It is difficult to know in particular cases how far the pseudonymity was an understood literary artifice and how far it was really deceptive. What, I think, is clear is that both authors and readers believed that if any Revelation from God was true, it could not be new. It must have been given to the great Saints of antiquity« (F. C. Burkitt, Jewish and Christian apocalypses [London 1914] 6); »Fiction et sincérité s'y mêlent, et la part de l'une et de l'autre

151 Minos holt die Gesetze aus der Höhle des Zeus (s. S. 102f), Numa aus der Höhle der Egeria (s. S. 108), während bei Lykurg und Zaleukos die Inspiration betont wird (s. S. 103). Sollten in diesem Unterschied der Offenbarungsübermittlung nicht noch historische Erinnerungen mitschwingen? Kreta mit alter Schriftkultur hat seit frühen Zeiten Verbindung zu Ägypten. In Etrurien kennt man schreibende Gottheiten: Amaltheia überreicht Tarquinius Priscus die Bücher der Sibylle von Cumae (s. Gell. 1, 19 Hosius mit den dort angeführten Parallelen und o. Anm. 114). Nach der Überlieferung haben Minos und Numa Gesetze empfangen, welche die Götter selbst geschrieben haben. Da in Hellas und Großgriechenland der Gedanke der schreibenden Götter nicht verbreitet war, wird von Lykurg und Zaleukos berichtet, sie hätten ihre Gesetze durch Inspiration und Orakel empfangen.

152 Oinomaos bei Eus. pr. ev. 5, 28, 1/10 beanstandet das Orakel, das dem Lykurg gegeben war. — F. von Schiller hat im Sinne der genannten Rationalisten des Altertums versucht, Moses als den klugen, in ägyptische Mysterien eingeweihten Priester zu zeichnen, der mit Bedacht eine Religion gestiftet habe: Die Sendung Moses: Thalia 10, 1 (1790) = Schillers Sämtl. Werke, hrsg. von C. Höfer 7 (1912) 27/51. Vgl. auch die ironische Moseserzählung von Th. Mann, Das Gesetz, ed. K. Hamburger = Ullstein-Buch 5017 (1964).

153 Vgl. Fascher (s. Anm. 24) passim und O. Eissfeldt, Das Berufungsbewußtsein der Propheten als theologisches Gegenwartsproblem: Theol. Stud. u. Krit. 106 (1934) 125/56 = Kl. Schriften 2 (1963), bes. 20/7.

154 Sint (s. Anm. 4) kommt zu einem ähnlichen Ergebnis.

155 Vgl. den Unterschied zwischen Theurgie und Goetie (s. Hopfner, OZ [s. Anm. 54] 2 § 41/57, bes. 44).

156 Lact. div. inst. 5, 3, 3: non igitur quaestus et commodi gratia religionem istam conmenti sunt (vgl. W. Bauer, Das Leben Jesu im Zeitalter der ntl. Apokryphen [1909] 454f). Eine solche Anklage ist der Auffassung des Kritias im Sisyphos verwandt (s. Anm. 125).

157 Vgl. Liter. Fälschung (s. Anm. 1) C I f 2.

varie probablement en chaque cas, sans qu'il soit possible de discerner le point précis où l'une finit et l'autre commence ...« (A. J. FESTUGIÈRE zur Hermetik)[158]; »Wenn Gnostiker Christum als Autorität für ihre Lehre hinstellten, so wollten sie sich damit als die wahren Christen erweisen, die den ganzen ... Christus verkündigten; die Grenze zwischen Selbsttäuschung und Betrug ist hierbei schwer zu ziehen« (R. LIECHTENHAN, Die pseudepigraphe Litteratur der Gnostiker: ZNW 3 [1902] 227).

Bei der Beurteilung eines bestimmten religiösen Pseudepigraphon werden daher die Schwierigkeiten noch größer sein als dort, wo es sich um eine profane pseudepigraphische Schrift handelt. Einige Anhaltspunkte für eine Entscheidung seien genannt: Mit einer zeitlichen Einteilung ist nichts gewonnen. Auch in späten aufgeklärten Zeiten kann bei religiösen Naturen echte Pseudepigraphie vorkommen. Mythisches und mystisches Erleben ist nicht auf bestimmte Epochen beschränkt, wenn auch zugestanden werden muß, daß gewisse Zeiten wie die des Hellenismus, der jüdischen Enderwartung, des Neuplatonismus und des späten Mittelalters dafür besonders günstig waren[159]. — Auch der Bildungsstand eines Autors kann kein Kriterium abgeben. Echte religiöse Pseudepigraphie kann von einem literarisch Gebildeten wie von einem Ungebildeten stammen. Heraklit sagte von der Sibylle, daß sie mit rasendem Munde Ungelachtes, Ungeschminktes und Ungesalbtes künde[160]. Cicero beanstandete die Sibyllen-Sprüche mit Akrostichis als zu künstlich, um echt zu sein[161]. Wahre Ergriffenheit scheint nicht mit gewissenhafter Quellenbenutzung vereinbar. Aber auch hier darf der neuzeitliche Betrachter nicht zu rasch urteilen. Durch Vergleich läßt sich feststellen, daß viele Apokalypsen voneinander abhängen. Bekannt ist der Streit um das Verhältnis des vierten Esra-Buches zur Apokalypse des Baruch[162]. Ist damit nun erwiesen, daß die Apokalyptiker sozusagen am Schreibtisch ihre Werke erstellt und wie profane Autoren Quellen ausgeschrieben haben?[163] Dann müßte das gleiche, was für viele jüdische

[158] (s. Anm. 26) 1,311.

[159] O. SEEL, Römertum u. Latinität (1964) 246_3: »Also hier wie immer versagt die einfache chronologische Klitterung von früher Frömmigkeit zu später Aufklärung und rationaler Emanzipation!«; FASCHER (s. Anm. 24) 71: »So stehen sich seit alter Zeit Glaube und Skepsis einander gegenüber. Von einer geschichtlichen Entwicklung im Sinne einer »Aufklärung« kann keine Rede sein (cf. Civ. div. 1,1)«. Vgl. auch die verschiedene Bewertung des Offenbarungszaubers im Altertum (die Zeugnisse bei HOPFNER, OZ [s. Anm. 54] 2 § 60f). — Auch im 19. Jh. scheinen derartige mythische Erfahrungen nicht ausgestorben zu sein. Joe Smith, der Gründer der Mormonen, ist hier zu erwähnen. Die Mitteilungen über die Entstehung der heiligen Urkunde dieser christlichen Sekte, des Buches Mormon, ähneln den antiken Berichten über den Ursprung von göttlichen Gesetzen und die Übermittlung von Offenbarungen (vgl. E. MEYER, Ursprung u. Geschichte der Mormonen [1912]; G. LANCZKOWSKI, Heilige Schriften [1956] 148/53 und Verf., Buchfunde [s. Anm. 1]).

[160] Bei Plut. Pyth. or. 5 p. 397 A = VS 22 B 92.

[161] Cic. div. 2,110/2, bes. 112 hoc scriptoris est non furentis, adhibentis diligentiam, non insani (dazu s. PEASE im Kommentar).

[162] Vgl. B. VIOLET, Die Apokalypse des Esra u. des Baruch in deutscher Gestalt = GCS (1924) 55*.81*/88*, der für die Priorität von IV Esra eintritt (vgl. auch V. RYSSEL bei KAUTZSCH [s. Anm. 59] 2,405/7). Nach B. VIOLET, Die Esra-Apokalypse = GCS (1910) 50*/59* wurde IV Esra auch von der griechischen Esra-Apokalypse, und diese von der christlichen Sedrach-Apokalypse benutzt. Ferner wurden die Antiquitates biblicae des PsPhilo und IV Esra vom Verfasser der syrischen Baruch-Apokalypse eingesehen (s. EISSFELDT [s. Anm. 59] 853). Beziehungen zwischen den Testamenten der zwölf Patriarchen und dem äthiopischen Henochbuch sind ebenfalls sicher (s. SCHÜRER [s. Anm. 59] 3,283f. 352f). Der äthiopische Henoch bezeugt auch Noebücher. — Zur Apokalyptik s. Anm. 184.

[163] Die Verfasser der Apokalypsen wußten wie die übrigen Juden ihrer Zeit, die lesen und schreiben konnten, das Gesetz und die Propheten auswendig (vgl. L. BLAU, Studien zum althebräischen Buchwesen u. zur bibl. Litteraturgeschichte = 25. Jahresbericht d. Landes-Rabbinerschule [Budapest 1902] 81.169). Sollten sie nicht auch die schon vorliegenden Apokalypsen in sich aufgenommen

Apokalyptiker gilt, auch für Johannes zutreffen. Auch bei ihm lassen sich Quellen nachweisen. Andererseits ist an der Ergriffenheit des Johannes und vieler jüdischer Apokalyptiker nicht zu zweifeln. Hier scheint es Gradunterschiede zu geben: Daniel, Johannes, IV Esra sind wohl in höherem Maße religiös ergriffene Autoren als die Verfasser der Testamente der zwölf Patriarchen oder der Baruchapokalypse. Jedoch dürften derartige Urteile immer sehr unsicher sein.

Ferner darf man aus Echtheitsbeglaubigungen, besonders wenn sie aufdringlich wirken, schließen, daß Echtheit vorgetäuscht werden sollte. Außer dem Hinweis auf göttliche Offenbarung begegnen in den jüdischen Apokalypsen auch noch andere Beglaubigungen. Sie sind aber nicht besonders betont. So sollen wohl in der Himmelfahrt des Moses (= Testament des Moses) die genauen Zahlenangaben über die Abfassungszeit (1,1/4) und der Hinweis auf das Verbergen der Schrift (1,16f) die Echtheit sichern. Im Leben Adams und Evas werden Stelen genannt, auf die Seth das Leben seiner Eltern geschrieben habe; damit soll wohl glaubhaft gemacht werden, daß die Kenntnis dieser Schrift erhalten bleiben konnte. Schon in den kanonischen Büchern des AT kommen Hinweise auf den göttlichen Ratschluß vor, nach dem eine Schrift so lange versiegelt und verborgen bleiben sollte, bis der rechte Augenblick zu ihrer Enthüllung gekommen sei[164]. Die Geheimhaltungsvorschrift, die mit dem Verbergen eng verbunden ist, gilt für Apokrypha verschiedener Herkunft, besonders für heiligen Schriften[165], etwa für heidnische Zauberbücher[166], jüdische Apokalypsen und christliche Schriften wie die Pseudo-Clementinen[167]. Auch Drohungen gegen den Zweifler an der Offenbarung sind mitunter eingeflochten[168]. Diese Tatsache allein genügt aber noch nicht, Anklage auf Fälschung zu erheben, da hier ebensogut nur eine literarische Einkleidung vorliegen kann.

Zu Unrecht hat St. Szekely die gesamte Pseudepigraphie der jüdischen Patriarchenschriften und Apokalypsen als literarische Form betrachten wollen[169]; ja, er meinte sogar, die Verfasser hätten nicht einmal danach gestrebt, ihre Gesichte als wahr anerkannt zu sehen[170]. Damit löste er die religiösen Pseudepigrapha der Juden in dichterische Erfindungen auf[171]. Natürlich gab es auch derartige künstlerisch gedachte Erfindungen, d. h. Dichtungen, wie solche auch unter echten Autornamen überliefert sind, zB. das Drama Exodus des Ezechiel oder das Werk Philos des Älteren über Jerusalem. Auch sie sollten die jüdische Vorzeit verherrlichen[172]. Das Klagelied

haben? Von der üblichen Art der Quellenbenutzung kann dann nicht die Rede sein. Anders urteilt R. Reitzenstein, Hellenistische Wundererzählungen (1906 [Nachdr. 1963]) 126 über den Hirten des Hermas.

[164] Vgl. Is. 8,16; Dan. 8,26; 12,4.9f; Hölscher (s. Anm. 59) 51f und P. Vielhauer bei Hennecke-Schneemelcher (s. Anm. 43) 2,408.421. (Vgl. IV Esra 12,35/8; 14,7f. 46; Himmelfahrt des Moses 1,16/8.)

[165] Vgl. Leipoldt-Morenz: RAC 2 (s. Anm. 30), 716 und Bidez-Cumont (s. Anm. 45) 2,315$_8$.

[166] Vgl. Dieterich, Abraxas (s. Anm. 54) 162f; Morenz, Ägypt. Religion (s. Anm. 4) 237f und Hopfner OZ (s. Anm. 54) 2 § 32/6.

[167] PsClem. hom. mit dem Brief des Petrus an Jakobus 1,2; 3,1; Const. apost. 8,85 (vgl. E. Schwartz, Ges. Schriften 5 [1963] 249f); Buch des Elchasai (vgl. Hippol. ref. 9,17). Vgl. ferner F. Boll: ZNW 17 (1916) 145$_3$; dens.: Aus der Offenbarung Johannis = Stoicheia 1 (1914) 8$_3$; W. Kroll, Art. Hermes Trismegistos: PW 8 (1912) 803; Norden (s. Anm. 53) 290f und H. Ch. Puech bei Hennecke-Schneemelcher (s. Anm. 59) 1, 186.

[168] Apokalypse des Esra c. 7,12 (bei Riessler [s. Anm. 34] 137).

[169] Bibliotheca apocrypha 1 (1913) 20.

[170] s. ebd. 25.

[171] Vgl. hingegen Kautzsch (s. Anm. 59) 122*; Christ-Stählin (s. Anm. 83) 2,1,578 und Torm (s. Anm. 4) 18f.54.

[172] Vgl. M. Friedländer, Geschichte der jüdischen Apologetik als Vorgeschichte des Christenthums (Zürich 1903) 129/31.

Jerusalems bei Baruch c. 4,9/16. 17/29 ist eine Dichtung (s. ebd. 4,30/5 die Trostworte Gottes). Das Gebet Manasse und das Gebet der Asenath (= Joseph u. Asenath c. 12f) gehören ebenfalls zu solchen rein künstlerisch gedachten Erfindungen. Auch christliche Apostelgeschichten und Märtyrerberichte mögen vor allem im späten Altertum nur als erbauliche Unterhaltungsliteratur für die Gläubigen veröffentlicht worden sein. Wenn man sie aber insgesamt als Aretalogien, Romane oder Volksbücher bezeichnet[173], so trifft man damit nur das literarische Genos, losgelöst von den Absichten der Verfasser.

In gewissen Grenzen ist jedoch in der Tat mit literarisch gemeinten Pseudepigrapha zu rechnen. Echte religiöse Pseudepigraphie konnte sicherlich nachgeahmt werden. Hierbei war das bestimmende Motiv allein die Freude an der literarischen Nachgestaltung. Der Verfasser wollte nicht täuschen, wenn er sich auch durch die Wahl des Gegenstandes, den er nachgeahmt hat, dem Vorwurf der Täuschung ausgesetzt hat. Ein solches Werk könnte mit den pseudepigraphischen Briefen der Rhetorenschule verglichen werden. Die religiöse Unterhaltungsliteratur in Form der Pseudepigraphie wird wohl aus der echten religiösen Pseudepigraphie entstanden sein. Derartige Erfindungen aus der Menge der bekannten religiösen Pseudepigrapha festzustellen, ist eine Aufgabe, die bisher kaum gesehen worden ist[174]. Der Unterschied zwischen Erfindung und echtem Zeugnis ist schon im Altertum nicht immer wahrgenommen worden. An den Folgen trägt die moderne Kritik bis heute[175].

Am Beispiel der Orakel dürfte am ehesten deutlich werden, was wir für die religiösen Pseudepigrapha herausarbeiten wollten. Anspruch auf göttlichen Ursprung gehört zum Wesen des Orakels. Darin stimmen alle uns bekannten Orakel überein. Den echten Orakeln kommt dieser Anspruch an sich zu, nicht den gefälschten, die ihn mißbräuchlich vortäuschen, aber auch nicht den von Dichtern geschaffenen Orakeln. Zu welcher Gruppe ein überliefertes Orakel gehört, ist verhältnismäßig leichter festzustellen als das Entsprechende etwa bei einer Apokalypse, da ein Orakel innerhalb einer Dichtung meist erfunden sein dürfte und andererseits häufig auch Urteile der antiken Historiker über Orakelfälschungen aus politischen und anderen Motiven vorliegen[176].

[173] Vgl. SCHNEEMELCHER aO. 2,115/7. — Zur christlichen religiösen Pseudepigraphie s. u. S. 116/24.

[174] Als Erfindungen sind vielleicht zu bezeichnen: die Geschichte von Joseph und Asenath, die verschiedenen Fassungen des Lebens Adams und Evas. Zu haggadischen Erzählungsbüchern s. J. FREUDENTHAL, Alexander Polyhistor = Hell. Studien 1/2 (1875) 196f und EISSFELDT (s. Anm. 59) 900f. Erfindungen können künstlerisch oft höher stehen als echte religiöse Pseudepigrapha, wie erfundene Orakel in Dichtungen beweisen (Aristoph. aves 977/9; Heliod. Aeth. 2,26; Apul. met. 4,32; vgl. FASCHER [s. Anm. 24] 60/6).

[175] Vgl. Liter. Fälschung (s. Anm. 1) A II a.

[176] Vgl. M. P. NILSSON, Cults, myths, oracles and politics in ancient Greece (Lund 1951) 123/42 (politische Motive). — Zu Onomakritos s. Liter. Fälschung (s. Anm. 1) B II c. Zur Verherrlichung des Peregrinus Proteus ersann sein Schüler, Theagenes, Orakel auf den Namen der Sibylle (s. Lucian. morte Peregr. 28f). Zu den Orakelfälschungen des Alexander von Abonuteichos s. Lucian. Alexander vel pseudomantis passim und HOPFNER, OZ (s. Anm. 54) 2 § 54/7; ebd. 153 zu dem Sklaven Eunus (um 136/2 vC.); vgl. Diod. 34,2 bei Phot. bibl. 244 (PG 103,1406C); Florus 2,7,4f. — Die iambischen Orakel der Pythia aus der Zeit vC. sind Fälschungen, wie J. R. POMTOW, Quaestionum de oraculis capita selecta (Diss. Berlin [1881]) erwiesen hat. Zu erfundenen Orakeln der Dichter s. ebd. 22 und oben Anm. 174. In einzelnen Fällen mögen die Dichter jedoch auch echte Orakel umstilisiert haben. — Sehr aufschlußreich ist der Aufsatz von W. LEVISON, Die Politik in den Jenseitsvisionen des frühen Mittelalters: Festgabe F. von Bezold (1921) 81/100 = LEVISON, Aus rheinischer u. fränkischer Frühzeit (1948) 229/46. Im Hochmittelalter dienten manchmal Visionen als Echtheitsbeglaubigung angeblicher Reliquienfunde, wie die Überlieferung über die elftausend Jungfrauen zeigt (vgl. W. LEVISON, Das Werden der Ursula-Legende: BonnJbb 132 [1927] 1/164 = Separatdr. [1928] 107/39).-Vgl. auch Eus. h.e. 9,3. 11,6.

Aufgrund der bisher geleisteten Forschungsarbeit können wir nicht in jedem Einzelfall sicher entscheiden, ob ein religiöses Pseudepigraphon im mythischen Sinne echt oder frei gestaltet oder gefälscht ist. Als Richtlinie einer gesunden Kritik darf es gelten, daß diejenigen religiösen Pseudepigrapha nicht als Fälschung zu bezeichnen sind, bei denen eine Absicht, die jenseits des Religiösen liegt, nicht nachgewiesen werden kann. Hier wäre der Begriff des Religiösen näher zu bestimmen. Doch scheint mir, es genüge die gewohnte Auffassung vom Religiösen. Man könnte freilich einwenden, daß der Bereich des Religiösen im Altertum, besonders in Israel, viel stärker mit dem Bereich des Profanen verflochten war als in der Neuzeit[177]. Dieses Bedenken trifft in der Tat weitgehend zu. Daher wird im Einzelfall der eine Kritiker von Fälschung, der andere von echter religiöser Pseudepigraphie sprechen, je nachdem die Grenzen des Religiösen weiter oder enger gezogen werden. Hier kommt es nur darauf an, wesentliche Unterschiede innerhalb der religiösen Pseudepigraphie aufzuzeigen. Unter den Begriff des Religiösen fällt es auf keinen Fall, wenn Ansprüche, Rechte und Besitzungen durch nachgemachte Urkunden im Gewand religöser Pseudepigrapha begründet werden. Die Hungersnotstele von Elephantine, der Abgarbriefwechsel, die Barnabasakten des Iohannes Marcus, die Areopagitica Hilduins, die Remigiusvita Hinkmars, die Viennenser Papstbriefe, die Placidusvita des Petrus Diaconus dürften derartige Fälschungen im Gewand religiöser Urkunden sein, um nicht nur die berühmtesten, die konstantinische Schenkung und die pseudoisidorischen Dekretalen, zu nennen[178]. Die Tafel aus dem Grab der Alkmene, die Numabücher, die Asklepiosoffenbarung des Thessalos, zahlreiche Sibyllinen der Heiden, Juden und Christen, die Orakel des Onomakritos, des syrischen Sklaven Eunus, des Alexandros von Abonuteichos und des Peregrinus Proteus, die Paulusapokalypse aus Tarsos, das von der Hand des Barnabas geschriebene Matthäusevangelium, gewisse Himmelsbriefe wird man als Fälschungen unter der Maske religiöser Offenbarungen anzusehen haben. Wie kommen wir zu diesem Urteil? Wir können in diesen Fällen die Fälschung durch innere und äußere Gründe wahrscheinlich machen und die Motive, die zu ihr geführt haben, benennen[179].

Die Apokalyptiker erlebten selbst Visionen und Auditionen. Ihre Autorität gegenüber ihren Mitmenschen stammt wie die der alten Propheten von Gott. Da die Zeitgenossen, die das gültige Judentum darstellten, überzeugt waren, die prophetische Periode sei abgeschlossen, konnten die Apokalyptiker sich nur Gehör verschaffen, wenn sie den eigenen Namen verschwiegen und ein Pseudonym wählten[180]. Wirkungsvoll aber konnten die religiösen Mahnreden, Ermunterungen und Tröstungen nur verbreitet werden, wenn sie nicht unter einem unbekannten Namen umliefen. Darum wählten die Apokalyptiker die großen Namen einer religiösen Vorzeit[181].

In einigen Fällen können wir noch genauer angeben, weshalb ein Name des AT zum Träger der neuen Offenbarung bestimmt wurde. Von Henoch wird Gen. 5,22.24

[177] Vgl. FUHRMANN (s. Anm. 3) 558 zur mittelalterlichen Welt.

[178] Nachweise s. Liter. Fälschung (s. Anm. 1), bes. C III.

[179] Nachweise s. Liter. Fälschung passim und Verf., Buchfunde (s. Anm. 1).

[180] Zum Ende der charismatischen Gottesoffenbarung vgl. die klassische Stelle Ios. c. Ap. 1,38/46 (s. A. OEPKE: ThWb 3,971,25/32 und HÖLSCHER [s. Anm. 59] 36/8).

[181] Vgl. SCHÜRER (s. Anm. 59) 3,262; HÖLSCHER aO. 54/8; BURKITT (s. S. 111) 18/20 und J. B. FREY, Art. Apocalyptique: Dict. de la Bible, Suppl. 1 (1928) 333. Vgl. u. Anm. 221/4. — Auch die Apokalypsen der Mohammedaner sind vielfach pseudepigraphisch abgefaßt (vgl. R. HARTMANN, Eine islamische Apokalypse = Schrift. Königsb. Gel. Ges. 1,3 [1924]).

berichtet, er sei mit Gott gewandelt und Gott habe ihn entrückt. Dies führte zu der Annahme seines besonderen Wissens und seiner Himmelsreise. Entsprechendes gilt für Elias[182]. Baruch war an der Katastrophe von 587 vC. neben Jeremias der einzige, der Schriftliches hinterlassen hatte. Da eine seelische Verwandtschaft zwischen seinen Zeitgenossen und den Juden, welche die Erschütterungen der Jahre 167 vC. und 70 nC. miterlebt hatten, bestand, konnte ihm sehr wohl eine Mahn- und Offenbarungsrede in den Mund gelegt werden[183]. Gewiß handelt es sich hier um Erfindungen, die sich nach heutigen Begriffen der Fälschung bedenklich nähern. Die Folgen dieser Pseudonymität waren den Verfassern der Apokalypsen wohl nicht bis ins letzte bewußt. Sie erlebten den Geist Gottes so gut wie die alten Propheten. Sie wollten Gottes Wort verkünden und gehört werden. Wenn wir uns zu vergegenwärtigen suchen, wie der religiöse Mensch echte religiöse Pseudepigraphie hervorgebracht hat, so dürfen wir nicht zu schnell mit den Begriffen Wahrheit und Lüge bei der Hand sein. Diese Aussageweisen, die in einem rationalen Weltverständnis gründen, können gar nicht auf die aus pneumatischem Antrieb Schreibenden angewendet werden. Vom andersartigen Denken, Erleben und Schaffen her sind dem modernen Kritiker hier Grenzen gesetzt[184].

In der vorhin gegebenen Definition der Fälschung (s. o. S. 89) ist die nur künstlerisch gemeinte Pseudepigraphie als ihrer äußeren Erscheinung nach gleich, dem Wesen nach verschieden, abgegrenzt worden. Entsprechend muß die von uns als echte religiöse Pseudepigraphie bezeichnete Form von der Fälschung und der freien Erfindung unterschieden werden. Zur Fälschung gehört die Täuschungsabsicht, die Erfindung gehört in den Bereich der Kunst. Beides trifft für die echte religiöse Pseudepigraphie nicht zu. Sie entsteht gleichsam unter einem Zwang aus transzendentem Bereich. Der Autor muß sprechen wie die Apokalyptiker oder die Sibylle Heraklits. Die Fälschung hingegen ist ganz vom menschlichen Willen abhängig wie, um ein Beispiel zu nennen, die aus politischen Absichten gefälschten Orakel.

b. Die christlichen religiösen Pseudepigrapha

Bisher ist nur gelegentlich auf die christlichen religiösen Pseudepigrapha verwiesen worden. Zunächst scheinen auch sie sich in den Rahmen der schon erwähnten Pseudepigrapha einzufügen. Man könnte so die unechten Apokalypsen, Evangelien und Apostelgeschichten mit den jüdischen unechten Apokalypsen und Patriarchenschriften vergleichen. Zweifellos bestehen hier auch Verbindungen. Sehr viele jüdische Pseudepigrapha stammen aus Palästina, Syrien und Ägypten[185], und viele der christlichen Pseudepigrapha in Form der neutestamentlichen Schriften kommen aus den gleichen Ländern. Die Umwelt, in denen sie entstanden sind, war mit vergleichbaren unechten Schriften durchsetzt. Auch dies muß bei der Beurteilung des Einzelfalles berücksichtigt werden. Dennoch dürfen die christlichen religiösen Pseudepigrapha nicht wie die entsprechenden jüdischen in der Mehrzahl als echt beurteilt werden.

Die christliche Botschaft vom fleischgewordenen Logos verbindet im Gegensatz zu den übrigen aus dem Altertum bekannten Offenbarungen die Selbstmitteilung Gottes

[182] Vgl. Odeberg, Art. Henoch: ThWb 2,553/5.
[183] Vgl. Eissfeldt (s. Anm. 59) 804f.
[184] Zur Apokalyptik s. Friedländer (s. Anm. 172) 131/92; H. Jordan, Geschichte der altchristl. Lit. (1911) 172/84; Torm (s. Anm. 4) 17/26; Frey aO.; Brockington (s. Anm. 4); Sint (s. Anm. 4) 67/77; G. von Rad, Theologie des Alten Testaments 2[3] (1962) 314/21 und P. Vielhauer bei Hennecke-Schneemelcher 2, 408/21.
[185] Nach ihrer Grundsprache gehören die meisten dem hebräisch-aramäischen Sprachgebiet an (vgl. Sundberg [s. Anm. 59] 207f).

mit der menschlichen Geschichte. Jesus Christus als der Sohn Gottes ist zugleich eine historische Gestalt. Der Evangelist Lukas verknüpft die Geburt Jesu mit Daten der Profangeschichte[186]: Er ist sich bewußt, auch einen geschichtlichen Bericht zu geben. Mit dem Einleitungssatz seines Evangeliums — der stilistisch schönsten Periode des NT — wie in der Art der Widmung und der Quellenangabe erweist er sich als Schüler der griechischen Geschichtsschreibung[187]. Im allgemeinen haben die griechischen Geschichtsschreiber zwar ihre Werke nicht mit einer Widmung versehen, wohl aber Nichtgriechen wie Manetho, Josephus und viele römische Historiker[188].

Bei den Apokalypsen andererseits ist die Pseudepigraphie nicht ohne weiteres als literarischer Brauch zu erklären, wie die älteste christliche Apokalypse zeigt: Johannes nennt am Anfang und am Ende des Buches seinen Namen[189] und entfernt sich damit wohl bewußt von den jüdischen Vorbildern[190]. Die Verfasser der pseudepigraphischen christlichen Apokalypsen, Evangelien, Apostelgeschichten und Briefe hatten für ihre Einkleidungen jedenfalls in den ältesten Autoren des NT keine Vorgänger[191].

Das Problem der Pseudepigraphie im NT kann hier nicht ausführlicher erörtert werden. Mit unechten Schriften ist wohl auch abgesehen vom zweiten Petrusbrief zu rechnen. Auch die katholischen Gelehrten zweifeln heute kaum noch, daß dieser Brief erst geraume Zeit nach dem Tode des Apostels verfaßt ist[192]: er ist die jüngste Schrift des

[186] 1,5; 2,1f; 3,1f; 23,7 (vgl. H. U. Instinsky, Das Jahr der Geburt Christi [1957]).

[187] Damit soll nicht behauptet werden, daß Lukas ein Geschichtsschreiber wie Polybios war, sondern nur, daß er in einem Überlieferungszusammenhang steht, der nichts mit dem charismatisch geprägten Verhältnis von Verfasser und Werk zu tun hat, wie es unter den ntl. Schriften nur in der Johannesapokalypse herrscht. Lukas wollte nicht ein heiliges Buch verfassen, wie auch aus der Kanongeschichte zu ersehen ist (s. Leipoldt, Geschichte des ntl. Kanons [s. Anm. 59] passim; A. D. Nock: Gnomon 25 [1953] 502: »no Christian writing was treated as Scripture soon after its composition«; es sei denn die Johannesapokalypse). Zu Lukas und der griechischen Geschichtsschreibung s. J. Ruppert, Quaestiones ad historiam dedicationis librorum pertinentes, Diss. Leipz. (1911) 10; R. Graefenhain, De more libros dedicandi, Diss. Marb. (1892) 14; E. Stauffer, Art. ἐγώ: ThWb 2,352,28/39; Dibelius (s. Anm. 70) 108f. 120/62; H. Conzelmann, Die Apostelgeschichte = Handbuch zum NT 7 (1963) 6.20. In der Apostelgeschichte schreibt Lukas einen höheren Stil. Die Form dieser ›Acta‹ hat in der hellenistischen Literatur ihre Parallelen, während im Evangelium nur das Prooemium hellenistischen Einfluß aufweist. K. Thraede, Studien zu Sprache u. Stil des Prudentius = Hypomnemata 13 (1965) 31_{38} hat in Luk. 1,1 den Gegensatz »Viele — ich« als Topos der Vorreden antiker Geschichtsschreiber sichern können. — Vgl. auch Aug. mend. 21,42 (CSEL 41,463): quod ad eas adtinet scripturas, quae ad nullam figuratam significationem referuntur, sicuti sunt res gestae in Actibus apostolorum...

[188] Vgl. Ruppert aO. 28/31.

[189] Apc. 1,1f.4.9 u. 22,8; vgl. Dionys. Alex. bei Eus.h. e. 7,25,9/27; G. Kittel, Die Religionsgeschichte u. das Urchristentum (1931, Nachdr. 1959) 103f; P. Vielhauer bei Hennecke-Schneemelcher 2,439.

[190] Auch der Visionär Hermas schreibt unter eigenem Namen, wie noch später der Kopte Schenute Apokalypsen mit seinem Namen veröffentlicht hat (vgl. Leipoldt aO. [s. Anm. 187] 1,86f).

[191] Auch die christlichen und gnostischen Pseudepigrapha auf atl. Namen dürften anders zu beurteilen sein als die entsprechenden jüdischen. Alle diese Schriften standen im Dienste der literarischen Verteidigung bestimmter Glaubensanschauungen (vgl. Liter. Fälschung [s. Anm. 1] C III). Zu den gnostischen Falsa s. R. Liechtenhan, Die pseudepigraphe Litteratur der Gnostiker I u. II: ZNW 3 (1902) 222/37. 286/99 dazu Liter. Fälschung aO. — Bücher unter dem Namen Zoroasters sind von Porphyrius als gnostische Fälschungen entlarvt worden (v. Plot. 16,14f; vgl. Bidez-Cumont [s. Anm. 45] 1,156f; 2,249f; H. Ch. Puech: Entretiens Fond. Hardt 5 [1957] 159/90).

[192] Vgl. K. H. Schelkle, Die Petrusbriefe, der Judasbrief = Herders Theol. Kommentare z. NT 13,2 (1961) 178/83; ebd. 247 zur Frage der Inspiration; ältere Ansichten verzeichnet A. Wikenhauser, Einleitung in das Neue Testament[5] (1963) 369/73, bes. 372f. Von Fälschungen im NT zu sprechen, ist nicht weniger zulässig, als zu behaupten, daß in der Apostelgeschichte Legenden, d. h. Berichte über angebliche, niemals geschehene Wunder, eingefügt sind. Ein Widerspruch zur Inspirationslehre ist daraus nicht notwendig zu folgern: Greg. Magn. praef. in Iob 1,2 (PL 75,517)

NT. Die früheste Bezeugung findet sich bei Origenes[193]. Die falsche Zuschreibung ist nicht, wie vielleicht beim kanonischen Judas- und Jakobusbrief, durch die Überlieferung verschuldet[194]. Vielmehr hat der Verfasser des Petrusbriefes wie auch die Verfasser der anderen pseudopetrinischen Schriften (Apokalypse, Evangelium und Kerygma [2. Jh. nC.]) bewußt die Maske des Petrus angelegt[195]. Wie ist diese Vortäuschung zu beurteilen?

Das zweifache Verhältnis von Autor und Werk, das auch sonst in der Umwelt der frühen Christen nebeneinander begegnet, ist bereits bei den Schriften des NT vorgekommen: sowohl das rationale Verhältnis von Autor und Werk, wie es bei den griechischen Profanschriftstellern seit dem 7./6. Jh. überwiegt, wie das mythisch geprägte Verhältnis, bei dem der Schreiber nur Werkzeug des zu ihm sprechenden Gottes ist. Auf der einen Seite steht Lukas, auf der anderen der Apokalyptiker Johannes, der aber ähnlich wie Hesiod (Theogonie) seine Schrift nicht unter fremdem Namen herausgegeben hat. Wie Hesiod, so hat auch Johannes sein Schaffen als charismatisch geprägt erlebt. Für den gläubigen Menschen hat sich dabei ein tatsächliches Eingreifen Gottes vollzogen. Wissenschaftlich läßt sich dazu folgendes feststellen: Wenn ein Schriftwerk, das angeblich unter dem Einfluß göttlichen Geistes zustande gekommen ist, sich nur dadurch als vom Geist gewirkt ausweist, daß es äußerlich als echtes religiöses Pseudepigraphon erscheint, während es sich inhaltlich von anderen Werken, die unter gewöhnlichen Bedingungen entstanden sind, nicht unterscheidet, so ist es nicht als pneumatisch bewirkt anzuerkennen. Um das eben Ausgeführte auf den zweiten Petrusbrief, der zum NT gehört, und die übrigen pseudopetrinischen Schriften anzuwenden: Wie wir sahen, schreibt der Evangelist Lukas unter seinem Namen mit Benutzung früherer Quellen einen Bericht über das Leben Jesu und der Apostel. Daß seine Schriften einmal als inspiriert gelten würden, hat er nicht gewußt und nicht gewollt. Entsprechendes trifft auf Paulus und seine Briefe zu. Der zweite Petrusbrief steht ganz in der schriftstellerischen Überlieferung eines Lukas und Paulus. Ihn zeichnet keine prophetische oder apokalyptische Rede aus wie etwa die Petrusapokalypse. Aber selbst aus dieser Tatsache wäre für die Apokalypse des PsPetrus nicht ohne weiteres auf echte religiöse Pseudepigraphie zu schließen. Denn es gilt zu beachten, daß die pseudopetrinischen Schriften unter die Autorität eines Mannes gestellt sind, der einige Jahrzehnte zuvor als einer der Großen der Urkirche verstorben war. Wie lebendig das Gefühl für die tatsächlichen Vorgänge der Apostelzeit im 2. Jh. nC. war, aus dem diese und so viele andere pseudoapostolische Schriften der Christen stammen, bezeugen Papias, Polykarp, Irenäus und besonders Quadratus[196]. Ihre Zeugnisse sprechen für die Wirklichkeitsauffassung und rationale

sed quis haec scripserit, valde supervacue quaeritur, cum tamen auctor libri Spiritus Sanctus fideliter credatur ... cum ergo rem cognoscimus eiusque rei Spiritum Sanctum auctorem tenemus, quia scriptorem quaerimus, quid aliud agimus nisi legentes litteras de calamo percontamur (vgl. H. Höpfl, Art. Authenticité: Dict. de la Bible. Suppl. 1 [1928] 669/76 und dens., Art Canonicité: ebd. 1034/8 [Critères de canonicité]).

[193] Vgl. Eus. h. e. 3, 3, 4; die kanongeschichtlichen Zeugnisse bei J. Chaine, La seconde épître de S. Pierre (Paris 1939) 5/12; vgl. Didym. Alex. en. in ep. cathol. (PG 39, 1774A) non est igitur ignorandum praesentem epistolam esse falsatam, quae licet publicetur, non tamen in canone est.

[194] Zum apokryphen Barnabasbrief s. A. von Harnack, Geschichte d. altchristl. Lit., Chronologie 1² (1958) 450_1.

[195] Vgl. Harnack aO. 468. 470. 473f.

[196] Zu dem Fragment aus der Apologie des Quadratus (123/4 oder 129 nC.) s. J. A. Fischer, Die apostolischen Väter³ (1959) 269/73. Die bezeichnende Stelle lautet in Fischers Übersetzung: »Die Taten unseres Erlösers aber waren ständig gegenwärtig, denn sie waren wahr: die Geheilten, die von den Toten Auferstandenen; man hatte diese

Helle dieser Zeit. Hier läuft alles auf einen nachprüfbaren, auf wirklichen Zeugnissen beruhenden Zusammenhang hinaus. Die Zeit Jesu ist nicht mythisch entrückt, sondern mit den Männern der Kirche im 2. Jh. durch eine Zeugenkette verbunden. Pseudepigraphie unter dem Namen dieser noch ganz gegenwärtigen Gestalten unterscheidet sich demnach wesentlich von den zuvor besprochenen religiösen Pseudepigrapha der Griechen und Juden. Dort sind es Götter und mythische Persönlichkeiten wie Orpheus und die Sibyllen, bei den Juden Männer der grauen Vorzeit wie Abraham, Henoch und die übrigen Patriarchen. Wenn einige jüngere Bücher des NT, viele Schriften der Gnostiker und Häretiker, aber auch solche aus großkirchlichen Kreisen unter dem Namen Jesu und der Apostel veröffentlicht wurden, so muß wohl eine andere Erklärung gefunden werden als sie zuletzt K. ALAND zu geben versucht hat[197]: »In early Christianity Holy Scripture did not know any author in the modern sense. The one who reported holy events (Gospels and Acts) remained anonymous«. Solche Aussagen erledigen sich jetzt von selbst. Die Entwicklungslinie von einem prophetischen Zeitalter altchristlicher Schriftstellerei mit Anonymität und Pseudonymität zu einem weniger vom Geist erfüllten, in dem die Verfasser sich offen nannten, dürfte nicht den geschichtlichen Tatsachen entsprechen. ALANDS Auffassung: »Thus, at the end of the second century the problem of anonymous or pseudonymous writings did not exist any more«, wird durch die Fülle der apokryphen Schriften vom 3. Jh. bis in die Spätantike und ins Mittelalter hinein widerlegt[198]. Bei fast allen diesen Pseudepigrapha dürfte die falsche Verfasserangabe weder mit religiösem Erleben noch mit literarischer Fiktion zu erklären sein. Sie wurde bewußt angewendet, um damit zu täuschen.

Kehren wir noch einmal zum NT zurück, so können wir beweisen, daß schon in ganz früher Zeit Fälschungen auf den Namen der Apostel vorgekommen sind. Im 2. Thess. 2,2 mahnt Paulus: »Laßt euch nicht schnell erschrecken weder durch einen Geist noch durch ein Wort noch durch einen Brief unter unserem Namen, als sei der Tag des Herrn bereits da[199].« Origenes hat die Worte des Paulus treffend folgendermaßen umschrieben: quidam enim sub nomine Pauli falsam epistulam conscripserunt, ut conturbarent Thessalonicenses, quasi instaret dies domini, et seducerent eos[200]. Dieses Zeugnis

nicht nur gesehen, wie sie geheilt wurden und auferstanden, sondern wie sie auch ständig gegenwärtig waren, und nicht nur solange sich der Erlöser hienieden aufhielt, sondern auch nachdem er geschieden war, lebten sie noch für geraume Zeit, so daß einige von ihnen sogar bis in unsere Zeiten hereinreichten.« Vgl. auch Papias frg. 11 FUNK-BIHLMEYER und Iren. adv. haer. 2,33,3 HARVEY. — Der Wille nach Urkundlichkeit zeichnet die christlichen Geschichtsschreiber Eusebius, Sokrates, Sozomenus, Theodoret aus, die anders als ihre heidnischen Vorgänger (Ausnahme Polybius) Urkundentexte in ihre Werke aufgenommen haben.

[197] (s. Anm. 4) 45, dem SCHNEEMELCHER (s. Anm. 43) 2,54 zustimmt.

[198] Ebd. 40. — Diese wurden veröffentlicht unter dem Namen der Apostel insgesamt (zB. Apostolische Konstitutionen), oder einzelner Apostel (Apokalypsen des Paulus, Johannes; Evangelien über die Kindheit Mariens und Jesu wie die Evangelien des Jakobus [s. Anm. 78] und Matthäus; Apostelakten), oder von Apostelschülern (Clemens, Titus, Dionysius Areopagita u. a. [s. Anm. 83]) oder gar als Offenbarungen Jesu (Briefe an Abgar, Fragen des Bartholomäus, Historia Iosephi fabri lignarii, Testamentum domini nostri Jesu Christi usw. [s. Anm. 202]).

[199] Daß die Worte μήτε δι' ἐπιστολῆς ὡς δι' ἡμῶν bedeuten ›noch durch einen gefälschten Paulusbrief‹ folgt auch aus einer bisher wohl noch nicht beachteten sprachlichen und sachlichen Parallele bei Cyrill. Alex. ep. 40 (PG 77,201 A) εἰ δὲ δὴ καὶ ὡς παρ' ἐμοῦ γραφεῖσα παρακομίζοιτο πρός τινων ἐπιστολή, ὡς μετανοοῦντος ... γελάσθω καὶ τοῦτο. Mit den Schlußworten von 2 Thess. 3,17: »Der Gruß mit meiner Hand: des Paulus. Dies ist das Zeichen in jedem Brief; so schreibe ich« suchte der Apostel seine Briefe gegen Fälscher zu sichern.

[200] Überliefert bei Rufin. adult. 7 (CCL 20,11); vgl. A. VON HARNACK, Die Briefsammlung des Apostels Paulus u. die anderen vorkonstantinischen Briefsammlungen (1926) 8; O. ROLLER, Das Formular der paulinischen Briefe = Beiträge zur

beweist eindeutig, daß Irrlehrer mit falschen Briefen in die schon früh einsetzenden Glaubenstreitigkeiten eingegriffen haben. Die vorgetäuschte Verfasserschaft war für sie ein Mittel, unerkannt zu bleiben. Der Name des Völkerapostels wurde gewählt, da er höchstes Ansehen genoß.

Mit aller gegebenen Vorsicht dürfte man viele christliche Fälschungen der ersten Jahrhunderte folgendermaßen erklären: Allem Anschein nach haben die Irrlehrer mit Fälschungen begonnen. Wie Tertullian einmal bemerkt, ist das Echte der Zeit nach früher als die Fälschung[201]. Paulus besaß genug Ansehen, da er sich von Christus berufen wußte. Er hatte es nicht nötig, seine Schriften etwa als von Jesus stammend auszugeben[202]. Vielmehr setzte er seinen Namen betont an den Anfang oder den Schluß seiner Briefe[203]. Als die Apostelgeneration dahingesunken war, hörten die Häresien nicht auf, vielmehr ging der Kampf mit gnostisierenden, libertinistischen und am mosaischen Gesetz festhaltenden christlichen Gemeinschaften weiter. Prüfen wir daraufhin den Zweck des zweiten Petrusbriefes wie einiger der katholischen Briefe, die ebenfalls aus nachapostolischer Zeit stammen. Er scheint geschrieben zu sein, »um die feste Zuversicht auf die verheißene Wiederkunft Christi gegenüber einer frechen Kritik oder einem verstimmten Zweifel ... neu zu beleben und für alle Zukunft sicherzustellen[204]«. Der Judasbrief ist gegen libertinistische Schriften gerichtet. So scheint der Kampf gegen die Irrlehrer auch rechtgläubige Christen der nachapostolischen Zeit dazu gebracht zu haben, die Fälschung als wirksames Mittel zu benutzen. Unter diesem Gesichtspunkt dürften viele Fälschungen des 2. Jh. besser verständlich werden. Diesen Sachverhalt haben bisher am deutlichsten C. Schmidt, W. Bauer und M. Rist gesehen[205]. Nach

Wissensch. vom AT u. NT 4,6 (1933) 143 und ebd. Anm. 439; W. Bauer, Rechtgläubigkeit u. Ketzerei im ältesten Christentum. 2. Aufl. von G. Strecker = Beiträge zur hist. Theol. 10 (1964) 184f. — Ähnlich Ephrem in ep. Pauli transl. a Mekitharistis (Venedig 1893) 191. 193. 199; Severian von Gabala (gest. nach 408 nC.) umschreibt 2 Thess. 2,2 μήτε εἰ ἐπιστολήν τινες πλασάμενοι κομίζοιεν ὡς ἡμετέραν (bei K. Staab, Pauluskommentare aus der griech. Kirche = Ntl. Abhandl. 15 [1933] 332,25f). Vgl. Ambrosiaster in XIII ep. Paul. zu 2 Thess. 2,2 (PL 17,481C) aut per epistolam nomine forte apostolorum scriptam ... solent enim tergiversatores, ut fallant, sub nomine clari alicuius viri epistolam fingere, ut auctoritas nominis possit commendare quod per se ipsum recipi non posset. Pelag. expos. XIII ep. Pauli (ad loc.) (PLS 1,1332) poterat et hoc diabolica excogitare astutia, sicut in multis apocryfis apparet, quae ad fidem perfidiae faciendam apostolorum nomine titulantur. Vgl. ferner W. Bornemann, Die Thessalonicherbriefe (1894) 538/708 (Geschichte der Auslegung passim). 360f. 536f.; W. Wrede, Die Echtheit d. zweiten Thessalonicherbriefs = TU 24,2 (1903) 54/67; M. Dibelius, An die Thessalonicher I, II, an die Philipper² = Handbuch z. NT 11 (1925) 37. Zu der umstrittenen Echtheit des Briefes s. außer den Genannten Jülicher-Fascher (s. Anm. 4) 62/7 und den Kommentar von B. Rigaux (Paris 1956) 124/152; vgl. ebd. 649/52. 718.

[201] adv. Marc. 4,4,1 (CCL 1,549) in quantum enim falsum corruptio est veri, in tantum praecedat necesse est veritas falsum (vgl. praescr. haer. 38,5f [CCL 1,218f]).

[202] Vgl. Hier. ad Ezech. 44,29 (PL 25,443C): unde et salvator nullum volumen doctrinae suae proprium dereliquit, quod in plerisque apocryphorum deliramenta confingunt; Aug. cons. ev. 1,9, 14/10,16 (CSEL 43,14/16); id. ep. 237,2.4/9 (CSEL 57,526f. 528) hymnus sane, quem dicunt esse domini nostri Jesu Christi, ... in scripturis solet apocryphis inveniri (die Priszillianisten lasen dieses Apokryphon; vgl. K. Schäferdiek bei Hennecke-Schneemelcher 2, 126f. 153_2); Aug. c. Faust. 28,4 (CSEL 25,741); Const. apost. 6, 16,2; Leo M. s. 34,4 (PL 54, 248 AB) (vgl. W. Bauer, Das Leben Jesu im Zeitalter der ntl. Apokryphen [1909] 394_1 und o. Anm. 198).

[203] Vgl. außer dem schon genannten 2 Thess. 3,17 bes. Gal. 6,11; 1 Cor. 16,21; Col. 4,18; Phlm. 19. Vgl. F. Ziemann, De epistularum Graecarum formulis sollemnibus, Diss. Halle (1910) 364f; Roller (s. Anm. 200) 70/8.

[204] Jülicher-Fascher (s. Anm. 4) 217. K. Th. Schäfer, Grundriß der Einleitung in das NT² (1952) 170: »Der Hauptzweck ... ist offenbar die Belebung der Hoffnung auf die Wiederkunft Christi ... Von hier aus ist der Zweck des gegen Irrlehrer gerichteten Kap. 2 zu begreifen ...« Vgl. auch E. Molland: StudTheol 9 (1955) 77.

[205] C. Schmidt-I. Wajnberg, Gespräche Jesu mit

BAUER hat die Kirche zum Zweck der Ketzerbestreitung ihre apostolische Literatur durch die Pastoralbriefe, den zweiten Petrusbrief und den dritten Korintherbrief vergrößert[206]. Diese Annahme trifft, wie wir sahen, auf den zweiten Petrusbrief zu, ebenfalls aber auch auf den pseudopaulinischen dritten Korintherbrief, der zu den unechten Paulusakten gehört[207]. Erwähnt werden diese Akten zuerst von Tertullian de baptismo 17 (um 198/200 nC.), der sie auch aus theologischen Gründen verwirft[208]; er hatte von ihrem Verfasser, einem Priester aus Kleinasien, gehört, der sie »aus Liebe zu Paulus« verfaßt habe, jedoch aus seinem Amt entfernt worden sei. Dies ist die erste Nachricht über einen Fälscher aus großkirchlichen Kreisen. Als besondere Tendenzfälschung innerhalb der Akten hat der Briefwechsel zwischen den Korinthern und Paulus zu gelten, der sogar in den Kanon der armenischen Kirche eingedrungen ist und bis zum Ende des 4. Jh. in den syrischen Ausgaben des NT vorhanden war[209]. Ephrem, der Syrer, hat ihn als kanonisches Schreiben kommentiert. Wer die Irrlehrer waren, die hier bekämpft wurden, ist umstritten[210]. Jedenfalls entstand die Fälschung aus theologischen Interessen[211]. Im Kampf mit der Gnosis haben Christen der Großkirche auch unechte Evangelien verfaßt. Die Epistula apostolorum bekämpft die falschen Apostel Simon und Kerinth. Die Schrift wird als Brief der elf Apostel ausgegeben, unter ihnen Petrus und — entlarvend — Kephas[212]; im Anschluß an 1 Ioh. 1,1 wird wie im 2 Petr. die Augenzeugenschaft betont[213].

Die genannten Beispiele genügen, um zu zeigen, wie im 2. Jh. von den Häretikern und der Großkirche die Fälschung als Kampfmittel benutzt wurde[214]. Wir müssen

seinen Jüngern nach der Auferstehung = TU 43 (1919) 204f; BAUER (s. Anm. 200) 41f. 185; M. RIST, Pseudepigraphic refutations of Marcionism: JournRel 22 (1942) 39/62.

[206] aO. 185. Für die evangelischen Forscher gilt die Pseudepigraphie der beiden Schreiben an Timotheus und des Briefes an Titus für ausgemacht (vgl. JÜLICHER-FASCHER aO. 166/86 und bes. H. VON CAMPENHAUSEN, Polykarp v. Smyrna u. die Pastoralbriefe = SbHeid 36 (1951), der in Polykarp den Verfasser dieser »geistig ungewöhnlich hochstehenden Fälschung« (ebd. S. 8) sieht. RIST aO. 50/62 und unabhängig von ihm VON CAMPENHAUSEN 11/3.44f.47 werten die Pastoralbriefe als Antwort der Großkirche gegen Marcion. Vgl. aber auch M. DIBELIUS-H. CONZELMANN, Die Pastoralbriefe³ = Handbuch zum NT 13 (1955) 1/9; zum Ketzerproblem ebd. 2 und 52/4.

[207] SCHNEEMELCHER aO. 2,234f hält den Briefwechsel für einen ursprünglichen Bestandteil der Acta Pauli.

[208] Vgl. SCHNEEMELCHER aO. 2,241 und Liter. Fälschung (s. Anm. 1) C I g.

[209] Vgl. LEIPOLDT, Geschichte des ntl. Kanons (s. Anm. 59) 1,213/5. Ob der Briefwechsel ursprünglich selbständig vorhanden war, wie zuletzt A. F. I. KLIJN, The apocr. correspondence between Paul and the Corinthians: VigChrist 17 (1963) 2/23, bes. 16, vermutet, bleibt unsicher (s. SCHNEEMELCHER aO. 2,234f).

[210] In Betracht kommen Gnostiker mit doketischer Tendenz oder Marcion (s. RIST aO. 46/50) oder Bardesanes, wie Ephrem im Kommentar zu den paulinischen Briefen meint (Übersetzung bei TH. ZAHN, Geschichte des ntl. Kanons 2,2 [1892] 598). Vgl. A. VON HARNACK, Geschichte d. altchristl. Lit. 1,1² (1958) 38; ders., Lehrbuch d. Dogmengeschichte 1⁵ (1914 [Nachdr. 1964]) 277f; ders., Marcion. Das Evangelium vom fremden Gott² (1924 [Nachdr. 1960]) 315*; BAUER (s. Anm. 200) 45/8; KLIJN aO. 17.

[211] In dem gefälschten Briefwechsel mit den Korinthern begegnet der vielsagende Satz: »Denn ‹mein› Herr Jesus Christus wird schnell kommen, da er verworfen wird von denen, die seine Worte verfälschen.« Diese Stelle bezieht sich auf eine Bemerkung im unechten Schreiben der Korinther an Paulus: »Simon und Kleobius, die verkehren etlicher Glauben durch verderbliche Worte, welche du prüfen sollst« (Übersetzung von SCHNEEMELCHER aO. 2,258f).

[212] Vgl. SCHMIDT-WAJNBERG (s. Anm. 205) 160/70 (zum Titel). 181/208. 374f (Pseudonymität als Kampfmittel). 402 (Adresse und Zweck); H. DUENSING bei HENNECKE-SCHNEEMELCHER 1,126/55.

[213] Vgl. Liter. Fälschung (s. Anm. 1) A V g.

[214] Das Mittel der Gegenfälschung war besonders im Mittelalter beliebt (s. FUHRMANN [s. Anm. 3] 543/5. 553). Als Gegenfälschungen haben gewiß auch Teile der christlichen Pilatusliteratur wirken sollen; ebenfalls viele pseudepigraphische Apostelakten. Vgl. Liter. Fälschung A IX. C III h 1.

demnach viele christliche Pseudepigrapha als Fälschungen bezeichnen. Die Berechtigung zu einer derartigen Beurteilung liegt, wie mir scheint, vor allem auch in der zeitgenössischen Kritik der Kirche, von Paulus 2 Thess. 2,2. 3,17 und Apc. 22,18 angefangen, über Dionysius v. Korinth, Irenäus, das Muratorische Fragment, Tertullian, Origenes, Eusebius bis hin zu den immer mehr anschwellenden Stimmen der Kirchenväter des vierten und der folgenden Jahrhunderte. Bisher hat man auf diese negative Echtheitskritik, die weithin die Grundlage für eine Beurteilung der christlichen Pseudepigrapha bietet, viel zu wenig geachtet[215].

An dieser Stelle müssen noch kurz die Kirchenordnungen berücksichtigt werden[216]. Es sind folgende: die Διδαχὴ τῶν δώδεκα ἀποστόλων (um 100 nC.), Hippolyts Traditio apostolica (um 215), die Didaskalie der zwölf Apostel (Mitte 3. Jh.), die Apostolische Kirchenordnung (um 300), die Apostolischen Konstitutionen mit den 85 Apostolischen Kanones (um 380), das Testamentum domini nostri Jesu Christi (5. Jh.), um die hauptsächlichsten zu nennen. Von den genannten Schriften ist die älteste und ehrwürdigste, die Didache, nicht eindeutig pseudepigraphisch, wenn man auch schon im Altertum an ihrer apostolischen Herkunft gezweifelt hat (Eus. h. e. 3,25,4). Hippolyt gab die Traditio apostolica unter eigenem Namen heraus[217]. Anders steht es bei den übrigen der genannten Kirchenordnungen, die vollständig pseudepigraphisch eingekleidet sind. Der Inhalt aller dieser Ordnungen, ob sie pseudepigraphisch sind oder nicht, besteht größtenteils aus echtem alten, gewachsenen Gut (disziplinären und liturgischen Anweisungen). Das scheint diese Schriften grundsätzlich von allen anderen religiösen Pseudepigrapha zu unterscheiden. So könnte man zunächst der Auffassung TORMS zuneigen: »Man dachte in der Regel gar nicht daran, den Aposteln eigene Gedanken zu unterschieben[218].« Diese Erklärung stimmt gewiß für die Didache. Der Redaktor dieser Schrift hat mündlich tradiertes, altes Gut zusammengestellt, schriftlich fixiert und es nicht ohne Grund auf die Apostel zurückgeführt. Den anderen pseudepigraphischen Kirchenordnungen dürfte man mit einer derartigen Erklärung noch nicht ganz gerecht werden. Zunächst muß ja auffallen, daß die Echtheitsbeglaubigung viel umständlicher und genauer ausgeführt ist. Was der Bearbeiter der Didache in den wenigen Worten des Titels sagte, wird jetzt zu einer durchdachten Einkleidung: Die Apostel sprechen in der ersten Person, nennen ihren Namen, oder der erhöhte Herr gibt auf die Fragen der Apostel — ähnlich wie in vielen gnostischen Falsa — die autoritative Antwort (Testamentum domini nostri Jesu Christi). Die ersten sechs Bücher der Apostolischen Konstitutionen sind als Brief der Apostel stilisiert (1,1; 6,18); auch von 8,4 an sprechen die Apostel in der ersten Person. Wie man ferner festgestellt hat, lag der alleinige Zweck der Abfassung dieser pseudepigraphischen Kirchenordnungen nicht nur darin, altes Gut als apostolisch weiter zu überliefern. Sie verfolgten daneben auch Absichten des Tages, wie die Didaskalie, die gegen judaisierende Strömungen in Syrien kämpft oder die Apostolischen Konstitutionen, welche nach E. SCHWARTZ »die im Episkopat gipfelnde Hierarchie gegen das immer mächtiger vordringende Mönchtum

[215] Vgl. Liter. Fälschung (s. Anm. 1) C I.
[216] Vgl. ALTANER-STUIBER, Patrol.[7] 254/58 und Liter. Fälschung (s. Anm. 1) C III b.
[217] Der Titel ἀποστολικὴ παράδοσις ist an der Statue Hippolyts zu lesen. Die anonym überlieferte sogenannte ägyptische Kirchenordnung ist wohl im wesentlichen die Traditio apostolica Hippolyts (s. die Ausgabe von B. BOTTE [1963] 10*/17* und ALTANER-STUIBER, Patrol[7]. 82/84.
[218] (s. Anm. 4) 30f.

verteidigen wollten«[219]. — Wenn wir demnach die pseudepigraphischen Kirchenordnungen, nämlich die Didaskalie, die Apostolische Kirchenordnung, die Apostolischen Konstitutionen mit den 85 Kanones, das Testamentum d. n. Jesu Christi, die Kanones der angeblichen Synode der Apostel von Antiochien als Fälschungen benennen, so bezieht sich diese Bezeichnung natürlich nicht auf das echte alte Gut, das zum größten Teil ihren Inhalt ausmacht, sondern auf die Einkleidung und das Beiwerk, das als selbständiges Werk der Bearbeiter und Kompilatoren von dem übrigen Inhalt meist noch gut zu scheiden ist.

Abschließend können wir zu der Frage nach der Beurteilung der christlichen Pseudepigrapha feststellen: Wenn wir auch von der seelischen Gestimmtheit und den Absichten der Autoren derartiger Schriften unmittelbar keine Zeugnisse besitzen, so folgt daraus nicht, daß wir deshalb auf jede Beurteilung verzichten müssen. Wenn auch in manchen Einzelfällen verschiedene Urteile möglich sind oder sogar gänzliche Zurückhaltung des Urteils geboten erscheint, so darf doch wohl der Grundsatz gelten, daß in einer Umwelt, in der so viel von Fälschung gesprochen wird, die Abfassung pseudepigraphischer Schriften in gutem Glauben ziemlich unwahrscheinlich ist. Mögen auch die Christen häufig den Vorwurf der Fälschung tendenziös erhoben haben, so war er doch in aller Ohren und mußte so abschreckend wirken. Deshalb dürften nur wenige Schriftsteller, höchstens in abgelegenen Gebieten, die pseudepigraphische Einkleidung guten Glaubens angewendet haben.

Auf eine vergleichbare Ablehnung waren die jüdischen religiösen Pseudepigrapha nicht sogleich gestoßen. Sie wurden zunächst überhaupt nicht angefeindet, sondern begeistert aufgenommen[220]. Je häufiger aber von der Kirche der Vorwurf der Fälschung erhoben wurde, um so unverzeihlicher war es, daß trotzdem solche Verhüllungen angewandt wurden. Die meisten christlichen Pseudepigrapha verfolgten ferner Ziele, die nicht mehr als religiös bezeichnet werden können. Nicht der Tröstung in hoffnungsloser Lage[221], nicht der Theodizee[222], der Verherrlichung eines Patriarchen[223] oder

[219] Zur Didaskalie als einer Fälschung s. H. Achelis–J. Flemming, Die syr. Didaskalia = TU 25,2 (1904) 385/7. Zu den Apostolischen Konstitutionen s. auch Christ–Stählin (s. Anm. 83) 2,2,1243. Zu den verschiedenen Tendenzen, die nur erfolgversprechend in pseudepigraphischer Einkleidung durchzuführen waren, vgl. Liter. Fälschung (s. Anm. 1) C III. In den Const. apost. 6,16 wirkt zB. das Motiv der Gegenfälschung.

[220] Vgl. Hölscher (s. Anm. 59) 39f. 54/8. Seit der Zerstörung Jerusalems wurde der Gegensatz der apokalyptischen Bewegung zum Judentum der Rabbinen stärker (vgl. Himmelfahrt des Moses 7,3/10).

[221] Nach der Entweihung des Tempels durch Antiochos IV Epiphanes suchte PsDaniel das niedergedrückte Volk zu trösten, indem er die künftige Vernichtung der Gegner Israels verkündete und nach dem Weltgericht die Zuteilung von Lohn und Strafe im Jenseits verhieß. Die Himmelfahrt des Jesaia streitet gegen den Abfall von Gott. Der Brief des Jeremias (deuterokanonisch) geißelt den Kult der Babylonier.

[222] So zB. IV Esra. — Die christliche Schrift VI Esra (3. Jh.) suchte in der Verfolgung zu trösten; die jüngere Sedrachapokalypse gibt eine Theodizee (s. Christ–Stählin [s. Anm. 83] 2,2,1218f).

[223] Hier ist wieder (s. S. 95f) zwischen dem hellenistischen und palästinensischen Judentum zu unterscheiden (vgl. jedoch Freudenthal [s. Anm. 174] 125/30 und H. F. Weiss: Klio 43/5 [1965] 307_3). Die jüdischen Hellenisten wie Eupolemos, Artapanos, Cleodemus Malchus und Josephus suchten durch Geschichtsfälschung Moses zum Kulturbringer und weisen Lehrer der Menschheit schlechthin zu machen: er wird zu Musaios, zu Thoth-Hermes, zum Erfinder der Philosophie. So entsteht aus apologetischen Absichten, die neben der Selbsterhaltung inmitten einer feindlichen Umwelt auch der Religion dient, eine neue Form des Synkretismus. Zum Mosesbild der Hellenisten s. I. Heinemann, Art. Moses: PW 16 (1933) 365/75; G. Vermès, Die Gestalt des Moses an der Wende der beiden Testamente: Moses in Schrift u. Überlieferung (s. Anm. 116) 66/74. 87/9 (zu Josephus, der als Anhänger der Pharisäer mit Palästina verbunden blieb). — Diese jüdischen

anderen rein religiösen Absichten[224] dienten sie wie so viele Pseudepigrapha der palästinensischen Juden. Vielmehr suchten die Häretiker durch Fälschungen abweichende Lehren durchzusetzen, welche die Christen der Großkirche ihrerseits durch gefälschte Gegenschriften beantwortet haben. Ferner wollte man die geschichtliche und endzeitliche Neugier stillen, die Überlieferung ergänzen, Fragen, die durch die Entwicklung in Recht, Disziplin und Liturgie entstanden waren, durch die Apostel autoritativ entscheiden lassen, die Kirchenpolitik wirkungsvoll unterstützen oder Propaganda gegen Heiden und Juden treiben[225]. Die echte religiöse Pseudepigraphie dürfte im christlichen Bereich einen wesentlich kleineren Raum einnehmen, als im jüdischen und heidnischen.

Wie es bei den Pseudepigrapha der Heiden und Juden nicht immer leicht ist, von den Fälschungen die freien Erfindungen abzugrenzen, so auch bei den christlichen. Die apokryphen Apostelakten, die man heute gern nur als Unterhaltungsliteratur wertet, wurden von den Christen, besonders den Häretikern, bis in das 8./9. Jh. hinein als echte Urkunden für Glaubensfragen herangezogen[226]. Ferner muß man damit rechnen, daß dieselbe Schrift je nach dem Kreis ihrer Benutzer als Erbauungs- und Unterhaltungsliteratur oder als Fälschung gedient hat.

Apologeten beantworteten mit literarischen und historischen Fälschungen entsprechende Anklagen der Griechen und Ägypter (vgl. Freudenthal aO. 197f; P. Volz, Die Eschatologie der jüdischen Gemeinde im ntl. Zeitalter^2 [1934] 78.170). — Die palästinensischen Juden haben Moses ebenfalls durch pseudepigraphische Schriften verherrlicht. Da diese Schriften aber wohl aus rein religiösen Motiven erwuchsen, sind sie nicht als Fälschungen zu bezeichnen. Die Messiaserwartung bezog sich teilweise auf einen Moses redivivus (s. Vermès aO. 74/86 und Volz aO. 194f).

[224] Andere Zwecke: In den Testamenten der zwölf Patriarchen dient die Schilderung der Tugenden der Patriarchen der sittlichen Erneuerung des Volkes. Im Buche Tobit wurden sittliche und rituelle Gebote als wesentlich für den Gerechten hingestellt. Das Jubiläenbuch sucht die anstößige Darstellung der Patriarchenzeit im AT durch eine neuere zu ersetzen, in der die Patriarchen zu »pedantischen Beobachtern des Gesetzes« (Eissfeldt [s. Anm. 59] 823) gemacht werden; die Fürsorge Gottes für Israel sollte am beispielhaften Leben der Patriarchen erwiesen werden.

[225] Vgl. Liter. Fälschung (s. Anm. 1) C III.

[226] Vgl. Eus. h. e. 3,25,6f; Epiphan. haer. 47,1. Die Manichäer und Priszillianisten benutzten derartige Apostelakten, besonders die des Andreas, Johannes und Thomas, als Urkunden (vgl. Filastr. haer. 88 [CCL 9,256]; Torribius Astorg. ep. ad Idac. et Cep. 5f [PL 54,694 C]; B. Altaner: AnalBoll 67 [1949] 236_2 [Literatur]). Die Bilderstürmer beriefen sich auf dem Konzil von Konstantinopel 754 nC. auf Zeugnisse aus den unechten Johannesakten des PsLeucius (vorgelesen auf dem 2. Konzil von Nizäa 787 nC. [Mansi 13,168/76]; vgl. Zahn (s. Anm. 82) 211/4.219/24; Lipsius [s. Anm. 59] 1,58.86f.449/54). Vgl. ferner Libri Carolini, ed. H. Bastgen (MG Leg. 3, conc. 2, Suppl. [1924]) 3,30. — Um noch einmal aus einem Zeugnis des christlichen Altertums zu beweisen, daß derartige Apostelakten nicht nur als Unterhaltungslektüre, sondern als historische Berichte bewertet wurden, sei Aug. serm. dom. in monte 1,20,65 (PL 34,1263) genannt: cui scripturae (sc. actibus Thomae) licet nobis non credere, non est enim in catholico canone. illi tamen eam et legunt et tanquam incorruptissimam verissimamque honorant (vgl. Lipsius aO. $1,47_1$ mit weiteren Beispielen und Altaner aO. 241f). Andererseits ist nicht zu leugnen, daß besonders in späterer Zeit, als die Anteilnahme an den theologisch gerichteten Apostelgesprächen abnahm und nur noch die Wunder begeisterte Zuhörer fanden, die Apostelgeschichten zur reinen Unterhaltungsliteratur wurden. Vgl. die vielen Übersetzungen und Bearbeitungen der Akten in orientalischen und slavischen Sprachen; s. auch M. Rh. James, The apocryphal New Testament (Oxford 1924 [Nachdr. 1955]) 438.474. Bei der Pilatusliteratur wird man ebenfalls den Übergang von Fälschung zur freien Erfindung feststellen können. Doch haben die meisten Leser des Altertums und Mittelalters den historischen Roman nicht als Dichtung, sondern als Geschichtsschreibung gewertet: Gregor v. Tours, hist. Franc. 1,21.24 (MG Scr. rer. Mer. $1,1^2$ [1951]) hält die gesta Pilati ad Tiberium imperatorem missa für echte Urkunden; vgl. Liter. Fälschung (s. Anm. 1) A II a c.C I g.

5. Ergebnis

In der Pseudepigraphie hat man die profanen und die religiösen Schriften zu unterscheiden. Die religiöse Pseudepigraphie weist drei Arten auf: a. Die echte religiöse Pseudepigraphie, die vornehmlich im Orient und bei den Juden verbreitet war, aber auch in Griechenland und Rom nicht fehlte, entstammt dem mythisch-religiösen Erleben und entspricht selbst der Bildung von Mythen. b. Gefälschte religiöse Pseudepigraphie. Wie aber Mythen zu außerreligiösen Absichten mißbraucht werden konnten, indem man sie zur Täuschung der Mitmenschen nachahmte, so auch die religiöse Pseudepigraphie: Das Ergebnis waren die zahlreichen Schriften religiösen Gehaltes, die sich als Werke eines anderen als des wirklichen Verfassers ausgaben. c. Fiktive religiöse Pseudepigraphie. Neben den echten und gefälschten religiösen Pseudepigrapha kommen Erfindungen vor, die ihnen äußerlich ähnlich sehen. Als künstlerisch gedachte Formen gehören sie zur Dichtung und damit in den Bereich der Kunst.

Die moderne Kritik hat die aus dem Altertum überlieferten religiösen Pseudepigrapha daraufhin zu prüfen, ob sie im mythischen Sinne echt oder gefälscht oder frei erfunden sind. Die hierher gehörenden Urteile des Altertums sind zu diesem Zweck zu sammeln und auszuwerten. Dabei wird sich herausstellen, daß viele Urteile als Tendenzkritik oder rationalistisch unzureichend auszuscheiden sind. Da die für uns meist unbekannt bleibenden Verfasser der Pseudepigrapha fast nie verraten, weshalb sie die falsche Autorschaft gewählt haben und somit ihre bona oder mala fides im Dunkel bleibt, ist die moderne Kritik nur auf Rückschlüsse angewiesen. Diese entnimmt sie meist den Gründen, die wahrscheinlich zu der Pseudoverfasserschaft geführt haben. Ein solches Urteil wird man nur selten als notwendig bezeichnen können. Oft muß man sich mit einem mehr oder weniger hohen Grad von Wahrscheinlichkeit zufrieden geben[227]. Nur mit dieser Einschränkung dürfen wir im Einzelfall von echter religiöser Pseudepigraphie, Fälschung oder freier Erfindung sprechen.

[227] Vgl. Levison, Frühzeit (s. Anm. 176) 237.

4. Der Tod der Salome

Von den wenigen Szenen der kanonischen Evangelien, die nicht unmittelbar heilsgeschichtliche Bedeutung besitzen, hat die Erzählung vom Tanz der Herodiastochter vor Herodes Antipas besonders stark die Phantasie der Maler, Bildhauer, Dichter und Musiker des Mittelalters und der Neuzeit angeregt[1]. Dieselbe Szene hat aber auch schon die Christen des Altertums beeindruckt.

Manche neutestamentliche Apokryphen sind aus religiöser Wißbegierde entstanden. Die kurzen, oft einsilbigen Angaben des Neuen Testamentes veranlaßten Ergänzungen, die von Interpolation bis zur selbständigen Erfindung neuer Episoden und ganzer Schriften reichten. Dichtung und außerliterarische tendenziöse Täuschung sind oft im einzelnen Fall nicht mehr klar zu scheiden. So schillert die apokryphe Pilatusliteratur eigenartig zwischen Fälschung und erbaulicher Dichtung. Während die Christen den römischen Prokurator bald als Heiligen — wie in der koptischen und äthiopischen Kirche — verehrt, bald als Gottesmörder verflucht haben, haben sie andererseits einmütig angenommen, daß Gottes Strafe das Haus des Herodes ereilt hat. Im Bericht der Apostelgeschichte 12,20/3 über den Tod des Herodes Agrippa I ist unschwer das schon aus dem Alten Testament mehrfach zu belegende Motiv De mortibus persecutorum zu erkennen[2]. Im apokryphen Briefwechsel zwischen Pilatus und Herodes bekennt zwar Herodes die Untaten seines Vaters und die eigenen gegen Jesus und Johannes[3]. Die Reue bewahrt ihn jedoch nicht vor dem Strafgericht Gottes. Diesen Briefwechsel hat zuerst W. WRIGHT aus einer syrischen Handschrift des 6./7. Jh. herausgegeben, sodann M. RH. JAMES aus einer griechischen Handschrift des 15. Jh.[4]

[1] Mt. 14,1/12; Mc. 6,17/30. Der Name Salome ist durch Joseph. ant. Iud. 18,136f überliefert; vgl. STÄHELIN, Art. Salome nr. 3: PW 1A,2 (1920) 1997f. In den gleich zu besprechenden neutestamentlichen Apokryphen kommt der Name Salome nicht vor.

[2] Vgl. M. DIBELIUS, Stilkritisches zur Apostelgeschichte: ΕΥΧΑΡΙΣΤΗΡΙΟΝ, Festschrift H. Gunkel 2 (1923) 43f; ferner Joseph. ant. Iud. 19, 343/50; Eus. hist. eccl. 2,10; Georg. Cedr. hist. eccl.: PG 121,358D. 369B. Vgl. auch den unechten Brief des Herodes an Pilatus (dazu s. u. S. 176f). Wie Herodes so soll auch Julian, Comes Orientis und Onkel Julians, von Würmern aufgefressen worden sein, wie die Passio SS. Bonosi et Maximiliani militum berichtet (ed. TH. RUINART [1859] 612); vgl. Joh. Chrysost. de S. Babyla 17 (PG 50,558f); Sozom. 5,8,2f B.; Theodrt. Cyr. h. e. 3,9 (PG 82,1101); andere Beispiele nennt A. RONCONI, Art. Exitus illustrium virorum: RAC 6 (1966) 1264.

[3] Hier wie auch sonst öfters unterscheidet die christliche Überlieferung nicht zwischen Herodes dem Großen, Herodes Antipas und Herodes Agrippa I.

[4] W. WRIGHT, Contributions to the Apocryphal Literature of the New Testament (London 1865) 19/24 (syrisch) aus Br. Mus. Syr. Ms. Add. 14609; 12/7 (englische Übersetzung); M. RH. JAMES, Apocrypha Anecdota 2 = Texts and Studies 5,1 (Cambridge 1897) 66/70 (griechischer Text), 71/5 (englische Übersetzung der von WRIGHT aO. herausgegebenen syrischen Fassung). Den griechischen Text bietet auch A. DE SANTOS OTERO, Los evangelios apocrifos ²(Madrid 1963) 487f. — I. E. RAHMANI hat Studia Syriaca 2 (In monte Libano 1908) 17f. 32/7 aus einer anderen syrischen Handschrift ebenfalls den Briefwechsel veröffentlicht. Vgl. ferner A. MINGANA - R. HARRIS, Woodbrooke Studies 1 (Cambridge 1927) 252 (140f) und F. STEGMÜLLER, Repertorium biblicum medii aevi 1 (Madrid 1950) nr. 184 (Pilati et Herodis epistolae). — Der Brief des Pilatus an Herodes führt einen Abschnitt aus der Paradosis Pilati an (vgl. JAMES aO. 46). Nach weit verbreiteter Ansicht sollen aber die Anaphora Pilati, auf die ihrerseits die Paradosis zurückgeht, dem 9. oder 10. Jh. angehören. Dann müßte der Briefwechsel ebenfalls frühmittelalterlich sein. Diese Ansicht vertreten G. C. O. CEALLAIGH, Dating the Commentaries of Nicodemus: HarvTheolRev 56 (1963) 48 und B. ALTANER - A. STUIBER, Patrologie ⁷(1966) 127. Demgegenüber ist zu bemerken: W. WRIGHT nimmt für die syrische Handschrift mit dem Briefwechsel des Herodes-Pilatus das 6. oder

Das Schreiben des Herodes an Pilatus ist wohl der älteste heute erreichbare Zeuge für die legendäre Überlieferung über das Ende der Salome. Die Herodiastochter, die den Tod des Johannes mitverschuldet hat, ist auf ganz ähnliche Weise wie der Vorläufer Jesu umgekommen. Ihre Mutter erlebte ihren Tod mit und wurde durch das schreckliche Ende der Tochter bestraft. Die griechische Fassung und die deutsche Übersetzung des Briefanfangs lauten folgendermaßen:

Ἡρώδης τετράρχης Γαλιλαίων Ποντίῳ Πιλάτῳ τῷ ἡγεμόνι τῶν Ἰουδαίων χαίρειν. Οὐκ ἐν μικρῷ πένθει κατὰ τὰς θείας γραφὰς ὧν ἐγώ σοι γράφω, ὡς καὶ σὺ ἀκούσας πάντως ἐν λύπῃ γενήσῃ· ἣν γὰρ ἐπόθουν Ἡρωδιάδα[5] τὴν θυγατέρα μου παίζουσα ἀπώλετο ἐπὶ τοῦ ὕδατος, †πεπληρωμένου[5a] ἐπὶ τῇ ὄχθῃ τοῦ ποταμοῦ· ἄφνω γὰρ ἐπληθύνθη τὸ ὕδωρ ἕως τοῦ τραχήλου αὐτῆς, καὶ ἐδράξατο ἡ μήτηρ αὐτῆς τῆς κεφαλῆς αὐτῆς, ἵνα μὴ ληφθῇ ὑπὸ τοῦ ὕδατος· καὶ ἀπετμήθη ἡ κεφαλὴ τῆς παιδός, ὥστε μόνην τὴν κεφαλὴν κρατεῖν τὴν γυναῖκά μου· καὶ ὅλον τὸ σῶμα αὐτῆς ἔλαβεν τὸ ὕδωρ· †καὶ τῆς γυναικός μου κρατῶν ἐπὶ τὰ γόνατα τὴν κεφαλὴν αὐτῆς καὶ κλέουσα καὶ† εἶναι ὅλον τὸν οἶκόν μου ἐν πένθει ἀκαταπαύστῳ[6].

Herodes, Vierfürst von Galiläa, entbietet Pontius Pilatus, dem Prokurator der Juden, seinen Gruß. In großem Leid gemäß den heiligen Schriften schreibe ich dir, so daß auch du sehr betrübt sein wirst, wenn du alles gehört hast. Meine geliebte Tochter Herodias starb, als sie auf dem bis zum Uferrand zugefrorenen Flusse spielte: plötzlich versank ihr Körper im Wasser bis zum Nacken. Ihre Mutter ergriff sie am Kopf, damit sie nicht vom Wasser weggespült würde. Doch das Haupt des Mädchens wurde abgeschnitten, so daß meine Frau nur das Haupt zurückbehielt. Das Wasser hatte ihren ganzen Körper erfaßt. Meine Frau aber hält das Haupt des Kindes auf ihren Knien und weint; unser ganzes Haus ist von nicht enden wollendem Schmerz betroffen.

Die nämliche Geschichte ist mit kleinen Veränderungen überliefert bei PsEurippos im Leben des Johannes des Täufers[7], bei PsDorotheus[8], Georgius Cedrenus (11./12.

7. Jh. als Entstehungszeit an; Rahmani aO. datiert seinen Textzeugen in das 8. Jh. Nach O. Bardenhewer, Geschichte der altkirchlichen Literatur 1² (1913, Nachdr. 1962) 546f ist eine arabische Handschrift mit der Anaphora und der Paradosis Pilati datiert und stammt aus dem Jahre 799; vgl. aber auch G. Graf, Geschichte der christlichen arabischen Literatur 1 = Studi e Testi 118 (1944) 238f. Aufgrund der genannten Textzeugen müssen also die besprochenen Pilatusschriften noch spätantik sein. J. Michl, Art. Briefe, apokryphe: LThK 2 (1958) 690 bemerkt: »frühestens etwa im 5. Jh. entstanden.«

[5] E. Schürer, Geschichte des jüdischen Volkes im Zeitalter Jesu Christi 1 (1901, Nachdr. 1964) 441_{29} macht auf einen Textzeugen zu Mc. 6,22 aufmerksam τῆς θυγατρὸς αὐτοῦ Ἡρωδιάδος. Offenbar geht der Name Herodias im Brief auf diese ungeschichtliche Überlieferung zurück.

[5a] Die griechische Überlieferung ist hier verderbt; ich folge der englischen Übersetzung der syrischen Fassung von W. Wright.

[6] Die lateinische Übersetzung der syrischen Fassung lautet nach Rahmani aO. 35: Herodes Pontio Pilato Hierosolymae praesidi pacem. cum vehementi affligar moerore ad te ista scribo, ut, cum ea audieris, commisereearis mihi. praedilecta etenim mea filia nata ex Herodiade, cum recreationis causa deambularet super aquas glacie concretas, en sub eius pedibus eaedem disruptae sunt, et illa in profundum ruit toto corpore, attamen caput ipsius divulsum super glaciei superficiem remansit. ecce autem mater eiusdem illud ablatum caput super genua ad sinum complectitur! en tota mea domus maximo in luctu est.

[7] ed. A. Vassiliev, Anecdota Graeco-Byzantina (Mosquae 1893) 4. Zu den verschiedenen Fassungen dieses neutestamentlichen Apokryphons vgl. A. Berendts, Die handschriftliche Überlieferung der Zacharias- und Johannes-Apokryphen = TU 26,3 (1904) 5/12 (griechische Überlieferung; ältester Zeuge: 9./10. Jh.); 47/59 (slawische Überlieferung) und Stegmüller aO. nr. 154. Auch in der Erzählung des PsEurippos lautet der Name »Herodias«. Während in der griechischen Fassung des Briefes ein Fluß genannt wird, ist es bei PsEurippos ähnlich wie in der syrischen Überlieferung des Herodesbriefes ein zugefrorener

Jh.) hist. eccl. (PG 121,360 C), bei Nicephorus Callistus (14. Jh.) hist. eccl. 10,20 (PG 145,692f) und in der Legenda aurea c.125[9].

Der Tod Salomes erfolgt nach dem Grundsatz der talio identica, d.h. Tat und Strafe entsprechen sich qualitativ und quantitativ. Das Leid, das über Salome kommt, muß aus derselben Wurzel entspringen, wie das Leid, das sie Johannes zugefügt hat: also muß beides, die Tat wie die Strafe, eine Folge des Tanzes sein. Dem Schwert entspricht das Eis, wie Nicephorus Callistus aO. bemerkt: οὐ ξίφει, ἀλλὰ κρυστάλλῳ. Die verbrecherische Handlung sollte so erneut in der Strafe wie in einem Spiegel erscheinen[10].

Bei dieser eigenartigen Geschichte erregt der zugefrorene Fluß bzw. Tümpel oder See unsere Verwunderung. Die Personen gehören in das Land des Neuen Testamentes, nach Palästina. Herodes schreibt als Vierfürst von Galiläa an Pilatus. An seinen späteren Verbannungsort Lugdunum ist also keinesfalls zu denken[11]. Da in der Erzählung vom Tod der Salome die talio identica durchgeführt wird, spricht auch dies für Palästina: Tat- und Strafort sollten übereinstimmen[12]. Daraus folgt: das Motiv vom zugefrorenen Fluß kann in der christlichen Legende nicht ursprünglich sein. Es muß anderswoher stammen. Finden wir nun dieses Motiv in einer entsprechenden Erzählung wieder, in die es genau hineinpaßt, so haben wir das Vorbild für die christliche Legende entdeckt.

In späthellenistischer Zeit bevorzugten die Epigrammdichter das Thema seltsamer Todesfälle[13]. Zwei Epigramme der Anthologia Palatina, die nicht unabhängig voneinander entstanden sind, lauten nach der Übersetzung von H. Beckby[14] folgendermaßen: 7,542 Statilius Flaccus:

Wassertümpel: πλησίον φρέατος πεπηγῶτος τοῦ ὕδατος.

[8] Im Anhang zum Chronicon Paschale ed. L. Dindorf (1832) 436 = PG 92,1073 B/C; erneut herausgegeben von Th. Schermann, Prophetarum vitae fabulosae ... (1907) 158f. Bei dieser Fassung ist die Zeitangabe auffallend ἐπὶ ὑπατείας Γάλβου καὶ Σύλλα (34 nG.). Die Herodiastochter bleibt hier namenlos. Der Ort des Vorfalls ist der zugefrorene See von Genesareth. Die Herkunft dieses Stückes ist dunkel; vgl. Th. Schermann, Propheten- und Apostellegenden nebst Jüngerkatalogen des Dorotheus und verwandter Texte = TU 31,3 (1907) 197f.

[9] Die Stellen hat James aO. 46f gesammelt. — Noch der spanische Fälscher Hieronymus Romanus de la Higuera (1551/1624), der sich hinter Flavius Lucius Dexter verbirgt, bemerkt: ad annum Christi XXXIV (!) Herodias (vgl. o. Anm. 5) vero saltans super Sicorim, flumen Ilerdae, glacie concretum, submersa miserabiliter periit (PL 31, 83f) (vgl. ASS Juni 5,599f). Die Zeitangabe stimmt mit PsDorotheus überein.

[10] Vgl. R. Hirzel, Die Talion = Philol Suppl. 11 (1907/10) 407/82 bes. 431f. — Beispiele aus dem Alten Testament nennt Bickermann, Art. Makkabäerbücher: PW 14,1 (1928) 794,13/24.

[11] Vgl. Joseph. ant. Iud. 18,252 und Eus. hist. eccl. 1,11,3. Daß seine Stieftochter ihn dorthin begleitet habe, wird nirgends überliefert.

[12] Vgl. Hirzel aO. 455f.

[13] Vgl. W. Peek, Art. Philippos von Thessalonike: PW 19,2 (1938) 2345,30/56.

[14] Anthologia Graeca 2² (1966) 321; 3 (1958) 43. Der griechische Text:

Anth. Pal. 7,542. ΦΛΑΚΚΟΥ

Ἕβρου χειμερίοις ἀταλὸς κρυμοῖσι δεθέντος
  κοῦρος ὀλισθηροῖς ποσσὶν ἔθραυσε πάγον,
τοῦ παρασυρομένοιο περιρραγὲς αὐχέν' ἔκοψεν
  θηγαλέον ποταμοῦ Βιστονίοιο τρύφος.
καὶ τὸ μὲν ἡρπάσθη δίναις μέρος, ἡ δὲ τεκοῦσα
  λειφθὲν ὕπερθε τάφῳ μοῦνον ἔθηκε κάρα·
μυρομένη δὲ τάλαινα· »Τέκος, τέκος«, εἶπε, »τὸ μέν σου
  πυρκαϊῇ, τὸ δέ σου πικρὸν ἔδαψεν ὕδωρ.«

Anth. Pal. 9,56. ΦΙΛΙΠΠΟΥ ΘΕΣΣΑΛΟΝΙΚΕΩΣ

Ἕβρου Θρηικίου κρυμῷ πεπεδημένον ὕδωρ
  νήπιος ἐμβαίνων οὐκ ἔφυγεν θάνατον·
ἐς ποταμὸν δ' ἤδη λαγαρούμενον ἴχνος ὀλισθὼν
  κρυμῷ τοὺς ἁπαλοὺς αὐχένας ἀμφεκάρη.
καὶ τὸ μὲν ἐξεσύρη λοιπὸν δέμας, ἡ δὲ μένουσα
  ὄψις ἀναγκαίην εἶχε τάφου πρόφασιν.
δύσμορος, ἧς ὠδῖνα διείλατο πῦρ τε καὶ ὕδωρ·
  ἀμφοτέρων δὲ δοκῶν οὐδενός ἐστιν ὅλως.

Starr im Froste des Winters lag Hebros; da brach einem zarten
Knaben, der über ihn glitt, unter den Füßen das Eis.
Als er im Strome dahintrieb, zerschnitt ihm den Hals eine scharfe
Scholle, die los sich gelöst in dem bistonischen Fluß.
Strudel erfaßten den Körper und rissen ihn weiter; das Haupt nur,
das auf dem Eise verblieb, legte die Mutter ins Grab.
Weinend stöhnte die Arme. »Mein Kind, mein Kind du«, so sprach sie,
»halb hat die bittere Flut, halb dich das Feuer verzehrt.«

9,56 Philippos von Thessalonike:

Als im thrakischen Land ein Kindlein aufs Eis des gefrorenen
Hebros die Füße gesetzt, faßte es jählings der Tod.
Denn es glitt aus auf der Fläche, die eben zu tauen begonnen,
und eine Scholle vom Eis schnitt ihm das Köpfchen hinweg.
Fort nun trieb in dem Fluß der Körper des Toten, der Kopf nur
war noch geblieben und fand das ihm gebührende Grab ...
Arme Mutter! Ihr Kindlein verteilten sich Wasser und Feuer:
beiden scheint's eigen — und doch, keinem von beiden gehört's.

Ob das Gedicht des Statilius Flaccus älter ist, wie R. Reitzenstein und H. Beckby glauben[15], oder das des Philippus, wie J. Geffcken meint[16], ist nicht leicht zu entscheiden. Wie beliebt das Geschichtlein war, beweist die in vielen Handschriften überlieferte lateinische Übersetzung, die nicht ein römischer Kaiser, wie in einigen Handschriften zu lesen ist, sondern Paulus Diaconus angefertigt hat[17].

De puero glacie perempto

Thrax puer adstricto glacie cum luderet Hebro,
frigore frenatas pondere rupit aquas,
cumque imae partes fundo raperentur ab imo,
abscidit a iugulo lubrica testa caput.
5 quod mox inventum mater dum conderet igni,
»hoc peperi flammis, cetera« dixit »aquis.
me miseram! plus amnis habet solumque reliquit,
quo nati mater nosceret interitum«.

Im Epigramm paßt der Ort zu der traurigen Begebenheit. Thrakien ist wegen seiner Winterkälte berüchtigt. In Thrakien fließt der Hebros[18]. Nachdem die Thrakerinnen Orpheus getötet und verstümmelt hatten, soll der Hebros das Haupt des Orpheus und seine Leier aufgenommen haben[19]. Vielleicht hat die Erzählung vom

[15] Art. Flaccus nr. 5: PW 6,2 (1909) 2432f; Beckby zu Anth. Pal. 7,542.

[16] Art. Statilius Flaccus: PW Suppl. 5 (1931) 994, 20/59; (ebd. 23 muß es heißen »von einem Kinde«). — Philippus stand in Beziehung zu den Herodäern; vgl. C. Cichorius, Römische Studien (1922, Nachdr. 1961) 351/5.

[17] Vgl. A. Riese in seiner Ausgabe der Anthologia Latina (1906, Nachdr. Amsterdam 1964) 174f zu nr. 709; H. Bardon, Les empereurs et les lettres latines d'Auguste à Hadrien (Paris 1940) 422f und H. Walther, Carmina medii aevi posterioris Latina I, Initia carminum ac versuum (1959) nr. 19369. Vgl. außer den dort genannten Handschriften noch Cod. Perusinus (Bibl. Comunale) nr. 178 (c. 61) f. 18 r (v. 1/6) (15./16. Jh.); Cod. Vat. lat. 2793 f. 17 v (v. 1/6) und 5245 f. 125 r.

[18] Oberhummer, Art. Hebros: PW 7,2 (1912) 2588,58f.

[19] Vgl. Verg. georg. 4,517f: solus Hyperboreas glacies Tanaimque nivalem/arvaque Riphaeis numquam viduata pruinis/lustrabat (sc. Orpheus); 523f: tum quoque marmorea caput a cervice revulsum/ gurgite cum medio portans Oeagrius Hebrus/

Haupt des Orpheus, das auf den Fluten des Hebros schwimmt, die beiden griechischen Dichter zu ihren Epigrammen auf den Tod des Thrakerknaben angeregt.

Vergleichen wir die Epigramme mit der christlichen Legende, so stimmen sie in folgenden Punkten überein: Der Schauplatz ist ein zugefrorener Fluß. Salome steht wie der Knabe noch in jugendlichem Alter[20] und spielt auf dem Eis. Der Tod erfolgt auf die gleiche Weise. Die trauernde Mutter mit dem Haupt des Kindes beschließt beide Erzählungen. Während die Epigrammatiker die Teilnahme an dem schrecklichen Tod eines Kindes zu erwecken suchten und für dieses Ziel ihre sprachlichen Mittel einsetzten, versucht der christliche Legendenschreiber mit Hilfe des Vergeltungsgedankens die wunderbaren Wege von Gottes Gerechtigkeit in dieser Welt zu zeigen. Um seine theologische Absicht anschaulich durchzuführen, hat er eine nichtchristliche Überlieferung benutzt.

Der Verfasser des Briefwechsels zwischen Herodes und Pilatus muß nicht die Gedichte der Anthologia Palatina gekannt haben. Die christliche Legende ist vielleicht sogar älter als der Briefwechsel. Gewiß ist sie aber durch eine nichtchristliche Anekdote beeinflußt, wie sie ihren Niederschlag in den beiden Gedichten der griechischen Anthologie gefunden hat.

volveret ...; Lucian. adv. indoct. 11; PsPlut. fluv. 3,4. Zu diesen und weiteren Stellen vgl. K. Ziegler, Art. Orpheus: PW 18 (1939) 1293f.

[20] Vgl. Mc. 6,28: τὸ κοράσιον. Nach der Auffassung des Legendenschreibers ist die Strafe bald der Tat gefolgt.

5. Der bisher älteste lateinische Psalmus abecedarius
Zur Editio princeps von R. Roca-Puig

In unserem Jahrhundert, das an bedeutenden Entdeckungen antiker griechischer Dichtung wahrlich nicht arm ist, zählen Funde bisher unbekannter lateinischer Poesie zu den Seltenheiten. Die wissenschaftliche Welt wird deshalb mit großer Freude die Entdeckung und Veröffentlichung eines christlichen lateinischen Psalmus abecedarius aus einem Papyruskodex des vierten Jahrhunderts (PBarc. inv. 149b/153) begrüßen.

R. Roca-Puig hat 1965 diesen Psalm in einer prachtvoll gedruckten Folioausgabe veröffentlicht. Für die geschmackvolle äußere Gestaltung sorgte die Bibliophile Gesellschaft von Barcelona[1]. An der Echtheit und dem Alter der Dichtung ist nach Inhalt, Schriftbild und Zeichensetzung nicht zu zweifeln[2]. Dem Herausgeber gebühren für die sorgfältige und weithin erschöpfende Behandlung vieler mit der Entdeckung zusammenhängender Fragen hohes Lob und dankbare Anerkennung. Er bietet in seiner Ausgabe nach der Einleitung (XIX/XXVIII) und dem Verzeichnis der benutzten Literatur (XXXIII/XXXIX) eine Beschreibung des Papyrus (3/5), der diakritischen Zeichen (9/16) und der Schrift (19/43). Sodann bestimmt er die Entstehungszeit des Papyrus (47/52). Es folgt eine diplomatisch getreue Umschrift (55/72) und die Darstellung der dichterischen Technik (75/101). Daran schließen sich die rhythmische Umschrift (105/109) und die Übersetzung ins Katalanische an (113/7). Bemerkungen über die Sprache (121/52) und die literarischen Quellen (155/201) folgen. Den Abschluß bilden ein vollständiges Wörterverzeichnis und ein Register der im Kommentar genannten Zitate aus dem AT, dem NT und zwei neutestamentlichen Apokryphen: Protevangelium Jacobi und Koptisches Leben der hl. Jungfrau (203/15).

Dem eigentlichen Abecedarius geht der Titel »Psalmus responsorius« und als Einleitungsstrophe ein Gebet voraus. Leider ist der Abecedarius nicht unversehrt erhalten: nur die ersten elf Strophen (A/L) sind vollständig. Die Zeilenzahl der Strophen wechselt zwischen sieben Versen in der ersten, dritten bis sechsten und neunten Strophe, acht in der elften, neun in der zweiten, achten und zehnten Strophe, sowie elf in der siebten. Die ungleichmäßige Verszahl der Strophen deutet auf eine noch wenig fortgeschrittene Technik hin. In der zwölften Strophe bricht der Text innerhalb der neunten Zeile ab.

Dieser Text steht auf vier wohlerhaltenen Papyrusblättern, die in der auffallenden Abfolge verso recto beschrieben sind. Von einem fünften Blatt ist nur ein schmaler Streifen übrig geblieben; der fehlende Teil scheint erst in jüngster Zeit verlorengegangen zu sein. Der Streifen enthält verso den Anfang von siebzehn Zeilen[3]; die

* Herr Professor Josef Kroll, Köln, überließ mir in überaus gütiger Weise das Widmungsexemplar des Herausgebers zur Bekanntgabe. Den Herren Professoren Harald Fuchs, Basel, und Theodor Klauser, Bonn, habe ich für wertvolle Anregungen und weiterführende Kritik zu danken.

[1] R. Roca-Puig, Himne a la Verge Maria. ›Psalmus responsorius‹. Papir llatí del segle IV. Segona edicio (Barcelona, Asociación de bibliófilos 1965) XXIX, 215, 9 Taf., 1000 Ptas (= 17 $); vom Herausgeber zu beziehen: Consejo de Ciento 381, 1.º, 2.a, Barcelona 9 (Spanien).

[2] Vgl. die neun Faksimile-Tafeln; Roca-Puig XXIII und 52 datiert den Papyrus in die erste Hälfte des vierten Jahrhunderts nC.

[3] Die Zeilenzahl der ersten vier Blätter schwankt zwischen 16 und 17 je Blattseite.

neueinsetzende N-Strophe und O-Strophe sind kenntlich[4]. Auf der recto-Seite liest man das Versende von nur zehn Zeilen; die Schriftzüge sind hier größer, bedecken aber nicht den ganzen Raum des Blattes: man darf wohl annehmen, daß der Schreiber hier seine Arbeit abgebrochen hat[5]. Die Blätter stellen den Rest eines größeren Papyruskodex dar, der neben dem Abecedarius noch gänzlich andersartige Texte enthalten haben muß. Jedenfalls steht auf dem ersten Blatt ein Cicero-Text. (Es ist verwunderlich, warum der Herausgeber über diesen keine näheren Angaben gemacht hat[6]. Auch über die ägyptische Herkunft des Papyruskodex hat er sich nicht ausgelassen. Diese steht aber fest, wie von berufener Seite versichert wird.)

Daß der Papyrus nicht vom Verfasser des Psalms beschrieben worden ist, zeigen verschiedene Fehler und die Auslassung eines Wortes mitten im Text[7].

Der Text ist für die Apokryphenforschung und für die Geschichte der altchristlichen Dichtung, Frömmigkeit und Kunst so wichtig, daß ich Strophe A bis H nach der rhythmischen Gliederung von Roca-Puig mitteile[7a].

Psalmus responsorius

Pater, qui omnia regis,
peto Christi[8] nos scias heredes;
Christus ‹adsit›[9], verbo natus,
per quem populus est liberatus.

5 Audiamus, fratres, magnalia dei:
primum dominus Davit elegit,
qui duodecim reges[10] servire fecit.
inde est progenies d(omi)ni mei
Iesum χρ(istu)m quem dicimus Naξarenum,
10 omnes profetae quem profetarunt,
dei filium venturum clamarunt.

Benedictus et potens est ipse pater.
Anna, quae sterilis dicebatur,
munus offerens d(e)o, sic revoca‹ba›tur[11].
15 lacrumis diurno[12] d(eu)m rogabat,
sterilitatem filiorum sibi im‹precabatur›[13].
angelus missus[14] ad illam venit;
orationem faciebat, sic illam invenit.
vocem audibit, verbo concepit,
20 inde Maria virgo devenit.
Claritas d(e)i demonstrabatur,
trima cum esset in[15] templo data
a parentibus voto; quia sic fecerant[16],
cum sacerdotibus ibi fuit;
25 plus patrem et matrem iam non requesibit:
quasi columba sic ambulabat
et ab angelis manna ‹s›umebat[17].

Duodecim annorum puella tamen
in templo reclusa magnificatur
30 et ab angelis diurno sic custoditur.
cum sacerdotibus diceretur
de Maria virgine ›sponso detur‹,
viri prudentes sortes miserunt,
ut, ostensa, Iosepi[18] daretur.

35 Ex{c}ierunt ambo de templo pares.
tristis Iosep cogitare coepit
de puella, per sortem quae ad illum venit.
animo suo dicere coepit:
›si deo sic placet quid faciam?
40 tamen[19] puella quam d(omi)n(u)s diligebat
custod‹i›enda est mihi data‹ dicebat.

Facta est ad fontem sola venire.
vocem angelicam tunc ibi audibit

[4] Notum[Omn[

[5] Vgl. Roca-Puig 200_1.

[6] 149 a verso; vgl. Roca-Puig XXIII. 3. Fragmente aus Cicero sind in größerer Anzahl auf Papyrus erhalten, verschiedene aus Oxyrhynchos; vgl. R. Cavenaile, Corpus papyrorum latinarum (1958) 70/96.

[7] Vgl. zB. Anm. 8. 13. 17.

[7a] Für die Erlaubnis des Teilabdrucks möchte ich hier dem Herausgeber herzlich danken.

[8] peco christe PBarc. corr. Roca-Puig.

[9] ‹adsit› dubit. Fuchs collato syllabarum numero.

[10] reges PBarc. tribus corr. tempt. Roca-Puig (cf. 160). — Möglicherweise hat der Verfasser an die zwölf Archonten der Stämme Israels gedacht (vgl. Num. 7,1f) und sie reges genannt. Zu den »Ältesten« vgl. M. Noth, Geschichte Israels ^{5}(1963) 104. Von einer Unterwerfung der 12 Könige ist allerdings nichts bekannt.

[11] revoca‹ba›tur Fuchs.

[12] Cf. ThesLL 5,1, 1641, 65/9 et v. 30.

[13] im: sine lacuna PBarc. suppl. Roca-Puig.

[14] Cf. adn. 33.

[15] im PBarc. corr. Roca-Puig.

[16] Dist. Fuchs.

[17] umemac PBarc. corr. Roca-Puig.

[18] Ioseti PBarc. corr. Fuchs; cf. K. Abel: Rhein. Mus 110 (1967) 277.

[19] tamen: ex fine v. 39 sing. vers. syllab. num. respic. transpos. Fuchs.

et neminem[20] v‹i›dit.
45 verbum in utero ferens, sic inde ibit.
spasmum passa mirari coepit.
refug‹i›ens, animo suo sic dicebat:
›ego ancilla sum d(e)i‹ clamabat.

Gaudens Maria per omnes dies[21],
50 contigit: iter dum pares agunt,
in rure devenerunt ambo. tamen
›urguet me valde, Iosep,‹ dicit,
›quod in utero fero, foris prodire‹.
respicit locum, spelunc{h}am vidit[22]
55 tenebrosam et obscuram[23]: sic illuc[24] ibit.
vox infantis mox audi‹e›batur[25],
lux magna et praeclara illic videbatur,
signum de caelo demon{s}st‹r›abatur,
χρ(istu)s natus esse dicebatur.

60 Haec sunt gesta per ‹Iudaeam›[26] omnia. tamen
signa de caelo Graeci[27] viderunt,
cognoverunt esse iam χρ(istu)m natum.
ex{s}ierunt, coeperunt ambulare;
devenerunt tandem ad civitatem.
65 vociti[28] venerunt ad Herodem:
latenter querebat interrogare[29]:
›‹re›x Iudeorum si quando venit, ‹dicite›[30],
ut ego ipse illum possim adorare‹.[31]

In den verlorengegangenen Strophen wird der Verfasser weitere Begebenheiten aus dem Leben Mariens besungen haben. Wahrscheinlich wird er auch hier kanonische und apokryphe Überlieferungen miteinander verknüpft haben[32].

Der Verfasser benutzt als nachweisbare Quellen das Protevangelium Jacobi, das kanonische Matthäus- und Johannesevangelium, sowie andere ntl. Schriften. Hingegen sind die Verbindungen zwischen dem Psalmus responsorius und den koptisch erhaltenen Fragmenten eines Marienlebens nicht so eng, daß auf Abhängigkeit zu schließen wäre[33].

[20] menimem PBarc. corr. ROCA-PUIG.
[21] Nominativus pendens, ut vid. (FUCHS); cf. v. 78.
[22] Post vidit dist. ROCA-PUIG.
[23] tenebrosae et obscurae PBarc. corr. FUCHS.
[24] illoc PBarc.
[25] audi‹e›batur FUCHS; cf. ROCA-PUIG 123.
[26] ‹Iudaeam› add. FUCHS.
[27] i. e. pagani; cf. ROCA-PUIG 184.
[28] Cf. A. SOUTER, A Glossary of Later Latin to 600 A. D. (Oxford 1949) s. v. voco et v. 96.
[29] interrogare PBarc. interrogans FUCHS.
[30] ‹dicite› FUCHS.
[31] Die neunte und zehnte Strophe beschreiben die Ankunft der Magier im Stall zu Bethlehem und ihre Geschenke sowie den Kindermord des Herodes. Die elfte Strophe berichtet nach Mt. 2,13/15 die Botschaft des Engels an Josef; in der zwölften wird das Weinwunder von Kana im Anschluß an Joh. 2,1/11 beschrieben. – Vers 81 lautet: Omnes infantes illic allentabit (PBarc). Statt allentabit ist wohl allentavit zu lesen. Zu allentavit, das nur lateinische Glossare in dieser Form anführen, bemerkt F. VOLLMER: ThesLL 1, 1673, 36/8: »verbum sine dubio recentissimum opinor redire ad lentus, ut cum deicere et destruere fere conveniat de obiectis dictum qualia sunt cursum spem pugnam sim.« ROCA-PUIG 152 führt nicht weiter. Durch Verbesserung gewonnenes allevabit (allevavit) hingegen entspricht wörtlich der griechischen Vorlage ἀνεῖλεν (Mt. 2,16; Protev. 22,1f). Den selten zu belegenden Sinn ›töten‹ hatte das Wort in der Soldatensprache: ThesLL 1,1675, 37/40 gibt dafür freilich nur Aug. quaest. hept. 7,56 (CCL 33,377) an: sic enim quod militares potestates dicunt ›vade, alleva illum‹ et significa ›occide illum‹, quis intellegat, nisi qui illius locutionis consuetudinem novit?
[32] Wegen der Seltenheit lateinischer Wörter, die mit den Buchstaben XYZ beginnen, hat Augustinus diese Strophen in seinem Psalmus abecedarius c. partem Donati weggelassen (ed. W. BULST, Hymni latini antiquissimi LXXV, Psalmi III [1956] 139/46). Vielleicht hörte auch der Psalmus responsorius früher auf. Da ferner die Zeilenzahl der Strophen wechselt, kann der Umfang des ursprünglichen Psalms nicht mehr genau ermittelt werden.
[33] ed. F. ROBINSON, Coptic Apocryphal Gospels = Texts a. Studies 4,2 (Cambridge 1896). ROCA-PUIG 151 glaubt an Benutzung des Apokryphons. Er macht insbesondere zu v. 17 auf frg. 2 B 8, zu v. 25/7 auf frg. 2 A 4. 9f und zu v. 30 auf frg. 2 B 2 aufmerksam. Im ersten Fall kann missus, das in der Vorlage des Protevangeliums 4,1 fehlt, auch durch Lc. 1,26 vermittelt sein (vgl. auch v. 86: angelus missus [an der gleichen Versstelle]); im zweiten Fall ist das Protevangelium 7,1; 8,1; 15,3 Vorlage und im dritten ist die Übereinstimmung nicht vollständig, da die Stelle im koptischen Marienleben aus einem anderen Zusammenhang stammt. Wegen seiner Polemik gegen bestimmte Anschauungen des Protevangeliums, die sich auch im Psalm finden, dürfte das koptische Marienleben jünger als der Psalm sein (s. Anm. 35f). Es ist nicht auszuschließen, daß der Verfasser andere Quellen, die uns heute unbekannt sind, benutzt hat (vgl. auch ROCA-PUIG 156).

Daß der Verfasser außer griechisch überlieferten Schriften koptische benutzt hat, scheint nicht erweisbar. Der Text weist nicht auf Kenntnis des Koptischen hin[34].

Übernommen sind auch gewisse apokryphe Anschauungen, die schon bald in der Kirche auf Widerstand stießen. In v. 19f beschreibt der Verfasser die wunderbare Empfängnis der Mutter Anna; wie Christus verbo natus est (v. 3), so hat Anna die hl. Jungfrau durch das Wort empfangen (v. 19). Diese Auffassung, die weniger deutlich auch das Protevangelium vertritt[35], wird im koptisch überlieferten Leben Mariens heftig bekämpft; frg. 1,9: »Verflucht ist, wer behaupten wird, die Jungfrau sei nicht so geboren worden wie wir«[36]. Im Anschluß an das Protevangelium übernimmt der Verfasser die apokryphe Überlieferung der Geburt Jesu in einer Höhle: spelunca. Das koptische Marienleben weicht hier ab und spricht von einer Herberge[37].

Der Dichter suchte die hl. Jungfrau zu verherrlichen. Er steht damit jenen Kreisen christlicher Frömmigkeit nahe, aus denen das Protevangelium hervorgegangen ist. Für hohes Alter der Dichtung sprechen ferner folgende Tatsachen: Der Verfasser ruft Maria nicht an, sondern erzählt von ihrem Leben. Ferner richtet er sein Gebet nicht an Christus, sondern an Gott Vater[38]. Nur die Mittlerschaft Jesu wird genannt. Der Hl. Geist bleibt unerwähnt. Eine trinitarische Formel fehlt. Da der Psalm aber nur unvollständig erhalten ist, darf man jedoch aus dieser Feststellung nicht allzuviel entnehmen.

Der Fund eines in Ägypten erhalten gebliebenen christlichen lateinischen Papyrus des frühen vierten Jahrhunderts ist eine große Überraschung. Dank dem Corpus papyrorum latinarum von R. Cavenaile (1958) können wir uns jetzt ein besseres Bild von der Verbreitung des Lateins in Ägypten machen, als es einst G. Bardy möglich gewesen ist[39]. Cavenaile bietet neben Fragmenten der Genesis, Exodus, Esther, dem Johannesevangelium, dem Epheserbrief, den Sermones des Augustinus und einer lateinisch-gotischen Bibelübersetzung als ältesten Text ein sehr verstümmeltes Gebet, wohl zur Segnung der neuen Früchte (3./4. Jh.)[40]. Diese Papyri beweisen, daß es in Ägypten lateinisch sprechende Christen gab. Es waren wohl in erster Linie Händler und Soldaten, die aus dem Westen gekommen waren und sich in den Städten, vor allem in Alexandrien, niedergelassen hatten[41]. Wir besitzen aber auch noch ein zeitlich genau bestimmbares Zeugnis über lateinisch sprechende Christen in Ägypten. Auf Wunsch des Presbyters Silvanos übersetzte Hieronymus im Jahre 404 die griechische Fassung des koptischen Originals der Pachomiusregel und einiger anderer Schriften

[34] Anders Roca-Puig 151.

[35] c. 4,2 ed. É. de Strycker, La forme la plus ancienne du protévangile de Jacques = Subs. hagiogr. 33 (Bruxelles 1961) 81 mit Anm. 3.

[36] 3 Robinson; vgl. frg. 1,45 (7 Robinson): Anna empfing vom Samen Joakims. Epiphanios bestritt ebenfalls eine wunderbare Empfängnis der Mutter Anna (haer. 79,5.7 [3,480,15; 481,26 Holl]); vgl. Andreas v. Kreta cn. in b. Annae concept. (PG 97,1313 A); O. Perler, Das Protoevangelium des Jakobus nach dem Papyrus Bodmer V: FreibZs-PhilosTheol 6 (1959) bes. 23/31.

[37] Frg. 2 B 30 (21 Robinson). Zu der Geburt Jesu in einer Höhle vgl. W. Bauer, Das Leben Jesu im Zeitalter der neutestamentlichen Apokryphen (1909, Nachdr. 1967) 61/7 und die Stellen bei A. Götze, Die Schatzhöhle = SbHeidelberg (1922) 68.

[38] V. 4. Vgl. J. A. Jungmann, Die Stellung Christi im liturgischen Gebet = Liturgiewiss. Quellen u. Forsch. 19/20 ²(1962) XV*: »Das an Christus gerichtete Gebet ist bis ins vierte Jahrhundert zwar im Beten des einzelnen ebenso wie in Hymnus und Akklamation durchaus geläufig; im amtlichen Gebet des Leiters der gottesdienstlichen Versammlung ist es nicht nachweisbar«.

[39] La question des langues dans l'église ancienne 1 (Paris 1948) 127f.

[40] 126/34.

[41] Vgl. L. Hahn, Rom und Romanismus im griechisch-römischen Osten (1906) 208/23.

des Pachomius und seiner Nachfolger Horsiesi und Theodor. In der Vorrede bemerkt er: »Denn er sagte (d. h. Silvanos), daß in den Klöstern der Thebais und im Kloster zu Metanoia, das aus Canopus zu glücklicher Namensänderung in ›Reue‹ umgewandelt ist, viele Lateiner wohnten, welche die ägyptische und griechische Sprache ... nicht verstanden«[42]. In der zweiten Hälfte des vierten Jahrhunderts finden wir in Ägypten mehr als einen römischen Christen, der sich aus Bewunderung für das dortige Mönchtum zu längerem Aufenthalt entschlossen hatte[43].

Schwer deutbar ist der überlieferte Titel: Psalmus responsorius. Im späten Altertum waren Dichtungen, die in der Liturgie verwendet wurden, unter dieser Bezeichnung wohlbekannt. Isidor hat an zwei Stellen darauf hingewiesen, daß die Italer die Form der Responsion »erfunden« hätten. Den Unterschied zwischen Responsion und Antiphon sieht er darin, daß bei der Antiphon zwei Chöre miteinander abwechseln, bei der Responsion dagegen Einzelsänger (bis zu drei) mit einem Chor[44]. Der Chor hat wohl nach jeder Strophe einen bestimmten Vers oder mehrere wiederholt. In dieser Weise könnte man sich die Responsion etwa in den beiden jüngeren Psalmi abecedarii aus Nordafrika denken, dem Psalmus contra partem Donati des Augustinus und dem Psalm gegen die Arianer des Fulgentius von Ruspe[45]. Ein Kehrvers (hypopsalma) kommt in beiden vor. Ist vielleicht ein solcher Vers auch bei unserm Psalm ursprünglich vorhanden gewesen, bei der Abschrift aber verlorengegangen? Der Psalm stimmt jedenfalls mit den beiden zuvor genannten darin überein, daß dem eigentlichen Abecedarius eine Einleitung vorangeht[46]. Er unterscheidet sich von ihnen durch die unregelmäßige Anzahl der Verse innerhalb der Strophen, durch die rhythmische Gestalt der Verse und durch den erzählenden Stil. Die Psalmen des Augustinus und Fulgentius waren Kampflieder, also kaum für Verwendung in der Liturgie gedacht. Nach der Auffassung von Roca-Puig würde sich freilich der Titel Psalmus responsorius auf die metrische Komposition und nicht auf die Vortragsweise beziehen[47]. Diese Frage ist noch nicht beantwortet. Die liturgische Verwendung des Psalmes ist jedenfalls nicht erweisbar.

Nur wenige Fragen, die der Psalm stellt, sind gelöst. Der Papyrus stammt mit Sicherheit aus Ägypten. Für die Abfassungszeit des Psalms ist der terminus ad quem der Papyruskodex, der nach Roca-Puig in die erste Hälfte des vierten Jahrhunderts nC. gehört; terminus a quo ist das Protevangelium Jacobi (Mitte des zweiten Jahrhunderts). Vom Inhalte her könnte der Psalm zeitlich in die Nähe des Protevangeliums gehören.

[42] PL 23,62f = ed. A. Boon (Louvain 1932) 4. Vgl. O. Bardenhewer, Geschichte der altkirchl. Literatur 3 (1923, Nachdr. 1962) 83/6. 615. Cavenaile 125f verweist noch auf Joh. Cassianus inst. coen. 5,39 (SC 109,252f), der sich in Ägypten von einem nur lateinisch sprechenden Mönche aus Italien einen lateinischen Pergamentkodex mit Paulusbriefen abschreiben ließ. Vgl. Bardy 145f.

[43] Bardy aO. 145 nennt Justus von Lyon. Er entsagte um 381 seinem Bischofsamt und wurde Mönch in der Thebais, wo er 390 starb (vgl. ASS Sept. 1,373).

[44] Isid. or. 6,19,8; ders. eccl. off. 1,9,1 (PL 83, 744B); vgl. G. Wille, Musica Romana (Amsterdam 1967) 373. Vgl. Egeria itin. 27,8 (CCL 175, 74): tota autem nocte vicibus dicuntur psalmi responsorii (in der Kirche der Anastasis zu Jerusalem); Greg. Tur. hist. Franc. 8,3 (MG scr. rer. Mer 1,372): qui (sc. diaconus) ante die ad missas psalmum responsurium dixerat.

[45] Herausgegeben von Bulst aO. (s. Anm. 32) 139/46. 147/55. Vgl. den Abecedarius des Secundinus (PL 53, 837/40; neu hrsg. von L. Bieler: ProcRoyIrAc 55 Sect. C [1952/53] 117/27; vgl. Dekkers, Clavis 1101). Zum Abecedarius vgl. H. Leclercq, Art. Acrostiche: DACL 1 (1924) 364f; K. Thraede, Art. Abecedarius: JbAC 3 (1960) 159.

[46] Die Anrede in der ersten Strophe an die ›fratres‹ liest man auch bei Fulgentius an entsprechender Stelle: Audite me, fratres mei, praedicantem cum tremore (147 Bulst).

[47] AO. (s. Anm. 1). 75/101. 156: Anwendung verschiedener Formen des Cursus.

Wahrscheinlich ist der Psalm nicht aus einer anderen Sprache (Griechisch oder Koptisch) übersetzt, sondern ursprünglich lateinisch abgefaßt. Der sehr begrenzte Wortschatz, die zahlreichen Wiederholungen und der ungelenke Satzbau beweisen, daß der Verfasser nicht sehr gebildet war. Er kannte mehrere neutestamentliche Schriften und das Protevangelium Jacobi, vielleicht auch noch ein anderes Marienapokryphon. Der Psalm bezeugt ähnlich wie das Protevangelium die aufkommende Marienfrömmigkeit volkstümlicher Kreise der Großkirche. In der literarischen Form unterscheidet er sich weitgehend von den sonst bekannten viel jüngeren Psalmi abecedarii. Über die liturgische oder nichtliturgische Verwendung des Psalmus responsorius wissen wir nichts Sicheres. — Auch der Papyruskodex selbst stellt ein Rätsel dar. Wer hatte im Ägypten des frühen vierten Jahrhunderts ein Interesse daran, einen Cicerotext und einen volkstümlichen, sprachlich unbeholfenen Marienhymnus zu besitzen? An Schulübungen wird man wegen der kalligraphischen Schrift kaum denken.

Die vorstehenden Zeilen haben ihren Zweck erfüllt, wenn dadurch die Mitforscher auf dem Gebiet der altchristlichen Literatur angeregt werden, den angedeuteten Fragen des geheimnisvollen Psalmus responsorius nachzugehen, den Roca-Puig in seiner eindrucksvollen Ausgabe uns geschenkt hat.

6. Angebliche Übersetzungen des heidnischen und christlichen Altertums

Zu den bisher noch nicht geschriebenen Kapiteln der Literaturgeschichte der alten Völker zählt eine zusammenfassende Darstellung der Übersetzung[1]. Schon im Zeitalter der orientalischen Weltreiche, als unterschiedliche Kulturen mit eigenen Sprachen einander begegneten, wurden Übersetzungen literarischer Werke notwendig. Bekanntlich suchte Assurbanipal (um 650 vC.) die berühmten Schriften der damaligen Weltliteratur in seiner Bibliothek zu sammeln[2]. Darunter waren wohl auch Übersetzungen. Später soll Alexander der Große awestische Texte in das griechische Alphabet übertragen haben lassen[3]. Die Bücherliebe des Ptolemaios II (283/246 vC.) ist durch das ganze Altertum bekannt geblieben[4]. Nur aufgrund dieser geschichtlichen Tatsache ist die Erfindung des Aristeasbriefes möglich geworden, nach der Ptolemaios auch das hebräisch geschriebene Gesetz, also die fünf Bücher Mosis, besitzen wollte und es deshalb von 72 jüdischen Dolmetschern ins Griechische übertragen ließ[5].

[1] Für die heidnischen Schriften vgl. H. Homeyer, Art. Übersetzungen: Lexikon der Alten Welt (1965) 3155/7; dazu A. Reiff, Interpretatio, imitatio, aemulatio, Diss. Köln (1959) 114/6; für die christlichen vgl. A. Siegmund, Die Überlieferung der griechischen christlichen Literatur = Abh-BayerBenedAkad 5 (1949); P. Peeters, Le tréfonds oriental de l'hagiographie byzantine = Subs. hagiogr. 26 (Bruxelles 1950) 165/218; E. Dekkers, Les traductions grecques des écrits patristiques latins: Sacris Erudiri 5 (1953) 193/233 und F. Winkelmann, Spätantike lateinische Übersetzungen christlicher griechischer Literatur: ThLZ 92 (1967) 229/40.

[2] Vgl. F. Milkau – J. Schawe, Der alte Vorderorient: Handb. d. Bibliothekswissenschaft 3^2, 1, hrsg. von G. Leyh (1955) 44/8.

[3] Die späten persischen Zeugnisse (9. Jh. nC.) bei J. Bidez – F. Cumont, Les mages hellénisés 1 (Paris 1938) 88; 2 (ebd. 1938) 137f. Auch Moses von Choren berichtet von Übersetzungen, die Alexander von chaldäischen, d. h. persischen Büchern anfertigen ließ (dazu s. u. S. 39). – Im 6. Jh. nC. ließ Chosroes I (531/78), ein Bewunderer Platons und des Aristoteles, Schriften dieser und anderer Griechen ins Persische übertragen; vgl. Agath. hist. 2, 28, 1/3 (77 Keydell) und Joh. Ephes. hist. eccl. pars 3,6,20 (CSCO 105 = Scr. Syr. 54, 316: textus, 106 = Scr. Syr. 55,240: versio latina): . . . et, ut dicitur, cui (i. e. Chosroes) omnes libros omnium religionum colligere cura fuerit, quos omnes legeret et perscrutaretur, ut sciret, qui veri et sapientes essent et qui viles et nugis pleni et fabulis vanis. Dieser Perserkönig nahm auch die letzten Mitglieder der Akademie an seinen Hof auf; vgl. Agath. hist. 2,30 (80 Keydell) und E. Zeller, Die Philosophie der Griechen in ihrer geschichtlichen Entwicklung $3,2^5$ (1923 bzw. 1963) 909_1.

[4] Vgl. Georg. Syncell. (516 Dindorf): ἀνὴρ τὰ πάντα σοφὸς καὶ φιλοπονώτατος, πάντων Ἑλλήνων τε καὶ Χαλδαίων, Αἰγυπτίων τε καὶ Ῥωμαίων τὰς βίβλους συλλεξάμενος καὶ μεταφράσας τὰς ἀλλογλώσσους εἰς τὴν Ἑλλάδα γλῶσσαν, μυριάδας βίβλων ι' ἀπέθετο κατὰ τὴν Ἀλεξανδρείαν ἐν ταῖς ὑπ' αὐτοῦ συστάσαις βιβλιοθήκαις. Georgius Cedrenus, hist. comp. (PG 121,325A) behauptet, Ptolemaios Philadelphos habe die Heiligen Schriften und 100000 griechische (!), chaldäische, ägyptische und lateinische Bücher, dazu die Schriften fremder Völker durch die siebzig jüdischen Gelehrten ins Griechische übersetzen lassen; vgl. ferner Joh. Tzetzes: Com. Graec. Fragm. 1,31,5 Kaibel (auch abgedruckt bei P. Wendland, Ausgabe des Aristeasbriefes [1900] 89f) und P. Wendland, Zur ältesten Geschichte der Bibel in der Kirche: ZNW 1 (1900) 268_1. Den legitimierenden Hinweis auf die Bibliothek des Ptolemaios verwendeten auch Fälscher, wie aus Olympiodor, de arte sacra 32 (hrsg. von M. Berthelot – Ch. É. Ruelle, Collection des anciens alchimistes grecs 2 [Paris 1888 bzw. 1967] 89) zu ersehen ist: ταῦτα δὲ εὑρήσεις ἐν ταῖς Πτολεμαίου βιβλιοθήκαις (gemeint ist eine gnostisch-alchimistische Schrift über Adam und die Vier Elemente). Bei Zosimos liest man ähnliches: Περὶ ὀργάνων καὶ καμίνων 5 (2,230 Berthelot; verbesserter Text bei R. Reitzenstein, Poimandres [1904] 104); hier wird noch das Serapeion erwähnt; zu diesem Topos vgl. W. Speyer, Bücherfunde in der Glaubenswerbung der Antike = Hypomnemata 24 (1970) 125/41.

[5] Vgl. die Ausgabe von A. Pelletier: SourcChrét 89 (Paris 1962) 68. Diese Legende hatte bei Juden (Philo und Josephus) und bei Christen (von Justin

Mit diesem Beispiel sind wir in den Bereich des Trugs und der Täuschung getreten. Die tendenziöse Legende des PsAristeas von der Anteilnahme des Ptolemaios II an der heiligen Urkunde der Juden sollte eine – wenn auch nicht die erste – von jüdischen Gelehrten angefertigte Übersetzung des Pentateuchs bei den heidnischen Griechen und den griechisch sprechenden Glaubensgenossen empfehlen[6]. Muß bei dieser Erfindung des PsAristeas wenigstens die Tatsache der Übersetzung als geschichtlich gelten, insofern sie auf griechisch sprechende Juden Alexandrias zurückging, so trifft dies auf manche andere behauptete Übersetzung des Altertums nicht zu. Der Hinweis auf die angebliche Übertragung sollte dabei ähnlich wie andere Einkleidungen, etwa die Erzählung von der Auffindung eines Buches oder einer Inschrift[7], die Bedeutung der Fälschung vergrößern. Manchmal sind beide Beglaubigungen miteinander verbunden: man behauptet, ein altes Buch oder eine schwer lesbare Inschrift irgenwo entdeckt zu haben; das Buch sei aber in einer fremden, meist einer alten und damit Ehrfurcht einflößenden Sprache abgefaßt gewesen; dieses Schriftstück lege man jetzt in einer wortgetreuen[8] Übersetzung vor. Damit begegnete man zugleich der naheliegenden Frage, wieso es komme, daß diese alte Urkunde erst jetzt bekannt werde. Diese Art, ein Pseudepigraphon als echt auszugeben, hat wie die meisten anderen im Altertum entwickelten Formen der Echtheitsbeglaubigung bis in die Neuzeit gewirkt[9].

Im folgenden soll versucht werden, eine erste und gewiß ergänzungsbedürftige Bestandsaufnahme derartiger angeblicher Übersetzungen zu geben.

Zuvor ist aber noch eine Warnung auszusprechen, die der Geschichte der Philologie selbst zu entnehmen ist. Wenn ein antiker Text sich als Übersetzung vorstellt, waren bisweilen die modernen Literaturkritiker allzu schnell bereit, hierin die Absicht eines Fälschers zu vermuten. In einigen Fällen wurde jedoch ihr Verdammungsurteil durch

bis zu den Byzantinern) großen Erfolg. Die Belege bietet P. Wendland in seiner Ausgabe des Aristeas (1900) 87/166; vgl. dazu noch Theodoric. v. S. Landradae prol.: ASS Iul. 2, 623 F. – Der Alchimist Zosimos berichtet an der o. Anm. 4 genannten Stelle, der Hohepriester Asenas habe Hermes (Ἑρμῆν, d. i. Thoth) geschickt, ὃς ἡρμήνευσε πᾶσαν τὴν Ἑβραΐδα Ἑλληνιστὶ καὶ Αἰγυπτιστί. Hier scheint eine Legende von der Übersetzung der Septuaginta vorzuliegen, wie sie nur von Ägyptern für Ägypter ausgedacht werden konnte.

[6] Vgl. P. E. Kahle, Die Kairoer Genisa (1962) 222/7.

[7] Vgl. Speyer aO. Reg. s. v. Funde von Büchern (Inschriften). Die griechischen Isisaretalogien, die nach dem Vorspruch auf eine Stele im Hephaistosheiligtum von Memphis zurückgehen, also auf einen ägyptischen Urtext, darf man nur bedingt in diesen Zusammenhang rücken, da die Angabe der Einleitung in einem gewissen Sinn zutrifft. In den Isisaretalogien ist nämlich griechisches und ägyptisches Gut zu einer neuen Ausdrucksform religiöser Rede und Propaganda verschmolzen; vgl. D. Müller, Ägypten und die griechischen Isis-Aretalogien: AbhLeipzig 53,1 (1961) bes. 11/4. 87f.

[8] Vgl. Dares, hrsg. von F. Meister (1873) 1: quam (sc. historiam Daretis Phrygii) ego summo amore complexus continuo transtuli. cui nihil adiciendum vel diminuendum rei reformandae causa putavi, alioquin mea posset videri. optimum ergo duxi ita ut fuit vere et simpliciter perscripta, sic eam ad verbum in latinitatem transvertere, ut legentes cognoscere possent, quomodo res gestae essent eqs. PsHier. ep. ad Chrom. et Heliod. (ed. A. de Santos Otero, Los evangelios apocrifos [2][Madrid 1963] 179f$_2$): proinde ut in hebraeo habetur, verbum ex verbo transferre curabo ...; zum Verfasser s. u. S. 36 Anm. 66. Vgl. auch W. C. van Unnik, De la règle Μήτε προσθεῖναι μήτε ἀφελεῖν dans l'histoire du canon: VigChr 3 (1949) 1/36 und u. S. 31 Anm. 27; S. 39 Anm. 88.

[9] Im Jahre 1781 suchte man die angebliche phönizische Vorlage der Tabula Smaragdina durch eine Fälschung mit erfundenen phönizischen Buchstaben zu ersetzen (A. J. Kirchweger, Annulus Platonis [1781 bzw. 1921]; vgl. J. Ruska, Tabula Smaragdina. Ein Beitrag zur Geschichte der Hermetischen Literatur = Heidelberger Akten der Von-Portheim-Stiftung 16 [1926] 227f). E. Frenzel, Gefälschte Literatur. Wesen, Erscheinungsformen und bedeutsame Fälle: Archiv f. Gesch. d. Buchwesens 4 (1963) 711/39, bes. 719/22 behandelt Beispiele der Neuzeit, darunter auch Mystifikationen.

spätere Funde des fremdsprachigen Textes widerlegt und dadurch die antike Überlieferung vollauf bestätigt. So hatte noch A. GUDEMAN mit anderen Philologen Herennius Philo aus Byblos (64/141 nC.), der sich für seine phönizische Geschichte auf das Werk des Sanchuniathon (14./13. Jh. vC.) beruft, als Schwindler bezeichnet[10]. Seit den Ausgrabungen von Ras-Schamra ist diese Behauptung hinfällig geworden[11]. Während Herennius Philo oder sein Gewährsmann den Inhalt des alten phönizischen Buches zu deuten verstanden, gilt das gleiche nicht von dem Fälscher, der unter der Maske des Kreters Diktys geschrieben hat[12]. Sein Tagebuch war weder, wie behauptet wird, mit litterae Punicae noch in der vox Phoenicum geschrieben[13]. Hier besitzen wir ein treffendes Beispiel für den mißbräuchlichen Hinweis auf eine Übersetzung. Andererseits hatten Philologen der Neuzeit lange auch den lateinischen Übersetzer des falschen Diktys, L. Septimius, für einen Schwindler gehalten, so als habe er seine griechische Vorlage ebenfalls nur vorgeschoben, um für sein von ihm erfundenes Werk mehr Glauben zu erwirken. Seitdem aber iJ. 1907 ein Papyrus mit einem Bruchstück des griechischen Diktysromans ans Tageslicht getreten war, ist L. Septimius von dem Makel, die lateinische Übersetzung nur vorgetäuscht zu haben, befreit worden[14]. Diese Beispiele müssen uns warnen, vorschnell den Hinweis auf eine Übersetzung für den Kunstgriff eines Fälschers oder Mystifikators zu halten. Das gilt selbst für solche Fälle, bei denen die Erfindung von Verfasser und Inhalt der Schrift erwiesen ist[15]. Insofern kann auch bei den nunmehr zu besprechenden Beispielen ein gewisser Unsicherheitsfaktor nicht ganz ausgeschlossen werden. Soviel steht allerdings fest: die im folgenden genannten Schriften, die teils erhalten, teils verloren gegangen sind, wurden von ihren uns meist unbekannten Verfassern als Pseudepigraphen veröffentlicht. Sie sind teils Fälschungen, teils literarische Erfindungen und gehören somit zu der Gattung von Schriften in der Art des Diktys und nicht des Sanchuniathon.

Der Kunstgriff der vorgetäuschten Übersetzung ist im griechisch-römischen Kulturkreis wahrscheinlich nicht älter als die Zeit des Hellenismus. Mit der Verbreitung der griechischen Kultur wuchs der Wunsch, die neu erschlossenen Kulturen des Vorderen Orients und Ägyptens besser kennenzulernen. Männer, wie Berosos, Manetho, Ptolemaios von Mendes und Laïtos, übertrugen für die neuen Landesherren persische, ägyptische oder phönizische Schriften. Griechen, wie Euhemeros mit seiner »Heiligen

[10] Art. Herennios 2: PW 8,1 (1912) 660f.

[11] Vgl. O. EISSFELDT, Ras Schamra u. Sanchunjathon = Beiträge z. Religionsgesch. d. Altertums 4 (1939) passim (teilweise wieder abgedruckt in den Kl. Schriften 2 [1963]; vgl. bes. 127/44).

[12] Hrsg. von W. EISENHUT (1958).

[13] S. u. S. 33.

[14] Das griechische Fragment ist bei EISENHUT aO. 134/9 abgebildet. L. Septimius ist wie sein Adressat Q. Aradius Rufinus eine geschichtliche Person. Er versteckt sich nicht hinter einem Pseudonym. Diese Tatsache hätte sofort vorsichtig machen müssen, ihn für einen Schwindler im Stil des Diktys zu halten.

[15] Dafür sei folgendes Beispiel genannt: Die Akten des Nereus und Achilleus stellen keine geschichtliche Urkunde dar (hrsg. von H. ACHELIS: TU 11,2 [1893]; vgl. auch B. DE GAIFFIER: AnalBoll 75 [1957] 42f). Der Verfasser der lateinischen Akten behauptet im Vorwort: de Graeco transtuli in Latinum. Diese Angabe scheint bestätigt worden zu sein, wie die griechische von A. WIRTH entdeckte Vorlage zeigt, die ein Grieche während des 5. oder des 6. Jh. in Rom angefertigt hat (vgl. ACHELIS aO. 24, 30f. 66/8). C. SCHMIDT, Die alten Petrusakten im Zusammenhang der apokryphen Apostelliteratur untersucht = TU 24,1 (1903) 145 hat diesen Sachverhalt übersehen und beschuldigt daher den Übersetzer der Akten des Nereus und Achilleus in dieser Hinsicht zu Unrecht des Trugs. – Zu einem abweichenden Ergebnis ist allerdings F. SCHAEFER gekommen: Die Akten der hll. Nereus und Achilleus: RömQuartalschr 8 (1894) 89/119. Nach ihm hängen die griechischen Akten von den lateinischen ab; vgl. auch die zustimmende Kritik in den AnalBoll 13 (1894) 401f.

Urkunde«, die zwischen Fälschung und literarisch gemeinter Erfindung eigentümlich schillert, suchten der neuen Vorliebe für das Fremde und Außergewöhnliche entgegenzukommen. Zur gleichen Zeit stieg der Wert des Buches durch die Sammelleidenschaft der hellenistischen Könige, der Attaliden in Pergamon und der Ptolemäer in Alexandrien; zu ihnen gesellt sich noch König Juba von Mauretanien[16]. Dadurch wurden Fälscher angelockt, mit eigenen Erfindungen der Nachfrage nach Werken berühmter Schriftsteller der alten Zeit abzuhelfen. Als Beglaubigung bedienten sie sich dabei unter anderem des trügerischen Hinweises auf eine Übersetzung. Diese Literatur ist allerdings großenteils untergegangen. Die lückenhafte Überlieferung erlaubt uns, nur noch schattenhafte Reste zu erkennen.

Wohl zu den ältesten hierüber Aufschluß gebenden Nachrichten gehört eine Mitteilung des Clemens von Alexandrien, die in der Forschung verschieden bewertet worden ist. Strom. 1,15,69,4 (GCS 52,43) bemerkt Clemens über Demokrit von Abdera:

Δημόκριτος γὰρ τοὺς Βαβυλωνίους λόγους Ἑλληνικοὺς [corr. Diels: ἠθικοὺς codd.] πεποίηται[17]· λέγεται γὰρ τὴν Ἀκικάρου στήλην ἑρμηνευθεῖσαν τοῖς ἰδίοις συντάξαι συγγράμμασι, κἄστιν ἐπισημήνασθαι ‹τὰ› παρ' αὐτοῦ »τάδε λέγει Δημόκριτος« γράφοντος κτλ.

»Demokrit nämlich soll die babylonischen Reden (Lehren) griechisch wiedergegeben haben; man erzählt nämlich, er habe die übersetzte Steleninschrift des Achikar seinen eigenen Werken eingereiht und mit dem Satz: ›Das sagt Demokritos‹ versehen ...«.

M. Wellmann und H. Diels haben Gründe beigebracht, weshalb diese Nachricht sich nur auf ein unechtes Werk, das unter dem Namen des Demokrit umlief, beziehen kann, wahrscheinlich auf »Die heiligen Schriften in Babylon«[18]. Gleichwohl haben verschiedene Gelehrte neuerer Zeit auch weiterhin die Echtheit dieser Schrift verteidigt[19]. Für eine Erfindung oder eher Fälschung sprechen außer den von Diels beigebrachten Gründen auch noch folgende Überlegungen: Die Bemerkung des Clemens gehört in den Zusammenhang seiner Beweisführung, daß die griechischen Philosophen entweder selbst barbarischer Herkunft waren oder ihre Weisheit Barbaren verdankten[20]. Die Nachricht paßt zu den Legenden von Reisen griechischer Philosophen in den Orient. In der Zeit nach Alexanders Siegeszug waren aber gelehrte Orientalen bemüht, das höhere Alter ihrer Weisheit und die geistige Abhängigkeit der Griechen durch

[16] Vgl. Isid. or. 6,3,3/5: apud Graecos autem bibliothecam primus instituisse Pisistratus creditur, Atheniensium tyrannus, quam deinceps ab Atheniensibus auctam Xerxes incensis Athenis evexit in Persas longoque post tempore Seleucus Nicanor rursus in Graeciam rettulit. Hinc studium regibus urbibusque ceteris natum est conparandi volumina diversarum gentium et per interpretes in Graecam linguam vertendi; W. Speyer, Die literarische Fälschung im heidnischen und christlichen Altertum (erscheint demnächst).

[17] Einige weitere Vorschläge, den sicher verdorbenen Text verständlicher zu machen, sind geäußert worden: L. Früchtel, der Herausgeber des Clemens, fügt nach λόγους ‹προλαβὼν τοὺς› ein und beläßt das überlieferte ἠθικούς; vgl. ferner R. Smend, Alter und Herkunft des Achikar-Romans und sein Verhältnis zu Aesop = ZAW Beih. 13 (1908) 67_1; E. Schürer, Geschichte d. jüd. Volkes im Zeitalter Jesu Christi 3 (1909 bzw. 1964) 251f und besonders F. Jacoby zu FGrHist 263 F 1. In seiner Auseinandersetzung mit den Beweisgründen, die H. Diels für die Unechtheit beigebracht hat, bemerkt Jacoby aO.: »er [d. i. PsDemokrit] hat seine Quelle, die στήλη des Ἀκίκαρος, nicht genannt«. Im übrigen glaubt auch Jacoby nicht an die Echtheit dieser unter Demokrits Namen umlaufenden Schrift.

[18] Vgl. die Anmerkung zu VS 68 B 299.

[19] Vgl. die Hinweise in der Clemensausgabe von O. Stählin – L. Früchtel, Nachträge 521; O. Regenbogen, Art. Theophrastos: PW Suppl. 7 (1940) 1541 und Jacoby aO.

[20] Vgl. I. Opelt – W. Speyer, Art. Barbar: JbAC 10 (1967) 269/71.

Fälschungen und literarische Erfindungen zu erweisen. Neben jüdischen Tendenzlegenden gab es solche auch anderer orientalischer Völker[21]. Ferner waren nach den Angaben des Clemens die Mittel der Beglaubigung in diesem Buch so gehäuft – Steleninschrift als Vorlage, Übersetzung aus dem Babylonischen, Sphragis –, daß auch deshalb an literarischen Trug zu denken ist. Schließlich bringen verschiedene Nachrichten alchimistischer Schriften Demokrit in Verbindung mit babylonisch-persischer Weisheit und auch zu Steleninschriften: Am Anfang eines alchimistischen Buches, das Demokrit an Leukipp gesendet haben soll, heißt es, Demokrit habe den Inhalt seiner Abhandlung über ägyptische Technai nach den Büchern persischer Propheten in die Koine übertragen[22]. Der PsDemokrit der alchimistischen Abhandlung Physica et Mystica berichtet, wie unter wunderbaren Umständen das persisch geschriebene Geheimbuch des Ostanes in einem Tempel von Memphis gefunden wurde[23]. Nach ähnlichen Texten soll Demokrit auch Steleninschriften verfaßt haben. In der Abhandlung des Erzpriesters Johannes »Über die göttliche Kunst« wird der Jünger der Alchimie aufgefordert, »alle Steleninschriften durchzugehen oder das, was Demokrit auf eine Stele geschrieben hat«; anschließend folgt ein angebliches Zeugnis[24]. Die Schrift des Johannes ist nicht genau zu datieren; sicher ist sie jünger als die Nachricht des Clemens[25]. Der Demokrit, der sich mit babylonischer Weisheit und mit Stelen beschäftigt, hat aber mit dem geschichtlichen nichts zu tun. Vielleicht geht der Kern derartiger Erfindungen auf Bolos von Mendes zurück, der unter dem Namen des Demokrit geschrieben hat[26]. Demnach dürfte ziemlich sicher anzunehmen sein, daß sich tatsächlich in der Nachricht des Clemens ein Fälscher hinter Demokrit versteckt, der die Übersetzung nebst den übrigen Angaben zur Beglaubigung der Echtheit erfunden hat.

In der griechischen alchimistischen Literatur begegnet ein Hinweis auf Übersetzung orientalischer Weisheit bisweilen auch sonst noch. So teilt Pibechios in seinem Brief an den persischen Magier Osron mit, er habe in Ägypten die geheimen Schriften des Ostanes gefunden, sie seien aber in persischen Buchstaben geschrieben, die er nicht verstehe. Deshalb bittet er Osron um Übersendung der persischen Schriftzeichen. Osron schickt sie ihm und bittet zugleich um Zusendung der übertragenen Bücher des Ostanes. In seinem Antwortbrief behauptet Pibechios, sie in ägyptische und griechische Schrift übertragen zu haben[27]. Nach den Angaben des Pibechios könnte man zunächst

[21] Vgl. Th. Hopfner, Orient und griechische Philosophie = Beih. z. Alten Orient 4 (1925) 50/3.

[22] Hrsg. von Berthelot (s. o. Anm. 4) 2,53f (vgl. VS 68 B 300,18 und Bidez-Cumont aO. [s. o. Anm. 3] 2,339f; vgl. 1,210f): Ἰδοὺ μὲν ὃ ἦν, ὦ Λεύκιππε, περὶ τουτέων τῶν τεχνῶν τῶν Αἰγυπτίων ⟨ἐν ταῖς τῶν⟩ προφητέων Περσικαῖς βίβλοις, ἔγραψα τῇ κοινῇ διαλέκτῳ, πρὸς ἣν δὴ μάλιστα ἁρμόζονται. ἡ δὲ βίβλος οὐκ ἔστι κοινή.

[23] Hrsg. von Berthelot aO. 2,41/53; die Datierung schwankt; vielleicht 3. Jh. nC.; vgl. Hammer-Jensen, Art. Pseudo-Demokrit: PW Suppl. 4 (1924) 222f und J. H. Waszink, Art. Bolos: RAC 2 (1954) 507; ferner Bidez-Cumont aO. (s. o. Anm. 3) 1,198/207.

[24] Hrsg. von Berthelot aO. 2,264: μέτελθε διὰ πάσης στηλογραφίας ἢ ὡς αὐτὸ Δημόκριτος στηλιτεύει; auch in § 12 werden στηλογραφίαι erwähnt. Zu στηλογραφίαι und στηλογραφέω vgl. die Lexika von H. Stephanus und E. A. Sophocles; ferner Bidez-Cumont aO. 2,334 nr. 12.

[25] Berthelot aO. 1,202 datiert ihn in die Zeit zwischen dem unechten Demokrit und Zosimos von Panopolis, den er aber wohl zu früh ansetzt: Ende des 3. Jh. statt des 4. Jh. nC.

[26] Vgl. Waszink aO. (s. o. Anm. 23) 502/8.

[27] Aus dem Syrischen übersetzt von R. Duval bei M. Berthelot, La chimie au moyen âge 2 (Paris 1893) 309f; auch abgedruckt bei Bidez-Cumont aO. 2,336/41 mit Kommentar. Zu der syrischen Überlieferung vgl. auch A. Baumstark, Geschichte der syrischen Literatur (1922 bzw. 1968) 173_5. Nach Bidez-Cumont aO. 2,339 nr. 2 war das Original des Briefwechsels griechisch abgefaßt. Vgl. ferner K. Preisendanz, Art. Ostanes: PW 18,2 (1942) 1636f und ders., Art. Pibechis: PW 20,1

vermuten, es handle sich bei den Übertragungen um reine Umschriften von einem Alphabet in das andere. Eher aber wird man mit R. Reitzenstein und J. Bidez–F. Cumont anzunehmen haben, daß mit dieser Ausdrucksweise die Tatsache regelrechter Übersetzung ausgedrückt werden sollte. Mit der Umschrift von einem Alphabet in das der anderen Sprache war jedenfalls für das Verständnis des Textes selbst nichts gewonnen. Derartige Umschriften kamen im Altertum allerdings auch vor, hatten dann aber nicht selten einen magischen Zweck[28]. – Ähnlich wie der Hinweis auf die angebliche Übersetzung dienten auch erfundene Briefe vor Abhandlungen der Sicherung der Echtheit[29]. Die Briefe des Pibechios und des Osron gehören hierher.

Von übersetzten Steleninschriften spricht auch der geschichtlich nachweisbare Alchimist Zosimos in seinem Brief an Theosebeia[30].

Zu den Schriften, die in Form religiöser Offenbarung Aufschluß über die Geheimnisse der Natur geben, gehören die sogenannten Kyraniden, eine Sammlung von magisch-medizinischen Rezepten aus der frühen Kaiserzeit[31]. Der in griechischer Sprache und lateinischer Übersetzung vorliegende Prolog des ursprünglich wohl für sich allein bestehenden ersten Buches ist in der Überlieferung aus zwei Vorreden zusammengearbeitet worden: die eine führt sich auf Hermes Trismegistos zurück, die andere will ein Brief des Harpokration von Alexandrien an seine Tochter sein[32]. R. Ganszyniec hat die in ihnen enthaltenen verworrenen Nachrichten weitgehend zu

(1941) 1311,29/42. Pibechios schreibt: J'ai trouvé en Égypte les livres divins et cachés d'Ostanès, écrits en lettres persanes . . . que je puisse copier les écritures composées en Égypte et divulguer celles qui ont été composées en Perse. Dazu bemerken Bidez-Cumont aO. 2,339 nr. 4: C'est-à-dire, sans doute: »composées en langue perse«; vgl. auch das Antwortschreiben des Pibechios (338 Bidez-Cumont): je l'ai transcrit au moyen [? mot effacé] des écritures égyptiennes et grecques, et je l'ai rendu ainsi clair pour tout le monde. R. Reitzenstein, Poimandres (1904) 363 (zu S. 107) erklärt die Stelle mit Ἑλληνιστὶ καὶ Αἰγυπτιστί (vgl. auch Bidez-Cumont aO. 2,339 nr. 8). – Die arabische Vorrede zu den Zwölf Kapiteln des Philosophen Ostanes über den Stein der Weisen bei Bidez-Cumont aO. 2,343 behauptet folgendes: Un des disciples d'Ostanès dit qu'il traduisit ce petit livre de la langue dans laquelle l'avait écrit son maître, en langue grecque, puis cette version fut traduite en persan; un certain Ibn Omar mit cette version persane dans la langue iranienne de la partie la plus reculée du Khorasan, et Abou-Bekr traduisit ce texte en arabe sans y changer un seul mot [zu dieser Beteuerung s. o. S. 27 Anm. 8], ce dont il proteste dans sa préface. Der in griechischen Schriften knapp gefaßte Hinweis auf eine Übersetzung ist hier nach orientalischer Weise gleichsam durch einen Stammbaum von Übersetzungen ersetzt; vgl. auch Preisendanz, Ostanes 1638f.

[28] Vgl. K. Preisendanz, Art. Fluchtafel: RAC 8 (1969) 15. – Umschriften von einer Schrift in die andere wurden auch aus philologischen Gründen vorgenommen, wie die Hexapla des Origenes zeigt. Hier wurde in einer Spalte der hebräische Urtext mit griechischen Buchstaben geschrieben; vgl. A. Harnack, Geschichte der altchristlichen Literatur bis Eusebius 1,1² (1958) 340f. Zu einer punischen Weihinschrift in griechischen Buchstaben vgl. J. Friedrich, Punische Studien: ZsMorgGes. 107 (1957) 282/90.

[29] Vgl. Speyer, Literarische Fälschung (s. o. Anm. 16) Reg. s. v. Briefe.

[30] Hrsg. von Berthelot (s. o. Anm. 4) 2,239,10f. – Die Nachrichten von den sieben oder zwölf Sprachen, in denen Zoroaster das Avesta veröffentlicht haben soll, wird man nicht in den hier behandelten Zusammenhang rücken dürfen (dazu vgl. Bidez-Cumont aO. 1,291, Reg. s. v. Oeuvres de Zoroastre; 2,104. 340 nr. 9. 348f).

[31] Die Bedeutung des Buchtitels Κυρανίς oder Κοιρανίς ist umstritten; vgl. R. Ganszyniec, Studien zu den Kyraniden: Byz-NeugrJbb 1 (1920) 353/6 und ders., Art. Kyraniden: PW 12,1 (1924) 128f; anders W. Kroll: ebd. 123 und M. Wellmann, Marcellus von Side als Arzt und die Koiraniden des Hermes Trismegistos = Philol. Suppl. 27,2 (1934) 11 (anscheinend ohne Kenntnis der Arbeiten von Ganszyniec).

[32] F. de Mély - Ch. É. Ruelle, Les lapidaires de l'antiquité et du moyen âge 2 (Paris 1898) 1f. 227f; die lateinische Wiedergabe bei L. Delatte, Textes latins et vieux français relatifs aux Cyranides = Bibl. Fac. Philos. Lettr. Univ. Liège 93 (Liège 1942) 13/9.

deuten vermocht[33]. Hinter dem noch vorhandenen Buch Κυρανίς wird ein älteres sichtbar, das Buch Ἀρχαική[34]. Nach M. WELLMANN war es »eine Art φυσικὴ ἱστορία im Sinne des Bolos Demokritos, d. h. eine Schrift, in der die Ursprünge (ἀρχαί) oder Ursachen der merkwürdigen Eigenschaften der Tiere, ihrer φύσεις dargelegt waren«[35]. Die Aufschrift Ἀρχαικὴ βίβλος verdeutlicht den Sinn derartiger pseudepigraphischer Schriftstellerei: Die wahre Weisheit ist einmal in mythischer Vorzeit gefunden worden und wird nunmehr besonders Erwählten bekannt gemacht[36]. Die beiden Vorreden der Κυρανίς stimmen darin überein, daß der im folgenden mitgeteilte Inhalt in einer fremden Sprache auf einer Stele eingemeißelt gewesen sein soll. Nach Kyranos-Hermes ist es die syrische Sprache[37], nach Harpokration die persische. Nach jener Überlieferung war die Stele in einem Sumpf Syriens verborgen, nach Harpokration aber stand sie in Babylon auf der Spitze eines hohen Tempels. Diese Einkleidung verwendet wieder mehrere Mittel, um das Vertrauen des Lesers zu gewinnen. Zu ihnen zählt auch der Hinweis auf die Übersetzung, die in der von Harpokration mitgeteilten märchenhaften Weise niemals zustande gekommen sein kann[38].

Freilich ist nicht zu leugnen, daß diese und die zuvor genannten magischen Schriften der Griechen unter dem Einfluß besonders ägyptischer, aber auch babylonischer Weisheit entstanden sind. In einem allgemeinen Sinn könnte man so tatsächlich von Übertragungen sprechen. In den besprochenen Beispielen ist aber die Art der Übersetzung mit bestimmten Einzelzügen versehen, die einer geschichtlichen Nachprüfung nicht standzuhalten vermögen. Daraus folgt, daß sie zum Zweck der Echtheitsbeglaubigung erfunden worden sind.

Dieser Absicht diente bei einigen der zuvor genannten Schriften auch die falsche Verfasserangabe. Demokrit, der wegen seiner naturphilosophischen Gedanken berühmt war, sollte durch seinen Namen alchimistischen Schriften zu Ansehen verhelfen. Der Hinweis auf die angebliche Übersetzung ist demnach bei diesen Schriften nicht als ›Stilmittel‹ zu bewerten[39], sondern als Mittel, den Schein der Echtheit vorzuspiegeln sowie Glauben und Ansehen zu gewinnen[40].

Den Hinweis auf die Übersetzung kennen ferner jene Schriftsteller, die durch erfundene Urkunden angeblich alter Autoren Homers Darstellung des Trojanischen

[33] Studien aO. 353/67; ders., Kyraniden 129/31.

[34] Vgl. WELLMANN aO. 14/8.

[35] aO. 17.

[36] Kennzeichnend für diese Schriften ist das Gebot, den Inhalt des Buches nur den Eingeweihten mitzuteilen; vgl. Kyraniden prol. (3,6/10 DE MÉLY-RUELLE; 13 DELATTE); GANSZYNIEC, Studien 367_1 und SPEYER, Literarische Fälschung (s. o. Anm. 16) Reg. s. v. Geheimhaltungsvorschrift.

[37] Nach GANSZYNIEC, Kyraniden 130, 17/22 ist die Angabe von der syrischen Sprache durch das Mißverständnis der syriadischen (seiriadischen) Stelen entstanden; vgl. dens., Der Ursprung der Zehngebotetafeln (1920) 11/6 zum Lande Seïr, das im Alten Testament mehrfach genannt wird. Die dort vorgetragenen Vermutungen sind jedoch mit Vorsicht aufzunehmen; vgl. zur Frage der Topographie des Landes Seïr J. R. BARTLETT, The land of Seir and the brotherhood of Edom: JTheolStud NS 20 (1969) 1/20.

[38] Im Mittelalter fanden diese Mitteilungen der Vorrede Glauben; vgl. GANSZYNIEC, Kyraniden 129, 46/56.

[39] Anders urteilt GANSZYNIEC, Kyraniden 130, 14/7. Übrigens kommt dieses Beglaubigungsmittel keineswegs allzu oft in der alchimistischen Literatur vor.

[40] In diesem Zusammenhang ist auch noch auf einen Propheten Bitys hinzuweisen, der die ägyptischen Weisheitsbücher des Hermes (d. i. Thoth) in den Tempeln von Sais gefunden und übersetzt haben soll; vgl. Iambl. myst. 8,4f; 10,7; RIESS: PW 3,1 (1897) 550; W. KROLL, Art. Hermes Trismegistos: PW 8,1 (1912) 794, 19/40; HOPFNER aO. (s. o. Anm. 21) 79f; K. PREISENDANZ, Art. Pitys 3: PW 20,2 (1950) 1882f, bes. 1883, 8f und C. COLPE, Die religionsgeschichtliche Schule 1 = Forsch. z. Rel. u. Lit. des AT u. NT, NF 60 (1961) 11f. 13f.

Krieges zu widerlegen suchten. Erhalten sind die Berichte des griechenfreundlichen Diktys und des Dares, der die Ereignisse vom Standpunkt der Trojaner aus schildert. In der lateinischen Fassung des Diktys, die L. Septimius angefertigt hat, wird verschiedentlich von einem angeblichen Original des Kreters Diktys, der als Genosse des Idomeneus am Trojanischen Krieg teilgenommen haben soll, gesprochen[41]. Vergleichen wir diese Zeugnisse miteinander, so ergibt sich folgendes: Nach der Sphragis hat Diktys seine Tagebücher in phönizischen Schriftzeichen und in der bei den Griechen am allgemeinsten gebrauchten Sprache abgefaßt, also wohl in einer Art frühem Griechisch. So jedenfalls hat L. Septimius diese Angaben gedeutet. Er nennt in seinem Widmungsbrief zunächst auch die phönizischen Buchstaben[42], meint damit aber nur die Form der Schriftzeichen und nicht die Sprache, denn er bemerkt ausdrücklich in Übereinstimmung mit der Sphragis: nam oratio Graeca fuerat[43]. Lesen wir daraufhin den prologus, so wird hier zwar auch von Phoeniceae litterae oder Punicae litterae gesprochen, andererseits scheint es aber, als ob der Verfasser sagen wolle, Diktys habe seine Tagebücher in phönizischer Sprache abgefaßt[44].

Das andere erhaltene Trojabuch, die Schrift des Dares, die uns nur in einer lateinischen Bearbeitung des 6. Jh. vorliegt, war ursprünglich griechisch geschrieben[45]. Eine

[41] 1. Am Ende des fünften Buches steht die Sphragis: Haec ego Gnosius Dictys, comes Idomenei, conscripsi oratione ea, quam maxime inter tam diversa loquendi genera consequi ac comprehendere potui, litteris Punicis ab Cadmo Danaoque traditis. 2. Im Widmungsbrief des L. Septimius heißt es: Ephemeridem belli Troiani Dictys Cretensis, qui in ea militia cum Idomeneo meruit, primo conscripsit litteris Punicis, quae tum Cadmo et Agenore auctoribus per Graeciam frequentabantur. ... commutatos (sc. libros) litteris Atticis, nam oratio Graeca fuerat, Neroni ... obtulit (sc. Praxis). Schließlich erwähnt der Prologus die Übersetzung: Dictys, Cretensis genere, Gnoso civitate isdem temporibus, quibus et Atridae, fuit, peritus vocis ac litterarum Phoenicum, quae a Cadmo in Achaiam fuerant delatae ... de toto bello novem volumina in tilias digessit Phoeniceis litteris ... haec igitur cum Nero accepisset advertissetque Punicas esse litteras, harum peritos ad se evocavit. qui cum venissent, interpretati sunt omnia ... Nero ... iussit in Graecum sermonem ista transferri. Von der handschriftlichen Überlieferung steht soviel fest, daß der Prolog der Familie γ angehört, die aus dem Altertum stammt. In die Familie ε ist er erst in humanistischer Zeit eingefügt worden (vgl. EISENHUT aO. 11*f. 29*f). Der Prologus ist also antik.

[42] Litteris Punicis ... frequentata entspricht Dictys 5,17 litteris Punicis ... traditis. Wenn L. Septimius statt des Danaus den Agenor anführt, so wird diese Abweichung durch Dictys 1,9 veranlaßt worden sein: Danaum enim atque Agenorem et sui (sc. Helenae) et Priami generis auctores esse (sc. respondit Helena).

[43] Anders war es etwa im Fall des Pibechios (s. o. S. 30 Anm. 27). – Im Scholion zu Eurip. Or. 432 (1, 148 SCHWARTZ) bedeutet γράψαι Φρυγίοις γράμμασιν »in phrygischer Sprache schreiben«.

[44] Vgl. peritus (sc. Dictys) vocis ac litterarum Phoenicum; Nero ... iussit in Graecum sermonem ista transferri und nicht, wie zu erwarten wäre: in Graecas litteras (anzumerken ist noch, daß die Form Phoeniceus des Prologs in den Diktysbüchern gegenüber Punicus gemieden wird; vgl. zB. 1,16: Punicis litteris Agamemnonis nomen designant und Register der Ausgabe EISENHUTS s. v.). Der Widerspruch in der Frage nach dem angeblichen Original der Diktysbücher, der zwischen prologus und Sphragis besteht, kann vom griechischen Fälscher durch Unaufmerksamkeit verschuldet worden oder sogar beabsichtigt gewesen sein, um so den Charakter des Geheimnisvollen bei einer unkritischen Leserschaft zu vergrößern. L. Septimius wird den Widerspruch erkannt haben und sich für die Fassung der Sphragis entschieden haben. – Auch bei der Erzählung von der Auffindung der Diktysbücher unterscheidet sich der prologus in manchem von dem Widmungsbrief des L. Septimius. Gleichwohl wird dadurch nicht bewiesen, daß der Prolog nicht ursprünglich die Diktysbücher eingeleitet hat. Die Auffindungsgeschichte gehörte jedenfalls von Anfang an als Beglaubigung zu dem griechischen Diktys und kann nicht von L. Septimius erdichtet worden sein. Die Unterschiede bei der Darstellung der Auffindung der Diktysbücher, die zwischen Prolog und Widmungsbrief des Septimius zu beobachten sind, dürften eher zu Lasten des lateinischen Übersetzers und Bearbeiters, also des Septimius, gehen; vgl. ferner SPEYER, Bücherfunde (s. o. Anm. 4) 55/9.

[45] Vgl. O. SCHISSEL VON FLESCHENBERG, Dares-Studien (1908) 128/33. Die lateinische Fassung hat F. MEISTER herausgegeben (1873).

Vorrede entsprechend dem prologus des Diktysbuches wird vielleicht über die Auffindung und die Art der Schrift unterrichtet haben[46]. Wenn es in dem einleitenden Brief des angeblichen Cornelius Nepos heißt: cum multa ago Athenis curiose, inveni historiam Daretis Phrygii ipsius manu scriptam[47], ut titulus indicat[48], quam de Graecis et Troianis memoriae mandavit, so sollte dadurch der Leser wohl zu dem Glauben verleitet werden, die Tagebücher des Dares seien ursprünglich in phrygischer Sprache abgefaßt gewesen und nunmehr ins Griechische übersetzt worden[49]. – Wieweit die anderen Schwindelschriftsteller von Trojabüchern diesen Kunstgriff verwendet haben, ist nicht mehr zu sagen, da ihre Erfindungen untergegangen oder zu wenig kenntlich sind[50].

Auch der Fälscher der Historia Augusta hat zu diesem Mittel gegriffen, um dadurch seinen Geschichtsfälschungen und seinen literarischen Erfindungen ein weiteres Licht aufzusetzen. Gord. 34,2f erzählt von einer Grabschrift, die in fünf Sprachen abgefaßt oder vielmehr in fünf verschiedenen Alphabeten ausgeführt war[51]. Aurel. 27,6 wird behauptet, ein Nicomachus, der sonst ganz unbekannt ist, habe den ebenda lateinisch mitgeteilten Brief der Zenobia aus dem Syrischen (d. h. dem Palmyrenischen) ins Griechische übertragen[52]. Angeblich sollen die Pesc. Nig. 8 mitgeteilten lateinischen Orakelverse, die teilweise Vergil nachahmen, ursprünglich griechisch gesprochen worden sein. Mit Vorsicht ist deshalb auch die Nachricht ebenda 12,5f aufzunehmen: extat etiam epigramma Graecum, quod Latine hanc habet sententiam (es folgen drei lateinische Distichen)[53].

Christliche Fälscher haben die Mittel der Echtheitsbeglaubigung von den Heiden übernommen. Häretiker und Angehörige der Großkirche haben mindestens seit dem 2. Jh. Bücher in der Art der echten Schriften der Apostel und ihrer Schüler veröffentlicht. Über die Ziele und Absichten, die zu dieser pseudepigraphischen Schriftstellerei geführt hat, kann hier nicht berichtet werden[54].

Erst in späterer Zeit (seit dem 4./5. Jh. nC.) begegnet in der Einleitung einiger neutestamentlicher Apokryphen der Hinweis auf die fremde Ursprache, in der das bisher unbekannt gebliebene Buch aus apostolischer Zeit abgefaßt gewesen sein soll. Der Briefwechsel zwischen König Abgar V von Edessa und Jesus war allerdings ursprünglich wohl tatsächlich syrisch geschrieben, da er, wie W. Bauer gezeigt hat, im Kreis des Bischofs Kûnê entstanden sein dürfte und von dort Eusebius für seine Kirchen-

[46] Schissel von Fleschenberg aO. 9. 84/96 hat den Prolog aus dem lateinischen Brief des PsNepos und den Kapiteln 12 und 44 des Dares wiederherzustellen versucht. Er betont 94f, daß der angebliche Brief des Nepos nur durch den Titel: Cornelius Nepos Sallustio Crispo suo salutem als Brief kenntlich gemacht ist. Vielleicht ist aber diese Überschrift erst später hinzugefügt worden.

[47] Zu ipsius manu scriptam (sc. historiam) vgl. die ähnlichen Formulierungen in dem gefälschten Briefwechsel vor dem PsMatthäusevangelium (dazu s. u. S. 36): Matthaei evangelistae manu scriptum volumen hebraicum; manu ipsius (sc. Matthaei) liber scriptus hebraicis litteris.

[48] Mit ut titulus indicat wird auf die Aufschrift des Dares: Ephemerides oder acta diurna angespielt (vgl. Schissel von Fleschenberg aO. 89f).

[49] Aelian. var. hist. 11,2 spricht vom »Phrygischen Dares«.

[50] Vgl. J. Forsdyke, Greece before Homer ²(London 1957) 153.

[51] Vgl. E. Hohl, ›Hadrians Abschied vom Leben‹: NJbb 35 (1915) 412/5.

[52] Vgl. Stein, Art. Nikomachos 20: PW 17,1 (1936) 463.

[53] Angebliche lateinische Übersetzungen griechischer Verse werden auch in anderen Viten mitgeteilt; vgl. Opil. Macr. 11,3/7; 14,2/4; Ant. Diad. 7,3f; Alex. Sev. 38,3/6 und Tyr. trig. 11,5f.

[54] Vgl. N. Brox, Die Pastoralbriefe: RegensbNT 7,2 (1969) 60/6 und Speyer, Literarische Fälschung (s. o. Anm. 16).

geschichte zugespielt sein wird[55]. Der Zweifel von E. SCHWARTZ ist demnach unbegründet[56].

Das erste sichere Beispiel darf man in der Einleitung zu den »Hypomnemata des Nikodemus« sehen[57]. Diese in griechischer Sprache abgefaßte Schrift stellt heute den ältesten erhaltenen Zeugen für die sogenannten Pilatusakten dar. Nach G. C. O'CEALLAIGH ist aber dieses Buch nicht etwa im Jahre 425/6 oder 440/1 geschrieben worden, wie der Prolog des Ananias glauben machen will, sondern erst im 6. Jh.[58]. Man darf vermuten, daß sein Verfasser verlorengegangene katholische Pilatusschriften benutzt hat, die zur Zeit des Epiphanius im Umlauf waren und gewiß die gefälschten christenfeindlichen Pilatusakten, die der Kaiser Maximin verbreiten und in den Schulen auswendig lernen ließ, verdrängen sollten[59]. Nach der Vorrede will Ananias, »Leibgardist im Offiziersrang, im 18. Jahre der Regierung unseres Kaisers Flavius Theodosius und im 5. Jahre des Nobilissimats des Flavius Valentinianus, in der 9. Indiktion«[60], die Akten des Prozesses Jesu, die in hebräischen Buchstaben aufgezeichnet waren, gefunden und sie ins Griechische übersetzt haben. Nach dem anschließenden Text, einer Art zweiter Vorrede, wird der aus dem Johannesevangelium bekannte Nikodemus als Verfasser des hebräischen Originals genannt. Nicht nur erinnert die Erwähnung von γράμματα Ἑβραϊκά an die Punicae litterae der o. S. 33f besprochenen Tagebücher des Diktys. Auffallend ist auch die doppelte Vorrede zu den Pilatusakten: Die Vorrede des Übersetzers Ananias entspricht gewissermaßen dem Widmungsbrief des L. Septimius und der prologus, in dem Nikodemus als Verfasser genannt wird, übernimmt die Aufgabe des prologus vor dem Diktys. Während Ananias durch die Zeitangabe sich ähnlich wie L. Septimius durch seine Widmung an Q. Aradius Rufinus als geschichtliche Person zu erweisen scheint, entspricht Nikodemus als Zeitgenosse Christi und angeblicher Verfasser der Hypomnemata dem trojanischen Helden Diktys. Man könnte so erwägen, ob nicht Ananias die Echtheitsbeglaubigung des Diktys-Septimius gekannt hat. Allerdings wäre dann anzunehmen, daß Ananias, der griechisch schreibt, auch des Lateinischen kundig war[61] und ferner, daß der zweite Prolog nicht erst in späterer Zeit, das heißt nach Ananias, durch Interpolation zustande gekommen ist[62]. – Eine gewisse Verwandtschaft zeigt die Vorrede des Ananias durch das Motiv des Suchens und Findens auch mit dem angeblichen Brief des Cornelius Nepos vor dem Trojabuch des Dares[63]. Mit Gewißheit wird man deshalb nur soviel zu behaupten wagen: Die

[55] Bei E. HENNECKE – W. SCHNEEMELCHER, Neutestamentliche Apokryphen 1³ (1959) 325/9, bes. 326f.

[56] Zu Eusebius Kirchengeschichte: ZNW 4 (1903) 65: »Natürlich müßte sie (d. i. die Abgarlegende) dann ursprünglich syrisch abgefaßt sein, und das wird auch behauptet; es ist aber sehr die Frage, ob auch nur dies der Wahrheit entspricht ... Er (d. i. Eusebius) hat sicherlich den Text nicht aus dem Syrischen übersetzt«.

[57] Erkannt von R. A. LIPSIUS, Die Pilatus-Acten ²(1886) 28f und von TH. MOMMSEN, Die Pilatus-Acten: ZNW 3 (1902) 198f.

[58] Dating the commentaries of Nicodemus: HarvTheolRev 56 (1963) 21/58. Eine kritische Ausgabe der verschiedenen erhaltenen Fassungen der Pilatusliteratur und ihrer Übersetzungen ist erforderlich; vgl. vorläufig die Ausgaben von C. VON TISCHENDORF, Evangelia apocrypha ²(1876 bzw. 1966) 210/486 und von DE SANTOS OTERO (s. o. Anm. 8) 394/535.

[59] Haer. 50, 1 (GCS 31, 245f); vgl. F. SCHEIDWEILER, Nikodemusevangelium, Pilatusakten und Höllenfahrt Christi: HENNECKE – SCHNEEMELCHER aO. 1, 330. 331f.

[60] Dieses Datum ist verschieden gedeutet worden: 1. September 425 bis 1. September 426 (so zB. SCHEIDWEILER aO. 334_2); 1. September 440 bis 1. September 441 (zuletzt O'CEALLAIGH aO. 49f).

[61] Zu der Annahme eines lateinischen Originals äußert sich DE SANTOS OTERO aO. 403_4 kritisch.

[62] Dafür sprechen jedoch ernste Gründe; vgl. DE SANTOS OTERO aO. $402f_2$; zum Text auch SCHEIDWEILER aO. 334_4.

[63] Dazu s. o. S. 33f.

Mittel der Echtheitsbeglaubigung, wie sie in der Vorrede des Ananias begegnen, also der Hinweis auf Suchen und Finden einer alten Schrift, die aus der Zeit der von ihr berichteten Ereignisse stammen soll, die Angabe von der Übersetzung eines fremdsprachigen Originals sowie die Selbstvorstellung des Übersetzers, hat nicht der christliche Fälscher selbständig erdacht, sondern aus vergleichbaren Schriften der Heiden übernommen.

Spätere neutestamentliche Apokryphen täuschen gleichfalls vor, aus dem Hebräischen übersetzt zu sein. Vor dem Evangelium des PsMatthaeus, dem liber de ortu beatae Mariae et infantia salvatoris, steht ein unechter Briefwechsel zwischen den Bischöfen Chromatius und Heliodorus an Hieronymus und dessen Antwort[64]. Die beiden Bischöfe behaupten von Parmenius und Virinus (Quirinus?) gehört zu haben, daß Hieronymus das von der Hand des Matthäus hebräisch geschriebene Evangelium[65] über Maria und die Jugend des Erlösers gefunden habe; sie bitten Hieronymus um die lateinische Übersetzung. In seiner Antwort bestätigt der Fälscher unter der Maske des Hieronymus, daß es sich tatsächlich um ein hebräisches Evangelium des Matthäus handle, das neben dem bekannten Evangelium als geheime Schrift durch die Jahrhunderte überliefert, aber von Häretikern verfälscht worden sei. Als bestimmenden Grund für die Anfertigung der Übersetzung gibt er »die Liebe zu Christus« an. Mit dieser Erklärung folgt er dem kleinasiatischen Presbyter, der Paulusakten gefälscht hatte. Wie Tertullian bapt. 17,5 (CCL 1,292) mitteilt, hat jener, als er des Trugs überführt war, gesagt, er habe das »aus Liebe zu Paulus« getan. – In einem anderen unechten Brief des Hieronymus, der vor dem jüngeren Apokryphon liber de nativitate Mariae überliefert und wie dieses von Paschasius Radbertus (790/859) verfaßt ist, wird gleichfalls, wenn auch etwas vorsichtiger, von dem hebräischen Original gesprochen. Der angebliche Hieronymus verspricht, es wortgetreu (so am Anfang des Schreibens) oder vielmehr sinngemäß (so am Ende) übertragen zu wollen[66].

Auch bei anderen neutestamentlichen Apokryphen begegnet der Hinweis auf das angebliche hebräische Original. So soll dem Nachwort zur Vita des Simon und Judas zufolge Abdias, Bischof von Babylon, die Taten der beiden Apostel in hebräischer Sprache beschrieben und sein Schüler Eutropius sie ins Griechische übertragen haben; Sextus Iulius Africanus habe sie in einzelne Bücher eingeteilt[67]. Hingegen wird bei der

[64] Hrsg. von DE SANTOS OTERO aO. 179/83; vgl. F. STEGMÜLLER, Repertorium biblicum medii aevi 1 (Madrid 1950) nr. 168 und É. DE STRYCKER, La forme la plus ancienne du Protévangile de Jacques = Subs. hagiogr. 33 (Bruxelles 1961) 41/3.

[65] Zu dieser formelhaften Wendung s. o. S. 34 Anm. 47.

[66] Hrsg. von DE SANTOS OTERO aO. 179f$_2$. 243/58; PL 30,297/305; vgl. K. VIELHABER, Art. Paschasius Radbertus: LThK 8 (1963) 130f. – Das in der neueren Forschung dem Salzburger Bischof Virgilius (gest. 784) zugewiesene Schwindelbuch: Aethicus Ister Cosmographus wird als Übersetzung aus dem Griechischen ausgegeben, die Hieronymus verfaßt haben soll; vgl. H. LÖWE, Ein literarischer Widersacher des Bonifatius, Virgil von Salzburg und die Kosmographie des Aethicus Ister = AbhMainz 1951,11 und die Literatur bei E. DEKKERS, Clavis Patrum Latinorum = Sacris Erudiri 3 ^{2}(1961) nr. 2348, wo jedoch der Hinweis auf SCHANZ-HOSIUS 4,2,124 in die Irre führt.

[67] Vgl. R. A. LIPSIUS, Die apokryphen Apostelgeschichten und Apostellegenden 1 (1883) 117/21. 130 und B. DE GAIFFIER: AnalBoll 69 (1951) 59f. – Lambertus de Legia (12. Jh.) beruft sich in seiner Vorrede Reverendissimo domino zu der Prosabearbeitung der Vita S. Matthiae auf ein hebräisches Buch als Vorlage: ab hebraico volumine qui dampnatorum intitulatur pro eo, quod in eo contra legem agentium iudicia contineantur; hrsg. von R. M. KLOOS, Lambertus de Legia, De vita, translatione, inventione ac miraculis sancti Matthiae apostoli libri quinque = TriererTheolStud 8 (1958) 169; vgl. auch die etwas später verfaßte und ausführlichere Vorrede Cum multo

Darstellung des Lebens des Simon und Judas erklärt, Grathon habe ihr Leben in zehn Büchern dargestellt, diese habe Sextus Iulius Africanus lateinisch wiedergegeben[68].

Um die Technik dieses christlichen Fälschers zu veranschaulichen, verweist F. WILHELM auf die aus byzantinischer Zeit (Anfang des 9. Jh.) stammenden Indices apostolorum discipulorumque domini[69]. In ihnen beruft sich ein Prokop, wohl ein erfundener Schriftsteller, auf die Sammlungen des »ganz heiligen und glückseligen Bischofs und Märtyrers Dorotheos«, die er zufällig gefunden und aus dem Lateinischen ins Griechische übertragen haben will[70]. Dorotheos soll aber, wie Prokop versichert, sowohl griechische und lateinische Schriften hinterlassen wie auch aus dem Griechischen und dem Hebräischen übersetzt haben[71]. – Noch im Mittelalter fabelt man davon, daß die lateinische Fassung der Geschichte von Joseph dem Zimmermann aus dem Hebräischen übersetzt worden sei[72]. – Das Martyrium beati Petri apostoli und die Passio S. Pauli apostoli soll nach einigen Handschriften Bischof Linus in griechischer Sprache an die Kirchen des Ostens gesandt haben[73]. Tatsächlich wird man aber wohl nur mit der erhaltenen lateinischen Fassung zu rechnen haben[74].

Wie der Name des Hieronymus, der als Übersetzer hebräischer Schriften ins Lateinische berühmt war, zur Steigerung des Ansehens erfundener Schriften mißbraucht wurde[75], so auch der Name des Eusebius. Der Verfasser der Silvesterlegende beginnt mit der Behauptung, er nehme die Akten aus einer Heiligengeschichte des Eusebius in zwanzig Büchern und übertrage sie ins Lateinische[76]. – In der Einleitung zu der von W. WRIGHT herausgegebenen syrischen ›Geschichte von Johannes, dem Sohn des Zebedäus‹ (4./5. Jh.) wird folgendes mitgeteilt[77]: »This history was composed

studio (ASS Febr. 3,447f [Nachdruck PALMÉ]), wo noch eine angebliche Vision zur Beglaubigung hinzugefügt ist. Die Abdiassammlung, die in Gallien im Kreis Gregors von Tours entstanden sein wird (vgl. E. DEKKERS, Les traductions grecques des écrits patristiques latins: Sacris Erudiri 5 [1953] 228f), hat wohl Lambertus dazu angeregt, ein hebräisches Original für die Vita Matthiae vorzutäuschen.

[68] Vgl. LIPSIUS aO. 1,118f$_{2}$; 2,2 (1884) 164. Dies ist wohl die ältere Fassung. Vgl. auch F. WILHELM, Über fabulistische Quellenangaben: Beiträge z. Gesch. d. deutschen Sprache u. Lit. 33 (1908) 301f.

[69] AO. 302f$_{1}$; vgl. die Ausgabe von TH. SCHERMANN, Prophetarum vitae fabulosae, indices apostolorum discipulorumque domini Dorotheo, Epiphanio, Hippolyto aliisque vindicata (1907); vgl. dens., Propheten- und Apostellegenden nebst Jüngerkatalogen des Dorotheus und verwandter Texte = TU 31,3 (1907) 197. 352f.

[70] Vgl. die Ausgabe von SCHERMANN aO. 159, 19/160, 1; vgl. 143,5/10; 151, 11f; 157,5/12.

[71] Vgl. die Ausgabe von SCHERMANN 132,6/8; 157,5f und zu den Widersprüchen, in die sich Prokop verwickelt, WILHELM aO. 302f$_{1}$.

[72] Vgl. DE SANTOS OTERO aO. 339$_{6}$.

[73] Vgl. den kritischen Apparat der Ausgaben von R. A. LIPSIUS – M. BONNET, Acta apostolorum apocrypha 1 (1891 bzw. 1959) 1. 23 und von A. H. SALONIUS, Martyrium beati Petri apostoli a Lino episcopo conscriptum: Commentationes hum. litt. Soc. Scient. Fenn. 1,6 (Helsingfors 1926) 23. 40. Auch der Verfasser der griechischen Acta Nerei et Achillei bemerkt c. 14: Καὶ ὁ γὰρ Λίνος τῇ Ἑλληνίδι γλώσσῃ ἅπαν τὸ τοῦ μαρτυρίου αὐτῶν ὕφος συγγραψάμενος ταῖς τῆς ἀνατολῆς ἐκκλησίαις ἐξέπεμψεν, vgl. die Ausgabe dieser Akten von H. ACHELIS = TU 11,2 (1893) 14. 58f und LIPSIUS-BONNET aO. 16*f.

[74] Vgl. C. SCHMIDT, Die alten Petrusakten im Zusammenhang der apokryphen Apostelliteratur untersucht = TU 24,1 (1903) 144f. LIPSIUS aO. (s. o. Anm. 73) 16* erwägt jedoch eine freie und ausschmückende Bearbeitung eines griechischen Textes.

[75] Ob die Aussage des Hieronymus, er habe das Nazaräerevangelium ins Griechische und ins Lateinische übersetzt (vir. inl. 2. 3; in Mt. 12,13 [PL 26,80C]), wahr ist, wird bezweifelt (vgl. P. VIELHAUER bei HENNECKE-SCHNEEMELCHER aO. 1,81/7, bes. 85f).

[76] Vgl. W. LEVISON, Konstantinische Schenkung und Silvesterlegende: Miscellanea F. Ehrle = Studi e Testi 38 (Roma 1924) 177/9; auch abgedruckt bei LEVISON, Aus rheinischer und fränkischer Frühzeit (1948) 406/9.

[77] Apocryphal acts of the apostles 2 (London 1871) 3; vgl. BAUMSTARK aO. (s. o. Anm. 27) 68.

by Eusebius of Caesarea concerning S. John, who found it in a Greek book[78], and it was translated into Syriac, when he had learned concerning his way of life and his birth and his dwelling in the city of Ephesus, after the ascension of our Lord to heaven«. R. A. LIPSIUS entnimmt dieser Mitteilung folgende Angaben[79]: »Als Verfasser des syrischen Textes wird kein Geringerer als Eusebios von Cäsarea genannt, der die Geschichte in einem griechisch geschriebenen Buche gefunden und ins Syrische übertragen habe. . . . Griechische Quellen liegen sicher zu Grunde; ob das Buch so wie es ist eine einfache Übersetzung aus dem Griechischen bietet, wage ich nicht zu entscheiden; wahrscheinlich ist es nicht, wenn man das specielle Interesse des Verfassers für Edessa bedenkt . . .«. Meines Erachtens wird nur behauptet, daß Eusebius die Geschichte des hl. Johannes griechisch verfaßt hat und daß sie ins Syrische übertragen wurde. Ob aber nach der Meinung des Verfassers Eusebius zugleich auch der Übersetzer war, ist aus dem Text, der in der von WRIGHT mitgeteilten Form entstellt ist, nicht herauszulesen. Wahrscheinlich war im Text nach »into Syriac« ursprünglich der Name des Übersetzers angegeben, auf den sich dann der Relativsatz »when he had learned . . .« beziehen sollte. – Das Evangelium der Zwölf Apostel, das J. RENDEL HARRIS aus dem Syrischen herausgegeben hat, will aus dem Hebräischen ins Griechische und aus diesem ins Syrische übertragen sein. Es ist aber eine Fälschung des 8. Jh.[80].

Diese Form der Beglaubigung begegnet ferner auch in theologischen Lehrschriften. Aus der Zeit der Kämpfe um das Konzil von Chalkedon hat Severus von Antiochien, c. imp. gramm. 3,1,17 eine wichtige Nachricht mitgeteilt[81]. Einer der Neuchalkedonier, die Severus bekämpft, ist Johannes von Skythopolis. »Dieser«, so sagt er, »hat auch aus jener Rede ›Über den Glauben‹, welche die Nestorianer[82] erfunden und unter der Aufschrift und dem Namen des Ambrosius in Umlauf gesetzt haben, Stellen angeführt. Diese Rede kann man aber auch mit anderem Titel geschmückt finden, nämlich ›Übersetzung des Glaubensbekenntnisses und über die Menschwerdung Gottes‹. Um für ihren Trug Glauben zu finden, haben jene die Aufschrift ›Übersetzung‹ sich ausgedacht, damit man von ihnen meine, sie hätten aus dem Lateinischen ins Griechische das übertragen, was sie in Wirklichkeit selbst ersonnen haben«. Weder ist das fragliche Falsum erhalten, noch sind die Angaben des Severus nachzuprüfen. Der Gedanke eines solchen Trugs[82a] lag aber in jenem Zeitalter zahlreicher Fälschungen dogmatischen Inhaltes recht nahe.

In der Vorrede des liber Hierothei, den wahrscheinlich Stephanos bar Sudaili geschrieben hat[83], weist der syrische Verfasser darauf hin, das Werk aus dem Griechischen übertragen zu haben[84]. Die Schrift ist im jetzigen Zustand ein Pseudepigraphon; jedoch ist möglicherweise die Einkleidung erst im Laufe der Überlieferung vorgenom-

[78] Ebd. (9 WRIGHT) wird bemerkt: »as we have found in the books, which are written on paper, in the archives of Nero, the wicked emperor«.

[79] AO. (s. o. Anm. 67) 1,433f.

[80] The gospel of the twelve apostles together with the apocalypses of each one of them (Cambridge 1900) 17; vgl. BAUMSTARK aO. (s. o. Anm. 27) 70; F. HAASE, Literarkritische Untersuchungen zur orientalischen apokryphen Evangelienliteratur (1913) 30/5 und H. CH. PUECH bei HENNECKE-SCHNEEMELCHER aO. (s. o. Anm. 55) 1,193.

[81] CSCO 93 = Scr. Syr. 45,290 textus; 94 = Scr. Syr. 46,203f translatio.

[82] Das sind hier die Anhänger des Konzils von Chalkedon.

[82a] Ein weiteres Beispiel erwähnt Severus aO. S. 297 bzw. 208f.

[83] Vgl. A. GUILLAUMONT, Art. Étienne bar Soudaïlî: DictSpir 4,2 (1961) 1481/8, bes. 1483/7.

[84] Hrsg. von F. S. MARSH, The book which is called ›The book of the holy Hierotheos‹ (London 1927).

men worden, um das häretische Werk vor der Vernichtung durch Christen der Großkirche zu retten[85].

Der zwischen 750 und 800 nC. schreibende armenische Fälscher, der sich hinter der Maske des Moses von Choren versteckt, oder vielmehr seine Vorlage haben das gleiche Mittel benutzt. Wie er angibt, soll Mar Apas Katina im königlichen Archiv zu Ninive auf ein Buch gestoßen sein, dessen Anfang lautete: »Dieses Buch ist auf Befehl des Makedonen Alexander aus dem Chaldäischen ins Griechische übersetzt worden«. Mar Apas Katina brachte es nach dem Bericht des Moses von Choren in griechischen und syrischen Buchstaben geschrieben zum König Wagharschak nach Nisibis; dieser habe es im Palast verwahren und einen Teil daraus auf einer Säule einmeißeln lassen[86].

Auch zu den Syrern und Arabern ist diese Form, Echtheit vorzuspiegeln, gedrungen, wie zB. die Einleitung zum Buch Der Schatz Alexanders zeigt[87]. Im 12. Jh. täuscht der christliche Priester Sāgijus aus Nabulus vor, geheime alchimistische Schriften des Hermes und Balīnas des Weisen (d. i. Apollonius von Tyana) aus dem »alten Syrischen« ins Arabische übertragen zu haben. Er beteuert, ähnlich wie Dares und PsHieronymus, keinen Buchstaben bei seiner Arbeit weggelassen zu haben[88].

[85] Vgl. MARSH aO. 234. 245.

[86] Französische Übersetzung von V. LANGLOIS, Collection des historiens de l'Arménie 2 (Paris 1869) 62 (= FGrHist 679,7a); deutsche Übersetzung von M. LAUER (1869) 18; vgl. SPEYER, Bücherfunde (s. o. Anm. 4) 117f. 129/39.

[87] Deutsche Übersetzung von J. RUSKA, Tabula Smaragdina. Ein Beitrag zur Geschichte der hermetischen Literatur = Heidelb. Akten der Von-Portheim-Stiftung 16 (1926) 68/107, bes. 77. 106.

[88] Vgl. RUSKA aO. 109f. 111 und o. S. 27 Anm. 8. – Im Mittelalter wurden auch Übersetzungen aus dem Arabischen vorgetäuscht. Nach einer Periode, in der wirkliche Kenner des Arabischen die arabische Wissenschaft dem christlichen Abendlande zugänglich gemacht hatten, wurden im 13. oder am Anfang des 14. Jh. Fälschungen alchimistischen Inhalts in Umlauf gesetzt. Ein Beispiel bespricht J. RUSKA, Arabische Alchemisten 1 = Heidelb. Akten der Von-Portheim-Stiftung 6 (1924) 31/48: PsRobertus Castrensis, Liber de compositione Alchemiae (Basel 1559); ebd. 48f zu einem weiteren Fall. – Anhangsweise sei auf einige Schriften des lateinischen Mittelalters hingewiesen: Matthaeus Parisiensis (gest. 1259) berichtet in den Gesta abbatum monasterii S. Albani, hrsg. von H. TH. RILEY 1 (London 1867) 26f folgendes: Die Äbte des S. Albanklosters Ealredus und Eadmarus fanden die antike Stadt Verolamium und gruben sie teilweise aus. Dabei stießen sie angeblich unter kleineren Büchern (libri et rotuli) auf einen Kodex mit ganz altertümlicher Schrift und Sprache. Die Überschriften bestanden aus goldenen Lettern. Nachdem man lange über den Inhalt gerätselt hatte, traf man einen hochbetagten Priester namens Unwona, der in vielen Sprachen und Schriften bewandert war. Er erklärte die Sprache für Altbritonisch (idioma antiquorum Britonum; im weiteren Verlauf: [historia] antiquo Anglico vel Britannico idiomate scripta). In dem zuvor genannten Kodex entdeckte er angeblich die Geschichte von S. Alban, dem Erzmärtyrer Englands. Die anderen Schriften heidnischen Inhaltes wurden vernichtet, die Historia S. Albani aber auf Betreiben der Abtes Eadmarus lateinisch bekanntgemacht. Gerade als die lateinische Übersetzung angefertigt worden war – quod mirum est dictu, sagt Matthaeus Parisiensis – zerfiel das aufgefundene Original in Staub. Buchfund und Übersetzung dienen hier wieder eindeutig der Beglaubigung. Ein Topos derartiger Geschichten ist auch der Greis als Dolmetscher; vgl. SPEYER, Literarische Fälschung (s. o. Anm. 16) Reg. s. v. Greis. Möglicherweise hat der im Mittelalter weit verbreitete Diktys zu dieser Erfindung den Anlaß gegeben. Als geschichtlich wird nur anzunehmen sein, daß man unter den Äbten des S. Albanklosters Ealredus und Eadmarus auf das römische Verolamium gestoßen sein wird, wobei Inschriften, Brandgräber, Heiligtümer, Altäre, Statuen und Münzen zum Vorschein kamen (vgl. das Schlußkapitel ebd. S. 28); zu dem Bericht des Matthaeus Parisiensis vgl. R. M. WILSON, The lost literature of medieval England (London 1952) 93 und zu Verolamium I.A. RICHMOND: PW 8 A,2 (1958) 2425f. – Ein weiteres Beispiel aus dem 12. Jh. bietet eine Bemerkung des sogenannten Pilgers von Santiago de Compostela (J. VIELLIARD, Le guide du Pèlerin de S. Jacques de Compostelle ²[Mâcon 1950] 64). Der Pilger sagt von der anschließend mitgeteilten Passio Eutropii, die Dionysius Areopagita verfaßt und an Clemens von Rom geschickt haben will: Quam scilicet passionem Constantinopolim (!) in scola Grecorum, quodam codice passionum plurimorum sanctorum martirum olim repperi et ad decus domini nostri Jhesu Xpisti

Fassen wir die Ergebnisse zusammen: Die angebliche Übersetzung ist ein Mittel der antiken Fälscher, ihren Erfindungen den Schein der Echtheit zu verleihen. Die Form dieser Beglaubigung ist im Zeitalter des Hellenismus entstanden. Von den Griechen übernahmen sie andere Völker, wie die beigebrachten Beispiele aus Syrien, Ägypten, Arabien, Armenien und Rom zeigen. – Christliche Fälscher haben diese Art, literarische Echtheit vorzuspiegeln, in ihrer heidnischen Umwelt kennengelernt und sie besonders gern für ihre Erfindungen und Bearbeitungen von Schriften, die aus neutestamentlicher Zeit stammen sollten, verwendet. Nur der Monophysit Severus von Antiochien gibt uns, soweit ich sehe, ein Zeugnis dafür, daß dieses Mittel der Fälscher schon im Altertum von der Kritik durchschaut wurde.

Aus der Antike drang der Hinweis auf die angebliche Übersetzung in literarische Erfindungen und Fälschungen des christlichen und mohammedanischen Mittelalters

eiusque gloriosi martiris Eutropii de greco in latinum, prout potui, edidi; vgl. B. de Gaiffier, Les sources de la passion de S. Eutrope de Saintes dans le Liber S. Iacobi: AnalBoll 69 (1951) 57/66, bes. 61f. – Des gleichen Kunstgriffs hat sich auch Petrus Diaconus im 12. Jh. bedient; vgl. seine Acta Placidi et fratrum: ASS Oct. 3,114 prol.; 138 nr. 92 und E. Caspar, Petrus Diaconus u. die Monte Cassineser Fälschungen (1909) 54 und 61. – H. Delehaye hat aus einer Turiner Hs. des 10. Jh. eine Passio des hl. Mamas (oder Mammes) von Caesarea herausgegeben, welche die Bischöfe Euprepius, Craton und Perigenes an die katholischen Kirchen des Ostens und Westens geschrieben haben wollen (AnalBoll 58 [1940] 126/41). Am Schluß dieser ungeschichtlichen Passio beteuern die erfundenen Verfasser: Haec greco sermone scribsimus quae vidimus, Euprepius et Craton et Perigenes episcopi (aO. 141 c. 22; A. Siegmund, Die Überlieferung der griechischen christlichen Literatur [1949] 239 ist diese Ausgabe entgangen). Ein griechisches Original war hier genausowenig vorhanden wie das hebräische im Leben der hl. Martha (Bibl.Hag.Lat. nr. 5545): Gloriosissimae Marthe, Christi hospitae, vita a beata Marcilia, eius famula et filiola, in Ebreo prius edita et postea in Latinum sermonem per Sinticen de Ebreo translata (hrsg. von B. Mombritius, Sanctuarium seu Vitae Sanctorum 2 ²[Paris 1910] 231/40). – Ferner sei auf die Historia et Vita S. Liberii filii regis Armeniae hingewiesen, die in Ancona am Ende des Mittelalters entstanden ist (vgl. D. Papebroch: ASS Mai 6,720/3; F. Lanzoni, Le diocesi d'Italia dalle origini al principio del sec. VII = Studi e Testi 35 ²[Faenza 1927] 383). Der Schluß der Translatio lautet: Ieremias Hierosolymitanus archiepiscopus, Gregorius Exarchonensis episcopus et Ioannes eremita sacerdos Armenus cum suis consecrationis litteris Roma revertentes huius ecclesiae canonico genealogiam S. Liberii et vitam fideliter interpretati sunt; obitum sacri corporis eius et revelationem, arcae quoque adventum et miracula sancti patris in suis reliquerunt scriptis (der Text ist bisher noch nicht vollständig veröffentlicht; A. Poncelet, Catal. codic. hagiogr. latin. bibl. Univ. Bononiensis: AnalBoll 42 [1924] 321 verweist auf eine Handschrift in Bologna; eine weitere befindet sich in der Biblioteca Ambrosiana: cod. N 185 Sup. f. 138r/148r, chart., s. XVI). – Auch die pseudoprophetische Literatur des Mittelalters kennt diesen Kunstgriff. Von den Anhängern des Joachim von Fiore ist das Vaticinium Sibillae Eritheae (!) im 13. Jh. verbreitet worden. Die Einleitung lautet nach der Ausgabe von O. Holder-Egger: Neues Archiv d. Ges. f. ältere deutsche Geschichtskunde 15 (1889) 155: Hic liber est extractus de libro qui dicitur Vasilographo, id est imperialis scriptura, quam Sibilla Erithea (!) Babylonica condidit ad petitionem Grecorum tempore Priami regis Troie; quem Vedoxa peritissimus pater in Grecum transtulit de Chaldeo, tandem de erario Emanuelis imperatoris Grecorum eductum Eugenius regni Sicilie admiratus de Greco transtulit in Latinum. Zwei Unklarheiten dieses Textes können durch Vergleich mit der bisher wohl noch nicht beachteten Handschrift H. 139 inf. der Biblioteca Ambrosiana (chart., s. XV) beseitigt werden: f. 18r/23r steht die Epistola Sibille Erithee (!), quam scripsit ad Grecos ituros ad Troiam. Dazu wird bemerkt: Hanc epistolam Sibilla Erithea scripsit ad Grecos adituros Troiam, quam ipsi consul‹u›erunt sub tempore Priami regis. Quam epistulam Doxa pater de C‹h›aldeo in Grecum, Eugenius (Eagenius cod.) notus (nõ cod.) regni Sicilie admiratus de Graeco sermone transtulit in Latinum ... Demnach ist für Vedoxa peritissimus pater wohl Doxapater zu schreiben (belegt ist allerdings nur die Form Doxopatres; vgl. K. Krumbacher, Geschichte d. byzantinischen Litteratur ²[1897 bzw. New York 1958] Reg. s. v.); nach Eugenius ist vielleicht notus einzufügen. Weitere Handschriften mit diesem Sibyllenorakel nennt K. O. Kristeller, Iter Italicum 1/2 (London-Leiden 1964/7) Reg. s. v. Sibylla Erythraea. Vgl. ferner: E. Jamison, Admiral Eugenius of Sicily (London 1957) 21/32.

sowie der Neuzeit ein. Da diese Art der Beglaubigung nicht eine Ausdrucksform des mythischen Weltbildes darstellt, wie etwa der Hinweis auf Offenbarungen, Visionen und Auditionen oder auf Bücher, die aus dem Jenseits kommen sollen (Himmels- und Höllenbriefe, Jenseitskorrespondenz), wird die Angabe der angeblichen Übersetzung auch in der rationalen Welt der Zukunft von Fälschern literarischer Werke und von Romanschriftstellern weiter verwendet werden.

Im vorliegenden Aufsatz haben wir nur jene antiken Texte besprochen, die ausdrücklich behaupten, aus einer fremden Sprache übertragen worden zu sein, es aber in Wirklichkeit nicht sind. Neben ihnen gibt es andere, die durch den vorgetäuschten ausländischen Verfassernamen mittelbar den Anschein erwecken, ursprünglich in einer fremden Sprache abgefaßt gewesen zu sein. Zu ihnen zählen zB. solche lateinischen Pseudepigraphen, die angeblich griechische Autoren geschrieben haben, in Wirklichkeit aber auf römische Rhetoren oder Fälscher zurückgehen. Hierzu wird man wohl die von einem Luziferianer verfaßten Briefe des Athanasius an Luzifer von Caglari zählen dürfen [89] sowie verschiedene Abhandlungen über die Berechnung des Ostertermins, die in der Spätantike unter dem Namen des aus Eusebius hist. eccl. 7,32 bekannten christlichen Gelehrten Anatolios [90] und des Cyrill von Alexandrien verbreitet wurden [91]. Diesem Thema müßte eine eigene Untersuchung gewidmet werden, da zB. bei einem uns nur lateinisch, syrisch, koptisch oder armenisch überlieferten Pseudepigraphon unter griechischem Verfassernamen zu prüfen ist, ob die Herkunftsangabe auf den Autor des Pseudepigraphons selbst zurückgeht, und ob tatsächlich niemals eine griechische Vorlage vorhanden war. Erst wenn diese Fragen geklärt sind, wobei Gewißheit vielfach nicht mehr zu erreichen sein wird, kann man entscheiden, ob eine solche Schrift zu den angeblichen Übersetzungen gezählt werden darf.

[89] Vgl. Clavis PL (s. o. Anm. 66) 117.

[90] Vgl. Clavis PL 2303.

[91] Vgl. Clavis PL 2290. 2291. 2304. 2305. Vielleicht darf man auch die Collatio Alexandri et Dindimi hierher zählen; vgl. Clavis PL 192. – Für die profane Literatur bieten die Corpora des Hippokrates und Galenos sowie des Aristoteles Beispiele; vgl. H. Diels, Die Handschriften der antiken Ärzte 1, Hippokrates und Galenos = AbhBerlin (1905) 50/7. 137/48 und F. E. Peters, Aristoteles Arabus. The oriental translations and commentaries on the Aristotelian Corpus (Leiden 1968) 55. 56/8. 59/61. 72/4. Peters aO. 67f bespricht auch das pseudo-aristotelische Buch Secreta secretorum, in dessen Einleitung die Beglaubigungen des Bücherfundes und der angeblichen Übersetzung miteinander verbunden sind.

7. Die Legende von der Verbrennung der Werke Papst Gregors I

Johannes Diaconus (geb. 825; gest. um 880) berichtet in seiner Lebensgeschichte Papst Gregors des Großen folgendes[1]:

Quo scilicet liberalissimo pastore defuncto vehementissima fames eodem anno incubuit: et quanto patrono tunc Roma caruit, licet rerum inopia toto pene mundo monstraverit, invidorum tamen feritas minime recognovit.

Als der überaus freigebige Hirte (d. i. Gregor) gestorben war, brach im selben Jahr noch eine sehr schwere Hungersnot aus. Wie bedeutend der Schirmherr war, den Rom damals verloren hatte, vergegenwärtigten sich die Neider des Papstes in ihrer Wildheit nicht, mochte auch der beinahe in der ganzen Welt entstandene Mangel an allem Lebenswichtigen den Beweis dafür liefern.

Nam sicut a maioribus traditur, cum calumniarum veterum incentores, Gregorium prodigum dilapidatoremque multiplicis patriarchatus thesauri perstreperent, deficiente personali materie, ad comburendos libros eius coeperunt pariter anhelare. Quorum dum quosdam iam combussissent ac reliquos vellent exurere, Petrus Diaconus, familiarissimus eius, cum quo quattuor Dialogorum libros disputaverat, creditur vehementissime obstitisse dicens ad oblitterandam eius memoriam librorum exustionem nihil proficere quorum exemplaria diversis petentibus mundi ambitum penetrassent; subiungens immane sacrilegium esse tanti patris tot et tales libros exurere, super cuius caput ipse Spiritum sanctum in similitudine columbae tractantis frequentissime perspexisset (vgl. Joh. 1,32).

Denn – so berichten die Vorfahren –, als die Anstifter der alten Verleumdungen mit großem Geschrei verkündeten, Gregor sei ein Verschwender gewesen und habe den reichhaltigen Schatz des Patriarchats verschleudert, versuchten sie, weil persönlicher Besitz (des Papstes) nicht vorhanden war, allesamt mit aller Leidenschaft seine Bücher zu verbrennen. Als sie einen Teil bereits verbrannt hatten und die übrigen dem Feuer übergeben wollten, da soll Petrus Diaconus, der mit dem Papst eng befreundet war und auch in den vier Büchern der Dialoge als Gesprächsteilnehmer auftritt, überaus heftigen Widerstand geleistet haben, indem er sagte: Die Verbrennung der Bücher vermöge nicht das Andenken Gregors auszulöschen, da die Exemplare seiner Werke bei der großen Nachfrage bereits in die ganze Welt gedrungen seien. Ferner bemerkte er, es sei ein ungeheurer Frevel, so viele und derartige Schriften eines so bedeutenden Vaters zu verbrennen, über dessen Haupte er den Hl. Geist im Bilde der Taube sehr häufig selbst deutlich gesehen habe.

Cumque dudum devotum populum Diaconus cerneret occasione temporis cum invidis resultare, in

Als der Diakon erkannte, wie das noch vor kurzem fromme Volk durch die Gunst der Lage zusammen mit den Neidern seinen Worten widerstrebte, soll

[1] V. Gregorii 4,69 (PL 75,221f). Vgl. J. Semmler, Art. Johannes Diaconus: LThK 5 (1960) 1027.

hoc omnium sententiam dicitur provocasse, ut, si quod dixerat iure iurando confirmans mori continuo meruisset, ipsi a librorum exustione desisterent, si vero testimonii sui superstes exstitisset, ipse quoque combustoribus manus daret.
Itaque cum evangeliis in ambonem venerabilis levita Petrus ascendens, mox ut Gregorianae sanctitati testimonium praebuit, inter verba verae confessionis spiritum efflavit et a dolore mortis extraneus iuxta pyrgi basim, sicut hactenus cernitur, confessor veritatis meruit sepeliri.

er die Menge zu folgendem Entschluß gebracht haben: Wenn er seine Aussage mit einem Eide bekräftige und sogleich zu sterben verdiene, so sollten sie mit dem Verbrennen der Bücher aufhören; wenn er aber sein Zeugnis überlebe, so wolle er selbst beim Verbrennen mit Hand anlegen.
Danach bestieg der verehrungswürdige Diakon Petrus mit den Evangelien in der Hand den Ambo. Sobald er das Zeugnis für die Heiligkeit Gregors abgelegt hatte, hauchte er unter den Worten seines wahrheitsgemäßen Bekenntnisses seinen Geist aus. Ohne einen Todesschmerz zu erdulden, verdiente er es, neben dem Sockel des Ambo[2], so wie man bis jetzt noch sehen kann, als Bekenner der Wahrheit begraben zu werden.

Soweit lautet der Bericht des Johannes Diaconus, den Sigebert von Gembloux weitgehend ausgeschrieben hat[3].

In der Reihe der uns erhaltenen Lebensbeschreibungen Gregors steht die von Johannes Diaconus geschriebene Vita dem Alter nach an fünfter Stelle[4]. Älter als sie ist beispielsweise die Vita des Paulus Diaconus, in deren interpolierter Fassung auch das Wunder des Hl. Geistes berichtet wird[5]. Wie PsPaulus mitteilt, verdankt er seine Kenntnis darüber einem glaubwürdigen und frommen Mann, der Papst Gregor eng verbunden war und das Wunder selbst miterlebt hatte. Damit spielt PsPaulus wohl auf Petrus Diaconus an. Wörtlich sagt er: »Jener (d. i. Petrus) bewahrte einstweilen das Geheimnis (des Wunders). Als aber nach dem Tode Gregors gewisse Leute den Papst in ihrem Neide verunglimpften, nur aus Stolz und Vermessenheit habe er solch große Dinge über die Mysterien himmlischer Geheimnisse gesprochen, wurde Petrus dadurch so sehr erregt, daß er zuverlässig mitteilte, wie er selbst alles (das Wunder) mitangesehen habe«[6]. Dieser Bericht des PsPaulus Diaconus zeichnet sich gegenüber der Erzählung des Johannes Diaconus durch größere Nüchternheit aus. Daß sich das Taubenwunder im Leben Gregors ereignet habe, wird zwar auch hier berichtet; es fehlt jedoch die zweite Wundererzählung über den Tod des Petrus Diaconus.

Soviel ist deutlich: der Bericht des Johannes Diaconus kann auf Geschichtlichkeit im Sinne einer modernen Geschichtswissenschaft keinen Anspruch erheben. Eine rein an biographisch nachprüfbaren Fakten interessierte Forschungsrichtung vermochte deshalb eine solche Erzählung nur als historisch wertlose Legende abzutun, der höchstens eine durch anderweitige Zeugnisse gesicherte geschichtliche Tatsache zugrunde liege. So konnte etwa F. H. DUDDEN den geschichtlichen Kern dieser Legende darin sehen, that Gregory's profuse liberality had drained the treasury of his Church, and

[2] Vgl. DU CANGE, Glossarium mediae et infimae latinitatis s. v. pirgus; A. M. SCHNEIDER, Art. Ambon: RAC 1 (1950) 363/5.
[3] Chron. ad ann. 605 (PL 160, 114A) und script. eccl. 41 (ebd. 557B).
[4] BiblHagiogrLat 3641/2.
[5] C. 28 (PL 75, 57f); vgl. aber den echten Text: BiblHagiogrLat 3639; hrsg. von H. GRISAR: ZsKathTheol 11 (1887) 162/73.
[6] C. 28 (PL 75, 57f).

caused his successor considerable embarrassment, and, further, that in consequence of the retrenchments that were subsequently made, the memory of the great Pope was somehow brought into odium[7]. Nicht als ob eine derartige Erforschung wertlos wäre, aber sie erschließt nicht den vollen Sinn der Legende und läßt ihren Eigenwert außer acht.

Wir dürfen vermuten, daß die Legende unter anderem ihren Ausgang von der auffallenden Lage eines Grabes genommen hat, das sich neben dem Ambo in der Vatikanbasilika befand und das Grab des Petrus Diaconus war oder als solches galt. Ausdrücklich sagt Johannes Diaconus: sicut hactenus cernitur, und verbindet so seine Gegenwart mit der Vergangenheit[8]. Nach der Überlieferung war Gregor der Große in St. Peter zunächst in der Vorhalle vor der Sakristei beigesetzt worden (604); Gregor IV (827/44) ließ ihn in das Innere der Kirche überführen, und zwar in ein Oratorium in der Nähe der neuen Sakristei[9]. Das Grab des Petrus Diaconus (gest. 605) lag aber neben dem des Papstes[10]. Demnach muß Petrus Diaconus auch in der Vatikanbasilika seine letzte Ruhestätte gefunden haben. Nach dem Bericht des Johannes Diaconus war also wohl St. Peter der Schauplatz der Szene zwischen dem treuen Freunde Gregors und der erregten Menge. Man hätte eher an den Lateran denken können: denn hier war der Sitz des Papstes. Vor der Lateranbasilika und in dieser Kirche haben während des 6. bis 8. Jahrhunderts mehrfach Bücherverbrennungen stattgefunden, die jedoch von den jeweils regierenden Päpsten angeordnet worden waren[11].

Viele Wunderberichte knüpfen an die sichtbare Welt an. Merkwürdige Örtlichkeiten und seltsame Gegenstände regen die Vorstellungskraft an und veranlassen aitiologische Deutungen[12]. Ausgestaltet und vertieft wird aber eine an geschichtliche Gegebenheiten anknüpfende Legende durch Vorstellungen anderer Art, nämlich des religiös geprägten Bewußtseins. Aus der eingangs erwähnten Erzählung können wir darüber einiges erfahren.

Papst Gregor war gerade verstorben, als eine Hungersnot Italien heimsuchte[13]. Katastrophen jedweder Art, besonders Unheil, das die Naturgewalten über die Menschen bringen, wurden im griechisch-römischen Altertum und auch bei den Christen vielfach als Strafe des Himmels, als Zeichen des Zorns der Götter oder des Gottes für menschlichen Frevel angesehen[14]. Dieser Glaube gründete in der Annahme, daß alles in der Welt aufeinander einwirke (Sympathie-Gedanke) und daß bei normalem Ablauf gleichsam ein Gleichgewichtszustand zwischen der menschlichen und der göttlichen

[7] Gregory the great 2 (Oxford 1905, Nachdr. New York 1967) 270f; vgl. ferner E. Caspar, Geschichte des Papsttums 2 (1933) 516.

[8] Vgl. W. Hartke, Römische Kinderkaiser (1951) Reg. s. v. nunc-Formeln.

[9] Vgl. Dudden aO. 268.273.

[10] Vgl. G. Lucchesi, Art. Petrus Diaconus: LThK 8 (1963) 360.

[11] Lib. pont. 53,5 (1,261 Duchesne): Symmachus I (498/514) läßt die Bücher der Manichäer verbrennen; ebd. 54,9 (1,270f D.): Hormisdas (514/23) gibt den gleichen Befehl. Stephan III (768/72) ließ iJ. 769 die amtlichen Schriftstücke des Gegenpapstes Constantinus II (767/8) im Presbyterium der Laterankirche verbrennen (Lib. pont. 96,18/20 [1,475D.]). Vgl. W. Speyer, Art. Büchervernichtung: JbAC 13 (1970) 144.

[12] Vgl. K. Beth, Art. Ätiologie: Bächtold-Stäubli 1,647/66; H. Gunkel, Das Märchen im Alten Testament (1921); I. von Döllinger, Die Papstfabeln des Mittelalters² (1890 bzw. 1971) 1/53, bes. 32/7 (zur Sage von der Päpstin Johanna); O. Weinreich, Das Mirakel vom zerbrochenen und wieder geheilten Gefäß: HessBlättVolksk 10 (1911) 65/87 = Ausgewählte Schriften 1 (Amsterdam 1969) 87/110.

[13] Von der Hungersnot iJ. 605 berichtet auch Paulus Diac. v. Greg. 29 (PL 75,58B); vgl. Caspar aO. 2,516$_3$.

[14] Zum Folgenden vgl. W. Speyer, Art. Fluch: RAC 7 (1969) 1163f. 1176/80. 1243f.

Welt herrsche. Eine Hungersnot zeigte nach dieser Auffassung nicht nur die Störung des Gleichgewichtes an, sondern bestimmte auch inhaltlich genauer, weshalb gerade dieser ›Fluchzustand‹ über die Menschen kam. Fragte man nämlich genauer nach den Gründen, so konnte man dafür die Verschwendungssucht bestimmter Menschen angeben. So verfielen einige darauf, Papst Gregor, dessen Freigebigkeit bekannt war, als den Urheber des Unheils anzusehen. Freilich war auch eine andere Deutung möglich. Johannes Diaconus erklärt am Anfang seines Berichtes, die Bedeutung des verstorbenen Papstes sei gerade durch die Hungersnot angezeigt worden. Wie man sieht, konnte das mythische Bewußtsein des einzelnen, das wie das moderne Denken keineswegs darauf verzichtete, nach bestimmten Gründen des Geschehens zu fragen, zu verschiedenen Erklärungen desselben Tatbestandes gelangen.

Nach dem zuvor geschilderten Weltverständnis, der Annahme einer συμπάθεια τῶν ὅλων, kann aber der gestörte Gleichgewichtszustand nur wiederhergestellt, der Zorn Gottes besänftigt werden, wenn der Frevler von der Gemeinschaft sakral beseitigt wird. Andernfalls trifft der Zorn Gottes alle, die mit dem Schuldigen in Lebensgemeinschaft stehen[15]. In dieser gefahrvollen Lage sahen sich die Einwohner Roms gezwungen, an dem toten Papste eine symbolische Strafe zu vollziehen. Sie hätten den Leichnam aus dem Grabe holen und beseitigen können, wie es die Athener mit den Gebeinen der fluchbeladenen Alkmaioniden getan haben[16], oder wie es im Mittelalter einigen Schriftstellern ergangen ist, die nach ihrem Tode als gefährliche Irrlehrer verurteilt wurden[17]. Jedenfalls brauchte die vom Zorn Gottes bedrohte Gemeinschaft zumindest einen Gegenstand, der mit dem Frevler in engerer Verbindung stand. So verfielen sie – mangels anderen persönlichen Besitztums des Papstes – auf dessen Bücher und versuchten, sie durch das kultisch reinigende Feuer zu beseitigen.

Wollte jemand diesen sich gleichsam naturnotwendig vollziehenden Ablauf der Vergeltung aufhalten, so konnte er dies nur, wenn er sich selbst als Opfer anstelle des Schuldigen anbot und der göttlichen Macht auslieferte. Ein solcher Vorgang ist aus der griechischen Sage bekannt – zu erinnern ist an Alkestis, Kodros, Makaria, Menoikeus – und liegt ebenfalls der bei den Römern im Kampfe vollzogenen Devotion zugrunde[18].

In der vorliegenden Legende ist der Gedanke des stellvertretenden Opfers für den unter dem Zorn der Gottheit stehenden Mitmenschen aus der Absicht, mit der Petrus den Eid leistet, und dem Ergebnis, das der Schwur hat, noch deutlich zu erschließen. Der Diakon leistet zunächst den Eid für die Wahrheit seiner Aussage, daß Papst Gregor ein Freund Gottes gewesen sei, auf dem sogar der Hl. Geist sichtbar geruht habe. Gregor sei also an der Hungersnot ganz unschuldig und dürfe von den Römern nicht als Urheber des Gotteszorns verfolgt werden. Daß aber die ausführlich wiedergegebene

[15] Vgl. Speyer aO. 1169f. 1184f. 1247f.

[16] Vgl. Plut. Sol. 12; sera num. vind. 2,549A; Speyer aO. 1189.

[17] ZB. Amalrich (Amaury) von Chartres (gest. 1205/7); vgl. L. F. Brown, On the burning of books: Vassar Mediaeval Studies (New Haven 1923) 261/3, und J. Wyclif; vgl. L. Cristiani, Art. Wyclif: Dict. Theol. Cath. 15,2 (1950) 3590 und J. Crompton, Art. Wyclif: LThK 10 (1965) 1279. Deshalb ist es auch wohl nicht angebracht, im o. s. S. 78 mitgeteilten Bericht des Johannes Diaconus ›deficiente personali materie‹ im Sinne von ›da (ihnen) die Person (Gregors) nicht erreichbar war‹ zu verstehen.

[18] Vgl. R. Hirzel, Der Selbstmord: ArchRelWiss 11 (1908) 95/8. 258f = Sonderausgabe (1967) 21/4. 46f; Speyer aO. 1210f; dort ist noch nachzutragen G. Stübler, Die Religiosität des Livius = Tüb. Beitr. z. Altertumswiss. 35 (1941 bzw. Amsterdam 1964) 66f. 185f.

Eidszene in der Legende noch eine weitere Aufgabe hat, zeigt das Ergebnis des Schwurs: der Diakon stirbt. Damit ist erwiesen, daß der Eid in Wirklichkeit kein gewöhnlicher Eid war, d. h. eine bedingte Selbstverfluchung, sondern eine wirkliche Selbstverfluchung, d. h. Hingabe in den Tod. Niemals wünscht sich nämlich der Schwörende, daß ihn ein Unheil treffe, wenn er die Wahrheit sage, sondern das Gegenteil: Heil und Segen. Petrus sagt aber die Wahrheit und stirbt, d. h. er verflucht sich freiwillig[19]. Da Gott sein Opfer annimmt, indem er ihn sterben läßt, ist das gestörte Verhältnis zwischen Gott und den Römern wiederhergestellt. Eine weitere Verbrennung der Bücher Gregors erübrigt sich. Der Zorn Gottes ist besänftigt.

Die Legende entfaltet verschiedene wichtige Anschauungen des archaischen Weltverständnisses in großer Folgerichtigkeit: die Vorstellung vom Fluchzustand und vom Zorne Gottes, der Vergeltung (versuchte Sühnung durch die Gemeinschaft mit Hilfe des reinigenden Feuers) und der stellvertretenden Selbstopferung.

Dieses archaische Denkmodell ist in der Legende mit profan-rationalem Gedankengut verknüpft worden. Zu diesem gehört die Deutung der in ihrer Existenz bedrohten Römer als invidi, eine Bewertungskategorie, die dem ursprünglich Gemeinten nicht entspricht und nur aus der Sicht der Freunde Gregors zu verstehen ist. Weiter zählt dazu die rationale Begründung, die Verbrennung der Werke Gregors habe doch keinen Wert, da die Schriften des Papstes in aller Leute Hände seien. Dieser modern klingende Grund, den ganz ähnlich schon die Pythagoreer Amyklas und Kleinias Platon vorgehalten haben sollen, als er die Schriften Demokrits ins Feuer werfen wollte[20], vermochte die aus einer anderen Erlebniswelt kommenden Zuhörer des Petrus Diaconus natürlicherweise nicht zu beeindrucken.

[19] Die Mauriner haben bereits in ihrer Ausgabe der Vita Gregorii des Johannes Diaconus zur Stelle (PL 75,222D) zum Vergleich auf Gregor von Tours, glor. conf. 58 (MG Scr. rer. Mer. 1,2,331f) verwiesen (von Dudden aO. 2,270$_3$ wiederholt). Hier wird folgendes berichtet: Der Bischof Troianus erlebte die Vision des hl. Martin von Tours. Sein Subdiakon fragte den Bischof, wen er gesehen habe. Unter dem Siegel der Verschwiegenheit teilt es ihm Troianus mit, indem er hinzufügt: nam scito ut in quacumque die haec publicaveris, ab hoc mundo migrabis (diese Formulierung ist der Form nach eine Voraussage, der Sache nach aber eine bedingte Verfluchung des Subdiakons). Später, nach dem Tode des Troianus, wollte der Subdiakon die Virtutes des Bischofs nicht länger verschweigen. Öffentlich legte er von ihnen Zeugnis ab: Et ut probetis vera esse quae loquor finito sermone finem facio vitae. Et his dictis clausis oculis obiit non sine admiratione adstantium ... Der Tod des Subdiakons ist nach dem Bericht Gregors von Tours die Folge des Ausplauderns eines fluchgesicherten Geheimnisses. Die äußere Verwandtschaft zwischen der oben besprochenen Legende und der Erzählung bei Gregor von Tours dürfte Petrus de Natalibus (14. Jh.) in seinem Catalogus sanctorum et gestorum eorum 3,193 dazu verführt haben, eine entsprechende Fluchandrohung von Papst Gregor zu berichten (vgl. ASS Mart. 2,208 B/C): Hic (sc. Petrus Diaconus) aliquando B. Gregorio praedicante vel dictante Spiritum Sanctum vidit in columbae specie super caput doctoris verba in eius auribus inserentem. Qui cum B. Gregorio visa narrasset, admonuit eum doctor, ut visa silentio tegeret, quia quacumve hora visum referret, confestim spiritum exhalaret. Ein Einwand gegen die von uns gegebene Erklärung des Johannes Diaconus-Berichtes ist aus der Gregor v. Tours-Stelle deshalb nicht zu gewinnen, weil die Eidszene bei Johannes Diaconus in einem logisch geschlossenen, ganz andersartigen Zusammenhang erscheint und von diesem aus gedeutet werden muß.

[20] Aristox. frg. 131 Wehrli bei Diog. Laert. 9,40 (ungeschichtlich).

8. Die Euphemia-Rede des Asterios von Amaseia
Eine Missionsschrift für gebildete Heiden*

Für antikes Empfinden sind Malerei und Dichtung eng miteinander verwandt: ut pictura poesis sagt Horaz im Brief an die Pisonen (ars 361). Von derartigen Ideen ausgehend hat Gotthold Ephraim Lessing seine berühmte ästhetische Schrift »Laokoon oder über die Grenzen der Malerei und Poesie« (1766) verfaßt. Beschreibungen von Kunstwerken sind in der Antike nicht auf ein bestimmtes schriftstellerisches Genos beschränkt: Epos und Drama, Geschichtsschreibung, Roman und Brief, Epigramm und Panegyricus sowie nicht zuletzt die rhetorische Schulübung benutzen die Bildbeschreibung und haben zu ihrer Ausformung beigetragen[1]. Die hier vorkommenden Beschreibungen verfolgen meist ein rein ästhetisches Ziel: sie wollen das Vergnügen am Kunstwerk durch das die Vorstellungskraft anregende Wort wecken. Dabei wird öfter, wie bei den meisten Epigrammen, die Werke der Kunst beschreiben, das Ethos und Pathos der im Gemälde oder in der Plastik dargestellten Menschen mit Worten nachzuschaffen versucht. Der antike Schriftsteller, der die Beschreibung von Kunstwerken als literarische Ausdrucksform wählte, verfolgte damit in der Regel ästhetische und ethische Absichten. Innerhalb eines größeren literarischen Werkes diente die Kunstbeschreibung ferner dem künstlerischen Aufbau des Gesamtwerkes, etwa der Verzögerung des Handlungsablaufs (retardierendes Moment) oder der Entspannung des Zuhörers. Die Beschreibung kann auch zu einer genaueren Betrachtung des Kunstwerkes anleiten oder mittelbar dem Lob des Besitzers oder der Stadt dienen, denen es gehört.

In der altchristlichen Literatur wird bisweilen auf christliche Bilder angespielt, manchmal werden sogar ausführliche Beschreibungen geboten. Derartige Texte sind vor allem in den Konzilsakten aus den Tagen des Bilderstreites erhalten geblieben[2]. Bisher fehlt sowohl eine Sammlung der altchristlichen Ekphraseis als auch eine Studie über diese literarische Gattung, die die Christen von den Heiden entlehnt haben. Bevor man dazu übergeht, aus derartigen Bildbeschreibungen Schlüsse für die altchristliche Archäologie zu ziehen, müssen sie geprüft werden.

Die Bildbeschreibung (ἔκφρασις, descriptio), die bereits bei Homer und Hesiod begegnet, haben besonders gerne Rhetoren verwendet. Als Teil der epideiktischen Beredsamkeit bestand die Ekphrasis weitgehend aus rhetorischen Topoi[3]. Einmal

* Die auf der Sixth International Conference on Patristic Studies, Oxford 1971, vorgetragene Communication wird hier in überarbeiteter Fassung vorgelegt.

[1] Vgl. P. Friedländer, Johannes von Gaza und Paulus Silentiarius (1912) 1/103; vgl. ders., Spätantiker Gemäldezyklus in Gaza. Des Prokopios von Gaza Ἔκφρασις εἰκόνος = StudTest 89 (1939), G. Downey, Art. Ekphrasis: RAC 4 (1959) 921/44, bes. 936 und E. Pernice – W. H. Gross, Beschreibungen von Kunstwerken in der Literatur. Rhetorische Ekphraseis: U. Hausmann, Allgemeine Grundlagen der Archäologie (1969) 433/47, wo Asterios aber nicht berücksichtigt ist.

[2] Vgl. das siebte allgemeine Konzil von Nizäa (787) actio IV: Mansi 13, 16f; actio VI: ebd. 305E/309B; ferner A. Bretz, Studien und Texte zu Asterios von Amasea = TU 40,1 (1914) 16/9.

[3] Vgl. H. Lausberg, Handbuch der literarischen Rhetorik (1960) § 1133 mit Hinweis auf Aphthon. progymn. 12: Beschreibung der Akropolis von Alexandrien (2,46/9 Spengel) und besonders Nikolaos v. Myra (5. Jh. nC.) progymn. 12 (3, 491f Spengel = 69 Felten); dazu W. Stegemann, Art. Nikolaos 21: PW 17,1 (1936) 438f. Als Progymnasma, also als Anfängerübung der Schule, ist die Ekphrasis erst seit dem 4. Jh. nC. bezeugt.

geprägte Formulierungen wurden immer wieder nachgeahmt. Wir werden daher antike Bildbeschreibungen stets nur mit großer Vorsicht als Zeugnisse für die Kunstgeschichte auswerten dürfen, da sie mehr den Regeln der Dichtung und der Rede folgen als der Beobachtung.

Wie läßt sich in diesen Zusammenhang die Rede auf die Märtyrerin Euphemia einordnen, die Asterios, Bischof von Amaseia am Schwarzen Meer (gest. um 410), verfaßt hat?[4]

Euphemia wurde im Jahre 303 nC. unter Diokletian und Maximian in Chalkedon gemartert. Den Hauptinhalt der Rede bildet die Beschreibung eines Gemäldezyklus, der die Leidensgeschichte der Heiligen darstellt.

P. Friedländer hat dieser Rede folgende Bemerkung gewidmet: »Ein anderes Beispiel aber läßt sich anführen, wo wirklich die hier betrachtete Art der Kunstbeschreibung einem außer ihr liegenden Zweck dienstbar wird: religiöser Erbauung. Unter den Predigten des Bischofs Asterios von Amaseia befindet sich eine kurze Rede zu Ehren der Märtyrerin Euphemia. Und hier wird nun nicht, wie gewöhnlich, von Taten und Leiden der Heiligen ein geschichtlicher Bericht gegeben, sondern der Sprecher beschreibt ein Gemälde, das er bei seinem Erholungsspaziergang in irgendeinem überdeckten Wandelgange gesehen hat. Das Bild war vierteilig und zeigte die Heilige vor dem Richter, unter den Händen der Folterknechte, im Gefängnis und auf dem Scheiterhaufen. Am ausführlichsten wird die erste Szene wiedergegeben, die anderen sind kürzer gefaßt. Auf Gefühlsausdruck und starken Affekt wird der Nachdruck gelegt. Scham und Festigkeit mischt sich in Gesicht und Haltung der Jungfrau, da sie vor dem Tribunal steht, und der Redner erinnert an Medeabilder, die ähnliche Gefühlsmischung zeigen. Bei der Folter wird die furchtbare Anschaulichkeit hervorgehoben; die Blutstropfen auf dem Munde der Jungfrau erscheinen wie wirklich, so daß man Tränen vergießt. Im Gefängnis dann die fromme Ekstase und die himmlische Erscheinung, zuletzt die Märtyrerin auf dem Scheiterhaufen, wie sie ohne Schmerz, vielmehr Heiterkeit auf dem Antlitz, die Hände gen Himmel emporstreckt. – Mit der Aufforderung: ›Geh hin und schaue selber!‹ schließt die Beschreibung ebenso kurz und plötzlich, wie sie begonnen hat«[5].

Diente die Rede wirklich religiöser Erbauung? Wo und vor wem ist sie gehalten worden? Ist das Schriftstück eine Rede, eine Predigt oder ein rhetorisches Übungsstück?

Befragen wir die Patristiker nach ihrem Urteil! Sie waren meist bemüht, aus der Rede nähere Anhaltspunkte für die Lebensgeschichte des Asterios von Amaseia zu gewinnen, da nur seine Werke uns noch darüber Auskunft geben können.

O. Bardenhewer schreibt in seiner Geschichte der altkirchlichen Literatur: »Sie ist aber keine Predigt, sondern ein rednerisches Exerzitium, welches Asterius in einem öffentlichen Hörsaal, bloß vor Männern, vorgetragen hat, jedenfalls nicht ›in älteren Jahren‹ (Krüger in der Realenzykl. f. prot. Theologie 2^3, 162), sondern vielmehr ›in jüngeren Jahren‹ (Paniel, Pragmat. Gesch. der christl. Beredsamkeit 1,2 [Leipzig 1841] 567)«[6].

[4] PG 40,333/7; neu herausgegeben von F. Halkin, Euphémie de Chalcédoine = Subs. hagiogr. 41 (Bruxelles 1965) 1/8 und von C. Datema, Asterius of Amasea, Homilies I–XIV, Text, Introduction and Notes, Diss. Amsterdam (Leiden 1970) 153/5 (zu dieser Ausgabe vgl. die Kritik von F. Halkin: AnalBoll 89 [1971] 216).

[5] Johannes von Gaza aO. 93.

[6] 3^2 (1923 bzw. 1962) 229.

O. BARDENHEWER stimmt weitgehend mit den Ergebnissen von M. BAUER überein[7]. Dieser versuchte durch Vergleich zwischen dieser Rede und den Predigten des Asterios eine innere Entwicklung aufzuzeigen. Die Euphemia-Rede gehöre der Jugend des Asterios an, da hier noch uneingeschränkt die Bewunderung für die Großen der heidnischen Antike herrsche. In anderen Predigten, die deshalb später entstanden sein müßten, verurteile der Bischof nämlich griechische Denker[8].

Eine andere Frage, die gleichfalls für die Lebensgeschichte des Bischofs nicht ohne Wichtigkeit ist, ist die nach dem Ort, an dem Asterios die Rede gehalten hat. A. M. SCHNEIDER bemerkt dazu: »Nimmt man den Autor beim Wort, dann ist das Enkomion an dem Ort verfaßt, an dem er auch das Bild sah. Wo das war, sagt er nicht; da er jedoch das Martyrium der hl. Euphemia beschreibt, liegt der Schluß nahe, es könne sich nur um Chalkedon handeln«[9]. Andererseits stimmen aber, wie SCHNEIDER betont, unsere sonstigen Nachrichten über die topographische Lage des Euphemiaheiligtums bei Chalkedon nicht recht mit den Angaben des Asterios überein. SCHNEIDER sieht sich deshalb zu folgender Annahme genötigt: »Wenn man nun das Enkomion nicht als pure Erfindung ansehen will, dann bleibt keine andere Erklärung, als daß Asterios die Euphemia-Geschichte entweder nur vom Hörensagen kannte, oder aber, daß er, wenn er je in Chalkedon war, bei der Abfassung nur noch eine sehr blasse Erinnerung des Sachverhalts hatte«[10].

Schließlich sind auch über die literarische Bezeichnung dieser Schrift des Asterios verschiedene Ansichten geäußert worden. Man spricht von Rede oder rhetorischer Übung (Ekphrasis), von Homilie oder Enkomion[11].

Die mitgeteilten, recht widerspruchsvollen Ergebnisse der Forschung bedürfen einer sorgfältigen Überprüfung, die von einer genauen Untersuchung des Textes auszugehen hat. Wir wenden uns deshalb der Rede des Asterios zu.

Asterios beginnt folgendermaßen: »Neulich, ihr Männer, hatte ich den gewaltigen Demosthenes in den Händen, und zwar jene Rede des Demosthenes, in der er Aischines mit scharfen rhetorischen Schlüssen trifft[12]. Als ich mich lange in die Lektüre vertieft und den Geist recht damit beschwert hatte, wollte ich mich entspannen und auf einem Spaziergang ein wenig die Anstrengung der Seele lösen. Ich ging aus dem Zimmer und schlenderte ein wenig mit Bekannten auf dem Markt herum; von dort gelangte ich in den heiligen Bezirk des Gottes (εἰς τὸ τοῦ θεοῦ τέμενος), um in Muße zu beten«[13].

Halten wir hier inne. Die Anrede an die Zuhörer ›Ihr Männer‹ (ὦ ἄνδρες) ist recht farblos. Wie bei der Areopagrede des Paulus, der die Athener mit den Worten ›Männer

[7] M. BAUER, Asterios, Bischof von Amaseia. Sein Leben und seine Werke, Diss. Würzburg (1911) 29f, wo die Forschung bis zum Jahre 1911 zusammengefaßt ist.

[8] BAUER aO. 31; vgl. 66.

[9] A. M. SCHNEIDER, S. Euphemia und das Konzil von Chalkedon: A. GRILLMEIER – H. BACHT, Das Konzil von Chalkedon 1³ (1962) 291/302, bes. 293f.

[10] So aO. 295. Einen Aufenthalt des Asterios in Chalkedon nehmen hingegen an B. KÖTTING, Peregrinatio religiosa = Forsch. zur Volkskunde 33/5 (1950) 184f; HALKIN aO. (s. Anm. 4) 2 und DATEMA aO. (s. Anm. 4) *21.

[11] Der Titel lautet nach der handschriftlichen Überlieferung: Ἀστερίου ἐπισκόπου Ἀμασείας ἔκφρασις εἰς τὴν ἁγίαν Εὐφημίαν τὴν μάρτυρα (oder πανεύφημον) (153 DATEMA; vgl. HALKIN aO. 4). Die älteren Ansichten über die literarische Gattung dieser Schrift verzeichnet BAUER aO. (s. Anm. 7) 65f, der den Charakter der Ekphrasis betont. KÖTTING aO. spricht von Ekphrasis und rhetorischer Schulübung, und SCHNEIDER aO. von einem Enkomion; vgl. auch DATEMA aO. (s. Anm. 4) *20f.

[12] Gemeint ist wohl die Rede De corona; in Frage käme vielleicht auch De falsa legatione; vgl. V. BUCHHEIT, Art. Demosthenes: RAC 3 (1957) 729f.

[13] Hom. 11,1,1 (153 D.).

von Athen‹ (ἄνδρες Ἀθηναῖοι) anspricht, erwartete man auch bei Asterios die Nennung einer Stadt oder einer Landschaft[14]. In der Predigt gegen die Habgier spricht er seine Zuhörer an: ›Ihr christlichen Männer und ihr Männer, die ihr der himmlischen Berufung teilhaftig geworden seid‹ (ἄνδρες χριστιανοὶ καὶ κλήσεως ἐπουρανίου μέτοχοι [Hebr. 3,1] ἄνδρες)[15].

Im weiteren Verlauf der Euphemia-Rede wendet Asterios sich an seine Zuhörer in der zweiten Person des Singulars. Aus dieser ersten Beobachtung dürfen wir allerdings nicht allzuviel schließen, da Asterios in Predigten vor einem christlichen Publikum beispielsweise auch eine Anrede wie ›Du Zuhörer‹ (ὦ ἀκροατής) gebraucht hat[16].

Die Einleitung seiner Ansprache scheint aus Topoi zu bestehen, wie ein Vergleich mit dem Anfang von Statius, silvae 4,6,1/4 lehrt. Dieses Gedicht trägt den Titel ›Hercules Epitrapezios Novi Vindicis‹ und beschreibt ebenfalls ein Kunstwerk:

> Forte remittentem curas Phoeboque levatum
> pectora, cum patulis tererem vagus otia Saeptis
> iam moriente die, rapuit me cena benigni
> Vindicis eqs.

Der Dichter ist den Tag über von Sorgen und seiner göttlichen Berufung beschwert. Um sich zu entspannen, wandert er in den Säulenhallen des Marsfeldes umher. Hier erreicht ihn die Einladung des Vindex. Er freut sich über dessen Gastfreundlichkeit und fühlt sich von den Kunstwerken des Hauses tief beeindruckt. Besonders zieht ihn eine kleine Herkulesstatue des Lysippos an, die er dann eingehend beschreibt.

Die beiden Einleitungen stimmen in folgenden Punkten überein: Wie zufällig begegnen Asterios und Statius dem Kunstwerk, das sie ausführlich beschreiben. Beide erholen sich von den Anstrengungen, die sich aus ihrer Tätigkeit ergeben: Asterios von seiner Lektüre der Klassiker, die er wohl treibt, um seinen Stil als Schriftsteller zu vervollkommnen, und Statius erholt sich vom Dichtergott Apollon, der ihn durch seine Inspiration beschwert hat. Um sich zu entspannen, durchstreifen beide die Stadt. – Da Asterios natürlich nicht das Gedicht des Statius gelesen hat, ist mit ähnlichen Schriften in griechischer Sprache zu rechnen, die uns heute nicht mehr vorliegen.

Asterios erzählt weiter, wie er in einem überdeckten Säulengang ein Gemälde erblickt hat, das den Vergleich mit den berühmtesten griechischen Malern, etwa einem Euphranor[17], aushalten konnte. Mit dem Satz: »denn wir Musenkinder haben Farben, die nicht viel schlechter als die der Maler sind« schließt die Einleitung. Die letzte Bemerkung erinnert dabei an das Wort des Simonides, daß die Malerei eine stumme Dichtung und die Dichtung eine redende Malerei sei[18]. Wichtiger aber ist die Tatsache, daß sich Asterios vorbehaltlos in die Schar der Μουσῶν παῖδες einreiht. Sein Zeitgenosse im lateinischen Westen, Paulinus von Nola (gest. 431), lehnt die Musen ab:

> negant Camenis nec patent Apollini
> dicata Christo pectora[19].

[14] Act. 17,22; vgl. Act. 1,11: ἄνδρες Γαλιλαῖοι; 3,12 und 21,28: ἄνδρες Ἰσραηλῖται und 19,35: ἄνδρες Ἐφέσιοι. Zu 19,25 vgl. den besser stilisierenden Cod. Bezae s. Cantabrig. D.

[15] Hom. 3,1,1 (27 D.).

[16] Hom. 2,8,1 (21 D.); 3,2,1 (28 D.); s. aber Anm. 15. An beiden Stellen druckt Datema ὁ statt ὦ. – Vgl. hom. 9,9,1 (123 D.): ἄνθρωποι.

[17] 5./4. Jh. vC.; vgl. C. Robert, Art. Euphranor 8: PW 6,1 (1907) 1191/4.

[18] Die Zeugnisse bietet W. Schmid, Geschichte der griech. Literatur 1 = HdbAltWiss 7,1 (1929 bzw. 1959) 516. Vgl. Greg. Nyss. or. Theod. mart.: PG 46, 737D: οἶδε γὰρ καὶ γραφὴ σιωπῶσα ἐν τοίχῳ λαλεῖν.

[19] C. 10,21f (CSEL 30,25); vgl. c. 15,30f (ebd. 52): non ego Castalidas, vatum phantasmata, Musas / ... ciebo.

Noch schärfer ist die Absage des Paulinus von Périgueux (um 470):

> vesana loquentes
> dementes rapiant furiosa ad pectora Musas;
> nos Martinus agat[20].

Wie E. R. Curtius meint, »ist die religiöse Bedeutung der Musen im untergehenden Heidentum wohl der tiefste Grund dafür, daß sie von der altchristlichen Dichtung ausdrücklich abgelehnt werden«[21]. Wenn Asterios die alte heidnische Vorstellung ohne Kritik übernimmt, so kann das Zufall oder Absicht sein. Eine Entscheidung darüber können wir erst dann herbeiführen, wenn die christlichen und heidnischen Anschauungen in der Euphemia-Rede genauer bestimmt und in ihrem gegenseitigen Verhältnis gewertet sind.

In den ersten Sätzen der Rede ist neben der unbestimmten Anrede ὦ ἄνδρες der Ausdruck τὸ τοῦ θεοῦ τέμενος als Bezeichnung einer christlichen Kirche bemerkenswert. Prüfen wir weiter alle diejenigen Wendungen, in denen von Christentum in der Euphemia-Rede gesprochen wird, so sehen wir, daß Asterios der unmittelbaren christlichen Bezeichnung ausweicht und dafür Umschreibungen wählt, die der heidnischen Kultsprache recht ähnlich sehen. Die hl. Euphemia wird mit folgenden Worten vorgestellt: »Eine Frau, eine heilige Jungfrau, die ihre Keuschheit Gott unversehrt geweiht hat, – Euphemia nennt man sie – nahm zu der Zeit, als einst ein Tyrann die Frommen verfolgte, die Todesgefahr sehr mutig auf sich«[22]. Mit Bedacht scheint Asterios nur undeutlich vom Tyrannen und von den Frommen (εὐσεβοῦντες) zu sprechen. Der Christenname wird auch im folgenden Abschnitt vermieden: »Ihre Mitbürger aber und Genossen der Gottesverehrung, für die sie starb, die sie zugleich als tapfere und heilige Jungfrau bewunderten, erbauten ihr eine Gruft in der Nähe des Heiligtums und setzten ihren Sarg dort bei; sie erweisen ihr Ehren und feiern das jährliche Fest als gemeinschaftliche und öffentliche Festversammlung. Die Hierophanten der Mysterien des Gottes (οἱ μὲν οὖν τῶν τοῦ θεοῦ μυστηρίων ἱεροφάνται) ehren immer durch Wort und Vorsatz das Gedächtnis und belehren sorgfältig die hinzuströmenden Volksscharen über den Wettkampf der Tapferen und wie sie ihn vollbracht hat«[23]. Die ganze Art der Ausdrucksweise zeigt, wie ängstlich Asterios bemüht ist, christliche Kultbezeichnungen durch heidnische zu ersetzen. Damit stimmt gut überein, daß diese Homilie im Gegensatz zu den übrigen keine Zitate oder Anspielungen auf das Alte und Neue Testament enthält. Der entscheidende Beweis, daß seine Zuhörer eben deshalb unmöglich Christen gewesen sein können, sondern nur Heiden, liegt aber in seiner Bemerkung über das Kreuz: »Als die Heilige im Gefängnis betet, erscheint ihr über dem Haupte das Zeichen, das zu verehren und sich damit zu bezeichnen bei den Christen Gebot ist ...«[24]. Eine derartige Umschreibung kann man nicht vor christlichen Zuhörern verwenden.

Über den Bildungsstand seines Auditoriums gibt die Rede deutlich Auskunft. Vom ersten Satz an ist Asterios bemüht, die Zuhörer durch Betonen seiner klassischen Bil-

[20] De vita Mart. 4,248/50 (CSEL 16,91).

[21] Europäische Literatur und lateinisches Mittelalter[3] (1961) 241f.

[22] Hom. 11,2,1 (153D.): ... Εὐφημίαν καλοῦσιν αὐτήν (ohne näheres Subjekt) ... Die Fasti Vindobonenses priores (MG AA 9,290) geben an: his consulibus (sc. Diocletiano, Maximiano) ... passa est s. Eufemia XVI kal. Octobris (d. h. im Jahre 303); vgl. Halkin aO. (s. o. Anm. 4) *9.

[23] Hom. 11,2,1f (153D.).

[24] Hom. 11,4,2 (155D.): τὸ σημεῖον ὃ δὴ νόμος Χριστιανοῖς προσκυνεῖν τε καὶ ἐπιγράφεσθαι. Erst hier gegen Schluß der Ansprache erscheint wie beiläufig und mit Distanz der Christenname.

dung für sich und sein Thema zu gewinnen. Er selbst beschäftigt sich mit den Attischen Rednern. Hier fällt kein einschränkendes oder abwertendes Urteil über Demosthenes wie in der achten Homilie[25]. Asterios kennt die bedeutendsten Maler, wie Euphranor und – so müssen wir hinzufügen – Timomachos von Byzanz. Den Höhepunkt der Bildbeschreibung stellt nämlich der Vergleich zwischen Euphemia und Medea dar[26]. Mit allen Mitteln der Redekunst hatte Asterios seine Zuhörer für die tugendreiche christliche Jungfrau, die in ihrem dunkelfarbenen Gewand und dem Philosophenmantel dasteht, einzunehmen versucht[27]. Als ihre hervorragendsten Charaktereigenschaften hatte er ihre Scheu (αἰδώς), Tapferkeit (ἀνδρεία) und Standhaftigkeit (στερρότης) gepriesen. Darauf ruft Asterios seinen Zuhörern das Bild der Medea ins Gedächtnis, wie sie gerade ihre Kinder morden will, und Mitleid und Zorn im Ausdruck ihres Gesichtes und der Haltung des Körpers miteinander streiten. Diese Mischung der beiden Leidenschaften hat aber nach der Meinung der antiken Kritiker niemand so großartig im Bildnis dargestellt wie der Maler Timomachos in seiner Medea[28]. Für seine Beschreibung der mythischen Heroin benutzt Asterios deutlich Formulierungen einiger Epigramme der Anthologia Palatina, in denen die Medea des Timomachos beschrieben wird[29]. Die Epigrammatiker haben an diesem Gemälde beobachtet, wie der Maler in Medeas Haltung und Gesichtsausdruck zugleich die Affekte des Erbarmens wie auch des Zorns und der Rache ausgedrückt hat: die Heroin will ihre Kinder zugleich retten und vernichten. Hervorzuheben sind die Gedichte des Antiphilos von Byzanz[30] und besonders des Antipatros von Thessalonike:

Μηδείης τύπος οὗτος· ἴδ', ὡς τὸ μὲν εἰς χόλον αἴρει	Dies ist das Bild der Medeia. Wild rast ihr das eine der Augen,
ὄμμα, τὸ δ' εἰς παίδων ἔκλασε συμπαθίην.	sieh, und das andere schaut warm auf die Kinder hinab[31].

Asterios aber bemerkt ganz ähnlich: »das eine Auge sprüht Zorn, das andere aber zeigt die Schonung und den Schreck der Mutter«[32]. Während ein lateinischer Übersetzer und Bearbeiter der beiden griechischen Epigramme des Antiphilos von Byzanz und des Philippos[33] am Anfang des 5. Jahrhunderts in Italien dichtete:

laudo Timomachum, matrem quod pinxit in ense
cunctantem, prolis sanguine ne maculet[34],

sagt Asterios, indem er das Lob auf den Maler der Euphemia umbiegt: »Und überaus bewundere ich jedenfalls den Künstler, weil er mehr als die Farben die Sinnesart

[25] Hom. 8,5,4 (88f D.); diese Stelle hat Buchheit aO. (s. Anm. 12) nicht ausgewertet.

[26] Hom. 11,3,3 (154D.).

[27] Zur Bedeutung des Begriffs Philosophie bei den Christen vgl. A.-M. Malingrey, »Philosophia« (Paris 1961) 99/301.

[28] Vgl. G. Lippold, Art. Timomachos 5: PW 6A 1 (1936) 1292f; A. Lesky, Art. Medeia: PW 15,1 (1931) 62,19f und A. Rumpf, Malerei und Zeichnung: HdbArch 6. Lief. (1953) 167f mit Taf. 58,2.

[29] Vgl. Anth. Pal. 16,135/40. 143; ferner Lucian. dom. 31.

[30] Anth. Pal. 16,136; vgl. K. Müller, Die Epigramme des Antiphilos von Byzanz = Neue deutsche Forschungen, Klass. Philol. 2 (1935) 94/6.

[31] Anth. Pal. 16,143; übersetzt von H. Beckby 4 (1958) 381; vgl. ferner die anonymen Epigramme Anth. Pal. 16,135,3f; 138,3f; 140,1f und das Epigramm des Christen Julianos von Ägypten (6. Jh.) ebd. 139,3f.

[32] Hom. 11,3,3 (154D.). Vgl. Basileios v. Seleukeia (or. 37,2 [PG 85,389D]): τὸ βλέμμα ἐπιμερίζουσαν (sc. μητέρα) τῇ τε ὁρμῇ τοῦ ξίφους καὶ τῷ παιδίῳ τῷ πλήττεσθαι μέλλοντι (Beschreibung des bethlehemitischen Kindermordes).

[33] Anth. Pal. 16,136f.

[34] Epigr. Bob. 54,9f (67 Speyer) nach Antiphilos v. Byzanz: Anth. Pal. 16,136,7f; vgl. Epigr. Bob. 53. – Zu vergleichen ist auch Anth. Lat. 102, ein Gedicht, das aus Nordafrika stammt; dazu F. Munari: Studien zur Textgeschichte und Textkritik, Festschrift G. Jachmann (1959) 185/9.

mischte, indem er zugleich mädchenhafte Züchtigkeit und Mannhaftigkeit miteinander vermischte, Leidenschaften (πάθη), die von Natur miteinander streiten«[35].

Wie schon durch die Nennung berühmter heidnischer Redner und Maler, eines Demosthenes, Aischines und Euphranor, will Asterios mit der Anspielung auf das Medeagemälde des Timomachos und die bekannten Epigramme, die es preisen, seinen Zuhörern klarmachen, daß heidnische Bildung und christliches Bekenntnis nicht notwendig einander ausschließen. Seine Belesenheit setzt er ein, um gebildete Heiden für den christlichen Glauben zu gewinnen. Die Überlegenheit des christlichen Menschenbildes versucht er durch den einseitig moralisch wertenden Vergleich zwischen Euphemia und Medea zu beweisen. Über den Zorn, die Rache und den Vernichtungswillen der heidnischen Heroin siegen die Züchtigkeit, der Bekennermut und die Standhaftigkeit der christlichen Heiligen.

Fassen wir die bisher gewonnenen Ergebnisse zusammen: Die in der Überlieferung als Ekphrasis bezeichnete Schrift des Asterios scheint als Vortrag vor einem gebildeten heidnischen Kreise gehalten worden zu sein, falls nicht die Vortragsform von Asterios nur für eine Buchveröffentlichung vorgetäuscht wurde[36].

Zur literarischen Einkleidung und Ausgestaltung seiner Bildbeschreibung hat Asterios stärker, als man bisher annahm, antike literarische Vorbilder herangezogen. Dies zeigen die aus Topoi bestehende Einleitung und die Anspielung auf Epigramme, die das Medeagemälde des Timomachos beschreiben.

Asterios wollte mit seiner Bildbeschreibung seine heidnischen Zuhörer für den christlichen Glauben gewinnen. Seine Methode bestand darin, dem Kunstverständnis und dem Bildungsgrad seiner Zuhörer möglichst entgegenzukommen und demgegenüber das eigentlich Christliche zurücktreten zu lassen. Er wirbt für bestimmte christliche Tugenden, die aber auch ein Heide durchaus anerkennen konnte. Nehmen wir an, Asterios habe eine Reihe derartiger Schriften verfaßt, so gehört diese mit der Ekphrasis zu den frühesten, da sein Publikum dem Christentum innerlich noch recht fremd gegenübersteht. Die erhaltene Schrift kann jedenfall als eine Art Missionsvortrag bezeichnet werden und gehört damit in die Linie der Areopagrede des Paulus[37].

Bestätigt wird diese Auffassung durch folgende allgemein formulierte Überlegung von A. Wifstrand: »Wenn die Betrachtung sich an Heiden wendet, sind die Exempla aus deren eigener Welt reichlich; richtet sie sich an die Christen, sind sie spärlich und kommen im allgemeinen nur aus ganz besonderen Anlässen vor«[38]. Als Beispiel wird Johannes Chrysostomos, Adversus oppugnatores vitae monasticae angeführt, eine Schrift, die zum Teil an die Heiden gerichtet ist und zahlreiche Hinweise auf Gestalten des klassischen Altertums sowie Zitate aus heidnischen Schriften bringt[39].

[35] Hom. 11,3,3 (154D.). Die beiden letzten Herausgeber des Asterios ziehen die Lesart τῶν χρωμάτων τὸ ἄνθος statt τῶν χρωμάτων τὸ ἦθος vor. Damit ändert sich der Sinn der Stelle: »weil er mehr (als der Maler der Medea, d. i. Timomachos) die Pracht der Farben miteinander mischte«. Bei der Darstellung der Medea sind die Empfindungen getrennt zum Ausdruck gebracht, beim Gemälde der Euphemia aber miteinander vermischt.

[36] S. unten S. 46f.

[37] Asterios hebt in seiner Predigt auf Petrus und Paulus die Bedeutung der Areopagrede hervor (hom. 8,1,4 [85D.]). Auch in diesem ältesten Missionsvortrag tritt das Christliche ganz zurück; vgl. M. Dibelius, Die Reden der Apostelgeschichte und die antike Geschichtsschreibung = SbHeidelberg 1949, 1, 19/22. Zur hellenischen und jüdisch-christlichen Missionspredigt vgl. E. Norden, Agnostos Theos (1923 bzw. 1956) 125/40.

[38] Die alte Kirche und die griechische Bildung (Bern 1967) 81f.

[39] PG 47,319/86; vgl. C. Fabricius, Zu den Jugendschriften des Johannes Chrysostomos (Lund 1962) 133/8.

Die Tatsache, daß Asterios in dieser Art schreiben mußte, beweist, wie lebenskräftig das gebildete Heidentum am Ende des 4. und am Anfang des 5. Jahrhunderts auch in Kleinasien noch gewesen sein muß.

Ist die vorgetragene Deutung richtig, so können wir unmöglich entscheiden, ob Asterios die Ekphrasis in jungen Jahren verfaßt hat oder erst zu der Zeit, als er bereits Bischof war. Da sie der geistigen und sittlichen Einsicht seiner Zuhörer angepaßt ist, kann sie keinen Anhaltspunkt für eine relative zeitliche Abfolge der erhaltenen Reden und Predigten des Bischofs bieten. Damit fallen die Schlußfolgerungen all jener Biographen, die – wie zuletzt wieder C. Datema[40] – versucht haben, die Rede als autobiographisches Zeugnis auszuwerten, ohne danach zu fragen, ob die Rede nicht im Hinblick auf ihre Adressaten entworfen wurde und nur unter dieser Voraussetzung literaturgeschichtlich richtige Antworten geben kann.

Von hier aus wird es auch schwierig, zuversichtlich zu behaupten, Asterios habe die Ekphrasis in Chalkedon vorgetragen, denn er fordere selbst im letzten Satz seine Zuhörer auf, die Bilder anzusehen und zu prüfen, ob seine Darstellung weit hinter ihnen zurückgeblieben sei[41]. Chalkedon wird in der Ekphrasis nicht ausdrücklich genannt. Das Schweigen über die Stadt könnte man zunächst damit erklären, daß eben Asterios und seine Zuhörer sich in Chalkedon befinden.

Gegen diese Deutung sprechen aber folgende Gründe. Wenn Asterios vor Chalkedoniern spricht, so ist es schwer zu erklären, weshalb er so ausführlich über die religiöse Volksfeier am Jahrestag der Heiligen berichtet, die jedem Chalkedonier, ob Heide oder Christ, bekannt sein mußte. Wichtiger noch ist folgendes: Der rhetorisch geschulte Asterios kann zwar in einem geschickt vorgetragenen Vergleich zwischen einem heidnischen und einem christlichen Bild seine Zuhörer dazu bringen, dem christlichen Gemälde den Vorzug zu geben, aber er durfte nicht ernsthaft auf ein vorhandenes christliches Bild hinweisen. Die Wirkung seiner Ekphrasis konnte nur solange andauern, wie die Zuhörer die angeblichen Beweise, das heißt den Gemäldezyklus der Euphemia in Chalkedon, nicht kannten. Die christliche Malerei dieser Zeit vermochte nicht die Wirkungen der veristisch-naturalistischen Malerei des Späthellenismus zu erreichen, die Asterios ihr zuschreibt.

Diese Schwierigkeit ist A. Grabar nicht entgangen: »Disons cependant qu'aucune de ces oeuvres archaiques n'approche, même de loin, du réalisme sanglant des scènes décrites par Astérius (›le peintre a si distinctement rendu les gouttes de sang, qu'il semble qu'on les voie réellement couler ...‹) à moins que la rhétorique ne l'ait entrainé à compléter par la parole les données des peintures de Chalcédoine. C'est ainsi qu'il est permis de douter des effusions sentimentales devant ces peintures du martyrium qu'on trouve dans le même sermon d'Asterius ...«[42].

Demnach dürfen wir wohl aus dem Verschweigen der Ortsangabe eine deutliche Absicht heraushören: Asterios wollte nicht, daß seine Zuhörer unmittelbar erfuhren, wo der Gemäldezyklus war, weil dann die Wirkung seiner Darstellung zerstört worden wäre. Da er bei einem mündlichen Vortrag – an welchem Ort auch immer – Fragen

[40] Datema aO. *20f.

[41] Hom. 11,4,4 (155D.).

[42] Martyrium. Recherches sur le culte des reliques et l'art chrétien antique 2 (Paris 1946) 72/4. – Ein reales Vorbild für die Beschreibung des Zyklus nimmt H. Belting an; vgl. R. Naumann – H. Belting, Die Euphemia-Kirche am Hippodrom zu Istanbul und ihre Fresken = IstanbForsch 25 (1966) 146f.

nach dem Ort der Gemälde ausgesetzt gewesen wäre, dürfen wir vermuten, daß die Ekphrasis ein rein literarisches Werk ist, das nur für die Buchveröffentlichung bestimmt war. In diesem Falle ist auch die literarische Einkleidung der Bildbeschreibung in Form einer Rede nur eine literarische Erfindung. Den realen Hintergrund der Ekphrasis wird ein kunstloser Freskenzyklus mit dem Martyrium der Euphemia gebildet haben, den Asterios einmal auf einer Reise in Chalkedon gesehen hat.

Den Gedanken, durch eine Bildbeschreibung gebildete Heiden dem Christentum näherzubringen, scheint nach unserer Überlieferung nur Asterios gefaßt zu haben. Insofern gebührt dieser kleinen Schrift innerhalb der antiken christlichen Literatur ein besonderer Platz.

9. Fälschung, pseudepigraphische freie Erfindung und „echte religiöse Pseudepigraphie"*

Die literarische Hinterlassenschaft der Griechen und Römer gliedert sich hinsichtlich der Verfasserangabe in anonyme, orthonyme und pseudonyme Schriften. Statt von pseudonymen Schriften sollte terminologisch genauer von pseudepigraphischen Schriften gesprochen werden. Denn nach heutigem Sprachgebrauch versteht man unter einem Pseudonym einen freigewählten literarischen Decknamen, der nicht mit dem Namen eines bekannten Schriftstellers übereinstimmen darf, damit nicht der Schein einer Fälschung entsteht.

Die Anonymität zeichnet die Literatur des Alten Orients, Ägyptens und Israels in besonderem Masse aus. Orthonym sind in diesen Kulturen meist nur die Erlasse und Briefe der Könige überliefert. Mit Fälschungen und Verfälschungen derartiger Königsurkunden ist allerdings schon in früher Zeit zu rechnen [1].

Erst im Griechenland des 7. und 8. Jh. tritt der einzelne Schriftsteller mit seinem Namen hervor. Die Parallele zu den bildenden Künstlern, die seit ebendieser Zeit ihre Schöpfungen mit ihrem Namen versehen, ist deutlich [2]. Die Griechen zeigen damit, dass sie den Begriff vom geistigen Eigentum entdeckt haben. Dieser Vorgang hat sich in Ionien und auf

* (*Für wertvolle Anregungen und fördernde Kritik habe ich Herrn Dr. Aloys Kehl, Köln-Bonn, und Fräulein Rotraut Reis, Bonn, zu danken.*)

[1] Vgl. W. Speyer, Art. Fluch: *RAC* 7 (1969), 1171/3.

[2] Vgl. Ed. Norden, *Aus altrömischen Priesterbüchern* (Lund-Leipzig 1939), 265 f. (292 f.) und W. Speyer, Religiöse Pseudepigraphie und literarische Fälschung im Altertum, *Jahrb. f. Ant. und Christent.* 8/9 (1965/66), 90 f.

den der kleinasiatischen Küste vorgelagerten Inseln abgespielt. Sein Ursprung ist ebensowenig zu begreifen wie etwa das Entstehen grosser Kunstwerke. Diese Entdeckung der eigenen, persönlich zu verantwortenden geistigen Leistung ist als eine Stufe im Entwicklungsgang des Selbstbewusstwerdens des Menschen zu deuten. Der Literaturhistoriker kann hier wohl nur die Tatsache als solche feststellen, kaum aber die Gründe ausfindig machen, die zu ihr geführt haben. Gesellschaftliche Bedingungen haben gewiss mitgewirkt, waren aber nicht der einzige Grund [1].

In der Entdeckung der schöpferischen Leistung des einzelnen spricht sich die Erkenntnis aus, dass zwischen dem Künstler oder Urheber und seinem Werk ein eigentümliches Verhältnis herrschen muss, nicht unähnlich dem zwischen einem Vater und dem von ihm gezeugten Kind. Die Griechen haben jedenfalls dieses Verhältnis ganz so aufgefasst. Orthonyme Schriften sind λόγοι γνήσιοι, das heisst, es sind solche Schriften, die von ihren Verfassern rechtmässig gezeugt sind. Wie es aber neben der Erzeugung eines Kindes in der gesetzlich sanktionierten Ehe die aussereheliche Erzeugung gibt, so fassten die Griechen das Verhältnis zwischen einem Autor und einem ihm unterschobenen Werk im Bilde des ausserehelich gezeugten Kindes bzw. des unterschobenen Kindes. Nicht unpassend bezeichneten sie deshalb eine derartige Schrift als einen Bastard, einen νόθος [2].

Die Grammatiker und die Literaturhistoriker der hellenistischen Zeit haben bei der Sichtung der reichen Hinter-

[1] Etwa zur gleichen Zeit treten in Israel die Propheten mit ihrer Botschaft unter eigenem Namen hervor. «Dass eine literarische Hinterlassenschaft unter dem Namen einer Einzelperson ausging, ist sehr auffällig; ja, es muss nach allem, was im alten Orient, aber auch in Israel Brauch war, als etwas ganz Aussergewöhnliches gelten...» G. von Rad, *Theologie des Alten Testaments* 2³ (München 1962), 90.

[2] Vgl. W. Speyer, *Die literarische Fälschung im heidnischen und christlichen Altertum* = Handb. d. Altertumswiss. 1, 2 (München 1971), 16.

lassenschaft aus vorklassischer und klassischer Zeit bereits darüber nachgedacht, aus welchen Gründen wohl ein solcher literarischer Bastard zustandegekommen sein kann. Mannigfache Gründe, die sich teils aus dem Buchwesen, teils aus den literarischen Gepflogenheiten der damaligen Zeit ergaben, wurden von ihnen festgestellt. Diese Gründe sind nicht unbekannt und brauchen hier nicht wiederholt zu werden [1]. Die antiken Kritiker haben also schon bemerkt, dass nicht jede mit falscher Herkunftsangabe versehene Schrift eine Fälschung zu sein braucht. Zum Begriff der Fälschung gehört nämlich die Täuschungsabsicht, der *dolus malus* ; aber diese ist nicht der einzige Grund für das Zustandekommen von Pseudepigrapha.

Mit der Fälschung ist leicht die ihr ähnlich sehende, pseudepigraphisch eingekleidete literarische Erfindung zu verwechseln, die um der Unterhaltung oder Erbauung willen geschrieben wurde und wie die Fälschung durch Nachahmung echter Schriften zustandekommt. Diese Art der Pseudepigraphie beruht auf der künstlerischen Täuschungsabsicht, deren Wirkung nicht dadurch aufgehoben wird, dass die Täuschung durchschaut wurde. Anders verhält es sich mit der Fälschung. Die Fälschung und die ihr wesensverwandte Lüge verlieren, sobald sie als Trug entlarvt sind, augenblicklich ihre Wirkkraft. Mit der vorgetäuschten Herkunftsangabe versuchen die Fälscher ganz konkrete, sachgebundene und ausserhalb der Literatur liegende Absichten zu erreichen.

Ist es schon nicht leicht, in einem bestimmten Fall zu entscheiden, welche der beiden genannten Arten der Pseudepigraphie vorliegt, nämlich literarisch gemeinte Pseudepigraphie oder Fälschung, so wird der Tatbestand bei Pseudepigrapha mit bestimmtem religiösen Inhalt weiter kompliziert.

[1] Vgl. W. Speyer, *Fälschung* a.O., 32-5 ; 37-44.

Die antiken Kritiker haben diese nunmehr zu erörternden Schriften nicht in ihrer Eigenart als eine besondere Art der Pseudepigraphie aufgefasst. Merkte man, dass derartige Schriften nicht von den angegebenen Verfassern geschrieben sein konnten, so sprach man meist kurzerhand von Fälschungen. In dieser Weise verwarfen etwa christliche Kritiker jüdische und häretische Schriften unter dem Namen eines Patriarchen, Propheten oder Apostels und Porphyrios die zum Kanon des *Alten Testamentes* zählende *Apokalypse des Daniel* und Apokalypsen bestimmter Gnostiker [1]. Die Möglichkeit, derartige pseudepigraphische Bücher sachgerechter als im Altertum zu erfassen, ist erst durch die Methoden der modernen Geschichts-, Literatur- und Religionswissenschaft sowie der modernen Psychologie gegeben. Durch den Vergleich gleichartiger Erscheinungen in verschiedenen Literaturen und Religionen kann man die dogmatisch religiöse Voreingenommenheit, die bei den antiken Kritikern und bis weit in die Neuzeit zu Fehlurteilen geführt hatte, allmählich überwinden lernen.

Gegen die Annahme einer solchen besonderen Art der Pseudepigraphie könnte man einwenden, dass es nicht einsichtig sei, weshalb in diesem Fall der Inhalt eines Pseudepigraphons zu einer besonderen, sonst nicht vorkommenden Form der Pseudepigraphie geführt haben soll. Hier ist deshalb zunächst näher zu erläutern, was unter dem Begriff der « religiösen Pseudepigraphie » verstanden werden soll. Gemeint sind im wesentlichen schriftlich aufgezeichnete Offenbarungen, das heisst Apokalypsen, Orakel, Prophezeiungen, Himmelsbriefe, Botschaften aus der transzendenten Welt, die nicht als Menschenwerk gelten wollen, sondern als Äusserungen numinoser Mächte, Äusserungen von

[1] Vgl. W. Speyer, *Fälschung* a.O., 190 f.; 152 f. Weit behutsamer versucht Plutarch, *de Pyth. orac.* 7 (397 c) und 20 (404 b) das Verhältnis göttlicher und menschlicher Verfasserschaft bei den Orakeln des Apollon von Delphi zu klären.

Göttern, Heroen, Gottesfreunden der Vorzeit oder göttlichen Menschen (ἄνδρες θεῖοι). Nach den Glaubensvorstellungen des Altertums können derartige Offenbarungen auf verschiedene Weise den Menschen zuteil werden: Der Gott oder sein Bote übergibt dem von ihm erwählten Menschen ein Buch: man denke an Jahwe, der Moses die vom Finger Gottes geschriebenen Gesetzestafeln überreicht [1]. Ein Mensch findet eine Offenbarungsschrift, die von einem Gott oder einem göttlichen Menschen der mythischen Vorzeit stammt: man denke an Himmelsbriefe und an Funde heiliger Schriften in Gräbern oder Tempeln [2]. Der Gott, besser der Geist Gottes dringt in den Menschen ein und erfüllt ihn mit göttlichem Wissen, so dass die Worte, die der begnadete Mensch ausspricht oder schreibt, eigentlich das Werk des göttlichen Geistes sind (man denke an Propheten und an Dichter-Propheten). Diese Art der Offenbarungsübermittlung kann als Inspiration bezeichnet werden [3].

Der hier von uns verwendete Begriff der Inspiration ist aus Selbstaussagen, Beschreibungen und theoretischen

[1] Ähnliches wird von manchen anderen mythischen und geschichtlichen Gesetzgebern des Mittelmeergebietes überliefert, so von Menes (ägyptischer König der 1. Dynastie), Zalmoxis, Zarathustra, Zaleukos, Minos, Lykurgos und Numa; vgl. z.B. Diod. Sic. I 94, 1 f.; dazu W. Speyer, *Religiöse Pseudepigraphie* a.O., 101/9 und dens., *Bücherfunde in der Glaubenswerbung der Antike* = Hypomnemata 24 (Göttingen 1970), 15 f.

[2] Vgl. W. Speyer, *Bücherfunde* a.O, 15-42 und 43-141.

[3] Vgl. W. Kroll, *Studien zum Verständnis der römischen Literatur* (Stuttgart 1924, Nachdruck 1964), 24-34; E. Fascher, ΠΡΟΦΗΤΗΣ. Eine sprach- und religionsgeschichtliche Untersuchung (Giessen 1927); Th. Hopfner, Art. Μαντική: *PW* 14, 1 (1928), 1258-88; A. Sperduti, The Divine Nature of Poetry in Antiquity, *Transact. Proceed. Am. Philol. Assoc.* 81 (1950), 209-40; J. Leipoldt-S. Morenz, *Heilige Schriften* (Leipzig 1953), 33-5 und Register s.v. Eingebung; H. Maehler, *Die Auffassung des Dichterberufs im frühen Griechentum bis zur Zeit Pindars* = Hypomnemata 3 (Göttingen 1963); A. Kambylis, *Die Dichterweihe und ihre Symbolik* (Heidelberg 1965); E. Barmeyer, *Die Musen. Ein Beitrag zur Inspirationstheorie* = Humanist. Bibliothek R. 1, 2 (München 1968) und Z. Ritoók, Dichterweihen, *Acta Classica Univ. Scient. Debrecen.* 6 (1970), 17-25.

Erörterungen von Heiden und Christen des Altertums und der Neuzeit gewonnen worden, auf die noch näher einzugehen sein wird. Er hat nur mittelbar etwas mit dem Begriff der Inspiration in der Bibel zu tun, der besonders von der katholischen Kirche weiterentwickelt worden ist [1]. Nach dem katholischen Inspirationsbegriff sind alle Bücher, die zum Kanon des *Alten* und *Neuen Testamentes* gehören, inspiriert, das heisst sie gelten als von Gott (dem Heiligen Geist) verfasst [2]. Nach dem von uns verwendeten Begriff der Inspiration, der aus literaturgeschichtlichen und religionswissenschaftlichen Beobachtungen und Vergleichen gewonnen wurde, wird es aber schwer fallen, beispielsweise den *Philemonbrief* des Paulus, den anonymen *Brief an die Hebräer* oder den gefälschten zweiten *Petrusbrief* als inspiriert anzu-

[1] Vgl. Ch. Pesch, *De inspiratione Sacrae Scripturae* [2] (Freiburg i. Brsg. 1925) mit *Supplementum* (ebd. 1926); K. Rahner, *Über die Schriftinspiration* [2] (Freiburg i. Brsg. 1959); dens., Art. Inspiration, *Handb. theol. Grundbegriffe* 1 (München 1962), 715-25; A. Bea, Art. Inspiration, *Lex. f. Theol. und Kirche* 5 (1960), 705-8 (Die katholische Lehre von der Inspiration); 708-11 (Die Inspirationslehre bei den Protestanten).

[2] Jesus rechnet damit, dass David seine Prophetie im Heiligen Geiste gesprochen hat (*Mc.* 12, 36); vgl. ferner *Act. apost.* 1, 16; 3, 18; 4, 25 und *Hebr.* 3, 7. Theodoret von Kyros, in *Ps. praef.*: *PG* 80, 861 C-D erwähnt verschiedene Meinungen über die Verfasser der Psalmen; er selbst will diese Fragen nicht entscheiden. « Denn welchen Nutzen brächte es, die menschlichen Verfasser der einzelnen Psalmen zu kennen, da sie doch alle aus der Wirkung des göttlichen Geistes heraus, also als Propheten, geschrieben haben? ... Dem Propheten aber ist es eigen, seine Zunge der Gnade des Geistes zur Verfügung zu stellen »; vgl. ebd. 864 A-B und Joh. Chrysost. *In Gen. hom.* II 2 (*PG* 53, 28). Die *Statuta ecclesiae antiqua*, praef. 24 (77 Munier) fordern vom Bischof: *novi et veteris testamenti ... unum eundemque credat auctorem et deum.* Noch schärfer formuliert Papst Gregor der Grosse diesen Gedanken, *Moralia sive expos. in libr. Iob, praef.* 1, 2 (*PL* 75, 517 A-B): *sed quis haec* (*sc.* *librum Job*) *scripserit, valde supervacue quaeritur, cum tamen auctor libri Spiritus sanctus fideliter credatur. ipse igitur haec scripsit, qui scribenda dictavit. ipse scripsit, qui et in illius opere inspirator exstitit et per scribentis vocem imitanda ad nos eius facta transmisit. si magni cuiusdam viri susceptis epistolis legeremus verba, sed quo calamo fuissent scripta quaereremus, ridiculum profecto esset epistolarum auctorem scire sensumque cognoscere, sed quali calamo earum verba impressa fuerint indagare. cum ergo rem cognoscimus eiusque rei Spiritum sanctum auctorem tenemus, quia scriptorem quaerimus, quid aliud agimus, nisi legentes litteras de calamo percontamur?*

sehen, da diese drei Schriftstücke des *Neuen Testaments* sich weder durch die Art ihrer Abfassung, noch durch die Form ihrer literarischen Einkleidung, noch durch den Gehalt ihrer Botschaft als Offenbarungsschrift oder « echtes religiöses Pseudepigraphon » erweisen [1].

Die Inspiration oder das Erfülltwerden mit göttlichem Geiste wurde im Altertum auf verschiedene Weise aufgefasst. Manchmal wurde berichtet, dass der Seher eine ihm von einem Engel gereichte Buchrolle gegessen habe [2] oder dass der göttliche Geist in den Propheten eingedrungen sei und ihn ganz erfüllt habe [3]. In diesem Zusammenhang begegnen Bilder, die der Sprache der Erotik angehören. Der Mensch, der die Inspiration empfängt, wird gleichsam als weibliches Wesen, als Braut Gottes, vorgestellt, in die der Same des göttlichen Geistes sich einsenkt [4]. Die Inspiration wurde dabei oft als eine Art Besessenheit oder Ergriffensein gedeutet [5].

[1] Eine abweichende Auffassung äussert K. ALAND, *Das Problem der Anonymität und Pseudonymität in der christlichen Literatur der ersten beiden Jahrhunderte:* Studien zur Überlieferung des Neuen Testamentes und seines Textes = Arbeiten zur neutestam. Textforschung 2 (Berlin 1967), 24-34.

[2] Vgl. W. SPEYER, *Bücherfunde* a.O. (s. oben S. 337, Anm. 1), 17 f.; 33, Anm. 6; 36 Anm. 16.

[3] Bereits Hesiod, *Th.* 31 sagt von den Musen, dass sie ihm göttlichen Sang eingehaucht haben (ἐνέπνευσαν); ἐμπνεῖν entspricht dem lateinischen inspirare; vgl. H. LEISEGANG, *Der Heilige Geist* 1, 1 (Leipzig-Berlin 1919; Nachdruck Darmstadt 1967), 119-36, bes. 132 f.; TH. HOPFNER, a.O. (s.o.S. 337, Anm. 3) 1261 f.; F. PFISTER, Art. Daimonismos: *PW* Suppl. 7 (1940), 111 f.

[4] Vgl. das Selbstzeugnis von Philon, *De migr. Abr.* 33-5 (2, 275 Cohn-Wendland); dazu H. LEISEGANG, *Pneuma hagion* (Leipzig 1922, Nachdruck Hildesheim 1970), 46 f.; 53 f.; ferner D. A. RUSSELL, *Ausgabe und Kommentar von der unter dem Namen des Longinus stehenden Schrift De sublimitate* (Oxford 1964), 115 zu 13, 2. — Bei den antiken Prophetinnen wird oft von ihrer geistigen Vereinigung mit dem inspirierenden Gott gesprochen. Die Zeugnisse sind gesammelt von J. SCHMID, Art. Brautschaft, heilige, *RAC* 2 (1954), 535/7.

[5] Vgl. J. TAMBORNINO, *De antiquorum daemonismo* = Religionsgesch. Versuche u. Vorarb. 7, 3 (Giessen 1909), 59-61; H. HANSE, «*Gott Haben*» *in der Antike und im frühen Christentum* = Religionsgesch. Versuche u. Vorarb. 27 (Berlin 1939), 8-25; F. PFISTER, a.O. 100-14 und N. HIMMELMANN-WILDSCHÜTZ, ΘΕΟΛΗΠΤΟΣ (Marburg 1957).

Nach einer anderen Inspirationsvorstellung wurde der Seher ins Jenseits entrückt und schreibt die Botschaft aus himmlischen Büchern ab oder aber er zeichnet sie dort nach dem Diktat eines himmlischen Boten auf. Vision und Audition kennzeichnen diese Art des Offenbarungsempfangs. Wenn auch die Vorstellungen und Bilder für die Inspiration noch so verschieden sind, so drücken sie doch deutlich aus, dass die numinose Macht die eigentliche Ursache der Offenbarung ist und der Anteil des Menschen an ihrem Zustandekommen nur zweitrangig sein kann. Derartige Offenbarungsschriften können ihrem Wesen nach niemals anonym sein, sondern sind immer in gewisser Weise pseudepigraphisch, selbst wenn die inspirierende Macht, der Gott, der Engel oder der an göttlichen Kräften teilhabende Gottesfreund (Patriarch, Prophet, Apostel, Heiliger) sich nicht ausdrücklich als Verfasser nennt (Ich-Rede) oder angegeben wird, etwa durch die Er-Rede oder durch Hinweise auf eine der genannten Formen der Offenbarungsübermittlung. Durch eine solche Namensnennung oder derartige Hinweise wird die Pseudepigraphie zwar verstärkt, aber nicht begründet.

Die genannten Formen der Offenbarungsübermittlung stammen aus dem religiösen Glauben und Erleben einzelner Menschen des Altertums. Diese Vorstellungen haben nichts mit beabsichtigter Täuschung oder Lüge zu tun. Aus diesem Grunde sprechen wir von « echter » religiöser Pseudepigraphie. « Echt » ist sie, weil sie nicht aus irgendeiner Täuschungsabsicht geschaffen wurde, sondern aus dem religiös geprägten Bewusstsein wie von selbst herausgewachsen zu sein scheint. Für ihr Entstehen jenseits der planenden Vernunft können folgende Ursachen benannt werden : entweder sind es transsubjektive, numinose Mächte, wie die Verfasser derartiger Schriften selbst glauben, — diese Deutung beruht auf religiösen Erfahrungen, die der Wissenschaft kaum zugänglich sein dürften — oder aber es sind innersubjektive Ursachen dafür verantwortlich zu machen, das heisst Ursachen, die im Unbewussten der menschlichen Seele liegen. Welcher der beiden Erklärungen man auch den Vorzug geben wird, soviel wird man wohl zugestehen müssen : die planende Ratio hat als Ursache auszuscheiden. Da die literarische Fälschung und die literarische Erfindung in Form eines religiösen Pseudepigraphons aber ganz dem rational arbeitenden, willentlich eingestellten Bewusstsein entstammen, muss die « echte religiöse Pseudepigraphie » jenen beiden Arten der Pseudepigraphie als besondere Form gegenübergestellt werden.

Blicken wir auf den Inhalt der Offenbarungsschriften, so ist mit wissenschaftlichen Mitteln wohl kaum einsichtig zu machen, ob eine derartige Offenbarung objektiven Wahrheitsgehalt beanspruchen kann. Für den gläubigen Juden hat Jahwe die Tafeln mit den Zehn Geboten Moses übergeben, für den gläubigen Muslim hat Mohammed vom Engel Gabriel Offenbarungen erhalten und für einen gläubigen Mormonen hat Joe Smith vom Engel Moroni goldene Platten gezeigt bekommen, die die Vorlage des *Buches Mormon* wurden [1]. Die Aufgabe der Wissenschaft kann nur darin liegen, derartige Berichte nach ihrer subjektiven Echtheit oder Unechtheit zu prüfen, das heisst, sie hat aus inneren und äusseren Gründen festzustellen, ob die Verfasser von Offenbarungsschriften selber geglaubt haben, Offenbarungen empfangen zu haben, oder ob sie dies nur vorgetäuscht haben, um bestimmte Absichten besser durchsetzen zu können, oder ob es sich nur um eine literarische Einkleidungsform handelt.

Im folgenden soll versucht werden, die von uns so genannten echten religiösen Pseudepigrapha in ihrer Entstehung und in ihrem Wesen besser zu verstehen. Diese

[1] Zu Moses vgl. W. Speyer, *Religiöse Pseudepigraphie* a.O. (s.o. S. 333, Anm. 2), 106-9; zu Mohammed vgl. F. Buhl, *Das Leben Muhammeds*, übers. von H. H. Schaeder [3] (Darmstadt 1961), 132-44; zu J. Smith vgl. W. Speyer, *Bücherfunde* a.O. (s. oben S. 337, Anm. 1), 16 Anm. 2; 107-10.

schwierige Aufgabe kann hier natürlich nicht erschöpfend gelöst werden. Mit den folgenden Bemerkungen soll nur das Thema, das in einem grösseren Zusammenhang bearbeitet werden soll, unter einem bestimmten Blickpunkt betrachtet werden.

Viele religiöse Pseudepigrapha beanspruchen durch ihre Einkleidung und/oder den Inhalt ihrer Botschaft, inspiriert zu sein. Können wir zeigen, dass bestimmte Menschen im Altertum wie in der Neuzeit Inspirationserlebnisse gehabt haben, so wäre damit zunächst nachgewiesen, dass wir einen hinreichenden Grund haben, « echte religiöse Pseudepigraphie » als eine besondere Form der Pseudepigraphie anzunehmen.

Wie aus Selbstzeugnissen neuzeitlicher Dichter zu entnehmen ist, bleibt das Erlebnis der Inspiration nicht auf den Bewusstseinsraum der eigentlichen Gläubigen beschränkt, sondern ist eine Erscheinung, die auch bei Menschen vorkommt, die jenseits eines Volks- oder Gemeindeglaubens heidnischer, jüdischer, christlicher oder muslimischer Herkunft stehen. Damit soll aber nicht behauptet werden, dass die Inspiration ihrem Ursprung nach nicht dem religiösen Bewusstsein und seiner Erfahrung entstammt. Diese Frage bedarf noch eingehender Prüfung, die hier aber nicht geleistet werden kann. Hier ist nur nachdrücklich auf den Zusammenhang zwischen den Inspirationserlebnissen der Dichter und der *homines religiosi* hinzuweisen.

Horaz hatte in der *Ars poetica* 333 f. über die Ziele der Dichtung gesagt :

> *aut prodesse volunt aut delectare poetae*
> *aut simul et iucunda et idonea dicere vitae.*

Mit diesen Zielen hat Horaz einen grossen Teil der dichterischen Produktion aller Zeiten und Völker erfasst, aber eben nur einen Teil. Jenseits dieser Art von unterhaltender und belehrender Dichtung steht eine andere ehrwürdigere und ältere, die, aus der Inspiration geboren, eine Form der Offenbarung darstellt. In ihr ist der Dichter vom Seher wenig unterschieden und ist ähnlich wie der Prophet nur Werkzeug einer höheren Macht.[1]. Nach der archaischen Zeit Griechenlands haben noch viele Dichter behauptet, als Begeisterte zu sprechen. Dieser Anspruch ist jeweils vom ganzen Werk des einzelnen Dichters auf seine subjektive Berechtigung zu prüfen.

Lässt sich nachweisen, dass Dichter alter und neuer Zeit ihr Schaffen als ein Hören oder ein Aufzeichnen von fremden Worten aufgefasst oder sich gleichsam nur als Schreibrohr einer sie inspirierenden Macht erlebt haben, so können wir uns leichter vorstellen, dass in einer religiös geprägten geistigen Welt mancher Verfasser ganz in der ihn inspirierenden und als göttlich erlebten Macht aufzugehen glaubte und sich so zu der Aussage gedrängt sah : « Das habe nicht ich gesagt, sondern ein Gott, ein Engel, ein Gottesfreund. » Wieweit bei einer solchen Identifikation oder bei einem derartigen Aufgehen der eigenen Person in der inspirierenden Macht auch mit Selbstsuggestion zu rechnen ist, bleibt eine andere Frage[2]. Die Nähe zur Mystik ist offenkundig. Das unerhörte Erlebnis des Mystikers, seine Vereinigung und sein Aufgehen in Gott, Gottes Aufgehen im Menschen, drückt sich beispielsweise in dem Satz aus : « Herr, freuet Euch mit mir,

[1] Vgl. N. K. Chadwick, *Poetry and Prophecy* (Cambridge 1942) ; E. Barmeyer, a.O. (s. oben S. 337, Anm. 3), 107-11. — Varro gibt neben anderen etymologischen Deutungen des Wortes *vates* folgende (bei *Isid. orig.* VIII 7, 3) : ... *et proinde poetae Latine vates olim et scripta eorum vaticinia dicebantur, quod vi quadam et quasi vesania in scribendo commoverentur* ... vgl. ebd. VII 12, 15 und H. Dahlmann, Vates, *Philologus* 97 (1948), 337-53 ; E. Fascher, a.O. (s. oben S. 337, Anm. 3), 18 ; 22 f. zu den Dichtern als προφῆται τῶν Μουσῶν (Plat. *Resp.* 366 a-b ; Dion von Prusa XXXVI 42 [2, 12 von Arnim]).

[2] Um Inspirationserlebnisse herbeizuführen, wurden auch stimulierende Mittel angewendet, wie Einatmen von Dünsten, Trinken bestimmter Flüssigkeiten, vgl. Th. Hopfner, a.O. (s. oben S. 337, Anm. 3), 1264-6 und A. Sperduti, a.O. (s. oben S. 337, Anm. 3), 211-3.

ich bin Gott geworden»[1]. Hier ist auch an die von den antiken Magiern vollzogene Identifikation mit einem Dämon zu erinnern: Der Zauberer versetzt sich in seiner magischen Handlung und in seiner Rede ganz in das Wesen des Dämons und kann daher die Ich-Rede des Dämons als eigene benutzen[2].

Bevor wir einige Bemerkungen antiker Denker über die Inspiration der Propheten und der Dichter sowie Selbstaussagen neuzeitlicher Dichter über das Entstehen ihrer eigenen Werke heranziehen, um die Frage nach der Inspiration klarer zu beantworten, ist noch ein Wort über einige andere Schwierigkeiten vorauszuschicken, die einer angemessenen Beurteilung religiöser Pseudepigrapha entgegenstehen.

Sehr viele antike religiöse Pseudepigrapha sind ohne eine begleitende Überlieferung, die über ihr Entstehen unmittelbar Auskunft geben könnte, auf uns gekommen. Ebenso fehlen meist Selbstaussagen der anonym bleibenden antiken Verfasser. Die Urteile über derartige Schriften leiden zudem bis in die neueste Zeit an der weltanschaulichen Voreingenommenheit ihrer Kritiker. Beispielsweise verurteilt der Kirchenhistoriker Peter Meinhold das *Buch Mormon* des Joe Smith als «grobe Fälschung»[3]. Diese Schrift dürfte aber eher als «echtes religiöses Pseudepigraphon» zu werten sein, wenn man nicht in diesem Falle wie auch in anderen mit einer weiteren Art der Pseudepigraphie zu rechnen hat, nämlich der aus einem psychisch kranken Bewusstsein entstandenen. Woher will man aber für eine Unterscheidung zwischen psychisch gesundem und psychisch krankem Bewusstsein den Massstab gewinnen?

[1] Von O. Weinreich, *Ausgewählte Schriften* 1 (Amsterdam 1969), 77 als Wort der geistigen Tochter Meister Eckharts mitgeteilt.

[2] Vgl. W. Speyer, *Fälschung* a.O. (s. oben S. 334, Anm. 2), 37; 167.

[3] *Geschichte der kirchlichen Historiographie* 2 (Freiburg-München 1967), 570/3: «Konstruktion und Fälschung der Geschichte. Das Geschichtsbild der Mormonen»; vgl. W. Speyer, *Bücherfunde* a.O. (s.o. S. 337, Anm. 1), 110, Anm. 65.

Im weiteren Sinne gehört die « echte religiöse Pseudepigraphie », wie bereits angedeutet wurde, zur Mystik. Wie unterschiedlich über die Ekstatiker und Mystiker aller Jahrhunderte geurteilt wurde, ist bekannt. Manche Forscher sahen beispielsweise in Paulus einen Epileptiker [1]. Mystiker und Ekstatiker wurden gerne als geisteskrank bezeichnet. Woher nimmt aber das normale Bewusstsein oder der sogenannte gesunde Menschenverstand das Recht, ihm völlig unbekannte Erfahrungen und Erlebnisse als Zeichen von Geisteskrankheiten abzuwerten? Vor solchem Urteil warnt mit Recht Otto Weinreich in seiner Besprechung von Martin Buber, *Ekstatische Konfessionen* (Jena 1909) [2]: « Wer freilich diese mystischen Nonnen, die im Leiden schwerer körperlicher Zustände sich begnadet fühlen und Visionen über Visionen sehen, lieber aus dem Himmel in ein Kranken- oder Irrenhaus sperrte, in jeder Heiligen die Hysterika diagnostiziert, dem wird ihr trunkenes Stammeln, ihre Herzensnot und Seligkeit wenig sagen: gerade soviel, als genügt, um sie mit einem medizinischen Terminus zu bedenken. Eine ebenso beliebte wie äusserliche Methode. Was ist denn damit gewonnen, wenn ich eine ekstatische Äusserung krankhaft nenne, bedeutet das eine Erkenntnis? Ist sie dadurch gewertet oder entwertet? Man hat ihr eine Etikette aufgeklebt, sie in ein Fach rubriziert und vermeint, sie begriffen zu haben; aber man war taub für die Stimme des Menschen, die aus diesen Zeugnissen inneren Lebens vernehmlich spricht. »

Trotzdem ist in dem einen oder anderen Fall nachzuweisen, dass in der Antike Geisteskrankheit zur religiösen Pseudepigraphie geführt hat. Einen der wenigen, wenn nicht

[1] Vgl. aber die Entgegnung von O. ROLLER, der zugleich Arzt und Philologe war: *Das Formular der Paulinischen Briefe* (Berlin 1933) V.

[2] *Ausgewählte Schriften* 1 (Amsterdam 1969), 79. M. ELIADE, *Schamanismus und archaische Ekstasetechnik* (Zürich-Stuttgart 1957), 33-42 betont, dass die visionären Erlebnisse der Schamanen nichts mit Geisteskrankheit zu tun haben.

vielleicht den einzigen heute noch beweisbaren Fall von Geisteskrankheit, der in der Antike zu religiöser Pseudepigraphie geführt hat, stellt der syrakusanische Arzt Menekrates Zeus aus dem 4. Jh. v.Chr. dar, wie Otto Weinreich überzeugend nachgewiesen hat [1]. Aus der Neuzeit sind mehr Fälle bekannt [2]. Wenn Aristoteles, *Probl.* 30, 1 (954 a 36) davon spricht, dass die Σίβυλλαι καὶ Βάκιδες καὶ ἔνθεοι πάντες von νοσήματα μανικὰ καὶ ἐνθουσιαστικά befallen werden, so wird man dieses verallgemeinernde Urteil wegen der Verwendung des Begriffs νόσημα als rationalistisch bezeichnen dürfen. Der vom gewöhnlichen abweichende Geisteszustand der gottbegeisterten Seher erschien dem der Besessenen zum Verwechseln ähnlich. Hier konnten und können vorschnelle Gleichsetzungen leicht verwirrend wirken. Wieweit etwa die Pythia als Beispiel für Bewusstseinsspaltung und Verdoppelung der Person anzusehen ist, bleibe dahingestellt [3].

Nach diesen Vorbemerkungen wenden wir uns nunmehr einigen antiken Zeugnissen zur Inspiration zu. Bereits Hesiod hat am Anfang der *Theogonie* durch ἐνέπνευσαν (sc. Μοῦσαι Ἑλικωνιάδες) auf das «Wehen des Geistes» angespielt, das

[1] Vgl. O. Weinreich, *Menekrates Zeus und Salmoneus. Religionsgeschichtliche Studien zur Psychopathologie des Gottmenschentums in Antike und Neuzeit* = Tübinger Beiträge zur Altertumswissenschaft 18 (Stuttgart 1933, Nachdruck unter dem Titel: Religionsgeschichtliche Studien [Darmstadt 1968]), 299-434; die antiken Texte sind ebd. 92-7 = 396-401 abgedruckt.

[2] Vgl. O. Weinreich, a.O., 126 f. = 430 f.: Verzeichnis gottmenschlicher Identifikationen und Vergleiche.

[3] So von E. Rohde gewertet: *Psyche* 2 [2] (Freiburg i. Brsg.-Leipzig-Tübingen 1898, Nachdruck Darmstadt 1961), 413 f.; vgl. E. R. Dodds, *The Greeks and the Irrational* (Berkeley-Los Angeles 1951), 66 sowie ebd. 63-101 (The blessings of madness). Auch J. Mattes, *Der Wahnsinn im griechischen Mythos und in der Dichtung bis zum Drama des fünften Jahrhunderts* = Bibliothek der klass. Altertumswissenschaften NF 2.R. 36 (Heidelberg 1970), 41; 109 unterscheidet zwischen guten Arten der Besessenheit, wie Inspiration, Enthusiasmos, und Geisteskrankheit; s. auch oben S. 339, Anm. 5.

ihm von den Musen zuteil wurde [1]. Die älteste phänomenologische Beschreibung einer Seherin bietet Heraklit in einer leider unvollständigen Aussage: « Die Sibylle, die mit rasendem Munde Ungelachtes und Ungeschminktes und Ungesalbtes redet...; denn der Gott treibt sie [2].» Andere antike Philosophen versuchten die Erscheinung der Inspiration, die die Voraussetzung für das Zustandekommen «echter religiöser Pseudepigraphie» ist, theoretisch zu bestimmen. So spricht Demokrit vom Ergriffensein des Dichters durch den Gott: « Was immer ein Dichter vom Gott und vom heiligen Geiste (ἱερὸν πνεῦμα sagt der keineswegs irreligiöse Atomist) getrieben schreibt, das ist gewiss schön [3].» Platon hat verschiedentlich auf die Dichtkunst als Gabe des die Seele in Besitz haltenden Gottes hingewiesen. In der *Apologie* sagt Sokrates: « So gewann ich in kurzer Zeit auch über die Dichter folgende Erkenntnis: nicht aus Weisheit dichten sie, was sie dichten, sondern aus natürlicher Anlage und in göttlicher Verzückung, wie die Propheten und die Orakelsänger; denn auch diese sagen viel Schönes und wissen dennoch nichts von dem, was sie sagen [4].» Wichtig ist hier, dass Platon die Dichter neben die gottbegeisterten Seher stellt. Diese traten zwar in Griechenland meist wie die Propheten in Israel mit ihrem Namen hervor. Der Inhalt ihrer Verkündigung galt ihnen aber als Werk des sie inspirierenden Gottes. Genauer handelt Platon im *Phaidros* über die

[1] V. 31. Den Erlebnischarakter der Musenweihe betonen wohl mit Recht K. LATTE, Hesiods Dichterweihe, *Antike und Abendland* 2 (1946), 152-63 = *Kleine Schriften* (München 1968), 60-75 und K. VON FRITZ, Das Prooemium der hesiodischen Theogonie, *Festschrift B. Snell* (München 1956), 32. Vgl. ferner H. MAEHLER, a.O. (s. oben S. 337, Anm. 3), 35-48 und A. KAMBYLIS, a.O. (s. oben S. 337, Anm. 3), 31-68, bes. 52-61.

[2] Überliefert durch Plutarch, *De Pyth. or.* 6 (397 A) = *VS* 22 B 92; vgl. E. ROHDE, *Psyche* 2 [2], 68 f.

[3] Überliefert von Klemens von Alexandrien, *Strom.* VI 168, 2 (2, 518, 20 f. Stählin) = *VS* 68 B 18; vgl. ebd. B 17 und Cicero, *De divin.* I 80 Pease.

[4] 22 b-c.

θεία μανία der Propheten von Delphi und Dodona und der Sibylle sowie der Dichter [1]. In den *Gesetzen* spricht er sinngemäss vom Dichter, der auf dem Dreifuss der Muse sitzt und infolge der Inspiration seiner selbst nicht mächtig, sich widerspricht und nicht deutlich zwischen wahr und falsch zu unterscheiden versteht [2]. Ausführlich hat Platon seine Ansicht über den gottbegeisterten Dichter im *Ion* dargelegt [3]. Er stellt ihn dar als den von der Muse Ergriffenen, der seiner selbst nicht mächtig, ganz von der göttlichen Macht berauscht ist. Wahre Dichtung entstehe nur im Zustand des ἐνθουσιασμός. Als Beweis führt er unter anderem an, dass der im übrigen unbedeutende Dichter Tynnichos sein einziges hervorragendes Werk, den von allen gesungenen Paian, als εὕρημά τι Μοισᾶν bezeichnet hat [4]. Echte Dichtung, so schliesst Platon, ist nicht Schöpfung des Menschen, sondern eines Gottes, wobei die Dichter nur Dolmetscher der Götter sind. Den Vorgang der Inspiration hat Platon im Ion folgenderweise beschrieben : « Wenn ihnen nämlich der Gott die Vernunft raubt und sie und die Orakelverkünder und göttlichen Seher als seine Diener gebraucht, so geschieht es deshalb, damit wir, die ihnen zuhören, auch wissen, dass nicht sie selbst, die ja gar nicht bei Sinnen sind, so kostbare Dinge sagen, sondern dass es der Gott selbst ist, der redet und durch ihren Mund zu uns spricht [5]. »

[1] 244 a-245 a. Ein Echo dieser Stelle liest man noch bei Agathias, *Hist. I praef.* 9 (4 f. Keydell).

[2] 719 c. Hesiod, *Th.* 27 f. singt von den Musen, dass sie sowohl Wahres als auch Trügerisches zu verkünden vermögen ; vgl. dazu K. von Fritz, a.O., 34-6 und M. L. West im *Kommentar zu Hesiods Theogonie* (Oxford 1966), 161 f.

[3] 533 d-535 a; vgl. H. Flashar, *Der Dialog Ion als Zeugnis platonischer Philosophie* (Berlin 1958).

[4] 534 d. Auch Aischylos bewunderte den Paian des Tynnichos und wollte deshalb keinen neuen dichten ; vgl. Porphyr., *De abstin.* II 18.

[5] 534 c-d. Trotz aller Bewunderung für die Inspiration der Dichter übt Platon doch auch an ihr Kritik, weil die Dichter nicht mit bewusster Kunst schafften ; vgl. P. Friedländer, *Platon* 2³ (Berlin 1964), 121 f.

Ohne auf die Nachwirkung dieser antiken Phänomenologie der Inspiration einzugehen, seien noch zwei Bemerkungen des *Neuen Testamentes* genannt, die aber beide aus unechten Briefen stammen. Der von Paulus nicht verfasste *zweite Brief an Timotheos* lobt 3, 16 jegliche γραφὴ θεόπνευστος [1] und der gefälschte *zweite Petrusbrief* beschreibt 1, 21 die Prophetie mit folgenden Worten: « Denn noch nie ist Prophetie durch den Willen eines Menschen erfolgt, sondern, vom Heiligen Geist getrieben, haben heilige Menschen Gottes gesprochen [2]. » Diese wenigen Zeugnisse, die sich leicht vermehren liessen, erweisen den antiken heidnischen und christlichen Glauben an die göttliche Inspiration [3].

In Griechenland vermochte jedoch der einzelne Dichter seine Selbständigkeit gegenüber der ihn begeisternden und inspirierenden Macht vielfach zu behaupten. Die Muse ist zwar bei Homer die eigentliche Urheberin seines Sanges. Trotzdem aber haben die Dichter der homerischen Epen und Hymnen niemals die Muse im buchstäblichen Sinne zur Verfasserin ihrer Gesänge gemacht. Auch Hesiod begnügte sich damit, nur die Tatsache seiner Begeisterung durch die Musen kundzutun, ohne sein Gedicht als von den Musen verfasst auszugeben [4]. Hingegen wurden die delphischen

[1] Vgl. N. Brox, *Die Pastoralbriefe* = Regensburger Neues Testament 7, 2 (Regensburg 1969), 261 f.

[2] S. auch die oben S. 347, Anm. 3 genannten Stellen.

[3] Zu Philon vgl. H. Leisegang, a.O. (s. oben S. 339, Anm. 4); zu Plutarch vgl. H. Bacht, Religionsgeschichtliches zum Inspirationsproblem, die Pythischen Dialoge Plutarchs von Chäronea, *Scholastik* 17 (1942), 50-69; zu den Quellen Plutarchs vgl. K. Ziegler, Art. Plutarchos: *PW* 21, 1, 1951, bes. 831 f. Zeugnisse aus späteren Schriftstellern, besonders lateinischen, nennen ferner A. St. Pease in seiner Ausgabe von Cicero *De divinatione*, University of Illinois Studies in Language and Literature 6 (1920, Nachdruck Darmstadt 1963), 399 f. = 237 f. (zu 1, 80) und Russell, a.O. (s. oben S. 339, Anm. 4), 113 f. zu c. 13, 2.

[4] Vgl. auch O. Falter, *Der Dichter und sein Gott bei den Griechen und Römern* (Würzburg 1934), 12-18 und H. Maehler, a.O. (s. oben S. 337, Anm. 3), 17 f.; 32.

Sehersprüche als Worte Apollons verkündet ähnlich wie in Israel Moses die ihm zuteil gewordene göttliche Offenbarung als Rede Jahwes weitergegeben hat. Das Aufgehen des menschlichen Verfassers im göttlichen zeichnet noch manche andere Schrift der Griechen aus. Man denke an die Literatur unter den Namen von Göttern und mythischen Gottesfreunden, Propheten und Sängern [1]. Dass unter diesen Schriften «echte religiöse Pseudepigrapha» und andererseits Fälschungen und nur literarisch gemeinte Nachahmungen stehen, ist unbezweifelbar; nur sie jeweils innerhalb des Überlieferungsbestandes zu unterscheiden, ist nicht einfach [2].

Die Muse ist bei Homer und Hesiod gleichsam die hypostasierte Quelle, aus der dem Dichter seine Lieder zufliessen. Die religiös geprägte Umwelt bleibt insofern sichtbar, als eben die Macht, der der Dichter seine Lieder verdankt, als göttlich bezeichnet wird. In der Neuzeit trägt sie keinen Namen mehr. Sie wird zu einer gestaltlosen und anonymen Macht. Aber selbst noch im 19. und im 20. Jh. erlebte mancher Dichter, dass eigentlich nicht er schrieb, sondern ein ihn beherrschendes Es. Die im folgenden mitgeteilten Aussagen neuzeitlicher Dichter und Schriftsteller zeigen, dass die Erscheinung, die in der Inspirationslehre griechischer Philosophen und in den von uns so genannten echten religiösen Pseudepigrapha erkennbar ist, aus Erfahrungen der menschlichen Seele stammt und daher nicht auf einen einzigen Kulturkreis beschränkt ist.

Die unten angeführten Zeugnisse neuzeitlicher Schriftsteller sind in ihrem Aussagewert nicht von gleichem Gewicht [3]. Auch bei ihnen stellt sich die Frage, ob die

[1] Vgl. W. Speyer, *Religiöse Pseudepigraphie* a.O. (s. S. 333, Anm. 2), 91-4.

[2] S. unten S. 360-6.

[3] Die Zeugnisse sind zum Teil der Rektoratsrede von Otto Behaghel entnommen: *Bewusstes und Unbewusstes im dichterischen Schaffen* (Giessen 1906). Vgl. ferner W. Dilthey, Die Einbildungskraft des Dichters, *Philosophische Aufsätze Ed. Zeller gewidmet* (Leipzig 1887), 305-482, bes. 401-9; R. Müller-

behauptete Inspiration tatsächlich erfahren wurde oder ob ein literarischer Topos vorliegt. Eine Entscheidung über die Aufrichtigkeit des wirklich oder angeblich inspirierten Schriftstellers dürfte durch den Vergleich mit dem Gehalt seiner dichterischen Botschaft vielleicht herbeizuführen sein.

Goethe bemerkte am 11. März 1828 zu Eckermann:

« Jede Produktivität höchster Art, jedes bedeutende Aperçu, jede Erfindung, jeder grosse Gedanke, der Früchte bringt und Folge hat, steht in niemandes Gewalt und ist über aller irdischen Macht erhaben. Dergleichen hat der Mensch als unverhoffte Geschenke von oben, als reine Kinder Gottes zu betrachten, die er mit freudigem Dank zu empfangen und zu verehren hat. Es ist dem Dämonischen verwandt, das übermächtig mit ihm tut, wie es beliebt, und dem er sich bewusstlos hingibt, während er glaubt, er handle aus eigenem Antriebe. In solchen Fällen ist der Mensch oftmals als ein Werkzeug einer höheren Weltregierung zu betrachten, als ein würdig befundenes Gefäss zur Aufnahme eines göttlichen Einflusses [1]. »

Die Brüder Edmond und Jules de Goncourt bekennen:

« On ne fait pas les livres qu'on veut. Le hasard vous donne l'idée première... Une fatalité, une force inconnue, une volonté supérieure à la vôtre, vous commandent l'œuvre, vous mène la main. Vous sentez que vous deviez nécessairement écrire ce que vous avez écrit. Et quelquefois le livre qui vous sort des mains ne vous semble pas sorti de vous-même: il vous étonne comme

FREIENFELS, *Psychologie der Kunst* 2 [2] (Leipzig-Berlin 1923), 132-75 (*Die Inspiration*) und E. BARMEYER, a.O. (s. oben S. 337, Anm. 3), 16-37, der Baudelaire, Rimbaud, die Dadaisten, die Surrealisten, Jean Cocteau, Henry Miller und Gottfried Benn bespricht.

[1] J. P. ECKERMANN, *Gespräche mit Goethe in den letzten Jahren seines Lebens*, hrsg. von F. Bergemann (Wiesbaden 1955), 630 f.

quelque chose qui était en vous et dont vous n'aviez pas conscience [1]. »

Edmondo De Amicis behauptet über sein eigenes Schaffen:

Il canto d'un lavoratore. « Mi dice un amico. — Quale forza di volontà ! — No, non è forza di volontà. Io non voglio più, obbedisco. È una forza che mi par superiore al mio volere, e posta fuori di me stesso, quella che mi sveglia, mi scuote, mi mette in mano la penna, mi porge un foglio bianco quando non c'è più spazio nell'altro, mi fa risedere al tavolino un minuto dopo che mi sono alzato, mi ricaccia dieci volte contro la difficoltà con un impeto e una fede, di cui mi meraviglio io medesimo. Forza di volontà dovrei esercitare per sottrarmi alla tirannia di questo non so quale spirito imperioso e infaticabile che m'incalza di continuo e mi fa far ciò che vuole... [2] »

Alfred de Musset sagt :

« On ne travaille pas, on écoute, on attend. C'est comme un inconnu qui vous parle à l'oreille [3]. »

Wichtiger ist folgende Äusserung Jean Pauls :

« Der echte Dichter ist ebenso im Schreiben nur der Zuhörer, nicht der Sprachlehrer seiner Charaktere, d.h. er flickt nicht ihren Dialog nach einem mühsam gehörten Stilistikum der Menschenkenntnis zusammen, sondern er schauet sie wie im Traum lebendig an, und dann hört er sie. Viktors Bemerkung, dass ihm ein geträumter

[1] *Journal* 1860-61, 4 (Monaco 1956), 160.

[2] *Pagine allegre* (Milano 1906), 2.

[3] Zitiert von P. Chabaneix, *Physiologie cérébrale. Le subconscient chez les artistes, les savants et les écrivains* (Paris 1897), 102. — Klara Viebig, nach der Art ihres Schaffens gefragt, erklärte: «es ist, als ob mir jemand vorsagt» (vgl. O. Behaghel, a.O. [s.o. S. 350, Anm. 3], 58 Anm. 91).

Opponent oft schwerere Einwürfe vorlege als ein leibhafter, wird auch vom Dramatiker gemacht, der vor der Begeisterung auf keine Art der Wortführer der Truppe sein könnte, deren Rollenschreiber er in derselben so leicht ist [1].»

Friedrich Nietzsche hat den Zustand des inspirierten Menschen im Anschluss an Platon überaus anschaulich beschrieben, da er selbst derartige Erlebnisse bei der Abfassung von *Also sprach Zarathustra* gehabt hat :

« — Hat jemand, Ende des neunzehnten Jahrhunderts, einen deutlichen Begriff davon, was Dichter starker Zeitalter Inspiration nannten? Im anderen Falle will ich's beschreiben. Mit dem geringsten Rest von Aberglauben in sich würde man in der Tat die Vorstellung, bloss Inkarnation, bloss Mundstück, bloss Medium übermächtiger Gewalten zu sein, kaum abzuweisen wissen. Der Begriff Offenbarung in dem Sinn, dass plötzlich, mit unsäglicher Sicherheit und Feinheit, etwas sichtbar, hörbar wird, etwas, das einen im Tiefsten erschüttert und umwirft, beschreibt einfach den Tatbestand. Man hört — man sucht nicht : man nimmt — man fragt nicht, wer da gibt ; wie ein Blitz leuchtet ein Gedanke auf, mit Notwendigkeit, in der Form ohne Zögern — ich habe nie eine Wahl gehabt. Eine Entzückung, deren ungeheure Spannung sich mitunter in einen Tränenstrom auslöst, bei der der Schritt unwillkürlich bald stürmt, bald langsam wird ; ein vollkommnes Außer-sich-sein mit dem distinktesten Bewusstsein einer Unzahl feiner Schauder und Überrieselungen bis in die Fusszehen ; eine Glückstiefe, in der das Schmerzlichste und Düsterste nicht als Gegensatz wirkt, sondern als bedingt, als herausgefordert, als eine notwendige Farbe innerhalb eines solchen Licht-

[1] Briefe und bevorstehender Lebenslauf, 5. Brief : *Sämtliche Werke* 1, 7 (Weimar 1931), 405 f.

überflusses ; ein Instinkt rhytmischer Verhältnisse, der weite Räume von Formen überspannt (die Länge, das Bedürfnis nach einem weitgespannten Rhythmus ist beinahe das Mass für die Gewalt der Inspiration, eine Art Ausgleich gegen deren Druck und Spannung). Alles geschieht im höchsten Grade unfreiwillig, aber wie in einem Sturme von Freiheitsgefühl, von Unbedingtsein, von Macht, von Göttlichkeit. Die Unfreiwilligkeit des Bildes, des Gleichnisses ist das Merkwürdigste ; man hat keinen Begriff mehr, was Bild, was Gleichnis ist, alles bietet sich als der nächste, der richtigste, der einfachste Ausdruck an.

— Dies ist meine Erfahrung von Inspiration [1]. »

Aufschlussreich ist auch folgendes Bekenntnis von Otto Ludwig (1813-1865) :

« Aber es ist nunmehr wieder schlimmer (mit der Krankheit), als da ich die Makkabäer schrieb, wo ich auch in so erbärmlichem Zustande war... Das Ganze zeigte sich in einer neuen Gestalt und immer in solcher Lebendigkeit, dass ich die Menschen neben mir am Bette sitzen sah. — Das ist ein unbeschreiblich närrischer Zustand ; während ich im vergangenen Winter von Schmerzen so zermartert lag, dass ich auch keine Hand rühren konnte, wurde ich eines Nachts wach, und mir kommt ein Plan in den Sinn, der mit solch riesiger Schnelligkeit wuchs, dass ich in einer halben Stunde ein ganzes Stück vor mir hatte und die Personen vor mir standen. Aber nun bedürfte es der grössten Schnelligkeit, das zu Papier zu bringen, denn alsdann strömt es, und die Gestalten wachsen in rasender Schnelle. Ich bin aber ausser Stande, mit der Feder fortzukommen... Sind die

[1] *Ecce homo* : F. Nietzsche, Werke in drei Bänden, hrsg. von K. Schlechta 2 (München 1955), 1131 f. ; vgl. ebd. 3 (1956), 1285 : Brief Nietzsches an G. Brandes vom 10. April 1888.

Figuren verblasst, oder fehlt mir ein Motiv, so sehe ich das Ganze wieder anders, denn ich kann nicht etwas dazu erfinden, sondern das Ganze kommt gegliedert aus mir, und drängt zur Geburt, wie das ausgebildete Kind aus der Mutter Leib [1]. »

Zur Audition tritt die Vision, die im Einzelfall schwerlich immer von der Halluzination zu scheiden ist. Wachträume und Dichtung stehen im engsten Wechselverhältnis.

Friedrich Hebbel sieht sich zu der Feststellung genötigt:

« Mein Gedanke, dass Traum und Poesie identisch sind, bestätigt sich mir mehr und mehr [2]. »

Schliesslich sei auf Rainer Maria Rilke verwiesen, dessen Dichtungen diese Erfahrungen in besonderem Masse spiegeln. Rilke hat unter dem Geist gelitten, dem er seine höchsten dichterischen Eingebungen verdankte; denn nicht immer erwies der Gott sich dem Dichter gnädig, wie die Entstehungsgeschichte der *Duineser Elegien* zeigt, die im Jahre 1912 als inspirierte Dichtung begonnen wurden und erst 1922 in einem Rausch der Ergriffenheit neben anderen Gesängen, wie den *Sonetten an Orpheus*, ans Licht drängten [3].

[1] Gespräche mit J. Lewinsky: O. LUDWIG, *Studien* 2 (Leipzig 1891), 321.

[2] *Tagebücher* (Wien, 3. Juni 1847) Nr. 4188: F. HEBBEL, *Werke* 4 (München-Darmstadt 1966), 882. Vgl. O. BEHAGHEL, a.O. (s.o. S. 350, Anm. 3), 16 f. und R. MÜLLER-FREIENFELS, a.O. (s.o. S. 350, Anm. 3), 2, 178-80.

[3] Über den Vorgang der Inspiration im Jahre 1912 auf Schloss Duino berichtet M. VON THURN UND TAXIS-HOHENLOHE, *Erinnerungen an R. M. Rilke* = Schriften der Corona 1 [2] (München-Berlin-Zürich 1933) 40 f. Am 19. Februar 1912 schreibt Rilke von Duino an M. von Thurn und Taxis: «... ich habe eine Art Instinkt, mich im Moment davor (dem Produktiven) zu hüten, der Geist fährt so unwirsch aus und ein, kommt so wild und bleibt so plötzlich aus, dass mir zumuth ist, als ging ich, körperlich, dabei in Stücke» (R. M. RILKE und M. VON THURN UND TAXIS, *Briefwechsel* 1 [Zürich 1951], 115). Nach der Niederschrift der Elegien Anfang Februar 1922 auf dem Schlösschen Muzot schreibt er M. von Thurn und Taxis: « Endlich, Fürstin, endlich der gesegnete, wie gesegnete Tag, da ich Ihnen den Abschluss — so weit ich sehe — der Elegien anzeigen kann: Zehn! Von der letzten, grossen ...

Zur Deutung dieses Schaffens verweisen Biographen Rilkes treffend auf die platonische Vorstellung von der göttlichen Sendung des Dichters und sprechen von dem « modernen Musterbeispiel einer grossen Inspiration » [1].

Die Entstehungsgeschichte des Zyklus *Aus dem Nachlass des Grafen C.W.* kann für unsere Frage nach dem Verhältnis von Inspiration und Pseudepigraphie aufschlussreich sein. Über das Zustandekommen dieser Dichtung im Jahre 1920/21 im Schlösschen Berg am Irchel hat der Dichter verschiedene, scheinbar sich widersprechende Aussagen gemacht [2]. An die Fürstin Marie von Thurn und Taxis schreibt er am 15. Dezember 1920 von Schloss Berg:

> « Ich habe etwas sehr Komisches angestellt, was mir bei Gelegenheit dieses „erhabenen" Styles einfällt. Keinerlei Bibliothek (ausser einem Goethe) hier vorfindend, auch keine Aufzeichnungen oder dergleichen, die mit diesem durch die Jahrhunderte den Escher vom Luchs gehörigen Schlösschen zusammenhingen, — machte ich mich, in halber vorläufiger Produktivität daran, ein Heft Gedichte zu verfassen, das ich vorgab, hier in einem Schranke gefunden zu haben [3]. Es war sehr merkwürdig —,

zittert mir noch die Hand! ... Alles in ein paar Tagen, es war ein namenloser Sturm, ein Orkan im Geist (wie Damals auf Duino), alles, was Faser in mir ist und Geweb, hat gekracht, — an Essen war nie zu denken, Gott weiss, wer mich genährt hat. Aber nun ists. Ist. Ist. Amen. » (R. M. Rilke — M. von Thurn und Taxis, a.O., 2, 697 f.); vgl. M. von Thurn und Taxis, *Erinnerungen*, 91 f. und J. R. von Salis, *R. M. Rilkes Schweizer Jahre* [3] (Frauenfeld 1952), 105-25.

[1] Vgl. H. E. Holthusen, *R. M. Rilke in Selbstzeugnissen und Bilddokumenten* (Reinbek bei Hamburg 1958), 108; 148 (145-8).

[2] Die Zeugnisse sind gesammelt in: R. M. Rilke, *Aus dem Nachlass des Grafen C.W.* (Insel-Verlag 1950), 37-9. Vgl. M. von Thurn und Taxis, *Erinnerungen*, 87 und J. R. von Salis, a.O., 54-7.

[3] Hier begegnet das Motiv vom aufgefundenen Buch, das in der Literatur des Altertums, des Mittelalters und der Neuzeit zu verschiedenen Zwecken benutzt wurde; vgl. W. Speyer, *Bücherfunde*, a.O. (s.o. S. 337, Anm. 1), *passim*.

die Feder wurde mir buchstäblich „geführt" Gedicht für Gedicht, bis auf ein paar Stellen, wo man mich erkennen würde, wars auch weder meine Art noch meine Ansicht, die da ganz fertig (ich schrieb es sans brouillon ins Heft selbst) zum Ausdruck kam. Ein sehr schönes (ägyptisches) Gedicht ist dabei, das ich wohl möchte gemacht haben, das aber nie so sich könnte in mir ausgeformt haben. Das ging im Fluge an 3 Abenden vor sich —, und schon am zweiten setzte ich, ganz fliessend, ohne einen Moment zu überlegen aufs Titelblatt: *Aus dem Nachlass des Grafen C.W.* (wie im Dictat ebenfalls) ohne mir einen Namen bei diesen Initialen zu denken, — aber so durchaus sicher, dass es das sei: Was war das alles? [1] »

Im Brief vom 6. März 1921 an die Fürstin kommt Rilke auf das Ereignis zurück:

« ... Wenn das Meiste Sie enttäuscht (Dilettantismen, Banalitäten etc.) so berücksichtigen Sie eben: ich bin's nicht, es war so völlig „Auftrag", einschliesslich der Initialen C.W., die ich nicht auszuschreiben wüsste, und jener Anmerkung „Palermo 1862" —, das diktierte sich so malgré moi, wie die Gedichte selbst, fliegend — ; ... [2] ».

Etwas anders berichtete er über diesen Vorfall an Frau N. Wunderly-Volkart und wieder anders an Anton Kippenberg. Ihm schildert er:

« Er habe eines Abends beim Auskleiden Verse vor sich hin gesprochen, unter anderem:

Berge ruhn, von Sternen überprächtigt;
aber auch in ihnen flimmert Zeit.
Ach, in meinem wilden Herzen nächtigt
obdachlos die Unvergänglichkeit,

[1] Rilke – von Thurn und Taxis, a.O., 2, 631 f.

[2] Ebd. 644.

und sich erstaunt gesagt: Diese pathetischen Verse sind doch nicht von dir! Ein wenig beunruhigt habe er sich wieder angekleidet und sich an den Kamin gesetzt. Plötzlich habe er auf dem Stuhl ihm gegenüber einen altmodisch gekleideten Herrn erblickt, der habe ihm aus einer alten vergilbten Handschrift Gedichte vorgelesen, in denen die Verse vorgekommen seien, die Rilke vor sich hingesprochen habe. Diese Verse habe er dann nachgeschrieben. Es sind die „Gedichte des Grafen C.W.“ [1].»

Die verschiedenen Nachrichten widersprechen sich nur scheinbar. Die Inspirationserfahrung schlägt sich in Bildern nieder, die sich der nachsinnenden Vorstellung in verschiedener Gestalt, bald als Audition, bald als Vision, zeigen. Vorschnelle Unterscheidungen können hier nur verderblich wirken, wie auch aus folgender Warnung des Dichters zu ersehen ist:

> « Aber Lebendige machen
> alle den Fehler, dass sie zu stark unterscheiden.
> Engel (sagt man) wüssten oft nicht, ob sie unter
> Lebenden gehn oder Toten. Die ewige Strömung
> reisst durch beide Bereiche alle Alter
> immer mit sich und übertönt sie in beiden [2].»

Inhalt und Folge des von Rilke berichteten Inspirationserlebnisses ist eine pseudepigraphische Dichtung. Rilke schrieb etwas, das nicht ihm selbst zu gehören schien und auch nicht mit der eigenen Auffassung von vollendeter Dichtung übereinstimmte. Der so oft in der abendländischen Literatur auftauchende Gedanke vom zufällig gefundenen Buch verschmolz mit Erfahrungen fast parapsychologischer

[1] R. M. Rilke, *Briefe an seinen Verleger 1906 bis 1926*, hrsg. von R. Sieber-Rilke und C. Sieber 2 (Insel-Verlag 1949), 545 Anm. 379.

[2] *Duineser Elegien*, Erste Elegie: Rilke, *Sämtliche Werke*, hrsg. von E. Zinn 1 (Frankfurt 1955), 688.

Natur. Wollte man den Grund deuten, aus dem die pseudepigraphische Einkleidung erwachsen ist, so könnte man bei vordergründiger Betrachtung versucht sein, die Berichte als literarische Erfindung oder als Mystifikation abzutun [1]. Ein angemessenes Urteil wird sich vom Eindruck des dichterischen Werkes Rilkes gewinnen lassen, das, wie die *Duineser Elegien* zeigen, Züge der Inspiration aufzuweisen scheint. Das Beispiel des Gedichtzyklus unter dem Namen des Grafen C.W. kann uns lehren, dass dichterische Inspirationserlebnisse auch noch in unserem Jahrhundert zu einer besonderen Art der Pseudepigraphie geführt hat, die mit der «echten religiösen Pseudepigraphie» eng verwandt ist.

Bei den hier vorgetragenen Überlegungen geht es uns weniger darum, das Wesen inspirierter Literatur erschöpfend darzustellen, als vielmehr das Dasein dieser besonderen Form pseudepigraphischer Schriftstellerei deutlich zu machen, um so eine Grundlage zu schaffen, genauer als bisher, die verschiedenen pseudepigraphischen Schriften des Altertums nach den Motiven, die zu ihrem Entstehen geführt haben, zu sichten. Für das religiös geprägte Bewusstsein ist die Inspiration durch den Geist Gottes eine Erfahrungstatsache. Auch in unreligiösen Zeiten bezeugen — wie wir sehen — noch einzelne Dichter für ihr eigenes Schaffen eine ganz ähnliche Erfahrung. Führt die Vorstellung der Ergriffenheit weiter zu einer Identifikation von Schriftsteller und vorgestelltem inspirierenden Geist, der ein Gott, ein Engel, ein gottgeliebter Weiser der Vorzeit sein kann, so entsteht die «echte religiöse Pseudepigraphie». In diesem Fall versinkt der menschliche Verfasser ganz in der ihn inspirierenden personalen Macht. Das so zustandegekommene Werk gilt ihm dann tatsächlich als Schöpfung des Gottes, des Engels oder des mythischen Gottesfreundes, so dass er es als dessen geistiges Eigentum verbreiten muss.

[1] Zum Begriff der Mystifikation vgl. W. SPEYER, *Fälschung*, a.O. (s.o. S. 334, Anm. 2), 25-7.

Damit wäre die Berechtigung nachgewiesen, zunächst einmal allgemein eine besondere Art der Pseudepigraphie anzunehmen, die sich von der pseudepigraphischen nur der Unterhaltung dienenden freien Erfindung und von der Fälschung unterscheidet, um die beiden wichtigsten Arten der Pseudepigraphie zu nennen.

Prüfen wir von hier den Bestand der religiösen Pseudepigrapha aus dem Altertum, so stellt sich die Frage, welche von ihnen als «echt» zu gelten haben, welche als gefälscht und welche als erstarrte literarische Erfindungen, die nur der Unterhaltung dienen. Bei keiner anderen Art der Pseudepigraphie ist eine Fälschungskritik dringender geboten als bei den religiösen Pseudepigrapha. Sicherer wird das Urteil bei jenen religiösen Pseudepigrapha ausfallen, deren Inhalt keine rein religiösen Offenbarungen wiedergeben und keine Merkmale pneumatischer Wirkung aufweisen. Sie sind entweder frei erfunden oder gefälscht. Hierzu wird man beispielsweise die meisten Orphischen Dichtungen rechnen, deren Stil durch ein Jahrtausend gleich geblieben ist und keine Merkmale enthusiastischer Herkunft aufweist.

An dieser Stelle wäre der Begriff der pneumatischen Gewirktheit zu entfalten. Ob man ihn anders als mit den platonischen Kategorien der μανία, der ἔκστασις, des ἐνθουσιασμός kennzeichnen kann? Ergriffenheit und eine θεία δύναμις muss zunächst eine solche pseudepigraphische Schrift ausstrahlen, damit ihr das Prädikat «inspiriert» zuerkannt werden kann.

Ein weiteres Kriterium ergibt sich aus folgender Beobachtung Erich Faschers [1]. Er verglich den Anspruch des Jeremia, aus dem prophetischen Geist Jahwes zu reden, mit dem Anspruch der israelitischen Heilspropheten, gegen die sich Jeremia wendet. Dabei kam er zu folgendem Ergebnis:

[1] ΠΡΟΦΗΤΗΣ, Eine sprach- und religionsgeschichtliche Untersuchung (Giessen 1927), 133 f.

« Der echte Prophet ... ist als Mund Gottes ganz in der Gewalt des Heiligen und damit „ schlechthinnig abhängig “. Darum kann er nicht wie jene Zunftpropheten Jahwe für menschliche Zwecke ausnutzen, wie man es mit Baal machte, kann auch nichts Eigenes und keine Lüge reden ; denn Gott legt ihm alles in den Mund, und er würde sonst bei der geringsten Eigenwilligkeit seines Amtes verlustig gehen. Wir sehen, wie gross trotz formaler Gleichheit (Vision, Orakel, Wortverkündigung) der Unterschied zwischen Amos — Jesaja — Jeremia und den anderen n^{e}biim ist. Diese nutzen Jahwe, jene dienen ihm. »

Folglich müssen alle religiösen Pseudepigrapha geprüft werden, ob sie ihren Anspruch auf aussermenschliche Herkunft und Autorität durch den rein religiösen Inhalt ihrer Botschaft bestätigen. Bei der Lösung dieser Aufgabe stehen wir an der Grenze dessen, was mit wissenschaftlichen Mitteln bewiesen werden kann und nähern uns Werturteilen oder gar Überzeugungen des Glaubens [1]. Das literarische Erbe des Altertums mit seinen zahlreichen Offenbarungsschriften und die Selbstaussagen inspirierter Dichter des Altertums wie der Neuzeit könnten aber meines Erachtens die Wissenschaft veranlassen, wenigstens das Vorhandensein inspirierter Schriften anzuerkennen und dazu auffordern, nach geeigneten Kriterien zu suchen, um derartige Schriften von den überlieferten Pseudepigrapha, die durch andere Ursachen entstanden sind, zu unterscheiden.

Je deutlicher festzustellen ist, dass ein religiöses Pseudepigraphon nur Wünsche eines einzelnen oder einer Gruppe zu befriedigen sucht, das heisst z.B. merkantile, rechtliche,

[1] Bereits Paulus verlangte, aufgrund der *regula fidei* die Reden christlicher, Ekstatiker zu prüfen (*I Kor.* 12, 3-10 ; 14, 29 ; *I Thess.* 5, 20 f.) ; vgl. *I Joh.* 4 1-3 ; *Didache* 11, 7-12 und Hermas, *Mand.* 11. H. Bacht, Wahres und falsches Prophetentum, *Biblica* 32 (1951), 237/62 versucht von diesem Standpunkt aus, die christliche Prophetie als die wahre und echte gegenüber der heidnischen zu erweisen.

politische, kultische, apologetische, verherrlichende, verleumderische, kirchenpolitische, disziplinäre Absichten durchzusetzen sucht, um so eher wird von Fälschung zu sprechen sein. Um derartige Zwecke überhaupt feststellen zu können, muss jedes Pseudepigraphon mit religiösem Inhalt nach seiner Herkunft untersucht werden. Solange wir nicht die Zeit, den Ort und den Personenkreis bestimmt haben, aus der die unechte Schrift stammt, lässt sich kein sicheres Urteil darüber fällen, zu welcher Art von Pseudepigraphie sie gehört. Wie könnte man sonst etwa dem Verdacht entgegentreten, ob ein vorliegendes echt scheinendes religiöses Pseudepigraphon nicht vielmehr etwa die gelungene Nachahmung eines Schriftstellers ist, das heisst freie Erfindung im Dienste der Unterhaltung?

An dieser Stelle ist darauf hinzuweisen, dass religiöse Pseudepigrapha innerhalb von Dichtungen nicht notwendig nur reine literarische Erfindungen zu sein brauchen. Bedenken wir, was zuvor über das Wesen inspirierter oder «echter religiöser Pseudepigraphie» gesagt wurde, so werden wir bei religiös geprägten Dichtern mit dieser literarischen Form durchaus zu rechnen haben. Pseudepigraphische prophetische Reden begegnen beispielsweise in den Dialogen Platons. Eine solche Rede ist der Schlussmythos des *Staates* mit der Apokalypse des Pamphyliers Er [1]. Innerhalb dieser Jenseitsschau steht eine weitere pseudepigraphische Rede: der anonym bleibende Prophet der Lachesis verkündet den Ἀνάγκης θυγατρὸς κόρης Λαχέσεως λόγος [2]. Die Rede des platonischen Propheten ist mit der der alttestamentlichen Propheten insofern vergleichbar, als beide die Worte ihres Gottes in der Ich-Rede des Gottes verkünden. — Ein anderes Beispiel für «echte religiöse Pseudepigraphie» bei Platon ist vielleicht die Rede der Diotima im *Symposion* [3]. Diotima ist als religiös

[1] *Resp.* 614 b-621 b.

[2] *Resp.* 617 d-e.

[3] *Symp.* 201 d.

mächtige Sühnepriesterin durch den Hinweis gekennzeichnet, dass sie für die Athener einen Aufschub der Pest um zehn Jahre erlangt habe. In ihrem Namen verkündet Platon das Geheimnis des Eros. Die Verwendung religiöser Pseudepigraphie könnte bei einem Denker, wie Platon, zunächst nur als Mittel der Komposition erscheinen, das dort bewusst eingesetzt wird, wo das Unsagbare im religiösen Gleichnis doch noch als verstehbar ausgedrückt werden soll. Aber vielleicht wird man sich eher zu der Auffassung gedrängt sehen, dass Platon an diesen Stellen als der wahrhaft Gottbegeisterte spricht, dessen Wesen er selbst überzeugend dargestellt hat. In diesem Zusammenhang wird man auch an den Sokrates des *Phaidros* erinnern dürfen, der allerdings scherzhaft auf die Ortsgottheiten hinweist, die ihn inspirieren [1].

So werden wir schliesslich dazu neigen, all jene pseudepigraphischen religiösen Schriften als subjektiv echt erlebt zu bezeichnen, aus denen reine religiöse Verkündigung spricht. Das stilistische Vermögen der menschlichen Verfasser ist dabei ganz unwesentlich und kann kein Kriterium über Echt und Unecht abgeben [2]. Gewiss handelt es sich bei einem derartigen Urteil um ein Werturteil. Dem subjektiven Ermessen ist ein grösserer Spielraum gelassen. Jedes andere Kriterium würde aber dem Gegenstand gegenüber unangebracht sein, gehört er doch nur zum Teil der wissenschaftlich zugänglichen Erfahrung an.

Andere allgemeine Kriterien werden sich schwerlich finden lassen. Der Gesichtspunkt des Ursprungslandes führt nicht weiter, da auch in Griechenland und nicht nur in den religiös erregten Ländern des Vorderen Orients mit « echter religiöser Pseudepigraphie » zu rechnen ist.

In meiner Darstellung der antiken Fälschung im *Handbuch der Altertumswissenschaft* wurde für die Beurteilung der

[1] *Phaedr.* 262 c-d.

[2] Vgl. auch Plut. *De Pyth. orac.*, bes. 5 (396 C-397 D).

jüdischen und der christlichen religiösen Pseudepigraphie auf den Gesichtspunkt der Mission und Apologetik hingewiesen [1]. Einzelne Juden der hellenistischen Zeit waren mit den Methoden der griechischen Schriftstellerei wohl vertraut. Pseudepigraphie und Fälschung hatten bei den Griechen während des Hellenismus einen grossen Auftrieb genommen. Zur Selbstverteidigung und um der Glaubenswerbung willen übernahmen einzelne hellenisierte Juden die Pseudepigraphie als erfolgversprechendes Mittel. Als Leser ihrer Schriften werden wir neben Griechisch sprechenden Juden an die Kreise der Gottesfürchtigen denken dürfen und an solche Griechen, die sich für den jüdischen Glauben interessierten [2]. Viele Pseudepigrapha des Altertums, nicht nur der Juden, erscheinen uns heute so ungeschickt abgefasst, dass sie nach unserer Auffassung keinen Gebildeten täuschen konnten. Die Geschichte der Leichtgläubigkeit ist aber noch nicht geschrieben. Dazu kamen zahlreiche Vorurteile und Denkvorstellungen, die im Altertum die Verbreitung von Fälschungen begünstigt haben [3].

Die Lage der Christen war während der ersten drei Jahrhunderte der Verfolgung mit der der hellenistischen Juden vergleichbar. Die Fälschung bot sich ihnen als geeignetes Mittel an, um in die heidnische Welt zu wirken. Aus den Motiven, um derentwillen einzelne hellenisierte Juden und Christen der ersten Jahrhunderte schrieben, dürfte ziemlich sicher zu erschliessen sein, dass die von ihnen benutzte schriftstellerische Maske nicht als rein literarische Erfindung, die nur der Unterhaltung dienen sollte, aufzufassen ist. Die hellenistischen jüdischen Pseudepigrapha sind demnach wie

[1] Vgl. W. SPEYER, *Fälschung* a.O. (s.o. S. 334, Anm. 2), 155-60; 218 ff.

[2] Vgl. E. NEUHÄUSLER, Art. Gottesfürchtige: *Lex f. Theol. und Kirche* 4 (1960), 1109 f. und G. DELLING, Die Altarinschrift eines Gottesfürchtigen in Pergamon, *Novum Testamentum* 7 (1964), 73-80 = ders., *Studien zum NT und zum hellenistischen Judentum* (Göttingen 1970), 32-8.

[3] Vgl. W. SPEYER, *Fälschung*, a.O., 84-8.

die christlichen der ersten drei Jahrhunderte entweder Fälschungen oder «echte religiöse Pseudepigrapha». Zu letzteren werden die meisten jüdischen Apokalypsen zu zählen sein, aus denen charismatische Ergriffenheit und rein religiöses Anliegen sprechen [1]. Hingegen wird man die jüdischen *Sibyllinischen Orakel* wegen ihrer politischen Absichten, denen gegenüber das Religiöse untergeordnet zu sein scheint, weitgehend als Fälschungen zu beurteilen haben, wiewohl zu beachten ist, dass gerade in Israel Religion und Politik aufs engste miteinander verbunden sind. An diesem Fall kann man beobachten, wie schmal oft die Grenze zwischen «echter religiöser Pseudepigraphie» und Fälschung ist.

Der Mehrzahl der christlichen Pseudepigrapha der drei ersten Jahrhunderte fehlt die prophetische oder apokalyptische Rede gänzlich. Eine Ausnahme bilden im wesentlichen nur einzelne Schriften der Gnostiker. Demnach sind wir zu dem Urteil berechtigt, in den meisten christlichen Pseudepigrapha Fälschungen zu sehen. Durch Aufdecken der zahlreichen Sachabsichten, die diese Schriften im einzelnen durchzusetzen versuchten, kann der Fälschungscharakter dieser Schriften weitgehend erwiesen werden. Zudem ist zu beachten, dass den Christen der Begriff der Fälschung seit den Zeiten des Paulus durchaus geläufig war und der Vorwurf der Fälschung von vielen Christen gegeneinander und gegen Juden und Heiden erhoben wurde. In einer Umwelt, die so gut über die sittliche Verwerflichkeit von Lüge und Täuschung unterrichtet war, konnte der einzelne sich für seinen literarischen Trug wohl kaum entschuldigen, es sei denn, er nahm seine Zuflucht zu der Deutung, er fälsche,

[1] Der Versuch von D. S. Russell, *The Method and Message of Jewish Apocalyptic 200 BC - AD 100* (London 1964), 127-39, der mit Hilfe des Begriffs der «Korporativen Persönlichkeit» das Geheimnis der Wahl des Patriarchen- oder Prophetennamens durch die jüdischen Apokalyptiker zu lösen versucht hat, dürfte nicht befriedigen ; vgl. J. W. Rogerson, The Hebrew Conception of Corporate Personality, a Re-examination, *Journal of Theological Studies* NS 21 (1970), 11.

weil auch die anderen fälschen und ihnen nicht anders beizukommen sei (Motiv der Gegenfälschung), oder weil der gute Zweck die schlechten Mittel erlaube.

Mit der Freiheit, die der Kirche unter Konstantin zuteil wurde, und mit der allmählichen Christianisierung weiter Bevölkerungsschichten entstand auch bei den Christen die der hellenistischen Zeit geläufige Form der Unterhaltungsliteratur in Form pseudepigraphischer Einkleidung. Seit dem 4. Jh. n.Chr. ist also bei den Christen mit all jenen Arten der Pseudepigraphie zu rechnen, die von den Griechen entwickelt worden waren. Dadurch wird die Beurteilung im Einzelfall wieder schwieriger. Da die modernen Literaturkritiker auf die hier vorgetragenen Unterschiede pseudepigraphischer Schriftstellerei bisher zu wenig geachtet haben, stehen wir mit der Fälschungskritik, besonders der Pseudepigrapha mit religiösem Inhalt, erst an einem Anfang.

DISCUSSION

M. von Fritz: Ich möchte im Anschluss an diesen Vortrag zwei Fragen stellen:

1. Herr Speyer hat zu zeigen versucht, dass man « inspirierte » Literatur nicht als Fälschung bezeichnen kann, weil der inspirierte Autor tatsächlich nicht nach seinem eigenen Willen schreibt, sondern das Gefühl hat, das, was er schreibt, werde ihm von einem höheren Wesen diktiert. Das ist gewiss richtig. Aber es steht doch etwas anders, wo das Werk nicht einem höheren Wesen als solchem, sondern einer früheren inspirierten Persönlichkeit zugeschrieben wird. Haben die verschiedenen Verfasser des *Pentateuchs* geglaubt, dass Moses oder Jahwe durch den Mund (Geist?) des Moses hindurch sie inspiriere?

Noch etwas anders liegt es bei den den Patriarchen zugeschriebenen apokalyptischen Testamenten. Wir haben gestern gesehen, dass die Verteilung der Materialien auf die Jakobssöhne (mit Ausnahme des Joseph) eine ziemlich willkürliche ist: was jedem von ihnen zugeschrieben wird, hat zu einer individuellen Persönlichkeit wenig Beziehung. Soll man annehmen, dass der Verfasser nicht nur einen Inspirationszwang hinsichtlich des Inhaltes seiner Offenbarung fühlte, sondern auch hinsichtlich der Zuweisung der verschiedenen Teile seiner Offenbarung an die individuellen Jakobssöhne?

2. Wie steht es mit der Verteilung von Inspirationszwang und aktiver Mitarbeit des Inspirierten bei der dichterischen Inspiration?

M. Speyer: In meiner Darlegung sollte gezeigt werden, dass es eine bestimmte Art antiken pseudepigraphischen Schaffens gibt, die jenseits der Fälschung, der pseudepigraphischen freien

Erfindung und der übrigen Arten der Pseudepigraphie liegt, wie sie in meiner Monographie über die *Fälschung*, 32-35 und 37-44, beschrieben sind. Diese besondere Art der Pseudepigraphie, die mangels eines besseren Terminus als « echte religiöse Pseudepigraphie » bezeichnet wurde, sollte am Beispiel der charismatisch geprägten oder inspirierten antiken Literatur und der ihr verwandten Aussagen moderner Dichter besser verständlich gemacht werden. Dabei ist nicht behauptet worden, « echte religiöse Pseudepigraphie » sei allein mit der apokalyptischen und visionären Literatur identisch. Im *Jahrbuch für Antike und Christentum* 8-9 (1965-6), 88 ; 125 wurde u.a. auf jene Schriften hingewiesen, die ein Gott geschrieben haben soll. Das dort vorgelegte Material sollte hier nicht noch einmal wiederholt werden. Durch die angeführten Selbstzeugnisse neuzeitlicher Dichter sollte deutlich gemacht werden, dass Erfahrungen antiker Propheten, Dichter und Apokalyptiker nichts mit einem psychisch kranken Bewusstsein zu tun haben. Dieselbe menschliche Seele, die in der Antike die Erfahrung der Inspiration hatte und bisweilen die inspirierende numinos erlebte Macht mit einem Gott und einem Engel gleichgesetzt hat, benannte diese jenseits des Ich liegende Macht in der Neuzeit mit dem Neutrum « Es ». Diese Auffassung ist eine gewisse Parallele zu dem neutralen πνεῦμα ἅγιον-Begriff der antiken Theoretiker der Inspiration.

Blicken wir von hier auf bestimmte konkret vorliegende pseudepigraphische Texte, die charismatisch geprägt, inspiriert zu sein scheinen, so wird man zu untersuchen haben, wie weit sie nur Nachahmungen ähnlicher « echter » Texte darstellen oder aus tatsächlichem mystischen Erleben geschaffen wurden. Vielfach wird es wohl nicht mehr möglich sein, im Einzelfall anzugeben, wo der Anteil des Unbewussten oder besser Überbewussten, d.h. der Inspiration, aufhört und wo der Anteil des bewusst schaffenden Geistes beginnt.

M. Hengel: Sie sind bei Ihrem Inspirationsbegriff sehr stark von Plato ausgegangen, bei dem schon eine Theorie vorgetragen wird, die sich von der erlebten Wirklichkeit wesentlich unterscheidet.

In den jüdischen Apokalypsen darf man diese Theorie nicht voraussetzen ; hier handelt es sich doch in erster Linie um die Verarbeitung von Traditionen. Wieweit dann auch noch ekstatische Erlebnisse dahinterstehen, lässt sich durch literarische Analyse kaum erhellen und bleibt uns in der Regel verborgen. Das *Danielbuch* enthält aretalogische Erzählungen, eine Chronik der Diadochenmonarchien, die in ein *vaticinium ex eventu* umgeformt wurde, weiter astrologische und visionäre Motive. Tradition und visionäres Erlebnis lassen sich kaum scheiden, möglicherweise stehen hier gar keine erlebte Visionen dahinter, sondern das Ganze beruht auf sehr überlegter literarischer Darstellung. Und dennoch hat diese Schrift in der Not der Makkabäerzeit den religiösen Auftrag einer Trostschrift in hervorragender Weise erfüllt.

M. Speyer : Die aus Demokrit und Platon mitgeteilten Zeugnisse sind Teil der antiken Theorie der Inspiration. Ihre formulierte Deutung setzt entweder selbsterlebte oder eher in ihrer Umwelt beobachtete Erscheinungen voraus. Der Traditionszusammenhang ist gewiss wichtig, da er die Tatsache der Nachahmung derartiger Texte nahelegt. Am Anfang eines Traditionszusammenhangs muss aber das aus der Inspiration geschaffene Werk stehen. Vielleicht sind die meisten uns erhaltenen jüdischen Apokalypsen nur Nachahmungen oder Bearbeitungen älterer echter visionärer Berichte. Ein Vergleich mit erlebnisechten Visionen der Folgezeit, ob sie orthonym oder pseudonym sind, könnte erhellend wirken. Alle Offenbarung ist mit Vorstellungen der jeweiligen Zeit unauflöslich verbunden. Die Verleiblichung des Logos wie der charismatischen Erfahrungen erfolgt in die Vorstellungswelt der jeweiligen Zeit. Aufschlussreich sind die von E. Benz in seinem Buch *Die Vision. Erfahrungsformen und Bilderwelt*, 1969, gesammelten Beispiele aus Mittelalter und Neuzeit.

M. von Fritz: Die von Herrn Hengel gemachte Unterscheidung und sein Hinweis auf die Komponente der Tradition scheint mir fundamental wichtig. Bei den apokalyptischen *Testamenten* liegt zweifellos teilweise so etwas wie Inspiration vor, aber hinsichtlich der Zuweisung an die angeblichen Autoren auch ein *acte de volonté* nicht nur, sondern auch ein *acte de volonté arbitraire*. Hier ist es ganz gewiss nicht so, dass es, wie es Herr Speyer — für manche Fälle zweifellos mit Recht — behauptet, eines *acte de volonté* bedurft hätte, um sich gegen das Diktat der Inspiration zur Wehr zu setzen. Man wird wohl deshalb immer noch nicht im modernen Sinne von einer Fälschung im Sinne des Betrugs mit *dolus malus* reden dürfen, aber doch vielleicht, wenn man es mit einem paradoxen Ausdruck bezeichnen darf, mit einem *dolus bonus*, der dann auch in das, was man *pia fraus* zu nennen pflegt, übergehen kann.

M. Burkert: Es gibt ekstatische Erlebnisse als Grundlage von Prophetien und Apokalypsen; es gibt aber auch die literarische Tradition, die den Texten ihren Stempel aufprägt. Im Griechischen sind es in diesem Bereich vor allem zwei literarische Formen:

1. Die Orakel in Hexametern, ausgehend wohl von Delphi im 8. Jh.; dort ist klar: was immer die Pythia erlebte und « sang » oder « schrie », der definitive Hexametertext des Orakels ist bewusst verfertigt in der Technik des heroischen Epos. Haben die Griechen die unmittelbare Manifestation des Irrationalen auf diese Weise gleichsam abgeschirmt?

2. Die Mythen Platons, die direkt oder indirekt auf die griechischen Prosaapokalypsen ausstrahlen. Mag Platon ekstatischer Erlebnisse fähig gewesen sein — der μῦθος ist dem παίζειν immer verhaftet. Es besteht demnach allenfalls eine sehr indirekte Beziehung zwischen Inspiration und literarischem Text.

M. Smith: The picture of de Musset as an inspired author was amusing. I should like to see him represented as a Byzantine saint with the Holy Ghost as a pigeon cooing in his ear. But I don't doubt that, even in modern times, some books have been written "from the dictation of a spirit", that is to say, by schizophrenic authors who mistook for spiritual guidance the promptings of the suppressed parts of their personalities. One example would be, if I recall the facts correctly, *The Book of the Law*, which the modern magician Aleister Crowley claimed to have written from the dictation of a spirit of well-authenticated antiquity with whom he established contact in the Egyptian Museum in Cairo. Another example would be, if its claim were true, a book I once saw, entitled *A Cry from the Bottomless Pit, or, Confessions of Oscar Wilde obtained through a Ouija—Board.* What I don't see, however, is why such inspiration should be connected with religious pseudepigrapha alone. If Dr. Speyer is right, then all great literature is the product of inspiration—what Longfellow (who also claimed it) called " things beyond our reason or control ". In that event, this type of origin will not be peculiar to religious pseudepigrapha and cannot serve to distinguish them, the more so since some unquestionably religious pseudepigrapha are certainly not the products of subconscious dictation, but of conscious compilation. Finally there is no case, so far as I can recall, in which the writer of a pseudepigraphon claimed to have been possessed by the pretended author. If there is any possession or supernatural dictation, the pretended author is represented as having experienced it, and the being who dictates is an angel or the like. But we do not have the revelations of Michael, Raphael, and the Angel of the Presence, but of Daniel, Enoch, and Moses (*Jubilee*), by whom, so far as my memory goes, nobody ever claimed to have been inspired. So even if one accepts the claim of inspiration or supernatural vision, it does not account for the pseudepigraphy ; indeed it makes it harder to account for, since had these authors really experienced such visions it is hard to understand why they would not have said so in their own names, as Isaiah and Jeremiah and Ezekiel did.

M. von Fritz: Ja, aber haben wir nicht bei einer früheren Gelegenheit festgestellt, dass das eigentlich Interessante bei der pseudepigraphischen Literatur gerade diese Motive und Zwecke sind? Und ist es bei der religiösen pseudepigraphischen Literatur wirklich so unmöglich, zwischen verschiedenen Motiven und bis zu einem gewissen Grade auch zwischen Inspiration und « actes de volonté » zu unterscheiden?

10. Religionen des griechisch-römischen Bereichs

Zorn der Gottheit, Vergeltung und Sühne

Wie Griechen und Römer sich in Sprache und Kultur unterscheiden, so sehr auch in ihrer Religion.[1] Diese Verschiedenheiten sind so groß, daß beide Religionen getrennt dargestellt werden müssen. Um der Thematik des vorliegenden Bandes und dem besonderen Thema ›Religionen des griechisch-römischen Bereichs‹ einigermaßen gerecht zu werden, wurde nach einem Gegenstand gesucht, der sowohl in der griechischen wie in der römischen Religion von großer Bedeutung ist und der zugleich mit zentralen Vorstellungen der jüdisch-christlichen Religion in Parallele gesetzt werden kann. Unter diesem Blickpunkt scheint es uns lohnend, die Vorstellungen vom Zorn der Gottheit, von Vergeltung menschlichen Frevels und von den Möglichkeiten der Sühne näher zu untersuchen.

Die vergleichende Religionsbetrachtung hat immer deutlicher gezeigt, daß alle Religionen und Kulte in einem bestimmten Grundbestand religiöser Vorstellungen übereinstimmen, die teils der rationalen Natur des Menschen entspringen — hier liegt der Ansatz für eine Theologie, wie sie bei kulturell fortgeschritteneren Völkern bezeugt ist — und teils über- und außerrationaler Herkunft sind. Zur letzteren Art wird man die Erscheinungen charismatischer Art zu rechnen haben. Diese sind bestimmte religiöse Erfahrungen oder Kräfte, die innerhalb einer religiös gebundenen Gemeinschaft immer nur von wenigen Auserwählten, den Freunden der Gottheit, erlebt werden, deren Auswirkungen aber die ganze Gemeinschaft erfährt. Man denke an Propheten und inspirierte Dichter, an Orakelpriester, überhaupt an ‘göttliche Menschen’, die Heil- und Strafwunder wirken und den Willen der Gottheit machtvoll verkünden.[2]

[1] Vgl. M. P. Nilsson, Wesensverschiedenheiten der römischen und der griechischen Religion: Röm. Mitteil. 48 (1933) 245/60 = Opuscula selecta 2 (Lund 1952) 504/23.

Die Vorstellung vom Zorne der Götter und alle damit zusammenhängenden Auffassungen gehören aber zu denjenigen religiösen Gedanken, die einer wissenschaftlichen Durchdringung eher zugänglich sind. In sehr vielen Religionen begegnen diese Vorstellungen.[3] Allerdings haben sie in den beiden letzten, umfassendsten Darstellungen der griechischen und der römischen Religion nicht die gebührende Beachtung gefunden.[4] Bevor wir den zuvor genannten Vorstellungen bei den Griechen und Römern nachgehen, sei zur besseren Orientierung des Lesers ein systematischer Abschnitt vorangestellt, in dem die zu untersuchenden religiösen Vorstellungen in ihrer logischen Verknüpfung dargestellt werden sollen.

a) Der Zorn der Gottheit religionsphänomenologisch betrachtet

Dem Menschen der Frühkultur konnte nicht verborgen bleiben, daß die von ihm erfahrene Welt sich in rhythmischem Wechsel befindet. Und zwar bemerkte er eine Wiederkehr des Gleichen, die sich in einer geregelten Abfolge ereignete. So konnte er den Wechsel der Jahreszeiten und der Mondphasen beobachten oder den Wechsel sich zueinander konträr verhaltender Gegensätze, deren geregelte Abfolge ihm die Erhaltung des menschlichen Lebens zu gewähren schien, wie den Wechsel von Tag und Nacht oder von Regen und Sonnenschein. In diesem Sinne schildert noch

[2] Vgl. L. Bieler, ΘΕΙΟΣ ΑΝΗΡ. Das Bild des „Göttlichen Menschen" in Spätantike und Frühchristentum (Wien 1935/36, Nachdruck Darmstadt 1967).

[3] Zum Beispiel in Indien: Zorn Varunas; vgl. H. Oldenberg, Religion des Veda 3/4(1923) 299. 301 f.; in Persien: Zorn des Mitra; vgl. E. Lehmann in: A. Bertholet-E. Lehmann, Lehrbuch der Religionsgeschichte 2 4(1925) 226; bei den Kelten: vgl. J. A. Mac Culloch: ebd. 2, 634 f. Vgl. ferner F. Heiler, Das Gebet 5(1969) Reg. s. v. Zorn Gottes; weniger ergiebig ist der Artikel von N. J. Hein, Zorn Gottes, religionsgeschichtlich: Relig. in Gesch. u. Gegenw. 6 (1962) 1929 f. — In Ägypten scheint die Vorstellung zürnender Götter zu fehlen; vgl. die im Korrekturzusatz genannte Arbeit von Considine 87.

[4] M. P. Nilsson, Geschichte der griechischen Religion 1.2 = Handb. d. Altertumswiss. 5, 2 2(1955/61) und K. Latte, Römische Religionsgeschichte = Handb. d. Altertumswiss. 5, 4 (1960). Zum Thema vgl. J. Irmscher, Götterzorn bei Homer (1950); H. Kleinknecht, Art. ὀργή: Theol. Wörterb. zum Neuen Test. 5 (o. J. [um 1954]) 383/92; W. Speyer, Art. Fluch: Reallex. f. Ant. u. Christent. 7 (1969) 1160/1288.

Vergil in der Aeneis die Aufgaben des Windgottes Aeolus, dem Jupiter aufgetragen hat: foedere certo/et premere et laxas sciret dare [sc. ventis] iussus habenas.[5]

Dem festgesetzten Rhythmus der Natur muß der Mensch, der ein Teil von ihr ist, folgen. Sein körperliches und psychisches Leben unterliegt gleichfalls einem gesetzmäßigen Wechsel von Gegensätzen. Geborenwerden und Sterben, Essen und Hungern, Arbeiten und Ruhen, Wachen und Schlafen sind derartige einander rhythmisch abwechselnde und ergänzende Aspekte menschlichen Daseins. Hatte der Mensch einmal derartig geordnete Abfolgen von Gegensätzen erkannt, so führte ihn sein Forschen nach dem Grund dieser Tatsachen unweigerlich zu der Frage, ob sie nicht auf wenige oder gar nur auf ein einziges Urpaar von Gegensätzen zurückzuführen seien. Diesen Weg gingen in Ionien Philosophen, wie Heraklit und Empedokles. Empedokles glaubte, φιλία und νεῖκος, Liebe und Haß, seien die sich ewig ergänzenden gegensätzlichen Urprinzipien des Alls.[6] Mehr mythisch gebunden war der iranische Dualismus mit seiner Annahme eines guten und eines bösen Gottes, die stets miteinander streiten.[7]

Der Mensch der archaischen Kulturstufe konnte ferner feststellen, daß die Ordnung der Welt, der Kosmos, und damit die Sicherheit jedweden Lebens nur so lange Bestand hatten, wie die verschiedenen, das Ganze konstituierenden Gegensätze miteinander im Gleichgewicht waren.[8] Überwog etwa der eine Gegensatz gegenüber dem anderen, so war der Kosmos

[5] Aen. 1, 52/63.

[6] Vgl. K. Praechter, Die Philosophie des Altertums [12](1926, Nachdruck 1953) 93 f.; ferner P. Friedländer, Platon 3 [2](1960) 38.

[7] Vgl. G. Mensching, Art. Dualismus, religionsgeschichtlich: Relig. in Gesch. u. Gegenw. 2 (1958) 272 f. und W. Eilers, Art. Iran II, religionsgeschichtlich: ebd. 3 (1959) 878/80.

[8] Dieser Gedanke wurde von griechischen Philosophen abstrakt formuliert: vgl. PsAristot. de mundo 5, 396 b 7 mit Hinweis auf Heraklit (VS 22 B 10). Zum Begriff der Isonomia, des kosmischen Gleichgewichts, vgl. V. Ehrenberg: Pauly-Wissowa, Suppl. 7 (1940) 300 f. — Bereits Archilochos versuchte das auf Beobachtungen der Natur beruhende Vorstellungsmodell der sich einander abwechselnden Gegensätze auf das persönliche Leben zu übertragen und ethisch zu vertiefen: Mutig soll sein Herz sich den Feinden stellen, im Erfolg nicht übermütig prahlen, im Unglück nicht verzagen und immer das Wechselmaß (ῥυσμός) des Lebens bedenken (frg. 67 a Diehl); vgl. A. Lesky, Geschichte der griechischen Literatur [3](1971) 138 f.

gestört, und das Chaos drohte hereinzubrechen, das am Anfang vor allen Dingen geherrscht hatte und von den Göttern zum Kosmos umgeschaffen worden war. Die Götter garantierten nach dieser Auffassung „das Gleichgewicht der ungeheuren Waage“.[9]

Geschahen in der Natur unheilvolle Ereignisse, wie Naturkatastrophen, Sonnen- und Mondfinsternisse, Erdbeben und Vulkanausbrüche oder Seuchen, so suchte der Mensch, der immer nach Gründen fragt, die Ursache für die plötzliche, unheilvolle Unterbrechung des gewohnten Verlaufs der Dinge zu finden. Verschiedene Möglichkeiten der Erklärung boten sich an. Entweder nahm man an, daß Wesen daran schuld seien, die fast so mächtig wie die Götter sind, mit ihnen im Kampfe liegen und den Menschen den Frieden mit den Göttern und damit das Wohlergehen neiden — so glaubten manche, es gebe Dämonen und diese schickten den Menschen Seuchen, Unfruchtbarkeit, Erdbeben, Dürre und Not jeglicher Art[10] — oder aber man hielt die Freveltat eines oder mehrerer Menschen für die Ursache des Unheils. Dabei fragten die Menschen der Frühkultur, wer die widergöttliche Tat zu verantworten habe. Teils meinten sie, der einzelne habe so handeln müssen, weil er durch ein dämonisches oder göttliches Wesen dazu

[9] PsAristot. de mundo 400 b 27 f. nennt die Gottheit das alles im Gleichgewicht haltende Gesetz.

[10] Vgl. Klemens von Alexandrien, strom. 6, 3, 31, 1 (Griech. christl. Schriftst. 52, 446): „Einige behaupten, Seuchen, Hagelschlag, Stürme und verwandte Erscheinungen entstünden gewöhnlich nicht wegen einer Unordnung der Materie selber, sondern wegen des Zorns von Dämonen oder böser Engel.“ Porphyrios, de abstin. 2, 40 erwähnt diese nicht allzuoft geäußerte Theorie, nach der böse Dämonen das Unheil in der Welt verursachen (vgl. W. Bousset, Zur Dämonologie der späteren Antike: Arch. f. Religionswiss. 18 [1915] 157 Anm. 1 mit Hinweis auf Corp. Herm. ὅροι ’Ασκλ. 10 [2, 235 Nock-Festugière]). Diese Dämonen täuschten sogar die Menschen, indem sie vorspiegelten, nicht sie seien die Urheber, sondern die guten Dämonen, die Götter. Diese iranisch beeinflußte dualistische Lehre bekämpft also den alten Volksglauben, daß derselbe Gott je nach den Taten der Menschen segnet und flucht, und ersetzt ihn durch die Behauptung, es gebe zwei verschiedene Arten von Göttern. Dabei wird den bösen Dämonen vorgeworfen, sie verführten die Menschen zu dem Glauben, daß die guten Götter den Menschen zürnten: „τρέπουσίν τε [sc. οἱ κακοεργεῖς δαίμονες] μετὰ τοῦτο ἐπὶ λιτανείας ἡμᾶς καὶ θυσίας τῶν ἀγαθοεργῶν θεῶν ὡς ὠργισμένων“; vgl. auch PsClem. Rom. homil. 9, 13, 2 (Griech. Christl. Schriftst. 42, 137) und J. Bidez-F. Cumont, Les mages hellénisés 1 (Paris 1938) 178 f.; 2 (ebd. 1938) 278 f.

verleitet worden sei,[11] oder aber sie meinten, der Mensch habe aus eigenem Antrieb gegen die göttliche Weltordnung gefrevelt.[12]

Der Glaube, daß der Mensch durch seine Tat den Gottesfrieden stören könne und deshalb Naturkatastrophen und Unheil über die Gemeinschaft kämen, in welcher der Frevler lebte, war auf der archaischen Religionsstufe weit verbreitet. Ein solcher Glaube mußte mit dem Verhältnis ständiger Aktion und Reaktion zwischen der Welt der Menschen und der der Götter rechnen: Handelte der Mensch gegen die Gebote der Götter, so wurde ihr Zorn geweckt, und die Strafen der Götter folgten sogleich; handelte der Mensch nach den göttlichen Geboten, so schickten die Götter Gedeihen und Segen. Ein solcher Glaube faßt die Natur, das heißt die Welt der Götter und Menschen, als einen großen Organismus auf, der von der Krankheit und dem Wohlergehen jedes seiner Teile betroffen ist. Im Gegensatz etwa zu Epikur, der das Reich der Götter durch eine tiefe Kluft von der Menschenwelt trennt, ist für das zuvor beschriebene religiöse Weltbild der Begriff der Allverwandtschaft bestimmend.[13] Demnach muß

[11] Pandaros bricht durch seinen Pfeilschuß das Bündnis, das zwischen Trojanern und Griechen bestand, und führt so den Untergang Trojas herbei (Il. 4, 64/126. 155/68). Wie Homer betont, hatten ihn aber die Götter selbst zu der Freveltat ermuntert. Hier findet gleichsam eine Inspiration zum Bösen statt (vgl. Irmscher a. a. O. [s. o. S. 125 Anm. 4] 44 Anm. 2). Il. 9, 636 f. sagt der Telamonier Aias zu Achill: „Doch unversöhnlich und böse machten die Götter dein Herz in der Brust nur wegen des einen Mägdleins." Wenige Verse zuvor (628 f.) hingegen meint er, Achill habe selbst sein stolzes Herz in der Brust verhärtet. Die Frage, von wo menschliches Handeln bei Homer seinen Ausgang nimmt, ist nicht mit einem Entweder-Oder zu beantworten; vgl. A. Lesky, Art. Homeros: Pauly-Wissowa, Suppl. 11 (1968) 735/40. Eine Analogie dazu bietet das Alte Testament, wenn es von Gott aussagt, daß er das Herz des Pharao verstockt machte (Ex 4, 21; 7, 3; 8, 15; vgl. Röm 9, 18); vgl. A. Hermann, Das steinharte Herz: Jahrb. f. Ant. u. Christent. 4 (1961) 77/107 und E. Balla, Das Problem des Leides in der Geschichte der israelitisch-jüdischen Religion: ΕΥΧΑΡΙΣΤΗΡΙΟΝ. Festschrift H. Gunkel 1 (1923) 218.

[12] Der Mensch konnte erst von der Voraussetzung seiner eigenen freien Entscheidungsmöglichkeit zu einer Entdeckung einer sittlichen Wertwelt fortschreiten. Dem Menschen der Frühzeit, der sich von dämonischen Mächten bewegt und beherrscht erlebte, fehlte noch diese Einsicht (s. u. S. 130 f.).

[13] Vgl. S. Mowinckel, Religion und Kultus (1953) 17. Der philosophische Begriff der συμπάθεια τῶν ὅλων, der besonders im System des Stoikers Poseidonios

jede Tat des einzelnen auch Folgen für die Gemeinschaft haben. Persönlicher Frevel bleibt nichts Privates, sondern strahlt in die Gemeinschaft aus, zu der der Frevler gehört. So glaubte man an die Solidarität der Menschen in der Schuld.[14]

Um den das Leben erhaltenden Zustand des Friedens mit den Göttern wieder herbeizuführen, verwendete man verschiedene Mittel. Man verfluchte den Frevler, das heißt man bannte ihn aus der Gemeinschaft,[15] und versuchte darüber hinaus, den Zorn der Götter durch Sühnehandlungen zu besänftigen. In diesen Sühnen spiegelt sich oftmals eine Kulturentwicklung: sie reichen von den rituell geopferten Frevlern und Feinden des Volkes bis hinab zu Opfern von Tieren und Gaben des Feldes, von Fasten und Weihegaben bis zu Göttermählern und Bittprozessionen. Neben diesen Mitteln konnte gelegentlich auch das freiwillige, stellvertretende Opfer vorkommen. Ein einzelner weiht sich als Sühnopfer den Göttern, um den gefährdeten Nächsten oder die bedrohte Gemeinschaft vom Götterzorn zu befreien. Die zu sühnenden Frevel waren immer einzelne Untaten, durch die eine bestimmte Menschengruppe, höchstens ein einzelnes Volk, in seinem Bestand gefährdet wurde. Daher bezog sich die Hingabe des eigenen Lebens als stellvertretendes Sühnopfer gleichfalls nur auf Frevel, die nach ihrer Wirkung in Raum und Zeit begrenzt waren.

b) Götterzorn in der griechischen und römischen Religion

Die zuvor genannten religiösen Überzeugungen prägen weitgehend auch die griechische und römische Religion. — Vorausgeschickt sei die Bemerkung, daß als Frevel in der religiös gebundenen Gesellschaft jede Tat galt, die gegen ein Gesetz verstieß, auf dem nach der Auffassung dieser Gemeinschaft ihr Wohlergehen und ihr Fortbestand beruhten. Diese Gesetze schützten eine magisch-sakral geprägte Lebensordnung. Mit dem Inhalt sittlicher Gebote deckten sie sich nur zum Teil, wie aus folgenden Bei-

seinen Platz hat, dürfte auf Vorstellungen des Volksglaubens zurückgehen (zu Poseidonios vgl. K. Reinhardt: Pauly-Wissowa 22, 1 [1953] 653/6).

[14] Vgl. G. Glotz, La solidarité de la famille dans le droit criminel en Grèce (Paris 1904); für Indien vgl. Oldenberg a. a. O. (s. o. S. 125 Anm. 3) 296.

[15] Vgl. Speyer a. a. O. (s. o. S. 125 Anm. 4) 1161/70.

spielen zu ersehen ist: Ilos, der sagenhafte Gründer von Ilion (Troja), suchte das vom Himmel gefallene Bild der Stadtgöttin Pallas Athene aus dem Brand des Tempels zu retten. Er erblindete. Ebenso erging es später Metellus, als er das Palladion aus dem brennenden Tempel der Vesta rettete.[16] Ussa stützte die heilige Lade mit den Gesetzestafeln, damit sie beim Transport keinen Schaden nähme. Er fiel tot um.[17] Das Motiv für die Handlung der drei Männer ist nach heutiger Auffassung sittlich nicht anstößig. Trotzdem entbrannte der Zorn der Gottheit. Der Grund dafür liegt darin, daß die drei ungeschützt mit dem Heiligen in Berührung gekommen sind. Das Heilige oder die heilige Macht ist gleichsam bipolar geladen: sie schadet oder nützt, ohne daß der Mensch eine solche Wirkung durch sein Tun verdient hätte. Sein Vergehen liegt darin, ein Tabu nicht beachtet zu haben.[18]

In der Frühzeit waren die sittlichen Vorstellungen in ihrem Wesen noch nicht voll erkannt. Daher galten manche Handlungen als erlaubt, die später von einer höheren Erkenntnisstufe aus als unsittlich abgelehnt wurden. Man denke etwa an die positive Bewertung der Lüge, der Täuschung und des Raubes im Interesse einer Lebensgemeinschaft bei

[16] Vgl. Plutarch, parall. Graec. et Rom. 17, 309 F/310 A, der statt des Namens Metellus den des Antylos bietet; vgl. aber Seneca den Älteren, controv. 4, 2 (hier wird die ira deorum erwähnt) und Plinius, nat. hist. 7, 141. Ilos soll später von seiner Blindheit wieder befreit worden sein, nicht aber Metellus; vgl. auch E. Lesky, Art. Blindheit: Reallex. f. Ant. u. Christent. 2 (1954) 439.

[17] 2Sam 6, 3/8; vgl. auch 1Sam 6, 19 f.; J. Maier, Das altisraelitische Ladeheiligtum = Beih. zur Zeitschr. f. alttestam. Wiss. 93 (1965) 72.

[18] Vgl. Speyer a. a. O. (s. o. S. 125 Anm. 4) 1163 f. Nicht erkannt von A. Esser, Das Antlitz der Blindheit in der Antike = Janus, Suppl. 4 (Leiden 1961) 157. 176 f. — Manche, die, ohne dazu begnadet zu sein, einen Gott oder das ihn vertretende Bild erblickt haben, sollen wahnsinnig geworden sein. Pausanias 3, 16, 9 nennt Astrabakos und Alopekos sowie 7, 19, 6/9 Eurypylos; vgl. dazu J. Mattes, Der Wahnsinn im griechischen Mythos und in der Dichtung bis zum Drama des fünften Jahrhunderts (1970) 17 (nr. 7). 18 (nr. 13); vgl. ebd. 24 f. (nr. 32) zu PsPlutarch, de fluv. 18, 1; 13, 1. — Das Vergessen eines Opfers für eine Gottheit konnte schlimme Folgen haben, da die verletzte Gottheit mit ihrem Zorn nicht zurückhielt; vgl. Il. 9, 533/7: Zorn der Artemis über Oineus (dazu R. Hanslik: Pauly-Wissowa 17, 2 [1937] 2196); Apollod. bibl. 1, 9, 15: Zorn der Artemis über Admet (dazu A. Lesky, Alkestis. Der Mythus und das Drama = Sb. Akad. Wien 203 [1925] 38).

Homer.[19] Nicht das sittlich Gute gab in erster Linie den Maßstab, sondern Nutzen und Schaden für die Gemeinschaft.[20]

Blicken wir auf die literarische Hinterlassenschaft der Griechen und Römer, so begegnet das Motiv vom Zorn der Gottheit und der damit verknüpften Vorstellungen vor allem bei religiös geprägten Schriftstellern. Die in Griechenland früh erwachende philosophische Kritik an allen anthropomorphen Gottesvorstellungen, zu denen auch das Motiv der zürnenden Gottheit gehört, brachte das alte Vorstellungsmodell des Volksglaubens bei vielen Gebildeten ins Wanken.[21]

Das Motiv vom Zorn einzelner Götter hat in den beiden homerischen Epen Ilias und Odyssee seinen mächtigsten literarischen Ausdruck gefunden.[22] Der Dichter versuchte, die Geschehnisse des Trojanischen Krieges dadurch in ihrer Abfolge verständlich zu machen, daß er den Zorn der Götter über den Frevel eines einzelnen, im Volke hervorragenden Mannes, eines Königs oder eines Königssohnes, als die die weiteren Geschehnisse auslösende Ursache nennt. So hat König Agamemnon durch die schimpfliche Behandlung des Apollonpriesters Chryses die Vergeltung des erzürnten Gottes auf die Griechen herabbeschworen. Apollon sendet daraufhin seine Pestpfeile ins Griechenheer.[23] Agamemnon gelingt es zwar, den Gott durch Sühneleistungen zu versöhnen, zugleich beleidigt er aber den götter-

[19] Vgl. auch Lesky a. a. O. (s. o. S. 126 Anm. 8) 90 f. zu dem bisweilen amoralischen Handeln der Götter in der Ilias.

[20] Vgl. K. Latte, Schuld und Sünde in der griechischen Religion: Arch. f. Religionswiss. 20 (1920/21) 254/98 = Kleine Schriften (1968) 3/35; A. Dihle, Die goldene Regel (1962) 12.

[21] Über diese Kritik und ihre Folgen für den christlichen Gottesbegriff handelt M. Pohlenz, Vom Zorne Gottes (1909). Wie vom philosophisch-theologischen Gesichtspunkt die Vorstellung vom zürnenden Gott kritisiert wurde, so auch der religiöse Gedanke von der Solidarität in der Schuld; s. u. S. 132 f. Anm. 29.

[22] Ob Ilias und Odyssee als Zeugnisse des Glaubens ihrer Zeit zu gelten haben, war lange umstritten. „In der neueren Homerliteratur setzt sich glücklicherweise immer mehr die Erkenntnis durch, daß wir in den homerischen Gedichten lebendigen Glauben der Zeit des Dichters fassen" (H. Stockinger, Die Vorzeichen im homerischen Epos, Diss. München [1959] 163 Anm. 2); vgl. A. Lesky, Art. Homeros: Pauly-Wissowa, Suppl. 11 (1968) 725/40.

[23] Vgl. Il. 1, 8/52; Irmscher a. a. O. (s. o. S. 125 Anm. 4) 47 f.; ferner F. G. Welcker, Seuchen von Apollon: Kleine Schriften 3 (1850) 33/46; Speyer a. a. O. (s. o. S. 125 Anm. 4) 1177.

gleichen Helden Achill so schwer, daß dieser sich vom Kampf zurückzieht und durch seinen Zorn den Griechen mächtig schadet.[24] Das die Ilias beherrschende Motiv vom Zorn des Achill dürfte in seiner Bedeutung und seinen Folgen nur vor dem Hintergrund des Glaubens an den zürnenden, nach Vergeltung dürstenden Gott verständlich werden. Achill, der Sohn der Göttin Thetis und des Königs Peleus, ist in der Ilias zwar weithin nur als besonders begnadeter Held wie andere dargestellt. Das Motiv seines Zornes ist vielleicht auch einem älteren Epos vom Zorn des Helden Meleagros entlehnt.[25] Andere Zeugnisse sprechen aber dafür, daß Achill ursprünglich als ein Gott verehrt worden ist.[26] Die Auswirkungen seines Zornes treffen ebenso wie die Strafe des erzürnten Apollon nicht nur Agamemnon, sondern das ganze Griechenheer vor Troja.

Das Motiv vom Götterzorn begegnet in der Ilias noch öfter. Da Paris durch sein Urteil für Aphrodite die beiden Göttinnen Hera und Athene schwer beleidigt hatte, zürnten sie Ilion mitsamt seinem König Priamos und dem Volk.[27] Auch hier hat der Frevel des einen furchtbare Folgen für die Gemeinschaft. Dieselbe Vorstellung begegnet in der Erzählung vom Geschick der Niobe.[28] Für den Frevel Niobes gegen die Kinder der Leto, Apollon und Artemis, muß auch ihr Volk büßen: Zeus verwandelt es in Stein.[29] — Menelaos droht den Trojanern mit dem Zorn des Ζεὺς ξένιος,

[24] Il. 1, 1/7. 148/412. Der in den ersten achtzehn Gesängen mitgeteilte Handlungsablauf ist ganz durch den Zorn Achills und sein Fernbleiben vom Kampf bestimmt. Erst im 19. Gesang entsagt Achill seinem Zorne (V. 67 f.).

[25] Il. 9, 524/99: Artemis schickt aus Zorn über Oineus, der ihr 'achtlos oder vergeßlich' das schuldige Opfer nicht dargebracht hatte, einen wilden Eber, der das Land der Kalydonier verwüstet (9, 533/42. 547/9; vgl. Verg. Aen. 7, 305 f.). Der Frevel des Königs bringt seinem Volk Verderben; vgl. Irmscher a. a. O. (s. o. S. 125 Anm. 4) 36 f. 39 und u. S. 135.

[26] Vgl. U. von Wilamowitz-Moellendorff, Der Glaube der Hellenen 2 (1932, Nachdruck 1959) 9 f. Anm. 4 und H. von Geisau, Art. Achilleus: Kleiner Pauly 1 (1964) 46 f.

[27] Il. 24, 25/30; vgl. Irmscher a. a. O. (s. o. S. 125 Anm. 4) 40.

[28] Il. 24, 602/17.

[29] Il. 24, 611; vgl. Irmscher a. a. O. (s. o. S. 125 Anm. 4) 35. 41 f.; vgl. ferner Il. 4, 155/68: Die Trojaner, die das Bündnis mit den Griechen gebrochen haben, werden später mitsamt ihren Frauen und Kindern dem Zorn des Zeus erliegen. (Weitere Belege bietet C. F. Nägelsbach, Die nachhomerische Theologie des griechischen Volksglaubens bis auf Alexander [1857] 34 f.) Selbst Claudian steht

der das Gastrecht schützt, das Paris durch die Entführung Helenas gebrochen hatte.[30] — Selbst im Gleichnis, also in der eigenen Welt des Dichters, begegnet das Motiv: Zeus jagt den Regensturm des Herbstes über die Erde hinweg aus Zorn gegen Menschen, die falsche Urteile sprechen, das Recht verdrehen und die Götter verachten.[31]

Blicken wir von der Ilias zur Odyssee, so bestimmt hier der Zorn Poseidons weitgehend die Handlung.[32] Odysseus hat den Poseidonsohn Polyphem geblendet und dadurch den Groll des Meergottes erregt. Zur Strafe will Poseidon ihn nicht in seine Heimat Ithaka zurückkehren lassen und treibt ihn über die Meere hin.[33]

Das gleiche Motiv begegnet in der Odyssee noch einmal und hier noch folgerichtiger, da die gekränkten Götter erst durch den vollständigen Untergang der Frevler versöhnt werden. Gegen den ausdrücklichen Rat der Kirke,[34] den Odysseus seinen Gefährten verkündet hatte, schlachteten diese in seiner Abwesenheit die Rinder des Sonnengottes und brachen so das Tabu, das den Frieden mit den Göttern sicherte. Diesen Frevel büßten sie mit ihrem Leben.[35] Odysseus hatte sich deutlich von ihrem Tun losgesagt, indem er sie gewarnt und von ihnen einen Eid verlangt hatte, die Rinder nicht zu verletzen. Als er ihren Frevel sah, tadelte er sie. Der Tadel

noch in dieser Überlieferung, carm. min. 43, 5 f. (Monum. Germ. Hist. Auct. Ant. 10, 336): in prolem dilata ruunt periuria patris / et poenam merito filius ore luit. Die Kritik der griechischen Denker richtete sich schon früh gegen diese Anschauung; vgl. Theogn. 731/42; Nägelsbach a. a. O. 42 f.; Glotz a. a. O. (s. o. S. 129 Anm. 14) 575 f.; E. Westermarck, Ursprung und Entwicklung der Moralbegriffe 1, deutsche Ausgabe (1907) 59 f.; Speyer a. a. O. (s. o. S. 125 Anm. 4) 1165. — Eine ähnliche Kritik zeigen bereits einzelne Propheten des Alten Testamentes (Jer 31, 29 f.; Ez 18, 2/4). Für das Christentum vgl. Joh 9, 1/3; Didasc. 2, 14, 3/10 (1, 50 f. Funk); Constitut. apost. 2, 14, 3/10 (1, 51 f. Funk) und noch Anast. Sinait. interr. et respons. 35 (PG 89, 573 f.): „Wie kann das Recht gewahrt werden, wenn die Kinder für die Väter bestraft werden?"

[30] Vgl. Il. 13, 620/7.

[31] Vgl. Il. 16, 384/92.

[32] Vgl. Od. 1, 20. 68/79. Von Heinrich Heine für sein Gedicht ›Poseidon‹ im Zyklus ›Die Nordsee‹ 1, 5 fruchtbar gemacht. Vgl. Irmscher a. a. O. 55/64.

[33] Od. 1, 68/79; 11, 100/3.

[34] Od. 12, 127/41. Der Rat des Teiresias bildet hierzu eine Dublette: ebd. 11, 104/13; vgl. 12, 266/76.

[35] Od. 12, 260/419; vgl. 1, 7/9; Irmscher a. a. O. 64 f.

steht hier statt eines Fluches. So rettete er sich aus der gemeinsamen Schuld. Die Götter kündeten in diesem Falle ihren Zorn durch ein Vorzeichen (τέρας, prodigium) an: Als die Gefährten das Fleisch der Rinder brieten, krochen ringsum die Häute, es brüllte das Fleisch an den Spießen.[36]

Das Motiv vom Zorn einer Gottheit hat der Verfasser der Nostoi, in denen die Heimkehr der griechischen Helden von Troja erzählt wurde, wohl aus der Ilias und Odyssee übernommen.[37] Aias, der Lokrer, hatte Kassandra am Altar getötet. Der Zorn der beleidigten Pallas Athene vernichtete den Frevler und bestrafte die übrigen Griechen durch Irrfahrt und späte Heimkehr.[38]

Wie sehr der griechische Glaube durch die Vorstellung vom vergeltenden, auf Ausgleich drängenden Zorn der Götter geprägt wurde, zeigt der große römische Gegner dieser Anschauung, der Epikureer Lukrez.[39] Bei seiner Wiedergabe zweier griechischer Mythen erwähnt er im Anschluß an die Überlieferung ausdrücklich die ira deorum.[40] Die weite Verbreitung des Motivs im Mythos und in der Dichtung der Griechen beweist, wie tief diese Vorstellung in der Religion des griechischen Volkes verwurzelt gewesen sein muß.

Obwohl Vergil, vom stoischen Glauben an das Fatum bestimmt, die Sage vom Trojaner Aeneas gestaltet hat, wollte er trotzdem nicht auf das alte Glaubensmodell der erzürnten Gottheit verzichten. In Übereinstim-

[36] Od. 12, 394/6. — Weit mehr als den Griechen diente die Beobachtung der Prodigien den Römern dazu, den durch die unheilvollen Vorzeichen angedrohten Götterzorn durch Sühnemittel abzuwenden (s. u. S. 137). Eine Geschichte des Prodigienglaubens bei den Griechen fehlt. K. Steinhauser, Der Prodigienglaube und das Prodigienwesen der Griechen, Diss. Tübingen (1911) 15 f. gibt nur einen Überblick über die Meinungen der griechischen Dichter und Geschichtsschreiber; vgl. auch Nilsson a. a. O. (s. o. S. 125 Anm. 4) 1^2, 166 f. und Stockinger a. a. O. (s. o. S. 131 Anm. 22). Bei den orientalischen Völkern war der Prodigienglaube ebenfalls verbreitet; vgl. die Texte bei B. Meissner, Babylonische Prodigienbücher: Mitteil. d. Schles. Gesellsch. f. Volkskunde 13/14 (1911) 256/63.

[37] Vgl. Od. 1, 326 f.; Horaz, epod. 10, 13 f. und W. Schmid, Geschichte der griechischen Literatur 1 = Handb. d. Altertumswiss. 7, 1 (1929, Nachdruck 1959) 214 f.

[38] Vgl. Toepffer, Art. Aias nr. 4: Pauly-Wissowa 1, 1 (1893) 937/9.

[39] De rer. nat. 2, 651 (Bailey); 5, 1194/1240; 6, 68/78.

[40] De rer. nat. 5, 399 f.: Mythos von Phaethon; 6, 753 f.: athenischer Mythos von Pallas Athene.

mung mit Homer läßt er das Motiv gleich im Prooemium anklingen: der Zorn Junos ist der Grund für die Irrfahrten und die endlosen Mühen des Aeneas.[41] Als Ursache ihrer Feindschaft wird das ungerechte Urteil des trojanischen Königssohnes Paris angegeben. Seit seinem Urteilsspruch verfolgte sie voll Zorn die mit ihm in der Schuld verbundenen Trojaner.[42]

Der Trojanische Krieg wird so als Ergebnis einer einzigen Freveltat gedeutet. Die Größe des Verbrechens liegt nicht zuletzt darin, daß es der Königssohn vollbracht hat. Das Handeln des Königs ist nach magisch-sakraler Auffassung in besonderem Maße für das Wohl und Wehe seines Volkes verantwortlich.[43] Je machtvoller die beleidigte Gottheit ist, um so größer sind auch die Folgen ihres Zorns.

Hier ist nicht der Ort, das Motiv vom Zorn der Götter bei den griechischen und römischen Prosaikern genauer zu verfolgen.[44] Zur Abrundung des Bildes seien noch folgende Beispiele aus verschiedenen Jahrhunderten der griechischen und der römischen Geschichte angeführt. Hippasos oder ein anderer Schüler des Pythagoras soll die Geheimlehren des Philosophen verraten haben und zur Strafe im Meer ertrunken sein.[45] Der Kylonische Frevel soll die Ursache der von den erzürnten Göttern geschickten Pest

[41] Aen. 1, 4. 8/11; vgl. R. Heinze, Virgils epische Technik ³(1914, Nachdruck 1957) 96/8 und Kleinknecht a. a. O. (s. o. S. 125 Anm. 4) 391 f. — Schon im Mythos von Io treibt die zürnende Hera ihre Nebenbuhlerin durch zahlreiche Irrfahrten; vgl. S. Eitrem, Art. Io: Pauly-Wissowa 9, 2 (1916) 1732/43, bes. 1733 f.

[42] Vgl. Aen. 1, 25/8 im Anschluß an Il. 24, 25/30.

[43] Vgl. Od. 19, 109/14: „Gleich dem Ruhme des guten und gottesfürchtigen Königs, / Welcher ein großes Volk von starken Männern beherrschet / Und die Gerechtigkeit schützt. Die fetten Hügel und Täler / Wallen von Weizen und Gerste, die Bäume hangen voll Obstes, / Häufig gebiert das Vieh, und die Wasser wimmeln von Fischen / Unter dem weisen König, der seine Völker beseligt" (Übersetzung nach J. H. Voss; Ausgabe München 1960); vgl. W. Fiedler, Antiker Wetterzauber = Würzburger Studien z. Altertumswiss. 1 (1931) 10 f. (mit Literatur). Das Gegenbild zu dieser Stelle der Odyssee bietet Hesiod, oper. 238/47: Die ganze Stadt muß bisweilen für einen Frevler büßen. Pest und Hungersnot kommen über sie, die Frauen gebären nicht mehr.

[44] Einige Beispiele aus der römischen Geschichte zählt Kleinknecht a. a. O. (s. o. S. 125 Anm. 4) 390 auf.

[45] Vgl. Iamblichos, vita Pythag. 247: „οἱ δέ φασι καὶ τὸ δαιμόνιον νεμεσῆσαι τοῖς ἐξώφορα τὰ Πυθαγόρου ποιησαμένοις" (VS 18 A 4).

in Athen gewesen sein.[46] Der Makedone Proteas sei zugrunde gegangen, weil er Theben, die Stadt des Dionysos, zerstört hatte und der Gott ihm deshalb gezürnt habe.[47] Da Pyrrhos den Tempel der Persephone in Lokroi geplündert hatte, sei seine Flotte durch Sturm vernichtet worden, den die erzürnte Göttin geschickt habe.[48]

Tacitus, der selber bisweilen auf den Zorn der Götter als die Ursache unheilvollen Geschicks für Rom hinweist,[49] erwähnt die manifesta caelestium ira bei der verzögerten Überführung des Serapisbildes von Sinope nach Alexandrien.[50] Die Krankheit Neros, die dieser sich angeblich deshalb zugezogen hatte, weil er die heiligen Wasser der Aqua Marcia durch ein Bad besudelt hatte, bestätigte den Zorn der Götter.[51] Ein andermal kritisiert Tacitus hingegen den Volksglauben seiner Zeit, der aus dem Versiegen der Flüsse auf die Rache des Himmels schließt.[52] — Weil im Jahre 165 n. Chr. der Tempel des Apollon in Seleukeia am Tigris von Soldaten des Avidius Cassius zerstört worden war, soll der Gott zur Strafe eine furchtbare Pest geschickt haben.[53] Für die heidnischen Römer des 4. Jahrhunderts stand es fest, daß die Einfälle der Barbaren und alles übrige Unheil nur deshalb das Reich heimsuchten, weil die Götter den Christen zürnten.[54]

[46] Vgl. Diogenes Laertios 1, 110 und F. Jacoby im Kommentar Anm. 12 (S. 191) zu FGrHist 457; ferner Honigmann, Art. Κύλων: Pauly-Wissowa 11, 2 (1922) 2460 f.

[47] Vgl. Ephippos von Olynth bei Athenaios 10, 44, 434 a/b = FGrHist 126 F 3.

[48] Pyrrhos von Epeiros (?) bei Dionys. Halic. ant. Rom. 20, 10 = FGrHist 229 F 1.

[49] Vgl. hist. 1, 3, 2; 2, 38, 2; ann. 4, 1, 2; 16, 16, 2; dazu E. Koestermann, Cornelius Tacitus, Annalen 1 (1963) 33 f.; 2 (1965) 35.

[50] Hist. 4, 84, 2.

[51] Ann. 14, 22, 4.

[52] Hist. 4, 26: quod in pace fors seu natura, tunc fatum et ira dei vocabatur; vgl. Tac. ann. 13, 17 und Kleinknecht a. a. O. (s. o. S. 125 Anm. 4) 389 f.

[53] Vgl. Amm. Marc. 23, 6, 24; Streck, Art. Seleukeia: Pauly-Wissowa 2 A, 1 (1921) 1183 f.

[54] Vgl. Speyer a. a. O. (s. o. S. 125 Anm. 4) 1217 f.: Die Christen als Ursache des Fluchzustandes; vgl. ferner Symmach. rel. 3, 15/7 (Mon. Germ. Hist. Auct. Ant. 6, 1, 283) und die Entgegnung des Prudentius, contra Symmach. 2, 917/1014; angeblicher Brief des Kaisers Decius in der Passio Polychronii, Parmenii, soc. 1, hrsg. von H. Delehaye: Analecta Bollandiana 51 (1933) 73.

Der Zorn der Götter gegen einzelne Frevler äußerte sich auch in der unvermutet hereinbrechenden Strafe, die oft deshalb wie ein Wunder wirkte. Zahlreiche Nachrichten über derartige 'Strafwunder' sind überliefert. Sie können hier nicht einzeln besprochen werden.[55]

Wie die mitgeteilten antiken Nachrichten lehren, besteht zwischen dem Bruch eines magisch-sakralen Tabus und der Gottesstrafe das Verhältnis von Ursache und Wirkung. Vom Grundsatz einer genauen Vergeltung ausgehend, glaubte man beobachten zu können, daß sich Frevel und Strafe auch inhaltlich genau entsprächen. Man fand auf diese Weise das Talionsprinzip.[56] Gerade Strafwunder zeigen, wie verbreitet der Glaube an diese besondere Form der Vergeltung war. So glaubte man beispielsweise, daß ein Vergehen der Augen gegenüber Göttinnen mit sofortiger Erblindung geahndet wurde.[57]

Ein Wort ist noch dem Prodigienwesen der Römer zu widmen, da in Griechenland diese Manifestation des Götterzornes nicht eine gleich große Bedeutung für die Volksreligion besessen hat.[58] Die Römer haben mit peinlicher Sorgfalt all jene Zeichen beobachtet, die auf die gestörte pax deorum hinweisen konnten.[59] Nonius Marcellus erklärt die Prodigia als deorum minae vel irae.[60] Derartige Zeichen, wie sie besonders bei den römischen Geschichtsschreibern vorkommen, waren selbst Grund für Sühneleistungen, da man sie bereits in sich als unheilbringend ansah; zugleich aber wiesen sie über sich hinaus auf die gestörte Weltordnung und die bevorstehende Vergeltungstat der Götter.[61]

[55] Vgl. E. Schmidt, Kultübertragungen = Religionsgesch. Versuche u. Vorarbeiten 8, 2 (1909) 104 f.; O. Weinreich, Antike Heilungswunder = Religionsgesch. Versuche u. Vorarbeiten 8, 1 (1909) Reg. s. v. Strafwunder; F. Dornseiff, Die archaische Mythenerzählung (1933) 33 f.; W. Nestle, Legenden vom Tod der Gottesverächter: Arch. f. Religionswiss. 33 (1936) 246/69 = ders., Griechische Studien (1948, Nachdruck 1968) 567/96; Esser a. a. O. (s. o. S. 130 Anm. 18) 155/70.

[56] Vgl. Dihle a. a. O. (s. o. S. 131 Anm. 20) 13/40: ›Die Vergeltung im Recht‹.

[57] Vgl. Esser a. a. O. (s. o. S. 130 Anm. 18) 155/60; ferner E. Lesky, Art. Blindheit: Reallex. f. Ant. u. Christent. 2 (1954) 438.

[58] S. o. S. 134 Anm. 36.

[59] Zur pax deorum vgl. H. Fuchs, Augustin und der antike Friedensgedanke ²(1965) 186/8; E. Dinkler, Art. Friede: Reallex. f. Ant. u. Christent. 8 (1972) 440.

[60] 3, 701 Lindsay.

[61] Vgl. den Forschungsbericht von P. L. Schmidt, Iulius Obsequens und das Problem der Livius-Epitome = Abh. Akad. Wiss. u. Lit. Mainz 1968 nr. 5

In der Notlage des hereinbrechenden oder durch Prodigia angekündigten Zornes der Götter suchten Griechen und Römer nach wirkungsvollen Mitteln der Sühne. Ohne auf das Sühnwesen in Gebet, Opfer, Kult und Kathartik einzugehen,[62] sei eine besondere Form kurz erwähnt: Ein unschuldiger Mensch opfert sich freiwillig für einen anderen oder für die eigene Familie und Lebensgemeinschaft, denen der Zorn der Götter droht. In der literarischen Überlieferung der Griechen begegnet das Motiv zwar wohl nur in Mythen und Dichtungen. In ihnen spiegeln sich aber zweifellos Ereignisse des geschichtlichen Sühnwesens: Chiron leidet stellvertretend für Prometheus; König Kodros stirbt freiwillig für Athen; die drei jungfräulichen Töchter Leos gehen freiwillig in den Tod, um eine Hungersnot oder — nach anderer Überlieferung — eine Pest von ihrem Vaterland abzuwenden; die beiden Mädchen Metioche und Menippe besänftigen durch ihren freigewählten Opfertod die unterirdischen Götter, die in ihrem Zorn Böotien durch eine Seuche heimgesucht hatten; Makaria opfert sich für ihre Brüder, die Herakliden; der Sohn des Kreon, Menoikeus, stirbt freiwillig für seine Vaterstadt Theben, und Alkestis erlöst durch ihren Tod den Gatten vor dem Untergang.[63]

S. 3/8. — Wie lebendig beim Volk das Vertrauen auf die Rache der Götter war, beweisen auch zahlreiche Fluchformeln, in denen die ira deorum angedroht wird; vgl. Speyer a. a. O. (s. o. S. 125 Anm. 4) 1178 f.

[62] Vgl. z. B. Liv. 8, 33, 7: preces ... deorum iras placant; 7, 2, 3: ludi scaenici ... inter alia caelestis irae placamina instituti dicuntur. Der Heide Caecilius meint bei Minucius Felix, Octavius 7, 2, die Römer hätten alle Kulte geschont, vel ut remuneraretur divina indulgentia vel ut averteretur imminens ira aut ut iam tumens et saeviens placaretur. Vgl. auch S. P. C. Tromp, De Romanorum piaculis, Diss. Amsterdam (Leiden 1921).

[63] Chiron: vgl. W. Kraus, Art. Prometheus: Pauly-Wissowa 23, 1 (1957) 700, 51 f. — Kodros: vgl. Scherling: Pauly-Wissowa 11, 1 (1921) 984 f.— Töchter Leos: vgl. Kock, Art. Leokorion: Pauly-Wissowa 12, 2 (1925) 2000, 56/63 und A. St. Pease zu Cicero, de nat. deor. 3, 50 (Cambridge, Mass. 1958, Nachdruck Darmstadt 1968). — Metioche und Menippe: vgl. Antoninus Liberalis, metamorph. 25 (43 f. Papathomopoulos); Ov. met. 13, 695 (die Vermutung von Lackeit, Art. Koronis: PW 11, 2 [1922] 1433, 50/7. 60 über eine persönliche Schuld der beiden Mädchen entbehrt der antiken Bezeugung und ist kaum zutreffend). — Makaria: vgl. A. Lesky: Pauly-Wissowa 14, 1 (1928) 622 f. — Menoikeus: vgl. W. Kroll: Pauly-Wissowa 15, 1 (1931) 918 (nr. 2) und Pease a. a. O. zu Cicero, de nat. deor. 3, 15. Vgl. E. von Lasaulx, Die Sühnopfer der Griechen und Römer und ihr Verhältnis zu dem einen auf Golgatha: ders.,

In Rom ist das stellvertretende Sühnopfer aus dem im Kampf vollzogenen Ritus der 'devotio' wohlbekannt. Da Tieropfer erfolglos geblieben waren, um den Zorn der Götter zu besänftigen, weihte sich der Konsul P. Decius Mus in der Entscheidungsschlacht mit den Latinern (340 v. Chr.) freiwillig dem Tod in der Schlacht. Nach dem Bericht des Livius erscheint er gleichsam wie vom Himmel gesandt als Sühnopfer, das den Untergang, der den Römern droht, auf die Feinde in fast magischer Weise abzuleiten vermag.[64] — Der Gedanke der Selbsthingabe begegnet, losgelöst vom Kampf, auch noch in der Kaiserzeit. Bei Lukan bietet sich Cato von Utica den feindlichen Göttern zum Sühnopfer an. Rom steht unter dem Zorn der Götter, wie Lukan durch das Verzeichnis schreckender Vorzeichen am Ende des ersten Buches der Pharsalia angedeutet hat.[65] Ausdrücklich beruft sich Cato auf die devotio des Decius und spricht dabei die denkwürdigen Worte: hic redimat sanguis populos, hac caede luatur, / quidquid Romani meruerunt pendere mores.[66] Der Begriff der mores zeigt, wie hier das archaische Denkmodell ethisiert ist.[67]

Fassen wir das gewonnene Ergebnis zusammen: Der Friede mit den Göttern, auf dem das Wohlergehen der Menschen beruht, wird durch jede absichtliche oder unabsichtliche Übertretung eines magisch-sakralen Tabus und eines Gottesgebotes zerstört. Der dadurch meist sofort ausgelöste

Studien des classischen Alterthums (1854) 242/4; J. Schmitt, Freiwilliger Opfertod bei Euripides = Religionsgesch. Versuche u. Vorarbeiten 17, 2 (1921); S. Eitrem, Die göttlichen Zwillinge bei den Griechen (Christiania 1902) 70/91 und H. W. Parke-D. E. W. Wormell, The Delphic Oracle 1 (Oxford 1956) 296 f. — Hinzuweisen ist noch auf Soph. Oed. Col. 498 f.; Liban. decl. 42, 26 (7, 415 Foerster) und Quintil. declam. 326.

[64] Vgl. Liv. 8, 9, 10; 8, 10, 7: omnes minas periculaque ab deis superis inferisque in se unum vertit; Kleinknecht a. a. O. (s. o. S. 125 Anm. 4) 390 f.; Speyer a. a. O. (s. o. S. 125 Anm. 4) 1210; ferner V. Basanoff, Devotio de M. Curtius eques: Latomus 7 (1948) 31/6; W. Eisenhut, Art. Devotio: Kleiner Pauly 1 (1964) 1501.

[65] Phars. 1, 522/695; vgl. 2, 1/4.

[66] Phars. 2, 304/19, bes. 312 f.

[67] Bei Verg. Aen. 5, 815: unum pro multis dabitur caput (Worte des Neptunus über den Gefährten des Aeneas, Palinurus, den er als Preis für das Wohlergehen der trojanischen Überfahrt verlangt) wird das Opfer nicht freiwillig dargebracht. Der Tod des Palinurus entspricht eher einem antiken Menschenopfer in der Art der Opferung Iphigenies.

Zorn einer Gottheit verfolgt den Frevler und alle, die mit ihm in Verbindung stehen. Der Gefahr der Ansteckung durch die Freveltat[68] kann die bedrohte Gemeinschaft nur entgehen, indem sie den Frevler durch Fluch und Bann von sich weist und bereit ist, die Götter durch Sühnehandlungen zu versöhnen. Nur selten begegnet in Griechenland und Rom der Gedanke, daß sich ein Unschuldiger selber freiwillig als Sühnopfer anbietet. Prodigien (besonders nach römischer Auffassung) und Fluchzustände zeigen den Frevel an und lassen auf die Art der Untat zurückschließen. Das Vergeltungsdenken und der Glaube, daß es notwendig ist, den Gleichgewichtszustand zwischen der Welt der Götter und der Menschen zu erhalten, prägen diese religiöse Anschauung.

c) Vergleichbare Grundvorstellungen der jüdisch-christlichen Theologie

Blicken wir von hier auf die jüdisch-christliche Offenbarung, so zeigt sich, daß die christliche Theologie Tatsachen der Offenbarung des Alten und Neuen Testamentes nach dem zuvor beschriebenen archaischen Denkmodell entfaltet hat. Der wichtigste Unterschied zu den zuvor beschriebenen Vorstellungen besteht wohl darin, daß nach der jüdisch-christlichen Offenbarung jeweils *ein* besonderer Frevel und *eine* besondere Sühneleistung von überzeitlicher und überräumlicher Auswirkung sich ereignet haben.

Zunächst geschah die erste Sünde der Stammeltern. Der Frevel Adams und Evas war nach dem Bericht der Genesis nicht eine unabsichtliche Übertretung eines Tabus, sondern die freiwillige Aufkündigung ihrer Gott geschuldeten Gehorsamspflicht. Die eigentümliche Rolle der Schlange beim Zustandekommen der Sünde zeigt, daß der israelitische Theologe Vorstellungen kannte, nach denen gott- und menschenfeindliche Wesen, gleichsam Dämonen, den Menschen ins Verderben führen.[69] Die Sünde des ersten Menschenpaares ruft den Zorn Gottes hervor. Das selige Leben im Paradies hört auf; der Tod ist der Lohn der Ursünde; alle Nachkommen der Stammeltern haben an den Fluchfolgen der ersten Sünde zu tragen. Der Gedanke der Solidarität in der Schuld ist deutlich erkennbar.[70]

[68] Vgl. Speyer a. a. O. (s. o. S. 125 Anm. 4) 1164 f. 1181 f. 1247 f.

[69] S. o. S. 127 f.

[70] Vgl. J. de Fraine, Adam und seine Nachkommen. Der Begriff der 'Korporativen Persönlichkeit' in der Heiligen Schrift, deutsche Ausgabe (1962); Speyer

Dieser Ursünde, die den Zorn Gottes für alle Menschen verursacht, entspricht umgekehrt der Opfertod des Gottmenschen Jesus Christus: er bringt die Versöhnung mit Gott zustande für alle Menschen aller Zeiten.[71] Während aber die Fluchtat ausschließlich der Mensch zu verantworten hat, ist die Erlösungstat fast ganz das Werk Gottes.

Die heilige, göttliche Macht wird in allen Religionen als bipolar wirkend erlebt: sie belebt und vernichtet, segnet und flucht, je nachdem sie sich geehrt oder beleidigt fühlt. In der archaischen Zeit ruft jede Handlung gegen ein magisch-sakrales Tabu den Zorn der heiligen Macht hervor. In der jüdisch-christlichen Offenbarung hingegen wird Jahwe überwiegend als der sittlich handelnde Gott erkannt. Sein Zorn entbrennt über die Ursünde der Stammeltern. Seine Güte und seine Segensmacht kündigt sich aber bereits bei seinem vergeltenden Urteilsspruch über Adam und Eva an: er verheißt die zukünftige Erlösung. Neu gegenüber dem zuvor besprochenen Denkmodell vom Götterzorn und der damit verknüpften Vorstellungen ist vor allem der kosmische Bezug in Raum und Zeit, der der Ursünde der Stammeltern sowie der Erlösungstat Jesu Christi zukommt. Man könnte so vom Allgemeinheitscharakter der Ursünde und der einmaligen Sühneleistung Jesu sprechen. Neu ist ferner, daß nicht der Mensch aus eigener Kraft den Zorn Gottes besänftigt, sondern Gott selbst das Werk mit Hilfe des Menschen durchführt (der Gedanke der Heilsgeschichte).

a. a. O. 1230 f. Vgl. aber auch J. W. Rogerson, The Hebrew Conception of Corporative Personality, a Re-examination: Journal of Theol. Studies NS 21 (1970) 1/16.

[71] Vgl. Mk 10, 45; Mt 20, 28; Joh 11, 51 f.; Paulus hat diese Erlösungs- und Sühnetheologie weiter entfaltet (Röm 5, 6/11, bes. 8 f.): Christus ist für uns, die Sünder, gestorben; in seinem Blute sind wir gerechtfertigt und werden durch ihn vor dem Zorn (ἀπὸ τῆς ὀργῆς sc. des Gerichtstages Gottes) gerettet werden. Vgl. auch 2Kor 5, 18 f. und dazu A. Nygren, Die Versöhnung als Gottestat (1932). In Gal 3, 13 f. ist die Entsprechung Adam — Christus: Fluch — Erlösung streng durchgeführt (vgl. Speyer a. a. O. [s. o. S. 125 Anm. 4] 1271 f.). Auch hier ist eine Art Talionsprinzip deutlich zu beobachten. Die Praefation vom hl. Kreuz im Missale Romanum spricht diesen Sachverhalt monumental aus: Deus, qui salutem humani generis in ligno crucis constituisti, ut, unde mors oriebatur, inde vita resurgeret et, qui in ligno vincebat, in ligno quoque vinceretur; vgl. Iren. adv. haer. 5, 17, 3 (2, 371 Harvey); J. A. Jungmann, Missarum Sollemnia 2 [5](1962) 151 Anm. 27. Zur christlichen Erlösungstheologie vgl. C. Andresen, Art. Erlösung: Reallex. f. Ant. u. Christent. 6 (1966) 98 f.

Vergil kündigt in der Aeneis einen von ferne vergleichbaren Gedanken an, wenn er Jupiter zu Venus, der Schützerin des Aeneas, die Worte sprechen läßt: quin aspera Iuno, / quae mare nunc terrasque metu caelumque fatigat, / consilia in melius referet mecumque fovebit / Romanos. Iuno wird also aus einer erzürnten zu einer segnenden Gottheit werden, indem sie selbst ihren Sinn ändert.[72]

Das alte Vorstellungsmodell von einem Gott, der über den Frevel eines einzelnen Menschen oder eines Volkes durch sichtbare Zeichen zürnt, ist mit der Religion der Griechen und Römer nicht untergegangen. Jesus selbst kam zwar, um zu segnen und nicht um zu fluchen.[73] Aber seine Nachfolger benutzten vielfach Fluch und Strafwunder zur Verteidigung des Glaubens und zur Ehre Gottes.[74] Geschahen in christlicher Zeit Naturkatastrophen oder Seuchen und Kriege, so waren die Chronisten und Geschichtsschreiber schnell bereit, dafür einen menschlichen Frevel als Ursache anzugeben. Bei der furchtbaren Pest des Jahres 590 predigte Papst Gregor der Große vom Schwert des göttlichen Zornes, mit dem das Volk getroffen sei.[75] Wie eine spätere Legende zu erzählen weiß, sei während der von Gregor veranstalteten Sühne- und Bußprozession ein Engel auf der Spitze des Grabmals Hadrians erschienen und habe das blutige Schwert zum Zeichen des besänftigten Zornes Gottes in die Scheide gesteckt.[76] Diese Überlieferung über die Pest im Jahre 590 n. Chr. stimmt in ihren religiösen Gedanken vollkommen mit der im ersten Buch der Ilias beschriebenen Szene überein: Apollon zürnt wegen des Frevels eines Menschen, er entsendet seine Pestpfeile und wird schließlich durch Gebet und Opfer versöhnt.

Von der für das Neue Testament wichtigen eschatologischen Bedeutung des Zornes Gottes ist hier nicht mehr zu sprechen. Zum Tage des letzten Gerichtes gehören Vergeltung und Zorn. Diese düstere und drohende

[72] Aen. 1, 279/81. Im Buch 8, 60 f. aber fordert der Gott Thybris Aeneas auf, Iuno durch Bitten zu versöhnen: Iunoni fer rite preces iramque minasque / supplicibus supera votis.

[73] Vgl. Lc 6, 28; 9, 54 f.; Speyer a. a. O. 1253 f. 1278.

[74] Vgl. Speyer a. a. O. 1254/7.

[75] Papst Gregor I bei Gregor von Tours, hist. Franc. 10, 1 (Mon. Germ. Hist. Script. rer. Merov. 1, 1, 479 f.).

[76] Vgl. F. H. Dudden, Gregory the Great 1 (London 1905, Nachdruck New York 1967) 219 f. und B. Pesci, Il problema cronologico della Madonna di Aracoeli alla luce delle fonti: Riv. di Archeol. Crist. 18 (1941) 53 f. Anm. 5.

Stimmung hat Michelangelo in seiner Darstellung des Weltgerichts eingefangen, unter dem die Worte der im Totenritus der katholischen Kirche gebeteten Sequenz aus dem 13. Jahrhundert stehen könnten: Dies irae, dies illa solvet saeclum in favilla teste David cum Sibylla.[77]

[Erst während der Drucklegung wurde mir die methodisch anders angelegte Darstellung von P. Considine, The Theme of Divine Wrath in Ancient East Mediterranean Literature: Studi Micenei ed Egeo-Anatolici 8 (Roma 1969) 85/159, bekannt.]

[77] Dies irae übersetzt ἡμέρα ὀργῆς (Sophonias 1, 15. 18; 2, 3; Röm 2, 5); vgl. L. Kunz, Art. Dies irae: Lex. f. Theol. u. Kirche 3 (1959) 380 f.

11. Die Segenskraft des ‚göttlichen' Fußes

Eine Anschauungsform antiken Volksglaubens und ihre Nachwirkung

„Des herrn fusstapffen tüngen den acker wol." So lesen wir bei Martin Luther in seiner Schrift ‚Von weltlicher Obrigkeit, wie weit man ihr Gehorsam schuldig sei' (1523). Luther zitiert diesen Ausspruch als „altes Sprüchwort".[1] In der Tat lassen sich schon aus der Antike Belege zu diesem alten deutschen Sprichwort beibringen. Columella schreibt für die Anlage eines Weingutes vor, dass ein Weg je 100 Weinstöcke oder einen halben Morgen Landes von der benachbarten anbebauten Fläche trennen soll, damit Sonne und Wind die Reben besser erreichten. Sodann gibt er steigernd noch folgenden Grund für diese Vorschrift an: *quae distinctio ... oculos et vestigia domini, res agro saluberrimas, facilius admittit.*[2] – Aristoteles teilt zustimmend folgende Aussprüche eines Persers und eines Libyers mit. Auf die Frage, was am meisten ein Pferd fett mache, sagte der Perser: „Das Auge des Herrn." Der Libyer aber antwortete auf die Frage, welcher Dünger der beste sei: „Die Fussspuren des Herrn."[3]

Will man dieses Sprichwort richtig verstehen, so genügt es nicht, allein darauf hinzuweisen, dass die geschäftige Anwesenheit des Gutsherrn das Gedeihen seines Hofes sichert, mag auch eine vordergründige Kritik eine derartige Deutung schon als hinreichend bezeichnen. Wie im folgenden zu zeigen sein wird, glaubte das Volk ursprünglich tatsächlich an die Segenskraft des Fusses, freilich nicht eines jeden beliebigen.[4] Die

1) D. Martin Luthers Werke. Kritische Gesamtausgabe 11 (1900) 275 f. – Vgl. K.F.W. Wander, Deutsches Sprichwörter-Lexikon 1 (1867) 1296 *s.v.* Fuss nr. 19; 1308 *s.v.* Fussstapfen nr. 1; 2 (1870) 542 *s.v.* Herr nr. 159. 161 (160. 164); I. von Düringsfeld-O. von Reinsberg-Düringsfeld, Sprichwörter der germanischen und romanischen Sprachen 1 (1872) 373 f. nr. 714.

2) *De re rust.* 4,18,1.

3) *Oeconom.* 1,6,1345 a. Vgl. A. Otto, Die Sprichwörter und sprichwörtlichen Redensarten der Römer (1890, Nachdruck 1962) nr. 1276 (*s.v.* oculus); der dort mitgeteilte Text aus Aristoteles ist fehlerhaft. Beim Stichwort *vestigium* fehlt ein Hinweis auf *oculus.*. Kein Beispiel bietet die von R. Häussler herausgegebene Sammlung ‚Nachträge zu A. Otto Sprichwörter und sprichwörtliche Redensarten der Römer' (1968).

4) An Vorarbeiten zu diesem Thema sind zu nennen: P. Sartori, Der Schuh im Volksglauben, ZsVereinVolksk 4 (1894) 41/54. 148/80. 282/305. 412/27, bes. 44/8. 50/4; O. Weinreich, Antike Heilungswunder, RGVV 8,1 (1909, Nachdruck 1969)

beigebrachten Belege bezeugen diesen Volksglauben teils unmittelbar, teils mittelbar. Im letzteren Fall ist aus der Glaubensvorstellung ein literarisches Motiv der Dichtung geworden. Auch diese Zeugnisse sind wertvoll, da sie die Lebenskraft dieser dem magisch-religiösen Denken entstammenden Vorstellung erweisen. Einige Stellen geben freilich | nicht eindeutig an, ob der Fuss für die Ursache des Segens gehalten wurde oder nicht vielmehr die Gegenwart des betreffenden Wesens, dem er zugehört. Es wird sich aber zeigen, dass hier kein tatsächlicher Widerspruch vorliegt.

In antiken Wundererzählungen wird oft neben dem Wort des wunderwirkenden, machtvollen Menschen auch die heilige Handlung mitgeteilt, die das Wort begleitet und in seiner Wirkung steigert oder sogar ersetzt. So berichten griechische und römische Wundererzählungen von Krankenheilungen durch Berühren mit dem Fuss. Die Berührung ist dabei für den Heilerfolg wesentlich.[5] König Pyrrhos von Epirus soll durch Berühren mit der grossen Zehe des rechten Fusses an der Milz Erkrankte geheilt haben.[6] Vergleichbare Wunder soll Kaiser Vespasian in Alexandrien vollbracht haben.[7] Auch über Hadrian gab es ähnliche

---

22. 67/73; K. Weiss, Art. πούς, TheolWbNT 6 (o.J. um 1959) 624 f. und B. Kötting, Art. Fuss, RAC 8 (1972) 722/43, bes. 725 f.: ‚Fuss und Heilkraft'. – C.W.M. Verhoeven, Symboliek van de Voet, Diss. Nijmegen (1956), mit französischem Resümee (228/31), kommt zu abweichenden Ergebnissen, ohne sie durch philologisch-geschichtliche Beweise sichern zu können (229): „La signification de symbole de fertilité qu'on a coutume d'attribuer au pied et qui ressortirait du mythe des plantes et des fleurs jaillissant sous les pieds d'un dieu, d'une déesse ou d'un saint [dazu s.u.S. 295/7] qui daigne marcher sur la terre, se rapporte plutôt aux intentions sublimantes de l'homme contemplatif à l'égard de la figure et de la personne du dieu qui apparaît. Ce qu'on appelle fertilité est le résultat d'une présence intensive, dans laquelle le caractère subjectif et unique de la personne est reconnue. En produisant des fleurs la terre crée une distance entre soi-même et la figure divine qui marche sur elle ..." (Die bei Weinreich a.O. 69 Anm. 3 angekündigte Arbeit von G.A. Gerhard ‚Fuss und Schuh im Volksglauben' ist nie erschienen. – Unkritisch ist das Buch von Aigremont [Pseudonym], Fuss- und Schuh-Symbolik und -Erotik [1909].)

5) Vgl. H. Wagenvoort, Art. Contactus, RAC 3 (1957) 404/21.

6) Vgl. Plut. *Pyrrh.* 3,4 f.; Plin. *Nat. hist.* 7,20; 28,34; Nepotian. 9,24 (608 Kempf); dazu Weinreich a.O. 67 f. 72. – Coluccio Salutati (1331-1406) scheint sich in der noch unveröffentlichten Schrift *De fato et fortuna* für diesen Wunderbericht auf Plutarch und A. Gellius berufen zu haben. Er bezweifelte die Nachricht nicht: *prorsus supernaturaliter factum ... deo illud, sicut sibi placebat, agente vel potius aliqua demonum potestate eodem deo peccatis illorum aggravari superstitione merentibus permittente* (nach dem Referat und dem Zitat bei A. von Martin, Coluccio Salutati's Traktat ‚Vom Tyrannen', Abhandlungen zur Mittleren u. Neueren Geschichte 47 [1913] 88); zu dieser Schrift Salutatis vgl. B.L. Ullman, The Humanism of Coluccio Salutati, Medioevo e Umanesimo 4 (Padova 1963) 30 f.

7) Tac. *Hist.* 4,81,1/3: *alius manum aeger eodem deo auctore* (sc. *Serapide*), *ut*

Erzählungen.[8] Der König oder Kaiser gehört zu den Menschen, die nach dem Glauben des Altertums mit heiliger Macht begabt sind.[9] In dem Kulturkreis des Mittelmeergebietes gelten vor allem Blut, Hand und Fuss des Königs als heilkräftig.[10] In christlicher Zeit lebte der Glaube an den Heilwunder wirkenden König weiter.[11] Seltener wird berichtet, dass Heilige durch ihren Fuss geheilt haben. Die heilende Kraft des Heiligen kann auch in seinem Schuh erhalten sein. In dieser Hinsicht unterscheiden sich Fuss und Schuh nicht voneinander.[12] Mit dem Schuh des hl. Honoratus von Fondi erweckt sein Schüler, der hl. Liber-

---

pede ac vestigio Caesaris calcaretur, orabat; vgl. Suet. *Vesp.* 7,2 f.; Dio Cass. 66,8: Οὐεσπασιανὸς τὴν χεῖρα πατήσας, und im Anschluss an Sueton Joh. von Salisbury, *Policr.* 2,10 (1,83 f. Webb). Die wichtigsten Stellen sind bei G. Delling, Antike Wundertexte, Lietzmanns Kleine Texte 79 (1960) nr. 5 f. abgedruckt. Vgl. Weinreich a.O. 68 und S. Morenz, Vespasian, Heiland der Kranken, WürzbJbb 4 (1949/50) 370/8. – Der für das Mittelalter erstaunlich kritische Guibert von Nogent (1053-1124) leugnete nicht derartige Wunder der Heiden, *De pignoribus sanctorum* 1,1 (PL 156,615 D): *lege Suetonium, quomodo Vespasianus impactum pedis pollice sustulerit claudum.* – Hier ist noch an einen Wunderbericht aus Epidauros zu erinnern, hrsg. von R. Herzog, Die Wunderheilungen von Epidauros, Philologus Suppl. 22,3 (1931) 24 nr. 38: Diaitos von Kirrha (?), der an einem Knieleiden daniederlag, träumte, der Gott (d.i. Asklepios) habe den Dienern befohlen, ihn aufzuheben, aus dem innersten Heiligtum herauszutragen und vor dem Tempel niederzulegen. Darauf habe der Gott einen Wagen mit Pferden angeschirrt, sei dreimal (?) im Kreis um ihn herumgefahren und habe ihn mit den Pferden niedergetreten (καταπατεῖν). Sofort sei er wieder Herr seiner Knie geworden. Am anderen Tag ging er gesund heraus. – Die Deutung ist allerdings umstritten; gegen Weinreich a.O. 72 f. wendet sich Herzog a.O. 99 f.

8) Vgl. *Hist. Aug. v. Hadr.* 25, 1/4.

9) Vgl. Wagenvoort a.O. 408; La regalità sacra (The Sacral Kingship), Contributi al tema dell' VIII congr. intern. di storia delle religioni, Roma 1955 (Leiden 1959) 367/434.

10) J. Behm, Die Handauflegung im Urchristentum (1911, Nachdruck 1968) 107 nennt Beispiele aus dem arabischen Kulturkreis; vgl. dazu J. Wellhausen, Reste arabischen Heidentums (1887) 140.

11) Vgl. Guibert von Nogent, *Pign. sanct.* 1,1 (PL 156, 615 f.); dazu K. Guth, Guibert von Nogent und die hochmittelalterliche Kritik an der Reliquienverehrung, Studien u. Mitteil. z. Gesch. d. Benediktinerordens, Erg. Bd. 21 (1970) 78; M. Bloch, Les rois thaumaturges. Etude sur le caractère surnaturel attribué à la puissance royale, particulièrement en France et en Angleterre, Publ. de la Fac. des Lettres de l'Univ. de Strasbourg 19 (Strasbourg 1924). Der Verfasser glaubt, die Erscheinung folgendermassen erklären zu können: „Ainsi il est difficile de voir dans la foi au miracle royal autre chose que le résultat d'une erreur collective" (a.O. 429); vgl. ferner W. Friedlaender, Napoleon as 'Roi thaumaturge', JournWarbCourtInst 4 (1941) 139/41.

12) Weinreich a.O. 70 f. bemerkt treffend: „Alles was mit dem Fusse in Berührung kommt, kann heilkräftig sein, vor allem natürlich der Schuh, Pantoffel, überhaupt Kleidungsstücke, aber auch Wasser in dem der Fuss gewaschen, Erde auf die er getreten, der Staub von den Füssen" (vgl. ebd. 22).

tinus, einen toten Knaben,[13] und mit dem Schuh des hl. Epipodios von Lyon heilt dort eine fromme Frau namens Lucia Kranke.[14]

Die heilige, göttliche Macht und die von ihr erfüllten Personen, also die Gottheit und die göttlichen Wesen, ferner der ‚göttliche Mensch', das ist beispielsweise der Heros, der Heilige, der König oder der Herrscher,[15] offenbaren sich auf zweifache Weise: sie bringen Segen oder Fluch. Bereits verschiedene Wörter der alten Sprachen für den Begriff ‚heilig' erweisen diese sich bipolar äussernde Wirkungsweise.[16] Die Segensmacht des ‚göttlichen Menschen' erscheint gegenüber widergöttlichen Mächten und Wesen als Fluchmacht. Dafür zeugen die zahlreich aus dem Altertum überlieferten Strafwunder. Sehr selten hören wir allerdings von einem Strafwunder, das durch den Fuss eines ‚Heiligen' gewirkt worden ist. Ein derartiges Wunder wird von Rabbi Ḥanina ben Dosa erzählt: Um die Leute von einer sie schädigenden, gefährlichen Wasserschlange zu befreien, ging der Rabbi an das Schlupfloch der Schlange und liess sich von ihr in die Ferse beissen. Sofort starb die Schlange.[17]

In der Heil- und Todeswirkung erweist der Fuss des göttlichen Menschen aber nur einen Teil seiner heiligen Macht. Die Segenswirkung der heiligen, göttlichen Macht und der von ihr erfüllten Personen zeigt sich ganz allgemein im Gedeihen der organischen Natur, also in der Fruchtbarkeit des Lebens. Segen bedeutet für den Menschen der magisch-sakralen Kultur Fülle an Gaben des Lebens, also Reichtum an Kindern, grosse Herden und fruchtbares Ackerland. Nach diesem Glauben besitzen alle Wesen, die an der heiligen, göttlichen Macht teilhaben, auch in ihrem Fuss diese lebensfördernde Segenskraft.

---

13) Vgl. Greg. Magn. *Dial.* 1,2 (22. 23,8 f. Moricca).

14) *Acta SS. Epipodii et Alexandri* 3. 13 (121. 123 Ruinart = PG 5,1457 B. 1461 A) und Greg. Tur. *In glor. conf.* 63 (MGH Scr. rer. Mer. 1,2,335). Gewiss besteht hier eine Verbindung zwischen dem Namen des Heiligen und seinem wundertätigen Schuh (vgl. Weinreich a.O. 70 Anm. 3). Wie E. Griffe, Art. Epipode et Alexandre, DictHistGE 15 (1963) 635 f. bemerkt, kann diese Passion bis in die 2. Hälfte des 5. Jhdts. zurückgehen. Der hl. Epipodius wird ferner von Greg. Tur. *In glor. mart.* 49 (MGH Scr. rer. Mer. 1,2,72) und von Euseb. ‚Gall.' *Hom.* 55 (CCL 101 A, 639/44) erwähnt. Zum griechischen Eigennamen Ἐπιπόδιος vgl. Inscr. Gr. 4,9552. – Zu angeblichen Reliquien des Fusses der hl. Anna in Neapel, in Douai und in Ancona vgl. G. Cuperus, ASS Iul. 6,258 B/C (die Acta Sanctorum sind hier nach der Edition Palmé [Paris 1863 ff.] zitiert) und B. Kleinschmidt, Die hl. Anna (1930) 400.

15) Vgl. L. Bieler, Θεῖος ἀνήρ. Das Bild des ‚göttlichen Menschen' in Spätantike und Frühchristentum (Wien 1935/36, Nachdruck Darmstadt 1967); M. Smith, Prolegomena to a Discussion of Aretalogies, Divine Men, the Gospels and Jesus, Journ BiblLit 90 (1971) 174/99.

16) Vgl. W. Speyer, Art. Fluch, RAC 7 (1969) 1175 f.; dort ist nachzutragen H. Fugier, Recherches sur l'expression du sacré dans la langue latine, Publ. de la Fac. des Lettr. de l'Univ. de Strasbourg 146 (Strasbourg 1963).

17) B. Berakhoth 5,1 fol. 33 a (1,123 Goldschmidt); auch bei P. Fiebig, Jüdische Wundergeschichten des neutestamentlichen Zeitalters (1911) 25.

Beginnen wir mit dem neuzeitlichen Volksglauben. Aus Tirol stammt folgende Nachricht: „Wenn auf den Mulden ein Streifen des fettesten Grases ist, sagt man: da ist der Alber darüber gegangen. Denn der Alber – Almgeist – hat schmalzige Füsse und düngt durch sein Auftreten allein den Weg (Burgeis)."[18] Vom Wolf, einem als dämonisch gefürchteten Tier, das damit über die Kräfte des Todes, aber auch – allerdings seltener – über die des Lebens verfügt, glaubt man, dass sein Fuss „die blühende Saat segne".[19]

Die Zeugnisse für diesen Glauben aus dem Altertum sind nicht allzu zahlreich. Die monumentale Überlieferung erweist besonders für Ägypten und die östlich angrenzenden Länder die Verehrung mancher Gottheiten durch Darstellung eines mächtigen, oft überlebensgrossen menschlichen Fusses. Stets wird dafür ein rechter, d.h. ein glückverheissender und heilbringender Fuss verwendet. Ebenso wie die bekannten Darstellungen des Serapisfusses, der meist mit einer Sandale bekleidet und von einer Büste des Gottes bekrönt ist,[20] sind andere Füsse phönizischer Gottheiten zu deuten, des Juppiter Heliopolitanus bzw. des Ζεὺς Κάρμηλος (3. Jhdt. n.C.).[21] Dieser Zeus von Heliopolis wurde als Wetter- und Fruchtbarkeitsgott verehrt. Aus diesen als Weihegeschenke aufgestellten Götterfüssen dürfen wir wohl zunächst soviel schliessen, dass die Verehrer der genannten Gottheiten glaubten, die numinose Macht sei im Fuss gleichsam aufgespeichert.

Literarische Zeugnisse aus dem Altertum belehren uns weiter, welche genaueren Vorstellungen die Gläubigen an den Götterfuss geknüpft haben. Herodot berichtet von einem Perseusheiligtum der oberägyptischen Stadt Chemmis: „Die Einwohner von Chemmis behaupten, Perseus erscheine ihnen oft auf der Erde, oft auch im Tempelinnern; auch

---

18) Angeführt von I.V. Zingerle, Sitten, Bräuche und Meinungen des Tiroler Volkes (Innsbruck 1857) 39 nr. 314.

19) Vgl. W.-E. Peuckert, Art. Wolf, Handwörterb. d. deutsch. Aberglaubens 9 (1938/41) 755 Anm. 634. Schon Plinius, *Nat. hist.* 28, 157 bemerkt: *tanta vis est animalis . . . , ut vestigia eius calcata equis afferant torporem.*

20) Die älteren Deutungen dieser Denkmäler (Votivgabe an den Heilgott, „Dank- oder Bittgaben für ein geheiltes oder zu heilendes Glied" (so H.Ph. Weitz, Art. Sarapis, Roscher, Mythol. Lex. 4 [1909/15] 382), Ex-voto für eine glücklich vollbrachte Reise (so W. Drexler, Art. Isis, ebd. 2,1 [1890/94] 527,54 ff.) sind heute wohl nicht mehr aufrecht zu halten. S. Dow – F.S. Upson, The Foot of Sarapis, Hesperia 13 (1944) 58/77 besprechen fünf Denkmäler aus flavianischer und antoninischer Zeit. Vgl. M. Guarducci, Le impronte del 'Quo Vadis' e monumenti affini, RendicPontAcc 19 (1942/43) 305/44. – In dem von Macrob. *Sat.* 1,20,17 überlieferten Orakelspruch, den König Nikokreon von Zypern (um 317 v. C.) auf seine Frage nach dem Wesen des Sarapis erhalten hatte, heisst es: *οὐράνιος κόσμος κεφαλή, γαστὴρ δὲ θάλασσα, γαῖα δέ μοι πόδες εἰσίν* (vgl. PGM 12,242).

21) Vgl. K. Galling, Der Gott Karmel und die Ächtung der fremden Götter, Geschichte und Altes Testament, Festschrift A. Alt (1953) 105/25, bes. 110/21.

fände man seine zwei Ellen grosse Sandale. Werde sie sichtbar, so habe ganz Ägypten Überfluss (εὐθενέειν)."[22] Wie bereits o. S. 294 gesagt wurde, hat der Schuh im Volksglauben vielfach die gleiche Bedeutung wie der Fuss. Ausserdem wurde der Schuh als aphrodisisches Symbol und damit als Sinnbild der Fruchtbarkeit gedeutet. Nach den Vorstel-| lungen der Ägypter konnte der Götterschuh als Zeichen bevorstehenden Segens, besonders der Fruchtbarkeit des Landes, gelten. F. Creuzer und in seiner Nachfolge J.J. Bachofen haben weitere Zeugnisse für diesen Glauben beizubringen versucht.[23] Die meisten von ihnen halten jedoch einer Nachprüfung wohl nicht stand; nur die Erzählung von der schönen Rhodopis, die Strabon und Älian überliefern, dürfte hierhergehören: Als die schöne Hetäre badete, entführte ein Adler eine ihrer Sandalen nach Memphis und liess sie in den Schoss des Pharao Psammetich fallen, der unter freiem Himmel Recht sprach. Der Pharao bewunderte die harmonische Form des Schuhs und war über den wunderbaren Vorfall erstaunt. Er liess im ganzen Land nach der Trägerin suchen. Als Rhodopis in Naukratis gefunden war, wurde sie nach Memphis gebracht und zur Gemahlin des Pharao erhoben. Nach ihrem Tode erhielt sie als Grabmonument eine Pyramide.[24] Da in dieser Geschichte der Schuh

---

22) 2,91,3. A. Wiedemann, Perseus in Ägypten, Philologus 50 (1891) 179 f. erklärt die Gleichsetzung von Chem und Perseus damit, dass ein Grieche, wenn er den Namen des ägyptischen Distrikts ‚Pers' hörte, an Perseus erinnert wurde und so den Gott des ägyptischen Bezirks mit Perseus gleichgesetzt habe. Für den griechischen Glauben ergibt sich damit nichts. Dass die Sandale einem Gott gehörte, sollte hier durch ihre übermenschliche Grösse sinfällig vor Augen geführt werden. So berichtet Herodot auch 4,82 von einer zwei Ellen grossen Fussspur des Herakles, die in einem Felsen am Fluss Tyras (Dnjestr) zu sehen sei (auf die Angaben Herodots hat bereits F. Creuzer, Symbolik und Mythologie der alten Völker, besonders der Griechen 2² [1820] 208 hingewiesen). Zur räumlichen Grösse göttlicher Wesen vgl. W. Speyer, Bücherfunde in der Glaubenswerbung der Antike, Hypomnemata 24 (1970) 37.

23) Creuzer a.O. 4² (1821) 56 f.; J.J. Bachofen, Versuch über die Gräbersymbolik der Alten = Gesammelte Werke 4 (Basel 1954) 276 Anm. 1. 457 f. Wie E. Howald, im Nachwort dieser Schrift Bachofens hervorhebt (ebd. 557 f.), hatte diese Abhandlung bei den Zeitgenossen kein grosses Echo gefunden. Er scheint übersehen zu haben, dass schon E.L. Rochholz, Naturmythen. Neue Schweizersagen (1862) 25 f. die von Bachofen gesammelten antiken Zeugnisse ausgeschrieben hat, jedoch ohne seine Quelle anzugeben. Die ‚Gräbersymbolik' war drei Jahre zuvor (1859) erschienen. Die unrichtige Deutung des Mars Gradivus, den Bachofen für einen Fruchtbarkeitsgott hält, hat nicht nur Aigremont a.O. (s. o. Anm. 4) 11 kritiklos übernommen, sondern auch neuerdings F. Sturm, Symbolische Todesstrafen, Kriminologische Schriftenreihe 5 (1962) 162, zu Gradivus vgl. Boehm, PW 7,2 (1912) 1688 f.; zu Mars K. Latte, Römische Religionsgeschichte, Hdb. Alt. Wiss. 5,4 (1960) 114 f.

24) Strabon 17,1,33 (808); Ael. *Var. hist.* 13,33; vgl. J. Miller, Art. Ῥοδῶπις, PW 1 A, 1 (1914) 957 f. und besonders A. Marx, Griechische Märchen von dankbaren Tieren und Verwandtes, Diss. Heidelberg (1889) 42/50, der auf eine Parallelgeschichte bei Hygin. *Astron.* 16 (56,7/13 Bunte) hinweist.

wohl als Sinnbild des weiblichen Schosses zu deuten ist,[25] wurde die Hochzeit zwischen dem Gottkönig und der Hetäre, die gleichsam eine Inkarnation der Liebes- und Fruchtbarkeitsgöttin ist, in dem geschilderten wunderbaren Vorfall symbolisch schon vorweggenommen.

Von den Dichtern bezeugt Hesiod die Segenskraft der Füsse der aus dem Meer geborenen Aphrodite: Als die Göttin in Kypros ans Land stieg, „sprossten Blüten unter den zarten Füssen".[26] Angelo Poliziano (1454-1494), der sich von diesen Versen Hesiods zu seiner Schilderung der Epiphanie der Göttin Aphrodite anregen liess, spricht ausdrücklich vom „heiligen und göttlichen Fuss".[27] Bei Hesiod mag orientalischer Glaube an die lebenspendenden Muttergottheiten eingewirkt haben. Noch am Ausgang des Altertums dichtet Nonnos, dass die Wiese unter

---

25) Vgl. G. Jungbauer, Art. Schuh, Handwörterb. d. deutsch. Aberglaubens 7 (1935/36) 1292/6. 1322. – Auf einer der öfters erhaltenen Weihegaben mit Darstellung von Fusssohlen (wohl des Gläubigen und nicht des Gottes) liest man die Inschrift: *Isidi frugiferae ... ene ... donum posuit* (CIL 6,351); neu hrsg. von L. Vidman, Sylloge inscriptionum religionis Isiacae et Sarapiacae, RGVV 28 (1969) nr. 379; vgl. ebd. nr. 61 und L. Vidman, Isis und Sarapis bei den Griechen und Römern, RGVV 29 (1970) Reg. *s.v.* Fusssohlen. – Die goldene und eherne Sandale sind Symbole der Kore-Persephone-Selene; vgl. Porphyr. *Cult. simul.* frg. 8 (bei Euseb. *Praep. ev.* 3,11,32 [GCS 43,1,141]); D. Wortmann, Neue magische Texte, BonnerJbb 168 (1968) 77 f.; ders., Die Sandale der Hekate-Persephone-Selene, ZsPapyrEpigr 2 (1968) 155/60.

26) *Theog.* 193/5. – Einige der hier besprochenen Stellen hat E.R. Curtius, Lesefrüchte: Liber floridus. Mittellateinische Studien für P. Lehmann (1950) 27 f. gesammelt.

27) A. Poliziano, Stanze cominciate per la giostra di Giuliano de' Medici 1,101, hrsg. von V. Pernicone, Biblioteca del'Giornale storico', Testi 1 (Torino 1954) 48:

Giurar potresti che dell' onde uscissi
la dea premendo colla destra il crino,
coll' altra il dolce pome ricoprissi;
e, stampata dal piè sacro e divino,
d' erbe e di fior l' arena si vestissi.

Beim Abschied der Nymphe, unter der sich die Geliebte Giulianos de' Medici, Simonetta Vespucci, verbirgt, trauern leise die Haine und die Vögel beginnen zu klagen,

ma l'erba verde sotto i dolci passi
bianca, gialla, vermiglia e azurra fassi

(ebd. Stanze 1,55 [26 f. Pernicone]); vgl. dazu I. Maïer, Ange Politien, Travaux d'Humanisme et Renaissance 81 (Genève 1966) 322. 318. – M. Marullus preist Venus unter anderem mit den Versen (Hymn. nat. 2,7,67/9):

et passim violis scatentem
ter pede nudo
concutit terram

(ed. A. Perosa [Zürich 1951] 132). J.G. Jacobi sagt von Venus im Gedicht ‚Venus im Bade', 6. Strophe:

Schon berührt der Fuss die Welle,
dem in Wüsten Rosen blühn

(Sämtliche Werke 1 [Zürich 1825] 245).

den Schritten des Ampelos von Rosen erblüht sei.[28] Eine derartige Anschauung war ursprünglich nicht Eigentum der Dichtung, sondern entstammte dem Volksglauben. Persius, der *Sat.* 2,31/40 die Gebetswünsche der römischen Frauen für den gerade geborenen Knaben verspottet, nennt unter anderem folgende:

hunc optent generum rex et regina; puellae
hunc rapiant; quidquid calcaverit hic, rosa fiat.

Suchen wir in der jüdischen und christlichen Überlieferung nach Zeugnissen für diesen Glauben, so bietet sich als unmittelbar sprechender Beleg das Psalmwort, das Jahwe preist: „Du krönst das Jahr mit deinem Gut, und deine Fussstapfen triefen von Fett".[29] Dass dieser Gedanke im semitischen Sprachbereich bekannt war, lehrt folgende | Stelle aus einem Hymnus des Bardaisan, den Ephräm der Syrer erhalten hat: „Der ‚göttliche' Vater und die ‚göttliche' Mutter pflanzten es (d.i. das Paradies) durch ihre eheliche Verbindung und machten es fruchtbar durch ihre Schritte."[30] – Die Tatsache, dass Moses, sobald ihm Gott im

28) *Dionys.* 10,189 f. Keydell. – Die Einwohner von Chalkis auf Euboia behaupteten, dass Ganymed von Zeus bei ihnen geraubt worden sei, und zeigten den Platz, Harpagion genannt, wo besonders schöne Myrtenzweige wüchsen (von Athen. 13,77 [601 f.] überliefert; vgl. P. Friedländer, Art. Ganymed, PW 7,1 [1910] 741,47 f.). Der Hinweis auf die der Aphrodite und der Venus heilige Myrte (vgl. Steier, Art. Myrtos, PW 16,1 [1933] 1180, 31 f. 1182,14 f.) und die Tatsache, dass der παιδικὸς ἔρως bei den Chalkidiern beliebt war, machen die Annahme wahrscheinlich, dass der Gedanke der heiligen Hochzeit und ihres Segens für die Flur der Notiz bei Athenaios zugrunde liegt. Vgl. ferner *Ilias* 14,346/51; dazu E. Fehrle, Die kultische Keuschheit im Altertum, RGVV 6 (1910, Nachdruck 1966) Reg. *s.v.*; A. Klinz, Ἱερὸς γάμος. Quaestiones selectae ad sacras nuptias Graecorum religionis et poeseos pertinentes, Diss. Halle 1933; H. Erbse, Zeus und Here auf dem Idagebirge, AntAbendl 16 (1970) 95 und M.L. West im Kommentar zu Hesiod, Theogony (Oxford 1971) 423 zu V. 971.

29) Da die Septuaginta (Ps. 64,12): καὶ τὰ πεδία σου πλησθήσονται πιότητος und die Vulgata entsprechend *campi* übersetzen, sucht man in den Psalmenkommentaren der Kirchenväter vergeblich nach einer Deutung, die für unser Thema aufschlussreich sein könnte. Vgl. ferner Ps. 77 (76), 20; 85 (84), 14; 132 (131), 7; Jes. 60,13; Hab. 3,5; vgl. Weiss a.O. (s.o. Anm. 4) 627,14/29. – Der evangelische Kirchenlieddichter Nikolaus Herman (um 1480–1561) nahm das Bild aus Ps. 65 auf:

Durch Christ, dein Son, hör unser bitt,
teil uns ein seligen regen mit,
und krön das Jar aus deiner handt,
mit dein fustappen tüng das land

(abgedruckt bei Ph. Wackernagel, Das deutsche Kirchenlied 3 [1870] nr. 1386 Strophe 8: *pro pluvia tempestiva*).

30) *Hymn.* 55,8. Übertragung von A. Rücker, BKV² 61 (1928) 187; etwas abweichend übersetzen den zweiten Teil des Satzes G. Widengren, Mesopotamian Elements in Manichaeism, Uppsala Universitets Årsskrift 3 (1946) 18: „and layed

brennenden Dornbusch erschienen war, die Schuhe auszieht, bedeutet nach einigen von Theodoret von Kyros nicht näher genannten Erklärern, dass die nackten Füsse die Erde heiligen.[31] – Prudentius aber bezeugt in den Schlussversen seines Hymnus auf die hl. Agnes wohl eher den Glauben an die Segenskraft der Gegenwart der Heiligen als an die Segenskraft ihres Fusses. Der Dichter ruft die Heilige an, deren Reinheit selbst im Dirnenhause unberührt geblieben ist:

Nil non pudicum est, quod pia visere	Alles ist rein, das du gütig aufzusuchen und
dignaris, almo vel pede tangere.	mit deinem segenspendenden Fuss zu berühren würdigst.[32]

Bis in die Neuzeit ist die Vorstellung lebendig geblieben, dass der Fuss des Heiligen die Flur segnet. Hieronymus Emser bemerkt in seiner 1512 verfassten ungeschichtlichen Lebensbeschreibung des hl. Benno, Bischofs von Meissen (1066-um 1106): *in certis ... agrorum semitis, quas ille ibidem* (sc. *ad extremos dioeceseos suae fines, villam scilicet Naumborg*) *more suo post divini officii pensum deambulando meditandoque pedibus suis sanctissimis calcavit, frumentum adhuc hodie citius flavescit maturescitque, quin fertilior etiam longe seges in eodem loco quam per vicina circumquaque rura nascitur. id quod ego non solum ex aliorum scriptis verum etiam oculis meis compertum habeo et vidi, quia vere Deus mirabilis in sanctis suis. eadem autem praecox agri cuiusdam*

---

out through their footsteps", und H.J.W. Drijvers, Bardaiṣan of Edessa (Assen 1966) 147: „They planted it with their descendants." – Der syrische Dichter Kyrillonas schreibt im Bittgesang für das Allerheiligenfest des Jahres 396: „Auch der Süden, ... der noch jetzt den Wohlgeruch deiner (d.h. Jesu) Fussstapfen aushaucht, wo du gewandelt bist, den du gesegnet hast, ... auch er wird gleich den anderen Himmelsgegenden gezüchtigt durch die grausamen Horden ..." (übersetzt von S. Landersdorfer = BKV^2 6 [1913] 15 f.); vgl. O. Weinreich, Zum Wundertypus der *συνανάχρωσις*, ArchRelWiss 32 (1935) 246: „Auch der Zauber mit Fuss- oder Sitzspuren weist auf ein Körperfluidum hin, das aus diesen Körperteilen emaniert" (mit Literatur).

31) *In Ex. quaest.* 7 (PG 80,299 C/D); angeführt von Ph. Oppenheim, Art. Barfüssigkeit, RAC 1 (1950) 1189. Eine derartige Erklärung der rituellen Barfüssigkeit scheint in der Antike selten vorgebracht worden zu sein. Meist wurde betont, dass der Schuh das geforderte richtige sakrale Verhalten verhindere, z.B. Prud. *Perist.* 6,73/91 (ebenfalls mit Hinweis auf Ex. 3,2. 5); vgl. Oppenheim a.O.; O. Weinreich, Ausgewählte Schriften 1 (Amsterdam 1969) 111/3. 118 zu J. Heckenbach, De nuditate sacra sacrisque vinculis, RGVV 9,3 (1911) 23/34.

32) *Perist.* 14,132 f. – Bei *almo ... pede* ist mit Enallage zu rechnen. Zur Bedeutung von *almus* vgl. C. Koch, Untersuchungen zur Geschichte der römischen Venus-Verehrung, Hermes 83 (1955) 35 = ders., Religio. Studien zu Kult und Glauben der Römer, Erlanger Beiträge zur Sprach- u. Kunstwissenschaft 7 (1960) 74/6; R. Waltz, Alma Venus, RevEtAnc 59 (1957) 51/71 und F. Bömer im Kommentar zu Ovid. *Fast.* 4,1 (1958) 205. – Vgl. Optat. Porfyr. *Carm.* 24,1 (30 Kluge): *o qui Tartareas pede fauces proteris* (sc. *Christus*) *almo.*

fertilitas in Gedau, ubi pariter aliquando contemplabundus deambulavit, a plebano eiusdem loci medio nuper iuramento in examine testium quorundam deposita est.[33]

Andere antike Überlieferungen über Wirkungen des Fusses wird man in diesem Zusammenhang ebenfalls zu beachten haben. Nach verschiedenen antiken Zeugnissen soll das Fussstampfen eines Heros, eines Gottes oder eines göttlichen Wesens in Gestalt eines Pferdes oder eines Stieres Quellen aus dem Boden gelockt haben. Vielfach sind es Quellen mit besonderen Eigenschaften, die auf diese Weise entstanden sein sollen. Die griechisch-römischen Zeugnisse reichen von der Hippokrene auf dem Helikon bis zu den Aquae Tauri in Etrurien.[34] Entsprechende

---

33) ASS Iun. 4, 140 A/B; zu dieser legendären Vita und ihren Quellen vgl. J. Kirsch, Beiträge zur Geschichte des hl. Benno, Diss. München (1910/11) 13/28. 87/93. – Vgl. ferner H. Bächtold-Stäubli, Art. Fuss, Handwörterb. d. deutsch. Aberglaubens 3 (1930/1) 229 f.; Sartori a.O. (s.o. Anm. 4) 45. G. Basile, Il pentamerone ..., übers. von B. Croce (Bari um 1957) 407: 4. Tag, 7. Märchen. Der Gedanke begegnet auch noch in neuerer Dichtung. L. Ch. H. Hölty beschreibt im ‚Maigesang' die Wirkung des Frühlingsgottes V. 9/12:

Seinen Tritten entwimmeln,
Grüne, lachende Kräuter,
Tausendfarbige Blumen,
Purpur, Silber und lichtes Gold

(hrsg. von W. Michael, L.Ch.H. Hölty's Sämtliche Werke 1 [1914] 213). Vergleichbar rühmt J.G. Jacobi im Gedicht ‚Der Kuss' von den kleinen Liebesgöttern:

Tausend neue Blümchen spriessen,
wo sie tanzen, aus dem Klee

(Sämtliche Werke 1 [Zürich 1825] 254). – In witzig-spöttischer Form verwendet Evelyn Waugh das Motiv (Decline and Fall [London 1928 u. öfter] 158 im Kapitel ‚Pervigilium Veneris'): „As the last of the guests departed Mrs Beste-Chetwynde reappeared from her little bout of veronal, fresh and exquisite as a seventeenth-century lyric. The meadow of green glass seemed to burst into flower under her feet as she passed from the lift to the cocktail table" [Hinweis von Gerhard Rexin]. – St. George, Der siebente Ring. Maximin. Kunfttag I:

Du an dem strahl mir kund
Der durch mein dunkel floss
Am tritte der die saat
Sogleich erblühen liess

(Werke (1958) 279).

34) Ausser den von O. Gruppe, Griechische Mythologie und Religionsgeschichte (1906) 1337 Anm. 1; Weinreich a.O. (s.o. Anm. 4) 68 Anm. 1; S. Eitrem, Art. Io, PW 9,2 (1916) 1735,26/40 und M. Ninck, Die Bedeutung des Wassers im Kult und Leben der Alten, Philologus Suppl. 14,2 (1921, Nachdruck 1960) 17/9 genannten Zeugnissen sei auf die Burina-Quelle verwiesen, die der Heros Chalkon mit dem Fuss herausstampft (vgl. Theocr. 7,6 f.; dazu den Kommentar von A.S.F. Gow [Cambridge 1952] 134 mit Parallelen). – Der Gott in Stiergestalt, ein Wasserdämon (vgl. Ninck a.O. Reg. *s.v.* Stier), schlägt mit seinen Hörnern und Hufen Quellen aus der Erde, wie es das Quellaition der Aquae Tauri (Bagni di Traiano) beschreibt: Rut. Nam. 1,249/76; *Epigr. Bob.* 38 (48 Speyer); vgl. Wolfgang Schmid, Zwei Gedichte auf die Thermae Taurinae, BonnerJbb 161 (1961) 236/43. Eine deutsche Sage, auf die

Überlieferungen knüpfen sich auch an christliche Heilige. In der *Vita S. Ybari* wird berichtet, dass der Heilige, der ein Kind taufen wollte, kein | Wasser fand, *sed cespitem terrae supplantatam benedictam fontes ... fundere iussit.*[35] Die erst nach dem 11. Jahrhundert verfasste Legende der hl. Pharaildis erzählt, dass die Heilige durch Fussstampfen eine Quelle für dürstende Schnitter hervorsprudeln liess.[36] Durch den moralisierenden Zug hat der Legendenschreiber alten Volksglauben christlich umgeprägt.

Wie in zahlreichen Berichten über Heilwunder von der Segenskraft der Hand statt des Fusses gesprochen wird, so auch in Erzählungen vom wunderbaren Entstehen einzelner Quellen. Mit Recht betont F. Pfister, dass „die Kraft eines Menschen sich besonders in den Extremitäten des Körpers, im Kopf, in der Hand ... im Fuss ... konzentriert."[37] So berichten zwei irische Viten, dass das von der Hand des heiligen Kindes auf den Boden gezeichnete Kreuzzeichen Quellen aufbrechen liess.[38] Das Kreuzzeichen dürfte christliche Zutat sein. Freilich haben wir zu beachten, dass dem Kreuzzeichen vom christlichen Volke oft magische Fähigkeiten zugeschrieben wurden.[39] Die dem Wunderbericht zugrunde liegende und entscheidende Vorstellung dürfte aber der Glaube an die machtvolle Hand des Heiligen gewesen sein. Auch das Haupt des Heiligen, das die Erde berührt, soll Wasserquellen hervorgerufen haben.

L. Radermacher, Hippolytos und Thekla, SbWien 182,3 (1916) 96 Anm. 1 hinweist, gibt ganz ähnlich das Entstehen einer Heilquelle an: „Das Bad St. Leonhard schreibt die Auffindung seiner Heilquelle einem weissen Herdenstier zu, der unter tiefem Brummen die Erde mit Hörnern und Füssen aufwarf (J. Rappold, Sagen aus Kärnten [1887] 215 nr. 109)." Bemerkenswert ist auch der Ausspruch des Pompeius bei Plut. *V. Pomp.* 57,5: „Woimmer ich in Italien mit dem Fuss auf die Erde stampfe, werden Fusssoldaten und Reiter hervorkommen."

35) Kap. 7, hrsg. von P. Grosjean, AnalBoll 77 (1959) 440 f.

36) Das Buch von E. Hautcoeur, Actes de Ste. Pharailde, vierge (Lille 1882) war mir nicht zugänglich. Die lothringische Herzogstochter lebte im 7./8. Jhdt. (vgl. M. Coens, LexTheolKirche 8 [1963] 437). K. Weinhold, Die Verehrung der Quellen in Deutschland, AbhBerlin 1898, 8f. nennt noch weitere Heilige, die mit ihrem Fuss Wasser aus dem Boden gestampft haben sollen: Olaf, Otto, Hedwig und der Abt Guingalois (zu diesem s. auch u. Anm. 42: Wurdestinus, *V. Winwaloei*). Zum hl. Georg vgl. F. Cumont, La plus ancienne légende de s. Georges, RevHistRel 114 (1936) 30.

37) F. Pfister, Ein Kultbrauch auf Delos nach Kallimachos, RheinMus 77 (1928) 187.

38) The Tripartite Life of Patrick, hrsg. und übersetzt von Wh. Stokes (London 1887) 8f. (auch bei Iocelinus von Furnesium, *V. Patricii* 2 [ASS Mart. 2,537 B/C]) berichtet das Quellwunder in ähnlicher Form wie die *V. Lactini* 4 (ASS Mart. 3,33 B/C). Mit beiden, gewiss nicht voneinander unabhängigen Darstellungen ist auch die *V. Comgalli* 6 verwandt (hrsg. von C. Plummer, Vitae Sanctorum Hiberniae 2 [Oxford 1910, Nachdruck 1968] 5). Vgl. auch Plummer a.O. 1,*150.

39) Vgl. F.J. Dölger, Beiträge zur Geschichte des Kreuzzeichens VII, JbAntChrist 7 (1964) 12/6: „Das Kreuzzeichen als Wunderzeichen in der volkstümlichen Erzählung".

Faustus von Byzanz berichtet in seiner Geschichte der Armenier vom hl. Jakobus, dem Bischof von Nisibis (gest. 338): „Und an dem Orte, wo er sein Haupt niedergelegt hatte, sprudelte eine Quelle hervor, aus der er und seine Gefährten ihren Durst löschten."[40] Dem hl. Einsiedler Justinianus von der Insel Ramsey wurde von drei Dienern das Haupt abgeschlagen: *loco vero, quo sanctum caput super terram cecidit, fons irriguus aquae limpidissimae de rupe protinus scaturiens emanavit; cuius aqua ab aegrotantibus hausta salutem corporum confert universis.*[41] Die Heilquelle, die der Heilige den Menschen spendet, besitzt gegenüber der auf wunderbare Weise entstandenen gewöhnlichen Wasserquelle gesteigerte Segenskraft. – Ferner ist bekannt, dass Götter und Heilige durch einen Schlag mit ihrem Stab Quellen hervorgebracht haben sollen.[42] Der Stab dürfte hier wohl gleichsam als Leiter der heiligen Segenskraft gedacht sein.[43]

Aus den zuvor genannten Nachrichten über die Segenskraft von Fuss, Hand oder Kopf spricht der Glaube an die Segensfülle, die aus einem mit numinoser Kraft begabten Wesen strömt. Neben dem Menschenfuss begegnete auch der Fuss bestimmter als machtvoll, gleichsam als göttlich erfahrener Tiere, des Wolfes, des Pferdes und des Stieres.[44] Die Verschiedenheit dieser Erscheinungsweisen hängt von der Art und Weise ab, wie das Göttliche dem Menschen erscheint oder vom Menschen | erlebt, erfasst und gedeutet wird. Die Epiphanie des Göttlichen erfolgte bald in der Gestalt eines Menschen, bald in der eines Tieres. Ausdruck

40) 3,10, übers. von V. Langlois, Collection des historiens anciens et modernes de l'Arménie 1 (Paris 1867) 218 b. Der Heilige soll das Wunder an einem anderen Platze noch einmal gewirkt haben (ebd. 219 b).

41) *V. Iustiniani* 5 (ASS Aug. 4,636). Unklar ist, wer die Diener sind, die den Heiligen töten; vgl. G. Cuperus: ASS a.O. 635 nr. 13. Vgl. ferner Weinhold a.O. 9 f. – Die Tropfen des Blutes des Märtyrers lassen wundertätige Quellen hervorsprudeln: S. Ferri, Il *bios* e il *martyrion* di Hypatios di Gangrai, Studi bizantini e neoellenici 3 (1931) 84 (*Bios.* c. 13); die lateinische Fassung des *Martyrium S. Basilisci* 10 (ASS Mart. 1,237 F); vgl. Plummer a.O. 1,*150.

42) Vgl. Weinhold a.O. 5. 6 f.; J.G. Frazer in seiner Ausgabe des Apollodor, *Bibl.* 2 (London 1921, Nachdruck 1946) 78 f. zu 3,14, 1; F.J. de Waele, Art. Stab, PW 3 A,2 (1929) 1913,29/52, P. Saintyves, Essais de folklore biblique (Paris 1922) 150/66; Plummer a.O. 1,*150; ferner *V. prim. Senani* 32 (ASS Mart. 1,766 A) und *V. sec. Senani* 27. 42 (ebd. 1,772 C. 774 D); Wurdestinus (9. Jhdt.), *V. Winwaloei* 2,7, hrsg. von C. de Smedt, AnalBoll 7 (1888) 221; *V. Petroci* 11, hrsg. von P. Grosjean, AnalBoll 74 (1956) 160; J. Emser, *V. Bennonis* 52, ASS Iun. 4,139 C (vgl. Kirsch a.O. [s.o. Anm. 33] 26. 92) und ein Gedicht über die Entstehung des Klosters Steinfeld, Eifel, (angeblich vom Jahre 1523) V. 311/20, hrsg. von J. Katzfey, Geschichte der Stadt Münstereifel ... 2 (1855) 207 f.

43) So bemerkt mit Recht S. Eitrem, Gnomon 4 (1928) 195: „Der Stab in der Hand einer göttlichen oder gotteserfüllten Person ist ja oft nicht mehr und auch nicht weniger magisch als die Kleidung, der Kranz oder der sonstige Schmuck, den der Betreffende trägt."

44) S. o. S. 295 und S. 297.

des Glaubens an die Segenskraft einer Gottheit in Menschen- oder Tiergestalt ist die Anschauung, dass vor allem die Hand, bisweilen auch der Fuss des Gottes dem Menschen Segen und Heil bringen können. Hand und Fuss sind solche Gliedmassen, die eine Berührung mit Personen und Gegenständen leicht ermöglichen. Die Berührung ist aber für diesen Glauben wichtig, da die Kraft so am leichtesten übertragen werden kann.[45]

Abschliessend seien noch einige Zeugnisse für den Glauben beigebracht, dass der ganze Körper des ‚göttlichen Menschen' mit Heil- und Segenskräften erfüllt ist. Einen deutlichen Beleg bietet das Neue Testament. Die Heilung des blutflüssigen Weibes durch Jesus ereignete sich in der Weise, dass die gläubige Frau von rückwärts an den Heiland herantrat und sein Gewand berührte. Sie wurde sofort geheilt. Jesus aber hat am Verlust seiner ausströmenden *δύναμις* gemerkt, dass jemand seine Heilkraft empfangen hatte.[46] Denselben Glauben bezeugen auch Überlieferungen über Totenerweckungen durch *συνανάχρωσις*. Das bekannteste Beispiel ist die Erweckung des Sohnes der Sunamitin durch Elisa.[47] Die Sunamitin kommt zum Propheten Elisa und zu seinem Diener Giezi und erbittet die Hilfe des Gottesmannes für ihr soeben verstorbenes Kind. Der Prophet übergibt Giezi seinen Stab und heisst ihn, diesen auf den Knaben zu legen. Giezi tut wie ihm befohlen; der Knabe gibt jedoch kein Lebenszeichen von sich. Elisa muss sich deshalb selbst auf den Weg machen. Indem er seinen Leib auf den toten Knaben

---

45) Vgl. Wagenvoort a.O. (s.o. Anm. 5). Der *θεῖος ἀνήρ* konnte auch noch auf andere Weise Heil und Strafe wirken, etwa durch sein Segens- oder Fluchwort, durch sein Segens- oder Fluchgebet (vgl. Speyer a.O. [s. o. Anm. 16] 1165/7. 1193/6. 1231 f. 1253/7) oder durch seinen Blick (von Apollonios von Tyana berichtet dies Philostr. *V. Apoll.* 4,20. 25).

46) Vgl. Mc. 5,30; Lc. 8,44/6; dazu H. van der Loos, The Miracles of Jesus, Suppl. to Nov. Test. 9 (Leiden 1965) 509/18. Vgl. ferner Lc. 6,19; Act. 19,11 f.; J. Röhr, Der okkulte Kraftbegriff im Altertum, Philologus Suppl. 17,1 (1923) 14 f. und E. Fascher, Art. Dynamis, RAC 4 (1959) 415/58, bes. 435.

47) 2 Reg. 4,18/37. Vgl. L. Bieler, Totenerweckung durch *συνανάχρωσις*. Ein mittelalterlicher Legendentypus und das Wunder des Elisa, ArchRelWiss 32 (1935) 228/45; O. Weinreich, Zum Wundertypus der *συνανάχρωσις*, ebd. 246/64. Beide Arbeiten sind nicht beachtet von J. Fontaine, Une clé littéraire de la Vita Martini de Sulpice Sévère. La typologie prophétique, Mélanges Chr. Mohrmann (Utrecht-Anvers 1963) 86 f. und im Kommentar zu Sulp. Sev. *V. Mart.* 7,3; 8,2 f., SC 134 (Paris 1968) 618/23. 635/7. Vgl. ferner *V. Heraclidis* 16, hrsg. von F. Halkin, AnalBoll 82 (1964) 161: *Καὶ θήσας ὁ πατὴρ Ἡρακλείδιος τὸ πρόσωπον αὐτοῦ πρὸς τὸ πρόσωπον τοῦ νεκροῦ ἐδάκρυσεν*, stimmt weitgehend mit Plut. *Is. et Osir.* 17 überein; Constant. von Lyon, *V. Germani* 38 (SC 112, 192 f.): *mortuoque in oratione prostratus* (sc. *S. Germanus*) *adiungitur.* – Diese Berichte müssten auch unter medizinischem Gesichtspunkte geprüft werden (Mundbeatmung? [Hinweis von Martin Pulm]).

legt, weckt er den Toten auf. Der kraftgeladene Stab des Propheten Elisa, der sonst wohl – so dürfen wir ergänzen – Kranke zu heilen vermochte, versagte bei dieser schwierigen Aufgabe, einen Toten zum Leben zu erwecken.[48] Dazu bedurfte es eines grösseren Kraftspenders. Der Körper des Heiligen muss den toten Leib des Knaben ganz bedecken und mit lebenspendender Kraft erfüllen.

In gleicher Weise vermag der ‚göttliche Mensch' auch die Natur durch Berührung mit seinem Körper zu beleben. In der griechischen Fassung des *Martyrium Basilisci* wird mitgeteilt, dass der Märtyrer an eine verdorrte Platane gebunden wurde. Der Heilige betet, die Erde bebt, sogleich wird der Baum wieder grün und ein Quell bricht hervor.[49] Hier verursacht die Berührung mit dem Körper des Heiligen das Wiederergrünen des Baumes. Dieser Gedanke des Volksglaubens konnte auch verweltlicht und zur Verherrlichung hochgestellter Persönlichkeiten verwendet werden. In seinem Preislied auf Serena, die Nichte und Adop-|tivtochter des Kaisers Theodosius, dichtet Claudian: Als Du, Serena, noch ein Kind warst, *quacumque per herbam / reptares, fluxere rosae, candentia nasci / lilia.*[50] Im Panegyricus auf Probinus und Olybrius ſeiert der Dichter den siegreichen Kaiser Theodosius mit den Worten:

... victor
caespite gramineo consederat arbore fultus
adclines umeros; dominum gavisa coronat
terra suum, surguntque toris maioribus herbae.[51]

---

48) Dass der Stab des Heiligen auch Tote auferweckt, scheint zu einem Topos der irischen Hagiographen geworden zu sein; vgl. Plummer a.O. (s.o. Anm. 38) 1,*175. Mit dem Stab des hl. Petrus soll der hl. Fronto einen Toten wieder zum Leben zurückgebracht haben (Pèlerin de S. Jacques, hrsg. von J. Vielliard [Mâcon ²1950] 56 f.). Seit Apg. 19,11 f. begegnet in der christlichen Literatur die Vorstellung, dass Gegenstände des Gottesmannes Heilwunder vollbringen. Hier liegen auch die Wurzeln des Reliquienkultes: Der Heilige selbst und alles, was er berührt hat, ist mit Segenskraft erfüllt. An ihr möchte der Gläubige teilhaben; vgl. F. Pfister, Der Reliquienkult im Altertum 1/2, RGVV 5,1/2 (1909/12); E. Lucius-G. Anrich, Die Anfänge des Heiligenkults in der christlichen Kirche (1904) Reg. *s.v.* Reliquien.

49) Kap. 8/10, hrsg. von W. Lüdtke, ArchSlavPhilol 35 (1913/14) 47 f.

50) *Carm. min.* 30,89/91 (MGH AA 10,322); vgl. Focas, *V. Verg.* 25/7.

51) V. 113/6 (ebd. 7). Da der Herausgeber Th. Birt den religionsgeschichtlichen Hintergrund dieser Verse nicht berücksichtigt hat, bemerkt er zu *maioribus* „vix sanum" und will das Wort in regalibus oder cum floribus oder viridantibus ändern. – Hölty feiert in dem Gedicht ‚Entzückung', einer Zweitfassung der drei letzten Strophen des Gedichtes ‚An die platonische Liebe', die segenstiftende Gegenwart der Geliebten, die zur *puella divina* wird:

Alles muss sich, wo sie wandelt, heitern!
Blumen sprossen, und der West erwacht,
Blumen wanken unter grünen Kräutern.
Alles freut sich, alles lacht

Der Grund für das stärkere Blühen und Wachsen der Pflanzen ist der ‚göttliche Mensch', dessen Gegenwart und Berührung die Fruchtbarkeit der Erde steigert.

Die Vorstellung von der durch Berührung übertragenen Segenskraft kehrt gleichsam gespiegelt in der mythischen Erzählung vom Riesen Antaios wieder. Hier ist die Erde, die göttliche Mutter des Giganten, Quelle der Kraft.[52] Steht Antaios auf der Erde, so saugt er durch die Füsse ihre Kraft in sich auf. Um aber die göttliche Kraft ganz aufzunehmen, wie es für den schwierigen Kampf mit Herakles notwendig ist, wälzt er sich mit dem ganzen Leib auf der Erde.[53]

Blicken wir von hier auf unseren Ausgangspunkt, das alte deutsche Sprichwort „Des herrn fusstapffen tüngen den acker wol", zurück, so können wir zusammenfassend sagen: Das Sprichwort bezeugt griechisch-römischen Volksglauben und ist nicht etwa aus dem o. S. 296/7 besprochenen Psalmvers entwickelt worden. Trotzdem ist es in einer tieferen Schicht mit dem Psalmwort identisch. Gott ist vor allen der ‚Herr'. ‚Herr' ist aber auch der charismatisch begabte Mensch, dem die göttliche Kraft, also die Macht, zu segnen und zu strafen, sowie Heil- und Strafwunder zu vollbringen, anvertraut ist. Ein derartiger Mensch ist als Herrscher, König oder Heiliger ein Abbild oder Stellvertreter der Gottheit auf Erden. Der ‚göttliche Mensch' wirkt entweder durch das Wort, das Segens- und Fluchwort, durch den Blick oder durch Berüh-

---

(hrsg. von Michael a.O. [s. o. Anm. 33] 2 [1918] 49). Vgl. auch das Minnelied V. 5/8 (1,119 Michael). – Segen stiften auch die siegreichen jungen Männer des Ver sacrum in Ludwig Uhlands Gedicht ‚Ver sacrum' V. 13/6:

Und jene zogen heim mit Siegesruf
Und wo sie jauchzten, ward die Gegend grün,
Feldblumen sprossten unter jedem Huf,
Wo Speere streiften, sah man Bäum' erblühn

(neu hrsg. von W.P.H. Scheffler [1963] 226).

52) Lucan. *Phars.* 4,589/655.

53) Ebd. 4,615 f.: *ille* (sc. *Antaeus*) *parum fidens pedibus contingere matrem / auxilium membris calidas infudit harenas*; vgl. 4,629/32. 642/50, zu den übrigen Quellen vgl. Oertel, Art. Antaios, Roscher, Mythol. Lex. 1,1 (1884/6) 362/4, bes. 362,22/30; dazu noch Schol. Ovid. *Ibis* 393 (96 La Penna), Coripp. *Iohann.* 6,210/6 (121 Diggle-Goodyear) und *Anth. Lat.* 12. Friedrich Schiller spielt auf diese Form der Antaiossage in seinem Gedicht ‚Die Worte des Wahns' an (V. 9/12):

Das Rechte, das Gute führt ewig Streit,
Nie wird der Feind ihm erliegen,
Und erstickst du ihn nicht in den Lüften frei,
Stets wächst ihm die Kraft auf der Erde neu.

Vgl. ferner Heckenbach a.O. (s. o. Anm. 31) 44/7; O. Weinreich, Ausgewählte Schriften 1 (Amsterdam 1969) 112 und Wagenvoort a.O. (s. o. Anm. 5) 408 f.

[Für fördernde Kritik habe ich den Herren Dr. Alois Kehl, Köln-Bonn, und Professor Klaus Thraede, Regensburg, herzlich zu danken.]

rung. Wie seine Hand verfügt sein Fuss über die *θεῖα δύναμις*, die sich nach unserer Überlieferung meist mehr im Segen als in der Strafe erweist. So erleben die dem *θεῖος ἀνήρ* anvertrauten Menschen diese Kraft vielfach im Heilwunder sowie im Gedeihen und in der Fruchtbarkeit der organischen Natur. Diesen Volksglauben haben einzelne Dichter aufgenommen und aus ihm ein Motiv der Huldigung an den Herrscher oder an die Geliebte, die *puella divina*, gestaltet. Dieses Motiv der Dichtung wird solange seine Lebenskraft bewahren, wie man nachempfinden kann, dass es einzelne Menschen gibt, die durch ihr Sein | eine gleichsam göttliche Macht und Vollkommenheit auszustrahlen scheinen.

12. Zum Bild des Apollonios von Tyana bei Heiden und Christen

Zu den religiösen Persönlichkeiten der ersten christlichen Jahrhunderte, die bald nach ihrem Tod zu einem Vergleich mit Jesus von Nazareth herausgefordert haben, gehört neben Simon Magus, dem Zeitgenossen Jesu, vor allem Apollonios von Tyana[1]. Apollonios wurde am Anfang oder vielleicht richtiger erst gegen Mitte des 1. Jh. nC. in Tyana, einer Stadt Kappadokiens, geboren. Wie das Jahr seiner Geburt umstritten ist, so auch das Jahr seines Todes. Ob er unter Nerva gestorben ist oder erst zu Beginn des 2. Jh., wissen wir nicht[2]. Wie viele mit außergewöhnlichen Seelenkräften begabte Personen früherer und späterer Zeit wurde auch Apollonios bald als Gottesmann verehrt, bald als Zauberer und Betrüger verlacht. Aufgrund eindeutiger Zeugnisse ist nicht zu bezweifeln, daß zu allen Zeiten Betrüger magische und religiöse Mittel für ihre selbstsüchtigen Ziele benutzt haben. Leider ist die Geschichte des magischen und religiösen Trugs bis heute noch nicht geschrieben worden[3]. Zu derartigen Betrügern dürfte Alexandros von Abonuteichos zählen, dessen Machenschaften sein Zeitgenosse Lukian aufgedeckt und ironisch-sarkastisch beschrieben hat[4]. Obwohl Lukian, unser ältester bekannter Zeuge für Apollonios, mitteilt, der verworfene und der Zauberei ergebene Lehrer des Alexandros sei ein Landsmann und Schüler des Apollonios gewesen, und so zugleich auch den Tyaneer in einem wenig günstigen Licht erscheinen läßt[5], dürfte Apollonios kein religiöser Betrüger gewesen sein, sondern ein mit ungewöhnlichen Kräften begabter Anhänger der Philosophie und Lebensweise des Pythagoras.

Während Apollonios bereits in der heidnischen Überlieferung ungleichmäßig beurteilt wurde, indem Moiragenes ihn als Zauberer, Philostrat aber als göttlich inspirierten Weisen dargestellt hat[6], verzerrte sich sein Bild insofern noch mehr, als er in die bewußt geführte Auseinandersetzung zwischen Heiden und Christen hineingezogen wurde. Manche Heiden wie der Statthalter von Bithynien Hierokles (um 307) haben ihn als

[1] Zu Simon Magus vgl. J. Frickel, Die ›Apophasis megale‹ in Hippolyts Refutatio (6,9/18). Eine Paraphrase zur Apophasis Simons = Or.Christ. Anal. 182 (Rom 1968) Reg. s. v.; J. M. A. Salles-Dabadie, Recherches sur Simon le mage 1. L' ›Apophasis megalè‹ = Cahiers de la Rev. Bibl. 10 (Paris 1969) Reg. s. v. (dazu J. Frickel: WienStud 85 [1972] 162/84); H. G. Kippenberg, Garizim und Synagoge = RGVV 30 (1971) Reg. s. v. – Zu Apollonios vgl. u. a. K. Gross, Art. Apollonius v. Tyana: RAC 1 (1950) 529/33; Nilsson, Rel. 2², 419/25; D. Esser, Formgeschichtliche Studien zur hellenistischen und zur frühchristlichen Literatur unter besonderer Berücksichtigung der Vita Apollonii des Philostrat und der Evangelien, Diss. Bonn (1969), ferner das nur mit Vorsicht zu benutzende Buch von G. Petzke, Die Traditionen über Apollonius von Tyana und das Neue Testament = Studia ad Corpus Hellenisticum NT 1 (Leiden 1970; dazu Verf.: JbAC 16 [1973] 133/5); W. L. Dulière, Protection permanente contre des animaux nuisibles assurée par Apollonius de Tyane dans Byzance et Antioche. Evolution de son mythe: ByzZ 63 (1970) 247/77. Verbesserungen und Ergänzungen dazu werden im folgenden mitgeteilt. – Zum religionsgeschichtlichen Typos dieser Charismatiker und der sie betreffenden Überlieferungen vgl. M. Smith, Prolegomena to a discussion of aretalogies, divine men, the gospels and Jesus: JournBiblLit 90 (1971) 174/99.

[2] Vgl. E. Meyer, Apollonios von Tyana und die Biographie des Philostratos: Hermes 52 (1917) 371/424 = Kleine Schriften 2 (1924) 131/91, bes. 167/9 (nach diesem Wiederabdruck wird im folgenden zitiert).

[3] Verschiedene Beispiele nennt Th. Hopfner, Art. Mageia: PW 14,1 (1928) 391/3.

[4] In seiner Schrift Ἀλέξανδρος ἢ ψευδόμαντις. Zu Alexandros vgl. die Literatur bei W. Sontheimer, Art. Alexandros 22: KlPauly 1 (1964) 253.

[5] Lucian. Alex. 5.

[6] Vgl. J. Miller, Art. Moiragenes 1: PW 15,2 (1932) 2497. Zu Philostrat s. die Anm. 1 genannte Literatur zu Apollonios von Tyana und u. Anm. 9.

philosophischen Lehrer und Wundertäter über Jesus gestellt[7], während nicht wenige Kirchenschriftsteller ihn als niedrigen Zauberer, als Goeten, verachtet haben. Diese unsachliche, weil tendenziöse Beurteilung des Apollonios ist auch seit der Renaissance und den ihr folgenden Jahrhunderten der Aufklärung und des Streites um den Stifter der christlichen Religion bis heute nicht gänzlich überwunden worden. So ist der Parteistandpunkt des Betrachters in der neuzeitlichen Literatur über Apollonios und seinen einzigen noch erhaltenen Biographen Philostrat vielfach zu erkennen. Ebensowenig frei von Absicht war auch der Versuch, Apollonios zu einem von Indien beeinflußten und erleuchteten Weisen zu machen, der die moderne Menschheit zu läutern, zu trösten und zu erbauen imstande sei[8].

Neben dieser weltanschaulich gefärbten Betrachtungsweise hat die nüchterne philologisch-geschichtliche Erforschung der antiken Schriften und Nachrichten über Apollonios sowie der unter seinem Namen überlieferten Briefe und Fragmente gewiß schon viele wichtige Erkenntnisse erzielt[9]. Trotzdem bleibt noch manches zu tun, wie das neueste Werk von G. PETZKE über Apollonios zeigt, das leider nicht in allem einen Fortschritt bedeutet[10].

Die folgenden Bemerkungen möchten ein wenig das Dunkel, das durch die Ungunst der Überlieferung über Apollonios liegt, aufhellen. Sie betreffen die Überlieferungsgeschichte, also das Bild, das Apollonios bei der Nachwelt von sich hinterlassen hat und das in der Folgezeit manche Heiden und Christen tendenziös umgestaltet haben.

1. Die »Erinnerungen des Damis«, Philostrat und Diktys

Etwa hundert Jahre nach dem Tod des Apollonios hat Philostrat die einzige noch vorhandene Lebensgeschichte des Tyaneers verfaßt, die gattungsmäßig Biographie, Aretalogie und Reiseroman miteinander verbindet[11]. Das Werk, das aus acht Büchern besteht, wurde wohl erst nach dem Tod der Iulia Domna, also nach 217, veröffentlicht[12]. In der Einleitung seiner Darstellung gibt Philostrat die benutzten Quellen an[13], nämlich Zeugnisse derjenigen Städte, die Apollonios geliebt haben, derjenigen Heiligtümer, die der Weise wiederhergestellt hat, und Zeugnisse anderer über ihn, schließlich die Schriften des Weisen, wie Briefe und Testament. Als genauere Quelle (τὰ ἀκριβέστερα)

[7] Philostrats Vita Apollonii war die Grundlage für den von Hierokles durchgeführten Vergleich; vgl. O. BARDENHEWER, Geschichte der altkirchlichen Literatur 3² (1923 bzw. 1962) 13. 247f und A. BIGELMAIR, Art. Hierokles: LThK² 5 (1960) 325.

[8] Vgl. G. R. S. MEAD, Apollonius of Tyana, the philosopher-reformer of the first century A. D. (London 1901 bzw. New York 1966), auch ins Französische und Italienische übersetzt. Die Angaben Philostrats über die indischen Weisen und ihre Lehren sind aber gänzlich ungeschichtlich; vgl. TH. HOPFNER, Die Brachmanen Indiens und die Gymnosophisten Ägyptens in der Apolloniosbiographie des Philostratos: Archiv Orientální 6 (1934) 58/67.

[9] Vgl. besonders J. MILLER, Art. Apollonios von Tyana: PW 2,1 (1895) 146/8; ders., Die Damispapiere in Philostratos' Apolloniosbiographie: Philol 66 (1907) 511/25; K. MÜNSCHER, Die Philostrate: Philol Suppl. 10 (1907) 469/89; MEYER aO. (s. o. Anm. 2) 131/91; F. SOLMSEN, Art. Philostratos 8/12: PW 20,1 (1941) 124/77, bes. 139/54 (dieser Artikel wird noch lange die Grundlage für alle Arbeit an Philostrat und seiner Vita Apollonii bleiben; auch abgedruckt: F. SOLMSEN, Kleine Schriften 2 [1968] 91/118).

[10] S. o. Anm. 1.

[11] Der Titel lautet Τὰ ἐς τὸν Τυανέα Ἀπολλώνιον. Damit stimmt auch Philostr. v. Apoll. 8,29 (341, 11f KAYSER) überein. Zu Philostrat vgl. SOLMSEN aO.

[12] Vgl. SOLMSEN aO. 139/54 (ebd. 140,32 muß es statt ›Musaios‹ ›Musonius‹ heißen).

[13] Philostr. v. Apoll. 1,2f (3,19/4,13 K.); vgl. SOLMSEN aO. 147/52.

hebt Philostrat neben einer Schrift des Maximos von Aigai über die Jünglingsjahre des Apollonios das Erinnerungsbuch (ὑπομνήματα) des Assyrers Damis aus Ninive hervor, den er als »einen nicht unweisen Mann« bezeichnet. Dieser habe zusammen mit Apollonios das Leben eines Philosophen geführt und die gemeinsamen Reisen beschrieben sowie die Aussprüche, Reden und Voraussagen des Apollonios der Nachwelt erhalten. Ein Verwandter des Damis habe später die Tafeln mit den bis dahin unbekannt gebliebenen Erinnerungen der Kaiserin Iulia Domna überbracht. Philostrat sei darauf von der Kaiserin gebeten worden, die klar, aber nicht geschickt abgefaßten Erinnerungen des Damis stilistisch zu überarbeiten. Der Hauptteil der Vita Apollonii soll auf diesen Papieren des Damis beruhen[14].

Nach den Untersuchungen von J. MILLER und E. MEYER gilt als erwiesen, daß der Inhalt der Damispapiere ungeschichtlich ist[15]. Man ist aber bis heute zu keinem eindeutigen Urteil darüber gelangt, ob Philostrat selbst diese Quelle erfunden hat oder ob ihm tatsächlich eine Schrift vorlag, die den Titel »Erinnerungen des (Apolloniosschülers) Damis« trug[16]. Der Vergleich zwischen dem angeblichen Inhalt der Damispapiere mit der Schriftstellerei Philostrats hat gelehrt, daß ohne Zweifel sehr vieles in den Damismemoiren auf Philostrat selbst zurückgeht. Daß aber Philostrat alles erfunden hat, konnte nicht nachgewiesen werden. Unseres Erachtens hat es tatsächlich eine kleine Schrift gegeben, die als Erinnerungsbuch eines Assyrers namens Damis abgefaßt worden ist. Für diese Vermutung sprechen folgende Erwägungen:

Zunächst dürfte es ziemlich unwahrscheinlich sein, daß Philostrat den Namen seiner kaiserlichen Gönnerin Iulia Domna mißbraucht haben sollte. Das hätte er aber getan, wenn er nicht tatsächlich von ihr Aufzeichnungen unter dem Namen des Damis erhalten hätte[17]. – Von den übrigen Werken Philostrats unterscheidet sich seine Lebensbeschreibung des Apollonios durch ihre sachgebundene außerliterarische Absicht[18]. Als Ziel gibt er selbst in der Einleitung die Verherrlichung des Apollonios und den Nutzen für die Lernfreudigen an[19].

Bereits vor Philostrat war eine Schrift über den Tyaneer erschienen mit dem Titel: Ἀπομνημονεύματα Ἀπολλωνίου, »Denkwürdigkeiten des Apollonios«. Ihr Verfasser war Moiragenes, dessen Heimat und genauere Lebenszeit unbekannt sind. Er schrieb jedenfalls vor Philostrat und stammte vielleicht aus Kleinasien[20]. Durch die Überschrift

[14] Philostr. v. Apoll. 1,19/8,28; vgl. 8,29. Die Zuverlässigkeit der Berichte des Damis wird ebd. 1,19 (19f K.) sehr stark hervorgehoben.

[15] Vgl. MILLER aO. (s. o. Anm. 9) und MEYER aO. (s. o. Anm. 2). Bereits einzelne Kirchenschriftsteller sind zu demselben Ergebnis gelangt; s. u. S. 57f.

[16] Die erste Ansicht vertreten u. a. F. LEO, Die griechisch-römische Biographie nach ihrer literarischen Form (1901 bzw. 1965) 261; MEYER aO., bes. 155/7, und SOLMSEN aO. 149/51, die zweite E. ZELLER, Die Philosophie der Griechen in ihrer geschichtlichen Entwicklung $3,2^5$ (1923 bzw. 1963) $167f_1$; E. NORDEN, Agnostos Theos (1923 bzw. 1956) 37_1; J. MESK, Die Damisquelle des Philostratos in der Biographie des Apollonios v. T.: WienStud 41 (1919) 121/38; J. HEMPEL, Untersuchungen zur Überlieferung von Apollonius von Tyana = Beiträge z. Religionswiss. 4 (Stockholm 1920) 26/32 und PETZKE aO. (s. o. Anm. 1) Reg. s. v. Damisbericht.

[17] Vgl. K. MÜNSCHER, Bericht über die Literatur zur zweiten Sophistik 1905/9: Bursians Jahresb. 149 (1911) 111; ZELLER aO. und SOLMSEN aO. 150,49/56.

[18] Wenn Philostrat im Heroikos Homers Darstellung des Trojanischen Kriegs durch die Selbstaussage eines homerischen Helden kritisiert und verbessert, so scheint er damit nur einer literarischen Mode seiner Zeit zu folgen; SOLMSEN aO. 156 spricht von literarischem Spiel.

[19] Philostr. v. Apoll. 1,3 (4,16f K.): ἐχέτω δὲ ὁ λόγος τῷ τε ἀνδρὶ τιμήν, ἐς ὃν ξυγγέγραπται, τοῖς τε φιλομαθεστέροις ὠφέλειαν. In der Einleitung den Nutzen für den Leser hervorzuheben, ist ein Topos; vgl. auch Hor. ars 333f: aut prodesse volunt aut delectare poetae.

[20] S. o. Anm. 6 und u. S. 59f.

»Denkwürdigkeiten« wollte Moiragenes gewiß auf den urkundlich gesicherten Inhalt seiner Darstellung hinweisen[21].

Sofort zu Anfang seiner Schrift nennt Philostrat diesen Vorgänger, tadelt ihn aber, da er vieles über Apollonios nicht gewußt habe[22]. Durch diesen Vorwurf wollte Philostrat den Leser sogleich gegen Moiragenes und sein Apolloniosbild einnehmen, hatte dieser doch Apollonios für einen Zauberer gehalten und ihn auch so dargestellt[23]. Die Schrift des Philostrat wendet sich demnach gegen das von Moiragenes verbreitete Bild des Apollonios als eines Zauberers und versucht es durch ein anderes vom gotterfüllten, pythagoreischen Weisen zu ersetzen, der sogar Pythagoras überrage[24]. Philostrat sagt ausdrücklich, daß sein Werk infolge eines Auftrags der Kaiserin Iulia Domna entstanden sei. An der Richtigkeit dieser Mitteilung zu zweifeln, besteht kein Grund. Das syrische Kaiserhaus hat auch nach dem Tod der Iulia Domna den Tyaneer in hohen Ehren gehalten. Caracalla errichtete für Apollonios ein Heroon, und Severus Alexander soll in seinem Lararium ein Bildnis des Apollonios neben denen von Christus, Abraham, Orpheus und anderen gehabt haben[25]. Ferner wissen wir, daß Apollonios einen Kreis von Schülern und Verehrern um sich geschart hatte[26]. Noch im 4. Jh. spricht Eunapios von derartigen neupythagoreischen Verehrern des Apollonios[27]. Der Sophist und Rhetor Philostrat verrät aber in seinen übrigen Schriften durch nichts, daß er ein Neupythagoreer und ein leidenschaftlicher Anhänger des weisen Tyaneers gewesen ist. So dürfte er von sich aus schwerlich das tendenziöse Thema einer Verteidigung und Verherrlichung des Apollonios gewählt haben. Nicht Philostrat, sondern seiner Auftraggeberin Iulia Domna und dem wohl auf sie einwirkenden Kreis der Apolloniosjünger mußte daran liegen, durch glaubhaft aussehende neue Urkunden den für Apollonios wenig schmeichelhaften Bericht des Moiragenes zu verdrängen. Die Erfindung der Memoiren des Damis werden wir wohl deshalb eher in dem neupythagoreischen Kreis suchen, dessen Mitglieder Apollonios als einem zweiten und noch größeren Pythagoras Liebe und Verehrung entgegengebracht haben.

Wie weit Philostrat selbst in den Plan dieser Neupythagoreer eingeweiht war, der Kaiserin gefälschte Erinnerungen des angeblichen Apolloniosgefährten Damis zuzuspielen, wissen wir nicht. Philostrat hat wohl ein vergleichbares Fälscherkunststück gekannt, nämlich die angeblichen Tagebücher des Kreters Diktys über den Trojanischen Krieg. Vielleicht hat er sogar diese Erfindung durchschaut, zumindest scheint er sie bekämpft zu haben[28].

[21] Vgl. E. Schwartz, Art. Apomnemoneumata: PW 2,1 (1895) 170f und Smith aO. (s. o. Anm. 1) 179.

[22] Philostr. v. Apoll. 1,3; er zitiert ihn nur noch 3,41; vgl. Meyer aO. (s. o. Anm. 2) 155f.

[23] Dies geht aus einer oft herangezogenen Äußerung des Origenes (c. Cels. 6,41) hervor: ἀναγνώτω τὰ γεγραμμένα Μοιραγένει τῶν Ἀπολλωνίου τοῦ Τυανέως μάγου καὶ φιλοσόφου ἀπομνημονευμάτων· ἐν οἷς ὁ μὴ Χριστιανὸς ἀλλὰ φιλόσοφος ἔφησεν ἁλῶναι ὑπὸ τῆς ἐν Ἀπολλωνίῳ μαγείας οὐκ ἀγεννεῖς τινας φιλοσόφους ὡς πρὸς γόητα αὐτὸν εἰσελθόντας. ἐν οἷς οἶμαι καὶ περὶ Εὐφράτου τοῦ πάνυ διηγήσατο καί τινος Ἐπικουρείου. Dio Cass. 77,18,4 (3,397 Boissevain) nennt gleichfalls Apollonios einen γόης καὶ μάγος ἀκριβής; vgl. auch Nilsson, Rel. 2², 420. – Zum Begriff γόης vgl. F. Pfister, Art. Epode: PW Suppl. 4 (1924) 324. 329f. 342.

[24] Zur Tendenz der Vita Apollonii vgl. Solmsen aO. 141/7.

[25] Zu Caracalla vgl. Dio Cass. 77,18,4 (3,397 B.) und zu Severus Alexander Hist. Aug. v. Alex. Sev. 29,2; dazu R. Syme, Emperors and biography. Studies in the Historia Augusta (Oxford 1971) 26. 276; s. auch u. Anm. 45.

[26] Vgl. Lucian. Alex. 5; dazu o. S. 47.

[27] Eunap. v. sophist. 23,1,8 (92 Giangrande): οἱ προσκυνήσαντες Ἀπολλώνιον, οἵτινες σῶμά τε ἔδοξαν ἔχειν καὶ εἶναι ἄνθρωποι. Hieron. ep. 53,1,4 (CSEL 54,444) bemerkt: Apollonius ... philosophus, ut Pythagorici tradunt.

[28] Vgl. Solmsen aO. 156 mit Hinweis auf E. Huhn-

Ein Vergleich zwischen den Tagebüchern des Kreters Diktys und den Erinnerungen des Assyrers Damis ist bisher noch nicht angestellt worden. Diktys will ein Gefährte der Helden Idomeneus und Meriones gewesen sein und als Augenzeuge den Trojanischen Krieg miterlebt haben. Seine Tagebücher sollten von diesem Geschehen eine wahrere Darstellung vermitteln, als sie Homer in seiner Ilias gegeben hat[29]. Wie die Vorrede zu Diktys mitteilt, wurden diese angeblichen Augenzeugenberichte im 13. Jahr der Regierung des Kaisers Nero, auf Lindenbast geschrieben, im Grab des Diktys bei Knossos von Hirten gefunden. Durch Vermittlung des Konsulars Rutilius Rufus seien sie schließlich zu Nero gelangt, der sie aus dem Phönizischen ins Griechische übersetzen und in die griechische Abteilung der Bibliothek aufnehmen ließ[30].

Durch eine derartige Fundgeschichte sollte ein bisher unbekanntes Buch als echt beglaubigt werden, das über Ereignisse der Vergangenheit eine bestimmte Meinung verbreiten wollte. Ähnlich wie der unbekannte Verfasser des Diktys berichten auch andere Einleitungen zu Fälschungen und romanhaften Erfindungen, daß die durch einen Zufall aufgefundene und im folgenden mitgeteilte Schrift dem Senat oder dem Kaiser überbracht worden sei. Der Senat oder der Kaiser habe sie mit großer Teilnahme entgegengenommen, sie abschreiben oder übersetzen und in der Bibliothek verwahren lassen[31]. Mögen die meisten derartigen Berichte auch nur ein literarischer Topos sein, den ein Fälscher mühelos in die Einleitung seiner Schrift aufnehmen konnte, um so die Bedeutung seiner Erfindung zu steigern, die Neugier des Lesers zu wecken und die Echtheit vorzutäuschen, so konnte doch andererseits dieses literarische Motiv auch wieder mit der Wirklichkeit des Lebens, der es entnommen war[32], erfüllt werden. Dies dürfte auf die »Erinnerungen des Damis« teilweise zutreffen. Daß Kaiser Nero die »Tagebücher des Diktys« je gesehen hat, ist nicht zu beweisen, ebensowenig, daß er ihre Übersetzung angeordnet hat[33]. Zwar sind die »Erinnerungen des Damis« ebenso unecht

E. Bethe, Philostrats Heroikos und Diktys: Hermes 52 (1917) 613/20.

[29] Dictys Cretensis, Ephemeridos belli Troiani libri a L. Septimio ex Graeco in Latinum sermonem translati ed. W. Eisenhut² (1973): 5,17 (ebd. 119) und prol. (ebd. 2f). Die Vorrede gibt den Zweck der Schrift an: cumque Nero cognosset antiqui viri, qui apud Ilium fuerat, haec esse monumenta, iussit in Graecum sermonem ista transferri, e quibus Troiani belli verior textus cunctis innotuit (ebd. 3). Zu Diktys vgl. W. Speyer, Bücherfunde in der Glaubenswerbung der Antike = Hypomnemata 24 (1970) 55/9; ders., Angebliche Übersetzungen des heidnischen und christlichen Altertums: JbAC 11/12 (1968/69) 32f.

[30] Dictys-Septimius prol. (2f E.). Auf die Varianten zwischen dem Widmungsbrief des Septimius, der Vorrede und der Sphragis des PsDictys 5,17 (119 E.) braucht hier nicht näher eingegangen zu werden.

[31] Vgl. Speyer, Bücherfunde aO. 59. 64. 117f. Das Buch, das Apollonios aus der Höhle des Trophonios geholt hat (vgl. Philostr. v. Apoll. 8,19f), soll Hadrian in seine Privatbibliothek aufgenommen haben (vgl. Speyer aO. 92. 132).

[32] Zu echten Bücherfunden im Altertum vgl. Speyer, Bücherfunde aO. 112f. 142/4.

[33] Das griechische Diktysbuch, von dem zwei Bruchstücke auf Papyrus erhalten sind (POxy 31 nr. 2539, um oder vor 206 nC. geschrieben, und PTebt 2 nr. 268 aus dem frühen 3. Jh.), kann im 1. oder im 2. Jh. entstanden sein. W. Eisenhut, Zum neuen Diktys-Papyrus: RhMus 112 (1969) 114/9 und Ausgabe des Diktys aO. (s. o. Anm. 29) VIII glaubt, daß die Zeit der angeblichen Auffindung des Diktys zugleich auch die Zeit der Abfassung sei, d. h. das 13. Jahr der Regierung Neros, also das 7. Jahrzehnt des 1. Jh. nC. Gegen diese Zeitbestimmung könnten die »Hypomnemata des Nicodemus« (auch Evangelium Nicodemi und Acta Pilati genannt), eine mit Diktys vergleichbare christliche Erfindung, zu Bedenken Anlaß geben. Nach der Vorrede will ein Ananias im Jahre 425/6 oder nach anderer Deutung 440/1 diese »Erinnerungen« gefunden und aus dem Hebräischen ins Griechische übertragen haben. Wie G. C. O'Ceallaigh, Dating the commentaries of Nicodemus: HarvTheolRev 56 (1963) 21/58 zu beweisen vercuht, sind sie aber erst im 6. Jh. verfaßt; vgl. aber die Einwendungen von G. Philippart: AnalBoll 92 (1974) 212. – Die Hypomnemata des Nicodemus ähneln in ihrer Echtheitsbeglaubigung auch den Hypomnemata des Damis. Wie diese das Werk des Moiragenes bekämp-

wie die »Tagebücher des Diktys«, aber sie scheinen tatsächlich zur Kaiserin Iulia Domna gebracht und von ihr an Philostrat zur Bearbeitung weitergereicht worden zu sein.

Vergleichen wir die beiden literarischen Erfindungen miteinander, so spricht manches für die Annahme, daß der Fälscher der »Erinnerungen des Damis« vom unechten Diktys gelernt hat: Damis, der Begleiter des Apollonios, entspricht Diktys, dem Waffengefährten des Idomeneus. Wie die Tagebücher des Diktys Homers Darstellung widerlegen wollen, so die Erinnerungen des Damis die »Denkwürdigkeiten des Apollonios« von Moiragenes. Ist bei Diktys vom ungewöhnlichen Beschreibstoff, dem Lindenbast, die Rede, so spricht Philostrat ausdrücklich von Tafeln (τὰς δέλτους), auf denen die zuvor noch nicht bekannten Erinnerungen des Damis aufgezeichnet waren[34]. Während Kaiser Nero die Diktysbücher angeblich übersetzen ließ, ordnete Iulia Domna wohl tatsächlich die Überarbeitung durch den gewandten Stilisten Philostrat an. Die Erinnerungen des Damis verdanken ihr Dasein außerliterarischen Absichten, während die Tagebücher des Diktys vielleicht nur eine literarische Erfindung waren[35].

Mit gebotener Vorsicht läßt sich demnach folgendes feststellen: Den Neupythagoreern, die Apollonios bewunderten und für ihre Propaganda benutzen wollten, mißfiel die Darstellung, die Moiragenes von ihrem göttlichen Meister gegeben hatte. Aus Verehrung für Apollonios schuf einer von ihnen ein altertümlich aussehendes Buch, die Erinnerungen des Damis aus Ninive, gab sich als Verwandten dieses Assyrers aus und brachte es der Kaiserin Iulia Domna. Die Anregung zu dieser Echtheitsbeglaubigung wird er den griechisch geschriebenen angeblichen Tagebüchern des Kreters Diktys verdanken. Die Kaiserin war als Syrerin vielleicht schon zuvor für den Tyaneer begeistert, der aus dem nahen Kappadokien stammte; vielleicht wurde sie aber auch erst durch die Fälschung auf ihn aufmerksam. Ob zwischen Moiragenes' Darstellung und den gefälschten »Erinnerungen des Damis« ein Jahrzehnt oder fast ein Jahrhundert liegt, ist nicht zu sagen, da in der Antike Gegenschriften auch noch nach einem längeren Zeitabstand verfaßt worden sind[36]. Die Erinnerungen des Damis werden die Geschichte von der wunderbaren Geburt des Apollonios enthalten haben, ferner Berichte über seine Wundertaten, Hinweise auf seine Reisen, Aussprüche und Prophezeiungen, seinen Bekennermut und sein wunderbares Ende[37]. Der gewandte Stilist Philostrat hat diese Vorlage, die gewiß schon die neupythagoreische Tendenz enthielt, frei ausgeführt und mit eigenen Gedanken ausgeschmückt.

Den Neupythagoreern ist eine derartige Fälschung durchaus zuzutrauen, galten sie doch im »praktischen Leben« als Schwindler und Betrüger[38]. Zahlreiche literarische Fälschungen gehen auf sie zurück[39]. Als nächste Parallele bieten sich die angeblich vom

fen, so die Hypomnemata des Nicodemus die heidnischen Pilatusakten.

[34] Dictys-Septim. ep.: 1,10 E.: libros ex philyra; prol.: 2,12f E.: novem volumina in tilias digessit (vgl. ebd. 2,15.22); vgl. V. Gardthausen, Das Buchwesen im Altertum und im byzantinischen Mittelalter² (1911) 34f (Bastpapier); 123/32 (Deltos).

[35] Vgl. Solmsen aO. (s. o. Anm. 9) 156,49f zu Philostrats Heroikos: »Die Homerepanorthose ist ein rein literarisches Spiel (vgl. außer Diktys auch Dios Troicus), hinter dem keinerlei Glauben, Gesinnung oder Überzeugung steht . . .«.

[36] Vgl. beispielsweise K. Thraede, Studien zu Sprache und Stil des Prudentius = Hypomnemata 13 (1965) 9/12 zu den polemischen Schriften des Prudentius.

[37] Vgl. Smith aO. (s. o. Anm. 1) 179. 187.

[38] Vgl. H. Dörrie, Art. Pythagoreer 1 C: PW 24,1 (1963) 276f.

[39] Vgl. W. Burkert, Zur geistesgeschichtlichen Einordnung einiger Pseudopythagorica: EntrFondHardt 18 (1972) 23/55 und H. Thesleff, On the problem of the Doric Pseudo-Pythagorica: ebd. 57/102.

König Numa geschriebenen Bücher an, die man im Jahre 181 vC. auf dem Gianicolo in Rom ausgegraben haben will[40]. Sogar an Apollonios selbst ist zu erinnern, der ein Buch mit den »Lehren des Pythagoras« aus der Orakelhöhle des Trophonios mitgebracht haben soll[41].

Philostrat hat mit seiner stilistisch anspruchsvollen, romanhaften Lebensbeschreibung das Bild des von der Gottheit begnadeten weisen Apollonios bei den gebildeten Heiden weitgehend durchzusetzen vermocht. Einzelne Kaiser des 3. Jh. haben Apollonios als einen Heros verehrt[42]. Die Wirkung von Philostrats neuem Apolloniosbild beweisen vor allem Hierokles in seinem ,Wahrheitsfreund' und Eunapios, der meinte, Philostrat habe als Überschrift für seine Vita Apollonii eigentlich den Titel wählen müssen: »Die Anwesenheit eines Gottes unter den Menschen«[43]. Am Ende des 4. Jh. konnte dann die heidnische Opposition dieses Apolloniosbild für ihre gegen die Christen gerichtete Propaganda benutzen: Virius Nicomachus Flavianus und Tascius Victorianus beschäftigten sich mit dem Text der Vita Apollonii Philostrats[44], die Historia Augusta preist überschwenglich den göttlichen Weisen, und verschiedene Kontorniaten zeigen sein Bildnis[45].

2. Übersehenes zu Apollonios aus der christlichen Überlieferung

Die Kirchenschriftsteller, besonders diejenigen des 5. bis 9. Jh., sind bisher nur unzureichend für Apollonios durchforscht worden. Als Vorarbeit für eine Sammlung der Zeugnisse zu Apollonios sind die folgenden Bemerkungen gedacht, die vor allem bisher übersehene oder ungenügend gedeutete Zeugnisse des christlichen Altertums zur Persönlichkeit des Apollonios bekannt machen möchten[46].

Obwohl der Wundertäter Apollonios seit Hierokles von den Heiden als eine Art eigener Heiland und Gegenchristus benutzt wurde, haben doch die Kirchenschriftsteller des vierten und der folgenden Jahrhunderte nicht insgesamt und durchgehend ihn

[40] Vgl. Speyer, Bücherfunde aO. (s. o. Anm. 29) 51/5.

[41] S. o. Anm. 31.

[42] S. o. S. 50.

[43] Zu Hierokles s. o. Anm. 7. – Vgl. Eunap. v. sophist. 2,1,4 (3 Giangrande); ebd. 2,1,3 sagt er von Apollonios: »Er war schon nicht mehr ein Philosoph, sondern ein Mittelwesen zwischen Göttern und einem Menschen«.

[44] Vgl. Sidon. ep. 8,3,1; dazu A. Loyen in seiner Ausgabe des Sidonius 3 (Paris 1970) 196f.

[45] Vgl. Anm. 25 und Hist. Aug. v. Aurel. 24,2/25,1, wo es unter anderem heißt (24,8): quid enim illo viro sanctius, venerabilius, antiquius diviniusque inter homines fuit? ille mortuis reddidit vitam, ille multa ultra homines et fecit et dixit. quae qui velit nosse, Graecos legat libros, qui de eius vita conscripti sunt. Mit den letzten Worten ist gewiß das Werk des Philostrat gemeint. Moiragenes wird damals zumal im Westen wohl schon unbekannt gewesen sein (s. auch u. S. 59f). – Zu den Kontorniaten vgl. A. Alföldi, Die Kontorniaten. Ein verkanntes Propagandamittel der stadtrömischen heidnischen Aristokratie (Budapest 1943) 74/6. 90. 137 mit Taf. XXXIV nr. 9f. LXXII nr. 4. Auch Porphyrios schätzte den Tyaneer: Porphyrius ›Gegen die Christen‹ . . ., hrsg. von A. von Harnack = AbhBerlin 1916,1,83 frg. 60: ἀνὴρ φιλοσοφίᾳ πάσῃ κεκοσμημένος; vgl. auch Porphyr. abstin. 2,34: ὥς τις ἀνὴρ σοφὸς ἔφη; auch hier ist Apollonios gemeint; dazu Norden aO. (s. o. Anm. 16) 344. Vgl. ferner Liban. or. 4,4 (1,288 Foerster), der hier Apollonios neben Platon, Isokrates, Sophokles und Gorgias stellt.

[46] Hinweise bieten G. Olearius, Philostratorum quae supersunt omnia (Leipzig 1709) XXXIf; C. L. Kayser, Fl. Philostrati quae supersunt . . . (Zürich 1844) III. VII. VIIIf und J. S. Phillimore, Philostratus in honour of Apollonius of Tyana, translated 1 (Oxford 1912) LXXXVII/CIV: »Apollonius after Philostratus«, sowie N. A. Bees: WochenschrKlassPhilol 30 (1913) 1280; ders.: BerlPhilolWochenschr 36 (1916) 275. – A. Bigelmair, Art. Apollonios v. Tyana: LThK² 1 (1957) 719, Nilsson, Rel. 2², 425 und selbst Dulière aO. (s. o. Anm. 1) geben kein ganz deutliches Bild, da wichtige Zeugnisse unberücksichtigt geblieben sind.

abfällig beurteilt. Bei dem eigenwilligen Synesios von Kyrene, der selbst als Bischof bestimmte Glaubenswahrheiten der Kirche wenigstens für sich persönlich nicht angenommen hat, ist dies nicht weiter verwunderlich. In seinem »Lob der Kahlköpfigkeit« geht er davon aus, daß berühmte Männer wie Diogenes und Sokrates und überhaupt die Weisen aller Zeiten auf den Bildern kahlköpfig erschienen. Weise man aber auf Apollonios hin, der dichtes Haupthaar getragen habe, so sei dies kein stichhaltiger Einwand. Als Zauberer habe der Tyaneer die Menschen zu dem Glauben bringen können, er habe langes Haupthaar, selbst wenn er kahlköpfig war. Die Zauberei beruhe aber weder auf Weisheit noch auf Wissen, sondern auf einer besonderen Kraft[47]. Wörtlich fügt dann aber Synesios hinzu: »Und doch hege ich Freundschaft für diesen Mann und möchte ihn wohl in meinem Katalog (der kahlköpfigen Weisen) aufführen.«[48]

Neben Synesios hat auch Hieronymus bisweilen anerkennend über Apollonios geurteilt. In einem seiner Briefe meinte er: invenit ille vir ubique, quod disceret, ut semper proficiens semper se melior fieret, und in der von ihm übersetzten Chronik des Eusebius bemerkte er ohne einen tadelnden Zusatz zum Jahre 96: Apollonius Tyaneus et Eufrates insignes philosophi habentur[49]. Mit dieser Charakterisierung des Apollonios als eines »ausgezeichneten Philosophen« folgen Eusebius und Hieronymus der Auffassung des Philostrat und der Pythagoreer. In dem zuvor genannten Briefe führt Hieronymus nämlich Apollonios mit den Worten ein: »sei es, daß jener ein Zauberer war, wie das Volk sagt, oder ein Philosoph, wie die Pythagoreer überliefern«[50]. Fühlt sich aber Hieronymus als Verteidiger des Evangeliums herausgefordert, so spricht er ohne Einschränkung von Apollonios als von einem Gaukler und Zauberer, da die Wunder eines Apollonios oder Apuleius wesensmäßig von den Wundern Christi unterschieden seien[51].

[47] Synes. laud. calv. 6 (2,199f Terzaghi). Die Herausgeber verweisen auf Philostr. v. Apoll. 1,8,2: ἀνῆκέ τε τὴν κόμην (vgl. ebd. 7,36); vgl. auch Ch. Lacombrade, Synésios de Cyrène (Paris 1951) 32_{52}. Für diese Bemerkung brauchte aber Synesios nicht Philostrat zu lesen, da es genügend Bildnisse des Tyaneers gab. Außer den o. Anm. 45 genannten Kontorniaten vgl. die Inschrift CIL 6,29828 = Dessau 1 nr. 2918 unter einem jetzt nicht mehr sichtbaren Wandgemälde aus Rom: [Ap]olonius Thyaneus; ferner Lact. inst. 5,3,14 (CSEL 19, 408f): cum eum dicas et adoratum esse a quibusdam sicut deum et simulacrum eius sub Herculis Alexicaci nomine constitutum ab Ephesiis etiam nunc (zu dieser Formel s. u. Anm. 90) honorari. Meyer aO. (s. o. Anm. 2) 161_2 hat diese Angabe wohl richtig als eine Entstellung von Philostr. v. Apoll. 4,10 gedeutet, wo von der Beseitigung der Pest in Ephesos erzählt wird. Vgl. auch Hist. Aug. v. Aurel. 24,5: norat vultum philosophi venerabilis Aurelianus atque in multis eius imaginem viderat templis ... et imaginem et statuas et templum eidem promisit.

[48] Synes. laud. calv. 6: καίτοι φίλα μοι πρὸς τὸν ἄνδρα καὶ βουλοίμην ἂν αὐτὸν εἶναι τοῦ καταλόγου.

[49] Vgl. Hieron. ep. 53,1,4 (CSEL 54,445) und Euseb.-Hieron. chron. ad ann. 96 (GCS 47,192); wiederholt von Prosper chron. 529 (MG AA 9, 418); Cassiod. chron. 736 (MG AA 11,140). Aus Georg. Sync. chron.: 631f Dindorf (um 806 geschrieben) übersetzte Anastas. Bibl. chron. tripert.: Theophan. chron., hrsg. von C. De Boor 2 (1885) 65: Mundi anno VDL, divinae incarnationis anno L, Claudius imperat. Apollonius ex Tyanensibus Italiae (!) Pythagoricus philosophus pollet, ita ut hunc ipso quoque Pythagora Philostratus et alii acrioris ingenii fuisse describant (vgl. Philostr. v. Apoll. 1,2). Auffallend ist der Hinweis auf ungenannte Schriftsteller, die Philostrat in seiner Bewertung des Apollonios gefolgt sind. Hat Georgios Synkellos noch andere uns völlig unbekannte Quellen über Apollonios lesen können oder meint er damit byzantinische Chronisten wie Johannes Malalas? Landolfus, addit. ad Pauli hist. Rom. 124 (MG AA 2,301,32/4), der die Chronik des Anastasius Bibliothecarius ausgeschrieben hat, schiebt nach philosophus ›Rome‹ ein. Vgl. auch Georg. Sync. chron.: 646 Dindorf = Anast. Bibl. chron. tripert.: 67 De Boor; dazu s. u. Anm. 102.

[50] Hieron. ep. 53,1,4 (CSEL 54,444). Im Anschluß an Philostrat folgen Angaben über die Reisen des Tyaneers. Aldus Manutius weist in seiner Vorrede der lateinischen Übersetzung der Vita Apollonii des Philostrat von Alemannus Rinuccinus (Venedig 1502) nach, daß Hieronymus weder das Buch des Hierocles (s. o. Anm. 7) noch die Gegenschrift des Eusebius gelesen und auch Philostrat nur oberflächlich eingesehen habe.

[51] Hieron. de Ps. 81 (CCL 78,89). In C. Ioh. Hierosol. 34 (PL 23,404 C), einer Stelle, die

Zu einem ausgeglichenen Urteil über Apollonios ist Hieronymus demnach nicht gelangt; die negative Sehweise dürfte aber bei ihm vorherrschen.

Augustinus beurteilt Apollonios nicht sehr günstig: Gewiß, wenn Christus einer Gestalt des Heidentums an die Seite gestellt werden soll, so möchte Augustinus lieber Christus mit Apollonios als mit dem Mädchenschänder Jupiter verglichen sehen. Aber trotzdem: »Wer könnte es auch nur für lachenswert halten, wenn man versucht, einen Apollonios, Apuleius oder die übrigen erfahrensten Schwarzkünstler mit Christus zu vergleichen oder sogar ihm vorzuziehen?«[52]

Ein durchaus anerkennendes Urteil bietet dagegen ein unbekannter christlicher Schriftsteller vom Anfang des 6. Jh. aus Syrien oder Palästina, der fälschlich in der handschriftlichen Überlieferung als Abt Nonnos bezeichnet wird und einen Kommentar voll antiken Wissens zu einigen Reden Gregors von Nazianz verfaßt hat[53]. Er unterscheidet zwischen Magie (μαγεία), Goetie (γοητεία) und Giftmischerei (φαρμακεία), also zwischen weißer und schwarzer Zauberei. Dabei bestimmt er die weiße Zauberei als Anrufung wohltuender Geister und nennt als Beispiel dafür Apollonios von Tyana, dessen Orakel (θεσπίσματα) guten Absichten gedient hätten[54]. Darauf folgen die Definitionen der beiden Arten der schwarzen Magie. Diese Gedanken finden sich in einem Abschnitt, in dem Erfindungen verschiedener Völker aufgezählt werden[55]. Die Magie hätten die Meder erfunden, dann die Perser. Wie für die meisten Abschnitte seines Kommentars dürfte der christliche Verfasser auch hier eine heidnische Vorlage ausgeschrieben haben. Das positive Urteil über Apollonios geht deshalb wohl auf einen Heiden zurück und darf nur mittelbar als christliche Meinung gedeutet werden.

Die zuvor genannte Definition der verschiedenen Arten von Zauberei zusammen mit dem Lob des Apollonios und dem Katalog der Erfindungen begegnet in den folgenden Jahrhunderten noch mehrfach. Kosmas der Sänger (7./8. Jh.), Georgios Monachos, auch Hamartolos genannt (Mitte des 9. Jh.), und Georgios Kedrenos (11./12. Jh.) teilen diesen Text des PsNonnos mit, ohne freilich eine Quelle anzugeben[56]. Georgios Monachos

PsAmbr. trin. 29 (PL 17,570 B) ausgeschrieben hat, führt Hieronymus die auch sonst öfters zitierte Legende vom wunderbaren Verschwinden des Apollonios vor Kaiser Domitian als Beispiel der Blendwerke der Zauberer an, die mit den Wundern Jesu nicht zu vergleichen seien. Diese Geschichte hat einen großen Eindruck hinterlassen und scheint die bekannteste aller Wundertaten des Apollonios gewesen zu sein (vgl. Porphyrius ›Gegen die Christen‹ . . ., hrsg. von A. von Harnack = AbhBerlin 1916, 1,84f frg. 63; Lact. inst. 5,3,9 [CSEL 19,408] in ähnlichem Zusammenhang wie bei Hieronymus aO.; ferner Münscher aO. [s. o. Anm. 9] $483f_{33}$).

[52] Aug. ep. 138, 18f (CSEL 44, 145f). Damit antwortet Augustinus seinem Freund, dem Tribunen Flavius Marcellinus, der ihn »über die Wunder der Zauberer Apollonios und Apuleius« befragt hatte (Fl. Marcell. bei Aug. ep. 136,1 [ebd. 94]); vgl. W. Ensslin, Art. Marcellinus 23: PW 14,2 (1930) 1445f.

[53] PsNonnos ad Greg. Naz. or. 1 c. Iul. 70 (PG 36,1021 B/D). Zum Verfasser vgl. O. Bardenhewer, Geschichte der altkirchlichen Literatur 3^2 (1923 bzw. 1962) 178.

[54] PsNonnos aO.: διαφέρει δὲ μαγεία γοητείας καὶ γοητεία φαρμακείας τούτοις· ὅτι ἡ μὲν μαγεία ἐπίκλησίς ἐστι δαιμόνων ἀγαθοποιῶν πρὸς ἀγαθοῦ τινος σύστασιν, ὥσπερ τὰ τοῦ Ἀπολλωνίου ⟨τοῦ⟩ Τυανέως θεσπίσματα δι' ἀγαθὸν γεγόνασιν. Ähnlich unterschied auch Kaiser Konstantin zwischen guter und schlechter Zauberei und erlaubte die weiße Magie zum Nutzen der Menschen und der Ernten (Cod. Theod. 9,16,3). Die Kirche bekämpfte aber jedwede Zauberei, so daß auch Apollonios zu den Verfemten zählen mußte. Nach Konstantin änderte sich in dieser Hinsicht auch die Rechtsprechung des Staates; vgl. H. Dörries, Das Selbstzeugnis Kaiser Konstantins = AbhGöttingen 3. F. 34 (1954) 171f. 337_1. Zu anderen Einteilungen der Magie vgl. Hopfner aO. (s. o. Anm. 3) 373/8.

[55] Vgl. K. Thraede, Art. Erfinder II: RAC 5 (1962) 1204/9. 1251/6.

[56] Cosm. ad carm. Greg. Naz. c. 64 (PG 38,491); vgl. J. Bidez - F. Cumont, Les mages hellénisés 2 (Paris 1938) 19. – Georg. Mon. chron.: 1,74 De Boor. – Georg. Cedren. hist. comp.: PG 121,101 C/D mit Textverderbnissen. Vgl. auch den bei

hat den Erfinderkatalog außerdem noch durch ein Zitat aus Theodoret von Cyrus bereichert[57]. Auf Georgios Monachos geht mit Sicherheit der unselbständige Georgios Kedrenos zurück. Damit hat er wie die übrigen nur einen ganz abgeleiteten Wert für die Beurteilung des Apollonios[58]. Während Georgios Monachos in seiner Chronik sonst Apollonios mit einer gewissen Verachtung behandelt, erklärt sich sein Lob an der einen Stelle aus der gedankenlosen Übernahme der Vorlage, sei diese nun PsNonnos oder ein heidnischer Text gewesen[59].

Die byzantinischen Schriftsteller erwähnen weniger die Orakel (θεσπίσματα) als die Talismane (ἀποτελέσματα, τελέσματα), das sind magisch wirkende, apotropäische Schutzmittel, wie Bildwerke, Säulen, die Apollonios in verschiedenen Städten des Ostens wie Byzanz und Antiochien zur Rettung der Menschen vor schädlichen Tieren und der Gewalt der Elemente aufgestellt haben soll[60]. Von diesen Talismanen hat Philostrat nichts berichtet. Erst Eusebius bemerkt, daß noch zu seinen Lebzeiten Zeugnisse der Magie des Tyaneers zu sehen waren[61]. Das nächste Zeugnis für sie bietet die unter Justins Namen überlieferte Schrift Quaestiones et responsiones ad orthodoxos, die heute Theodoret von Cyrus oder zumindest seiner Zeit zugeschrieben wird: »Wenn Gott der Schöpfer und Herr der Schöpfung ist, wie können dann die Talismane des Apollonios in den Teilen der Schöpfung Kraft haben? Denn, wie wir sehen, verhindern sie den Andrang des Meeres, die Gewalt der Winde und die Angriffe der Mäuse und der wilden Tiere. Und wenn die Wunder des Herrn nur in der Erzählung berichtet werden, die meisten Taten des Apollonios aber in den Gegenständen selbst gezeigt werden, wie sollen sie da nicht den Betrachter täuschen? ...«[62]. Während Gott die Talismane weiter wirken ließ, hat er die Orakel einer Apolloniosstatue, die dazu aufforderte, den Tyaneer wie einen Gott zu verehren, verstummen lassen[63]. Im 4. und 5. Jh. waren also angeblich von Apollonios errichtete Talismane sichtbar und stellten für tiefer blickende Christen ein theologisches Problem dar. Während der byzantinischen Zeit blieb der Glaube an diese wundertätigen Bildwerke beim Volke weiter lebendig.

Wie paßt in diesen Zusammenhang ein Zeugnis in der Sammlung der Briefe Isidors

Bidez - Cumont aO. 2, 19_4 genannten Nikephoros Gregoras, in Synes. de insomn.: PG 149, 542 B.

[57] Vgl. Theodrt. cur. 1,19 (SC 57,108).

[58] Da diese Abhängigkeitsverhältnisse bisher nicht gesehen wurden, kommt Dulière aO. (s. Anm. 1) 256f zu unrichtigen Schlüssen.

[59] Georgios Monachos bezeichnet chron. 2,444, 15f De Boor die Apotelesmata des Apollonios als δαιμονικά (zu den Apotelesmata s. u. Anm. 60). Schon dieses Zeugnis des 9. Jh. beweist, daß die Talismane des Tyaneers keineswegs so selten von den byzantinischen Schriftstellern kritisiert worden sind, wie Dulière aO., bes. 252f. 276 meint. Vgl. ferner Georg. Mon. chron. 2,798,20 De Boor. Zu der Art, wie Georgios Monachos seine Quellen benutzt hat, vgl. K. De Boor in seiner Ausgabe 1 (1904) LXXI/LXXVII, bes. LXXIII: »Fontes autem Georgius qua erat, ut ipse fatetur, imbecillitate excerpsit neglegentissime, multa male intellexit, multa temere retractavit«.

[60] Zum Wesen der Talismane des Apollonios vgl. O. Weinreich, Antike Heilungswunder = RGVV 8,1 (1909 bzw. 1969) 162/70; R. Ganschinietz, Art. Agathodaimon: PW Suppl. 3 (1918) 52f; Meyer aO. (s. o. Anm. 2) 154f.

[61] Euseb. c. Hierocl. 44 (407,27/30 Kayser): περίεργοι μηχαναὶ τῇ τοῦ ἀνδρὸς ἀνακείμεναι προσηγορίᾳ.

[62] PsIust. quaest. et resp. 24 (34f Otto): Εἰ θεός ἐστι δημιουργὸς καὶ δεσπότης τῆς κτίσεως, πῶς τὰ Ἀπολλωνίου τελέσματα ἐν τοῖς μέρεσι τῆς κτίσεως δύνανται; Καὶ γὰρ θαλάττης ὁρμὰς καὶ ἀνέμων φορὰς καὶ μυῶν καὶ θηρίων ἐπιδρομάς, ὡς ὁρῶμεν, κωλύουσι. Καὶ εἰ τὰ ὑπὸ τοῦ κυρίου μὲν γινόμενα θαύματα ἐν μόνῃ τῇ διηγήσει φέρεται, τὰ δὲ παρ' ἐκείνου πλεῖστα καὶ ἐπ' αὐτῶν τῶν πραγμάτων δεικνύμενα, πῶς οὐκ ἀπατᾷ τοὺς ὁρῶντας; – Zu dem Verfasser dieser Schrift vgl. Altaner-Stuiber, Patrol.[7] 318. 340 und H. Dörries, Art. Erotapokriseis: RAC 6 (1966) 357.

[63] PsIust. quaest. et resp. 24 (36 Otto). Johannes Chrysostomos jedoch behauptet, die Werke des Apollonios seien ausgelöscht (adv. Iud. 5,3; laud. Pauli hom. 4 [PG 48,886; 50,490]).

von Pelusium, das C. L. Kayser irrtümlich zu den Apollonios feindlichen Urteilen der Kirchenschriftsteller gerechnet hat?[64] Der ›Brief‹, angeblich an einen Zacchaeus gerichtet, lautet folgendermaßen: »Einige Leute haben die Menschen mit neuen Reden betrogen, indem sie Apollonios von Tyana vor Augen stellen als jemanden, der an zahlreichen Orten vielerlei magische Gegenstände geweiht habe, damit sie – so sagt er[65] – sicheres Wohnen gewährleisten. Sie können jedoch nichts vorweisen, was von ihm stammt; denn diejenigen, welche die bloßen Reden jenes Mannes aufgezeichnet und alles, was ihn betrifft, sorgfältig untersucht haben, hätten diese viel beredeten Taten nicht übergangen. Du besitzt ja selbst den Philostrat, der alles über Apollonios sorgfältig dargelegt hat. Und daraus magst du ersehen, daß seine Gegner die Zaubereien als offensichtliche Verleumdung in die Welt gesetzt haben, wie das ja zu erwarten war.«[66]

Dieser Text sieht trotz der Anrede eher nach einem Exzerpt aus einem größeren Zusammenhang als nach einem Brief aus. Jeder der über 2000 noch vorhandenen Briefe Isidors muß einzeln auf seine Herkunft hin geprüft werden. Diese Forderung ist das Ergebnis der Studien von R. Riedinger, der mehrere dieser ›Briefe‹ als Fragmente aus den Hypotyposen des Clemens von Alexandrien bestimmen konnte[67]. Mit Auszügen aus älteren Schriften ist also zu rechnen. Bei der Anteilnahme für heidnische Bildung, die aus der Briefsammlung Isidors spricht[68], dürfte man vermuten, daß sich noch mancher Brief als Exzerpt aus einem heidnischen Buch herausstellen wird. Ein Christ dürfte jedenfalls den oben mitgeteilten Text nicht ausgedacht haben, da einem Christen nichts an dem Nachweis gelegen sein konnte, Apollonios sei kein Zauberer gewesen. Ganz im Gegenteil haben viele christliche Schriftsteller Apollonios gerade einen Zauberer genannt, um ihn so von Jesus, dem Wundertäter, zu unterscheiden[69]. Für einen Christen wäre es auch ganz unpassend gewesen, Philostrats Vita Apollonii als geschichtlich zuverlässig hinzustellen, lieferte sie doch gerade den Feinden des Evangeliums mindestens seit Hierokles, wenn nicht schon seit Kelsos[70], Stoff, um die Wunder Jesu in ihrer Bedeutsamkeit abzuwerten. So hat Eusebius in Contra Hieroclem gerade die Unglaubwürdigkeit Philostrats darzulegen versucht. Augustinus bemerkte, daß viele Wunder des Apuleius und Apollonios nullo fideli auctore bekannt seien[71], und Aeneas von Gaza kritisierte mittelbar Philostrat, indem er Apollonios als Lügner hinstellte: Apollonios

[64] Isid. Pelus. ep. 1,398 (PG 78,405 B). Vgl. Kayser aO. (s. o. Anm. 46) VII. IX.

[65] Kayser aO. (s. o. Anm. 46) VII_2 liest: φασίν. Φησί könnte aber darauf hinweisen, daß der übrige Text auf einen anderen zurückgeht als auf Isidor; s. u. S. 58.

[66] Καινοῖς τινες λόγοις τοὺς ἀνθρώπους ἠπάτησαν, τὸν ἐκ Τυάνων εἰσαγαγόντες Ἀπολλώνιον, πολλαχόσε πολλὰ τελεσάμενον, ἐπ' ἀσφαλείᾳ, φησί, τῆς οἰκήσεως. Ἀλλ' οὐδὲν ἔχουσι δεῖξαι παρ' ἐκείνου γενόμενον. Οἱ γὰρ καὶ λόγους ψιλοὺς τοῦ ἀνδρὸς ἀναγράψαντες, καὶ πάντα τὰ κατ' αὐτὸν ἀκριβώσαντες, οὐκ ἂν τὰς θρυλλουμένας παρέλιπον πράξεις. Ἔχεις δὲ τὸν Φιλόστρατον ἀκριβῶς τὰ ἐκείνου ἐκθέμενον. Καὶ μάνθανε ὡς σαφῆ συκοφαντίαν μαγγανειῶν, ἐχθροὶ τοῦ ἀνδρός, ὡς εἰκός, κατεσκεύασαν. Petzke aO. (s. o. Anm. 1) 10 gibt den Inhalt folgendermaßen wieder: »Isidor von Pelusium sieht alles nur als Gaukeleien – als leere Worte ohne Folgen an«. Ebenfalls hat Dulière aO. 253 den Sinn verfehlt: »Isidore dit qu'on comprendra, à lire Philostrate, que les ennemis prêtés par lui à Apollonius avaient raison de le diffamer«.

[67] Vgl. U. Riedinger, Neue Hypotyposen-Fragmente bei Pseudo-Caesarius und Isidor von Pelusium: ZNW 51 (1960) 154/92, bes. 159f; ders., Pseudo-Kaisarios = Byz. Arch. 12 (1969) 259f. 455; Altaner-Stuiber, Patrol.[7] 267f.

[68] Vgl. L. Bayer, Isidors von Pelusium klassische Bildung = Forschungen z. christl. Literatur- u. Dogmengesch. 13,2 (1915).

[69] Vgl. beispielsweise Euseb. c. Hierocl. 39 (402, 24f Kayser); Joh. Chrys. laud. Paul. hom. 4 (PG 50,490): ἀλλ' ὁ ἐκ Τυάνων ... ἀπατεών, ἐκεῖνος καὶ γόης ...; Lact. inst. 5,3,15 (CSEL 19,409): ... quia et hominem et magum fuisse constabat, und u. S. 61f.

[70] Vgl. Orig. c. Cels. 6,41, s. o. Anm. 23.

[71] Aug. ep. 102,32 (CSEL 34,2,572).

habe für die Seelenwanderungslehre des Pythagoras, der er gefolgt sei, keinen stichhaltigeren Beweis anzugeben gewußt als angebliche Aussagen der weit entfernt wohnenden Inder. Der Vergleich mit Ktesias und Arrian, die davon nichts zu berichten wüßten, lehre aber, daß Apollonios gelogen hat[72]. Grundlage und Ausgangspunkt dieser Kritik ist die Darstellung Philostrats[73]. Wenig günstig lautet schließlich auch das Urteil des Photios über den Inhalt, nicht den Stil, von Philostrats Vita Apollonii[74]. Ferner wäre für einen Christen aus der Zeit Isidors die Feststellung sehr auffallend, daß diejenigen, die Apollonios als Schöpfer der Talismane bezeichnen, nichts vorweisen könnten, was von jenem geschaffen sei. Haben doch bereits Eusebius und Theodoret von Cyrus jene Talismane bezeugt[75]. Demnach spricht nichts für die christliche Herkunft dieses ›Briefes‹ in der Sammlung Isidors[76].

Die Tatsache aber, daß dieser Text unter den Briefen Isidors überliefert ist, genügt allein nicht als Beweis für seine christliche Herkunft. Demnach dürfte das unter Isidors Namen stehende Fragment über Apollonios eher auf einen Heiden aus der Gefolgschaft Philostrats zurückgehen, der sogar die Apollonios zugeschriebenen Telesmata, Zeugnisse der weißen Magie, eines so erhabenen Weisen für unwürdig gehalten hat. Als Zeit der Entstehung haben die Jahrhunderte von Philostrat, dessen Vita Apollonii um 217 entstanden ist, bis zu Isidor von Pelusium (gest. um 435) zu gelten. Wenn auch erst seit dem 5. Jh. die Talismane des Apollonios reicher bezeugt sind, so dürften diese Nachrichten doch auf einer älteren, wenn nicht sogar echten, aber durch Philostrats Einfluß zurückgedrängten Überlieferung beruhen. Vielleicht sprach bereits Moiragenes von den Talismanen des Apollonios[77]. In dem Streit um das wahre Wesen des Apollonios, der in der Frage gipfelte, ob er ein Zauberer oder ein religiöser Philosoph gewesen war, scheinen einzelne Heiden auch nach Philostrat der Meinung des Moiragenes zugestimmt zu haben. Diesen Streit um die Bewertung des Apollonios bezeugt also das Exzerpt in der Briefsammlung Isidors von Pelusium.

Wie ein christlicher Zeitgenosse Isidors von Pelusium über die Talismane des Apollonios gedacht hat, zeigt folgender in diesem Zusammenhang bisher unbeachtet gebliebener Brief des Neilos von Ankyra (gest. um 430): »Oft schon habe ich es dir (d. h. Nikander Exceptor) gesagt und schärfe es auch jetzt wieder ein: Die durch Zauberei von dem Tyaneer Apollonios gefertigten Talismane enthalten in sich überhaupt keinen himmlischen Segen, noch bringen sie der Seele Gewinn. Sie scheinen sich nicht von der Wohltat einer Handvoll Gerste zu unterscheiden, jedenfalls für weise und fromme Menschen, die nach jenen himmlischen, unvergänglichen und niemals auflösbaren Gütern trachten. Bewundere also nicht die Werke trügerischer Zauberei, noch erschrecke ihretwegen, sondern befreie dich von diesem leicht zu verscheuchenden Wahn und dem kindischen Gedanken.«[78] Neilos bezweifelt also weder, daß die Talis-

[72] Aen. Gaz. Theophr.: 17f Colonna.

[73] Philostr. v. Apoll. 3,19.

[74] Phot. bibl. 44 (1,28f Henry): ... παραπλήσια τούτοις ἀνοίας μεστὰ καὶ ἕτερα πλεῖστα τερατευσάμενος. ἐν ὀκτὼ δὲ λόγοις ἡ πᾶσα αὐτῷ τῆς ματαιοπονίας σπουδὴ κατηνάλωται (ebd. 30); bibl. 241 (5,170/201 H.) bietet Auszüge aus der Vita Apollonii Philostrats. Vgl. ferner Cyrill. Alex. c. Iul. 3 (PG 76,633f). Der Verfasser der V. Niceph. Mon. Latm. 15 (BHG 1338) spielt anerkennend auf Philostr. v. Apoll. 1,34. 37 an.

[75] S. o. S. 56.

[76] Der Anklang des ersten Satzes an Eph. 5,6: μηδεὶς ὑμᾶς ἀπατάτω κενοῖς λόγοις dürfte zufällig sein.

[77] Dies vermutete bereits J. Miller, Zur Frage nach der Persönlichkeit des Apollonius von Tyana: Philol 51 (1892) 583. Auch Meyer aO. (s. o. Anm. 2) 155 hält die Überlieferung von Apollonios als Telesmatiker für alt und rechnet mit dem Einfluß der persischen Magier.

[78] Ep. 2,148 (PG 79,269 A): Πολλάκις σοι εἴρηκα, καὶ νῦν δέ φημι, ὅτι διὰ τῆς μαγείας ὑπὸ τοῦ Τυανέως Ἀπολ-

mane vorhanden sind, noch daß sie vom Zauberer Apollonios errichtet worden sind. Eine Verteidigung des Apollonios liegt ihm fern.

Um die verlorene heidnische Literatur über den Zauberer Apollonios wiederzugewinnen, ist ein anderer Kirchenschriftsteller noch bedeutungsvoller, da aus ihm einiges für das fast ganz unbekannte Werk des zuvor erwähnten Moiragenes zu gewinnen ist. Der Metropolit Basileios von Seleukeia in Isaurien (gest. um 468), der also in der Nähe von Tyana gelebt hat, erklärt in seinem Leben der hl. Thekla den Unterschied zwischen den Wundern der heidnischen Zauberer und der christlichen Heiligen[79]. Unter dem Zauberer versteht er den Vertreter der schwarzen Magie, der Menschenopfer darbringt und schändliche Rituale verübt. Als Beispiel verweist Basileios auf Apollonios und sagt dann wörtlich: »Wenn jemand jenen Apollonios aus Tyana in Kappadokien aus den über ihn geschriebenen Büchern kennt – um aus vielen das berühmteste Beispiel zu nehmen –, so dürfte er die schändlichen und frevelhaften Wirkungen (ἀποτελέσματα) seiner Zauberkunst kennen, das Bannen der Götter und der Seelen, das Herbeirufen der Dämonen und die heimlichen Freveltaten. Deshalb wurde er von den Gymnosophisten in Äthiopien und in Indien auch nicht gut aufgenommen, sondern vielmehr fortgeschickt, da er weder ein schuldloser oder frommer Mensch noch wirklich ein Philosoph war, sondern mit viel Befleckung der Zauberei behaftet«[80]. Darauf erwähnt Basileios noch kurz die Zauberer Iulianos, Ostanes und Simon Magus[81].

Basileios beruft sich ausdrücklich auf Schriftsteller, die das Leben des Apollonios aufgezeichnet haben. In diesen Schriften wurde Apollonios als Goët und nicht etwa als Theurg dargestellt. Ferner wurde in ihnen über seine Reisen zu den Gymnosophisten nach Indien und Äthiopien berichtet. Jene barbarischen Weisen hätten aber den Tyaneer nicht bewundert, sondern ihn als einen Verfluchten, der mit einer ansteckenden Befleckung behaftet war, von sich gewiesen und gebannt[82]. Auf welche der aus dem Altertum überlieferten oder noch bekannten Schriften über Apollonios könnten sich diese Angaben beziehen? Gewiß nicht auf einen Kirchenschriftsteller, da kein Christ

λωνίου γεγενημένα τελέσματα, μηδὲν παντελῶς οὐράνιον ἔχοντα εὐεργέτημα, μηδέ τι πρὸς ψυχὴν ἀναφέροντα κέρδος, οὐδὲν διαφέρειν δόξειεν δρακὸς κριθῶν χάριτος, τοῖς πρὸς τὰ ἐπουράνια ἐκεῖνα, καὶ ἄφθαρτα, καὶ λύσιν μὴ σχήσοντα ἀγαθὰ κεχηνόσι σοφοῖς τε καὶ εὐσεβέσιν ἀνθρώποις. Μὴ τοίνυν θαύμαζε τὰ ἔργα τῆς γοητείας, μηδὲ θροοῦ ἐπὶ τούτοις, ἀπάλλαξον δὲ σαυτὸν τῆς εὐπτοήτου γνώμης, καὶ τοῦ μειρακιώδους φρονήματος. – Zu den Briefen des Neilos vgl. BARDENHEWER aO. 4 (1924 bzw. 1962) 166/70.

[79] Basil. v. Thecl.: PG 85,540 C/541 A. Die Bemerkungen von F. FENNER, De Basilio Seleuciensi quaestiones selectae, Diss. Marburg (1912) 30f zu diesem Abschnitt führen nicht weiter.

[80] Καὶ εἴ τις ἔγνω τὸν ἐκ τῶν Τυανέων τῶν Καππαδοκῶν Ἀπολλώνιον, παρὰ τοῖς τὸν ἐκείνου βίον ἀναγεγραφόσιν (ἵνα ἐκ τῶν πάνυ πολλῶν τὸ περιφανέστερον εἴπωμεν), ἔγνω που πάντως καὶ τῆς κατὰ τὴν γοητείαν τοῦ ἀνδρὸς τέχνης τὰ μιαρὰ καὶ δυσαγῆ ἀποτελέσματα, θεαγωγίας τέ τινας καὶ ψυχαγωγίας, καὶ δαιμόνων ἐπικλήσεις, καὶ λανθανούσας ἀνοσιουργίας· ὡς καὶ παρὰ τῶν ἐν Αἰθίοψι καὶ Ἰνδοῖς Γυμνοσοφιστῶν μήτε ὑποδεχθῆναι σπουδαίως, ἀλλὰ γὰρ θᾶττον ἀποπεμφθῆναι, ὡς οὐκ εὐαγὴς οὐδὲ ὅσιος ἄνθρωπος, οὐδὲ φιλόσοφος ἀληθῶς, πολὺ δὲ τοῦ κατὰ τὴν γοητείαν μιάσματος ἔχων. Bei Philostrat wird Apollonios sehr freundlich von den indischen Brachmanen aufgenommen und auch die ägyptischen oder äthiopischen Gymnosophisten, die zunächst von Thrasybulos, dem Boten von Apollonios' Todfeind Euphrates, gegen Apollonios eingenommen worden waren, behandelten später den pythagoreischen Weisen freundlich; vgl. HOPFNER aO. (s. o. Anm. 8).

[81] Zu dem Theurgen Iulianos vgl. W. KROLL, Art. Iulianos 9: PW 10,1 (1918) 15/7; zu Ostanes vgl. BIDEZ-CUMONT aO. (s. o. Anm. 56) 1,165/212; 2,265/356 sowie K. PREISENDANZ, Art. Ostanes 8: PW 18,2 (1942) 1610/42; zu Simon Magus s. o. Anm. 1.

[82] Zu den Vorstellungen, die den Verfluchten betreffen, vgl. W. SPEYER, Art. Fluch: RAC 7 (1969) 1164f. 1169f und öfter. – Wie Philostrat mitteilt, wurde Apollonios von den indischen Weisen ehrenvoll aufgenommen (v. Apoll. 1,18/3,58), ebenso von den Gymnosophisten Äthiopiens (v. Apoll. 6).

das Leben des Apollonios beschrieben hat. Demnach kommt nur ein heidnischer Autor in Betracht. Philostrat hat auszuscheiden, da er Apollonios als Kultreformator und pythagoreischen Weisen geschildert hat. So bleiben nur noch zwei Autoren übrig, Moiragenes und Soterichos von Oasis. Von Soterichos ist einzig überliefert, daß er zur Zeit Diokletians ein Leben des Apollonios geschrieben hat[83]. Ziel und Absicht dieser Schrift sind unbekannt. Mit gebotener Vorsicht dürfen wir demnach vermuten, daß Basileios das Werk des Moiragenes gemeint hat, dessen Apollonios feindliche Einstellung aus Philostrats Gegenschrift bekannt ist. Weiter dürfen wir schließen, daß Basileios das Werk des Moiragenes eingesehen hat. Da der Bischof aus demselben geographischen Raum des östlichen Kleinasiens kommt, gewinnt diese Vermutung noch an Wahrscheinlichkeit[84].

Auch für Philostrat bzw. den neupythagoreischen Verfasser der Damispapiere gewinnen wir etwas Neues. Die Reisen des Apollonios zu den Indern und den Gymnosophisten scheinen nicht erfunden zu sein, da bereits Moiragenes von ihnen berichtet hat. Nur die Ausgestaltung in Apollonios freundlichem Sinn ist die Erfindung Philostrats und seiner Quelle, der Damispapiere. Beide mußten in ihrer Verteidigung die Darstellung des Moiragenes auszustechen versuchen.

Zu den Zeugen, welche die Talismane des Apollonios nicht mit Wohlwollen beurteilt haben, gehört auch Anastasios Sinaïtes (gest. wenig nach 700). In den Quaestiones et responsiones hat er Apollonios einen längeren Abschnitt gewidmet[85]. Die deutschsprachige Apolloniosforschung kannte bisher nur einen Teil daraus, den Georgios Kedrenos in seine Weltchronik aufgenommen hat[86]. Auch in diesem Fall hat er nicht Anastasios selbst gelesen, sondern verdankt seine Kenntnis Georgios Monachos[87]. Beide Chronisten führen das Zitat als ein Wort des »großen Anastasios von Theupolis« ein. Damit ist freilich nicht der Sinaite, sondern der ältere Anastasios I, Patriarch von Antiochien (559/70. 593/9) gemeint; seit den Erdbeben von 526 und 528 nC. hieß das syrische Antiochien Theupolis[88]. Tatsächlich gibt es auch vereinzelte Handschriften, die als Verfasser der zuvor genannten Quaestiones et responsiones Anastasios von Antiochien nennen. Diese Zuschreibung kann aber nicht richtig sein, vielmehr hat

[83] Vgl. Suda s. v. Σωτήριχος (4,410 ADLER) und WEINBERGER, Art. Soterichos 1: PW 3 A 1 (1927) 1231f. MEYER aO. (s. o. Anm. 2) 149_1 denkt an eine Bearbeitung von Philostrats Vita Apollonii in einem epischen Gedicht.

[84] Wenn Joh. Tzetzes, chil. 2,60 v. 974 Moiragenes erwähnt, so wird er den Namen durch Philostr. v. Apoll. 1,3 und 3,41 vermittelt erhalten haben.

[85] Anast. Sin. quaest. et resp. 20 (PG 89,524 D/525 C). Quaestio 20 gehört zum ursprünglichen Bestand dieses später von anderen erweiterten Werks des Anastasios; vgl. M. RICHARD, Art. Florilèges spirituels grecs: DictSpir 5 (1964) 500/2.

[86] Georg. Cedren. hist. comp.: PG 121,472 B/C zitiert aus quaest. 20 nur 525 B. Vgl. MILLER aO. (s. o. Anm. 77) 581f; WEINREICH aO. (s. o. Anm. 60) 162f; MEYER aO. (s. o. Anm. 2) 154_1; PETZKE aO. (s. o. Anm. 1) 26_3. Irrtümlich hat DULIÈRE aO. (s. o. Anm. 1) 258 diesen Passus ausgelassen und dafür zweimal denselben Abschnitt aus Georg. Cedren. hist. comp.: PG 121,472 A übersetzt (bei DULIÈRE aO. 258 muß es außerdem das erste Mal »Bonn, p. 346« heißen). Den richtigen Hinweis auf den Sinaiten bietet, soweit ich sehe, nur F. NAU in seiner Ausgabe der Apotelesmata Apollonii Tyanensis: Patrol. Syr. 1,2 (Paris 1907) 1367_8.

[87] Vgl. Georg. Mon. chron. 2,444f DE BOOR, wo aber noch am Anfang hinzugefügt wird: Καὶ Ἀπολλώνιος ὁ Τυανεὺς ⟨ἐγνωρίζετο περιπολεύων καὶ πανταχοῦ ποιῶν εἰς τὰς πόλεις καὶ χώρας δαιμονικὰ ἀποτελέσματα⟩. ἀπὸ Ῥώμης δὲ ἐλθὼν κτλ. (s. o. Anm. 59). Für das Bild bei den Christen hat Georgios Kedrenos gegenüber Georgios Monachos fast keine Bedeutung (gegen PETZKE aO. 25f und DULIÈRE aO. 256/8). Wie unselbständig Kedrenos war, zeigt K. KRUMBACHER, Geschichte der byzantinischen Literatur 1^2 = HdbAltWiss 9,1 (1897 bzw. New York 1958) 369.

[88] Vgl. G. DOWNEY, A history of Antioch in Syria (Princeton, N. J. 1961) 529f. 582.

Anastasios Sinaites als Autor der Quaestiones zu gelten[89]. Unter dem bei Georgios Monachos genannten Anastasios verbirgt sich also der Sinaite. Dieses Zeugnis lautet folgendermaßen: »Bis heute[90] wirken an bestimmten Orten die aufgestellten Talismane des Apollonios, die einen zur Abwehr vierfüßiger Tiere und Vögel, die den Menschen Schaden zufügen können, andere zur Hemmung des Laufs der über ihre Ufer getretenen Flüsse, wieder andere sind als Schutzmittel gegen anderes, was den Menschen Verderben und Schaden bringt, errichtet. Die Dämonen haben aber dies nicht nur zu Lebzeiten dieses Mannes durch ihn vollbracht, sondern auch nach seinem Tod blieben sie bei seinem Grab[91] und wirkten in seinem Namen Zeichen[92], um jene zu betrügen, die der Teufel leicht zu derartigem verblendet.«[93] Anastasios führt also die Talismane des Apollonios auf die Dämonen zurück. Das ist aber nicht das einzige, was er über Apollonios mitzuteilen weiß. So soll der Magier Manetho den Tyaneer verlacht haben, indem er sagte, auch Apollonios sei nicht bis zur Vollendung in seiner Kunst gelangt, da er nicht wie Manetho durch das Wort allein seinen Willen durchzusetzen vermocht habe, sondern dafür gewisse Talismane nötig hatte[94].

Ebenso neuartig wie diese Nachricht sind die weiteren Angaben des Anastasios Sinaites über einen Wettstreit der Zauberer Iulianos, Apollonios und Apuleius vor Kaiser Domitian[95]. Die Zusammenkunft dieser drei berühmten Zauberer ist schon aus chronologischen Gründen unmöglich; gehören doch Apuleius und Iulianos ganz dem 2. Jh. an[96]. Die Legende mag auch dadurch mitveranlaßt worden sein, daß Apuleius nicht selten neben Apollonios genannt wurde[97]. Anastasios beruft sich für seine Mitteilung auf »Erzählungen älterer Männer«[98]: Als Rom von einer Pest heimgesucht wurde, baten Kaiser Domitian und der Senat die drei Zauberer, der Stadt zu helfen. Apuleius erbot sich, das Verderben innerhalb von 15 Tagen in einem Drittel der Stadt

[89] Vgl. Richard aO. (s. o. Anm. 85) 500.

[90] Zu dieser geschichtliche Überlieferung als echt bestätigenden Formel, die deshalb auch für Fälschungen gerne verwendet wird, vgl. Speyer, Bücherfunde aO. (s. o. Anm. 29) Reg. s. v. nunc-Formel.

[91] Philostr. v. Apoll. 8,31 erklärt ausdrücklich, er habe nirgends ein Grab des Apollonios angetroffen; vgl. auch Euseb. c. Hierocl. 8.44 (377.407f Kayser).

[92] Vgl. C. A. Schmitz - K. Baltzer - B. Reicke, Art. Namenglaube: RGG³ 4 (1960) 1301/6.

[93] Anast. Sin. quaest. et resp. 20 (PG 89,525 B/C): Ἀπολλωνίου δὲ μέχρι καὶ νῦν ἔν τισι τόποις ἐνεργοῦσι τὰ τελέσματα ἱστάμενα, τὰ μὲν εἰς ἀποτροπὴν ζώων τετραπόδων καὶ πετεινῶν δυναμένων βλάπτειν ἀνθρώπους· τὰ δὲ εἰς ἐποχὴν ῥευμάτων ποταμῶν ἀτάκτως φερομένων· ἄλλα δὲ εἰς ἕτερά τινα ἐπὶ φθορᾷ καὶ βλάβῃ ἀνθρώπων ὑπάρχοντα, ἀποτρόπαια ἵστανται. Οὐ μόνον δὲ ἐν τῇ ζωῇ αὐτοῦ ταῦτα εἰργάσαντο δι' αὐτοῦ οἱ δαίμονες, ἀλλὰ καὶ μετὰ θάνατον αὐτοῦ παραμένοντες τῷ μνήματι αὐτοῦ, σημεῖά τινα ἐπετέλεσαν ἐξ ὀνόματος αὐτοῦ, πρὸς ἀπάτην τῶν ῥᾳδίως βλαπτομένων εἰς τὰ τοιαῦτα ὑπὸ τοῦ διαβόλου.

[94] Anast. Sin. aO. (525 C); dasselbe bietet auch Georg. Mon. chron. 2,445f De Boor. – Unter dem hier erwähnten Manetho ist wohl der Astrologe (4. Jh. nC.?) gemeint. Von Zauberbüchern unter dem Namen Manethos spricht Zacharias Schol. v. Sev. Ant.: PO 2,62. – Was Manetho nach dem Bericht des Anastasios fordert, hat PsIustin. quaest. et respons. 24 (36 Otto) von Jesus gerühmt, um so Apollonios als den geringeren Wundertäter zu erweisen (vgl. auch Arnob. nat. 1,43f). Philostr. v. Apoll. 7,38 betont, daß Apollonios ohne Opfer, Gebete oder Worte sich seiner Fessel entledigt habe. Zum Wort des mächtigen Menschen vgl. Speyer, Fluch aO. (s. o. Anm. 82) 1165/7, zum Gottesnamen ›Jahwe‹ als Machtwort vgl. Artapanos bei Clem. Alex. strom. 1,154 (GCS 52,96) mit Parallelen; R. Ganschinietz, Art. Iao: PW 9,1 (1914) 712 und Bidez-Cumont aO. (s. o. Anm. 56) 1,234f. Von dem Theurgen Iulianos (s. o. Anm. 81) wurde erzählt, er habe durch das Wort einen Stein gespalten (Sozom. h. e. 1,18,7 [GCS 50,40]).

[95] Anast. Sin. aO. (524 D/525 B).

[96] Michael Psellos macht Iulianos und Apuleius zu Zeitgenossen Trajans (ep. 102 [2,130 Kurtz-Drexl]).

[97] Vgl. beispielsweise Lact. inst. 5,3,7.21 (CSEL 19,407. 410); Hieron. in Ps. 81 (CCL 78,89); Aug. ep. 102,32 (CSEL 34,2,572).

[98] Vgl. W. Speyer, Die literarische Fälschung im heidnischen und christlichen Altertum = HdbAltWiss 1,2 (1971) 71/3.

aufhören zu lassen; Apollonios wollte innerhalb von 10 Tagen das andere Drittel der Stadt befreien[99]. Iulianos aber, der, wie Anastasios bemerkt, von den dreien am meisten vermochte und durch diese Eitelkeit dem Teufel am nächsten stand, ließ sofort das restliche Drittel der Stadt gesund werden. Auf den Wunsch des Kaisers befreite er dann auch die beiden übrigen Stadtteile[100]. Nach dieser Mitteilung folgt der schon besprochene Abschnitt über Apollonios. Für Anastasios ist Apollonios also ein Zauberer, der in seiner trügerischen Kunst gegenüber anderen Schwarzkünstlern noch zurücksteht.

Auch nach Anastasios Sinaites haben einzelne byzantinische Chronisten Apollonios als niedrigen Zauberer bezeichnet wie Johannes Zonaras (12. Jh.) oder Niketas Choniates (gest. 1213)[101].

Der Ausklang der Apolloniosüberlieferung in Byzanz erfuhr aber noch eine eigentümliche Transponierung: Apollonios wurde zum Propheten Christi erhöht. Von den byzantinischen Chronisten bezeugt Georgios Synkellos diesen Glauben. In Ägypten soll Kaiser Vespasian mit Apollonios zusammengetroffen sein und von ihm etwas über das Königtum Christi und die übrigen Ruhmestaten gehört haben[102]. Bereits die heidnische Überlieferung kannte Orakelsprüche des Apollonios[103]. Hieran haben einzelne Christen angeknüpft und Apollonios zum Propheten des christlichen Heils erklärt. Christliche Fälschungen, die als prophetische Sprüche heidnischer Weiser ausgegeben wurden, waren im ausgehenden Altertum keine Seltenheit[104]. In einer Prophezeiung verkündet der Tyaneer die Geburt Christi aus einer Jungfrau[105]. In der ›Tübinger Theosophie‹ wird er zusammen mit dem ägyptischen Hermes (Hermes Trismegistos – Thot) und dem hebräischen Moses als gottgleich gepriesen[106]. Ferner bietet eine Fälschung unter

[99] Auch bei Philostrat tritt Apollonios als Wundertäter auf, der eine Pestepidemie heilt, diesmal in Ephesos (v. Apoll. 4, 4. 10; 8, 7, 8f [127. 130f. 312K.]).

[100] Auch bei Mich. Psell. ep. 102 (2,130 K.-D.) erscheint Iulianos gegenüber Apuleius als der mächtigere Zauberer, der keine Beschwörungen oder Amulette nötig hatte.

[101] Joh. Zonar. annal.: 3,61 DINDORF (= PG 134, 981 C); Nic. Chon. stat. 8 (PG 139,1049). Auf Zonaras geht Ephraem chron. Caes. 49/52 (PG 143,13 D) zurück. – Joël, chron.: PG 139,249 C enthält sich eines Urteils.

[102] Georg. Sync. chron.: 646 DINDORF = Anast. Bibl. chron. tripert.: 67 DE BOOR: τὸν γὰρ πρεσβύτερον υἱὸν Τίτον τὸν πρὸς Ἰουδαίους πόλεμον ἐκτελέσαντα καταλιπὼν αὐτὸς ἐπὶ τὴν Ἑλλάδα παραγίνεται, ὡς Ἕλληνες μυθεύουσιν, ἐφ' οἷς ἠκηκόει παρὰ τοῦ Τυανέως Ἀπολλωνίου περὶ τοῦ Χριστοῦ τῆς βασιλείας καὶ τῶν λοιπῶν εὐδοκιμήσεων, κατὰ τὴν Αἴγυπτον συντυχὼν αὐτῷ ἐξ Ἰνδῶν καὶ Βραχμάνων ἐπανελθόντι τῶν ἐκεῖσε Γυμνοσοφιστῶν. ἐλθὼν οὖν εἰς Ἑλλάδα χειροῦται τὰς ἀποστάσας πόλεις. DULIÈRE aO. (s. o. Anm. 1) 256 hat übersehen, in welchem Überlieferungsstrom dieses Zeugnis steht.

[103] Vgl. Suda s. v. Ἀπολλώνιος (1,307,20 ADLER). Weissagungen scheint Apollonios nach PsGeorg. Codin. (10. Jh.), Πάτρια Κωνσταντινουπόλεως 2,79 (2,191 PREGER) auf eherne Säulen zu Byzanz eingegraben zu haben; vgl. ebd. 2,103 (2,206 P.). PETZKE aO. (s. o. Anm. 1) 27 kennt nicht die kritische Ausgabe von TH. PREGER (1907) und ordnet deshalb PsKodinos zeitlich falsch ein; dasselbe gilt für DULIÈRE aO. 259.

[104] Vgl. SPEYER, Fälschung aO. (s. o. Anm. 98) 246/52.

[105] Vgl. H. ERBSE, Fragmente griechischer Theosophien = Hamb. Arbeiten z. Altertumswiss. 4 (1941) 216; hier gilt Apollonios neben Solon, Thukydides, Plutarch, Aristoteles, Platon und Chilon als einer der Sieben Weisen. Vgl. auch A. VON PREMERSTEIN, Griechisch-heidnische Weise als Verkünder christlicher Lehre in Handschriften und Kirchenmalereien: Festschrift der Nationalbibliothek in Wien (Wien 1926) 658. 661f; K. SPETSIERES, Εἴκονες Ἑλλήνων φιλοσόφων εἰς ἐκκλησίας: Ann. Scient. Fac. Philos. Univ. d' Athènes 2. Pér. 14 (1963/64) 386/458, bes. 411f mit Abb. 29: Ἕλλην Ἀπολλώνιος neben Platon, Solon, Aristoteles, Plutarch und Thukydides.

[106] Theosoph. § 44 (177 ERBSE); der Name des Apollonios ist hier im Orakelstil umschrieben: Μαζακέων (die Hauptstadt Kappadokiens Caesarea hieß früher Mazaka; vgl. RUGE, Art. Caesarea 5: PW 3,1 [1897] 1289f) σοφὸς ἀνήρ (vgl. schon Euseb. c. Hierocl. 5 [373,19f K.]: σοφόν τινα τὰ ἀνθρώπινα τὸν Τυανέα γεγονέναι ἡγούμην), ὅν ποτε δὴ χθὼν θρέψεν ἀριγνώτοιο Τυήνης; vgl. auch W. SCOTT, Hermetica 4 (Oxford 1936 bzw. 1968) 227/9, bes. $228f_1$, der heidnischen Ursprung des Orakels annimmt.

dem Namen des Apollonios eine Prophezeiung auf die Geburt Jesu; zugleich versucht sie, die Talismane des Apollonios zu rechtfertigen[107]. Der Glaube des Volkes an die apotropäisch wirkenden Telesmata des Heiden Apollonios beunruhigte weiterhin das christliche Gewissen und führte zu der überraschenden Deutung, daß Apollonios die Wunder durch die Kraft Jesu wirke, der in Bethlehem aus der Jungfrau geboren werde, das menschliche Geschlecht retten und die Tempel der Götzenbilder zerstören werde. Die geschichtliche Gestalt des Apollonios ist hier schon so sehr verblaßt, daß der Tyaneer zum vorchristlichen Seher werden konnte[108].

Schließlich verwandelte sich Apollonios sogar noch in einen christlichen Heiligen. In einem griechischen Gebet kommt ein heiliger Balinas vor[109]. Unter diesem Namen dürfte sich aber niemand anders als Apollonios verbergen[110]. Der heidnische Zauberer und pythagoreische Weise stieg so vom Propheten Christi zum Heiligen seiner Kirche auf. Damit endet die Wirkung des Tyaneers bei den Christen des Mittelalters.

[107] Vgl. den Text bei NAU aO. (s. o. Anm. 86) 1374; gleichfalls hrsg. von F. BOLL: Cat. Cod. Astrol. Graec. 7 (Bruxelles 1908) 176,20/6: ‛Ο δὲ μέλλων ἐν Βηθλεὲμ ἐκ τῆς Παρθένου γεννᾶσθαι αὐτὸς μέγας διδάσκαλος γενήσεται καὶ τὸ ἀνθρώπινον γένος σώσει καὶ τοὺς εἰδώλων ναοὺς καταλύσει· τὴν δὲ ἀποτελεσματικὴν ἣν ἐγὼ ποιήσω οὐκ ἀφανίσει, διότι πᾶν ὅπερ ἀπετέλεσα μετὰ τῆς αὐτοῦ δυνάμεως ἀπετέλεσα καὶ ἐστερέωσα.

[108] BOLL aO. 174 hat diese Schrift viel zu früh datiert und zwar vor Eusebius Contra Hieroclem.

[109] F. PRADEL, Griechische und süditalienische Gebete, Beschwörungen und Rezepte des Mittelalters = RGVV 3,3 (1907) 31,18f. 63, der Verschreibung annimmt und Bellinus, Bischof von Padua, oder Valentinus von Terni vorschlägt.

[110] Im arabischen Kulturkreis heißt Apollonios allgemein Balinas bzw. Balīnūs; vgl. M. PLESSNER, Art. Balīnūs: Encycl. of Islam 1 (1960) 994f. Der Cat. Cod. Astrol. Graec. 5,1 (Bruxelles 1904) 98,10 und 100,11 genannte ›Balenis qui et Apollo dicitur‹ ist sicher Apollonios von Tyana und nicht der Astrologe Vettius Valens, wie außer anderen auch E. BOER, Art. Vettius nr. 67: PW 8 A 2 (1958) 1873, 44/9 meint. Die Schrift des Balenis De horarum opere, die Cat. Cod. Astrol. Graec. 5,1,100 erwähnt wird, ist die von F. NAU (s. o. Anm. 86) und F. BOLL (s. o. Anm. 107) herausgegebene Schrift des PsApollonios von Tyana. – A. BAUMSTARK, Geschichte der syrischen Literatur (1922 bzw. 1968) 169 erwähnt eine in junger und anscheinend nur nestorianischer Überlieferung erhaltene syrische Rede über die Weisheit eines Apollonios (von Tyana?). Vgl. ferner PETZKE aO. (s. o. Anm. 1) 28/33. – Auch in der jüdischen Überlieferung hat Apollonios seine Spuren hinterlassen, wie die Legende vom König Apollonios zeigt (übersetzt von M. J. BIN GORION, Der Born Judas [o. J., um 1924] 229f [Hinweis von Alois Kehl]). Besonders fällt der hier erwähnte ›Sonnentisch‹ der Äthioper auf, der im Zusammenhang mit Apollonios wohl nur von Hieronymus (ep. 53,1,4 [CSEL 54,445]) erwähnt wird; zum ›Tisch der Sonne‹ vgl. A. LESKY, Gesammelte Schriften (1966) 410f. 415. – Für die neuzeitliche Beschäftigung mit Apollonios kommt der o. Anm. 50 genannten Übersetzung von Philostrats Vita Apollonii durch den Staatsmann ALEMANNUS RINUCCINUS entscheidende Bedeutung zu (vgl. V. R. GIUSTINIANI, Alamanno Rinuccini, 1426–1499 [Köln 1965] Reg. s. v. Philostratos). Zu den frühesten Kritikern der Apolloniosüberlieferung zählt ALDUS MANUTIUS in seiner Vorrede zu der genannten Übersetzung des RINUCCINUS (auch abgedruckt bei B. BOTFIELD, Praefationes et epistolae editionibus principibus auctorum veterum praepositae [Cambridge 1861] 245f).

13. Die Nachahmung von Tierstimmen durch Besessene
(Zu Platon, resp. 3,396 b)

Platon gibt in seinem Entwurf für die Erziehung des höchsten Standes seines Staates, der Wächter, folgenden Befehl: Da die Wächter ausschließlich die Freiheit der Polis zu wahren haben, sollen sie sich nur mit dem beschäftigen, was diesem Zwecke dient. Alles, was sie nicht zu tapferen, besonnenen, frommen und freien Männern bilden kann, ist ihnen zu tun oder nachzuahmen verwehrt. Deshalb dürfen sie weder Frauen noch Sklaven, weder schlechte Männer noch Wahnsinnige nachahmen; aber auch keine Handwerker.[1] Nach dieser Feststellung läßt Platon Sokrates folgende Frage an Adeimantos richten:

> »Und das Wiehern der Pferde, das Brüllen der Stiere, das Rauschen der Flüsse, das Tosen des Meeres, den Donner und alles dieser Art – werden die Wächter das nachahmen? Nein, sagte Adeimantos, es ist ihnen ja verboten, wahnsinnig zu sein oder Wahnsinnige nachzuahmen».

Adeimantos antwortet, indem er auf eins der zuvor von Sokrates geäußerten Verbote zurückgreift: "Die Wächter dürfen weder in Worten noch in Taten Rasende nachbilden". Diese Antwort des Adeimantos überrascht den modernen Leser, da zunächst nicht recht einzusehen ist, was die Nachahmung der genannten Laute mit den Wahnsinnigen zu tun haben soll. Dieser Gedankensprung soll durch die nachfolgenden Bemerkungen aufgeklärt werden.

Bei den aufgezählten Lauten unterscheidet Platon zwischen Stimmen von Tieren und Lauten von Naturgewalten. Wenige Zeilen später nimmt er diesen Gedanken variierend auf.[2] Hier nennt er Donner, Wind und Hagelschlag und andererseits die Stimmen von Hunden, Schafen und

---

1. De re publ. 3,395 c/396 b.
2. De re publ. 3,397a.

Vögeln, wobei er ergänzend diejenigen Laute hinzufügt, die von Geräten und Instrumenten erzeugt werden, wie die Geräusche von Wagenachsen und Rädern, den Ton von Trompeten, Flöten, Hirtenpfeifen und von allen anderen Musikinstrumenten.

Um diese Verbote verständlich zu machen, hat R. L. Nettleship auf die Rede des Atheners in den "Gesetzen" hingewiesen, in der die falsche Nachbildung und Mischung von Rhythmen, Takten und Lauten in der Musik gerügt wird.[3]

Der Vergleich lehrt, daß Platon sich gegen eine bestimmte Art zeitgenössischer Dichtung und Musik wendet, die sich in der Nachahmung verschiedenster menschlicher Typen und aller denkbaren Geräusche gefiel.[4]

Die Nachahmung von Tierstimmen war aber nicht auf die Bühne beschränkt. Bisher haben die Platonerklärer der Antwort des Adeimantos, es sei den Wächtern verboten, wahnsinnig zu sein oder Wahnsinnige nachzuahmen, nicht die genügende Aufmerksamkeit geschenkt.

Bereits der Verfasser der Schrift 'Über die heilige Krankheit' im Corpus Hippocraticum spricht davon, daß der Kranke, gemeint ist der Epileptiker, eine Ziege nachahme und brülle (wie ein Löwe oder ein Stier) und daß man sein scharfes und schrilles Schreien mit dem Wiehern eines Pferdes verglichen habe.[5] Daß Wahnsinnige die Stimmen von Tieren nachahmten, berichten sowohl antike Mythen und Legenden als auch

---

3. De leg. 2,669 c/d. R. L. Nettleship, Lectures on the Republic of Plato[2] (London 1901, Nachdruck ebd. 1951) 105.

4. Nettleship a.O. denkt an eine Art der dithyrambischen Dichtung und verweist auch auf Aristoph. Plut. 290/308, der Karion in Scherz dazu auffordern läßt, wie die Schafe und Ziegen zu meckern und zu blöken, wie die Schweine zu grunzen. – Geräusche und Stimmen wurden ferner in gewissen Kulten nachgeahmt, um die Götter günstig zu stimmen. Dieser Gebetsbrauch geht wohl bis in die früheste Menschheitsgeschichte zurück; vgl. A. Dieterich, Eine Mithrasliturgie. 3. Aufl. von O. Weinreich (Leipzig 1923, Nachdruck Darmstadt 1966) 40/2. 228, der bereits auf Plotin. enn. 2,9,14 verweist; dazu vgl. auch C. Schmidt, Gnostische Schriften in koptischer Sprache aus dem Codex Brucianus= TU 8,1 (Leipzig 1892) 639. 664. Vgl. ferner F. Pfister, Art. Kultus: PW 11,2 (1922) 2151 f. – Selene-Hekate brüllt wie ein Stier: Magischer Hymnus nr.5 Vers 12 bei E. Abel, Orphica (Leipzig 1885, Nachdruck Hildesheim 1971) 293; Joh. Lyd. de mens. 3,8 (41f. Wünsch); vgl. W. H. Roscher, Selene und Verwandtes (Leipzig 1890) 33. 71. Anm. 274 und S. Eitrem, Die vier Elemente in der Mysterienweihe: SymbOsl 4 (1926) 48f.

5. De morbo sacr. 1,33f. (64 Grensemann). Zu den antiken Anschauungen über Epilepsie vgl. Roscher a.O. 68/71.

biographische Überlieferungen. So erzählt der Mythos von den Töchtern des Proitos, daß die Proitiden in ihrem von den Göttern verhängten Wahn geglaubt haben, Kühe zu sein, und auch wie Kühe gebrüllt haben.[6] Hierher gehört auch der Mythos von Io, die von der erzürnten Hera in eine Kuh verwandelt zu sein glaubte.[7] Damit ist die Gottesstrafe vergleichbar, die Nebukadnezar getroffen haben soll. Wie das Buch Daniel berichtet, ist er als Rind in der Wildnis herumgeirrt und hat erst nach sieben Jahren durch die Güte Gottes seine ursprüngliche Menschengestalt zurückerhalten.[8] Ferner ist an die sogenannte Hunde- und Wolfskrankheit zu erinnern, die Kynanthropie und Lykanthropie. Die von dieser Geisteskrankheit befallenen Menschen glaubten, in Hunde oder Wölfe verwandelt zu sein, und verhielten sich wie diese.[9]

Die krankhafte Identifikation ist besonders für jene Geisteskrankheiten kennzeichnend, die man als Besessenheit bezeichnet hat.[10] Von Besessenen wird im Altertum öfter berichtet, daß sie Stimmen von Tieren nachgeahmt haben. Die hl. Paula hatte auf ihrer Pilgerreise durch Palästina bei Samaria ein erschütterndes Erlebnis mit Besessenen. In den Gräbern der Heiligen "heulten die Kranken mit den Stimmen von Wölfen, bellten wie Hunde, brüllten wie Löwen, zischten wie Schlangen und brüllten wie Stiere".[11] Johannes von Ephesos, ein Zeitgenosse des Kaisers Justinus II

6. Vgl. Hesiod.frg. 131 Merkelbach-West; Probus zu Verg. ecl. 6,48; W.H. Roscher, Art. Nosos, Nosoi: Roscher, Lex. 3, 1 (1897/1902) 458; G. Radke, Art. Proitides: PW 23, 1 (1957) 119, 18/27 und J. Mattes, Der Wahnsinn im griechischen Mythos und in der Dichtung bis zum Drama des fünften Jahrhunderts= Bibliothek der klass. Altertumswissenschaften NF 2.R. 36 (Heidelberg 1970) 22 f.

7. Vgl. W.H. Roscher, Das von der 'Kynanthropie' handelnde Fragment des Marcellus von Side = AbhLeipzig 1897, 12/7.

8. Vgl. Daniel 4,32/4 und die daran anknüpfenden christlichen Dichter Sedul. 1,206/11 (CSEL 10,31); Dracont.de satisf. 31/8; de laud. dei 3,718f. (MGH AA 14,116. 112).

9. Vgl. Roscher, 'Kynanthropie' a.O.; dens., Art. Nosos a.O. 462 f.; dens., Die 'Hundekrankheit' (κύων) der Pandareostöchter und andere mythische Krankheiten: RheinMus 53 (1898) 169/204; Mattes a.O. 22 und 71f.

10. Vgl. T.K. Oesterreich, Die Besessenheit (Langensalza 1921) und H. Flashar, Melancholie und Melancholiker in den medizinischen Theorien der Antike (Berlin 1966) Reg. s.v. Epilepsie, Manie.

11. So berichtet Hieronymus, ep. 108,13,4 (CSEL 55,323) in seiner Lebensbeschreibung der Heiligen. – Die lateinische Sprache ist reich an lautmalenden Verben für Tierstimmen. Einiges dazu hat O. Seel, Römertum und Latinität (Stuttgart 1964) 477 zusammengestellt; vgl. ferner Anth. Lat. nr. 730. 733; Hist. Aug. v. Ant. Get. 5,4f.; Aldhelm. de metr. et enigm. 131 (MGH AA 15, 179f.); Carmen de

(565-578), gibt in seiner Krichengeschichte eine historisch wertvolle Schilderung des in späteren Jahren wahnsinnig gewordenen Kaisers. Wegen seiner Freveltaten sei Justinus vom erzürnten Gott mit Umnachtung des Geistes bestraft worden. "Daher habe er die Stimmen der Tiere gebraucht und wie ein Hund gebellt und bald wie ein Ziegenbock geblökt, bald wie eine Katze geschrieen, bald auch wie ein Hahn gekräht und vieles getan, was dem menschlichen Geist fremd ist, was aber vom Fürsten der Finsternis stammt, dem er übergeben war."[12]

Die hier vollzogene Gleichsetzung von Geisteskrankheit und dem verderblichen Einfluß des Teufels führt zu hagiographischen Überlieferungen, nach denen der Teufel Tierstimmen nachgeahmt habe. So berichtet Papst Gregor I folgende Begebenheit aus dem Leben des hl. Datius, der Bischof von Mailand war (gest. 552)[13]: Der hl. Datius kam auf seinem Weg nach Konstantinopel in Korinth an und wollte dort in einem geräumigen Haus mit seiner Begleitung übernachten. Die Leute aber warnten ihn davor, da der Teufel seit vielen Jahren das Haus bewohne und es deswegen leer stehe. Der Heilige achtete jedoch nicht auf diese Reden. In der Ruhe der tiefen Nacht, als der Gottesmann schläft, beginnt der alte Feind mit ungeheurer Stimme und Geschrei das Brüllen der Löwen, das Blöken der Schafe, das Schreien der Esel, das Zischen der Schlangen und das Grunzen der Schweine und <das Pfeifen> der Spitzmäuse nachzuahmen. Der Heilige erwacht und beginnt gegen den Teufel zu schimpfen. Als dieser hört, er sei wegen seines Hochmutes gegen Gott, dem er gleichen wollte, Schweinen und Spitzmäusen ähnlich geworden, errötet er über diese Demütigung und wurde nicht mehr im Hause gehört. -- Soweit der Bericht Gregors.[14]

---

philomela, hrsg. von P. Klopsch: Literatur und Sprache im europäischen Mittelalter. Festschrift K. Langosch (Darmstadt 1973) 173/94; W. Wackernagel, Voces variae animantium. Ein Beitrag zur Naturkunde und zur Geschichte des Sprache [2](Basel 1869) und H. Hagen, Anecdota Helvetica = Gramm. Lat. Suppl. (Leipzig 1870, Nachdruck Hildesheim 1961) *140 Anm.

12. Joh. v. Ephes (hist. eccl. 3,3,2. CSCO Script./Syr. 55,89f. [latein. Übersetzung von E.W. Brooks]). Zu der Formulierung *quae a principe tenebrarum sunt, cui traditus erat,* die mit Fluchformeln verwandt ist, vgl. W. Speyer, Art. Fluch: RAC 7 (1969) 1245.

13. Dial. 3,4 (144 Moricca). Darauf geht zurück Flodoardus, de Christi triumphis apud Italiam 13,10 (PL 135,843 C). Zu Datius vgl. E. Caspar, Geschichte des Papsttums 2 (Tübingen 1933) Reg. s.v.

14. Daß der Teufel leicht die verschiedensten Gestalten annehmen kann, weiß bereits Athanasius, de vita Antonii 9 (PG 26, 856f.): Εὔκολον δὲ τῷ διαβόλῳ τὰ εἰς

Ein rationalistischer Kritiker könnte vermuten, daß ein Besessener, der sich in dem verlassenen Hause aufhielt und tierähnliche Laute ausstieß, die Legende veranlaßt habe. Einer derartigen Erklärung widerspricht aber ein vergleichbarer hagiographischer Bericht der Neuzeit, der geschichtlich zuverlässig zu sein scheint und mit der Erzählung Gregors unmittelbar kaum zusammenhängen dürfte. Das Leben des hl. Johannes Baptist Maria Vianney (1786 -1859), des Pfarrers von Ars, ist durch Augen- und Ohrenzeugen wohlbekannt. Aufgrund dieser Berichte wird folgendes Erlebnis des Heiligen mitgeteilt: "Der Geist des Bösen blieb unsichtbar, aber seine Anwesenheit war deutlich fühlbar. Er warf die Stühle um, rückte die großen Zimmermöbel hin und her. Er schrie mit entsetzlicher Stimme... Oder er heulte wie ein Tier, brummte wie ein Bär, bellte wie ein Hund, warf sich auf die Bettvorhänge und zerrte sie wutschnaubend."[15] Die sachliche Übereinstimmung zwischen den beiden hagiographischen Überlieferungen ist auffallend groß. Ohne daß wir die mitgeteilten Erscheinungen hier tiefer deuten wollen, können wir soviel behaupten, daß Gregors Bericht nunmehr weder als unwirkliche Wundergeschichte abgetan, noch vordergründig erklärt werden darf.[16]

κακίαν σχήματα. Hier teilt Athanasius anschließend mit, daß einmal eine Schar Dämonen in Tiergestalt über den Einsiedler hergefallen sind, um ihn zu quälen. *τοὺς δὲ τοῦ οἰκίσκου τέσσαρας τοίχους ὥσπερ ῥήξαντες οἱ δαίμονες ἔδοξαν δι᾽ αὐτῶν ἐπεισέρχεσθαι, μετασχηματισθέντες εἰς θηρίων καὶ ἑρπετῶν φαντασίαν· καὶ ἦν ὁ τόπος εὐθὺς πεπληρωμένος φαντασίας λεόντων, ἄρκτων, λεοπάρδων, ταύρων, καὶ ὄφεων, ἀσπίδων, καὶ σκορπίων, καὶ λύκων. Καὶ ἕκαστον μὲν τούτων ἐκίνει κατὰ τὸ ἴδιον σχῆμα. Ὁ λέων ἔβρυχε θέλων ἐπελθεῖν, ὁ ταῦρος ἐδόκει κερατίζειν, ὁ ὄφις ἕρπων οὐκ ἔφθανε, καὶ ὁ λύκος ὁρμῶν ἐπείχετο· καὶ ὅλως πάντων ὁμοῦ ἦσαν τῶν φαινομένων οἱ ψόφοι δεινοὶ, καὶ οἱ θυμοὶ χαλεποί.*

15. F. Trochu, Der heilige Pfarrer von Ars, autorisierte Übersetzung aus dem Französischen von J. Widlöcher (Stuttgart 1930) 203 (im französischen Original: Lyon 1925 fehlt dieses Kapitel).

16. Auch die folgenden Bemerkungen von A.-J. Festugière, Les moines d'Orient 1 (Paris 1961) 25 können derartige Erscheinungen nur zu einem Teil aufhellen: "On conçoit que, si peu lettrés, ou totalement illettrés, issus de la masse populaire et spécialement du peuple des campagnes, les moines aient partagé toutes les croyances et superstitions du milieu dont ils sortaient. En vérité... c'est ce milieu qui, pour la première fois dans le monde antique, fait entendre sa voix. Cela apparaît de manière très visible dans le cas de la croyance aux démons..." ebd. S. 33: "La forme littéraire de ces récits présentera sans doute des traits typiques plus ou moins empruntés à la Vie d'Antoine, et il est clair que les dialogues avec les diables sont pur fiction. Mais le fond psychologique n'en reste pas moins vraisemblable. Et donc, quand ces récits se reproduisent, à peu près pareils, dans la vie de chaque grand ascète, il n'y a pas lieu de crier au mensonge..."

Die aus dem heidnischen und christlichen Altertum beigebrachten Nachrichten über die Nachahmung von Tierstimmen durch Besessene werden auch durch Zeugnisse neuerer Zeit bestätigt. Im mohammedanischen Algier ahmten Tänzer, wie A. Bastian mitteilt, die Stimmen von Kamelen und Löwen nach, in die sie sich verwandelt glaubten.[17] Noch deutlicher ist folgende Darstellung eines Ereignisses aus dem Jahre 1887, auf die T. K. Oesterreich hingewiesen hat[18]: "Allmählich offenbarte sich der Teufel täglich mehr und mehr. Während er bisher nur stets einen gewissen schrillen Pfiff von sich gab durch den Mund des Gequälten, ging er die letzten Tage zu anderen Tönen über, die den Tönen verschiedener Tiere ähnlich waren. Bald krähte er wie ein Hahn, bald zischte er wie eine Schlange, bald miaute er wie eine Katze, gleich darauf rief er wie ein Kuckuck, nachher wieherte er wie ein Pferd."

Die beigebrachten Parallelen aus alter und neuer Zeit dürften deutlich gemacht haben, auf welche Vorstellungen Platon mit den Bemerkungen des Sokrates und Adeimantos gezielt hat.

17. A. Bastian, Der Mensch in der Geschichte 2 (Leipzig 1860) 151; mitgeteilt von Oesterreich a.O. 258.

18. Oesterreich a.O. 42 nach folgender Quelle: Anonym, Wahre Geschichte der Befreiung eines vom Teufel Besessenen (Übersetzt aus der Zeitschrift "Der Missionär", hrsg. von einer im Palazzo Moroni in Rom, Borgo Vecchio 165, unter Leitung des Pater Jordan befindlichen kathol. Lehrgesellschaft [2] [Aachen 1887] 8f.).

14. Kaiser Nero in einer christlichen Legende

Für Georg Pfligersdorffer zum 12. Juni 1976

Der Benediktiner Ranulph Higden (um 1299–1363/64) teilt unter anderem folgende Erzählung aus dem Leben des Kaisers Nero mit[1]:

Item Nero fecit sibi quoddam coelum aeneum altitudinis centum pedum minutis foraminibus pertusum, nonaginta columnis marmoreis supportatum; quod fecit aquam desuper infundi instar pluviae de coelo cadentis. fecit etiam de die lampadem ardentem per illud coelum trahi et ad occidentem instar solis occumbere; et fecit de nocte speculum gemmis ornatum instar lunae refulgere: sed haec omnia nutu divino ita repente confracta sunt, ut nec quidem minutiae eorum sunt(!) repertae. fecit etiam quadrigam super illud coelum trahi, ut quasi sonus tonitrui audiretur; sed Deus immisso vento valido quadrigam in flumen traiecit.

»Ebenso ließ sich Nero einen ehernen Himmel von hundert Fuß Höhe errichten, in den winzige Öffnungen gebohrt waren und den neunzig Marmorsäulen trugen[2]. Von oben ließ er Wasser ausgießen ganz wie Regen, der vom Himmel fällt. Er ließ auch am Tage eine brennende Leuchte über jenen Himmel ziehen und im Westen ganz wie die Sonne untergehen. Und er ließ in der Nacht einen mit Juwelen geschmückten Spiegel ganz nach der Art des Mondes widerstrahlen. Aber dies alles wurde durch göttlichen Wink[3] so plötzlich zerbrochen, daß nicht einmal Kleinigkeiten davon gefunden wurden. Nero ließ auch ein Viergespann über jenen Himmel ziehen, so daß man gleichsam den Klang des Donners hörte. Gott aber schickte einen mächtigen Wind und schleuderte das Viergespann in den Fluß[4]«.

Älter als dieser Bericht Higdens, den C. Pascal für diese Legende als einziges Zeugnis beibringt, ist die etwas ausführlichere Darstellung in den ungeschichtlichen Akten des hl. Torpes[5]. Wie in ihnen mitgeteilt wird, hat Nero im etruskischen Pisa am

[1] Ranulphus Higden, Polychronicon, hrsg. von J. R. Lumby = Rerum Britannicarum medii aevi scriptores 41,4 (London 1872) 396. Vgl. A. Schmitt, Art. Higden: LThK[2] 5 (1960) 333.

[2] Zu caelum als Teil des Gebäudes vgl. ThesLL 3,94, 80/4. Vgl. Apc. Bar. gr. 3,7, hrsg. von J.-C. Picard (Leiden 1967) 84: Ἴδωμεν ὀστράκινός ἐστιν ὁ οὐρανὸς ἢ χαλκοῦς ἢ σιδηροῦς; deutsche Übersetzung von W. Hage, Die griechische Baruch-Apokalypse = Jüdische Schriften aus hellenistisch-römischer Zeit 5,1 (1974) 24; ferner Lact. opif. 17,6: an si mihi quispiam dixerit aeneum esse caelum aut vitreum aut, ut Empedocles ait (VS 31 A 51), aerem glaciatum, statimne assentiar? – Die Zahlen 90 und 100 hatten im System der Pythagoreer große Bedeutung; vgl. W. H. Roscher, Die hippokratische Schrift von der Siebenzahl und ihr Verhältnis zum Altpythagoreismus = BerLeipzig 71,5 (1919) 52/6. Zur Wirkung beider Zahlen bei den Christen vgl. zB. Hieron. in Is. 18,65,20 (CCL 73A, 762) und Isid. lib. num. 10f (PL 83,190f).

[3] Vgl. W. Speyer, Bücherfunde in der Glaubenswerbung der Antike = Hypomnemata 24 (1970) Reg. s. v. nutus divinus.

[4] Auf die gleiche Weise soll Gott den Babylonischen Turm zerstört haben; vgl. Orac. Sib. 3,101/3 (GCS 8,53); Jub. 10,26; A. Borst, Der Turmbau von Babel 1/4 (1957/63) Reg. s. v. Winde.

[5] Vgl. C. Pascal, Nerone nella storia aneddotica e nella leggenda (Milano 1923) 69; nichts bietet zu unserer Frage J. Taylor, The universal chronicle of Ranulf Higden (Oxford 1966) 72/88: ›Classical and medieval sources in the Polychronicon‹. – Acta apocrypha S. Torpetis 1, hrsg. von D. Papebroch: ASS Maii 4[3], 7 B/C: et dum magna initia templorum essent, recogitans imperator (sc. Nero) cum suis dixit: credo quia possim et ego coelum facere in similitudinem coeli quod oritur super nos: et nullus inventus est qui praepediret sermonem eius. tunc fecit coelum aereum in pavimento columnarum marmorearum numero nonaginta: quod coelum iussit minutis foraminibus pertundi: et altitudo coeli pedes centum. et effusa a ministris aqua quasi pluvia cadens in terram, coepit Narzius huius loci servator clamare dicens: cognoscant omnes quia verum et inaestimabile est nomen Dianae ad cuius honorem Nero imperator istas virtutes ostendit. et sic mane iussit lampades fieri in factura solis et per coelum trahi, ut lucerent populo qui erat sub coelo, et venientes ad occasum extinguebantur. et iterum sero, hora undecima, fece-

Fluß Auser bei der sonst unbekannten Porta Latina einen Diana-Tempel errichten und eine kostbare Statue für die Göttin herstellen lassen[6]. Dort soll er dann auch den ehernen Himmel gebaut haben.

Wertlos hingegen ist ein drittes Zeugnis für diese Legende, die Akten des Bischofs Paulinus von Lucca, da diese von den Akten des Torpes abhängen und erst im 13. oder zu Anfang des 14. Jahrhunderts entstanden sind[7].

Als Anhaltspunkt für das Entstehen dieser Nero-Legende wurde in der Forschung auf Bemerkungen des Tacitus und Suetons hingewiesen[8]. Den Anlaß der Legende bilden aber nicht geschichtliche oder legendarische Nachrichten von Bauten Neros, etwa von seinem Goldenen Haus in Rom, sondern Überlieferungen über ein technisches Wunderwerk des Perserkönigs Chosroes II Parvez (590–627). Das Verdienst, in diesem Zusammenhang auf Chosroes hingewiesen zu haben, gebührt Daniel Papebroch (1628–1714), der freilich noch keine antike Quelle genannt hat[9]. Ein solches Zeugnis liegt in folgender auf Theophanes Confessor (um 765–817) zurückgehenden Schilderung des Georgios Kedrenos (11./12. Jh.) vor. Der byzantinische Kaiser Herakleios erfocht im Jahr 624 einen Sieg über Chosroes und gelangte zur Stadt Gandjak:

. . . καὶ εἰσελθὼν (sc. Ἡράκλειος) ἐν αὐτῇ εὗρε τὸ μυσαρὸν εἴδωλον τοῦ Χοσρόου, τό τε ἐκτύπωμα αὐτοῦ ἐν τῇ τοῦ παλατίου σφαιροειδεῖ στέγῃ ὡς ἐν οὐρανῷ καθήμενον καὶ περὶ τοῦτο ἥλιον καὶ σελήνην καὶ ἄστρα οἷς ὁ δεισιδαίμων ὡς θεοῖς ἐλάτρευε καὶ ἀγγέλους αὐτῷ σκηπτροφόρους περιέστησεν. Ἐκεῖθέν τε σταγόνας στάζειν ὡς ὑετοὺς καὶ ἤχους ὡς βροντὰς ἐξηχεῖσθαι ὁ θεομάχος ταῖς μηχαναῖς ἐπετεχνάσατο. Ταῦτα γοῦν πάντα πυρὶ ἀναλώσας . . .

»Als er dort (in den Palast von Gandjak) eintrat, fand er den scheußlichen Götzen (des Khosrō) und sein Bildnis, im kugelförmigen Dach des Palastes wie im Himmel thronend, und um es herum die Sonne, den Mond und die Sterne, welche der Götzendiener wie Götter anbetete, und seine szeptertragenden Boten hatte er rings aufgestellt. Dort hatte der Gottesfeind, Tropfen gleich Regen zu träufeln und Geräusche gleich Donner zu erzeugen, Maschinen herstellen lassen. Dies alles ließ Herakleios durch Feuer vernichten . . .«[10].

Ergänzt wird diese Nachricht des Georgios Kedrenos durch ein lateinisches Zeugnis der ›Exaltatio S. Crucis‹ in der hagiographischen Sammlung des Boninus Mombritius (um 1460)[11]. Hier werden außerdem noch das Viergespann des Sonnengottes und Bilder von Mond und Sternen erwähnt[12].

runt simile speculum, cum magnis gemmis refulgens, clarum nimis in factura lunae. et ante horam constitutam cecidit: et nec ipsa fragmenta inventa sunt. sic nocte iussit quadrigam per coelum trahi, quasi tonans. tunc misit Dominus ventum validum super eos: et quadrigam in fluvio mergi fecit, et transcapitatus est auriga et nusquam comparuit (vgl. ebd. c. 2 [7 D]). Zu den Akten vgl. die von G. D. Gordini, Art. Torpes: LThK² 10 (1965) 257 genannte Literatur.

[6] Zu den topographisch nicht sehr glaubwürdigen Acta Torpetis vgl. L. Banti, Art. Pisae: PW 20,2 (1950) 1761. 1771.

[7] Acta Paulini episc. 3 (ASS Iul. 3³, 256); vgl. W. Böhne, Art. Paulinus von Lucca: LThK² 8 (1963) 208.

[8] D. Papebroch aO. 8 D nennt Tac. ann. 15,42 und Suet. Ner. 31,2: in ceteris partibus (sc. domus aureae) cuncta auro lita, distincta gemmis unionumque conchis erant; cenationes laqueatae tabulis eburneis versatilibus, ut flores, fistulatis, ut unguenta desuper spargerentur; praecipua cenationum rotunda, quae perpetuo diebus ac noctibus vice mundi circumageretur . . . Vgl. auch Pascal aO. 69 und J. Pien: ASS Iul. 3³, 254 E/F.

[9] AO. 8 E.

[10] Georg. Cedren. hist. comp.: PG 121,789 B/C; vgl. E. Herzfeld, Der Thron des Khosrô: JbPreußKunstsamml 41 (1920) 1/24. 103/47, bes. 17/20. 146 und A. Christensen, L'Iran sous les Sassanides² (Kopenhagen 1944) 467/9.

[11] B. Mombritius, Sanctuarium seu vitae sanctorum, neu hrsg. von den Monachi Solesmenses 1 (Paris 1910 bzw. 1970) 379f; vgl. Herzfeld aO. 20_1. 23.

[12] Vgl. Marbach, Art. Sol: PW 3 A 1 (1927) 903. 905f. 912f (Darstellungen mit Viergespann); ferner Drac. laud. dei 2,15f: tu deus inspiras, ut sol

In Absicht und Inhalt stimmen die Erzählungen über Chosroes und Nero so sehr zusammen, daß eine gegenseitige Abhängigkeit sehr wahrscheinlich wird. Nach den Legenden haben beide Herrscher sich die Herrschaft über Sonne, Mond und Sterne sowie über den Regen und das Gewitter angemaßt, eine Herrschaft, die Gott allein vorbehalten ist. Während die Legende über Nero keinen Anhalt in der Überlieferung findet, konnte für die Erzählung über Chosroes ein geschichtlicher Kern gesichert werden. Wie nämlich E. Herzfeld nachgewiesen hat, beschreiben Georgios Kedrenos und die ›Exaltatio S. Crucis‹ in Wirklichkeit eine Kunstuhr im Schatzhaus des Chosroes II in Gandjak, über die einige persische Schriftsteller ausführlicher berichtet haben[13]. Die Christen haben die Mechanik der Kunstuhr wohl nicht verstanden und das technische Wunderwerk für ein gotteslästerliches Zauberwerk gehalten, das den Zorn Gottes und damit die Zerstörung nur zu sehr verdient habe. Diese Tendenzerzählung über die Uhr des Chosroes wurde durch eine Wiedergabe nach Art der ›Exaltatio S. Crucis‹ im römischen Westen bekannt und dürfte den Hagiographen der Torpes-Akten dazu angeregt haben, die Legende auf den christenfeindlichen Kaiser Nero zu übertragen, von dem ebenfalls technische Wunderwerke gerühmt wurden.

Inhaltlich sind die beiden Erzählungen durch antike Anschauungen über götterfeindliche Könige als Wetterzauberer geprägt. So sollen die der Sage angehörenden Könige Salmoneus und Amulius durch künstliche Mittel Gewitter hervorgerufen haben und vom Blitz des Zeus getroffen worden sein[14]. Die von Salmoneus angewendeten Praktiken gehören zur Magie. Nach magischem Denken beruht der Erfolg einer Zauberhandlung auf der Macht des sympathetisch wirkenden Rituals: Der nachgeahmte Blitz und Donner sollen den wirklichen Blitz und Donner verursachen[15]. In den Augen der gottesfürchtigen Griechen mußte Salmoneus für sein blasphemisches Tun von Zeus bestraft werden. Nach diesem antiken Vorstellungsmodell haben Christen die geschichtliche Überlieferung von der Kunstuhr des Chosroes umgeformt und zu einer heidenfeindlichen Legende gegen den Perserkönig und danach gegen Nero gestaltet: Die angeblichen Blendwerke Chosroes' und Neros wurden noch zu Lebzeiten der Herrscher, die sie schufen, zerstört. Die heidenfeindliche Stimmung der beiden Legenden ist das Eigentum der christlichen Verfasser, die Vorstellungen sind antik.

auriga vocetur: / non quia vectus equis est quattuor axe rotato, / sed quia praefectus sol quattuor est elementis; dazu F. Vollmer in seiner Ausgabe: MG AA 14, 68 und Reg. 410 s. v. sol und Herzfeld aO. 105/36: ›Der Typos des Sonnen- und Mondwagens in der sassanidischen Kunst‹.

[13] Vgl. o. Anm. 10.

[14] Zu Salmoneus s. Hesiod. frg. 30 Merkelbach-West und die Zeugnisse bei J. Ilberg, Art. Salmoneus: Roscher, Lex. 4,291/3; dazu Hieron. c. Rufin. 3,31 (PL 23,502 B) und Drac. laud. dei 3,237/9; zu Amulius s. Dion. Hal. ant. 1,71,3; vgl. ferner W. Fiedler, Antiker Wetterzauber = Würzb. Studien z. Altertumswiss. 1 (1931) 7f und O. Weinreich, Menekrates Zeus und Salmoneus = Tüb. Beitr. z. Altertumswiss. 18 (1933 bzw. 1968) 86/90 mit Einschränkungen gegenüber früheren Deutungen. Von Caligula berichtet Dio Cass. 59,28,6 (2,655 Boissevain): ταῖς τε βρονταῖς ἐκ μηχανῆς τινος ἀντεβρόντα καὶ ταῖς ἀστραπαῖς ἀντήστραπτε· καὶ ὁπότε κεραυνὸς καταπέσοι, λίθον ἀντηκόντιζεν, ἐπιλέγων ἐφ' ἑκάστῳ τὸ τοῦ 'Ομήρου ›ἤ μ' ἀνάειρ' ἢ ἐγὼ σέ‹. Dazu meint Fiedler aO. 11: »Die μηχανή, überhaupt das ganze Gebaren erinnert stark an Salmoneus«. In Wirklichkeit hat aber Caligula, dessen Angst vor Gewittern auch Suet. Calig. 51,1 bezeugt, nur ein apotropäisches Ritual angewendet; zu Caligula vgl. auch A. Esser, Cäsar und die julisch-claudischen Kaiser im biologisch-ärztlichen Blickfeld = Ianus Suppl. 1 (Leiden 1958) 52_{125}. 134. Ähnlich dürfte auch der Bericht Diodors 7,7 über Romulus Silvius zu deuten sein.

[15] In der thessalischen Stadt Krannon wurde auf solche Art Regen- und Donnerzauber vollführt; vgl. Ilberg aO. 293 und O. Stählin, Art. Krannon: PW 11,2 (1922) 1581, 43f.

15. Die leibliche Abstammung Jesu im Urteil der Schriftsteller der alten Kirche

Nicht wenige Stellen des Neuen Testaments bezeugen Jesus als Nachkommen König Davids, aber nur zwei Texte versuchen genauer zu beantworten, wie Jesus mit David verwandt ist und warum gerade Jesus als der verheissene Messias aus dem Stamme Davids zu gelten habe: Mt. 1, 1-17 und Lc. 3, 23-38 [1]. Erstaunlich ist nur, dass die beiden Genealogien weder in der Anzahl der genannten Ahnen Jesu noch in den Namen übereinstimmen. Auf diese Widersprüche haben bereits antike Gegner des Christentums wie Porphyrios, Kaiser Julian und der Manichäer Faustus von Mileve nachdrücklich aufmerksam gemacht [2]. Aber auch die Gläubigen fühlten sich durch die gegensätzlichen Angaben beunruhigt [3]. So entstand in der alten Kirche zu dem Thema der beiden Geschlechtsregister Jesu eine reiche exegetische und apologetische Literatur, auf deren Fülle Augustinus mit den Worten hinweist: *itane tam apertam manifestamque diversitatem tot acuti et docti viri... non viderent? qui quidem in latina lingua perpauci sunt, eos autem in graeca quis numeret?* [4].

Bisher fehlte in der patristischen Forschung ein Überblick über die hierher gehörenden selbständigen Abhandlungen und die wichtigsten Textstellen [5]. Von der einst vorhan-

1 Vgl. W. Speyer, 'Genealogie', *Reallex. f. Ant. u. Christ.* 9 (1976) 1145-1268, bes. 1223-32.

2 Vgl. Speyer *a. O.* 1241-3.

3 Vgl. Orig. *C. Cels.* 2, 32; *In Lc. hom.* 28 (GCS 49, 161); Euseb., *Hist. eccl.* 1, 7, 1.

4 *C. Faust. Man.* 3, 2 (*CSEL* 25, 1, 263). Vgl. ferner Niceph. Call. *Hist. eccl.* 1, 11 (*PG* 145, 661 C-D).

5 Als Vorarbeiten wurden dankbar benutzt: P. Vogt, *Der Stammbaum Christi bei den hl. Evangelisten Matthäus und Lukas = Biblische Studien*

denen Literatur sind nur noch Reste übriggeblieben, die zwar beträchtlich sind, aber doch nur ein unvollkommenes Bild vom ehemaligen reichen Bestand geben können. So ist mancher Kommentar zu Matthäus und Lukas untergegangen. In vielen dieser exegetischen Werke und in den verschollenen Apologien gegen die Einwände des Porphyrios wird das Problem der Stammbäume Jesu ausführlicher besprochen worden sein [6]. Bei anderen Schriften, von denen nur noch die Titel bekannt sind, bleibt es hingegen manchmal ungewiss, ob sie tatsächlich über die Genalogien Jesu gehandelt haben. So ist beispielsweise von Melito ein Buch mit der Überschrift Περὶ πίστεως καὶ γενέσεως Χριστοῦ bekannt [7]. Aus dem Vergleich mit der noch vorhandenen Abhandlung des Basilius *In Christi generationem* ergibt sich aber, dass Melito wahrscheinlich doch nicht über die Geschlechtsregister Jesu geschrieben hat [8].

1. *Die Ahnen Jesu mütterlicherseits.*

Verhältnismässig wenige Schriftsteller der alten Kirche haben angenommen, dass Matthäus das Geschlechtsregister Josephs und Lukas das Geschlechtsregister Marias und zwar deren Ahnen väterlicherseits aufgezeichnet hat. Das Fragment eines fälschlich Hilarius von Poitiers zugewiesenen Matthäus-Kommentars, das von «vielen» spricht, die dieser Meinung seien, gehört doch wohl erst dem 13. Jahrhundert an [9]. Der erste, der nach unserer Kenntnis die Vor-

---

12, 3 (Freiburg 1907) 1-73; H. Smith, *Ante-Nicene Exegesis of the Gospels* 1 (London 1925) 201-18; H. Merkel, *Die Widersprüche zwischen den Evangelien. Ihre polemische und apologetische Behandlung in der Alten Kirche bis zu Augustin = Wiss. Untersuchungen zum Neuen Testament* 13 (Tübingen 1971) 292 Reg. s.v. Mt. 1, 1-16; Lc. 3, 23ff.

6 Vgl. J. Reuss, *Matthäus-Kommentare aus der griechischen Kirche aus Katenenhandschriften gesammelt und herausgegeben = Texte u. Unters.* 61 (Berlin 1957) und O. Gigon, *Die antike Kultur und das Christentum* (Gütersloh 1967) 118-22 (zu Porphyrios).

7 Von Euseb. *Hist. eccl.* 4, 26, 2 erwähnt.

8 *PG* 31, 1457-76; vgl. *Clavis Patrum Graecorum* 2 nr. 2913. Auch die von Hieron. *In Mt. praef.*: *CCL* 77, 5 genannten nicht mehr vorhandenen Schriften sind in ihrem Inhalt nur schwer zu erkennen (vgl. G. Bardy, 'La littérature patristique des *Quaestiones et responsiones* sur l'Écriture sainte', *RevBibl* 41, 1932, 232f. Anm. 5).

9 *Tractatus s. Hilarii episc.* c. 1-7, hrsg. von A. Mai, *Nova Patrum biblio-*

stellung vertritt, Lukas nenne die Ahnen Marias, ist der Apologet Justinus. Er begründet seine Meinung mit dem Satz: «Denn wir wissen, dass die Erzeuger von Töchtern auch die Väter der Kinder sind, die von diesen Töchtern geboren werden», das heisst wohl: Heli ist der Vater Marias und der Grossvater Jesu [10]. Im lateinischen Westen sieht der am Anfang des 5. Jahrhunderts in Nordafrika entstandene Liber genealogus in der Genealogie bei Lukas den Stammbaum Marias [11]. Kaum aber dürfte der Ambrosiaster das Geschlechtsregister bei Lukas für den Stammbaum Jesu mütterlicherseits gehalten haben, wie P. Vogt will [12]. Zwar lässt der Ambrosiaster wie noch vereinzelte neuere Exegeten die bei Lc. 3, 23-38 im Genitiv stehenden Namen des Geschlechtsregisters vom Nominativ 'Jesus' statt vom Genitiv 'Joseph' abhängen, also: «Jesus, ... ein Nachkomme Helis, ... ein Nachkomme Adams, ein Nachkomme Gottes» [13]. Damit scheint Jesus zunächst zu einem leiblichen Nachkommen Helis zu werden. Wie der Ambrosiaster aber weiter bemerkt, kommt Heli aus demselben Stamm wie Joseph, denn beide hätten David zum gemeinsamen Stammvater —Mt. 1, 1-16 gibt die Genealogie des Davidssprosses Joseph an—, beide gehörten derselben Generation an und seien Brüder. Jesus stehe auf dieselbe Weise im Verhältnis eines Sohnes zu Heli wie zu Joseph. Diesen letzten Satz hätte der Ambrosiaster jedoch schwerlich geschrieben, wenn er Heli für den leiblichen Grossvater

---

theca **1 (Romae 1852) 477-81; vgl. J. H. Reinkens,** *Hilarius v. Poitiers* (Schaffhausen 1864) 276-9 und *Clavis Patrum Latinorum*2 zu nr. 472.

10 *Dial.* 100; vgl. apol. 1, 32, 14 und W. Bauer, *Das Leben Jesu im Zeitalter der neutestamentlichen Apokryphen* (Tübingen 1909, Nachdruck Darmstadt 1967) 27f. Im Jerusalemer Talmud wird einmal eine Mirjam «Tochter des Heli» genannt: pḤagigah 2, 77 d, 50; vgl. aber H. L. Strack - P. Billerbeck, *Kommentar zum Neuen Testament aus Talmud und Midrasch* 2³ (München 1924, Nachdruck ebd. 1961) 155.

11 *Mon. Germ. Auct. Ant.* 9, 186. 193f.

12 *Ambrosiaster* (=*PsAug.*) *quaest. et respons.* 56 (*CSEL* 50, 101-3); vgl. Vogt *a. O.* 111-4.

13 *Quaest. et respons.* 56, 4 (103); vgl. Lc. 3, 23: καὶ αὐτὸς ἦν Ἰησοῦς ἀρχόμενος ὡσεὶ ἐτῶν τριάκοντα, ὢν υἱός, ὡς ἐνομίζετο, Ἰωσὴφ τοῦ Ἡλεὶ...; vgl. J. M. Pfättisch, 'Der Stammbaum Christi beim hl. Lukas', *Der Katholik* 88 (1908) 269-76 und J. M. Heer, *Die Stammbäume Jesu nach Matthäus und Lukas* = *Biblische Studien* 15, 1-2 (Freiburg 1910) 82-96.

Jesu, den Vater Marias, gehalten hätte. Er will vielmehr zeigen, dass Jesus in beiden Genalogien als der Sohn Gottes erscheint und dass beide Stammbäume nicht seine leibliche Abkunft angeben [14].

Andere Christen glaubten hingegen, die Genealogie bei Matthäus gebe den Stammbaum Marias an [15]. Aufgrund von Lc. 1, 27 nahmen sie an, Maria entstamme dem Geschlecht Davids; die Apposition ἐξ οἴκου Δαυίδ ist aber auf den unmittelbar zuvor genannten Joseph zu beziehen [16]. Nach einigen Handschriften des Lukas-Evangeliums, vor allem syrischen, lautet der Text bei Lc. 2, 4, als ob Joseph und Maria dem Hause Davids angehörten [17]. In der alten Kirche galt Maria jedenfalls allgemein als Nachkomme Davids [18]. Andererseits haben einzelne Christen der Grosskirche und Häretiker Maria für eine Levitin gehalten. Ausgangspunkt und Grundlage war wohl Lc. 1, 36, wo Elisabeth, die bei Lc. 1, 5 eine der Töchter Aarons heisst, «Verwandte Marias» genannt wird. Neben anderen bestritten Origenes und Ephraem derartige Deutungen [19]. Auch der Manichäer Faustus von Mileve nannte Maria eine Levitin [20].

---

14 *Quaest. et respons.* 56, 3 (*CSEL* 50, 103): «Super Adam autem iungit (sc. Lucas) Christum patri deo, ut qui horum, id est ab Adam usque ad Josef et Heli, filius dicebatur, ante istos omnes dei verus filius intellegeretur...»; vgl. Merkel *a. O.* (s. o. Anm. 5) 154f.

15 Tert. *Carn. Chr.* 20, 2 (*CCL* 2, 909); Vict. Poetov. *In Apc.* 4, 4 (*PL Suppl.* 1, 122), der damit zugleich auf den 'Menschen' als Symbolgestalt des Matthäus-Evangeliums hinweist (vgl. U. Nilgen, Art. 'Evangelisten', *Lex. der christl. Ikonographie* 1, Freiburg 1968, 696f). Dionys. bar Ṣal. *In Mt.* 1 (*CSCO Script. Syr.* 16, 36, 29-31) spricht von 'aliqui', die dieser Meinung seien.

16 Vgl. Bauer *a. O.* (s. o. Anm. 10) 9.

17 Vgl. den textkritischen Apparat der Ausgabe des Neuen Testaments von H. J. Vogels, 1³ (Freiburg 1949) 182 zur Stelle; ferner Aphrah. *Hom.* 23, aus dem Syrischen übersetzt und erläutert von G. Bert = *Texte u. Unters.* 3, 3-4 (Leipzig 1888) 388f.

18 Ausser den bei Bauer *a. O.* 13-5 Genannten vgl. z. B. Iren. *Demonstr.* 36. 40. 59 (*Sourc. Chrét.* 62, 89f. 95, 124); Cyrill. Hierosol. *Cat. ill.* 12, 23f (2, 32-4 Reischl-Rupp); *Ambrosiaster, quaest. et respons.* 86 (*CSEL* 50, 147) mit Hinweis auf Lc. 1, 32f; Quodvultd. *Prom.* 1, 26 (*Sourc. Chrét.* 101, 212).

19 Origen. *In Rom.* 1, 5 (*PG* 14, 851A); Ephraem *In Ev. conc. vers. armen.* 17-9 (*CSCO Script. Arm.* 2, 12-4); vgl. auch Euseb. *Quaest. evang. Steph.* suppl. 14 (*PG* 22, 973); Hrab. Maur. *In Iud.* 2, 14 (*PL* 108, 1176 B-C).

20 Bei Aug. *C. Faust. Man.* 23, 4 (*CSEL* 25, 1, 709f).

Augustinus beruft sich bei seiner Widerlegung auf das Zeugnis des Evangeliums [21].

Da keine Schrift des Neuen Testaments einen Stammbaum Marias überliefert, fühlte man sich mit der Zeit dazu veranlasst, dieses Schweigen zu erklären. Einmal wies man darauf hin, dass die Heilige Schrift gewöhnlich nicht die Genealogie von Frauen angebe [22]. Dieses Argument war schwach, wie ein Blick in das Alte Testament hätte lehren können [23]. Sodann verfiel man auf die Erklärung, mit dem Stammbaum Joseph sei zugleich auch die Genealogie Marias gegeben, weil es nach dem Gesetz des Moses verboten gewesen sei, ausserhalb des jeweiligen Stammes zu heiraten. Joseph und Maria müssten also demselben Stamm angehören [24]. Andere versuchten, durch eine genealogische Erfindung die Lücke der Überlieferung zu schliessen. Den Anfang damit hat wohl das sogenannte Protevangelium Jacobi gemacht. Hier heissen die Eltern Marias Joachim und Anna [25]. Der Manichäer Faustus von Mileve behauptete, Joachim sei ein Priester aus dem Stamm Levi gewesen. Augustinus wandte dagegen ein, Faustus habe diese Angabe aus einer apokryphen, also ungeschichtlichen, Schrift

---

21 Ebd. 23, 5-10, bes. 9 (710-7); vgl. Bauer *a. O.* 10-2. 16. Vgl. ferner die gnostische Schrift Γέννα Μαρίας, von der Epiphan. *Haer.* 26, 12, 1 (*GCS* 25, 290f) berichtet.

22 Z. B. Origen. *In Lc. frg.* 73 (*GCS* 49, 258); *In Mt.* 1, 16 *frg.* 10 (*GCS* 41, 19); Euseb. *Quaest. evang. Steph.* 1, 7 (*PG* 22, 888 D); Joh. Chrys. *In Mt. hom.* 1, 6; 2, 4 (*PG* 57, 21. 28); Andr. Cret. *Hom. 3 in nativ. Mar.*: *PG* 97, 852C. 856f.; Ambr. *In Lc.* 3, 3 (*CCL* 14, 76); Hieron. *In Mt.* 1 (*CCL* 77, 10); Aug. *Quaest. in hept.* 5, 46 (*CCL* 33, 302); Eucher. *Instr.* 1 (*CSEL* 31, 1, 106); Pasch. Radb. *In Mt.* 1, 1 (*PL* 120, 78 C). Grundlage für diese Annahme war Num. 36, 6-10; vgl. Andr. Cret. *a. O.* (856 B-C).

23 Z. B. *Judt.* 8, 1.

24 Vgl. z. B. Euseb. *Quaest. evang. Steph.* 1, 7 (*PG* 22, 888f.); Joh. Chrys. *In Mt.* 2, 4 (*PG* 57, 28); Andr. Cret. *Hom. 3 in nativ. Mar.*: *PG* 97, 852f.; Joh. Damasc. *Expos. fid.* 87 (198f. Kotter); Hilar. *In Mt.* 1, 1 (*PL* 9, 919); Ambros. *In Lc.* 3, 3 (*CCL* 14, 77); Hieron. *In Mt.* 1 (*CCL* 77, 10); Eucher. *Instr.* 1 (*CSEL* 31, 1, 106); PsTheoph. *In IV Evang.* 1 (*PL Suppl.* 3, 1284); Pasch. Radb. *In Mt.* 1, 1 (*PL* 120, 78f.).

25 Hrsg. von E. de Strycker, *La forme la plus ancienne du Protévangile de Jacques = Subsidia hagiographica* 33 (Bruxelles 1961); vgl. die lateinischen Bearbeitungen: *EvPsMt.* 1, 1; 2, 1; *Ev. de nativ. Mariae* 1, 1 (184. 186. 245 de Santos Otero); PsEustath. *In hex.*: *PG* 18, 772 C; Phot. *In nat. Mar.*: *PG* 102, 549 C. 552 B. 560 C und andere Byzantiner; vgl. Vogt *a. O.* (s. a. Anm. 5) 103.

geschöpft[26]. Nach einer anderen, ebenfalls legendären Überlieferung, die wohl von Joh. 19, 25 ihren Ausgang genommen hat, hiess der Vater Marias Klopas oder Kleophas[27]. Die im 5./6. Jahrhundert von einem Nestorianer überarbeitete 'Schatzhöhle', die wohl um 350 n.Chr. aus älteren Quellen geschaffen wurde, mischt die beiden Genealogien des Matthäus und Lukas miteinander und behauptet, der Vater Marias namens Jonakir und der Vater Josephs mit Namen Jakob seien Brüder gewesen, Kinder des Matthan[28]. Hier heisst die Mutter Marias «Dina, Tochter Pachods», wobei der Name «Dina» mit «Anna» gleichgesetzt wird[29]. In 63 Generation —genannt werden 65 Namen— wird der Stammbaum von Adam über Set und die königliche Linie Davids bis zu Maria und Jesus geführt[30].

Im ausgehenden Altertum war man bestrebt, die Genealogie der Eltern Jesu und der Eltern des Johannes des Täufers miteinander zu verknüpfen, wobei die angebliche erste Ehefrau Josephs, Salome, und die Kinder dieser ersten Ehe mitberücksichtigt werden[31]. Hierfür zeugen besonders Hippolytos von Theben sowie Texte unter seinem Namen oder aus seinem Umkreis[32]. Der Levit Matthan wird von Hippolytos als Grossvater Marias mütterlicherseits genannt. Die Genealogie der Gottesmutter bei PsHippolytos von Theben stimmt im wesentlichen mit der bei

26 Aug. C. *Faust. Man.* 23, 4.9 (*CSEL* 25, 1, 709f.-714f.); vgl. B. Altaner, *Kleine patristische Schriften = Texte u. Unters.* 83 (Berlin 1967) 204f.

27 Vgl. Bauer *a. O.* (s. o. Anm. 10) 8f.; J. Blinzler, *Die Brüder und Schwestern Jesu = Stuttgarter Bibelstudien* 21 (Stuttgart 1967) 111-8.

28 43, 23-5; 44, 45-8 (993. 996 Riessler). Vgl. A. Götze, *Die Schatzhöhle. Überlieferung und Quellen = Sitz. Ber. Akad. Heidelberg, Phil.-hist. Klasse* (1922) Nr. 4.

29 43, 25; 44, 47 (993. 996 Riessler).

30 44, 20-47 (995f. Riessler). In der Übersetzung von Riessler fehlt 44, 31 die Generation des Nahor; vgl. C. Bezold, *Die Schatzhöhle.* Syrisch und deutsch 1 (Leipzig 1883) 54. Quelle war wohl Aphrahat (s. S. 533). Nach der arabischen Fassung der 'Schatzhöhle' soll Maria durch ihren Vater dem Stamm Juda und durch ihre Mutter dem Stamm Levi angehören (vgl. Götze *a. O.* 68. 72f.).

31 Vgl. Blinzler *a. O.*

32 Vgl. F. Diekamp, *Hippolytos von Theben. Texte und Untersuchungen* (Münster 1898) 7-10. 31f. 123-30; ebd. 41f. 145-51 zum *Hypomnestikon des PsJosephus* c. 136 (vgl. *Bibl. Hagiogr. Gr.* 3, 125 nr. 1046 n).

Johannes von Damaskus überein [33]. Verbindungen zum Geschlechtsregister der 'Schatzhöhle' scheinen ebenfalls zu bestehen [34]. Auch nach Johannes von Damaskus kommt Maria aus der Linie des Davidssohns Nathan: Einer der Nachkommen Nathans namens Levi zeugte Melchi [35] und Panther [36], dieser den Barpanther, dieser den Jojakim und dieser die Gottesmutter. Der Bruder des Panther, Melchi, heiratete die Frau des Matthan, der aus der königlichen Linie Davids stammte (Mt. 1, 15), und zeugte Heli. Aus der früheren Ehe Matthans stammte Jakob. Heli starb kinderlos. Jakob zeugte mit der Frau seines Halbbruders den Joseph. Das Gleiche berichtet auch der Mönch Epiphanios, der als Zeugen seiner Angaben Cyrill von Alexandrien nennt [37]. Etwas abweichend lautet die Genealogie Marias bei Andreas von Kreta, Jakob von Edessa und Dionysius bar Ṣalībī [38].

Nachforschungen über den Stammbaum Marias müssen auch im lateinischen Westen während des Frühmittelalters eifrig betrieben worden sein, da sonst nicht Petrus Damiani (1007-1072) gegen sie einzuschreiten für notwendig gefunden hätte [39]. Verworren und wertlos sind die Mitteilungen des als Fälscher von Quellenschriften bekannten Annius von Viterbo (um 1432-1502). Er zitiert eine angebliche

---

33 Vgl. PsHippol. Theb. 18b (50f. Diekamp) und Joh. Damasc. *Expos. fid.* 87 (198-200 Kotter).

34 Vgl. auch Götze *a. O.* 67.

35 Dafür schreibt PsHippol. Theb. *a. O.*: Manasse.

36 Schon Epiphan. *Haer.* 78, 7, 5 (*GCS* 37, 457) bemerkt, dass Jakob, der Vater Josephs (Mt. 1, 15f.) und des Kleophas, den Beinamen Panther geführt habe; vgl. auch R. Eisler, ΙΗΣΟΥΣ ΒΑΣΙΛΕΥΣ ΟΥ ΒΑΣΙΛΕΥΣΑΣ 1 (Heidelberg). 1929) 471-3 und die jüdische Überlieferung über Jesus, den Sohn des Soldaten Pandera; dazu H. L. Strack, *Jesus, die Häretiker und die Christen nach den ältesten jüdischen Angaben* (Leipzig 1910) 9*/14*. 17*. 21*; M. Lambertz, 'Die Toledoth in Mt. 1, 1-17 und Lc. 3, 23b ff.', *Festschrift F. Dornseiff* (Leipzig 1953) 209f. und Speyer *a. O.* (s. o. Anm. 1) 1238f.

37 Vit. *Deipar.* 1f. (*PG* 120, 188f.). Wahrscheinlich hat er Johannes von Damaskus a. O. ausgeschrieben; bei Cyrill von Alexandrien ist nichts Vergleichbares überliefert; vgl. J. A. Mingarelli zu Epiphanius *a. O.* Methodisch hängt die von diesen Autoren vorgetragene Theorie von der bekannten Hypothese des Julius Africanus ab (dazu s. S. 531-32).

38 Andr. Cret. *Hom. 6 in circumc. dom.*: *PG* 97, 916 B-C und Dionys. bar Ṣal. *In Mt.* 1 (*CSCO Script. Syr.* 16, 37f.), der auf Jakob von Edessa hinweist.

39 *Sermo 46 in nativ. Mar.*: *PL* 144, 754f.

Schrift des Hieronymus *De ortu beatae virginis,* der zufolge Heli auch den Namen Jojakim getragen habe und zugleich des leibliche Vater Marias wie der gesetzliche Josephs gewesen sei [40].

2. *Die Ahnen Josephs, des Adoptivvaters Jesu.*

Die meisten Kirchenschriftsteller im Osten wie im Westen nahmen an, dass Matthäus und Lukas das Geschlechtsregister Josephs mitteilen; für alle aber stand fest, dass Joseph nicht der leibliche, sondern nur der gesetzliche Vater Jesu war. Dann ergab sich freilich die Schwierigkeit, wie die beiden voneinander abweichenden Verzeichnisse der Ahnen Josephs miteinander auszugleichen sind; denn dass beide Genealogien als geschichtliche Urkunden zu gelten hätten, daran zweifelte kein Christ der alten Kirche.

a) Erklärungen der griechischen und syrischen Kirchenschriftsteller.

Den ersten Versuch eines Ausgleichs zwischen den beiden Genealogien unternahm der Syro - Palästinenser Julius Africanus in einer scharfsinnigen Abhandlung, im Brief an Aristides, der noch fast vollständig erhalten ist [41]. Von allen Deutungen der widersprüchlichen Ahnenverzeichnisse war diesem Brief im Osten wie im Westen wohl die grösste Nachwirkung beschieden [42]. Julius Africanus setzt sich mit älteren, von ihm nicht mit Namen genannten Exegeten

---

40 *Antiquitatum variarum* lib. 14 (Roma 1515) fol. 101_2; zu Annius vgl. W. Speyer, *Die literarische Fälschung im heidnischen und christlichen Altertum = Handb. d. Altertumswiss.* 1, 2 (München 1971) 319f.

41 Zu Julius Africanus vgl. *Prosopographia Imperii Romani* I nr. 124. Seine *Epistula ad Aristidem* ist überliefert von Euseb. *Quaest. evang. Steph.* suppl. 8 (*PG* 22, 965f.); *Hist. eccl.* 1, 7 und in *Katenen zu den Evangelien;* Ausgabe von W. Reichardt = *Texte u. Unters.* 34, 3 (Leipzig 1909) 1-62; vgl. Vogt *a. O.* (s. o. Anm. 5) 1-34 und O. Bardenhewer, *Geschichte der altkirchlichen Literatur* 2^2 (Freiburg 1914, Nachdruck Darmstadt 1962) 269f.

42 Exzerpte bei Andr. Cret. *Hom. 3 in nativ. Mar.* (*PG* 97, 849-52) und Niceph. Call. *Hist. eccl.* 1, 11 (*PG* 145, 661-5). Ins Lateinische übersetzt von Rufin. *Hist. eccl.* 1, 7 (*GCS* 9, 55. 57); Beda *In Lc.* 1, 2694-727 (*CCL* 120, 87f.); Hrab. Maur. *In Mt.*: *PL* 107, 735f. Syrische Exzerpte bei Dionys. bar Ṣal. *In Mt.* 1 (*CSCO Script. Syr.* 16, 37. 44). Vgl. ferner Hieron. *Vir. ill.* 63; Aug. *Retr.* 2, 7, 2 (*CSEL* 36, 139f.); Phot. *Bibl.* 34 (1, 20 Henry).

auseinander, die in der Genealogie bei Matthäus die königliche Abkunft Jesu und in der Genealogie bei Lukas die priesterliche Abstammung ausgedrückt sehen wollten [43]. Möglicherweise dachte er dabei an eine Bemerkung des Irenaeus oder auch an Hippolytos, der unter dem bei Mt. 1, 11f. genannten Jechonias den Sohn Susannas, der Tochter des Priesters Chelkias aus dem Stamm Levi, und des Jojakim, nicht aber den gottlosen davidischen König versteht [44]. Die von Julius Africanus bestrittene Auffassung haben in späterer Zeit noch Gregor von Nazianz und zahlreiche Kirchenväter des Westens, wie Hilarius, Ambrosius, Augustinus, Eucherius von Lyon, Beda und Hrabanus Maurus, vertreten [45]. Zum Beweis für seine neuartige Erklärung weist Julius Africanus unter anderem auf mündliche Mitteilungen von Verwandten Jesu, den sogenannten δεσπόσυνοι, hin: Beide Ahnenverzeichnisse bezögen sich auf Joseph, den Davidsspross und Adoptivvater Jesu. Wenn der Vater Josephs bei Mt. 1, 16 Jakob und bei Lc. 3, 23 Heli heisst und auch die übrigen Ahnen in beiden Stammbäumen verschiedene Namen tragen, so lasse sich dieser Widerspruch folgendermassen auflösen: Jakob ist der natürliche, Heli der gesetzliche Vater Josephs. Jakob und Heli waren Halbbrüder, Söhne einer Mutter namens Esthan. Heli starb kinderlos. Nach dem jüdischen Gesetz der Leviratsehe heiratete Jakob die Frau Helis und zeugte für den verstorbenen Bruder den Sohn Joseph [46]. Dieser war nach der natürlichen Ordnung ein Sohn Jakobs, nach der gesetzlichen aber ein Sohn Helis. Auch dieser scharfsinnige Lösungsvorschlag blieb bei vielen Kirchenschriftstellern nicht unwidersprochen [47].

Wie Julius Africanus an anderer Stelle darlegt, hat Mt. 1, 8 absichtlich und nicht etwa aus Versehen die drei im

43 Vgl. Vogt *a. O.* (s. o. Anm. 5) 2-7.

44 Vgl. Iren. frg. 17 (2, 487 Harvey); Hippol. *In Dan.* 1, 12 (*GCS* 1, 20f.).

45 Die Nachweise bietet Vogt *a. O.* 35-41. Vgl. ferner PsTheoph. *In IV evang.* 1 (*PL Suppl.* 3, 1284).

46 *Dtn.* 25, 5-10; vgl. G. Ziener, Art. 'Leviratsehe': *Lex. Theol. Kirche*[2] 6 (1961) 995f.

47 Vogt *a. O.* 41-71 zählt die Verteidiger und Gegner dieser Hypothese bis in 13. Jahrhundert auf.

Alten Testament bezeugten davidischen Könige Ahasja, Joas und Amazja zwischen Joram und Usijja ausgelassen und zwar wegen ihrer Gottlosigkeit [48]. Diese Schwierigkeit versuchten auch andere Kirchenschriftsteller zu lösen [49]. Nicht viel geringere Mühe bereitete die Frage, wie es zu erklären sei, dass Mt. 1, 17 auch in der von ihm angenommenen dritten Periode von 14 Generationen spreche, obwohl er | zuvor (1, 12/6) nur 13 Namen genannt habe. Julius Africanus vermutet, der Evangelist habe die Zeit der Kriegsgefangenschaft und Jesus selbst je als eine Generation gezählt und sei so zu der Zahl von 14 Generationen gelangt [50]. Andere führte der Vergleich mit 2 Reg. 23 und 2 Chron. 36 zu der Annahme, Matthäus habe ursprünglich geschrieben: «Josias zeugte den Jojakim, Jojakim den Jechonias» und den Irrtum hätten die ähnlich klingenden Namen verschuldet [51]. Namentlich nicht genannte Erklärer bei Dionysius bar Ṣalībi rechneten damit, dass Matthäus Jojakim aus theologischer Überlegung übergangen habe. Diese Vermutung lehnt Dionysius aber ab [52].

M. D. Johnson hat im Jahr 1969 ein anonym überliefertes griechisches Fragment über die Genealogie Jesu herausgegeben [53]. Überliefert ist es in der bekannten Jerusalemer

48 Im 5. Buch der *Chronik*, zitiert in einem Fragment des Johannes Chrysostomos: J. A. Cramer, *Catenae Graecorum patrum in Novum Testamentum* 1 (Oxford 1840, Nachdruck Hildesheim 1967) 9 und bei Dionys. bar Ṣal. *In Mt.* 1 (*CSCO Script. Syr.* 16, 29).

49 Zu Eusebius s. S. 533; vgl. ferner John. Chrys. *In Mt. hom.* 1, 6; 4, 1 (*PG* 57, 21. 39) und in einer Katene bei Cramer *a. O.* 1, 8f. Dionys. bar Ṣal. *In Mt.* 1 (29-31) nennt verschiedene Lösungsvorschläge von Severus v. Antiochien, *Origenes* (s. S. 532-3), dem Araberbischof Georgius (s. S. 535) und anderen anonymen Erklärern für die Auslassung der drei Könige; vgl. ferner Hilar. *In Mt.* 1, 2 (*PL* 9, 920f.); Ambros. *In Lc.* 3, 45 (*CCL* 14, 100f.); PsAmbros. *Conc. Mt. et Lc.*: *PL* 17, 1103 A-B; Th. Zahn, *Das Evangelium des Matthäus*⁴ (Leipzig 1922) 51-9.

50 Zitiert in einem Fragment des Johannes Chrysostomos bei Cramer *a. O.* (s. o. Anm. 48); vgl. Joh. Chrys. *In Mt. hom.* 4, 1 (*PG* 57, 39f.); Georgius der Araberbischof bei Dionys. bar Ṣal. *In Mt.* 1, (40).

51 Georgius der Araberbischof bei Dionys. bar Ṣal. *In Mt.* 1 (31); vgl. Hippol. *In Dan.* 1, 12, 6-8 (*GCS* 1, 20f.); Epiphan. *Haer.* 8, 8, 2-4 (*GCS* 25, 194f.); Hieron. *In Dan.* 1, 1 (*CCL* 75A, 777); *In Mt.* 1 (*CCL* 77, 9); Vict. Cap. frg.: *PL Suppl.* 4, 1197; PsAmbros. *De concord. Mt. et Lc.*: *PL* 17, 1103.

52 *In Mt.* 1 (31).

53 M. D. Johnson, *The Purpose of the Biblical Genealogies* (Cambridge 1969) 273-5.

Handschrift vom Jahr 1056, die vor allem die Didache enthält[54]. Entgegen der Auffassung von Johnson dürfte dieses Fragment über die Genealogie Jesu aber nicht älter, sondern jünger als der Brief des Julius Africanus an Aristides sein und von diesem Schreiben und vielleicht auch von Eusebius abhängen[55].

Origenes, der mit Julius Africanus im Briefwechsel stand, hat den beiden Ahnenverzeichnissen Jesu eine Predigt gewidmet[56]. Dabei erörterte er die Schwierigkeit, weshalb Matthäus Frauen und sogar Sünderinnen mitaufgezählt habe[57]. Als Kenner der Literatur achtete Origenes auch auf stilistische Unterschiede zwischen den beiden Stamm- | bäumen[58]. Von seiner Erklärung des Stammbaums bei Matthäus sind aber nur wenige Fragmente erhalten geblieben[59]. Wie er meint, hat Matthäus mit Absicht die drei Könige in der zweiten von ihm angenommenen Periode übergangen, um so das von ihm zugrundegelegte Schema der 14 Generationen durchzuhalten[60].

Hippolytos zählt 60 Ahnen Jesu auf, wobei er das Verzeichnis bei Matthäus mit dem bei Lukas gemischt hat. Er kommt zu dieser Anzahl durch die «60 Starken» des Hohenlieds 3, 7[61]. Aphrahat gibt 63 Geschlechter von Adam bis Christus an[62].

Die Summen der aufgezählten Ahnen Jesu bei Matthäus und Lukas haben verschiedene Deutungen veran-

---

54 Erstmals hrsg. von Ph. Bryennios (Konstantinopel (1883) *148f.

55 Vgl. auch die o. Anm. 22 genannten Stellen aus Origenes, Eusebios und Johannes Chrysostomos.

56 *In Lc. hom.* 28 (*GCS* 49, 161-4); vgl. ebd. *Hom.* 17 (100f.).

57 Zu dieser Frage vgl. auch Euseb. *Quaest. evang. Steph.* 7-9 (*PG* 22, 905-17); Joh. Chrys. *In Mt. hom.* 1, 6; 3, 2-4 (*PG* 57, 21. 33-6); Ambros. *In Lc.* 3, 17-23. 30-9 (*CCL* 14, 84-8. 91-7); Hieron. *In Mt.* 1 (*CCL* 77, 7f.); Eutrop. *Simil. carn. pecc.*: *PL Suppl.* 1, 541f.

58 *In Lc. hom.* 28 (163).

59 *In Mt.* frg. 2-8 (*GCS* 41, 13-9).

60 Überliefert von Dionys. bar Ṣal. *In Mt.* 1 (30); vgl. Origen. *In Rom.* 1, 5 (*PG* 14, 851 B-C).

61 Vgl. N. Bonwetsch, *Hippolyts Kommentar zum Hohenlied = Texte u. Unters.* 23, 2 (Leipzig 1902) 75-8; ähnlich Epiphan. anc. 59 (*GCS* 25, 69f.).

62 *Hom.* 23 (389-92 Bert *a. O.* [s. o. Anm. 17]) (um 345 verfasst). Diese Stelle dürfte in der 'Schatzhöhle', benutzt worden sein; vgl. Götze *a. O.* (s. o. Anm. 28) 73-6.

lasst[63]. So hat Irenäus die 72 Völker von Gen. 10 mit den 72 Ahnen Jesu bei Lukas in Zusammenhang gebracht und darin die universale Heilsbedeutung Jesu, des zweiten Adam, ausgedrückt gesehen[64]. Nach den Handschriften des Lukas-Evangeliums schwankt aber die Anzahl der Namen in der Genealogie Jesu zwischen 71 und 77. So hat Augustinus 77 Vorfahren Jesu angenommen und die Zahl 77 auf die uns durch Christus zuteil gewordene Verzeihung der Sünden bezogen[65]. Symbolische Deutungen gab man auch den 40 bzw. 42 Generationen bei Matthäus[66].

Eusebius hat nicht nur in seiner Kirchengeschichte auf die Schwierigkeiten der Stammbäume Jesu aufmerksam gemacht, indem er den Lösungsvorschlag des Africanus | mitteilt, sondern auch im ersten Buch der nur in einem Auszug und in Fragmenten erhaltenen «Probleme und Lösungen in den Evangelien»[67]. Er fasst die bis auf seine Zeit an den Geschlechtsregistern der Evangelien geleisteten Ergebnisse zusammen und teilt mehrere neue Deutungen mit. Unter anderem glaubt er, dass Matthäus ursprünglich statt der 14 die geschichtlich überlieferten 17 Könige aufgezählt und mit den dreimal 14 Generationen nicht die Zahl der Ahnen angegeben, sondern eine gewisse Menge von Jahren jeweils in 14 Abschnitte geteilt habe[68]. Weiter vergleicht er mit den beiden Genealogien der Evangelisten absteigende und aufsteigende Geschlechtsregister des Alten

---

63 Vgl. Bauer *a. O.* (s. o. Anm. 10) 22f.

64 *Adv. haer.* 3, 22, 3 (*Sourc. Chrét.* 211, 438); vgl. Heer *a. O.* (s. o. Anm. 13) 51-97 und J. T. Nielsen, *Adam and Christ in the Theology of Irenaeus of Lyon* (Diss. Groningen 1968) 11-23.

65 *Sermo* 51, 33f. (*PL* 38, 353f.); *Quaest. ev.* 2, 6 (*PL* 35, 1335f.) und öfter; vgl. Heer *a. O.* 70 Anm. 1; ferner Beda *In Lc.* 3, 38 (*CCL* 120, 91-3).

66 Vgl. Orig. bei Dionys. bar Ṣal. *In Mt.* 1 (30); Aug. *Cons. ev.* 2, 8-10 (*CSEL* 43, 88-92); *sermo* 51, 32 (*PL* 38, 352f.); Eucher. *Form.* 10 (*CSEL* 31, 1, 61); *Opus imperf. in Mt.* 1 (*PG* 56, 630).

67 *Quaest. evang. Steph.*: *PG* 22, 879-928. 957-76; vgl. Euseb. *Dem. ev.* 7, 3, 18 (*GCS* 23, 340). Hieron. *Vir. ill.* 81 und *In Mt.* 1 (*CCL* 77, 9) nennt dieses Werk des Eusebius Περὶ διαφωνίας εὐαγγελίων. Vgl. Vogt *a. O.* (s. o. Anm. 5) 41-6 und Bary *a. O.* (s. o. Anm. 8) 228-34.

68 *Quaest. evang. Steph.* 12 (*PG* 22, 921f.), zitiert von Dionys. bar Ṣal. *In Mt.* 1 (40).

Testaments[69]. Als gewiss nimmt er an, dass Matthäus die leibliche Abkunft des Adoptivvaters Jesu angebe und dadurch Jesus als Nachkommen Davids erweise[70]. Für das Ahnenverzeichnis bei Lukas stellt er zwei mögliche Lösungen zur Wahl[71]: Die Bemerkung bei Lc. 3, 23: «wie man meinte» zeige, dass Lukas die Vorstellungen anderer über die Herkunft des Messias mitteile und zwar von Juden, die glaubten, der Messias komme nicht aus der frevelbeladenen königlichen Linie Davids, sondern aus der prophetischen von Nathan[72]. Als die tiefere und geheimnisvollere Deutung bezeichnet er folgende: Lukas lege alles Gewicht seiner Darstellung auf die Wiedergeburt und Gottessohnschaft Jesu, die bei der Taufe durch Johannes geoffenbart worden sei. Die aufgezählten Vorfahren seien Männer, die durch ihr Leben Gott wohlgefällig waren, also die geistlichen Ahnen Jesu. Mit diesen wenigen Hinweisen und Andeutungen ist freilich der Gedankenreichtum dieses exegetischen Werks keineswegs ausgeschöpft.

Gregor von Nazianz hat in Versen Deutungen über die königliche und priesterliche Abkunft Jesu, die Leviratsehe und die Genealogie Marias mitgeteilt[73]. Ausführlicher ist Johannes Chrysostomos im verlorenen Matthäus-Kommentar auf Schwierigkeiten der beiden Ahnenverzeichnisse eingegangen und hat versucht, sie unter anderem mit Hilfe von Anregungen aus der Chronik des Julius Africanus zu lösen[74]. Seine Predigten zu Matthäus, in denen er zahlreiche Anstösse nennt und zu beseitigen versucht, sind bereits mehrfach erwähnt worden. Er stellte auch die Frage, warum der Evangelist Markus kein Ahnenverzeichnis Jesu anführt[75]. Theodor von Mopsuestia hat im verlorenen Evangelienkommentar eine Lösung für die Widersprüche zwi-

---

69 *Quaest. evang. Steph.* 2, 1f. und suppl. 15 (*PG* 22, 892f. 973 C) mit Hinweis auf Ruth 4, 18-22; 1 Sam. 1, 1; 1 Chron. 3, 10; 6, 34.

70 *Quaest. evang. Steph.* 3, 3 (896).

71 *Quaest. evang. Steph.* 3, 1-5 (893-7).

72 Zu Nathan als Propheten vgl. Euseb. *Quaest. evang. Steph.* suppl. 16 (973 D).

73 *Carm.* 1, 1, 18 (*PG* 37, 480-7); vgl. Vogt *a. O.* (s. o. Anm. 5) 35f. 47.

74 S. o. S. 531-32.

75 *In Mt. hom.* 4, 1 (*PG* 57, 39f.).

schen den beiden Genealogien bei Matthäus und Lukas vorgeschlagen [76]. In den Umkreis des Theodoret von Cyrus gehören die unter Justins Namen überlieferten *Quaestiones et responsiones ad orthodoxos*. Der Verfasser ist mit der Lösung des Africanus vertraut, aber er ändert sie etwas ab, um neuen Einwänden zu begegnen [77]. In der Antwort zur 133. Frage behauptet er, die Namen der beiden Ahnenverzeichnisse beruhten auf guter geschichtlicher Überlieferung, da die Juden die Genealogien des königlichen und priesterlichen Stammes schriftlich aufgezeichnet hätten; dabei weist er auf das Buch der Chronik hin. Kurz hat Ps-Eustathios im Anschluss an Julius Africanus das Problem der beiden Genealogien gestreift [78]. Auch der Monophysit Severus von Antiochien hat sich mit den beiden Geschlechtsregistern eingehender beschäftigt [79].

Schliesslich ist in diesem Zusammenhang auch einiger syrischer Kirchenschriftsteller zu gedenken. Georgius, der Araberbischof, hat in einem Quästionen- oder Scholienwerk die Ahnenverzeichnisse Jesu mit Benutzung der *Quaestio-* | *nes evangelicae ad Stephanum* des Eusebius besprochen [80]. Hier erwägt er die Möglichkeit, ob nicht die Namen der drei davidischen Könige zwischen Joram und Usijja bei Mt. 1, 8 durch das Versehen griechischer Übersetzer ausgefallen sein könnten [81]. Ähnlich vermutet er, der Name Jojakim sei Mt. 1, 11 durch das Versehen eines Abschreibers fortgelassen worden [82]. Philoxenos von Mabug hat wohl im Anschluss an Julius Africanus in einem verlorenen Matthäus-Kommentar die Genealogien Jesu miteinander auszuglei-

---

76 Vgl. *In Tim.* 1, 4 (2, 73f. Swete); dazu Reuss *a. O.* (s. o. Anm. 6) 96f.

77 Nr. 66. 131-3 (3, 2, 94f. 216-22 de Otto).

78 *In hex.*: *PG* 18, 772 A-B.

79 Einige Fragmente bietet Dionys. bar Ṣal. *In Mt.* 1 (29. 33. 35. 41). Zu byzantinischen Schriftstellern s. S. 530-31 und Vogt *a. O.* (s. o. Anm. 5) 90.

80 Vgl. V. Ryssel, *Georgs des Araberbischofs Gedichte und Briefe aus dem Syrischen übersetzt und erläutert* (Leipzig 1891) 138-41. 228-31.

81 Vgl. Ryssel *a. O.* 140. Diese Stelle zitiert auch Dionys. bar Ṣal. *In Mt.* 1 (30).

82 Vgl. Ryssel *a. O.* 139; ebenfalls von Dionys. bar Ṣal. *In Mt.* 1 (31) angeführt (s. auch S. 539); Dionysius gibt ebd. (40) die Dreiteilung der 42 Generationen durch Georgius genau an; vgl. ebd. (34f.) zu anderen Fragmenten.

chen versucht [83]. Dionysius bar Ṣalībī hat im zuvor öfter genannten Kommentar zu Matthäus die Forschungen der griechischen und syrischen Kirchenschriftsteller zu den Stammbäumen Jesu ähnlich zusammengefasst wie Hrabanus Maurus die der lateinischen [84]. Beide erwähnen auch Julius Africanus, den Archegeten dieser Forschungen, der so auch für das Mittelalter mit dem Problem der Stammbäume Jesu verbunden blieb [85]. Dionysius verglich auch die Anzahl der bei Lukas genannten Ahnen in den griechischen und syrischen Handschriften; dabei gab er der syrischen Überlieferung den Vorzug [86].

b) Erklärungen der lateinischen Kirchenschriftsteller.

Die Deutungen und Auseinandersetzungen der griechischen Theologen, besonders des Julius Africanus, über die Stammbäume Jesu regten die Kirchenschriftsteller des lateinischen Westens zu eigenen Versuchen an. Die einen übernahmen den Lösungsvorschlag des Julius Africanus, andere versuchten eine neue Antwort auf das alte Problem zu finden. Wie viele andere lateinische Exegeten sieht Hilarius von Poitiers in der Genealogie bei Matthäus die kö-|nigliche Linie Jesu und in der Genealogie bei Lukas die priesterliche angegeben [87]. Auch er vermutet, Maria gehöre demselben Stamm wie Joseph an, so dass die Genealogie Josephs auch für sie gelte [88]. Die Einrichtung der Leviratsehe ist ihm bekannt, aber nicht der Lösungsvorschlag des Julius Africanus. Auch Hilarius antwortet auf die Frage, weshalb Matthäus drei davidische Könige übersprungen habe und in der dritten Periode nur 13 statt 14 Generationen mitteile [89]. Ambrosius, der im dritten Buch seines Lukas-Kommentars ausführlich die Genealogien berücksichtigt,

83 Fragmente bei Dionys. bar Ṣal. *In Mt.* 1 (37.39) und bei Georgius: 138 Ryssel; vgl. ebd. 228.
84 Dionys. bar Ṣal. *In Mt.* 1 (23-44); Hrab. Maur. *In Mt.* 1 (*PL* 107, 731-47).
85 Dionys. *a. O.*: 37; Hrab. Maur. *a. O.*: 735 D-736 D.
86 *In Mt.* 1 (44): er richtet sich gegen Julius Africanus.
87 *In Mt.* 1, 1 (*PL* 9, 917-9).
88 S. S. 524-28.
89 *In Mt.* 1, 2 (920f.); vgl. Vogt *a. O.* (s. o. Anm. 5) 56f.

dabei aber weitgehend von den *Quaestiones evangelicae ad Stephanum* des Eusebius abhängt, hält im Gegensatz zu Julius Africanus und Eusebius Jakob für den gesetzlichen Vater Josephs und Heli für den leiblichen [90]. Durch diese Annahme wollte er wohl die Schwierigkeit umgehen, dass Joseph nach der Lösung des Julius Africanus als der gesetzliche Nachkomme der Nathan-Linie eigentlich keinen Anspruch auf den Thron Davids haben konnte [91]. Diese Lösung des Ambrosius fand das Missfallen des Ambrosiaster [92]. Er bezieht den Stammbaum bei Lukas nicht auf Joseph, sondern auf Jesus, wohl vor allem deshalb, weil er die Schwierigkeit, die in der Aszendenz «Joseph, Heli... Seth, Adam, Gott» liegt, bemerkt hat [93]. Weiter spricht er über die Auslassung der drei Könige bei Mt. 1, 8, über die Genealogie Marias und erörtert schliesslich auch das spannungsvolle Verhältnis zwischen der Gottes- und Davidssohnschaft Jesu und der Stimme des Vaters bei der Taufe «Mein Sohn bist du» [94].

Hieronymus hat weit weniger über das Problem der Stammbäume Jesu nachgedacht als bei diesem gelehrten Kommentator der Heiligen Schrift zu erwarten gewesen wäre. In der eilig entworfenen Matthäus-Erklärung geht | er über die Dunkelheiten der beiden Genealogien ziemlich schnell hinweg und verweist in der Auseinandersetzung mit Kaiser Julian auf Julius Africanus und Eusebius, die als Lösung die Annahme einer Leviratsehe vorgeschlagen haben [95].

Von den lateinischen Vätern hat wohl Augustinus am ausführlichsten die Schwierigkeiten der beiden Genealogien erwogen. Vor allem fragte er danach, wie die beiden

---

90 *In Lc.* 3, 15 (*CCL* 14, 83); vgl. Euseb. *Quaest. evang. Steph.* 3 (*PG* 22, 893-7).

91 Vgl. Vogt *a. O.* 58. 83; ferner Ph. Friedrich, 'St. Ambrosius von Mailand über das genealogische Problem Marias', *Der Katholik* 94, 2 (1914) 1-25.

92 *Quaest. et respons.* 56, 2 (*CSEL* 50, 102).

93 S. S. 525-27.

94 *Quaest. et respons.* 85. 86. 54.

95 *In Mt.* 1 (*CCL* 77, 9); vgl. PsHieron. *In Mt.*: *PL* 30, 534 B: «Lucas secundum legem dixit, ut filius Heli esset».

voneinander abweichenden Stammbäume des Davidssprosses Joseph miteinander zu harmonisieren seien. Je länger er sich mit diesem Problem beschäftigte, um so mehr neigte er der Erklärung mit Hilfe einer angenommenen Leviratsehe zu. Als er in späteren Jahren den Brief des Julius Africanus an Aristides kennengelernt hatte, sah er seine Annahme bestätigt [96]. Seine wichtigsten Äusserungen finden sich in folgenden Werken: Sermo 51: *De concordia evangelistarum Matthaei et Lucae in generationibus domini* [97], *Quaestiones evangeliorum* [98], *Contra Faustum Manichaeum* [99], *De civitate Dei* [100], *De consensu evangelistarum* [101], *Quaestiones in Heptateuchum* [102]. In diesen Werken geht Augustinus auf die lange zuvor schon beobachteten Schwierigkeiten der Genealogien Jesu ein. Eine Inhaltsangabe ist hier aus Raumgründen nicht möglich.

Die sogenannten Monarchianischen Prologe zu den Evangelien aus dem 4./5. Jahrhundert geben unter anderem eine allegorische Deutung der dreimal 14 Generationen bei Mt. 1, 17 [103]. Mit der Annahme einer Leviratsehe erklärt | auch Eucherius die voneinander abweichenden Stammbäume Josephs [104]. Zu den verwickelteren Fragen des Neuen Testaments rechnet er auch jene, wie Jesus Sohn Davids heissen könne, da er doch leiblich nicht vom Davidsspross Joseph abstamme [105]. Unter dem Namen des Ambrosius ist die Abhandlung *De concordia Matthaei et Lucae in genea-*

---

96 *Retract.* 2, 7, 2 (*CSEL* 36, 140).

97 *PL* 38, 332-54. Possidius, der Biograph des Augustinus, nennt diese Schrift, 'De generationibus secundum Mt. et Lc.' (*Ind. opusc. Aug.* 8 [*PL* 46, 15]).

98 2, 5 (*PL* 35, 1334f.): «Quomodo potuerit duos patres habere Joseph?»; vgl. *Retract.* 2, 12, 3 (*CSEL* 36, 145).

99 3, 1-5 (*CSEL* 25, 1, 261-7).

100 15, 15 (*CCL* 48, 476).

101 1, 4f.; 2, 2-13 (*CSEL* 43, 4f. 82-94); vgl. H. J. Vogels, *St. Augustins Schrift «De consensu evangelistarum» = Bibl. Studien* 13, 5 (Freiburg 1908) 59f.

102 5, 46 (*CCL* 33, 300-2). Zu den zuletzt genannten drei Werken vgl. die Verbesserungen Augustins: *Retract.* 2, 7, 2. 16, 3. 55, 6 (*CSEL* 36, 139f. 150f. 194f.).

103 Vgl. P. Corssen, *Monarchianische Prologe zu den vier Evangelien = Texte und Unters.* 15, 1 (Leipzig 1897) 5; ebd. 8 zu Lukas.

104 *Instr.* 1 (*CSEL* 31, 1, 106f.); vgl. Vogt *a. O.* (s. o. Anm. 5) 66f.

105 *Instr.* 1 (106).

logia Christi überliefert [106]. In der ersten Homilie des arianischen *Opus imperfectum in Matthaeum* aus dem 6. Jahrhundert werden die im Geschlechtsregister des Matthäus aufgeführten Personennamen ausführlich erläutert [107]. Der Ire Aileran (gest. um 664) deutet die Namen der Ahnen Jesu allegorisch [108], und eine Völkertafel aus dem 6./7. Jahrhundert versuchte den Stammbaum Jesu aufzuarbeiten [109]. Damit ist die Schwelle zum lateinischen Mittelalter bereits überschritten [110].

Korrekturzusatz: Eine Erwähnung verdient noch Prudentius, *apoth.* 981-1018, der mit dem Hinweis auf die beiden Genealogien beweisen möchte, dass Jesus auch ein wirklicher Mensch war; bei Lukas zählt er 72 Ahnen Jesu. Vgl. ferner B. de Gaiffier, "Le trinubium Annae. Maymon d'Halberstadt ou Haymon d'Auxerre?" *Analecta Bollandiana* 90 (1972) 289-298; M. van Esbroeck, 'Généalogie de la Vierge' (en Géorgien), *Analecta Bollandiana* 91 (1973) 347-56.

---

106 *PL* 17, 1101-4; vgl. *Clavis Patrum Latinorum*² nr. 177.

107 *PG* 56, 612-30.

108 *PL* 80, 327-42; vgl. *Clavis Patrum Latniorum*² nr. 1120.

109 Vgl. F. Wutz, *Onomastica sacra* 1-2 = *Texte und Unters.* 41, 1 (Leipzig 1914-15) 56-97, bes. 57f.

110 Zu den griechischen und lateinischen Kirchenschriftstellern des Mittelalters, die sich mit diesem Thema beschäftigt haben, vgl. Vogt *a. O.* (s. o. Anm. 5) 52-6. 67-71.

16. Der Ursprung warmer Quellen nach heidnischer und christlicher Deutung

In der griechischen Religion sind Mythen, Sagen und Erzählungen über ungewöhnliche und auffallende Naturerscheinungen reich bezeugt. In ihnen zeigt sich, daß bereits der Mensch des mythischen Zeitalters nach den Ursachen der sichtbaren Dinge gefragt hat[1]. Als das Denken allmählich die Bilder des Mythos zurückließ und zu einer rationalen Welterklärung vordrang, blieben die aitiologischen Mythen vielfach der Ausgangspunkt für die neuen, die naturwissenschaftlichen Deutungen. Die auffallenden Erscheinungen der Natur forderten nunmehr von der neuen Stufe des Bewußtseins eine neue Antwort. Daneben blieben aber die älteren religiösen Deutungen noch lange lebendig. In Griechenland begann die rationale Welterklärung im 6. Jh. vC. Dieses Denken war zunächst auf einen kleinen Kreis von Philosophen und Sophisten beschränkt. Seit hellenistischer Zeit haben nicht wenige Dichter die mythisch-religiösen Deutungen auffallender Naturerscheinungen entweder nur noch als literarisches Motiv verwendet oder sie bewußt bekämpft, wie beispielsweise Lukrez in seiner Lehrdichtung ›De rerum natura‹ und der unbekannte Verfasser des Lehrgedichts ›Aetna‹, die beide vom rationalen Denken griechischer Aufklärung geprägt sind.

Zu den erklärungsbedürftigen Naturerscheinungen zählten die Quellen, vor allem die warmen und die durch besondere Eigentümlichkeiten ausgezeichneten Quellen. Wie Plinius d. Ä. bemerkt, kommen in keinem Bereich der Natur größere Wunder vor als bei den Quellen[2]. Die Heiligkeit der Quellen und damit ihre Zugehörigkeit zum Reich der Götter standen für die griechische und römische Religion fest. »Es gibt keine Quelle, die nicht heilig ist«, weiß noch um 400 nC. der Vergilkommentator Servius[3]. Gilt dies schon für jede gewöhnliche Quelle, um wieviel mehr dann für die selteneren warmen Quellen! Der wohl dem 3. Jh. vC. angehörende Verfasser der ›Problemata physica‹ fragt: »Warum sind die warmen Quellen heilig?«[4]. Für Seneca gehören die warmen Quellen zu jenen Erscheinungen der sichtbaren Natur, die das Walten des Göttlichen bezeugen, das menschliche Gemüt mit religiösem Schauder erfüllen und deshalb verehrt werden[5].

[1] Vgl. M. P. Nilsson, Geschichte der griechischen Religion 1³ = HdbAltWiss 5,2 (1967) 26f. 29/32.

[2] N. h. 31,21. Neben den warmen Quellen gab es noch viele andere außergewöhnliche Quellen; vgl. H. Öhler, Paradoxographi Florentini anonymi opusculum De aquis mirabilibus, Diss. Tübingen (1913); ferner die zahlreichen Artikel ›Aqua, Aquae, ad Aquas‹: PW 2,1 (1895) 294/307; O. Gruppe, Griechische Mythologie und Religionsgeschichte 1.2 (1906) Reg. 1905 s. v. ›Heilquellen‹ und 1913 s. v. ›Quelle‹; M. Ninck, Die Bedeutung des Wassers im Kult und Leben der Alten = Philol Suppl. 14,2 (1921 bzw. 1967) 187 Reg. s. v. Quellen und F. Muthmann, Mutter und Quelle (Basel 1975).

[3] Zu Aen. 7,84. Wenig früher besingt Ausonius die Divona-Quelle von Bordeaux: salve, fons ignote ortu, sacer, alme, perennis... salve, urbis genius, medico potabilis haustu . . . fons addite divis (ord. urb. nob. 20,29/32 [153 Peiper]); vgl. F. Vollmer, Art. fons: ThesLL 6, 1027,23f; H. Dessau, Inscr. Lat. sel. nr. 3885/91; A. S. Pease zu Cic. nat. deor. 3,52: Fontis delubrum, und K. Latte, Römische Religionsgeschichte = HdbAltWiss 5,4 (1960) 76f.

[4] 24,19, 937b 27f. Diese Schrift gehört zum Corpus Aristotelicum; vgl. H. Flashar, Aristoteles, Problemata physica = Aristoteles Werke deutsch 19 (1962) und u. Anm. 14.

[5] Ep. 41,3; vgl. Plin. n. h. 31,4; Frontin. aquaed. 4,2: fontium memoria cum sanctitate adhuc extat et colitur: salubritatem aegris corporibus adferre creduntur . . . Vor der Zeit um 300 vC. scheinen die heißen Mineralquellen nicht zur Hydrotherapie verwendet worden zu sein (vgl. J. H. Croon, Hot springs and healing gods: Mnemosyne 4. Ser. 20 [1967] 225/46, bes. 244).

Verwunderung erregte vor allem die Beobachtung, daß in der warmen Quelle die beiden Urkräfte Feuer und Wasser, die sich sonst auf Tod und Leben bekämpfen, miteinander zu einer discors concordia verbunden sind[6]. Eine Steigerung gegenüber den warmen Heilquellen stellen die weit selteneren brennenden Quellen dar. Von einem solchen Naturwunder in Sizilien berichtet Achilleus Tatios: sie war aus Wasser und Feuer gemischt[7].

Solange bei den Griechen das mythische Denken und die mythenbildende Phantasie herrschten, glaubte man, daß einzelne überirdische Wesen die warmen Quellen geschaffen haben. Vielfach sahen die Griechen in diesen Quellen ein Geschenk einer Gottheit an einen der Hilfe bedürftigen Heros oder Menschen[8].

Bei Griechen, Juden und Gnostikern gab es auch eine Erklärung, nach der Quellen aus den Tränen eines Gottesfreundes oder eines ehemals himmlischen Wesens entstanden sind. So sollen die Tränen der Prophetin Manto, der Tochter des Teiresias, die Quelle von Klaros verursacht haben und zwei Tränen aus den Augen des Propheten Jeremias zwei Quellen[9]. Auf das apokryphe Buch Henoch geht der Christenfeind Kelsos zurück, wenn er bemerkt: »Sechzig oder siebzig Engel seien böse geworden und zur Strafe unter der Erde gefesselt worden. Von dort kämen auch die warmen Quellen, nämlich aus den Tränen jener Engel«[10]. Im äthiopischen Henochbuch werden die Tränen der bestraften Engel nicht erwähnt, wohl aber der unterirdische Strafort mit Feuerströmen und Schwefelgeruch sowie die dorther fließenden warmen Heilquellen. Diese mythische Erzählung sollte wohl den Ursprung der heißen Schwefelquellen im Jordangebiet, die Quellen von Amathe bei Gadara, von Tiberias oder von Kallirrhoe erklären[11]. – Die Valentinianer lehrten, daß alle Quellen, auch die warmen Quellen, aus den Tränen der Achamoth entstanden seien[12]

Bei den Griechen war auch der Glaube verbreitet, daß der Blitzstrahl, die Waffe des Zeus, die heißen Quellen aus der Erde schlage. So wurde erzählt, daß Zeus für Herakles, als dieser starken Durst empfand, eine Quelle durch seinen Blitz geschaffen habe[13]. Der

[6] Vgl. Ovid. met. 1,430/3; Anth. Lat. 212,5 und u. Anm. 15. 37f; A. E. HOUSMAN zu Manil. 1,142 und W. SPOERRI, Späthellenistische Berichte über Welt, Kultur und Götter (Basel 1959) 246 Reg. s. v. concordia discors.

[7] 2,14,7; vgl. H. ROMMEL, Die naturwissenschaftlich-paradoxographischen Exkurse bei Philostratos, Heliodoros und Achilleus Tatios (1923) 73f und u. S. 43 und 45f. Zum Sprudel der Paliken vgl. K. ZIEGLER, Art. Palikoi: PW 18,3 (1949) 100/23; auf den göttlichen Ursprung des Sprudels weist Diod. Sic. 11,89,3 hin.

[8] Beispielsweise sollen die Nymphen Athena zuliebe für Herakles die Thermai Himeraiai haben hervorsprudeln lassen (Diod. Sic. 4,23,1; 5,3,4; vgl. K. ZIEGLER, Art. Thermai Himeraiai: PW 5 A 2 [1934] 2385). Ähnliches wurde von den Νύμφαι Ἀχελήτιδες erzählt (vgl. V. J. MATTHEWS, Panyassis of Halikarnassos. Text and commentary [Leiden 1974] 96f zu frg. 17 KINKEL). – Hephaistos soll für Herakles warme Quellen gespendet haben (Schol. Aristoph. nub. 1050 = Ibyc. frg. 19 PAGE; s. auch u. Anm. 13). Vgl. ferner Suda s. v. Ἡράκλεια λουτρά und Ἡράκλειος ψώρα (2,581. 583 ADLER).

[9] Zu Manto vgl. Schol. Apoll. Rhod. 1,308 (35, 22f WENDEL) und Schol. Nicand. ther. 958 (321,4f CRUGNOLA); zu ähnlichen Überlieferungen der Griechen vgl. NINCK aO. (s. o. Anm. 2) 11 und H. HERTER, Art. Nymphai: PW 17,2 (1937) 1537, 53/8. – Zu Jeremias vgl. 2 Targ. Esth. 1,2, mitgeteilt von L. GINZBERG, The legends of the Jews 6 (Philadelphia 1928 bzw. 1959) 405.

[10] Vgl. Orig. c. Cels. 5,52: Worte des Kelsos; Origenes entgegnet ebd. 55, das Buch Henoch sei aber apokryph, mithin unglaubwürdig.

[11] Vgl. Hen. aeth. 67,4/13; H. DECHENT, Heilbäder und Badeleben in Palästina: ZsDeutschPalVer 7 (1884) 173/210, bes. 174f; S. KRAUSS, Talmudische Archäologie 1 (1910 bzw. 1966) 215 und H. L. STRACK / P. BILLERBECK, Kommentar zum Neuen Testament aus Talmud und Midrasch 2 (1924 bzw. 1956) 470f.

[12] Vgl. Tert. adv. Valent. 15,2/4 (CCL 2,766); Iren. haer. 1,1,7 (1,35 HARVEY); ASS Nov. 3,230A.

[13] Zur λιβὰς Ἡρακλέος vgl. Schol. B zu Il. 20,74: ῥίψας (sc. Ζεύς) κεραυνὸν ἀνέδωκε μικρὰν λιβάδα; K. WEINHOLD, Die Verehrung der Quellen in Deutschland = AbhBerlin 1898 nr. 1,4f mit Paral-

Verfasser der ›Problemata physica‹ führt die Heiligkeit der warmen Quellen darauf zurück, daß sie aus Schwefel und Blitz entstehen, aus Substanzen, die dem Reich der Götter angehören und dadurch geheiligt sind[14].

Bis in die Spätantike blieb bei den Heiden die Vorstellung lebendig, daß ein Gott, eine Göttin oder sonst ein dämonisches Wesen die warme Quelle gespendet hat. So fragt noch Regianus, ein Dichter der Salmasianischen Epigrammsammlung (6. Jh.), allerdings spielerisch: »Welcher Gott hat diese Wasser entzündet?« Er nennt darauf Vulcanus und Neptunus, die aber hier schon zu Metonymien verblaßt sind[15]. Als Gottheiten, die warme und heilende Quellen spenden, begegnen die Nymphen, Apollon, Hygieia, bei den Römern als Salus verehrt, und in späterer Zeit Asklepios[16]. Daneben wurden als Patrone warmer Quellen die Götter Artemis und Hephaistos sowie die Heroen Herakles und Perseus gefeiert[17]. In der aitiologischen Erzählung vom Ursprung der Aquae Tauri (heute Bagni di Traiano) scheint Poseidon unter der Gestalt eines Stieres, der mit Hörnern und Hufen den Boden aufwühlt und die warme Quelle hervorbrechen läßt, als Spender der Quelle gepriesen zu werden[18]. Die Kelten in Britannien verehrten eine weibliche Heil- und Quellgottheit ›Sul‹, die von den Römern als Minerva gedeutet wurde; ihr waren die heißen Quellen von Bath geweiht[19].

Wenn Isidor von Sevilla von den beiden mächtigsten Elementen des menschlichen Lebens, dem Feuer und Wasser, weiß, wenn Laktanz vom Feuer als dem männlichen und vom Wasser als dem weiblichen Element spricht und auf den römischen Hochzeitsritus von Feuer und Wasser anspielt, so weisen diese christlichen Schriftsteller damit auf Grundvorstellungen hin, die nicht nur bei Griechen und Römern verbreitet waren[20]. In

lelen aus dem deutschen Volksglauben. – Dieselbe Vorstellung dürfte auch noch im Mart. SS. Eugenii et Macarii 9 lebendig sein (hrsg. von F. Halkin: AnalBoll 78 [1960] 51). Hier wird der Gedanke vom Blitz, der die Quelle der Erde entlockt, ins Wunderbare gesteigert: In einer Vision sieht der Märtyrer, wie ein Rad mit zwölf Fackeln vom Himmel fällt, den Felsen, wo die Heiligen sind, spaltet und einen Wasserstrom hervorsprudeln läßt. Vgl. auch Nonn. Dionys. 1,151f.

[14] 24,19,937b 27f: διὰ τί τὰ θερμὰ λουτρὰ ἱερά; ἢ ὅτι ἀπὸ τῶν ἱερωτάτων γίνονται, θείου καὶ κεραυνοῦ (vgl. Flashar aO. [s. o. Anm. 4] 664 zSt.; zum Begriff ἱερός J. P. Locher, Untersuchungen zu ἱερός, Diss. Bern [1963]). Zu den Schwefelquellen des griechisch-römischen Altertums vgl. H. Blümner, Art. Schwefel: PW 2 A 1 (1921) 801.

[15] Anth. Lat. 270. Im Stil derartiger Epigramme schreibt der Christ Ennodius über die Schwefelquellen von Abano (ep. 5,8 [CSEL 6, 132]) ... ne pereat, nymphis Vulcanus mergitur illis, / foedera naturae rupit concordia pugnax, und der Dichter von ILCV 1,787,3f (1.H.6.Jh. nC.): hic ubi Vulcano Neptunus certat amore / nec necat unda focum, nec nocet ignis aquas (von den heilenden Bädern von Baiae).

[16] Vgl. Herter aO. (s. o. Anm. 9) 1551f. 1572. 1574; G. Wissowa, Religion und Kultus der Römer^2 (1912 bzw. 1971) 224. 294. 308_5. Zu Asklepios vgl. Croon aO. (s. o. Anm. 5) 225/46.

[17] Zu Artemis vgl. J. H. Croon, Artemis Thermia und Apollo Thermios: Mnemosyne 4. Ser. 9 (1956) 193/220 und Nilsson aO. (s. o. Anm. 1) 1^3, 492; zu Hephaistos Gruppe aO. (s. o. Anm. 2) 1305_5; L. Malten, Art. Hephaistos: PW 8,1 (1912) 343 und o. Anm. 8; zu Herakles Gruppe aO. 454_3; Ninck aO. (s. o. Anm. 2) 19. 96f; H. Herter: Gnomon 26 (1954) 158/61, bes. 161 und J. H. Croon, Heracles at Lindus: Mnemosyne 4. Ser. 6 (1953) 283/99; zu Perseus Croon, Hot springs aO. (s. o. Anm. 5) 231. 239_1.

[18] Vgl. Rut. Nam. 1, 249/76 und Epigr. Bob. 38; dazu Wolfg. Schmid, Zwei Gedichte auf die Thermae Taurinae: BonnJbb 161 (1961) 236/43. Zum stiergestaltigen Poseidon und Quellen vgl. E. Wüst, Art. Poseidon: PW 22,1 (1953) 484f. 491f. Zur Entstehung von Quellen durch das Fußstampfen eines Gottes, Heros oder göttlichen Menschen vgl. W. Speyer, Die Segenskraft des »göttlichen Fußes«: Romanitas et Christianitas, Studia J. H. Waszink oblata (Amsterdam 1973) 297f. 306f.

[19] Vgl. Solin. 22,10; J. H. Croon, The cult of Sul-Minerva at Bath (Somerset): Antiquity 27 (1953) 79/83; J. de Vries, Keltische Religion (1961) 78f; zur Quellenverehrung der Kelten ebd. 114f.

[20] Vgl. Isid. orig. 13,12: duo autem sunt validissima vitae humanae elementa, ignis et aqua; Lact. inst. 2,9,21 (CSEL 19,145): alterum enim quasi masculinum elementum est, alterum quasi femininum, alterum activum, alterum patibile. ideoque a veteribus institutum est, ut sacramento ignis et aquae nuptiarum foedera sanciantur ... Isidor hat

der warmen Quelle scheinen sich die beiden Grundprinzipien, das Männliche und das Weibliche, symbolisiert in den Grundelementen Feuer und Wasser, zu vermählen. So lag die Erklärung nahe, daß heiße Quellen auf die Gottheiten der Liebe zurückgingen. Deshalb werden öfter Eros und Aphrodite, Amor und Venus als Spender derartiger Quellen genannt[21]. Bis in die Spätantike haben vor allem Epigrammatiker diese ursprünglich religiöse Vorstellung ins Erotisch-Spielerische abgewandelt[22].

Als während des 6. Jh. vC. in Ionien eine immanente Weltdeutung entstand, mußten auch die außergewöhnlichen Erscheinungen der sichtbaren Welt immanent erklärt werden. Bei den sogenannten Naturphilosophen verdrängte der Begriff der Natur mehr und mehr den Begriff der Gottheit[23]. Soweit die erhaltenen Zeugnisse einen Schluß zulassen, haben mindestens seit dem 5. Jh. griechische Naturphilosophen nach der Ursache für das Entstehen warmer Quellen geforscht. Bereits Empedokles wird eine rational begründete Erklärung zugeschrieben[24]. Auch Aristoteles hat dieser Frage seine Aufmerksamkeit geschenkt[25]. Besonders ist aber Poseidonios zu nennen, auf den wohl Vitruv mit seiner Abhandlung ›De origine thermarum‹ zurückgeht[26]. Falls Kleomedes für seinen Lobgesang auf die Sonne, die auch die Quellen verursachen soll, Poseidonios benutzt hat, so war bei diesem Philosophen die naturwissenschaftliche Deutung noch von religiöser Begeisterung getragen[27]. Nichts mehr davon ist bei Vitruv zu spüren, der seine Darlegung mit dem Satz beginnt: »Die warmen Quellen werden aber von der Natur auf folgende Weise zustande gebracht«[28]. Im gleichen Zusammenhang spricht Plinius d. Ä. von der Natur als Bildnerin[29]. Andere versuchten einen Aus-

wohl Varro ling. lat. 5,61 benutzt; vgl. ferner Ovid. met. 1,430/3 und die angeblich von Pythagoras übernommene Lehre des Zarathustra, über die Hippol. ref. 1,2,12/5 berichtet (dazu R. Reitzenstein / H. H. Schaeder, Studien zum antiken Synkretismus aus Iran und Griechenland [1926 bzw. 1965] 116/8 und J. Bidez / F. Cumont, Les mages hellénisés 2 [Paris 1938 bzw. ebd. 1973] 63f). Zur weiten Verbreitung dieses Gedankens vgl. H. Baumann, Das doppelte Geschlecht (1955) 310/4.

[21] Die warmen Quellen von Gadara trugen den Namen Eros und Anteros (vgl. Eunap. vit. soph. 5,2,2/6). Der Fons Cupidinis in Kyzikos sollte aber die Liebe erkalten lassen (vgl. Plin. n. h. 31,19 und G. Serbat zSt. [Paris 1972] 114f; Ninck aO. [s. o. Anm. 2] 103). Vgl. ferner Epigr. Bob. 1,1f; 58 und Schmid aO. (s. o. Anm. 18) 237f, der aber die Verknüpfung Amors mit warmen Quellen für sekundär hält (ebd. Anm. 9).

[22] Beispielsweise Kaibel nr. 810, 10; Marianos Scholastikos: Anth. Pal. 9,626f; Martial. 1,62; Carm. Lat. Epigr. 948; Anth. Lat. 221,1; 271. 347. 706.873b; Epigr. Bob. 58; vgl. ferner Ovid. am. 3,6,23/6.39/42.

[23] Vgl. K. G. Sallmann, Die Natur bei Lukrez. Natura und Naturbegriff = ArchBegriffsgesch 7 (1961) 117/40: Natura und Physis; ferner das Wort des Laktanz inst. 3,28,3 (CSEL 19,264): religionis eversio naturae nomen invenit.

[24] Vgl. Sen. nat. quaest. 3,24,1/3 = Emped. frg. 226 Bollack (VS 31 A 68) und J. Bollacks Kommentar zSt. 3,1 (Paris 1969) 227f. Zu den naturwissenschaftlichen Erklärungen der Antike vgl. K. Praechter, Zum Bädergedichte des Paulos Silentiarios: ByzZs 13 (1904) 1/12 = Kleine Schriften (1973) 234/45.

[25] Meteorol. 2,3,359 b 4/21; 2,8,366 a 28f; vgl. PsAristot. mund. 4,395 b 18/26.

[26] Vitruv. 8,3,1/3; zu Poseidonios Περὶ ὠκεανοῦ als wahrscheinlicher Vorlage vgl. E. Oder, Ein angebliches Bruchstück Democrits über die Entdekkung unterirdischer Quellen = Philol Suppl. 7 (1899) 304/16. 362; K. Reinhardt, Art. Poseidonios: PW 22,1 (1953) 674f und F. Jacoby im Kommentar zu F Gr Hist 87 F 123.

[27] Vgl. Cleom. mot. circ. 2,1 (154 Ziegler); dazu Oder aO. 321f. 331f.

[28] 8,3,1.

[29] N. h. 31,1. – Der Freigelassene Ciceros Tullius Laurea kennt in seinem Epigramm auf die Heilquelle der Puteolanischen Villa Ciceros ebenfalls keine mythische oder religiöse Begründung: Nicht ein Gott, sondern der Platz schenkt die Quelle und zwar zu Ehren Ciceros (V. 7/10: nimirum locus ipse sui Ciceronis honori / hoc dedit, hac fontes cum patefecit ope, / ut . . . / sint plures oculis quae medeantur aquae; vgl. demgegenüber Epigr. Bob. 1,1f [um 400 nC.]: Maternis est nomen aquis: hoc aliger illas / nomine donavit matris honore puer [Amor – Venus]). Plin. n. h. 31,7f hat das Epigramm des Tullius Laurea überliefert (= FPL 80 Morel; vgl. A. Stein, Römische Inschriften in der antiken Literatur [Prag 1931] 35). – Ähnlich

gleich zwischen rationaler und religiöser Erklärung, so etwa der Scheinchrist Claudius Claudianus in seinem Hymnus auf den Quell von Abano. Er nennt zunächst drei denkbare natürliche Ursachen für das Entstehen dieser heilenden Schwefelquellen. Darauf betont er das Planvolle des Geschehens: Nicht der Zufall, sondern die Götter, genauer, der Vater aller Dinge hat die heilenden Wasser aus Mitleid den hinfälligen Menschen geschenkt[30]. In der Betonung des Mitleidens und Erbarmens Gottes liegt eine gewisse Nähe zu christlichen Anschauungen, während der Gedanke, die warmen Heilquellen von Abano bewiesen, daß die Welt nicht vom Zufall beherrscht werde, wohl eher auf Einfluß der Stoa hinweist[31]. In gleicher Weise schließt der Dichter eines Epigramms der ›Carmina Bobiensia‹, wahrscheinlich Naucellius, aus dem Vorhandensein der warmen Heilquelle von Maternum auf das Weltregiment der Götter[32]. Eine legendäre christliche Passion hat ein weiteres heidnisches Zeugnis für eine religiöse Deutung erhalten, auf das noch genauer hinzuweisen sein wird[33]. Manche Heiden haben demnach bis weit in christliche Zeit die warmen Quellen als Bestätigung ihres Götterglaubens betrachtet.

Wie haben die Christen über den Ursprung dieser Quellen gedacht? Zwischen Heiden und Christen der Spätantike gab es oftmals mehr Berührungspunkte, als die beiden im geistigen Kampf stehenden Parteien immer wahrhaben wollten[34]. Dies gilt auch für das vorliegende Thema. Die Kirchenschriftsteller haben in den warmen Quellen ein Wunder Gottes gesehen. Für Gregor von Nyssa sind sie eine Gabe Gottes, der durch sie die kranken Menschen heilt[35]. Epiphanios von Salamis bezeichnet die Heilquellen von Gadara bei seiner Kritik des dortigen Badelebens gleichwohl als ›Wunder Gottes‹[36]. Die Beschreibung derartiger Quellen wird meist zu einem Lobpreis des göttlichen Spenders. So führt Gregor von Nazianz den brennenden Quell am Ätna auf das Wollen Christi zurück, durch den Unvermischbares sich vereinigt[37]. Hilarius, Bischof von Arles (429–449), hebt in dem bruchstückhaft erhaltenen Gedicht auf den ›brennenden Quell‹ von Grenoble ganz wie heidnische Dichter das feindlich-freundschaftliche Verhalten der Elemente Feuer und Wasser hervor und nennt darauf die erhobene Hand Gottes als Ursache[38]. Gregor von Tours, der diese Verse mitteilt, reiht

sagt Luxorius, de aquis calidis Cirnensibus (=Anth. Lat. 350,8): plenior et calidas terra ministrat aquas (vgl. ebd. V. 11); dazu M. Rosenblum, Luxorius (New York-London 1961) 148. 225f und Hier. nom. hebr.: GCS Euseb. 3,1,45f: Beelmeon ... ubi aquas calidas sponte humus effert.

[30] Carm. min. 26, besonders V. 67/88; vgl. E. Bolisani, Il carme su Abano di Claudiano: Accad. Patavina di Scienze, Lettere e Arti. Memorie NS 73 (1960/61) 21/42, wo 21_1 die o. Anm. 3 erwähnte Divona-Quelle falsch lokalisiert wird. Die Aponus-Quellen wurden mehrfach in Versen oder in Prosa gepriesen (vgl. Öhler aO. [s. o. Anm. 2] 177 s. v. Aponus). – Zu Claudians Verhältnis zum Christentum vgl. Wolfg. Schmid, Art. Claudianus I: RAC 3 (1957) 158/65.

[31] Das Mitleid widersprach der stoischen Lehre von der Apatheia (vgl. Zeno: SVF 1,231f; M. Pohlenz, Die Stoa 2³ [1964] 83 und W. Burkert, Zum altgriechischen Mitleidsbegriff, Diss. Erlangen [1955] 152).

[32] Epigr. Bob. 1,3/8.

[33] S. u. S. 44f.

[34] Vgl. J. Geffcken, Der Ausgang des griechisch-römischen Heidentums (1929 bzw. 1972) und zahlreiche Artikel des RAC.

[35] Paup. amand.: PG 46, 464A. – Zur Schätzung und Benutzung der Heilquellen durch die Christen vgl. J. Zellinger, Bad und Bäder in der altchristlichen Kirche (1928) 25f. 115f. 119/27; F. Heichelheim, Art. Nymphae (römisch): PW 17,2 (1937) 1592 und B. Kötting, Peregrinatio religiosa (1950) Reg. s. v. Quelle.

[36] Haer. 30,7,5 (GCS Epiph. 1,342): τοῦ θεοῦ θαύματα.

[37] Carm. mor. 2,606/8 (PG 37, 626A); vgl. Rommel aO. (s. o. Anm. 7) 73f, der auf die Parallelen bei Achilleus Tatios (s. o. S. 40) und Paul. Silent. therm. Pyth. 157. 160 (PG 86,2, 2266) aufmerksam macht.

[38] Nur vier Verse sind erhalten geblieben: Anth. Lat. 487; Honorat. Mass. v. Hilar. episc. Arel. 14,29 (93 Cavallin) erwähnt Versus ... fontis ardentis als Gedicht des Hilarius. – Vgl. als Parallelen Epigr. Bob. 1,5/8; 38,3/5 und o. Anm. 15.

den Quell von Grenoble in seinen Katalog der sieben Weltwunder Gottes ein, die er den sieben Weltwundern, die von Menschen geschaffen wurden, gegenüberstellt[39]. Diese Quelle war also mehr als nur eine warme Quelle; sie ähnelte der von Gregor von Nazianz und anderen Schriftstellern genannten wunderbaren sizilischen Quelle. Wie der Bischof von Tours glaubt, weist der Fons Gratianopolitanus neben dem Vulkan Ätna auf die Sünder hin und symbolisiert das unterirdische, das höllische Feuer. Zugleich preist Gregor das bewunderungswürdige Geheimnis der göttlichen Macht und gewinnt aus dem Naturwunder eine Mahnung an die Christen: Alle sollen erkennen, daß Gott Herr über ewiges Leben und ewigen Tod ist und daß die Flammen, denen es jetzt versagt sei, den Leib des Menschen zu schädigen, nach dem Gericht den sündigen Leib ewig brennen werden. Diese Darlegung hat Gregor wohl nicht selbständig gefunden. Bereits der Märtyrer Pionios weist in seiner Rede vor den Heiden auf die Ausbrüche unterirdischen Feuers in bestimmten Ländern der alten Welt hin. Dabei erwähnt er unter anderem den Ätna und nennt als Ursprungsort der warmen Quellen das unterirdische Feuer. Gott schicke dieses Feuer in seinem Zorn über die Frevel der Menschen. Die bisher erfolgten Zerstörungen seien Zeichen des zukünftigen Strafgerichts über die Menschen, das sich gleichfalls durch Feuer vollziehen werde[40]. Größere Übereinstimmung mit der zuvor genannten Stelle aus Gregor von Tours zeigt ein Abschnitt des augustinischen ›Gottesstaates‹. Hier benutzt Augustinus den Hinweis auf den wunderbaren Quell im Land der Garamanten, der am Tag überaus kaltes Wasser, in der Nacht aber sehr heißes Wasser spendet, um durch dieses Beispiel aus den Wundern der Natur die Lehre vom ewigen Feuer, das die Leiber der Sünder sengt, ohne sie zu verbrennen, einsichtig zu machen[41]. Wenig später nennt er im selben Zusammenhang dann auch den Quell von Grenoble[42]. Von diesem Abschnitt des ›Gottesstaates‹ scheint Gregor angeregt worden zu sein.

Beachtung verdienen in diesem Zusammenhang besonders die Akten des hl. Patrikios, Bischofs von Prusa, da hier beide Seiten, Heiden wie Christen, ihre Auffassung über den Ursprung warmer Quellen darlegen[43]. Wie einige andere Passionen haben auch diese Akten ein Stück altchristlicher Apologetik erhalten[44]. Im Mittelpunkt der Auseinandersetzung stehen die Heilquellen von Prusa in Bithynien. Die königlichen Thermen von Prusa standen unter dem Schutz der Heilgottheiten Asklepios und Hygieia[45]. Der römische Statthalter mit dem angeblichen Namen Iulius oder Iulianos, vor dem sich Patrikios zu verantworten hat, rühmt das Wirken, die Fürsorge und die Wohltätigkeit der beiden Götter und fordert den Bischof auf, Asklepios anzubeten. In den heißen Quellen, die von selbst fließen, sieht der Statthalter ein Geschenk dieser fürsorgenden Götter[46]. In seiner Antwort bezeichnet Patrikios Feuer und Wasser als Ursubstanzen,

[39] De cursu stell. 9. 14 (MG Scr. rer. Mer. 1,2, 410. 412). Vgl. J. Łanowski, Art. Weltwunder: PW Suppl. 10 (1965) 1020/30.

[40] Mart. Pionii 4, 18f. 21/4 (140f Musurillo).

[41] Civ. D. 21, 5.7 (CCL 48,764f. 769). Der Quell bei den Garamanten ist öfter bezeugt (vgl. Öhler aO. [s. o. Anm. 2] 89).

[42] Vgl. Aug. civ. D. 21,7 (770).

[43] Hrsg. von F. Halkin: AnalBoll 78 (1960) 130/44; zum ungeschichtlichen Charakter der Akten vgl. Halkin aO. 132f; zu den naturwissenschaftlichen Angaben und der Verbindung zu Paul. Silent. therm. Pyth.: PG 86,2, 2263/8 vgl. Praechter aO. (s. o. Anm. 24) 5/8 = 238/41. Praechter aO. erwähnt auch Georg. Mon. 2,438/41 de Boor und Georg. Cedren. hist. comp.: PG 121, 464 C/465 B als Exzerptoren der Pass. Patric.

[44] Vgl. beispielsweise E. Klostermann / E. Seeberg, Die Apologie der hl. Katharina = Schriften d. Königsb. Gelehrt. Gesellsch. 1,2 (1924) oder J. Weber, De actis S. Acacii, Diss. Straßburg (1913).

[45] Pass. Patric. 1,1; 2,1 (133. 140 Halkin); vgl. F. K. Dörner, Art. Prusa ad Olympum: PW 23,1 (1957) 1082f. 1083f und Croon, Hot springs aO. (s. o. Anm. 5) 235.

[46] Pass. Patric. 1,1; 2,1 (133f. 140 Halkin).

die Gott durch seinen eingeborenen Sohn aus unsichtbaren und nichtseienden Wesenheiten hervorgebracht habe. Er preist die Vorsehung Gottes, die alles aus diesen beiden Ursubstanzen zum Gebrauch des Menschen bereitet habe. Da Gott aber die zukünftige Bosheit der Menschen vorausgesehen habe, habe er zwei Orte geschaffen, den einen im Reich des Lichtes für die Guten, den anderen im Reich der Finsternis für die Bösen. Feuer und Wasser gebe es oberhalb der Feste des Himmels und in der Erde. Die Quellen würden wie Röhren aus der Erde emporgesandt zum Heil der Menschen. Je nach ihrer Nähe zum unterirdischen Feuer seien sie glühend heiß oder gemäßigter. Die temperierten Quellen bewiesen die Fürsorge des guten Gottes für die Menschen. Das unterirdische Feuer sei ebenso wie das zuunterst in der Erde befindliche überaus kalte Wasser, das zu Eisklumpen erstarrt sei und Tartaros genannt werde, der Strafort der frevelhaften Seelen[47]. An diesem Ort würden die Götter der Heiden und ihre Verehrer in Ewigkeit bestraft. Zur Bekräftigung zitiert Patrikios Verse der Ilias über Tartaros und Hades und spielt auf den Vulkanismus des Ätna an[48].

Die Deutung des Patrikios berührt sich in manchem mit Vorstellungen des zuvor genannten äthiopischen Henochbuches. Auch hier wird mitgeteilt, daß die warmen Quellen aus dem unterirdischen Strafort gefallener Geister, der gottlosen Engel, entspringen[49]. Entsprechende Vorstellungen waren auch den Griechen vertraut. Eine sehr ausführliche Schilderung der Feuer- und Wasserströme, der Feuer- und Wasserseen der Unterwelt, also der unterirdischen Straforte der bösen Seelen, bietet Platon am Schluß des Phaidon[50]. In diesen unterirdischen Strömen wurde auch der Ursprung der Quellen vermutet[51]. Dies bestätigt Claudian, indem er als eine Möglichkeit, wie die Heilquelle Aponus entstanden sein kann, erwägt: seu ruptis inferna ruunt incendia ripis / et nostro Phlegethon devius orbe calet[52]. Warme Quellen galten dem Volksglauben bis in die Neuzeit als Eingänge zur Unterwelt und zur Hölle[53].

Mag Patrikios sich auch durch seinen Glauben an den einen Schöpfergott und seinen Sohn Jesus Christus grundsätzlich vom heidnischen Statthalter unterscheiden, der Asklepios und Hygieia verehrt, so bewegt er sich mit seiner gleichfalls religiösen Herleitung und den sie begleitenden Vorstellungen auf einer Ebene mit älterer heidnischer und jüdischer Volksüberlieferung.

Ferner ist auf eine Schrift unter dem Namen des Athanasios, die sogenannte ›Doctrina ad Antiochum‹ (6. oder 7. Jh.), hinzuweisen[54]. Sie versucht den Heiden unter anderem zu beweisen, daß Gott ein einziger ist und Himmel und Erde geschaffen hat. Als Beweis dienen dem unbekannten Verfasser die Wunder in der sichtbaren Natur, wie die Geysire und die friedliche Vereinigung der beiden sonst sich bekämpfenden Ele-

[47] Patricius übernimmt hier ältere heidnische Vorstellungen, nach denen im Hades extreme Temperaturen herrschen, Hitze und Kälte; vgl. A. Dieterich, Nekyia² (1913 bzw. 1969) 201f; S. Eitrem, Art. Phlegethon, Pyriphlegethon: PW 20,1 (1941) 260, 57/60.

[48] Ebd. 1,4f; 2,4f (135/7. 141f); s. auch o. S. 44 zur Rede des Märtyrers Pionios 4,21f (142 Musurillo).

[49] S. o. S. 40.

[50] Phaedo 111 C/113 C; vgl. Ninck aO. (s. o. Anm. 2) 2/4.

[51] Ebd. 112 C.

[52] Carm. min. 26, 71f; vgl. Strab. 5,4,5 (244): τόν τε Πυριφλεγέθοντα ἐκ τῶν θερμῶν ὑδάτων ἐτεκμαίροντο τῶν πλησίον καὶ τῆς 'Αχερουσίας (in der Gegend bei Cumae in Campanien); Ninck aO. (s. o. Anm. 2) 76f.

[53] Vgl. R. Ganschinietz, Art. Katabasis: PW 10,2 (1919) 2379. 2381f; Ninck aO. 6_1. 44. 73_4 und R. Hünnerkopf, Art. Brunnen: Bächtold-St. 1 (1927) 1679f.

[54] PsAthan. quaest. ad Ant. 136 (PG 28, 684A); zu dieser Schrift vgl. G. Bardy, La littérature patristique des ›Quaestiones et responsiones‹ sur l'Écriture sainte: RevBibl 42 (1933) 328/32; H. Dörrie / H. Dörries, Art. Erotapokriseis: RAC 6 (1966) 358f.

mente Feuer und Wasser am Olympos von Lykien. Damit ist wohl das dortige Erdfeuer gemeint, das bereits Methodios (von Olympos) erwähnt hat[55]. Der Verfasser der »Doctrina ad Antiochum« scheint dieses Naturwunder nicht selbst gesehen zu haben. Mit den »brennenden Quellen« ist es nur von fern verwandt.

Seit dem Aufkommen der Märtyrer- und Heiligenverehrung im 4. Jh. wurde der Ursprung bestimmter Quellen einem Märtyrer und Heiligen zugeschrieben. Oft wird berichtet, daß am Ort des Martyriums eine heilkräftige Quelle entsprungen sei[56]. Eines der ältesten Zeugnisse ist die Nachricht des Basilius, nach der die hl. Julitta den Ort ihres Martyriums in der Weise geheiligt habe, daß sie salzig-bitteres Wasser in süßes und angenehmes verwandelt hat[57]. Viele Heilige sollen mit ihrem Fuß oder ihrem Stab Quellen, besonders Heilquellen, aus dem Boden gelockt haben[58]. Diese Legenden knüpfen an griechische mythologische Erzählungen an, nach denen Götter und Heroen auf die gleiche Weise für sich oder die leidenden Menschen Quellen geschaffen haben[59]. Der Heilige empfängt seine übernatürlichen Kräfte von Gott und weist so in seinen Wundertaten immer auf den Ursprung allen Heils zurück. So blieb für die Christen stets der Schöpfergott die letzte Ursache aller Wunder in der Natur, also auch der Quellen[60].

Wie den frommen Heiden kam es auch den Christen bei der Frage nach der Entstehung der warmen Quellen mehr auf die religiöse als auf die naturwissenschaftliche Erklärung an. Nur selten haben sie mit der religiösen Deutung die antiken naturwissenschaftlichen Theorien verknüpft[61]. An einer selbständigen Weiterentwicklung dieser rationalen Erklärungen lag ihnen nicht viel, da die religiöse Herleitung im Mittelpunkt ihres Denkens stand. Durch dieses Beispiel wird die Beobachtung bestätigt, daß die von den Griechen geschaffene Naturwissenschaft durch das Aufkommen des Christentums zwar nicht behindert, aber auch nicht begünstigt worden ist.

[55] Vgl. Method. res. 2,23,1 (GCS Method. 377); A. Brinkmann, Lückenbüßer: RheinMus 69 (1914) 424f; G. Anrich, Hagios Nikolaos 1 (1913) 141f; Ruge, Art. Chimaira nr. 2: PW 3,2 (1899) 2281. Lykien wird in einem ähnlichen Zusammenhang auch im Mart. Pionii erwähnt (4,21 [142 Musurillo]); vgl. ferner Malten aO. (s. o. Anm. 17) 317/9.

[56] Vgl. H. Günter, Die christliche Legende des Abendlandes (1910) 119f. 154; ders., Psychologie der Legende (1949) 123. 196; Speyer aO. (s. o. Anm. 18) 298. 307.

[57] Hom. in mart. Julitt. 2 (PG 31, 241B). Als Parallele weist Basilius auf das Wunder des Elisa hin: der Prophet heilte die Quelle in Jericho, deren Wasser Unfruchtbarkeit über das Land gebracht hatte (2 Reg. 2, 19/22); vgl. Anton. Plac. itin. 14 (CCL 175, 136).

[58] Vgl. Günter, Legende aO. 47. 119; ders., Psychologie aO. 195; Speyer aO. (s. o. Anm. 18) 298. 307.

[59] Vgl. Günter, Legende aO. 58; Speyer aO.

[60] Vgl. zB. Dan. 3,77: εὐλογεῖτε, αἱ πηγαί, τὸν κύριον ...; Ps. 146 (145), 6; Act. 4,24 par. – Die Christen haben besonders den Erzengel Michael als Spender von Quellen verehrt; vgl. Kötting aO. (s. o. Anm. 35) 168f. 170f.

[61] Vgl. beispielsweise Basil. in hexaem. 4,6 (PG 29, 92C); Paul. Silent. therm. Pyth.: PG 86,2, 2263f; Isid. orig. 13,13,11.

17. Neue Pilatus-Apokryphen

1. Ein unbekannter Schluss des Nikodemus-Evangeliums

Die christliche Pilatusliteratur ist im 2. Jahrhundert entstanden und hat bis in das Mittelalter, ja bis in die Neuzeit mannigfache Fortsetzungen gefunden. Einige Schriften soll Pilatus selbst verfaßt haben, in anderen bildet er die Hauptperson der Erzählung.[1] Wie der Ursprung dieser Schriften nach Zeiten, Ländern und Sprachen verschieden ist, so verschieden sind auch die Absichten dieser ungeschichtlichen Literatur. Apologetisches und erbauliches Interesse steht neben der Absicht, die lückenhafte Überlieferung zu ergänzen und der geschichtlichen und frommen Neugier der Christen zu genügen. So findet man unter dieser Pilatusliteratur Fälschungen in Gestalt geschichtlicher Urkunden, die der christlichen Apologetik und Mission dienten, und geschichtliche Erfindungen zur Erbauung und Unterhaltung der Gläubigen.[2]

Zu den gefälschten Geschichtsurkunden der Pilatusliteratur gehört an erster Stelle der Brief des Pilatus an Kaiser Claudius. Dieses Schreiben ist wahrscheinlich die älteste der christlichen Pilatusschriften. Als erster berichtet Tertullian über einen Brief des Pilatus an Tiberius.[3] Vielleicht liegt dieses Schreiben noch in dem griechisch und lateinisch überlieferten Brief des Pilatus an Claudius vor. Dann müsste dieses Schriftstück bereits vor 197 n. Chr., der Abfassungszeit von Tertullians *Apologeticum*, verfasst worden sein.[4] Als angeblich echte Urkunde wird dieser Brief in

---

[1] Zu den geschichtlichen Nachrichten über Pontius Pilatus, den *praefectus Iudaeae*, vgl. die von G. Vermes – F. Millar besorgte englische Ausgabe von E. Schürer, *The History of the Jewish People in the Age of Jesus Christ* 1 (Edinburgh 1973) 357/87, bes. 383/7.

[2] Vgl. W. Speyer, *Die literarische Fälschung im heidnischen und christlichen Altertum* = Hdb. d. Alt. Wiss. 1,2 (München 1971) Reg. s.v. Pilatusliteratur.

[3] Apol. 5,2; 21,24 (CCL 1,94f. 127).

[4] Vgl. E. Fascher, Art. *Pilatus*: RE 20,2(1950)1323,42/53. A. von Harnack, *Ge-*

verschiedenen unechten Texten wörtlich mitgeteilt; stets ist er dort aber mit der Anschrift an Claudius versehen.[5] Wie A. von Harnack vermutet, hat der Verfasser der *Passio Petri et Pauli* die Umadressierung vorgenommen.[6] Eusebius gibt den Inhalt des Schreibens wieder und beruft sich dabei auf Tertullian.[7] Da diese angebliche Urkunde den Absichten des Eusebius entgegenkam, wollte er sicher nicht auf sie verzichten. Von Zweifeln an ihrer Echtheit weiss er nichts oder wollte er nichts wissen. Die Christen gewannen durch diesen Brief Pilatus als bedeutsamen heidnischen Zeugen für die Göttlichkeit Jesu.

Der Brief des Pilatus ist ein Beispiel für die oft zu belegende Tatsache, dass ein Pseudepigraphon ein anderes ermöglicht und hervorruft. In der zuvor erwähnten unechten *Passio Petri et Pauli* beruft sich Petrus gegenüber Kaiser Nero auf diese Urkunde, um mit diesem Beweisstück zu zeigen, dass allein Jesus der wahre Christus sein könne und nicht Simon Magus.[8] Der Kaiser lässt den Brief verlesen, scheint aber noch nicht hinreichend überzeugt zu sein, da er den Apostel fragt: *Dic mihi, Petre, ita per illum (sc. Iesum) omnia gesta sunt?* Petrus bejaht die Frage und stellt daraufhin den Lügenpropheten und „Teufelsmenschen" Simon Magus dem „Gottmenschen" Christus gegenüber.[9] Nicht ohne Kenntnis dieser lateinischen Fassung der *Passio Petri et Pauli* scheint das Schlusswort zum Nikodemus-Evangelium geschrieben zu sein, das eine bisher in der Erforschung der Pilatusliteratur unbeachtet gebliebenen Handschrift aus

---

schichte der altchristlichen Literatur bis Eusebius 2. Teil: Die Chronologie 1 (Leipzig 1896, Nachdruck ebd. 1958) 607f. versuchte jedoch zu beweisen, daß der noch vorliegende Brief erst aufgrund von Tert. apol. 21 gefälscht worden sei; vgl. W. Bauer, *Das Leben Jesu im Zeitalter der neutestamentlichen Apokryphen* (Tübingen 1909, Nachdruck Darmstadt 1967) 190 Anm.2. 536f.

[5] *Act. Petr. et Paul.* 40/2: griechischer Text (1, 196f. Lipsius-Bonnet); *Pass. Petr. et Paul.* 19/21: griechischer u. lateinischer Text (1,134/9 L.-B.); Anhang zum Descens. ad inf. c. 13 lateinische Rezension A, hrsg. von C. von Tischendorf, *Evangelia apocrypha* (Leipzig [2]1876, Nachdruck Hildesheim 1966) 413/6. Vgl. ferner Joh. Malal. 250f. Dindorf.

[6] A. von Harnack a.O. 1. Teil: *Die Überlieferung und der Bestand* 1 (Leipzig 1893, Nachdruck ebd. 1958) 22; vgl. ders., a.O. *Chronologie* 1, 607 Anm. 2 und F. Scheidweiler, Nikodemusevangelium, Pilatusakten und Höllenfahrt Christi: E. Hennecke – W. Schneemelcher, *Neutestamentliche Apokryphen* 1 (Tübingen [4]1968) 353 Anm. 1.

[7] *Hist. eccl.* 2,2,1/6.

[8] *Pass. Petr. et Paul.* 18: lateinischer Text (1,135 L.–B.). Zu diesen Akten vgl. O. Bardenhewer, *Geschichte der altkirchlichen Literatur* 1 (Freiburg[2] 1913, Nachdruck Darmstadt 1962) 544.564/8.

[9] *Pass. Petr. et Paul.* 22 (1,139 L.–B.).

St. Peter in Salzburg bietet.[10] In den ältesten lateinischen Handschriften des Nikodemus-Evangeliums, wie etwa im *Codex Einsidlensis* aus dem 10. Jahrhundert, beschliesst der Brief des Pilatus an Claudius den zweiten Teil des Evangeliums, den „*Descensus Christi ad inferos*".[11] Anders die Salzburger Handschrift. Sie enhält ebenfalls das gesamte Nikodemus-Evangelium; auf den Pilatusbrief, der auch hier den Schluss bildet, folgt aber eine bisher wohl noch unbekannt gebliebene Erzählung über die Wirkung, die das Schreiben des Landpflegers am römischen Kaiserhof ausgelöst haben soll. Dieser neue Text wird im folgenden mitgeteilt. Um zu zeigen, dass der Verfasser dieser apokryphen Erzählung von der zuvor erwähnten *Passio Petri et Pauli* angeregt worden ist, wird der entsprechende Textabschnitt der *Passio* parallel zur neuen Erzählung mitabgedruckt.

Pass. Petr. et Paul. 22 (1,139 Lipsius-Bonnet)	Nikodemus-Evangelium der St. Peter-Handschrift Nach dem Pilatusbrief an Claudius folgt:
Cumque perlecta fuisset epistola, Nero dixit: Dic mihi, Petre, ita per illum omnia gesta sunt? Petrus ait: Ita, non te fallo; sic enim est, bone imperator. hic Simon plenus mendaciis eqs.	Cumque haec Claudius suscepisset et Neroni imperatori[12] legisset, convocans[13] autem ad se Nero imperator Petrum apostolum dixit ad eum: Dic mihi haec omnia si per Iesum gesta sint. Dixit sanctus Petrus: Ita. Sic enim per ipsum facta sunt, bone imperator. Et cum ita dicta gesta salvatoris Iesu perlecta sunt. Foris palatium statim cecidit totum palatium Neronis. Haec videns Nero stupefactus et admirans, somno gravatus est et dormiens; apparuit illi in visione vir cruentatus sanguine dicens: Ego sum Iesus. De me

[10] St. Peter, Salzburg, a V 27 f. 138 r – 139 v. (12.Jh.) Schluß der Handschrift. Auf dieses Pilatus-Apokryphon hat mich freundlicherweise Frau Dr. Annemarie Mühlböck hingewiesen, der ich für die Erlaubnis der Erstveröffentlichung sehr zu danken habe.

[11] Vgl. H. C. Kim, *The Gospel of Nicodemus edited from the Codex Einsidlensis Ms. 326* (Toronto 1973); A. Vaillant, *L'évangile de Nicodème. Texte slave et texte latin* (Genève – Paris 1968).

[12] imperatore Cod.

[13] comvocans Cod.

enim scripsit tibi Pontius Pilatus testificatus me regem esse. Cum haec audisset in visione Nero, exurgens de somno, convocans Vespasianum dixit ei visionem et tradidit ei litteras Pontii Pilati et gesta passionis Iesu dicens: Iste Iesus per te faciet vindictam de inimicis suis Hebraeis. – Postquam autem adpropinquat tempus ultionis, cepit Christus dominus facere Iudcis signa et prodigia multa sicut in divinis scripturis legimus.

Explicit(!) gesta salvatoris.

Die Abhängigkeit dieser Erzählung von der *Passio Petri et Pauli* ergibt sich aus folgendem: Wie in der *Passio* steht Nero auch hier im Mittelpunkt der Erzählung und nicht Claudius, der Adressat des Pilatusbriefes. In beiden Texten spricht Petrus den Kaiser mit *bone imperator* an.[14] Entscheidender aber ist die Tatsache, dass Nero auch in der Salzburger Handschrift an den Apostel die gleiche Frage stellt, nämlich ob Jesus die Taten wirklich vollbracht habe, die Pilatus von ihm berichtet.[15]

Für die Ausgestaltung der weiteren Erzählung hat der Verfasser Topoi der Hagiographie verwendet. In vielen unechten Passionen wird berichtet, dass der Heilige durch Gebet oder Geste Götterbilder oder Tempel zu Staub zerfallen lässt.[16] Diese Wirkung wird hier den vorgelesenen *Gesta salvatoris*, also dem Nikodemus-Evangelium, zugeschrieben. Die Hervorhebung des Staunens über ein Wunder gehört zu den Topoi der heidnischen und christlichen Wundererzählung.[17] Auch Christus-Visionen sind seit der kanonischen Apostelgeschichte in der apokryphen und hagiographischen Literatur nichts Seltenes.[18] Das Wort des erhöhten

---

14 Diese Anrede begegnet in der *Pass. Petr. et Paul.* sehr oft, z. B. 15.18.23.26.31 usw.

15 S. den Text o.S. 55.

16 Vgl. H. Günter, *Psychologie der Legende* (Freiburg 1949) 142f. und Reg. s.v. Götzenbilder; H. Delehaye, *Les passions des martyrs et les genres littéraires* = Subsidia hagiogr. 13 B (Bruxelles 1966) 215f.

17 Vgl. H. D. Betz, *Lukian von Samosata und das Neue Testament* = Texte u. Unters. 76 (Berlin 1961) 159.

18 Vgl. Act. 22,8: ἐγώ εἰμι Ἰησοῦς ὁ Ναζωραῖος, ὃν σὺ διώκεις (vgl. 18,9). Diese Christusvision, die Paulus vor Damaskus zuteil wurde, war wohl das Vorbild. Innerhalb der Pilatusliteratur begegnet sie in der „*Vindicta Salvatoris*" c. 21, hrsg. von A. de Santos-Otero, *Los evangelios apocrifos* (Madrid ³1975) 524. Zu der Selbstvorstel-

Christus: «*De me enim scripsit tibi*[19] *Pontius Pilatus testificatus me regem esse*» sollte das Schreiben des Landpflegers, der darin auch auf die Königswürde Jesu hingewiesen hatte,[20] als echt bezeugen. Wenn ferner erzählt wird, dass Nero Brief und *Gesta passionis* seinem Feldherrn Vespasian ausgehändigt habe, so sollte wohl durch diese kaiserliche Wertschätzung die Bedeutung der beiden Dokumente noch weiter gesteigert werden. Schliesslich gibt der Erzähler eine geschichtstheologische Deutung: Der Krieg Roms gegen die Juden unter der Führung Vespasians geschehe nach dem Willen Christi. Der römische Kaiser Nero und sein Feldherr Vespasian sollten den Tod des Erlösers an seinen Mördern rächen. Die heidnische Staatsgewalt wird damit in den Dienst des Christentums gestellt. Romfreundliche und judenfeindliche Stimmung spricht bereits aus den Evangelien, vor allem aus Matthäus und Johannes. Die Gestalt des Pilatus wird von beiden mit Wohlwollen gezeichnet. Diese Tendenz setzt sich im apokryphen Petrusevangelium fort[21] und zeigt sich in den meisten Pilatusschriften der Christen, ebenfalls im neuen Pilatus-Apokryphon.

Über die Zeit, wann dieses Nachwort entstanden ist, läßt sich wohl nur soviel sagen, daß es sowohl das Nikodemus-Evangelium als auch die *Passio Petri et Pauli* voraussetzt. Spätantike Herkunft ist vielleicht nicht ganz auszuschließen. Der Verfasser hat noch irgendeine Kunde davon, daß Vespasian unter Nero mit der Niederwerfung der aufrührerischen Juden betraut worden ist.[22] Wahrscheinlich besteht auch ein Zusammenhang zwischen diesem Text und der „*Vindicta Salvatoris*", in der Nero nicht vorkommt, wohl aber Vespasian, der mit Titus, der hier völlig ungeschichtlich zu einem *regulus sub Tiberio in regione Equitaniae*... geworden ist, Rache an den Juden nimmt.[23]

---

lung: Ego sum Iesus vgl. E. Schweizer, *EGO EIMI* = Forschungen z. Rel. u. Lit. d. AT u. NT 56 = NF 38 (Göttingen 1939, Nachdruck ebd. 1965) 13f. 20f. – Vgl. ferner E. Benz, *Die Vision. Erfahrungsform und Bilderwelt* (Stuttgart 1969) 104/30: „Traumvisionen".

[19] Der Adressat des Briefes, Claudius, scheint hier vergessen zu sein.

[20] Vgl. die lateinische Fassung des Briefes:... *qui eorum rex merito diceretur* (*Pass. Petr. et Paul.* 19[1,137 L.–B.]).

[21] Vgl. Chr. Maurer bei Hennecke – Schneemelcher a.O. (s.o. Anm. 6) 1,118/24 und de Santos Otero a.O. (s.o. Anm. 18) 375/93; ferner Bauer a.O. (s.o. Anm. 4) 183/98 und Reg. 566 s.v. Pontius Pilatus.

[22] Vielleicht kannte er Suet. *Vesp.* 4,5f.; 8,1 oder *Hegesipp. sive de bello Iudaico* 3,3,1 (CSEL 66,1,187); vgl. 3,1,2f. (182f.). Zum Feldzug Vespasians gegen die Juden in den Jahren 67/69 vgl. Schürer – Vermes – Millar a.O. (s.o. Anm. 1) 491/501.

[23] Hrsg. von Tischendorf a.O. (s.o. Anm. 5) 471/86 und de Santos Otero a.O.

2. Gerichtsurteile des Kaiphas und Pilatus über Jesus

Aus den Passionsberichten der Evangelien hörten die Gläubigen, daß der Hohepriester Kaiphas Jesus des Todes für schuldig befunden und Pilatus ihn zum Kreuzestod verurteilt hat. Die Evangelisten haben aber die ausgefertigten Gerichtsurteile nicht im Wortlaut angeführt. Diese Lücke der Überlieferung wurde durch zwei erfundene Urkunden geschlossen. Sie sind in einer Handschrift der Kapitular-Bibliothek von Verona überliefert und sollen anschließend mitgeteilt werden.[24] Wahrscheinlich hat sie ein italienischer Humanist im 15. Jahrhundert erfunden.

Sententia contra salvatorem mundi dominum nostrum Jesum Christum

Nos Cayphas praesentis anni sacerdotum princeps regii templi ac hebraici cultus primus in anno sacerdotis successor Iesum Nazarenum captum nobisque praesentatum et veris testimoniis accusatum contrarium legi et templo, sed et nobis audientibus se filium dei asserentem contra nostra collegia sacerdotibus, scribis, pharisaeis ac archisinagogo reum mortis declaramus et condemnamus nostroque invictissimi Caesaris praesidi tradi ac praesentari iudicamus et eum morti irrevocabiliter iudicari petimus et oramus.

Datum in atrio solitae habitationis nostrae apud censorium tribunal anno XII Tiberii Caesaris Augusti pontificatus nostri anno primo.[25]

Nos Pilatus vices Caesaris tenentes pro tribunali sedendo condemnamus Iesum Nazarenum a Iudeis nobis traditum et secundum legem eorum occidendum ad montemque Calvarium duci et nudum crucifigi et in altum elevari ac inter duos nequam deputari et super eius caput causam ipsius scribi graece, hebraice et latine ad notitiam omnium populorum: Iesus Nazarenus rex Iudeorum.[26]

Datum Lithostrotos[27] sub divo Caesare Augusto Tiberio sui imperii anno XII deorum immortalium cultu perpetuo in lege Hebreorum Caypha pontifice et Gairo[28] archisinagogo gubernantibus.

512/32; vgl. E. von Dobschütz, *Christusbilder, Untersuchungen zur christlichen Legende* = Texte u. Unters. 18 (Leipzig 1899) 276* f.

[24] Cod. CCXXVIII f. 12 r. – 12v.(15./16. Jh.).

[25] Vgl. die ausführliche Datierung am Anfang des Nikodemus-Evangeliums.

[26] Vgl. Joh. 19, 19/22 und die *Sententia Pilati*: 535 de Santos Otero.

[27] Lythostratos Cod.; vgl. Joh. 19,13: Λιθόστρωτον.

[28] Vgl. Mc. 5,22 par.: εἷς τῶν ἀρχισυναγώγων, ὀνόματι Ἰάειρος.

Die Sententia des Pilatus hat eine Parallele in der ausführlicheren italienisch geschriebenen Sententia Pilati. Diese soll nach der Einleitung auf ein hebräisches Original zurückgehen, das angeblich 1580 in Aquila, Abruzzen, in einem eisernen Kasten, auf Pergament geschrieben, zum Vorschein gekommen ist.[29]

[29] 532/5 de Santos Otero. Zu den beiden miteinander verbundenen Echtheitsbeglaubigungen vgl. W. Speyer, *Bücherfunde in der Glaubenswerbung der Antike* = Hypomnemata 24 (Göttingen 1970) und ders., Angebliche Übersetzungen des heidnischen und christlichen Altertums: *Jahrb. f. Ant. u. Christent.* 11/12 (1968/69) 26/41.

18. Die Zeugungskraft des himmlischen Feuers in Antike und Urchristentum

Für die Menschen eines vortechnischen Zeitalters war der Blitz die eindrucksstärkste Lichterscheinung, der Donner der akustisch gewaltigste Klang. Dabei hat der Blitz auf die religiösen Vorstellungen der meisten Völker der antiken Mittelmeerwelt eine tiefere Wirkung ausgeübt als der Donner. Dies liegt wohl an folgendem: Der Augensinn ist zur Erfassung der Außenwelt wichtiger als das Gehör; der Blitz ist gefährlicher als der Donner: er trifft bestimmte Orte, Gegenstände und Menschen; der Blitz ist eine außerordentliche Erscheinungsform eines der Grundelemente, des Feuers; er ist mit den Urphänomenen der Lichtgeburt und des Erkennens verwandt; ferner eignet er sich zur künstlerischen Darstellung[1]. Um so bemerkenswerter ist die Tatsache, daß der Donner anscheinend auf die alten Israeliten einen größeren Eindruck gemacht hat: Im Donner erlebten sie das Walten und das Sprechen ihres Bundesgottes[2].

Da Blitz und Donner von der geographischen Lage eines Landes abhängen und sich deshalb nicht in allen Ländern des Vorderen Orients und des Mittelmeergebietes in gleicher Häufigkeit und Stärke ereignen, haben sie auch im Bewußtsein der Bewohner dieser Länder verschieden tiefe Spuren hinterlassen. In küstennahen Landstrichen und in großen Ebenen entstehen Gewitter im Vergleich zu gebirgigen Gegenden selten. So sind Kleinasien, Syrien, Israel, Griechenland und Italien reich an Gewittern, im Gegensatz zu Ägypten und Babylonien. In der Urheimat der indoeuropäischen Völker waren Gewitter ebenfalls häufig, wie der Glaube dieser Völker an Gewittergötter beweist: Die Griechen verehrten Zeus als den Herrn über Blitz und Donner, die Römer Juppiter. Die Kelten beteten zum Donnergott Taranis, die Germanen zu Donar-Thor und die Slaven zu Perun-Perkons[3].

In den Naturerscheinungen von Blitz und Donner erlebten die Menschen des Altertums auf das nachdrücklichste die Macht, die Erhabenheit und das Geheimnisvolle einer Gottheit. Die von Rudolf Otto aufgewiesenen Wesensmerkmale des Numinosen, das Mysterium tremendum (ira dei) mit Maiestas und Energeia, das Fascinans, das Ungeheuerlich-Unheimlich-Entsetzliche und das Augustum zeichnen Blitz und Donner mehr als alle anderen Erscheinungen der Natur aus[4].

Blitz und Donner behielten ihre Wirkung, als Offenbarung des Göttlichen zu dienen, nur solange, wie die Menschen diese Naturerscheinung noch nicht rational bewältigt zu

---

1 Vgl. H. Usener, Keraunos: RheinMus 60 (1905) 1—30 = Kleine Schriften 4 (1913, Nachdruck 1965) 471—497; W. Speyer, Gewitter: RAC 10 (1978) 1107—1172.

2 Ebd. 1146 f.

3 Ebd. 1109 f. 1118 f.; zu Zeus vgl. H. Schwabl, Zeus II: RE Suppl. 15 (1978) 993—1411, bes. 1013—1020.

4 Vgl. R. Otto, Das Heilige (^{1}1917, ^{35}1963) 5/74.83; ferner C. Colpe (Hrsg.), Die Diskussion um das Heilige = Wege der Forschung 305 (1977).

haben vermeinten. Griechische Philosophen haben im 6. Jahrhundert v. Chr. damit begonnen, das Gewitter aus natürlichen Ursachen zu erklären[5]. Ihre Deutungen waren aber nur einem eng begrenzten Kreis Gebildeter zugänglich. Das Volk glaubte weiterhin, daß ein Gott im Gewitter wirksam sei, und religiös empfindende Denker und Dichter sahen im Blitz, dem himmlischen Feuer, eine Chiffre für das zeugende göttliche Urprinzip, an dem der Mensch mit seiner Geist-Seele und seinem Erkennen Anteil habe.

Friedrich Creuzer und Albrecht Dieterich haben bereits vermutet, daß die Menschen der Antike den Blitz als eine befruchtende Kraft aufgefaßt haben[6]. Allerdings haben sie so wenig wie Karl Kerényi einen «ganz offen in diesem Sinn sprechenden antik-klassischen Beleg» beizubringen gewußt[7]. Wie die folgenden Zeugnisse lehren, war die zeugende und lebensspendende Kraft des Gewitters, des Blitzes, den Menschen des griechisch-römischen Altertums durchaus bewußt. Die ausgewerteten Zeugnisse gehören teils dem Mythos und dem Volksglauben, teils der Dichtung und dem philosophischen Denken an. Die metaphorische Ausdrucksweise der Dichter und die Überlegungen der Philosophen vermögen die betreffenden Aussagen des Volksglaubens und des Mythos mittelbar zu bestätigen und zu vertiefen. Ob und wieweit die aus verschiedenen Epochen stammenden Belege voneinander abhängen, ist im Einzelfall höchstens zu vermuten, nicht aber durch die philologisch-historische Methode sicher zu ermitteln. Das Erlebnis eines Gewitters konnte auch bei literarisch Gebildeten der Antike und der Neuzeit, vor allem bei Menschen, die über einen ausgeprägten sensus numinis verfügten, zu der Einsicht in die Segenskraft des Gewitters führen.

Der Blitz ist eine außergewöhnliche Erscheinungsweise des Feuers und des Lichts. Für den religiös empfindenden und denkenden Menschen der Antike gehören Feuer, Licht und Leben ebenso zusammen wie Feuer, Licht und die höchste Gottheit. Der Glaube der Griechen an Zeus und der Römer an Juppiter weist zurück auf die Verehrung des ‹Vater Himmel (Tag)› durch die Indoeuropäer[8]. Die Völker der Mittelmeerkulturen haben Sonnengötter verehrt, und im Späthellenismus kam der Kult des ‹Feurigen Gottes› als Herrschers des Kosmos auf[9]. Im Timaios Platons bildet der Demiurg die himmlischen Götter, die Gottheiten der Sterne, aus Feuer[10]. Später sprach man auch vom Feuerleib der Dämonen und Götter[11].

An die religiös-mythische Vorstellung vom obersten Licht- und Feuergott haben griechische Philosophen angeknüpft und ihr vergeistigtes Prinzip vom allesbewirkenden feurigen Logos und Nus aufgestellt. So prägte Heraklit den Begriff des πῦρ φρόνιμον und das

5 Vgl. O. Gilbert, Die meteorologischen Theorien des griechischen Altertums (1907, Nachdruck 1967) 619/38.725 Reg. s. v. Gewitter; Speyer a. O. 1138 f.

6 F. Creuzer, Symbolik und Mythologie der alten Völker, besonders der Griechen 4[2] (1819) 510; A. Dieterich, Mutter Erde [3](1925, Nachdruck 1967) 92 f.

7 K. Kérenyi, ΑΣΤΕΡΟΒΛΗΤΑ ΚΕΡΑΥΝΟΣ: ArchRelWiss 26 (1928) 322/30, bes. 322 f. 329 f.

8 Zur Sprachgeschichte des Namens ‹Zeus› vgl. J. Schindler bei Schwabl a. O. (s. o. Anm. 3) 999 f.

9 Vgl. A. Dieterich, Abraxas. Studien zur Religionsgeschichte des späteren Altertums (1891, Nachdruck 1973) 48—56; M. P. Nilsson, Geschichte der griechischen Religion 2[2] (1961) 507—519.707 f.

10 Plat. Tim. 39 e 10; 40 a 1 f.; Nachwirkung bei Philo gig. 7 f. (zu Ov. met. 1, 72 f. vgl. F. Bömer zur Stelle).

11 Corp. Hermet. 10, 16 (1, 121 Nock-Festugière mit Anm. 58).

Wort: τὰ δὲ πάντα οἰακίζει Κεραυνός[12]. Im Anschluß an Heraklit haben die Stoiker ihre Lehre vom πῦρ νοερόν entwickelt, wobei Kleanthes wieder den Blitz gleichsam als Erscheinungsweise des obersten Gottes Zeus in hymnischer Sprache feiert[13]. Von der hellenistischen Frömmigkeit und der stoischen Philosophie laufen Entwicklungslinien zu Philon, zum Evangelisten Johannes, der Jesus Christus als das ‹Licht der Welt› preist, und zu Kirchenschriftstellern, die metaphorisch von Gott, vor allem vom Heiligen Geist, als dem lebenbewirkenden Ur-Licht und Ur-Feuer sprechen[14].

Nach dem Glauben der antiken Völker hat die Gottheit Macht zu segnen und zu verfluchen, zu beleben und zu vernichten. Das Wesen der Gottheit ist Heiligkeit. Diese Heiligkeit wurde in ihrem Wesen und in ihrer Wirkung als ambivalent erlebt, als segen- und als fluchbringend[15]. Das Gleiche glaubte man auch vom Blitz. Der Blitz galt als himmlisches Feuer, also als ein Feuer, das aus dem Reich der Götter stammt. Griechen und Römer haben deshalb den Blitz für heilig und göttlich gehalten und ihn ἱερός, δαιμόνιος, θεῖος, sacer und divinus genannt[16].

12 Vgl. K. Reinhardt, Heraklits Lehre vom Feuer: Hermes 77 (1942) 1—27, bes. 25—27 = ders., Vermächtnis der Antike ²(1966) 41—71, bes. 68—71. VS 22 B 64; dazu G. S. Kirk, Heraclitus. The Cosmic Fragments (Cambridge 1962) 349—357.

13 Vgl. Reinhardt a. O. 27 Anm. 41 mit Hinweis auf Chrysipp.: SVF 2, 423 bei Aug. civ. D. 8, 5: nam Stoici ignem ... et viventem et sapientem et ipsius mundi fabricatorem atque omnium, quae in eo sunt, eumque omnino ignem deum esse putaverunt; ferner M. Pohlenz, Die Stoa 1/2 ³(1964) Reg. s. v. Feuer; zum Zeushymnus des Kleanthes vgl. Schwabl a. O. (s. o. Anm. 3) 1347 f. — Procl. in Plat. Tim. 22 c (1, 112, 9 f. Diehl) bemerkt: δημιουργίας γὰρ σύμβολον ὁ κεραυνὸς ἀναφῶς διὰ πάντων χωρούσης καὶ πάντα σῳζούσης ...

14 Vgl. F.-N. Klein, Die Lichtterminologie bei Philon von Alexandrien und in den hermetischen Schriften (Leiden 1962). — Joh. 9, 5; vgl. H. Conzelmann, φῶς: Theol. Wörterb. zum Neuen Testament 9 (1973) 302—349; G. W. H. Lampe, A Patristic Greek Lexicon (Oxford 1968) 1209 f. (πῦρ); 1504 f. (φῶς) und u. S. 74 f. — Auf den ontologischen Bezug zwischen Gott und Licht hat Augustinus, Gen. ad litt. 4, 28 (CSEL 28, 1, 127) hingewiesen: neque enim et Christus sic dicitur lux, quomodo dicitur lapis, sed illud proprie, haec utique figurate. — Die Transzendenz Gottes gegenüber Licht und Feuer wurde oft hervorgehoben (vgl. die Stellen bei Lampe a. O. 1208; ferner Prudent. apoth. 71—76 und die Lichtvision der Hl. Dreieinigkeit im Schlußgesang der Divina Comedia Dantes).

15 Treffend bemerkt O. Jahn, Über den Aberglauben des bösen Blicks bei den Alten: Ber. Verh. Sächs. Akad. Wiss. Leipzig 7 (1855) 61 f.: «Hier liegt ein Gedanke zugrunde, der alle religiösen Vorstellungen des Altertums tief durchdringt, daß die Kraft zu segnen und zu heilen unzertrennlich von der zu schaden und zu vernichten ist und umgekehrt, daß daher auch in jeder Gottheit beide entgegengesetzten Seiten vereinigt sind»; ähnlich C.-M. Edsman, Le baptême de feu = Acta Sem. Neotest. Upsal. 9 (Leipzig—Uppsala 1940) 193 f. über die Natur des Feuers: «Cet élément est à la fois déificateur et vivificateur, il châtie et anéantit et correspond ainsi aux côtés différents de l'être même de la divinité ...». Dieser Gedanke von ὁ τρώσας ⟨καὶ⟩ ἰάσεται verdiente eine eigene Darstellung; dazu vgl. A. St. Pease zu Cic. div. 2, 135: radiculam ... ferre; M. Eliade, Die Religionen und das Heilige (Salzburg 1954, Nachdruck Darmstadt 1976) 37—42: ‹Das Tabu und die Ambivalenz des Sakralen›; R. Muth, Träger der Lebenskraft (Wien 1954) 119 mit Anm. 2 und 3; W. Deonna, Le symbolisme de l'œil (Bern 1965) 146 f.; W. Speyer, Fluch: RAC 7 (1969) 1163—1165. 1175 f. 1181—1183; D. Korzeniewski: Gymnasium 79 (1972) 348 f. Anm. 5; Schwabl a. O. (s. o. Anm. 3) 1023 f.; Th. Köves-Zulauf, Camilla: Gymnasium 85 (1978) 184 f.

16 PsAristot. probl. 24, 19 (937 b 27 f.); Apollonides (wohl augusteische Zeit): Anth. Pal. 9, 243, 6; Plut. quaest. conv. 5, 10, 3 (685 c); Persius 2, 24 f.; Pass. Philippi 8: ASS Oct. 9, 546; ferner Georg, Sync. chron. 385 d (722, 12 Dindorf). Vgl. auch die antike Etymologie von θέειον, θεῖον Schwefel. Der Blitz ist von Schwefelgeruch begleitet; dazu H. Blümner, Schwefel: RE 2 A, 1 (1921) 796 f. — Wie die Völker des Alten Orients haben Griechen und Römer sich den Blitz als Waffe in der Hand des Wetter-

So nimmt der Blitz wie alles Heilige an der ambivalenten göttlichen Kraft teil: er kann vernichten oder beleben[17]. Wenn im altjüdischen apokryphen Henochbuch der Patriarch Henoch die Worte spricht: «In jenen Tagen sahen meine Augen die Geheimnisse der Blitze, ebenso die der Lichter und ihr Gesetz; sie blitzen zum Segen oder zum Fluch, wie der Herr der Geister will...», so stimmt damit der griechisch-römische Volksglaube überein[18].

Dieses ambivalente Wesen und diese ambivalente Wirkung des Blitzes ergibt sich auch aus der antiken Bewertung eines Menschen, der vom Blitz getroffen worden ist. Vielfach sah man im Tod durch den Blitz die Strafe für einen Frevel gegen den Herrn des Himmels; manchmal hat man den Blitztod aber auch als Erwählung durch den Gewittergott aufgefaßt. Vielleicht hat zu dieser positiven Bewertung der von Plutarch einmal erwähnte Umstand beigetragen, daß der Leib des vom Blitz Getroffenen unverweslich bleiben soll[19]. Die positive Bewertung des Blitztodes ist durch nicht wenige antike Zeugnisse gesichert. Der im 2. Jahrhundert n. Chr. lebende religiöse Scharlatan Alexandros von Abonuteichos verkündet, er werde, wenn er 150 Jahre erreicht habe, vom Blitz getroffen[20]. Durch diese Todesart wollte er ausdrücken, daß er als ein Vergöttlichter und ein Freund Gottes die Erde verlassen werde. Einzelne Gottesfreunde mythischer und geschichtlicher Zeit sind nach dem Glauben der Griechen vom Blitz getroffen oder während eines Gewitters ins Jenseits entrückt worden, oder ihr Grab und ihre Statue wurden vom Blitz gezeichnet. Derartiges ist beispielsweise von Asklepios, Herakles, Amphiaraos, Erechtheus, Semele, Aeneas und Romulus, von Lykurgos, Empedokles, Euripides und dem Faustkämpfer Euthymos überliefert[21]. So konnte der Blitzgetroffene als homo sacer durchaus auch positiv beurteilt werden. Er galt dann als Gottesfreund und Apotheosierter.

Freilich sind die antiken Belege, die den Blitztoten als Gottesfeind und Verfluchten bezeichnen, weit zahlreicher. Dieser Tatbestand wird verständlich, wenn man bedenkt, daß die furchterregende, zerstörende und strafende Wirkung des Gewitters und des Blitzes im menschlichen Bewußtsein weit tiefer haftet als die sich im Segen äußernde Kraft.

Die Ambivalenz, die dem Blitz als dem himmlischen Feuer nach dem antiken Volksglauben zukommt, ergibt sich ferner aus seiner bald reinigenden, bald verunreinigenden Kraft und aus seiner Bedeutung als Vorzeichen in der sichtbaren Welt und im Traum, das Heil oder Unheil verheißen kann[22].

gottes vorgestellt und ihn deshalb als seine Stich- oder Stoßwaffe bezeichnet (vgl. E. S. McCartney, Classical Weather Lore of Thunder and Lightning: ClassWeekly 25 [1931/32] 215 Anm. 480 und Speyer, Gewitter a. O. 1115 und u. S. 64).

17 Ganz entsprechend unterscheidet der Stoiker Zenon zwischen dem verzehrenden und dem künstlerisch-schöpferischen Feuer, das alles gestaltet, erhält und das Wachstum fördert (SVF 1, 120; vgl. Cleanth.: SVF 1, 504. 537 hymn. 5—10; dazu Pohlenz a. O. (s. o. Anm. 13) 1, 73; 2, 42; ferner Heraclit. quaest. Hom. 26, 6 f.; Clem. Alex. ecl. proph. 26, 1/3 (GCS Clem. Alex. 3, 144): διπλῆ τε ἡ δύναμις τοῦ πυρός, ἣ μὲν πρὸς δημιουργίαν [s. o. Anm. 13 zu Proklos] καὶ πέπαυσιν καρπῶν καὶ ζῴων γένεσιν καὶ τροφὴν ἐπιτήδειος, ἧς εἰκὼν ὁ ἥλιος, ἣ δὲ πρὸς ἀνάλωσιν καὶ φθοράν, ὡς τὸ πῦρ τὸ ἐπίγειον.

18 Hen. aeth. 59 (389 Rießler). Vgl. Paneg. Lat. 12 (9) 13, 2: ... deus ille mundi creator et dominus eodem fulmine suo nunc tristes, nunc laetos nuntios mittit...

19 Plut. quaest. conv. 4, 2, 3; 5, 10, 3 (665 c. 685 c); vgl. Speyer, Gewitter a. O. (s. o. Anm. 1) 1124 f.

20 Lucian. Alex. 59.

21 Belege bei Speyer, Gewitter a. O. 1125 f.

22 Belege ebd. 1128 f.

Der Segen wurde von den Menschen des Altertums vor allem in der Fruchtbarkeit von Weib, Herden und Acker erlebt. Die Griechen und die Bewohner der Apenninenhalbinsel haben deshalb die Segenskraft des Gewitters hauptsächlich in seiner befruchtenden Wirkung gesehen. So berichtet Plutarch vom Glauben der Bauern, daß Gewitterregen fruchtbringender als gewöhnlicher Regen sei, und versucht dafür auch eine naturwissenschaftliche Erklärung zu geben[23]. Auf diese befruchtende Wirkung des Gewitters spielt Goethe in seinem Gedicht ‹Grenzen der Menschheit› an. Hier rühmt er den «uralten heiligen Vater, der aus rollenden Wolken segnende Blitze über die Erde sät»[24]. Dieser Ausdrucksweise liegt die antike Vorstellung vom Blitz als Samen zugrunde, auf die noch zurückzukommen sein wird.

Der Blitz als außerordentliche Erscheinung des Feuers hat nach antikem Volksglauben auch außerordentliche Folgen. Wunderbare Erscheinungen in Natur und Menschenwelt galten dem religiösen Menschen der Antike als gottgewirkt. Die Heiligkeit des vom Himmelsherrn geschleuderten Blitzes zeigt sich nach diesem Glauben darin, daß der Blitz auf der Erde wunderbar anmutende Erscheinungen hervorbringt. So sollen nach griechischem Volksglauben die Trüffelpilze beim Gewitter entstehen. Der Blitz gab ihnen auch den Namen: sie heißen κεραύνια[25]. In einem Fragment des Agathokles von Kyzikos heißt es: «Als ein Blitz in das Grab [...] einschlug, wuchs aus dem Grabhügel ein Baum, den jene [...] κόνναρος nennen»[26]. Ferner sollen die als Naturwunder angesehenen heißen Quellen durch den Blitzstrahl aus der Erde geschlagen werden. So hat Zeus, wie man erzählte, für den durstigen Herakles eine Quelle durch den Blitz geschaffen[27]. Der Verfasser der pseudoaristotelischen Problemata physica führt die Heiligkeit der warmen Quellen darauf zurück, daß sie aus Schwefel und Blitz entstehen, aus Substanzen, die dem Reich der Götter angehörten und damit heilig seien[28]. Zu den wunderbaren, seltenen und kostbaren Gaben der Natur gehört vor allem die Perle. Dieses vollkommene Gebilde konnte nur, wie man jahrtausendelang geglaubt hat, unter Einwirkung des Himmels ins Dasein treten. Bald meinte man, daß der bei günstiger Stunde vom Himmel fallende Tautropfen von der

23 Quaest. conv. 4, 2, 1 f. (664 d/665 a); quaest. nat. 4 (912 f/913 a). Plut. quaest. nat. 4 war Vorlage für Michael Psellos, De omnifaria doctrina c. 173 (87 Westerink); vgl. ferner Celsus bei Orig. c.. Cels. 4, 75; McCartney a. O. (s. o. Anm. 16) 200 f.: ‹Thunder and Vegetation›. — St. Weinstock liest bei Plin. n. h. 2, 138 fulmina generabilia statt fulmina generalia (Etruscan Demons: Studi in onore die L. Banti [Roma 1965] 345—350, bes. 347).

24 Hamburger Goethe-Ausgabe 1[9] (1969) 146; vgl. auch F. Hölderlin, Wie wenn am Feiertage ... 1. Strophe: Sämtliche Werke 2, hrsg. von F. Beissner (1953) 122 (Kleine Stuttgarter Ausgabe).

25 Vgl. Theophr. frg. 167 Wi. bei Athen. 2, 60 (62 a—b) und die Belege bei McCartney a. O. und Steier, Pilze: RE 20, 2 (1950) 1373, 52—68; 1383.

26 Agathocl. Cyzic. bei Athen. 14, 62 (649 f) = FGrHist 472 F 4. Jacoby zur Stelle denkt an das Grab Alexanders in Alexandrien (zu Alexander s. u. S. 63 f.); zu dem Baum J. Murr, Die Pflanzenwelt in der griechischen Mythologie (Innsbruck 1890) 70.

27 Schol. B zu Il. 20, 74.

28 PsAristot. probl. 24, 19 (937 b 27 f.). Vielleicht ist dieser Glaube von den Schwefelquellen ausgegangen; zu ihnen vgl. Blümner a. O. (s. o. Anm. 16) 801; ferner W. Speyer, Der Ursprung warmer Quellen nach heidnischer und christlicher Deutung: Jahrb. f. Ant. u. Christ. 20 (1977) 39—46.

Meermuschel empfangen und auf dem Meeresgrund zur Perle verwandelt werde[29], bald aber nahm man an, die Perle werde in dem Augenblick gezeugt, wenn der Blitz die Muschel trifft und in sie eindringt. Als erster spielt auf diese wunderbare Erzeugung der Perle Isidor von Charax an, der zur Zeit des Kaisers Augustus lebte: Die Muscheln im Persischen Golf brächten während Gewittern und Regengüssen die meisten und größten Perlen hervor[30]. Der christliche Schriftsteller Clemens von Alexandrien (gest. vor 215) ist für uns der erste, der ausdrücklich von der Zeugung der Perle durch den Blitz spricht. Er verwendet diesen Gedanken bereits in einer Allegorie und beweist damit, daß diese Erklärung der Perlenentstehung zu seiner Zeit verbreitet war. Clemens vergleicht nämlich die Herkunft des einzigartigen Jesus mit der Herkunft der wunderbaren Perle. Wörtlich sagte er: «Eine Perle ist auch der durchglänzende und reinste Jesus, den die Jungfrau aus dem göttlichen Blitz geboren hat...»[31]. Eindeutiger als hier konnte die Kraft des göttlichen Blitzes, der Wunderbares hervorbringt, kaum ausgedrückt werden. Wo der Glaube an die Blitzerzeugung der Perle entstanden ist, kann nur vermutet werden; wahrscheinlich in den Gebieten, wo die Perlen gefunden werden[32].

Diese lebenszeugende Kraft des göttlichen feurigen Samens offenbart sich nach antikem Glauben ebenso in der Welt der Menschen. Das Element des Feuers wurde im Altertum vor allem als Erscheinungsweise der männlichen Kraft und des männlichen Prinzips gewertet. So bemerkt Varro: «Die Ursache für die Geburt ist demnach eine zweifache: Feuer und Wasser. Deswegen wird beides bei der Hochzeit auf der Hausschwelle verwendet, weil hier eine Verbindung stattfindet: das Feuer bedeutet den Mann, weil dort der Same ist, das Wasser die Frau, weil der Embryo von ihrer Feuchtigkeit sich entwickelt, und die Kraft der Verbindung beider ist Venus»[33].

29 Vgl. Plin. n. h. 9, 107; Rommel, Margaritae: RE 14, 2 (1930) 1692; F. Ohly, Tau und Perle: Schriften zur mittelalterlichen Bedeutungsforschung (1977) 274—292.

30 Vgl. Isidor von Charax bei Athen. 3, 46, 93 e = FGrHist 781 F 1. Auf keimendes Leben soll das Gewitter bald förderlich wirken (Plut. quaest. conv. 4, 2, 1 f. [664 B/665 A]), bald schädigend (Aristot. hist. an. 6, 2, 560 a 4 und Plin. n. h. 10, 152 von den Hühnereiern; ebd. 9, 108 und Orig. comm. in Mt. 10, 7 [GCS Orig. 10, 8] von den Perlen); vgl. Rommel a. O. 1692 f. und McCartney a. O. (s. o. Anm. 16) 192.

31 Fragment in der Niketas-Katene zu Mt. 13, 45 f. (GCS Clem. 1³, 228, 5 f.). Vgl. ferner Ael. hist. anim. 10, 13. Nach H. Usener, Die Perle. Aus der Geschichte eines Bildes: Vorträge und Aufsätze (1907) 219—231; Rommel a. O. 1692 f. 1701; Edsman a. O. (s. o. Anm. 15) 190—199 hat F. Ohly, Die Geburt der Perle aus dem Blitz: a. O. (s. o. Anm. 29) 293—311 vor allem die Metapher und Allegorie der Perlenerzeugung im christologischen und mariologischen Zusammenhang dargestellt.

32 Vgl. Ohly a. O. 301. Vielleicht war es Indien, wo der Blitzgott stets als zeugende Kraft galt (vgl. auch Kerényi a. O [s. o. Anm. 7] 323).

33 Varro ling. lat. 5, 61, eine Stelle, die auf Lact. inst. div. 2, 9, 21 (CSEL 19, 145) und Isid. orig. 13, 12 eingewirkt hat (zu dieser ‹dualistischen› Lehre über die Zeugungsanteile der Eltern vgl. E. Lesky, Embryologie: RAC 4 [1959] 1229/32). Vergleichbar ist eine angeblich von Pythagoras übernommene Lehre Zarathustras, über die nach Diodor von Eretria und Aristoxenos Hippolytos ref. 1, 2, 12—15 GCS Hippol. 3, 7 f.) berichtet (dazu R. Reitzenstein — H. H. Schaeder, Studien zum antiken Synkretismus aus Iran und Griechenland [1926, Nachdruck 1965] 116—118 und J. Bidez — F. Cumont, Les mages hellénisés 2 [Paris 1938, Nachdruck ebd. 1973] 63 f.). Zur weiten Verbreitung dieses Gedankens vgl. H. Baumann, Das doppelte Geschlecht (1955) 310—314.

Altitalische und griechische Mythen wissen von der Entstehung einzigartiger Menschen, von Königen und Helden, durch einen himmlischen Feuersamen zu berichten. Eher altitalisch als etruskisch scheinen jene Erzählungen zu sein, die von der Erzeugung eines der Sage angehörenden Königs und Stadtgründers durch einen Phallos, der aus dem Herdfeuer emporgestiegen sein soll, oder durch einen göttlichen Feuerfunken Kunde geben. Auf diese Weise sollen Romulus und Remus als die Enkel des Tarchetius, ferner Caeculus, Servius Tullius und vielleicht auch Modius Fabidius gezeugt worden sein[34]. Der Same, der den Schoß der sterblichen Mütter dieser Heroen befruchtet, ist als göttlicher Feuerfunke gedacht[35]. Seinem Wesen nach ist dieser feurige Same mit dem göttlichen Feuer des Blitzes identisch. So wird es unmittelbar einsichtig, daß der Feuergott Hephaistos zugleich auch als Schutzgott von unfruchtbaren Frauen verehrt wurde[36]. In diesen Zusammenhang gehört ferner eine nur von Plutarch überlieferte Legende über die Erzeugung Alexanders des Großen: In der Nacht, bevor Olympias und Philippos im Brautgemach zusammenkamen, hatte die Braut eine Vision, daß es donnerte und der Blitz auf ihren Schoß fiel. Ein starkes Feuer entzündete sich aus dem Blitzschlag, teilte sich darauf und löste sich in überallhin züngelnde Flammen auf[37]. Die Einzigartigkeit des Welteroberers Alexander verlangte nach einer Erklärung. Wie man glaubte, konnte er nicht von einem menschlichen Wesen abstammen.

34 Vgl. Weinstock a. O. (s. o. Anm. 23) 348 f. — U. W. Scholz, Studien zum altitalischen und altrömischen Marskult und Marsmythos (1970) 126—140, bes. 127—132 führt gegen die Herleitung aus Etrurien beachtliche Gründe an (für etruskische Herkunft entscheidet sich nach F. Altheim, Griechische Götter im alten Rom [1930] 47 f. u. a. auch E. Marbach, Tarchetios: RE 4 A, 2 [1932] 2294 f.). Vgl. ferner H. Hommel, Vesta und die frührömische Religion: Aufst. u. Niederg. d. röm. Welt 1, 2 (1972) 397—420, bes. 413—417 und A. Alföldi, Die Struktur des voretruskischen Römerstaates (1974) 182—188. — Zu Modius Fabidius vgl. Dionys. Hal. ant. Rom. 2, 48 und E. Marbach, Modius nr. 5: RE 15, 2 (1932) 2328 f.

35 Vgl. Serv. Aen. 7, 678 wohl aus Catos Origines (Cat. frg. 59 Peter): scintilla eius [sc. foci] uterum percussit, unde dicitur concepisse (die mit Namen nicht genannte Mutter des Caeculus). σπέρμα πυρός ist seit Od. 5, 490 zu belegen (vgl. Kerényi a. O. [s. o. Anm. 7] 322 f. und Hommel a. O. 411).

36 Vgl. O. Gruppe, Griechische Mythologie und Religionsgeschichte 2 = Hdb. d. Altertumswiss. 5, 2 (1906) 1311. — Nach Il. 1, 590—594 wurde Hephaistos von Zeus aus dem Himmel geschleudert. Das unterirdische Feuer, die Manifestation des Hephaistos, stammt nach griechischem Glauben aus dem Himmel (vgl. L. Malten, Hephaistos: RE 8, 1 [1912] 311—366). — Zu Vulcanus vgl. Alföldi a. O. (s. o. Anm. 34) 192—194.

37 Plut. Alex. 2, 2. In dieser Traum-Vision ist zugleich eine Prophetie über den Welteroberer Alexander und den Zerfall seines Reiches enthalten. Appian. hist. Rom. praef. 38 hat das gleiche Bild für Alexander verwendet (vgl. Stat. silv. 2, 7, 93—95 und Sidon. Apoll. carm. 9, 50—53). — Mit dem Traum der Olympias ist der Traum der Mutter des Branchos zu vergleichen (Konon: FGrHist 26 F 1, 33, 3): Sie sieht die Sonne durch ihren Mund eindringen und durch den Leib und die Scham wieder hinausgehen. Darauf gebiert sie den mit der Sehergabe ausgezeichneten Sohn; dazu H. Leisegang, Pneuma hagion. Der Ursprung des Geistbegriffs der synoptischen Evangelien aus der griechischen Mystik (1922, Nachdruck 1970) 42 (vgl. ferner die Träume der Eltern des Augustus: Suet. Aug. 94, 4). — Die Geschichte von der Empfängnis der Olympias wurde auf die Ahnmutter Djingiszkhans übertragen; sie hieß angeblich Alongoa, der mongolische Name für Olympias. In dieser Legende erscheint statt des Blitzes ein Lichtstrahl; beide verfügen über zeugende Wirkung (vgl. E. Herzfeld, Alongoa: Der Islam 6 [1916] 317—327 und E. Meyer, Ursprung und Anfänge des Christentums 1⁴/⁵ [1924, Nachdruck 1962] 55 Anm. 1). S. ferner u. S. 72 zu Parallelen im Christentum.

So erzählte man von seiner Erzeugung durch den Himmelsgott in Gestalt eines Blitzes[38]. Demnach konnte in außergewöhnlichem Fall ein Feuerfunke und ein Blitzstrahl auch als die zeugende Kraft eines Gottes aufgefaßt werden.

Die zahlreichen Mythen von den Liebesabenteuern des Zeus mit sterblichen Frauen und Knaben weisen auf die Stärke der Zeugungskräfte dieses Gewittergottes hin[39]. Das über die Erde dahinziehende Gewitter konnte als heilige Hochzeit von Himmelsgott und Erdgöttin, Uranos und Ge, Zeus und Hera gedeutet werden[40]. Wenige bisher, wie es scheint, übersehene Zeugnisse sprechen von dieser Heiligen Hochzeit. Wenn Semele den Wunsch hegt, Zeus in der Gestalt zu sehen, wie er sich mit Hera vereint, und der Gott dann in Blitzgestalt Semele erscheint und seine Geliebte tötet, so läßt sich die Heilige Hochzeit zwischen Zeus und Hera als Mythos des Gewitters noch erschließen[41]. Auch die griechischen und römischen Bezeichnungen für Blitz als Lanze oder als eine andere Stich- und Stoßwaffe sprechen für die Annahme, daß der Blitz des Himmelsgottes als ein himmlischer Phallos gedeutet werden konnte, der die Erdgöttin befruchtet[42]. Klar bezeugen die Heilige Hochzeit von Zeus und Hera im Gewitter Dion von Prusa und PsNonnos, ein Kommentator von Reden Gregors von Nazianz[43]. Wahrscheinlich wurde diese Heilige Hochzeit zwischen Himmelsgott und Erdgöttin auch in bestimmten Mysterien rituell dargestellt, wohl durch eine Art Feuerwerk[44]. — Hingegen wird im Mythos von der Entstehung des Dionysos aus der blitzgetroffenen Semele die gebärende und nicht die zeugende Kraft des Zeusblitzes betont[45]. Ungewiß ist auch, ob der Mythos von Danae in diesen Zusammenhang zu rücken ist. Der Goldregen des Zeus, den Danae in ihrem Schoß empfängt, ist vielleicht nur ein Bild für den Zeus-Regen, der nach antiker Vorstellung die Erde befruchtet; andererseits vertritt

38 Bekannter ist die Legende von Alexanders Zeugung durch einen Gott in Schlangengestalt (vgl. O. Weinreich, Antike Heilungswunder = RGVV 8, 1 [1909, Nachdruck 1969] 93 f. Anm. 1; ders., Der Trug des Nektanebos [1911] 10—12). Vgl. ferner H. E. Stier, Alexander III der Große: RAC 1 (1950) 267. — Zu Schlange als Phallos vgl. O. Weinreich, Ausgewählte Schriften 1 (Amsterdam 1969) 111. 119 f. und F. Speiser, Schlange, Phallus und Feuer in der Mythologie Australiens und Melanesiens: Verhandlungen der naturforsch. Gesellsch. (Basel 1927) 219—251.

39 Vgl. Schwabl a. O. (s. o. Anm. 3) 1048 f. 1247—1258.

40 Zum Hieros gamos vgl. J. Schmid, Brautschaft, heilige: RAC 2 (1954) 528—564, bes. 530—538.

41 Vgl. Schwenn, Semele: RE 2 A, 2 (1923) 1344, 20—46 zum Wunsch Semeles. — Zu Zeus als Feuer vgl. Athenag. leg. 22, 2: εἰ τοίνυν Ζεὺς μὲν τὸ πῦρ, Ἥρα δὲ ἡ γῆ ... (ebd. 6, 4). In Feuergestalt soll Zeus der Aigina beigewohnt haben (Ov. met. 6, 113 und F. Bömer zur Stelle) und als Stern der Leda (Joh. Tzetz. Lyc. 88. 511).

42 Zu den Bezeichnungen s. o. Anm. 16; zur Lanze als Sinnbild des Phallos W. Burkert, Homo necans. Interpretationen altgriechischer Opferriten und Mythen = RGVV 32 (1972) 71. 74. 101.

43 Dio Prus. or. 36, 56 (2, 15 von Arnim); dazu vgl. Pohlenz a. O. (s. o. Anm. 13) 1, 79 f.; 2, 45 f. und Bidez-Cumont a. O. (s. o. Anm. 33) 1, 92 f.; 2, 151. — PsNonn. zu Greg. Naz. or. 5, 25 und or. 39, 4 (PG 36, 1048 B. 1068 C); zu PsNonnos vgl. O. Bardenhewer, Geschichte der altkirchlichen Literatur 3[2] (1923, Nachdruck 1962) 178.

44 Vgl. Dio Prus, a. O.; Speyer, Gewitter a. O. (s. o. Anm. 1) 1136.

45 Dionysos heißt πυριγενής: Diod. Sic. 4, 5, 1; Ov. fast. 3, 503 f.: ortus in igne / diceris [sc. Bacchus]; CLE 1519, 3 f.: Leiber (!) pater bimater, Iovis e fulmine natus; vgl. H. Rubenbauer, fulmen: ThesLing Lat 6, 1526, 8—12; Kerényi a. O. (s. o. Anm. 7) 323. 330. Hölderlin spricht jedoch vom blitzgezeugten Dionysos (s. u. S. 74).

Gold das Feuer, so daß im Danae-Mythos auch die Vorstellung vom feurigen Himmelssamen ausgedrückt sein könnte[46].

Die Auffassung des Gewitters als einer heiligen Hochzeit von personal gedachten göttliche Wesen lebte weiter in einem Mythos bestimmter Gnostiker. Möglicherweise hängt dieser Mythos mit dem zuvor erwähnten Gewittermythos von Zeus und Hera zusammen. Der Inhalt ist folgender: Wie die Schrift ‹Memoria apostolorum› mitteilt, die vor der Mitte des 4. Jahrhunderts n. Chr. entstanden sein muß, haben diese Gnostiker gelehrt, es gebe eine Lichtjungfrau, die Gott, wenn er den Menschen Regen spenden wolle, dem Beherrscher der Feuchtigkeit zeige. Dieser werde durch ihren Anblick leidenschaftlich erregt. Da er sie zu umfassen begierig sei, schwitze er und bringe den Regen hervor. Werde er ihrer beraubt, so lasse er durch sein Gebrüll den Donner erschallen. Die Blitze aber wurden als Pollution gedeutet[47]. — Wenn in der antiken Dichtung berichtet wird, daß sich während eines Gewitters zwei Menschen in Liebe vereinen, so ist damit nicht nur ein äußerlicher dramatischer Effekt beabsichtigt: Das Gewitter schafft nicht nur eine günstige Gelegenheit für eine Schäferstunde, sondern die Liebenden wiederholen in ihrer körperlichen Vereinigung ein kosmisches Geschehen, die sich im Gewitter vollziehende Hochzeit von Himmelsgott und Erdgöttin[48]. So bleibt nach antikem Denken der Mensch bei einer der entscheidenden lebensbestimmenden Handlungen eingebunden in den allumfassenden Rhythmus, den die Götter gestiftet haben. In diesen Zusammenhang gehört auch jene Erzählung aus dem Leben des älteren Cato, nach der er seine Frau nur bei heftigem Donner umarmt und scherzend bemerkt habe, er sei glücklich, wenn Juppiter donnere[49].

Die Bedeutung des Blitzstrahls als Phallos geht auch aus der Überlieferung über Q. Fabius Eburnus hervor. Er hieß deswegen pullus Iovis, d. h. Hühnchen, Liebling Juppiters, weil sein Gesäß vom Blitz getroffen worden war[50]. Diesem Zeugnis sind zwei weitere aus erotischen Dichtungen an die Seite zu stellen. Der unbekannte Dichter des antiken Priapeenbuches parallelisiert einmal die mentula mit dem Blitz Juppiters, und der um

46 Vgl. W. H. Roscher, Die Gorgonen und Verwandtes (1879) 116 f. Anm. 243 mit Hinweis auf Philostr. imag. 2, 27, 3: Goldregen des Zeus über die Rhodier; A. B. Cook, Zeus. A Study in Ancient Religion 3 (Cambridge 1940, Nachdruck New York 1965) 455—478: «The Myth of Danae and Analogous Myths»; L. Radermacher, Danae und der goldene Regen: ArchRelWiss 25 (1927) 216—218; ferner S. Eitrem, Opferritus und Voropfer der Griechen und Römer = Kristiania Videnskapsselskaps Skrifter 2, hist.-filol. Klasse 1914, Nr. 1, 195; A. Hermann, Danae: RAC 3 (1957) 567—571, bes. 567; E. Lesky, Empfängnis: RAC 4 (1959) 1246 f.; F. Bömer zu Ov. met. 4, 610 f.; Schwabl a. O. (s. o. Anm. 3) 1228. — Zeus wohnte der Himalia in Gestalt des Regens bei (PsClem.Rom. hom. 5, 13, 6; recogn. 10, 22, 5 [GCS Pseudoklementinen 1, 98; 2, 341 f.]; vgl. Schwabl a. O. 1234); ferner F. Bömer zu Ov. met. 4, 282.

47 Zitiert von Oros. comm. 2 (CSEL 18, 154). Diesen Mythos sollen auch Manichäer und Priszillianisten übernommen haben (Nachweise bei H.-Ch. Puech, Die Memoria Apostolorum: E. Hennecke — W. Schneemelcher, Neutestamentliche Apokryphen 1³ [1959, Nachdruck 1968] 188—190; vgl. aber B. Vollmann, Priscillianus: RE Suppl. 14 [1974] 531—535).

48 Vgl. Verg. Aen. 4, 160—168 Pease (Ov. Her. 7, 93—96; Stat. silv. 3, 1, 73—75 und F. Vollmer zur Stelle): Aeneas und Dido; Phaedr. app. 16; dazu O. Weinreich, Fabel, Aretalogie, Novelle = Sitzber. Akad. Wiss. Heidelberg, phil.-hist. Kl. 1930/31 Nr. 7 S. 9—13; PsAur. Vict. orig. 20, 1: Mars und R(h)ea Silvia.

49 Plut. Cat. mai. 17, 7; vgl. O. Schönberger, Der glückliche Cato: RheinMus 112 (1969) 190.

50 Fest. s. v. pullus: 284 Lindsay.

80 n. Chr. in Rom lebende Epigrammdichter Nikarchos spricht vom flammenden Strahl des Zeus und meint damit den Phallos[51]. Diese Ausdrucksweise der antiken Epigrammdichter könnte dem modernen Betrachter zunächst grotesk erscheinen. Sieht man sie aber auf dem Hintergrund des soeben skizzierten antiken Volksglaubens, so wird sie leicht verständlich.

Einige Völker des Alten Orients haben den Blitz auch im Bilde dargestellt. Von ihnen übernahmen die Griechen die künstlerischen Vergegenwärtigungen des Blitzes[52]. Der bildlich geformte Blitz war in erster Linie ein Zeichen der Macht des Himmelsgottes und seiner furchtbaren und schreckenden Waffe. Mitunter mag bei einem dargestellten Blitz auch an die zeugende Kraft gedacht worden sein. So besaß Alkibiades einen Schild aus Gold und Elfenbein, auf dem ein Eros dargestellt war, der Blitze schleudert[53]. Der Blitz in der Hand des Eros sollte wohl beide Bedeutungen haben: er sollte einmal die zeugende Kraft darstellen und dadurch abwehrend wirken, zum anderen sollte er als Zeichen der zerstörenden Kraft des Blitzes ein Apotropaion bilden[54].

Vielleicht darf man noch einen Schritt weitergehen und einige Texte des Neuen Testaments und der außerkanonischen Überlieferung in den hier skizzierten Zusammenhang rücken. Wenn diese Texte von sinnlich wahrnehmbaren, sichtbaren und hörbaren Vorgängen bei bestimmten Offenbarungsereignissen sprechen, so sollen die Erscheinungen der äußeren Natur weitgehend als Chiffren für einen pneumatischen, d. h. übernatürlichen und sich in der Seele vollziehenden Vorgang gelten. Daß aber ein bestimmtes Offenbarungsgeschehen mit dieser oder jener Erscheinung der sichtbaren Natur verglichen oder sogar gleichgesetzt wird, geschieht nicht willkürlich, sondern zeigt, daß zwischen der gewählten Erscheinung der Natur und dem berichteten Offenbarungsgeschehen ein innerer Zusammenhang bestehen muß, eine Verwandtschaft und eine Ähnlichkeit.

Treffend hat Hermann Usener darauf hingewiesen, daß zwischen dem Felsen der Lehre Christi und dem rein heidnischen Land eine breite Fläche gemeinsamen Besitztums liege, so der Grenzsaum mit den kindlich natürlichen Bildern des Göttlichen, die als Gemeingut des

51 Priap. 68, 5: ille [sc. Homerus] vocat, quod nos psolen, ψολόεντα κεραυνόν (vgl. dazu Aeg. Forcellini, Lexicon totius latinitatis s. v. psolois); Nikarchos: Anth. Pal. 11, 328, 9 f.; zu beiden Stellen vgl. V. Buchheit, Studien zum Corpus Priapeorum = Zetemata 28 (1962) 102 f.; vgl. ebd. 82 zu Priap, 9, 3 und 20, 1. — Die Erzeugung von Feuer durch das Aneinanderreiben eines senkrechten und eines waagrechten Holzes wurde in der Antike mit dem Geschlechtsakt gleichgesetzt (vgl. Hommel a. O. [s. o. Anm. 34] 407—413).

52 Die These von P. Jacobsthal, Der Blitz in der orientalischen und griechischen Kunst (1906), die Griechen hätten als erste den Blitz in Form einer Pflanze stilisiert, ist widerlegt worden; vgl. G. Furlani, Fulmini mesopotamici, hittiti, greci ed etruschi: Studi Etruschi 5 (1931) 203—231, bes. 204 f. 227—230 und H. Gese — M. Höfner — K. Rudolph, Die Religion Altsyriens, Altarabiens und der Manichäer (1970) 128 Anm. 7.

53 Athen. 12, 47 (534 e); Plut. Alc. 16, 2 (Plin. n. h. 36, 28).

54 Zum dargestellten Blitz als Apotropaion vgl. Speyer, Gewitter a. O. (s. o. Anm. 1) 1145. — Anders zu verstehen sind Darstellungen, auf denen Eros die Blitzwaffe des Zeus zerbricht; vgl. PsSen. Oct. 806—810: quid fera frustra bella movetis? / invicta gerit tela Cupido: / flammis vestros obruet ignes quibus extinxit fulmina saepe / captumque Iovem caelo traxit; ferner A. Alföldi, Redeunt Saturnia regna, III: Juppiter — Apollo und Veiovis: Chiron 2 (1972) 224 f. zum Quinar des Bursio (ebd. Taf. 15, 13): Eros mit Blitz.

menschlichen Denkens überhaupt betrachtet werden können[55]. Zu diesen Bildern gehört auch das in christlichen Offenbarungsurkunden genannte himmlische Feuer, das mit zeugender Kraft begabt ist.

Fragen wir danach, in welchen Abschnitten des Neuen Testaments die Vorstellung vom zeugenden himmlischen Feuer noch durchschimmert, so sind es zunächst zwei Berichte über Vorgänge, die von einer übernatürlichen Zeugung und Neugeburt sprechen: die Berichte von Pfingsten und von der Taufe Jesu.

Bevor auf die Zeugnisse für die beiden Ereignisse näher eingegangen wird, ist noch eine Vorbemerkung vorauszuschicken. Mag auch in den betreffenden Texten die Bezeichnung ‹Blitz› nicht vorkommen, so ist doch der Blitz, verstanden als heiliges, himmlisches Feuer, mit den genannten Feuererscheinungen wesensverwandt. Nicht ohne Grund wird die Naturerscheinung des Blitzes im Hebräischen als ‹Feuer› oder ‹Feuer Gottes›, in der Septuaginta als ‹Feuer vom Himmel› ausgedrückt, entsprechend dem ‹himmlischen Feuer› oder ähnlichen Umschreibungen bei Griechen und Römern[56]. Dagegen wird man weniger Wert darauf legen dürfen, daß die Himmelsstimme — und eine solche ertönte nach den kanonischen und außerkanonischen Berichten über die Taufe Jesu — mehrfach mit einem Donner verglichen wird[57]. Nach den Anschauungen der alten Israeliten spricht nämlich Gott im Donner[58]. Weiter ist zu beachten, daß die Erscheinungen des himmlischen Feuers an Pfingsten und bei der Taufe Jesu sich von jenen Licht-Blitz- und Feuerwundern unterscheiden, die das Nahen, die Epiphanie einer Gottheit ankündigen und mehr ihre Macht und Herrlichkeit als ihre Segensfülle andeuten[59].

Nach diesen Vorbemerkungen seien jetzt die Texte des Neuen Testamentes näher betrachtet. Johannes der Täufer soll seine Wasser-Taufe der wirksameren Feuer-Taufe Jesu gegenübergestellt haben: «Er wird euch taufen im Heiligen Geist und Feuer»[60]. Jesus sagt selbst einmal :«Ich bin gekommen, Feuer auf die Erde zu werfen, und was will ich, als daß es brenne; ich habe eine Taufe zu taufen und wie werde ich zurückgehalten, bis daß sie

55 H. Usener, Das Weihnachtsfest [2](1911, Nachdruck 1972) XI.

56 Belege bei Speyer, Gewitter a. O. (s. o. Anm. 1) 1115 f. und 1147.

57 Eine Himmelsstimme konnte als Donner gedeutet werden; vgl. Joh. 12, 28 f. — Im 4. Jh. wurde die Darstellung der Taufe Jesu weiter ausgeschmückt: vom Himmel hallte der Donner (vgl. A. Jacoby, Ein bisher unbeachteter apokrypher Bericht über die Taufe Jesu [Straßburg 1902] 72 f. 84 f.; W. Bauer, Das Leben Jesu im Zeitalter der neutestamentlichen Apokryphen [1909, Nachdruck 1967] 139).

58 Belege bei Speyer a. O. 1146.

59 Ebd. 1117. 1157. — Bei den wunderbaren Erscheinungen der hl. Jungfrau Maria in Fátima, Portugal, kündigten blitzartige Lichtphänomene die Ankunft der Gottesmutter an und Donner ihr Fortgehen (vgl. L. Gonzaga da Fonseca, Maria spricht zur Welt [16][Fribourg 1973] 19 f. 32. 36. 52. 60 f. 62. 77 Anm. 32; 90).

60 Mt. 3, 11 par. Lc. 3, 16. Bei Mc. 1, 8 und Joh. 1, 31 fehlt der Zusatz: καὶ πυρί; ebenso Act. 11, 16. Vgl. Orig.in Lc. 3, 16 hom. 24 (GCS Orig. 9, 148): quando baptizat Jesus 'Spiritu sancto', et rursum, quando 'igni' baptizat? numquid uno atque eodem tempore 'Spiritu et igni' baptizat, an vario atque diverso? 'Vos autem', ait, 'baptizabimini Spiritu sancto non post multos hos dies'. baptizati sunt apostoli post adscensionem eius ad caelos 'Spiritu sancto'; quod autem 'igni' fuerint baptizati, scriptura non memorat.; Ambros. in Lc. 3, 2 (CCL 14, 76): pater Christi igni operatur et spiritu; Eucher. instr. 1 (CSEL 31, 1, 107): quid est, quod legimus: 'ipse vos baptizabit spiritu sancto et igni?' quia per spiritum

vollendet ist?»[61]. An Pfingsten scheint sich dieses Herrenwort erfüllt zu haben. Der Heilige Geist offenbart sich den versammelten Aposteln und der Mutter Jesu hörbar und sichtbar. Er bricht plötzlich herein, und zwar als ein heftiges Brausen vom Himmel her gleichsam wie das Brausen eines heftigen Windes und als verteilte Zungen wie von Feuer, die sich auf jeden der Anwesenden herablassen. Alle Anwesenden wurden von ihm erfüllt[62]. Der Heilige Geist ist seinem Wesen nach Kraft, Dynamis[63]. Durch ὥσπερ ‹gleichsam wie› drückt der Verfasser der Apostelgeschichte aus, daß die Herabkunft des Heiligen Geistes am Pfingsttag als ein innerlicher, übernatürlicher Vorgang zu verstehen ist: Gottes Kraft hat sich an diesem Tag auf die Bekenner Jesu Christi herabgelassen. Sie wurden, wie es Jesus zu Nikodemus angedeutet hat, von oben geboren, das heißt, aus dem Heiligen Geist, aus der Kraft Gottes[64]. Pfingsten war neben Ostern das alte Tauffest der Christen und dies mit vollem Recht; denn die Herabkunft des Heiligen Geistes auf die Apostel war deren Tauftag, das heißt der Tag ihrer Erzeugung, ihrer Geburt aus Gottes Geist so wie der Tag der Taufe Jesu als Geburtstag von Jesu Göttlichkeit von einer bestimmten Gruppe der frühen Christen verstanden worden ist[65]. Diese Deutung bestätigt auch die unter Cyprians

sanctum vel peccata exuruntur in nobis vel sanctificatio tribuitur vel caritatis in passionibus tolerandis fervor accenditur. aut certe quia spiritu baptizati divino iudicio examinabimur [diese weitverbreitete Erklärung vertritt u. a. F. Lang, πῦρ: Theol. Wörterb. zum Neuen Testament 6 (1959) 943, 3—9]. sunt qui dicant apostolos spiritu sancto baptizatos esse, cum super eos ignis adparuerit [also am Pfingstfest]. Geisttaufe und Feuertaufe gehören zusammen, wie bereits Leisegang a. O. (s. o. Anm. 37), 72—80: 'Die Feuertaufe', bes. 72/5 gezeigt hat. — Weitere patristische Deutungen bei Lampe a. O. (s. o. Anm. 14) 1209.

61 Lc. 12, 49 f.; dazu Leisegang a. O. 74 Anm. 2.

62 Act. 2, 1—4 a. Lukas hebt die Plötzlichkeit des vom Himmel kommenden Getöses hervor: ἄφνω. Diese Plötzlichkeit zeichnet vor allem das Wesen des Blitzes aus (vgl. Speyer, Gewitter a. O. [s. o. Anm. 1] 1124). Der Vergleich 'Zungen wie von Feuer' (γλῶσσαι ὡς πυρός) hat nichts Befremdliches und weist nicht auf das in Act. 2, 4 b berichtete Sprachenwunder voraus (vgl. Hen. gr. 14, 9 [Pseudepigr. Vet. Test. Gr. 3, 28]: γλώσσης πυρός; 10: τὰς γλώσσας τοῦ πυρός; 15: ἐν γλώσσαις πυρός; das Bild der 'züngelnden Flamme' ist von der Erscheinung her gegeben; richtig Leisegang a. O. 74 Anm. 3; anders J. Kremer, Pfingstbericht und Pfingstgeschehen = Stuttgarter Bibel-Studien 63/64 [1973] 107—117). — Zum Ausdruck «Erfüllt werden mit dem Geist» vgl. H. Hanse, «Gott haben» in der Antike und im frühen Christentum = RGVV 27 (1939) 19. 135.

63 Vgl. Act. 1, 8: ἀλλὰ λήψεσθε δύναμιν ἐπελθόντος τοῦ ἁγίου πνεύματος ἐφ' ὑμᾶς; vgl. ebd. 10, 38; A. Dieterich, Eine Mithrasliturgie ³(1923, Nachdruck 1966) Reg. s. v. πνεῦμα; Leisegang a. O. 147: Reg. s. v. δύναμις; E. Schweizer, πνεῦμα: Theol. Wörterb. zum Neuen Testament 6 (1959) 394—453, bes. 401—413 zum Lukasevangelium und der Apostelgeschichte; ferner H. Saake, Pneuma: RE Suppl. 14 (1974) 387—412, bes. 397 f. 399.

64 Joh. 3, 3: ἐὰν μή τις γεννηθῇ ἄνωθεν, οὐ δύναται ἰδεῖν τὴν βασιλείαν τοῦ θεοῦ; 3, 5: ἐὰν μή τις γεννηθῇ ἐξ ὕδατος καὶ πνεύματος, οὐ δύναται εἰσελθεῖν εἰς τὴν βασιλείαν τοῦ θεοῦ (s. u. Anm. 70).

65 Act. 1, 5: Jesus spricht in bezug auf die Apostel und Pfingsten: ὅτι Ἰωάννης μὲν ἐβάπτισεν ὕδατι, ὑμεῖς δὲ ἐν πνεύματι βαπτισθήσεσθε ἁγίῳ οὐ μετὰ πολλὰς ταύτας ἡμέρας (vgl. Mt. 3, 11 par. Lc. 3, 16; Act. 11, 16); 2, 4: καὶ ἐπλήσθησαν ἅπαντες πνεύματος ἁγίου ... Die Taufe Jesu war vielleicht das Vorbild für bestimmte Ereignisse des Pfingstfestes (vgl. Usener, Weihnachtsfest a. O. 157 f.). Nach der Taufe ist Jesus πλήρης πνεύματος ἁγίου (Lc. 4, 1). Zu den kanonischen und außerkanonischen Berichten über die Taufe Jesu vgl. Usener, Weihnachtsfest a. O. (s. O. Anm. 55) 18—194; Jacoby a. O. (s. o. Anm. 57); Bauer a. O. (s. o. Anm. 57) 110—141 und F. Lentzen-Deis, Die Taufe Jesu nach den Synoptikern = Frankfurter Theol. Studien 4 (1970).

Namen überlieferte Schrift De rebaptismate, die wohl nach 256 in Afrika verfaßt worden ist[66].

Die Vergleiche aber, die der Verfasser der Apostelgeschichte aus der sichtbaren Natur gewählt hat, um diesen inneren Vorgang zu veranschaulichen, weisen in die Richtung alter religiöser Vorstellungen einer Liebesvereinigung Gottes mit dem als Braut gedachten Menschen[67]. Wind und Feuer sind zwei sinnlich geschiedene Manifestationen der einen Leben und Heil spendenden transzendenten göttlichen Kraft des Heiligen Geistes. Wind und Feuer kommen vom Himmel, vom Sitz Gottes, und verbinden sich mit den Gläubigen, um sie zu Söhnen Gottes neu zu zeugen. Die Gotteskraft des Heiligen Geistes tritt als himmlisches Feuer und als göttlicher, lebensspendender Atem in Erscheinung. Für beide Erscheinungsweisen gibt es Analogien im Alten Testament und in der antiken Umwelt von Juden und Christen[68]. Wie tief das antike Bild vom göttlichen Feuersamen bei den Christen nachgewirkt hat, zeigt noch der altchristliche Dichter Prudentius in den Versen: tener illum [sc. Jesum] seminat ignis [sc. Spiritus Sanctus], / non caro nec sanguis patrius nec foeda voluptas[69]. Hier sind das zeugende göttliche Feuer und der Samen wieder so eng verbunden wie in den o. S. 63 f. erwähnten Mythen über die Zeugung von Königen und Heroen[70].

Die alte religiöse Vorstellung vom zeugenden himmlichen Feuer aus dem Reich des Himmelsgottes, hat ihre Spuren auch in der Überlieferung von der Taufe Jesu hinterlassen. In außerkanonischer Überlieferung über die Taufe Jesu im Jordan wird das Element des

66 PsCypr. rebapt. 17 (Floril Patrist. 11, 71): qui autem non ignorant spiritus sancti qualitatem, intellegunt, quod dictum est de igni, de ipso spiritu dictum esse. nam in actis apostolorum secundum hanc eandem promissionem Domini nostri ipso die Pentecostes, cum descendisset spiritus sanctus super discipulos, ut in illo baptizarentur, visae sunt insidentes super singulos linguae quasi ignis, ut constaret eos spiritu sancto et in igne baptizatos, hoc est eo spiritu qui esset sive ignis sive quasi ignis ...; vgl. Usener, Weihnachtsfest a. O. (s. o. Anm. 55) 157 f.

67 Vgl. Dieterich, Mithrasliturgie a. O. (s. o. Anm. 63) 121—134. 244—249; E. Norden, Die Geburt des Kindes. Geschichte einer religiösen Idee (1924, Nachdruck 1969) 76—92: «Die Evangelische Geburtslegende: Die Erzeugung aus dem Pneuma»; Hanse a. O. (s. o. Anm. 62) 131 Anm. 2; 138—140; Schmid a. O. (s. o. Anm. 40) 528—564. Diese Verfasser gehen aber auf den hier angedeuteten Zusammenhang nicht ein.

68 Zum lebenschaffenden πνεῦμα im Volksglauben der Antike vgl. Tümpel, Anemoi: RE 1, 2 (1894) 2176 f., H. Kleinknecht, πνεῦμα: Theol. Wörterb. zum Neuen Testament 6 (1959) 337—341; W. Speyer, Art. Geier: RAC 9 (1976) 432 f.; ebd. 461 f. zu der Analogie, die einige Kirchenschriftsteller zwischen der Windbefruchtung des Geiers und der geistgewirkten Empfängnis Jesu aus der Jungfrau Maria angenommen haben; ferner Saake a. O. (s. o. Anm. 63) 387—396. Zum göttlichen Feuer s. o. S. 58 f. und zur Manifestation des Hl. Geistes im Feuer auch Usener, Weihnachtsfest a. O. 68 f. und Bauer a. O. (s. o. Anm. 57) 138 f.; Leisegang a. O. (s. o. Anm. 37) 148 Reg. s. v. πνεῦμα, πῦρ; ferner Arator act. 1, 119/47 (CSEL 72, 18 f.).

69 Prud. apoth. 566 f., eine Paraphrase von Joh. 1, 13; dazu vgl. P. Hofrichter, Nicht aus Blut, sondern monogen aus Gott geboren. Textkritische, dogmengeschichtliche und exegetische Untersuchung zu Joh. 1, 13—14 = Forschung zur Bibel 31 (1978) 84.

70 Zum Bild des göttlichen Samens, aus dem die Gläubigen neugezeugt und wiedergeboren sind, vgl. 1. Joh. 3, 9; 1 Petr. 1, 23; Justin. apol. 1, 32, 8/10 Goodspeed; Cat. in Lc. 8, 5 (2, 65, 17/20 Cramer); Dieterich, Mithrasliturgie a. O. (s. o. Anm. 63) 138/40; A. von Harnack, Die Terminologie der Wiedergeburt und verwandter Erlebnisse in der ältesten Kirche = Texte u. Unters. 42, 3 (1918) 108—122.

Feuers, das hier die göttliche Zeugungskraft vergegenwärtigen soll, eigens erwähnt. Nach einer altchristlichen Auffassung war die Taufe Jesu, wie H. Usener bemerkt, «seine göttliche Geburt; nicht eine Wiedergeburt... nicht eine Offenbarung seiner Göttlichkeit an die Menschen..., sondern wirkliche Geburt oder Zeugung. Es leuchtet unmittelbar ein, daß diese Auffassung der Jordantaufe nur möglich war bei der Grundansicht, daß Jesus als Mensch geboren erst durch die Herabkunft des Heiligen Geistes zum Sohne Gottes geworden sei»[71]. Tatsächlich hat eine bestimmte Gruppe von Christen geglaubt, daß Jesus erst bei seiner Taufe durch Johannes zum Sohn Gottes erhöht worden sei. Ein Widerschein dieses Glaubens ist einmal die varia lectio des Codex Cantabrigiensis (6. Jh.) zum Taufbericht des Lc. 3, 22. Statt der kanonischen Formulierung der Himmelsstimme: «Du bist mein geliebter Sohn, an dir habe ich mein Wohlgefallen» heißt es hier: «Mein Sohn bist du; heute habe ich dich gezeugt» (Ps. 2, 7). Dieser Wortlaut wird auch von zahlreichen altchristlichen Schriftstellern bei ihren Berichten über die Taufe Jesu statt des kanonischen mitgeteilt[72]. In der außerkanonischen Überlieferung über die Taufe Jesu begegnet sodann der Hinweis auf ein himmlisches Feuer. So berichtet das Ebionäerevangelium von einer zweifachen Himmelsstimme, die gesagt habe: «Du bist mein geliebter Sohn, an dir habe ich mein Wohlgefallen gefunden» und «Ich habe dich heute gezeugt». Anschließend soll den Ort ein großes Licht umstrahlt haben[73]. Bei Justin aber lesen wir von Feuer, das im Jordan angezündet war[74]. Auch Ephrem der Syrer spielt auf dieses Feuerwunder an, wenn er den Täufer zu Jesus sprechen läßt: «Ein Funke Feuers in der Luft wartet deiner über dem Jordan: wenn du ihm folgst und getauft sein willst, so übernimm du selbst dich abzuwaschen»[75]. Nach Codex Vercellensis und Sangermanensis zu Mt. 3, 15, sowie der Praedicatio Pauli bei Ps. Cypr. de rebapt. 17 und Oracula Sibyllina 7, 84 begleitet die Feuererscheinung die Taufhandlung[76]. Diese Abfolge der Ereignisse dürfte dem ursprünglichen Gedankengang entsprechen: Die Taufe Jesu verstanden bestimmte frühe Christen als eine aus Gott geschehene Zeugung. Nach ihrer Meinung wurde Jesus in diesem Augenblick aus göttlichem Feuer und irdischem Wasser zum Christus. Wohl in Anlehnung an dieses Verständnis der Taufe Jesu haben die gnostischen Simonianer bei ihren Taufen eine Art Feuer-

71 Usener, Weihnachtsfest a. O. (s. o. Anm. 55) 49.

72 Vgl. ebd. 40—52; Bauer a. O. (s. o. Anm. 57) 120—124; J. M. Heer, Die Stammbäume Jesu nach Matthäus und Lukas = Bibl. Studien 15, 1/2 (1910) 45 f. Anm. 1; 49 f. — Bei Lc. 3, 22 kann die Himmelsstimme «Mein Sohn bist du; heute habe ich dich gezeugt» nicht ursprünglich sein, da Lukas 1, 26—38 bereits von der geistgewirkten Empfängnis aus Maria gesprochen hat (s. u. S. 71 f.).

73 P. Vielhauer, Das Ebionäerevangelium: Hennecke-Schneemelcher a. O. (s. o. Anm. 47) 1, 103. Diese und weitere Zeugnisse besprechen ausführlich Usener, Weihnachtsfest a. O. (s. o. Anm. 55) 61—66; A. Resch, Agrapha. Außerkanonische Schriftfragmente = Texte u. Unters. NF 15, 3/4 ^{2}(1906, Nachdruck 1974) 224—227; Bauer a. O. (s. o. Anm. 57) 134—139 und Edsman a. O. (s. o. Anm. 15) 134—199, bes. 182—190.

74 Iustin. dial. 88: κατελθόντος τοῦ Ἰησοῦ ἐπὶ τὸ ὕδωρ καὶ πῦρ ἀνήφθη ἐν τῷ Ἰορδάνῃ ...

75 Ephrem hymn. 14 in Epiph. V. 39 (1, 126 Lamy); vgl. Usener, Weihnachtsfest a. O. 64 f.

76 Vgl. Bauer a. O. 134—137. Zur Praedicatio Pauli vgl. W. Schneemelcher: Hennecke-Schneemelcher a. O. (s. o. Anm. 47) 2, 56 f.

werk veranstaltet[77]. Wenn aber in erzählenden Texten von Feuer und Feuerwerk über einem Gewässer gesprochen wird, so ist damit der Vollzug einer Hochzeit gemeint[78].

Die gleiche Vorstellung begegnet auch einmal in den apokryphen Apostelakten. In den am Ende des 2. Jahrhunderts verfaßten Acta Pauli et Theclae wird erzählt, daß im Augenblick, als Thekla, die Gefährtin des Paulus, sich durch einen Sprung ins Wasser selber taufte, der Glanz eines Blitzfeuers sichtbar wurde, das die Robben tötete, und eine Feuerwolke Thekla einhüllte[79]. Auch hier scheint die Taufe als eine Zeugung durch Gott, symbolisiert im himmlischen Feuer, verstanden zu sein.

Wie lebendig und geradezu selbstverständlich diese Urphänomene von zeugendem göttlichen Feuer und empfangenden weiblichen Wasser den Christen waren, zeigt auch die Liturgie der Taufwasser-Weihe des Ritus Romanus, auf die bereits H. Usener hingewiesen hat: «Die brennende Osterkerze wird dreimal, immer tiefer, in das Wasser getaucht und befruchtet das Taufbecken wie einen Mutterleib — als ausgesprochenes Symbol des hl. Geistes»[80].

Blicken wir von hier noch einmal auf das Neue Testament zurück, so kann das Motiv vom zeugenden himmlischen Feuer, wenn auch sehr verschleiert, noch in zwei Perikopen des Lukas-Evangeliums gefunden werden. Gemeint sind jene beiden parallel gebauten Szenen, in denen der Engel Gabriel die wunderbare Zeugung eines Sohnes verkündet: Zacharias erhält die Verheißung, seine unfruchtbare und bejahrte Frau Elisabeth werde noch gebären, und die Jungfrau Maria, sie werde vom Heiligen Geist einen Sohn empfan-

77 Vgl. PsCypr. rebapt. 16 (Floril. Patrist. 11, 70): et temptant nonnulli illorum [qui originem iam exinde trahunt a Simone mago...] tractare se solos integrum atque perfectum, non sicuti nos mutilatum et decurtatum, baptisma tradere, quod taliter dicuntur adsignare, ut, quam mox in aquam descenderunt, statim super aquam ignis appareat. quod si aliquo lusu perpetrari potest sicut adfirmantur plerique huiusmodi lusus Anaxilai esse [vgl. M. Wellmann, Anaxilaos nr. 5: RE 1, 2 (1894) 2084], sive naturale quid est, quo pacto possit hoc contingere, sive illi putant hoc se conspicere sive maligni opus et magicum virus ignem potest in aqua exprimere: illi tamen talem fallaciam et stropham praedicant perfectum baptisma esse. Die Feuertaufe muß sich auch bei jenen Gnostikern großer Beliebtheit erfreut haben, aus deren Kreis die Pistis Sophia und die Bücher des Jeû stammen (vgl. die Ausgabe von C. Schmidt — W. Till: GCS Kopt.-Gnost. Schriften 1 Reg. s. v. Feuertaufe und die Literatur bei Leisegang a. O. [s. o. Anm. 37] 75 Anm. 2). Vielleicht haben diese Häretiker an Feuerriten antiker Mysterien angeknüpft (zum Gebrauch von Feuer in den Mysterien vgl. Lang a. O. [s. o. Anm. 60] 931 f. und o. Anm. 44).

78 Vgl. E. Köhler, Nausikaa, Danae und Gerty MacDowell. Zur Literaturgeschichte des Feuerwerks: Lebende Antike. Symposion für R. Sühnel (1967) 451—472, bes. 452/4 und Anm. 4: Feuer als das befruchtend männliche, Wasser als das empfangend weibliche Prinzip (s. auch o. S. 62) [Hinweis der Hrsg.]. Vgl. auch die Szene vom Ende des Homunculus (Goethe, Faust 2. Teil Vers 8466—8483): Die Hochzeit von Feuer und Wasser, männlichem und weiblichem Prinzip, ist die Verbindung zweier Urpotenzen des Kosmos (vgl. D. Lohmeyer, Faust und die Welt [1975] 280—282 [Hinweis der Hrsg.]).

79 Act. Paul. et Thecl. 34 (Act. Apost. Apocr. 1, 261 Lipsius); vgl. E. Peterson, Frühkirche, Judentum und Gnosis (1959) 198.

80 Usener, Weihnachtsfest a. O. 69 Anm. 35 a; vgl. ders., Heilige Handlung: Kleine Schriften 4 (1913, Nachdruck 1965) 422—467, bes. 432—435; gegen diese Erklärung wenden sich R. Reitzenstein, Die Vorgeschichte der christlichen Taufe (1929, Nachdruck 1967) 197—201 und E. Stommel, Studien zur Epiklese der römischen Taufwasserweihe = Theophania 5 (1950) 1—64, bes. 46—55. Vgl. ferner J. H. Waszink, Empfängnis: RAC 4 (1959) 1255. — Zum Terminus fecundare vgl. außer W. Bannier: Thes Ling Lat 6, 417, 30—43; Leo I serm. 22, 3 (CCL 138, 94): quam [sc. Mariam] non humanus coitus, sed Spiritus sanctus fecundavit.

gen[81]. Der Engel Gabriel begegnet im Neuen Testament nur an diesen beiden Stellen und steht hier in enger Verbindung zu wunderbarer Zeugung.

Bereits Texte des Alten Testamentes haben Blitze und das himmlische Feuer als hypostasierte übermenschliche Wesen aufgefaßt, als Diener oder Engel Gottes[82]. Besonders das Frühjudentum hat Engel in Beziehung zum Blitz gesetzt[83]. In diesen Kreisen galt vor allem Gabriel als der Engel des Feuers[84]. Wenn Lukas gerade diesen Engel zum Überbringer der Verheißung an Zacharias und Maria gemacht hat, so hat er das alte Motiv vom zeugenden himmlischen Feuer kunstvoll abgewandelt. Bote und Botschaft bilden eine Einheit: Gabriel als Feuerengel und seine Verheißung weisen gleichermaßen auf die himmlische Zeugung von Johannes dem Täufer und Jesus hin[85]. Dabei hat Lukas den verschiedenen Rang der beiden durch die unterschiedliche Größe des Zeugungswunders zur Anschauung gebracht. Nach dieser Sicht zeigen die Verkündigungsszenen bei Lukas eine Ähnlichkeit mit dem Traum der Olympias: Alexander, Johannes und Jesus sind nicht auf gewöhnliche Weise gezeugt, sondern stammen aus der Kraft des Himmelsgottes[86]. Die Funktion des Engels Gabriel in der Verkündigungsszene bei Lukas hat nach dem Religionsgespräch am Hof der Sasaniden ein leuchtender Stern übernommen. Hier heißt es: «Und wie dies so gesprochen war, da tat sich die Decke auf, und herabstieg ein leuchtender Stern und blieb stehen über der Bildsäule der ‹Quelle›, und eine Stimme ließ sich folgendermaßen vernehmen: ‹Herrin Quelle, der große Helios hat mich abgesandt zu dir als Verkünder zugleich und Diener unbefleckter Zeugung, die er an dir vollzieht; Mutter wirst du des ersten unter allen Rangordnungen, Braut bist du der dreinamigen Gotteinheit›»[87]. Der ‹leuchtende Stern› und ‹Helios› weisen in die gleiche Richtung: Gott zeugt im himm-

81 Lc. 1, 5—38, bes. 19. 26.

82 Gen. 3, 24; Ps. 104 (103) 4; vgl. Job 38, 35; Ez. 1, 14; dazu Speyer, Gewitter a. O. (s. o. Anm. 1) 1149 f.

83 Vgl. ebd.; J. Milik, The Books of Enoch. Aramaik Fragments of Qumrân Cave 4 (Oxford 1976) 150—161, bes. 158.

84 Vgl. H. L. Strack — P. Billerbeck, Kommentar zum Neuen Testament aus Talmund und Midrasch 2 (1924, Nachdruck 1956) 92 f.: «Von den vier Elementen der Welt hat man Gabriel das Feuer unterstellt; er heißt nicht bloß der Fürst des Feuers, er ist auch selbst von Feuer»; ferner Th. Hopfner, Griechisch-ägyptischer Offenbarungszauber 1 (Prag 1922) § 139; J. Michl, Engel II (jüdisch): RAC 5 (1962) 86 (239—243); Lang a. O. (s. o. Anm. 60) 942 Anm. 78.

85 Vgl. Norden a. O. (s. o. Anm. 67) 87: «Hoch in das christliche Altertum hinauf weisen Spuren einer Auffassung, wonach der Engel, der die Empfängnis verkündet, und der Heilige Geist, der sie bewirkt, identisch gewesen seien». Bei PsMt. 10, 1 f. (202 f. de Santos Otero) heißt es: istam [sc. Mariam] gravidam non fecit nisi angelus Dei . . .; angelus Domini impraegnavit eam (vgl. Waszink a. O. [s. o. Anm. 80] 1253 f.).

86 Zum Stil des Lukas in 1 f., seiner Septuagintanachahmung, vgl. E. Plümacher, Lukas als hellenistischer Schriftsteller, Studien zur Apostelgeschichte (1972) 40 Anm. 7 mit Literatur; ders., Lukas als griechischer Historiker: RE Suppl. 14 (1974) 235—264.

87 E. Bratke, Das sogenannte Religionsgespräch am Hof der Sasaniden = Texte und Unters. 19, 3 (1899); Usener, Weihnachtsfest a. O. 36; Leisegang a. O. (s. o. Anm. 37) 81—86. Damit ist die Vision der Mutter des hl. Boethius vergleichbar: Eine stella igneo fulgore coruscans dringt in ihren Mund und befruchtet sie (Vita Boeth. 1, hrsg. von C. Plummer, Vitae Sanctorum Hiberniae 1 [Oxford 1910, Nachdruck ebd. 1968] 87). Zu den antiken Parallelen s. o. S. 63 Anm. 37.

lischen Feuer. Dieses himmlische Feuer kann nach den christlichen Texten als Feuerzungen, als Feuersame, als Feuer-Engel oder als Stern vorgestellt werden.

Demnach bleibt der antike Glaube an die lebensweckende Kraft des himmlischen Feuers für die Vorstellungswelt der Christen wirkmächtig. Die ursprünglich kräftigen Farben der Heiligen Hochzeit von Himmelsgott und Erdgöttin im Gewitter, von Zeus und Hera oder einer seiner Geliebten werden gemildert. So findet eine Vergeistigung statt, die das Denken der christlichen Theologen seit den Schriften des Neuen Testamentes ähnlich auszeichnet wie das Denken der griechischen Philosophen von Xenophanes bis zu den Neuplatonikern. Von dieser Bewußtseinslage aus können die Christen Vorgänge der sichtbaren Natur wie den Blitz als das himmlische Feuer nur noch als ein Bild für den im Menschen Wunderbares wirkenden transzendenten Gott verwenden.

Die ältesten christlichen Schriften, in denen das Motiv vom zeugenden himmlischen Feuer begegnet, sind die Evangelien des Matthäus, Lukas und Johannes sowie die Apostelgeschichte. Abgesehen vom Wort des Johannes über die Feuertaufe Jesu und dem Ausspruch Jesu über die Feuertaufe ist das Motiv vom himmlischen Feuer in Berichten über eine übernatürliche Zeugung eingearbeitet: Taufe Jesu bei einer bestimmten Gruppe früher Christen, Pfingsten als Tauftag der Apostel in der Apostelgeschichte und die Szenen der Verkündigung bei Lukas. Apokryphe Schriften und Heiligenlegenden knüpfen hieran an oder gehen unmittelbar auf die Vorstellung des antiken Volksglaubens und entsprechender Mythen zurück. Die Kichenschriftsteller benutzen das Motiv in Form der Metapher oder der Allegorie bei ihren Deutungen der genannten neutestamentlichen Szenen. Hingegen hat die Liturgie den ursprünglich sinnlich aufgefaßten Vorgang der Zeugung aus dem himmlischen Feuer stärker bewahrt, wie die Feuertaufe der Simonianer und die Weihe der Osterkerze im Ritus Romanus zeigen.

Es wäre verlockend, dem Gedanken vom lebensspendenden himmlischen Feuer in Mittelalter und Neuzeit weiter nachzugehen. Zum Abschluß seien nur noch zwei bemerkenswerte Stimmen der Neuzeit gehört. In Jakob Böhmes Theologie leitet der Blitz eine entscheidende Phase in der Selbstentfaltung Gottes ein. Hier ist der Blitz die vierte von sieben Qualitäten, in denen die Gottheit zu sich selbst gelangt: aus dem Dunkel und der Qual Gottvaters wird im Blitz der lichte Sohn gezeugt[88].

In den beiden letzten Jahrhunderten hat wohl niemand die zuvor dargelegte Bedeutung des segenbringenden himmlischen Feuers tiefer erfaßt und erneuert als der dem griechischen Denken und Erleben nahe Hölderlin. Nicht mehr eine wundersame Erscheinung der Natur, wie der warme Quell oder die Perle, wird nach Hölderlin vom Blitz des Himmelsherrn gezeugt, auch nicht ein Heros, ein König, ein Gottessohn, ein Gottesfreund oder das christliche Gotteskind, sondern die hohe Dichtung.

88 J. Böhme, Mysterium magnum 3, 25; 4, 6; vgl. P. Hankamer, Jakob Böhme (1924, Nachdruck 1960) 287—300, bes. 290.

In seinem Gesang «Wie wenn am Feiertage...» gestaltet Hölderlin diesen Gedanken[89].

«Erfragst du sie [die Allebendigen, die Kräfte der Götter]? im Liede wehet ihr Geist,
wenn es der Sonne des Tags und warmer Erd
entwächst, und Wettern, die in der Luft, und andern,
die vorbereiteter in Tiefen der Zeit
und deutungsvoller, und vernehmlicher uns
hinwandeln zwischen Himmel und Erd und unter den Völkern.
Des gemeinsamen Geistes Gedanken sind
still endend in der Seele des Dichters.

Daß schnellbetroffen sie, Unendlichem
bekannt seit langer Zeit, von Erinnerung
erbebt, und ihr, von heil'gem Strahl entzündet,
die Frucht in Liebe geboren, der Götter und Menschen Werk,
der Gesang, damit er von beiden zeuge, glückt.
So fiel, wie Dichter sagen, da sie sichtbar
den Gott zu sehen begehrte, sein Blitz auf Semeles Haus,
und die göttlich getroffne gebar,
die Frucht des Gewitters, den heiligen Bacchus.

Und daher trinken himmlisches Feuer jetzt
die Erdensöhne ohne Gefahr.
Doch uns gebührt es, unter Gottes Gewittern
ihr Dichter! mit entblößtem Haupte zu stehen,
des Vaters Strahl, ihn selbst, mit eigner Hand
zu fassen und dem Volk ins Lied
gehüllt die himmlische Gabe zu reichen.
Denn sind nur reinen Herzens,
wie Kinder, wir, sind schuldlos unsere Hände,
des Vaters Strahl, der reine, versengt es nicht,
und tieferschüttert, eines Gottes Leiden
mitleidend, bleibt das ewige Herz doch fest...»

Der Blitz wird bei Hölderlin zum Zeichen der fruchttragenden Verbindung zwischen den Himmlischen und Irdischen, zwischen dem mit Feuer befruchtenden Gott und der bräutlich empfangenden Seele des Dichters. Der Gesang, den Hölderlin für das höchste Gebilde erachtet, das ein begnadeter Mensch hervorbringen kann, ist die Frucht der Vereinigung des Gottes mit dem auserwählten Menschen. Der Blitz steht hier zugleich als ein Zeichen für das plötzliche Getroffensein des Dichters durch die zeugende göttliche Kraft.

89 Hölderdin, Wie wenn am Feiertage... 5./7. Strophe a. O. (s. o. Anm. 24) 123. Zu diesem Gedicht und dem ‹Gewittermythus› bei Hölderlin vgl. W. Michel, Das Leben F. Hölderlins (1940, Nachdruck 1963) 379—387 und Th. Blasius, Das himmlische Feuer. Eine motivgeschichtliche Studie, masch. Diss. Bonn (1949) 75—124.

Mit dem Gedanken, daß Feuer und Inspiration eng aufeinander bezogen sind, setzt Hölderlin nicht nur die Überlieferung der neuplatonischen Metapher von der Fulguration fort, die von der deutschen Philosophie des 18. Jahrhunderts erneuert worden ist, sondern Vorstellungen, die als erste die Griechen gefunden haben, um das Entstehen von Dichtung und Gesang zu deuten[90]. Unter den mannigfachen antiken Anschauungen und Erklärungen begegnet auch der Gedanke, daß die dichterische Gabe, die nach antiker Denkweise mit der prophetischen wesensverwandt ist, durch ein himmlisches Feuer in der Seele erzeugt werde[91].

90 Vgl. W. Beierwaltes, Fulguration: Historisches Wörterb. der Philosophie 2 (1972) 1130—1132; zu Platon, vor allem Epist. 7, 341 c—d. 344 b, J. Stenzel, Der Begriff der Erleuchtung bei Platon: Kleine Schriften zur griechischen Philosophie (1956, Nachdruck 1972) 151—170; ferner M. Tardieu, Ψυχαῖος σπινθήρ. Histoire d'une métaphore dans la tradition platonicienne jusqu'à Eckhart: RevÉtAugust 21 (1975) 225—255 und D. Bremer, Licht als universales Darstellungsmedium: ArchBegriffsGesch 18 (1974) 185—206.

91 Vgl. beispielsweise Iambl. myst. 3, 11: die Pythia wurde vom Strahl des göttlichen Feuers erleuchtet (dazu Leisegang a. O. [s. o. Anm. 37] 76 f. und Amm. Marc. 21, 1, 11: aperiunt tunc quoque ventura, cum aestuant hominum corda, sed loquuntur divina. sol enim, ut aiunt physici, mens mundi, nostras mentes ex sese velut scintillas diffunditans [s. Anm. 90], cum eas incenderit vehementius, futuri conscias reddit. unde Sibyllae crebro se dicunt ardere torrente vi magna flammarum. — Zur Feuernahrung des Nus vgl. G. Pfligersdorffer, Studien zu Poseidonios = Österr. Akad. d. Wiss. Phil.-hist. Kl. Sb. 232, 5 (1959) 33—49.

Den Herausgebern dieser Zeitschrift sei für Kritik und Anregungen gedankt.

19. Religiös-sittliches und frevelhaftes Verhalten in seiner Auswirkung auf die Naturgewalten

Zur Kontinuität einer volkstümlichen religiösen Vorstellung in Antike und Christentum

Theodoro Klauser s.

Zu den Grunderfahrungen der Menschen eines vorwissenschaftlichen und vortechnischen Zeitalters gehört die Erfahrung, gänzlich von Gewalten abzuhängen, die dem Zugriff der eigenen Macht entrückt sind. In der Jahrhunderttausende währenden Periode der Jägerkultur war der Mensch vor allem von bestimmten jagdbaren Tieren abhängig[1]. In den darauf folgenden Hirten-, Ackerbau- und Hochkulturen entschied die Fruchtbarkeit des Landes und der Herden über den Fortbestand der Menschen. So hat der Mensch dieser Kulturen jene Mächte als göttlich verehrt, die über Heil und Unheil seines Lebens geboten, also die Gewalten des Himmels und der Erde, die Mächte der Fruchtbarkeit. Er sah sie unmittelbar in den Erscheinungen der sichtbaren Welt, vor allem der Witterung, wirken und glaubte, ihre Gestimmtheit in Wohlwollen oder Zorn aus dem Verhalten der Natur und des Kosmos erkennen zu können. Wichen diese Erscheinungen vom gewohnten Rhythmus ab, so befürchtete er, daß die göttlichen Mächte strafen, drohen oder warnen. Eine derartige gemüthaft-intellektuelle Folgerung ist ein erster Schritt auf dem Weg zur Vorstellung einer menschengestaltigen Gottheit. So entstand der Glaube an den Zorn bestimmter Gottheiten des Himmels und der Erde. Als Ursache dieses Zornes suchten die Menschen manchmal nach dem Frevel anderer übermenschlicher Wesen, der mythischen Götterfeinde oder schadenstiftender Dämonen, meistens aber glaubten sie, einer oder mehrere der Ihren hätten durch frevelhaftes Verhalten den göttlichen Zorn ausgelöst[2]. In dieser Annahme äußert sich ein erstes Ahnen der menschlichen Entscheidungsfreiheit, der mit ihr verknüpften Verantwortung und des Gewissens. Je nachdem, ob das Gewissen durch gutes Verhalten beruhigt oder das Schuldgefühl durch Frevel geweckt worden ist, bezieht der Mensch des vorwissenschaftlichen Denkens auffallende Erscheinungen in der Natur auf sich und deutet ein Post hoc zu einem Propter hoc um. Sittliches Empfinden und Werten waren zunächst gänzlich von der Annahme einer alles umfassenden Vergeltung geprägt: Jede Handlung, die von der gewohnten Ordnung abweicht, stört »das Gleichgewicht der ungeheuren Waage« (GEORGE) und ruft nach einer Reaktion bei den Menschen und im Kosmos. Als stillschweigende Voraussetzung liegt diesem Glauben die Annahme einer Sympathie zwischen menschlichem und kosmischem Geschehen zugrunde[3]. Der Glaube,

[1] Vgl. W. BURKERT, Homo necans. Interpretationen altgriechischer Opferriten und Mythen = RGVV 32 (1972) 20/31: ›Der Urmensch als Jäger‹.

[2] Vgl. W. CAPELLE, Art. Erdbebenforschung: PW Suppl. 4 (1924) 360f; W. SPEYER, Art. Fluch: RAC 7 (1969) 1176/80. 1233f. 1243f; zum Strafwunder ebd. 1179. 1232. 1253/7; ders., Religionen des griechisch-römischen Bereichs. Zorn der Gottheit, Vergeltung und Sühne: U. MANN (Hrsg.), Theologie und Religionswissenschaft (1973) 124/43. – Zu den Naturvölkern vgl. R. LASCH, Die Finsternisse in der Mythologie und im religiösen Brauch der Völker: ArchRelWiss 3 (1900) 97/152, bes. 113. 144; H. KELSEN, Vergeltung und Kausalität (Den Haag 1946) 108/12; R. PETTAZZONI, Der allwissende Gott. Zur Geschichte der Gottesidee (1960) 39f. 67/70 u. ö., der Lohn und Strafe mittels der Witterung auf den Glauben an einen allwissenden Himmelsgott zurückführt.

[3] Dieser Volksglaube ist der Ausgangspunkt für die philosophische Lehre von der Sympathie: Alle

daß die göttlich durchwirkte Natur gleichsam mechanisch auf das religiös-sittliche Handeln antwortet, konnte freilich auf die Dauer dem erwachenden naturwissenschaftlichen Denken der Griechen nicht genügen[4]. So wurde diese Anschauung zwar bei wenigen in ihren Grundlagen erschüttert, lebte aber bei der Menge, die das wissenschaftliche Denken nicht kannte, weiter.

Je höher der einzelne in der Rangordnung der antiken Kult- und Lebensgemeinschaft stand, um so mehr mußte nach diesem Denken sein Tun im Guten wie im Bösen Auswirkungen auf ihn selbst und die mit ihm Verbundenen haben. Das trifft für alle ›Ersten‹ zu, sowohl für die ›Ersten‹ in der Zeit, für die Stammväter der Völker und Geschlechter sowie die Gründer, als auch für die ›Ersten‹ in der Macht, die Herrscher und Könige. Hier soll nicht erneut die Frage beantwortet werden, ob die Griechen ein ›göttliches‹ Königtum gekannt haben. Wie H. J. Rose nachzuweisen versucht hat, fehlen in Griechenland Könige im Sinn des ›divine‹ oder ›Frazerian king‹[5]. Wie im Alten Orient ist aber auch in Griechenland und Rom der Glaube zu belegen, daß rechtes Verhalten und Handeln des Herrschers Segen stiften und die Naturgewalten günstig beeinflussen, während entgegengesetztes Tun sie zu verderblichen Wirkungen veranlaßt. Wenn der Herrscher gegen die von den Göttern eingesetzte und geheiligte Lebensordnung frevelt, so wird dadurch die von den Göttern gestiftete Weltordnung erschüttert. Der bis zu diesem Zeitpunkt bestehende Friede zwischen den göttlichen Mächten und dem Menschen ist damit zerstört. Die göttlichen Gewalten des Kosmos offenbaren ihren Zorn in plötzlich hereinbrechenden Gewittern und Wirbelstürmen, in Hagelschlag, Überschwemmungen, Dürre, Unfruchtbarkeit von Pflanzen, Tieren und Menschen, Seuchen, Erdbeben und durch schreckende Zeichen am Himmel wie Sonnen- und Mondfinsternisse.

Weil aber die Erfahrung lehrt, daß nicht immer unmittelbar eine Naturkatastrophe oder eine Störung im Kosmos einem Frevel folgen, andererseits für dieses Denken feststeht, daß nichts in der Welt ohne Sinn und Bezug auf den Menschen geschieht, konnte man diese Störungen auch als Vorzeichen zukünftigen Unheils oder Frevels erklären, mit denen erfahrungsgemäß immer zu rechnen ist[6]. Als Frevel galt nach antikem Volks-

Teile der Welt stehen untereinander in einer inneren Verbindung, in Wechselwirkung, denn Kosmos und Natur sind ein lebendiger Organismus (vgl. K. Reinhardt, Art. Poseidonios: PW 22,1 [1953] 653/6; M. Pohlenz, Die Stoa 1³. 2³ [1964] 484. 488 Reg. s.v. Sympathie; D. S. Wallace-Hadrill, The Greek patristic view of nature [Manchester 1968] 103f; W. Hübner, Dirae im römischen Epos = Spudasmata 21 [1970] 102f).

[4] Vgl. zB. Ep. Alex. ad Aristot. 41, hrsg. von H. van Thiel, Leben und Taten Alexanders von Makedonien (1974) 218: verebantur (sc. milites), ne deorum ira premeret, quod ego homo Herculis Liberique vestigia transgredi conatus essem. tum hortor milites quia aequinoctiali tempore id accidisset, non deorum ira quod Octobri mense autumnoque urgeret.

[5] H. J. Rose, The evidence for divine kings in Greece: La regalità sacra. Contributi al tema dell' VIII congresso intern. di storia delle religioni, Roma, Aprile 1955 = Studies in the History of Religions 4 (Leiden 1959) 371/8. Vgl. J. G. Frazer, The golden bough 2² (London 1900) 156/9: ›Kings responsible for weather and crops‹; ferner W. Fiedler, Antiker Wetterzauber = Würzburger Stud. z. Altertumswiss. 1 (1931) 10/3. Fiedler hat aber zwei Vorstellungen miteinander vermischt, die sachlich zu trennen sind: Die durch einige antike Zeugnisse überlieferte Annahme, daß Könige Wetterzauber geübt haben, ist vom antiken Volksglauben zu unterscheiden, daß vor allem der König aufgrund seines Wesens und seines religiös-sittlichen Verhaltens die Natur in Segen und Unsegen zu beeinflussen vermag.

[6] Die ältere Literatur verzeichnet P. Händel, Art. Prodigium: PW 23,2 (1959) 2283/96; vgl. ferner P. L. Schmidt, Iulius Obsequens und das Problem der Livius-Epitome = AbhMainz 1968, 5, 3/8; Th. Köves-Zulauf, Reden und Schweigen. Römische Religion bei Plinius maior = Stud. et Testim. Ant. 12 (1972) 166/314; C. Zintzen, Art. Prodigium: KlPauly 4 (1972) 1151/3.

glauben jede Tat oder Unterlassung gegen die göttlich begründeten Ordnungen des Lebens in Familie und Kultgemeinschaft[7]. Zwischen absichtlicher und unabsichtlicher Tat, zwischen kultisch-ritueller und sittlicher Verfehlung wurde dabei nicht unterschieden[8].

Seltener wird von den segensvollen Folgen der Herrschaft eines frommen Königs berichtet. Da der rhythmische Wechsel der Naturgewalten, Gesundheit und Fruchtbarkeit den Regelfall bilden, wird darüber als dem Gewöhnlichen und fast Selbstverständlichen weniger gesprochen. Ein frühes Zeugnis ist eine Stelle der Odyssee. Hier vergleicht Odysseus den Ruhm Penelopes mit

»... dem Ruhme des guten und gottesfürchtigen Königs, welcher ein großes Volk von starken Männern beherrscht und die Gerechtigkeit schützt. Die fetten Hügel und Täler wallen von Weizen und Gerste, die Bäume hängen voll Obstes, häufig gebiert das Vieh, und die Wasser wimmeln von Fischen unter dem weisen König, der seine Völker beseligt«[9].

Die Fruchtbarkeit ist hier nicht nur als Folge einer vom Menschen geschaffenen Friedenszeit gesehen, in der das Vieh gedeihen und die Äcker bestellt werden können, sondern als das Ergebnis vom menschlichen Willen unabhängiger Mächte, der günstigen Witterung und der Fruchtbarkeit in Pflanzen-, Tier- und Menschenwelt. Die Bedingung für diesen Segen ist das Wohlverhalten des Königs gegenüber den göttlichen Mächten. Der gleiche Gedanke begegnet auch im Alten Orient. So schreibt ein Höfling an Assurbanipal:

»Tage des Rechts, Jahre der Gerechtigkeit, reichliche Regengüsse, gewaltige Hochwasser, guter Kaufpreis. Die Götter sind wohlgeneigt, Gottesfurcht ist viel vorhanden, die Tempel reichlich versehen ... Die Greise hüpfen, die Kinder singen, die Frauen und Mädchen ... heiraten ... geben Knaben und Mädchen das Leben. Das Werfen verläuft richtig ...«[10].

Dieser Glaube ist auch für das Zeitalter der späten Republik und des Augustus bezeugt. Wenn Cicero nach seiner Rückkehr aus der Verbannung meint, daß die Götter als Folgen seiner Vertreibung Mangel an Lebensmitteln, Hunger, Verheerung, Mord, Brand, Räuberei, Straflosigkeit für Frevel, Flucht, Grauen und Zwietracht geschickt, jetzt aber Fruchtbarkeit der Äcker, Fülle der Früchte, Hoffnung auf Muße, Ruhe des Gemüts und das Recht und die Eintracht im Staat zurückgeschenkt haben, so dürfte die volkstümliche Auffassung bei ihm noch weiterwirken. Nach der Meinung Ciceros brachte die über ihn verhängte Verbannung als gottesfeindliche Tat einen Fluchzustand über Rom und Italien und endete erst, als er zurückgerufen und in seine Rechte und Ehren wiedereingesetzt war[11]. Die Menschen im Friedensreich des Augustus glaubten, daß der Princeps durch sein Wesen, sein Handeln und seine Frömmigkeit nicht nur die vom Menschen abhängigen Segnungen des Friedens, sondern auch die Segensfülle in der Natur hervorgerufen habe[12]. Den alten Volksglauben bestätigt schließlich der

[7] Vgl. H. Kleinknecht, Art. ὀργή: ThWbNT 5 (1954) 385. 390.

[8] Vgl. ebd.; Speyer, Fluch aO. (s. o. Anm. 2) 1180f; ders., Religionen aO. (s. o. Anm. 2) 129f.

[9] Od. 19, 109/14, übersetzt von J. H. Voss (Neuausgabe 1960); dazu H. Meltzer, Ein Nachklang von Königsfetischismus bei Homer?: Philol 62 (1903) 481/8. Vgl. Hesiod. op. 225/37; dazu H. Fuchs, Augustin und der antike Friedensgedanke[2] (1965) 169f.

[10] Zitiert nach H. Gressmann, Der Ursprung der israelitisch-jüdischen Eschatologie = ForschRelLitANT 6 (1905) 260. Diese und weitere Belege nennt P. Dvorak, Gott und König, Diss. Bonn (1938) 3/5. 9f. 36.

[11] Cic. dom. 17; vgl. Cic. p. red. in sen. 34: mecum etiam frugum ubertas ... afuerunt.

[12] Vgl. Hor. carm. 4,5,17f; Philo leg. ad Gai. 21, 145: οὗτός ἐστιν ὁ Καῖσαρ ὁ τοὺς καταρράξαντας πανταχόθι χειμῶνας εὐδιάσας.

Rhetor Menander (3. Jh. nC.), wenn er dem angehenden Redner rät, er solle im Schlußwort eines Herrscherlobs den Gedanken aussprechen: »Wegen der Gerechtigkeit des Königs werden uns Regengüsse zur rechten Zeit zuteil und der Ertrag des Meeres und die Fülle der Früchte«[13]. Gewiß ist hier der Volksglaube bereits zu einem Topos höfischer Schmeichelei entwertet, aber er leuchtet doch noch durch die rhetorische Formulierung.

Verwandt mit diesem Glauben ist die weitere Vorstellung, daß die göttlichen Gewalten der Natur für den gerechten Herrscher kämpfen und dessen Feinde vernichten[14]. Ferner kann der gute Herrscher als Freund der Gottheit die Naturgewalten positiv beeinflussen. Als Wohltäter der Menschen läßt er Stürme zu Lande und zu Wasser aufhören oder läßt Quellen hervorsprudeln. Gute Könige und Kaiser wurden gepriesen, daß sie allein schon durch ihre Gegenwart heiteres Wetter geschaffen haben[15]. In dieser Segenswirkung berühren sich der gute Herrscher und der antike und christliche Wundertäter[16].

Andererseits muß der Frevel des Herrschers verderbliche Folgen in seiner Umwelt auslösen. Allgemein ausgesprochen begegnet dieser Gedanke bereits bei Hesiod: Die gesamte Stadt muß manchmal für einen Frevler büßen. Pest und Hungersnot kommen über sie, und die Frauen gebären nicht mehr[17]. Der griechische Mythos bietet hierfür viele Beispiele. Der Gottesfeind Tantalos kommt für seinen Frevel nicht nur selber um, sondern auch die von ihm beherrschte Stadt Sipylos geht mit zugrunde[18]. König Ödipus bringt als Mörder seines Vaters und Gemahl seiner Mutter Unheil über sein Land, obwohl er beide Frevel unwissentlich begangen hat. Schlimmes Verderben rafft seine Untertanen dahin[19]. Dem grausigen Verbrechen des Atreus antwortet die Natur mit Wendung der Sonnenrosse und Verfinsterung des Himmels sowie mit Dürre und Mißwuchs in Mykene, dem Land, dessen König Atreus ist[20]. Der Arkader Teuthis, der ge-

[13] Rhet. Gr. 3, 377, 22/4 SPENGEL.

[14] Vgl. W. SPEYER, Die Hilfe und Epiphanie einer Gottheit, eines Heroen und eines Heiligen in der Schlacht: Pietas, Festschrift B. Kötting = JbAC Erg.-Bd. 8 (Münster 1980) 55/77.

[15] Vgl. E. PFEIFFER, Studien zum antiken Sternglauben = Stoicheia 2 (1916) 93/103, bes. 101f; FIEDLER aO. (s. o. Anm. 5) 11f; O. WEINREICH, Studien zu Martial = Tüb. Beiträge z. Altertumswiss. 4 (1928) 79_{11}; F. SAUTER, Der römische Kaiserkult bei Martial und Statius = Tüb. Beiträge z. Altertumswiss. 21 (1934) 166/70; D. KORZENIEWSKI, Hirtengedichte aus neronischer Zeit (1971) 99 zu Calp. Sic. 4,97f; vgl. ferner Jos. b. Iud. 5, 409f: Titus und die Quellen.

[16] L. BIELER, Θεῖος ἀνήρ. Das Bild des ›göttlichen Menschen‹ in Spätantike und Frühchristentum 1 (Wien 1935 bzw. 1967) 103f; O. PETZKE, Die Traditionen über Apollonius von Tyana und das Neue Testament (Leiden 1970) 176f; H. VAN DER LOOS, The miracles of Jesus = NovTest Suppl. 9 (Leiden 1965) 638/49; A. FRANZ, Die kirchlichen Benediktionen im Mittelalter 2 (1909 bzw. Graz 1960) 16f. 59/62; F. GRAUS, Volk, Herrscher und Heiliger im Reich der Merowinger (Prag 1965) 329f; W. SPEYER, Die Segenskraft des ›göttlichen‹ Fußes: Romanitas et Christianitas, Festschrift J. H. Waszink (Amsterdam/London 1973) 293/309.

[17] Hesiod. op. 238/47. Ein Beispiel dieses Denkens aus der Welt der Hethiter bieten die Pestgebete des Königs Mursilis (vgl. A. GÖTZE: Kleinasiatische Forschungen 1 [1930] 206/19 und Kommentar ebd. 220/35; SPEYER, Fluch aO. [s. o. Anm. 2] 1170f).

[18] Pherecyd.: FGrHist 3 F 38; Asclep. Tragil.: FGrHist 12 F 30. – Zeus vernichtet nicht nur Salmoneus, sondern ebenso die Stadt Salmona (Apollod. bibl. 1, 9, 7); vgl. auch Od. 7,59f zu Eurymedon und seinem Volk der Giganten.

[19] Soph. Oed. rex 95/101; Ödipus heißt V. 97: μίασμα χώρας; dazu M. DELCOURT, Stérilités mystérieuses e naissances maléfiques dans l'antiquité classique (Liège / Paris 1938) 16/22: ›Le fléau dans Oedipe-Roi‹. Weitere Beispiele: Il. 1,8/52; ›Dositheus‹ bei PsPlut. par. 19a (310 B) = FGrHist 290 F 7: Der Syrakuser Kyanippos, der sich der Verehrung des Dionysos widersetzt hat, vergewaltigt in gottgesandter Trunkenheit seine Tochter Kyane. Darauf bricht eine Pest aus (vgl. K. ZIEGLER, Art. Kyane nr. 1: PW 11,2 [1922] 2234; LAKKEIT: ebd. 2235). Vgl. ferner Verg. Aen. 3, 135/46.

[20] Vgl. bes. Hyg. fab. 88 und die Belege bei L. PRELLER / C. ROBERT, Griechische Mythologie 2,1[4] (1920 bzw. 1966) 297f; ferner A. DEMANDT,

gen Athene gefrevelt hatte, wird von einer auszehrenden Krankheit ergriffen, und sein Land gibt den Bewohnern keine Früchte mehr[21]. Als die Pelasger von Lemnos ihre athenischen Konkubinen und ihre Kinder getötet hatten, kam Unfruchtbarkeit über das Land, die Herden und Frauen[22]. Von Unfruchtbarkeit des Landes nach einem Frevel wird oft berichtet[23]. Als die Athener in Ägina die Götterbilder der Damia und Auxesia zu rauben versuchten, wurden sie daran durch Donner und Erdbeben gehindert, verfielen in Wahnsinn und töteten sich gegenseitig[24]. Die Lakedaimonier, die widerrechtlich aus dem Tempel Poseidons schutzsuchende Heloten fortgerissen hatten, sollen dafür durch ein Erdbeben bestraft worden sein[25].

Im etruskisch-römischen Westen bezeugt die sogenannte ›Weissagung der Vegoia‹ die religiöse Vorstellung vom inneren Zusammenhang zwischen dem Frevel einzelner Menschen, den göttlichen Mächten der Natur und dem Geschick der menschlichen Gemeinschaft[26]. Das erhaltene Bruchstück lautet:

> Idem[27] Vegoiae Arrunti Veltymno. Scias mare ex aethera[28] remotum. cum autem Iuppiter terram Aetruriae sibi vindicavit, constituit iussitque metiri campos signarique agros. sciens hominum avaritiam vel terrenum cupidinem, terminis omnia scita[29] esse voluit. quos quandoque quis[30] ob avaritiam prope novissimi octavi saeculi data sibi[31] homines malo dolo violabunt contingentque atque movebunt. sed qui contigerit moveritque, possessionem promovendo suam, alterius minuendo, ob hoc scelus damnabitur a diis. si servi faciant, dominio mutabuntur in deterius. sed si conscientia dominica fiet, caelerius domus extirpabitur, gensque eius omnis interiet. motores autem pessimis morbis et vulneribus efficientur[32] membrisque suis debilitabuntur. tum etiam terra a tempestatibus vel turbinibus plerumque labe movebitur. fructus saepe ledentur decutienturque imbribus atque grandine, caniculis interient, robigine occidentur[33]. multae dissensiones in populo. fieri haec scitote, cum talia scelera committuntur. propterea neque fallax neque bilinguis sis. disciplinam pone in corde tuo.

Diesen Text hält S. Weinstock für eine umgestaltete Kosmogonie. Aus den ersten Sätzen schließt er auf einen verlorenen Abschnitt einer Kosmogonie, in der über das Zeitalter des Kronos – Saturnus, als es noch keinen Privatbesitz gab, gehandelt worden sei. Um diese Vermutung zu stützen, sieht er sich genötigt, auch innerhalb des Frag-

Verformungstendenzen in der Überlieferung antiker Sonnen- und Mondfinsternisse = AbhMainz 1970 nr. 7, 20f. Bei Ov. met. 10,448/51 ist der alte Glaube zum literarischen Motiv verflüchtigt (vgl. M. Haupt / O. Korn / R. Ehwald zSt.).

[21] Vgl. Paus. 8,28, 4/6; W. Göber, Art. Teuthis nr. 1: PW 5 A 1 (1934) 1157f.

[22] Vgl. Herodt. 6,138f.

[23] Hungersnot und Pest trafen die Athener, die Androgeos getötet hatten (vgl. L. Weber, Androgeos: ArchRelWiss 23 [1925] 34/44. 229/51); vgl. Paus. 6,11,6f (dazu H. Lamer, Art. Theugenes: PW 6 A 1 [1936] 255f); Plin. n. h. 36,9f (dazu C. Robert, Art. Dipoinos: PW 5,1 [1903] 1159/61); ferner J. G. Frazer, The golden bough 1,2³ (London 1926) 97/119: ›The influence of the sexes on vegetation‹.

[24] Vgl. Herodt. 5,85,2. 86,4.

[25] Vgl. Thuc. 1,128,1, der sich jedoch durch die Formulierung (νομίζουσι) vom Inhalt des Mitgeteilten distanziert. Die übrigen Zeugnisse nennt F. Bölte, Art. Tainaron nr. 1: PW 4 A 2 (1932) 2043, 26/33.

[26] Hrsg. von F. Blume / K. Lachmann / A. Rudorff, Die Schriften der römischen Feldmesser 1 (1848 bzw. 1967) 350f. Vgl. C. O. Thulin, Die etruskische Disciplin 1/3 (Göteborg 1905/9 bzw. 1968) Reg. s. v. Vegoe; S. Weinstock, Art. Vegoia: PW 8 A 1 (1955) 578f; A. J. Pfiffig, Eine etruskische Prophezeiung: Gymnasium 68 (1961) 55/64; ders., Religio Etrusca (Graz 1975) 157/9.

[27] In der Handschrift P geht ein Text mit der Überschrift voraus: Ex libris Magonis et Vegoiae auctorum. – Item Begoe: Salmasius.

[28] ex aethera P: zu dem Ablativ vgl. A. de Mess: ThesLL 1,1149,34f; e terra: K. Latte, Kleine Schriften (1968) 906; ex aethere 〈solidum vero e mari〉: E. Vetter bei Pfiffig, Religio aO. 157f.

[29] Vielleicht saepta oder sancita die Herausgeber zSt.

[30] quis P: von Turnebus getilgt.

[31] data sibi P: vielleicht lascivi die Herausgeber zSt.; vgl. auch Pfiffig, Prophezeiung aO. 58₇.

[32] afficientur Turnebus.

[33] occident. erunt multae die Herausgeber zSt.

mentes mit Textverlusten zu rechnen[34]. Der in sich geschlossen wirkende Text will aber wohl eher die Unverletzbarkeit und Heiligkeit der Grundstücksgrenzen einschärfen. Der Anfangssatz: scias mare ex aethera remotum versucht wahrscheinlich durch einen Hinweis auf die erste Trennung der Urelemente, die in der mythischen Urzeit vorgenommen sein soll, zu verdeutlichen, daß jede Grenzziehung geschichtlicher Zeit in der mythischen ersten Grenzziehung ihr Urbild hat[35]. Jupiter soll selber die Grenzen im Land der Etrusker festgelegt haben. Der Gott garantiert demnach das Recht am Bodeneigentum und dessen Schutz. Wer die Grenze aus Habsucht und ungeordnetem Verlangen nach Grundbesitz verändert, muß deshalb dem Zorn Jupiters verfallen. Zur Abschreckung werden die verderblichen Folgen aufgezählt, die denjenigen treffen werden, der einen Grenzstein versetzt; dabei sind die Folgen in der Natur breit ausgemalt. Diese angedrohten Strafen sind als bedingungsweise ausgesprochene Flüche formuliert[36]. Die Sicherung eines Gesetzes durch Fluchdrohung gehört dem ältesten bekannten Recht an, dem heiligen Recht. Auch bei Griechen und Juden bedrohte der Fluch jeden, der widerrechtlich einen Grenzstein antastet[37]. Im frühen römischen Recht wird derjenige, der einen Grenzstein herauspflügt, zusammen mit seinen Rindern verflucht[38].

In Etrurien hatten die Grenzsteine oft die Form eines Phallos[39]. Sie sollten wohl zunächst wie der Fluch apotropäisch wirken, sodann aber die Fruchtbarkeit des Landes steigern (euergetische Wirkung)[40].

Eine auffallende Parallele zu den bedingungsweise gesprochenen Flüchen der Vegoia bilden die babylonischen Grenzsteine, die Kudurru. Sie beginnen in der Kassitenzeit, etwa um 1500 vC., und reichen bis um 650 vC. Wie etruskische Grenzsteine haben auch sie phallische Form. Sie sind als königliche Rechtsurkunden mit Text versehen und enthalten bedingungsweise ausgesprochene Flüche zur Sicherung des Bodeneigentums[41]. Diese Verwünschungen treffen jeden, der selbst oder durch eine Mittelsperson das Feld oder die Urkunde anzutasten wagt[42]. Bei Vegoia wird nicht nur der-

[34] Weinstock aO. (s. o. Anm. 26) 578f: »Er [d.i. der Verfasser] ließ den Abschnitt über das saturnische Zeitalter, als es keinen Privatbesitz gab, fort, verwandelte das Zeitalter des Iuppiter in eine Zeit der Grenzsteinsetzung und die kosmischen Zeichen, die das Ende der Welt ankündigten, in Strafen, die den Frevler treffen würden«. Pfiffig, Prophezeiung aO. und Religio aO. (s. o. Anm. 26) hält die Einleitung ebenfalls für den Rest einer Kosmogonie. – Die Grenze des Ackers gehört dem Eisernen Zeitalter an; vgl. Verg. georg. 1,125/7; Ov. met. 1,135f.

[35] Vgl. auch Latte aO. (s. o. Anm. 28) 906.

[36] Vgl. Thulin aO. (s. o. Anm. 26) 3,52f.

[37] Vgl. K. Latte, Heiliges Recht. Untersuchungen zur Geschichte der sakralen Rechtsformen in Griechenland (1920 bzw. 1964) 72. Schon Il. 21, 403/5 erwähnt den Grenzstein. – Zum Alten Testament vgl. Dtn. 27,17; Job 24,2; Prov. 22,28; 23, 10; Hos. 5,10; Weinstock aO. 579,33; G. Sauer, Art. Grenze: B. Reicke / L. Rost (Hrsg.), Biblisch-Histor. Handwörterbuch 1 (1962) 608.

[38] Fest.-Paul. s. v. Termino (505 Lindsay): Termino sacra faciebant, quod in eius tutela fines agrorum esse putabant. Denique Numa Pompilius statuit eum, qui terminum exarasset, et ipsum et boves sacros esse; vgl. Dion. Hal. ant. Rom. 2,74. 3; dazu E. Marbach, Art. Terminus: PW 5 A 1 (1934) 781/4, bes. 783f, und E. Fabricius, Art. Terminatio: ebd. 779/81, bes. 781, 49f.

[39] Vgl. E. Gerhard, Gesammelte akademische Abhandlungen und kleine Schriften 1 (1866) 291f. 316_{62}; ders. (Hrsg.), Hyperboreisch-römische Studien für Archäologie 2 (1852) 200/2. 233_{22}; $236f_{31}f$; H. Herter, Art. Phallos: PW 19,2 (1938) 1732f. – Zu Priapos als Grenzhüter vgl. H. Herter, De Priapo = RGVV 23 (1932) 6. 213. 246.

[40] Vgl. H. Herter, Hermes: RhMus 119 (1976) 193/241, bes. 221.

[41] Vgl. L. W. King, Babylonian boundary stones and memorial-tablets in the British Museum (London 1912); F. X. Steinmetzer, Die babylonischen Kudurru (Grenzsteine) als Urkundenform = Stud. z. Gesch. u. Kult. d. Altert. 11,4/5 (1922) 95/100. 113/5. 238/46; A. K. Grayson, Art. Grenze: RealllexAssyr 3 (1971) 639; F. Poulsen, Delphische Studien = Danske Videnskabernes Selskab, Hist.-filol. Medd. 8,5 (København 1924) 34/6 zur phallischen Form der Kudurru.

[42] Steinmetzer aO. 241: »Der Fluch trifft aber nicht bloß den, der dies persönlich ausführt, sondern auch jenen, der einen seiner fünf Sinne nicht

jenige mit Fluch bedroht, der zur Tat rät, sondern auch derjenige, der sie vollbringt, also die Mittelsperson, die motores. Die babylonische Fluchformel nennt jeweils die in Betracht kommenden Personen, die verbotenen Handlungen und die zu erwartenden Götterstrafen. Besonders häufig wird die Vernichtung der Nachkommenschaft angedroht; auch soll das Land desjenigen, der einen Grenzstein beseitigt, von Überschwemmung und Unfruchtbarkeit heimgesucht werden[43]. Am Ende einer mit Namen versehenen babylonischen Grenzsteinurkunde werden ähnlich wie bei Vegoia ethische Mahnungen erteilt[44].

Diese Übereinstimmungen dürften nicht zufällig sein. Zwischen den babylonischen Kudurru und der Mahnrede der Vegoia scheint ein näherer Zusammenhang zu bestehen. Der lateinische Text stellt vielleicht die bearbeitete Übertragung eines älteren etruskischen aus den Libri rituales dar. Für diese Annahme könnten die Überschrift des Fragments mit den etruskischen Namen, die auffallende Hervorhebung Etruriens und die für die Etrusker typische Zählung nach einer begrenzten Anzahl von Saecula sprechen[45]. Einen altertümlichen Eindruck macht auch die in diesem Text geäußerte Überzeugung, daß der Frevler nicht nur selber für sein Tun haftet, sondern mitsamt seiner Sippe, seinen Sklaven und seinem Eigentum. Der alte Glaube an die Mitverantwortung und Mithaftung der Gemeinschaft an der Schuld des einzelnen ist hier noch ungebrochen lebendig[46]. Einflüsse der babylonischen Religion auf die etruskische, besonders auf die Weissagung aus der Leber und die Aufzeichnung und Deutung der Donner in den Donnerbüchern, sind zu erkennen[47]. Zu diesen Übereinstimmungen zwischen dem Alten Orient und Etrurien scheint nunmehr eine weitere zu kommen: die Parallele zwischen den durch Fluch gesicherten Grenzsteinen der Babylonier und den Fluchdrohungen der Vegoia, die in der Heiligkeit der Grenze ihren Ausgang und ihr Ziel haben[48].

vollständig Mächtigen ..., einen Bösewicht ..., einen der Sache Fernstehenden ..., irgend einen Beliebigen ..., ja selbst den Sohn des Herrn des Feldes ... zu irgend einem Unrecht wider den Besitzer des Feldes anstiftet«; vgl. ebd. 244.

[43] Vgl. Steinmetzer aO. 115.243. – In der Inschrift eines privaten Mysterienvereins aus Kyme (J. Keil, Mysterieninschrift aus dem äolischen Kyme: ÖsterrJh 14 [1911] Beibl. 133/40, bes. 136 Z. 37/42) wird den Anhängern wie den Verächtern dieses Kults folgendes verheißen und angedroht: »Denen, die an diesen Mysterien teilhaben, möge, wenn sie sie erfüllen und unversehrt bewahren, die Erde zu beschreiten sein und Früchte tragen, ehelich erzeugte Kinder geboren werden und sie mögen an allem Guten teilhaben. Wer aber Entgegengesetztes sinnt, dem möge Entgegengesetztes begegnen« (von M. P. Nilsson, Geschichte der griechischen Religion 2[2] [1961] 371 mitgeteilt). Das hohe Alter dieser Formel wird durch eine Parallele bei Herodot erwiesen (3,65,7); vgl. auch die Fluchformeln, die O. Haas, Die phrygischen Sprachdenkmäler = Acad. Bulgare d. Scienc. Ling. Balk. 10 (Sofia 1966) 40f. 66f gesammelt hat.

[44] Vgl. Steinmetzer aO. (s. o. Anm. 42) 252f: »Überschreite nicht die Grenze, verrücke nicht die Gemarkung, das Böse hasse und liebe das Recht!«.

[45] Vgl. Pfiffig, Prophezeiung aO. (s. o. Anm. 26) 58f. – Zu den Saecula der Etrusker vgl. Thulin aO. (s. o. Anm. 26) 3,63/75; Pfiffig, Religio aO. (s.o. Anm. 26) 159/61. – Die Weissagung der Vegoia wird wegen der Erwähnung des achten Saeculum in sullanische Zeit datiert (vgl. Pfiffig, Prophezeiung aO. 60/4; K. Latte, Römische Religionsgeschichte [1960] 288[3]).

[46] Vgl. Thulin aO. 3,52f; Speyer, Religionen aO. (s. o. Anm. 2) 128f. 132f. 140f.

[47] Vgl. Thulin aO. 1,X/XV; C. Clemen, Les rapports de la religion étrusque avec les religions du Proche-Orient: AntiquClass 5 (1936) 263/71; A. Piganiol, Sur le calendrier brontoscopique de Nigidius Figulus: Studies in Roman economic and social history in honor of A. Ch. Johnson (Princeton 1951) 79/87, bes. 82.86; J. Nougayrol, Les rapports des haruspicines étrusque et assyro-babylonienne et le foie d'argile de Falerii Veteres: CRAcInscr 1955, 509/17; Pfiffig, Religio aO. (s. o. Anm. 26) 115/27. 128.

[48] Auf die Übereinstimmung zwischen dem letzten Satz der »Weissagung«: Disciplinam pone in corde tuo, und Prov. 24, 32 (Vulgata): posui in corde meo, et exemplo didici disciplinam, hat neben anderen Latte, Religionsgeschichte aO. (s. o. Anm. 45) hingewiesen. Wahrscheinlich ist diese sprachliche Übereinstimmung aber nur zufällig (vgl. C. O. Thulin, Art. Etrusca disciplina: PW 6,1 [1907] 726f; Pfiffig, Prophezeiung aO. [s. o. Anm. 26] 63).

Auf den Zusammenhang zwischen religiös-sittlichen Freveln und schrecklichen Ereignissen in der Natur haben auch die römischen Pontifices und Haruspices aufmerksam gemacht. So erklärten sie den Blitzeinschlag in heiligen Hainen damit, daß dort Verunreinigungen vorausgegangen seien[49]. Beispiele aus dem italisch-römischen Volksglauben sind die Nachricht Ciceros über die Sizilianer, die als Grund für Mißernten den Raub der Ceresstatue von Henna durch Verres nannten, oder die Mitteilung des Tacitus über Soldaten, die gegen Tiberius meuterten, aber bei der länger dauernden Mondfinsternis klagten, daß die Götter sich von ihrem Frevel abwendeten[50]. Auch an anderer Stelle setzt Tacitus Verbrechen zu Unwetter und Krankheiten in Verbindung[51].

Dieser Volksglaube wirkte sich im Kampf zwischen Heidentum und Christentum erst recht aus. Seit Tertullian wird überliefert, daß die Heiden in den Christen den Grund für die verderblichen Vorgänge in der Natur sahen:

> »Wenn der Tiber die Stadt überflutet, wenn der Nil nicht die Fluren bewässert, wenn der Himmel stillsteht, wenn die Erde erbebt, wenn Hungersnot, wenn Seuchen ausbrechen, so schreit man sogleich: ›Die Christen vor den Löwen‹«[52].

Mehrere christliche Schriftsteller der Folgezeit bestätigen diesen heidnischen Volksglauben, der für die blutigen Christenverfolgungen mitverantwortlich zu machen ist[53]. Das Thema blieb bis zum großen Werk des Orosius, den sieben Büchern seiner Historiae adversus paganos, ein wichtiges Thema der geistigen Auseinandersetzung mit dem Heidentum[54].

Trotzdem lebte der alte Glaube auch bei vielen Christen weiter. Da dieser Glaube vor allem im Vergeltungsdenken wurzelt, Vergeltung und Rache aber dem natürlichen und unreflektierten Empfinden der Menge entsprechen, konnte er nicht leicht durch die Predigt Jesu vom liebenden und verzeihenden göttlichen Vater überwunden werden. Dazu kam das Erbe des Alten Testamentes und hier an erster Stelle die Überlieferung von den Folgen der Ursünde der Stammeltern[55]. Hatte die Ursünde so gewaltige Fluchfolgen, daß aus dem Paradies diese irdische Welt entstanden ist, so mußte nach diesem Denken auch jeder weitere Frevel gegen Gott unmittelbare schlimme Folgen in der Natur auslösen. Wie Griechen und Römer haben auch die Israeliten das religiös-sittliche Handeln des Königs als Grund für Segen und Unsegen im Land angesehen[56]. Die meisten Christen konnten sich dieser Anschauung, die in dem von ihnen übernommenen Alten Testament und in der griechisch-römischen Umwelt tief verwurzelt war, nicht entziehen. Die kritische Haltung eines Photios dürfte hier eine Ausnahme bilden. Als in einer Nacht ein heftiges Erdbeben geschehen war, stieg er auf die Kanzel und erklärte: »Die Erdbeben ereignen sich nicht wegen der Menge der Sünden, sondern infolge von

[49] PsAcro zu Hor. carm. 1,12,59 (1,61 Keller): tu (sc. Iuppiter) parum castis inimica mittes / fulmina lucis: id est pollutis, secundum pontificum et aruspicum documenta, qui dicunt numquam fieri fulmina nisi in lucis pollutione aliqua alienis. Nach antikem Glauben verfügt der Blitz über reinigende Kraft und trifft Sünder gegen die kultische Keuschheit (vgl. W. Speyer, Art. Gewitter: RAC 10 [1978] 1107/72, bes. 1123. 1127).

[50] Cic. Verr. 2,4, 144; Tac. ann. 1,28.

[51] Tac. ann. 16,13,1 (für das Jahr 65 nC.). – Ein anderes Beispiel bei Amm. Marc. 23,6,24 (Hist. Aug. Verus 8).

[52] Tert. apol. 40,2; vgl. A. Schneider, Le premier livre Ad nationes de Tertullien (Roma 1968) 196/200.

[53] Vgl. Speyer, Fluch aO. (s. o. Anm. 2) 1217f: »Die Christen als Ursache des Fluchzustandes«.

[54] Vgl. ebd. 1275f.

[55] Vgl. Prud. hamart. 236/56; c. Symm. 2,973.

[56] Vgl. Salv. gub. dei 7,81f (MG AA 1,1,98), der auf Jos. 7; 1 Reg. 19 und 2 Reg. 24 hinweist; I. Hoffmann, Die Anschauungen der Kirchenväter über Meteorologie, Diss. Tübingen (1907) 22; zum Frühjudentum A. Marmorstein, Die Quellen des neuen Jeremia-Apocryphons: ZNW 27 (1928) 329. 331.

Wasserüberfluß«[57]. Charakteristisch für die christliche Spätantike sind vielmehr folgende Fälle: Kaiser Konstantin meinte, Erde, Welt und Sonne hätten über die Christenverfolgung Diokletians getrauert[58]. Wie Sokrates in seiner Kirchengeschichte berichtet, geht der Hagelschlag des Jahres 371 auf die Verfolgung der Katholiken durch den arianischen Kaiser Valens zurück[59]. In einem Antwortschreiben an Kaiser Arcadius bezeichnete Neilos von Ankyra als Grund der zahlreichen Erdbeben und Blitze, unter denen Konstantinopel zu leiden hatte, die dort verübten Verbrechen und vor allem die ungerechte Verbannung des Patriarchen Johannes Chrysostomos. Deshalb könne er auch nicht gemäß dem Wunsch des Kaisers für die Stadt beten[60]. Gregor von Tours deutete die Sonnenfinsternis des Jahres 484 als Antwort auf die Verfolgung der Katholiken durch den Vandalenkönig Hunerich und auf den Abfall vieler Katholiken vom Glauben[61]. Als der Vertreibung des Patriarchen von Jerusalem, Elias (516 nC.), eine fünfjährige Dürre und entsetzliche Heuschreckenplagen folgten, führten die Bewohner von Jerusalem diese Übel auf die Sünde gegen Elias zurück[62]. Dieser Glaube blieb beim christlichen Volk während des Mittelalters und auch noch in der Renaissance lebendig[63].

Die Iren und einzelne Germanenstämme haben schon vor ihrer Christianisierung geglaubt, daß der König in der Natur Heil oder Unheil wirken könne. Wie Ammianus Marcellinus mitteilt, verlor der König der Burgunder seine Würde, sobald das Kriegsglück ausblieb oder die Ernte versagte[64]. In einer Schrift unter dem Namen Cyprians, die aber erst um 630–650 in Irland entstanden ist, bemerkt der unbekannte Verfasser, daß der frevelhafte König der Grund für Unglück, Unfruchtbarkeit und Naturkatastrophen sei und daß seine Sünde auf seine Nachkommen ausstrahle, der gute König aber unter anderem ausgeglichene Witterung, eine heitere See und Fruchtbarkeit des Landes herbeiführe[65]. Dieser Gedanke hat in Verbindung mit der zuvor beschriebenen antiken und jüdisch-christlichen Überlieferung die mittelalterliche Idee vom Königtum mitgeprägt[66].

[57] Dies teilt PsSym. Mag. annal.: PG 109, 736A mit Abscheu mit.

[58] Lehrbrief an die Provinzialen (324 nC.) bei Euseb. vit. Const. 2,52 (GCS Euseb. 1,1,69f); H. Dörries, Das Selbstzeugnis Kaiser Konstantins = AbhGöttingen 3, 34 (1954) 51f.

[59] Socr. h. e. 4,11 (PG 67, 481 A).

[60] Ep. 2,265 (PG 79,336 A/B). Zu den Erdbeben, die Konstantinopel in dieser Zeit heimsuchten, vgl. A. Hermann, Art. Erdbeben: RAC 5 (1962) 1107.

[61] Hist. Franc. 2,3 (MG Scr. rer. Mer. 1,1,45). Zur Datierung dieser Finsternis vgl. Demandt aO. (s. o. Anm. 20) 53f.

[62] Cyrill. Scythop. vit. Sab. 58 (159, 7/14 Schwartz).

[63] Vgl. Étienne de Bourbon (gest. um 1261), de diversis materiis praedicabilibus nr. 464, hrsg. von A. Lecoy de la Marche (Paris 1877) und die Beispiele bei L. von Pastor, Geschichte der Päpste 3,1⁸/⁹ (1926) 115.

[64] Amm. Marc. 28,5,14, wobei er hinzufügt: ut solent Aegyptii casus eiusmodi suis assignare rectoribus. In der Lehre des Sehetep-ib-re aus der Zeit des Amenemhet III (1844–1797) wird vom Pharao unter anderem gerühmt: »Er läßt das Land mehr grünen als ein hoher Nil. Er hat die beiden Länder mit Kraft und Leben erfüllt« (A. Erman, Die Literatur der Ägypter [1923 bzw. 1978] 120).

[65] PsCypr. abus. saec. 9 (CSEL 3,3, 167): qui vero regnum secundum hanc legem non dispensat, multas nimirum adversitates imperii tolerat. idcirco enim saepe pax populorum rumpitur et offendicula etiam de regno suscitantur, terrarum quoque fructus diminuuntur et servitia populorum praepediuntur, multi etiam dolores prosperitatem regni inficiunt, carorum et liberorum mortes tristitiam conferunt, hostium incursus provincias undique vastant, bestiae armentorum et pecorum greges dilacerant, tempestates veris et hiemis terrarum fecunditatem et maris ministeria prohibent, et aliquando fulminum ictus segetes et arborum flores et pampinos exurunt. super omnia vero regis iniustitia non solum praesentis imperii faciem fuscat, sed etiam filios suos et nepotes. ne post se regni hereditatem teneant, obscurat . . . (vgl. S. Hellmann, Pseudo-Cyprian. De XII abusivis saeculi = TU 34,1 [1909] 15f; Graus aO. [s. o. Anm. 16] 328f).

[66] Auf die Stelle bei PsCyprian spielt u. a. Alcuin an, wenn er schreibt ep. 18 (MG Epist. 4,51): legimus quod regis bonitas totius est gentis prosperitas,

Wenn der Mensch nach antiker und jüdisch-christlicher Anschauung Teil des allumfassenden Kosmos bzw. der Schöpfung ist und ihm in der Ordnung der sichtbaren Welt der höchste Rang zukommt, so werden auch die antiken und christlichen Überlieferungen verständlich, nach denen sich die Natur bei der Geburt eines Heros und Gottesfreundes freut und beim Tod, vor allem dem ungerechten, trauert[67]. In zahlreichen Passionen wird mitgeteilt, daß beim gewaltsamen Ende des Märtyrers Gewitter, Unwetter, Hagel und Erdbeben ihren Schrecken verbreitet und damit auf den Zorn Gottes hingewiesen haben[68].

Das älteste christliche Beispiel für dieses Motiv ist der Bericht des Evangelisten Matthäus über die Finsternis und das Erdbeben bei der Kreuzigung Jesu[69]. Während Markus und Lukas nur die Finsternis erwähnen, schweigt Johannes ganz von diesen Naturerscheinungen[70]. Die Tötung des Gottesgesandten konnte nach dem Denken und Empfinden vieler Gläubiger nicht ohne Folge in der sichtbaren Welt geblieben sein. So wurde ein Gedanke der Antike, ja vielleicht ein Völkergedanke vom frühen Christentum aufgenommen und hat die religiös-sittlichen Anschauungen, die Frömmigkeit und allmählich auch die bildlichen Darstellungen vom Kreuzestod Christi mitgestaltet.

victoria exercitus, aeris temperies, terrae habundantia, filiorum benedictio, sanitas legis; dazu W. Schlesinger, Die Anfänge der deutschen Königswahl: SavZGerm 66 (1948) 401f und L. Wallach, Alcuin and Charlemagne = Cornell Studies in Class. Philology 32 (Ithaca, N. Y. 1959) 8/10; ferner O. Höfler, Der Sakralcharakter des germanischen Königtums: La regalità sacra aO. (s. o. Anm. 5) 681: ›König und Wetterheil‹ und Graus aO. (s. o. Anm. 16) 344f$_{224}$.

[67] Zum Motiv der Freude der Natur vgl. zB. Theogn. 1, 5/10: bei der Geburt Apollons; PsCallisth. 1,12,9 (13 Kroll): bei der Geburt Alexanders; Lc. 2, 8/15a: bei der Geburt Jesu; vgl. F. Pfister, Art. Epiphanie: PW Suppl. 4 (1924) 319; Bieler aO. (s. o. Anm. 16) 1,28; Hübner aO. (s. o. Anm. 3) 101$_{334}$. – Zum Motiv ihrer Trauer und ihres Zorns vgl. H. Usener, Beiläufige Bemerkungen: RhMus 55 (1900) 286f = Kleine Schriften 4 (1912/13 bzw. 1965) 307f; F. Boll, Art. Finsternisse: PW 6,2 (1909) 2329/64, bes. 2336; P. Saintyves, Essais de folklore biblique (Paris 1923) 423/63; H. Achelis, Das älteste Kruzifix: ByzNeugrJbb 5 (1926/27) 187/97, bes. 187f; J. Kroll, Gott und Hölle = Studien der Bibl. Warburg 20 (1932 bzw. 1963) 6.415; Bieler aO. (s. o. Anm. 16) 1,47. – Vgl. zB. zum Tod des Adonis Bion 1,32/5. 76; zum Tod des Daphnis Verg. buc. 5,34/9; ferner Verg. Aen. 7,759f: Sen. Herc. Oet. 1131/50; Aug. civ. D. 3,15; Ambr. obit. Theod. 1 (CSEL 73, 369).

[68] Vgl. J. B. Bagatta, Admiranda orbis christiani 1 (Augsburg 1695) Reg. s. v. fulmina, terraemotus; Speyer, Gewitter aO. (s. o. Anm. 49) 1159.

[69] Mt. 27,45.51b.

[70] Mc. 15,33; Lc. 23,44.45a; vgl. Ev. Petr. 5,15.18 (1,121f Hennecke / Schneemelcher); Dionys. Areop. ep. 7,2 (PG 3,1081 A/B); P. Peeters, La vision de Denys l'Aréopagite à Héliopolis: AnalBoll 29 (1910) 302/22; Boll aO. (s. o. Anm. 67) 2360; W. Bauer, Das Leben Jesu im Zeitalter der neutestamentlichen Apokryphen (1909 bzw. 1967) 226/30. 477f; L. Brun, Segen und Fluch im Urchristentum (Oslo 1932) 77. [Für wertvolle Hinweise habe ich den Herren Dr. A. Kehl und G. Rexin zu danken.]

20. Die Geschichte vom Blinden und Lahmen

Erwägungen zu ihrer Entstehung

Die literarische Überlieferung der Erzählung vom Blinden und Lahmen hat O. Weinreich durch eine Fülle gelehrter Hinweise auf die antiken und neuzeitlichen Literaturen aufzuhellen versucht[1]. Eine Bestandsaufnahme und Geschichte dieser bald »Historiola«, bald »Fabel« (J. J. Breitinger) oder »Anekdote« (J. Hutton) genannten Kurzerzählung in Indien, im Islam und in den europäischen Kulturen ist aber weiterhin eine unerfüllte Aufgabe der vergleichenden Literaturwissenschaft[2]. Diese Lücke kann auch hier nicht geschlossen werden. Im folgenden seien nur einige Bemerkungen zur Entstehungsgeschichte dieser reich bezeugten Erzählung gegeben.

Im Gegensatz zu O. Weinreich, der die Geschichte aus dem hellenistischen Kulturkreis herleitet und in ihr ein typisches Wandermotiv sieht, sei auf die Möglichkeit spontanen Entstehens in den verschiedenen selbständigen Kulturen der Antike, Israels, Indiens und des Islam hingewiesen[3]. Wie das Leben in den antiken Mittelmeerkulturen sich insgesamt in der Öffentlichkeit abgespielt hat, so verbargen sich auch viele Kranke und Leidende nicht im Haus oder wie die Aussätzigen in Höhlen und Gräbern vor der Stadt, sondern sie waren auf den Plätzen und bei den Heiligtümern anzutreffen. Unter diesen Kranken und Leidenden fielen vor allem Blinde und Lahme auf. Ihr gewöhnliches Beieinander bezeugen antike, jüdische und christliche Texte[4]. Aus dem Beieinander der Blinden und Lahmen konnte leicht ein Miteinander werden; denn der Gedanke: Was dem einen fehlt, besitzt der andere, liegt nahe. Nimmt der Blinde, der gehen kann, den Lahmen, der sehen kann, auf seine Schultern, so werden sie fast wieder zu einem ganzen und gesunden Menschen. Diese Möglichkeit eines Zusammenwirkens von Blinden und Lahmen

---

1 O. Weinreich, Zu antiken Epigrammen und einer Fabel des Syntipas: Mélanges H. Grégoire 3 (Bruxelles 1951) 417—467, bes. 464—467: »Vom Lahmen und Blinden«.

2 Vgl. ebd. 464.

3 Vgl. ebd. 464 f.

4 Zum antiken Bereich vgl. Plato, Crito 53 a und die unten angeführten Belege, zum jüdisch-christlichen Bereich vgl. aus dem Alten Testament: Lev. 21, 18; 2 Sam. 5, 6. 8; Hiob 29, 15; aus dem Neuen Testament: Mt. 11, 5; Lc. 7, 22; 14, 21; ferner Orac. Sibyll. 1, 353 (GCS Sibyll. 23); Cypr. adv. Iud. 6 (CSEL 3, 3, 139); W. Schrage, τυφλός, τυφλόω: Theol. Wörterb. z. Neuen Testament 8 (1969) 270—294, bes. 287, 16 f. — Auch im christlichen Strafwunder begegnen Blinder und Lahmer nebeneinander: Vita S. Cainnici 28 (1, 163 Plummer): Zwei Räuber, die sich gegen den hl. Cainnicus versündigt hatten, wurden bestraft: unus illorum lumen oculorum amisit et alter claudus factus est.

dürfte sich unmittelbar aufdrängen, so daß es abwegig scheint, bei verschiedenen literarischen Mitteilungen dieses Gedankens sogleich an literarische Abhängigkeit zu denken und nicht vielmehr mit der Möglichkeit spontanen Entstehens zu rechnen.

Dabei ist aber innerhalb der jeweiligen Kultur durchaus an die Möglichkeit literarischer Abhängigkeit zu denken. Diese Abhängigkeit dürfte dann am ehesten anzunehmen sein, wenn die Geschichte mehrfach in einem bestimmten literarischen Genos vorkommt, so etwa im Epigramm oder in der Beispielerzählung, im Gleichnis. So dürften die von der hellenistischen Zeit bis zur frühen Kaiserzeit entstandenen Variationen dieses Themas in der Anthologia Palatina nicht unabhängig voneinander gedichtet sein[5]. Gleichfalls besteht ein rein literarisch vermittelter Zusammenhang zwischen diesen griechischen Epigrammen und den neulateinischen der Humanisten des 15. und 16. Jahrhunderts. Dabei kommt zwei lateinischen Gedichten in der antiken Sammlung der Epigrammata Bobiensia (um 400 n. Chr.), die ein Epigramm der Anthologia Palatina variierend übertragen, wirkungsgeschichtlich ebenfalls eine gewisse Bedeutung zu, zumindest für einige italienische Humanisten[6]. Die poetischen Variationen der Geschichte vom Blinden und Lahmen hat auch bildende Künstler der Neuzeit angeregt, wie beispielsweise ein Holzschnitt dieses Themas in den Emblemata des Andreas Alciati (1492—1550) zeigen kann[7].

Aus der Kenntnis der antiken und wohl auch der neulateinischen Epigramme ist die Geschichte wahrscheinlich den Dichtern der europäischen

---

5 Anthol. Palat. 9, 11 (Philippos). 12 (Leonidas von Alexandrien). 13 (Platon der Jüngere). 13 b (Antiphilos von Byzanz); zur Chronologie s.u. Anm. 15.

6 Epigr. Bob. 55 und 56 bearbeiten Anth. Pal. 9, 12. — Zu den neulateinischen Gedichten gleichen Themas aus Italien und Frankreich vgl. J. Hutton, The Greek Anthology in Italy to the Year 1800 = Cornell Studies in English 23 (Ithaca, N.Y. 1935) 515 f.; ders., The Greek Anthology in France and in the Latin Writers of the Netherlands to the Year 1800 = Cornell Studies in Class. Philology 28 (Ithaca, N.Y. 1946) 663 f. Vgl. ferner Poliziano, epigr. graec. 41 (25 Ardizzoni) und den lateinischen Zyklus von Variationen zu diesem Thema von Thomas Morus: Epigrammata ... Thomae Mori Britanni ... (Basilea, Froben 1520) 28 f. Thomas Morus begnügt sich nicht mit einer rein formalen Variation, sondern benutzt das Thema zu Überlegungen über Freundschaft und die gegenseitige Hilfeleistung der Armen, z.B. Idem aliter (sc. In caecum et claudum mendicos)

Utilius nihil esse potest quam fidus amicus,
qui tua damna suo leniat officio.
Foedera contraxere simul mendicus uterque
cum claudo solidae caecus amicitiae.
Claudo caecus ait, collo gestabere nostro.
retulit hic: oculis, caece, regere meis.
Alta superborum fugitat penetralia regum,
inque casa concors paupere regnat amor.

7 Omnia Andreae Alciati emblemata cum commentariis ... ed. Claudius Minos (Parisiis 1583) 516. — Nichts bietet dazu A. Pigler, Barockthemen. Eine Auswahl von Verzeichnissen zur Ikonographie des 17. und 18. Jahrhunderts 1/2² (Budapest 1974). — Zu einer antiken bildlichen Darstellung s.u. Anm. 18. — A. Henkel-A. Schöne, Emblemata² (Stuttgart 1976), 990 f.

Nationalsprachen bekanntgeworden. Hingegen wird als Anregerin die christlich-mittelalterliche Überlieferung, für die stellvertretend die Gesta Romanorum und die Legenda aurea genannt seien, wohl nur in zweiter Linie in Betracht kommen[8]. Aus der Fülle der Belege für die deutsche Literatur sei an das längere Gedicht »Der Blinde und der Lahme« von C. F. Gellert und an Verse Grillparzers erinnert[9]. Die beiden Dichter geben sich aber nicht wie ihre antiken Vorbilder mit der pointierten Wiedergabe der Historiola zufrieden, sondern benutzen sie zu einer Analogie-Erzählung. Das Zusammenwirken des Blinden und des Lahmen gilt ihnen als ein Bild für die Wirklichkeit des Menschen, dessen leiblich-seelische Kräfte wegen ihrer Mängel auf Ergänzung angewiesen sind. So wird die Historiola zu einem Sinnbild für eine tiefere Erkenntnis menschlichen Wesens.

In ähnlicher Weise hatte bereits eine frühjüdische Schrift, das Apokryphon Ezechielis (um 50 v.Chr.—50 n.Chr.), die Historiola benutzt: Seele und Leib verhalten sich wie der Lahme, der vom Blinden getragen wird und diesem den Weg zeigt[10]. Sie sind in einer unzertrennbaren Schicksalsgemeinschaft aufeinander angewiesen und in ihrem Tun und Lassen miteinander verbunden. In der späteren Zeit des Frühjudentums ist die Geschichte vom Blinden und Lahmen als Gleichniserzählung mehrfach überliefert[11]. Ob und wieweit christliche Schriftsteller des Mittelalters von derartigen jüdischen Überlieferungen

---

8 Gesta Romanorum, hrsg. von H. Oesterley (Berlin 1872, Nachdruck Hildesheim 1963) 385 f. (Nr. 71); Jacobus de Voragine, Legenda aurea, hrsg. von J. G. Th. Graesse (Dresden-Leipzig 1846) 750; vgl. Etienne de Bourbon (gest. 1260), Tractatus de diversis materiis praedicabilibus, hrsg. von A. Lecoy de la Marche (Paris 1877) Nr. 48 (dazu H. Günter, Buddha in der abendländischen Legende? [Leipzig 1922] 114). Vgl. ferner die bei Oesterley a.O. 723 und J. Scheftelowitz, Ein Beitrag zur Methode der vergleichenden Religionsforschung: Monatsschrift f. Gesch. u. Wiss. d. Judentums, NF 29 (1921) 127 genannten Zeugnisse.

9 C. F. Gellert, Sämtliche Schriften 1. Teil (Leipzig 1769) 35 (auf S. XLVII verweist Gellert als Quelle auf J. J. Breitinger, Critische Dichtkunst ... 1 [Zürich 1740, Nachdruck Stuttgart 1966] 232—234, der diese 'menschliche Fabel' als vollkommen bezeichnet; vgl. ebd. 165). F. Grillparzer, Lola Montez (1847) V. 13—16 (Sämtliche Werke, hrsg. von A. Sauer-R. Backmann 1. Abt. Bd. 11 [Wien 1933] 201 Nr. 285):
»So eint sich unserm Geist' die Leidenschaft,
die ihn beirrt, zum Schlimmen oft erregt,
doch liegt in ihr auch unsers Guten Kraft,
dem Blinden gleicht sie der den Lahmen trägt«;
ders., Aphorismus (1857) (Sämtliche Werke a.O. 1. Abt. Bd. 12, 1 [Wien 1937] 284 Nr. 1512; zur Erklärung bieten die Anmerkungen in beiden Fällen nichts):
»Fühlen und Denken, wenn mans erwägt,
sind der Blinde, der den Lahmen trägt«.

10 Überliefert von Epiphan. haer. 64, 70, 5 f (GCS Epiphan. 2, 515); deutsche Übersetzung von P. Rießler, Altjüdisches Schrifttum außerhalb der Bibel (Heidelberg 1928, Nachdruck Darmstadt 1966) 334—336. 1288 f.; vgl. K. Holl, Das Apokryphon Ezechiel: Aus Schrift und Geschichte. Theologische Abhandlungen A. Schlatter ... dargebracht (Stuttgart 1922) 85—98 = ders., Gesammelte Aufsätze zur Kirchengeschichte 2 (Tübingen 1928, Nachdruck Darmstadt 1964) 33—43.

11 Vgl. J. Perles, Rabbinische Agada's in 1001 Nacht. Ein Beitrag der Wanderung orientalischer Märchen: Monatsschrift f. Gesch. und Wiss. d. Judentums 22 (1873)

beeinflußt worden sind, wäre noch genauer zu untersuchen. — Augustinus nennt einmal als Beispiel dafür, daß selbst Bettler Almosen spenden können, das hilfreiche Miteinander eines armen Lahmen und Blinden[12]. Bei Augustinus braucht man aber nicht mit dem literarischen Einfluß antiker Epigramme, etwa der Epigrammata Bobiensia, zu rechnen[13]. Vielmehr konnte der Bischof von der Lebenswirklichkeit seiner Umwelt zu diesem Gedanken angeregt werden. Zur sozialen Wirklichkeit des Altertums gehörten bettelnde Blinde und Lahme[14].

Blicken wir auf die erhaltene literarische Überlieferung für diese Geschichte zurück, so ist das Epigramm Platons des Jüngeren in der Anthologia Palatina bisher der früheste Beleg[15]. O. Weinreich kam so zu dem Schluß, daß dieser dichterischen Bearbeitung eine Prosaerzählung vorangegangen sein müsse und daß diese Geschichte in hellenistischer Zeit entstanden sei, da sie hier »rein als Geschehnis erzählt und epigrammatisch beleuchtet werde, ohne jede Symbolik und ohne jede Einkleidung in einen novellistischen Handlungsverlauf[16]«.

Dieser Zeitansatz kann aber kaum aufrechterhalten werden. Vielmehr scheint die Geschichte vom Blinden und Lahmen in weit höhere Zeit hinaufzureichen. Die früheste Fassung ist nämlich die mythische Erzählung von Orions Heilung. Der Blinde und Lahme sind hier nicht blasse Typen, sondern bestimmte Einzelpersönlichkeiten: der geblendete Riese Orion und der hinkende Schmied Kedalion. Orion, der wegen seines Frevels an Merope, der Tochter Oinopions, vom beleidigten Vater geblendet wurde, gelangt nach Lemnos, der Insel des lahmen Hephaistos, und holt sich dort als Führer den lahmen Schmiedegesellen Kedalion. Der blinde Orion nimmt Kedalion auf die Schultern und zieht mit ihm über das Meer gegen Sonnenaufgang, um dort von Helios geheilt zu werden[17]. Diese mythische Erzählung wurde in der Antike

75—77; E. Nestle, Zum apokryphen Ezechiel: Orient. Lit. Ztg. 15 (1912) 254; Scheftelowitz a.O. 123—127.

12 Enarr. in Ps. 125, 12 (Corp. Christ., Ser. Lat. 40, 1854): ... iste non potest ambulare; qui potest ambulare, pedes suos accommodat claudo; qui videt, oculos suos accommodat caeco ...

13 Diesen Einfluß erwägt vorsichtig Sc. Mariotti, Sant' Agostino e un epigramma Bobbiese: Rivista di Filologia 91 (1963) 202—204.

14 Vgl. Schrage a.O. (s.o. Anm. 4) 287, 11—15 und Anm. 4.

15 Anth. Pal. 9, 13. Ihm folgen Antiphilos von Byzanz (ebd. 9, 13 b), Philippos (9, 11) und schließlich Leonidas von Alexandrien zur Zeit Neros (9, 12). Zu dieser relativen Chronologie vgl. K. Müller, Die Epigramme des Antiphilos von Byzanz = Neue Deutsche Forschungen 47 (Berlin 1935) 66—68; W. Peek, Philippos Nr. 36: Pauly-Wissowa 19, 2 (1938) 2346, 8—16.

16 Vgl. Weinreich a.O. (s.o. Anm. 1) 465.

17 Hesiod. frg. 148 Merkelbach-West; Ps. Apollod. bibl. 1, 4, 3; Servius zu Verg. Aen. 10, 763; dazu O. Gruppe, Griechische Mythologie und Religionsgeschichte (München 1906) 245; O. Weinreich, Helios, Augen heilend: Hess. Blätter f. Volkskunde 8 (1909) 168—173, bes. 170 f. = Ausgewählte Schriften 1 (Amsterdam 1969) 7—12, bes. 8 f.; Gunning, Kedalion: Pauly-Wissowa 11, 1 (1921) 107—109, bes. 108, 32 f.; F. Wehrli, Orion Nr. 1: ebd. 18, 1 (1939) 1071; A. Esser, Das Antlitz der

wohl zunächst mündlich erzählt, dann schriftlich aufgezeichnet und später auch im Bilde dargestellt[18].

Wenn demnach bereits in einer alten mythischen Erzählung das Motiv der gegenseitigen Hilfe eines Blinden und Lahmen vorkommt, so erweist sich die Suche nach der ersten literarischen Fassung als vergeblich. Ebenso trügerisch wäre die Annahme, die hellenistischen Epigrammatiker hätten den Orionmythos als Vorlage benutzt. Die Lebenswirklichkeit der antiken Kulturen bot stets die Möglichkeit, die Geschichte vom Blinden und Lahmen als selbständige Historiola, als Motiv mythischer oder romanhafter Erzählung und als Gleichnis für den Menschen und seine geistige Welt neu zu gestalten.

Blindheit in der Antike = Janus Suppl. 4 (Leiden 1961) 84; St.Radt, Tragicorum Graecorum Fragmenta 4 (Göttingen 1977) 313.

18 Lucian. de domo 28 f. beschreibt ein derartiges 'altes Gemälde', wie er sagt. Bisher scheint keine antike Darstellung dieses Themas bekannt geworden zu sein. Der Hinweis bei Gunnig a.O. und bei Wehrli a.O. auf »Helbig, Wandgemälde 1318 Taf. 17« führt irre. Auch K. Schefold, Die Wände Pompejis. Topographisches Verzeichnis der Bildmotive (Berlin 1957) bietet für diese Darstellung keinen Hinweis.

21. Die Hilfe und Epiphanie einer Gottheit, eines Heroen und eines Heiligen in der Schlacht

I

Thema und Wert der Überlieferung

Religiöse Urkunden der Heiden, Juden und Christen, die Geschichtsschreibung und Dichtung der Griechen und Römer sowie bildliche Darstellungen bezeugen, daß die Menschen geglaubt haben, durch übernatürliche Hilfe aus schwerer Not gerettet worden zu sein. In Krankheit, in Sturm auf dem Meer und vor allem in Krieg und Kampf, also in außergewöhnlicher Gefährdung des Lebens, wollen sie die Nähe einer hilfreichen Gottheit oder ihres Boten sinnenhaft-sichtbar erfahren haben. Von diesen Heil und Segen spendenden Epiphanien soll im folgenden das Erscheinen und wunderbare Eingreifen eines Gottes, Heroen und Heiligen in der Not des Krieges genauer betrachtet werden[1].

Der geschichtliche Wert der antiken Überlieferungen über diese Epiphanien ist umstritten. Eindeutig sind nur die Epiphanieschilderungen der griechischen Dichter und der ihnen verpflichteten römischen Epiker zu beurteilen: sie gehören der Kunst, nicht der Geschichte an. Wie steht es aber mit den Schlacht-Epiphanien, von denen religiöse Urkunden, wie Hymnen, Tempel-Inschriften und Aretalogien, ferner Geschichtsschreiber und Perihegeten berichten? Selbstaussagen von Menschen, die eine Epiphanie erlebt haben, bilden die Ausnahme. Oft liegen das erhaltene Zeugnis und die in ihm mitgeteilte Erscheinung himmlischer Wesen zeitlich weit auseinander. Der Weg zwischen der angeblich erlebten Epiphanie, der mündlichen Weitergabe und der literarischen Aufzeichnung oder der bildlichen Darstellung kann wegen der schlechten Überlieferung nur selten aufgehellt werden. Mit Bildung von Sage und Legende unmittelbar nach dem Ereignis ist zu rechnen. Trotzdem wäre es ein Zeichen von Hyperkritik, die Nachrichten über hilfreiche Götter, Heroen und Heilige in der Schlacht insgesamt für

[1] Zum Thema der göttlichen Schlachtenhelfer vgl. K. F. Nägelsbach, Die nachhomerische Theologie des griechischen Volksglaubens bis auf Alexander (Nürnberg 1857) 2f. 78; J. Burckhardt, Griechische Kulturgeschichte 1 (Berlin 1898) 49/52 (44/9); E. Rohde, Psyche. Seelenkult und Unsterblichkeitsglaube der Griechen² 1 (Freiburg/Leipzig/Tübingen 1898) 195f; E. Lucius, Die Anfänge des Heiligenkults in der christlichen Kirche (Tübingen 1904) 199/251; H. Günter, Legenden-Studien (Köln 1906) 109/11; K. Jaisle, Die Dioskuren als Retter zur See bei Griechen und Römern und ihr Fortleben in christlichen Legenden, Diss. Tübingen (1907); F. Pfister, Der Reliquienkult im Altertum 1.2 = RGVV 5 (Gießen 1909/12) 512; S. Eitrem, Art. Heros: PW 8,1 (1912) 1111/45, bes. 1114; M. Rostovtzeff, Ἐπιφάνειαι: Klio 16 (1919) 203/6; L. Weniger, Theophanien, altgriechische Götteradvente: ArchRelWiss 22 (1923/24) 16/57; F. Pfister, Art. Epiphanie: PW Suppl. 4 (1924) 277/323, bes. 293f; P. Von der Mühll, Der Große Aias, Rektoratsprogr. Universität Basel (1930) = ders., Ausgewählte kleine Schriften (Basel 1976) 435/72; P. Roussel, Le miracle de Zeus Panamaros: BullCorrHell 55 (1931) 70/116; G. Sántha, Le leggende bizantine dei santi combattenti (ungarisch mit italienischer Zusammenfassung) = Magyar-Görög Tanulmanyok 22 (Budapest 1943); H. Günter, Psychologie der Legende (Freiburg 1949) 31. 156/60; M. Launey, Recherches sur les armées hellénistiques 2 = Bibl. Éc. Franç. 169 (Paris 1950) 897/901; E. Pax, Art. Epiphanie: RAC 5 (1962) 832/909, bes. 842/4: ›Soteriologische Epiphanien‹; I. Opelt/W. Speyer, Art. Barbar: JbAC 10 (1967) 251/90, bes. 261. 273; M. P. Nilsson, Geschichte der griechischen Religion 1³ = HdbAltWiss 5,2,1 (München 1967) 716f; 2³ (1971) 225/7; W. Speyer, Art. Gewitter: RAC 10 (1978) 1107/72, bes. 1111. 1128. 1158. 1161. – Der augenblickliche Stand der Erforschung der antiken Epiphanien geht aus dem Art. ›Epiphanie‹ von D. Wachsmuth hervor (KlPauly 5 [1975] 1598/601).

ein jeweils wiederkehrendes Motiv der Sage oder Legende halten zu wollen. Die Zeugnisse gehören nämlich nicht nur der freien literarischen Erfindung an, sondern zu einem großen Teil wollen sie als Urkunden gelten. Der Unterschied zwischen Erzählung und Urkunde war aber zumindest den Griechen bekannt, mag sich auch der Urkundenbegriff der neuzeitlichen Geschichtswissenschaft nicht vollständig mit dem antiken decken. Ferner werden nicht selten geschichtlich feststellbare Folgen einer Schlacht-Epiphanie mitgeteilt. Diese Folgen betreffen den Kult des hilfreichen himmlischen Wesens und auch die bildende Kunst. Aus Dankbarkeit für die erhaltene Hilfe hielt man das Ereignis in Gedenkinschriften fest, baute man Heiligtümer, stiftete Feste und spendete Weihegeschenke, verfaßte Hymnen, errichtete Kultbilder und prägte Münzen mit dem Bild des Gottes oder Heroen. Auch schuf man Gemälde und andere bildliche Darstellungen, die das wunderbare Geschehen als ein geschichtliches Ereignis der Nachwelt überliefern sollten.

Unsere Kenntnis der als geschichtlich berichteten Schlacht-Epiphanien ist vom Stand der Überlieferung der antiken geschichtlichen Literatur und Urkunden abhängig. Da diese nur noch in Bruchstücken vorliegen, kann auch nur ein recht unvollkommenes Bild vom Glauben der Alten an das wunderbare Eingreifen der Götter und Heroen gewonnen werden. Von einem geschichtlichen Erkennen des Werdens, Wachsens und Vergehens dieses Glaubens sind wir noch ziemlich weit entfernt[2]. Erst wenn die erhaltenen Zeugnisse gesammelt und nach ihrem Entstehen untersucht sind, kann an eine geschichtliche Darstellung gedacht werden. Die nachfolgenden Bemerkungen sollen als Vorarbeit für dieses Ziel dienen.

In eine grundsätzliche Erörterung der in religiösen Urkunden überlieferten Erscheinungen himmlischer Wesen kann hier nicht eingetreten werden; wenige Andeutungen müssen genügen. Der aus der Geschichte bekannte Schatz menschlicher Erfahrungen darf nicht allein mit dem Maßstab des modernen Begriffs der mathematisch-physikalischen oder der uns zugänglichen psychologischen Wirklichkeit gemessen werden. Grundsätzlich ist mit Erfahrungen religiöser Menschen zu rechnen, die mit den modernen wissenschaftlichen Methoden nicht hinreichend erfaßt werden können. Zu ihnen dürfte auch das Erlebnis von Hiero- und Theophanien gehören[3]. Damit soll aber nicht behauptet werden, daß nicht doch einzelne geschichtlich überlieferte Schlacht-Epiphanien als Sage, Legende oder freie literarische Erfindung zu gelten haben. Die ideale Anlage der menschlichen Geistseele, aus der die Kunst entstanden ist, vermag die Wirklichkeit zu verklären. Dabei können Idealisierung und außerkünstlerische Tendenzen manchmal einen sonderbaren Bund miteinander schließen. So kann die Absicht, ein Heiligtum zu verherrlichen oder für ein Heiligtum und seinen Kult zu werben, zu Erfindung von Epiphanieschilderungen geführt haben. Manche Epiphaniegeschichte wird auch nur eine aitiologische Erzählung sein, die das Entstehen eines Festes oder einer bildlichen Darstellung aufgrund einer erfundenen Epiphanie erklären will. In

[2] So sind die von Pax aO. besprochenen ›soteriologischen‹ Epiphanien nicht erst für die hellenistische Zeit bezeugt.

[3] Vgl. E. Pax, Art. Epiphanie, religionswissenschaftlich: LThK² 3 (1959) 940f; M. Eliade, Die Religionen und das Heilige (Salzburg 1954) 19/60; ferner E. Benz, Die Vision. Erfahrungsformen und Bilderwelt (Stuttgart 1969). – K. Meuli, Gesammelte Schriften 2 (Basel 1975) 1028f erinnert an Erlebnisberichte der sogenannten Eidetiker. Wörtlich sagt er: »Es gibt Geisterseher, es gibt Alpträume, es gibt Leute, denen Tote sich künden ... Nicht bestreiten wird man den Satz, daß zahlreiche Motive in Sagen und Märchen nichts anderes sind als Erlebnisberichte von Menschen mit besonderer psychischer Anlage.«

allen diesen Fällen kann ein älterer mündlicher oder schriftlicher Bericht als Vorbild der Epiphaniegeschichte gedient haben. Schließlich ist damit zu rechnen, daß eine als Kriegslist vorgetäuschte Epiphanie in gutem Glauben als echte Epiphanie weitererzählt worden ist. Welche dieser Möglichkeiten auf eine jeweils vorliegende Epiphanieschilderung zutrifft, kann wegen der unvollkommenen Überlieferung oft nur vermutet, selten aber zur Gewißheit gebracht werden[4].

Die Grenze zwischen Natur und Übernatur, Welt und Gott ist für die menschliche Erfahrung nicht unverrückbar. Wesentlich ist diese Grenze durch den Stand der Einsicht in die Natur und das Sein bedingt. In vorwissenschaftlichen Zeiten erscheint dem Menschen vieles als übernatürlich und wunderbar, was ein wissenschaftliches Zeitalter auf natürliche Ursachen zurückführen kann. Allerdings erhellt die naturwissenschaftliche Erklärung die Erscheinungen der sinnlich wahrnehmbaren Welt nur zu einem Teil[5]. So haben religiös empfindende Menschen des Altertums im Gewitter und St. Elmsfeuer mehr als nur außerordentliche, aber rational-kausal verstehbare Erscheinungen der Natur gesehen. Sie haben in ihnen zunächst Hiero- und Theophanien erlebt, also sichtbare Offenbarungen überirdischer, himmlischer Wesen[6]. Ganz anders der Mensch der neuzeitlichen Naturwissenschaft: er sieht im Gewitter und St. Elmsfeuer nur physikalisch deutbare Zustände einer gänzlich entheiligten Natur. Die Möglichkeit, durch Erscheinungen der sichtbaren Wirklichkeit dem Heiligen zu begegnen, ist ihm weitgehend verwehrt. Außerordentliche Vorgänge der Natur wie Gewitter und St. Elmsfeuer sind nicht die einzige, wohl aber eine wesentliche Bedingung für die Vorstellung einer sich in Feuer und Glanz zeigenden göttlichen Gestalt. Feuer und Glanz werden so auch in den antiken Schilderungen der Schlacht-Epiphanien sehr oft hervorgehoben[7]. Überhaupt gehören Licht und Feuer zur Epiphanie einer Gottheit und dies nicht nur in Griechenland, sondern auch in Israel und im Christentum[8]. Zu einer möglichen, wenn auch spekulativen Deutung dieses Sachverhaltes sei auf das ontologische Verhältnis zwischen Natur und Übernatur, zwischen Welt und Gott hingewiesen. Dieses Verhältnis hat die aristotelisch-thomistische Philosophie mit dem Begriff der analogia entis umschrieben. Alles natürliche Leben hängt vom Licht ab, Licht und Feuer aber sind von Visionären, Philosophen und Theologen, aber auch vom Mythos unmittelbar oder übertragen mit dem Wesen der Gottheit in Verbindung gebracht worden. So dürfte dem Glauben der Alten an die Epiphanie der Gottheit im Licht, im Feuer, näherhin im Gewitter und St. Elmsfeuer, vielleicht doch mehr als nur eine subjektive Wahrheit des religiösen Menschen zukommen.

Den Inhalt eines Epiphanie-Erlebnisses kann die Hilfe eines himmlischen Wesens in der Not der Schlacht und des Krieges ausmachen. Je nach der geschichtlich bestimmten Kultur wandeln sich Form und Gestalt der überirdischen Erscheinung: Die Griechen

[4] Pfister, Epiphanie hält es für unmöglich, zwischen geschichtlichen und legendarischen Epiphanien zu unterscheiden.

[5] Vgl. W. F. Otto, Die Gestalt und das Sein (Darmstadt 1955) 3f; R. Otto, Das Heilige[35] (München 1963) 173/82.

[6] Vgl. Speyer, Gewitter 1108f. 1117 u.ö.; Jaisle aO. und A. S. Pease zu Cic. div. 1,75: stellaeque.

[7] S. u. S. 61. 66. 68. Vgl. ferner Pfister, Reliquienkult 518; ders., Epiphanie 315f; H. Kleinknecht, Zur Parodie des Gottmenschentums bei Aristophanes: ArchRelWiss 34 (1937) 294/313, bes. 297f; Pax, Epiphanie (o. Anm. 1); D. Bremer, Die Epiphanie des Gottes in den homerischen Hymnen und Platons Gottesbegriff: ZsRelGeistGesch 27 (1975) 1/21, bes. 2/10, der von ›photomorphem Gottesbild‹ spricht; W. Speyer, Die Zeugungskraft des himmlischen Feuers in Antike und Urchristentum: AntAbendl 24 (1978) 57/75.

[8] S. u. S. 59. 76 und Benz aO. (o. Anm. 3) 326/40: ›Das himmlische Licht‹.

glaubten, einen der Olympischen Götter oder einen Heroen zu sehen, die Juden ›den Engel des Herrn‹ oder andere Engel, die Christen einen Heiligen. So hängt die Art und Weise der Verleiblichung des hilfreichen überirdischen Wesens von der jeweiligen konkreten religiösen und kulturellen Vorstellungswelt ab[9]. Die Antwort des frommen Heiden, Juden und Christen auf die zuteilgewordene hilfreiche Epiphanie waren Dankbarkeit und Hingabe, wie der Kult der Schutzpatrone und Nothelfer (παραστάται) beweist. So besteht zwischen dem antiken und dem christlichen Erleben eines himmlischen Schlachtenhelfers weitgehend, wenn auch nicht vollständig, ein Zusammenhang: Der in der Schlacht-Epiphanie hilfreich erfahrene Heilige entspricht der Gottheit oder dem Heros der heidnischen Schlacht-Epiphanie; der fromme Christ aber handelt ähnlich wie sein frommer heidnischer Vorfahre: durch die Verehrung des Heiligen dankt er für die gewährte Hilfe.

Die Hilfe eines himmlischen Wesens in der Schlacht glaubte man in verschiedener Weise gewinnen zu können: zunächst durch magisches Herbeirufen und Gebet, sodann durch einen Gegenstand, der die Gegenwart des Schutzhelfers zu gewähren schien. Man denke an die Lade Jahwes, die von den Israeliten zeitweilig in den Kampf mitgenommen wurde, oder an Feldzeichen, Götterbilder und andere Unterpfänder[10]. Auch schrieb man dem Grab und den Reliquien eines Heroen und Heiligen die Kraft zu, das Land und die Stadt vor Feinden zu bewahren[11].

II

Der Alte Orient, Ägypten und Israel

Im Alten Orient wurde der Kampf des Königs gegen den Landesfeind und gegen seine persönlichen Feinde als Wiederholung des Kampfes des Licht- und Himmelsgottes und der ihm verbundenen Gottheiten gegen die dunklen Mächte des Chaos angesehen[12]. Der Feind des Königs, des Stellvertreters des Himmelsgottes auf Erden, galt zugleich als Feind der Reichsgötter. Er bedrohte, wie man glaubte, nicht nur den König und sein Volk, sondern auch die von den Himmlischen gestifteten Ordnungen des Lebens. Aus einem derartigen Bewußtsein wuchs das Vertrauen, daß der Himmels- und

[9] Vgl. ebd. 11. 443/66.

[10] Vgl. J. Maier, Das altisraelitische Ladeheiligtum = ZAW Beih. 93 (Berlin 1965) 11.47.60/4; F. Stolz, Jahwes und Israels Kriege = AbhTheolANT 60 (Zürich 1972) 29/68: ›Die Lade und ihre Kriege‹. – Zu Standarten als Symbolen der Götter vgl. F. Pfister, Art. Evocatio: RAC 6 (1966) 1164; W. Seston, Art. Feldzeichen: ebd. 7 (1969) 689/711, bes. 690f und M. Weippert, ›Heilige Kriege‹ in Israel und Assyrien: ZAW 84 (1972) 460/93, bes. 477f; zu den Germanen vgl. Tac. Germ. 7,2f: . . . quem (sc. deum) adesse bellantibus credunt (sc. Germani) effigiesque et signa quaedam detracta lucis in proelium ferunt; gemeint sind Feldzeichen in Form von Tierbildern und Attribute der Götter; vgl. K. Müllenhoff, Die Germania des Tacitus, Neuauflage von M. Roediger (Berlin 1920) 199/201; R. Much, Die Germania des Tacitus, 3. Auflage von H. Jankuhn/W. Lange (Heidelberg 1967) 160f. – Die Heiden unter Eugenius haben vor der Schlacht am Frigidus (394 nC.) Jupiter-Statuen mit goldenen Blitzen rituell aufgestellt, um wohl so den Himmels- und Wettergott als Schlachtenhelfer zu gewinnen (Aug. civ. D. 5,26; vgl. J. Straub, Art. Eugenius: RAC 6 [1966] 869/74: Speyer, Gewitter 1168). – Zu Unterpfändern vgl. K. Gross, Die Unterpfänder der römischen Herrschaft = Neue Deutsche Forschungen, Abt. Alte Gesch. 1 (Berlin 1935); für Byzanz N. H. Baynes, The supernatural defenders of Constantinople: AnalBoll 67 (1949) 165/77. – Die Bewohner von Edessa benutzten den angeblichen Brief Jesu an Abgar als wunderbar wirkende Hilfe gegen die Feinde (vgl. Roussel aO. [o. Anm. 1] 107).

[11] Vgl. F. Skutsch, Sechzehnte Epode und Vierte Ekloge: NJbb 23 (1909) 23/35, bes. 24/8; Pfister, Reliquienkult 510/4; L. Bieler, Θεῖος ἀνήρ 1/2 (Wien 1935/36 bzw. Darmstadt 1967) 112$_{29}$.

[12] Vgl. P. Dworak, Gott und König, Diss. Bonn (1938) 60/2; R. Merkelbach, Art. Drache: RAC 4 (1959) 226/50, bes. 229/35.

Reichsgott und die mit ihm verbundenen Götter den König im Krieg nicht verlassen, sondern ihm beistehen werden. Im Gewittersturm haben die Völker der Gebirgsländer des Vorderen Orients nicht nur das Wirken des Himmels- und Wettergottes erlebt, sondern auch seinen Sieg über die Feinde des Landes. Nach der Schlacht Sargons II gegen Urscha von Urartu wird der Wettergott Adad im assyrischen Siegeslied gefeiert: »Adad, der Starke, der tapfere Sohn des Anu, hat seine schreckenerregende Stimme auf sie (die Feinde) geworfen: mit niederströmenden Regenwolken und mit Hagelstein (wörtlich: Himmelsgestein) vernichtete er den Rest«[13]. Die gleiche Vorstellung spricht aus der Inschrift Assurbanipals am Ištartempel zu Ninive: Auf Befehl mehrerer Götter sei Feuer vom Himmel gefallen und habe das Heer Dugdammes, des Königs von Sakai-Ugutumki, vernichtet[14]. Die Himmels- und Wettergötter sind im Alten Orient zugleich Kriegsgötter: sie greifen durch außerordentliche Erscheinungen des Wetters in den Kampf ein[15]. Die Bezwingung der Feinde wurde nicht als Sieg des Königs, sondern als Sieg der Staatsgötter empfunden, wie der Hymnus Assurbanipals an Ištar von Ninive und Ištar von Arbela bezeugt: »Nicht durch meine eigene Kraft, nicht durch die Stärke meines Bogens – durch die Kraft meiner Götter, durch die Stärke meiner Göttinnen beugte ich die Länder . . . unter das Joch Assurs«[16]. Wie neuassyrische Keilschrifttexte zeigen, glaubte der König, daß die Kriegsgottheit an seiner Seite mitkämpfe[17]. Von einer sichtbaren Erscheinung wird jedoch dabei nichts bemerkt.

Die gleichen Vorstellungen sind auch einmal für Ägypten belegt. Nach einem Text aus der Zeit Ramses' II kommt der Gott Amon unsichtbar in die Schlacht von Kadesch und reicht dem Pharao seine Hand, d.h. seine Hilfe[18].

Die Israeliten haben ganz entsprechend zu ihrer Umwelt den Krieg als ein wesentlich göttliches Geschehen aufgefaßt[19]. Jahwe kommt zur Schlacht und hilft seinem Volk[20]. Wie ein altorientalischer Wettergott greift er auch durch meteorologische Wirkungen in den Kampf ein: Mit Hagelsteinen soll er Josua zu Gefallen die fünf Könige der Amoriter getötet und mit Donner und Blitz zur Zeit Samuels die Philister vertrieben haben[21]. Wettergott und Kriegsgott gehören demnach auch in Israel zusammen. Wie die Götter Assurs, Babylons und Ägyptens erscheint Jahwe während der Schlacht nicht in sichtbarer Gestalt, wird aber doch als gegenwärtig erlebt. Auch für die Israeliten ist Jahwe jeweils der eigentliche Sieger[22]. Die Wirkung seines Eingreifens zeigt sich vor allem im ›Gottesschrecken‹: Die Feinde werden so verwirrt, daß sie sich oft unterein-

[13] Vgl. J. Jeremias, Theophanie. Die Geschichte einer alttestamentlichen Gattung = WissMonogrA-NT 10 (Neukirchen-Vluyn 1965) 80; Weippert 479.

[14] Vgl. Jeremias 83.

[15] G. Furlani, Il ›bidental‹ etrusco e un'iscrizione di Tiglatpileser I d'Assiria: StudMatStorRel 6 (1930) 9/49, bes. 25/30. 47, ferner P. D. Miller, Jr., Fire in the mythology of Canaan and Israel: CathBiblQuart 27 (1965) 256/61, bes. 257f; Weippert 479f. 482; Speyer, Gewitter 1111f.

[16] Vgl. Weippert 483.

[17] Text aus dem Jahr 672 vC. bei Weippert 466f; vgl. ebd. 479/81.

[18] Vgl. A. Erman, Die Literatur der Ägypter (Leipzig 1923) 325/37, bes. 330f (335); ferner O. Keel, Wirkmächtige Siegeszeichen im Alten Testament = Orbis Bibl. et Orient. 5 (Freiburg i. Ü. 1974) 158/60.

[19] Vgl. G. von Rad, Der Heilige Krieg im alten Israel = AbhTheolANT 20 (Zürich 1951); dazu die kritischen Ergänzungen von Weippert aO.

[20] ZB. Iudc. 4f: Debora und Barak; 1 Sam. 11. 14: Kriege Sauls; dazu von Rad aO. 14/33 und Stolz aO. (o. Anm. 10).

[21] Jos. 10,10/14 (Sir. 46,5f); 1 Sam. 7,10 (Sir. 46, 17f); vgl. ferner 2 Sam. 22,14f par. Ps. 18,14f; Jes. 30,30f; Hes. 38,22; Hab. 3, 11f; Sap. 5,21f; Jeremias 80f. 83. 146f; Jos. ant. Iud. 5,205; 6,27; 9,60 (dazu Roussel aO. [o. Anm. 1] 108f).

[22] Vgl. Stolz aO. (o. Anm. 10) 187/91.

ander umbringen[23]. Dieser ›Gottesschrecken‹ erinnert an den ›Schrecken Pans‹, der nach griechischem Glauben nicht selten die Feinde der Griechen getroffen haben soll[24]. Die Tatsache einer plötzlich in Heeren auftretenden Verwirrung ist so gut bezeugt, daß an ihr nicht zu zweifeln ist. Die Frage bleibt nur, ob hier nicht eine natürliche Ursache anzunehmen ist. Bereits Thukydides hat den Panischen Schrecken durch eine psychologische Erklärung aufzuhellen versucht[25].

Glaubten die Israeliten, in einer geschichtlichen Stunde die Hilfe Jahwes im Kampf erfahren zu haben, so wird ihr Gebet verständlich, Gott möge abermals kommen und helfen[26]. Der Gedanke, daß Gott durch seinen Engel in den Kampf eingreift, dürfte auf eine vergeistigtere Vorstellung vom Wirken Gottes hinweisen. So verheißt Jahwe einmal den Israeliten seinen Engel, der vor ihnen hergehen und sie im Kampf gegen die Feinde im Land der Verheißung schützen werde[27]. An anderer Stelle wird von der Epiphanie eines Engels vor Josua berichtet. Der Engel nennt sich Führer des Heeres Jahwes und kommt zu Josua als Helfer im Kampf gegen Jericho[28]. Wie dieses Beispiel zeigt, kannten die Israeliten bereits vor jedem griechischen Einfluß das sichtbare Erscheinen himmlischer Wesen. Insofern hat die Erzählung im 2. Makkabäerbuch von der Epiphanie fünf herrlicher Reiter auf goldgezäumten Rossen, die vom Himmel in die Schlacht stürmten[29], ebenfalls eine altisraelitische Wurzel.

III

Das antike Griechenland

Sehr reich an Zeugnissen über sichtbar erscheinende himmlische Schlachtenhelfer ist Griechenland, sowohl das Mutterland als auch Kleinasien, die Inseln und Süditalien. Wie P. Von der Mühll gezeigt hat, weist das in der Ilias dichterisch verwendete Motiv vom Gott als Schlachtenhelfer auf einen älteren Glauben der Griechen zurück[30]. Der Gedanke vom göttlichen Helfer im Kampf ist also nicht von den homerischen Sängern erfunden worden, sondern aus dem religiösen Erleben der Griechen vor Homer geboren und geht wohl mindestens in die Epoche der Eroberung der Balkanhalbinsel zurück. Das Erlebnis der erfolgreichen Landnahme wird die eingewanderten Griechenstämme im Glauben bestärkt haben, daß ihre Götter ihnen gnädig und hilfreich gesonnen sind. Entsprechendes mag auch für die erfolgreich abgelaufenen Koloniegründungen gelten. Wie die Parallele aus späterer Zeit beweist, haben die Siege der Griechen über den Landesfeind, die Perser und später die Kelten, den Glauben an den

[23] Vgl. von Rad 12. 21 mit Hinweis auf Iudc. 7, 22; 1 Sam. 14,20; vgl. ferner Ex. 23,27; Jos. 10,10; Iudc. 4,15; 2 Chron. 14,13; 20,29. Das Motiv begegnet auch in Griechenland (die Kelten vor Delphi [s. u. S. 65]; das Wunder des Zeus von Panamara [dazu Roussel 80]) und in der Hagiographie (Beispiele bei Opelt/Speyer aO. [o. Anm. 1] 273).

[24] S. u. S. 64 und 65.

[25] Thuc. 4,125,1; 7,80,3; vgl. W. Schmid, Das Alter der Vorstellung vom Panischen Schrecken: RhMus 50 (1895) 310f; W. H. Roscher, Art. Pan: Roscher, Lex. 3,1 (1897/1902) 1389f; ders., Ephialtes = AbhLeipzig 20 (1903).

[26] 2 Sam. 22, 7/18 par. Ps. 18,7/18; Ps. 83,16; 144, 5f.

[27] Ex. 23,22f (vgl. ebd. 32,1.23 und Act. 7,40).

[28] Jos. 5,13/5; dazu Maier (o. Anm. 10) 33f. 37 und Keel (o. Anm. 18) 82/8. – Nach 2 Reg. 19,35 erschlug der ›Engel des Herrn‹ in der Nacht 185000 Mann des Assyrers Sancherib. – Vgl. ferner J. Michl, Art. Engel II (jüdisch): RAC 5 (1962) 61f.

[29] 2 Macc. 10,26/31.

[30] Von der Mühll (o. Anm. 1) bes. 13 (= 445). Auch die Verehrung der Heroen dürfte in vorhomerische Zeit zurückgehen (vgl. Pfister, Reliquienkult [o. Anm. 1] 186).

Beistand himmlischer Wesen in der Schlacht aufleben lassen. Der in nachhomerischer Zeit blühende Kult der Heroen hat nur insoweit eine gewisse Veränderung gebracht, als nunmehr bis zur hellenistischen Zeit die örtlich gebundenen Heroen als Helfer in der Schlacht angesehen worden sind, seltener jedoch einer der Olympischen Götter.

Die vorhandenen Zeugnisse über Epiphanien in der Schlacht betreffen teils Kämpfe mythischer Zeit, teils geschichtliche Kriege gegen Fremdvölker, aber auch Schlachten der Griechen untereinander. Aus mythisch-dichterischem Geist sind die Epiphanien Olympischer Götter in der Ilias gestaltet. Die spielerische Phantasie überwiegt, so wenn der sterbliche Held Diomedes die Göttin Aphrodite an der Hand verletzt oder wenn von den Olympischen Göttern die einen für die Griechen, die anderen für die Trojaner Partei ergreifen, am Kampf der Menschen teilnehmen und sich gegenseitig Leid zufügen[31]. Eine derartige Weise göttlichen Eingreifens in die Schlacht mußte die Kritik der Theologen und Philosophen herausfordern und schließlich bei den Gebildeten den alten Glauben an die Theophanien untergraben[32].

Altgriechischem Volksglauben dürfte ein Zeugnis näherstehen, das sich wie die Ilias auf die vorgeschichtliche Zeit bezieht. Wie Diodor überliefert, soll Herakles bei seinem Zug durch Sizilien auf Truppen der Sikaner gestoßen sein und sie besiegt haben. Bei diesen seien zwei Soldaten erschienen, denen ›bis heute‹ heroische Ehre zuteil geworden sei[33]. Die Namen der Heroen sind sprechende Namen: Leukaspis ›Weißschild‹ und Pedia(o)krates ›Der auf dem Gefilde Gewaltige‹[34]. Anscheinend wußten die Sikaner bis zum Zeitpunkt der Epiphanie noch nichts von diesen Schlachtenhelfern. Da der Name ›Leukaspis‹ auf eine göttliche Erscheinung in Licht und Feuer weist, darf man vielleicht an das Erlebnis einer Epiphanie im Gewitter denken entsprechend den Epiphanien der Schlachtheroen auf weißen Pferden wie der Leukippiden oder Leukopoloi in Sparta[35].

Am Anfang des griechischen Glaubens an einen bestimmten himmlischen Schlachtenhelfer steht wohl jeweils ein Ereignis, das dem frommen Griechen auf eine überirdische Einwirkung hinzudeuten schien. Wie der Gott, Daimon oder Heros hieß, der diese Hilfe gewährt hat, war zunächst unklar: der ›Augenblicksgott‹ ist, während er wirkt, noch namenlos[36]. Erst nach seinem Erscheinen gab man ihm einen Namen. So konnte man den himmlischen Schlachtenhelfer nach der Art seiner Erscheinung oder der gewährten Hilfe benennen[37]. Einzelne himmlische Schlachtenhelfer heißen deshalb nach dem Glanz und der Gestalt, in der sie sichtbar wurden, oder sie heißen nach der Funktion ›Feldherr‹, ›Helfer‹, ›Mitstreiter‹, ›Vorkämpfer‹, ›Abwehrer‹ oder ›Retter der

[31] Il. 5,330/52; 8, bes. 10/3; 20,1/75. Vgl. ferner Il. 5,592/5. 603f; 6,106/9; 15,307/11; 18,516/21 (zu Athena als Schlachtenhelferin Nilsson [o. Anm. 1] 1,434f). Von einem Götterkampf, der nicht durch die Ilias überliefert ist, berichtet Paus. 6, 25,2: Hades soll den Eleern gegen Herakles, den Athena unterstützte, beigestanden haben. Damit wurde die Errichtung eines Tempels für Hades in Pylos in ursächlichen Zusammenhang gebracht. – Auf pseudogelehrter Überlegung dürfte beruhen, was Diod. Sic. 5,49,6 über die Epiphanie der Götter von Samothrake und die Kämpfe von Jason, den Dioskuren, Herakles und Orpheus mitteilt.

[32] Kritik und Zweifel trafen die Theophanien im allgemeinen (Plat. resp. 2,381/3 und ungenannte Kritiker bei Dion. Hal. ant. Rom. 2,68,1) oder Epiphanien in bestimmten Schlachten: Herodt. 7, 189,2f; Xen. Hell. 6,4,7: Cic. nat. deor. 3,11; Amm. Marc. 24,4,24.

[33] Diod. Sic. 4,23,5.

[34] Vgl. Von der Mühll 18f (= 449f).

[35] Vgl. ebd. 24f (= 455f); 40_{109} (= 470_{109}); Plut. fac. orb. lun. 30 (944 C/D): οἱ δαίμονες (hier: die seligen Toten) ... καὶ σωτῆρες ἔν τε πολέμοις καὶ κατὰ θάλατταν ἐπιλάμπουσιν; s. o. Anm. 7 und u. S. 76.

[36] Vgl. G. van der Leeuw, Art. Augenblicksgötter: RAC 1 (1950) 969/72.

[37] Zu den Funktionsheroen vgl. L. R. Farnell, Greek hero cults and ideas of immortality (Oxford 1921) 418/20; Nilsson (o. Anm. 1) 1,184f.

Stadt‹[38]. Auch konnte es vorkommen, daß man in den Schlachtenhelfern einen der Olympier oder einen der Stammes- oder Landesheroen wiederzuerkennen vermeinte. So verehrten die Lokrer die Aianten und die Kreter Idomeneus und Meriones als Schlachtenhelfer[39].

Mit Recht betont P. VON DER MÜHLL, daß der Glaube an diese Schlachtenhelfer viel verbreiteter und volkstümlicher gewesen sein muß, als dies die Geschichtsschreiber noch erkennen lassen[40]. Inschriften und bildliche Darstellungen, Statuen, Gemälde und Münzen bezeugen die Verehrung der Griechen für ihre ›Vorkämpferheroen‹[41]. Aber selbst die Geschichtsschreiber und die aus ihnen und der Ortsüberlieferung schöpfenden Periegeten erwähnen mehrmals derartige Epiphanien.

In der Schlacht am Fluß Sagra in Unteritalien, die im 6. Jh. vC. stattgefunden hat, soll Aias, der Heros der opuntischen Lokrer, den epizephyrischen Lokrern gegen die Krotoniaten beigestanden haben. Die Lokrer haben für den Heros in ihrer Schlachtordnung einen Platz offen gelassen und ihn zur Teilnahme gerufen[42]. Dieses Zeugnis kann zu den Nachrichten über den bildlosen Kult der Griechen gestellt werden, vor allem zu der Mitteilung Diodors über Eumenes und den Thron Alexanders des Großen: Im Jahr 319 vC. hat Eumenes aufgrund einer Traumvision den heroisierten Makedonenkönig rituell angerufen und ihn den um ihn gescharten Feldherren als den eigentlichen, wenn auch unsichtbaren, Heerführer verkündet[43]. Vielleicht gehört in diesen Zusammenhang auch eine weitere Nachricht über die Schlacht an der Sagra. Nach Timaios, auf den wohl Diodor und Justin zurückgehen, haben die epizephyrischen Lokrer auch die Spartaner um Hilfe ersucht. Diese antworteten, sie könnten ihnen als Bundesgenossen nur die Tyndariden mitgeben. Auf der Rückfahrt haben die lokrischen Gesandten eine κλινή für die Tyndariden auf ihr Schiff gestellt, das heißt, sie wollten sie auf diese Weise zu sich einladen[44]. Ausdrücklich bemerkt Pausanias, daß die epizephyrischen Lokrer aufgrund ihrer Verwandtschaft zu den opuntischen Lokrern den gemeinsamen Stammesheros Aias als Helfer herbeigerufen haben: ἐπικαλεῖσθαι[45]. Dasselbe Verbum benutzt in ähnlichem Zusammenhang bereits Herodot: Als sich am Tag der Seeschlacht von Salamis zu Wasser und zu Lande ein Erdbeben ereignet hat, beschlossen die Griechen, zu den Göttern zu beten und die Aiakiden als Bundesgenossen ›herbeizurufen‹[46]. An anderer Stelle bemerkt Herodot, daß die Tyndariden ›herbeigerufen‹ mit den Spartanern in den Kampf gezogen seien[47]. Demnach sind in Griechenland wohl zwei Arten einer Epiphanie bei der Schlacht zu unterscheiden. Die eine entsteht sozusagen spontan und überraschend, unabhängig vom Willen der Menschen. Hatte sich aber einmal ein

[38] Vgl. EITREM (o. Anm. 1) 1114, 16/25; VON DER MÜHLL 20f (= 451f) und die Beispiele im folgenden.

[39] S. u. Anm. 42; Diod. Sic. 5,79,4 und VON DER MÜHLL 41_{113} (= 471_{113}). Obwohl diese Heroen aus der Ilias bekannt sind, müssen sie nicht tatsächlich epische, d.h. von epischen Dichtern erfundene, Heroen sein.

[40] VON DER MÜHLL 21 (= 452).

[41] Vgl. ebd. 15/8 (= 447/50).

[42] Conon: FGrHist 26 F 1,18; Paus. 3,19,12f. Nach anderer Überlieferung war es nicht Aias, sondern einer der Dioskuren (Suda s.v. Φορμίων = Theopomp.: FGrHist 115 B 392; dazu VON DER MÜHLL 14f [= 445f]).

[43] Diod. Sic. 18,60,4/6; Polyaen. 4,8,2 u.a.; dazu H. HERTER, Zum bildlosen Kultus der Alten: RhMus 74 (1925) 164/73 = ders., Kleine Schriften (München 1975) 7/14.

[44] Diod. Sic. 8 frg. 32; Iustin. 20,2f; dazu VON DER MÜHLL 25f (= 456f). NILSSON 1,409. 411 erklärt die Stelle mit dem Hinweis auf die ›Götterbewirtung‹ (dazu vgl. WENIGER [o. Anm. 1] 30/42. 55). – Die Dioskuren sollen auch sichtbar in die Schlacht an der Sagra eingegriffen haben (Iustin. 20,3; vgl. PEASE zu Cic. nat. deor. 2,6: Sagram).

[45] Paus. 3,19,12.

[46] Herodt. 8,64,2.

[47] Herodt. 5,75,2.

himmlisches Wesen in der Schlacht hilfreich erwiesen, so versuchten die Griechen bei einem neuen Krieg seine Hilfe durch einen Ritus des ›Herbeirufens‹ zu gewinnen. Dieser Ritus sollte das einmalige wunderbare Ereignis jeweils neu herbeiführen[48]. Wie nah hierbei das religiöse Tun einer magisch-zwingenden Praktik kommt, braucht nicht betont zu werden.

Wie Aias und die Aiakiden mit den Lokrern verbunden sind, so die Tyndariden-Dioskuren mit den Spartanern. In den Kämpfen der Spartaner mit ihren Nachbarn werden die Tyndariden oft als Helfer der Spartaner erwähnt, so in den geschichtlich nicht mehr genau faßbaren Kämpfen gegen die Messenier und ihren von der Sage verklärten Helden Aristomenes[49]. Aus späterer Zeit ist die Epiphanie der Dioskuren auf dem Schiff Lysanders in der Seeschlacht bei Aigospotamoi (405 vC.) bezeugt[50]. Aufschlußreich sind auch Nachrichten über Nachahmungen der Epiphanie der Dioskuren zu kriegerischen Zwecken. Der Held Aristomenes und ein anderer Messenier sollen als Dioskuren verkleidet in Sparta bei einem Fest zu Ehren der beiden Götter viele der Festteilnehmer getötet haben[51]. Diese und andere vergleichbare Kriegslisten waren nur möglich, wenn die Griechen mit der sichtbaren Erscheinung von Göttern und Heroen gerechnet haben[52]. – In die zeitlich nicht genau zu bestimmenden Kämpfe der Spartaner gegen Amyklai (um 800 vC.) soll Apollon, in dessen Gestalt wohl der ortsansässige Hyakinthos eingegangen ist, als Helfer der Spartaner mit vier Händen und vier Ohren eingegriffen haben[53].

Das gewaltige Ringen der Griechen um ihre Freiheit hat in den Perserkriegen den Glauben an die im Kampf hilfreichen Götter und Heroen aufleben lassen. Die allgemeine Stimmung spiegeln Aischylos' Perser und zahlreiche Stellen im Geschichtswerk Herodots wider[54]. Hier wird unter anderem als Wort des Themistokles mitgeteilt: »Nicht wir haben diese Taten vollbracht, sondern Götter und Heroen, die nicht duldeten, daß ein einziger gottloser und frevelhafter Mann (d. i. Xerxes) über Asien und Europa König sei«[55]. Auch nach Meinung Xenophons haben die Heroen Griechenland in den Kämpfen mit den Barbaren unbesiegbar gemacht[56]. Dieser Glaube stimmt ganz mit der Auffassung der Völker des Alten Orients und Israels überein: den Sieg verleiht die Gottheit[57].

Wie griechische Geschichtsschreiber mitteilen und auch die bildliche Überlieferung zeigt, sollen die großen Schlachten gegen die Perser von Epiphanien der Götter und Heroen begleitet gewesen sein. Als der athenische Herold Pheidippides nach Sparta

[48] Vgl. F. Pfister, Art. Kultus: PW 11,2 (1922) 2151f; Weniger aO. 18/22 und J. Laager, Art. Epiklesis: RAC 5 (1962) 577/99, bes. 579; L. Deubner, Ololyge und Verwandtes = AbhBerlin 1941 nr. 1,18f. 20f.

[49] Paus. 4,16,5. 9. Zu den frühen Messenischen Kriegen vgl. H. Bengtson, Griechische Geschichte³ = HdbAltWiss 3,4 (München 1965) 80 und E. Meyer, Art. Messenien: PW Suppl. 15 (1978) 155/289, bes. 240/53.

[50] Plut. Lys. 12,1; Cic. div. 1,75 mit dem Kommentar von A.S. Pease: Nach der Schlacht wurden zwei goldene Sterne, Symbole der Dioskuren, nach Delphi geweiht (Plut. Lys. 18,1).

[51] Polyaen. 2,31,4. In der Parallelfassung dieser Erzählung bei Paus. 4,27, 1/3 heißen die beiden Messenier Panormos und Gonippos aus Andania.

[52] Vgl. Polyaen. 1,41,1 (dazu vgl. M. Duncker, Geschichte des Altertums 8 [Leipzig 1884] 134f); 6,1,3; 8,59 (ähnlich Plut. Arat. 32,1f).

[53] Sosibios: FGrHist 595 F 25; vgl. Nilsson aO. (o. Anm. 1) 1,316f. 388. Zu den Kämpfen um Amyklai vgl. Bengtson 79. Eine Parallele zu den vier Ohren des Gottes bietet das babylonische »Enuma elisch«, Taf. 1,95: »Vierfach war sein Blick, vierfach war sein Gehör« (M. Eliade, Die Schöpfungsmythen [Einsiedeln usw. 1964] 137; vgl. ebd. zu Tiamat); R. Pettazzoni, Der allwissende Gott (Frankfurt/M. 1960) 99/108, bes. 102.

[54] Aeschyl. Pers. 345/7. 454f; Herodt. 8,13.

[55] Herodt. 8,109,3.

[56] Xen. cyneg. 1,17.

[57] S. o. S. 58/60.

eilte, um militärische Hilfe zu erbitten, soll ihm Pan im Parthenion-Gebirge oberhalb Tegeas erschienen sein. Der Gott habe seine gute Gesinnung für die Athener ausgesprochen, aber sich über die Vernachlässigung ihrerseits beklagt. Trotzdem habe er seine weitere Unterstützung zugesagt. Die Athener haben den bald folgenden Sieg bei Marathon (490 vC.) dem Pan zugeschrieben und den Gott durch einen Tempel und Kult geehrt[58]. Pan soll auch Antigonos Gonatas in der Schlacht bei Lysimacheia gegen die Kelten (277 vC.) geholfen haben[59]. Wahrscheinlich ist auch hier an das psychische Phänomen des ›Panischen Schreckens‹ zu denken[60]. Dem wunderbaren Sieg folgte der Dank an den Gott, wie das Bild des Pan auf Münzen des Antigonos und das später gestiftete Fest Πάνεια auf Delos zeigen[61]. – In der Schlacht von Marathon soll die gespenstische Erscheinung (φάσμα) des attischen Heros Theseus vor den Athenern gegen die Perser losgestürmt sein; außerdem habe der Heros Echetlaios (Echetlos) in Gestalt eines Bauern viele Feinde mit einem Pflug getötet[62]. Auf dem Gemälde der Schlacht, das Pleistainetos, der Bruder des Phidias, in der ›Bunten Halle‹ zu Athen geschaffen hat, waren außer Theseus, der aus der Erde auftaucht, dem Heros Echetlos auch Athena und Herakles sowie der Heros Marathon dargestellt, ferner Epizelos, der erblindete, als er das Gespenst eines riesigen Hopliten gesehen hatte, das ihn verschont, aber seinen Nebenmann getötet hat[63]. Als zehn Jahre später die große persische Flotte durch ein furchtbares Unwetter an der Südost-Spitze der Halbinsel Magnesia an 400 Schiffe eingebüßt hatte, haben die Athener dies auf die Hilfe des Windgottes Boreas zurückgeführt, der wegen seiner Verbindung mit der geraubten Athenerin Oreithyia als ihr Bundesgenosse galt. Zum Dank für seine Hilfe hier und in der folgenden Seeschlacht beim Artemision hat Boreas ein Heiligtum am Ilissos erhalten[64]. Auch die Einwohner von Megalopolis verehrten den Windgott als Helfer, der sie bei der Belagerung durch den Spartanerkönig Agis von einer gefährlichen Belagerungsmaschine befreit habe[65]. Ebenfalls dankten die Thurier dem Windgott Boreas, weil er die gegen sie segelnde Flotte des Dionysios I von Syrakus zerstört habe[66]. – Vor der Entscheidungsschlacht bei Salamis (480 vC.) haben die Griechen zu den Göttern gefleht und die Aiakiden als Bundesgenossen herbeigerufen. Aias und Telamon waren die Heroen der Insel Salamis und deshalb als anwesend gedacht, während Aiakos und die ›übrigen‹ Aiakiden erst zu holen waren; so sandte man ein Schiff nach ihnen aus[67]. Später wurde erzählt, die

[58] Herodt. 6,105; Paus. 1,28,4; vgl. F. Brommer, Art. Pan: PW Suppl. 8 (1956) 954f.

[59] Am Hof des Antigonos Gonatas dichtete Arat einen Hymnus auf Pan; vgl. A. Barigazzi, Un frammento dell'Inno a Pan di Arato: RhMus 117 (1974) 221/46, bes. 236/41.

[60] S. o. S. 60.

[61] Vgl. H. Usener, Ein Epigramm von Knidos: RhMus 29 (1874) 25/50, bes. 43f = ders., Kl. Schriften 3 (Leipzig 1912/13) 382/410, bes. 406f; W. W. Tarn, Antigonos Gonatas (Oxford 1913) 174. 380f; Barigazzi 238f.

[62] Plut. Thes. 35,5; Paus. 1,32,4f; Nilsson 1,716$_5$.

[63] Paus. 1,15,3; Ael. hist. an. 7,38 (Herodt. 6,117, 2f); vgl. G. Lippold, Art. Pleistainetos: PW 21,1 (1951) 192/5, bes. 193f.

[64] Herodt. 7,189; Paus. 1,19,5; 8,27,14.

[65] Paus. 8,27,13f. 36,6; s. u. S. 68.

[66] Ael. var. hist. 12,61; K. F. Stroheker, Dionysios I. (Wiesbaden 1958) 132$_{16}$ datiert dieses Ereignis in den zweiten Italiotenkrieg. Vgl. das Wort der Engländer nach dem Sieg über die spanische Armada im Jahr 1588: »Gott der allmächtige blies, und die Armada flog nach allen Winden« (dazu L. v. Pastor, Geschichte der Päpste 10[8] [Freiburg 1933] 322).

[67] Herodt. 8,64,2; 83,2; 84,2; vgl. Von der Mühll (o. Anm. 1) 21f (= 452f). – Die religiöse Stimmung der Griechen dieser Zeit wird auch aus Xenophon inst. Cyr. 3,3,21f deutlich, obwohl hier über den Perser Kyros gesprochen wird: ὁ δὲ Κῦρος ἔθυε πρῶτον μὲν Διὶ βασιλεῖ, ἔπειτα δὲ καὶ τοῖς ἄλλοις θεοῖς, οὓς ἡτεῖτο ἵλεως καὶ εὐμενεῖς ὄντας ἡγεμόνας γενέσθαι τῇ στρατιᾷ καὶ παραστάτας ἀγαθοὺς καὶ συμμάχους καὶ συμβούλους τῶν ἀγαθῶν. συμπαρεκάλει δὲ καὶ ἥρωας γῆς Μηδίας οἰκήτορας καὶ κηδεμόνας (vgl. ebd. 7,1,1).

Aiakiden hätten in der Luft mitgekämpft[68]. Auch soll die Erscheinung einer Frau die Griechen mit tadelnden Worten zum Kampf aufgerufen haben, und der Heros Kychreus, der auf Salamis ein Heiligtum hatte, in Schlangengestalt auf einem Schiff erschienen sein[69].

Ähnlich wie die als Kriegslist vorgetäuschte Epiphanie den Glauben an sichtbar erscheinende Götter voraussetzt, so auch die von Heiligtümern zu Propagandazwecken erfundenen. Ob tatsächlich im Jahr 480 vC. ein persisches Heer Delphi angegriffen hat und durch überirdische Erscheinungen wie die Heroen Phylakos und Autonoos, Blitze, zwei Felsen, die mit Getöse vom Parnassos herabfielen, und durch Stimmen aus dem Tempel der Athena Pronoia, von einer Plünderung abgeschreckt worden ist, darüber herrscht in der Forschung keine Einigkeit[70]. Ähnliche wunderbare Erscheinungen, durch die der Gott von Delphi sein Heiligtum geschützt haben soll, werden für das Jahr 279 vC. beim Einfall der Kelten unter Brennus berichtet. Sichtbar seien Apollon, die λευκαὶ κόραι, gemeint sind wohl Athene Soteira und Artemis, ferner die delphischen Heroen mit den sprechenden Namen Hyperochos, Laodokos, Pyrrhos, der Sohn Achills, dessen Grab in Delphi war, und Phylakos erschienen. Wieder sollen außergewöhnliche Naturereignisse eingetreten sein, wie ein Erdbeben, das vom Berge Felsen losriß, ein Unwetter mit Hagel, Kälte und Schnee; dazu sei der Schrecken Pans gekommen, so daß sich die Kelten gegenseitig umbrachten[71]. Vielleicht haben die Delphier diesen Bericht nach dem älteren geschaffen, dem Herodot gefolgt ist. Nach Legende oder Propagandaerzählung sieht gewiß die Mitteilung Herodots über das Wüstenheiligtum des Ammon aus: Der Perserkönig Kambyses habe um 525 vC. ein Heer von 50000 (!) Mann gegen die Oase geschickt. Sie sollten die Bewohner versklaven und das Zeusheiligtum niederbrennen. Keiner der Soldaten sei zurückgekehrt[72]. Wenn auch Herodot nicht ausdrücklich den wunderbaren Schutz des Gottes für sein Heiligtum hervorhebt, so wird der Leser doch zu dieser Annahme gedrängt. – In der 99 vC. von Timachidas und Tharsagoras aufgezeichneten ›Anagraphe von Lindos‹ wird der Schutz Athenes für Lindos auf Rhodos gerühmt: Als die Bewohner infolge der Belagerung durch den persischen Feldherrn Datis (490 vC.) dem Verdursten nahe waren, soll die Göttin ihren Beistand einem der Archonten im Traum verkündet und ein Regenwunder gewirkt haben[73]. Die Erzäh-

[68] Plut. Them. 15,1 (s.o. S. 62). Verwandt, aber nicht identisch mit dieser Vorstellung ist der Glaube an Geisterschlachten (zB. 2 Macc. 5,1/4 und die Beispiele bei MENGIS, Art. Geisterschlacht, -kampf: BÄCHTOLD-ST. 3 [1930/31] 546/9; L. WEBER, Die katalaunische Geisterschlacht: ArchRelWiss 33 [1936] 162/6; O. WEINREICH: ebd. 166_1 und NILSSON $1{,}182_7$.

[69] Herodt. 8,84,2; Paus. 1,36,1 (vgl. ROHDE aO. [o. Anm. 1] 1,196).

[70] Vgl. Herodt. 8,35/9 u.a.; H. W. PARKE/D. E. W. WORMELL, The Delphic oracle 1 (Oxford 1956) 171/4; BENGTSON aO. (o. Anm. 49) 167; D. FEHLING, Die Quellenangaben bei Herodot = Unters. z. Ant. Lit. u. Gesch. 9 (Berlin 1971) 11/4. – Apollon soll auch die Phlegyer durch Blitze und Erdbeben sowie eine pestartige Krankheit von Delphi abgewehrt haben (Paus. 9,36,2f).

[71] Der Glaube an das Wunder der göttlichen Helfer muß sofort den Weg von Delphi durch die griechische Welt gemacht haben, wie Inschriften dieser Jahre zeigen (vgl. H. POMTOW, Delphische Neufunde: Klio 14 [1915] 265/320, bes. 275f. 278; das Dankesdekret der Koer über Opfer für Apollon, Zeus Soter und Nike und über einen Festtag wegen der Niederlage der Kelten: DITT. Syll.³ 1 nr. 398 vom Jahr 278 vC.). Zur Überlieferung der Wunder Diod. Sic. 22,9,5; Iustin. 24,8; Paus. 10, 22f; WENIGER aO. (o. Anm. 1) 51f; PARKE/WORMELL aO. 1,255/9; NILSSON aO. (o. Anm. 1) 2, 105f; ferner F. PFISTER, Art. Soteria: PW 3A 1 (1927) 1223/8: Dankfest der Delphier. – Zum Panischen Schrecken s. o. S. 60. Vgl. G. RADKE, Art. λευκαὶ κόραι: PW Suppl. 7 (1940) 377f.

[72] Herodt. 3,25.

[73] Anagr. von Lindos: FGrHist 532 D 1; vgl. K. ZIEGLER, Art. Timachidas: PW 6 A 1 (1936) 1052/60, bes. 1058 und ROUSSEL aO. (o. Anm. 1) 96f. Als Alexander und die Seinen auf dem Zug durch die Wüste zur Oase Ammon dem Verdursten nahe waren, soll Zeus Regen geschickt haben (Plut. Alex. 27,1; Arrian. exped. 3,3,3f).

lungen aus den Heiligtümern von Delphi, der Ammon-Oase und Lindos sind vielleicht nur fromme Legenden, die für diese heiligen Orte werben sollten. Sie gehören jedenfalls zu den Aretalogien. Die hilfreiche Epiphanie ist eine ἀρετή, eine virtus oder Krafttat eines Gottes, genauso wie ein Heilungswunder. Derartige Wunderberichte wurden in den Heiligtümern gesammelt und literarisch bearbeitet[74].

Epiphanien werden auch für Schlachten nach der Zeit der Perserkriege berichtet: Die Dioskuren sollen in der Seeschlacht von Aigospotamoi (405 vC.) den siegreichen Spartanern erschienen sein und Herakles und Aristomenes in der Schlacht bei Leuktra (371 vC.) den siegreichen Böotiern[75]. In einem Krieg zwischen Arkadern und Eleern, dessen Zeit nicht feststeht, soll den Eleern ein göttliches Wesen in Schlangengestalt den Sieg verliehen haben: Eine Frau brachte ihren Säugling als Helfer, den die Eleer nackt vor ihr Heer auf den Boden legten. Als die feindlichen Arkader heranrückten, verwandelte sich das Kind in eine Schlange und verwirrte so die Angreifer. Seitdem verehrten die Eleer einen Daimon oder Heros mit dem sprechenden Namen ›Sosipolis‹ und die Frau als Göttin Eileithyia[76]. Eine Theophanie im Glanz von Feuer soll den Einwohnern von Byzanz zuteilgeworden sein, als sie im Jahre 340 vC. durch die Belagerung Philipps von Makedonien in arger Bedrängnis waren. Wie man erzählte, hat Hekate in der regendunklen Nacht die Bürger durch Hundegebell geweckt und feurige Wolken oder – nach anderer Version – Fackeln erstrahlen lassen, so daß die andringenden Feinde abgewehrt werden konnten. Aus Dankbarkeit sollen die Byzantiner ein Bildnis der fackeltragenden Hekate aufgestellt haben[77]. – Eine argivische Inschrift des 4. Jh. vC. preist Apollon dafür, daß er den spartanischen Heerführer Pleistarchos bei Nacht vertrieben hat. Welcher Pleistarchos gemeint ist, läßt sich nicht mehr feststellen. Zum Dank wurde am 17. Tag jedes Monats eine Opferfeier für Apollon eingesetzt[78].

Ein Zeugnis über eine selbst erlebte Epiphanie scheint der Hymnus des Isyllos von Epidauros auf Asklepios (um 300 vC.) zu bieten. Der fromme Verfasser berichtet von einer Erscheinung des Heilgottes, der mit goldenen Waffen glänzte. Dies ist wiederum ein Hinweis auf die Licht-Epiphanie. Die Erscheinung sei einem Knaben zuteilgeworden. Hinter dem Knaben dürfte sich Isyllos selbst verbergen. Der Gott habe ihm Hilfe

[74] Der Kallimacheer Istros (3. Jh. vC.) hat über Epiphanien Apollons und des Herakles geschrieben (FGrHist 334 F 50/3; vgl. F. Jacoby zu FGrHist 532 im Kommentar 445 Anm. 19), Syriskos in der Stadt Chersonesos über die Epiphanie der Göttin Parthenos (vgl. die Inschrift bei Rostovtzeff aO. [o. Anm. 1] 203f und E. Diehl, Art. Parthenos nr. 2: PW 18,4 [1949] 1957/67, bes. 1959, 40/5) und der Geschichtsschreiber Phylarchos (3. Jh. vC.) über die Epiphanie(!) des Zeus (Suda s.v. Φύλαρχος [4,773 Adler]; vgl. Roussel aO. [o. Anm. 1] 95_6 zum Singular; J. Kroymann, Art. Phylarchos: PW Suppl. 8 [1956] 475). Vgl. ferner Rostovtzeff 206.

[75] Zu Aigospotamoi s. o. S. 63; zu Leuktra Xenoph. Hell. 6,4,7; Paus. 4,32,4; 9,11,4f; Von der Mühll aO. (o. Anm. 1) 31f. 39f (= 462. 468f). Zu Vorzeichen, die auf die Anwesenheit der Götter oder Heroen in der Schlacht schließen ließen, vgl. O. Weinreich, Gebet und Wunder: Genethliakon W. Schmid = Tüb. Beitr. z. Altertumswiss. 5 (Stuttgart 1929) 258/61: Leuktra; 261f: Adranon. – Vor der Schlacht von Salamis soll sich ein Lichtwunder in der Gegend von Eleusis ereignet haben (Plut. Them. 15,1).

[76] Paus. 6,20,2/5; vgl. Nilsson 1,415 und zum Heiligtum des Zeus Sosipolis und der Eileithyia, das die Eleer aus Dankbarkeit in Olympia errichtet haben, J. Wiesner, Art. Olympia: PW 18,1 (1939) 117f. Von Kriegen zwischen Arkadern und Eleern in früher Zeit spricht Paus. 5,4,7. Bekannt sind die Auseinandersetzungen in den Jahren 365 und 364 vC. (vgl. Bengtson aO. [o. Anm. 49] 276); vgl. ferner Johanna Schmidt, Art. Sosipolis nr. 2: PW 3 A 1 (1927) 1169/73.

[77] Hes. Miles.: FGrHist 390 F 1,26f; Steph. Byz. s.v. Βόσπορος (aus Πάτρια von Byzanz); vgl. F. Jacoby im Komm. zu Hes. Miles. aO. mit Anm. 22.

[78] Vgl. R. Herzog, Auf den Spuren der Telesilla: Philol 71 (1912) 1/23, bes. 13/23.

der Heilung versprochen, zunächst aber angekündigt, Sparta im Kampf beizustehen. Damit spielt Isyllos auf die spartanische Verteidigung gegen Philipp von Makedonien im Jahr 338 vC. an. Die dankbaren Lakedaimonier haben daraufhin Asklepios als Retter (σωτήρ) gefeiert[79]. Die in der Forschung geäußerte Annahme, Isyllos habe für seine Aretalogie auf ein literarisches Vorbild zurückgegriffen, wie die o. S. 63f genannte Schilderung Herodots von der Begegnung des Pheidippides mit Pan, ist nicht notwendig, da diese Berichte jeweils spontan entstanden sein können[80].

Seit dem 3. Jh. vC. ist vor allem Kleinasien reich an derartigen Überlieferungen[81]. Die Griechen dieser Länder mußten sich gegen die Einfälle der Fremdvölker verteidigen. Der altgriechische Glaube an die Epiphanie in der Schlacht lebte immer dann kräftig wieder auf, wenn der Kampf gegen den Landesfeind ging. Gegenüber dem 5. und 4. Jh. vC. treten aber von nun an die Heroen mehr und mehr zurück. Durch die Verleihung des Titels Heros an gewöhnliche Tote und sogar an lebende Herrscher (Lysander soll als erster heroische Ehren erhalten haben) verlor der Glaube an die Heroen an Kraft[82]. Die Griechen dieser Zeit meinten vielmehr, ihre Siege über die Nordvölker, die Kelten und Skythen, ihren großen Göttern zu verdanken. Auch fremden Gottheiten, die in Griechenland allmählich ein Heimatrecht erlangt hatten, wie Isis, schrieben sie diese übernatürliche Hilfe zu.

Die wunderbaren Siege über die Kelten vor Delphi und bei Lysimacheia sind bereits erwähnt worden[83]. Die Phryger in Kelainai behaupteten, die Galater durch die Hilfe des Marsyas abgewehrt zu haben[84]. – Wenn von Pyrrhos von Epeiros in Argos erzählt wurde, er sei dort im Straßenkampf von Demeter, die an Gestalt einer Frau glich, mit einem Ziegelstein erschlagen worden (272 vC.), so ist dies wohl eine Erfindung. Pausanias beruft sich für diese Nachricht auf die Argiver und den argivischen Dichter Lykeas, der wohl im 3. Jh. vC. gelebt hat[85]. Lykeas hat wohl im Anschluß an eine einheimische Überlieferung den Tod des Pyrrhos nach der Art einer entsprechenden Szene der Illias ausgemalt. – In Mantinea erzählte man, Poseidon habe die Einwohner gegen den Spartaner Agis in einer Epiphanie unterstützt. Damit ist wohl die Schlacht vom Jahr 249 vC. gemeint. Zum Dank hätten die Mantineer dem Gott ein Tropaion als Weihgeschenk aufgerichtet[86]. Als Helfer in der Schlacht hieß Poseidon τροπαῖος ›Der die Feinde zur Flucht wendet‹. Als durch eine Springflut eine Heerschar des Tryphon umgekommen war (2. Jh. vC.), widmete der Gegner Sarpedon dem Gott Poseidon Tropaios einen Kult[87]. In dieser Erzählung sind Naturereignis, Untergang des feindlichen Heeres und göttliches Eingreifen eng miteinander verbunden. Im öffentlichen Festkalender von Pergamon, der am Ende der Königszeit entstanden ist, wird

[79] Isyll. Epid.: IG 4,1² (1929) nr. 128, 58f; vgl. U. v. Wilamowitz-Moellendorff, Isyllos von Epidauros = Philol. Unters. 9 (Berlin 1886) 22/5. 34f mit der griechischen Inschrift.

[80] Vgl. Nilsson 2,226$_1$. Eine moderne Parallele bietet A. v. Speyr, Aus meinem Leben. Fragment einer Selbstbiographie (Einsiedeln 1968) 8. 25f: Begegnung mit dem hl. Ignatius v. Loyola.

[81] Vgl. F. Steinleitner, Die Beicht im Zusammenhang mit der sakralen Rechtspflege in der Antike (München 1913) 15f.

[82] Zu Lysander vgl. Plut. Lys. 18,2f; ferner Nilsson 2,226.

[83] S. o. S. 65 und 64.

[84] Paus. 10,30,9: ὕδατί τε ἐκ τοῦ ποταμοῦ (s. u. S. 70) καὶ μέλει τῶν αὐλῶν (vgl. F. Stähelin, Geschichte der kleinasiatischen Galater² [Leipzig 1907] 8f).

[85] Paus. 1,13,8f (2,21,4); vgl. Nilsson aO.

[86] Paus. 8,10,8. Zu der Schlacht, deren Geschichtlichkeit bezweifelt worden ist, vgl. Bölte, Art. Mantinea: PW 14,2 (1930) 1326, 30/43.

[87] Posidon.: FGrHist 87 F 29; vgl. W. Hoffmann, Art. Tryphon nr. 1: PW 7A 1 (1939) 715/22, bes. 718, 36f; E. Wüst, Art. Poseidon: PW 22,1 (1953) 503, 61/3.

von einer Epiphanie des Zeus Tropaios gesprochen. Der 18. Tag eines jeden Monats sollte für Zeus Tropaios gefeiert werden, weil der Gott an diesem Tag den Pergamenern den Sieg geschenkt habe. Höchstwahrscheinlich wird damit auf den Sieg Attalos' II gegen den Thrakerkönig Diegylis (um 145 vC.) angespielt, den die Griechen dem wunderbaren Eingreifen des Zeus zugeschrieben haben[88].

Aus Chersonesos auf der Krim sind seit dem 3. Jh. vC. Epiphanien der dortigen namenlosen Stadtgöttin ›Parthenos‹ überliefert. Die Einwohner dankten ihr für die Befreiung von den bosporanischen Königen[89]. Die Epiphanien der Parthenos müssen sich bei diesen Kriegen mehrfach wiederholt haben, da sie sonst nicht der einheimische Geschichtsschreiber und Aretaloge Syriskos (3. Jh. vC.) hätte sammeln können[90]. Noch im Jahr 107 vC. feiert die Inschrift des Diophantos, eines Feldherrn des Mithradates VI Eupator, die Göttin als Schützerin und Helferin: sie habe durch wunderbare Zeichen in ihrem Heiligtum das Ergebnis, d. h. den Sieg, vorherverkündet und dem gesamten Heer Mut und Kühnheit eingeflößt[91]. – Als Mithradates VI von Pontos im Jahr 88 vC. Rhodos vergeblich zu bezwingen versucht hat, soll Isis, die dort einen Tempel besaß, selbst Feuer auf die feindliche Belagerungsmaschine geworfen haben[92]. In dieser Zeit werden aus Kleinasien, vor allem aus Karien, mehrere Epiphanien zum Schutz von Städten und Heiligtümern gegen plündernde Heere von Usurpatoren und Landesfeinden überliefert. Artemis Kindyas von Bargylia soll diese Stadt (vielleicht im Krieg der Römer gegen Aristonikos [132/129 vC.]) gerettet haben[93]. Athena von Ilion hat, wie die Bewohner von Ilion und Kyzikos glaubten, den Kyzikenern durch einen plötzlichen Sturm vom Meer her gegen die Belagerungsmaschinen Mithradates' VI beigestanden, so daß diese zusammenbrachen[94]. Hekate von Lagina soll Stratonikeia und die verbündeten Römer durch ihr Erscheinen bewahrt haben[95]. Noch im Dekret des Ratsschreibers und Dichters Sosandros vom Ende des 2. Jh. nC. wird auf diese Epiphanien hingewiesen[96]. Ausführlicher sind die Wunder überliefert, die Zeus von Panamara für sein Heiligtum bei Stratonikeia gewirkt haben soll. Der Gott soll die Feinde, vielleicht die Parther unter Q. Labienus und Pacorus (Ende 39 vC.), durch Flammen aus seinem Tempel, durch Nebel, Blitze und andere Mittel mehrmals vertrieben haben[97].

Auch aus nachchristlicher Zeit sind Epiphanien dieser Art bezeugt. So galt den Tyaneern ihr Mitbürger Apollonios als wunderbarer Helfer. Er soll Kaiser Aurelian, der die Stadt vernichten wollte, erschienen sein und ihn nachdrücklich gewarnt haben, das Blut der Tyaneer zu vergießen[98]. Apollonios nimmt bekanntlich auf heidnischer Seite den Platz eines Wundertäters ein[99]. Daß dieser Bericht aber christliche Wundererzählungen über Heilige als Schützer von Städten nachahmt, braucht nicht angenommen zu

[88] M. Fränkel, Die Inschriften von Pergamon 1 (Berlin 1890) 160 nr. 247 col. II; vgl. L. Robert, Notes d'épigraphie hellénistique nr. 32: BullCorrHell 52 (1928) 438/41. Zu Zeus τροπαῖος vgl. Gr. Kruse, Art. Tropaios: PW 7 A 1 (1939) 674; H. Schwabl, Art. Zeus I: PW 10A (1972) 367; ferner o. Anm. 74.

[89] Ehrendekret für Syriskos und eine weitere Inschrift des 3. Jh. vC. bei Rostovtzeff aO. (o. Anm. 1) 204f.

[90] S. o. Anm. 74.

[91] Ditt. Syll.³ 2 nr. 709, 24f.

[92] Appian. Mithrid. 105; vgl. F. Dunand, Le culte d'Isis dans le bassin oriental de la méditerranée 3 (Leiden 1973) 21. 200_3; ebd. 16_1 zu Isis als Schützerin der Soldaten.

[93] Vgl. L. Robert, Études Anatoliennes (Paris 1937) 459/65. Zu Artemis Hyakinthotrophos Epiphanes von Knidos ebd. 461_1.

[94] Plut. Lucull. 10,1/3.

[95] Vgl. Robert, Études aO. 461f.

[96] Vgl. ebd. 516/23, bes. 519/21.

[97] Vgl. Roussel aO. (o. Anm. 1); zur Datierung ebd. 92f. – Vgl. Ditt. Or. nr. 331, 50f.

[98] Hist. Aug. vit. Aur. 24,2/9.

[99] Vgl. E. L. Bowie, Apollonius of Tyana. Tradition and reality: AufstNiedergRömWelt 2,16.2 (1978) 1652/99.

werden. – Als Alarich mit seiner Streitmacht 395 nC. Athen einnehmen wollte, soll der Gotenkönig gesehen haben, wie Athena Promachos in voller Waffenrüstung, so wie die Bildhauer sie darstellen, um die Stadt herumging; auch habe er den Helden Achill erblickt, voll Zorn wie zu der Zeit, als er über den Tod seines Freundes Patroklos trauerte[100]. Aufgrund dieser Beschreibung könnte man erwägen, ob die Athener nicht die beiden Epiphanien in Szene gesetzt haben[101].

IV

Das antike Rom

Wie die Römer nach ihrer ursprünglichen Gottesvorstellung keine Göttermythen kennen, so auch keine Epiphanien. Die römischen Numina bleiben stets unsichtbar; sie offenbaren sich nicht wie die griechischen Götter in menschlicher Gestalt. Wohl wirken auch sie und spenden Hilfe, aber mittelbar: durch Vorzeichen warnen und mahnen sie. So hat in Rom der Glaube an Prodigia, Omina und Auspicia eine viel umfassendere und tiefere Wirkung auf das religiöse und politische Leben ausgeübt als in Griechenland. Deshalb wird man auch die wunderbare Stimme, die in Rom als Aius Locutius verehrt wurde, eher zu den Vorzeichen als zu den Epiphanien zählen: Im Jahr 391 vC. soll eine göttliche Stimme dem Plebejer M. Caedicius in der Nacht auf der Nova Via den Überfall des Gallierheeres vorherverkündet haben. Die öffentlichen Stellen Roms haben der Gottesstimme den Glauben versagt. Nach der Niederlage gegen die Gallier wurde dem bis dahin unbekannten hilfreichen Gott zur Sühne ein Heiligtum errichtet[102]. Römische Götter zeigen sich auch in den Gefahren der Schlacht gnädig. Nach dem für römische Religiosität grundlegenden Prinzip des ›do ut des‹ versprach der bedrängte Feldherr der Gottheit einen Kult oder einen Tempel, um so die Hilfe der Gottheit zu erfahren. Wie Livius berichtet, soll die Gottheit daraufhin den Römern den Sieg verliehen haben[103].

Die Vorstellung vom sichtbaren Eingreifen einer Gottheit ist aber den Römern ursprünglich fremd gewesen. Die wenigen Zeugnisse, die in diese Richtung weisen, unterliegen mannigfachen Bedenken. So sehen die Überlieferungen über die Götter Rediculus und Tutanus nach später pseudogelehrter Deutung aus. Dem Rediculus war nach Cornificius ein kleines Heiligtum außerhalb der Porta Capena in Rom geweiht, weil dort Hannibal bei seinem Zug gegen die Stadt, durch Erscheinungen erschreckt, umgekehrt sei[104]. Die geschichtlichen und etymologischen Einwände E. MEYERS gegen diese Überlieferung sind bisher nicht erschüttert worden[105]. Tutanus wurde ebenfalls

[100] Zos. hist. 5,6,1f.

[101] Bekannt ist die Geschichte von Phye, die als Athene verkleidet Peisistratos nach Athen geleitet hat (Herodt. 1,60; vgl. BURCKHARDT aO. [o. Anm. 1] 1,51f [47] und JOHANNA SCHMIDT, Art. Phye: PW 20,1 [1941] 968/70); s. ferner o. S. 63 und Polyaen. 8,59.

[102] Liv. 5,32,6. 50,5; die weiteren Belege bei PEASE zu Cic. div. 1,101: nam non ...; vgl. PAX, Epiphanie aO. (o. Anm. 1) 852f; die Literatur bei B. CARDAUNS, M. T. Varro, Antiquitates rerum divinarum 2 = AbhMainz Einzelveröffentl. (1976) 203 zu frg. 107 und R. MUTH, Vom Wesen römischer ›religio‹: AufstNiedergRömWelt 2,16,1 (1978) 290/354, bes. 318f.

[103] Liv. 1,12,4/7; 10,19,5/18; dazu und zu weiteren Belegen MUTH 320/6: ›Das Wirken der römischen Götter‹; ferner B. KÖTTING, Art. Gelübde: RAC 9 (1976) 1055/99, bes. 1076f; zu den Hethitern vgl. WEIPPERT aO. (o. Anm. 10) 475f.

[104] Fest. s. v. Rediculi fanum: 354f LINDSAY.

[105] E. MEYER, Die Götter Rediculus und Tutanus: Hermes 50 (1915) 151/4; vgl. K. LATTE, Römische Religionsgeschichte = HdbAltWiss 5,4 (München 1960) 53f[2]. Danach ist VAN DER LEEUW aO. (o. Anm. 36) 970 zu verbessern.

mit Hannibals Abmarsch von Rom in Verbindung gebracht: Er oder Hercules als Hercules Tutanus sagt bei Varro von sich: noctu Hannibalis . . . fugavi exercitum[106]. Von einer Epiphanie ist keine Rede. Den wie ein Wunder wirkenden Verzicht Hannibals, Rom zu belagern, haben die frommen Römer dem Walten eines göttlichen ›Schützers‹ zugeschrieben[107]. Dieser Schutzdaimon Roms entspricht den griechischen Retter-Heroen wie Sosipolis oder Phylakos[108].

Mit Kenntnis griechischer Berichte über Schlacht-Epiphanien ist in Rom mindestens seit dem 3. Jh. vC. zu rechnen. Eine gewisse Rücksicht auf das römische religiöse Empfinden zeigt ein Bericht über das mittelbare Eingreifen des Janus in den Kampf: Als die Sabiner in die Stadt Rom durch das auf wunderbare Weise geöffnete Tor am Viminal einzudringen versuchten, sollen sie durch einen heißen Wasserstrom, der aus dem Tempel des Ianus herausquoll, daran gehindert worden sein. Macrobius, der über diesen Vorfall ausführlicher berichtet, fügt hinzu: velut ad urbis auxilium profecto deo[109]. Durch das hinzugesetzte velut will Macrobius verhindern, daß man an eine tatsächliche Epiphanie des Gottes denkt. Überall dort, wo in Rom von einer Erscheinung eines himmlischen Wesens berichtet wird, liegt griechischer Einfluß vor. Ja, man kann fast mit Gewißheit behaupten, daß eine derartige Überlieferung nur als literarisch-dichterisches Motiv zu werten ist. Dies gilt für die Epiphanie der Dioskuren in der vielleicht nicht einmal geschichtlichen Schlacht am See Regillus (nach 500 vC.)[110]; ebenso für die Erscheinung des Mars, der in Gestalt eines überaus großen jungen Kriegers die Römer gegen die Bruttier und Lukaner bei Thurii unterstützt haben soll (um 282 vC.). In Form einer supplicatio haben die Römer dem Gott ihren Dank abgestattet[111]. Die Epiphanieschilderung des Mars bei Valerius Maximus oder seiner Vorlage ist nicht ohne griechische Vorbilder entstanden: Wenn der jugendliche Mars mit ungeheurer Stimme gegen die Feinde ruft, so erinnert dies an Achill, der mit seiner gewaltigen Stimme die Trojaner schreckt[112]. Wenn Mars die zaudernden Römer zur Tapferkeit mahnt, so hat dieser Zug seine Entsprechung in einer Epiphanieszene der Schlacht bei Salamis[113]. Die griechische Anschauung vom himmlischen Schlachtenhelfer, die im griechischen Süditalien lebendiger Volksglaube war, wird auf dem Weg mündlicher und literarischer Überlieferung nach Rom gelangt sein.

In augusteischer Zeit wird der Gedanke der Epiphanie in der Schlacht für das Lob des Herrschers fruchtbar gemacht. Die Dichter lassen Apollon, den Schutzgott des Augustus, in der Schlacht von Actium dem Princeps erscheinen und den Sieg verleihen[114]. – In der Folgezeit wird noch mehrfach vom wunderbaren Eingreifen des

[106] Varr. Menipp. 213 Büch.: ›Hercules tuam fidem‹.

[107] Vgl. Meyer 154; G. Wissowa ebd. Anm. 3 und Latte aO. – Auch die Geschichtsschreiber haben die übernatürliche Einwirkung auf Hannibal betont (vgl. G. Stübler, Die Religiosität des Livius = Tüb. Beitr. z. Altertumswiss. 35 [Stuttgart 1941] 121f). – In späterer Zeit sprechen Dichter von Unwettern mit Gewittern, die Hannibal abgehalten hätten, Rom zu belagern (Sil. Ital. 12, 605/728; 13, 15/20; Sidon. Apoll. carm. 7,129/34; s. auch u. S. 71f).

[108] S. o. S. 61f.

[109] Macrob. Sat. 1,9,17f; vgl. Weinreich, Gebet aO. (o. Anm. 75) 246/8; W. Fauth, Römische Religion im Spiegel der ›Fasti‹ des Ovid: AufstNiedergRömWelt 2.16.1 (1978) 125f.

[110] Vgl. die Zeugnisse bei Pease zu Cic. nat. deor. 2,6: apud Regillum; ferner Jaisle aO. (o. Anm. 1) 3f und H. Bengtson, Grundriß der römischen Geschichte 1² = HdbAltWiss 3,5 (München 1970) 48f.

[111] Val. Max. 1,8,6; Amm. Marc. 24,4,24. – Die Größe der Erscheinungen wird oft betont (vgl. Pfister, Epiphanie aO. [o. Anm. 1] 314; Von der Mühll aO. [o. Anm. 1] 12 = 443f; W. Speyer, Bücherfunde in der Glaubenswerbung der Antike = Hypomnemata 24 [Göttingen 1970] 37_{21}).

[112] Il. 18,217/21.

[113] S. o. S. 65.

[114] Nach Verg. Aen. 8,704/6: Prop. 4,6,27/56 (dazu

Himmelsgottes im Krieg berichtet. Auf der Säule des Trajan in Rom ist Jupiter dargestellt, wie er gegen die Daker Blitze schleudert[115]. Bekannter sind die miteinander rivalisierenden heidnischen und christlichen Überlieferungen über ein Blitz- und ein Regenwunder auf den Feldzügen des Marcus Aurelius. Auf der Säule des Kaisers in Rom sieht man, wie eine Belagerungsmaschine der Feinde vom Blitz getroffen wird. Ebenfalls ist dort das Regenwunder im Quadenlande dargestellt, das den Feinden den Untergang, den Römern aber die Rettung vor dem Verdursten gebracht hat[116]. Christen und Heiden haben das Verdienst an diesen Wundern gegenseitig beansprucht[117]. Der gemeinsame Glaube an himmlische Schlachtenhelfer war für einen derartigen Streit die Voraussetzung. Auch in späterer Zeit wollen die Römer übernatürliche Hilfe im Krieg erfahren haben. Über die Erscheinung wird aber nichts Genaues mitgeteilt. Ähnlich wie von Hannibal erzählt wurde, er sei quibusdam visis perterritus vor Rom zurückgewichen, so von den Markomannen, über die Aurelian im Jahr 271 nC. gesiegt haben soll: divina ope ... monstris quibusdam speciebusque divinis inpliciti[118]. In der Schlacht Aurelians gegen Zenobia soll eine göttliche Erscheinung das schon wankende Heer der Römer zum Sieg geführt haben. Im Tempel des Heliogabalus von Emesa habe der Kaiser den Gott wiedergefunden, der ihm im Kampf beigestanden habe, den Sonnengott. Aus Dank habe Aurelian dort einen Tempel gegründet und in Rom den Tempel des Sol (Invictus) errichtet[119].

In den kriegerischen und weltanschaulichen Auseinandersetzungen zwischen Heiden und Christen am Ende des 4. Jahrhunderts lebt die Vorstellung vom himmlischen Beistand erst recht wieder auf. Dazu kam die Bedrohung der Stadt Rom durch die Germanen und andere Fremdvölker. Die geschichtsbewußten Römer dieser Jahre dachten sogleich an die Einfälle der Kelten und Punier in republikanischer Zeit und an die damals gewährte göttliche Hilfe. Vor allem klammerten sich die Heiden an die alten Überlieferungen, wie folgende Worte der berühmten Bittschrift des Symmachus zeigen: haec sacra Hannibalem a moenibus, a Capitolio Senonas reppulerunt[120]. Aus der Antwort des Prudentius wird deutlich, daß hier die göttlichen Kampfhelfer gemeint sind:

> et sunt qui nobis bella exprobrare sinistra
> non dubitent, postquam templorum sprevimus aras,
> adfirmentque Lybin Collinae a cardine portae
> Hannibalem Iovis imperio Martisque repulsum,
> victores Senonas Capitoli ex arce fugatos,
> cum super e celso pugnarent numina saxo[121].

W. Eisenhut, Die Einleitungsverse der Elegie 4,6 des Properz: Hermes 84 [1956] 121/8, jetzt in ders. [Hrsg.], Properz = WdF 237 [Darmstadt 1975] 302/14); vgl. Pax, Epiphanie aO. (o. Anm. 1) 853f.

[115] Vgl. C. Cichorius, Die Reliefs der Trajanssäule (Berlin 1896/1900) Taf. 19,60; Text-Bd. 2, 113. 116f.

[116] Vgl. C. Caprino/A. M. Colini/G. Gatti u. a., La colonna di Marco Aurelio (Roma 1955) 86 Taf. 8f Abb. 17f; 88f Taf. 11f Abb. 23f.

[117] Heidnische Version: Hist. Aug. vit. Marc. Ant. 24,4; vgl. D. Berwig, Marc Aurel und die Christen, Diss. München (1970) 119/27. 141/9. Christliche Fassung: Apollinaris bei Euseb. h. e. 5,5, 1/4 u. a.; vgl. Berwig 105/18. 127/9. 132/41.

[118] Hist. Aug. vit. Aur. 21,4. G. Alföldy, Barbareneinfälle und religiöse Krisen in Italien: Bonner Historia-Augusta-Colloquium 1964/65 (Bonn 1966) 1/19, bes. 9.17f hält diese Nachricht für ungeschichtlich und die Antwort der Heiden auf die christliche Deutung des Sieges über den Gotenkönig Radagais (406 nC.), den die Christen göttlicher Hilfe zugeschrieben haben (Paulin. Mediol. vit. Ambr. 50 [122f Pellegrino]: per visum cuidam apparuit [sc. Ambrosius] et promisit alio die salutem illis adfuturam ... altero die adveniente Stilicone tunc comite cum exercitu facta est de hostibus victoria [s.o. S. 68]); ferner Aug. civ. D. 5,23; serm. 105,13 (PL 38,624f); Oros. hist. 7,37. 12f (CSEL 5,540f).

[119] Hist. Aug. vit. Aur. 25,3/6; vgl. Latte aO. (o. Anm. 105) 350.

[120] Symm. rel. 3,9 (MG AA 6,1,282).

[121] Prud. c. Symm. 2,684/9. Vgl. ferner Ambr. ep. 18,4/7 (PL 16,1014f) und o. Anm. 107.

Auch Claudian spielt auf derartige Ereignisse in den Versen an:

> ... referunt si vera parentes,
> hanc urbem insano nullus qui Marte petivit
> laetatus violasse redit; nec numina sedem
> destituunt: iactata procul dicuntur in hostem
> fulmina divinique volant pro moenibus ignes,
> seu caelum seu Roma tonat[122].

Wie nah sich in der Spätantike Heiden und Christen in ihrem Patriotismus und ihrem Vertrauen auf göttliche Hilfe standen, zeigen Bemerkungen des Eunapios und des Hieronymus. Während jener von der ›Hand Gottes‹ spricht, die die Barbaren vertreibt, meint der Kirchenvater: putares extinctam Gothorum manum et conluviem perfugarum atque servorum domini desuper intonantis fulmine concidisse[123].

V

Ergebnisse

Wie der bisher gegebene Überblick lehrt, waren die Völker der antiken Mittelmeerkulturen davon überzeugt, daß Kampf und Krieg zugleich ein irdisches wie ein himmlisches Geschehen darstellen: Die Götter des Landes nehmen am Kampf teil. Dabei hat man meist nicht darüber nachgedacht, wie sich die Götter der Feinde verhalten. Für die alten Israeliten war dies keine Frage; denn für sie hatte nur Jahwe Macht; die Götter aller übrigen Völker aber galten ihnen als ein Nichts[124]. Die Israeliten haben dabei wie die Völker ihrer Umwelt im Gegensatz zu den Griechen an ein unsichtbares Eingreifen der himmlischen Macht geglaubt. Nur die Boten Jahwes, die Engel, vermeinten sie als Schlachtenhelfer zu sehen. Der griechische Glaube an die sichtbaren himmlischen Helfer hat mindestens vom 3. Jh. vC. von Unteritalien aus auf die Römer, denen er ursprünglich fremd war, eingewirkt.

Die Götter und Heroen stehen den Griechen vor allem dann bei, wenn sie glauben, widerrechtlich von fremden Völkern, den Persern, Kelten, Skythen, Parthern, Goten, oder von ihren eigenen Stammes- und Volksangehörigen angegriffen worden zu sein. Nach ihrer Überzeugung wurde also den zu Unrecht Angegriffenen und Bedrängten die himmlische Hilfe zuteil. Dieser Glaube gründet in der Erfahrung und Überzeugung der Frommen, daß sich die Gottheit der Unschuldigen erbarmt. In diesem Glauben stimmen die Völker des Alten Orients, die Israeliten und die Römer mit den Griechen überein. Der von der Gottheit unterstützte Krieg war für sie ein Verteidigungskrieg, ein gerechter Krieg[125]. Insofern ist der Glaube an den Schutz der Gottheit in der Schlacht sittlich geprägt. Ein derartiger Glaube rechnet mit der stets wirksamen göttlichen Strafgerechtigkeit. Diese Überzeugung war vielleicht die wichtigste Bedingung dafür, das Walten einer Gottheit oder eines Heros in der Schlacht zu erwarten. Als sich der Glaube

[122] Claud. b. Goth. 506/11.

[123] Eunap. frg. 78 (FHG 4,49 Müller); Hieron. ep. 130,6,3 (CSEL 56,181); vgl. ferner Hist. Aug. vit. Aur. 20,7.

[124] Vgl. zB. Jes. 41,21/4. 29; Jer. 2,5. 11. – Die Christen haben die Epiphanien heidnischer Götter und Heroen insofern ernst genommen, als sie in ihnen Erscheinungen von Dämonen gesehen haben (vgl. zB. Min. Fel. 27,1/4).

[125] Zu Israel vgl. von Rad aO. (o. Anm. 19) 26. 32; dagegen Weippert aO. (o. Anm. 10) 492; zu Rom vgl. beispielsweise Liv. 10,39,15. 40,13f; dazu Stübler aO. (o. Anm. 107) Reg. s.v. Gottesgericht.

an den im Diesseits erfolgenden Automatismus zwischen Frevel und göttlicher Vergeltung im Leben der Völker wie des einzelnen unter dem Einfluß eines von den Griechen ausgehenden kritischen Denkens allmählich auflöste, mußte zugleich auch das Vertrauen auf die wunderbare göttliche Hilfe im Verteidigungskampf schwinden. Dieser geistesgeschichtliche Prozeß kann hier nicht weiter verfolgt werden[126].

Zu der beschriebenen religiös-sittlichen Überzeugung und geistig-seelischen Gestimmtheit der antiken Mittelmeervölker kommen Ereignisse und Anstöße von außen hinzu, die, soweit sie der Ordnung der natürlichen Dinge angehören, Gegenstand der Geschichtswissenschaft sind. In vielen Berichten über die Hilfe der Götter in der Schlacht und über ihr wunderbares Erscheinen wurden Vorgänge in der Natur vornehmlich meteorologischer Art genannt, die für den Ausgang einer Schlacht ausschlaggebend gewesen sein sollen. So soll die wunderbare Hilfe darin bestanden haben, daß ein furchtbares Unwetter mit Hagel, Blitz und Donner, mit Kälte und Schnee die andringenden Feinde schreckt, daß ein plötzlicher Sturm die feindliche Flotte versenkt, die Belagerungsmaschinen zum Einsturz bringt oder das angreifende Heer behindert, oder daß ein unerwarteter Regen die eigenen Truppen vor dem Verdursten bewahrt[127]. Trafen die genannten Naturereignisse zeitlich mit einer Schlacht oder Belagerung zusammen und hatten für die Feinde verderbliche Folgen, so konnte der Fromme leicht ein derartiges Geschehen als wunderbaren Eingriff seiner Götter deuten[128]. So werden außerordentliche Naturereignisse, die mit einer Schlacht oder Belagerung gleichzeitig waren, den Glauben an das wunderbare Eingreifen der Himmlischen und die Epiphanie einer Gottheit oder eines Heroen, wenn auch nicht allein verursacht, so doch zumindest gefördert haben.

Ferner ist das psychische Phänomen des ›Panischen Schreckens‹ zu beachten, das den Alten als Wunder erschien und oft den Ausgang eines Kampfes mitbestimmt hat, indem die Feinde im Dunkel der Nacht oder im plötzlich aufsteigenden Nebel verwirrt flohen und sich womöglich gegenseitig umbrachten[129].

Schließlich mag der Glaube an die himmlischen Schlachtenhelfer noch durch das sogenannte ›Zweite Gesicht‹ eine gewisse Bestätigung gefunden haben. Bekanntlich haben außergewöhnlich veranlagte Menschen, vor allem homines religiosi, den Ausgang einer Schlacht gleichzeitig an einem weit entfernten Ort miterlebt[130].

Antike Berichte erzählen von der wunderbar schnellen Verbreitung von Siegen durch göttliche Boten wie die Tyndariden-Dioskuren. Auch derartige Nachrichten, die wohl durch das ›Zweite Gesicht‹ ihre Erklärung finden, können den Glauben an die himmlischen Schlachtenhelfer vertieft haben[131].

[126] Zum Vergeltungsdenken vgl. A. DIHLE, Die Goldene Regel (Göttingen 1962) bes. 13/40.

[127] Tatsächlich hat die Witterung in der Antike mehr als einmal das Ergebnis einer Schlacht entschieden (vgl. zB. die unbezweifelbar geschichtlichen Berichte bei Thuc. 7,79,3; Jos. ant. Iud. 5,205; Plut. Timol. 27f [dazu ROUSSEL aO. (o. Anm. 1) 106f] und die Schlacht am Frigidus [dazu STRAUB aO. (o. Anm. 10) 872/5]).

[128] Vgl. die entmythisierende Erklärung des Kampfes von Herakles gegen die Giganten in Pallene: Eustath. Thess. in Dionys. per. 327 (Geogr. Gr. Min. 2,276): οὓς (sc. Γίγαντας) Ἡρακλῆς μισανθρώπους ἐφευρηκὼς κατεπολέμησεν, ὅτε καὶ βρονταί τινες καὶ πρηστῆρες συνέπεσον. διὸ καὶ θεοὶ ἔδοξαν τῆς μάχης ταύτης τῷ Ἡρακλεῖ συνάρασθαι καὶ καταφλέξαι τοὺς κακοὺς καὶ ἡ χώρα διὰ τοῦτο Φλέγρα ἐκλήθη (ähnlich Steph. Byz. s. v. Παλλήνη).

[129] S. o. S. 60.

[130] So erfuhr Pius V den Sieg über die Türken bei Lepanto (1571) im Augenblick, als er sich ereignete (vgl. v. PASTOR aO. [o. Anm. 66] 8[10/12] [Freiburg 1928] 610).

[131] Zahlreiche derartige Überlieferungen nennt PEASE zu Cic. nat. deor. 2,6: illo die.

VI

Christliche Überlieferung

Die enge Verwandtschaft zwischen dem Glauben des christlichen Volkes an bestimmte Heilige, die sichtbar den bedrängten Gläubigen in der Schlacht beistehen, und dem Glauben der Griechen an ihre Götter und Heroen als Schlachtenhelfer steht außer Frage. Eine Durchsicht der spätantiken und mittelalterlichen Zeugnisse, die wegen ihrer Fülle hier nicht einzeln mitgeteilt werden können[132], bestätigt auch die Vermutung, daß der griechisch sprechende christliche Osten reicher an derartigen Überlieferungen ist. Demnach hat wohl die alte Anschauung vom himmlischen Schlachtenhelfer bei den christlich gewordenen Griechen weitergelebt. Aber auch im römischen Westen fehlen nicht Beispiele für diese Vorstellung, ein Beweis, wie sehr dieser altgriechische Glaube im römischen Kulturraum Aufnahme gefunden hat. Die in Israel und auch in Griechenland lebendige Vorstellung, daß die Gottheit den gerechten Krieg unterstützt, war für die Christen seit der Konstantinischen Wende insofern gültig, als für sie seit dieser Zeit der Landesfeind zugleich der Glaubensfeind war. Die christlich gewordenen Römer haben das Imperium Romanum allmählich mit Kirche und christlichem Glauben gleichgesetzt, so daß sie Angriffe der Fremdvölker auf das Imperium Romanum als Angriffe auf die christliche Religion empfanden. In der Gefährdung der Völkerwanderungszeit haben sich die christlichen Bewohner des Imperium Romanum an Gott und an bestimmte Heilige gewandt, wie Andreas, Demetrios, Georg, Merkurios, Sergios, Theodor, die Gottesmutter und Thekla. Viele von ihnen waren zugleich Patrone einer Stadt des griechischen Ostens, der sie in Kriegszeiten vor allen anderen ihre Hilfe erwiesen haben sollen, wie Demetrios für Thessalonike, die Gottesmutter für Konstantinopel, Thekla für Seleukeia in Isaurien[133]. Allmählich lösten sich einige der genannten Heiligen von ihren Städten und wurden zu Patronen der christlichen Heere und ihrer Schlachten. Dieser Prozeß begann in der Spätantike und hat seinen Höhepunkt in den Kreuzzügen erreicht.

Selbst ein neuzeitliches literarisches Zeugnis wie die auf einem Bildungserlebnis beruhende Ballade Ludwig Uhlands ›Sankt Georgs Ritter‹ hat noch viel vom vorchristlichen Glauben der Griechen lebendig erhalten:

> ... Sankt Georg, der treue, wacht;
>
> Aus der Wolke steigt er nieder,
> legt des Ritters Waffen an,
> setzt sich auf das Pferd des Ritters,
> fleugt hinunter in die Schlacht.

[132] Vgl. die in Anm. 1 genannten Studien von Lucius, Günter, Roussel 111/5 und Sántha; für das byzantinische und lateinische Mittelalter C. Erdmann, Die Entstehung des Kreuzzugsgedankens = Forsch. z. Kirchen- u. Geistesgesch. 6 (Stuttgart 1935) 4f. 118. 122f. 255. 257/60 mit den Nachträgen von B. de Gaiffier: AnalBoll 54 (1936) 435; F. Doelger, Zwei byzantinische Reiterheroen erobern die Festung Melnik: BullInstArchéolBulg 16 (1950) 275/9 = ders., Παρασπορά (Ettal 1961) 299/305; A. Waas, Geschichte der Kreuzzüge 1 (Freiburg 1956) 43. 47/9. – Zum hl. Michael vgl. J. P. Rohland, Der Erzengel Michael. Arzt und Feldherr (Leiden 1977). Vgl. ferner B. Kötting, Peregrinatio religiosa (Münster 1950) Reg. s. v. Stadtbeschützer; F. Graus, Der Heilige als Schlachtenhelfer: Festschr. H. Beumann (Sigmaringen 1977) 330/48.

[133] Vgl. die in Anm. 132 genannte Literatur. Guibert v. Nogent, gesta dei per Franc. 6,9 (PL 156, 772 B/C) erwähnt Georg, Merkurios und Demetrios und weist auf 2 Macc. 10,29f hin.

Keiner hat wie er gestürmet,
Held des Himmels, Wetterstrahl,
Er gewinnt Almanzors Fahne,
Und es flieht die Mohrenschar[134].

Im Kampf des Grafen García Fernández von Kastilien im Jahr 974 gegen den Kalifen al Ḥakam II (961/76), also gegen den mohammedanischen Glaubensfeind, soll St. Georg den bedrohten Christen geholfen haben[135]. Ähnlich wie sich die Götter Homers in Menschen verwandeln, so verwandelt sich der Heilige in den Ritter Pascal Vivas. Während dieser in der Kapelle vor dem Heiligen betet, stürmt St. Georg in die Schlacht und entscheidet sie. Mag die Verwandlung des Heiligen in die Gestalt des Pascal Vivas auch ein Gedanke des Dichters sein, so fällt die Ähnlichkeit zu den antiken griechischen Berichten auf: Zwischen Christen und Arabern herrscht ein heiliger Krieg. Einen derartigen Krieg führt in Wirklichkeit die Gottheit. St. Georg, der Bote Gottes, entscheidet den Kampf durch sein sichtbares Erscheinen. Im Gefüge der Erzählung nimmt er denselben Platz ein wie die Tyndariden oder die Fünf Reiter im zweiten Makkabäerbuch[136]. Wie diese ist er beritten; wie diese greift er unversehens in den Kampf ein. Die Metapher ›Wetterstrahl‹ erinnert an den Himmelsgott der Heiden, Juden und Christen, der durch seine plötzlichen Blitze die Feinde vernichtet[137]. Der Dichter und Gelehrte Uhland hat für seine Ballade aus der christlichen Überlieferung des Mittelalters geschöpft. Auf sie den Begriff der Legende anzuwenden, wäre nur teilweise richtig; denn diese Überlieferung entstammt dem christlichen Volksglauben, also einem Glauben, dessen Wurzeln weit in die Antike und in ihre Anschauungen zurückreichen. Wie es bei den griechischen Überlieferungen über himmlische Schlachtenhelfer unrichtig ist, nur von Sage und Sagenmotiv zu sprechen, so auch bei den entsprechenden christlichen Nachrichten. Vor der Sage und Legende, vor dem literarischen Motiv steht der Volksglaube. Dieser Volksglaube ist für die Christen vom 4. Jh. bis in die Neuzeit zu belegen.

Vielleicht ist die christliche Deutung des Blitz- und Regenwunders im Quadenland nicht nur nach unserer Überlieferung, sondern auch nach dem christlichen Volksglauben hierfür das erste Beispiel[138]. Eine gewisse Bestätigung erhielt dieser Glaube durch Nachrichten über den Schlachtentod bestimmter Kaiser, die zugleich Verfolger der Christen waren. Nach christlichem Verständnis war jeder Christenverfolger ein Christusverfolger, also ein Feind Gottes. Kam ein christenfeindlicher Kaiser in einer Schlacht oder infolge einer verlorenen Schlacht um, so haben manche Christen einen derartigen Tod als wunderbare Tat Gottes gedeutet. So weist Laktanz auf das gewaltsame Ende des Decius, Valerianus und Maxentius wie auf Gottesgerichte hin[139]. Vor allem aber haben die Christen in dem frühen Tod Julians in der Schlacht gegen die Perser (363) die Hand Gottes am Werk gesehen[140].

[134] L. Uhland, Gedichte, hg. von E. Schmidt/J. Hartmann (Stuttgart 1898) 192/4.
[135] L. Uhland hat den Namen des geschichtlichen Gegners der Christen al Hakam II durch den bekannteren Almanzors, d.i. Muḥammad b. Abī ʿĀmir, al-Manṣūr ›der Siegreiche‹, ersetzt; vgl. P. M. Holt/A. K. S. Lambton/B. Lewis, The Cambridge history of Islam 2 (Cambridge 1970) 418.
[136] S. o. S. 63 und S. 60.
[137] S. o. S. 58f; ferner Theodrt. in Ps. 17,14f (PG 80,977 B/C): . . . ἐν γὰρ τοῖς ἔναγχος γεγενημένοις πολέμοις καὶ τοὺς ἀρκτῴους βαρβάρους ἐπελθόντας ἡμῖν χαλάζῃ καὶ πυρὶ κατηνάλωσεν (sc. θεός) κτλ. und die christlichen Berichte vom Blitzwunder im Quadenland (s. o. Anm. 117).
[138] S. o. S. 71.
[139] Lact. mort. pers. 4. 5. 44 (SC 39,82f. 126f); ferner Speyer, Gewitter aO. (o. Anm. 1) 1158.
[140] Vgl. Soz. h. e. 6,2 (GCS Soz. 263/9); Theodrt. h. e. 3,20 (PG 82, 1120A). Spätere Schriftsteller nennen

Das Vertrauen der Christen, unter dem Schutz Gottes zu stehen, gehört zum inneren Kern christlichen Glaubens. Dieses Vertrauen, das die Frommen aller Religionen zu allen Zeiten beseelt, war bei den Christen vielleicht noch stärker ausgeprägt, da Christus den Gläubigen seinen Schutz für immer verheißen hatte[141]. Der Glaube an Epiphanien war nicht nur durch die griechisch-römische Umwelt nahegelegt, sondern war Bestandteil des Evangeliums, wie die dort berichteten Erscheinungen von Engeln und des auferstandenen Christus beweisen[142]. So war auch von hier aus betrachtet der Boden für den Glauben an das sichtbare Erscheinen himmlischer Gestalten im Kampf gegen den ungläubigen oder häretischen Landesfeind vorbereitet.

Seitdem Konstantin unter dem wunderbaren Zeichen des himmlischen Kreuzes über Maxentius vor Rom gesiegt hatte, konnten die Christen mit dem wunderbaren Schutz Gottes in der Schlacht rechnen[143]. Als am Ende desselben Jahrhunderts Theodosius I über den Führer der heidnischen Senatspartei, Eugenius, am Frigidus gesiegt hatte, sahen die Christen in dem plötzlichen Bora-Sturm, der den Sieg mitherbeigeführt hatte, ein Wunder Gottes[144]. Wie tief ein solcher Glaube bei Christen und Heiden verwurzelt war, zeigen Verse des Hofdichters und Scheinchristen Claudian auf diese Schlacht. Mit folgenden Worten pries er den Sohn des Theodosius, Honorius:

te propter gelidis Aquilo de monte procellis
obruit adversas acies revolutaque tela
vertit in auctores et turbine reppulit hastas.
o nimium dilecte Deo, cui fundit ab antris
Aeolus armatas hiemes, cui militat aether
et coniurati veniunt ad classica venti[145].

Im halbsatirischen Gedicht gegen den Magister equitum Jacobus meint Claudian:

sic tua pro clipeo defendat pectora Thomas
et comes ad bellum Bartholomaeus eat;
sic ope sanctorum non barbarus inruat Alpes,
sic tibi det vires sancta Susanna suas;
. . . .
sic Geticas ultrix feriat romphaea catervas
Romanasque regat prospera Thecla manus[146].

Merkurios, einen Heiligen, der nie gelebt hat, als denjenigen, der Julian in der Schlacht getötet habe (vgl. Joh. Mal. chron. 13 [PG 97, 497 B/C]; TH. BÜTTNER-WOBST, Der Tod des Kaisers Julian: Philol 51 [1892] 561/80, jetzt in R. KLEIN [Hrsg.], Julian Apostata = WdF 509 [Darmstadt 1978] 24/47, bes. 37f; S. BINON, Essai sur le cycle de St. Mercure martyr de Dèce et meurtrier de l'empereur Julien = Bibl. Éc. Haut. Ét., Sc. Rel. 53 [Paris 1937]); Passione e miracoli di S. Mercurio, koptisch mit italienischer Übersetzung hrsg. von T. ORLANDI/S. DI GIUSEPPE CAIMONI (Milano 1976).

[141] Vgl. den Schlußsatz des Mt.-Evangeliums (28, 20b).

[142] Vgl. PAX, Epiphanie aO. (o. Anm. 1) 867/75.

[143] Vgl. P. FRANCHI DE' CAVALIERI, Constantiniana = StudTest 171 (Città del Vat. 1953) 5/50. 67/158. 171/6: ›Intorno alla visione di Costantino ed al labaro‹; H. KRAFT, Kaiser Konstantins religiöse Entwicklung = Beitr. Hist. Theol. 20 (Tübingen 1955) 15/27; H. DÖRRIES, Konstantin d. Gr.[2] (Stuttgart 1967) 27/36; J. VOGT, Constantin d. Gr. und sein Jahrhundert (München 1973) 169/76.

[144] S. o. Anm. 127.

[145] Claud. carm. 7,93/8 (zu V. 97 vgl. Prop. 4,6, 39: tibi [sc. Augusto] militat arcus [sc. Apollinis]); dazu STRAUB aO. (o. Anm. 10) 871f; ferner Prisc. Anast. 98/106.

[146] Claud. carm. min. 50,3/6. 9f; zu V. 5 vgl. Leo M. serm. 84,1 (CCL 138A, 525): De celebratione diei qua ab Alarico irrupta est Roma. – Quis hanc urbem reformavit saluti? quis a captivitate eruit? quis a caede defendit? ludus Circensium, an cura sanctorum, quorum utique precibus divinae censurae flexa sententia est, ut qui merebamur iram, servaremur ad veniam?

Bemerkenswert ist der Hinweis Claudians auf Thekla, da diese Heilige mit ›himmlischem Feuer‹, d. h. mit Blitzen, die Ihren in Seleukeia verteidigt haben soll, wie Basilius von Seleukeia versichert[147].

In vielen Schilderungen von Schlachtepiphanien wird unmittelbar oder mittelbar auf den Lichtglanz des Heiligen hingewiesen[148]. Daß himmlische Gestalten in strahlendem Licht erscheinen, geht bereits aus den Epiphanie-Schilderungen des Neuen Testaments hervor. Wie die Griechen die Leukhippiden auf Schimmeln in der Schlacht erblickt zu haben glaubten, so die Christen des späten Altertums und des Mittelalters St. Georg auf einem weißen Pferde und mit weißer Fahne in der Hand[149].

Die Dankbarkeit der Gläubigen für die gespendete Hilfe des Heiligen hat in Festen, Liedern, Erzählungen und bildlichen Darstellungen ihren Ausdruck gefunden. So lebte die antike Vorstellung vom himmlischen Schlachtenhelfer im christlichen Volksglauben bis in die Gegenwart weiter[150]. Demnach ist diese Anschauung zwar ein typisches, aber kein spezifisches Element der christlichen Kultur.

[147] Basil. Sel. vit. Thecl. 2,10 (PG 85, 581D/584A); vgl. G. DRAGON, Vie et miracles de s. Thècle = Subs. Hag. 62 (Bruxelles 1978). – Zu romphaea, dem Blitzschwert, vgl. SPEYER, Gewitter aO. (o. Anm. 1) 1115. 1149.

[148] Beispielsweise bei den Erscheinungen des hl. Georg in der Schlacht bei Cerami 1063 und der Maurenschlacht zu Clavijo (vgl. WAAS aO. [o. Anm. 132] 47; ERDMANN aO. [o. Anm. 132] 255).

[149] S. o. S. 61.

[150] Ein Beispiel aus dem ersten Weltkrieg nennt E. R. CURTIUS, Lesefrüchte: Liber Floridus, Festschr. P. Lehmann (St. Ottilien 1950) 31.

22. Der heilkundige Hippozentaur, Alexander der Große und Hippokrates

Ein neuer Text über die erste Offenbarung der Heilpflanzen

Die Bibliothek des Salzburger Museums Carolino Augusteum besitzt eine Sammlung von 14 medizinischen Handschriften aus dem 12. bis 15. Jahrhundert. Außer einer einzigen gehen sie auf die Büchersammlung eines Salzburger Apothekers namens Zacharias Stewitz zurück, der in der Mitte des 15. Jahrhunderts gelebt hat und anscheinend ein eifriger Leser medizinischer Literatur der Antike und des Mittelalters gewesen ist [1]. Als Besitzer der kostbaren Handschriften hat er meist seinen Namen auf den Innendeckel oder auf eine der Anfangsseiten gesetzt [2]. Zusammen mit dem eigenen Namen hat er einen Magister Ulricus erwähnt, den er zweimal auch genauer als Arzt gekennzeichnet hat [3]. Die Eintragung lautet gewöhnlich: Pertinet m<agistro> Zachario apothecario a m<agistro> Ulrico 1440 bzw. 1446. Wahrscheinlich hat Z. Stewitz diese Handschriften vom Arzt Ulricus erworben. Es wäre eine reizvolle Aufgabe, die Geschicke dieser kleinen medizinischen Bibliothek genauer zu verfolgen.

Wie es scheint, sind diese Handschriften, meist Miszellancodices, bisher der medizingeschichtlichen Forschung entgangen. So sei an dieser Stelle nachdrücklich auf dieses für einen Kenner der

[1] Zu Z.Stewitz vgl. F.V.Zillner, Geschichte der Stadt Salzburg 1, Salzburg 1885, 277; 2, ebd. 1890,342; K.Ganzinger, Zur Geschichte des Apothekenwesens in Stadt und Land Salzburg, in: Vorträge der Hauptversammlung der internationalen Gesellschaft für Geschichte der Pharmazie Hamburg-Harburg 1949, Eutin 1950,9/25 bes.11.

[2] Vgl. die Handschriften 859.860.861. 2164. 2166. 2167. 2169. 2170. 2171. 4003. 4004, wobei aber in einigen Fällen sein Name von einem späteren Besitzer getilgt worden ist; ferner UB Salzburg Cod.med. M III 45.

[3] Der Magister Ulricus wird in den Anm. 2 aufgezählten Handschriften genannt, ferner in Kodex 862 und 2168. Als *medicus* wird er in Handschrift 859 und 2167 bezeichnet.

Medizingeschichte lohnende Thema hingewiesen. Eine der medizinischen Handschriften bietet aber auch dem Literatur- und Religionshistoriker eine Bereicherung seiner Kenntnis der antiken Volksliteratur, genauer der hellenistisch - kaiserzeitlichen Offenbarungen. Dieser Text, der bisher wohl auch noch aus keiner anderen Handschrift veröffentlicht worden ist, soll im folgenden mitgeteilt und erläutert werden. Er steht in der Pergamenthandschrift 2169 auf f. 3v. - 4r. Der Kodex ist wohl noch im 12. Jahrhundert geschrieben und enthält auf 85 Blättern (13 x 20cm) Texte verschiedener Herkunft, meist medizinisch-naturwissenschaftlichen Inhalts. Über die Herkunft der Handschrift aus der Sammlung des Z. Stewitz gibt ein Besitzvermerk Auskunft [4]. Mit den übrigen Handschriften des Z. Stewitz befindet sich dieser Kodex seit der Gründung des Museums Carolino Augusteum im Jahr 1834 in der dortigen Bibliothek [5].

Quis primum invenerit herbarum utilitates[a] *vel qualiter deo*[b] *propitio*[c] *manifestatae sint.*

Ypocentaurus quidam, cum per heremum herbas pasceret, bibebat aquam de fonte, de quo homines hauriebant et portabat herbas ponebatque super lapidem fontis et scribebat: Haec talis herba talem egritudinem sanat. Dum autem a multis probatum fuisset, nuntiatum est Alexandro regi. Ipse autem cepit consilium, quomodo illum comprehenderent. Exiit autem cum suo exercitu et perrexit ad fontem iussitque eum

[4] Auf f.2v steht: *Pertinet m. Zachario apothecario a m. Ulrico 1446.*

[5] Vgl. M.V.Süß, Das städtische Museum in Salzburg. Erster und vollständiger Bericht über dessen Entstehen und Inhalt, Salzburg 1844, 77 unter Nr.407: «Medizinische Handschriften auf Pergament... 14 Bde. Fol.,8 davon in 4». Zu den 13 Handschriften des Z. Stewitz, die in Anm.2 und 3 genannt wurden, kommt noch als 14. der Kodex 2165 mit dem Besitzvermerk: *Iste liber est civitatis Saltzburgensis.*- Herrn Senatsrat Dr.Josef Gassner, Museum Carolino Augusteum, möchte ich an dieser Stelle meinen Dank für die Erlaubnis der Veröffentlichung und für freundliche Beratung aussprechen.

[a] *utilttates* cod.

[b] *dō* cod.

[c] *ppicto* cod.

claudere et ante fontem fecit foveam magnam coopertam fragili artificio. Post haec fecit tres fontes iuxta priorem, quorum unus impletus est vino, secundus melle, tertius lacte et posuit viros fortissimos ad custodiendum. Hic ypocentaurus siti fatigatus venit ad fontem, de quo potare consueverat, et invenit coopertum perrexitque ad fontem lactis[d] *dicens: Haec est vita pauperum. Et bibit eum totum. Alia autem die venit ad fontem mellis dixitque: Haec est amica medicis. Et pervenit ad fontem vini dixitque de eo: Hic est homo rixosus et homicida. Et bibit ex eo et exhilaratus est et cepit discurrere huc et illuc et transcendit super illam fossam, quam cooperire rex artificibus iusserat. Et, cum ebrius factus fuisset a vino, tunc intus in foveam cecidit. Tunc a missis Alexandri captus est et ad palacium ductus ante eius praesentiam. Ipse vero interrogabat et ille indicabat omnia genera herbarum unicuique egritudini, quomodo iuvarent. A notario Alexandri omnia scripta sunt et factus est liber medicinalis.*

Qui traditus est Ypocrati[e]. *Ypocras autem* <*erat*> *dives et nimis sapiens super omnes sapientes medicos, qui erant illis diebus. Sed erat cupidus de arte nec volebat, ut aliquis esset similis illi etiam post mortem. Cum autem venisset ad diem mortis suae, iussit sibi ponere librum medicinalem, in quo secreta medicinae erant. Qui et sic factus est. Et iussit eum ponere sub capite suo. Post multum vero temporis transiit inde Cesar*[f]. *Cum aspiciens vidisset sepulchrum Ypocratis, putavit thesaurum ibi absconsum esse. Dominus autem ei inspiravit, ut sapientiam, quam homo voluit abscondere, ille pater misericors omni generi humano demonstraret. Iussit itaque Cesar*[g] *aperire sepulchrum eius secrete et invenit medicinale sub capite ipsius positum, ubi omnia secreta artis medicinae erant. Dederuntque eum medico Paumodonosio et sic per illum deus omnipotens totum orbem terrae illuminavit.*

Mit der Überschrift *Quae utilitas sit in quibusdam herbis* folgt ein Verzeichnis von Heilpflanzen und ihrer medizinischen Wirkung (f.4r - 6r). Diese Abhandlung stimmt zu einem großen Teil

[d] *mellis* cod.

[e] *ypochrati* cod.

[f] *Cesar Alexander* cod. *sed cf. Secr. Hipp. infra p. 182.*

[g] *Cesar Alexander* cod. *sed cf. Secr. Hipp. infra p. 182.*

mit der Epitome der 'Medicinae ex oleribus et pomis' des Gargilius Martialis (3.Jh.n.Chr.) überein [6]. Allerdings sind auch einige Pflanzen angeführt, die im bisher bekannten Text des Gargilius Martialis nicht vorkommen.

Die zuvor wörtlich mitgeteilte Erzählung gehört zur literarischen Gattung der antiken Offenbarungen. Die Blütezeit dieser religiösen Literatur lag in den Jahrhunderten des Hellenismus und der Kaiserzeit. Orientalische und griechische Gedanken mischen sich in dieser Gattung, die wie die Aretalogie zur religiösen Volksliteratur der Antike zählt. Der Inhalt der Erzählung legt den Schluß nahe, daß der lateinische Text letztlich auf ein älteres griechisches Original zurückgeht. Griechisch sind drei von den vier Hauptpersonen der Erzählung, der Hippozentaur, Alexander der Große und Hippokrates. Griechisch ist die Vorstellung vom 'Ersten Erfinder', und in Griechenland war die Geschichte vom Dämon verbreitet, den ein König mit List, besonders mit Wein, fängt und zwingt, geheimes Wissen zu offenbaren. Mit diesen Motiven verbindet sich die von Griechen aus Ägypten übernommene Echtheitsbeglaubigung religiöser Schriften und Offenbarungen, der Bericht von der Entdeckung eines Buches in einem Grab.

Wie alle wichtigen Kenntnisse des Lebens sollen nach Meinung der Griechen auch die Kräfte der Pflanzen von Göttern den Menschen mitgeteilt worden sein [7]. Eine dieser freundlichen Gottheiten war der Zentaur Chiron [8]. Seit der Ilias ist Chiron als der

[6] Erstausgabe von V.Rose: Plinii Secundi quae fertur una cum Gargilii Martialis medicina, Leipzig 1875, 129-222. Diesen Auszug hat ein Christ im 6./7. Jh. in Deutschland angefertigt; vgl. M.Schanz-C.Hosius, Geschichte der römischen Literatur 3, München 1922, Nachdruck 1969, 222 - 224.

[7] Vgl. A.Delatte, Herbarius. Recherches sur le cérémonial usité chez les anciens pour la cueillette des simples et des plantes magiques, Bruxelles[3] 1961 (Acad.Roy. de Belg. Mémoires 54,4) 7-9.

[8] Zu den Zentauren vgl. A.St.Pease zu Cic.div.2,49 und nat.deor. 1,105; zu ihrer Kenntnis der Heilkräuter vgl.W.H.Roscher, Kentauren: Roscher, Mythol. Lexikon 2,1 (1890-97) 1070.

hilfreiche Gott bezeugt, der die Heroen Achilles und Asklepios in der Kunst der Medizin und Pharmazie unterrichtet hat [9]. Da Chiron fortan als der mythische Erfinder der Arztkunst und Arzneiwissenschaft galt, wurden unter seinem Namen auch medizinische und botanische Schriften verbreitet, – dies eine Form religiöser Pseudepigraphie [10]. Der Hippozentaur erinnert in manchem an den weisen Zentauren Chiron. Wie die Überschrift der Erzählung angibt, war der Hippozentaur der erste, der die Kenntnis der Pflanzen besessen und sie den Menschen mitgeteilt hat [11]. Der altgriechische Glaube an den heilkundigen Zentauren Chiron schimmert hier noch durch. Während die Hippozentauren nach Auffassung des Liber monstrorum nicht mit menschlicher Stimme zu sprechen vermögen, kann der Hippozentaur des neuen Textes schreiben und verständlich reden [12]. Er gehört somit zu den

[9] Il.4,219; 11,831f.; vgl.Pind.Nem.3,53-55; Plin.nat.7,196: *herbariam et medicamentariam artem a Chirone repertam*; Sidon.Apoll. epist. 2,12,3 wird die Arzneikunst der Arztkunst gegenübergestellt: *Chironica ars-Machaonica ars* (diese Stelle dürfte der Herausgeber A.Loyen,2,Paris 1970,74 Anm.49 nicht zutreffend gedeutet haben); Suda s.v. Χείρων (4,803 Adler).

[10] Vgl. den Titel des Pseudo-Apuleius, Herbarius: *Herbarius Apulei Platonici quem accepit a Cirone centauro, magistro Achillis, et ab Aesculapio* (Corp.Med. Lat. 4,1927,15); weitere Beispiele nennt V.Rose, Anecdota Graeca et Graecolatina 2, Berlin 1870,122f.- Vgl. W.Speyer, Religiöse Pseudepigraphie und literarische Fälschung im Altertum: Jahrbuch f.Antike u. Christentum 8/9 (1965/66) 88-125 (Nachdruck: Wege der Forschung 484, Darmstadt 1977, 195-263).

[11] Vgl. K.Thraede, Das Lob des Erfinders: Rheinisches Museum 105 (1962) 158-186, der unter anderem bemerkt: «... ursprünglich ist die Rede vom πρῶτος (εὑρετής) nicht Topos oder Motiv, sondern Anrede und Titulation; sie ist zuerst Rede von und zu den Göttern als den πρῶτοι der Kulturentstehung gewesen». Vgl. ferner K. Thraede, Erfinder II (geistesgeschichtlich): RAC 5 (1962) 1191-1278, bes.1198 und G.Pfligersdorffer, λόγιος und die λόγιοι ἄνθρωποι bei Demokrit: Wiener Studien 61/62, 1943/47, 5-49, bes.17-19.21-27. Nach spätjüdischer Überlieferung haben die gefallenen Engel die Heilkräfte der Pflanzen den Menschen gelehrt (Hen. aeth. 8, 3; vgl. Ps.Clem. Rom. hom. 8, 14, 2 f [G C S 42², 127]; Tert. cult. fem. 1, 2).

[12] Lib.monstr. 1,8, hg. von F.Pfister, Kleine Schriften zum Alexanderroman, Meisenheim a.Gl.1976 (Beiträge zur Klass. Philologie 61) 382.

schreibenden Göttern. Diese Vorstellung ist vornehmlich für Ägypten bezeugt, hat aber auch bei den Griechen Spuren hinterlassen [13].

Nach dem Glauben der Antike wurden Offenbarungen in der Regel nicht einem beliebigen Menschen zuteil, sondern dem Gottesfreund.

Zu den Freunden der Gottheit zählten vor allem die Könige. Aufgrund der angenommenen göttlichen Herkunft der Könige, hielt man sie für gottähnlich, so daß sie auch göttliche Botschaften empfangen konnten [14]. Insofern bot sich Alexander der Große, der nach der volkstümlichen Überlieferung als Sohn des Zeus galt, dazu an, ihn zum Empfänger einer übermenschlichen Offenbarung zu machen. Daß er gerade dazu ausersehen wurde, eine Offenbarung über die Heilkräuter zu empfangen, mag auf die noch lange im Gedächtnis der Griechen bewahrte Kunde zurückgehen, daß Alexander auf seinen Zug in den Osten Botaniker mitgenommen und diesen Zweig der Naturwissenschaften neben anderen gefördert hat [15].

Die Erzählung vom listig gefangenen Hippozentauren gehört zu einem Typos aretalogischer Erzählungen, der mehrfach für Griechenland bezeugt ist. Eng mit dem neuen Text ist die Ge-

[13] Vgl. Speyer a.O. 100-109 (= 218-234).

[14] Vgl. F.Boll, Aus der Offenbarung Johannis, Leipzig-Berlin 1914, Nachdruck Amsterdam 1967 (Stoicheia 1) 136-142: «Könige als Offenbarungsträger».

[15] Vgl.H.Bretzl, Botanische Forschungen des Alexanderzuges, Leipzig 1903,303f.- Zu anderen apokryphen Pflanzenschriften, die mit Alexander dem Großen in Verbindung gebracht wurden, vgl. Pfister a.O. (s.o. Anm.12) 222 Anm.46 mit Hinweis u.a. auf M.Gaster, An Old Hebrew Romance of Alexander, in: ders., Studies and Texts in Folklore, Magic, Mediaeval Romance, Hebrew Apocrypha and Samaritan Archaeology 2, London 1928, Nachdruck New York 1971,884 Anm.: «Alexander kommt auf seinem Zug auch ins Land der Zwerge... Alexander bittet, der Zwergkönig möge ihm statt des angebotenen Goldes und Silbers Heilkräuter geben. Dies geschieht, und Alexander läßt sie und ihre Heilkräfte durch seinen Schreiber Menahem, einen Juden, aufzeichnen».

schichte von König Midas und dem weisen Silenos verwandt [16]. Als Satyr ist Silenos wie der Hippozentaur ein Walddämon und verfügt über ein übermenschliches Wissen. Zugleich ist Silenos wie die Zentauren ein Begleiter des Weingottes Dionysos und wie diese dem Genuß des Weins ergeben [17]. Die List, die König Midas anwendet, um des Silenos habhaft zu werden, entspricht der List des Griechenkönigs: Midas leitet Wein in eine Quelle und fängt den berauschten Silenos. Darauf zwingt er ihn, sein Wissen mitzuteilen, wobei er ihn *de rebus naturalibus et antiquis* befragt haben soll [18]. Wohl von diesem oder einem ähnlichen Vorbild hängt die römische Erzählung von König Numa, Picus und Faunus ab: Mit Hilfe von Wein als Lockmittel fängt Numa die Waldgeister Picus und Faunus und zwingt sie, ihm das Geheimnis der Blitzsühne zu offenbaren [19]. Vergleichbar ist auch die Geschichte von König Salomon und dem Herrscher der Geister, Aschmodaj [20].

Die Erzählung wird dadurch weiter ausgeschmückt, daß von drei Quellen berichtet wird, die Alexander angelegt haben soll. Die neben der Weinquelle genannten Quellen von Milch und Honig gehören zu den Stilmitteln, durch die eine Götterland-

[16] Vgl. A.Hartmann, Art. Silenos und Satyros: RE 3A,1 (1927) 40; F.Jacoby im Kommentar zu Theopomp: FGrHist 115 F 75 und J.Hani, Plutarque, Consolation à Apollonios, Paris 1972, (Études et Commentaires 78) 182f. zu c.27,115 b/e.

[17] Zur Trinklust der Zentauren vgl. Roscher a.O. (s.o. Anm.8) 1066.

[18] Theopomp bei Serv.auct. Verg. ecl. 6,13.

[19] Val.Ant. bei Arnob. 5,1 (= frg.6 Peter); Ov.fast.3, 285-348: Plut. Num. 15,4f. Vgl.F.Bömer im Kommentar zu Ovids Fasti 2, Heidelberg 1958, 165f. und 1, ebd. 1957,31: «Dagegen ist die Dämonenfesselung bei Ovid und seinen Vorgängern auch abgesehen von ihrer massiven Anthropomorphisierung griechisch».

[20] Babylonischer Talmud, Gittin 7,1 f. 68a/b (5,596-599 Goldschmidt). Vielleicht ist auch hier mit griechischem Einfluß zu rechnen. Vgl. ferner R.Reitzenstein, Hellenistische Wundererzählungen, Leipzig 1906, Nachdruck Darmstadt 1963,51f. Anm.1 und E.Rohde, Der griechische Roman und seine Vorläufer, Leipzig[3] 1914, Nachdruck Darmstadt 1960, 219 Anm.3 mit weiteren Beispielen sowie K. Meuli, Gesammelte Schriften 2 (Basel 1975) 641f.

schaft geschildert wird; denn nach antikem Glauben stammen Milch und Honig vom Himmel [21]. Milch- und Honigquellen zeichnen auch den Zug des Dionysos aus. Alexander aber galt als zweiter Dionysos. Die drei Quellen passen also in das Reich des Dionysos und Alexanders. Auch dieser Zug der Erzählung weist auf ein ursprünglich griechisches Original hin.

Wenn berichtet wird, Alexander habe den Hippozentauren in einer künstlich angelegten und verdeckten Grube gefangen, so ist dieses Mittel den Fangmethoden der antiken Jäger auf Bären, Wölfe oder Löwen nachgebildet [22].

Im letzten Teil wird erzählt, wie das Buch mit den Lehren des Hippozentauren, der Liber medicinalis [23], Jahrhunderte hindurch verborgen geblieben und erst von Cäsar im Grab des berühmten Arztes Hippokrates entdeckt worden sei. Die Literatur der Ägypter bietet die ältesten Beispiele dafür, daß eine religiöse Schrift, vor allem ein Buch mit einer Offenbarung, im Grab eines Gottes, eines Gottesfreundes oder eines Weisen aufgefunden worden sein soll. Derartige Bücherfunde sind in Ägypten mitunter tatsächlich vorgekommen. Meist diente aber der Hinweis auf den Fund einer Schrift nur als Mittel der Echtheitsbeglaubigung. Als ein derartiges Mittel haben es Griechen und Römer übernommen [24]. Oft wird die angebliche Auffindung eines uralten heiligen Buches mit einem König oder Herrscher in Verbindung gebracht, sei es, daß dieser selbst das Buch findet oder daß die entdeckte Schrift zum Herrscher gebracht wird und dieser über ihren Verbleib entscheidet [25]. Das Motiv des Bücherfundes stellt eine Va-

[21] Vgl. K. Wyß, Die Milch im Kultus der Griechen und Römer, Gießen 1914 (Religionsgeschichtliche Versuche u. Vorarbeiten 15,2) 39-51.

[22] Vgl. H. Rubenbauer, Art. fovea: Thes. Ling. Lat. 6,1217, 27/44; Sil. Ital. 6,329/31 ... pastor/in foveam parco tectam velamine frondis/ducit nocte lupos positae balatibus agnae; Frontin. strateg. 2,12,2; Greg. M. moral. 9,86 (PL 75,906f.).

[23] Als Titel mehrfach bezeugt; vgl. H. Gundel, Art. medicinalis: Thes. Ling. Lat. 8,542,76-78.

[24] Vgl. W. Speyer, Bücherfunde in der Glaubenswerbung der Antike, Göttingen 1970 (Hypomnemata 24).

[25] Vgl. ebd. 117f.

riante zu der aretalogischen Erzählung vom König und dem mit List überwundenen Dämon dar. In beiden Fällen wird einem bevorzugten Menschen, dem Gottesfreund, eine Offenbarung zuteil.

Durch den Namen Cäsar ist ein gewisser Terminus post quem für die Entstehung der Erzählung, zumindest für die Schlußredaktion gegeben. Wie viele Jahrzehnte oder gar Jahrhunderte nach Cäsar dafür anzusetzen sind, ist nicht mehr zu entscheiden. Bisweilen ist eine derartige Auffindungsgeschichte nicht lange nach der Regierungszeit des Herrschers entstanden, unter dem angeblich die Schrift gefunden wurde [26].

Die in der Salzburger Handschrift enthaltene Geschichte von der Auffindung des Liber medicinalis im Grab des Hippokrates stimmt teilweise wörtlich mit der Erzählung von der angeblichen Entdeckung der 'Secreta Hippocratis' oder der 'Capsula eburnea' überein [27]. Diese Auffindungsgeschichte ist in verschiedenen Varianten durch lateinische und jüngere griechische Handschriften überliefert. Die größte Ähnlichkeit hat der Salzburger Text mit zwei lateinischen Handschriften des 9.Jahrhunderts aus Monte Cassino, den beiden ältesten Zeugen dieser Überlieferung überhaupt [28]. Wie die Herausgeber der 'Secreta Hippocratis' aufgrund der Sprache der Abhandlung annehmen, dürfte dieses

[26] Vgl. ebd. 64.70.

[27] Vgl. Boll a.O. (s.o. Anm.14) 136f. und vor allem K.Sudhoff, Die pseudohippokratische Krankheitsprognostik nach dem Auftreten von Hautausschlägen, 'Secreta Hippocratis' oder 'Capsula eburnea' benannt: Archiv f.Geschichte d.Medizin 9,1916, 79-116, bes. 84-89.

[28] Cod.69 f.562 vom Anfang und Cod.97 f.1 vom Ende des 9.Jahrhunderts. Eine etwas abweichende Fassung dieser Auffindungsgeschichte bieten die von Sudhoff a.O. 88f. ausgewerteten lateinischen Handschriften, an der Spitze Vat.lat. 2392 f.34v. Mit dieser Fassung stimmt der bisher übersehene Kodex des Salzburger Museums Carolino Augusteum 4003, letztes Blatt recto überein (1.Hälfte des 14.Jahrhunderts, vielleicht italienischer Herkunft; vgl. H.Tietze, Die illuminierten Handschriften in Salzburg = Beschreibendes Verzeichnis der illuminierten Handschriften in Österreich, hg. von F. Wickhoff 2, Leipzig 1905, 82 Nr.108 und Österreichische Kunsttopographie 16,1919, 181).

Pseudepigraphon der lateinischen Spätantike angehören [29]. Inhalt und Funktion der Einleitung sprechen gleichfalls für antiken Ursprung. Der Salzburger Text wird kaum von der Vorrede der 'Secreta Hippocratis' abhängen, da er eine weit verwickeltere Beglaubigungsgeschichte bietet und die Korruptel *Caesar Alexander* aufweist. Beide Texte gehen wohl unabhängig voneinander auf antike Überlieferungen zurück, die ursprünglich in griechischer Sprache abgefaßt waren und möglicherweise noch in der frühen Kaiserzeit entstanden sind. Verfehlt war jedenfalls die Annahme, daß die Auffindungsgeschichte der 'Secreta Hippocratis' ein Zeugnis für die christliche Hippokratesrezeption des Mittelalters sei [30]. Diese Erzählung ist ebenso antik wie die ausführlichere der Salzburger Handschrift. Der Salzburger Text zeigt zwar eine christliche Überarbeitung. Diese ist aber sogleich als solche zu erkennen und ohne Schaden für den Zusammenhang leicht zu entfernen. Das Ziel des christlichen Bearbeiters könnte mit den Worten Gregors von Nyssa erläutert werden: «Wer hat uns eine Kenntnis der Wurzeln und Pflanzen gegeben und ein Wissen ihrer Eigenschaften?»: Gott [31].

Um einen Vergleich der beiden Fassungen der Auffindungsgeschichte zu ermöglichen, sei die Einleitung der 'Secreta Hippocratis' nach den beiden Handschriften von Monte Cassino aus dem 9. Jahrhundert mitgeteilt:

Peritissimum omnium rerum esse et domestica sapientia in omnibus corporibus [32], quae iusserat Yppogrates, ut in sepulcro suo poneretur. Sub capite ipsius analogius positus erat, ubi eius corpus recondebatur [Cod.97: iacebat]. Transiens inde Caesar post multum [fehlt im Cod.69] tempus vidit monumentum ipsius

[29] Vgl. H. Kühlewein, Beiträge zur Geschichte und Beurteilung der Hippokratischen Schriften: Philologus 42,1883, 119-133, bes. 123 und Sudhoff a.O. 79.

[30] Diese Meinung vertritt L. Edelstein, Art. Hippokrates: RE Suppl. 6 (1935) 1338 f., wo die Abhandlung von K. Sudhoff nicht zitiert wird.

[31] Greg.Nyss. paup. amand. 1: PG 46,464A.

[32] Der Satz *Peritissimum ... corporibus* ist unverständlich.

Quis primum inuenerit herbarum utilitatem
et qualiter uel quo precio manifestate sunt
Ypocentaurus quidam cum per heremum herbas
pasceret. bibebat aquam de fonte. de quo homi
nes hauriebant. et portabat herbas. ponebatque su[per]
lapidem. fontis. et scribebat. Hec talis herba tale[m]
egritudinem sanat. Dum autem a multis probatum fuis[set]
nuntiatum est alexandro regi. Ipse autem cepit consiliu[m]
quomodo illum comprehenderent. Exiit autem cum suo ex
ercitu et perrexit ad fontem. iussitque eum claudere
et ante fontem fecit foueam magnam coopertam fragili
artificio. Post hec fecit tres fontes. iuxta prio
rem. quorum unus impletus est uino. secundus melle.
tertius lacte. et posuit uiros fortissimos ad cust
diendum. Hic ypocentaurus. siti fatigatus ue[nit]
ad fontem de quo potare consueuerat. et inuen[it]
coopertum. perrexitque ad fontem mellis dicens. Hec
est uita pauperum. Et bibit eum totum. Alia aut[em]
die uenit ad fontem mellis dixitque. Hec est amic[a]
medicis. Et peruenit ad fontem uini. dixitque de e[o]
Hic est homo rixosus et homicida. Et bibit et ex[inde]
et exhilaratus est. et cepit discurrere huc et illuc. et
transcendit super illam fossam. quam cooperire rex arti
ficibus iusserat. et cum ebrius factus fuisset a ui
no. tunc intus in foueam cecidit. Tunc a milit[ibus]
alexandri captus est. et ad palacium ductus. an[te]
eius presentiam. Ipse uero interrogabat. et ille indicab[at]
omnia genera herbarum unicuique egritudin[i]
quomodo iuuarent. a notario alexandri omnia
scripta sunt. Et factus est liber medicinalis.
qui traditus est ypocrati. Ypocras autem

diues et nimis sapiens. sup omnes sapientes me
dicos qui erant illis diebus. sed erat cupidus de
arte. nec uolebat ut aliquis eẽt similis illi. etiã
post mortem. Cum autem uenisset ad diem mortis suę. iussit sibi ponere librum medicinalem
inquo secreta medicinę erant. qui et sic factus ẽ.
et iussit eum ponere sub capite suo. Post multũ
q̃ tempus transiit inde cesar alexander: cũ aspi
ciens uidisset sepulchrum ypocratis. putauit
thesaurum ibi absconsum ee. dn̄s aũ ei inspi
rauit. ut sapientiam quã homo uoluit abscon
dere. ille pat̃ misericors omni generi humano
demonstraret. Iussit itaq; cesar alexander apire
sepulchrum eius secrete. et inuenit medicinalẽ
sub capite ipsius positum. ubi omnia secreta
artis medicinę erant. dederunt q; eum medico
parmodonosio. et sic p illum ds̄ omp̄c totum
orbem terre illuminauit.

Quę utilitas sit in quibusdam herbis.

De lupino. Lupini natura qd̄e ẽ calida et
fortissima. lumbricos quide egerit. et tineas
uentris excludit. tritum umbilico inpositum.

De menta. Menta uirtutẽ h̃t frigidam.
facit ad ignem acrum ad podagricos. ad humo
rem epatis. et uulnera curat. De malua.

Malua uirtutem h̃t purgatoriam. et mollito
riam uentrẽ et uesicã mouet. incibo sumpta.
trita cũ rosatio et apium ictus compescit. folia
ei⁹ cum axungia trita. uulnera recentiora cu
rat. semen eius tritum cum uino contra scor
pionum ictus pota.

Yppogratis et [Cod.97: et sol] putavit, ut in ipso monumento thesaurus conditus esset, et iussit aperiri secreto sepulcrum et invenit analogium sub capite positum, ubi omnia secreta artis erant: Tulit et nulli iussit dari nisi medico Panodosio [Cod.69: Poamodonosis] [33] et invenerunt omnia qualiter medicus ac omnes infirmitates cognoscere debet periculum mortis sive vitae, imprimis ad dolorem capitis...

Eine gewisse Verwandtschaft scheint auch zwischen dem neuen Text und Phlegons De mirabilibus 34 zu bestehen. Nach seinem Bericht soll ein Hippozentaur auf einem Berg Arabiens, der voll todbringender Giftpflanzen war, gefangen genommen und lebend an Caesar (den Kaiser?) geschickt worden sein.

[33] Der Name des Leibarztes schwankt. Es begegnen ferner die Varianten *Monodorus*, Μοδυνόσιος, *Misdos* und andere mehr. Sudhoff a.O.86f. erwägt, ob vielleicht an Menodotos, den bekannten Empiriker aus Nikomedien (1. Hälfte des 2. Jhdts. n.Chr), zu denken sei.

23. Eine rituelle Hinrichtung des Gottesfeindes: Die Zweiteilung

J. H. Waszink zugeeignet

Der Gebildete der modernen westlichen Kultur beurteilt die Art, einen Menschen zu töten, meist ausschließlich nach dem gefühlsmäßigen Moment und unterscheidet so zwischen verschiedenen Graden der Grausamkeit[1]). Daß aber die meisten Hinrichtungsarten aus einer mythischen Weltdeutung entstanden sind, weiß er nicht mehr. Treffend hat hingegen bereits H. Usener darauf hingewiesen, „daß alles halspeinliche Gerichtsverfahren von seinen Anfängen bis zur Zeit der Französischen Revolution auf sakraler Grundlage geruht hat“[2]). Die mit den Hinrichtungsarten verbundenen mythischen Vorstellungen gehen weit in vorgeschichtliche Zeiten zurück. Bei einigen Völkern der antiken Hochkulturen, vor allem bei den Griechen, die am entschiedensten den Schritt vom mythischen zum rationalen Denken getan haben, ist bereits mit einem Vergessen der mit dem Töten ursprünglich verbundenen mythischen Anschauungen zu rechnen.

Eine bisher in der Forschung vernachlässigte Art, einen Frevler, vornehmlich einen sakralen Frevler, also einen Gottesfeind zu töten, bestand darin, ihn der Länge nach in zwei Teile

1) Zwei Beispiele für viele: J. W. von Goethe, Dichtung und Wahrheit 1, 4 (dtv-Gesamtausgabe 22 [1962] 123f.); W. Enßlin, Art. Prokopios nr. 2: RE 23, 1 (1957) 256, 33/5. Ähnlich urteilten bereits Gebildete der griechisch-römischen Antike; vgl. beispielsweise Valerius Maximus, mem. 9, 2: De crudelitate.

2) H. Usener, Italische Volksjustiz: RheinMus 56 (1900) 1/28, bes. 1 = Kleine Schriften 4 (1912/13, Nachdr. 1965) 356/82, bes. 356. – Die Literatur zu den Hinrichtungsarten ist umfangreich. Hervorzuheben sind: A. von Amira, Die germanische Todesstrafe = Abh. d. Akad. d. Wiss. München, Phil.-hist. Kl. 31, 3 (1922); M. Mühl, Untersuchungen zur altorientalischen und althellenischen Gesetzgebung = Klio, Beih. 29 (1933, Nachdr. 1963 mit Nachwort: Zu sumerischen Kodifikationen) 51/6; K. Latte, Art. Todesstrafe: RE Suppl. 7 (1940) 1599/1619 = Kl. Schriften (1968) 393/415; J. Vergote, Les principaux modes de supplice chez les anciens et dans les textes chrétiens: Bulletin de l'Inst. histor. Belge de Rome 20 (1939) 141/63; B. Rehfeldt, Todesstrafen und Bekehrungsgeschichte. Zur Rechts- und Religionsgeschichte der germanischen Hinrichtungsbräuche (1942); W. Burkert, Homo necans = RGVV 32 (1972); M. Hengel, Crucifixion in the Ancient World and the Folly of the Message of the Cross (London 1977).

zu schneiden[3]). Gewiß kann der rituelle Sinn dieser Hinrichtungsart nicht aus jeder entsprechenden antiken Nachricht entnommen werden. So beschreibt beispielsweise die ‚Passio Symphorosae cum septem filiis' beim Tod des siebten Sohnes diese Art der Hinrichtung[4]). Der eigentliche Einwand gegen den Wert dieser Nachricht als Zeugnis für den rituellen Sinn der Zweiteilung ist aber nicht die Ungeschichtlichkeit dieser Passio, sondern die aus rhetorischer Variation entstandene Aussage. Der Verfasser dieses Martyriums hat nämlich ausgeklügelt, wie ein Mensch auf sieben verschiedene Weisen mit dem Schwert zu Tode gebracht werden kann. Hier einen Widerschein alten mythischen Denkens anzunehmen, wäre abwegig.

In der antiken Umwelt galten vor allem die Christen als Feinde der Götter und wurden deshalb nicht selten rituell beseitigt[5]). Mehrere Passionen verschiedener Zeit und Herkunft, vor allem aus Persien, berichten, daß christliche Märtyrer durch Zweiteilung hingerichtet worden sind. Mag auch die Mehrzahl dieser Berichte zu den ‚Passions épiques' gehören[6]), so beweist der Hinweis auf die Zweiteilung doch, daß diese Todesart für Sakralfrevler und Götterfeinde in einzelnen Ländern der antiken Mittelmeerwelt verhängt worden ist. Die meisten Zeugnisse bemerken nur, dieser oder jener Märtyrer sei zersägt oder durch das wunderbare Eingreifen Gottes vor dieser Todesart bewahrt worden. Ein derartiger Tod soll bereits die Apostel Andreas und Bartholomäus getroffen haben[7]). Ferner wird diese Hinrichtung von folgenden christlichen Märtyrern überliefert: Basileides, Euphemia von Chalkedon, Fausta, Georg, Ia, Ionas, Irene, Isidor, Marinos, Niketianos (Niketas), Paphnutios, Tarbō, Theodota und Thyrsos[8]). Die Vita Bonifacii nennt diese Tötungsart

---

3) Vgl. W. Speyer, Art. Gottesfeind: RAC 11 (1981).

4) Pass. Symph. 5 (ASS Juli 4², 359): septimum [sc. filium] vero Eugenium a summo usque deorsum findi [sc. gladio praecepit Hadrianus imperator].

5) Vgl. W. Speyer, Art. Fluch: RAC 7 (1969) 1218/22.

6) Vgl. H. Delehaye, Les passions des martyrs et les genres littéraires = Subs. hagiogr. 13 B ²(Bruxelles 1966) 171/226.

7) Vgl. R. Söder, Die apokryphen Apostelgeschichten und die romanhafte Literatur der Antike = Würzb. Studien z. Altertumswiss. 3 (1932, Nachdr. 1969) 153. – Lucas Cranach hat auf seinem ‚Apostelmartyrium' auch diese Tötungsart dargestellt.

8) Mart. Basil. 21 (CSCO Scr. aeth. 21, 49f.); Pass. Euphemiae 16 (ASS Sept. 5, 272f.); Pass. Faustae et Evilas. 4 (ASS Sept. 6, 145); Pass. Georg.: K. Krumbacher, Der hl. Georg in der griechischen Überlieferung = Abh. d. Akad. d. Wiss. München, Phil.-hist. Kl. 25, 3 (1911) 328 s.v.

neben anderen[9]). Noch der Dominikaner und Patriarch von Antiochien, der Selige Bonisegna Cicciaporci, wurde von den Sarazenen in zwei Teile zersägt[10]), Dieselbe Hinrichtungsart haben die iranischen Magier bei ihrer Verfolgung der Manichäer angewendet[11]).

Von den zuvor genannten Passionen verdient das Martyrium der Tarbō wegen der ausführlicheren Darstellung auch von Nebenumständen die meiste Aufmerksamkeit[12]). Tarbō war die Schwester des Patriarchen Simon von Seleukeia-Ktesiphon (Persien) und wurde etwas später als dieser (um 344) zusammen mit ihrer Schwester und ihrer Dienerin unter dem Sassaniden Schapur II (310–379) hingerichtet. Die Akten sind in syrischer Sprache überliefert und können weitgehend geschichtliche Glaubwürdigkeit beanspruchen. Der hl. Tarbō wurde nach dem Märtyrertod ihres Bruders Simon auf Betreiben der Juden vorgeworfen, sie habe die persische Königin verzaubert, so daß diese in eine gefährliche Krankheit fiel. Nach dem Glauben der Perser, so versichert der Hagiograph, konnte die Königin nur

---

Sägemarter; dazu Vergote a.O. (s.o. Anm. 2) 160/3; Martyr. Iae 9 (Patr. Orient. 2 [1907] 460); Martyr. Ion. et Barach. 16 (ebd. 434f., 438); Pass. Irenae: A. Wirth, Danae in christlichen Legenden (1892) 132f.; Pass. Isid.: H. Munier, Les actes du martyre de St. Isidore: BullInstArchéolOrient 14 (1918) 101f.; Pass. Marin. 3: P. Franchi de' Cavalieri, Note agiografiche 5 = Studi e Testi 27 (Roma 1915, Nachdr. ebd. 1973) 86; zu Nicetianus vgl. F. Haase, Altchristliche Kirchengeschichte nach orientalischen Quellen (1925) 59; Martyr. Paphn. 20: H. Delehaye, Les martyrs d'Égypte: AnalBoll 40 (1922) 339: *εἰς τέσσαρα*(!) *μέρη διερράγη*; zu Tarbō s.u. Anm. 12; Pass. Theodotae 14: H. Delehaye, S. Theodote de Nicée: AnalBoll 55 (1937) 218; Pass. Thyrs. et soc. vit. 1, 41; 2, 48; 3, 45 (ASS Ian. 2, 817.824.831).

9) Vit. Bonif. 5 (PG 115, 248 B); vgl. P. Franchi de' Cavalieri, Scritti agiografici 2 = Studi e Testi 222 (Città del Vat. 1962) 11.

10) Vgl. V. Mayr, Art. Bonisegna Cicciaporci: Lex. d. christl. Ikonogr. 5 (1973) 437.

11) H. J. Polotsky (Hrsg.), Manichäische Homilien = Manichäische Handschriften der Sammlung Chester Beatty 1 (1934) 77, 18.

12) Bibl. Hag. Orient. 1149; die griechische Fassung (Bibl. Hag. Gr.[3] 1511: Pherbuta) ist aus dem Syrischen übersetzt und leicht überarbeitet. Vgl. G. Wiessner, Untersuchungen zur syrischen Literaturgeschichte 1: Zur Märtyrerüberlieferung aus der Christenverfolgung Schapurs II = Abh. Akad. Wiss. Göttingen, Phil.-hist. Kl. 3 F 67 (1967) 7/198, bes. 144/8. 195f. 289 und weniger ertragreich: Nina Pigulevskaja, Syrischer Text und griechische Übersetzung der Märtyrerakten der heiligen Tarbo: Beiträge zur Alten Geschichte und deren Nachleben. Festschrift F. Altheim 2 (1970) 96/100. – Sozomenos hist. eccl. 2, 12 (GCS Sozom. 66f.), zwischen 439–450 geschrieben, hat das erhaltene Martyrium wahrscheinlich unmittelbar für seinen Bericht der Tarbō-Passion benutzt (vgl. Wiessner a.O. 155/7).

dann genesen, wenn sie durch die zweigeteilten Leiber der christlichen Zauberinnen hindurchgeschritten sei. Deshalb wurden Tarbō, ihre Schwester und ihre Dienerin von den Magiern ergriffen und erlitten den Tod durch die Säge. Die Teile der Leichname wurden rechts und links auf Pfähle gesteckt, und die Magier ließen die Königin mitten hindurchgehen; ihr folgte das ganze königliche Aufgebot[13]). Tarbō und ihre Gefährtinnen starben diesen Tod wohl zugleich als angebliche Zauberinnen und als Christinnen.

Wie noch zu zeigen sein wird, erschöpft sich der Sinn dieser Tötungsart nicht in der außerordentlichen Grausamkeit. Vielmehr stammt diese Hinrichtungsform aus einem bestimmten Ritual, dessen Sinn Mythen des Alten Orients und der von dort beeinflußten Griechen erschließen[14]).

Nach Persien gehört der Mythos vom Urmenschen und Urkönig des Goldenen Zeitalters, Yima. Eine Verfehlung des Königs hat zum Ende seiner Herrschaft geführt. Zur Strafe wurde Yima von Spityura, den das Ungeheuer Dahâka dazu angestiftet hatte, mit einer Säge, die mit tausend Zähnen besetzt war, entzweigesägt[15]).

---

13) Vgl. die griechische Fassung: Pass. Pherb. et soc. 4/6, bes. 5 (Patr. Orient. 2 [1907] 442/4, bes. 443): *ἐξαγαγόντες οὖν αὐτὰς πρὸ τῆς πόλεως μιᾷ ἑκάστῃ αὐτῶν προσέπηξαν δύο πάλους, εἰς μὲν τὸν ἕνα τὸν τράχηλον δήσαντες, εἰς δὲ τὸν ἕτερον τοὺς πόδας καὶ διατείναντες αὐτὰς εἰς αὐτοὺς ἑκάστην, κατενέγκαντες πρίονα τεκτονικὸν ἔπρισαν αὐτὰς εἰς μέρη δύο· καὶ πήξαντες ξύλα μεγάλα, τρία μὲν τῆς ὁδοῦ ἐντεῦθεν καὶ τρία ἐντεῦθεν, ἐκρέμασαν ἐπ' αὐτῶν τὰ ἅγια σώματα*... c. 6 (ebd. 444): *ἤνεγκαν δὲ τὴν ἀθλίαν βασιλίδα τῇ ὁδῷ ἐκείνῃ, καὶ παρῆλθε διὰ τῶν ἁγνῶν σωμάτων καὶ πᾶσα παρεμβολὴ ὀπίσω αὐτῆς· πρόκενσον γὰρ εἶχεν ὁ βασιλεὺς ἐν τῇ ἡμέρᾳ ἐκείνῃ* (zur Bedeutung von *πρόκενσος*, lateinisch: processus, vgl. G.W.H. Lampe, A Patristic Greek Lexicon (Oxford 1961) s.v.). Vgl. ferner J. Vergote, Art. Folterwerkzeuge: RAC 8 (1972) 112/41, bes. 130f.; zur Pfählung als orientalischer Strafe Mühl a.O. (s.o. Anm. 2) 53. – Zur jüdisch-christlichen Auseinandersetzung im Sassanidenreich vgl. Wiessner a.O. 180f.

14) Zum schwer durchschaubaren Verhältnis, das zwischen Ritus und Mythos besteht, vgl. J. Fontenrose, The Ritual Theory of Myth = Folklore Studies 18 (Berkeley–Los Angeles 1966); G.S. Kirk, Myth. Its Meaning and Functions in Ancient and Other Cultures (Cambridge, Berkeley, Los Angeles 1970); Burkert a.O. (s.o. Anm. 2) 39/45; A. Henrichs, Die Phoinikika des Lollianos, Fragmente eines neuen griechischen Romans = Papyrologische Texte u. Abhandlungen 14 (1972) Reg. s.v. Ritus-Mythos.

15) Zu den Zeugnissen aus dem Awesta vgl. A. Christensen, Les types du premier homme et du premier roi dans l'histoire légendaire des Iraniens 2 = Archives d'Études Orientales 14 (Leiden 1934) 14.22.30; vgl. ebd. 48/52 und W. Hinz, Zarathustra (1961) 32f. – Die Zerreißung und Zerstückelung des Königs sind nicht immer als Strafe gedacht, vor allem, wenn sie nach

Eine weitere Parallele zu dieser Hinrichtungsart bietet der Ritus, der bei einem eidgesicherten Vertrag oder Bund bei den Völkern des Alten Orients vorkommt. Besonders deutlich ist er für die alten Israeliten bezeugt. Hier ist einmal die gewaltige Eidszene der Genesis zu nennen, die den Bund zwischen Gott und Abraham schildert: Abraham bringt auf Befehl Gottes verschiedene Tiere herbei, schneidet sie mitten durch und legt die Hälften einander gegenüber. Darauf heißt es wörtlich: „Als die Sonne untergegangen und dichte Finsternis eingetreten war, ging etwas wie ein rauchender Ofen und eine brennende Fackel zwischen diesen Stücken hindurch. An jenem Tag schloß Jahwe mit Abraham einen Bund..."[16]. Der Ritus des Durchschreitens dürfte hier nicht als Lustration zu verstehen sein, sondern als sympathetisches Ritual: Wer den Bund bricht, wird das gleiche Ende nehmen wie die zerschnittenen Tiere[17]. Diese Folge für den Brecher des eidgesicherten Bundes beschreibt der Prophet Jeremias, wenn er sagt: „Und die Männer, die die mir [d.i. Jahwe] gegenüber übernommene Verpflichtung nicht eingehalten... haben, die behandle ich wie das Kalb, das sie in zwei Hälften zerschnitten haben und zwischen dessen Stücken sie hindurchgeschritten sind..."[18]. Wenn ein derartiger Ritus als ‚Eidopfer' bezeichnet wird, so ist dies irreführend. Nicht ein Opfer wird dargebracht, sondern das getötete Tier nimmt symbolisch das Ende des Meineidigen voraus[19]. Da der Ritus des Zweiteilens auch in anderem Zusammenhang vorkommt, nämlich bei der Tötung von Sakralverbrechern, die keinen Meineid began-

---

dem Tod durchgeführt werden; vgl. M. Delcourt, Le partage du corps royal: Studi e Materiali di Storia delle Religioni 34 (1963) 3/25 und W. Burkert, Caesar und Romulus-Quirinus: Historia 11 (1962) 356/76, bes. 367f.

16) Gen. 15, 7/21; dazu G. Quell, Art. *διατίθημι, διαθήκη*: ThWbNT 2 (1935) 106/27, bes. 108f. 117f.; A. Alt, Kleine Schriften zur Geschichte des Volkes Israel 1 (1953) 66f.; Cyrill. Alex. c. Iul. 10 (PG 76, 1053 C/D): *ἀλλ' ἦν ἐν ἔθει Χαλδαίοις τοὺς ἀσφαλεστέρους ποιεῖσθαι τῶν ὅρκων διὰ μέσων ἰοῦσι τῶν διχοτομημάτων, καὶ νόμοις αὐτοῖς ἐγχωρίοις ἐβεβαίουν τὸ χρῆμα.* Vielleicht besteht zwischen diesem antiken Ritus und dem Schwurritus der Wadschagga, Ostafrika-Kilimandscharo, ein genetischer Zusammenhang (vgl. J. Raum, Blut- und Speichelbünde bei den Wadschagga: Archiv f. Religionswiss. 10 [1907] 289). Korrekturzusatz: Vgl. E. Bickerman, Studies in Jewish and Christian History 1 (Leiden 1976) 1/32: 'Couper une alliance'.

17) Zur Lustration s.u. S. 203f.

18) Jerem. 34, 18f. (LXX: 41, 18f.).

19) Vgl. Quell a.O. (s.o. Anm. 16) 117f.; zum ‚Eidopfer' M. P. Nilsson, Geschichte der griechischen Religion 1³ (1967) 139/42. 851: Henrichs a.O. (s.o. Anm. 14) 37f. 71. – Vgl. Plat. leg. 6, 753d: *διὰ τομίων πορευόμενος*; Liban. declam. 5, 76 (5, 347f. Förster).

gen haben, ist die Frage zu stellen, ob nicht diese Todesart, für sich betrachtet, einem bestimmten Vorstellungszusammenhang einzuordnen ist, der zunächst nichts mit Schwur, Bund oder Lustration zu tun gehabt hat.

Die zuvor geschilderte Tötungsweise scheint ihren ursprünglichen Sinn noch deutlich zu verraten. Durch Zweiteilung wird ein Sakralverbrecher und Gottesfeind oder das Tier getötet, das an seiner Stelle steht und bildlich den Tod des Meineidigen erleidet. Nach dem Weltverständnis der antiken Sakralgemeinschaft hat ein derartiger Mensch durch sein Tun oder Unterlassen die Lebensgrundlagen der Gemeinschaft zerstört, den Frieden mit den göttlichen Mächten bedroht und einen Fluchzustand heraufbeschworen. Ein solcher Mensch erschien nach dem mythischen Weltbild des Alten Orients als Gottesfeind und zwar als Repräsentant, ja als Inkarnation der urzeitlichen Chaosmacht und mußte deshalb auf dieselbe Weise wie diese besiegt und unschädlich gemacht werden. Zu diesem Schluß gelangt man, wenn man Mythen vom Kampf und Sieg der Himmelsgötter über vorzeitliche mythische Gottesfeinde heranzieht. Im akkadischen Weltschöpfungslied ‚Enuma Elisch' wird ausführlich der Kampf und Sieg des Gottes Marduk gegen das Chaosungeheuer Tiâmat besungen:

„The lord trod on the legs of Tiamat,
With his unsparing mace he crushed her skull.
When the arteries of her blood he had severed,
The North Wind bore (it) to places undisclosed.
On seeing this, his fathers were joyful and jubilant,
They brought gifts of homage, they to him.
Then the lord paused to view her dead body,
That he might divide the monster and do artful works.
He split her like a shellfish into two parts:
Half of her he set up and ceiled it as sky,
Pulled down the bar and posted guards..."[20]).

In diesem Mythos folgt die Zweiteilung des gottesfeindlichen Wesens allerdings erst der Tötung. Anders in dem vergleichbaren altorientalischen Mythos, der ebenfalls aus Babylon

20) Taf. 4, 129/39, übersetzt von E.A. Speiser: J.B. Pritchard, Ancient Near Eastern Texts relating to the Old Testament ³(Princeton, New Jersey 1969) 67; vgl. ebd. 501. Die Texte gehören dem 1. Jahrtausend an, das Schöpfungsgedicht selbst dürfte noch aus altbabylonischer Zeit (frühes zweites Jahrtausend) stammen.

stammt und von Berossos überliefert ist: „Und es habe über alle diese [d. s. Mischwesen] ein Weib geherrscht, dessen Name Markaye heiße; das auf chaldäisch †Thalattha† genannt werde und auf griechisch verdolmetscht werde Thalattha. Während nun dieses Sämtliche aufgeregt stand zu einer chaotischen Masse, sei Belos [d. i. der Himmelsgott Marduk] dagegen angestürmt und habe das Weib mitten entzwei gespalten: aus der einen Hälfte habe er gemacht die Erde, aus der anderen Hälfte den Himmel“ [21]).

---

21) Berossos bei Eus. chron. arm.: 8, 10/6 Karst und Georg. Sync. 49 = FGrHist 680 F 1, 6f. – Zum Inhalt dieses Mythos vgl. W. Staudacher, Die Trennung von Himmel und Erde, Diss. Tübingen (1939) 13f. – Hier ist auch auf eine überraschende Parallele in einem Schöpfungsmythos der Mexikaner hinzuweisen, der nach der Inhaltsangabe bei A. E. Jensen, Die getötete Gottheit, Weltbild einer frühen Kultur = Urban-Bücher 90 (1966) 105 mitgeteilt sei: „... Die beiden Schöpfungsgötter Quetzalcouatl und Tezcatlipoca brachten die Erdgöttin Tlalteutli... vom Himmel herunter. Die Göttin hatte an allen Gelenken Augen und Mäuler, mit denen sie wie ein wildes Tier biß. Vor dem Erscheinen der Erdgöttin bestand schon das Wasser, über dessen Ursprung jedoch nichts bekannt ist. Auf dem Wasser wandelte die Göttin. Als die beiden Schöpfungsgötter sie sahen, sprachen sie zueinander, daß es notwendig sei, die Erde zu erschaffen. Während sie dieses beschlossen, verwandelten sie sich in zwei große Schlangen, von denen die eine die Erdgöttin von der rechten Hand bis zum linken Fuß ergriff, die andere von der linken Hand bis zum rechten Fuß. Auf diese Weise rissen sie ihren Körper auseinander. Aus der Hälfte hinter den Schultern formten Quetzalcouatl und Tezcatlipoca die Erde, die andere Körperhälfte brachten sie in den Himmel, wo aus ihr die übrigen Götter geschaffen wurden. Um nach diesem Geschehen die Göttin für den zugefügten Schaden zu trösten, stiegen alle Götter hinab. Sie befahlen, daß aus ihr alle Frucht herauskommen soll, die die Menschen zu ihrer Ernährung brauchen...“. – Jensen hat diesen Mythos in den Zusammenhang jener Mythen gestellt, die von der Tötung einer sogenannten Dema-Gottheit und der Entstehung der Nahrungspflanzen aus ihrem zerstückelten Leib sprechen. Die Dema-Gottheiten werden von Jensen a. O. 9f. definiert als „große Gestalten der mythischen Urzeit, wunderbare Wesen, bald als Mensch, bald als Tier aufgefaßt, die alles, was den Menschen dieser Kultur von Wichtigkeit ist, hervorgebracht und die bestehende Weltordnung begründet haben“ (vgl. Burkert, Homo a. O. [s. o. Anm. 2] 57 Anm. 43). Diese Dema-Gottheit ist aber nicht mit dem Chaosungeheuer, dem mythischen Feind der Himmels- und Schöpfergötter, gleichzusetzen. Die mexikanische Erdgöttin Tlalteutli zeigt aber im oben mitgeteilten Mythos größere Ähnlichkeit mit dem altorientalischen Chaosungeheuer, dem Meerdrachen, und mit der griechischen Erdgottheit Gaia, die ihre Kinder, die Titanen, Giganten und Typhoeus (Typhon), gegen die Olympier kämpfen läßt. Die Parallelen zwischen dem mexikanischen und den altorientalisch-griechischen Mythen sind so auffallend, daß wohl mit einer Urverwandtschaft zu rechnen ist (zur Frage eines kulturgeschichtlichen Zusammenhangs über so große Entfernungen vgl. Jensen a. O. 17/25. 112/20. 137). Von hier ergibt sich dann die

In beiden Mythen bezwingt der Himmelsherrscher ein chaotisches Urwesen, Tiâmat oder das Meerungeheuer, und schafft aus ihm durch Teilung die aus Erde und Himmel bestehende jetzige geordnete Welt. Der Mythos deutet die Weltwerdung als eine Wandlung: durch die Teilung des Chaosungeheuers, die der Gott vollzieht, entsteht die jetzige Welt. Trotz ihrer Ordnung, die von den Himmlischen stammt, enthält sie aber Reste der Unordnung, des Chaotischen. Der babylonische Mythos gibt also zugleich eine Aitiologie der in der jetzigen Welt vorhandenen Übel.

Den urzeitlichen Kampf des Himmelsgottes mit dem Chaosungeheuer wiederholte der altorientalische König als Vertreter der sakralen, in Frieden mit den Himmelsgöttern lebenden Gemeinschaft, wenn er den Sakralfrevler und Gottesfeind zweiteilen läßt. Eine derartige Hinrichtung ist ein ordnungsstiftender Ritus, der seine Berechtigung einer Weltdeutung verdankt, die der altorientalische Mythos von der Entstehung dieser Welt klar ausspricht.

Dieser altorientalische Mythos von der Zweiteilung des mythischen Gottesfeindes und seiner Wandlung vom Chaoswesen zum Kosmos hat seine Spuren auch in Mythen der Griechen hinterlassen. Am deutlichsten finden sie sich vielleicht in der Rede, die Platon in seinem ‚Symposion‘ dem Komödiendichter Aristophanes in den Mund gelegt hat[22]). Nach dieser mythischen Erzählung Platons gab es ursprünglich drei verschiedene Geschlechter von Menschen, ein männliches, ein weibliches und ein mannweibliches. Diese Menschen waren aber einheitliche Wesen; sie waren kugelförmig, mit je zwei Gesichtern, vier Händen und vier Schenkeln und Füßen. „An Kraft und Stärke“, so sagt Aristophanes bei Platon, „waren sie gewaltig und

---

neue Frage: Wie ist das Verhältnis zwischen den beiden inhaltlich verwandten Mythen zu bestimmen, dem Mythos der Weltwerdung aus dem mythischen Gottesfeind und dem Mythos der Entstehung von Tod und Leben für Pflanze, Tier und Mensch aus der getöteten Dema-Gottheit?

22) Plat. conv. 189c–193d; dazu K. Ziegler, Menschen- und Weltenwerden. Ein Beitrag zur Mikrokosmosidee: Neue Jbb. f. das Klass. Altertum 31 (1913) 529/73, der bereits auf die Stelle aus Berossos aufmerksam gemacht hat, aber den hier herausgearbeiteten Zusammenhang nicht verfolgt hat. Zur Kritik der Quellentheorie Zieglers vgl. Jula Kerschensteiner, Platon und der Orient (1945) 157/61. Zu Plat. conv. 191d: *ἅτε τετμημένος ὥσπερ αἱ ψῆτται* bietet der o. S. 198 zitierte Text aus ‚Enuma Elisch‘ eine weit bemerkenswertere Parallele als die von P. Friedländer, Platon 3^2 (1960) 433 Anm. 26 notierte aus O. Dähnhardt, Natursagen 3, 1 (1910) 35.

hatten auch große [d.h. hochfliegende, übermütige] Gedanken und was Homer von Ephialtes und Otos [den Aloaden] sagt [Od. 11, 305/20], das ist von ihnen zu verstehen: sie versuchten, einen Aufgang zum Himmel zu bahnen, um die Götter anzugreifen". Um den Übermut dieser Übermenschen zu brechen, habe Zeus beschlossen, sie durchzuschneiden. So sei das jetzige Geschlecht der Menschen entstanden[23]). Die Kugelmenschen sind hier eindeutig als Gottesfeinde geschildert. Durch den Vergleich mit den Aloaden, die zu den Giganten gezählt wurden, sind die Kugelmenschen mit den urzeitlichen mythischen Gottesfeinden verwandt und gleichsam selbst Chaosungeheuer[24]). Diese Deutung wird durch einen Vergleich mit Ovids Darlegung über den zweigesichtigen Ianus noch vertieft. Wie Ovid bemerkt, wurde Ianus einst mit dem Chaos gleichgesetzt; das Chaos aber wurde als Kugel vorgestellt, in der die vier Urelemente ununterschieden beisammen waren; die Doppelgesichtigkeit des Ianus ist bei Ovid mit dem einstmaligen Chaoszustand in Zusammenhang gebracht[25]).

Anders als bei den genannten babylonischen Mythen ist bei Platon bereits der Weg vom mythischen zum menschlichen Gottesfeind beschritten. In der Rede des Aristophanes stößt Zeus folgende Drohung aus: „Sollte ich aber merken, daß sie [d.h. die geteilten Kugelmenschen, die Menschen der geschichtlichen Zeit] noch weiter freveln und nicht Ruhe halten wollen, so will ich sie, sprach er, noch einmal zerschneiden..."[26]). Dieser Gedanke wird erneut aufgegriffen: „Jetzt aber... sind wir wegen der Ungerechtigkeit von Gott zweigeteilt worden... Man muß also befürchten, daß wir noch einmal zerspalten werden, wenn wir uns nicht geordnet (*κόσμιοι*) gegenüber den Göttern verhalten..."[27]).

---

23) Plat. conv. 189d–190d.

24) Ebd. 190b; vgl. W. Speyer, Art. Gigant: RAC 10 (1978) 1247/76, bes. 1250.

25) Ov. fast. 1, 103/14, bes. 103: me [sc. Ianum] Chaos antiqui – nam sum res prisca – vocabant...; 111/4: tunc ego, qui fueram globus et sine imagine moles [vgl. die Interpolation Ov. met. 1, 87f.], / in faciem redii dignaque membra deo. / nunc quoque, confusae quondam nota parva figurae, / ante quod est in me postque, videtur idem. Diese Verknüpfung hat Ziegler a.O. 553 Anm. 1 nicht beachtet. – Zum Begriff Chaos-Ianus bei Ovid vgl. F. Bömer im Kommentar (1958) 20 zu V. 103.

26) Plat. conv. 190d.

27) Ebd. 193a. Der hier verwendete Ausdruck *μὴ κόσμιοι* (*πρὸς τοὺς θεούς*) legt die Vorstellung des gottesfeindlichen Handelns nach Art eines

Die Verwandtschaft des geschichtlichen Menschen mit einem gottesfeindlichen Urzeitwesen behauptet auch ein alter orphischer Mythos. Ein Teil der menschlichen Natur stamme von den Titanen ab. Diese hätten Dionysos-Zagreus, den Sohn des Zeus und der Persephone, zerrissen und seien deshalb von Zeus durch seine Blitze verbrannt worden[28]). Auf diesen Mythos spielt bereits Platon an, wenn er sagt, wer den Gesetzen nicht mehr gehorcht, wer Eid und Versprechen nicht einhält und sich nicht um die Götter kümmert, der zeige das sogenannte alte titanische Wesen und ahme es nach[29]). – Nach einer Erzählung in den Metamorphosen Ovids ist ein außerordentlich frevelhaftes Menschengeschlecht aus dem Blut der Giganten entstanden. Wie diese mythischen Götterfeinde verachtet es die Himmlischen[30]). Auch nach dieser Überlieferung soll die leibliche Abstammung vom mythischen Gottesfeind den Ursprung menschlichen Frevelsinns erklären. Wenn der menschliche Sakralfrevler vom mythischen Gottesfeind leiblich abstammt, so muß er die Charakterzüge des urzeitlichen mythischen Gottesfeindes aufweisen. Geschah ein Sakralfrevel, das heißt ein Frevel, der die Gesamtheit betraf, so fühlten sich die Menschen dieser sakralen Lebensgemeinschaft in ihren Grundlagen bedroht. Sie befürchteten einen Rückfall von der Ordnung ins Chaos. Die nach dem Urzeitmythos vorgenommene rituelle Beseitigung des Gottesfeindes aus ihrer Mitte konnte nach ihrem Weltverständnis den Zorn der Götter besänftigen. Die Furchtbarkeit der sakralen Hinrichtungsarten, die der Gebildete der Antike und der Neuzeit empfindet, wird aus dieser religiösen Existenzangst und der Gleichsetzung des menschlichen Gottesfeindes mit dem mythischen verständlich.

Überblicken wir die aus dem Altertum erhaltenen Zeugnisse für die Hinrichtungsart der Zweiteilung, so weisen sie zunächst auf Länder des Alten Orients, auf Babylonien, Persien, Ägypten und das alte Israel. Aus Babylon ist der Urzeitmythos von Mar-

---

Chaosungeheuers nahe. Nur die *εὐσέβεια* bewahrt die Menschen vor erneuter Zweiteilung (ebd. 193a/b): ... *πράττει δ'ἐναντία ὅστις θεοῖς ἀπεχθάνεται.*

28) Orph. frg. 220 Kern; vgl. Seeliger, Art. Weltschöpfung: Roscher, Myth. Lex. 6 (1924/37) 500; W. Fauth, Art. Zagreus: RE 9 A, 2 (1967) 2274, 55/66; 2277f.

29) Plat. leg. 3, 701 b/c; Cic. leg. 3, 5; vgl. Nelly Tsouyopoulos, Strafe im frühgriechischen Denken = Symposion 19 (1966) 35/8: „Das Titanische".

30) Ov. met. 1, 156/62; dazu F. Bömer im Kommentar (1969) 70f.

duk und Tiâmat überliefert, der die ursprüngliche Bedeutung dieser Tötungsart anzeigt, aus Persien kommt der Mythos vom Ende des Urkönigs Yima und die um viele Jahrhunderte jüngere Passion der hl. Tarbō. Überbrückt wird der große zeitliche Abstand zwischen diesen Mythen und dem Martyriumsbericht durch verschiedene antike Zeugnisse. Das älteste teilt Herodot mit: Der Lyder Pythios hat den Perserkönig Xerxes gebeten, ihm den ältesten seiner fünf Söhne als Stütze des Alters zu lassen und ihn nicht wie seine übrigen Söhne auf den Feldzug gegen die Griechen mitzunehmen. Statt dieser Bitte zu entsprechen, befiehlt Xerxes, den ältesten Sohn durch Zweiteilung hinzurichten, und ordnet an, das gesamte Heer solle zwischen den Teilen des Leichnams hindurchmarschieren[31]). Dieser Ritus wird in der Forschung als Lustration, also Entsühnung, gedeutet[32]). Eher sollte der Ritus symbolisch wirken, entsprechend dem zuvor besprochenen sogenannten Eidopfer[33]). Wenn das gesamte Heer der Perser zwischen den Teilen des getöteten Sohnes des Pythios hindurchmarschiert, so soll sich dadurch jeder gebunden fühlen. Wie der Sohn des Pythios als Verräter an der persischen sakralen Lebensordnung rituell beseitigt worden ist, so soll es mit allen Angehörigen des persischen Heeres gehen, die fahnenflüchtig werden; denn Flucht aus dem Heer ist Verrat an den heimischen Göttern, ist ein Kampf gegen sie und eine Wiederholung des mythischen Kampfes der Chaosmacht gegen die Himmelsgötter. Wie Marduk Tiâmat, wie Belos den Meerdrachen gespalten hat, so wird Xerxes die Fahnenflüchtigen zweiteilen. Der Ritus hat also eine bindende und, psychologisch betrachtet, eine abschreckende Wirkung. Von einer „novellistischen Ausmalung" durch Herodot kann keine Rede sein[34]). Bestätigt werden Herodots Angaben auch durch einen Bericht über einen vergleichbaren Ritus in Makedonien vom Jahr 182 v.Chr.

---

31) Herodt. 7, 38, 1/40, 4; vgl. Vergote, Folterwerkzeuge a.O. (s.o. Anm. 13) 125. Nach einer mythischen Überlieferung zerstört Peleus Iolkos, tötet die verräterische Astydameia, teilt ihren Leib und führt das Heer zwischen den Teilen zur Stadt (Ps. Apoll. bibl. 3, 173; Hesych. s.v. *'Αστυδάμεια*).

32) Vgl. K. Latte, Die Anfänge der griechischen Geschichtsschreibung: Histoire et historiens dans l'Antiquité = Entret. sur l'Ant. Class. 4 (Vandoeuvres-Genève 1956) 13f. im Anschluß an M.P. Nilsson, Griechische Feste von religiöser Bedeutung (1906, Nachdr. Milano 1975) 404/6; ferner S. Eitrem, A Purificatory Rite and Some Allied ‚Rites de passage': Symbolae Osloenses 25 (1947) 36/53, bes. 36/43.

33) S. o. S. 197.

34) Vgl. Latte a.O.

Ein Hund wurde geteilt, und das makedonische Heer zog zwischen den Teilen hindurch[35]). Dieser Ritus wurde im Monat Xanthikos begangen und galt in jener Zeit als Lustration[36]). Wir haben aber danach zu fragen, ob diese antike Deutung nicht einem Ritus nachträglich unterlegt worden ist, der ursprünglich einen anderen Sinn gehabt hat, nämlich den zuvor beschriebenen.

Die Hinrichtung durch Zerteilen ist auch für Ägypten bezeugt[37]). Im alten Israel wurde die Säge vielleicht zur Hinrichtung von Gefangenen verwendet[38]). Aus dem Frühjudentum stammt die Nachricht über das Martyrium des Propheten Jesaia. König Manasse soll infolge der falschen Anklagen des Lügenpropheten Belchira befohlen haben, Jesaia mit der Säge zu zerteilen[39]). Sogar in einem Herrenwort des Neuen Testaments kommt diese Hinrichtungsart vor. Vom ungerechten Knecht, der die Ankunft seines Herrn nicht erwartet und seine Mitknechte übel behandelt, sagt Jesus: „Der Herr jenes Knechts wird an einem Tag kommen, da er es nicht erwartet und zu einer Stunde, die er nicht kennt, und wird ihn zweiteilen und ihm seinen Anteil bei den Heuchlern (Mt.; Treulosen Lc.) geben“[40]).

---

35) Liv. 40, 6, 1: forte lustrandi exercitus advenit tempus, cuius sollemne est tale: caput mediae canis praecisae et pars ad dexteram cum extis posterior ad laevam viae ponitur; inter hanc divisam hostiam copiae armatae traducuntur... (1/5); vgl. Curt. 10, 9, 12, der auch von lustrare spricht. Livius geht auf die verlorene Darstellung bei Polyb. 23, 10, 17 zurück.

36) Vgl. Hesych. s.v. *Ξανθικά* (2, 724 Latte); Suda s.v. *ἐναγίζων* (2, 267 Adler) und Nilsson, Griechische Feste a.O. (s.o. Anm. 32). Derselbe Ritus ist auch für Böotien bezeugt: Plut. quaest. Rom. 111, 290d.

37) Vgl. Herodt. 2, 139, 1 und einen ägyptischen Text der Spätzeit aus Dendera, der von der Vernichtung Seths spricht: „Gespaltet habe ich den Gefesselten...“, übers. von G. Roeder, Hermopolis 1929–1939 (1959) 18. – Zu Thrakien vgl. Val. Max. 9, 2 ext. 4; die Namen der Thrakerkönige, die diese Strafe verfügen, sind hier entstellt. Gemeint sind wahrscheinlich Diegylis und sein Sohn Zibelmios (um 150 v.Chr.); vgl. B. Lenk, Art. Thrake: RE 6A, 1 (1936) 439.

38) LXX: 2 Sam. 12, 31; 1 Chron. 20, 3; vgl. Amos 1, 3; Sus. 55.59.

39) Ascens. Jes. 1/5, bes. 5, 1/16; 11, 41 (2, 454/68 Hennecke-Schneemelcher). Zahlreich sind in der altjüdischen und altchristlichen Literatur Anspielungen auf dieses Martyrium des Jesaja; vgl. J. Moffatt, A Critical and Exegetical Commentary on the Epistle to the Hebrews (Edinburgh 1924, Nachdr. ebd. 1963) 188 und C. Spicq, L'Épître aux Hébreux (Paris 1977) 197f. zu Hebr. 11, 37. – Vgl. ferner Dio Cass. 68, 32 zu Greueltaten der aufständischen Juden von Kyrene im Jahr 117 n.Chr. (dazu E. Schürer, The History of the Jewish People in the Age of Jesus Christ, revised and edited by G. Vermes–F. Millar 1 [Edinburgh 1973] 531).

40) Mt. 24, 50f. und Lc. 12, 46: *ἥξει ὁ κύριος τοῦ δούλου ἐκείνου ἐν*

Bis nach Rom hat diese Hinrichtungsart ihren Weg gefunden. Natürlich hat sie mit Entfernung von jenen Ländern, aus deren mythischem Denken sie entstanden ist, ihre rituelle Bedeutung eingebüßt. Wenn Sueton von Caligula berichtet, er habe viele Männer edeln Standes unter anderem auch mit einer Säge durchschneiden lassen, so wollte der Kaiser mit dieser aus dem Osten in Rom bekannt gewordenen Tötungsart nur seine Grausamkeit unter Beweis stellen[41]).

Wahrscheinlich ist eine erstmals in den Mythen um Theseus bezeugte Form, Menschen zweizuteilen, in den zuvor beschriebenen Zusammenhang zu stellen. Seit Diodor und Pausanias ist die Sage überliefert, daß der von Theseus besiegte Wegelagerer Sinis seine Opfer an zwei herabgezogene Fichten festband und sie durch die in verschiedene Richtung zurückschnellenden Bäume zerreißen ließ[42]). Er hieß deswegen Kiefernbeuger[43]). Theseus machte ihn unschädlich, indem er ihn nach dem Talionsprinzip dasselbe Schicksal erleiden ließ. Beispiele für diese Form der Hinrichtung sind auch aus antiken Geschichtsschreibern überliefert[44]). Der rituelle Hintergrund dieser Hinrichtungsart konnte für Gallien und den keltischen Gott Esus-Mars aus einem Lucan-Scholion und der Passio Marcelli ermittelt werden[45]).

ἡμέρᾳ ᾗ οὐ προσδοκᾷ καὶ ἐν ὥρᾳ ᾗ οὐ γινώσκει καὶ διχοτομήσει αὐτὸν, καὶ τὸ μέρος αὐτοῦ μετὰ τῶν ὑποκριτῶν (ἀπίστων) θήσει. Zum eschatologischen Charakter dieses Herrenwortes vgl. Apc. Bar. graec. 16, 3; ferner O. Betz, The Dichotomized Servant and the End of Judas Iscariot: Revue Qumran 5 (1964/66) 43/58; I. H. Marshall, The Gospel of Luke. A Commentary on the Greek Text (Exeter 1978) 543f.

41) Suet. Cal. 27, 3. – Wie Socr. hist. eccl. 4, 5 (PG 67, 469 B/C) bemerkt, hat angeblich Kaiser Valens die Unterführer des Aufrührers Prokopios, Aggelon und Gomarios, wegen ihres Verrats an Prokopios mit der Säge zerteilen lassen.

42) Diod. 4, 59, 3 und vor allem Paus. 2, 1, 4; dazu H. Herter, Art. Theseus: RE Suppl. 13 (1973) 1061/71, bes. 1070f.

43) *πιτυοκάμπτης*: Strab. 9, 1, 4 (391); Plut. Thes. 8; PsApoll. bibl. 3, 218.

44) Nach einer wohl ungeschichtlichen Überlieferung soll der Usurpator Prokopios von Kaiser Valens auf diese Weise getötet worden sein (vgl. Ensslin a.O. [s.o. Anm. 1] 256, der Theophan. a. 5959 S. 55, 32f. und Zonaras epit. 13, 16, 30 nennt; vgl. ferner Joh. Antioch. frg. 184, 1 [FHG 4, 607f.]; Socr. hist. eccl. 4, 5 [PG 67, 469 C mit der Anmerkung von H. Valesius]). Entsprechend soll Kaiser Aurelian einen ehebrecherischen Soldaten hingerichtet haben (Hist. Aug. Aurel. 7, 4).

45) Comment. Lucan. 1, 445; Pass. Marc. 4 (ASS Sept. 2, 197); vgl. É. Thevenot, La pendaison sanglante des victimes offertes à Esus-Mars: Hommage à W. Deonna = Collect. Latomus 28 (Bruxelles 1957) 442/9. – Vgl. ferner Eus. hist. eccl. 8, 9, 2 (Thebäische Legion); Pass. Victoris et

Auch noch auf eine andere Weise konnten Menschen einen derartigen Tod erdulden. Aus Livius ist der Untergang des der Sage angehörenden Mettius Fufetius bekannt. Als Eidbrüchiger wurde er wie das beim Schwurritus geteilte Tier getötet: Zwei Pferde, die in verschiedene Richtungen liefen, rissen ihn auseinander[46]).

Bei den zuletzt genannten Arten, einen Menschen auseinanderzureißen, wird ein anderer Mensch als Henker ausgeschaltet. Wahrscheinlich wollte man andere Wesen, Bäume oder Pferde, die Handlung des eigentlichen Tötens ausführen lassen, um so selbst von den befürchteten magischen Folgen des Tötens frei zu bleiben[47]).

Die vorgetragene Deutung über den Sinn, einen Menschen durch Zweiteilung zu beseitigen, kann durch die Analogie zu anderen rituellen Tötungsweisen noch weiter bestätigt werden. Aus dem gleichen vorderorientalischen Kulturkreis ist die Strafe bekannt, einen Menschen durch geschmolzenes Gold, das ihm in den Mund geschüttet wird, zu töten. Eine derartige Strafe haben die Parther gegenüber den römischen Feldherrn M'. Aquillius und M. Crassus angewendet. J. Trumpf konnte zeigen, daß der auf solche Weise getötete Mensch wie der mythische urzeitliche Drache vernichtet wurde[48]).

Entsprechend dürfte auch die Zerstückelung des Frevlers und Gottesfeindes und die Aussaat seiner Glieder über die Fel-

---

Coronae 10 (ASS Mai 3, 268) und Sermo de pass. Coron. et Vict. 6, hrsg. von M. Coens: Anal. Boll. 61 (1943) 196.

46) Liv. 1, 27f., bes. 28, 9f. (darauf spielt Verg. Aen. 8, 642/5 an; dazu G. Binder, Aeneas und Augustus. Interpretationen zum 8. Buch der Aeneis = Beiträge z. Klass. Philologie 38 [1971] 177f.). Livius deutet diese Todesart ganz rationalistisch: ut igitur paulo ante animum inter Fidenatem Romanamque rem ancipitem gessisti, ita iam corpus passim distrahendum dabis. Wie er betont, wurde damals in Rom diese furchtbare Hinsichtungsart zum ersten und zugleich letzten Mal angewendet (ebd. 28, 11).

47) Man fürchtete den Zorn der Biothanati, zu denen alle gewaltsam Getöteten gehörten (vgl. J. H. Waszink, Art. Biothanati: RAC 2 [1954] 391/4).

48) J. Trumpf, Stadtgründung und Drachenkampf: Hermes 86 (1958) 129/57, bes. 143/5; ebd. zum Verhältnis zwischen diesem Ritus und dem zugehörenden Mythos; vgl. auch G. Widengren, Die Religionen Irans = Die Religionen der Menschheit 14 (1965) 313$_6$. – Wie das Martyr. Basilid. 4 (CSCO Scr. aeth. 21, 16) berichtet, hat der Kaiser Diokletian angeordnet, daß dem bei der hl. Eucharistie falsch schwörenden und goldgierigen Bischof Akakios in Antiochien zur Strafe flüssiges Gold in den Hals geschüttet werde. Hier ist freilich eher an eine Talionsstrafe zu denken (zur Talion vgl. Mühl a.O. [s.o. Anm. 2] 45/51. 110f.).

der als eine rituelle Wiederholung eines urzeitlichen Geschehens zu verstehen sein, wie es beispielsweise der Mythos aus Ugarit über die Göttin Anat und den Mörder ihres Bruders Baal, Mot, berichtet. Als Mot prahlt, er habe Baal gefressen wie ein Lamm, spaltet Anat Mot mit dem Schwert, worfelt, röstet und zermahlt ihn wie Getreide und streut ihn dann aufs Feld. Beide Götter, Baal und Mot, leben wieder auf[49]). Das Ritual scheint also eine sympathetische Bedeutung zu haben. Zerstückelung und Wiederbelebung oder Verjüngung gehen nach griechischen Mythen oft zusammen[50]). Wurde ein Gottesfeind durch Zerstückelung beseitigt, so glaubte man wohl, daß die durch seine Frevel verursachte Unfruchtbarkeit des Landes oder – allgemeiner ausgedrückt – der entstandene Fluch- und Chaoszustand durch das Zerstückeln und ‚Aussäen' der Teile des Gottesfeindes auf die Felder rückgängig gemacht werden könne und damit der ursprüngliche Zustand der Ordnung zurückkehre[51]). Ein derartiges Denken wird auch noch durch die Passio des persischen christlichen Märtyrers Ionas bezeugt. Bevor Ionas zersägt wurde, schnitt man ihm Finger und Zehen ab. Die Magier sagten zu ihm: „Sieh, du bemerkst, wie wir deine Finger – Zehen auf die Erde gesät haben? Warte also, und sobald der Zeitpunkt der Ernte kommt, werden dir viele Finger – Zehen kommen"[52]). Hier scheint die ursprüngliche Vorstellung, daß Zerstückelung des Gottesfeindes pflanzliche Fruchtbarkeit hervorbringe, noch ganz lebendig zu sein. Hinter dieser rituellen Tötungsart wird aber auch ein weitverbreiteter kosmogonischer Mythos sichtbar, nach dem durch Zerstückelung eines Urzeitwesens die jetzige Welt geschaffen worden ist[53]). Die Zweiteilung oder die Zer-

---

49) Nachweise und Deutungen des Baal-Anat-Liedes bei C. Colpe, Zur mythologischen Struktur der Adonis-, Attis- und Osiris-Überlieferungen: lišān mithurti, Festschrift W. von Soden (1969) 23/44, bes. 29.

50) Vgl. die Mythen von Arkas und Pelops, die wiederbelebt aus dem Opferkessel gestiegen sein sollen (dazu Burkert, Homo a.O. [s.o. Anm. 2] 114.142) und Mythen um Medea (dazu W. Fauth, Hippolytos und Phaidra = Abh. Akad. d. Wiss. u. d. Lit. Mainz 1959, 8 S. 61f.).

51) Vgl. Rehfeldt a.O. (s.o. Anm. 2) 123f. 160; A. E. Jensen, Mythos und Kult bei Naturvölkern = Studien z. Kulturkunde 10 ²(1960) 106f. 185/217: „Rituelle Tötungen und blutige Opfer"; F. Sturm, Symbolische Todesstrafen = Kriminol. Schriftenreihe 5 (1962) 185/7 (zum Mittelalter).

52) Martyr. Ion. et Barach. 14 (Patr. Orient. 2 [1907] 433): *καὶ εἶπον πρὸς αὐτὸν οἱ ἀρχιμάγοι· „'Ιδοὺ ὁρᾷς, πῶς διεσπείραμεν τοὺς δακτύλους σου ἐπὶ τῆς γῆς; ἔκδεξαι οὖν καὶ ὅτε ἔρχεται ὁ καιρὸς τοῦ θερισμοῦ, ἥξουσί σοι πολλοὶ δάκτυλοι"*. Vgl. Act. Andreae et Matth. 28 (2, 1, 108 Lipsius-Bonnet).

53) Vgl. L. L. Hammerich, Horrenda Primordia, zur ‚Germania' 39:

stückelung des Chaoswesens, von dem der Mythos spricht, weist voraus auf die philosophischen Deutungen der Griechen, nach denen der Kosmos durch Diakrisis, durch Trennung der zuvor vereinten Urstoffe, entstanden sei[54]). Chaosungeheuer und menschlicher Gottesfeind sollen durch Trennung zum Kosmos und zum *κόσμιος ἄνθρωπος* um- und rückgewandelt werden.

Die vorgetragene Deutung, daß bestimmte Hinrichtungsarten, unter ihnen vor allem die Zweiteilung, auf die rituelle Tötung des Sakralfrevlers als des Gottesfeindes hinweisen, bestätigt schließlich noch ein in Europa weit verbreiteter Brauch, der bis in dieses Jahrhundert lebendig geblieben ist: das Winteraustreiben[55]). Der Winter wurde nicht nur in Gestalt einer Puppe verbrannt, ertränkt, zerrissen und aufs Feld gestreut, sondern auch zersägt[56]). Der Winter erschien den Menschen als die dunkle, lebensfeindliche Macht. Sie wurde vom Sommer, der Zeit des Lichts und der Fruchtbarkeit, vernichtet. Die Beseitigung der Puppe entspricht ganz den Hinrichtungsarten des mythischen und menschlichen Gottesfeindes. So hat sich die alte, dem Mythos angehörende Tötungsweise noch bis in das neuzeitliche Brauchtum erhalten. Die rituelle Wiederholung eines urzeitlichen göttlich-schöpferischen Vorgangs ist während der christlichen Jahrhunderte allmählich zu einem Brauch verblaßt.

Germanisch-Roman. Monatsschr. 33 (1951/52) 228/33; Burkert, Caesar a.O. (s.o. Anm. 15) 365/8; Jensen, Gottheit a.O. (s.o. Anm. 21) passim. – Vgl. ferner Burkert, Homo a.O. (s.o. Anm. 2) Reg. s.v. Zerstückelung, *σπαραγμός* und Ch. Gnilka, Lynchjustiz bei Catull: RheinMus 116 (1973) 256/69 (zu Cat. 108) und Henrichs a.O. (s.o. Anm. 14) Reg. s.v. Sparagmos.

54) Vgl. W. Spoerri, Späthellenistische Berichte über Welt, Kultur und Götter = Schweizer. Beiträge zur Altertumswiss. 9 (1959) Reg. s.v. *διακρίνειν*.

55) Vgl. A. Lesky, Ein ritueller Scheinkampf bei den Hethitern: Archiv f. Religionswiss. 24 (1926) 73/82 = Gesammelte Schriften (1966) 310/7.

56) Vgl. H. Usener, Italische Mythen: Rhein. Mus. 30 (1875) 191/3 = Kleine Schriften 4 (1912/13, Nachdr. 1965) 102/4; F. Skutsch, Das Josefsfest zu Rimini: Kleine Schriften (1914, Nachdr. 1967) 266/73, bes. 268. 271 f. In Rimini hieß das Fest geradezu „la scega-vecchia (scia-vecchia)", d.h. segare la vecchia. – Auch dieses Ritual, auf das Jensen, Gottheit a.O. 110 hinweist, gehört nicht unmittelbar in den von ihm behandelten Mythenkreis, sondern in den hier dargelegten Zusammenhang (s.o. Anm. 21). Vgl. Lesky a.O. 81 = 317: „Vielfach ist mit dem Scheinkampf die Verbrennung oder Ertränkung einer Puppe verbunden, die klärlich ein altes Menschenopfer vertritt... Derselbe Gedanke, Überwindung und Vernichtung des feindlichen Prinzipes, ... führt auch zum Verständnis der Opferung des Gefangenen am Schlusse des hethitischen Spieles".

Dieser Brauch ist seinerseits während des 20. Jahrhunderts vom rational-technischen Zweckdenken fast vollständig verdrängt worden.

24. Die Vision der wunderbaren Höhle

Zu den geschichtlich wertvollen Heiligenleben der Spätantike gehört die nur syrisch erhaltene, ursprünglich griechisch abgefaßte Lebensbeschreibung des monophysitischen Mönchs und späteren Bischofs von Maiuma (bei Gaza) Petrus des Iberers (geb. um 412 oder 417, gest. 491)[1]. Der Verfasser dieser Vita war höchstwahrscheinlich der Freund und Nachfolger des Heiligen, Johannes Rufus[2]. Wie diese Biographie erzählt, kamen Petrus und seine Begleiter nach Arabien zum Gebirge Abarim östlich des Toten Meeres und dort zum heiligen Berg Pisga oder Nebo, von dem Mose das Gelobte Land sehen durfte[3]. Nach alter Ortsüberlieferung war Mose auf dem Berg Nebo verstorben, und hier sollte auch sein Grab liegen, über dem ein Mose geweihtes christliches Heiligtum mit Kloster stand[4].

Die Bewohner dieses Berges wußten Petrus und seinen Begleitern auch zu berichten, wie es zur Auffindung des Mosegrabes gekommen sei[5]:

> »Ein Hirt von dem Dorfe Nebo, welches auf der Südseite des Berges liegt, brachte beim Weiden seine Herde bis zu diesem Orte[6]. Und als er dahin kam, sah er, wie in einem Gesicht, eine sehr geräumige Höhle, voll von vielem Licht und Wohlgeruch und Glanz. Und während er staunte – denn niemals war an jener Stelle etwas Derartiges gesehen worden – wagte er, durch die göttliche Kraft gestärkt, in jene Höhle hinabzusteigen, und sah einen ehrwürdigen Greis, dessen Gesicht glänzend und voll von aller Güte war, und der wie auf einem lichten und von Herrlichkeit und Gnade strahlenden Bett lag. Und da er einsah, daß dies der heilige Moses sei, lief er mit großer Furcht und Freude sogleich in das Dorf, indem er eilte, den dort Wohnenden das Gesicht kund zu tun. Und von Gott weise gemacht, sammelte er kleine Steine und richtete viele Steinhaufen an jenem Orte auf, wo er jenes Gesicht gesehen hatte, indem er erwog, daß nach seinem Weggang die Stelle vielleicht wieder unkenntlich werden würde – was auch wirklich geschah. Denn als die Bewohner jenes Dorfes es hörten, liefen sie alle scharenweis zu jenem Gesicht und suchten jene Höhle. Und jener Hirt sprach, Gott zum Zeugen anrufend: An dieser Stelle, wo diese Steinhaufen liegen, habe ich jenes Gesicht gesehen und bin ich in jene Höhle hinabgestiegen und habe den heiligen Propheten gesehen. Und deshalb habe ich diese Steinhaufen aufgerichtet, damit, wenn auch der Prophet sich auf Gottes Befehl wieder verbergen sollte, doch die Steinhaufen den Ort kenntlich machten. Und so wurde, da sie und außerdem viele Heilige überzeugt wurden, daß das Gesicht ein wahres sei, und alle Bewohner der Gegend insgesamt eilends Baumaterial brachten, dieser Tempel gebaut, auf den Namen des großen Propheten und Gesetzgebers, und er verkündet öffentlich und so, daß kein Zweifel möglich ist, jedermann seine Güte und Kraft durch die Zeichen und Wunder und Heilungen, welche seitdem ununterbrochen an diesem Orte verrichtet werden«.

[1] Vita Petri Hiberi (BHO 955), hrsg. von R. RAABE, Petrus der Iberer. Ein Charakterbild zur Kirchen- und Sittengeschichte des fünften Jahrhunderts (Leipzig 1895). Vgl. H. G. OPITZ, Art. Petros nr. 5: PW 19,2 (1938) 1296; A. KOLLAUTZ, Art. Petros der Iberer: LThK[2] 8 (1963) 365f; B. ALTANER/A. STUIBER, Patrologie[8] (Freiburg 1978) 241 nr. 6; 596.

[2] Vgl. E. SCHWARTZ, Johannes Rufus, ein monophysitischer Schriftsteller = SbHeidelberg 1912 nr. 16.

[3] Vita Petri Hiberi: 81/3 RAABE. Vgl. Dtn. 32,49; 34,1; A. VAN DEN BORN, Art. Nebo 1: H. HAAG, Bibel-Lexikon[2] (Einsiedeln 1968) 1222.

[4] J. JEREMIAS, Heiligengräber in Jesu Umwelt (Göttingen 1958) 102f hält die Überlieferung über das Mosegrab auf dem Nebo für »sicher christlich«. Dieser Auffassung widerspricht aber das mit Vita Petri Hiberi fast zeitgenössische Itinerarium Egeriae 12,2 (CCL 175,52): nam memoria illius [sc. Moysis], ubi positus sit, in hodiernum ostenditur; zu der Verbesserung: in hodiernum statt des überlieferten: in hodie non, das JEREMIAS 102 verteidigt, vgl. E. LÖFSTEDT, Philologischer Kommentar zur Peregrinatio Aetheriae (Uppsala 1911 bzw. Darmstadt 1962) 216f. – Vgl. ferner S. J. SALLER, The memorial of Moses on Mount Nebo = Publications of the Studium Biblicum Franciscanum 1 (Jerusalem 1941) 330/47 und Reg. s. v. ›Vision of shepherd‹.

[5] Vita Petri Hiberi: 85f RAABE.

[6] Zur Stadt Nebo vgl. Num. 32,3. 38; 1 Chron. 5,8; Jes. 15,2.

Diese Erzählung steht nicht für sich, sondern gehört einem Traditionsstrom an, dessen Anfänge sich in den Nebeln der schriftlosen Zeiten der Mittelmeerkulturen verlieren. Nach ihrem Inhalt kann sie zunächst als Fremdbericht einer Vision bezeichnet werden. Mündliche oder schriftliche Wiedergaben selbsterlebter oder von anderen erlebter Visionen gehören ihrem Wesen nach zu den religiösen Zeugnissen, die unmittelbar von Einblicken in eine überirdische, jenseitige Welt sprechen. Man wird sie deshalb zu den Offenbarungsurkunden rechnen dürfen. Im Mittelpunkt der Religion steht die Begegnung des Menschen mit dem Heiligen, den heiligen Mächten, der Gottheit. Die Gottheit hat sich nach dem Glauben der Völker bestimmten Menschen zu bestimmten Zeiten und an bestimmten Orten in Gestalt und in Worten, also in Visionen und Auditionen, kundgetan. Die Menschen, denen derartiges widerfuhr, galten als erwählt und heilig. Für das Zustandekommen einer Vision waren Zeit und Ort nicht gleichgültig. Es gab bevorzugte Stunden des Tages, wie die Mittagsstunde und ihr Gegenbild, die Mitternacht.

In den antiken Mittelmeerkulturen begegnen uns als Empfänger jenseitiger Offenbarungen nicht selten Hirten, ja der Hirt galt als bevorzugter Offenbarungsempfänger. Die Hirten, die nach dem stimmungsvollen Bericht des Lukas die Botschaft der Engel vom Erlöserkind erhielten, sind nur ein Beispiel aus einer Fülle antiker und christlicher Belege[7].

Was eine Vision ihrem Wesen nach tatsächlich ist, wird das wissenschaftliche rationaldiskursive Denken niemals vollkommen erfassen können[8]. Unzureichend sind Begriffe wie Phantasiebild oder innere Schau. Im zuvor mitgeteilten Visionsbericht wird man die Bemerkung nicht übersehen dürfen: »sah er wie in einem Gesicht«. Der Mensch, der einer Schau ins Jenseits gewürdigt wird, erlebt diese als Gesamtpersönlichkeit, also auch mit seinen körperlichen Sinnen. Sagen und Märchen, in denen die ursprünglich religiöse Erfahrung einer Jenseitsschau als literarisches Motiv begegnet, sprechen davon, daß der einzelne Mensch als ganzer in die jenseitige Welt gelangt sei[9].

Der jenseitige Ort, zu dem der erwählte Hirt kommt, ist eine Höhle. Im Gegensatz zu den Grotten und Höhlen der gewöhnlichen Erfahrung ist sie mit Licht, Glanz und Wohlgeruch erfüllt. Licht und Wohlgeruch zeichnen den heiligen Ort aus, an dem die Götter wohnen oder sich bestimmten Auserwählten zeigen[10]. Nach dem Glauben der Griechen

[7] Lc. 2,8/20; dazu J. GEFFCKEN, Die Hirten auf dem Felde: Hermes 49 (1914) 321/51. – Hirten haben Erscheinungen der trojanischen Helden (Philostr. heroic. 18,2). David wurde als Hirt von Jahwe zum König berufen (1 Sam. 16,11/3; 2 Sam.7,8; Ps. 78,70f). Amos erhielt als Hirt seine Berufung zum Propheten (Amos 7,14f) – Als Hirt wurde Hesiod von den Musen zum Dichter-Propheten geweiht (theog. 22/34); dazu vgl. mit reichen Parallelen M. L. WEST, Hesiod, Theogony (Oxford 1966) 158/61. Als Hirtenknabe empfing Branchos durch den Kuß Apollons die Sehergabe (Conon narr. 33,4 [FGrHist 26 F 1]; vgl. B. CARDAUNS, M. Terentius Varro, Antiquitates rerum divinarum = AbhMainz, Einzelveröff., 1 [1976] 104 frg. 252; 2 [1976] 229f). Mantik gehört zum Leben der Hirten (Cic. div. 1,94) wie die Musik (zum Gott der Hirten, Hermes, vgl. H. HERTER, Hermes. Ursprung und Wesen eines griechischen Gottes: RheinMus 119 [1976] 193/241, bes. 225). Attis trägt als Hirt die Syrinx (vgl. H. HEPDING, Attis = RGVV 1 [Gießen 1903 bzw. Berlin 1967] 103). Hirten galten auch als Finder von Offenbarungsschriften (Dictys-Septim. epist. und prol.; dazu W. SPEYER, Bücherfunde in der Glaubenswerbung der Antike [Göttingen 1970] 55/9). Vgl. ferner W. FAUTH, Zum Motivbestand der platonischen Gygeslegende: RheinMus 113 (1970) 1/42, bes. 10/14: ›Das Motiv des königlichen Hirten‹.

[8] Vgl. E. BENZ, Die Vision. Erfahrungsformen und Bilderwelt (Stuttgart 1969).

[9] Vgl. Heracleid. Pont. bei Procl. in Plat. remp.: 2,122,1f KROLL (= frg. 91 WEHRLI); Sagen vom bergentrückten Kaiser in den Sagen vom Untersberg bei Salzburg: Der Hirtenknabe, Der Hirte von Grödig, Lazarus Aigner, Kaiser Friedrich und der Hirtenknabe, hrsg. von R. VON FREISAUFF, Salzburger Volkssagen (Wien 1880) 7/9. 15/21. 24f; vgl. ebd. 105/27: ›Bergentrückungs-Sagen‹; W. STAMMLER, Art. Bergentrückt: HdWb. d. deutschen Aberglaubens 1 (1927) 1056/71, bes. 1069; R. HÜNNERKOPF, Art. Höhle: ebd. 4 (1931/32) 175/83.

[10] Zum göttlichen Licht vgl. W. SPEYER, Die Hilfe und Epiphanie einer Gottheit, eines Heroen und eines Heili-

gab es aber auch bestimmte Grotten der sichtbaren Welt, die durch wunderbare Lichterscheinungen ausgezeichnet waren. So erzählte man vom Goldglanz der Korykischen Grotte des Parnaß[11]. Auch in der heiligen Höhle Kretas, in der nach dem Mythos Rhea Zeus geboren hat, soll jährlich ein wunderbares Feuer erschienen sein[12]. Die Lichterscheinung in der Grotte begegnet gleichfalls in apokrypher christlicher Überlieferung. Nach dem Protevangelium Jacobi erschien in der Höhle, in der die Jungfrau Maria das göttliche Kind gebar, zunächst eine Lichtwolke, darauf ein großes Licht, das die Augen blendete, und schließlich das Erlöserkind selber[13]. Ohne wunderbares Licht ist die Epiphanie eines Gottes nicht zu denken. Wie die apokryphen Johannesakten mitteilen, erschien Jesus während seiner Kreuzigung Johannes, der in eine Höhle auf dem Ölberg geflohen war, in so großem Glanz, daß davon die Grotte hell wurde[14].

In Visionsberichten von der wunderbaren Höhle erstrahlen nicht selten statt Licht oder Feuer auch Gold oder aus Gold gefertigte Gegenstände. In diesen Fällen hat das Gold als Erscheinungsform des göttlichen Feuers zu gelten[15]. So soll der königliche Hirt Gyges im unterirdischen Gemach einen Toten von übermenschlicher Größe mit einem goldenen Ring an der Hand gefunden haben[16]. Nach der frühjüdischen Überlieferung über die Schatzhöhle des Urelternpaares verbarg Adam in ihr Gold, Myrrhen und Weihrauch[17].

Die innere Wahrheit der Visionsberichte einer wunderbar in Licht, Feuer oder dem Glanz des Goldes erstrahlenden Grotte folgt aus der Tatsache, daß Grotte und Feuer so eng aufeinander bezogen sind wie das weibliche und das männliche Prinzip; denn die Höhle ist das Symbol des empfangenden und gebärenden Mutterschoßes und das Feuer das Symbol der männlichen Zeugungskraft[18]. Die visionär geschaute Grotte, in der ein

gen in der Schlacht: Pietas, Festschrift B. Kötting = JbAC Erg.-Bd. 8 (Münster 1980) 55/77. – Zum göttlichen Duft vgl. E. LOHMEYER, Vom göttlichen Wohlgeruch = SbHeidelberg 1919 nr. 9; W. DEONNA, Εὐωδία. Croyances antiques et modernes. L'odeur suave des dieux et des élus: Genava 17 (Genève 1939) 167/263; S. LILJA, The treatment of odours in the poetry of Antiquity = Commentationes Human. Litt. 49 (Helsinki 1972) 25/30; D. KORZENIEWSKI, Nugae Colonienses: Gymnasium 87 (1980) 249/61, bes. 254/61; B. KÖTTING, Wohlgeruch der Heiligkeit: in diesem Band 168/75.

[11] Philox. Cyther. frg. 16 PAGE; Antigon. hist. mirab. 127 (Paradoxogr. Graec. Rel. 88f GIANNINI). Vgl. PIESKE, Art. Κωρύκιον ἄντρον: PW 11,2 (1922) 1448/50.

[12] Antonin. Lib. 19 (33 PAPATHOMOPOULOS); dazu H. SCHWABL, Art. Zeus: PW Suppl. 15 (1978) 1209f. – Caca, die Schwester des Cacus, wurde auf dem Palatin in einer Höhle durch ein ewiges Feuer geehrt (Serv. Aen. 8,190 cod. Floriacensis); vgl. H. SCHNEPF, Das Herculesabenteuer in Virgils Aeneis, VIII,184f.: Gymnasium 66 (1959) 250/68, bes. 251.

[13] Protev. Jac. 19,2.

[14] Act. Joh. 97 (AAA 2,1,199); vgl. W. BAUER, Das Leben Jesu im Zeitalter der neutestamentlichen Apokryphen (Tübingen 1909 bzw. Darmstadt 1967) 238f.

[15] Vgl. W. SPEYER, Die Zeugungskraft des himmlischen Feuers in Antike und Urchristentum: AntAbendl 24 (1978) 57/75, bes. 64f; H.-J. HORN, Art. Gold: RAC 11 (1981) 899.

[16] Plat. resp. 2,359d/e; vgl. FAUTH (o. Anm. 7) 34/7.

[17] Caverna thesaur. 5,17 (949 RIESSLER); vgl. A. GÖTZE, Die Schatzhöhle. Überlieferung und Quellen = SbHeidelberg 1922 nr. 4.

[18] Zur Höhle als Symbol des Mutterschoßes vgl. zB. Lucan. 4,593f: nondum post genitos Tellus effeta gigantas / terribilem Libycis partum concepit in antris; Claud. carm. 22,424/7: est ignota procul nostraeque impervia menti, / vix adeunda deis, annorum squalida mater, / inmensi spelunca aevi, quae tempora vasto / suppeditat revocatque sinu (die Höhle des Aion; vgl. die folgenden Verse 427/50; E. NORDEN, Die Geburt des Kindes [Leipzig 1924 bzw. Darmstadt 1969] 42f). – »Zur Wurzel δελφ, die sowohl die Höhlung der Gebärmutter δελφύς als auch eine kesselförmige Schlucht Δελφοί bezeichnen kann«: W. FAUTH, Hippolytos und Phaidra = AbhMainz 1959 nr. 8,66f. – Vgl. ferner M. ZEPF, Der Mensch in der Höhle und das Pantheon: Gymnasium 65 (1958) 355/82, bes. 356f; zum Feuer als Symbol des männlichen Prinzips SPEYER, Zeugungskraft (o. Anm. 15). Für dieses Denken ist folgende angeblich von Pythagoras übernommene Lehre Zarathustras aufschlußreich (Diodor von Eretria und Aristoxenos [frg. 13 WEHRLI] bei Hippol. ref. 1,2,12 [GCS Hippol. 3,7]): Es gebe von Anfang zwei Grundprinzipien für die Dinge: Vater und Mutter. Der Vater sei das Licht, die Mutter aber das Dunkel. Teile des Lichts seien das Warme, Trockene, Leichte und Schnelle, Teile des Dunkels aber das Kalte, Feuchte, Schwere und Langsame. Aus diesen bestehe der ganze Kosmos, aus dem Weiblichen und dem Männlichen. Zu dieser

Licht aufscheint, ist ein Jenseitsort, in dem gleichsam das Leben selber mit seiner zeugenden und seiner empfangend-gebärenden Kraft wohnt[19].

Nur selten wird der göttliche Duft in der Wundergrotte erwähnt[20]. Da die Vita Petri Hiberi von der Erscheinung des Moses, also eines ›vergöttlichten‹ Toten, spricht, soll der Duft vor allem auf den seligen Zustand des Verstorbenen hinweisen. Einzelne Berichte über den Fund von Reliquien christlicher Märtyrer sprechen vom Duft, der den Ausgräbern entgegengeströmt sei[21].

Wie in der Frühzeit der Menschheit wurden auch noch während der Zeit der Hochkulturen des Mittelmeergebietes Höhlen als Begräbnisplätze gewählt. Die Schatzhöhle Adams war zugleich Begräbnisplatz für ihn und seine Nachkommen[22]. Grab und Jenseits konnten in der religiösen Vorstellung miteinander ausgetauscht werden[23]. Auch stellte man sich die Unterwelt als eine Art Höhle vor[24]. So lag der Glaube nahe, daß Höhlen heilige Orte seien, an denen man ins Jenseits gelangen könne[25]. Das Jenseits aber wurde wie das Heilige und Göttliche als ambivalent erlebt, als segenspendend und fluchbringend, als Elysion und Tartaros. Aufstieg der Seele, Himmelfahrt, und Abstieg der Seele, Höllenfahrt, entsprechen dieser Ambivalenz des Jenseits und weisen auf die Ambivalenz des göttlichen Urgrunds dieser Welt im Glauben der Griechen und anderer Völker der antiken Mittelmeerkulturen zurück.

Wie die Höhlen als Begräbnisplätze bevorzugt wurden, so auch als Orte der geschlechtlichen Liebesverbindung[26]. Zahlreiche griechische Mythen berichten über die

Lehre vgl. R. REITZENSTEIN/H. H. SCHAEDER, Studien zum antiken Synkretismus aus Iran und Griechenland = Studien der Bibl. Warburg 7 (Leipzig/Berlin 1926 bzw. Darmstadt 1965) 116/8 und J. BIDEZ/F. CUMONT, Les mages hellénisés 2 (Paris 1938 bzw. ebd. 1973) 63f und F. WEHRLI, Die Schule des Aristoteles 2^2 (Basel 1967) 50f.

[19] Wenn Herd und Herdfeuer von Griechen und Römern göttlich verehrt wurden, so spricht sich darin dieselbe Vorstellung aus; vgl. H. HOMMEL, Vesta und die frührömische Religion: AufstNiedergRömWelt 1,2 (1972) 397/420, bes. 399f. 402. Tod und Leben gehören für ursprüngliches Erleben und Denken zusammen. So war eine der ältesten Begräbnisstätten der Platz beim häuslichen Herd (vgl. Plut. Phoc. 37,5; E. ROHDE, Psyche 1^3 (Freiburg 1903 bzw. Darmstadt 1974) 228. 230_1; 2^3, 340; E. BETHE, Ahnenbild und Familiengeschichte bei Römern und Griechen (München 1935) 23/31 und u. Anm. 22.

[20] Plut. fac. orb. lun. 26,941 F von der Wunder-Insel, auf der Kronos, in einer tiefen Grotte eingeschlossen, schläft: Die ganze Insel sei von einem Wohlgeruch erfüllt gewesen, der sich von dem Felsen des Kronos wie von einer Quelle aus verbreitete (vgl. M. NINCK, Die Bedeutung des Wassers im Kult und Leben der Alten = Philol Suppl. 14,2 [Leipzig 1921 bzw. Darmstadt 1967] 128f). – Vgl. ferner DEONNA (o. Anm. 10) 172f: ›Lieux divins parfumés‹. – Zu der Vorstellung des Gottes im Berg vgl. ROHDE aO. 1,111/45: ›Höhlengötter. Bergentrückung‹. – Eine eigene Untersuchung erfordert die Frage, wie die Erfahrungen der Vision von der wunderbaren Höhle für die Riten der Initiation und der Mysterien fruchtbar geworden sind. Zur Höhle als Ort der Initiation in den paläolithischen und archaischen Religionen vgl. M. ELIADE, Schamanismus und archaische Ekstasetechnik (Zürich 1954) 60f. – Zum Licht in den Mysterien, vor allem in den Mithrasmysterien, vgl. A. HENRICHS, Die Phoinikika des Lollianos. Fragmente eines neuen griechischen Romans = Papyrolog. Texte u. Abh. 14 (Bonn 1972) 111. Zum Wohlgeruch in den Isismysterien vgl. Apul. met. 11,4. 9.

[21] ZB. bei der Auffindung der Gebeine des Erzmartyrers Stephanus (Zachar. Rhet. hist. eccl. 1,8 [CSCO 87/Script. Syr. 41,71]); vgl. ferner Pass. Luc. et Gemin. (BHL nr. 4986): 2,110,49 MOMBRITIUS; DEONNA (o. Anm. 10) 197f. 234/58: Katalog der Heiligen; KORZENIEWSKI (o. Anm. 10) 259. – Zu frühjüdischen Parallelen vgl. JEREMIAS (o. Anm. 4) 127/9.

[22] Caverna thes. 6,21; 7,22 (950. 952 RIESSLER) und öfter; vgl. ferner ZEPF (o. Anm. 18) 356_9.

[23] Beispiele nennt ROHDE (o. Anm. 19) $2,366_1$.

[24] Olympiod. in Plat. Phaedon.: 198,20f NORVIN: οἷον γὰρ ἐν σπηλαίῳ οἱ ἐν τῷ Ταρτάρῳ οἰκοῦσιν.

[25] Die heilige Grotte der Nymphen auf Ithaka hat zwei Pforten: durch die nördliche steigen die Menschen hinab, durch die südliche allein die Unsterblichen (Od. 13,102/12). Vgl. ferner E. NORDEN, P. Vergilius Maro, Aeneis Buch 6^3 (Leipzig 1927 bzw. Darmstadt 1976) 198/362; FAUTH, Motivbestand (o. Anm. 7) 15f: ›Das Motiv der Katabasis‹.

[26] Zeus und Hera (Plut. περὶ τῶν ἐν Πλαταιαῖς δαιδάλων: FGrHist 388 F 1), Selene und Endymion (Schol. Apoll. Rhod. 4,57f [264 WENDEL]), Silene, Hermes und Nymphen (Hom. hymn. Ven. 262f), Attis und Nymphe (Iul. Imp. or. 8,[5],5,165 C), Kalypso und Odysseus (Od. 1,13/5; 5,154f. 226f). Zur Vergewalti-

Zeugung und Geburt von Göttern und Heroen in Grotten[27]. Insofern umfaßt die Höhle das Ganze dieser sichtbaren Welt: sie ist Ort des Dunkels und des Lichts, sie ist Stätte des Todes, der Zeugung und der Geburt, sie ist die Stelle, an der sich Diesseits und Jenseits begegnen, und demnach der eigentliche Offenbarungsort[28].

Wie nach dem Glauben und Vorstellen des religiösen Menschen der Antike die Gottheit und der Mensch bei aller Unähnlichkeit doch auch Ähnlichkeiten aufweisen, so sind für ihn auch Jenseits und Diesseits miteinander verwandt. Die erhaltenen Schilderungen vom Jenseits als einem überirdischen Ort entnehmen ihre Farben der sinnlich wahrnehmbaren Welt der Erfahrung. Sehr deutlich wird dies, wenn das Diesseits als Höhle aufgefaßt und die gleiche Vorstellung für die Jenseitsschilderung fruchtbar gemacht wird[29]. Aber auch Berichte über Entdeckungen und Öffnungen von Herrschergräbern, wie sie in der Antike und im Mittelalter öfter vorgekommen sind, dürften zur Ausgestaltung der Vision von der wunderbaren Höhle beigetragen haben[30]. Wenn auch manches in der Vision der Vita Petri Hiberi an Mitteilungen geschichtlich überlieferter Graböffnungen erinnert, so wäre es trotzdem falsch, diesen und vergleichbare Visionsberichte zur Gänze für legendenhafte Umformungen derartiger geschichtlicher Nachrichten zu halten. Vielmehr sind in

gung in einer Höhle durch einen Gott vgl. W. SCHMID, Geschichte der griechischen Literatur 1,3 (München 1940 bzw. 1961) 540. 543 mit Anm. 4. Vgl. ferner Dido und Aeneas (Verg. Aen. 4,165/8). – In der Höhle Chirons wurde die Hochzeit des Peleus und der Thetis gefeiert (Belege bei ESCHER, Art. Chiron: PW 3,2 [1899] 2306, 43/9; A. LESKY, Art. Peleus: PW 19,1 [1937] 298f). – Zu einer Parallele aus Mexiko A. E. JENSEN, Die getötete Gottheit (Stuttgart 1966) 105. – Pan, dem »Gott der fruchtbaren Zeugung, des animalischen Triebes und Dranges«, waren in Griechenland zahlreiche Grotten heilig (vgl. H. WALTER, Pans Wiederkehr. Der Gott der griechischen Wildnis [München 1980] 38/42. 44/51 mit Abb. 27. 29/31. 35. 37/9); ebenso den mit Pan verbundenen Nymphen (vgl. H. HERTER, Art. Nymphai: PW 17,2 [1937] 1554f. 1558/72).

[27] Geburtshöhle des Hermes im arkadischen Kyllenegebirge (vgl. PIESKE, Art. Kyllene: PW 11,2 [1922] 2455, 26/45; 2456,26/62); Geburtshöhle des Zeus im kretischen Idagebirge (vgl. JESSEN, Art. Idaios nr. 1: PW 9,1 [1914] 1192,41/50; H. SCHWABL, Art. Zeus I: PW 10A [1972] 316; eine Höhle im Diktegebirge Kretas, von der einzelne antike Schriftsteller sprechen, scheint es nie gegeben zu haben; vgl. WEST [o. Anm. 7] 297) bzw. bei Lyktos auf Kreta (Hes. theog. 477/9; dazu WEST aO.), Höhle der Paliken in Sizilien (vgl. K. ZIEGLER, Art. Palikoi: PW 18,3 [1949] 117/9), Höhle Euböas, in der Elara den Tityos geboren hat (Strab. 9,3,14,423), Höhle Euböas, in der Io den Epaphos geboren hat (Strab. 10,1,3,445), Höhle Euböas, in der Rhoio den Anios geboren hat (Schol. Lycophr. Alexandr. 570), Höhle bei Plataiai, in der Antiope den Amphion und Zethos geboren hat (Paus. 1,38,9). – Die griechische Geburtsgöttin Eileithyia wurde in einer Höhle bei Amnisos auf Kreta verehrt (Od. 19,188; dazu W. BURKERT, Griechische Religion der archaischen und klassischen Epoche [Stuttgart 1977] 57f). Zur Geburt des Mithra und des iranischen Königs durch das Blitzfeuer in einer Höhle vgl. G. WIDENGREN, Iranisch-semitische Kulturbegegnung in parthischer Zeit = AGForschNRW G 70 (1960) 62/86; ders., Die Religionen Irans (Stuttgart 1965) 238f. – Zur Geburt Jesu in einer Höhle vgl. die Literatur bei C. COLPE, Die Mithrasmysterien und die Kirchenväter: Romanitas et Christianitas, Festschrift J. H. Waszink (Amsterdam 1973) 29/43, bes. 39_8; L. KÖTZSCHE-BREITENBRUCH, Art. Geburt III (ikonographisch): RAC 9 (1973) 206f.

[28] In neuerer Zeit hat vielleicht Novalis am nachdrücklichsten die Symbolik der Höhle als Ort des Todes und Lebens, als Ort der Begegnung mit den sich offenbarenden göttlichen Mächten erlebt. Zeugnis dafür ist sein Roman ›Heinrich von Ofterdingen‹, vor allem das fünfte Kapitel des ersten Teils mit dem ersten ›Bergmannslied‹ (1./6. Strophe) und sein ›Lied der Toten‹ aus dem unvollendeten zweiten Teil des Romans: »... Auf den weiten Herden immer / lodert neue Lebensglut. / Tausend zierliche Gefäße / Einst betaut mit tausend Tränen, / goldne Ringe, Sporen, Schwerter / sind in unserm Schatz: / viel Kleinodien und Juwelen / wissen wir in dunkeln Höhlen, / keiner kann den Reichtum zählen, / zählt' er auch ohn' Unterlaß«. S. auch u. Anm. 60.

[29] Platons Höhlengleichnis (resp. 7,514f) gehört hierher sowie Porphyrios' Schrift ›De antro nympharum‹, bes. 6,8; vgl. auch Claud. carm. 22, 424/50: Höhle des Aion; R. EISLER, Weltenmantel und Himmelszelt 2 (München 1910) 611f und ZEPF (o. Anm. 18) 358/62.

[30] ZB. Augustus am Grab Alexanders d. Gr.: Suet. div. Aug. 18,1 (vgl. Suet. Cal. 52). Vgl. die Geschichte von der Auffindung des Grabes des Propheten Zacharias und eines königlichen Knaben bei Sozom. hist. eccl. 9,17 (GCS Sozom. 407f). Otto III ließ das Grab Karls d. Gr. öffnen (vgl. H. BEUMANN, Grab und Thron Karls d. Gr. zu Aachen: Karl der Große, Lebenswerk und Nachleben 4 [Düsseldorf 1967] 32. 33_{177}).

diesen Visionserzählungen Erfahrungen überrationaler Art – man mag sie religiöser oder intuitiver Natur nennen – mit Erfahrungen aus der geschichtlich-kulturellen Umwelt verschmolzen.

Nach der Vita Petri Hiberi erkennt der Hirt den geheimnisvollen Toten als Mose. Nichts wird darüber mitgeteilt, wie er diese Einsicht gewonnen hat. Mit hoher Wahrscheinlichkeit ist aber diese jüdisch-christliche Visionsgeschichte unter dem Einfluß einer antiken zustandegekommen, in deren Mittelpunkt der ägyptische Gott Thot oder vielmehr seine hellenistische Entsprechung Hermes Trismegistos stand.

Bevor dieser Parallelbericht näher betrachtet wird, sind noch zwei weitere Motive hervorzuheben, die für derartige Visionsberichte typisch sind. Wenn die Vita Petri Hiberi mitteilt, daß Furcht und Freude den Hirten nach seiner Entdeckung ergriffen haben, so ist der Hinweis auf diese Mischung der widerstreitenden Gefühle bei Epiphanie-Erlebnissen oft bezeugt. Nach der Erzählung des Evangelisten Matthäus über die Osterereignisse kamen Maria Magdalena und die andere Maria zum Grab Jesu. Ein Erdbeben überraschte sie, und ein Engel als Blitzwesen erschien, der ihnen die Auferstehung Jesu verkündete. Wörtlich heißt es darauf: »Sie gingen schnell vom Grab weg; mit Furcht und großer Freude eilten sie, die Botschaft seinen Jüngern zu künden«[31]. Unter Furcht und Freude erhob sich Lucius nach der Vision und Audition der Göttin Isis[32]. Der Patriarch Petros von Alexandrien erblickte auf dem göttlichen Thron eine lichtartige und unaussagbare Macht und wurde von »Furcht und Freude« bis ins Innerste befallen[33].

Etwas verdunkelt dürfte der Schluß der Visionserzählung sein. Zur Typik gehört nämlich der Hinweis, daß der Zugang zum Jenseits nach dem Erlebnis nicht mehr auffindbar ist. Schien es auch dem Visionär so, als ob er durch eine sinnlich wahrnehmbare Pforte ins Jenseits gelangt sei, so muß er nach seinem Erlebnis erkennen, daß diese Pforte verschwunden ist. Damit wird bildlich ausgesagt, daß die Jenseitsschau ein gnadenhaft geschenktes und einmaliges Erlebnis war. Als Parallele sei beispielsweise auf folgende samaritanische Überlieferung hingewiesen:

> »Als Ussi im Zelt der Begegnung Dienst tat, sah er eines Tages eine große Höhle daneben. In dieser Höhle sahen Ussi und die Leviten die Erfüllung der Drohung Dtn. 31,18. Ussi brachte in diese Höhle alle heiligen Gewänder, Gold- und Silbergefäße, die Gesetzeslade, den Leuchter, die Altäre und alle heiligen Geräte. Sobald Ussi die Höhle verließ, wurde sie versiegelt. Am nächsten Morgen war sie verschwunden«[34].

Nach dieser Übersicht über die Motive sei kurz die Quellenfrage berührt. Erst nach ihrer Klärung wird sich auch entscheiden lassen, ob nicht der Visionsbericht der Vita Petri Hiberi in einem wichtigen Punkt verkürzt worden ist. Zu den Visions- und Offenbarungsschriften der hermetischen Literatur gehört das ›Buch des Krates‹, das arabisch erhalten und vielleicht von einem Kopten im 9. Jahrhundert geschrieben worden ist[35].

[31] Mt. 28,1/8, bes. 8: μετὰ φόβου καὶ χαρᾶς; Mc. 16,8 spricht nur von τρόμος καὶ ἔκστασις.

[32] Apul. met. 11,7: pavore et gaudio ... exsurgo (sc. Lucius).

[33] Pass. Petr. Alex. c. 17, hrsg. von P. Devos: AnalBoll 83 (1965) 176: φόβος μετὰ χαρᾶς.

[34] Vgl. H. G. Kippenberg, Garizim und Synagoge = RGVV 30 (Berlin 1971) 63. 252f. Mit dieser Überlieferung vgl. 2 Macc. 2,4/6: Jeremia verbarg in einer Höhle des Berges Nebo das heilige Zelt, die Bundeslade, den Rauchopferaltar und verschloß den Eingang. Seine Begleiter konnten später den Weg zur Höhle nicht mehr finden. – Die wunderbare Pforte, die später spurlos verschwunden ist, begegnet auch als Motiv der Dichtung: Goethes Märchen ›Der neue Paris‹ (Dichtung und Wahrheit 1,2).

[35] Vgl. R. Reitzenstein, Himmelswanderung und Drachenkampf in der alchemistischen und frühchristlichen Literatur: Festschr. F. C. Andreas (Leipzig 1916) 33/50, bes. 37/9; J. Ruska, Tabula Smaragdina. Ein Beitrag zur Geschichte der hermetischen Literatur = Heidelberger Akten der Von-Portheim-Stiftung 16

»Der in den Himmel entrückte Krates erblickt Hermes Trismegistos in der Gestalt eines ehrwürdigen Greises, auf einem Thronsessel sitzend, mit weißen Gewändern angetan, eine leuchtende Tafel in der Hand, auf welcher ein Buch lag, aus dem man die Summe der Theorien seiner Geheimnisse erfahren kann, die er vor den Menschen verborgen hat«[36].

Mit dieser Überlieferung hängt vielleicht die Geschichte vom Fund der Tabula Smaragdina zusammen, dem Grund- und Gesetzbuch der Alchemisten. Sie lautet nach der arabischen Fassung des 12. Jahrhunderts:

»Ich [d. i. der Priester Sāgijūs aus Nābulus] fand die folgenden Weisheitssprüche am Ende des Buches Balīnas des Weisen [d. i. Apollonios von Tyana]: Als ich [d. i. Apollonios] die Kammer [in Tyana] betreten hatte, über welcher der Talisman angebracht war, gelangte ich zu einem Greis, auf einem Thron von Gold sitzend, in seiner Hand eine Tafel von Smaragd. Und siehe, es war Syrisch, in der Ursprache, darauf geschrieben«.

Anschließend folgt der Inhalt der geheimen Botschaft[37]. In der lateinischen Überlieferung der Tabula Smaragdina wird mitgeteilt, daß die Tafel in einer dunklen Höhle, in der der Leib des Hermes Trismegistos begraben war, in den Händen des Toten gefunden wurde[38]. Die Schrift ›Das Buch des Krates‹ und die Rahmenerzählung der ›Tabula Smaragdina‹ zielen auf den Fund einer heiligen Schrift ab, also auf eine Offenbarung; denn das Buch des Hermes Trismegistos soll als himmlische Botschaft gelten. Im vergleichbaren Visionsbericht der Vita Petri Hiberi fehlt hingegen ein Hinweis auf einen Bücherfund oder auf eine Offenbarungsrede des Mose. Die Vermutung liegt aber nahe, daß auch hier ursprünglich der Hirt eine überirdische Schrift gefunden oder eine mündliche Botschaft von Mose als dem gleichsam göttlichen Offenbarer erhalten hat[39]. Eine Verknüpfung mit den Hermes-Überlieferungen wird man vor allem deshalb annehmen dürfen, weil Mose seit hellenistisch-jüdischer Überlieferung in bestimmten Kreisen mit Thot/Hermes Trismegistos gleichgesetzt worden ist[40].

Aber auch das ›Buch des Krates‹ bietet nicht den ersten Visionsbericht dieser Art, sondern steht in einer Überlieferung, die sich bis zur Gygeserzählung Platons und darüber hinaus zurückverfolgen läßt[41]. In verschiedenen Fassungen der Geschichte vom Fund der Tabula Smaragdina begegnet der Name des Apollonios von Tyana[42]. Wenn Apollonios nach der legendären Beschreibung seines Lebens von Philostrat weit in den Osten reist und schließlich zum Ersten der weisen Brahmanen, Iarchas, gelangt, so dürfte hinter dem phantastischen Reisebericht eine Jenseitsreise sichtbar werden[43]. Darauf kann unter anderem folgendes hinweisen: Apollonios sagt von seiner Reise zu den Brahmanen, daß nie-

(1926) 51/3; M. PLESSNER, Neue Materialien zur Geschichte der Tabula Smaragdina: Der Islam 16 (1927) 77/113, bes. 82.

[36] RUSKA 52. 164.

[37] Ebd. 113f; vgl. ebd. 138f. 155/8 und REITZENSTEIN/SCHAEDER (o. Anm. 18) 112f.

[38] Tabula smaragdina Hermetis Trismegisti ... Verba secretorum Hermetis quae scripta erant in tabula Smaragdi, inter manus eius inventa, in obscuro antro, in quo humatum corpus eius repertum est. Text bei RUSKA 181; vgl. ebd. Reg. s.v. ›Grab des Hermes‹.

[39] Zu Offenbarungsschriften magischen Inhalts unter dem Namen des Mose vgl. J. G. GAGER, Moses in Greco-Roman paganism (Nashville/New York 1972) 146/59.

[40] So von Artapanos (2. Jh. vC.) bei Alex. Polyhist. Iud. (bei Eus. praep. ev. 9,27,6 [GCS Eus. 8,1,520] = FGrHist 726 F3); vgl. W. SPEYER, Religiöse Pseudepigraphie und literarische Fälschung im Altertum: JbAC 8/9 (1965/66) 105f$_{116}$ (wiederabgedruckt: WdF 484 [Darmstadt 1977] 227f$_{116}$).

[41] Vgl. FAUTH, Motivbestand (o. Anm. 7) und u. S. 196.

[42] Vgl. RUSKA, Reg. s.v. ›Apollonios von Tyana, Balīnās‹.

[43] Zu Apollonios vgl. E. L. BOWIE, Apollonius of Tyana. Tradition and reality: AufstNiedergRömWelt 2,16,2 (1978) 1652/99. Literatur zu den Reisen des Apollonios in den Osten nennt R. J. PENELLA, The Letters of Apollonius of Tyana (Leiden 1979) 131.

mand in seiner Heimat eine derartige Reise unternommen habe[44]. Die indischen Weisen bewohnten einen uneinnehmbaren Felsen, den selbst Dionysos und Herakles vergeblich mit ihren Panen berannt haben sollen; denn die Weisen donnerten (!) sie nieder. Um den Hügel sah man eine Wolke, in der die Weisen wohnten, sichtbar oder unsichtbar, wie sie es wollten[45]. Diese Beschreibung paßt gut für einen Jenseitsort. Bei der Ankunft des Apollonios saß Iarchas auf einem hohen Thron aus schwarzem Erz, der mit goldenem Bildwerk verziert war[46]. Der weise Brahmane kennt bereits Apollonios genau, obwohl dieser ihm als ein Fremder begegnet[47]. Iarchas und die Seinen halten sich für Männer, die alles wissen, ja für Götter[48]. Im Verlauf der Unterredung erweist sich der Brahmane als der göttliche Weise und als ein Offenbarer nicht unähnlich dem Hermes Trismegistos[49]. Die Themen, über die er Apollonios belehrt, entsprechen dem Inhalt der Offenbarung, die Apollonios nach arabischer Überlieferung in seiner Vaterstadt Tyana im unterirdischen Gemach gefunden hat. Im ›Buch Apollonios' des Weisen über die Ursachen‹ heißt es nämlich:

»Siehe, da fand ich einen Greis, der auf einem Thron aus Gold saß und in seiner Hand eine Tafel aus grünem Smaragd hielt, worauf geschrieben stand: ›Dies ist die Beschreibung der Natur‹. Und vor ihm befand sich ein Buch, darauf war geschrieben: ›Dies ist das Geheimnis der Schöpfung und das Wissen von den Ursachen der Dinge‹. Da nahm ich das Buch in aller Ruhe weg und verließ die Kammer. Ich lernte aus dem Buch die Geheimnisse der Schöpfung und erreichte die Darstellung der Natur und lernte das Wissen von den Ursachen der Dinge«[50].

In seiner Zusammenfassung nennt Hieronymus als Inhalt der Lehren des Iarchas dessen Mitteilungen über die Natur, die Sitten und den Lauf der Gestirne[51]. – Wie Philostrat an einer anderen Stelle seiner Biographie mitteilt, soll Apollonios ein Buch mit den ›Lehren des Pythagoras‹ aus der Orakelhöhle des Trophonios, einem Jenseitsort, geholt haben[52]. Auch diese Nachricht paßt zu der Annahme, daß die Reise des Apollonios durch die Länder des Ostens zu Iarchas in Wirklichkeit eine Reise zum Lichtreich des himmlischen Offenbarers war.

Diese Apolloniosüberlieferung zeigt ihrerseits wieder gewisse Ähnlichkeiten mit folgendem Abschnitt der Alexandersage:

»Als er die bestimmte Zahl von Tagen marschiert war, kam er zu der Stelle, die ihm Kandaules als Wohnung der Götter bezeichnet hatte. Er ging mit wenigen Soldaten hinein und erblickte undeutliche Gestalten und feurige Blitze. Da wurde er bestürzt und ängstigte sich, hielt aber aus, um zu sehen, was geschähe. Und er sah einige Männer gelagert, von denen Licht ausging und aus deren Augen es wie Blitze sprühte. Einer sprach zu ihm: ›Sei gegrüßt, Alexander! Weißt du, wer ich bin? Ich bin der Weltherrscher Sesonchosis, doch war ich nicht so glücklich wie du. Denn dein Name ist unsterblich, da du Gründer der vielgeliebten Stadt Alexandria in Ägypten bist‹. – Alexander fragte ihn: ›Wieviele Jahre werde ich leben?‹ Und er antwortete: ›Für den

[44] Philostr. vit. Apoll. 3,16.
[45] Ebd. 3,13.
[46] Ebd. 3,16 (vgl. o. S. 193f zu Hermes Trismegistos).
[47] Ebd. 3,16.
[48] Ebd. 3,18.
[49] Ebd. 3,16/49. Hieronymus faßt das Ziel der Reise des Apollonios in den Osten wie folgt zusammen: Apollonius ... intravit Persas, transivit Caucasum, Albanos, Scythas, Massagetas, opulentissima Indiae regna penetravit et ad extremum latissimo Phison amne transmisso pervenit ad Bragmanas, ut Hiarcam in throno sedentem aureo et de Tantali fonte potantem inter paucos discipulos de natura, de moribus ac de siderum cursu audiret docentem ... (ep. 53,1,4 [CSEL 54,444]).
[50] Vgl. RUSKA (o. Anm. 35) 139. Die Schrift von U. WEISSER, Das ›Buch über das Geheimnis der Schöpfung‹ von Pseudo-Apollonius von Tyana = Ars Medica 3,2 (Berlin 1980) konnte nicht mehr berücksichtigt werden.
[51] Vgl. o. Anm. 49 und Apoll. ep. 77c (80. 131f PENELLA): δεδώκατε καὶ διὰ τοῦ οὐρανοῦ πορεύεσθαι.
[52] Philostr. vit. Apoll. 8,19f; vgl. SPEYER, Bücherfunde (o. Anm. 7) 132; zur Höhle des Trophonios ROHDE (o. Anm. 19) Reg. s. v.; G. RADKE, Art. Trophonios nr. 1: PW 7 A 1(1939) 678/95, bes. 685/91.

Lebenden ist es gut, nicht zu wissen, wann er stirbt. Denn sobald er es erfahren hat, denkt er nur noch an jene Stunde und ist schon wie gestorben. Wenn der Lebende es aber nicht weiß, so schenkt ihm diese Unkenntnis Ruhe, obwohl er unfehlbar einmal stirbt. – Die Stadt aber, die du gründest, wird berühmt bei allen Menschen sein. Viele Könige werden zu ihr kommen, um sie zu zerstören. Du aber wirst in ihr wohnen, gestorben und doch nicht tot, denn du wirst zum Grab die Stadt haben, die du gründest‹. Als er so gesprochen hatte, ging Alexander hinaus«[53].

Nach der Fassung bei Pseudo-Kallisthenes ist der Offenbarer der Gott Sarapis[54].

Sesonchosis oder Sarapis, Iarchas, Hermes Trismegistos und Mose sind Ausprägungen derselben Urgestalt, des göttlichen Offenbarers, der im Jenseits wohnt und einzelnen begnadeten Menschen sein himmlisches Wissen anvertraut. Wie die besprochenen Visionsberichte zeigen, kommt jeweils ein Mensch zu einem geheimen Ort, an dem der himmlische Offenbarer wohnt. Damit gehören diese Visionen zum umfassenden Thema der Jenseitsreise, das in Griechenland für uns mit der Himmelfahrt des Parmenides beginnt[55].

Zum Abschluß sei auf eine überraschende Parallele aus der Neuzeit hingewiesen. Das visionäre Berufungserlebnis des christlichen Mystikers und Philosophen Jakob Böhme (1575–1624) ist geschichtlich gut bezeugt. Sein Schüler Abraham von Franckenberg teilt darüber folgendes mit:

»Bei welchem seinem Hirtenstande ihm dies begegnet, daß er einstmals um die Mittagsstunde sich von den andern Knaben abgesondert und auf den davon nicht weit abgelegenen Berg, die Landeskrone genannt, allein für sich selbst gestiegen, allda zuoberst (welchen Ort er mir selber gezeiget und dies erzählet), wo es mit großen roten Steinen, fast einem Türgerichte gleich, verwachsen und beschlossen, einen offenen Eingang gefunden, in welchem er aus Einfalt gegangen und darinnen eine große Bütte mit Gelde angetroffen, worüber ihm ein Grausen angekommen, darum er auch nichts davon genommen, sondern also ledig und eilfertig wieder herausgegangen. Ob er nun wohl nachmals mit andern Hütejungen zum öfteren wieder hinaufgestiegen, hat er doch solchen Eingang nie mehr offen gesehen ...«[56].

Die Übereinstimmungen mit den bisher betrachteten antiken Berichten sind erstaunlich groß. Wie der Hirte der Vita Petri Hiberi gelangt J. Böhme durch einen verborgenen Eingang, der später nicht mehr wiederzufinden ist, in ein Berginneres. Die Stunde der Mittagszeit galt als ein bevorzugter Zeitpunkt für Götter- und Dämonenerscheinungen und für eine Jenseitsschau[57]. Nach einer älteren Überlieferung, die Theopomp übermittelt, wird Epimenides um 600 vC. in Kreta von seinem Vater aufs Feld zu den Schafen geschickt. Gegen Mittag weicht er vom Weg ab, gelangt in eine Höhle und schläft dort ein. Sein

[53] Vit. Alex. 3,24, Übersetzung von H. VAN THIEL (Hrsg.), Leben und Taten Alexanders von Makedonien (Handschrift L) (Darmstadt 1974) 146/9.

[54] PsCallisth. 3,24 KROLL; vgl. F. PFISTER, Kleine Schriften zum Alexanderroman = Beiträge zur Klass. Philol. 61 (Meisenheim 1976) 173f. 311.

[55] VS 28 B 1. Die Parallele zum Visionsbericht der Vita Petri Hiberi ergibt sich aus der Zusammenfassung von H. FRÄNKEL, Wege und Formen frühgriechischen Denkens[3] (München 1968) 161: »... es gibt nur: ein Reich das verlassen wird (das der Nacht, des sinnlichen und irdischen Verhaltens); ein Fahrtziel (das Reich des Lichts, der Sonne und der Wahrheit); und dazwischen ein Tor (das Tor der Erkenntnis)«. Zum Prooemium des Parmenides vgl. zuletzt MAJA E. PELLIKAAN-ENGEL, Hesiod and Parmenides[2] (Amsterdam 1978). – Zur Jenseitsreise vgl. A. DIETERICH, Eine Mithrasliturgie[3] (Leipzig/Berlin 1923 bzw. Darmstadt 1966) 179/209; G. WIDENGREN, The ascension of the apostle and the heavenly book = Uppsala Universitets Årsskrift 1950 nr. 7; ELIADE (o. Anm. 20), Reg. s. v. ›Himmelsreisen‹.

[56] A. VON FRANCKENBERG, Gründlicher und wahrhafter Bericht von dem Leben und Abschied ... J. Böhmes 4: J. BÖHME, Sämtliche Schriften. Faksimile-Neudruck der Ausgabe von 1730, 10 (Stuttgart 1961) 7; dazu G. WEHR, J. Böhme in Selbstzeugnissen und Bilddokumenten (Reinbek 1971) 15. 18f.

[57] Vgl. K. HABERLAND, Die Mittagsstunde als Geisterstunde: ZsVölkerpsych 13 (1882) 310/24; DREXLER, Art. Meridianus daemon: ROSCHER, Lex. 2,2 (1894/97) 2832/6; S. LANDERSDORFER, Das daemonium meridianum (Ps. 91 [90],6): BiblZs 18 (1929) 294/300; H. HERTER, Kleine Schriften (München 1975) 51/4; C. D. G. MÜLLER, Von Teufel, Mittagsdämon und Amuletten: JbAC 17 (1974) 91/102, bes. 95/8 mit weiterer Literatur.

Schlaf soll 57 Jahre gedauert haben[58]. Im Traum will Epimenides Göttern, den Reden von Göttern, der Wahrheit und dem Recht begegnet sein[59]. J. Böhme erlebt im Innern des ihm plötzlich zugänglichen überirdischen Ortes eine Lichtvision; denn seine Bemerkung von der großen Bütte mit Gelde, wobei Geld für Gold steht, ist Chiffre für das göttliche Licht, das sich ihm geoffenbart hat[60]. Die seelische Wirkung auf das Geschaute ist Schaudern[61]. So sind die wesentlichen Motive, wie sie die antiken Visionen der wunderbaren Höhle aufweisen, in diesem neuzeitlichen Visionsbericht ebenfalls enthalten. Mit Recht hat der Biograph A. von Franckenberg in dem Erlebnis Böhmes eine »Vorbedeutung auf seinen geistlichen Eingang in die verborgene Schatzkammer der göttlichen und natürlichen Weisheit« gesehen[62]. Die Erlebnisechtheit dürfte in diesem Fall zweifelsfrei gegeben sein. So kann der Visionsbericht Böhmes davor warnen, die vergleichbaren antiken Visionen insgesamt als Wanderlegenden, Sagen, literarische Erfindungen oder als Beglaubigungsfiktionen von Fälschern und Mystifikatoren abzutun. Vielmehr geht die ursprüngliche religiöse Erfahrung einer Begegnung mit dem Numinosen derartigen Legenden, Sagen und literarischen Erfindungen sachlich und zeitlich voran und sie findet sich noch lange neben ihnen. Ja, sie dürfte auch die eigentliche Bedingung für das Interesse sein, das die Zuhörer und Leser den vergleichbaren Sagen, Legenden und literarischen Erfindungen entgegengebracht haben. Das Verständnis der besprochenen antiken Visionen könnte im Grundsätzlichen noch durch einen Vergleich mit entsprechenden Visionsberichten der Neuzeit, vornehmlich der Romantik, gefördert werden, da hier meist begleitende Überlieferungen vorhanden sind, die bei den antiken Visionsberichten fehlen[63].

[58] Theopomp. bei Diog. Laert. 1,109 = FGrHist 115 F 67; Plin. n. h. 7,175; vgl. ROHDE (o. Anm. 19) 2,96f. Zum Motiv des wunderbaren Schlafes vgl. E. ROHDE, Sardinische Sage von den Neunschläfern: ders., Kleine Schriften 2 (Tübingen 1901) 197/208 und die Überlieferung über Abimelech: Paralip. Jerem. 5,1; Apocr. Jerem. 22. 38f, hrsg. von K. H. KUHN, A Coptic Jeremiah apocryphon: Muséon 83 (1970) 293f. 320/2; dazu A.-M. DENIS, Introduction aux pseudépigraphes Grecs d'Ancien Testament (Leiden 1970) 70 .

[59] Maxim. Tyr. 10,1,2 (110,13 HOBEIN) = VS 3 B 1. – Zur Jenseitsschau am Mittag vgl. Heracleid. Pont. bei Procl. in Plat. remp.: 2,119,20f KROLL (= frg. 93 WEHRLI) und die Parodie von Lucian. philops. 22. 24. – ›Gegen Mittag‹ empfing Paulus seine Christusepiphanie vor Damaskus (Act. 22,6; 26,13). Diese Vorstellung einer Begegnung der Götter mit den Menschen am Mittag war so mächtig, daß die spätere Überlieferung auch Hesiods Musenweihe in die Mittagsstunde verlegt hat (Anth. Pal. 9,64,1f; vgl. W. SUERBAUM: Gnomon 40 [1968] 743).

[60] Novalis hat in seinem Gedicht ›An Tieck‹ auf dieses Berufungserlebnis Böhmes angespielt: V. 33/6: »Auf jenem Berg als armer Knabe, / hab' ich [d. i. J. Böhme] ein himmlisch Buch gesehn, / und konnte nun durch diese Gabe / in alle Kreaturen sehn«; vgl. W. SPEYER, Das entdeckte heilige Buch in Novalis Gedicht ›An Tieck‹: Arcadia 9 (1974) 39/47.

[61] Vgl. R. OTTO, Das Heilige (München [1]1917, [35]1963) 5/74. 83 und o. S. 193.

[62] Vgl. FRANCKENBERG (o. Anm. 56) 18.

[63] Ein Beispiel bei F. KAMPERS, Der bergentrückte Kaiser: MittSchlesGesVolksk (1911) 199/201 zu einer Erzählung von J. Görres.

25. Das Weiblich-Mütterliche im christlichen Gottesbild

Im judenchristlichen Hebräerevangelium, das wahrscheinlich in der 1. Hälfte des 2. Jhs. n.Chr. entstanden ist, sagt Jesus: „Sogleich ergriff mich meine Mutter, der heilige Geist, an einem meiner Haare und trug mich weg auf den großen Berg Thabor"[1]. Weshalb dieses Bruchstück, wie P. Vielhauer zuletzt wieder meint, „offenbar zu einer Versuchungsgeschichte" gehören soll, ist nicht recht einzusehen[2]; denn nicht Satan versetzt Jesus auf den Berg, wie der Evangelist Matthäus berichtet[3], sondern die mit Jesus eng verbunden gedachte göttliche Wesenheit, der heilige Geist, seine Mutter[4]. Die Gottheit ergreift dabei ihren Sohn und Erwählten an einem Haar. Dieser Gestus gehört zu den religiös-magischen Anschauungsformen der Entrückung. So ergreift beispielsweise Jahwe seinen Propheten Ezechiel an seinem Haar und entrückt ihn durch einen Wirbelwind nach Jerusalem, damit er dort Offenbarungen empfange[5]. Die innere Nähe und Verwandtschaft von Heiligem Geist und dem Wehen des Windes ist bekannt[6]. Der Berg Thabor aber erscheint im Hebräerevangelium in der Funktion des Berges der Offenbarung; er ist ein mythischer Ort, der Weltenberg des Mythos[7].

Jesus wird in diesem Fragment des Hebräerevangeliums ähnlich wie in den Texten des Neuen Testamentes in ein nahes verwandtschaftliches Verhältnis zu Gott gesetzt[8]. Er gilt hier aber nicht nur als der Sohn des einen Vatergottes, des Urprinzips des Väterlichen, wie in der neutestamentlichen Überlieferung, sondern zugleich als der Sohn des mütterlich aufgefaßten Heiligen Geistes. Gewiß ist das Wort für den heiligen Geist in den semitischen Sprachen des Hebräischen, Aramäischen und Syrischen weiblich[9]; aber diese Tatsache allein genügt für eine Erklärung des Fragments aus dem Hebräerevangelium noch nicht ganz. In dieser christlichen Sonderüberlieferung, die sich als solche nicht durchgesetzt hat, wird

1 Überliefert von Orig. in Joh 2,12 (GCS Orig. 4,67); hom. in Jerem 15,4 (GCS Orig. 3,128); Hieron. in Mich 7,5/7 (CCL 76, 513); in Jes 40,9 (CCL 73, 459); in Hes 16,13 c (CCL 75, 178). Vgl. *H. Usener,* Das Weihnachtsfest, [2]Bonn 1910, Nachdruck 1969, 118 f. *P. Vielhauer,* Judenchristliche Evangelien: *E. Hennecke/W. Schneemelcher,* Neutestamentliche Apokryphen 1 [4]Tübingen 1968, 75–108, bes. 108.

2 Ebd. 104 f.

3 Mt 4,1–11, bes. 8; vgl. Luc 4,1–13, bes. 5.

4 Vgl. auch *Usener* a.O. 119 Anm. 19.

5 Ez 8,3; vgl. *G. Strecker,* Art. Entrückung: RAC 5 (1962) 461–476, bes. 463; ferner *M. Eliade,* Schamanismus und archaische Ekstasetechnik, Zürich-Stuttgart o.J. (um 1954), Reg.: „Flug, magischer".

6 Vgl. *A. Dieterich,* Eine Mithrasliturgie,[3] Leipzig-Berlin 1923, Nachdruck Stuttgart 1966, Reg.: „Pneuma, Wind"; *E. Schweizer,* Art. Pneuma: Theol. Wörterb. z. Neuen Testament 6 (1959) 394–453; *H. Saake,* Art. Pneuma: RE Suppl. 14 (1974) 387–412; *H. Crouzelle,* Art. Geist (Heiliger Geist): RAC 9 (1976) 490–545.

7 Vgl. beispielsweise die Verklärung Jesu auf dem „hohen Berg" bei den Synoptikern: Mt 17,1–8; Marc 9,2–8; Luc 9,28–36 (*Usener* a.O. 118 f. bezieht das Fragment des Hebräerevangeliums auf die Verklärung). Vgl. *Eliade* a.O., Reg.: Kosmischer Berg.

8 Vgl. *W. Speyer,* Art. Genealogie: RAC 9 (1976) 1145–1268, bes. 1223–1243; *C. Colpe,* Art. Gottessohn: RAC 12 (1982) 19–58.

9 Vgl. *Usener* a.O. (Anm 1) 118 f.; *ders.,* Dreiheit: Rhein. Mus. 58 (1903) 1–47. 161–208. 321–362, bes. 41; *E. Norden,* Agnostos Theos, [2]Leipzig 1923, Nachdruck Darmstadt 1966, 230.

einmal die psychologisch verständliche Absicht erkennbar, den einen Vatergott auch als göttliche Urmutter vorzustellen. Da die Liebe Gottes zu den in Sünde verstrickten Menschen in der Mitte des christlichen Glaubens steht und da der als Mann und Frau geschaffene Mensch sich diese Liebe in ihrer Fülle nur unter den Anschauungsformen seiner eigenen Natur vergegenwärtigen kann, lag es nicht allzu fern, sich Gott zugleich als Vater und als Mutter zu denken. Da die männliche und die weibliche Wirkkraft für das körperliche wie für das geistig-seelische Leben des einzelnen Menschen notwendig ist, versuchten einzelne Christen bei ihrer Verehrung von Jesus Christus als wahrem Gott, diesen zum Sohn des einen Gottes zu machen, der für Jesus zugleich Vater und Mutter gewesen sei. Bei einem derartigen noch wenig spiritualisierten Gottesbegriff lag die Gefahr des Ditheismus oder des Tritheismus nahe[10].

Zu dieser theologischen Voraussetzung für die Vorstellung des heiligen Geistes als einer weiblichen Wesenheit und Mutter Jesu, kommt eine weitere religionsgeschichtliche. Die geistige Welt, aus der das Hebräerevangelium hervorgegangen ist, also die Kulturen der Länder am östlichen Mittelmeer, war seit Jahrhunderten, ja Jahrtausenden vom religiösen Gedanken beherrscht, daß die Gottheit als der | Quellgrund allen Lebens auch über die beiden Pole des Lebens verfügen müsse, über das männliche und das weibliche, das väterliche und das mütterliche Prinzip[11]. Dieser religiöse Gedanke von der doppelgeschlechtigen Gottheit begegnet im Vorderen Orient in Mythos, Ritus und Kunst wahrscheinlich schon seit dem 7. Jahrtausend[12]. Aus Phönizien kommt Aphrodite, die ursprünglich eine zweigeschlechtige Gottheit war[13]. Die Ausstrahlung dieser doppelgeschlechtigen Gottheit erreichte auch den Westen. In Rom dichtete Laevius im 1. Jh. v.Chr.: Venerem igitur almum adorans sive femina sive mas est[14]. Einen Hinweis auf das doppelte Geschlecht der Gottheit dürfte nach Varro auch der Name des deus Lactans oder Lacturnus enthalten, da Varro ihn mit lac, 'Milch', lactescere ‚milchen' zusammengebracht hat[15]. Nach der varronischen Etymologie gehört in diese Reihe auch Iuppiter Ruminus, dessen Name Varro von ruma, ‚die weibliche

---

10 *J. Loosen*, Art. Ditheismus: Lex. f. Theol. u. Kirche 3 (1959) 428; *M. Schmaus*, Art. Tritheismus: ebd. 10 (1965) 365 f.

11 Vgl. *L. Radermacher*, Hippolytos und Thekla = Sb. Akad. d. Wiss. Wien 182, 3 (1916) 25–50; *Th. Hopfner*, Das Sexualleben der Griechen und Römer 1, Prag 1938, 9–15; *H. Baumann*, Das doppelte Geschlecht. EthnologischeStudien zur Bisexualität in Ritus und Mythos, Berlin 1955, Nachdruck ebd. 1980, 129-249: „Die bisexuelle Gottheit".

12 *C. Colpe*, Zur mythologischen Struktur der Adonis-, Attis- u. Osiris-Überlieferungen: lišan mithurti, Festschrift W. von Soden, Kevelaer 1969, 23–44, bes. 33–37 hat nachgewiesen, daß Kybele und Adonis ursprünglich doppelgeschlechtige Wesen waren. Die Kastration der Galloi hatte den Zweck, das ‚doppelte Geschlecht' der Gottheit auch bei ihren Dienern herzustellen (ebd. 36). Der Kult dieser doppelgeschlechtigen Gottheit geht auf ältere Kulte entsprechender Götter zurück (ebd. 37–39). Zu diesen älteren Göttern kommt jetzt die große Göttin, die Herrin der Fruchtbarkeit und des Todes, aus dem anatolischen Catal Hüyük (7. Jtsd. v.Chr.); vgl. *J. Mellaart*, Catal Hüyük. Stadt aus der Steinzeit, deutsche Ausgabe Bergisch-Gladbach 1967; zu Verbindungen zwischen dieser Göttin und der kleinasiatischen ‚Großen Mutter' vgl. *W. Burkert*, Griechische Religion der archaischen und klassischen Epoche, Stuttgart 1977, 36 f.

13 Vgl. *Burkert* a.O. 238.

14 *W. Morel/K. Büchner*, Fragmenta poetarum latinorum, Leipzig 1982, 61.

15 Varro bei Serv. zu Verg. georg. 1,315: sane Varro in libris divinarum dicit deum esse Lactantem, qui se infundit segetibus et eas facit lactescere; vgl. *B. Cardauns*, M. Terentius Varro, Antiquitates rerum divinarum = Abh. d. Akad. d. Wiss. u. d. Lit. Mainz, Geistes- u. Sozialwiss. Kl., Einzelveröffentlichung 1, Wiesbaden 1976, 81 frg. 174; 2 (ebd. 1976) 214; vgl. ebd. frg. 173 (Lacturnus). Zur Etymologie *G. Radke*, Die Götter Altitaliens, Münster 1965, 163.

Brust', abgeleitet hat[16]. Die theologische Spekulation, die aus diesen Etymologien spricht, fand in Versen des Valerius Soranus (gest. 82 v.Chr.) ihren Ausdruck, die Varro beifällig angeführt hat: Iuppiter omnipotens regum rerumque deumque/ progenitor genetrixque deum[17]. Hier wird der zweigeschlechtige Gott zum ersten aller Wesen, die nach ihm kommen und mit ihm genealogisch verbunden sind. Transzendenz ist bei dieser Gottesvorstellung ausgeschlossen.

Der Gedanke der abstrakt formulierten Doppelgeschlechtigkeit oder Mannweiblichkeit des göttlichen Urprinzips ist wohl von Griechen, die von der orientalischen Vorstellung zweigeschlechtiger Gottheiten Kenntnis besaßen, am Ende der Republik nach Rom gelangt[18]. In Griechenland begegnete dieser Gedanke als orphisches Theologumenon. Die Stoiker haben ihn weiter ausgeführt. Die geistigen Verbindungen zwischen der Stoa und dem Vorderen Orient sind bekannt. Die beiden Begründer der Stoa, Zenon von Kition sicher und Chrysippos sehr wahrscheinlich, waren Semiten[19].

Gegenüber dem geschlechtlich bestimmten Gottesbegriff, wie er uns in den Religionen der antiken Völker und auch in der Spekulation bestimmter griechischer und römischer Denker begegnet, betonte die jüdisch-christliche Offenbarung die Transzendenz Gottes. Für sie ist Gott der souveräne Schöpfer der raum-zeitlichen Welt und aller ihrer Erscheinungen, also auch der Geschlechtigkeit. Betont der Gedanke der Schöpfung die Transzendenz und Majestät Gottes, so der im Alten – und Neuen Testament ebenfalls zentrale Gedanke seiner Vaterschaft die Nähe des liebenden, also personal gedachten Erhalters zu seinen Geschöpfen[20]. Die Transzendenz Gottes erfuhr im rechtgläubigen Christentum noch insofern eine Steigerung, als sich der personal erlebte Gott des Alten Testaments, der Gott der Väter, des Sinaibundes und der Propheten, als der in drei Personen eine Gott geoffenbart hat, als der Vater, der Sohn und der Heilige Geist[21]. Nach dem rechtgläubigen Verständnis von der Ewigkeit des dreieinigen

---

16 Varro bei Aug. civ. Dei 7,11 (ant. rer. div. frg. 237 *Cardauns*): Iuppiter heiße Ruminus, quod ruma id est mamma, aleret animalia. Die Richtigkeit dieser Erklärung bezweifelt *G. Herbig*, Roma: Philolog. Wochenschrift 36 (1916) 1472–1480, bes. 1479, dem sich *E. Bickel*, Der altrömische Gottesbegriff, Leipzig-Berlin 1921, 59 anschließt; zur Etymologie *Radke* a.O. 274 f. Augustinus a.O. bemerkt dazu kritisch: nolo dicere, quod animalibus mammam praebere sugentibus magis Iunonem potuit decere quam Iovem, praesertim cum esset etiam diva Rumina, quae in hoc opus adiutorium illi famulatumve praeberet (zur Vorstellung, daß die Göttin den Helden oder König mit der Milch ihrer Brust nährt, *W. Deonna*, Deux études de symbolisme religieux = Collection Latomus 18, Bruxelles 1955, 5–50). Cogito enim posse responderi et ipsam Iunonem nihil aliud esse quam Iovem (es folgen die Verse des Valerius Soranus [s. Anm. 17]). quare ergo dictus est et Ruminus, cum diligentius fortasse quaerentibus ipse inveniatur esse etiam illa diva Rumina? ... nisi quia ipse est etiam ipsa Rumina; Ruminus fortasse pro sugentibus maribus, Rumina pro feminis. dicerem quippe noluisse illos Iovi femininum nomen inponere, nisi et in illis versibus ‚progenitor genetrixque' diceretur ...

17 Varro bei Aug. civ. Dei 7,9 und 11; vgl. Varro, Curio de cultu deorum, hg. von *B. Cardauns*, Varros Logistoricus über die Götterverehrung, Würzburg 1960, 2 f. 16–19. 59–61; *Cardauns*, Varro antiquitates a.O. 1,35.

18 Auf diese Zusammenhänge hat wohl erstmals *Norden* a.O. (Anm 9) 228–231 hingewiesen; vgl. ferner N. Terzaghi (Hrsg.), Synesii Cyrenensis hymni,² Romae 1949, 241 f.; *Cardauns*, Varros Logistoricus a.O. 59–61.

19 Vgl. *M. Pohlenz*, Die Stoa 1, ³Göttingen 1964, 484 Reg.: Semitisches Empfinden.

20 Vgl. *H. Hommel*, Schöpfer und Erhalter, Berlin 1956, 81–137. 146 f.

21 Vgl. *J. Lebreton*, Histoire du dogme de la Trinité 1. 2, ⁴Paris 1927/28; *H. de Lavalette/H. Rahner/J. Felderer*, Art. Dreifaltigkeit: Lex. f. Theol. u. Kirche 3 (1959) 543–560; *W. Breuning*, Art. Trinitätslehre: ebd. 10 (1965) 360–362; R. *Mehrlein*, Art. Drei: RAC 4 (1959) 269–310, bes. 280 f.

Gottes konnte aber auf ihn die antike Denkform der Genealogie nicht angewendet werden[22].

Nach dem Verständnis des christlichen Volkes beherrschte allerdings der männliche Wesenszug dieses Gottesbild des dreieinigen Gottes, wurde doch auch der zunächst unpersönlich gedachte heilige Geist als ‚der Tröster', ‚der Paraklet', bezeichnet[23]. Das für das sichtbare Leben so zentrale weiblich-mütterliche Prinzip schien dagegen gänzlich zu fehlen.

Andererseits drängt das Verlangen des einzelnen Menschen als Mann und als Frau nach der Vereinigung des Männlich-Väterlichen mit dem Weiblich-Mütterlichen auch im Gottesbild. Nicht nur sahen die Menschen, also auch die Juden und Christen, diese beiden Prinzipien in der Natur wirksam, sondern sie erlebten sie auch als die entscheidenden Mächte ihrer geistig-seelischen Innenwelt. Daher kam es, daß bei Juden und Christen schon bald erhabene, gleichsam göttliche Gestalten des Weiblichen neben den für männlich gehaltenen Schöpfer-Gott traten. In den Weisheitsbüchern des Alten Testamentes erscheint die Sophia gleichsam als eine göttliche Hypostase neben Gott. Seit dem 2. Jh. n.Chr. werden die als Braut, Frau und Mutter gedachte Kirche und die leiblich-geschichtliche Mutter Jesu mehr und mehr neben Gottvater, Gottsohn und dem Heiligen Geist verehrt[24]. In bestimmten Kreisen, die sich allerdings nicht mit ihrer Verehrung durchsetzen konnten, wurde Maria sogar zu einer Göttin erhoben[25]. Da im Hebräischen, Aramäischen und Syrischen das Wort für den Heiligen Geist, verstanden als Lebensodem, Hauch und Wind, weiblich war, lag es nahe, selbst diese so sublimierte Vorstellung göttlichen Wirkens als weibliche Hypostase aufzufassen[26]. Diese Lehre begegnet außer in dem o.S. 151 besprochenen Fragment des Hebräerevangeliums auch bei den Anhängern des Bardesanes und bei anderen Gnostikern[27].

Zum Entstehen des Gedankens eines zweigeschlechtigen göttlichen Urwesens als der Quelle aller Erscheinungen, hat wohl auch noch ein weiterer Grund beigetragen. Dieser Grund ist von einer konkreten geschichtlichen Wirklichkeit wie der antiken und christlichen Kultur unabhängig, liegt dieser vielmehr selbst voraus, da er unmittelbar aus der leiblich-seelischen Beschaffenheit des Menschen folgt. Wie nämlich die Hormonforschung erwiesen hat, besitzen alle Organismen,

22 So sagt Hieronymus, in Es. 11,40 (CCL 73, 459): in divinitate enim nullus est sexus; vgl. *Speyer* a.O. (Anm 8) 1235–1237.

23 Joh 14,16; vgl. *Usener,* Dreiheit a.O. (Anm 9) 43 f.; *R. Schnackenburg,* Art. Paraklet: Lex. f. Theol. u. Kirche 8 (1963) 77 f.: „So stark wie sonst nirgends im Neuen Testament trägt der Hl. Geist als Paraklet personale Züge".

24 Vgl. *J. Schmid,* Art. Brautschaft, heilige: RAC 2 (1954) 528–564, bes. 546–558; *Alois Müller,* Ecclesia-Maria, 2Freiburg 1955; *J. Daniélou,* Théologie du Judéo-Christianisme, Tournai 1958, 317–339; *H. von Einem,* Das Stützengeschoß der Pisaner Domkanzel = Arbeitsgemeinschaft für Forsch. des Landes Nordrhein-Westfalen 106, Köln-Opladen 1962, 22 f. Taf. 20. – *Th. Klauser,* Art. Gottesgebärerin: RAC 11 (1981) 1071–1103. – Zur Idee einer Vierheit in der Religionsgeschichte und im Christentum vgl. *C.G. Jung,* Zur Psychologie westlicher und östlicher Religion = Gesammelte Werke 11, 3Olten-Freiburg 1979, 179–218, bes. 186 f. – Zu der vom katholischen Volk verehrten Dreiheit: Jesus, Maria und Joseph vgl. *Usener,* Dreiheit a.O. 45 f.

25 Vgl. *Klauser* a.O. 1079 f.

26 S.o. S. 151 Anm 9.

27 Ephrem, hymn. 55,2–6, übers. von A. *Rücker* = Bibliothek der Kirchenväter 61, München 1928, 186 f.; *H.J.W. Drijvers,* Bardaisan of Edessa, Assen 1966. Weitere Zeugnisse nennt *Usener,* Weihnachtsfest a.O. (Anm 1) 118–120; *ders.* Dreiheit a.O. 41–43.

also auch der Mensch, eine zweigeschlechtige Potenz[28]. Diese Tatsache bezeugen auch antike Überlieferungen. Gelegentlich wird nämlich berichtet, daß Männer anstelle ihrer plötzlich verstorbenen oder verschwundenen Frauen ihre neugeborenen Kinder gestillt haben[29]. Nonnos von Panopolis, der alte und eigentümliche Überlieferungen für sein Epos auf Dionysos verarbeitet hat, teilt mit, König Athamas von Böotien habe sein Söhnchen Melikertes gesäugt, als die Mutter Ino geflohen war[30]. An anderer Stelle berichtet er, daß auf der Insel der Graiaoi die Kinder von den Vätern gesäugt wurden[31]. Vergleichbares bezeugt der babylonische Talmud: „Die Rabbanen lehrten: Einst starb jemandem seine Frau und hinterließ ihm einen saugenden Knaben; er besaß aber nicht die Mittel, eine Amme zu halten. Da geschah ihm ein Wunder, und es öffneten sich ihm die Brüste wie zwei Frauenbrüste, und er säugte sein Kind“[32]. Wenn aber von Fechinus, einem irischen Heiligen, erzählt wird, er habe als Hirtenknabe einen Stier gemolken, so könnte es sich bei diesem Wunder auch um eine Bildung nach der Vorstellung des Naturadynatons handeln[33]. Ein anderer irischer Heilige namens Berachus soll nicht mit der Milch seiner Mutter oder einer Amme aufgezogen worden sein, sondern das rechte Ohrläppchen des hl. Fregius gesaugt haben[34]. Nach der mittelalterlichen Flóamannasage hat Thorgil seinem Sohn aus seiner Brust Milch gespendet[35]. Von der Medizin und der Anthropologie wird bestätigt, daß sich unter selten eintretenden Bedingungen Milch in der Brust eines Mannes bilden | kann[36]. Der Befund einer latenten doppelgeschlechtigen Anlage bei Mann und Frau wird auch von der Tiefenpsychologie bestätigt[37].

Im Lichte der zuletzt mitgeteilten Tatsachen werden die zuvor genannten Vorstellungen über die doppelgeschlechtige Gottheit besser verstehbar. Sie verlieren ihren fremdartigen, phantastischen Charakter und werden durchschaubarer. In den Zeugnissen, die von der doppelgeschlechtigen Gottheit sprechen,

---

28 Vgl. *Baumann* a.O. (Anm 11) 377–380.

29 Vgl. *H. Günter,* Legenden-Studien, Köln 1906, 59. 107 Anm. 6; *ders.,* Die christliche Legende des Abendlandes, Heidelberg 1910, 85; *ders.,* Psychologie der Legende, Freiburg 1949, 33; *F. Eckstein,* Art. Milch: Handwörterbuch des deutschen Aberglaubens 6 (1934/35) bes. 251 f., der aber derartige Überlieferungen nicht von Wunderberichten unterscheidet, nach denen aus dem Rumpf des enthaupteten Märtyrers Milch statt Blut geflossen sei. Eines der bekanntesten Beispiele dafür ist der apokryphe Bericht von der Enthauptung des hl. Paulus (Pass. Paul. 16; Mart. Pauli 5 [Acta Apost. Apocr. 1,40. 115 *Lipsius*]).

30 Nonn. Dionys. 9, 310 f.

31 Nonn. Dionys. 26,51–54.

32 b Sabbath 53 b (1, 440 *Goldschmidt*).

33 Vit. Fechini 9 (2,79 *Plummer*): nam taurus habundancius sibi lac prebuit quam alica vaccarum lactiferarum daret. Als Wunder eines Zauberers: de bove masculo ... lac arte diabolica expressit (Adamnanus, Vita S. Columbae 2,17, hg. von J.T.F. *Fowler,* Oxford 1894, 86). Vgl. Verg. buc. 3,90 f: qui Bavium non odit, amet tua carmina, Maevi/atque idem iungat vulpes et mulgeat hircos und das griechische Sprichwort: „Den Bock melkend“: Diogen. cent. 7,95 (Corp. Paroem. Graec. 1,303). Zum Naturadynaton, einer Vereinigung von Gegensätzen, *E. Dutoit,* Le thème de l'adynaton dans la poésie antique, Paris 1936, bes. 71f; dazu *H. Herter,* Gnomon 15 (1939) 205/11, bes. 210 f. zum religiös-magischen Hintergrund; *H. Kenner,* Das Phänomen der verkehrten Welt in der griechisch-römischen Antike, Klagenfurt 1970.

34 Vit. Berachi 4 (1,76 *Plummer*). *C. Plummer* (Hrsg.), Vitae Sanctorum Hiberniae 1, Oxford 1910, Nachdruck ebd. 1968, CLXXXVIII verweist unter anderem auf den hl. Colman Ela, den Patron der Reiter, dessen eine Brust Milch und dessen andere Honig gespendet haben soll; dazu auch *J. Gricourt,* A propos de l'allaitement symbolique: Hommages W. Deonna 1 = Collection Latomus 28, Bruxelles 1957, 253.

35 Flóamannasaga 23, hg. von F. *Jónsson,* Kopenhagen 1932, 41–43.

36 Vgl. *H. Ploss/M. Bartels/F. von Reitzenstein,* Das Weib in der Natur- und Völkerkunde 3, [11]Berlin 1927, 226–229.

37 Vgl. C.G. Jungs Theorie vom animus und der anima in jedem einzelnen Menschen: *ders.* Aion = Gesammelte Werke 9,2, Olten-Freiburg 1976, 20–31.

dürfte auch die Sehnsucht des als Mann und Frau geschaffenen Menschen zu vernehmen sein, die Trennung der beiden Geschlechter zu überwinden und die Einheit zurückzugewinnen. Nicht von ungefähr wird deshalb auch der Urmensch in vielen Mythologien nicht als ein getrenntes Paar von Mann und Frau angesehen, sondern als ein doppelgeschlechtiges Wesen, das über die Macht des männlichen und des weiblichen Geschlechts verfügte und deshalb auch in Harmonie und Glück lebte. Erst sein Verschulden, so weiß der Mythos weiter zu berichten, trieb den Himmelsgott dazu, den doppelgeschlechtigen Urmenschen durch Spaltung zu strafen. Dieser Mythos läßt sich aus Texten des Alten Orients und seines Einflußgebietes nachweisen[38]. Aus den Mythen einer doppelgeschlechtigen Gottheit und ihres Ebenbildes auf Erden, des doppelgeschlechtigen Urmenschen, spricht die aus ursprünglichem Erleben und Denken erwachsene Überzeugung, daß die Gottheit als das vollkommene Wesen die beiden Pole in sich vereinigt.

Spuren dieses Erlebens und Denkens lassen sich in der christlichen Überlieferung aufdecken. Zwei Ebenen sind hier aber zu unterscheiden. Die Theologen der Großkirche haben den spirituellen und transzendenten trinitarischen Gottesbegriff entfaltet. Hier war kein Platz für die Vorstellung des doppelgeschlechtigen Gottes. Anders reagierten Theologen, die dem natürlichen religiösen Empfinden des Volkes, den weiterwirkenden antiken religiösen Anschauungen und den orphisch-stoischen sowie den mittel- und neuplatonischen Lehren über das höchste Wesen nahestanden. Ähnlich wie manche Heiden haben so einzelne Christen Gott als Vater und Mutter bezeichnet, beispielsweise Synesios von Kyrene in einem seiner Hymnen[39].

Das Mütterliche der Frau erscheint auf das schönste und deutlichste, wenn sie ihre Brust dem Kinde reicht. Wenn Kirchenschriftsteller und Dichter der Alten Kirche dieses Vorstellungsbild sogar auf Christus und männliche Heilige anwenden, so zeigen sie dadurch mittelbar, daß das männliche Prinzip in der numinosen Anschauung einer Ergänzung durch das weibliche bedarf. Prudentius preist die Hilfe des heiligen Laurentius mit den Versen: „Gleichsam als ob du immer gegenwärtig anwesend wärst und deine Kinder der Stadt Rom an die milchgebende Brust drücktest und sie mit väterlicher Liebe nährtest"[40]. Die Märtyrerin Quartillosia hatte folgende Traumvision: Ein wunderbar großer Jüngling, der in den Händen zwei Schalen trug, die mit Milch gefüllt waren, trat zu ihr. Er sprach: Seid guten Mutes, Gott denkt an euch. Und aus den Schalen, die er trug, reichte er allen zu trinken; die Schalen versiegten aber nicht[41]. Dieser Jüngling ist ein himmlisches Wesen, wie schon der Hinweis auf seine auffallende

38 Vgl. *Baumann* a.O. (Anm 11) 129–249, bes. 144: Purusha; 155 f.: Gayomard; 170–172: Adam; 176–180: Kugelmenschen im Mythos des Aristophanes-Platon; dazu *W. Speyer,* Eine rituelle Hinrichtung des Gottesfeindes, Die Zweiteilung: Rhein. Mus. 123 (1980) 193–209.

39 Synes. hymn. 5,63 f. (1,46 *Terzaghi*): „Du bist Vater, Du bist Mutter, Du bist männlich, aber auch weiblich". Vgl. *K. Bjerre-Aspegren,* Bräutigam, Sonne und Mutter. Studien zu einigen Gottesmetaphern bei Gregor v. Nyssa, Lund 1977, 171–192: „Gregors Gebrauch des Mutterbildes als einer Metapher von Gott".

40 Prudent. perist. 2, 569–572: ceu praesto semper adsies/tuosque alumnos urbicos/lactante complexus sinu/paternoamore nutrias; *R. Heine,* Art. lactans: Thes. Ling. Lat. 7, 2, 2, 849, 6 f. ohne weitere Parallele; vgl. Prud. cath. 8, 17–20; *R. Heine* Art. lactare: Thes. Ling. Lat. 7, 2, 2, 854, 43–66: de alimento spiritali, nur bei christlichen Autoren.

41 Pass. Montani et Lucii 8,4 f. (220 *Musurillo*).

Größe zeigt. Die beiden Schalen in seinen Händen vertreten die Brüste, aus denen der nie versiegende Milchquell der göttlichen Gnadenkraft fließt[42].

Vergleichen wir mit diesen Überlieferungen die Auslegungen des Verses Cant. 1, 2: „Besser sind für mich [d.h. die Braut] deine Brüste als Wein" bei | verschiedenen Kirchenschriftstellern, so dürfte in ihren bildlichen und allegorischen Auslegungen dieselbe Tendenz bemerkbar sein, nämlich das Männliche durch das Weibliche zur vollen Einheit und Harmonie zu ergänzen[43]. Hippolyt von Rom bemerkt zu diesem Vers des Hohenliedes: „Denn auf welche Weise der Wein das Herz erfreut, auf solche Weise erfreuen die Gebote Christi: Wie Kinder, welche saugen die Brüste, um Milch herauszusaugen, so müssen alle heraussaugen aus dem Gesetz und Evangelium die Gebote, um zu erwerben ewige Speise. Denn die Brüste Christi sind nichts anderes als die beiden Gesetze, und jene Milch nichts anderes als die Gebote des Gesetzes. Und so sauge von jenen Brüsten Milch, damit du empfangest Unterweisung und ein vollkommener Zeuge werdest"[44]. Zahlreiche lat. Kirchenväter sprechen in ihren Erklärungen des Hohenliedes von Christus, der aus seiner Brust den Gläubigen die Milch göttlicher Belehrung spendet[45].

Während die Christen der Großkirche die sie bedrängende Vorstellung von der Notwendigkeit des Mütterlichen im Begriff der Gottheit vergeistigt oder dieser Vorstellung durch den Kult der Gottesmutter Maria oder der Mutter Kirche eine neue Wendung gegeben haben, sind die Gnostiker der antiken Idee der doppelgeschlechtigen Gottheit oder der nach menschlichem Muster gedachten Verbindung eines männlichen göttlichen Prinzips mit einem weiblichen erlegen. So sprachen Gnostiker vom mann-weiblichen Byttos oder von den weiblichen göttlichen Hypostasen Sophia, Achamoth, Prunikos, Barbelo, Pistis Sophia, Helena und anderen[46]. Einzelne Gnostiker haben auch in Jesus Christus ein doppelgeschlechtiges göttliches Wesen gesehen. Wie Epiphanius von Salamis

42 Vgl. Nikephoros Uranos (10. Jh.), mart. Theod. tiron. 2, hg. von *F. Halkin:* AnalBoll 80 (1962) 314.

43 Cant. 1,2 (LXX); vgl. ebd. 1,4.

44 Hippol. in Cant. 2, hg. von *N. Bonwetsch,* Hippolyts Kommentar zum Hohenlied auf Grund von N. Marrs Ausgabe des grusinischen Textes (Leipzig 1902) 25; vgl. c. 3 (ebd. 34 f.): „Mehr als diesen Wein liebte ich deine Milchquellen, denn die Brüste Christi, das sind die zwei Gebote [d.h. die beiden Testamente]"; vgl. Greg. Nyss. in Cant. or. 1 (6,33.41 *Jaeger/Langerbeck*); Philo Carp. en. in Cant. 1,2 (PG 40,36; um 400).

45 Unter den Brüsten Christi verstehen die Kirchenväter bald die ‚apostolischen und heiligen Männer', bald Johannes den Täufer, Johannes den Evangelisten und die vier Evangelien. Vgl. Greg. Ilib. epithal. 1 (PL Suppl. 1,476; gest. nach 392): . . . sed nunc ubera domini iam non duo [wie die beiden Gesetzestafeln Jahwes vom Berg Sinai], sed quattuor esse cognovimus: quattuor enim evangeliorum fontes dulce lac sapientiae credentibus tribuunt (vgl. ebd. 478); Apon. in Cant. 1 (PL Suppl. 1,808 f.; Anfang des 5. Jh.?): . . . quamquam <enim omnes> perfecti viri apostolici, qui praesunt populo Christiano doctores, ubera Christi intelligantur, per quos Christus <parvulas animas> nutrit; tamen non erit inconveniens duo ubera Christi, Baptistam et Evangelistam, duos Ioannes intelligi proprie, qui Ecclesiae . . . plenissima ubera sunt propinati (vgl. ebd. 814); Iust. Urgell. in Cant. 2.87 f. (PL 67,963 B. 978 A/B; um 547) versteht unter den ubera Christi die Apostel, Evangelisten und Lehrer, die mit geistlicher Milch die im Glauben Geborenen nähren; ähnlich bemerkt Greg. M. super Cant. 1,15 (PL 79,484 f.): habet [sc. sponsus] ubera, sanctos viros . . . ubera illius sunt apostoli . . . omnes praedicatores ecclesiae. Im Hintergrund dieser Exegese steht 1 Cor. 3,2: „Mit Milch habe ich euch getränkt, nicht mit fester Kost, denn ihr vermögt es noch nicht"; dazu Clem. Alex. paed. 1,34,3–35,3 (GCS Clem. Alex. 1,,110 f.); Greg. Tur. glor. mart. 28 (MG Scr. rer. Mer. 1,2, 54). Vgl. Beda in Cant. alleg. expos. 2,1 (PL 91,1085): ubera Christi id est primordia dominicae fidei; Haymo Autissiod. in Cant. expos. 1,1 (PL 70,1057 A = 117, 295 B; zum Verfasser vgl. *E. Dekkers/E. Gaar,* Clavis Patrum Latinorum = Sacris Erudiri 3 [2] [1961] Nr. 910).

46 Vgl. *C. Colpe,* Art. Gnosis II (Gnostizismus): RAC 11 (1981) 537–659, bes. 573–581. 595 f. 615 f. 625–627; ferner *Bjerre-Aspegren* a.O. (Anm 39) 181–186.

mitteilt, behaupteten Gnostiker in den ‚Fragen Marias', „die die großen genannt werden ..., Jesus habe Maria Offenbarungen vermittelt: er habe sie beiseite genommen auf den Berg [d.i. der Offenbarungsberg], gebetet und eine Frau aus seiner Seite hervorgebracht und begonnen, sich mit ihr zu vereinigen, und so habe er dann, indem er seinen (Samen-) Ausfluß nahm, gezeigt, daß ‚man so handeln müsse, auf daß wir leben'"[47]. Diese grobsinnliche Auffassung begegnet abgewandelt in vergeistigter Form auch im großkirchlichen Christentum. Zahlreiche Kirchenväter des Ostens und des Westens haben nämlich davon gesprochen, daß die Kirche, die Braut Jesu, aus der Seite des am Kreuz schlafenden Christus hervorgegangen sei[48]. Die Kirche verhält sich nach dieser Anschauung zu Christus wie Eva zu Adam oder wie Maria zu Jesus in den gnostischen ‚Fragen Marias'. In allen diesen Texten, dem der Genesis, den kirchlichen und dem gnostischen, schimmert die uralte religiöse Vorstellung vom doppelgeschlechtigen göttlichen Urwesen durch[49]. Schließlich sei noch auf die Oden Salomons, gnostische Kultlieder, hingewiesen. Die achte Ode besingt die Milch des göttlichen Vaters: „Ich habe ihre Glieder hingestellt und meine eigenen Brüste habe ich für sie bereitet, daß sie meine heilige Milch trinken könnten, um davon zu leben"[50]. Diesem Thema ist die 19. Ode ‚Die göttliche Milch' gewidmet[51]. Aus den mitgeteilten Zeugnissen und Texten ist einmal die leiblich-seelische Sehnsucht des Menschen zu vernehmen, die Begrenztheit und Getrenntheit der jeweiligen Geschlechtlichkeit aufzuheben und damit seine Einsamkeit zu überwinden, zum anderen spricht aus ihnen das Nachdenken über die Gottheit und ihre gegenüber dem Menschen größere Vollkommenheit.

47 Epiphan. pan. 26,8, 2 f. (GCS Epiphan. 1,284); vgl. *H.-Ch. Puech,* Gnostische Evangelien und verwandte Dokumente: *Hennecke/Schneemelcher* a.O. (Anm 1) 250; *W. Speyer,* Zu den Vorwürfen der Heiden gegen die Christen: Jahrb. f. Ant. u. Christ. 6 (1963) 129–135.

48 Stellensammlung bei *Schmid* a.O. (Anm 24) 552–554: ‚Die Kirche als zweite Eva'.

49 Vgl. *Baumann* a.O. (Anm 11) 175; zur dort erwähnten Kümmernis, der bärtigen Heiligen am Kreuz, *A. Dörrer,* Art. Kümmernis: Lex. f. Theol. u. Kirche 6 (1961) 678.

50 Od. Sal. 8,16, übersetzt von *W. Bauer: Hennecke/Schneemelcher* a.O. (Anm 1) 2 ^{4}(1971) 587.

51 Od. Sal. 19, 1–5 (ebd. 599). *Bauer* a.O. 599 Anm 4 spricht von „dem eigenartigen, ja grotesken Bild". Er verweist auf Clem. Alex. paed. 1,35,3.36,1. 43,3 und 46,1, der an den beiden zuletzt genannten Stellen ausdrücklich die Milch des Vaters erwähnt; zu Od. Sal. 35,5 vgl. *Bauer* a.O. 615 Anm 5. Vgl. ferner *F. Cumont,* Lux perpetua, Paris 1949, 426 Anm. 1.

26. Mittag und Mitternacht als heilige Zeiten in Antike und Christentum

I. Thema und Wert der überlieferten Zeugnisse

Raum und Zeit sind die Koordinaten der Wirklichkeit, wie sie sich dem menschlichen Geist darbietet und aufdrängt. Diese Wirklichkeit konnte der Mensch der magisch-religiösen Bewußtseinsstufe auf zwei verschiedene Weisen auffassen, als profane und als heilige Wirklichkeit[1]. Deshalb war er überzeugt, daß es auch heilige Orte und heilige Zeiten gebe[2].

Die Erfahrung des Heiligen wurde durch außerordentliche und außergewöhnliche Erscheinungen in der sichtbaren Natur mitausgelöst. Das Gewitter, das Erdbeben, Vulkane, aber auch der in der Ebene plötzlich aufsteigende Berg, die dunkle Grotte, der uralte Baum, die Quelle und vieles andere dieser Art weckten und schärften den Sinn für das Übermenschlich-Numinose[3]. Entsprechend konnten auch bestimmte Erscheinungen der Zeit die religiöse Erfahrung, Phantasie und Vorstellung anregen. Das plötzliche Hereinbrechen des Frühlings nach der Starre des Winters beeindruckte die Menschen einer frühen Kulturstufe nicht weniger tief als die beiden Wenden der Sonne zu Anfang des Sommers und des Winters[4]. In den genannten Naturerscheinungen erlebten aber nicht nur die Menschen der Vorgeschichte, sondern auch noch viele Menschen des Altertums die Offenbarung der heiligen Macht.

Entsprechend zum Jahr mit Sonnenhöchststand und Sonnentiefststand, gleichsam den kritischen Augenblicken seines Lebens, verläuft der einzelne Tag mit seiner Licht- und seiner Nachtseite. Beim Jahr wie beim Tag wird ein Höhepunkt erkennbar, der zugleich eine Wende bedeutet. Die Stunde am Mittag und die Stunde der Mitternacht leiten jeweils eine kritische Phase der Wandlung ein: Am Mittag beginnt die von der Mitternacht an steigende Bahn des Lichtes plötzlich zu fallen und die fallende des Dunkels zu steigen. In der Mitternacht vollzieht sich der umgekehrte Vorgang. Wenn aber die Zeit des Tages und der Nacht die Richtung ihres Laufes ändert, scheint sie an der Nahtstelle ihrer Aufwärts- und ihrer Abwärtsbewegung aufgehoben zu sein. So scheint sie am Mittag und

[1] Vgl. M. Eliade, Das Heilige und das Profane (Hamburg 1957); ders., Die Religionen und das Heilige (Salzburg 1954); G. Krüger, Religiöse und profane Welterfahrung (Frankfurt 1973); C. Colpe (Hrsg.), Die Diskussion um das ›Heilige‹ = WdF 305 (Darmstadt 1977).

[2] Vgl. Eliade, Das Heilige 13/67; ders., Die Religionen 415/62.

[3] Vgl. Sen. ep. 41,3: si tibi occurrerit vetustis arboribus et solitam altitudinem egressis frequens lucus et conspectum caeli ramorum aliorum alios protegentium summovens obtentu, illa proceritas silvae et secretum loci et admiratio umbrae in aperto tam densae atque continuae fidem tibi numinis faciet. si quis specus saxis penitus exesis montem suspenderit, non manu factus, sed naturalibus causis in tantam laxitatem excavatus, animum tuum quadam religionis suspicione percutiet. magnorum fluminum capita veneramur; subita ex abdito vasti amnis eruptio aras habet; coluntur aquarum calentium fontes, et stagna quaedam vel opacitas vel inmensa altitudo sacravit. – Zum Gewitter vgl. W. Speyer, Die Zeugungskraft des himmlischen Feuers in Antike und Urchristentum: AntAbendl 24 (1978) 57/75, bes. 57f.

[4] Vgl. Hesiod. op. 564f. 663f; E. Norden, Die Geburt des Kindes. Geschichte einer religiösen Idee (Leipzig/Berlin 1924) 14/24, bes. 19; Eliade, Die Religionen 441; M. P. Nilsson, Die Entstehung und religiöse Bedeutung des griechischen Kalenders² = Scripta minora Reg. Soc. Hum. Litt. Lund. 1960/61,1 (Lund 1962) 23/8.

zur Mitternacht geradezu stille zu stehen. Beide Stunden des Tages galten auch durch Windstille als ausgezeichnet[5]. Das religiöse Bewußtsein konnte in diesem ›nunc stans‹ mit einem gewissen Recht den Einbruch der Ewigkeit, also des Jenseits, erwarten[6]. In den südlichen Ländern unterscheiden sich ferner die Mittagsstunden von den übrigen Stunden des Tages durch eine überaus große und gefährliche Hitze, jedenfalls in den Monaten des Sommers. Überall aber, wo sich in den Erscheinungen der Natur Spannung, Verdichtung oder ein plötzlicher Wechsel zeigen, offenbarte sich den Menschen des magisch-religiösen Bewußtseins geheimnisvolle heilige Macht. Der religiöse Mensch erlebte diese Macht als den eigentlichen Grund und die Bedingung der jeweiligen auffallenden Erscheinung. Hier lag für ihn die Möglichkeit, in oder besser durch die scheinbar nur natürliche Erscheinung die hinter ihr stehende unbekannte Macht, die Gottheit, zu erfahren. Diese heilige Macht wirkt in ambivalenter Weise: sie erhöht und erniedrigt den Menschen, sie zieht ihn an und stößt ihn ab, sie segnet und flucht[7].

Aus den genannten Voraussetzungen wird verständlich, daß bestimmte religiöse Menschen des Altertums glaubten, an den Wendepunkten des Tages den Einbruch der heiligen Macht, also eine Hierophanie, erlebt zu haben[8]. Wie aus den im weiteren Verlauf mitgeteilten Zeugnissen des Altertums hervorgehen wird, haben aber nicht nur Gläubige der polytheistischen Religionen – hier kommen vor allem die Griechen in Betracht – sondern auch Verehrer des einen Schöpfergottes, einzelne Juden und Christen, diese Erfahrung gemacht. Der wohl in vorgeschichtliche Zeit zurückreichende Glaube an die Epiphanie der Gottheit am Höhe- und Tiefpunkt des Tages blieb solange ungebrochen, wie der Mensch in einem religiösen Erfahrungshorizont lebte, solange er der göttlich durchwirkten Natur unmittelbar begegnete, ohne daß sich die von ihm erdachte technische Apparatur zwischen ihn und die Natur schob. Deshalb besitzen wir für diesen Glauben auch noch Zeugnisse aus dem vortechnischen Europa bis ins 19. Jahrhundert.

Vordergründig betrachtet, mußte bei einer Epiphanie am Mittag der Segensaspekt des Göttlichen überwiegen, bei einer Epiphanie zur Mitternachtsstunde aber der Fluch- oder Todesaspekt; denn nach antikem Glauben ist der Tag den himmlischen, den kosmischen Mächten heilig, die Nacht hingegen den Unterirdischen, den Dämonen. Für den ursprünglichen Glauben an die heilige Macht ist es aber gerade charakteristisch, daß jede göttliche Erscheinung zugleich über Segen und Fluch verfügt. Wenn es auch aufs Ganze gesehen gilt, daß die der Tages- und Lichtwelt zugehörenden himmlischen Wesen mehr über Segens- als über Fluchkraft verfügen und umgekehrt die Geister der Unterwelt und des Todes mehr über Schadensmacht, so zeigt sich bei den beiden Arten der heiligen Wesen doch auch wieder die gegenteilige Wirkung: Die Totenseelen können auch die

[5] Aristot. probl. 25,4, 938 a 24; vgl. R. Böker, Art. Winde B: PW 8 A, 2 (1958) 2215/65, bes. 2245. 2260f und W. H. Roscher: ArchRelWiss 1 (1898) 79_{62} (Hinweis von Frl. A. Sallinger, Salzburg).

[6] Noch Nietzsches Zarathustra begegnete in der heiligen Stille des südlichen Mittags zwischen Schlaf und Wachen der Ewigkeit und Vollkommenheit (Also sprach Zarathustra. Vierter und letzter Teil. ›Mittags‹: Werke, hrsg. von K. Schlechta 2[8] [München 1977] 512/5).

[7] Zur Ambivalenz des Heiligen vgl. Eliade, Die Religionen 37/42; Speyer, Zeugungskraft 59f.

[8] Zur Hierophanie vgl. Eliade, Die Religionen Reg. s.v.; zur Epiphanie W. Speyer, Die Hilfe und Epiphanie einer Gottheit, eines Heroen und eines Heiligen in der Schlacht: Pietas, Festschrift B. Kötting = JbAC Erg.-Bd. 8 (Münster 1980) 55/77; zu Visionen im Christentum E. Benz, Die Vision. Erfahrungsformen und Bilderwelt (Stuttgart 1969); J. S. Hanson, Dreams and visions in the Graeco-Roman world and early Christianity: Aufst NiedergRömWelt 2,23,2 (1980) 1395/427.

Segnenden sein und die Himmlischen die Fluchenden. Genau diese Ambivalenz in der Segens- und Fluchwirkung zeigen nun auch Mittag und Mitternacht als heilige Zeiten. Die antiken Texte berichten nämlich auch von segensvollen Erscheinungen in der Mitternacht und von Flucherscheinungen am Mittag.

Bisher hat die Forschung bei der Betrachtung der beiden Stunden vor allem den Aspekt des Dämonischen herausgestellt und nicht genügend beachtet, daß wie Gott und Dämon aufgrund der Ambivalenz des Heiligen zusammengehören, so auch die segensvolle und die fluchbringende Epiphanie aufeinander bezogen sind[9]. Ferner hat man bisher nicht die entsprechenden jüdischen und christlichen Zeugnisse in den geforderten religionswissenschaftlichen Zusammenhang eingeordnet. Diese Versäumnisse sollen im folgenden ausgeglichen werden. Zu diesem Zweck wird es notwendig sein, vor allem jene Belege über Epiphanien am Mittag und in der Mitternachtsstunde heranzuziehen, in denen der Segensaspekt vorherrscht. Auf diese Weise kann dann das wahre Wesen der heiligen Stunde mit seinem Ambivalenzcharakter in Fluch und Segen deutlich hervortreten.

Bei den einzelnen Zeugnissen werden wir nicht immer mit einem mehr oder weniger literarisch geformten Erlebnisbericht oder dem Reflex eines solchen zu rechnen haben, sondern auch mit rein literarischer Erfindung, die sich der Form des religiösen Erlebnisberichtes bedient, also mit einem literarischen Topos. Der Topos diente dann dem Erzähler dazu, mit diesem religiösen Gedanken seine epische oder hymnische Dichtung, seine Aretalogie oder hagiographische Darstellung auszuschmücken, oder er diente als Wahrheitsbeglaubigung für eine literarische Fälschung.

Für den modernen Betrachter und Kritiker der betreffenden Überlieferungen ist es nicht immer möglich, die freie literarische Erfindung oder Fälschung vom Erlebnisbericht zu unterscheiden. Nur sehr selten liegt eine begleitende Überlieferung vor, die zur Bestätigung oder Widerlegung des Berichteten dienen könnte. Die inneren Kriterien reichen aber nicht immer für eine sichere Entscheidung aus, zwischen Erlebnisbericht und literarischem Topos zu unterscheiden. Mittelbar bezeugt aber auch die freie literarische Erfindung das Wohlgefallen des antiken Menschen an dieser Glaubensvorstellung und weist damit auf das ursprünglich religiöse Erlebnis der Epiphanie und Offenbarung am Mittag oder in der Mitternachtsstunde zurück.

[9] Literatur zum Thema: K. Haberland, Die Mittagsstunde als Geisterstunde: ZsVölkerpsych 13 (1882) 310/24; W. Drexler, Art. Meridianus daemon: Roscher, Lex. 2, 2 (1894/97) 2832/6; E. Maass, Orpheus (München 1895) Reg. s.v. ›Mittagsstunde‹; H. Diels, Parmenides' Lehrgedicht, griechisch und deutsch (Berlin 1897) 16f; E. Rohde, Psyche. Seelenkult und Unsterblichkeitsglaube der Griechen[3] 1/2 (Leipzig/Tübingen 1903) Reg. s.v. ›Mittagsgespenst‹; F. Boehm, De symbolis Pythagoreis, Diss. Berlin (1905) 55f zu Olymp. in Plat. Phaedon. A 1,17 (10 Norvin): »Keiner soll am Mittag schlafen, wenn die Sonne ihre stärkste Macht zeigt«; O. Gruppe, Griechische Mythologie und Religionsgeschichte 2 = HdbAltWiss 5,2 (München 1906) 759_1; W. Kroll, Heilig: MittSchlesGesVolkskunde 13/14 (1911) 481 = Colpe (Hrsg., s. o. Anm. 1) 121; S. Landersdorfer, Das daemonium meridianum (Ps 91[90],6): BiblZs 18 (1929) 294/300; F. Pfister, Art. Meridianus Daemon: PW 15,1 (1931) 1030f; P. de Labriolle, Le démon de midi: ArchLatMedAev 9 (1934) 46/54; Jungbauer, Art. Mittag: Bächtold-St. 6 (1934/35) 398/412; ders., Art. Mittagsgespenst: ebd. 414/8; ders., Art. Mitternacht: ebd. 418/39: R. Caillois, Les démons du midi: RevHistRel 115 (1937) 142/73; 116 (1937) 54/83. 143/86; R. Arbesmann, The ›Daemonium meridianum‹ and Greek and Latin patristic exegesis: Traditio 14 (1958) 17/31; A. Kambylis, Zur ›Dichterweihe‹ des Archilochos: Hermes 91 (1963) 129/50, bes. 140; K. Latte, Kleine Schriften (München 1968) 106/11: ›Die Sirenen‹; H. Herter, Kleine Schriften (München 1975) 51/4; C. D. G. Müller, Von Teufel, Mittagsdämon und Amuletten: JbAC 17 (1974) 91/102, bes. 95/8.

II. Die griechisch-römische Antike

Nach antikem Volksglauben konnte sich zur Mitternachtsstunde die Unterwelt öffnen. Wie Platon im Schlußmythos seines Staates mitteilt, gelangten die Seelen, die ihr Los im Jenseits gezogen und aus dem Strom des Vergessens getrunken hatten, zur Mitternachtsstunde unter Donner und Erdbeben an die Oberwelt[10]. Als Empedokles gestorben und nirgends zu finden war, sagte ein Diener des Pausanias, mitten in der Nacht habe er eine überaus gewaltige Stimme vernommen, die Empedokles zu sich gerufen habe; dann sei er aufgestanden und habe ein himmlisches Licht und den Glanz von Fackeln gesehen[11]. Die ›übergewaltige Stimme‹ ist eine Himmelsstimme, ein Anruf aus dem Jenseits[12]. In Rom ging beim Fest der Lemuria der pater familias um Mitternacht durch das Haus und wies die als anwesend gedachten Totengeister unter zahlreichen rituellen Vorsichtsmaßregeln aus dem Bereich der Lebenden[13]. In Vergils Aeneis erscheint Anchises zur Mitternachtsstunde Aeneas und gibt ihm Weisungen und Prophetien[14]. Der Glaube an die numinose Kraft der Mitternachtsstunde hat seine Spuren auch in den Mysterien hinterlassen. Der Höhepunkt der Weihe des Lucius bestand darin, daß er die Schwelle des Jenseits überwand, in der Mitternacht die Sonne leuchten sah, zu den unterirdischen und den himmlischen Göttern gelangte und sie aus der Nähe anbetete[15]. Demnach enthüllte sich ihm zur mitternächtlichen Stunde die heilige Macht in ihrem ambivalenten Charakter. Zauberer hielten gerade die Mitternachtsstunde für günstig, Tote aus der Unterwelt zu rufen und Prophetien zu erlangen[16]. Doch wurde derartiger Zauber auch am Mittag ausgeführt, wie die ›Lekanomantie des Nephôtes‹ im ›Großen Pariser Zauberpapyrus‹ beweist: Der Zauberer solle sich mit schwarzem Efeu bekränzen und sich, wenn die Sonne mitten am Himmel steht, in der fünften Stunde nackt auf ein Linnen niederlegen, die Augen unter einem schwarzen Riemen schließen und den Gott der Götter, Typhon, magisch anrufen[17]. Der Glaube, daß in der Mitternachtsstunde die Totengeister umgehen, lebte bis in die Neuzeit weiter[18]. Da man mit dem Erscheinen göttlich-dämonischer Gewalten zur Mitternacht rechnete, brachte man auch zu dieser Stunde Opfer und Gebete dar[19]. Mit dieser Vorstellung hängt es weiter zusammen, daß man den Träumen nach Mitternacht Wahrheit zuschrieb, im Gegensatz zu den Träumen vor dieser Stunde[20].

[10] Plat. rep. 10,621b.

[11] Heracl. Pont. bei Diog. L. 8,67f = frg. 83 Wehrli.

[12] Vgl. L. Deubner, De incubatione (Leipzig 1900) 10; E. Bevan, Sibyls and seers (London 1928) 99/111; A. S. Pease im Kommentar zu Cic. div. 1,101: voces ex occulto: UnivIllStudLangLit 6 (1920) 441.

[13] Vgl. K. Latte, Römische Religionsgeschichte = HdbAltWiss 5,4 (München 1960) 99.

[14] Verg. Aen. 5,721/39, bes. 738: torquet medios Nox umida cursus.

[15] Apul. met. 11,23: igitur audi, sed crede, quae vera sunt. accessi confinium mortis et calcato Proserpinae limine per omnia vectus elementa remeavi, nocte media vidi solem candido coruscantem lumine, deos inferos et deos superos accessi coram et adoravi de proxumo. J. Kroll, Gott und Hölle = Studien der Bibliothek Warburg 20 (Leipzig/Berlin 1932) 502/5 ordnet diese Mitteilung in sein Thema ein; zum ägyptischen Hintergrund vgl. J. G. Griffiths, Apuleius of Madauros, The Isis-book (Leiden 1975) 294/308, bes. 303/6, der bemerkt: »It seems that the precise midnight hour was not emphasized in the Amduat [Book of Amduat] tradition«.

[16] ZB. die thessalische Zauberin Erichtho bei Lucan. 6,570/824, bes. 570/3; dazu bietet das Alte Testament eine Parallele (1 Sam. 28,8/19): König Saul befragt die Hexe von En-Dor in der Nacht um seine Zukunft. Ferner vgl. Th. Hopfner, Griechisch-ägyptischer Offenbarungszauber 1² (Amsterdam 1974) 549 (§ 225).

[17] PGM IV 154/222, bes. 173f.

[18] Vgl. Jungbauer, Mitternacht (o. Anm. 9) 419/24.

[19] Sil. Ital. 13,413/6. 419f; dazu E. Norden, P. Vergilius Maro, Aeneis Buch VI³ (Leipzig/Berlin 1927) 202 zu Verg. Aen. 6,243f. – Kaiser Julian betete um Mitternacht zum Gott Hermes (Amm. Marc. 16,5,5); ferner vgl. Philostr. vit. Apoll. 3,33.

[20] Hor. sat. 1,10,31/5: vetuit . . . Quirinus / post mediam noctem visus, cum somnia vera; vgl. Norden, P. Vergilius Maro 348 zu Verg. Aen. 6,893f.

Die Heiligkeit des Mittags ist vor allem aus den griechischen Berichten über die Ruhe Pans während dieser Zeit bekannt. Wer den Gott bedacht oder unbedacht stört, wird seinem Zorn, das heißt dem Fluchaspekt des Gottes, verfallen[21]. Wie Pan durften auch die Nymphen während des Mittags nicht gestört werden. Oft, aber nicht immer, bedeutet der Ausdruck ›von den Nymphen ergriffen‹, νυμφόληπτος, den mit Wahn Geschlagenen[22]. Dieser in Griechenland weit verbreitete Glaube hat sich bis in das vorige Jahrhundert gehalten[23]. Philostrat berichtet, daß auf Plätzen, an denen angebliche Gebeine von Giganten oder Heroen zum Vorschein gekommen waren, diese halbgöttlichen Wesen sich am Mittag zeigten[24].

Nicht selten ist aber auch der Glaube bezeugt, daß Götter und dämonische Wesen zur Mittagszeit segensvoll erscheinen und bisweilen dem von ihnen begnadeten Menschen einen Blick in die Zukunft gönnen. So konnte sich für den Griechen zu dieser Stunde das Jenseits öffnen: Entweder kam die Gottheit zum Menschen und war ihm huldreich gesonnen, indem sie ihn tröstete, belehrte und stärkte, oder aber der Mensch wurde ins Jenseits geführt. Wie Homer berichtet, entstieg der Meergreis Proteus täglich am Mittag dem Meer und ordnete seine Robbenherde. Menelaos, der auf der Insel Pharos von den Göttern aufgehalten wurde, gelang es, mit Hilfe der Tochter des Proteus, Eidothea, den Meergreis durch List in der Mittagsstunde zu überwältigen. Er zwang den Gott, ihm mitzuteilen, unter welcher Bedingung er die Insel Pharos wieder verlassen dürfe[25]. Diese Erzählung Homers ist das für uns älteste griechische Beispiel einer Epiphanie und Prophezeiung am Mittag. Der kretische Wundertäter und Sühnepriester Epimenides (um 600 vC.) soll als Knabe gegen Mittag in eine Höhle gelangt sein und dort 57 Jahre geschlafen haben[26]. Im Traum will er den Göttern begegnet sein und Offenbarungen empfangen haben[27]. Epimenides galt bei den Griechen als großer Freund der Götter[28]. Die inspirierende Kraft der Nymphen erlebte der platonische Sokrates zur Mittagszeit am Ilissos. Wenn er hier spürte, ›von den Nymphen ergriffen zu sein‹, so daß er nahe daran war, Dithyramben zu sprechen, so weist dies auf die begeisternde Wirkung der Quellnymphen hin[29]. Wie auch immer sich die Musen zu den Nymphen verhalten mögen, eine innere Verwandtschaft zwischen beiden göttlichen Wesen besteht zum mindesten darin,

[21] Theocr. 1,15/8; dazu A. S. F. Gow im Kommentar (Cambridge 1965) 4 und die o. Anm. 8 genannte Forschungsliteratur. Zur Gleichsetzung von Pan mit dem ›Mittagsdämon‹ J. Tambornino, De antiquorum daemonismo = RGVV 7,3 (Gießen 1909) 66f; F. Bömer im Kommentar zu Ovid. fast. 4,761f (Heidelberg 1958) 276; Schol. Aristoph. ran. 295: Empusa; Phlego mirab.: FGrHist 257 F 36,3,3: Buplagos.

[22] Vgl. Tambornino 65f und u. Anm. 29.

[23] Vgl. Boehm (o. Anm. 9); M. P. Nilsson, Geschichte der griechischen Religion 1³ = HdbAltWiss 5,2,1 (München 1967) 251f; zu den Sirenen Latte (o. Anm. 9).

[24] Philostr. her. 8,16; 11,7 (10f. 13 de Lannoy); vgl. W. Speyer, Art. Giganten: RAC 10 (1978) 1247/76, bes. 1251.

[25] Od. 4,398/461, bes. 400f. 450. Zu dieser Stelle und zur Vorstellung der Überlistung eines dämonischen Wesens vgl. M. Ninck, Die Bedeutung des Wassers im Kult und Leben der Alten. Eine symbolgeschichtliche Untersuchung = Philol Suppl. 14,2 (Leipzig 1921) 174/6; W. Speyer, Der heilkundige Hippozentaur, Alexander der Große und Hippokrates: Symmicta Philologica Salisburgensia, Festschrift G. Pfligersdorffer (Roma 1980) 171/85, bes. 178f; F. Lochner-Hüttenbach, Zum Motiv der ›Überlistung eines Jenseitigen‹: RhMus 115 (1972) 24/7.

[26] Theopomp. bei Diog. L. 1,109 = FGrHist 115 F 67 = VS 3 A 1; Plin. n. h. 7,175; vgl. Rohde, Psyche (o. Anm. 9) 2,96f. Zum Motiv des wunderbaren Schlafes vgl. E. Rohde, Sardinische Sage von den Neunschläfern: ders., Kleine Schriften 2 (Tübingen/Leipzig 1901) 197/208; M. Huber, Die Wanderlegende von den Siebenschläfern (Leipzig 1910) 376/447; die mittelalterliche Legende vom Mönch aus Kloster Heisterbach, dem bekehrten Zweifler bei F. J. Kiefer, Die Sagen des Rheinlandes (Köln 1845) 85f und u. S. 321 Anm. 46.

[27] Maxim. Tyr. 10,1,2 (110,13 Hobein) = VS 3 B 1.

[28] Theopomp. aO. (o. Anm. 26).

[29] Plat. Phaedr. 230 bc; 238 d; dazu Ninck 90f; einseitig Nilsson 1,251.

daß bisweilen auch die Nymphen wie die Musen Inspiration verleihen konnten[30]. Legendäre Überlieferungen sprechen von einer Inspiration durch die Musen zur Mittagszeit. So sollen sich zu dieser Stunde Bienen, die ›Vögel der Musen‹, auf den Mund des jungen Pindar niedergelassen haben[31]. Nach der Ansicht später Biographen Hesiods soll auch die Musenweihe dieses Dichters in der Mittagsstunde stattgefunden haben[32]. – Wie Herakleides Pontikos erzählt, sah Empedotimos am hohen Mittag an einem einsamen Ort Pluton und Persephone erscheinen und tat einen Blick in den Hades[33]. Apollonios von Rhodos hat diesen volkstümlichen religiösen Gedanken für sein Argonautenepos benutzt. Er läßt Jason zur Mittagsstunde den libyschen Nymphen begegnen, die ihn trösten und ihm die Heimkehr verheißen[34].

Dieser Glaube an die offenbarende Gottheit während der Mittagsstunde blieb in der römischen Kaiserzeit weiter lebendig. Von einer derartigen Erscheinung berichtet der Geschichtsschreiber Tacitus: Als der junge Curtius Rufus zur Mittagsstunde in Hadrumetum durch die menschenleeren Säulenhallen ging, erschien ihm die Gestalt einer Frau von übergroßer Gestalt, und eine Stimme ertönte, die ihm verkündete, er werde als Prokonsul in die Provinz Africa kommen[35]. Die übermenschliche Gestalt und die wunderbare Stimme erweisen die Erscheinung als göttlich[36]. Auch Pan soll einmal in der Mittagsstunde segensvoll gewirkt haben: Er erschien einem Hirten namens Hygeinos und befreite ihn von schwerer Krankheit; so verkündet das noch erhaltene Weihepigramm des Geheilten[37]. Wie verbreitet der Glaube an den Mittag als Stunde der Epiphanie in der Kaiserzeit gewesen sein muß, zeigt nicht zuletzt eine Parodie derartiger Wunderberichte. Der skeptisch-spöttische Lukian läßt nämlich seinen ›Lügenfreund‹ unter anderem von einer Erscheinung Hekates am Mittag unter Erdbeben und Donner berichten[38].

Auch den Kelten wurde ein derartiger Glaube nachgesagt. Wie der Dichter Lukan berichtet, scheute sich der keltische Priester, wenn Phoebus mitten am Himmel stand oder die schwarze Nacht den Himmel deckte, in den heiligen Hain bei Massilia einzutreten, da er fürchtete, zu dieser Zeit den göttlichen Herrn des Haines dort anzutreffen[39]. Der

[30] U. v. Wilamowitz-Moellendorff, Der Glaube der Hellenen 1 (Berlin 1931) 184 hat eine Verwandtschaft beider abgelehnt; zurückhaltend Nilsson 1,254; vgl. aber Ninck 48f. 84f. 90f; E. Barmeyer, Die Musen = Humanist. Bibl. 1,2 (München 1968).

[31] Pausan. 9,23,2; Vit. Ambr. Pind.: 1,1,6/11 Drachmann. – Varro r. rust. 3, 16,7: quae [sc. apes] cum causa Musarum esse dicuntur volucres, quod et, si quando displicatae sunt, cymbalis et plausibus numero redducunt in locum unum; vgl. J. H. Waszink, Biene und Honig als Symbol des Dichters und der Dichtung in der griechisch-römischen Antike = VortrDüsseldorf G 196 (1974) bes. 17.

[32] Asklepiades oder Archias: Anth. Pal. 9,64,1f; vgl. Kambylis (o. Anm. 9) 140; W. Suerbaum: Gnomon 40 (1968) 743.

[33] Heracl. Pont. bei Procl. in Plat. remp.: 2,119 Kroll = frg. 93 Wehrli; vgl. Diels (o. Anm. 9) 16f.

[34] Apoll. Rhod. 4,1308/29, bes. 1312; vgl. die Szene: Menelaos und Proteus (o. Anm. 25).

[35] Tac. ann. 11,21,2f (zu Curtius Rufus vgl. Prosop. Imp. Rom. 2 [Berlin/Leipzig 1936] nr. 1618). Plinius d. J., der dieselbe Geschichte erzählt, spricht jedoch von einer späteren Tageszeit (ep. 7,27,2: inclinato die). Die Erklärung von E. Koestermann im Kommentar zu Tac. aO. 3 [Heidelberg 1967] 69) reicht nicht aus; zutreffend Kroll (o. Anm. 9), der als Parallele noch Damasc. vit. Isid. 63 (92 Zintzen) heranzieht: In Sizilien konnte man im Hochsommer zur Mittagsstunde an verschiedenen Orten die Geisterschlacht sehen (zur Geisterschlacht Speyer, Die Hilfe [o. Anm. 8] 65_{68}).

[36] Zur Größe himmlischer Personen vgl. ebd. 70; Deubner (o. Anm. 12) 12; Carm. Lat. Epigr. 1109,11f. – Zur Himmelsstimme s. o. Anm. 12.

[37] G. Kaibel, Epigrammata Graeca ex lapidibus conlecta (Berlin 1878) nr. 802, etwa 2. Jh. nC.; dazu vgl. W. H. Roscher, Ephialtes. Über die Alpträume und Alpdämonen des klassischen Altertums = AbhLeipzig 20,2 (1900) 45/7.

[38] Lucian. philops. 22; dazu vgl. H. D. Betz, Lukian von Samosata und das Neue Testament = TU 76 (Berlin 1961) 56; zum Erdbeben am Mittag s. u. Anm. 58f.

[39] Lucan. 3,423/5: medio cum Phoebus in axe est / aut caelum nox atra tenet, pavet ipse sacerdos / accessus dominumque timet deprendere luci. Diese Vorstellung von einem Gott als ›dem Herrn des Haines‹ erinnert an Gen. 3,8/24: Gott ergeht sich im Garten Eden. –

keltische Priester rechnete also zu diesen Stunden am Mittag und entsprechend wohl zur Mitternacht mit einer Erscheinung der Ortsgottheit.

III. Jüdische Überlieferung

Seit langem hat die Forschung Psalm 91,6 beachtet, der nach der griechischen Wiedergabe der Septuaginta vom Mittagsdämon spricht. Im hebräischen Urtext ist die Rede »von der Seuche, die am Mittag hereinbricht«. Damit deutet der Psalmist auf den Fluchgeist der Mittagshitze des Südens hin, der für die Gesundheit von Mensch und Vieh Gefahren bringt[40]. Diese Aussage gibt aber wieder nur die eine Ansicht einer Hierophanie am Mittag in Israel wieder. Den ergänzenden Aspekt bietet eine altertümliche Überlieferung des Buches Genesis. Als Abraham »um die heiße Tageszeit« am Eingang seines Zeltes saß, erschienen plötzlich vor ihm drei Männer. Die Gottheit, die sich hinter diesen Gestalten verbirgt, verheißt dem hochbetagten Abraham und seiner alten Frau Sara innerhalb der Frist eines Jahres einen Sohn[41]. – In der Stunde der Mitternacht zeigte Jahwe den Ägyptern seinen Fluchaspekt und den Israeliten seinen Segensaspekt: »Mose sagte: So spricht Jahwe: Um Mitternacht gehe ich durch Ägypten. Dann wird jede Erstgeburt im Land Ägypten sterben, von dem Erstgeborenen des Pharao, der auf dem Throne sitzt, bis zu dem Erstgeborenen der Magd hinter der Handmühle und alle Erstgeburt des Viehs ... Aber bei den Israeliten wird kein Hund knurren, nicht gegen Menschen noch gegen Vieh, damit ihr erkennt, daß Jahwe einen Unterschied macht zwischen Ägypten und Israel«[42]. Der Verfasser des Buches ›Weisheit Salomons‹ hat ausgehend von diesen Textstellen folgende pathosgeladene Formulierung für das Eingreifen Gottes in dieser Stunde gefunden: »Denn während tiefes Schweigen alles umfing und die Nacht in ihrem schnellen Laufe bis zur Mitte vorgerückt war, da sprang sein allmächtiges Wort vom Himmel her, vom königlichen Thron, gleich einem wilden Krieger mitten in das dem Verderben geweihte Land«[43]. Die christliche Liturgie hat diesen Text als Segensverheißung gedeutet, indem sie ihn auf die Menschwerdung des Logos, Jesus Christus, bezog[44].

Am Mittag spielten die Nymphen im Hain Demeters in Dotion, Thessalien, auf einem Pappelbaum (Callim. hymn. 6,24/38). Am Mittag badete Artemis in ihrem Hain (Ovid. met. 3,144/73) und Pallas in der Hippukrene des Helikon (Callim. hymn. 5,70/4). Wer die Göttinnen nackt sieht, wie Aktaion oder Teiresias, zieht ihren Zorn auf sich (vgl. F. Bömer im Kommentar zu Ovid. fast. 4,761f [o. Anm. 21] 276).

[40] Vgl. W. H. Worrell, The demon of noonday and some related ideas: JournAmOrientSoc 38 (1918) 160/6; Landersdorffer (o. Anm. 9); Arbesmann (o. Anm. 9) 17f; O. Böcher, Dämonenfurcht und Dämonenabwehr (Stuttgart 1970) 78f; J. Maier, Art. Geister (Dämonen) B. I. c. Israel: RAC 9 (1976) 582f; ders. aO., B. III. d. Talmudisches Judentum: ebd. 684f nr. 84; ferner Test. Sal. Recensio C 10,16 (79* McCown): Ἀμεμῶν· δεσπόζει μεσημβρινῶν πνευμάτων φ'· δύναται καὶ αὐτὸς, ὁμοίως; Exorcism. Sal.: PGM 17,12.

[41] Gen. 18,1/16 a; dazu bemerkt H. Gunkel, Genesis[3] (Göttingen 1910) 193: »Höchst lebenswahr wird nun erzählt, wie es die Mittagszeit war (die Zeit, da der wegemüde Wanderer Unterkunft und auch der Ansässige den Schatten sucht), die den Menschen und die Gottheit, die ihm als Wanderer erscheint, unter dem Schatten des Baumes zusammengeführt hat«; vgl. auch C. Westermann, Genesis 2 (Neukirchen-Vluyn 1981) 329/43, bes. 335f. Die Anschaulichkeit der alttestamentlichen Erzählung darf aber nicht darüber hinwegtäuschen, daß wir es hier mit dem gleichen religiösen Gedanken zu tun haben wie in den zuvor genannten antiken Zeugnissen.

[42] Ex. 11,4f. 7; vgl. ebd. 12,29: »Um Mitternacht aber geschah es, daß Jahwe alle Erstgeburt in Ägypten schlug ...«.

[43] Sap. 18,14f.

[44] Antiphona ad introitum: De VI die infra octavam Nativitatis Domini; ebenso Dominica II post nativitatem (Missale Romanum ex decreto concilii Vaticani II instauratum auct. Pauli pp. VI [Città del Vaticano 1969]).

Die wohl am Anfang des 2. Jh. nC. verfaßte frühjüdische Schrift ›Paralipomena Jeremiae‹ kennt Mitternacht und Mittag als heilige Stunden: In der mitternächtlichen Stunde erleben Jeremia und Baruch eine Vision und Audition von Engeln, die ihnen die unmittelbar bevorstehende Zerstörung Jerusalems ankündigen[45]. Am Mittag wird der Äthiopier Abimelech, der um den Propheten Jeremia Verdienste erworben hatte, durch die Gnade Gottes in einen wunderbaren Schlaf versetzt, der 66 Jahre gedauert haben soll[46].

Mittag und Mitternacht waren in Israel auch als Zeiten für das Gebet gebräuchlich[47]. Gebet und die Erwartung einer Hierophanie gehören ursprünglich zusammen; Glauben und Gottesdienst ergänzen einander.

IV. Christliche Überlieferung

Weit mehr Beispiele als die alttestamentliche und frühjüdische Überlieferung bieten aber die Christen für diesen religiösen Gedanken. Daraus darf auf einen verstärkten Einfluß der entsprechenden altgriechisch-hellenistischen Vorstellung auf das Frühchristentum geschlossen werden. Die synoptischen Evangelien und die kanonische Apostelgeschichte enthalten die frühesten Belege. Auch diese Texte des Neuen Testamentes sind bisher nicht hinreichend in den geforderten religionswissenschaftlichen Sinnzusammenhang eingeordnet worden.

Lukas berichtet in der Apostelgeschichte wiederholt und ausführlich, daß sich Paulus infolge der wunderbaren Erscheinung des auferstandenen Herrn von einem Verfolger der Christen zu einem glühenden Verehrer Christi geändert habe[48]. Die wunderbare Erscheinung Christi ist dabei deutlich in ihrer ambivalenten Wirkung geschildert: Der Fluchaspekt zeigt sich in der Bestrafung des Gottesfeindes Paulus, in seiner plötzlichen Erblindung[49]. Der Segensaspekt aber offenbart sich in dem durch das Strafwunder zugleich mitvollzogenen Rettungswunder: Die Erblindung der Augen des Leibes führt bei Paulus zu einer Öffnung der Augen des Geistes und des Glaubens; nach seiner Bekehrung erhält Paulus auch sein Augenlicht wieder. Der plötzliche, psychologisch kaum erklärbare Umschlag im Verhalten des Paulus gegenüber den Christen wird als die Folge eines Eingriffs des Jenseits, einer Epiphanie, angesehen. Über dieses Wunder besitzen wir außer knappen Andeutungen des Paulus drei Berichte innerhalb der Apostelgeschichte, wobei zwei Ich-Reden des Paulus den Er-Bericht ergänzen[50]. Während Lukas in seinem Er-Bericht den Zeitpunkt der Christus-Erscheinung vor Damaskus übergeht, bemerkt er in den beiden Ich-Erzählungen des Paulus, die Epiphanie Christi habe ›gegen Mittag‹ bzw. ›mitten am Tag‹ stattgefunden[51]. Die Plötzlichkeit der Vision, die mit einer Audition

[45] Paralip. Jer. 2,9/3,13 (904f RIESSLER); zu dieser Schrift vgl. H. SCHMID, Art. Baruch: JbAC 17 (1974) 182.

[46] Paralip. Jer. 3,9f; 5,1/33; vgl. Apocr. Jer. 22. 38f, hrsg. von K. H. KUHN, A Coptic Jeremiah apocryphon: Muséon 83 (1970) 293f. 320/2. – Zum wunderbaren Schlaf Abimelechs vgl. HUBER (o. Anm. 26) 407/18; A. M. DENIS, Introduction aux pseudépigraphes grecs d'Ancien Testament (Leiden 1970) 70f. – Im Buch Jeremia 38,7/12 heißt der Äthiopier Abimelech ›Ebed-Melech, der Kuschite‹.

[47] Ps. 55 (LXX: 54),18; 119 (118),62; vgl. G. DALMAN, Arbeit und Sitte in Palästina 1,2 (Gütersloh 1928) Reg. s. v. ›Mittagsgebet‹; E. v. SEVERUS, Art. Gebet I: RAC 8 (1972) 1134/258, bes. 1167.

[48] Act. 9,1/19; 22,5/16; 26,10/8; dazu vgl. W. NESTLE, Legenden vom Tod der Gottesverächter: ArchRelWiss 33 (1936) 246/69 bzw. ders., Griechische Studien (Stuttgart 1948) 567/96, bes. 590/3; E. HAENCHEN, Die Apostelgeschichte[7] (Göttingen 1977) 307/18. 655.

[49] Vgl. E. LESKY, Art. Blindheit: RAC 2 (1954) 433/46, bes. 438f: ›Straf- und Heilungswunder‹; BÖMER (o. Anm. 21) 369 zu Ovid. fast. 6, 437f.

[50] 1 Cor. 9,1; 15,8; s. Anm. 48.

[51] Act. 22,6: περὶ μεσημβρίαν; 26,13: ἡμέρας μέσης.

verbunden war, wird dabei hervorgehoben[52]. Sie gehört zu den Kennzeichen einer Hierophanie bis heute[53]. Für Lukas scheint die Zeitangabe der Erscheinung Christi nicht gleichgültig gewesen zu sein, da er sie gerade in den beiden als Selbstaussagen des Paulus stilisierten Varianten seines Er-Berichtes eingefügt hat. Lukas steht damit in einer religiösen Überlieferung, die aus den zuvor mitgeteilten antiken Texten noch annähernd zu erkennen ist.

Wie Paulus am Mittag infolge einer Hierophanie aus einem Gottesfeind zu einem Gottesfreund gewandelt wurde, so soll nach der Apostelgeschichte des Lukas auch Petrus am Mittag eine Vision erlebt haben, die in ihm eine Gesinnungsänderung hervorrief: Petrus gab sein Judaisieren fortan auf und nahm auch bekehrte Heiden in seine Gemeinschaft der aus dem Judentum kommenden Christen auf[54]. Zu der gleichen Zeit wie Petrus wurde auch der Centurio Cornelius, den Petrus auf Geheiß der ihm zuteilgewordenen Vision als vollwertigen Christen anerkannte, einer Vision gewürdigt. Er sah um die neunte Tagesstunde einen Engel des Herrn, der ihn aufforderte, Simon Petrus kommen zu lassen[55]. Die Zeit von der sechsten bis zur neunten Stunde kann aber als Einheit aufgefaßt werden: es sind die Stunden des Mittags[56]. Als Jesus im Todeskampf am Kreuze hing, verbreitete sich, wie die Synoptiker berichten, »von der sechsten bis zur neunten Stunde«, also in der Zeit der größten Helligkeit, eine plötzliche Finsternis[57]. Dabei soll sich, wie allein Matthäus berichtet, auch noch ein Erdbeben ereignet haben[58]. Bei antiken Theophanieschilderungen werden oftmals Erdbeben und Donner erwähnt[59]. Die Naturerscheinungen beim Tode Jesu wurden aber von den religiösen Menschen jener Tage als Hinweise auf den Zorn Gottes, auf seinen Fluchaspekt, gedeutet[60]. Nach dem Zeugnis der drei ältesten Evangelien erfolgte demnach am Todestage Jesu der Einbruch des Jenseits in die sichtbare Welt während des Mittags.

Entsprechendes gilt für die Mitternacht. Wie Lukas an einer anderen Stelle seiner Apostelgeschichte erzählt, beteten die im Kerker eingesperrten Paulus und Silas zur mitternächtlichen Stunde. Plötzlich ereignete sich ein Erdbeben, die Türen sprangen auf und die Fesseln wurden gelöst[61]. Der religiöse Gedanke der Erscheinung eines überirdischen Wesens zur Mitternacht dürfte seine Spuren auch in einem Gleichnis Jesu

[52] Act. 9,3 und 22,6: ἐξαίφνης.

[53] Vgl. A. Frossard, Es gibt eine andere Welt, deutsche Übersetzung von L. v. Schaukal² (Freiburg, Brsg. 1977).

[54] Act. 10,1/48, bes. 10,9f; 11,1/18; ebd. 11,5 fehlt bei der Wiederholung, die als Ich-Rede des Petrus gestaltet ist, die Zeitangabe.

[55] Act. 10,1/6; vgl. Benz (o. Anm. 8) 175f. 182f.

[56] Als Oktavian die Totenspiele für seinen ermordeten Adoptivvater feierte, soll mitten am Tage (die medio) ein Stern erschienen sein, der Stern Cäsars (Serv. buc. 9,46 [3,1,115 Thilo]). Nach anderer Überlieferung aber war es ›um die achte Stunde‹ (Baebius Macer bei Serv. auct. ebd.).

[57] Mc. 15,33/7; Mt. 27,45/50; Lc. 23,44/6.

[58] Mt. 27,51; vgl. R. Caillois, Le tremblement de terre à midi: RevHistRel 116 (1937) 181/3; A. Hermann, Art. Erdbeben: RAC 5 (1962) 1070/113, bes. 1092.

[59] Vgl. Hermann aO.; W. Speyer, Art. Gewitter: RAC 10 (1978) 1107/72 und o. Anm. 38.

[60] Vgl. Oros. adv. pag. 7,4,13/5 (CSEL 5,442f); L. Brun, Segen und Fluch im Urchristentum (Oslo 1932) 76/8; W. Speyer, Religiös-sittliches und frevelhaftes Verhalten in seiner Auswirkung auf die Naturgewalten: JbAC 22 (1979) 30/9, bes. 39.

[61] Act. 16,25f; vgl. Ambros. in Ps. 118,8,49 (CSEL 62,180f); O. Weinreich, Gebet und Wunder: Genethliakon W. Schmid = TübBeitrAltWiss 5 (1929) 280/341, bes. 309/41. Eine Nachwirkung der Apostelgeschichte zeigt die koptische Legende von Paese und Thekla (hrsg. von W. Till, Koptische Heiligen- und Martyrerlegenden 1 = Orientalia Christiana Analecta 102 [Roma 1935] 90): »Um Mitternacht spaltete der Erzengel Michael die Mauer des Ofens und führte den seligen Apa Paese heraus ... Der Engel des Herrn ging mit ihm und brachte ihn in das Haus des Paulus ...« (vgl. Act. 5,19; 12,7/10); vgl. auch Weinreich 420/9.

hinterlassen haben: In dem nur bei Matthäus überlieferten Gleichnis von den fünf klugen und den fünf törichten Jungfrauen erscheint der Bräutigam plötzlich zur mitternächtlichen Stunde[62].

Vor allem sind die zuvor genannten eindrucksvollen Darstellungen der Apostelgeschichte nicht ohne Wirkung auf die Christen der nachfolgenden Jahrhunderte geblieben. Zu dieser innerchristlichen literarischen Überlieferung kam der Einfluß der antiken Umwelt, in der der Glaube an Epiphanien am Mittag und in der Mitternacht weiter lebendig blieb. Aufgrund dieser Voraussetzungen ergibt sich für die christliche Spätantike folgendes Bild: Die wissenschaftlich geschulten Theologen setzten sich polemisch mit der alttestamentlich-frühjüdischen und griechischen Vorstellung eines Gespenstes am Mittag auseinander. Diese Zeugnisse über das ›Daemonium meridianum‹, das im Westen oft mit der Göttin Diana gleichgesetzt wurde, hat die bisherige Forschung bereits genügend beachtet, so daß sie hier nicht wiederholt zu werden brauchen[63]. Im christlichen Volk lebte diese alte Glaubensvorstellung mit gewandeltem Inhalt weiter. Aus Kirchenschriftstellern, die dem Volksglauben nahestanden und für das Volk schrieben, erfahren wir, daß die Mitternacht weiterhin als die Stunde der bösen Geister galt. Nunmehr hießen diese bösen Geister der Teufel und sein Anhang. Über derartige Erscheinungen berichten beispielsweise Sulpicius Severus in seinem Leben des hl. Martin von Tours oder die Legende von Cyprian und Justina[64]. Die bösen Geister zeigen dabei öfter ihr Wirken durch eigentümliche Licht- und Geräuscherscheinungen an[65]. Für die Mönche der Wüste blieb die Mittagsstunde mit ihrer Hitze die Stunde der Gespenster[66]. In dieser Stunde haben einzelne Mönchsväter auch Exorzismen gesprochen[67]. Das christliche Volk hat bis in die Neuzeit an Gespenster am Mittag geglaubt[68].

Die Verfasser von Passionen und Heiligenleben haben nicht selten den segensvollen Aspekt einer mittäglichen oder mitternächtlichen Epiphanie hervorgehoben. Dabei ist im Einzelfall auch mit dem Einfluß der entsprechenden Szenen aus der Apostelgeschichte des Lukas zu rechnen. Die Hagiographen der Spätantike und des Mittelalters berichten derartige wunderbare Erscheinungen von Christus, der Gottesmutter, von Engeln und Heiligen. Die aus dem Jenseits kommenden Lichtgestalten trösten, mahnen oder belehren

[62] Mt. 25,1/13, bes. 6; vgl. H. Weder, Die Gleichnisse Jesu als Metaphern (Göttingen 1978) 239/49.

[63] Vgl. de Labriolle (o. Anm. 9); Caillois (o. Anm. 9); Müller (o. Anm. 9); ferner S. Eitrem, Zu Philostrats Heroikos: SymbOsl 8 (1929) 32_1; A. K. Michels, Art. Diana: RAC 3 (1957) 963/72, bes. 970f.

[64] Sulp. Sev. vit. Mart. 23,5/11 (SC 133,304. 306; 135,999/1014); Act. Cypr. et Iustin. 7, hrsg. von L. Radermacher, Griechische Quellen zur Faustsage = SbWien 206, 4 (1927) 96f. – Vgl. ferner Ambros. in Ps. 118,8,50. 52 (CSEL 62,181f); Vit. Apa Moys.: Till (o. Anm. 61) 2 = Orientalia Christiana Analecta 108 (Roma 1936) 72.

[65] Vgl. Sulp. Sev. vit. Mart. 23,6 (SC 133,304): itaque ad mediam fere noctem fremitu terram insultantium commoveri omne monasterium loco visum est; cellulam autem ... crebris cerneres micare luminibus, fremitusque in ea discurrentium et murmur quoddam multarum vocum audiebatur. Daß derartige Phänomene nicht immer nur als Halluzinationen zu erklären sind, ergibt unter anderem der Vergleich mit gut beglaubigten Berichten aus dem Leben des hl. Pfarrers von Ars; vgl. F. Trochu, Der hl. Pfarrer von Ars. Johannes-Maria-Baptist Vianney 1786–1859, deutsche Übersetzung von J. Widlöcher (Stuttgart 1930) 197/217; R. Fourrey, Der Pfarrer von Ars, deutsche Übersetzung von H. M. Reinhard / K.-A. Götz (Heidelberg 1959) 66/70; vgl. auch Benz (o. Anm. 8) 85/8: ›Vision und Halluzination‹.

[66] Vgl. zB. Hier. vit. Pauli 7f (PL 23, 22/4); Vita Dan. Styl. 14, hrsg. von H. Delehaye, Les saints Stylites (Bruxelles 1923) 14; Caillois (o. Anm. 9); Till (o. Anm. 61) 1,51; A.-J. Festugière, Les moines d'Orient 1 (Paris 1961) 27; ferner ein christliches Amulett gegen böse Geister aus Ägypten: PGM 13,15f.

[67] Pallad. hist. Laus. 22,12f (126 Bartelink); vgl. K. Thraede, Art. Exorzismus: RAC 7 (1969) 44/117.

[68] Vgl. Drexler (o. Anm. 9) 2833/6; Jungbauer, Mittag (o. Anm. 9) 400/7; ders., Mittagsgespenst (o. Anm. 9) 415/7.

den Märtyrer oder spenden den Notleidenden Heilung. Die Datierung der in Betracht kommenden hagiographischen Schriften ist schwierig, da sie zur Volksliteratur zählen, somit an individuellen Zügen arm sind und weitgehend aus hagiographischen Topoi bestehen. Diese Literatur blühte vom 4. Jh. nC. bis in das späte Mittelalter. Entscheidend aber ist die Festigkeit und Dauer der religiösen Anschauungen, die aus diesen volksnahen Texten spricht.

Die Passio Victors berichtet, daß Jesus zur Mitternacht dem Märtyrer Victor aus Massilia den Besuch von Engeln schickt: Die Riegel des Kerkers springen auf, die Nacht wird vertrieben, und himmlisches Licht bricht in das Gefängnis. Victor lobt Gott zusammen mit den Engeln, die ihn liebkosen[69]. – Als die Märtyrerin Dionysia zwei jungen Männern übergeben wurde, die sie geschlechtlich mißbrauchen sollten, erschien ihnen während der Mitternacht in himmlischem Glanz ein Jüngling. In ihm erkennt die Heilige ihren Schutzengel, der sie vor den Nachstellungen ihrer Bedränger bewahrt[70]. Wie die Passio des Siriacus mitteilt, wurden plötzlich um Mitternacht die Grundfesten des Kerkers erschüttert, in dem sich die Märtyrer befanden, und Licht brach herein. Darauf erschien Christus in Begleitung von Engeln. Er sah aus wie ein Jüngling von hoher Gestalt. Er ermahnte die Märtyrer zu Standhaftigkeit und tröstete sie. Plötzlich, wie die Erscheinung gekommen war, verschwand sie wieder[71]. Nach einer koptischen Legende erschien der hl. Viktor um Mitternacht Kaliotropia, der angeblichen Schwester des ›Königs‹ Honorius, in seinem Martyrion und heilte sie[72]. Der hl. Kolluthos erschien zur gleichen Stunde in seinem Heiligtum zu Pnewit im Gau von Schmun einem Ehepaar, das ihn um Kinder bat, und verhieß die Erfüllung ihrer Bitte[73]. Beide Berichte bezeugen zugleich die kirchlich geduldete Inkubation[74]. – Nach den koptischen Fragmenten eines Bartholomaeus-Evangeliums, das nicht älter als das 5. bis 7. Jh. zu sein scheint, sagt der Gärtner Philogenos im Zusammenhang der Osterereignisse zur Mutter Jesu: »Mitten in der Nacht erhob ich mich; ich ging in das Grab meines Herrn. Ich traf das ganze Heer der Engel . . .«[75].

Entsprechende Berichte liegen auch über Epiphanien am Mittag vor. Von zwei verschiedenen Offenbarungsträumen zu dieser Zeit spricht die geschichtlich wertvolle Passio des Marianus und Jacobus aus dem Anfang des 4. Jh.[76]. Der Märtyrer Jacobus sieht eine himmlische Lichtgestalt eines Jünglings von riesenhafter Größe, der ihn und seinen Mitstreiter zur Nachfolge aufruft. Ein anderer Christ namens Aemilianus, Angehöriger des Ritterstandes, hatte im Traum eine Begegnung mit seinem leiblichen Bruder, einem Heiden, der ihm und den übrigen das Martyrium ankündigte. Der Verfasser der Passio

[69] Pass. Vict. 11 (337f Ruinart).

[70] Acta Petri, Andreae, Pauli et Dionysiae 3 (206 Ruinart). Von der Epiphanie eines Jünglings von wunderbarer Schönheit und Größe sprechen auch zahlreiche antike Visions- und Epiphanieberichte; vgl. Deubner (o. Anm. 12) 12f.

[71] Pass. Siriaci et Paulae 7, hrsg. von B. de Gaiffier: AnalBoll 60 (1942) 13; vgl. Clavis PL² nr. 2066. Zur Größe des himmlischen Wesens s. o. Anm. 36; zum plötzlichen Verschwinden Deubner 13.

[72] Legende von Viktor: Till (o. Anm. 61) 1,52.

[73] Legende von Kolluthos: ebd. 1,179f.

[74] Vgl. M. Dulaey, Le rêve dans la vie et la pensée de s. Augustin (Paris 1973) 24/8; N. Fernández Marcos, Los thaumata de Sofronio. Contribución al estudio de la incubatio cristiana (Madrid 1975).

[75] Ev. Barthol., hrsg. von E. Revillout: PO 2,2 (1907) 189f; vgl. W. Schneemelcher, Koptische Bartholomäus-Texte: E. Hennecke / W. Schneemelcher, Neutestamentliche Apokryphen 1⁴ (1968) 372/6, bes. 374. – Ein weiteres Beispiel bietet der Anhang zur legendären griechischen Passio der hl. Agnes c. 14, hrsg. von P. Franchi de' Cavalieri, S. Agnese nella tradizione e nella leggenda = RömQS Suppl. 10 (1899) 89f; ferner P. Saintyves, Essais de folklore biblique (Paris 1922) 178.

[76] Pass. Mariani et Iac. 7f (202. 204 Musurillo); vgl. A. P. Frutaz, Art. Marianus und Jacobus: LThK² 7 (1962) 53.

hebt dabei den Zeitpunkt als etwas Außergewöhnliches für Offenbarungsträume hervor[77]. Dieser Umstand könnte für die Echtheit und Unmittelbarkeit der genannten Mitteilungen sprechen.

Als »überaus wahr« überliefert die Vita des hl. Beregisus, die um 937 verfaßt ist, daß die Gemahlin Pippins des Mittleren, Plectrudis, während des Mittags im Ardennenwald einen Himmelsbrief, also eine Botschaft aus dem Jenseits, gefunden habe, der zur Errichtung des Klosters St. Hubertus geführt habe (687 von Beregis)[78]. Mit diesem Zeugnis befinden wir uns in nächster Nähe zu Fälschern hagiographischer Schriften, die diesen alten religiösen Gedanken zur Beglaubigung der Echtheit ihrer Erfindungen benutzt haben. Zu derartigen Fälschern gehört beispielsweise ›Alexius‹, der Verfasser der Passio des Florus, Laurus und ihrer Gefährten[79].

Wenn die Alte Kirche Mittag und Mitternacht neben Morgen und Abend als die wichtigsten Gebetszeiten angesehen hat, so hängt dies wohl auch mit dem alten Glauben der Antike zusammen, daß die Gottheit gerade in diesen kritischen Stunden des Tages erscheinen und Segen spenden kann[80].

V. Ergebnisse

Die Belege für den Glauben an eine segensvolle oder fluchbringende Epiphanie der Gottheit und der Geister in den Stunden des Mittags oder der Mitternacht reichen von der Odyssee bis in das christliche Mittelalter und weit darüber hinaus. Wenn auch nicht alle angeführten Zeugnisse für diese Glaubensvorstellung in gleichem Maße aussagekräftig sind, da es unter ihnen auch rein literarisch gemeinte freie Erfindungen und Fälschungen gibt, so weisen doch nicht wenige von ihnen auf tatsächliche religiöse Erfahrungen hin; dies gilt sowohl für die antiken als auch für die christlichen Zeugnisse[81].

Die religiös als echt zu bezeichnenden Nachrichten lassen sich einem einzigen Bezugssystem zuordnen, das für Heiden, Juden und Christen gleichermaßen Gültigkeit besitzt: Die Gottheit wirkt ambivalent in Segen und Fluch; die Gottheit erscheint in sichtbarer und hörbarer Weise; die Gottheit bevorzugt für ihr Erscheinen bestimmte Zeiten des Tages; die Gottheit erscheint bestimmten auserwählten Menschen.

Was bedeuten diese Feststellungen für das gegenseitige Verhältnis von Antike und Christentum? Der vorurteilsfreie Betrachter wird zu dem Schluß gedrängt, daß das religiöse Vorstellungsvermögen bei Heiden, Juden und Christen wesentlich gleich geprägt

[77] Pass. Mariani et Iac. 7,7f: non fuit inpedimento ... dies medius qui sub claro tunc sole fulgebat. nulla noctis expectata secreta sunt: novo genere gratiae martyri suo dominus novum tempus visionis elegit; vgl. 8,1. – Der hl. Georg soll am Mittag erschienen sein (Koptische Georgslegende: TILL [o. Anm. 64] 2,105). – Die hl. Gertrud von Helfta empfing in der Mittagszeit eine Offenbarung Gottes (vgl. BENZ [o. Anm. 8] 166).

[78] Vita Bereg. Abb. 12/6 (ASS Oct. 1,525f); vgl. F. BAIX, Art. Bérégise: DictHistGE 8 (1935) 356.

[79] ASS Aug. 3, 521 B (BHG 660/4): ego autem humilis quodam tempore meridiano orans supra sepulcrum eorum ... et inde reversus in cellam meam parumper dormivi et statim mihi apparuerunt ... Laurus ac Florus ... et dicunt mihi ... (die Passio ist noch nicht herausgegeben). Ein weiteres derartiges Beispiel bieten die Acta Tyrsi, Bonifacii 16 (ASS Oct. 2,377); vgl. J. BUENS: ebd. 332f nr. 10.

[80] Vgl. v. SEVERUS (o. Anm. 47) 1213/6. 1219/22. 1248/50; A. S. WALPOLE, Early Latin hymns (Cambridge 1922) 205 und o. S. 321. – Was im vorliegenden Beitrag für Mittag und Mitternacht gezeigt wurde, könnte entsprechend auch für die heiligen Zeiten des Morgens und Abends aufgewiesen werden.

[81] Zur grundsätzlichen Beurteilung von Vision und Wunder und zu ihrem Wirklichkeitsgrund vgl. BENZ (o. Anm. 8) 15/310; B. WENISCH, Geschichten oder Geschichte? Theologie des Wunders (Salzburg 1981).

gewesen sein muß. Die in den verschiedenen Religionen jeweils selbständig gemachte religiöse Erfahrung des Übernatürlich-Heiligen zeigte sich sowohl bei den Menschen der antiken Religionen als auch bei den Christen im Glauben an göttliche und dämonische Wesen, an segensvolle und fluchbringende Erscheinungen zu bestimmten Zeiten des Tages und an Segens- und Strafwunder. Mit den genannten religiösen Vorstellungen sind nur einige wenige aus einer weit größeren Anzahl genannt, die den antiken Religionen und dem Christentum gemeinsam sind. Wenn wir das Christentum als Religion und nicht als theologisches System oder als ethische Lehre betrachten, so erweist es sich mehr und mehr als eine Erscheinung der Antike, und zwar der magisch-religiös geprägten Antike. Diesem Ergebnis haben die Forschungen vorgearbeitet, die von Hermann Usener und seinen Schülern sowie von Franz Joseph Dölger und seinem Kreis begonnen wurden und heute auf eine hundertjährige Geschichte zurückblicken können[82]. Im Sinne dieser Forschungsrichtung sei dieser Beitrag dem geistigen Erben von Franz Joseph Dölger und dem Jubilar dieses Bandes, Theodor Klauser, gewidmet.

[82] H. J. Mette, Nekrolog einer Epoche. Hermann Usener und seine Schule: Lustrum 22 (1979/80) 5/106; Th. Klauser, Franz Joseph Dölger, 1879–1940. Sein Leben und sein Forschungsprogramm »Antike und Christentum« = JbAC Erg.-Bd. 7 (Münster 1980). Vgl. ferner E. A. Judge, ›Antike und Christentum‹. Towards a definition of the field. A bibliographical survey: AufstNiedergRömWelt 2,23,1 (1979) 3/58.

27. Realität und Formen der Ekstase im griechisch-römischen Altertum

Das magisch-religiöse Bewußtsein der vor- und frühgeschichtlichen Zeit konnte sich auch noch in der von philosophischer und wissenschaftlicher Aufklärung geprägten griechisch-römischen Kultur behaupten und blieb in den christlichen Jahrhunderten der Spätantike und des Mittelalters weiter lebenskräftig. Bestimmte Länder und Landschaften der hellenistisch-römischen Kultur waren diesem älteren Erleben von Welt und Ich mehr als andere geöffnet. Zu ihnen zählt Kleinasien. Zur Zeit des Kaisers Augustus berichtet der Geograph Strabon, der aus Amaseia, einer kleinasiatischen Stadt am Schwarzen Meer stammte, über die Priesterinnen eines kilikischen Heiligtums der Artemis folgendes: „In Hierapolis-Kastabala steht das Heiligtum der Artemis Perasia, wo, wie man erzählt[1], die Priesterinnen mit nackten Füßen, ohne dabei etwas zu empfinden, durch glühende Kohlen schreiten.“[2] Hinter Artemis Perasia wird die weit früher bezeugte Göttin Kubaba sichtbar. Kubaba, bekannter unter dem ionischen Namen Kybebe oder Kybele, sowie die Göttinnen Artemis, Hekate, Selene und Aphrodite, sind in ihrer Urgestalt geschichtliche Ausformungen des religionsgeschichtlichen Typos der Großen Göttin, der Großen Mutter, jener Gottheit einer ambivalenten Macht und Wirkung, die zugleich als Jungfrau und Dirne, als Mutter und Vernichterin erlebt wurde.[3]

Strabon hat noch an einer weiteren Stelle seines geographischen Werkes über ein vergleichbares Vorkommnis berichtet. Wörtlich sagt er: „Am Fuße des Berges Soracte (nördlich von Rom) liegt der Ort Pheronia, der denselben Namen wie die dort verehrte Ortsgöttin trägt.

1 Strabon scheint also nicht dort gewesen zu sein.

2 Strabo 12, 2, 7 (537).

3 Hesych. lex. s. v. *Κυβήβη* (2, 540 Latte); vgl. W. Fauth in seiner Besprechung von W. Helck, Betrachtungen zur Großen Göttin und den ihr verbundenen Gottheiten (1971): Gnomon 46 (1974) 681/91, bes. 686. 691; ferner A. Dupont-Sommer / L. Robert, La deésse de Hiérapolis Castabala, Cilicie = Bibl. Archéol. Hist. Inst. Franç. Archéol. Istanb. 16 (Paris 1964) 7/15. Diesem Werk verdanke ich für die Ausführungen im ersten Teil des Vortrags reiche Anregungen.

Ihr Heiligtum steht in diesem Ort und weist einen erstaunlichen Ritus auf: Mit nackten Füßen gehen die von der Gottheit Erfaßten durch viele glühende Kohlen und Asche, ohne etwas zu empfinden. Eine große Menschenmenge strömt dort wegen der Feier, die alljährlich stattfindet, und wegen des beschriebenen Schauspiels zusammen."[4] – Weitere Zeugnisse aus der Aeneis Vergils und der Naturgeschichte des Plinius geben über die dort verehrte Gottheit Aufschluß.[5] Sie ist nicht, wie Strabon irrtümlich mitteilt, Feronia, sondern der etruskische Gott vom Berg Soracte, Soranus, der in späterer Zeit mit Apollon gleichgesetzt wurde.[6] Von Plinius und Vergil erfahren wir auch Näheres über die dortigen Priester. Sie heißen „Hirpi", „Wölfe", des Soranus und gehören bestimmten Familien an, die am Monte Soracte wohnen. Wie diese Priester bei dem beschriebenen Ritus seelisch gestimmt waren, wird aus Vergils Worten deutlich: Sie schritten mitten durch das Feuer über die glühenden Kohlen, wobei sie auf die Gnade der Gottheit vertrauten.[7]

Bereits die antiken Gelehrten, die über dieses wunderbar scheinende Geschehen nachgedacht und geschrieben haben, versuchten es auch zu erklären. Zwei Möglichkeiten glaubten sie zu erkennen: Entweder geschehe dieses Wunder, weil tatsächlich eine Gottheit eingreife, oder aber es habe nur als ein Scheinwunder, als ein Blendwerk zu gelten, da die den Ritus Ausführenden geheime Schutzmittel gegen die Wirkung des Feuers verwendet hätten, beispielsweise Salben. Diese rationalistisch-ungläubige Deutung gibt der Sabiner M. Terentius Varro.[8]

Diese beiden einander entgegengesetzten Erklärungsweisen begegnen im Laufe der Geistesgeschichte noch öfter, wenn es darum geht, ein Ereignis, das der gewöhnlichen Erfahrung widerstreitet, nach dem Grund seines Geschehens zu befragen.

---

4 Strabo 5, 2, 9 (226).

5 Verg. Aen. 11, 785/90: summe deum, sancti custos Soractis Apollo, / quem primi colimus, cui pineus ardor acervo / pascitur, et medium freti pietate per ignem / cultores multa premimus vestigia pruna, / da, pater, hoc nostris aboleri dedecus armis, / omnipotens; Plin. nat. 7, 19: haut procul urbe Roma in Faliscorum agro familiae sunt paucae quae vocantur Hirpi: hae sacrificio annuo, quod fit ad montem Soractem Apollini, super ambustam ligni struem ambulantes non aduruntur et ob id perpetuo senatus consulto militiae omniumque aliorum munerum vacationem habent; vgl. Sil. Ital. Punica 5, 175/85.

6 Vgl. K. Latte, Römische Religionsgeschichte = Hdb. der Altertumswiss. 5, 4 (1960) 148.

7 Verg. Aen. 11, 787 f. (o. Anm. 5). Ferner vgl. W. F. Otto, Art. Hirpi Sorani: RE 8, 2 (1913) 1933/5.

8 Serv. zu Verg. Aen. 11, 787: sed Varro, ubique expugnator religionis, ait, cum quoddam medicamentum describeret: ut solent Hirpini, qui ambulaturi per ignes, medicamento plantas tingunt.

Eine dritte Erklärung sucht den Grund eines wunderbar scheinenden Geschehens in einem außergewöhnlichen Seelenzustand. Wir können diese Deutung die psychologische nennen. Sie steht gleichsam in der Mitte zwischen der Annahme eines übernatürlichen Grundes und eines Grundes, der im Trug- und Täuschungswillen des Menschen liegt. Diese psychologische Erklärung eines Wunders sucht die Wirkursache nicht in äußeren Machenschaften und im Betrug des Menschen, wie bei dem zuvor genannten Beispiel, in Salben und Gegenmitteln gegen den zerstörenden Einfluß des Feuers, sondern sieht die Wirkursache in einem außergewöhnlichen Zustand der Seele. Nach dieser Deutung ist der außergewöhnliche Zustand der Seele nicht von einer Gottheit bewirkt, sondern im Wesen eigentümlich begabter Menschen begründet und als parapsychologisch einzustufen.

Schließlich ist eine vierte Möglichkeit der Erklärung zu erwägen; man könnte sie die mechanistisch-technische nennen: Nach dieser Deutung wenden die Feuertänzer eine bestimmte Tanztechnik an, die es ihnen erlaubt, länger in der Luft als in Berührung mit dem glühenden Tanzboden zu sein, und entgehen so der Verbrennung.[9]

In eine vertiefte Erörterung dieser vier Erklärungsmöglichkeiten des Wunders der Ekstase kann hier nicht eingetreten werden. Eine derartige Erörterung würde auch die Kompetenz des Religionshistorikers übersteigen. Sie erforderte ein Gespräch mit Theologen, Philosophen, Medizinern, Physiologen und Psychologen.[10] Bevor aber ein derartiges Gespräch überhaupt möglich wird, hat der Religionshistoriker das Wort; denn er hat zu prüfen, ob es sich bei den mitgeteilten antiken Nachrichten über Priesterinnen und Priester, die über glühende Kohlen schreiten, um eine geschichtliche Tatsache handelt und nicht vielmehr um eine aus der Phantasie geborene Erfindung, geradezu um ein märchenhaftes Motiv. Um diese Frage entscheiden | zu können, kommen uns nun glücklicherweise Berichte der Neuzeit zu Hilfe, die die gleiche wunderbare Erscheinung beschreiben, wie sie Strabon und die übrigen antiken Zeugen mitteilen. Diesmal begegnet

---

9 Vgl. W. Larbig, Schmerz. Grundlagen, Forschung, Therapie (1982). 151/89 „Felduntersuchungen bei griechischen Feuerläufern".

10 Neuere Literatur zur Ekstase: N. Kershaw Chadwick, Poetry and Prophecy (Cambridge 1942); M. Eliade, Schamanismus und archaische Ekstasetechnik (Zürich o. J., um 1954); F. Pfister, Art. Ekstase: RAC 4 (1959) 944/87; E. Arbman, Ecstasy or Religious Trance. In the Experience of the Ecstatics and from the Psychological Point of View 1/2 (Uppsala 1963/68); R. Mortley, Art. Gnosis I (Erkenntnislehre): RAC 11 (1981) 446/537, bes. 450/4; N. G. Holm (Hrsg.), Religious Ecstasy = Scripta Instituti Donneraini Aboensis 11 (Åbo 1982).

dieses Wunder nicht im Umkreis der antiken Religion, sondern im Zusammenhang anderer Religionen, die bis in die Gegenwart lebendig sind. Der Vergleich mit diesem noch in der Neuzeit und der Gegenwart vorkommenden wunderbaren Geschehen beweist, daß wir hier auf einen von der gewöhnlichen Seelenlage abweichenden Zustand treffen, den wir mit dem griechischen Terminus der Ekstasis, des Außer-sich-Geratens und Außer-sich-Seins, vorsichtig umschreiben können. Bei diesem außergewöhnlichen seelischen Zustand ist, wie wir feststellen können, der Körper bis zu einem gewissen Grad entmaterialisiert; denn er ist gegen bestimmte, sonst stets zerstörende Einflüsse von außen, wie vor allem Feuer, gefeit.

Indien, der Ferne Osten, bestimmte Inseln des Pazifiks und Afrika bieten Beispiele für die Tatsache, daß Menschen, die in Trance und Ekstase geraten sind, gegen äußere vernichtende Einflüsse unempfindlich bleiben. In diesen Zusammenhang wird man auch Nachrichten der Antike und des Mittelalters über bestimmte Formen der Gottesurteile stellen müssen. So, wenn der Wächter in Sophokles' Antigone beteuert: „Rotglühend Eisen tragen und durchs Feuer gehn / wollten wir auf der Stelle, schwören jeden Eid, / daß wir nicht selbst die Schuldgen, noch Mitwisser auch / des Manns gewesen, der's geplant und ausgeführt.“[11] Gleichfalls gehören hierher die oft zu bloßen Kunststücken herabgesunkenen Wunder an Unempfindlichkeit der Derwische. Sehr nahe stehen den antiken Berichten vor allem Mitteilungen über volkstümliche Sitten in Thrakien, wie sie der griechische Archäologe Konstantin Romaios, gesammelt hat.[12] Die sogenannten Anastenaria sind ein Ritus, der darin besteht, daß Männer und Frauen durch Feuer gehen oder tanzen. Diejenigen Männer, die das zu tun vermögen, werden „anastenaris“, die Frauen „anastenára“ genannt. K. Romaios hat Zeugnisse über diese Zeremonie aus der Zeit von 1872 bis auf die Zeit der Veröffentlichung seines Buches, die Jahre 1941–1945, zusammengestellt. Diese Zeremonie wird bereits in byzantinischen Quellen des 12. und 13. Jh. erwähnt. Die wesentlichen Tatsachen sind: Die Anastenarides gehen oder tanzen auf einem Holzkohlenfeuer unter freiem Himmel. Einmal im Jahr, am Gedenktag des hl. Konstantin und der hl. Helena am 21. Mai, findet das Fest

11 Soph. Ant. 264/7; deutsche Übertragung von R. Woerner (1942) 122. – Für das Mittelalter vgl. die Belege bei Charlotte Leitmaier, Die Kirche und die Gottesurteile = Wiener Rechtsgesch. Arbeiten 2 (Wien 1953) 10/6: „Der Gang über glühende Pflugscharen; Das Gottesurteil des glühenden Eisens; Die Hand ins Feuer halten; Durch Feuer gehen; Die Probe des Kesselfangs, des kochenden, wallenden Kessels.“

12 C. A. Romaios, Cultes populaires de la Thrace, Les Anasténaria, La cérémonie du Lundi Pur = Coll. Inst. Franç. d'Athènes (Athènes 1949) 1/118; vgl. Larbig a. O. 153/6.

in der Nacht statt. Mittel, in die Ekstase einzutreten, sind Musikinstrumente, wie Leier, Flöte, Dudelsack, Trommel, und die heiligen Bilder, die Ikonen, die die Tänzer in den Händen halten. Deshalb spricht das Volk auch von den „tanzenden Ikonen“ und den „Tänzen der Ikonen“. Der erste Tanz, der von Schreien begleitet wird, dauert zwei Stunden. Darauf wird ein Feuerbecken mit einem Durchmesser von eineinhalb Metern geholt. Die Tänzer schreiten über das feurige Kohlenbecken und halten beim Tanz auch die Hände ins Feuer. |

Nach dem Tanz wurden medizinische Untersuchungen angestellt: Alle am ekstatischen Tanz Beteiligten blieben völlig unversehrt: also *ἀπαθεῖς*, wie Strabon fast 2000 Jahre zuvor über den gleichen Ritus berichtet hat.[13] Die Anwendung äußerer chemischer oder prophylaktischer Mittel, von denen Varro bei den Hirpi Sorani in rationalistischer Weise gesprochen hat[14], ist bei den christlichen Ekstatikern nicht nachzuweisen.

Für die Tänzer und ihre Ekstase ist der Glaube an die Macht der Gottheit oder eines Heiligen, in diesem Fall des hl. Konstantin und der hl. Helena, wohl eine, wenn nicht die wesentliche Bedingung für die Möglichkeit, in die Ekstase zu fallen und so Unempfindlichkeit zu gewinnen. Nicht außer acht zu lassen ist ferner die Tatsache, daß sich die Fähigkeit zur Ekstase wie bei den Hirpi des Soracte auch bei den Christen der thrakischen Ortschaften in Familien vererbt hat. Allerdings vermag der ekstatische Enthusiasmus bei den thrakischen Christen auch auf andere Personen überzuspringen; denn die „tanzende Ikone“ beruft auch andere, neue Anastenarides aus der Menge des Volkes. Wer von der Ikone gerufen ist, fühlt in sich den Zwang, mit den Ikonen zu tanzen. Dieses spontan auftretende gleichsam zwingende Moment ist zu beachten; es spricht wie manches andere gegen eine ausschließlich mechanistisch-technische Erklärung.[15]

Bei den zuvor mitgeteilten antiken und neuzeitlichen Überlieferungen handelt es sich augenscheinlich um Berichte über echte Ekstatiker, also religiös Ergriffene. Sie fühlen sich von der Gottheit oder der hl. Ikone an- und herausgerufen. Das im Bild Dargestellte besitzt bekanntlich für den magisch-religiösen Menschen dasselbe Wesen, d. h. er erlebt im Bild der Gottheit und des Heiligen die Epiphanie, die Anwesenheit der Gottheit und des Heiligen. Der altgriechische Ausdruck für den Seelenzustand des Gottbegeisterten lautet: *κατεχόμενοι*, „In Besitz Genommene“ oder „Ergriffene“. Gemeint sind

13 S. o. S. 21
14 S. o. S. 22
15 S. o. S. 22

demnach Menschen, die von der heiligen Macht erfüllt oder besessen sind: *ϑεόληπτοι*.

Bei der Ekstase werden wir zwei einander gegensätzliche Formen zu unterscheiden haben, je nach der Wirkweise der heiligen Macht, die vom Menschen Besitz ergriffen hat: einmal wirkt die numinose Segensmacht und führt zur Ekstase im positiven Sinn; zum anderen kann auch die numinose Fluchmacht vom Menschen Besitz ergreifen; wir sprechen dann von dämonischer Besessenheit.[16]

Die von der Gottheit gewirkte Ekstase führt den Menschen zu visionärer Schau. Als man nämlich die Anastenarides in Thrakien befragte, weshalb sie unversehrt durch das Feuer gehen könnten, sagten sie, daß sie St. Helena gesehen hätten, die ihnen mit einem Wasserkrug vorangehe, den sie über die Kohlen gieße, so daß die Glut sie erfrische, statt sie zu verbrennen. Man fühlt sich hier auch an die drei jüdischen Jünglinge Schadrach, Meschach und Abed Nego erinnert, die König Nebukadnezar in einen Feuerofen werfen ließ. | Dort aber sangen sie den bekannten Lobgesang und blieben von den Flammen unversehrt.[17] Gewiß klingt die Schilderung beim Propheten Daniel legendenhaft, ähnlich christlichen Passionen, die davon berichten, bestimmte Märtyrer seien in den Flammen unversehrt geblieben.[18] Derartige Legenden haben aber einen „Sitz im Leben" wie folgendes geschichtlich beglaubigte Geschehnis aus dem Leben einer Ekstatikerin des 19. Jh., der hl. Bernadette Soubirous, der Seherin von Lourdes, zeigen kann. Am 7. April 1858 sah Bernadette die Erscheinung der hl. Jungfrau Maria zum 17. Mal. Als Augenzeuge berichtet der Arzt Dr. P.-R. Dozous (1799–1883) über das Wunder der Kerze, das sich während der Erscheinung ereignet hat: „J'ai été frappé et c'est un fait surnaturel pour moi de voir Bernadette agenouillée devant la grotte, en extase, tenant un cierge allumé et recouvrant la flamme de ces deux mains, sans qu'elle ait paru ressentir la moindre impression du contact de ses mains au feu. Je les ai examinées. Pas la plus légère trace de brulure."[19]

16 Vgl. J. Tambornino, De antiquorum daemonismo = RGVV 7, 3 (1909) 55/75; H. Hanse, „Gott Haben" in der Antike und im frühen Christentum = RGVV 27 (1939) 8/25: „Dämonisches Haben und Gehabtwerden"; F. Pfister, Art. Daimonismos: RE Suppl. 7 (1940) 100/14; N. Himmelmann-Wildschütz, *ΘΕΟΛΗΠΤΟΣ* (Marburg 1957).

17 Daniel 3, 23/7.

18 Beispiele nennen E. Lucius / G. Anrich, Die Anfänge des Heiligenkults in der christlichen Kirche (1904) 60. 96 f.; L. Deubner, Kosmas und Damian (1907) 63; W. Till, Koptische Heiligen- und Martyrerlegenden 1 (Roma 1935) 88/90. 166.

19 R. Laurentin, Lourdes. Documents authentiques 2 (Paris 1957) 153; vgl. ebd. 11 und Bd. 1 (Paris 1957) 95/128. – Andererseits hat H. Thurston, Die körperlichen Begleiterscheinungen der Mystik, deutsche Ausgabe = Grenzfragen der Psychologie, hrsg. von

Wie L. Robert vermutet, haben die Priesterinnen der Artemis von Hierapolis-Kastabala etwas in ihren Händen gehalten, und zwar ein Symbol der Göttin, die Fackel.[20] Diese Fackel vergegenwärtigte ihnen wohl die hilfreiche Göttin. Das göttliche Feuer hat für sie das irdische, das profan-natürliche Feuer überwunden. Allerdings fehlen uns zur Erhärtung dieser Vermutung L. Roberts die antiken Zeugnisse. Die Hypothese vermag sich nur auf die Entsprechung zum zuvor erwähnten christlichen Ritus zu stützen: Ikone hier, Fackel dort: Jeweils triumphiert das Göttliche über das Irdische; Macht steht gegen Macht; als machtvoller erweist sich der Gott, so jedenfalls nach dem Weltbild des homo religiosus, bei dem und in dessen Umkreis sich anscheinend auch allein derartige wunderbare Erscheinungen zeigen.

Zu Anfang des 4. Jh. n. Chr. beschreibt der Neuplatoniker und Theurge Jamblichos, der selbst mit wunderbaren Kräften begabt war, die Ekstase als göttliche Inbesitznahme und als göttliches Anwehen, als göttliche Begeisterung (Inspiration).[21] Jamblichos weitet dabei die wunderbaren Begleiterscheinungen der Ekstase aus: Der Gottbegeisterte vermöge nicht nur durch Feuer zu schreiten, sondern auch Stiche und Verletzungen ohne Blutverlust zu überstehen; er könne leicht in sonst unbegehbare Gegenden gelangen und vermöge Flüsse zu überschreiten.[22] Das Wandeln auf dem Wasser, das Fliegen durch die Lüfte, das Steigen auf weglose Felsen und Klippen erinnern zunächst an Szenen aus den Evangelien, an die Geschichte von der Versuchung Jesu durch den Teufel: Der Teufel will Jesus dazu verführen, sich vom Tempeldach herabzustürzen, ohne daß er dabei Schaden nehme.[23] Weiter berichten die Evangelien vom Wandeln Jesu und des Petrus auf dem Wasser.[24] Ähnliches wird von Jamblichos, von den Brahmanen und einzelnen christlichen Heiligen über-

---

G. Frei, 2 (Luzern 1956) 209/231 im Kapitel „Menschliche Salamander" nachgewiesen, daß neben einzelnen Seligen und Heiligen der Katholischen Kirche der Neuzeit, wie Giovanni Buono und Franz von Paula (ältere Beispiele nennt H. Günter, Psychologie der Legende [1949] 192/4), auch profane Personen des 19. und 20. Jahrhunderts gegenüber Feuer vollständig unempfindlich blieben. Ja, derartige Personen konnten ihre Unempfindlichkeit auch auf andere übertragen. Eine Erklärung dieser „Wunder" überläßt Thurston der Zukunft.

20 S. o. Anm. 3.

21 Iambl. myst. 3, 5 (111, 3 f.): *θεία κατοκωχή*; ebd. und 3,4 (110, 7): *θεία ἐπίπνοια*; vgl. F. Pfeffer, Studien zur Mantik in der Philosophie der Antike = Beiträge z. Klass. Philologie 64 (1976) 130/81, bes. 142/7.

22 Iambl. myst. 3, 4 (110, 5/16).

23 Mt. 4, 1/11; Lc. 4, 1/13; vgl. S. Eitrem, Die Versuchung Christi = Norsk Teologisk Tidsskrift 25 (1924) bes. 9 f. und u. Anm. 25.

24 Mc. 6, 48/50; Mt. 14, 25/33; Joh. 6, 17/20; vgl. A. Suhl (Hrsg.), Der Wunderbegriff im Neuen Testament = WdF 295 (1980) 513 Reg. s. v. „Naturwunder: Seewandel".

liefert: Wir treffen bei ihnen auf die aus der Geschichte der Mystik bekannte Erscheinung der Levitation oder Elevation: Der Körper des | Ekstatikers unterliegt während der Ekstase nicht dem physikalischen Gesetz der Schwerkraft, so daß der Ekstatiker zu schweben, ja zu fliegen vermag.[25]

Die Ekstase, so meint Jamblichos weiter, befreie den Menschen aus den Bindungen von Raum und Zeit: „Diese Menschen leben nicht ein menschliches Leben noch das Leben eines Tieres nach Empfindung oder Drang, sondern sie haben sich ein anderes göttlicheres Leben eingetauscht, von dem sie begeistert und von dem sie vollkommen besessen werden."[26]

Aus der Geschichte der griechischen Religion sind religiöse Bewegungen bekannt, deren Mitglieder in Ekstase verfallen sind: Nach Bedeutung und Wirkung ist hier an erster Stelle die dionysisch-bakchische Religion zu nennen, die wesenhaft eine Religion der Ekstase war. Die Bakchanten und Bakchantinnen schwärmen mit dem Thyrsosstab, einem langen Stab mit einem Knauf aus Efeu- und Weinlaub, über die Gebirge. In ihrer ekstatischen Erregung verfügen sie über außerordentliche Kräfte, so daß sie schnell wie ein Vogel dahinfliegen[27] und junge Rehe oder Hirschkälber im Lauf erjagen und mit ihren Zähnen zerreißen. Als Mittel, in die Ekstase zu fallen, benutzen die Bakchanten und Bakchantinnen Musikinstrumente wie Schallbekken und Pauken. In der Ekstase stoßen sie Schreie aus. Literarisch bezeugt ist ihr Ruf: *εὐᾶν, εὐοῖ*.[28]

Überblicken wir die bisher mitgeteilten Tatsachen, so ergibt sich folgendes Bild: Außergewöhnliche Erscheinungen am Menschen, wie Unempfindlichkeit gegen Feuer und Verwundung, Schwerelosigkeit des Leibes, also Formen einer Entmaterialisierung, sind die Folge

---

25 Zu Jamblichos: Eunap. vit. soph. 5, 1, 8; zu den Brahmanen, den Gymnosophisten: Philostr. vit. Apoll. 3, 15. 17; 6, 10 f. (dieses Phänomen zeichnet einzelne Yogi bis heute aus: P. Yogananda, Autobiographie eines Yogi, deutsche Ausgabe [1950, Ndr. 1977] 72 f.). Zum Christentum: H. Weinel, Die Wirkungen des Geistes und der Geister im nachapostolischen Zeitalter bis auf Irenäus (1899) 201/6; Thurston a. O. 15/52: „Levitation" (ebenfalls mit Beispielen von profanen Personen der Neuzeit; zu Indien G. Frei im Vorwort ebd. 7); E. Benz, Die Vision. Erfahrungsformen und Bilderwelt (1969) 217/22; W. Schamoni, Wunder sind Tatsachen. Eine Dokumentation aus Heiligsprechungsakten [5](1981) 328/32.

26 Iambl. myst. 3, 4 (110, 17/111, 2).

27 Eurip. Bacch. 748.

28 Vgl. M. P. Nilsson, Geschichte der griechischen Religion 1[3] = Hdb. der Altertumswiss. 5, 2, 1 (1967) 568/78: „Dionysos: Der orgiastische Kult"; W. Burkert, Griechische Religion der archaischen und klassischen Epoche = Die Religionen der Menschheit 15 (1977) Reg. s. v. „Maenade".

bestimmter seelisch-geistiger Zustände, die man als ekstatisch bezeichnen kann. Die Ekstatiker leben in einem magisch-religiös geprägten Weltbild. Nach ihrem Erleben und Glauben ist die Gottheit mitten unter ihnen, ja in ihnen. Wie weit das Ich-Bewußtsein während der Ekstase ausgeschaltet ist, müßte näher bedacht werden. Ekstase und Vision sowie Audition scheinen eng aufeinander bezogen zu sein. Man erinnere sich an die Anastenarides oder an die Seherin von Lourdes, Bernadette Soubirous. Bald tritt die Ekstase in religiösen Gemeinschaften, bald bei einzelnen auf. Der Zusammenhang von Ritus und Kultus einerseits und von Ekstase andererseits darf dabei nicht übersehen werden. Hier stellt sich die Frage nach der Bedeutung von Ritus und Kultus für das Zustandekommen der Ekstase. Sind Ritus und Kultus nur vorbereitende Mittel, um in die übernatürlich gewirkte Ekstase zu geraten, oder sind sie die entscheidende Bedingung, um in Trance zu fallen?[29] Wenn sich die Ekstase in religiösen Gemeinschaften und zu bestimmten Festzeiten, also in Zeiten mit einem gesteigerten Lebensgefühl ereignet, so ist mit anderen psychologischen Gegebenheiten zu rechnen, als wenn sie bei einzelnen spontan auftritt. Eine Diagnostizierung der aus der Antike bekannten Fälle der Ekstase ist schwierig. Vor einer nur natürlichen | Erklärung müssen aber das Beispiel des Jamblichos und die gleichartigen Erscheinungen im Christentum warnen. Das Göttliche ist mehr als nur eine illusorische Vorstellung des Menschen eines vortechnischen Zeitalters.

Der in der Religionsgeschichte, Religionswissenschaft und Religionspsychologie oft undifferenziert verwendete Begriff der Ekstase muß aufgrund des verschiedenen religiösen, kulturellen und soziologischen Zusammenhangs, in dem diese Erscheinung begegnet, jeweils genauer bestimmt werden. Der Begriff „Ekstase“ ist gleichsam ein Gattungsbegriff für verschiedene Arten außerordentlicher geistig-seelischer Zustände und ihrer Folgeerscheinungen. Eine Art haben wir zuvor kennengelernt. Wir können sie als die rituelle Ekstase bezeichnen. Diese tritt als Phänomen der Gruppe und des einzelnen in magisch-religiösen Kulturen auf.

Bereits die rituelle Ekstase weist auf die Tatsache der Offenbarung hin. Bei allen Formen oder Arten der Offenbarung findet eine Begegnung zwischen der Gottheit und dem Menschen statt. Die Geschichte dieser Begegnungen ist zugleich die Geschichte der Hierophanie, der

---

29 Vgl. Weinel a. O. (o. Anm. 25) 210/27: „Veranlassungen zur Entstehung und Mittel zur Erzeugung pneumatischer Zustände“; Benz a. O. (o. Anm. 25) 35/82: „Vision und Training“.

Erscheinung des Göttlichen in der Welt des Menschen. Am Anfang der Religionen steht das Erlebnis des Göttlichen, stehen eine oder mehrere Hierophanien. Von diesen Erlebnissen zehren die Religionen als Institutionen. Als Begleiterscheinung einer Hierophanie zeigt sich auf seiten des Menschen oft der Zustand der Ekstase. Die Erscheinung des Heiligen Geistes am Pfingstfest nach der Auferstehung Christi war bekanntlich von ekstatischen Zuständen, der Glossolalie und dem Sprachenwunder, begleitet.[30] In vergeistigter Form begegnet auch bei dieser Ekstase die zuvor genannte Erscheinung der Entmaterialisierung. Die Grenzen der Einzelsprachen fallen. Die zuvor einander Fremden verstehen sich, da sie sich im Göttlichen begegnen, das die Einheit stiftet. Nicht menschlicher Wille, nicht Technik oder Training führten zu dieser Art von Ekstase, sondern die freie Wahl der Gottheit. So jedenfalls stellte sich nach dem Verständnis der Alten Kirche bei den Aposteln und den mit ihnen Versammelten am Pfingstfest Ekstase ein.

Wie weit eine derartige religiöse Erklärung aber für alle in der Geschichte antreffbaren Formen der Ekstase zu gelten hat, ist nicht leicht zu entscheiden. Denn wir haben zu fragen, ob es nicht bestimmte Völker in bestimmten Ländern gegeben hat, die für ekstatische Erlebnisse aufgrund ihrer geistig-seelischen Anlage in besonderer Weise geeignet waren. Zu denken ist hier vor allem an die Schamanen auf der nördlichen Erdhalbkugel. Wahrscheinlich ist in der griechischen Antike und zeitlich über sie hinaus mit einem Weiterleben einer Mentalität zu rechnen, die für Ekstase empfänglich war, eben der schamanistischen Mentalität.[31] Der ursprünglich ganze Völker oder Stämme auszeichnende ekstatische Seelenzustand des Schamanen scheint sich im Lauf einer geistig-seelischen Veränderung, die wohl infolge eines einseitigen rational-kritischen, nach Ursachen suchenden Denkens eingetreten ist, nur noch bei wenigen, in bestimmten Familien und bei einzelnen, erhalten zu haben.

Im antiken Griechenland gibt es neben der rituellen und einer angeborenen, vererbbaren Form der Ekstase, die man als die schamanistische bezeichnen könnte, eine weitere. Diese Art der Ekstase ist in der Antike reich bezeugt und hat im Abendland eine große Geschichte gehabt, die bis in unsere Zeit andauert: die prophetisch-

30 Vgl. Schamoni a. O. (o. Anm. 25) 337/40: „In neuen Sprachen reden (Mk 16, 17)"; G. Dautzenberg, Art. Glossolalie: Reallex. f. Ant. u. Christ. 11 (1981) 225/46.

31 Vgl. Chadwick a. O. (o. Anm. 10); Eliade a. O. (o. Anm. 10); E. R. Dodds, Die Griechen und das Irrationale (1970) Reg. s. v. „Schamanismus"; K. Meuli, Gesammelte Schriften 1/2 (Basel 1975) 1236 f. Reg. s. v. „Schamanismus".

dichterische. Daß die prophetisch-dichterische Ekstase mit der schamanistischen zusammenhängt, ist keineswegs ausgeschlossen, ja sogar wahrscheinlich. Auf diese ursächliche Verknüpfung weist unter anderem das Motiv der griechischen Dichtung vom Musenwagen hin. Das Erlebnis der Fahrt, des Weggerissen- und Entrücktwerdens ist dem Schamanen wie dem ekstatischen Dichter-Propheten gleichermaßen geläufig.[32] Über diese Art der Ekstase berichten Propheten und Dichter von der Antike bis in unser Jahrhundert. Nietzsches Vorrede zu seinem Zarathustra und Rilkes Aussagen über das Entstehen einzelner seiner Gedichte sind späte Selbstzeugnisse für diese reich belegte Form der Ekstase.[33]

Auch die prophetisch-dichterische Ekstase weist auf die Tatsache der Offenbarung zurück. Bei dieser Form der Ekstase begegnet die Gottheit einem von ihr erwählten einzelnen Menschen, um sich ihm in Bild und Wort, in Vision und Audition, mitzuteilen.[34] Die Erfahrung einer derartigen Selbstmitteilung der Gottheit begründet wesentlich die geschichtliche Religion, vor allem die Offenbarungsreligion.

Der prophetisch-dichterische Ekstatiker gehört einer Stufe des Geistes an, auf der der Mensch noch nicht die Kraft der Reflexion und Abstraktion zu seiner vorherrschenden geistigen Haltung gegenüber der Wirklichkeit ausgebildet hat. Diese Stufe entspricht weithin dem Erleben des magisch-religiösen Menschen. Auf ihr empfand sich der einzelne weniger als selbsttätig handelnd und erkennend, denn als erleidend und hörend-empfangend.[35] Diese Stufe des Bewußtseins könnte man auch gleichsam als weiblich kennzeichnen. So stammen aus dem Leben der Frau auch zentrale Vorstellungsbilder für das Zustandekommen der prophetisch-dichterischen Ekstase: Der Mensch als Prophet oder Dichter-Prophet wird als empfangende Frau vorgestellt. Der Offenbarungs-Gott, ob männlich oder weiblich, ob als Apollon oder als Muse gedacht, gilt als der den geistigen Samen des Logos Ausstreuende, der Prophet und Dichter als der weiblich Emp-

32 Vgl. Eliade a. O. Reg. s. v. „Flug, magischer"; O. Falter, Der Dichter und sein Gott bei den Griechen und Römern (1934) 24. 40; zum „geflügelten" Dichter H. Fuchs, „Nun, o Unsterblichkeit, bist du ganz mein". Zu zwei Gedichten des Horaz: *ΑΝΤΙΔΩΡΟΝ.* Festschrift E. Salin (1962) 149/66, bes. 164 f.

33 W. Speyer, Fälschung, pseudepigraphische freie Erfindung und „echte religiöse Pseudepigraphie": Pseudepigrapha I = Entretiens sur l'antiquité classique 18 (Vandœuvres - Genève 1972) 331/72, bes. 353 f. 355/9.

34 Vgl. Benz a. O. (o. Anm. 25).

35 Vgl. J. Stallmach, Ate. Zur Frage des Selbst- und Weltverständnisses des frühgriechischen Menschen = Beitr. z. Klass. Philol. 18 (1968).

fangende.[36] Wie aber der erotisch-geschlechtliche Akt einen Zustand der Ekstasis in sich schließt, so auch der göttliche Zeugungsvorgang in der Seele des Propheten und Dichters, sei er ein Mann oder eine Frau.

In den aus der Antike überlieferten Aussagen über Prophetie, die als eine wesentliche Form der Offenbarungsübermittlung von Gott an | den Menschen zu verstehen ist, wird der ekstatische Seelenzustand deutlich beschrieben; so bereits von Heraklit am Ende des 6. Jh. v. Chr.: „Die Sibylle, die mit rasendem Munde Ungelachtes und Ungeschminktes und Ungesalbtes redet, (reicht mit ihrer Stimme durch tausend Jahre). Denn der Gott treibt sie."[37] Man erinnere sich ferner an dichterische Darstellungen der prophetischen Ekstase, an Aischylos' Kassandra oder an Vergils Sibylle von Cumae.[38] Die Sibylle ist vom Gott erfüllt.[39] Die Alten verstanden eben diese prophetische Inspiration als eine Liebesvereinigung mit dem Gott. In ekstatischer Verzückung erleidet der begnadete Mensch den Gott und, indem er ihn in höchster Erregung erleidet, wird er von ihm befruchtet und gebiert augenblicklich die prophetisch-dichterische Botschaft und Aussage, gleichsam das gemeinsame Kind der Gottheit und des erwählten Menschen. Eine derartige Botschaft galt den Alten als heilige Offenbarung, da sie in der Ekstase gezeugt wurde, eine Mischung von Göttlichem und Menschlichem. Diese Form der Ekstase, die Offenbarungsekstase, war somit ein verhältnismäßig kurzer und vorübergehender Erregungszustand, der einem höheren Ziel diente, ähnlich wie der Zustand der erotisch-geschlechtlichen Ekstase: Zeugung und Geburt von höherem geistigem Leben ist der Sinn. Dieses höhere geistige Leben zeigt sich in der Aussage der gottmenschlichen Offenbarung. Die Entfaltung der in der Ekstase gewirkten Offenba-

---

36 Vgl. A. Dieterich, Eine Mithrasliturgie. 3. Auflage von O. Weinreich (1923, Ndr. 1966) 122/34. 244/9; E. Fehrle, Die kultische Keuschheit im Altertum = RGVV 6 (1910) 3/25: „Liebesvereinigung zwischen Gott und Mensch"; J. Schmid, Art. Brautschaft, heilige: RAC 2 (1954) 528/64, bes. 535/7. – Mirabai, eine mittelalterliche Prinzessin aus Radschputana, die von einem bekannten Sannyasi, Sanatana Goswami, deshalb nicht empfangen wurde, weil sie eine Frau war, ließ diesem ausrichten: „Sage dem Meister, ich hätte nicht gewußt, daß es außer Gott noch ein anderes männliches Wesen im Universum gebe. Sind wir vor ihm nicht alle weiblich?" (mitgeteilt von Yogananda a. O. [o. Anm. 25] 75 f.). Ferner vgl. K. Stern, Die Flucht vor dem Weib. Zur Pathologie des Zeitgeistes, deutsche Übersetzung (Salzburg 1968) 26 f.

37 Heraclit.: VS 22 B 92.

38 Aeschyl. Agam. 1072/1330; dazu E. Fraenkel im Kommentar 3 (Oxford 1950, Ndr. ebd. 1962) 487/627. – Verg. Aen. 6, 45/51. 77/80. 100 f.

39 Sen. suas. 3, 5: Vergil soll von einer Seherin gesagt haben, sie sei von Gott erfüllt, plena deo; dazu E. Norden, P. Vergilius Maro. Aeneis Buch VI (1927, Ndr. 1981) 144/6; vgl. auch Anm. 36.

rung vollzieht sich in den Schritten: Mythos als heilige Rede, die die Frucht der Gottheit und ihres Propheten ist, hin zum Ritus, der Wiederholung des Mythos in einer anderen geistigen Sprache, der heiligen Handlung, dem Kult„spiel“, dem Kulttanz. Der offenbarte Mythos und der Ritus machen aber den Inhalt vieler Religionen aus.

Die in der Ekstase gezeugte Offenbarung war für den Menschen der Antike auf der vorphilosophischen und vorwissenschaftlichen Stufe des Bewußtseins das Höchste, zu dem er mit der Hilfe der Gottheit gelangen konnte. Insofern war die Ekstase, in der die prophetisch-dichterische Offenbarung gewirkt wurde, die Einbruchsstelle oder auch das Tor zu einer höheren Erkenntnis. Diese göttlich gewirkte Ekstase bezeugt aufgrund ihrer analogischen Struktur zur erotisch-geschlechtlichen Ekstase die Einheit von leiblicher und geistig-seelischer Welt. Zugleich bestätigt sie die auch aus anderen Bereichen zu erhebende Tatsache, daß diese Wirklichkeit mit ihren sichtbaren und geistigen Erscheinungen unter dem Gesetz der Steigerung steht. Von hier aus ergeben sich neue Perspektiven auf das Sein Gottes als des ewigen Schöpfers, auf seine unfaßbare Glückseligkeit; denn diese scheint in der gleichsam ewig währenden Ekstase seines Schöpfertums, seiner Selbstmitteilung, zu gründen. Der begnadete Mensch vermag in der ihm von Gott gewährten Ekstase nur für eine kurze Zeit an jener ewigen Ekstase teilzuhaben.

Das Zeitalter der Ekstase war durch die Erfahrung der Fremdbestimmung gekennzeichnet. J. Hempel hat den Propheten als einen | gegenüber dem göttlich berührten Dichter, dem poeta divinus, „primitiveren“ Typos bezeichnet, wobei „primitiver“ in wesensmäßigem Sinn zu verstehen ist: der Prophet ist der ursprünglichere Typos. Zur Seelenlage des Propheten meint Hempel weiter: „Selbstbeherrschung und die Kraft, mächtigen Einflüssen zu widerstehen, müssen erst durch einen längeren Prozeß erworben werden.“[40] Dies ist eine negative Beschreibung der Mentalität des Propheten. Wir könnten sie durch eine positive ersetzen und sagen, daß der Prophet noch nicht sein Ich zu einer autonomen Monade gesteigert hat und noch ganz Hingabe und Bereitschaft war, Vorbedingungen, um zum leeren und empfängnisbereiten Gefäß für den Gott zu werden. Stimmt hiermit nicht überein, was Lou Andreas Salomé Rilke als Dichter zuerkannt hat?: „Ihm, der zu schicksalhaft empfand, um ein Mensch der Schuldzwiespälte zu werden . . ., ihm verlegte sich alles Gewissensmäßige auf die Bereitschaft. Er kannte sie von der produktiven Stunde her,

40 J. Hempel, Prophet und Dichter: ders., Apoxysmata. Vorarbeiten zu einer Religionsgeschichte und Theologie des Alten Testaments (1961) 287/307, bes. 305.

der nicht zu befehlen möglich, aber zu gehorchen notwendig ist. Sein ... Ethos sammelte sich um die Bereitschaft wie um eine Empfängnis, die immer und überall ihn dort antreffen sollte, wo nichts ihr Fremdes und Feindliches ihn besetzt hielt, ihn an Zufälliges und Abhaltendes verstreute."[41] Diese Worte können die Richtung anzeigen, in der wir suchen müssen, um den Seelenzustand des Ekstatikers vor seiner Ekstase zu erfassen. Die Alten sprachen von der Reinheit des Dichters, des vates, seiner castitas, von seiner geschlechtlichen und seiner kultischen Reinheit.[42] Wie nah mit diesen antiken Forderungen die Gebote der Kirche verwandt sind, die sittliche Reinheit für den Empfang der Sakramente, also für die Begegnung des Menschen mit Gott, für die unio mystica, vorschreiben, sei nur angedeutet.

Bei der prophetischen wie bei der rituellen Ekstase ist nach der Selbstauffassung der Ekstatiker die Gottheit der eigentlich Handelnde. Diese Deutung scheint nicht auf die griechisch-römische Antike beschränkt geblieben zu sein, sondern eine übergeschichtliche Einsicht zu sein. Dafür sei ein Beispiel aus der alten Kirche beigebracht: Die Länder Thrakiens, des Kaukasus und Kleinasiens waren der Mutterboden zahlreicher ekstatischer Bewegungen. Zu ihnen zählt auch die christliche Sekte des 2. Jh., der Montanismus, die ekstatisch-prophetische Bewegung des Montanus und seiner Prophetinnen. Zu den wenigen erhaltenen Zeugnissen des Montanismus gehört folgende aufschlußreiche Aussage: Montanus sagt: „Siehe, der Mensch ist wie eine Leier, und ich (d. i. der göttliche Geist) fliege hinzu wie ein Schlegel (*πλέκτρον*). Der Mensch schläft, und ich wache. Siehe, der Herr ist es, der die Herzen der Menschen erregt (in Ekstase versetzt) und den Menschen ein <neues> Herz gibt."[43] Alle schöpferische Wirkung geht nach diesem Selbstzeugnis vom göttlichen Geist, dem heiligen Geist, aus: Der Mensch ist nur Werkzeug, Mundstück, Leier.

Eine auch nur skizzenhafte Darstellung sämtlicher aus der Antike bekannter Vorstellungen, die mit Ekstase verbunden sind, konnte hier nicht gegeben werden.[44] Um die Spannweite dieser Erfahrungen

---

41 L. Andreas-Salomé, Rainer Maria Rilke (1928) 80.

42 Catull 16, 5 f.; vgl. Fehrle a. O. 25/42: „Befleckung durch geschlechtlichen Verkehr"; O. Böcher, Dämonenfurcht und Dämonenabwehr = Beiträge z. Wiss. vom Alten u. Neuen Testament 5. F. 10 (1970) Reg. s. v. „Geschlechtsverkehr" und ebd. 288/95.

43 Montanus bei Epiphan. haer. 48, 4, 1 (GCS Epiphan. 2, 224 f.); vgl. W. Schneemelcher, Apokalyptische Prophetie der frühen Kirche, Einleitung: E. Hennecke / W. Schneemelcher, Neutestamentliche Apokryphen 2 [4](1971) 485/8.

44 Erinnert sei etwa an die kriegerische Ekstase der Berserker.

anzudeuten, sei abschließend noch folgendes bemerkt. Bei fast allen Erscheinungsformen der Selbstmitteilung der Gottheit, also der Offenbarungsübermittlung, dürfte der Mensch eine Art Ekstase erlebt haben. Das gilt vorzugsweise für das Erlebnis des Offenbarungsempfanges in Form einer Jenseits- oder Himmelsreise, des Diktats durch den Boten der Gottheit, der Himmelsstimme, des Essens einer Schrift, die dem Propheten durch ein himmlisches Wesen gereicht wird, oder des Einwehens des göttlichen Geistes, also der im engeren Sinn verstandenen Inspiration.[45] Die Inspiration führt notwendig zur Ekstasis; denn das Erleben, daß der Geist der Gottheit in den Menschen eindringt, ist unmittelbar mit dem Erlebnis verbunden, daß der Mensch in einen Zustand der Entzückung verfällt, in dem er Wunderbares sieht und hört. Jeweils gründen die in der antiken Dichtung und in religiösen Texten vorfindbaren Aussagen und Vorstellungen, die uns Menschen eines rational-kritischen Bewußtseins nur noch als bunte, eigenartig fremde Bilder erscheinen, in entsprechenden Erfahrungen der Seher, Mystiker und der Dichter-Propheten. Diese Form der Offenbarungs-Ekstase besteht in einem göttlich gewirkten Wahnsinn, der *θεία μανία*, und zeigt sich in einer andersartigen Art der Erkenntnis und des Sprechens, von der nur noch Spuren sichtbar sind.

Antike Dichter und Denker haben über die Offenbarungsekstase geschrieben. So beispielsweise Demokrit: „Was immer ein Dichter, vom Gott und vom heiligen Geiste getrieben, schreibt, das ist gewiß schön" und vor allem Platon in den Dialogen Ion und Phaidros.[46] Die prophetisch-dichterische Ekstase wurde in der Folgezeit weiterhin als wissenschaftliches Problem bedacht, aber auch stets wieder im Bewußtsein einzelner Propheten, Mystiker und Dichter neu erlebt. Die Erscheinung selbst gehört nicht zur überwundenen Vergangenheit, sondern stellt eine Herausforderung an unser Verständnis von Welt und Menschen dar.

Auf die Frage: „Was heißt Eingebung?" antwortet F. Schleiermacher: „Es ist nur der religiöse Name für Freiheit. Jede freie Handlung, die eine religiöse Tat wird, jedes Wiedergeben einer religiösen Anschauung, jeder Ausdruck eines religiösen Gefühls, der sich wirklich mitteilt, so daß auch auf andre die Anschauung des Universums übergeht, war auf Eingebung geschehen; denn es war ein Handeln des Universums durch den Einen auf die Andern. ... Ja, wer nicht eigne

45 Vgl. Speyer a. O. (o. Anm. 33) 336 f. 340.

46 Democrit.: VS 68 B 18; vgl. Speyer a. O. 347 f.; J. Dalfen, Polis und Poiesis. Die Auseinandersetzung mit der Dichtung bei Platon und seinen Zeitgenossen = Hum. Bibl. 1, 17 (1974) 333 Reg. s. v. „Inspiration".

Wunder sieht auf seinem Standpunkt zur Betrachtung der Welt, in wessen Innern nicht eigene Offenbarungen aufsteigen, wenn seine Seele sich sehnt, die Schönheit der Welt einzusaugen, und von ihrem Geiste durchdrungen zu werden; wer nicht hie und da mit der lebendigsten Überzeugung fühlt, daß ein göttlicher Geist ihn treibt und daß | er aus heiliger Eingebung redet und handelt; wer sich nicht wenigstens - denn dies ist in der Tat der geringste Grad - seiner Gefühle als unmittelbarer Einwirkungen des Universums bewußt ist, und etwas eignes in ihnen kennt was nicht nachgebildet sein kann, sondern ihren reinen Ursprung aus seinem Innersten verbürgt, der hat keine Religion."[47] Der Religionsphilosoph F. Schleiermacher denkt und redet als ein göttlich Berührter, als ein Gottbegeisterter.

Mit diesen Andeutungen sei auf eines der großen Themen der menschlichen Seele bescheiden hingewiesen. Wie bei allen grundsätzlichen Fragen entzieht sich auch hier das Eigentliche, der Kern und das Wesen, dem diskursiven Denken. Was Ekstase ist, weiß nur der Ekstatiker, der Mystiker, der Dichter-Prophet, und nicht der Außenstehende. In Worte aber kann selbst der Ekstatiker dieses andersartige Wissen und Erleben nur andeutungsweise kleiden; denn: da Worte immer nur wie ein Kleid sind, verraten auch sie nur unvollkommen das tatsächlich Erlebte, Gemeinte und Verborgene.

47 F. Schleiermacher, Über die Religion. Reden an die Gebildeten unter ihren Verächtern (1799, neu hrsg. von H.-J. Rothert = Philos. Bibliothek 255 [1958]) 119 f. = 66 f.; vgl. K. E. Welker, Die grundsätzliche Beurteilung der Religionsgeschichte durch Schleiermacher (Leiden 1965).

28. Der numinose Mensch als Wundertäter

1. Bedeutung des Themas

Die Anfänge der menschlichen Kultur sind wie alle Anfänge durch Konzentration der Kräfte und durch Fehlen einer Spezialisierung gekennzeichnet. Auch in der Geschichte der menschlichen Gesellschaft und Kultur geht relative Einheit der Vielheit der Differenzierung zeitlich voran. Wie die Natur im Tierreich starke und schwache Exemplare hervorbringt und wie bei den höheren Tierarten die stärkeren Exemplare zur Führung der übrigen geeignet sind, ähnlich ist es auch bei den Menschen. Bei diesen war aber in erster Linie nicht der körperlich Stärkste zur Führung der Gemeinschaft geeignet, sondern derjenige, der über die größten seelisch-geistigen Kräfte verfügte. Die Kräfte der menschlichen Geistseele sind im Laufe der Menschheitsgeschichte qualitativ nicht gleich geblieben. Wir haben nämlich zwischen zwei Zeitaltern der Geschichte des menschlichen Geistes zu unterscheiden, zwischen einem magisch-religiösen Zeitalter, das durch den Mythos und den numinosen Menschen charakterisiert wird und Hunderttausende von Jahren gedauert hat, und einem jungen wissenschaftlich-technischen Zeitalter. Dieses entstand erstmals im 7. Jh. v. Chr. in Griechenland und erreichte zur Zeit von Aristoteles und seiner Schule eine erste Blüte. In der Epoche des Späthellenismus und der römischen Kaiser lassen seine Kräfte spürbar nach und erst zu Anfang der Neuzeit im 14. Jh. erwacht es zu neuem Leben. Sein Sieg über das magisch-religiöse Zeitalter scheint im 20. Jahrhundert vollständig zu sein. Das menschliche Denken hat nur im Griechenland des 7. und 6. Jh. v. Chr. den Schritt vom Mythos zum Logos unternommen, und nur hier können wir erkennen, wie aus dem die frühere Zeit beherrschenden Typos des numinosen Menschen der neue Typos des Philosophen, des Gelehrten und Forschers hervorging. Die beiden Zeitalter der menschlichen Seele haben verschiedene Kräfte ausgebildet. Das wissenschaftlich-technische Zeitalter hat die rationalen Fähigkeiten des Menschen zur Entfaltung gebracht, das magisch-religiöse Zeitalter Kräfte, die vom Standpunkt der Wissenschaft als okkult oder parapsychologisch eingestuft werden.[1] Diese geheimnisvollen Kräfte, die heute meist nur noch bei Personen am Rande unserer Zivilisation vorkommen, haben einmal in ganz anderer Weise die gesamte Kultur der Menschheit geprägt. Sie stehen in unmittelbarem Zusammenhang mit dem magisch-religiösen Weltbild. Nicht alle Menschen jener Mentalität waren mit diesen Kräften begabt, sondern nur bestimmte Einzelne, Auserwählte: die

1 *F. Pfister*, Ekstase: RAC 4 (1959) 944–987; *H. Bender* (Hrsg.), Parapsychologie. Entwicklung, Ergebnisse, Probleme = WdF 4[5](1980).

numinosen Menschen, Männer wie Frauen.[2] Von den langen vorgeschichtlichen Zeiten an bis zum Anfang des rational-wissenschaftlichen Weltverstehens war der numinose Mensch der Träger der Kultur. Aufgrund seines Wesens verfügte er mehr als die anderen in seiner Umgebung über Autorität und Macht; denn er allein schien Zugang zu den geheimen Mächten zu besitzen, von denen das Heil und Unheil der Gemeinschaft abhingen, in der er stand. So war er zum Führer | auf allen Lebensgebieten berufen. Die Kraftfülle und die Einheit der Lebensbereiche auf dieser Stufe des menschlichen Geistes zeigen sich darin, daß der numinose Mensch ursprünglich verschiedene, in der späteren Entwicklung differenzierte geistige Funktionen in sich vereinigte. Er war zugleich Priester- und Sakralkönig, also Herrscher im Frieden und im Krieg, und als der Wissende zugleich Gesetzgeber, Dichter-Prophet und Heilkundiger. Aufgrund seiner außergewöhnlichen willentlichen und geistig-seelischen Kräfte besaß er den Zugang zu den Grundlagen, auf denen das Heil der magisch-religiösen Kultur und Gesellschaft, in der er stand, beruhte.

In den erhaltenen Zeugnissen der Menschheitsgeschichte begegnet der numinose Mensch meist bereits in verhältnismäßiger Spezialisierung, so in den Hochkulturen als Priesterkönig, als inspirierter Gesetzgeber, als Dichter-Prophet, als Wunderheiler, als magisch wirkender Weiser, als Heiliger, als Zauberer und in den Primitivkulturen als Schamane und als Medizinmann. Entscheidend für das Verständnis dieses kultur- und sozialgeschichtlich so bedeutungsvollen Typos ist das magisch-religiöse Weltbild mit seinem Erleben und Glauben an die heilige Macht, die Gottheit.

Die Vorstellung von einem Menschen, der aufgrund seines Wesens und seines Handelns in einem Nahverhältnis zur heiligen Macht oder zur Gottheit steht, ist der Gegenwart zunächst und unmittelbar durch das Christentum vermittelt. Daraus darf aber nicht der Schluß gezogen werden, daß der Heilige als eine der kennzeichnendsten Erscheinungen der christlichen Religion auch ausschließlich im Christentum begegne. Vielmehr gehört der Heilige, ähnlich wie andere wesentliche Erscheinungsformen der Religion, beispielsweise wie Gebet und Opfer, zu dem allen Religionen gemeinsamen Grundbestand, ohne daß er in allen Religionen in derselben nachdrücklichen Weise wie im Christentum hervorträte.

Unter religionsphänomenologischem Blickpunkt ist der Heilige eine Ausprägung des numinosen Menschen und zwar in den Hochreligionen, vornehmlich in den monotheistischen Religionen. Seine Verwandten in den antiken Volksreligionen sind die sogenannten göttlichen Menschen.[3]

---

2 *F. Heiler,* Erscheinungsformen und Wesen der Religion = Die Religionen der Menschheit 1², Stuttgart 1979, 365–433: ‚Der heilige Mensch' mit den Unterabschnitten: ‚Seele, Mutter – Vater, Häuptling – König, Zauberer – Priester, Mönch – Nonne, Prophet, Lehrer, Mystiker, Märtyrer, Heiliger, Hilfsbedürftiger Mitmensch, Die Frau, Der tote Mensch.'

3 Ebd. *L. Bieler,* Theios Anèr. Das Bild des ‚göttlichen Menschen' in Spätantike und Frühchristentum, Wien 1935/36, Ndr. Darmstadt 1976; *Pfister* a.O. 983–986; *D.L. Tiede,* The Charismatic Figure as Miracle Worker = Soc. of Bibl. Lit., Diss. Ser. 1, Missoula 1972; dazu *M. Smith:* Interpretation 28 (1974) 238–240; *ders.,* On the History of the ‚Divine Man': Paganisme, Judaisme, Christianisme. Mélanges M. Simon, Paris 1978, 335–345; *W. Schottroff,* Gottmensch I (Alter Orient und Judentum): RAC 12 (1983) 155–234; *H.D. Betz,* Gottmensch II (Griechisch-römische Antike und Urchristentum): ebd. 234–312; *W. Speyer,* Heiliger: RAC 13 (1985).

Nach dem Verständnis der römisch-katholischen, der griechisch-orthodoxen und mancher reformierten Kirche ist der Heilige auch keineswegs nur eine Größe einer vergangenen Epoche des Christentums, sondern bleibt auch in der Gegenwart ein beredter Zeuge der vom Heiligen Geist geführten Christenheit. Trotzdem ist nicht zu leugnen, daß der Heilige – jedenfalls in seiner Erscheinungsweise als Wundertäter – keineswegs die Gegenwart der christlichen Kirchen im gleichen Maße prägt wie er die vergangenen Epochen dieser Kirchen geformt hat. Ob der christliche Heilige aber nur in der Erscheinungsweise des Wundertäters auftreten kann, ist eine andere Frage, die hier nicht zu erörtern ist.

Noch im 19. Jahrhundert war die kirchliche Wirklichkeit vom Wunder wirkenden Heiligen geprägt, wenn auch bereits infolge der unreligiösen philosophisch-wissenschaftlichen Aufklärung die religiösen Erfahrungen und Erlebnisse, verglichen mit denen der vorangegangenen Zeit, seltener wurden.[4] Jean-Baptist-Marie Vianney, bekannter unter dem Namen des Pfarrers von Ars (gest. 1859), und Don Bosco (gest. 1888) haben zu ihren Lebzeiten geschichtlich gut beglaubigte Wunder gewirkt.[5] Diese beiden Heiligen stehen in einer | ununterbrochenen Kette christlicher Wundertäter, die mit Jesus von Nazareth beginnen.

Die Evangelien stellen Jesus Christus, den Begründer des christlichen Glaubens, als den großen Wundertäter dar.[6] Ihm folgten nach der altchristlichen Überlieferung seine Schüler. Sie erscheinen als Wundertäter in der zum Kanon des Neuen Testaments gehörenden Apostelgeschichte und in den zahlreichen sogenannten apokryphen, also weithin ungeschichtlichen, Apostelakten.[7] Im Zeitalter der Christenverfolgungen begegnet der Heilige als Wundertäter vor allem in der Auseinandersetzung mit den römischen Machthabern und den Vertretern der heidnischen und gelegentlich auch der jüdischen Religion. Nach dem Ende der Verfolgung tritt er im römischen Reich mehr als der Helfer in den

---

4 Die reichste Überlieferung zum Wunder besitzt unzweifelhaft das Christentum und hier wieder die römisch-katholische und die griechisch-orthodoxe Kirche: zu den Acta Sanctorum und verwandten Quellensammlungen vgl. *B. de Gaiffier,* Bollandisten: LThK 2 (1958) 571f; *A. Poncelet,* Index miraculorum B. V. Mariae quae latine sunt conscripta: AnalBoll 21 (1902) 241–260. – Für die Antike fehlt eine Sammlung der erhaltenen Wunderberichte aus Mythos und Geschichte; vgl. u.a. *O. Weinreich,* Antike Heilungswunder, Untersuchungen zum Wunderglauben der Griechen und Römer = RGVV 8, 1, Gießen 1909, Ndr. Berlin 1969; R. *Herzog,* Die Wunderheilungen von Epidauros = Philologus, Suppl. 22, 3, Leipzig 1931; *R.M. Grant,* Miracle and Natural Law in Graeco-Roman and Early Christian Thought, Amsterdam 1952; *G. Delling,* Antike Wundertexte = Kl. Texte f. Vorles. u. Üb. 79, ²Berlin 1960; *D. Wachsmuth,* Wunderglaube, -täter: Der kleine Pauly 5 (1975) 1395–1398; *Tiede* a.O. – Zur Phänomenologie und Theologie des Wunders: *H. Schlingensiepen,* Die Wunder des Neuen Testamentes. Wege und Abwege ihrer Deutung in der Alten Kirche bis zur Mitte des 5. Jh. = Beitr. Förd. Christ. Theol. 2,28, Gütersloh 1933; *G. Mensching,* Das Wunder im Glauben und Aberglauben der Völker, Leiden 1957; *A. Suhl* (Hrsg.), Der Wunderbegriff im Neuen Testament = WdF 295 (1980); R. *Latourelle,* Miracle: Dictionn. de la Spiritualité 10 (1980) 1274–1286; B. *Wenisch,* Geschichten oder Geschichte? Theologie des Wunders, Salzburg 1981, mit reichen Literaturangaben.

5 *F. Trochu / J. Widlöcher,* Der heilige Pfarrer von Ars, Stuttgart 1930, Ndr. 1959; *U. Turck,* Vianney, J.-B.-M.: LThK 10 (1965) 761f. – *G. Söll,* Bosco, Don, G.: ebd. 2 (1958) 616f. Vgl. *W. Schamoni,* Wunder sind Tatsachen. Eine Dokumentation aus Heiligsprechungsakten, ²Würzburg 1976. – Zu christlichen Charismatikern außerhalb der Großkirchen vgl. *K. Hutten,* Seher, Grübler, Enthusiasten, ¹⁶Stuttgart 1966.

6 *M. Smith,* Jesus the Magician, New York 1978, deutsche Ausgabe München 1981; *D.E. Aune,* Magic in Early Christianity: ANRW 2, 23, 2 (1980) 1507–1557, bes. 1523–1539: ‚Jesus and Magic'; *Suhl* a.O.

7 E. *Hennecke* / W. *Schneemelcher* (Hrsg.), Neutestamentliche Apokryphen 2, ⁴Tübingen 1971, 110–404; *E. Plümacher,* Apokryphe Apostelakten: RE Suppl. 15 (1978) 11–70.

leiblichen und seelischen Nöten des Volkes auf. Er übernimmt Aufgaben, die zuvor die griechisch-römischen Heilgötter und Heilheroen, die göttlichen und heroischen Nothelfer im Kampf und zur See, die Wettergötter und die göttlichen Menschen erfüllt hatten. In den christlichen Jahrhunderten der Spätantike und des Frühmittelalters beherrscht der Heilige, der nunmehr in allen Schichten der Gesellschaft anzutreffen ist, mit seinen Wundern die Phantasie der christlich gewordenen Völker des römischen Reiches. In dieser Zeit wird er zum Inbegriff christlichen Strebens und Wirkens und bleibt dies bis weit in die Neuzeit. Obwohl sich fast alle Heiligen nach ihrer geschichtlichen oder von der Legende übermalten oder gänzlich frei entworfenen Lebensbeschreibung als Wundertäter erwiesen haben, wurde diese Ehrenbezeichnung bestimmten Heiligen auch ausdrücklich verliehen, so dem Schüler des Origenes, dem hl. Gregor, oder dem hl. Theodoros von Sykeon in Galatien: Das christliche Volk gab beiden den Ehrennamen ‚Wundertäter', ‚Thaumaturgos'.[8]

Die hagiographische Literatur führt die literarische Gattung der Evangelien weiter. Diese weitverzweigte christliche Literaturform ist mit der antiken Aretalogie und Biographie des göttlichen Menschen verwandt, bei der ebenfalls einzelne von der Gottheit Erwählte und ihr wunderbares Leben im Mittelpunkt der Betrachtung stehen.[9] Da die göttlichen Menschen und die christlichen Heiligen durch ihre wunderbaren Worte und Handlungen tief in das Leben der übrigen Menschen eingriffen, erfreute sich die Literatur über ihr Leben und Tun beim Volk größter Beliebtheit.[10]

Die Urgestalt des christlichen Heiligen, die Jesus von Nazareth in idealer Weise ausgeprägt hatte, verleiblichte sich in die vielen Gestalten der männlichen und weiblichen Märtyrer, Bekenner, Asketen und der heiligen Hirten, der Bischöfe, Äbte und Priester. Ihre Passionen und Lebensbeschreibungen bestanden zum größten Teil aus Berichten über wunderbare Eingriffe Gottes in diese Welt, sei es unmittelbar oder mittelbar durch den jeweiligen Heiligen. Aus den Passionen und Viten der Heiligen wurde am jeweiligen Festtag in der vom christlichen Volk besuchten Kirche vorgelesen.[11] Dabei waren die Kirchen, die das Grab eines Heiligen besaßen, ein bevorzugter Anziehungspunkt für Pilger; denn nach dem Glauben des Volkes verfügten die Gebeine des Heiligen über die gleiche Wunderkraft wie der lebende Heilige.[12]

---

8 *H. Crouzel / H. Brakmann*, Gregor I (Gregor der Wundertäter): RAC 12 (1983) 779–793; Georg. Syc. vit. Theodor. Syc., hrsg. von *A.-J. Festugière* = SubsHag 48, Bruxelles 1970; *K. Baus*, Leon Thaumaturgos: LThK 6 (1961) 963.

9 *R. Reitzenstein*, Des Athanasius Werk über das Leben des Antonius = Sitzber. d. Heidelberger Akad. d. Wiss., Phil-hist. Kl. 1914 Nr. 8; *M. Smith*, Prolegomena to a Discussion of Aretalogies, Divine Men, the Gospels and Jesus: JournBiblLit 90 (1971) 174–199; *C.H. Talbert*, Biographies of Philosophers and Rulers as Instruments of Religious Propaganda in Mediterranean Antiquity: ANRW 2, 16, 2 (1978) 1619–1651.

10 *de Gaiffier* a.O. (o.Anm. 4) zur reichen Literatur der Bollandisten; *H. Günter*, Legenden-Studien, Köln 1906; *ders.*, Die christliche Legende des Abendlandes, Heidelberg 1910; *ders.*, Buddha in der abendländischen Legende?, Leipzig 1922; *ders.*, Psychologie der Legende, Freiburg 1949; *H. Delehaye*, Les légendes hagiographiques = SubsHag 18a, ^{3}Bruxelles 1927, Ndr. ebd. 1955; *C.G. Loomis*, White Magic. An Introduction to the Folklore of Christian Legend, Cambridge, Mass. 1948.

11 Ein Beispiel bietet die von *R. Raabe* übersetzte, um 500 n. Chr. syrisch geschriebene Biographie über den georgischen Prinzen Petrus den Iberer, Leipzig 1895, 9. 121f. 123. 131f.

12 Die Wunder an den Gräbern der Heiligen sind nach den Wunderberichten, nach den zurückgelassenen

Aus den Passionsberichten und Heiligenleben entnahmen die bildenden Künstler ihre Themen für ihre Wand- und Buchmalereien und für ihre | plastischen Darstellungen in den Kirchen und Klöstern, aber auch in den Häusern der Laien.[13] Somit stand der christliche Wundertäter in Schrift und Bild im Mittelpunkt der Aufmerksamkeit aller Gläubigen. Da die Alte Kirche die Schriften des Alten Testaments in der Form der griechischen Septuaginta-Übersetzung übernommen hat, erhielten auch die Wundertäter des Alten Bundes, wie Moses, Elias und sein Schüler Elisaeus, ihren festen Platz in der christlichen Wort- und Bildverkündigung. Die Kirchenväter erklärten die Wunder der alttestamentlichen Heiligen oft als Vorverweise, Typoi, auf die Wunder Jesu. Die Wunder der alttestamentlichen und der neutestamentlichen Heiligen bildeten ihrerseits wieder das Vorbild für die Wunder späterer christlicher Heiliger. Aus einer Übereinstimmung von Wundern innerhalb dieser Überlieferung darf aber nicht sogleich der Schluß gezogen werden, es handle sich immer nur um ein hagiographisches Wandermotiv.[14] Zu einem derartigen Schluß muß nur derjenige Forscher gelangen, der das Wunder prinzipiell leugnet. Allerdings ist es äußerst schwierig, innerhalb der erhaltenen hagiographischen Überlieferung das geschichtliche vom legendären Wunder zu trennen. Man wird nicht abstreiten können, daß eine geradezu erdrückende Anzahl von Wundergeschichten allein der Phantasie des Volkes und der Hagiographen zu verdanken ist. Von den Wundermotiven haben einzelne einen rein jüdisch-christlichen Ursprung, andere entstammen der heidnischen Antike und andere gehören überhaupt zum Grundbestand der religiösen Erfahrung der Menschheit.[15]

Ohne auch nur geringfügig zu übertreiben, darf man behaupten, daß der Wunder vollbringende Heilige für die Menschen der Spätantike und des Mittelalters die Ideal- und Identifikationsgestalt schlechthin bildete und dies in einem Maße, daß er mit allen Vorstellungen, die sich an ihn knüpften, eine Brücke bildet, die das Altertum mit dem Mittelalter verbindet.[16] Der Heilige läßt geradezu vergessen, daß es zwei verschiedene Epochen gegeben hat, die Spätantike und das Mittelalter; denn gerade auch die Fremdvölker des Nordens,

---

Krücken und Exvotos kaum zu überblicken. Vgl. *B. Kötting*, Peregrinatio religiosa. Wallfahrten in der Antike und das Pilgerwesen in der Alten Kirche = ForschVolkskunde 33/35, ²Münster 1980,398–402.

13 *W. Braunfels* (Hrsg.), Lexikon der christlichen Ikonographie Bd. 5–8: Ikonographie der Heiligen, Freiburg 1973/76; *A. Pigler*, Barockthemen. Eine Auswahl von Verzeichnissen zur Ikonographie des 17. und 18. Jahrhunderts 1, ²Budapest 1974, bes. 409–476: Heilige.

14 Z.B. *I. Dujčev*, La mano dell'assassino. Un motivo novellistico nella agiografia e nella letteratura comparata: Byzantino – Sicula 2. Miscellanea di scritti in memoria di G. Rossi Taibbi, Palermo 1975, 193–207, bes. 196f. Zu Entsprechungen zwischen Wundern der Heiligen und Wundern der Heiligen Schrift vgl. ferner *E.C. Brewer*, A Dictionary of Miracles, Philadelphia 1884, Ndr. Detroit 1966; *B. de Gaiffier*, Études critiques d'hagiographie et d'iconologie = SubsHag 43, Bruxelles 1967, 50–61.

15 Ein Repertorium der Wundergeschichten nach ihrem Inhalt fehlt. Zu einzelnen Themen vgl. *F. Lanzoni*, Il sogno presago della madre incinta nella letteratura medievale e antica: AnalBoll 45 (1927) 225–261; *S. Morenz*, Totenaussagen im Dienste des Rechtes: Würzburger Jbb 3 (1948) 290–300; *J. Kroll*, Das Gottesbild aus dem Wasser = Märchen, Mythos, Dichtung, Festschr. F. von der Leyen, München 1963, 251–268; *W. Speyer*, Die Segenskraft des ‚göttlichen Fußes': Romanitas et Christianitas. Studia J.H. Waszink oblata, Amsterdam 1973, 293–309; *Dujčev* a.O.; *B. de Gaiffier*, Les thèmes hagiographiques. Est-il possible d'établir pour chacun d'eux une filiation?: RevHistEcclés 77 (1982) 78–81. Zum Ganzen vgl. die Literatur zur Legendenforschung bei *H. Rosenfeld*, Legende, ²Stuttgart 1964 und die o. Anm. 10 genannten Werke von *H. Günter*.

16 Vgl. z.B. *F. Hampl*, Geschichte als kritische Wissenschaft 2, Darmstadt 1975, 305–316. 317f.

Ostens und Südens wurden infolge ihrer Christianisierung für dieses Ideal gewonnen und stellten dann im Mittelalter selbst eine nur schwer zu überschauende Zahl von Heiligen.[17]

Als im Zeitalter des Humanismus und der Reformation der Niedergang des Christentums als Religion einsetzte, begann notwendigerweise auch der Verfall dieser einstmals so zentralen Gestalt und Vorstellung. Die Erneuerung des Katholizismus während der Gegenreformation, die das religiöse Gefühl in breiten Schichten des Volkes noch einmal machtvoll aufleben ließ, brachte für eine relativ kurze Dauer eine Wiedergeburt des Heiligen. Aus der darauf folgenden Aufklärung des 18. Jahrhunderts erstanden ihm ebenso Gegner wie aus den neu begründeten Fächern der Universitäten mit ihren historisch-positivistischen und ihren naturwissenschaftlichen Methoden während der 2. Hälfte des 19. und des 20. Jahrhunderts.[18] Der Heilige als Wundertäter gehört somit als eine geschichtlich feststellbare Größe der christlichen Religion einem heute weithin vergangenen Zeitalter an.

2. *Die heilige Macht, das Wunder und der Wundertäter*

Die weit über Christentum und Antike in vorgeschichtliche Zeiträume zurückreichende Epoche, die den ‚göttlichen' Menschen hervorgebracht hat, ist durch ein magisch-religiöses Erleben und Verstehen der Wirklichkeit geprägt.[19] Mit dem Begriff des Magisch-Religiösen ist der Begriff des Numinosen und Heiligen unmittelbar mitgegeben.[20] Für die Menschen jener Epoche offenbarte sich die für sie rational noch fast gänzlich unerschlossene Wirklichkeit als eine Fülle von Erscheinungen und Wirkungen unbegreiflicher übermenschlicher Mächte. Die Natur, das heißt die durch die Sinne des Menschen wahrnehmbare Außenwelt, erschien den Menschen eines vorwissenschaftlichen und vortechnischen Zeitalters in fast allen ihren Manifestationen als eine kaum übersehbare Summe wunderbarer Ereignisse, vom Auf- und Untergang der Gestirne über die Erscheinungen der Atmosphäre bis hin zu den Steinen, Pflanzen und Tieren. Für diese Erlebnisstufe der menschlichen Seele konnte fast jedes Phänomen der Natur als Wunder aufgefaßt werden. Das Entscheidende in all diesen Hierophanien oder Wundern war die immer wieder aufs neue erlebte übermenschliche Macht.[21]

---

17 *P. Peeters,* Bibliotheca hagiographica orientalis = SubsHag 10, Bruxelles 1910, Ndr. ebd. 1954; *C. Plummer,* Vitae Sanctorum Hiberniae 1. 2, Oxford 1910, Ndr. ebd. 1968; *F. Graus,* Volk, Herrscher u. Heiliger im Reich der Merowinger, Prag 1965.

18 Auf diese tiefgreifende Änderung im Bewußtsein des neuzeitlichen Menschen werfen die Verse F. Schillers Licht: ‚Das Mädchen von Orléans' (V. 3–6): „Krieg führt der Witz auf ewig mit dem Schönen, / er glaubt nicht an den Engel und den Gott; / dem Herzen will er seine Schätze rauben, / den Wahn bekriegt er und verletzt den Glauben" (zur ‚Jungfrau von Orléans' vgl. *P. Doncoeur,* Jeanne la Pucelle: LThK 5 [1960] 885–887).

19 Vgl. *W. Speyer,* Fluch: RAC 7 (1969) 1160–1288; *L. Petzoldt* (Hrsg.), Magie und Religion = WdF 337 (1978).

20 Vgl. *R. Otto,* Das Heilige, München 1917, Ndr. [35]1963; *M. Eliade,* Die Religionen und das Heilige, Salzburg 1954, Ndr. Darmstadt 1976; *C. Colpe* (Hrsg.), Die Diskussion um das ‚Heilige' = WdF 305 (1977); *A. Dihle,* Heiligkeit: RAC 13 (1985).

21 Die griechische und lateinische Bezeichnung für das Wunder lautet ‚Krafttat', areté, virtus (vgl. den

Sie wurde als unbegreiflich, geheimnisvoll und nicht zuletzt deshalb als heilig und göttlich erlebt. Im Gegensatz zum Begriff des Wunders in einer vom Verstand weitgehend durchschaubar gemachten und damit profanierten Wirklichkeit bedeutete das Wunder für die Menschen der Frühzeit und des magisch-religiösen Weltbildes nicht so sehr eine Ausnahme von der Regel, dem ‚Natur-Gesetz', sondern stellte eher den gewöhnlichen Fall dafür dar, wie Wirklichkeit erschien und erlebt wurde. Für diese Bewußtseinsstufe gehören Wunder und Wirklichkeit demnach unauflöslich zusammen. Beide gründen in einer oder in vielen geheimnisvollen Mächten. Im Wunder bricht die heilige Macht oder die Gottheit in den Bereich der sinnlich wahrnehmbaren Welt ein. Im Wunder materialisiert sich gleichsam die heilige Macht, nimmt eine sinnlich erfahrbare Gestalt an und kann vom Menschen erkannt werden. So ist das Wunder zugleich eine, wenn nicht die wesentliche Form göttlicher Offenbarung oder der Selbstmitteilung der Gottheit.

Gegenüber den Wundern in der Natur und damit in einem Bereich, der außerhalb des Menschen liegt, gab es für das magisch-religiöse Bewußtsein noch eine weitere Art von Wundern. Die heilige Macht oder die Gottheit konnte auch in einem einzelnen Menschen erscheinen. Dieser stellte dann von seiner Geburt oder von einem bestimmten Zeitpunkt seines Lebens an – infolge der Erwählung durch die heilige Macht – in seiner Person ein einziges großes Wunder dar, das selbst wieder Quelle neuer Wunder werden konnte. Die heilige Macht offenbarte sich in dem von ihr erwählten Menschen zu dessen Lebzeiten und nach dessen Tod. Durch sie vermochten sich der göttliche Mensch und der Heilige als Wundertäter und damit als Quellgrund immer neuer Wunder zu betätigen.[22] Insofern konnte er nach dem Verständnis des magisch-religiösen Bewußtseins zu der wohl eindrucksvollsten Form der Offenbarung der heiligen Macht oder der Gottheit in dieser Welt werden.

3. Die Ambivalenz der heiligen Macht, des göttlichen Menschen und Heiligen

An dieser Stelle wäre eine Theorie über das Wesen der Gottheit vorzulegen, die aber den Rahmen dieser Abhandlung sprengen würde. Ganz knapp zusammengefaßt, lautet diese Theorie: Die Gottheit ist die personenhaft erlebte heilige Macht. Der Begriff ‚Macht' ist in einem religiösen Sinn zu verstehen.[23]

Begriff ‚Aretalogie'; dazu *M.P. Nilsson,* Geschichte der griechischen Religion 2^3 = Hdb.d. Altertumswiss. 5, 2,2, München 1974, 228f).

22 Vor allem haben die christlichen Heiligen und ihre Biographen immer wieder darauf hingewiesen, daß nicht die Heiligen als Menschen die Wunder wirken, sondern Gott durch sie: 1 Cor. 12,4 – 11; Mt. 9, 8; 12, 28; Lc. 5, 17; Joh. 12, 49; 14, 10; Act. 19, 11; Aster. Amas. or. 8, 8, 3f.; 9, 13, 3 (91. 127 *Datema*); Vict. Vit. 1, 38 (CSEL 7, 17); vgl. *B. Steidle,* Homo Dei Antonius: *ders.* (Hrsg.), Antonius Magnus Eremita = StudAnselm 38, Roma 1956, bes. 155–158; *G.J.M. Bartelink* (Hrsg.), Vita di Antonio, Milano 1974, 196f. 205f. 246. – Für das Mittelalter vgl. beispielsweise Vita Remacli prol. (MG Scr. rer. Mer. 5, 104); Gaufrid. Gross. vit. Bernardi Tiron. 3 (PL 172, 1369f.).

23 Vgl. *F. Pfister,* Die Religion der Griechen und Römer = JahresbFortschrKlassAltertumswiss 229, Leipzig 1930, 108–114; *E. Fascher,* Dynamismus: RAC 4 (1959) 415–458; *O. Schroeder,* Machtglaube: LThK 6 (1961) 1259f.

Zum Wesen der Religion gehört die Anerkennung des für den Menschen grundsätzlich unzugänglichen geheimnisvollen Wesens der heiligen Ursprungsmacht, die sich in ihrem Werk, der Weltwirklichkeit, nur zu einem Teil offenbart, zum anderen aber verhüllt. Insofern ist die Gottheit zugleich geheim und zugleich offenbar, also das Geheime-Offenbare.[24] Für den menschlichen Verstand ergibt sich damit eine prinzipielle Erkenntnisschranke: Die Gottheit entzieht sich aufgrund der Ambivalenz ihres Seins und Wirkens der Eindeutigkeit und erweist sich eben dadurch als über dem Menschen und seinem Begriffsvermögen stehend. Die in der Weltwirklichkeit auf geheime-offenbare Weise erscheinende Gottheit zeigt ihren ambivalenten Charakter in allen tragenden Erscheinungen dieser Welt, in Sein und Nichtsein, in Leben und Tod.[25] Kein Dualismus beherrscht aber die Wirklichkeit[26], sondern eine Vielheit von Gegensatzpaaren, die in einer höheren Einheit, der heiligen Ursprungsmacht, auf unergründbare Weise aufgehoben sind. Aus dieser höheren Einheit quellen Sein und Nichtsein, Licht und Dunkel, Leben und Tod, Segen und Fluch, Freiheit und Notwendigkeit. Die Mythen der Völker und die Offenbarungen der Juden und Christen, die antiken Kosmogonien und Kulturentstehungslehren sprechen von diesen beiden ineinander verschränkten Wirkweisen, unter deren Gesetz Welt und Mensch stehen. Für den Menschen enthüllt sich das Wesen der ambivalent wirkenden heiligen Macht, der Gottheit, vor allem in Heil und Unheil, in Segen und Fluch, die ihm von außen und aus seinem Innern zuteilwerden.

Eine Bestätigung für die Richtigkeit dieser Theorie kann man unter anderem darin sehen, wie die Antike den göttlichen Menschen und Heiligen verstanden hat. In der christlichen Religion weist bereits die Bezeichnung ‚Heiliger' auf die Gemeinsamkeit zwischen Gott, dessen Wesen Heiligkeit ist, und seinem Repräsentanten bei den Menschen, dem Wundertäter, hin. In der Antike begegnen für diesen Typus des homo religiosus die Begriffe ‚theios anèr', göttlicher Mensch, und ‚daimonios anèr', dämonischer Mensch. Während in der Bezeichnung ‚theios' der Segensaspekt der Gottheit überwiegt, wird in ‚daimonios' mehr der dunkle Aspekt der göttlichen Macht betont. Wie der Gott Grund und Ursache der ambivalenten Wirklichkeit ist, so zeigt sich diese Ambivalenz auch bei seinem Echo oder Spiegelbild, dem göttlichen Menschen und dem Heiligen. Der göttliche Mensch oder der Heilige ist demnach jener Mensch, den die heilige Macht, die Gottheit, erwählt und mit ihrer Kraft begabt hat, so daß er wie sie Segen und Fluch, Heil und Unheil, Leben und Tod verhängen kann. Der göttliche Mensch und der Heilige wirken diesen Segen und Fluch durch entsprechende Machtworte und Machthandlungen, also durch Wunder.

24 J.W. Goethe, Gott und Welt, Epirrhema: „Müsset im Naturbetrachten / immer Eins wie Alles achten; / Nichts ist drinnen, Nichts ist draußen; / denn was innen, das ist außen. / So ergreifet ohne Säumnis / heilig öffentlich Geheimnis".

25 Heraclit.: VS 22 B 21. 62; ferner vgl. *M. Heck*, Das ‚Offen – Geheime'. Zur Todesdarstellung im lyrischen Werk Rainer Maria Rilkes, Diss., Bonn 1970, 39–49: ‚Formen des Nennens. Zur Einheit von Leben und Tod'.

26 *J. Duchesne-Guillemin / H. Dörrie*, Dualismus: RAC 4 (1959) 334–350.

4. *Die Ethisierung der Wirkweisen der heiligen Macht und ihres Repräsentanten*

Ursprünglich dürften die Menschen alle auffallenden Manifestationen der Natur als Segens- und Fluchwunder, also als Heils- und Unheilswunder, erlebt haben, ohne ihr eigenes Tun und Unterlassen mit ihnen in Verbindung zu bringen. Für sie schien die heilige Macht spontan aus sich zu wirken. Erst allmählich werden die Menschen zu dem Glauben gekommen sein, daß die Gottheit nicht unabhängig vom Tun und Unterlassen der Menschen das Heils- oder Unheilswunder wirke. Wahrscheinlich war dieser Glaube dadurch entstanden, daß man auf das Verhältnis von Mensch und heiliger Macht den aus anderen Lebensbereichen erkannten Kausalzusammenhang übertrug und so nach den Folgen menschlicher Handlungen im Bereich der heiligen Macht fragte. Ferner war aus dem zwischenmenschlichen Bereich die Bedeutung des Vergeltungsprinzips wohlbekannt, gestaltete dieses Prinzip doch das tägliche Leben in Ethik, Recht und Handel.[27] Zur Entstehung des Glaubens an vergeltende Götter wird schließlich auch dem Wunder wirkenden numinosen Menschen keine geringe Bedeutung zugekommen sein, da er, wie aus antiken und vielen christlichen Zeugnissen zu entnehmen ist, seine Wunder nach dem Grundsatz der Vergeltung wirkte: das Segenswunder für Wohlverhalten ihm gegenüber und das Fluchwunder als Strafe für Beleidigung und Frevel. Die Menschen werden das Vergeltungsprinzip, das sie als so überaus bestimmend im zwischenmenschlichen Bereich erlebt haben, auf die Beziehung zwischen sich und der heiligen Macht angewendet haben. So deuteten sie Heil und Unheil in den Erscheinungen der sichtbaren Welt und im Leben des einzelnen als die jeweilige Antwort der heiligen Macht auf ein Tun der Menschen, als Vergeltung in Belohnung und Strafe.[28] Mit dieser Übertragung zwischenmenschlicher Kategorien war aber zugleich ein weiterer Schritt vollzogen: Die heilige Macht wurde dadurch zu einer personalen Macht, zur Gottheit, die unter den Emotionen von Zorn und Nachsicht stand.

Die jüdisch-christliche Überlieferung, wie sie im Alten und Neuen Testament vorliegt, hat aber in einzelnen Schichten, vor allem in der Überlieferung über Jesus von Nazareth, die Segens- und Fluchwirkung der Gottheit und des Heiligen unter eine Ethik gestellt, die den Vergeltungsgrundsatz und dem mit ihm verknüpften Empfinden der Rache und gegebenenfalls des Hasses weit hinter sich gelassen hat.[29] Der barmherzige und liebende Gott, den Jesus verkündet, kennt keine Rache und Vergeltung. Trotzdem finden sich auch in der Überlieferung über Jesus Äußerungen, die mehr die Strafgerechtigkeit und damit die Vergeltung und den Zorn Gottes als seine Liebe und Milde betonen, so vor

---

27 Vgl. *A. Dihle,* Die goldene Regel. Eine Einführung in die Geschichte der antiken und frühchristlichen Vulgärethik, Göttingen 1962, 13–40; *ders.,* Goldene Regel: RAC 11 (1981) 930–940.

28 Vgl. *W. Speyer,* Religionen des griechisch-römischen Bereichs. Zorn der Gottheit, Vergeltung und Sühne: *U. Mann* (Hrsg.), Theologie und Religionswissenschaft, Darmstadt 1973, 124–143; *ders.,* Religiös-sittliches und frevelhaftes Verhalten in seiner Auswirkung auf die Naturgewalten: JbAC 22 (1979) 30–39; *W. Schäfke,* Frühchristlicher Widerstand: ANRW2, 23,1 (1979) 648–657: „Die Christen als Ursache allen Unglücks".

29 Vgl. *Dihle,* Regel, a.O. 72–79; ebd. 61–71 zu griechischen Philosophen, die gleichfalls das Vergeltungsdenken prinzipiell überwunden haben.

allem Worte Jesu über die ewige Verdammnis.[30] Dieses Paradoxon ist nicht dadurch zu beheben, daß man die einen Aussagen für echt hält, die anderen aber als unecht verwirft. Vielmehr scheint durch diese gegensätzlichen Aussagen die ursprüngliche Einsicht durchzuschimmern, daß in Gott Leben und Tod, Segen und Fluch auf eine rational nicht verrechenbare Weise zusammen aufgehoben sind: Gott als die coincidentia oppositorum, wie es später philosophisch-theologisch Nikolaus von Cues formulieren wird.[31]

Wie die im folgenden mitgeteilten Zeugnisse noch deutlicher zeigen werden, handelt es sich bei der Ethisierung der Machtwirkung der Gottheit und ihres Repräsentanten, des göttlichen Menschen und des Heiligen, sowohl vom Standpunkt des Vergeltungs- und Racheprinzips als auch vom Standpunkt des Grundsatzes der Verzeihung und Liebe um geschichtlich jüngere Vorstellungen, innerchristlich verstanden um jeweils neue Stufen der Selbstmitteilung Gottes, nämlich um die Erkenntnis, daß die Gottheit sich an das jeweils von den Menschen für gültig erachtete Sittengesetz bindet und so Segen und Fluch, Belohnungs- und Strafwunder als Ausfluß ihrer Gerechtigkeit verhängt oder aus Liebe auf Fluch und Strafwunder gänzlich verzichtet. Nur nach einem jüngeren Denken, das die Verbindlichkeit zwischenmenschlicher sittlicher Forderungen auch und zunächst bei der Gottheit erwartet, stehen Segen und Fluch, Heil- und Strafwunder bzw. der Verzicht auf Fluch und Strafwunder im Dienst einer vor allem von der Gottheit geforderten Gerechtigkeit bzw. ihrer verzeihenden Liebe und sind nicht mehr allein der undurchschaubare unmittelbare Ausdruck der heiligen Macht, der Gottheit, oder ihres Repräsentanten, des göttlichen Menschen und Heiligen.

Wahrscheinlich wirkt das ursprüngliche Erleben der als ambivalent erlebten heiligen Macht und Gottheit noch überall dort weiter, wo in Mythen und in der Offenbarung des Alten und Neuen Testaments von einer Vorherbestimmung zum Heil oder Unheil einzelner oder ganzer Geschlechter, Stämme und Völker die Rede ist.[32] Die grundsätzliche Aporie der menschlichen Vernunft gegenüber der Gottheit als der absolut souveränen und geheimnisvollen übermenschlichen Macht dürfte sich gerade auch in dieser Annahme einer Vorherbestimmung zum Heil oder Unheil des Menschen aussprechen. Gegenüber einer rein menschlichen Ethisierung und der mit ihr verknüpften Rationalisierung des göttlichen Handelns nach den Vorstellungen des jeweils geltenden Sittengesetzes hat die Theologia negativa im Namen der absoluten Andersartigkeit Gottes Einspruch zu erheben.[33] Andererseits hat sie auch wieder der naheliegenden Gefahr zu begegnen, aus Gott eine blinde Willkürmacht nach Art der hellenistischen Tyche zu machen.

---

30 Mc. 9, 42–48; Mt. 8, 12; 10, 28; 13, 40–42. 48–50; 22, 12f.; 24, 50f.; 25, 31–33. 41–46; Joh. 15, 6.

31 Vgl. z.B. *E. Cassirer,* Individuum und Kosmos in der Philosophie der Renaissance = StudBiblWarburg 10, Leipzig/Berlin 1927, Ndr. Darmstadt 1977, Reg. 423 s.v.; *G. von Bredow,* Coincidentia oppositorum: Histor. Wörterb. d. Philosophie 1 (1971) 1022f.; *W. Beierwaltes,* Identität und Differenz. Zum Prinzip cusanischen Denkens = RheinWestfAkadWiss, Vorträge G 220, Opladen 1977.

32 Vgl. z.B. *A. Hermann,* Das steinharte Herz. Zur Geschichte einer Metapher: JbAC 4 (1961) 77–107; *R. Schnackenburg,* Prädestination (Aussagen der Schrift): LThK 8 (1963) 661f.

33 Zur Theologia negativa vgl. *R. Mortley,* Gnosis I (Erkenntnislehre): RAC 11 (1981) 446–537, bes. 525–536.

5. *Der göttliche Mensch, der Heilige und der Zauberer*

Zahlreiche Überlieferungen der magisch-religiösen Kultur belegen, daß der göttliche Mensch oder der Heilige als Wundertäter in gewisser Weise mit dem Zauberer verwandt ist. Begonnen sei mit einem Zeugnis aus dem 19. Jahrhundert:
„Ein alter Soldat, der wahrscheinlich manchen Feind im Krieg getötet hatte, wurde oft, wie er dem Berichterstatter erzählte, darum angegangen, mit seiner Hand Gewächse und ähnliche Körperschäden zu berühren: denn einer solchen Hand wird die nämliche Heilkraft zugeschrieben wie dem Mordgerät, womit Menschen erschlagen wurden".[34] Das bedeutet: Die Hand und die Waffe, die den Tod verursacht haben, galten zugleich auch als heilkräftig, als Leben und Segen bringend. In diesem Bericht wird ein Prinzip erkennbar, das wie ein roter Faden | die gesamte Überlieferung der antiken und jüdisch-christlichen Religion durchzieht: Der Gott und sein Repräsentant schlagen und heilen die Wunde. Nach einer mythischen Überlieferung, die für uns als erster Euripides mitteilt, hat Achill mit seiner Lanze König Telephos verwundet. Dem siechen König verkündete der lykische Apollon: „Derjenige, der verwundet hat, wird auch heilen".[35] In gleicher Weise gilt für dieses Erleben der Satz: Wer den Fluch wirkt, kann ihn auch aufheben und segnen. Jeweils steht hinter dem machtvollen Wort oder der mächtigen Handlung der göttliche, der heilige, der dämonische Mensch mit seiner ambivalenten Wirkmacht.

Auf diese doppelpolige Macht des numinosen Menschen ist die Forschung bereits seit langem aufmerksam geworden, ohne doch die notwendigen weitreichenden Schlüsse zu ziehen. So bemerkt einmal O. Weinreich: „Wer die Kraft hat, Zerstörtes wiederherzustellen (im Mirakel vom zerbrochenen und wieder geheilten Gefäß), der vermag auch durch ein Wunder ein Gefäß zu vernichten, wenn das notwendig ist; dem Heilungswunder steht auch hier das Schadenswunder ergänzend zur Seite, erst durch diese beiden Betätigungsweisen kommt die übernatürliche Macht des Heiligen voll zur Geltung".[36]

In der christlichen Überlieferung über den Heiligen als Wundertäter nimmt das Fluch- und Strafwunder einen weit größeren Umfang ein, als dies heute bekannt ist. Hier setzt sich ein sittliches Empfinden fort, das ebenfalls im Alten Testament gut bezeugt ist, der Gedanke und Wunsch nach Vergeltung und Rache. Nach alttestamentlicher Überlieferung verfügte neben Moses vor allem Elias über heilige Macht und verwendete sie zu Strafaktionen mit Wundercharak-

---

34 *F. Liebrecht,* Zur Volkskunde, Heilbronn 1879, 321 Nr. 66 (norwegischer Volksglaube); vgl. ebd. 313 Nr. 9.

35 Eurip. frg. 724 *Nauck*²; vgl. Plut. audiend. 16, 46f; Mantissa prov. 2, 28 (Corp. Paroem. Graec. 2, 762f. mit zahlreichen Parallelen); *J. Schmidt,* Telephos: *Roscher,* Myth. Lex. 5 (1916/24) 284f.; *W. Schmid,* Geschichte der griechischen Literatur 1, 3 = Hdb. d. Altertumswiss. 7, 1, 3 (München 1940, Ndr. ebd. 1961) 352f. – Zum Alten Testament: Dtn. 32, 39; 1 Sam. 2, 6; 2 Reg. 5, 7; Jes. 19, 22; 45, 7 u.a. Die antiken Götter der Heilung galten auch als Verursacher der Krankheit; vgl. *J.H. Croon,* Heilgötter, Heilheroen: RAC 13 (1985).

36 *Weinreich* a.O. (o.Anm. 4) 55 im Anschluß an *O. Jahn,* Über den Aberglauben des Bösen Blicks bei den Alten = BerichteAbhandlSächsAkadWiss Leipzig 7 (1855) 61f. Weitere Literatur bei *D. Wachsmuth,* Pompimos ho daimon. Untersuchungen zu den antiken Sakralhandlungen bei Seereisen, Diss. Berlin 1967, 204 Anm. 607; vgl. bes. *S. Eitrem,* Ambivalenza: ParolPass 15 (1950) 185–191.

ter. So vernichtete Elias die vom König Ahasja nach ihm ausgesandten zwei Hauptleute mit je 50 Mann durch Feuer vom Himmel.[37] Ein anderes Mal stritt er mit den 450 (?) Baalspropheten darüber, ob Jahwe oder Baal das Opfer auf dem Karmel entzünden werde. Er siegte; denn Jahwe schickte das Feuer; die Baalspropheten aber wurden getötet.[38] Sein Jünger Elisaeus wirkte ebenfalls Fluch- und Rachewunder. Auf seine Verwünschung hin fraßen zwei Bären die 42 Knaben, die den Gottesmann wegen seines Kahlkopfes verspottet hatten.[39] Wenig später verfluchte er seinen habgierigen Diener Giezi samt dessen Geschlecht auf ewig und wünschte ihm den Aussatz an, von dem er den Syrer Naaman befreit hatte.[40] Nach einer frühjüdischen Geheimüberlieferung tötete Moses den Ägypter, der ihn beleidigt hatte, allein durch ein Wort.[41] Moses soll diese Tat durch das machtvollste Wort, das es für einen gläubigen Juden gibt, vollbracht haben, durch den Namen Gottes.[42] Wie der jüdisch-hellenistische Schriftsteller Artapanos berichtet, hat Moses auf die gleiche Weise den Pharao Chenephres getötet, ihn dann aber wieder lebendig gemacht.[43] Diese Verknüpfung von Fluch- und Segenswunder bestätigt den Ausgangspunkt unserer Überlegung, daß die beiden entgegengesetzten Wirkweisen von Segen und Fluch, Leben und Tod in der heiligen Macht oder der Gottheit gründen und daß der numinose Mensch sie gleichsam zu aktivieren und weiterzuleiten vermag.

Nach dem Verständnis der Katholischen Kirche gilt als Heiliger, wer das Hauptgebot des Alten Testaments in seiner Verschärfung durch Jesus hält und zwar in heroischer Weise: die Liebe zu Gott und dem Nächsten, mit Einschluß des Feindes.[44] Blicken wir aber auf die Wunder der christlichen Heiligen während | des 1. Jahrtausends und darüber hinaus, so sieht das Bild, zum Teil jedenfalls, gänzlich anders aus; denn die antiken Fluch-, Rache- und Strafwunder haben in der christlichen Überlieferung trotz der Liebesethik Jesu ihre zahlreichen Entsprechungen. Der antike Volksglaube an die ambivalent wirkende heilige Macht des Wortes und der Handlung des numinosen Menschen blieb in christlicher Zeit weiter lebenskräftig.

Im Neuen Testament tritt zwar das Vergeltungs- und Strafwunder von Seiten Gottes und seiner Heiligen gegenüber dem Segens- und Heilswunder zurück, aber es ist doch vorhanden.[45] Die daraus entstehenden Schwierigkeiten für den christlichen Gottesbegriff konnten die Kirchenväter nicht auflösen.[46] Daß Jesus,

---

37 2 Reg. 1, 10. 12. 14. 38 1 Reg. 18, 22–40. 39 2 Reg. 2, 23f. 40 2 Reg. 5, 27. 41 Clem. Alex. strom. 1, 23, 154, 1 (GCS Clem. 2,96).

42 Ebd.; vgl. *I. Heinemann*, Moses Nr. 1: RE 16, 1 (1933) 366, 54–61. Ein vergleichbarer Text über eine etruskische Jungfrau und den machtvollen Gottesnamen ist eine jüdische Fälschung (Lact. Plac. zu Stat. Theb. 4, 516; vgl. *Th. Hopfner*, Griechisch-ägyptischer Offenbarungszauber 1, Leipzig 1921, Ndr. Amsterdam 1974, § 701; *J. Bidez / F. Cumont*, Les mages hellénisés 1, Paris 1938, Ndr. ebd. 1973, 234f.). Nach der Pass. Porphyr. Mimi 6: AnalBoll 29 (1910) 273 töteten heidnische Priester durch ihr Machtwort einen Stier, konnten ihn aber nicht wiederbeleben. Dies vermochte hingegen der hl. Porphyrios durch sein Gebet. Hier überläßt der christliche Volksglaube den Heiden nur die Fluchkraft, nicht aber die Segenskraft; ferner vgl. *F. Cumont*, La plus ancienne légende de saint Georges: RevHistRel 114 (1936) 5–51, bes. 10. 19–21.

43 Bei Eus. praep. ev. 9, 27, 24f. (GCS Eus. 8, 1, 522); vgl. *Hopfner* a.O. § 703.

44 *R. Hofmann*, Heroismus, heroische Tugend: LThK 5 (1960) 267; vgl. bereits Orig. c. Cels. 3, 25. – ferner vgl. *N. Söderblom*, Der evangelische Begriff eines Heiligen, Greifswald 1925.

45 Z.B. Die Bestrafung des zweifelnden Zacharias durch den Engel Gabriel: Lc. 1, 11–22.

46 *W. Speyer*, Fluch: RAC 7 (1969) 1160–1288, bes. 1281–1284: ‚Die Beurteilung der Flüche des AT und NT'.

der die Feindesliebe predigt, das Strafwunder gegen Menschen, die ihn beleidigt haben, ablehnt, erweist unter anderem eine Textstelle des Lukasevangeliums: Während Jakobus und Johannes daran denken, ein Dorf der Samaritaner, die Jesus nicht aufgenommen haben, durch Feuer vom Himmel zu vernichten, verbietet es ihnen Jesus.[47] Die Evangelien berichten nur von einem einzigen Strafwunder Jesu, vom Fluch über einen Feigenbaum.[48] Wahrscheinlich ist diese Überlieferung aber ungeschichtlich und beruht auf einem Mißverständnis.[49]

Die apokryphe Überlieferung kennt hingegen zahlreiche Strafwunder Jesu. An erster Stelle steht das Kindheitsevangelium, das Thomas, der Israelit, geschrieben haben soll. Es zeigt den Jesusknaben, wie er seine Spielgefährten und einen seiner Lehrer verwünscht und an ihnen Strafwunder wirkt, die er allerdings später durch ein Heilwunder wieder aufhebt.[50] Ein Strafwunder Jesu aus seinen Mannesjahren überliefert Petrus Diaconus: Jesus verfluchte eine im Bau befindliche Synagoge.[51] Sein Fluchwort hat unfehlbar treffende Wirkung. Lukas, der Verfasser der Apostelgeschichte, der das Wunderbare gegenüber den Evangelien noch zu steigern versucht, berichtet je ein Strafwunder des Petrus und des Paulus. Petrus tötete durch sein Wort die beiden Gottesbetrüger Ananias und Saphira[52], und Paulus schlug, allerdings nur auf Zeit, durch sein Fluchwort den jüdischen Zauberer Bar Jesus-Elymas mit Blindheit.[53] Nach dem Bericht der Apostelgeschichte wirken die beiden Apostel diese Strafwunder in der Kraft des Heiligen Geistes; auch vergelten sie nicht eine persönliche Beleidigung, wie dies neutestamentliche Apokryphen, vor allem die ungeschichtlichen Apostelgeschichten[54], und nicht wenige Heiligenleben von ihren Wundertätern berichten. Die Hagiographen des Ostens und des Westens erzählen von Strafwundern der Heiligen gegen Menschen und sogar gegen Tiere. Der heilige Jakob von Nisibis bestrafte unzüchtige wäschewaschende Mädchen. Er verwünschte den Quell und verwandelte die Mädchen in alte Frauen. Später ließ er sich gnädig stimmen und hob den Fluch wieder auf. Theodoret von Kyrrhos, der dies berichtet,[55] versucht an diesem Wunder den Unterschied zwischen dem Ethos des Alten Testaments und dem Ethos des Neuen Testaments darzulegen. Dabei verweist er auf ein Fluch- und Strafwunder des Elisaeus.[56] Theodoret ist aber entgangen, daß bereits in Griechenland die Aufhebung des Fluchwunders durch das Segenswunder bezeugt ist. So bestrafte Bellerophontes zunächst die Xanthier, die ihm den

47 Lc. 9, 51–56; vgl. Mt. 26, 53.

48 Mc. 11, 12–14. 19–22; Mt. 21, 18–22.

49 *Speyer,* Fluch a.O. 1253f.; *H. Groos,* Albert Schweitzer. Größe und Grenzen, Basel 1974, 302f.; *Aune* a.O. (o.Anm. 6) 1552.

50 Ev. Thom. 3–5. 8. 14f., hrsg. von *A. de Santos Otero,* Los evangelios apócrifos, ^{3}Madrid 1975, 287–289. 293. 297f.; vgl. *ders.,* Das kirchenslavische Evangelium des Thomas = PatristTexte Stud 6, Berlin 1967; ferner *W. Bauer,* Das Leben Jesu im Zeitalter der neutestamentlichen Apokryphen, Tübingen 1909, Ndr. Darmstadt 1967, 91.

51 Petr. Diac. loc. sanct. 5, 4 (CCL 175, 99).

52 Act. 5, 1–11; vgl. Clem. Alex. a.O. (o.Anm. 41) und Aug. s. dom. in monte 1, 64 (PL 34, 1262): nam et verbis apostoli Petri Ananias et uxor eius ... exanimes ceciderunt nec resuscitati sunt, sed sepulti.

53 Act. 13, 6–12.

54 Z.B. Act. Petr. cum Sim. 2. 15. 32 (AAA 1, 46. 61f. 83); Act. Joh. 84. 86 (AAA 2, 1, 192f.); Act. Thom. 6–9 (AAA 2, 2, 108–112).

55 Theodoret. Cyr. hist. rel. 1,4f. (SC 234, 166f.). 56 2 Reg. 2, 23f.

geschuldeten Lohn vorenthalten hatten, indem er an Poseidon ein Fluchgebet richtete. Daraufhin wurde das Land der Xanthier zum unfruchtbaren Ödland. Als die Frauen ihn versöhnt hatten, hob er den Fluch durch eine Bitte an | Poseidon wieder auf.[57] Die antiken und die christlichen Wundergeschichten weisen die gleiche Struktur auf: Der Heros, der hier wie ein numinoser Mensch geschildert ist, und der Heilige werden beleidigt. Darauf sprechen sie einen Fluch oder ein Fluchgebet aus, das im Strafwunder endet. Bisweilen besteht die Möglichkeit einer Versöhnung des göttlichen Menschen und des Heiligen, so daß der Fluch wieder aufgehoben und das Strafwunder zum Segenswunder gewandelt wird.[58] In der Bellerophontes-Überlieferung ist der ursprünglich magische Urgrund des Geschehens noch gut erkennbar, trotz der Einbettung in einen religiösen Zusammenhang, den Bellerophontes durch sein Gebet an Poseidon stiftet, der als der eigentlich Handelnde erscheinen soll. Dieser Hinweis der antiken Erzählung auf das Fluch- bzw. Segensgebet entspricht der geläufigen christlichen Deutung der Wunder der Heiligen, daß der tatsächlich Wirkende Gott und nicht der Heilige ist.[59]

Fluch-, Rache- und Strafwunder begegnen in den Viten der christlichen Heiligen von der Spätantike bis ins Mittelalter und darüber hinaus.[60] Diese Tatsache beweist, daß die altchristliche Vorstellung vom Heiligen von der weit älteren und weitverbreiteten Vorstellung einer ambivalent wirkenden heiligen Macht oder Gottheit bestimmt ist, die auf Vergeltung drängt und entweder selbständig oder mittelbar durch den numinosen Menschen wirkt. Je mehr der Heilige subjektiv glaubt, daß er aus eigener Machtfülle und nicht als Werkzeug einer höheren Macht handle, um so mehr nähert er sich dem Zauberer; denn dieser versucht durch seinen Willen die heilige Macht in seinem Sinne zu lenken.

Wenn die antiken, die jüdischen und christlichen Zeugen einen numinosen Menschen als göttlich, als Heiligen oder als Zauberer bezeichnen, ihn also bewerten, so ist eine derartige Bewertung wesentlich vom Standort des Beurteilenden innerhalb der magisch-religiösen Kultur und Gesellschaft abhängig. Jesus beispielsweise wurde von seinen Schülern als der Heilige Gottes, als der Prophet und Wundertäter verehrt, von den geistlichen Führern Israels aber als Zauberer angeklagt. Die Pharisäer behaupteten, daß Jesus die Dämonen in der Macht des Herrschers der Dämonen vertreibe.[61] Einen derartigen Vorwurf hat

---

57 Nymphis von Herakleia (3.Jh. v. Chr.) bei Plut. mul. virt. 9, 248 d = FGrHist 432 F 7.

58 Diese Denkvorstellung ist im Alten und Neuen Testament in einen Erde und Mensch umspannenden Zusammenhang gerückt: Der durch den Ungehorsam der Stammeltern hervorgerufene Fluch Gottes über die Menschen und die Erde mit dem Verlust des Paradieses wird durch die Versöhnungstat des Gottessohnes Jesu von Nazareth, seinen Tod am Kreuz, grundsätzlich wieder rückgängig gemacht: Das Reich Gottes kehrt mit seinem Segen zurück (vgl. *A. Nygren,* Die Versöhnung als Gottestat, Gütersloh 1932; *Speyer,* Religionen a.O. [o.Anm. 28] 140f.). 59 S.o.Anm. 22.

60 Sie sind bisher noch nicht gesammelt: Beispiele bieten die Acta Sanctorum in Fülle; vgl. *J.W. Loebell,* Gregor von Tours und seine Zeit, ²Leipzig 1869, 231f.; *Günter,* Buddha a.O. (o.Anm. 10) 219f.; *A. Reinle,* Die Heilige Verena von Zurzach. Legende, Kult, Denkmäler = Ars docta 6, Basel 1948, 67f.; *Speyer,* Fluch a.O. (o.Anm. 46) 1255–1257; *Dujčev* a.O. (o.Anm. 14).

61 Mc. 3, 22b–27; Mt. 9, 34; 12, 24–29; Lc. 11, 15. 17–20 (mit der Entgegnung Jesu); vgl. *Bauer* a.O. (o.Anm. 50) 465; *Aune* a.O. (o.Anm. 6) 1525 Anm. 78. Andere nannten Jesus einen Betrüger (Mt. 27, 62–64; vgl. Joh. 7, 12; 9, 16); vgl. *Aune* a.O. 1540f.; *R. Pesch,* Zur Entstehung des Glaubens an die Auferstehung Jesu: FreibZsPhilosTheol 30 [1983] 73–98). Noch in diesem Jahrhundert erhob sich ein vergleichbarer Streit

auch Celsus gegen Jesus erhoben.[62] Christen, die über wunderbare Fähigkeiten verfügten, wie die Apostel, ihre Schüler und zahlreiche Märtyrer, wurden von ihren Glaubensangehörigen als wunderwirkende Heilige verehrt, von ihren Glaubensgegnern aber, Juden und Heiden, als Zauberer und Goëten angeklagt, verfolgt und getötet.[63] Für Moses und die Seinen waren die ägyptischen Wundertäter am Hof des Pharao Zauberer, während der Wundertäter Moses den Israeliten als „Mann Gottes", also als ein Heiliger, galt.[64] Entsprechend wurden viele numinose Menschen beurteilt, so der Samaritaner Simon, den die frühen Christen für einen Zauberer hielten.[65]

Auf die innerchristlichen theologischen Schwierigkeiten, die sich aus den Wundern der Götter und der numinosen Menschen bei Heiden, Häretikern und Gnostikern ergaben, haben einzelne Kirchenschriftsteller aufmerksam gemacht. So meinte Augustinus: „Hier werden (die Heiden) vielleicht sagen, daß auch ihre Götter irgendwelche Wunder vollbracht haben. Gut, wenn sie schon beginnen, ihre Götter mit unseren toten Menschen (den Märtyrern) zu vergleichen. Oder werden sie sogar sagen, sie besäßen Götter, die aus toten Menschen entstanden | seien, wie Herakles, wie Romulus und viele andere, die, wie sie meinen, in die Zahl der Götter aufgenommen worden sind? Doch für uns sind die Märtyrer keine Götter, weil wir wissen, daß ein und derselbe der Gott von uns und der Märtyrer ist. Keinesfalls aber dürfen mit den Wundern, die an den Gedenkstätten unserer Märtyrer geschehen, die Wunder verglichen werden, die, wie behauptet wird, in den Tempeln geschehen sind. Wenn sie aber ähnlich scheinen, so sind ihre Götter von unseren Märtyrern besiegt worden wie die Goëten Pharaos von Moses.[66] Jene Wunder aber vollbrachten die Dämonen mit dem Stolz ihres unreinen Hochmuts, mit dem sie ihre Götter sein wollten; diese Wunder aber vollbringen die Märtyrer oder vielmehr Gott, wobei die Märtyrer mitwirken oder beten, damit jener Glaube fortschreite, aufgrund dessen wir glauben, daß die Märtyrer nicht unsere Götter sind, sondern mit uns einen Gott haben".[67]

um den indischen Visionär Sundar-Singh; vgl. *F. Heiler,* Apostel oder Betrüger? Dokumente zum Sadhustreit, München 1925; *Söderblom* a.O. (o.Anm. 44) 16–21; *J. Wicki,* Sundar-Singh: LThK 9 (1964) 1168f. – Zum religiösen Betrug s.u. Anm. 71. Schließlich wurden numinose Menschen auch als geistig krank bezeichnet, so Jesus von seinen Gegnern (Mc. 3, 21f. 30; Joh. 7, 20; 8, 48; 10, 20); vgl. *Groos* a.O. (o.Anm. 49) 266–313: „Jesus als psychiatrisches Problem"; ferner vgl. *E. Benz,* Die Vision. Erfahrungsformen und Bilderwelt, Stuttgart 1969, 15–34: „Vision und Krankheit"; *J. Mattes,* Der Wahnsinn im griech. Mythos und in der Dichtung bis zum Drama des 5. Jh., Heidelberg 1970, 70f; *C.L.P. Trüb,* Heilige und Krankheit = Geschichte und Gesellschaft, BochumHistStud 19, Stuttgart 1978, 184–187. Bei der Beurteilung des Propheten, der gleichfalls zum Typus des numinosen Menschen gehört, begegnen die aufgezählten Möglichkeiten, ihn zu klassifizieren, in gleicher Weise: Bald galt er als vom göttlichen Geist erleuchtet, bald als vom Dämon erfaßt und als Zauberer, bald als Wahnsinniger, bald als Betrüger und Scharlatan; vgl. z.B. *E. Fascher,* Prophetes. Eine sprach- und religionsgeschichtliche Untersuchung, Gießen 1927, 122f. 126; *G. Fohrer,* Prophetie und Magie: *ders.,* Studien zur alttestamentlichen Prophetie = ZsAlttestWiss, Beih. 99, Berlin 1967, 242–264; *J.L. Ash,* Jr., The Decline of Ecstatic Prophecy in the Early Church: TheolStud 37 (1976) 227–252.

62 Orig. c. Cels. 1, 71; 2, 32. 49; 8, 41; vgl. *Aune* a.O. 1525 Anm. 79; *Bauer* a.O. 465; *S. Benko,* Pagan Criticism of Christianity during the First Two Centuries A.D.: ANRW 2, 23, 2 (1980) 1055–1118, bes. 1102.

63 Porphyr. bei Hier. in Ps. 81 (CCL 78, 89) = frg. 4 *Harnack; Günter,* Buddha a.O. (o.Anm. 10) 208–210; *ders.,* Psychologie a.O. (o.Anm. 10) Reg.s.v.Zauber, Verdacht.

64 Ex. 4, 1–9; 7, 1–13; vgl. Porphyr. a.O.; *R. Ganschinietz,* Iannes: RE 9, 1 (1914) 693–695; *J. Schmid,* Jannes u. Jambres: LThK 5 (1960) 865; *Schottroff* a.O. (o.Anm. 3) 228–233.

65 *H. Waitz,* Simon Magus in der altchristlichen Literatur: ZsNeutWiss 5 (1904) 121–143; *Betz* a.O. (o.Anm. 3) 252f. 66 S.o. Anm. 64.

67 Aug. civ. Dei 22, 10 (CCL 48, 828).

Augustinus bezweifelt also keineswegs die Realität von Wundern bei den Heiden; denn kein einsichtiger Christ konnte leugnen, daß an bestimmten Tempeln wie denen des Asklepios oder Sarapis Heilwunder vorkamen.[68] So ist Augustinus gezwungen, die Wunder der Christen und die Wunder der Heiden auf die heilige Macht zurückzuführen. Diese zerfällt für ihn gemäß einem gemilderten Dualismus in den Segensbereich des einen Schöpfergottes und in den Fluchbereich der bösen Geister, der Dämonen.[69] Nach der Überzeugung der christlichen Apologeten besitzen die Götter der Heiden durchaus eine gewisse Wirklichkeit, die Wirklichkeit von Dämonen.[70] Nach diesem Glauben verfügen sie über eine übermenschliche Macht, aber über eine geringere als sie Gott besitzt und seine Repräsentanten auf Erden, die Heiligen. Aus den Stellungnahmen von Heiden, Juden und Christen zum Wundertäter der gegnerischen Partei ist zu ersehen, daß dieser meist als Zauberer angeprangert wurde. Nur selten sprach man auch von Betrug.[71] Innerhalb der Religionsgemeinschaften des Altertums bezweifelte in der Regel niemand, daß bei einem Wunder eine übermenschliche Macht oder Kraft am Werke war; nur kennzeichnete man sie, wenn sie der Gegenpartei begegnete, als negativ, als dämonisch gewirkte und wirkende Schadensmacht.

Die Spuren einer derartigen Bewertung sind noch in zwei Begriffen der modernen Religionswissenschaft sichtbar, in den Begriffen der weißen und der schwarzen Magie.[72] Diese beiden Bezeichnungen machen auf die beiden Pole der heiligen Macht aufmerksam und weisen darauf hin, daß Magie und Religion, nimmt man beide ernst, in der Erfahrung und im Glauben an die ambivalent wirkende heilige Macht gründen. Der göttliche Mensch oder der Heilige und der Zauberer sind von ihrem Wesen her nicht nur miteinander verwandt, sondern letztlich identisch. Sie verfügen über die ambivalente heilige Macht. Beide gehören einem außergewöhnlichen Menschentypus an, den man als den Typus des numinosen Menschen bezeichnen kann. Natürlich ist dieser Typus nicht auf das männliche Geschlecht beschränkt, sondern umfaßt auch Frauen, wie die Prophetinnen der Griechen, Juden und Germanen und die zahlreichen weiblichen Heiligen des Christentums beweisen. Der numinose Mensch tritt in

68 *Weinreich* a.O. (o.Anm. 4); *F. Kutsch,* Attische Heilgötter und Heilheroen = RGVV 12, 3, Gießen 1913; *Herzog* a.O. (o.Anm. 4) zu Epidauros; *Nilsson* a.O. (o.Anm. 21) 2, 222–225; *Croon* a.O. (o.Anm. 35).

69 Zum Dualismus s.o. Anm. 26; *W. Speyer,* Gottesfeind: RAC 11 (1981) 996–1043, bes. 1030. Vgl. ferner die ausführliche Antwort auf die Frage: „Durch welche Kraft kommt es, daß die außerhalb der Kirche Stehenden (...) oft prophezeien und Wunder wirken?“ bei Anast. Sin. interr. et respons. 20 (PG 89, 517–532).

70 *A. Kallis,* Geister II. Griechische Väter: RAC 9 (1976) 700–715; *P.G. van der Nat,* Geister III. Apologeten u. lateinische Väter: ebd. 715–761; *Speyer,* Gottesfeind a.O. 1030–1034.

71 Die Geschichte des religiösen Betrugs und der religiösen Betrüger in der Antike und im Christentum ist noch nicht geschrieben. Bei den erhaltenen Zeugnissen ist oft mit einer Tendenz zu rechnen. Antike Rationalisten verwarfen das Wunder überhaupt und sahen in numinosen Menschen oft Betrüger. Auch in den Kämpfen der Religionen und der religiösen Richtungen untereinander wurde nicht selten der Vorwurf des religiösen Betrugs erhoben; vgl. z.B. Val. Max. 1, 2: de simulata religione; *O. Weinreich,* Der Trug des Nektanebos. Wandlungen eines Novellenstoffs, Leipzig – Berlin 1911; *ders.,* Engastrimythen: ArchRelWiss 13 (1910) 622f. = Ausgewählte Schriften 1, Amsterdam 1969, 31–33; *ders.,* Alexandros der Lügenprophet und seine Stellung in der Religiosität des 2. Jh. n. Chr.: NeueJahrbbKlassAltert 47 (1921) 129–151 = Ausgewählte Schriften 1, 520–551 (dazu Nilsson a.O. [o.Anm. 21] 472–475); *Th. Hopfner,* Mageia: RE 14, 1 (1928) 301–393, bes. 373f. 391–393; *H. Thurston,* Die körperlichen Begleiterscheinungen der Mystik, hrsg. von *J.H. Crehan,* aus dem Englischen übersetzt von C. *Müller,* Luzern 1956, 99–125. 178f.; *Aune* a.O. (o.Anm. 6) 1522 Anm. 62 und o.Anm. 61.

72 *Loomis* a.O. (o.Anm. 10); *Petzoldt* a.O. (o. Anm. 19) VIII Anm. 1.

der magisch-religiösen Kultur mit seiner ambivalenten Wirkweise elementar hervor. Erst unter einem erwachenden ethischen Gefühl, das inhaltlich von den Lebenswerten der sozialen Gruppe abhängt, unterschied man zwischen einem | göttlich-heiligen und einem dämonisch-magischen Menschen.

Andererseits kann man danach fragen, ob die ambivalente heilige Macht in einem bestimmten Menschen nicht gemäß der Wirkung ihrer beiden Pole in ungleicher Stärke auftreten und vom Willen des betreffenden Menschen beeinflußt werden kann, so daß der mit ihr Begabte, wenn er den Segenspol in sich zur Herrschaft bringt, zum Heiligen, wenn er aber den Fluchpol in sich überwiegen läßt, zum dämonischen Menschen oder zum Zauberer wird. Von hier aus betrachtet, gewinnt die von den Synoptikern überlieferte Geschichte von der Versuchung Jesu durch Satan großes Interesse; denn diese Geschichte und ihr Zusammenhang können vielleicht die gestellte Frage beantworten helfen.[73] Bekanntlich ist nach einer urchristlichen Überlieferung die Taufe Jesu durch Johannes jener Augenblick, in dem der Mensch Jesus aus Nazareth zum Erwählten Gottes, ja zu seinem Sohn erhoben wurde.[74] Die Taufe Jesu galt demnach bestimmten Christen als der Zeitpunkt, zu dem Jesus mit der ambivalenten heiligen Macht begabt wurde, also das Wunder seiner Berufung erlebte. Damit war Jesus zugleich vor die Wahl gestellt, ob er dem Pol der numinosen Segensmacht oder dem Pol der numinosen Schadensmacht folgen wollte. Genau auf diese Entscheidung Jesu zwischen der Heiligkeit Gottes und der Zauberei Satans weist aber der Inhalt der Versuchungsgeschichte hin, die bei den Synoptikern unmittelbar der Taufperikope folgt. Nach diesem Bericht wandte sich Jesus ein für alle Mal von der dämonischen Schadensmacht Satans ab und stellte sich ganz unter die Segensmacht Gottes. Durch diese Entscheidung wurde er nach dieser Überlieferung zum Erwählten und Heiligen Gottes.

Wie nahe bisweilen einzelne Heilige der jüdisch-christlichen Überlieferung dem antiken Zauberer kommen, kann der Vergleich einer alttestamentlichen Überlieferung mit einer antiken lehren. Das Buch Numeri berichtet: „Vom Berge Hor zogen sie den Weg nach dem Meer von Suph weiter, um das Land Edom zu umgehen. Das Volk aber wurde der Wanderung überdrüssig. Das Volk redete gegen Gott und Mose: ‚Warum habt ihr uns aus Ägypten herausgeführt, daß wir in der Wüste sterben? Denn kein Brot ist da, kein Wasser! Dieses minderwertige Brot widert uns an!‘ Da ließ Jahwe die Feuerschlangen gegen das Volk los, die bissen das Volk, so daß viele Leute aus Israel starben. Daraufhin kam das Volk zu Mose, und sie sprachen: ‚Wir haben gesündigt, daß wir gegen Jahwe und gegen dich redeten. Lege Fürsprache bei Jahwe ein, daß er die Schlangen von uns wende!‘ Mose legte dann Fürsprache für das Volk ein. Und Jahwe antwortete Mose: ‚Fertige dir eine Feuerschlange an und befestige sie an einer Stange! Jeder aber, der gebissen ist und sie anschaut, soll am Leben bleiben!‘ Mose verfertigte also eine eherne Schlange und brachte sie an der Stange an. Wenn nun die

73 Mc. 1, 9–13; Mt. 3, 13–4, 11; Lc. 3, 21–4, 13; vgl. *B.M.F. van Iersel,* ‚Der Sohn‘ in den synoptischen Jesusworten, ²Leiden 1964, 165–171.

74 *H. Usener,* Das Weihnachtsfest, Bonn 1911, Ndr. ebd. 1969, 18–220; *W. Speyer,* Die Zeugungskraft des himmlischen Feuers in Antike und Urchristentum: Antike und Abendl. 24 (1978) 57–75, bes. 69–71; ferner *A. Grillmeier,* Adoptianismus: LThK 1 (1957) 153–155.

Schlangen einen gebissen hatten und dieser dann auf die eherne Schlange hinblickte, so blieb er am Leben".[75]

Diese Geschichte, in deren Mittelpunkt das Bild der wundertätigen Schlange steht, erklärt der Kirchenschriftsteller Epiphanius von Salamis mit den Worten: „Man braucht sich nicht zu wundern, daß durch eben dieselben, durch die jemand Schaden nahm, er auch Heilung erlangt".[76] Damit spielt er auf den zuvor erwähnten antiken Gedanken an: „Wer verwundet, kann auch heilen".[77] Eine Parallele zum Bericht des Buches Numeri bietet das erste Buch Samuel. Hier werden fünf goldene Beulen und fünf goldene Mäuse der Philister als Abwehrmittel einer Pest- und Mäuseplage erwähnt.[78] In beiden alttestamentlichen Berichten wirkt ein magischer Ritus nach, der im Glauben an die ambivalente heilige Macht gründet und aus der Antike gut bezeugt ist. Bei einer derartigen Zauberpraktik wirken der numinose Mensch und ein Abbild desjenigen Gegenstandes oder der Macht, auf die magisch eingewirkt werden soll, zusammen. Bekanntlich ist für Menschen des magisch-religiösen Bewußtseins ein Abbild nichts Lebloses.[79] Die Schlange aus Erz war für Moses und die Israeliten auf magische, geheimnisvolle Weise lebendig und wirksam, so daß sie zu einem Heilmittel gegen die giftigen Schlangen werden konnte. Entsprechendes gilt für die goldenen Pestbeulen und Mäuse der Philister. Die Absicht des jeweiligen Bildzaubers war die, daß Gleiches durch Gleiches bekämpft werden sollte, wobei der Segenspol der magisch wirkenden Bilder den Fluchpol der Plagen, der Schlangen, der Pest und der Mäuse, außer Kraft setzen sollte. Diese Wirkmacht des Abbildes ist unmittelbar an den numinosen Menschen gebunden; denn nur dieser vermag ein derartiges Bild zu schaffen. Daher darf man vermuten, daß die ersten Verfertiger von Bildern numinose Menschen waren, die ein Bild zum Zweck der magischen Einwirkung geschaffen haben. Dem Gottesmann Moses kommt also bei dem Schlangenzauber grundsätzliche Bedeutung zu. Bei der alttestamentlichen Überlieferung über die magischen Bilder der Philister fehlen aus naheliegenden Gründen Nachrichten darüber, wer sie angefertigt hat.

Durch den Vergleich mit entsprechenden Zeugnissen der griechisch-römischen Kultur dürfte der geschilderte Sachverhalt noch einsichtiger werden. Der heidnische Wundertäter Apollonios von Tyana, der zur Zeit Domitians lebte, soll Nachbildungen schädlicher Tiere, beispielsweise von Skorpionen, sowie Säulen, also feststehende Gegenstände, zur Rettung der Menschen vor Tieren, Erdbeben und anderen Naturkatastrophen in verschiedenen Städten des Ostens, in Konstantinopel und in Antiochien, aufgestellt haben. Über diese

75 Num. 21, 4–9. Eine andere Erklärung als die im folgenden vorgetragene bei *Th. Klauser,* Gesammelte Arbeiten zur Liturgiegeschichte, Kirchengeschichte und Christlichen Archäologie = JbAC Erg.-Bd. 3, Münster 1974, 352.

76 Epiphan. haer. 37, 7, 1–3, bes. 3 (GCS Epiphan. 2, 59). Tert. adv. Marc. 2, 22, 1 (CCL 1, 499) nennt die eherne Schlange ein Heilmittel.

77 S.o. S. 136f.

78 1 Sam. 5, 6–6, 18; vgl. *I. Scheftelowitz,* Alt-Palästinensischer Bauernglaube in religionsvergleichender Beleuchtung, Hannover 1925, 110. 114f.

79 *H.E. Killy,* Bild II (griechisch-römisch): RAC 2 (1954) 302–318, bes. 302–306; *H. Funke,* Götterbild: ebd. 11 (1981) 659–828, bes. 713–720.

magisch wirkenden Schutzmittel, Telesmata, berichtet nicht sein antiker Biograph, Philostrat, wohl aber christliche Schriftsteller seit Eusebius.[80] Das Volk war überzeugt, daß die Telesmata des Apollonios „den Andrang des Meeres, die Gewalt der Stürme, die Angriffe der Mäuse und wilder Tiere abhielten".[81] Auch viele Christen glaubten an die Wirkung dieser magischen Schutzmittel, wie die fast ängstliche Frage bei Pseudo-Iustinus zeigt: „Wenn Gott der Schöpfer und Herr der Schöpfung ist, wie können dann die Talismane des Apollonios in den Teilen der Schöpfung Kraft haben?".[82] Diese Telesmata des Apollonios stellten demnach in der Spätantike für tieferblickende Christen ein ernstes theologisches Problem dar. Der Glaube an die magische Kraft der Telesmata blieb bis weit in die byzantinische Zeit lebendig und hat auch im lateinischen Westen Spuren hinterlassen, wie die Legenden des lateinischen Mittelalters vom Wundertäter Vergil zeigen. Wie Apollonios soll auch Vergil derartige Telesmata aufgestellt haben und zwar in Rom und vor allem in Neapel, so dort unter anderem eine Mücke aus Bronze, die alle Stechmücken von Neapel ferngehalten haben soll.[83]

Magie und Religion sind demnach zwei Schwestern desselben Erlebens, der Erfahrung der heiligen Macht. Die heilige Macht wurde vor allem in Segen und Fluch, im Segens- und Fluchwunder erlebt, sei es unmittelbar oder vermittelt durch den numinosen Menschen. Grundsätzlich vermag der numinose Mensch durch sein machtvolles Wort und seine machtvolle Handlung auch auf die heilige Ursprungsmacht, der er seine außergewöhnlichen Fähigkeiten verdankt, einzuwirken. An der Freiheit des menschlichen Willens scheint sich die heilige Macht, die Gottheit, eine Schranke zu setzen. Je mehr der numinose Mensch versucht, die heilige Macht oder die Gottheit durch seinen Willen in den Dienst leiblicher oder seelischer Vernichtung zu stellen, desto mehr verfällt er damit selbst dem Fluchpol der heiligen Macht. Unter einem derartigen Menschen ist der Zauberer oder Magier zu verstehen.

Ursprünglich war der numinose Mensch der Träger aller höheren geistigen Tätigkeit: er war Arzt und Seher, Iatromantis, er war Seher und Dichter, vates.[84] Bis in die Neuzeit lassen sich die Spuren dieser Erfahrung von der ambivalenten

80 Vgl. *Weinreich* a.O. (o.Anm. 4) 152. 162–170: ‚Telesmata'; *ders.,* Ausgewählte Schriften 3, Amsterdam 1979, 191f.; *R. Ganschinietz,* Agathodaimon: RE Suppl. 3 (1918) 37–59, bes. 52f.; *W. Speyer,* Zum Bild des Apollonios von Tyana bei Heiden und Christen: JbAC 17 (1974) 47–63, bes. 56–63; *E.L. Bowie,* Apollonius of Tyana. Tradition and Reality: ANRW 2, 16, 2 (1978) 1652–1699, bes. 1686 Anm. 135; 1687 Anm. 138. – Das griechische Wort telesma (telos: Ende, Ziel, Vollendung, Entscheidung, Sieg) ist durch die Vermittlung des Arabischen als Talisman in die europäischen Sprachen gelangt.

81 Pseudo-Iust. (Theodoret. Cyr. ?) quaest. et resp. 24 (Corp. Apol. Christ. 5, 34 *Otto*).

82 Ebd. (34–38).

83 *D. Comparetti,* Virgilio nel medio evo.Nuova edizione a cura di *G. Pasquali,* 2, Firenze 1941, Ndr. ebd. 1967, 22–61 mit den Richtigstellungen des Herausgebers (ebd. 1, ^{2}Firenze 1943, Ndr. ebd. 1967, XXI-XXIX); *W. Suerbaum,* Von der Vita Vergiliana über die Accessus Vergiliani zum Zauberer Virgilius: ANRW 2, 31, 2 (1981) 1156–1262, bes. 1229–1240.

84 *O. Falter,* Der Dichter und sein Gott bei den Griechen und Römern, Würzburg 1934; *N. Kershaw Chadwick,* Poetry and Prophecy, Cambridge 1942; *A. Sperduti,* The Divine Nature of Poetry in Antiquity: TransactProceedAmPhilolAss 81 (1950) 209–240; *Pfister* a.O. (o.Anm. 1) 977; *H. Maehler,* Die Auffassung des Dichterberufs im frühen Griechentum bis zur Zeit Pindars = Hypomnemata 3, Göttingen 1963; *E. Barmeyer,* Die Musen. Ein Beitrag zur Inspirationstheorie = Humanist. Bibl. R. 1, 2, München 1968.

heiligen Macht des Dichters und seines Wortes nachweisen. In dieser Weise scheint Ch.M. Wieland den jungen Goethe erlebt zu haben:

„Auf einmal stand in unsrer Mitten
ein Zaubrer ...
mit einem schwarzen Augenpaar,
zaubernden Augen voll Götterblicken,
gleich mächtig zu töten und zu entzücken".[85]

Ähnlich schrieb H. von Hofmannsthal unter dem Eindruck seiner Begegnung mit dem Dichter Stefan George das Gedicht ‚Der Prophet':

„Er aber ist nicht wie er immer war,
Sein Auge bannt und fremd ist Stirn und Haar.
Von seinen Worten, den unscheinbar leisen,
Geht eine Herrschaft aus und ein Verführen,
Er macht die leere Luft beengend kreisen
Und er kann töten, ohne zu berühren".[86]

6. Der numinose Mensch in Gesellschaft und Geschichte

Der Gattungsbegriff des numinosen Menschen umfaßt mittelbar – vermittelt durch verschiedene Artbegriffe wie den des göttlichen Menschen, des dämonischen Menschen und des Heiligen – eine Vielzahl individueller Ausprägungen, die nach der geistig-seelischen Qualität ihrer charismatischen Kräfte und ihrer Gesamtpersönlichkeit und nach ihrer Wirkung innerhalb der Geschichte mannigfache Unterschiede aufweisen. Bei kaum einem anderen Menschentypos dürfte es eine so breit gefächerte Skala qualitativer Unterschiede geben wie bei diesem. Die Bedingtheiten durch die gesellschaftliche und kulturelle Umwelt finden ihr Maß und ihre Grenze in der jeweiligen Persönlichkeit des numinosen Menschen. Wie es bei den bildenden Künstlern und den Musikern der neueren Zeiten den großen Einzelnen und die Vielzahl mittlerer und kleinerer Meister gibt, ähnlich verhält es sich auch beim numinosen Menschen. Das religiöse | Genie, also der numinose Mensch in seiner Höchstform, dürfte ebenso unableitbar sein und ebenso spontan auftreten wie das künstlerische Genie.[87] Beide ähneln einem goethischen Urphänomen. Trotzdem bleibt auch das größte religiöse Genie in seine Zeit und in die Gesellschaft, in der es wirkt, eingebunden. Um den numinosen Menschen als grundlegende Erscheinung der Religion zu verstehen, genügt es deshalb nicht, ihn nur wesensmäßig zu beschreiben, sondern er ist gleichfalls nach seiner geschichtlichen Erscheinungsweise zu deuten. Dabei wird sich herausstellen, daß auch eine derartige Betrachtungsweise, die auf die geistes-, kultur- und gesellschaftsgeschichtlichen Bedingungen achtet, nur zu

85 *Ch.M. Wieland* im ‚Teutschen Merkur' 1776.

86 *H.v. Hofmannsthal,* Reden und Aufsätze III. Buch der Freunde. Aufzeichnungen = Ges. Werke 10, Frankfurt/M. 1980, 341.

87 *J. Burckhardt,* Weltgeschichtliche Betrachtungen, hrsg. von R. *Marx,* Stuttgart 1935, 207–248: „Das Individuum und das Allgemeine (Die historische Größe)". *Th. Carlyle,* On Heroes, Heroworship and the Heroic in History, London 1840, deutsche Ausgabe (Berlin o.J. um 1910).

einem Teil das Geheimnis dieses außergewöhnlichen Menschentypos aufzuhellen imstande ist. Entsprechendes hat auch für eine psychologische Betrachtungsweise zu gelten.

In den uns bekannten Kulturen, vor allem in den antiken Hochkulturen, begegnet der numinose Mensch innerhalb sozialer Gruppen, seien sie gewachsen, wie Familie, Stamm und Volk, oder gestiftet, wie bestimmte magisch-religiöse Gemeinschaften, die vor allem in der Antike oft nach Frauen und Männern getrennt organisiert waren. Innerhalb einzelner Familien haben sich auffallende Kräfte des Geistes und der Seele vererbt wie die Seher- und Heilgabe in einzelnen Geschlechtern der Griechen und bei Völkern antiker Randkulturen.[88] Auch gab es Familien, in denen sich die Fähigkeit, gegen Feuer unempfindlich zu bleiben, durch Generationen vererbt hat.[89] Geistig-seelische Anlage sowie Wissen und Technik, die vor Außenstehenden geheimgehalten wurden, bedingten sich in diesen Fällen oft gegenseitig und führten zu Wunderwirkungen, die aufgrund des magisch-religiösen Welterlebens und Weltverstehens grundsätzlich als göttlich oder dämonisch bewirkt gedeutet wurden. Die technischen Mittel reichten von Narkotika, Geräusch- und Klangmitteln bis zur körperlichen und geistigen Askese in allen ihren Formen; sie begegnen beim numinosen Menschen der Natur- und der Hochreligionen.[90] Die antiken Völker des Nordens haben die zu außergewöhnlichen Erfahrungen und Kräften führende Institution des Schamanentums entwickelt, das im frühen Griechenland deutliche Spuren hinterlassen hat.[91] Charismatische Kräfte entfaltete ferner die Bewegung der Dionysosmysten und der Orphiker, ferner Pythagoras und seine Schule und die Neuplatoniker.[92] Als charismatisch geprägte soziale Gruppe begegnen bei den Kelten die Druiden und im alten Israel Prophetenschulen, im Zeitalter des Frühjudentums die für uns anonym oder pseudonym bleibenden Apokalyptiker und im Zeitalter des beginnenden Christentums die Visionäre und Wundertäter im Umkreis und in der Nachfolge Jesu.[93] Wie Dionysosmysten und Orphiker kommen die jüdischen

---

88 *F. Pfister,* Die Reisebilder des Herakleides = SitzBerÖsterrAkadWissWien 227,2 (1951) 90. 219; *W. Speyer,* Genealogie: RAC 9 (1976) 1146–1268, bes. 1177–1180; *W. Burkert,* Itinerant Diviners and Magicians. A Neglected Element in Cultural Contacts: *R. Hägg* (Hrsg.), The Greek Renaissance of the Eighth Century B. C. = SkriftSvenskaInstAthen 40, 30, Stockholm 1983, 115–120, bes. 118f.

89 *W. Speyer,* Realität und Formen der Ekstase im griechisch-römischen Altertum: *P. Neukam* (Hrsg.), Tradition und Rezeption = KlassSprachLit 18, München 1984, 21–34.

90 *M. Ninck,* Die Bedeutung des Wassers im Kult und Leben der Alten = Philol. Suppl. 14,2, Leipzig 1921, Ndr. Darmstadt 1967, 47–99; *Sperduti* a.O. (o.Anm. 84) 221–223; *M. Eliade,* Schamanismus und archaische Ekstasetechnik, Zürich 1954; *N. Söderblom,* Der lebendige Gott im Zeugnis der Religionsgeschichte, Basel 1966, 1–78; *Benz* a.O. (o.Anm. 61) 35–82.

91 *Pfister,* Ekstase a.O. (o. Anm. 1); *Eliade* a.O.; *E. Arbman,* Ecstasy or Religious Trance. In the Experience of the Ecstatics and from the Psychological Point of View 1.2, Uppsala 1963/68; *N.G. Holm* (Hrsg.), Religious Ecstasy = Scripta Inst. Donn. Aboens. 11, Åbo 1982. – Zum Einfluß des Schamanismus auf die Griechen vgl. nach den Forschungen von *H. Diels,* Parmenides. Lehrgedicht, Berlin 1897, 11–22 *E.R. Dodds,* Die Griechen und das Irrationale, deutsche Ausgabe, Darmstadt 1970, 294f. Reg. s.v. Schamanismus und *W. Burkert,* Lore and Science in Ancient Pythagoreanism, Cambridge, Mass. 1972, 534 Reg. s.v. Shamanism.

92 *W. Burkert,* Griechische Religion der archaischen und klassischen Epoche = Die Religionen der Menschheit 15, Stuttgart 1977, Reg. s.v. Dionysos, Maenade, Orpheus, Pythagoras. Zum Neuplatonismus *C. Zintzen,* Die Wertung von Mystik und Magie in der neuplatonischen Philosophie: *ders.* (Hrsg.), Die Philosophie des Neuplatonismus = WdF 436 (1977) 391–426.

93 Zu den Druiden *F.M. Heichelheim,* Druidae: Der kleine Pauly 2 (1967) 167f.; *É. Demougeot,* Gallia I: RAC

und christlichen Charismatiker aus einer gestifteten religiösen Lebensgemeinschaft und sind durch sie in ihrem Wesen und in ihrem Erscheinungsbild mitbedingt und mitgeprägt. Entsprechendes gilt für den christlichen Blutzeugen, den charismatischen Hirten wie den heiligen Priester, Bischof oder Abt, und den Mönch. Indessen wird es schwierig, wenn nicht sogar unmöglich sein, den Anteil der gesellschaftlichen Bedingungen gegenüber der Anlage, der psychischen Gestimmtheit und dem geglaubten Eingriff durch die heilige Macht, die Gottheit, jeweils bestimmen zu wollen. Dagegen ist es wohl möglich, die allgemeinen geistes- und gesellschaftsgeschichtlichen Bedingungen zu beschreiben, unter | denen die einzelnen numinosen Menschen im Laufe der Geschichte standen und die in den verschiedenen Epochen des magisch-religiösen Zeitalters auf sie eingewirkt haben. Den Gang der Religionsgeschichte und den Wandel der kulturellen, politischen und gesellschaftlichen Verhältnisse hat der numinose Mensch wesentlich mitgestaltet; andererseits wurde er aber auch von allem geschichtlichen Wandel innerhalb der Hochkulturen miterfaßt.

Seine außergewöhnlich erscheinenden geistig-seelischen Kräfte wurden innerhalb der für uns erkennbaren Menschheitsgeschichte zu bestimmten Zeiten stärker als in anderen erregt. Diese Tatsache folgt aus den noch erhaltenen antiken und christlichen Zeugnissen. In den Epochen des Altertums, die infolge innerer und äußerer Krisen auf eine tiefere seelische Erschütterung hinweisen, begegnen numinose Menschen in größerer Anzahl als in Zeiten mit einer gesellschaftlichen, politischen und religiösen Beständigkeit. Damit erweist sich dieser Menschentypos als bedingt von seiner jeweiligen Umwelt und ihren seelischen und leiblichen Bedürfnissen. Aufgrund der geringeren Differenziertheit der antiken Kulturen fielen dem numinosen Menschen Aufgaben zu, die in rational-aufgeklärten Epochen der Zivilisation von verschiedenen Berufsgruppen wahrgenommen werden. So hatte er in Zeiten eines erschütterten politischen, gesellschaftlichen und seelischen Gleichgewichts die Gemeinschaft, in der er lebte, seelisch und leiblich wiederherzustellen. Im weitesten Sinn war er als Wohltäter und Retter tätig, indem er die Funktionen eines Priesters, eines Arztes, eines Rechtshelfers und eines religiös-politischen Führers ausübte. Der numinose Mensch begegnet deshalb am Anfang neuer Epochen im Leben der Völker als der religiöse und sittliche Gesetzgeber, wie Moses, Minos, Lykurgos, Zaleukos und Numa und viel später Mohammed oder im Amerika des 19. Jh. Joe Smith, der charismatische Gründer der Mormonen.[94] Auch Jesus von Nazareth

---

8 (1972) 822–927, bes. 880–883. Zu den Propheten Israels: *Fascher* a.O. (o. Anm. 61) 102–165; *Fohrer* a.O. (o. Anm. 61); *J. Lindblom,* Prophecy in Ancient Israel, Oxford 1962. – Zu den Apokalyptikern *J.H. Charlesworth,* A History of Pseudepigrapha Research. The Re-emerging Importance of the Pseudepigrapha: ANRW: 2, 19, 1 (1979) 54–88, bes. 75–77; *K. Koch / J.M. Schmidt* (Hrsg.), Apokalyptik = WdF 365 (1982); *D. Hellholm* (Hrsg.), Apocalypticism in the Mediterranean World and the Near East, Tübingen 1983. – Zum Frühchristentum z.B. *H. Weinel,* Die Wirkungen des Geistes und der Geister im nachapostolischen Zeitalter bis auf Irenäus, Freiburg/Brsg. 1899; *J. Lindblom,* Gesichte und Offenbarungen. Vorstellungen von göttlichen Weisungen und übernatürlichen Erscheinungen im ältesten Christentum, Lund 1968; *Ash* a.O. (o. Anm. 61).

94 *W. Speyer,* Religiöse Pseudepigraphie und literarische Fälschung im Altertum: JbAC 8/9 (1965/66) 88–125, bes. 102–104, wiederabgedruckt bei *N. Brox* (Hrsg.), Pseudepigraphie in der heidnischen und jüdisch-christlichen Antike = WdF 484 (1977) 220–224. Zu Mohammed und J. Smith vgl. *Eduard Meyer,* Ursprung und Geschichte der Mormonen, Halle a.S. 1912.

wurde von verschiedenen Gruppen des jüdischen Volkes seiner Zeit eine derartige religiös-politische Aufgabe der Erneuerung Israels zugedacht. Der große numinose Mensch handelte aber nicht immer in der von den vielen erwarteten Weise. Insofern war er auch nicht nur oder vornehmlich das Ergebnis der Erwartungen und Bedürfnisse der Gesellschaft, in der er lebte.[95] Die Geschichte des numinosen Menschen lehrt, daß einzelne sich einer übermenschlichen ‚göttlichen' Macht verantwortlich fühlten, deren Anspruch sie in Konflikt mit den Erwartungen ihrer Gemeinschaft brachte.[96] Deshalb konnten derartige numinose Menschen zu sittlichen und religiösen Reformatoren werden und ihrer Umgebung neue Ziele aufzeigen. Vor allem die Geschichte des Judentums und des Christentums bietet dafür zahlreiche Beispiele.

Andererseits entsprachen viele numinose Menschen auch den Wünschen ihrer Gemeinschaft. So sahen sie ihre Aufgabe als Wohltäter darin, ihrer Gemeinschaft zu nützen und deren Feinden zu schaden. Dem Segen und Segenswunder nach innen entsprach dann der Fluch und das Fluchwunder nach außen. Zahlreiche Zeugnisse sprechen so vom charismatisch geprägten Kampf der christlichen Heiligen gegen Heidentum und Häresie.[97] Insofern folgten viele Heilige des Frühchristentums mehr den Erwartungen ihrer sozialen Gruppe als dem Auftrag der Botschaft Jesu. Damit erwiesen sie sich aber weitgehend als Produkte gesellschaftlicher Zustände.

Blicken wir auf Griechenland, so zeigt sich eine religiös, geistig und politisch erregte Zeit in der Epoche des Übergangs vom Homerischen Zeitalter zur archaischen Zeit. Die Menschen jener Jahrzehnte litten unter einem gesteigerten Sündenbewußtsein, das nach Reinigung rief, und unter der Angst vor Dämonen. Dem neuen seelischen Bedürfnis nach Reinigung entsprachen numinose Menschen wie der wundertätige Sühnepriester Epimenides von Kreta und die Orphiker.[98]

Durch die Erstarkung des rationalen Denkens im Zeitalter der Lyriker und der Philosophen Joniens und Unteritaliens entstand eine Teilung der griechischen Kultur: Eine kleine Schicht Gebildeter versuchte mit Hilfe des Verstandes die Rätsel und Herausforderungen des Daseins zu lösen, so beispielsweise in der rational begründeten Medizin des Hippokrates oder in der Philosophie und Theologie, die aus der philosophischen Weltbetrachtung in der Zeit von Xenophanes aus Kolophon bis Varro und Seneca entwickelt wurde. Die breite Bevölkerung des griechisch-römischen Altertums blieb aber von dieser Welle rationaler Aufklärung unbeeinflußt. Deshalb blühten nicht nur die alten religiösen Heilstätten weiter, die Orakel und die Wunderorte, sondern auch der numinose Mensch verlor nichts oder nur wenig von seiner früheren Geltung als Helfer in allen Nöten, in Krankheit, in den Gefahren der Witterung, in den Gefahren, die von schädlichen Tieren drohten, und im Krieg. So begegnen numinose Menschen auch noch in der klassischen und nachklassischen Zeit

95 Die soziologische Komponente betont im Falle Jesu und des numinosen Menschen *Aune* a.O. (Anm. 6).

96 *Fascher* a.O. (o. Anm. 61) 131–134 zu Jeremias und seinen Gegnern.

97 *Speyer,* Heiliger a.O. (o. Anm. 3).

98 *Burkert,* Itinerant Diviners a.O. (o. Anm. 88) 118f.

Griechenlands, ja während der späthellenistischen und kaiserzeitlichen Epoche nimmt ihre Bedeutung wohl noch zu. Kriegszeiten, wie die des Peloponnesischen Krieges, steigerten das Bedürfnis der Menge nach ihnen als Helfer und als Deuter der Katastrophen. Die politischen Erschütterungen nach dem Untergang der griechischen Stadtstaaten, das Einströmen orientalischer Religionen und Kulte, Astrologie und Dämonenglaube, die Gefährdung der neu aufkommenden Weltmacht Roms durch die Völker des Nordens seit spätrepublikanischer Zeit waren wichtige Voraussetzungen für das Erscheinen von Propheten und Wundertätern. Seit dem Untergang Karthagos mehren sich in Rom Äußerungen über den Untergang der eigenen Herrschaft. Die Angst wurde zum Kennzeichen der Jahrhunderte von der Vernichtung Karthagos im Jahr 146 v. Chr. bis weit in die Spätantike.[99]

Diese seelischen Erschütterungen innerhalb der heidnischen Bevölkerung wurden durch die Visionen der jüdischen und christlichen Apokalyptiker verstärkt, die das nahe Ende der gesamten Welt und das Gericht Gottes über die Völker verkündeten. Auf dem Hintergrund der Apokalyptik und der mit ihr eng verknüpften Eschatologie wird das Auftreten von Charismatikern innerhalb und außerhalb der Kirche verständlich. Diese apokalyptisch-eschatologische Stimmung erhielt auch nach dem 1. Jh. n. Chr. durch Ereignisse in Politik und Natur Auftrieb. In der Bedrohung des Imperiums durch die Fremdvölker und in Naturkatastrophen sahen die Heiden schreckliche Antworten der Götter auf die Frevel der Christen. Die Christenverfolgungen und die Naturkatastrophen ihrerseits wiesen die Christen auf die Bedrängnisse der Endzeit hin. Alle die dadurch hervorgerufenen seelischen Erschütterungen haben auch charismatische Kräfte freigesetzt.

Die Zeugnisse der Kirchenschriftsteller zu dieser inneren Geschichte des numinosen Menschen sind bisher nicht gesammelt. Einige Beispiele seien mitgeteilt. Die weithin als echt anzusehenden Akten der Märtyrerinnen Perpetua und Felicitas (202/3) berichten von Ekstasen und Traumvisionen, die aus der psychologischen Notlage, in der sich die beiden jungen Frauen und ihre Begleiter befanden, verständlich werden.[100] Cyprian von Karthago (gest. 258) berichtet über Charismatiker, die er wegen ihrer Eigentümlichkeit als häretisch und dämonisch verurteilt. Wichtig ist hier sein Hinweis, daß sie gerade in der Zeit einer Christenverfolgung aufgetreten seien.[101] Wie sehr sich Endzeiterwartung und charismatische Gaben gegenseitig beeinflußten, zeigen Mitteilungen des Sulpicius Severus (gest. um 420) in seiner Vita Martini über einen Charismatiker, der sich als Elias und Jesus ausgab, also sich als eine endzeitlich bestimmte Gestalt verstand.[102] In allen Jahrhunderten des Christentums begegnen Charismatiker innerhalb und außerhalb der Rechtgläubigkeit, vor allem in Zeiten und in Ländern, deren Bewohner unter außergewöhnlichen Spannungen leiden.

99 *E.R. Dodds,* Pagan and Christian in an Age of Anxiety, Cambridge 1965.

100 Pass. Perp. et Fel.: 106–130 *Musurillo.*

101 Cyprian. ep. 75,10f. (CSEL 3, 2, 816–818).

102 Sulp. Sev. vit. Mart. 24, 1–3 (SC 133, 306); vgl. *J. Fontaine* im Kommentar: SC 135, 1014–1022.

Unter diesem religionspsychologischen Blickpunkt müßte ebenfalls die Geschichte des numinosen Menschen aufgehellt werden, eine Geschichte, die bis in unsere Tage reicht.

Schließlich bedarf noch die Frage nach dem Verhältnis von numinosem Menschen und Amtsträger einer Klärung. Wenn es sehr wahrscheinlich ist, daß der numinose Mensch ursprünglich allein über die entscheidende Autorität innerhalb seiner religiös-politischen Gemeinschaft verfügte, dann ist das Charisma ursprünglicher als das Amt, die Autorität des Charismas älter als die des Amtes. Wie der Amtsträger dem Charismatiker folgte, wie er gleichfalls echtes oder vorgetäuschtes Charisma für sich beanspruchte und wie beide Formen der Autoritätsausübung um den Vorrang miteinander streiten, dies läßt sich wohl am deutlichsten in der Geschichte des frühen Christentums beobachten.[103] In allen Kulturen scheint das Amt dem Charisma zu folgen, wobei das die ganze Natur durchwaltende Gesetz der Differenzierung, unter dem auch die Geistseele des Menschen steht, diesen Prozeß wesentlich gefördert haben dürfte. So wurde aus dem charismatischen Priester-König-Gesetzgeber-Propheten-Wundertäter-Weisen der Priester, König, Richter, Dichter, Arzt und Philosoph als Träger eines Amtes oder eines Berufs. Kultakt und Ritual, Technik und Rationalität traten an die Stelle von charismatischem Wesen und Wirken des großen numinosen Menschen. Innerhalb der bereits differenzierten Kultur konnte aber von Zeit zu Zeit die magisch-religiöse Kraft auch bei Amtsträgern immer wieder aufbrechen. So haben sich noch französische und englische Erbkönige als Wundertäter betätigt.[104]

Diese Bemerkungen sollten nur die zuvor unter systematisch-religionsphänomenologischem Blickpunkt gegebenen Überlegungen nach der geistes- und gesellschaftsgeschichtlichen Seite ergänzen. Dabei konnte im Rahmen dieses Aufsatzes nur eine Skizze vorgelegt werden.

Wenn der christliche Heilige als Wundertäter in den beiden letzten Jahrhunderten mehr und mehr verblaßt, so weist dies auf tiefe Veränderungen in der menschlichen Seele hin. Mit dem 20. Jahrhundert geht, wie bereits Romano Guardini ausgeführt hat, mehr zu Ende als nur eine Epoche der | bisherigen Geschichte.[105] Von den Anfängen der Menschheit bis in das 19. Jahrhundert war das magisch-religiöse Welterleben die gestaltende Kraft der Kultur. In dieser magisch-religiösen Kultur kam dem numinosen Menschen als dem geistigen und sittlichen Führer die zentrale Aufgabe zu. Alle Autorität der religiösen und politischen Führer, der Priester und Priesterinnen, Könige und Königinnen, der Gesetzgeber, Lehrer, Dichter-Propheten und Prophetinnen, der mächtigen Väter und Mütter, gründete in der heiligen Macht, an der sie als ‚Erwählte' teilhatten und die sie innerhalb ihrer Gruppe durch ihr Wort und ihr Handeln in wunderbarer Weise in Erscheinung treten ließen. Seitdem infolge des

103 Vgl. auch *Asb* a.O. (o.Anm. 61). Für das Amt des Papstes vgl. *H. Fuhrmann*, Über die Heiligkeit des Papstes: JbAkadWiss Göttingen 1980, 1981, 28–43.

104 *M. Bloch*, Les rois thaumaturges. Étude sur le caractère surnaturel attribué à la puissance royale, particulièrement en France et en Angleterre = PublFacLettrUnivStrasbourg 19, Strasbourg 1924; ferner *W. Friedlaender*, Napoleon as „Roi thaumaturge": JournWarbCourtInst 4 (1941) 139–141.

105 *R. Guardini*, Das Ende der Neuzeit, Würzburg 1950, 59–118.

Aufkommens der Technik und der Massenzivilisation des Industriezeitalters der Mensch mit seinen Zweckerzeugnissen die Geheimnisse der ihn umgebenden Welt verdunkelt, schwindet mehr und mehr die Erfahrung der heiligen Macht und damit die Bedingung für die Möglichkeit des Entstehens des numinosen Menschen.

Abkürzungen:

ANRW	Aufstieg und Niedergang der römischen Welt, Berlin.
JbAC	Jahrbuch für Antike und Christentum.
LThK	Lexikon für Theologie und Kirche.
RAC	Reallexikon für Antike und Christentum.
RE	*A. Pauly- G. Wissowa* u.a., Realencyklopädie der classischen Altertumswissenschaft.
RGVV	Religionsgeschichtliche Versuche und Vorarbeiten, Gießen-Berlin.
WdF	Wege der Forschung, Darmstadt.

29. Das wahrere Porträt
Zur Rivalität von bildender Kunst und Literatur

Der deutsche Epigrammdichter der Barockzeit, Christian Wernicke (1661–1725), hat folgendes Spottepigramm gegen einen *gewissen Postillen-Schreiber,* also den Verfasser eines Predigt- oder Erbauungsbuches, gerichet[1]:

Wer sagt, daß sich dein Bild zu deinem Buch nicht schicket?
Weil eine Abschrifft diss, wie das ein Abriss ist;
Man kenn't dich nicht so wol, wenn man dein Bild anblicket,
Als Straton man erkennt, wenn man dein Buch durchlisst:
5 *Die deinen ehrbarn Bahrt, und Stratons Schriften lieben,*
Die haben nicht zu theur dein kühnes Buch bezahlt,
Denn jener ist hier abgemahlt,
Und diese sind hier abgeschrieben.

In diesem satirischen Epigramm klagt der Dichter über das Plagiatorenunwesen: Der Diebstahl fremden literarischen Eigentums wurde bereits im griechisch-römischen Altertum gerügt[2]. Eignete man sich das literarische Werk eines anderen zur Gänze an und schrieb den eigenen Namen auf das fremde Buch, so war ein derartiges Vorgehen mehr als nur ein Plagiat, es war eine literarische Fälschung[3].

Wernicke beginnt damit, das Porträt und den Buchinhalt des uns unbekannten Schriftstellers in Beziehung zueinander zu setzen (v. 2): *Weil eine Abschrifft diss, wie das ein Abriss ist.* Der Ausdruck ‚Abriss' nimmt den Begriff ‚Bild' des ersten Verses auf. Unter ‚Bild' soll sich der Leser des Epigramms einen Porträtholzschnitt oder Porträtkupferstich vorstellen. Der Ausdruck ‚Abschrifft', der den Begriff ‚Buch' aus dem ersten Vers variiert, ist doppeldeutig: Zum einen erinnert er an das bis in den Anfang der Neuzeit geübte Verfahren, als Bücher zur Vervielfältigung mit der Hand abgeschrieben wurden, zum anderen weist er auf das dem Postillenschreiber im folgenden vorgeworfene Plagiat voraus, die Abschrift aus dem Buch eines anderen Verfassers. Die beiden anschließenden Verse (3 f.) stellen Porträt und Buchinhalt einander gegenüber: Das Bild des Postillenschreibers enthülle nicht dessen wahres Wesen, hingegen kläre darüber eindeutig der Inhalt seines Buches auf. Die Schrift sei nämlich das Werk eines anderen, dem Wernicke den Namen Straton gibt[4]. Damit wird

[1] Christian Wernicke: *Epigramme,* hg. u. eingel. v. R. Pechel, Berlin 1909 (= Palaestra 71), 135 f., Nr. 6.

[2] Vgl. Konrat Ziegler: *Plagiat,* in: *RE* 20, 2 (1950), 1956–1979.

[3] Wolfgang Speyer: *Die lit. Fälschung im heidnischen und christlichen Altertum,* München 1971 (= Hb. der Altertumswiss. 1, 2), 29.

[4] Der antike Name Straton soll hier wohl auf eine erfundene Person und nicht auf eine Persönlichkeit der Literaturgeschichte hinweisen (zu diesen vgl. *RE* 4 A, 1 [1931], 274–315 s. v. Straton, Nr. 10–17). Wernicke steht mit einer derartigen Verwendung von Personennamen in der Nachfolge Martials (zu diesem vgl. Ludwig Friedlaender in seiner Ausg. Martials, Leipzig 1886, Ndr. Amsterdam 1967, 21–23). Bei Martial begegnet aber der Name Straton nicht.

der Postillenschreiber als literarischer Betrüger entlarvt. Die scheinbare Ehrlichkeit des im Bild Dargestellten, unterstrichen durch den Bart – man denke an den Bart als äußeres Zeichen einer strengen philosophischen Lebensführung, wie sie Kyniker, Stoiker und später die christlichen Mönche übten –, werde durch den Inhalt des Werkes widerlegt. Für Wernicke verrät das literarische Werk mehr über seinen Verfasser als das Porträt, das ein Maler von diesem geschaffen hat.

Mit dieser Überzeugung steht der Barockdichter in einer antiken Tradition, die die Humanisten der Renaissance zu neuem Leben erweckt haben. Die Geschichte der Bewertung des bildlichen und des im literarischen Werk enthaltenen oder durch das Wort eines Dichters und Schriftstellers gestalteten Porträts scheint bisher noch nicht genauer aufgehellt zu sein. Dieses Thema bildet ein Kapitel aus einem größeren Zusammenhang, dem gegenseitigen Verhältnis von bildender Kunst und Wortkunst im Altertum und in den europäischen Tochterkulturen. Im folgenden seien zu diesem Kapitel einige Bausteine beigebracht.

Von den Völkern der antiken Mittelmeerkulturen dürften die Griechen als erste auf eine Rivalität der Künste hinsichtlich ihres Gehaltes an Wirklichkeit und Wahrheit und damit an geistigem Wert aufmerksam geworden sein. Während die griechischen Maler und Bildhauer anscheinend weithin das Wort Goethes: *Bilde, Künstler! rede nicht!* beherzigt haben[5], besitzen wir von Dichtern und Prosaschriftstellern zahlreiche Aussagen über den Rang der bildenden Kunst und der Wortkunst in der Darstellung eines Menschen. Dabei messen die antiken Dichter und Prosaschriftsteller dem Porträt des Malers und Bildhauers nur geringen Wert zu. Von den bildenden Künsten werde nur die äußere, sinnenhafte Erscheinung eines Menschen dargestellt, nicht aber sein Charakter und sein Geist. Über den inneren Menschen könne allein das Wort etwas Erkennbares aussagen. Damit hat der Kunstsinn der antiken Menschen, genauer der dem Wort verpflichteten Dichter und Schriftsteller die bildende Kunst nur als eine Nachahmung der sinnlichen Erscheinungen gewertet, und zwar als eine täuschende Nachahmung der Natur. Die in der Antike zur Virtuosität gesteigerte literarische Gattung der Ekphrasis in Dichtung und Prosa hebt nämlich bei der Beschreibung einzelner Kunstwerke, auf denen Pflanzen, Tiere oder Menschen dargestellt waren, fast regelmäßig die täuschende Ähnlichkeit mit der Natur hervor und gewinnt damit eine oft wiederkehrende Pointe[6]. Für eine derartige Kunstbetrachtung erschöpfte sich das Wesen eines Kunstwerkes in seiner größtmöglichen Ähnlichkeit mit seinem Vorbild in der Natur. Damit war zugleich ein Werturteil gefällt: Die bildende Kunst vermöge nur die Sinne, nicht aber den Verstand, den Charakter und die Seele anzusprechen; letzteres könne allein das Wortkunstwerk. Zu diesen Gründen für eine untergeordnete Rolle der bildenden Künste kommt ein weiterer, den Dichter und Schriftsteller auch einigemale ausdrücklich in diesem Zusammenhang geäußert haben. Das Porträt des bildenden Künstlers sei wie die Gestalt des Menschen, die es darstelle, der Macht der Zeit und damit dem Vergehen ausgeliefert, das Porträt des

[5] Eher zu den Ausnahmen gehört das Wort des Bildhauers Lysippos, die Alten hätten die Menschen dargestellt, wie sie seien, er selbst aber, wie sie zu sein schienen (bei Plinius: *Nat. hist.* XXXIV 65; vgl. dazu die Erklärungen der Hg. H. Gallet de Santerre/H. Le Bonniec, Paris 1953, 235 f.).

[6] Vgl. Wolfgang Speyer: *Myrons Kuh in der antiken Lit. und bei Goethe* , in: *arcadia* 10 (1975), 171–179; ferner Plinius: *Nat. hist.* XXXV 54; Valerius Maximus: *Facta* VIII 11, extern. 4; Johann Wolfgang Goethe: *Über Wahrheit und Wahrscheinlichkeit der Kunstwerke,* in: *Werke, HA* XII, München 91981, 67–73 mit dem Kommentar von Herbert von Einem, ebd. 601–603; Heinrich Dörrie: *Pygmalion – Ein Impuls Ovids und seine Wirkungen bis in die Gegenwart,* Opladen 1974, 24 f. (= Rhein.-Westfäl. Ak. der Wiss., Vorträge G 195). – Zur Ekphrasis vgl. die Literaturangaben bei Speyer: *Myrons Kuh,* aaO. 173, Anm. 24; dazu Arnim Hohlweg: *Ekphrasis,* in: *Reallex. zur byzantin. Kunst* 2 (1971), 33–75.

Wortkünstlers aber bleibe ewig bestehen, da die Worte, die das geistige und damit unsterbliche Wesen des Menschen aussprächen, selbst wie jenes unsterblich seien[7].

Von den noch vorhandenen Zeugnissen für eine Abwertung des bildlichen Porträts zu Gunsten des literarischen seien einige besonders aussagekräftige mitgeteilt. Theokrit meint, das Wort müsse dem Porträt, das der bildende Künstler geschaffen hat, zu Hilfe eilen, um den ganzen Menschen zu offenbaren[8]:

> Θᾶσαι τὸν ἀνδριάντα τοῦτον, ὦ ξένε,
> σπουδᾷ καὶ λέγ', ἐπὰν ἐς οἶκον ἔνθῃς·
> „Ἀνακρέοντος εἰκόν' εἶδον ἐν Τέῳ,
> τῶν πρόσθ' εἴ τι περισσὸν ᾠδοποιοῦ."
> προσθεὶς δὲ χὤτι τοῖς νέοισιν ἅδετο,
> ἐρεῖς ἀτρεκέως ὅλον τὸν ἄνδρα.

> „Betrachte, Wandrer, dieses Marmorbild genau;
> kommst du später nach Haus zurück, dann sage:
> ‚In Teos [Stadt an der Küste Lydiens] sah ein Bild ich von Anakreon,
> der, wenn einer der alten Sänger, groß war.'
> Erzählst du noch, daß mancher Knabe ihn gefreut,
> hast du treulich den ganzen Mann geschildert."

Auch für Theokrit verrät das Bild allein die äußere Gestalt, nicht aber den Charakter oder die Begabung des dargestellten Sängers. Hier müsse das Wort ergänzend hinzukommen: Anakreon sei ein bedeutender Sänger gewesen. Damit weist Theokrit auf das dichterische Ingenium des Dargestellten hin. Ferner habe Anakreon Knaben geliebt. Damit wird auf eine charakterliche Eigenart des Abgebildeten angespielt, die zugleich für die Besonderheit von Anakreons Liedern wichtig wurde.

Für den Epigrammatiker Antiochos (um 100 n. Chr.) ist dieser Vorzug der Wortkunst gegenüber der Bildniskunst bereits so geläufig, daß er ihn zum Ausgangspunkt einer neuen Pointe machen konnte[9]:

> Ψυχὴν μὲν γράψαι χαλεπόν, μορφὴν δὲ χαράξαι
> ῥᾴδιον· ἀλλ' ἐπὶ σοὶ τοὔμπαλιν ἀμφότερον.
> τῆς μὲν γὰρ ψυχῆς τὸ διάστροφον ἔξω ἄγουσα
> ἐν τοῖς φαινομένοις ἡ Φύσις εἰργάσατο.
> τὸν δ' ἐπὶ τῆς μορφῆς θόρυβον καὶ σώματος ὕβριν
> πῶς ἄν τις γράψαι, μηδ' ἐσιδεῖν ἐθέλων;

> „Schwer ist es immer, ein Bild von der Seele zu malen; die äußren
> Formen zu zeichnen ist leicht. Umgekehrt aber bei dir.
> Denn indem die Natur deine Seele mit all ihrem Wirrwarr
> dir in das Äußre gerückt, hat sie sie sichtbar gemacht.
> Doch diesen Aufruhr der Formen, die Unverschämtheit des Leibes,
> kann man sie malen, wo kein Auge sie ansehen mag?"

[7] Zu Catull 68, 49 f., 151 f. vgl. Werner Suerbaum: *Unters. zur Selbstdarstellung älterer röm. Dichter – Livius Andronicus, Naevius, Ennius,* Hildesheim 1968 (= Spudasmata 19), 193 f., 237; Tacitus: *Agricola* 46, 3; dazu die Hg. R. M. Ogilvie / I. Richmond, Oxford 1967, 314 f. – Zur angeblichen Unsterblichkeit des Gesanges und der Literatur im Altertum vgl. Wolfgang Speyer: *Büchervernichtung und Zensur des Geistes bei Heiden, Juden und Christen,* Stuttgart 1981 (= Bibl. des Buchwesens 7), 7 f.

[8] Theokrit: *Epigr.* 17 Gow = *Anthologia Palatina* IX 599. Übers. v. Hermann Beckby: *Anthologia Graeca* IX–XI, München ²1965, 365.

[9] *Anthologia Palatina* XI 412, Übers. v. Beckby 753.

In Rom hat Cicero den Gedanken von der Unterlegenheit der bildenden Künste mehrfach ausgesprochen. In seiner Verteidigungsrede für den Dichter Archias nennt er die Statuen und Bilder Darstellungen von Körpern, nicht aber von Seelen[10]. Ausführlicher legte er seine Auffassung im Brief an den Geschichtsschreiber Lucceius dar[11]. Mit dem Entstehen einer Geschichtsschreibung im V. Jahrhundert v. Chr. versuchten neben den Dichtern auch die Geschichtsschreiber den Anspruch durchzusetzen, durch das Wort den inneren Menschen zu zeichnen und damit ein wertvolleres Denkmal des Ruhms zu gestalten und zu hinterlassen, als dies die Bildhauer und Maler in ihren Werken vermöchten. Cicero erscheint ein Lobpreis, den ihm der Geschichtsschreiber Lucceius widmet, indem er seine Taten als Konsul rechtfertigt, wertvoller und wichtiger zu sein, als eine Statue oder ein Bild von sich. Wörtlich bemerkt er[12]:

neque enim Alexander ille gratiae causa ab Apelle potissimum pingi et a Lysippo fingi volebat, sed quod illorum artem cum ipsis tum etiam sibi gloriae fore putabat. atque illi artifices corporis simulacra ignotis nota faciebant, quae vel si nulla sint, nihilo sint tamen obscuriores clari viri. nec minus est Spa⟨r⟩tiates Agesilaus ille perhibendus, qui neque pictam neque fictam [tam] imaginem suam passus est esse, quam qui in eo genere laborarunt. unus enim Xenophontis libellus in eo rege laudando facile omnis imagines omnium statuasque superavit.

„Denn nicht wollte der berühmte Alexander um der Gunst willen vornehmlich von Apelles gemalt und von Lysippos plastisch dargestellt werden, sondern weil er glaubte, daß ihre Kunst sowohl ihnen als auch ihm Ruhm bringen werde. Auch haben diese Künstler die Abbilder des Leibes jenen, die sie nicht kannten, bekannt gemacht. Wenn diese Bilder aber fehlten, so dürften berühmte Männer um nichts unbekannter sein. Denn nicht weniger ist der Spartaner Agesilaos zu nennen, der weder ein Gemälde noch ein plastisches Bild von sich geduldet hat, als jene, die sich darum bemüht haben; denn das eine Büchlein Xenophons, das diesen König lobt, hat leicht alle Gemälde und Statuen aller [anderen] übertroffen."

In augusteischer Zeit haben Horaz und Ovid die Überlegenheit der Dichtkunst über die bildende Kunst bei der Darstellung der geistigen Persönlichkeit betont. Der Gedanke klingt bei Horaz in der Ode *Donarem pateras* ... leise an, ohne näher ausgeführt zu werden[13]. Deutlicher sind hingegen die Worte des Dichters im Brief an Augustus[14]:

nec magis expressi voltus per aenea signa
quam per vatis opus mores animique virorum
clarorum adparent.

„Nicht besser wird der Gesichtsausdruck wiedergegeben durch Bronzebildnisse als Charakter und Seele berühmter Männer durch das Werk des Dichters." — Der nach Tomis verbannte unglückliche Ovid bittet einen Freund, er solle den Kranz vom Bildnis des Dichters entfernen, da dieses Zeichen der Freude dem Verbannten nicht zieme. Wenn der Freund dann seinen Siegelring betrachtet, auf dem gleichfalls das Porträt Ovids erscheint, so wird er sich voll Wehmut sagen: Wie weit entfernt ist doch mein Gefährte, Ovidius Naso! Darauf entgegnet der Dichter[15]: Doch meine Lieder sind ein größeres Bildnis, die ich Dir zum Lesen schicke. Unter den Liedern ist das Hauptwerk Ovids zu verstehen, die *Metamorphosen*. Sie spiegeln den Dichter wahrer wider als sein Abbild in der Skulptur oder auf der Gemme.

10 *Pro Archia* 30.
11 *Fam.* V 12, 7 (= 22 [1, 80 Shackleton Bailey]) vom Jahr 55 v. Chr.
12 Ebd.
13 Horaz: *Carm.* IV 8, 4—34; dazu vgl. Suerbaum, aaO. (Anm. 7) Stellenregister 364 f.
14 Horaz: *Epist.* II 1, 248—250; vgl. Suerbaum, aaO. 193, Anm. 570.
15 Ovid: *Trist.* I 7, 1—14; dazu Georg Luck im Kommentar, Heidelberg 1977, 62—64.

In den gleichen Zusammenhang gehört auch ein Epigramm Martials, das der Dichter für das Porträt des jung verstorbenen Camonius Rufus aus Bononia (Bologna) geschrieben hat[16]. Martial täuscht eine tatsächliche Aufschrift vor, die man sich wohl im Haus der Eltern des Camonius Rufus, im Atrium, unter dem Bildnis des Verstorbenen vorstellen sollte. Die Eingangsverse weisen deutlich auf das vorhandene Bildnis hin: *haec sunt illa mei quae cernitis ora Camoni, / haec pueri facies primaque forma fuit*. Die Pointe des Gedichtes liegt im Schlußdistichon: Das größere Bild des Knaben zeichnet der Dichter: *sed ne sola tamen puerum pictura loquatur, / haec erit in chartis maior imago meis*. Dieser Gedanke scheint geradezu in der Epigrammatik zu einem Gemeinplatz geworden zu sein. Noch der spätantike heidnische Dichter Naucellius, der ein Freund des Symmachus war, oder der uns unbekannte Herausgeber seiner Gedichte schrieb unter das Dichterporträt der Ausgabe[17]:

Naucelli vatis fuerit quae forma, videtis.
quaeritis ingenium? discite carminibus.

„Welche Gestalt der Dichter Naucellius gehabt hat, seht ihr hier.
Doch ihr sucht seinen Geist; lernt ihn aus seinen Liedern kennen!"

Die Ausgaben antiker Dichter waren oftmals mit Porträts geschmückt[18]. Für den Dichter oder den Herausgeber bot sich dann leicht der Gedanke an, auf die beiden miteinander rivalisierenden Künste hinzuweisen und den Preis der Dichtkunst zuzuerkennen.

16 Martial IX 76, 1–10. Zu Camonius Rufus vgl. Friedlaender, aaO. (Anm. 4) 468 f. (zu Martial VI 85).

17 *Epigrammata Bobiensia* Nr. 6 (6 Speyer) mit der Überschrift: *De semetipso et imagine*. Vgl. Scevola Mariotti: *Naucellius,* in: *RE* Suppl. Bd. 9 (1962), 65–68.

18 So enthielt eine Ausgabe der Epigramme Martials das Porträt des Dichters, wie Martial I 1, 1 f., zeigt:

Hic est quem legis ille, quem requiris,
toto notus in orbe Martialis.

Die Formulierung: *Hic est qui* ... weist darauf hin, daß dieses Epigramm als echte Aufschrift gedacht war. Martial bezeugt XIV 186, 1 f., eine Ausgabe Vergils mit dem Porträt des Dichters und IX 47, 1 f., Bildnisse von Philosophen in Büchern (vgl. auch Varros *Hebdomades vel de imaginibus;* zu ihnen Helfried Dahlmann: *M. Terentius Varro,* in: *RE* Suppl. Bd. 6 [1935], 1227–1229; ferner *Anthologia Latina* Nr. 831–854). – Zum Autorenbild vgl. Erich Bethe: *Buch und Bild im Altertum,* hg. v. E. Kirsten, Leipzig/Wien 1945, Ndr. Amsterdam 1964, 84–98, und Suerbaum (Anm. 7) 335 f. – Vielleicht gehört auch das Ennius-Epigramm bei Cicero: *Tusc.* I 34 (= frg. var. 15 f. [215 Vahlen]) in diesen Zusammenhang:

Aspicite, o cives, senis Enni imaginis formam.
hic vestrum panxit maxima facta patrum

(zur Deutung Suerbaum [Anm. 7] 208–215). – Unbeachtet blieb bisher eine Nachricht über das Bild eines christlichen Schriftstellers in dessen Buchausgabe, überliefert beim Patriarchen von Konstantinopel Nikephoros I. (750/58–828) in seinem Werk *De Magnete* (hg. v. Jean-Baptiste Pitra, *Spicilegium Solesmense,* Paris 1852, Ndr. Graz 1963, 307; vgl. Paul J. Alexander: *The Patriarch Nicephorus of Constantinople,* Oxford 1958, 165 f.). Nikephoros betrachtet an dieser Stelle kritisch ein Florilegium, das ohne Zusammenhang und mit Entstellungen Zitate aus Makarios Magnes (um 400 n. Chr.) wiedergab (vgl. Vitalien Laurent: *Makarios Magnes,* in: *Lex. für Theologie und Kirche* 6 [1961], 1311 f.). Nach vielem Suchen fand Nikephoros einen uralten Pergamentkodex mit der vollständigen Schrift des Makarios. Der Titel lautete Μακαρίου ἱεράρχου. Wie der Patriarch weiter bemerkt, ergab sich die Tatsache der Amtswürde nicht nur aus dem Titel, sondern auch aus dem Bildnis des Dargestellten; denn es zeigte Makarios in Priesterkleidung. Dieses Porträt war demnach ein Autorenbildnis. Die Christen haben das Autorenbild aus dem antiken Buchwesen übernommen.

Die Renaissance, die das griechisch-römische Altertum in so vielen Gestaltungen zu erneuern trachtete, hat auch die antike Wertung übernommen, so Erasmus von Rotterdam[19]. Der Maler Quentin Metsys schuf 1519 eine Medaille des Erasmus mit der Umschrift: τὴν κρείττω [εἰκόνα] τὰ συγγράμματα δείξει. *Imago ad vivam effigiem expressa* und neben dem Kopf den Namen: *Er. Rot.*[20]. Albrecht Dürer hat die griechische Inschrift für seinen Kupferstich vom Jahr 1526 mit dem Porträt des Erasmus übernommen und so dem Gedanken vom „größeren Bild, das die Schriften zeigen", einen noch umfassenderen Leserkreis gewonnen[21].

Blicken wir auf das zu Anfang betrachtete Epigramm Wernickes zurück, so zeigt sich, daß dieser Dichter dem bei antiken Epigrammatikern mehrfach begegnenden Thema, Ausgabe eines Schriftstellers mit Porträt, eine neue Wendung abgewonnen hat. Er hat nicht nur den antiken Topos vom größeren Bild in den Schriften variiert, sondern hat diesen Topos, statt ihn im gewohnten laudativ-enkomiastischen Sinn zu verwenden, zur Invektive umgebogen. Der deutsche Epigrammatiker prangert einen Plagiator an, nicht den Plagiator seines eigenen epigrammatischen Werkes, wie das Martial öfter tun mußte, da ihm eigene Epigramme entwendet wurden[22], sondern den Plagiator eines anderen Schriftstellers, dem er den antiken Namen Straton gegeben hat.

Zum Abschluß dieser Betrachtung sei noch ein Blick auf ein spätantikes christliches Zeugnis geworfen. Wie die unechten, aus häretischen Kreisen stammenden Johannes-Akten berichten, hat Johannes den Strategen von Ephesos, Lykomedes, und dessen Gemahlin Kleopatra von den Toten auferweckt. Aus Dankbarkeit ließ Lykomedes den Apostel Johannes ohne dessen Wissen malen und zeigte ihm das fertige Gemälde, das er kultisch verehrte. Darauf entgegnete ihm der Apostel: „Ich sehe, daß du noch immer wie ein Heide lebst." Lykomedes aber meinte ganz im Sinne griechischen Denkens, es sei recht, die Wohltäter durch ihr Bildnis zu ehren, es zu bekränzen und Kerzen davor anzuzünden. Johannes, der nie ein Bildnis von sich gesehen hatte, wunderte sich zunächst über die große Ähnlichkeit, die er durch den Vergleich mit einem ihm von Lykomedes gereichten Spiegel feststellen konnte. Darauf rief er aus:

Ζῇ κύριος Ἰησοῦς Χριστός, ὁμοία μοι ἡ εἰκών· οὐκ ἐμοὶ δὲ τέκνον ἀλλὰ τῷ σαρκικῷ μου εἰδώλῳ· εἰ γὰρ θέλει με ὁ ζωγράφος οὗτος ὁ μιμησάμενός μου τὴν ὄψιν ταύτην ἐν εἰκόνι γράψαι, χρωμάτων ... ἀπορῆσαι αὐτὸν καὶ σανίδων ... σχήματος μορφῆς καὶ γήρους καὶ νεότητος καὶ πάντων τῶν ὁρωμένων.

„So wahr der Herr Jesus Christus lebt, das Bildnis ist mir ähnlich! Doch nicht mir, sondern meinem fleischlichen Bild. Denn wenn dieser Maler, der dieses mein Gesicht nachgebildet hat, mich in einem Bildnis darstellen will, dann fehlt es ihm an den Farben ... und an Tafeln ..., an Haltung ⟨und⟩ Gestalt, an Alter und Jugend sowie an allem Sichtbaren."

Wie das Folgende zeigt, hält Johannes für die wahren Farben geistige und seelische Betätigungen wie Glaube an Gott, Erkenntnis, Gottesfurcht, Freundschaft, Gemeinschaftssinn, Sanftmut und viele andere Tugenden. Abschließend urteilt der Apostel über sein

[19] Desiderius Erasmus Roterodamus: *Opus epistolarum* I, ed. P. S. Allen, Oxonii 1906, Nr. 875, 17; 943, 30; 981, 20; 1101, 7; vgl. Johan Huizinga: *Europ. Humanismus — Erasmus,* Hamburg 1958, 172.

[20] Abgebildet bei Hans Diepolder: *Hans Holbein d. J. — Bildnisse des Erasmus von Rotterdam,* Berlin 1949, Taf. 1; vgl. Huizinga (Anm. 19) 172. — Zu der griechischen Inschrift vgl. Ovid: *Trist.* I 7, 11 f.: *sed carmina maior imago | sunt mea ...*; Martial IX 76, 10: *haec erit in chartis maior imago meis.*

[21] Abgebildet bei Diepolder (Anm. 20) Taf. 13; vgl. Huizinga (Anm. 19) 175.

[22] Martial I 29, 38, 52 f., 66, 72; X 100.

Porträt[23]: ὃ δὲ νῦν διεπράξω παιδιῶδες καὶ ἀτελές· ἔγραψας νεκροῦ νεκρὰν εἰκόνα. „Was du jetzt geschaffen hast, ist kindisch und nichts wert. Du hast das tote Bild eines Toten gemalt."

Wie für Platon die bildende Kunst ausschließlich Nachahmung von Nachgeahmten war, da die Erscheinungen der sichtbaren Welt nur als Spiegelungen der allein seins mächtigen Ideen zu gelten haben, ähnlich durchzieht der paulinisch-johanneische Gegensatz von Pneuma und Sarx, von heiligem Geist und Fleisch, das Wort des Johannes. Für diese frühchristliche Wertung unterliegt die sichtbare Welt mit Einschluß des Menschen den Folgen der Sünde und damit dem leiblichen und geistlichen Tod. Abbildungen der sichtbaren Erscheinungen haben innerhalb einer derartigen Weltsicht keinen Wert, da sie Nachbildungen von Vergänglichem und Nichtigem sind. Damit fallen Bedeutung und Wort des gemalten oder plastischen Porträts fort. Der Sieg des Logos über das Bild, den einzelne einflußreiche Philosophen wie Platon bereits verkündet hatten, wurde bei den christlichen Feinden der Bilder in Byzanz Wirklichkeit. Deshalb begegnet auch der zuvor genannte Abschnitt aus den Johannes-Akten in den gedanklich-literarischen Auseinandersetzungen um den Wert und den Gebrauch der Bilder[24]. Im byzantinischen Bilderstreit treffen zwei geistige Linien zusammen: die platonische und die jüdisch-frühchristliche. Durch das zweite Gebot des Dekalogs, das heißt zugleich auch durch die göttliche Offenbarung, hatten sich die Israeliten und die frühen Christen vom Bild, vor allem vom Gottesbild, abgewandt. Diese Ablehnung des Bildes war ausschließlich religiös begründet[25].

[23] *Acta Johannis* 26–29, hg. v. R. A. Lipsius / M. Bonnet: *Acta apostolorum apocrypha* II 1, Leipzig 1898, Ndr. Darmstadt 1959, 165–167; dt. Übers. v. Knut Schäferdiek, in: Edgar Hennecke / Wilhelm Schneemelcher: *Neutestamentliche Apokryphen* II, Tübingen ⁴1971, 147 f.

[24] Vgl. Schäferdiek, ebd. 128; ferner Johannes Kollwitz: *Bild III (christlich)*, in: *RAC* 2 (1954) 318/41. – In der hier skizzierten antiken Tradition stehen auch Theodoret von Kyrrhos, *hist. rel. prol.* 3: *PG* 82, 1285 CD = *SC* 234, 130, Asterios von Amaseia bei Phot. bibl. 271, 505 b: 8, 100 Henry und Paulin. Nol. *ep.* 30, 2 (*CSEL* 29, 1, 262 f.).

[25] Vgl. Theodor Klauser: *Ges. Arbeiten zur Liturgiegesch., Kirchengesch. und christlichen Archäologie,* Münster 1974, 328–392 (= Jb. für Antike und Christentum, Ergänzungsbd. 3).

30. Das Verhältnis des Augustus zur Religion

I. Der Aussagewert der erhaltenen Quellen

Für die Erforschung der Religionen des Altertums bedeutet es einen seltenen Glücksfall, wenn bei der Betrachtung einer für die Religionsgeschichte wichtigen Persönlichkeit Zeugnisse erster Hand vorliegen und nicht bereits eine nur schwer entwirrbare Überlieferung mit Deutung und Legende sich ihrer zur Gänze bemächtigt hat. Eine derartige Überlieferung fehlt zwar auch bei Augustus nicht, jedoch ist der Geschichtsforscher nicht auf sie allein angewiesen. Augustus ist neben Cicero und Caesar wohl die Persönlichkeit von allen Römern der vorchristlichen Zeit, über deren Leben und Wirken wir am besten unterrichtet sind. Zuverlässiges, aber auch tendenziös Zurechtgemachtes überliefern seine Zeitgenossen, angefangen von Cicero und einigen seiner Briefkorrespondenten bis zu Nikolaos von Damaskus. Mit Zurückhaltung sind auch die den Prinzeps betreffenden Äußerungen der ihm nahestehenden Dichter aufzunehmen. Sueton hat wertvolle Zeugnisse des Augustus selbst und der damaligen Volksmeinung aus dem ihm zugänglichen römischen Staatsarchiv und den Bibliotheken Roms in seiner 'Vita divi Augusti' erhalten. Dazu kommen die ausführlichen noch erhaltenen Darstellungen von Appian, 'Bellum civile', und Cassius Dio, 'Historiae Romanae', sowie Abschnitte in den Viten des Cicero, Brutus und Antonius von Plutarch. Das so gewonnene Bild ergänzen Mitteilungen und Urteile lateinischer Geschichtsschreiber wie die des Velleius Paterculus, Tacitus, Florus, des Philosophen Seneca und christlicher Schriftsteller, wie Orosius, sowie zahlreiche epigraphische Zeugnisse[1].

[1] H. Bengtson, Grundriß der römischen Geschichte mit Quellenkunde 1 (Handb. d. Altertumswiss., 3, 5), 3. Aufl., München 1982, 249. – Zu Sueton: R. Hanslik, Die Augustusvita Suetons, Wiener Studien 67, 1954, 99–144; D. Flach, Zum Quellenwert der Kaiserbiographien Suetons, Gymnasium 79, 1972, 273–289, bes. 285f.; H. Gugel, Studien zur

Augustus spricht aber auch noch mit eigener Stimme zu uns. In diesen Selbstaussagen ist er meist mit seiner eigenen Person und seiner Leistung für Rom und das Imperium beschäftigt. An erster Stelle steht sein Tatenbericht, die 'Res gestae', gleich aufschlußreich für das, was er mitteilt und wie er es mitteilt, wie für das, was er verschweigt. Dieser für die Öffentlichkeit bestimmte Leistungsbericht läßt den Verlust seiner Selbstbiographie um so schmerzlicher empfinden[2]. Zahlreiche Bruchstücke seiner Edikte, Reden, Briefe und Aussprüche sowie Fragmente aus seinen Prosaschriften und Dichtungen ermöglichen einen Einblick in die Persönlichkeit dieses Schöpfers einer neuen Staatsform[3].

biographischen Technik Suetons (Wiener Studien, Beih. 7), Wien–Köln–Graz 1977, bes. 35–45; E. Cizek, Structures et idéologie dans 'Les vies des douze Césars' de Suétone, Bucuresti–Paris 1977. – Zu Cassius Dio B. Manuwald, Cassius Dio und Augustus. Philologische Untersuchungen zu den Büchern 45–56 des dionischen Geschichtswerkes (Palingenesia, 14), Wiesbaden 1979. – V. Ehrenberg/A. H. M. Jones, Documents Illustrating the Reigns of Augustus and Tiberius, 2. Aufl., Oxford 1955, Nachdr. ebd. 1973, 32–163 passim. – Zur Quellenlage vgl. auch H. Strasburger, Vergil und Augustus, Gymnasium 90, 1983, 41–76, bes. 41–48.

[2] Res gestae Divi Augusti. Das Monumentum Ancyranum, hrsg. und erklärt v. H. Volkmann, 3. Aufl., Berlin 1969; Imperatoris Caesaris Augusti operum fragmenta, hrsg. v. E. Malcovati, 5. Aufl., Torino 1969, 105–149; dazu vgl. G. Misch, Geschichte der Autobiographie 1, 1/2, 3. Aufl., Bern 1949–1950, Reg.: 'Augustus'; W. Steidle, Sueton und die antike Biographie (Zetemata 1), 2. Aufl., München 1963, 178–184; D. Kienast, Augustus. Prinzeps und Monarch, Darmstadt 1982, 174–178 mit weiterer Lit. – G. Dobesch, Nikolaos von Damaskus und die Selbstbiographie des Augustus, Grazer Beiträge 7, 1978, 91–174; Kienast a.O. Reg.: 'Autobiographie'. – J. Gagé, Auguste écrivain, ANRW II 30, 1 (1982) 611–623 und Kienast a.O. 215f. Anm. 182.

[3] Vgl. die Anm. 2 genannte Ausgabe von E. Malcovati. Zu dem neugefundenen griechischen Fragment der *laudatio funebris* des Augustus auf Agrippa vom Jahr 12 v.Chr. W. Kierdorf, Laudatio funebris (Beiträge z. klass. Philologie, 106), Meisenheim a. Gl. 1980, 71–73. 138f. (Text). – Zum persönlichen und offiziellen Verhältnis des Augustus zur Religion vgl. V. Gardthausen, Augustus und seine Zeit 1, 2, Leipzig 1896, 493–497. 865–886; 2, 2, ebd. 1896, 281f. 507–518 (Nachdruck des Werkes Aalen 1964 mit bibliographischem Nachtrag); F. Taeger, Charisma. Studien zur Geschichte des antiken Herrscherkultes 2, Stuttgart 1960, 89–225; K. Latte, Römische Religionsgeschichte (Handb. d. Altertumswiss. 5, 4), München 1960, 294–311; R. M. Ogilvie, The Romans and their Gods in the Age of Augustus, London 1969, deutsche Ausgabe Stuttgart 1982; G. Binder, Aeneas und Augustus. Interpretationen zum 8. Buch der Aeneis (Beiträge z. klass. Philologie, 38), Meisenheim a. Gl. 1971, Reg.: 'Augustus'; G. Radke, Augustus und das Göttliche, R. Stiehl/G. A. Lehmann (Hrsg.), Antike und Universalgeschichte. Festschrift H. E. Stier, Münster 1972, 257–279; R. Schilling, Le romain de la fin de la république et du début de l'Empire en face de la religion, L'Antiquité class. 41, 1972, 540–562 = Ders., Rites, cultes, dieux de Rome (Études et Commentaires, 92), Paris 1979, 71–93; J. H. W. G. Liebeschuetz, Continuity and Change in Roman Religion, Oxford 1979, 55–90; Kienast a.O. 178–253.

Auch die äußere Erscheinung des Augustus ist wohlbekannt. Von keinem anderen Römer dürfte es so viele Bildnisse geben wie von Augustus, seien es Statuen, vollplastische Porträts oder Darstellungen auf Münzen, Gemmen, Kameen und Reliefs[4]. Weiteren Aufschluß vermitteln seine noch heute mehr oder minder erhaltenen Bauten, vor allem in Rom[5].

Viele dieser literarischen und archäologischen Zeugnisse werfen Licht auf die Einstellung des Augustus zur Religion und auf die religiösen Vorstellungen, die sich das Volk über ihn gebildet hat. Trotzdem erlaubt diese vergleichbar gute Quellenlage nicht, ein entwicklungsgeschichtliches Bild vom religiösen Charakter des Caesar Augustus zu entwerfen; denn die betreffenden Nachrichten sind, sofern sie nicht überhaupt als offiziell-staatliche und damit für die Öffentlichkeit bestimmte Aussagen und Zeugnisse bewertet werden müssen, nur Augenblicksaufnahmen aus dem langen Leben des Prinzeps. Wie weit aus ihnen verbindliche Aussagen über seinen religiösen Charakter und damit auch über seine tatsächliche Einstellung zur Religion zu gewinnen sind, wird deshalb in vielem strittig bleiben müssen. Um hier überhaupt zu einem begründeten Urteil vordringen zu können, ist es zunächst notwendig, Augustus auf dem Hintergrund seiner Zeit zu betrachten.

II. Augustus als Begründer seines Zeitalters

Augustus hat durch seine Persönlichkeit das politische, kulturelle und religiöse Gesicht seiner Zeit tiefer und nachhaltiger geprägt als Königin Elisabeth I. von England, Ludwig XIV. oder Napoleon I. ihre nach ihnen genannte Epoche. Als der Prinzeps am 19. August 14 n. Chr. in Nola gestorben war, wurde im Senat unter anderem der Antrag gestellt, die gesamte Zeit vom Tag seiner Geburt bis zu seinem Tod das Augusteische Zeitalter, *saeculum Augustum*, zu nennen und als solches in die Fasten einzutragen[6]. Dieser Antrag beweist, daß die Menschen jener Zeit über ein fast modern zu nennendes Epochenbewußtsein verfügt haben. Augustus war tatsächlich der Gestalter einer bestimmten politischen, kulturellen und religiösen Epoche, die sich von der Zeit der ausgehenden Republik und der Zeit der auf Augustus folgenden Kaiser unterscheidet. Je deutlicher die Persönlichkeit des Prinzeps erkannt wird, um so klarer wird auch das Wesen der nach ihm benannten Zeit und Kultur hervortreten.

[4] K. Vierneisel/P. Zanker (Hrsg.), Die Bildnisse des Augustus. Herrscherbild und Politik im kaiserlichen Rom. Sonderausstellung der Glyptothek . . . München, München 1979; R. Albert, Das Bild des Augustus auf den frühen Reichsprägungen. Studien zur Vergöttlichung des ersten Prinzeps (Schriftenreihe der Numismatischen Gesellschaft Speyer, 21), Speyer 1981; U. Hausmann, Zur Typologie und Ideologie des Augustusporträts, ANRW II 12, 2 (1981) 513–598; Kienast a. O. 212–214 und Reg.: 'Augustusporträt'.

[5] Ebd. 336–365 (grundlegend) und Reg.: 'Baupolitik'.

[6] Suet. Aug. 100, 3.

Bereits die Zeitgenossen haben den tiefen Einschnitt zwischen dem Zeitalter des Augustus und der Epoche der späten Republik empfunden. Die Jahrzehnte dauernden Bürgerkriege waren mit dem Sieg über Kleopatra und Antonius im Jahr 31 v. Chr. endgültig beendet. Eine Aureole verklärte den Mann, der den ersehnten Frieden heraufgeführt hatte. Das glanzvolle Bild dieser *Pax Augusta* beschreibt Velleius Paterculus, Offizier des Tiberius und Bewunderer des julischen Hauses, in folgender Weise: „Unter welchem Zulauf, mit welcher Gunst aller Menschen, Altersgruppen und Stände Caesar bei seiner Rückkehr [aus Alexandria und dem Osten, Mitte 29 v. Chr.] nach Italien und Rom empfangen wurde, welche Pracht seine Triumphe, welche Pracht die öffentlichen Belustigungen hatten, kann nicht in einem selbständigen Werk, geschweige denn in diesem beschränkten Raum würdig dargestellt werden. Nichts können die Menschen schließlich von den Göttern erbitten, nichts die Götter den Menschen geben, nichts im Wunsch erdacht, nichts durch das Glück vollendet werden, was nicht Augustus nach seiner Rückkehr in die Stadt der Res publica, dem römischen Volk und dem Erdkreis gewährt hätte. Beendet waren im 20. Jahr die Bürgerkriege, begraben die Kriege nach außen, der Frieden zurückgerufen, der Aufruhr der Waffen überall zur Ruhe gebracht, die Kraft den Gesetzen wiedergegeben, das Ansehen den Gerichten, dem Senat die Maiestas. Die Herrschaft der Magistrate war auf das frühere Maß zurückgeführt . . . Da jener altehrwürdige Zustand der Res publica wiederhergestellt war, kehrte für die Äcker die Bebauung zurück, für die Opfer die Ehre, den Menschen Sicherheit und einem jeden der sichere Besitz seines Eigentums . . ."[7].

Mit welcher Freude und Dankbarkeit die neue Friedensära, die *Pax Augusta*, auch sozial einfachere Menschen erfüllte, zeigt ein Vorfall aus dem späteren Leben des Prinzeps, den Sueton überliefert: „Als der alte Augustus am Golf von Puteoli bei Neapel vorübersegelte, brachten ihm Passagiere und Matrosen eines Schiffs aus Alexandria, das soeben gelandet war, in weißen Kleidern, bekränzt und Weihrauch opfernd, Beglückwünschungen und außerordentlichen Lob dar: 'Durch ihn lebten sie, durch ihn segelten sie, durch ihn genössen sie Freiheit und Glück'"[8]. Der feierliche Stil dieser Dankrede wie der Zusammenhang weisen auf eine kultische Verehrung des Prinzeps hin: Das einfache Volk feiert Augustus als seinen Wohltäter und Retter, als εὐεργέτης und σωτήρ. Wie einem segenspendenden Gott singt es ihm zu Ehren einen Hymnus[9].

[7] Vell. Pat. 2, 89, 1–4; ferner vgl. Hor. carm. 4, 5, bes. V. 17–19, die Inschrift von Halikarnassos: EHRENBERG/JONES a. O. 83f. Nr. 98a; ferner C. Valgius Rufus (cos. suff. 12 v. Chr.): Plin. nat. 25, 4; Philo, leg. ad Gaium 21, 143–147 (91 SMALLWOOD) u. a.; vgl. R. BARRACLOUGH, Philo's Politics. Roman Rule and Hellenistic Judaism, ANRW II 21, 1 (1984) 453–456.

[8] Suet. Aug. 98, 2.

[9] Sueton oder vielmehr seine Quelle dürfte hier nicht, wie H. E. STIER, Augustusfriede und römische Klassik, ANRW II 2 (1975) 50, meint, „unmittelbare Gefühlsäußerungen des schlichten Volkes" wiedergeben, sondern ein Fragment aus einem Hymnus auf Augustus überliefern. Zum Stil dieses wohl ursprünglich griechisch gesprochenen Hymnus vgl. E. NORDEN, Agnostos Theos. Untersuchungen zur Formengeschichte religiöser Rede, Leipzig 1923, Nachdruck Darmstadt 1974, 154, wo aber dieses Beispiel fehlt.

So stellte sich nach und nach eine Wechselwirkung zwischen dem Prinzeps und seinen Römern ein: Auf ihn konzentrierten sich die Hoffnungen, der Glaube, die Liebe und Dankbarkeit breitester Bevölkerungskreise Italiens und der Provinzen. Der Glaube an Roms Auftrag in der Welt verschmolz mit dem Glauben an Augustus. Er allein schien aufgrund seines Wesens und seiner Taten imstande zu sein, die Wiederkehr miteinander rivalisierender Stände, *principes senatus* und miteinander kämpfender, machthungriger Feldherren zu verhindern. Dieser Glaube an Augustus gründete in Erfahrungen: Octavius-Augustus verstand durch diplomatisch-staatsmännische Klugheit, seinem Aufstieg zur Macht über alle Stufen hin ein gesetzmäßiges Aussehen zu geben. Keinen Staatsstreich, kein außergesetzliches Imperium konnte man ihm wie seinem Adoptivvater vorwerfen[10]. Mit Recht wird der Prinzeps von Sueton als *circumspectissimus et prudentissimus* gerühmt[11].

Für die Menge kommt es auf große Identifikationen an, um das Leben des Alltags zu meistern. Im genialen Einzelgänger Caesar konnten sich nur wenige wiedererkennen. Mit Antonius, der sich im Osten allmählich zu einem hellenistisch-orientalischen Herrscher wandelte und von Römern erobertes Gebiet an seine Geliebte Kleopatra verschenkte, konnten die Römer und die romanisierten Bewohner des Westens sich ebenfalls nicht identifizieren[12]. Anders verhielt es sich mit Octavius-Augustus, der aus kluger Überlegung die altrömischen Überlieferungen in Staat und Religion pflegte, um so eine neue Herrschaftsform zu begründen, den Prinzipat. Ausdruck dieser Identifikation der Römer mit dem jungen Caesar war der große Treueid im Jahr 32 v. Chr.[13]. Die Menge vergaß über den Segnungen der Friedensära nach dem Sieg über Kleopatra und Antonius die blutige Vergangenheit des jungen Caesar, seine Mitschuld an den Proskriptionen und den Landenteignungen, seine Zerstörung Perusias und die Niedermetzelung der Bewohner sowie die Hinrichtung von 6000 Unfreien, die im Heer des besiegten Sextus Pompeius gedient hatten[14]. Psychologisch ist ein derartiges Vergessen des Grausamen und Furchtbaren verständlich; gehört es doch zum Gesetz des Lebens, des Überlebens, vergessen zu können[15]. Vielen blieb

[10] U. WILCKEN, Der angebliche Staatsstreich Octavians im Jahre 32 v. Chr., Sitzungsberichte d. Preuß. Akad. d. Wiss., philos.-hist. Kl., 1925, 10, 66–87 = W. SCHMITTHENNER (Hrsg.), Augustus (Wege der Forschung, 128), Darmstadt 1969, 38–71.

[11] Suet. Tib. 21, 3.

[12] TAEGER a. O. (o. Anm. 3) 89–96; vgl. H. BENGTSON, Marcus Antonius. Triumvir und Herrscher des Orients, München 1977.

[13] Imp. Aug. res gest. 25; zur Deutung dieses Eides, Gefolgschaftseid oder Feldherreneid, s. die Literatur bei KIENAST a. O. (o. Anm. 2) 60 Anm. 240.

[14] Ebd. Reg. 'Proskriptionen' und 39. 49f. – Asinius Pollio soll erklärt haben (bei Macrob. Sat. 2, 4, 21): *at ego taceo. non est enim facile in eum scribere, qui potest proscribere* (MALCOVATI a. O. [o. Anm. 2] 3). Vgl. dazu G. ZECCHINI, Asinio Pollione: Dall'attività politica alla riflessione storiografica, ANRW II 30, 1 (1982) 53f.

[15] So bemerkt J. W. VON GOETHE, Dichtung und Wahrheit 1, 1: (nach dem Aachener Frieden von 1748): „so sprach man mit Behaglichkeit von den vorübergegangenen Kriegszügen, von der Schlacht bei Dettingen . . . und alles Bedeutende und Gefährliche schien, wie es nach einem abgeschlossenen Frieden zu gehen pflegt, sich nur ereignet zu haben, um glücklichen und sorgenfreien Menschen zur Unterhaltung zu dienen".

auch der eingetretene Wandel in der Staatsform verborgen: Caesar Augustus hatte die Optimatenrepublik zum Prinzipat, zur Herrschaft eines einzelnen, umgestaltet. Grundlage dieser seiner Herrschaft war seine *auctoritas*: diese gründete in seinem Wesen und zeigte sich in seinen Ämtern, zu denen nicht zuletzt seine zahlreichen Priesterämter gehörten, und in seinen Leistungen[16]. Die neue von Caesar Augustus geschaffene Herrschaftsform erschien den meisten seiner Römer nur als Weiterentwicklung der alten Res publica. Äußerlich wich der Prinzeps nicht von den ererbten, durch den *mos maiorum* geheiligten Formen der Staatsführung ab. So konnte er sich den Anschein geben, als habe er die Res publica von der Herrschaft einzelner Parteien und Feldherrn befreit und sei ihr Erneuerer. Tatsächlich hatte er aber aufgrund seiner Ämter und seiner Leistungen alle anderen Standesgenossen übertroffen und sich so eine Ausnahmestellung geschaffen, die ihn zum Monarchen befähigte.

Seine Ausnahmestellung wirkte zugleich auch auf seinen Charakter und sein Wesen zurück, so wie sein Charakter und sein Wesen ihrerseits das meiste zu seiner Ausnahmestellung beigetragen haben. Wie er als der große Einzelne auf seine Mitbürger wirkte, so wirkten diese wiederum auf ihn zurück. Caesar Augustus ist somit zugleich auch das Ergebnis der Erwartungen und der Hoffnungen der Vielen, die aus der Verzweiflung der Bürgerkriege und der gesellschaftlichen Erschütterungen zu ihm als dem Friedensfürsten aufsahen und ihn religiös verehrten[17].

III. Augustus, ein 'göttlicher Mensch'?

Octavius, der Sohn der Atia, deren Mutter Iulia die Schwester des Diktators Caesar war, und des Ritters C. Octavius, wurde durch das Testament seines Großonkels C. Caesar im Jahr 44 in die Nobilität aufgenommen. Zunächst nannte er sich *C. Iulius C. f. Caesar.* Als der Senat aber am 1. Januar 42 v. Chr. den Adoptivvater Caesar zum *Divus* erklärt hatte, änderte der junge Caesar folgerichtig seinen Namen in *Divi filius*. Seit 27 trug er den religiösen Würdenamen *Augustus*[18]. Die religiöse Dimension, die in den Namen *Divi filius* und

[16] Imp. Aug. res gest. 34: *post id tempus* [nach dem Jahr 27 v. Chr., als er den Namen Augustus erhielt] *auctoritate omnibus praestiti*; vgl. KIENAST a. O., Reg.: 'Auctoritas'. – Res gest. 7: *Pontifex maximus, augur, XV virum sacris faciundis, VII virum epulonum, frater arvalis, sodalis Titius, fetialis fui*; dazu VOLKMANN a. O. (o. Anm. 2) im Kommentar und KIENAST a. O. 185.

[17] S. u. S. 1784.

[18] Zu den Namen des Augustus R. SYME, Imperator Caesar. A Study in Nomenclature, Historia 7, 1958, 172–188 (= DERS., Roman Papers 1, Oxford 1979, 361–377), dt. Übersetzung: SCHMITTHENNER a. O. (o. Anm. 10) 264–290. – Dem jungen Caesar diente der Name *Divi filius* auch als Propagandamittel gegen Sextus Pompeius, den leiblichen Sohn des Feldherrn Pompeius Magnus. Sextus Pompeius nannte sich Sextus Magnus Pompeius. Zum Namen Augustus s. u. S. 1797.

Augustus aufscheint, hat zumindest ein Fundament in der Seele der Mitbürger des Augustus, wenn nicht in Augustus selbst.

Farben einer paganen Heiligenvita, der Biographie eines 'göttlichen Menschen', sind in Suetons Lebensbeschreibung des Prinzeps noch sichtbar[19]. Wunderbares Geschehen soll, wie Sueton mitteilt, das Leben des Augustus von der Zeugung bis zum Tod begleitet haben[20]. So galt der Prinzeps ähnlich wie die Pharaonen, Alexander der Große und andere Herrscher und Feldherren des Hellenismus als der Sohn eines Gottes: Apollon selbst soll in Gestalt einer Schlange ihn mit Atia gezeugt haben[21]. Diese Legende entstand noch zu Lebzeiten des Prinzeps, wie unter anderem ein Epigramm des augusteischen Dichters Domitius Marsus beweist[22]. Für die Vita des numinosen Menschen ist der Traum der schwangeren Mutter charakteristisch, der auf die künftige Größe des Kindes vorausweist. Ein derartiger Traum ist auch bei Sueton überliefert; dieser Traum wird dann noch durch einen Paralleltraum bestätigt[23]. Diese und manche anderen wunderbaren Geschehnisse aus dem Leben des Augustus deuten darauf hin, daß in seiner Persönlichkeit selbst zumindest ein Anlaß lag, ihn als numinosen oder göttlichen Menschen zu erleben. So spricht Sueton von der heiteren Gesammeltheit seines Antlitzes, das einen vornehmen Gallier von einem Attentat abgehalten haben soll, vom Glanz seines Auges, das göttliche Kraft auszustrahlen schien, und von seinem Ahnungsvermögen[24]. Wundergeschichten fehlen auch bei Caesar Augustus nicht, wenn er auch nicht gerade als Wundertäter aufgetreten ist[25].

Bereits in früher Jugend vor aller persönlichen Leistung scheint Octavius für seine Umgebung mit einer religiösen Aura umgeben gewesen zu sein. Schon Cicero sprach vom göttlichen Jüngling[26]. Cicero soll auch folgenden prophetischen Traum gehabt haben, wie Sueton wohl aus zuverlässiger Quelle mitteilt:

[19] W. Deonna, La légende d'Octave-Auguste. Dieu, sauveur et maître du monde, Rev. Hist. des Religions 83, 1921, 38–57; 163–195; 84, 1921, 77–107; L. Bieler, ΘΕΙΟΣ ΑΝΗΡ. Das Bild des 'göttlichen Menschen' in Spätantike und Frühchristentum 1. 2, Wien 1935/36, Nachdruck Darmstadt 1976, Reg.: 'Augustus'.

[20] Suet. Aug. 5f.; 79, 2; 94–97.

[21] Ebd. 94, 4, der sich auf Asklepiades von Mendes in Ägypten beruft (FGrHist 617 F 2); vgl. Cass. Dio 45, 1, 2; O. Weinreich, Antike Heilungswunder (Religionsgesch. Vers. u. Vorarb., 8, 1), Gießen 1909, Nachdruck Berlin 1969, 93f. Anm. 1; Ders., Der Trug des Nektanebos, Leipzig–Berlin 1911, 8–12; R. M. Haywood, Studies in Scipio Africanus, Baltimore 1933, Nachdruck Westpoint, Conn. 1973, 23–27; Radke, a.O. (o. Anm. 3) 263f.

[22] Epigr. Bob. 39; dazu H. Dahlmann, Besprechung von F. Munari, Epigrammata Bobiensia, Roma 1955, Gymnasium 63, 1956, 561f. 576; Kienast a.O. 183 Anm. 54. – Das Epigramnm fehlt bei W. Morel/K. Büchner, Fragmenta poetarum Latinorum, Leipzig 1982, 141–143.

[23] Suet. 94, 4; Cass. Dio 45, 1, 3; vgl. F. Lanzoni, Il sogno presago della madre incinta nella letteratura medievale e antica, Analecta Bollandiana 45, 1927, 225–261; A. Wikenhauser, Doppelträume, Biblica 29, 1948, 100–111.

[24] Suet. Aug. 79, 1f.; 96, 1; vgl. auch Iul. Imp. or. 10, 4, 309b (2, 2, 36 Lacombrade).

[25] Suet. Aug. 94, 5–7. 10; 95f. Mehrmals wird er vor dem sicher scheinenden Untergang gerettet (ebd. 14; 16, 3; 17, 3).

[26] Cic. Phil. 5, 43; vgl. ebd. 14, 25; ferner Sen. brev. vit. 4,2; Cass. Dio 53, 16, 8.

Als der Redner den Diktator Caesar zum Kapitol geleitete, erzählte er seinen Freunden zufällig seinen Traum der vergangenen Nacht: Er sah einen Knaben mit edlen Gesichtszügen, an goldener Kette vom Himmel herabgelassen, am Tor des Tempels auf dem Kapitol stehen; Jupiter übergab ihm eine Geißel. Darauf erblickte er Octavius, den Caesar zum Opfer herbeigerufen hatte, und erkannte in ihm die Traumgestalt wieder[27].

In diesem Traum Ciceros wird nicht nur eine religiöse Grundvorstellung jener Jahre erkennbar, die Erwartung eines Erlöserkindes, eines Erlöserherrschers und Friedensfürsten, wie ihn Vergils 'Vierte Ekloge' für Rom besingt und wie ihn Jahrzehnte später die Kindheitsgeschichten der Evangelisten Lukas und Matthaeus der gesamten Menschheit verkünden werden, sondern vielleicht auch etwas Erfahrenes. Augustus scheint – in dieser Hinsicht nicht ganz unähnlich Jesus von Nazareth – zunächst durch sein Wesen und später durch sein Tun die religiösen Hoffnungen auf Erlösung, Heil und Frieden auf sich gezogen zu haben. So verschmolz er mehr und mehr mit der ersehnten idealen Gestalt des Weltheilandes, nach dem die Menschen seiner Zeit Ausschau hielten[28]. Auf die romantische Stimmung der späten Republik hat bereits EDUARD NORDEN hingewiesen[29].

Der Unterschied zwischen Caesar Augustus und anderen 'göttlichen Menschen' und Heiligen liegt vor allem darin, daß Augustus, der aufgrund seiner Bildung zu den philosophisch Aufgeklärten gehörte, seine eigenen numinosen

[27] Suet. Aug. 94, 9; Cass. Dio 45, 2, 1f.; einen ähnlichen octaviusfreundlichen Traum Ciceros berichtet Plut. vit. Cic. 44, 2–4; dazu H. HOMEYER, Die antiken Berichte über den Tod Ciceros und ihre Quellen (Deutsche Beiträge z. Altertumswiss., 18), Baden-Baden 1964, 11 Anm. 16. – Zu den Träumen des Q. Catulus: Suet. Aug. 94, 8; Cass. Dio 45, 2, 3f.. – Die Wendung bei Suet. 94, 9: *puerum . . . demissum e caelo catena aurea* deutet die göttliche Abkunft des Octavius im allgemeinen an; zur Herkunft des Heilbringers und des Segenskönigs W. SPEYER, Genealogie, RAC 9, 1976, 1145–1268, bes. 1164. Horaz (sat. 2, 5, 62f.) und Vergil (georg. 3, 35f.; Aen. 1, 288) spielen in einer ähnlichen Formulierung wie bei Cicero auf die Aeneas-Genealogie des Augustus an (dazu E. SCHÄFER, Die Wende zur Augusteischen Literatur. Vergils Georgica und Octavian, Gymnasium 90, 1983, 77–101, bes. 99f. Anm. 56). Zur *catena aurea* J. MARTIN, Ogmios, Würzburger Jahrbücher 1, 1946, 359–399, bes. 372–389; G. RADKE, Aurea funis, Gymnasium 63 (1956) 82–86; W. FAUTH, Catena aurea. Zu den Bedeutungsvarianten eines kosmischen Sinnbildes, Archiv f. Kulturgeschichte 56, 1974, 270–295; H.-J. HORN, Gold, RAC 11, 1981, 904.

[28] H. LIETZMANN, Der Weltheiland, Bonn 1909; E. NORDEN, Die Geburt des Kindes. Geschichte einer religiösen Idee, Leipzig 1924, Nachdruck Darmstadt 1969; A. VON GALL, ΒΑΣΙΛΕΙΑ ΤΟΥ ΘΕΟΥ. Eine religionsgeschichtliche Studie zur vorkirchlichen Eschatologie (Religionswiss. Bibliothek, 7), Heidelberg 1926, 447–467: 'Die Heilandshoffnung der hellenistisch-römischen Welt'; C. J. CLASSEN, Gottmenschentum in der römischen Republik, Gymnasium 70, 1963, 312–338; KIENAST a.O. (o. Anm. 2) 179f.; C. COLPE, Gottessohn, RAC 12, 1983, 30f. – Zur religiösen Verehrung des Augustus vgl. W. PÖTSCHER, 'Numen' und 'Numen Augusti', ANRW II 16, 1 (1978) 355–392, bes. 380–392; KIENAST a.O. 202–214.

[29] E. NORDEN, Vergils Aeneis im Lichte ihrer Zeit, Neue Jahrbücher für das klass. Altertum 7, 1901, 249–282. 313–334 = DERS., Kleine Schriften zum klass. Altertum, Berlin 1966, 358–421. Vgl. jetzt auch R. RIEKS, Vergils Dichtung als Zeugnis und Deutung der römischen Geschichte, ANRW II 31,2 (1981) 730. 740–742.

Kräfte rational-reflektierend überformt und sie machtpolitisch ausgenutzt hat. Der echte numinose Mensch, wie beispielsweise Jesus von Nazareth, blieb hingegen ganz im Religiösen und Sittlichen aufgehoben. Insofern erweist sich Augustus als eine Persönlichkeit, die unter der Spannung von Göttlichem und Weltlichem, von Religion und Verstand, Glauben und Unglauben, scheinbar Überwundenem und Neuem steht und sich für Verstand, Unglauben und die eigene Macht entschieden hat, während die echten 'göttlichen Menschen', die Heiligen, ganz im Religiös-Sittlichen gegründet sind[30].

IV. Zum Charakter des Augustus

Von Beginn seiner politischen Laufbahn an hat der junge Caesar das Motiv seines Handelns verschleiert: Dieses war, wie hellsichtige Gegner erkannten, seine *cupido dominandi*, sein Wille zur Macht[31]. Gewiß erstrebte er die Macht nicht allein um ihrer selbst willen, sondern als eine verantwortete Macht zum Heil der Römer. Der Gedanke des Maßes ist für ihn ebenso charakteristisch wie die Verstellung. Sein Wahlspruch, den Gellius mitteilt, lautete bekanntlich: „Eile mit Weile"[32]. Wie Gellius weiter bemerkt, hat Augustus mit dieser Maxime darauf hinweisen wollen, daß zum Vollbringen einer Tat Schnelligkeit der Energie und Langsamkeit der Sorgfalt zugleich notwendig seien, da aus beiden entgegengesetzten Vorgangsweisen die vollgültige Tat entstehe. Der hier ausgesprochene Maßgedanke entspricht ganz dem Klassizismus der Augusteischen Zeit.

Augustus gehört zu den verhältnismäßig wenigen Männern, die aus der Geschichte der Politik gelernt haben. Er vermochte die Fehler, durch die sein Adoptivvater dem eigenen Machtstreben ein jähes Ende bereitet hat, zu erkennen und zu vermeiden. Ebenso durchschaute er die verhängnisvollen Fehler seines größten Rivalen, des Antonius. Sein scharfer Verstand, der noch aus den Zügen der erhaltenen Porträts spricht, setzte ihn instand, die gesteckten Machtziele planvoll zu verfolgen. Dabei hielt er oft nicht den klaren und unmittelbaren Weg für erfolgverheißend, sondern den verschlungenen. Reflexion und Verschleierung zeichnen sein Wesen gleichermaßen aus.

Augustus hatte nicht nur an Schaustellungen aller Art Gefallen, sondern scheint auch schauspielerisches Talent besessen zu haben[33]. In diese Richtung weisen nicht nur die Geschehnisse seines berüchtigt gewordenen Zwölfgöttermahls, sondern auch andere Szenen seines Lebens[34]. Aufgrund eines nächtlichen

[30] W. Speyer, Heiliger, RAC 13, 1986.

[31] Tac. ann. 1, 10, 1; Ps. Aur. Vict. epit. 1, 21.

[32] Gell. noct. Att. 10, 11, 5; Ps. Aur. Vict. epit. 1, 11f.

[33] Suet. Aug. 43–45; Ps. Aur. Vict. epit. 1, 25; vgl. K. Bringmann, Struktur und Absicht des horazischen Briefes an Kaiser Augustus, Philologus 118, 1974, 236–256, bes. 251–256; ferner Ch. Garton, A Revised Register of Augustan Actors, ANRW II 30, 1 (1982) 580–609.

[34] S. u. S. 1794f.

Traumes ging er alljährlich an einem bestimmten Tag bettelnd durch die Straßen und sammelte beim Volk mit geöffneter Hand Kupfermünzen ein[35]. Als das im Jahr 22 v. Chr. durch Vorzeichen und eine Hungersnot erregte Volk ihn drängte, die Diktatur anzunehmen, wehrte er sich in einer theatralischen Szene dagegen. Wie Sueton mitteilt, machte er einen Kniefall, zog die Toga von den Schultern und brachte mit nackter Brust das Volk durch Bitten von seinem Vorhaben ab[36]. Cassius Dio spricht in diesem Zusammenhang vom Zerreißen des Gewandes[37]. Die Vorliebe des Caesar Augustus für die Maske bezeugt vielleicht auch eines seiner letzten Worte. Am letzten Tag seines Lebens ließ er sich einen Spiegel reichen, befahl, sein Haar zu ordnen und seine eingefallenen Wangen zu verschönen. Dann empfing er die Freunde und fragte sie, ob er ihnen den Mimus des Lebens passend beendet zu haben scheine, und fügte die wohl von ihm zurechtgebogenen, leider schlecht überlieferten Verse aus einer uns unbekannten attischen Komödie hinzu: „Da ganz schön zu Ende gespielt wurde, klatscht Beifall und geleitet alle uns mit Freude“[38]. Gewiß ist der Gedanke, die Geschichte und das menschliche Leben als ein Schauspiel zu betrachten, seit Platon zu belegen[39]. Wenn aber Augustus auf der Schwelle zum Tod den Vergleich mit einem Schauspieler gewählt hat, so hat er damit über sich selbst und sein Verhältnis zum Leben bewußt oder unbewußt etwas Wesentliches mitgeteilt: Die Maske gehörte zu seiner Persönlichkeit. Das gilt für seine Politik nicht anders als für seine Religiosität. Nicht von ungefähr wurde Augustus mit einem Chamäleon verglichen[40].

Können wir feststellen, daß Augustus keineswegs eine einfache Persönlichkeit war, sondern reflektiert und hintergründig, so ergibt sich daraus auch Entscheidendes für den Geist seiner Epoche. Die Augusteische Kultur wird dann nicht mehr eindimensional, nur klassisch-monumental und feierlich-erhaben erscheinen, sondern in sich gebrochen, mit Keimen des Zerfalls behaftet. Die vor allem von der deutschen Forschung oft in Anspruch genommene Idealität der Augusteischen Kultur wird in einem anderen Licht erscheinen. Wir stehen nicht einer natürlich entstandenen, aus der Tiefe der Seele gewachsenen, sondern eher einer in Szene gesetzten Idealität gegenüber. Die Kräfte des Willens und eines bewußten Denkens und Planens haben an ihr mehr Anteil als die Bedingungen natürlichen Wachsens und eines unbewußt wirkenden seelischen Lebens. So wird die Augusteische Kultur mehr als Zeugnis einer verfeinerten τέχνη denn als Schöpfung der Inspiration zu gelten haben.

Eine derartige Deutung steht im Gegensatz zum Bild des Augustus und der Augusteischen Kultur, das noch vor wenigen Jahren HANS ERICH STIER gezeich-

[35] Suet. Aug. 91, 2.

[36] Ebd. 52.

[37] Cass. Dio 54, 1.

[38] Suet. Aug. 99, 1 (= Imp. Aug. dict. 44 [167f. MALCOVATI]).

[39] A. KEHL/H. I. MARROU, Geschichtsphilosophie, RAC 10, 1978, 703–779, bes. 739: 'Geschichte als Schauspiel'; E. R. CURTIUS, Europäische Literatur und lateinisches Mittelalter, 3. Aufl., Bern–München 1961, 148f. BENGTSON a. O. (o. Anm. 1) 289 und KIENAST a. O. 124 Anm. 232 hören hier vielmehr Augustus als Stoiker sprechen.

[40] Iul. Imp. or. 10, 4, 309a-b (2, 2, 36 LACOMBRADE).

net hat[41]; sie stimmt aber mit der Ansicht überein, der Tacitus bei seinen Mitteilungen über die gegensätzliche Beurteilung des Augustus durch dessen Zeitgenossen offensichtlich zuneigt[42]. Tacitus fällt zwar nur mittelbar ein Urteil, da er scheinbar eine unparteiisch gehaltene *disputatio in utramque partem* wiedergibt. Das abschätzige Urteil über den Prinzeps nimmt aber bei Tacitus die zweite Stelle ein und bildet den Schluß. Diesem Urteil dürfte der Beifall des Geschichtsschreibers gelten. Die Gegner des Augustus weisen bei ihrer düsteren Charakterzeichnung nachdrücklich auf die Verstellungskünste des Prinzeps hin[43]. Auch Sueton gibt in seinem Leben des Augustus Beispiele für verschlagene politische Handlungsweisen[44].

V. Zur Religiosität und Religionspolitik des Augustus

Wenn hervorragende Menschen des Altertums glaubten, unter dem Schutz einer bestimmten Gottheit zu stehen, so konnte eine derartige Überzeugung nicht zuletzt psychologisch begründet sein. In vielen Fällen bestand geradezu eine innere geistig-seelische Verwandtschaft zwischen dem Gott und seinem Schützling. Dies gilt in besonderem Maß für Caesar Augustus und seinen griechischen Schutzgott Apollon[45]. Trotz des vielen geistigen Lichts in Augustus fehlte aber auch bei ihm nicht der Schatten. Ein gewisses Dunkel in seiner Seele ergab sich aus den zahlreichen und oft schweren Krankheiten, Verwundungen und Verletzungen, unter denen er litt. Infolge seiner schwachen Gesundheit hat er mehr als einmal mit dem Tod gerungen[46]. Mehrmals entging er auch nur mit knapper Not Anschlägen auf sein Leben[47]. Sein ermordeter Adoptivvater mußte

[41] Stier a. O. (o. Anm. 9) 1–54.

[42] Tac. ann. 1, 9f.; vgl. F. Klingner, Tacitus über Augustus und Tiberius, Sitz.Ber. d. Bayer. Akad. d. Wiss. München 1953, 7 = Ders., Studien zur griechischen und römischen Literatur, Zürich–Stuttgart 1964, 624–658; K. Christ, Tacitus und der Principat, Historia 27, 1978, 449–487, bes. 464–470; A. Mehl, Bemerkungen zu Dios und Tacitus' Arbeitsweise und zur Quellenlage im 'Totengericht' über Augustus, Gymnasium 88, 1981, 54–64.

[43] Tac. ann. 1, 10: *pietatem erga parentem et tempora rei publicae obtentui sumpta, . . . simulatam Pompeianarum gratiam partium . . . machinator doli Caesar . . . Pompeium imagine pacis, sed Lepidum specie amicitiae deceptos; post Antonium . . . subdolae adfinitatis poenas morte exsolvisse*. Vgl. auch R. Urban, Tacitus und die Res gestae divi Augusti, Gymnasium 86, 1979, 59–74.

[44] Suet. Aug. 10, 3; 12. Vgl. Manuwald a. O. (o. Anm. 1), Reg.: 'Augustus, Verstellung . . .'.

[45] S. u. S. 1788f. 1798.

[46] A. Esser, Cäsar und die julisch-claudischen Kaiser im biologisch-ärztlichen Blickfeld (Janus, Suppl. 1), Leiden 1958, 37–73, bes. 45–69.

[47] Suet. Aug. 19; Sen. clem. 1, 9; vgl. Manuwald a. O. (o. Anm. 1) 101–128: 'Die Verschwörungen gegen Augustus'; dazu die Besprechung von C. B. R. Pelling, Gnomon 55, 1983, 221–226, bes. 224. – Zur Opposition gegen Augustus vgl. auch P. Sattler,

ihm dabei stets schreckend vor Auge stehen. Dazu kamen die zahlreichen Todesfälle in seiner Familie, vor allem der Tod seiner in Aussicht genommenen Erben[48]. Ausdruck der Sorge um den eigenen Tod spricht auch aus seinem gewaltigen Grabmal, dem Mausoleum, das er bereits um 30 v.Chr. begonnen hat[49]. Die Abfassung der Selbstbiographie und des Leistungsberichts könnte auch auf dem Hintergrund seiner Auseinandersetzung mit dem Tod gesehen werden, gleichsam eine Rechenschaftsablage vor den kommenden Geschlechtern. Wenn Augustus so oft mit seinem Ableben rechnen mußte, so wird auch von hier die Annahme bestätigt, daß er seinen Tatenbericht bereits in jüngeren Jahren abgefaßt und ihn dann mehrmals ergänzt und überarbeitet hat; die endgültige Form gab er ihm mit 76 Jahren[50].

Für das Verständnis seiner Persönlichkeit ist auch seine große Angst vor Gewittern aufschlußreich. Auf einem nächtlichen Marsch des Cantabrischen Feldzuges wäre er beinahe vom Blitz erschlagen worden; der Blitz streifte seine Sänfte und tötete einen der Fackelträger[51]. Blitz und Donner haben die Menschen des Altertums mit Furcht und Grauen erfüllt. Wenn auch diese Furcht nicht die Religion geschaffen hat, wie seit Demokrit von antiken und neuzeitlichen Philosophen behauptet wurde, so hat sie doch das Empfinden für das Geheimnisvoll-Unberechenbare, das Dämonisch-Göttliche, geweckt und gesteigert[52]. Augustus selbst war gewiß nicht frei von religiösen Gefühlen, mögen diese auch eher dem sogenannten Aberglauben nahekommen als echter Religiosität. Gegen den Blitz versuchte er sich durch die Haut eines Seehundes zu schützen; bei stärkerem Gewitter floh er in einen verborgenen und überwölbten Raum[53]. Seine Vorliebe für Apollon und den Lorbeer, der diesem Gott heilig war, kann auch von dieser Seite aus verständlicher werden: Nach dem Glauben der Alten besänftigte Apollon durch sein Saitenspiel die Blitze des Zeus; der Lorbeer aber wurde deshalb nicht vom Blitz getroffen, weil er angeblich Feuer enthielt[54].

Die alle politischen und gesellschaftlichen Zustände erschütternde Zeit der caesarischen Kriege lehrte Octavius schon in seinen frühen Jahren die Undurchschaubarkeit der menschlichen Verhältnisse kennen. Diese Erfahrungen weckten

Augustus und der Senat. Untersuchungen zur römischen Innenpolitik zwischen 30 und 17 v.Chr., Göttingen 1960. – S.o. Anm. 25.

[48] Tod des Neffen und Schwiegersohnes M. Marcellus (23 v.Chr.); Tod der beiden Enkel C. und Lucius Caesar (21. Febr. 4 n.Chr.; 20. Aug. 2 n.Chr.); Tod des Stiefsohnes Drusus (9 v.Chr.), der aber wohl nicht zum Nachfolger bestimmt war; vgl. KIENAST a.O. (o. Anm. 2) 177.

[49] K. KRAFT, Der Sinn des Mausoleums des Augustus, Historia 16, 1967, 189–206; J. VOGT, Caesar und Augustus im Angesicht des Todes, Saeculum 23, 1972, 3–14, bes. 12f. (= DERS., Gymnasium 80, 1973, 421–437, bes. 435); KIENAST a.O. 340 Anm. 120.

[50] Ebd. 174–176.

[51] Suet. Aug. 29, 3; 90.

[52] W. SPEYER, Gewitter: RAC 10, 1978, 1107–1172, bes. 1108f. 1141.

[53] Suet. Aug. 90.

[54] SPEYER, Gewitter a.O. 1135. – Zur Ehrung des Augustus im Jahr 27 v.Chr. durch zwei Lorbeerbäume vor seinem Haus vgl. A. ALFÖLDI, Die zwei Lorbeerbäume des Augustus (Antiquitas 3, 14), Bonn 1973; KIENAST a.O. 80f.

in ihm den halb religiösen, halb abergläubischen Sinn, auf Träume und Vorzeichen zu achten[55]. Der Tagewählerei war er gleichfalls ergeben[56].

Octavius-Augustus hat aber die göttliche Macht oder das Schicksal nicht nur als verderbenbringend erlebt, sondern auch als segensvoll und dies vor allem in Hinsicht auf die eigene Person. Als der Astrologe Theogenes das Horoskop des Augustus berechnet hatte, verehrte er ihn wie einen Gott[57]. Glück-und Segen-verheißende Vorzeichen begleiteten Octavius von seiner Kindheit bis in seine Mannesjahre, so daß er ein gleichsam religiös zu nennendes Sendungsbewußtsein entwickelte[58]. So hat sich Octavius-Augustus trotz aller empfundenen Bedrohung und aller Erfahrung des unheimlich Irrationalen in den politischen Wechselfällen seiner Zeit mit der ganzen Entschiedenheit seines Willens zum lichten Aspekt dieser Welt bekannt. Hier kam ihm seine ausgesprochene Begabung für kühle Berechnung und planendes Überlegen zu Hilfe[59]. Der jugendliche Apollon, der Gott der Prophetie, der Verstandesklarheit und des Lichtes, war deshalb auch mehr als nur der Schutzgott des Octavius-Augustus sowie der Schutzgott Roms und Italiens gegen die Götter Ägyptens und des Orients[60]. Er war vielmehr Chiffre für die seelisch-geistige Richtung, der Augustus sich zugehörig fühlte, der Verstandesklarheit. Im Gegensatz zu jenen großen Römern vor seiner Zeit, von den Scipionen bis zu C. Caesar, die gleich ihm zu politisch-militärischer Macht aufgestiegen sind, verfügte Augustus über keine außergewöhnliche strategische Begabung. Entgegen seinen Selbstaussagen im Tatenbericht steht fest, daß nicht der 'Imperator Caesar' die Siege erfochten hat, sondern zunächst Antonius und später sein Feldherr und Admiral Agrippa[61]. Die Kraft seiner politisch-militärischen Begabung wirkte sich im überlegten Planen und Berechnen des Möglichen aus. In diesen Berechnungen nahmen die geltenden religiösen Überzeugungen, die aus altrömischen und griechischen Vorstellungen gemischt waren, einen Platz erster Ordnung ein[62]. Zu den griechischen Vor-

[55] Suet. Aug. 91f.

[56] Ebd. 92, 2.

[57] Ebd. 94, 5. 12: . . . *tantam mox fiduciam fati Augustus habuit, ut thema suum vulgaverit nummumque argenteum nota sideris Capricorni, quo natus* [richtiger: *genitus*] *est, percusserit*; dazu NORDEN, Geburt a.O. (o. Anm. 28) 160f.; KIENAST a.O. 183. 199f.; E. BUCHNER, Horologium Augusti. Gymnasium 90, 1983, 494–508, bes. 498–501; Taf. 1–14, der nachgewiesen hat, daß die Gesamtanlage des Horologiums mit der Ara Pacis auf den Empfängnis- und Geburtstag des Augustus bezogen ist und somit das Horoskop des Prinzeps darstellt (auch einzeln erschienen: E. BUCHNER, Die Sonnenuhr des Augustus [Kulturgeschichte der antiken Welt, Sonderband], Mainz 1982).

[58] KIENAST a.O. 178–184.

[59] S. o. S. 1785.

[60] LATTE a.O. (o. Anm. 3) 221–225. 303f.; BINDER a.O. (o. Anm. 3) 250–256; D. MANNSPERGER, Apollon gegen Dionysos. Numismatische Beiträge zu Octavians Rolle als Vindex libertatis, Gymnasium 80, 1973, 381–404. Taf. 21–23; P. ZANKER, Der Apollontempel auf dem Palatin. Ausstattung und politische Sinnbezüge (Analecta Romana Instituti Danici, Suppl. 10), Kopenhagen 1983, 21–40.

[61] Imp. Aug. res gest. 2–4; vgl. KIENAST a.O. 36. 47. 61f.

[62] Vgl. die angeblich von Maecenas im Jahr 29 v.Chr. an Augustus gerichtete Mahnung bei Cass. Dio 52, 36, 1–2 (zur Rede des Maecenas vgl. MANUWALD a.O. [o. Anm. 1] 21–25).

stellungen gehörte seine Verehrung Apollons sowie die behauptete göttliche Herkunft der Gens Iulia und seiner eigenen Person[63].

Früh hat der junge Caesar erkannt, was die Religion im Kampf um die Macht zu leisten vermag. Hier hatte er in seinem Adoptivvater einen Lehrmeister, wie dessen Rede für seine verstorbene Tante Iulia beweist[64].

Aus der fast ganz verlorengegangenen Selbstbiographie des Augustus ist bei Plinius seine Bemerkung über das *sidus Iulium* noch erhalten[65]. Dieser Komet erschien kurz nach dem Tod Caesars im Sommer 44 v. Chr., und zwar, als der junge Caesar Spiele für Venus, die Ahnherrin des Julischen Geschlechts, veranstaltete. Während Augustus wörtlich sagt: „Wie das Volk glaubt, wird durch diesen Kometen bezeichnet, daß die Seele Caesars unter die Numina der unsterblichen Götter aufgenommen wurde" und im Stillen den Kometen auf sich als Glücks- und Segenszeichen bezog, wie Plinius hinzufügt, berichtet Servius auctus, Augustus habe gewollt, daß der Komet die Seele seines Adoptivvaters bedeute[66]. In seinem eigenen Bericht rückt Augustus von den Vorstellungen des Volkes ab; andererseits billigt er die volkstümliche Erklärung und gibt ihr in der Öffentlichkeit vor anderen Deutungen den Vorzug, weil sie ihm für seine Politik günstiger schien. Diese Nachricht über Augustus' Einstellung zur Religion hat einen Aussagewert, der über den berichteten Einzelfall beträchtlich hinausgeht.

Um zu ermitteln, inwieweit Augustus überhaupt die Möglichkeit besaß, die Religion als politisches Mittel zu nützen, müssen wir die geistigen Bedingungen bestimmen, unter denen er und die Gebildeten seiner Zeit standen. Für die Bewußtseinslage kulturell differenzierter Epochen wie des Augusteischen Zeitalters ist am meisten aus der jeweiligen Philosophie und Theologie zu lernen[67].

Zu jener Zeit war in Rom die philosophisch-theologische Wissenschaft von der Stoa, dem Neupythagoreismus, der Neuen Akademie und der Schule Epikurs geprägt. Die geistigen Väter des Augusteischen Zeitalters gehören noch der späten Republik an. Neben dem Epikureer Lukrez und dem Neupythagoreer Nigidius Figulus ist Cicero mit seinen theologischen Schriften 'De natura deorum', 'De divinatione' und 'De fato' zu nennen. Leben und Denken zerfallen bereits bei Cicero; äußerlich steht er in den religiösen Überlieferungen des *mos maiorum*, geistig aber folgt er dem aufgeklärten, skeptischen Denken der Akademie und stoischer Spekulation[68]. Mindestens ebenso groß, wenn nicht wohl

[63] S. Anm. 60; SPEYER, Genealogie a. O. (o. Anm. 27) 1194f. 1196f.; BINDER a. O. (o. Anm. 3) Reg.: 'Iuliergenealogie'.

[64] Suet. Iul. 6, 1; s. u. S. 1792.

[65] Plin. nat. 2,93f. (= Imp. Aug. comm. de vita sua frg. 6 [86f. MALCOVATI]); vgl. Suet. Iul. 88; Cass. Dio 45, 7, 1; KIENAST a. O. 24f. 181.

[66] Serv. auct. ecl. 9, 46 (= Imp. Aug. a. O. frg. 7 [87 MALCOVATI]).

[67] C. KOCH, Der altrömische Staatskult im Spiegel augusteischer und spätrepublikanischer Apologetik, Convivium. Festschrift K. Ziegler, Stuttgart 1954, 85–120 = DERS., Religio. Studien zu Kult und Glauben der Römer (Erlanger Beiträge zur Sprach- und Kunstwissenschaft, 7), Nürnberg 1960, 176–204.

[68] S. dazu auch die Ausführungen von C. Aurelius Cotta (bei Cic. nat. deor. 3, 5f. PEASE), der trotz seines Amtes als Augur die akademisch-skeptische Auffassung vertritt; vgl. KOCH a. O. 187–199.

noch bedeutender war der Einfluß von M. Terentius Varro auf die Gebildeten der Augusteischen Epoche. Wahrscheinlich ist Varro geradezu als Ideologe im modernen Sinn dieses Begriffes für die Augusteische Kultur in Anspruch zu nehmen[69]. Für die Frage nach dem Verhältnis des Augustus zur Religion dürften Abschnitte aus dem Logistoricus 'Curio de cultu deorum' und den 'Antiquitates rerum divinarum' wichtig sein[70]. In den beiden Schriften hat Varro die wohl stoische Lehre einer dreifachen Theologie vorgetragen. Er unterscheidet zwischen dem *genus mythicon* – damit meint er die Mythen, als deren Schöpfer die Dichter angesehen werden –, dem *genus physicon*, der Theologie der Philosophen, und dem *genus civile*, πολιτικόν, der Religion der Staatslenker und der Staaten. Mit der Kritik am *genus mythicon* der Dichter steht Varro in einer alten Tradition, die mit Xenophanes beginnt und von Platon weitergeführt wurde. Am *genus physicon* tadelt er die widersprechenden philosophischen Deutungen der Natur der Götter. Vieles gehe über die Fassungskraft des Volkes hinaus. Das Volk solle die ererbte Religion ausüben, seine Staatsgötter kennen und sie kultisch richtig verehren. Varro rechnet mit einer Verschlechterung der ursprünglich reinen Gottesverehrung: die *theologia naturalis* sei unter dem Einfluß der Dichter verdorben worden[71].

In Rom sind Spuren einer Kritik der Religion bereits bei Ennius erkennbar[72]. In diese Richtung weist auch der Ausspruch Catos des Zensors vom Lächeln der *haruspices*[73]. Bei Cicero, der dieses Wort Catos überliefert, ist der Glaube an die Aufrichtigkeit und Wahrhaftigkeit der Wahrsagekunst bereits erschüttert[74]. Die Beteiligten selbst, die Wahrsager, halten aber trotzdem äußerlich an den altererbten Formen fest. Dies tun sie, weil sie von der Religion leben. Zugleich verbietet ihnen ihr kritisches Bewußtsein, an das zu glauben, was sie als Religionsdiener äußerlich vollziehen. Damit ist in Rom eine religiöse Auflösung von den Trägern der Religion eingeleitet, die bei den Gebildeten zum Niedergang

[69] G. Wissowa, Gesammelte Abhandlungen zur römischen Religions- und Stadtgeschichte, München 1904, 112; Koch a.O. 199–202; H. Dahlmann, Zu Varros Literaturforschung, besonders in 'De poetis', Varron (Entretiens sur l'antiquité classique, 9), Vandœuvres–Genève 1963, 1–20, bes. 4: „. . . der Augusteer und des Kaisers eigene Gedanken sind erfüllt von seiner [Varros] Forschung, im Stoff und in den Zielen, seinen Anschauungen, Theorien, Lehren".

[70] B. Cardauns, Varros Logistoricus über die Götterverehrung (Curio de cultu deorum), Diss. Köln, Würzburg 1960; Ders., M. Terentius Varro, Antiquitates rerum divinarum I. Fragmente, II. Kommentar (Akad. Wiss. u. Lit. Mainz, Einzelveröff.), Wiesbaden 1976; vgl. auch Ders., Varro und die römische Religion. Zur Theologie, Wirkungsgeschichte und Leistung der 'Antiquitates Rerum Divinarum', ANRW II 16, 1 (1978) 80–103.

[71] Varro, Curio frg. 5 (5f. Cardauns); ant. rer. div. frg. 6–22 (1, 18–24; 2, 139–150 Cardauns). Vgl. Cardauns, Logistoricus a.O. 33–40. 53–58; G. Lieberg, Die 'theologia tripertita' in Forschung und Bezeugung, ANRW I 4 (1973) 63–115.

[72] Enn. Euhemerus sive Sacra Historia: 223–229 Vahlen; Enn. Telamo: scen. frg. 316–323 V., neu hrsg. von H. D. Jocelyn, The Tragedies of Ennius, Cambridge 1967, 127f. Nr. 265–271 (von Cicero in nat. deor. 3, 79 und div. 1, 132; 2, 104 erhalten); ferner vgl. Lucil. frg. 490–495 Krenkel.

[73] Cato bei Cic. div. 2, 51 Pease.

[74] Cic. div. 2, 51 Pease; nat. deor. 1, 71 Pease.

des Götterglaubens und der Staatsreligion führen mußte und eine wesentliche Voraussetzung für den späteren Sieg des Christentums über den Polytheismus geworden ist. Wie der christliche Rhetor Arnobius am Anfang des 4. Jahrhunderts mitteilt, forderten Heiden seiner Zeit, Ciceros Bücher über das Wesen der Götter müßten aufgrund eines Senatsbeschlusses vernichtet werden, da sie die christliche Religion unterstützten und das Ansehen der eigenen beeinträchtigten[75]. Dieses Zeugnis beleuchtet schlaglichtartig den durch die römischen Denker des 1. Jahrhunderts v. Chr. weitergetriebenen Auflösungsprozeß des Götterglaubens.

Varro ist trotz seiner romantischen Schwärmerei für die altrömische Religion und die *mores maiorum* ein Schüler der griechischen Kritik der Religion geworden, wie aus seinen Fragmenten zur *theologia tripertita* zu ersehen ist: „Die Völker haben sich mehr den Anschauungen der Dichter als denen der Naturphilosophen (*physici*) zugeneigt, und deshalb haben ihre Vorfahren, das heißt die alten Römer, an das Geschlecht und die Generationen der Götter geglaubt und ihnen sogar Ehen zugesprochen“[76]. Varro billigt demnach diesen Volksglauben nicht, der den Römern ursprünglich fremd war und aus Griechenland eingedrungen ist[77]. Wichtiger für unsere Betrachtung dürfte eine weitere Bemerkung Varros sein: „Für die Staaten ist es nützlich . . ., daß tapfere Männer glauben, selbst wenn es falsch ist, sie seien von Göttern gezeugt, damit auf diese Weise die menschliche Seele, indem sie gleichsam ihr Vertrauen auf den göttlichen Stamm setzt, große Taten zu beginnen, sich kühner vornehme, nachdrücklicher vollbringe und deswegen infolge dieser Sicherheit glücklicher vollende“[78].

Die 'Antiquitates rerum divinarum', zu denen die beiden Fragmente gehören, hat Varro seinem ehemaligen großen militärischen Gegner Iulius Caesar wohl im Herbst 46 v. Chr. gewidmet[79]. Von Caesar wissen wir, daß er in der römischen Öffentlichkeit bereits in jungen Jahren als Quaestor von seiner göttlichen Abkunft von Venus, der Stammutter der Julier, gesprochen hat[80]. Der religiös aufgeklärte und dem Epikureismus zuneigende Caesar hat die griechische mythische Anschauung von der göttlichen Abkunft eines bedeutenden Geschlechts, vornehmlich eines Königsgeschlechts, zu politischen Zwecken benutzt, und zwar zur Festigung seines persönlichen Ansehens und damit seiner Macht. Als Nachfahre des Aphroditesohns Aeneas, des Ahnherrn der *gens Iulia*, besaß Caesar natürlich mehr Ansehen als alle übrigen Optimaten einschließlich Pompeius.

Während Varro in den 'Antiquitates rerum divinarum' nachdrücklich den Nutzen einer mythischen Vorstellung für die Staaten, also für die Staatsraison, hervorhebt, sagt er freilich nichts darüber, daß 'die tapferen Männer' selbst nicht

[75] Arnob. adv. nat. 3, 7.

[76] Varro, ant. rer. div. frg. 19 (1, 23; 2, 148 CARDAUNS).

[77] SPEYER, Genealogie a. O. (o. Anm. 27) 1188.

[78] Varro, ant. rer. div. frg. 20 (1, 23; 2, 149 CARDAUNS).

[79] N. HORSFALL, Varro and Caesar. Three Chronological Problems, Bulletin of the Inst. of Class. Stud. of the Univ. of London 19, 1972, 120–128.

[80] Suet. Iul. 6, 1; vgl. KIERDORF a. O. (o. Anm. 3) 114f. u. ö.

an ihre göttliche Abkunft glauben müßten, ja schließt diesen Gedanken aus, da ihnen ihre Kraft gerade aus dem ungebrochenen Glauben zuwachsen solle. Sobald aber das Denken über die Religion in die Bahn des politischen Nutzens und damit der Zwecke gelenkt wird, liegt die Versuchung allzu nahe, daß es sich von den religiösen Bindungen, also von der Bindung an das Heilige, befreit und die Religion nur noch als Mittel für außerhalb ihrer selbst liegende Zwecke, vor allem für die Staatsraison oder den eigenen Willen zur Macht benutzt. Diesen Schritt haben der aufgeklärte Real- und Machtpolitiker Iulius Caesar und sein Adoptivsohn Octavius-Augustus getan.

Die von Varro übernommene Unterscheidung zwischen einer Religion für das Volk und einer Religion für die Gebildeten weist auf den Riß des religiösen Bewußtseins seiner Zeit hin. So spricht Varro in einem weiteren Fragment der Antiquitates deutlich von zweierlei Arten von Wahrheit, einer Wahrheit für die Menge und einer Wahrheit, über welche die religiös-politischen Führer verfügen[81]. Da Caesar, der „religiös indifferente Revolutionär"[82], als *pontifex maximus* der Widmungsempfänger der 'Antiquitates rerum divinarum' war, wird er diese Unterscheidung gut bedacht haben.

Varro hat in seinem Logistoricus 'Curio de cultu deorum' den *pontifex maximus* Q. Mucius Scaevola (Konsul 95 v. Chr.), also einen Vertreter der römischen Staatsreligion, ähnliche Gedanken äußern lasssen. Ob überhaupt und wieweit der geschichtliche Scaevola Pontifex selbst derartige Gedanken geäußert hat, ist eine andere Frage, die nicht sicher zu beantworten ist[83]. Das Fragment, das Augustinus überliefert hat, lautet: „In einer Schrift wird berichtet, der gelehrte Pontifex Scaevola habe erörtert, daß die Lehre von den Göttern auf drei Arten überliefert sei, einmal von den Dichtern, zum andern von den Philosophen, zum dritten von den Staatslenkern. Die erste Art nennt Scaevola albern und trügerisch, da den Göttern viel Unwürdiges angedichtet werde; die zweite lasse sich mit der Staatsführung nicht vereinbaren, da sie einiges Überflüssige enthalte, einiges auch, das zu wissen dem Volk nur schädlich sei . . . Es sei die Behauptung, sagt er, daß Herkules, Aeskulap, Kastor und Pollux keine Götter seien; denn die Gelehrten behaupten, sie seien Menschen gewesen und nach Menschenweise gestorben . . ."[84]. Darauf bringt Scaevola die Einwände der Philosophen gegen die Götterbilder vor: „Daß die Staaten von denen, die wirklich Götter seien, keine wahren Bilder hätten, da ein wahrer Gott weder Geschlecht, noch Alter, noch fest umgrenzte Gliedmaßen besitze"[85]. Dieses Wissen aber will der Pontifex Scaevola, wie Augustinus bemerkt, dem Volk vorenthalten; für falsch halte er es nicht. Also, so zieht Augustinus die Schlußfolgerung, glaubt Scaevola,

[81] Varro, ant. rer. div. frg. 21 (1, 23; 2, 149 Cardauns). Zur Beurteilung der Lüge und Täuschung im Altertum vgl. W. Speyer, Die literarische Fälschung im heidnischen und christlichen Altertum (Handb. der Altertumswiss., 1, 2), München 1971, 94–99, bes. 95.

[82] Norden, Vergils Aeneis a. O. (o. Anm. 29) 254 = 364.

[83] Cardauns, Logistoricus a. O. (o. Anm. 70) 35f.

[84] Varro, Curio de cultu deorum frg. 5 (5f. 33f. [Übersetzung] Cardauns) = Varro, ant. rer. div., app. ad libr. 1, frg. 5 (1, 37f. Cardauns). Zur Frage, ob das Bruchstück dem Logistoricus 'Curio' zuzuweisen ist, vgl. Cardauns, Varro, Antiquitates a. O. 2, 141.

[85] Ebd.; vgl. H. Funke, Götterbild, RAC 11, 1981, 748.

es sei vorteilhaft, wenn die Staaten in der Religion getäuscht würden. Die gleiche Meinung hat Varro, wie Augustinus mitteilt, auch selbst in den 'Antiquitates rerum divinarum' vorgetragen[86]. Nach Scaevola bei Varro sollen demnach zwei wichtige religionskritische Ansichten nicht ins Volk gelangen: Die sogenannten Halbgötter oder Heroen hat es nie gegeben; sie waren Menschen und sind auf menschliche Weise gestorben. Von den Göttern aber besitzen die Staaten keine wahren Abbilder.

Griechisch und lateinisch schreibende Zeitgenossen des Augustus haben durchaus mit der Möglichkeit gerechnet, daß die Gesetzgeber der antiken Mittelmeervölker einschließlich des Königs Numa religiösen Trug angewendet haben, um so die Menge besser führen zu können[87].

Prüfen wir daraufhin die Religion der Augusteischen Zeit, so sehen wir, daß diese religionskritischen Einsichten nicht ins Volk gedrungen sind. Sie wurden mehr oder minder geheimgehalten und blieben auf den kleinen Kreis der Gebildeten und Herrschenden beschränkt. Augustus hat die römische Volks- und Staatsreligion in ihren Grundlagen nicht verändert, sondern sie ganz im Sinn der zeitgenösssischen religiös-philosophischen Aufklärung als Instrument seiner Machtpolitik benutzt. So knüpfte er an Vorstellungen der griechisch beeinflußten römischen Religion an, um seinen Adoptivvater und dadurch mittelbar sich selbst zu verherrlichen. Die Römer sollten an die göttliche Abkunft seines Adoptivvaters und an dessen Entrückung zu den Himmlischen glauben[88]. Gleichfalls bemühte er sich, daß die Römer den toten Diktator als Divus verehrten. Deshalb weihte er ihm auch auf dem Kapitol eine Statue mit der Aufschrift: „Caesar, dem Halbgott"[89]. Ferner hat er den Glauben des Volkes an die Heroen gefördert und bereitwillig zugelassen, daß er von den Dichtern als neuer Heros gefeiert wurde. So erscheint er bei Horaz einmal neben Pollux, Herakles, Dionysos und Quirinus, ein andermal neben Kastor und Herakles oder neben Romulus, Dionysos, den Dioskuren und Herakles[90]. Bei Vergil aber wird er zu einem zweiten Aeneas[91].

Wie weit Augustus innerlich vom Glauben und der Frömmigkeit des Volkes seiner Zeit und der Republik entfernt war, beweist das von ihm veranstaltete Zwölfgöttermahl[92]. Diese *cena dodekatheos* fällt in die Zeit, als Sextus Pompeius die Stadt Rom durch seine Blockade in eine Hungersnot stürzte[93]. Bei diesem

[86] Aug. civ. Dei 4, 27 (CCL 47, 120f.); vgl. CARDAUNS, Logistoricus a.O. 55f.

[87] Diod. Sic. 1, 94, 2; 5, 78, 3; Nicol. Damasc.: FGrHist 90 F 103aa; Ephoros bei Strabo 10, 4, 8. 10 (= FGrHist 70 F 147. 149); Dionys. Halic. ant. 2, 61; Liv. 1, 19, 5; Pomp. Trog.-Iust. 3, 3,10; vgl. W. SPEYER, Religiöse Pseudepigraphie und literarische Fälschung im Altertum, Jahrb. f. Ant. u. Christentum 8/9, 1965/66, 88–125, bes. 102–108 = N. BROX (Hrsg.), Pseudepigraphie in der heidnischen und jüdisch-christlichen Antike (Wege der Forschung, 484), Darmstadt 1977, 195–263, bes. 220–231.

[88] Zum *sidus Iulium* s.o. S. 1790.

[89] Serv. auct. ecl. 9, 46.

[90] Hor. carm. 3, 3, 9–16; 4, 5, 33–36; epist. 2, 1, 5–17.

[91] BINDER a.O. (o. Anm. 3).

[92] Suet. Aug. 70, 1f.

[93] Das Jahr steht nicht fest: 40, 39 oder 38/37 v.Chr. werden in der Forschung genannt; vgl. KIENAST a.O. (o. Anm. 2) 193 Anm. 91.

Mahl sollen Augustus und seine Gäste im Kostüm von sechs Göttern und sechs Göttinnen getafelt haben. Er selbst habe die Rolle Apollons übernommen. Auch geschlechtliche Ausschweifung soll dabei nicht gefehlt haben[94]. Man fühlt sich unmittelbar an die Schäferfeste des 18. Jahrhunderts erinnert: Die Götter Griechenlands und Roms sind hier wie dort nur noch Dekorationen und ästhetische Maskerade für die Frivolität einer genießerischen Jeunesse dorée. Der junge Caesar hat demnach in privatem Kreis den Götterglauben des Volkes verhöhnt. Für seine Persönlichkeit ist die Art und Weise, wie er dies tut, kennzeichnend: im Kostüm eines Schauspielers; er benutzt für seine Verspottung die Maske.

Innerlich schritt er über den Glauben des Volkes an das Wirken der Götter souverän hinweg. Als er im Kampf gegen Sextus Pompeius durch ein Unwetter seine Flotte eingebüßt hatte, mit der er diesen gefährlichen Feind zu besiegen hoffte, rief er aus, er werde auch gegen den Willen Neptuns siegen, und entfernte beim nächsten feierlichen Festzug am Tag der Schauspiele im Zirkus das Bild des Gottes[95].

In seiner persönlichen Gleichgültigkeit gegenüber dem überlieferten Götterglauben wurde Augustus vielleicht auch von seinem Hausphilosophen Areios Didymos bestärkt. Dieser war ein Eklektiker im Sinn des Antiochos von Askalon und Ciceros, gehörte also jener Richtung an, die alle überlieferten Religionsformen nur als herkömmlich beizubehalten empfahl[96].

Wenn Augustus im Tatenbericht hervorhebt, er habe den Lorbeer der *fasces* im Kapitol niedergelegt, das heißt, er habe sich als Triumphator am 13.–15. August 29 v. Chr. durch diesen symbolischen Akt vor dem höchsten Gott Jupiter gedemütigt, so wollte er durch diesen wohldurchdachten Ritus auf das religiöse Empfinden seiner Römer wirken[97]. Gegen das Gottmenschentum seiner besiegten Feinde, des Sextus Pompeius, des Antonius und der Kleopatra, wollte er als der maßvolle Altrömer erscheinen. Damit leitete er zugleich eine Wende seiner Religionspolitik ein. In den Jahren des Aufstiegs zur Macht verwendete er die in Rom eingedrungenen hellenistischen Vorstellungen vom Gottmenschentum zur Stärkung seiner Position, vor allem zu Zwecken der Propaganda. Als er durch den Sieg bei Actium Herr des Imperiums war, rückte er mehr und mehr

[94] Vgl. Ps. Aur. Vict. epit. 1, 22 und Suet. Aug. 68f.; O. WEINREICH, Zwölfgötter, ROSCHER, Mythol. Lex. 6 (1924/37) 764–848, bes. 804f. = DERS., Ausgewählte Schriften 2 (Amsterdam 1973) 555–664, bes. 606–608; S. EITREM, Zur Apotheose, Symbolae Osloenses 10, 1932, 31–56, bes. 42f. – Zu den Festen des Antonius und der Kleopatra im Kostüm von Göttern vgl. Vell. Pat. 2, 82, 2–83, 2; Plut. vit. Anton. 26, 1–5.

[95] Suet. Aug. 16, 2. Sein Wort: *etiam invito Neptuno victoriam se adepturum* konnte an den Ausspruch des Götterfeindes Aiax erinnern, auch gegen den Willen der Götter entrinne er dem großen Meeresschlund (Od. 4, 499–511, bes. 504); ferner vgl. GUGEL a. O. (o. Anm. 1) 35f. 43.

[96] E. ZELLER, Die Philosophie der Griechen in ihrer geschichtlichen Entwicklung 3, 1, 5. Aufl., Leipzig 1923, Nachdruck Hildesheim 1963, 635–639. Zu dem anderen Lehrer in der Philosophie, Athenodoros, Sohn des Sandon, aus Tarsos, vgl. P. GRIMAL, Auguste et Athénodore, Revue des Études Anciennes 47 (1945) 261–273; 48 (1946) 62–79; KIENAST a. O. 259.

[97] Imp. Aug. res gest. 4; vgl. LATTE a. O. (o. Anm. 3) 297 mit Hinweis auf Hor. carm. 3, 6, 5f.; anders VOLKMANN a. O. (Anm. 2) 15.

von ihnen ab. Jetzt erschien ihm die Tendenz im Volk, ihn zu heroisieren oder gar zu vergöttlichen, die er zuvor begünstigt hatte, unangebracht, wenn nicht sogar gefährlich; denn sie widersprach seinem Plan einer vorgetäuschten Wiederherstellung der ehemaligen Res publica in allen ihren religiösen, politischen und gesellschaftlichen Formen. Wie er gewiß überlegt und erkannt hat, konnte die Sicherheit seiner Person durch eine Heroisierung oder sogar Vergöttlichung nur gefährdet werden; wurden durch sie doch Stimmungen geweckt, die zuvor den Tod seines Adoptivvaters mitverschuldet hatten[98].

Der Widerspruch zwischen seiner inneren kritisch-aufgeklärten Einstellung gegenüber der Religion des römischen Volkes und seinem äußeren Tun muß Augustus immer wieder deutlich bewußt geworden sein. Gerade infolge vertiefter Reflexion, über die er aufgrund seiner intellektuellen Fähigkeiten und seiner Bildung wie wenige seiner Zeitgenossen verfügt hat, konnte er auf die religiösen Anschauungen des Volkes einwirken und sie in seinem Sinn zu lenken versuchen. Das gilt nicht zuletzt für die Vorstellungen, die sich das Volk von ihm machen sollte. Deshalb hat er auf den Inhalt der Literatur seiner Zeit Einfluß ausgeübt und dies wohl in einem weit größeren Maß, als unsere Quellen berichten. Literatur, die öffentliche Meinung zu gestalten imstande war und nicht auf einen engen Kreis gelehrter Kenner beschränkt blieb, konnte dem Prinzeps, der die Macht geistiger Propaganda aus der Wirkung der bildenden Kunst, seiner Bildnisstatuen, Porträts und Münzen kannte, nicht gleichgültig bleiben. Während er Ovids Dichtungen nicht zuletzt wegen ihres Mangels an religiös-sittlichem Gehalt gemäß dem *mos maiorum* ächtete und aus den Bibliotheken entfernen ließ, wird er seinen Dichterfreunden, Vergil, Horaz und L. Varius Rufus, seine Gedanken zur religiösen Beeinflussung des Volkes wohl im Gespräch nahegebracht haben[99]. Der geistige Anteil des Prinzeps an der Entstehung der 'Aeneis', der 'Römeroden' und des 'Carmen saeculare', also an Gedichten religiösen Inhaltes, die unter seinen Augen entstanden sind, ist nicht mehr genauer zu bestimmen; aber ein derartiger Einfluß besteht zweifellos. Die Rettung der 'Aeneis' vor der Vernichtung durch Feuer, für die sie ihr Dichter bestimmt hatte, war für Augustus nicht nur ein Dienst an der Kunst, sondern an seiner eigenen Person und an seiner Politik[100].

Vor allem in der Zeit nach Actium hat er die altrömischen religiösen Vorstellungen gegenüber den griechischen bevorzugt und mit ihrer Hilfe auch die

[98] Vgl. auch A. BURNETT in seiner Besprechung von R. ALBERT (Anm. 3), Gnomon 55, 1983, 564: "*Thus it seems that after the battle of Actium, and perhaps in about 27 BC when Augustus may have adopted his new non-heroic portrait, he restricted divine representations of himself to a strictly limited circle of people, which included court poets and the recipients of cameos*".

[99] Suet. Aug. 89, 3; BRINGMANN a. O. (o. Anm. 33) 253–256; KIENAST a. O. (o. Anm. 2) 227–253; D. LITTLE, Politics in Augustan Poetry, ANRW II 30, 1 (1982) 254–370; STRASBURGER a. O. (o. Anm. 1). – Zur Literaturzensur des Kaisers W. SPEYER, Büchervernichtung und Zensur des Geistes bei Heiden, Juden und Christen (Bibliothek des Buchwesens, 7), Stuttgart 1981, 56–62, bes. 61 f.

[100] Ebd. 93 f.; STRASBURGER a. O. 69–76.

eigene Person mit religiöser Weihe umgeben. Über diese seine Religionspolitik gibt sein Tatenbericht reichen Aufschluß. Wenn bereits zu seinen Lebzeiten sein Name durch Senatsbeschluß in das 'Carmen Saliare' aufgenommen wurde, also in das magisch-religiöse Lied einer Priesterschaft aus frührömischer Zeit, das einen unmittelbaren Bezug zum Gott Mars und zum Gott Quirinus besaß, so war dies eine außerordentliche Ehre, die den Prinzeps nicht nur auszeichnete, sondern zugleich heiligte und ihn somit von den übrigen Bürgern unterschied. Etwas anderes war es, wenn in der Folgezeit Angehörigen des Kaiserhauses diese Ehre nach ihrem Tod zuteil wurde[101]. Der Kaiser war bemüht, die für ihn oft überschwenglich vom Volk und auch von Schmeichlern vorgesehenen Ehrungen auf das rechte Maß zu bringen, damit nicht aus einer Ehrung für ihn zugleich eine Gefährdung seiner Person und seiner neuen Staatsform entstünde. Deshalb hat er gewiß auch die Wahl seines Würdenamens beeinflußt, wenn nicht sogar bestimmt. Der von ihm selbst zunächst gutgeheißene und von Freunden für ihn gewählte Ehrenname 'Romulus' erschien ihm bei näherer Prüfung von der Geschichte her viel zu sehr belastet[102]. Ein anderer Würdename mußte aber, wie der philosophisch aufgeklärte Prinzeps genau wußte, nach dem Weltbild seiner Römer gleichfalls in die religiöse Richtung weisen; andererseits durfte er nicht die religiösen Gefühle der Mitbürger verletzen. Wenn, wie überliefert ist, Munatius Plancus (Konsul 42 v. Chr.) im Jahr 27 v. Chr. im Senat den neuen Namen 'Augustus' vorgeschlagen hat, so wird er diesen Antrag mit dem Prinzeps nicht nur abgesprochen haben, sondern der Prinzeps selbst wird maßgeblich an diesem Vorschlag mitgewirkt haben[103]. Dieser bis zu diesem Zeitpunkt in Rom nie verwendete Name war gänzlich frei von belastenden und einschränkenden Beiklängen. Er eignete sich auf das Beste für jenen Mann, der für seine Leistungen in der Geschichte Roms keinen Vorgänger hatte. Der Name 'Augustus' erinnerte durch seine Etymologie die Römer an die altehrwürdigen und geheiligten Vorstellungen des *augurium* des altrömischen Priesteramtes des *augur*, das der Prinzeps seit 41 v. Chr. bekleidete, sowie an das Geier-Augurium, das Romulus zuteil wurde, als er Rom gründete[104]. Ferner erinnerte der Name die Römer an das Vorzeichen der zwölf Geier, die dem jungen Caesar beim Antritt seines ersten Konsulates erschienen waren[105]. Der lateinische Würdenamen 'Augustus' greift also auf zwei religiös gefärbte Überlieferungen zurück, die eine aus dem Leben des Romulus, des ersten Gründers Roms, die andere aus dem Leben des Prinzeps, des zweiten Gründers der Stadt, wie er nach Actium vielen erschien. Beachtet man den Plan des Prinzeps, die alten religiösen Einrichtungen, Tempel, Riten, Feste, Priesterämter, zu erneuern, so versteht man, wie bedachtsam er diesen Würdenamen gewählt hat, einen Namen, der in keine andere Sprache übersetzt werden kann.

101 Imp. Aug. res gest. 10; dazu VOLKMANN a. O. 23; LATTE a. O. (o. Anm. 3) 116 Anm. 4.

102 Cass. Dio 53, 16, 7f.; Suet. Aug. 7, 2; vgl. KIENAST a. O. 79f.

103 Suet. Aug. 7, 2.

104 Ebd.; vgl. BINDER a. O. (o. Anm. 3) 28f., 272–274; W. SPEYER, Geier, RAC 9, 1976, 430–468, bes. 448–450. – Zum Augurat des Caesar Augustus Res gest. 7; dazu VOLKMANN a. O. 19.

105 Suet. Aug. 95; vgl. SPEYER, Geier a. O. 450f.

Wie zuvor bemerkt wurde, hatte der junge Caesar nicht zuletzt aufgrund seines Wesens eine Vorliebe für Apollon[106]. Ob er an die Wirklichkeit dieses Gottes geglaubt hat, ist zumindest zweifelhaft; er konnte aber den Glauben des Volkes an Apollon für seine machtpolitischen Zwecke nutzen. Während seine politisch-militärischen Gegner, Sextus Pompeius und Marcus Antonius, Neptun bzw. Dionysos für sich beanspruchten, berief sich der junge Caesar auf seinen Schutzgott Apollon[107]. Deshalb wird er nach außen auch die Legenden, die sich an seine wunderbare Zeugung durch Apollon und an das Eingreifen dieses Gottes in die Schlacht von Actium knüpften, nicht nur gebilligt, sondern auch propagiert haben[108]. Die Dichter seines Kreises, Vergil und später Properz, haben die Actium-Legende als Tatsache feierlich verkündet und dies wohl nicht ohne Billigung des Prinzeps[109].

Die bereits seit langem griechisch überformte altrömische Religion wurde mit dem 2. Jahrhundert v.Chr. mehr und mehr von einer offensiven religiösen Welle aus dem Orient bedrängt. Ägypten wirkte vor allem seit Caesars Alexandrinischem Krieg mit seinen religiösen Vorstellungen auf Rom ein. Dieser Gegensatz zwischen der römischen und der orientalischen Religiosität wurde durch das Kriegs- und Liebesbündnis zwischen Marcus Antonius und der Ptolemäerin Kleopatra zugleich zu einem politischen Gegensatz zwischen Italien und dem Vorderen Orient. Infolge dieser religiös-politischen Herausforderung sah sich Augustus dazu gedrängt, die Religion und die Sitten der Vorfahren als Kampfmittel einzusetzen. Er führte hierbei zugleich Tendenzen weiter, die bereits bei Cicero und Varro, dann auch bei Vergil wirksam waren. Seine Besinnung auf die religiösen und sittlichen Wertvorstellungen des von der Legende und Sage verklärten alten Rom ist somit teils religiös-politisch, teils aber auch durch die romantische Stimmung in der Mitte des 1. Jahrhunderts v.Chr. bedingt[110]. In seinem Tatenbericht übergeht Augustus die orientalischen Kulte und dies mit Absicht.

Entsprechend wie sich der Prinzeps gegenüber der ererbten Religion verhalten hat, verhielt er sich gegenüber der altrömischen Ehe- und Geschlechts-

[106] S.o. S. 1787.

[107] Zu Sextus Pompeius vgl. z.B. Hor. epod. 9, 7; Vir. ill. 84, 2; M. HADAS, Sextus Pompey, New York 1966, Reg.: 'Neptune'; zu Antonius als neuem Dionysos z.B. Vell. Pat. 2, 82, 4; Plut. vit. Anton. 26, 2f. Cass. Dio 48, 39, 2; 50, 5, 3; dazu TAEGER a.O. (o. Anm. 3) 90–94; MANNSPERGER a.O. (o. Anm. 60) 383–387.

[108] Darauf läßt auch das legendäre Gespräch zwischen Augustus und Vergil über die Abstammung des Prinzeps schließen, in dem Augustus unter anderem bemerkt: *putant alii me natum Octavio, quidam suspicantur alio me genitum esse* (Suet. rel.: 56 REIFFERSCHEID); vgl. W. SUERBAUM, Die Vita Suetoniana – Donatiana und die Problematik der Rekonstruktion der Biographie Vergils, ANRW II, 34, 1986/87. Zur Actium-Legende BINDER a.O. 250–255; zum religionsgeschichtlichen Zusammenhang W. SPEYER, Die Hilfe und Epiphanie einer Gottheit, eines Heroen und eines Heiligen in der Schlacht, Pietas. Festschrift B. Kötting (Jahrb. f. Ant. u. Christ., Erg.-Bd. 8), Münster/W. 1980, 55–77.

[109] Verg. Aen. 8, 704–706; Prop. 4, 6, 27–57; vgl. BINDER a.O. 250f. 253; SPEYER, Hilfe a.O. 70 Anm. 114.

[110] NORDEN, Vergils Aeneis a.O. (o. Anm. 29) 251–260 = 361–371.

moral: er propagierte sie nach außen aus Gründen der Staatsraison[111]. Mag auch in den von Sueton und anderen gesammelten Zeugnissen über seine Ausschweifungen manche erfundene Polemik seiner Feinde stecken, wie gerade dieses Thema zum festen Bestandteil der antiken Invektive gehörte, so ist doch nicht zu bestreiten, daß Augustus von geschlechtlicher Leidenschaft beherrscht war und vor Ehebruch nicht zurückgeschreckt ist. So zerstörte er die Ehe des Ti. Claudius Nero mit Livia Drusilla und heiratete die hochschwangere Livia[112]. Auch in späteren Jahren soll er sich noch geschlechtlichen Ausschweifungen hingegeben haben[113]. Sein persönliches Leben entsprach nicht dem nach außen zur Schau gestellten Ideal geschlechtlicher Sittlichkeit, das er durch seine Ehegesetze in die Wirklichkeit übersetzen wollte und dem er beispielsweise einen Dichter vom Rang Ovids geopfert hat. Die Ergebnisse über die Haltung des Prinzeps zur Religion und zur Geschlechtsmoral stützen sich gegenseitig und erweisen damit Caesar Augustus als einen Herrscher mit zwei Gesichtern und einer doppelten Wahrheit.

Wie die Soziologie und die Verhaltensforschung sowie die Tiefenpsychologie festgestellt haben, ist die Religion Grund und Mittel der gesellschaftlichen Ordnung, der Verständigung und Solidarisierung[114]. Falsch wäre jedoch die Auffassung, die Religion erschöpfe in diesen Aufgaben ihr Wesen. Für die Tatsache, daß in der antiken und christlichen Welt Religion und Politik, Staat und Kirche eng miteinander verbunden waren und dieser Zustand bis in das 18. und 19. Jahrhundert gedauert hat, bedarf es keines Beweises. Augustus hat gewußt oder zumindest gefühlt, wie sehr Feste und öffentliche Kultveranstaltungen ein Mittel waren, die Menge mit seiner Person zu verbinden. Ein Höhepunkt dieser Festfeiern waren die Ludi saeculares des Jahres 17, für die Horaz das geistliche Festlied dichten und komponieren durfte. Die Vorbereitungen zu diesem Fest, das Augustus als den Begründer einer neuen Zeit, des *aureum saeculum*, allen vor Augen stellen sollte, zeigt die geschickte Regie des Prinzeps und seiner ihm nahestehenden Berater wie des Juristen C. Ateius Capito. Bei der geistigen Vor-

[111] Zu den Sittengesetzen des Augustus Kienast a. O. (o. Anm. 2), Reg.: 'Sittengesetze, Sittenreform'; ferner Liebeschuetz a. O. (o. Anm. 3) 90–100; L. F. Raditsa, Augustus' Legislation Concerning Marriage, Procreation, Love Affairs and Adultery, ANRW II 13 (1980) 278–339; F. della Corte, Le *leges Iuliae* e l'elegia romana, ANRW II 30, 1 (1982) 539–558. – H. Bellen, Antike Staatsraison, Gymnasium 89, 1982, 449–467, bes. 453–455 mit Hinweis auf Dig. 35, 1, 64, 1. Der für Augustus und seine Nachfolger wichtige Begriff der *utilitas publica* begegnet bereits bei Varro (s. o. S. 1792) und bei Cic. leg. 2, 32; div. 2, 70; A. S. Pease zu Cic. nat. deor. 1, 77: *consilio quodam sapientium.*

[112] Kienast a. O. 44.

[113] Suet. Aug. 71, 1; vgl. ebd. 68–71, 1; Ps. Aur. Vict. epit. 1, 22–24, der die psychologisch feine Bemerkung hinzufügt: *cumque esset* [sc. *Augustus*] *luxuriae serviens, erat tamen eiusdem vitii severissimus ultor, more hominum, qui in ulciscendis vitiis, quibus ipsi vehementer indulgent, acres sunt*; vgl. Esser a. O. (o. Anm. 46) 73. 225. Zum Vorwurf der geschlechtlichen Ausschweifung S. Koster, Die Invektive in der griechischen und römischen Literatur (Beiträge z. klass. Philologie, 99), Meisenheim a. Gl. 1980, 145 f. und Reg.: 'Homosexualität', 'Sexuelles'.

[114] W. Burkert, Besprechung von I. Trencsényi-Waldapfel, Untersuchungen zur Religionsgeschichte, Amsterdam 1966, Gnomon 41, 1969, 117.

bereitung zu dieser Festfeier ist es nicht ohne geschichtliche Konstruktion und literarische Fälschung abgegangen, an denen der Prinzeps selbst beteiligt war; denn er gehörte seit 37 v. Chr. zum Priesterkollegium der *XV virum sacris faciundis* und war im Jahr 17 v. Chr. einer der fünf *magistri* dieses Kollegiums[115].

Wohl weniger aus religiösem als aus machtpolitischem Grund ließ sich Augustus auf der Ara Pacis in Rom an der Spitze einer Prozession, umgeben von Priestern und Vestalinnen, darstellen[116]. Die zahlreichen Priesterämter, die er bekleidet hat und rühmend in seinem Tatenbericht erwähnt, verbanden ihn mit der Menge[117]. Wie seine gesamte Religionspolitik, die Erneuerung vergessener Kulte und Bruderschaften, die Wiederherstellung verfallener Tempel, die Errichtung neuer Heiligtümer, standen seine Priesterämter im Dienst seiner Machtpolitik. Die altrömische Staats- und Volksreligion mit ihren legalistischen Riten, ihrem Prodigienglauben und der aus Griechenland entlehnten Vorstellung von einem Göttersohn als Archegeten eines adeligen Geschlechts war für den Prinzeps weitgehend nur ein wirksames Mittel seiner Politik.

VI. Horaz, der religiös aufgeklärte Freund des Augustus

Während Augustus seine tatsächliche Meinung über die Religion vor dem Volk verborgen hat, wird er sie im Kreis der vertrauten Freunde offen geäußert haben. Hier wäre es notwendig, die dem Prinzeps nahestehenden Männer und Frauen auf ihre geistig-seelische und religiöse Einstellung und Überzeugung hin zu befragen. Diese Aufgabe, die für das vorliegende Thema sowie für das Verständnis der Augusteischen Epoche von großer Bedeutung ist, kann aber im Rahmen dieser Abhandlung wegen der vielen in Betracht zu ziehenden Persönlichkeiten nur umrißhaft beantwortet werden. Allein, daß ein Mann von der Vergangenheit eines L. Munatius Plancus im Senat den Antrag auf Verleihung des Würdenamens 'Augustus' stellen konnte, zeigt die geistige Luft, in der sich der Prinzeps bewegte[118]. Diesem Konsular Munatius Plancus hat Horaz eine seiner frühen Oden gewidmet[119]. Beide gehörten zu den Vertrauten des Prinzeps.

[115] Imp. Aug. res gest. 7. 22. Zum gefälschten Sibyllinischen Spruch (Phlego macrob. 5, 4 [FGrHist 257 F 37]; Zosim. 2, 6) A. Kiessling/R. Heinze, Q. Horatius Flaccus, Oden und Epoden, Neuausgabe von E. Burck, Berlin 1955, 467f.; ferner vgl. G. Wissowa, Religion und Kultus der Römer (Handb. d. Altertumswiss., 5, 4), 2. Aufl., München 1912, 75. 431; M. P. Nilsson, Saeculares ludi, RE 1 A, 2 (1920) 1696–1720, bes. 1710–1717; P. Brind'Amour, L'origine des jeux séculaires, ANRW II 16, 2 (1978) 1334–1417; Kienast a. O. (o. Anm. 2) 187f. und jetzt J. F. Hall III, The *Saeculum Novum* of Augustus and its Etruscan Antecedents, unten in diesem Bd. (ANRW II 16,3) 2564–2589.

[116] L. Budde, Ara Pacis Augustae, Hannover 1957, 9f. und Taf. 8.

[117] S. o. Anm. 16.

[118] Vell. Pat. 2, 83, 1f.; zu Munatius Plancus E. Doblhofer, Horaz und Augustus, ANRW II 31, 3 (1981) 1972f.; zu Maecenas E. Lefèvre, Horaz und Maecenas, ebd. 1987–2029.

[119] Hor. carm. 1, 7; vgl. carm. 3, 14, 28.

Augustus hat Horaz nicht nur als Dichter hoch geschätzt und umworben, sondern ist mit ihm wie mit seinesgleichen umgegangen, obwohl Horaz niedrig geboren war, zunächst auf seiten der Caesarmörder gekämpft hat und auch weiterhin mit Altrepublikanern verbunden blieb[120].

Horaz hat den Prinzeps im Sinn des Volksglaubens seiner Zeit als den von den Göttern gesandten Wohltäter und Retter des Menschengeschlechts gefeiert[121]. Kein anderer der augusteischen Dichter dürfte aber wie Horaz in der Lage gewesen sein, den Prinzeps zu durchschauen. Reflexion und ein Sinn für die Realität des täglichen Lebens zeichnen Horaz in besonderem Maße aus[122]. Wie verhalten sich Horazens Aussagen zur Religion mit seinem Sinn für Realität? Wie verhalten sich bei ihm Religion und Kunst, Inspiration und Technik, Enthusiasmus und Alexandrinertum? Wie ordnen sich seine panegyrischen Aussagen über Augustus in diesen Zusammenhang? Hat er Augustus durchschaut und nur unfreiwillig mitgespielt? Hat er Augustus beeinflußt und wurde er zum Herold von dessen mythischer Selbsterhöhung? War es Dankbarkeit, die Horaz zu diesen Tönen veranlaßte, oder nur eine Zeitmode? Diese und ähnliche Fragen drängen sich auf, können aber hier nicht einzeln beantwortet werden.

Ausgangspunkt muß wohl die Frage sein, welche Bedeutung die religiösen Aussagen des Horaz besitzen[123]. Zur Beantwortung genügt es nicht, die entsprechenden religiös scheinenden Gedichte zu erklären, sondern der Blick muß das Gesamtwerk umfassen: Horaz tritt als feierlich sprechender Priester der Musen auf, scheint von heiligem Pathos und Enthusiasmus durchglüht; ist witzig und ironisch, belehrt und unterweist als *poeta doctus* in der Kunst und Technik des Dichtens. Wie Augustus war auch Horaz ein Schüler der religionsphilosophischen Aufklärung. Selbstreflexion und Bildung erweisen ihn als Menschen einer Spätkultur. Seine lyrischen Gedichte sind überaus voraussetzungsreiche Gebilde, weniger Eingebungen des fruchtbaren Augenblicks als bewußt komponiert in Anlehnung und Auseinandersetzung mit den archaischen und hellenistischen Dichtungen der Griechen. Altgriechisches, Hellenistisches und Römisches sind bei ihm zu spannungsreichen Gebilden verbunden. Diese Spannung wird noch in jenen Oden vergrößert, in denen gelehrte Dichtung mit angeblicher Inspiration vereint ist. Horazens hoher Grad an kritischem Bewußtsein verbietet, seine Gedichte, die von göttlicher Inspiration sprechen, wörtlich zu nehmen. Als *poeta*

[120] Wichtiges Zeugnis sind die noch bruchstückhaft vorhandenen Briefe des Prinzeps an den Dichter (Imp. Aug. epist. frg. 37–41 [22–24 MALCOVATI]; vgl. ebd. frg. 33 [21 M.] an Maecenas); DOBLHOFER a.O. 1981f.

[121] W. KISSEL, Horaz 1936–1975. Eine Gesamtbibliographie, ANRW II 31, 3 (1981) 1403–1558, bes. 1439–1442; DOBLHOFER a.O. 1922–1986; KIENAST, a.O. 232–237.

[122] GOETHE sprach von der „furchtbaren Realität [der Oden], ohne alle eigentliche Poesie" (E. GRUMACH, Goethe und die Antike. Eine Sammlung. 1, Potsdam 1949, 366); dazu E. LEFÈVRE, 'Musis amicus'. Über 'Poesie' und 'Realität' in der Horaz-Ode 1, 26, Antike u. Abendland 29, 1983, 26–35, bes. 34f.

[123] A. OLTRAMARE, Horace et la religion de Virgile: Revue des Études Latines 13, 1935, 296–310; T. OKSALA, Religion und Mythologie bei Horaz. Eine literarhistorische Untersuchung (Commentationes Humanarum Litterarum, 51), Helsinki 1973, 16–24: Religiosität des Horaz; weitere Literatur bei KISSEL a.O. 1459f.

doctus verrät er sich durch die Hervorhebung seines Fleißes und seiner unermüdlichen Arbeit. So behauptet er von sich, nicht der hochfliegende Schwan zu sein, sondern wie die Biene Apuliens, die mit größter Mühe ihren Honig sammelt, mühevolle Lieder zu schaffen[124]. Sein Ideal des gelehrten Dichters und des unermüdlichen Feilens an den Versen hat er in seiner 'Dichtkunst' dargelegt. Hier setzt er sich auch mit der enthusiastischen Dichtung und ihrem Theoretiker Demokrit auseinander, der das Genie höher schätzt als die erbärmliche Kunsttechnik, der die nüchtern-vernünftigen Dichter vom Helikon ausschließt, die Einsamkeit aufsucht und die Thermen meidet[125]. Ein Vergleich zwischen Horazens Theorie der Dichtkunst mit den in einzelnen Oden behaupteten selbsterlebten enthusiastischen Zuständen oder wunderbaren Begebenheiten könnte den Widerspruch verdeutlichen[126]. Verfehlt wäre es, derartige Aussagen der 'Oden' für verklärte Schilderungen tatsächlicher Begebenheiten zu halten[127]. Vielmehr haben diese scheinbar religiösen Aussagen nur einen ästhetischen Ausdruckswert. Sie dienen der künstlerischen Wirkung und zugleich der Selbsterhöhung des Dichters. Dies sei an einem Beispiel näher erläutert.

Im berühmten Schlußgedicht der ersten Odensammlung, gleichsam dem Testament und Grabspruch des Dichters, spricht Horaz in einem Rückblick über sein lyrisches Werk und seine Verdienste als lyrischer Sänger[128]. Das Gedicht hat er im Jahr 23 v. Chr. als endgültig scheinendes Schlußstück, als Sphragis, unter seine Liederdichtung gesetzt[129]. Horaz blickt auf sein lyrisches Werk als auf etwas Abgeschlossenes gleichsam vom Rand des Lebens zurück und schaut in die Zukunft über das Grab hinaus, wie ein Sterbender, der nach antikem Volksglauben über prophetische Gabe verfügte; zugleich spricht er als Dichter-Prophet. Als *vates* zeigt er sich auch in seiner Anrede an die Muse, die Tochter der Göttin Erinnerung, Mnemosyne, am Schluß der Ode. So scheint sich alles in diesem Lied zum Bild des inspirierten Sängers zu fügen. Aber dieser Schein trügt. Wenn Horaz tatsächlich dichterische Inspirationen erlebt hat, wie vermag er dann seiner Inspiration, die von ihrem Wesen her nicht von seinem Willen abhängt, Lebewohl zu sagen? Die Schlußode des dritten Buches will aber ein Abschied von der lyrischen Dichtung sein. Sie zieht einen Schlußstrich und spricht von den Ver-

[124] Hor. carm. 4, 2, 27–32.

[125] Hor. ars 291–301.

[126] Beispielsweise carm. 3, 25: Horaz singt als von Dionysos Begeisterter einen Hymnus auf Augustus' Rückkehr zu den Göttern; carm. 2, 19: Der Dichter ist dem Gott Bacchus, den Nymphen und den Satyrn begegnet; carm. 3, 4, 9–20: Heilige Tauben bewahrten den im einsamen Wald schlafenden Knaben Horaz vor Vipern und Bären; Lorbeer und Myrte deckten ihn zu.

[127] So sprechen Kiessling/Heinze a. O. (o. Anm. 115) 272f. zu carm. 3, 4, 10 von einem 'Erlebnis'.

[128] D. Korzeniewski, Exegi monumentum. Hor. carm. 3, 30 und die Topik der Grabgedichte, Gymnasium 79, 1972, 380–388; Ders., Sume superbiam, ebd. 81, 1974, 201–209; W. Hering, Form und Inhalt in der frühaugusteischen Poesie, ANRW II 30, 1 (1982) 181–253, bes. 222–225; Kissel a. O. (o. Anm. 121) 1510f. mit weiterer Literatur.

[129] W. Kranz, Sphragis. Ichform und Namensiegel als Eingangs- und Schlußmotiv antiker Dichtung, Rhein. Museum 104, 1961, 3–46. 97–124 = Ders., Studien zur antiken Literatur und ihrem Fortwirken, Heidelberg 1967, 27–78, bes. 72–75.

diensten des Dichters als eines inspirierten Liedersängers. Horaz erweist sich in seinem Entschluß, mit der Lyrik aufzuhören, gerade nicht als der *poeta inspiratus* oder *divinus*, sondern als der *poeta doctus*, der die Formen der religiösen Bilder und Denkvorstellungen benutzt, um seine Kunst und sich selbst zu verklären. Demnach verschleiert er die Wirklichkeit, wenn er sich als Priester und Diener der Musen ausgibt; denn tatsächlich verdankt er alles weitgehend nur seiner Bildung, seinem künstlerischen Geschmack und seiner dichterischen Technik.

Für das Selbstverständnis des Dichters hat das Einleitungsgedicht zum ersten Odenbuch ähnlich wie das Schlußgedicht zum dritten Buch große Aussagekraft. Beide Gedichte stehen im gleichen Versmaß und deuten dadurch schon ihre innere Verwandtschaft an. In der ersten Ode stellt sich Horaz den Römern eines jeden Berufes, Standes und Ranges gegenüber und verlangt für sich als dem Begnadeten und Geweihten eine Ausnahmestellung: Sein Beruf sei nicht selbstgewählt, sondern die Gottheit habe ihn berufen[130]. Wenn er sagt, daß ihn vom Volk der Hain und die Reigentänze der Nymphen mit den Satyrn trennen, so faßt er unter dem Begriff 'Volk' alle übrigen Römer mit Einschluß der höchsten Magistrate zusammen[131]. Seine Selbstaussagen gipfeln hier in den Worten, die in die Zukunft weisen: „Ich werde mit dem Scheitel die Sterne berühren"; dies ist ein Hinweis auf seine dereinstige Apotheose[132]. Das Schlußgedicht des dritten Buches spricht von der Erfüllung dieser Hoffnung: „Ein Denkmal dauerhafter als Erz habe ich mir errichtet . . ."[133]. Der Inhalt dieses Gedichtes zielt auf eine Apotheose von Horazens Dichtkunst und seiner Person.

Der Ausgangspunkt dieser Ode und die in ihr vorgetragene Selbsteinschätzung ähneln dem Inhalt der Schlußode des zweiten Liederbuches[134]. Auch hier blickt der Dichter von der Grenze des Lebens auf sein Werk und seinen Rang zurück und verheißt seinem Werk und sich selbst die Unsterblichkeit. Die Bindung an Apollon wird durch die Metamorphose des Dichters in den Singschwan des Gottes und den Flug des göttlichen Vogels zu den Hyperboreern, dem Volk im Norden, bei dem Apollon oft weilt, deutlich. Werk und Person bilden für Horaz ähnlich eine Einheit wie für Ovid, der Motive der beiden Schlußgedichte des zweiten und dritten Odenbuches in seine Sphragis der Metamorphosen eingeschmolzen hat[135].

Indem Horaz in den genannten drei Oden seine Kunst feiert und seine aus alexandrinisch-kallimacheischem Geist gestaltete Liedform zu einer inspirierten Liederdichtung erhebt, stellt er sein Werk und seine Person über alle übrigen Möglichkeiten der Betätigung und des Daseins, die dem Menschen einer Kulturnation geboten sind. Horaz gibt sein Dichtertalent und die daraus fließenden Lieder, seine Leistung, als Gabe der inspirierenden Götter aus, des Dionysos und vor allem Apollons und der Musen. Seine religiöse Weihe und göttliche Erwäh-

[130] Hor. carm. 1, 1, 29–34; vgl. carm. 4, 3, 1–12.
[131] Hor. carm. 1, 1, 7f. 30–32.
[132] Ebd. V. 36.
[133] Hor. carm. 3, 30, 1f.
[134] Hor. carm. 2, 20.
[135] Ov. met. 15, 871–879.

lung unterschieden ihn von den übrigen Menschen. Hier konnte an Rang nur ein Zeitgenosse mit Horaz wetteifern: der Sohn des Divus Iulius, Augustus. Hatte Horaz sich im Einleitungsgedicht seiner 23 v. Chr. erschienenen Odensammlung als erwählter Dichter über alle übrigen Römer und ihre Tätigkeiten erhoben und am Schluß des zweiten Odenbuches auf seine von Apollon gewirkte Metamorphose hingewiesen, so scheint er sich in der Schlußode des dritten Buches mit dem Prinzeps zu messen und für sich eine gleiche Würde zu verlangen. Seit dem Sieg des Augustus über Kleopatra und Antonius war Ägypten für Rom näher gerückt. Wenn der Dichter in den ersten Versen dieses Gedichtes die Pyramiden als die gewaltigsten Grabdenkmäler der damaligen Zeit nennt, so dürfte er damit zugleich an ein den Römern weit vertrauteres Grabdenkmal erinnern, an das Mausoleum des Augustus. Die Größe dieses Grabmals gemahnt an die mächtigen Pyramiden: ein Rundbau von 89 m Durchmesser und 44 m Höhe[136]. Eine weitere Auseinandersetzung des Dichters mit dem Rang des Prinzeps scheinen auch die folgenden Verse zu bieten: Hier bezeichnet sich Horaz selbst als *princeps*; denn er habe das äolische Lied in Italien heimisch gemacht[137]. Ferner ist auf die betonte Stellung des Wortes *pontifex* hinzuweisen[138]. Augustus war seit 48 v. Chr. *pontifex*. Das Amt des *pontifex* ist auf Dauer angelegt; seine Träger aber wechseln. Amt und Träger sind nicht innerlich aufeinander bezogen; anders das Charisma des göttlich inspirierten Dichters. Die Ewigkeit seines Werkes wirkt auf den Schöpfer zurück und macht auch ihn unsterblich. Wie Rom eine von den Göttern gewollte ewige Stadt ist, so der inspirierte Gesang des Horaz ein immerwährendes jugendfrisches Lied[139]. Die ewige Jugend seines Liedes verleiht dem Dichter einen entsprechenden Ruhm. Während R. Heinze angenommen hat, Horaz trete am Schluß dieser Ode mit dem Triumphator in Wettstreit, scheint sich der Dichter eher mit Augustus, dem „Zögling Apollons", wie ihn Kaiser Julian einmal nennt, vergleichen zu wollen[140]. Hier dürfte dem Hinweis auf den delphischen Lorbeer beträchtlicher Aussagewert zukommen, war doch der Lorbeer als der heilige Baum Apollons zugleich Symbol für den Rang des Augustus[141]. Apollon, der Schutzgott des Prinzeps, erscheint am Schluß der Ode auch als der Schutzgott des Horaz: Der Dichter empfängt von der Muse Apollons den Lorbeerkranz. Als *poeta laureatus* wird er dem Prinzeps gleichgestellt. Wie Augustus in der Öffentlichkeit als der von den Göttern erwählte Prinzeps erscheint[142], so will

[136] Suet. Aug. 100, 4; s.o. S. 1788.

[137] Hor. carm. 3, 30, 10–14; vgl. epist. 1, 19, 21f. Zum Begriff und Titel *princeps* Kienast a.O. (o. Anm. 2) 171f.

[138] Hor. carm. 3, 30, 9.

[139] Ebd. V. 7f.; vgl. Lucr. 1, 117f.: Ennius; 1. 124: Homer.

[140] R. Heinze, Die augusteische Kultur, hrsg. von A. Körte, Leipzig 1930, Nachdruck Darmstadt 1983, 106f.; Iul. Imp. or. 10, 4, 309b/c (2, 2, 36 Lacombrade).

[141] S.o. S. 1788.

[142] Vgl. J. R. Fears, Princeps a diis electus. The Divine Election of the Emperor as a Political Concept at Rome (Papers and Monographs of the Amer. Acad. in Rome 26), Roma 1977 (dazu P. A. Brunt, Journal of Roman Studies 69, 1979, 168–175, bes. 171f.), s. auch Ders., The Cult of Jupiter and Roman Imperial Ideology, ANRW II 17, 1 (1981) 3–141

Horaz als der von den Göttern berufene Dichter-Sänger-Prophet erscheinen. Die hier vorgetragene Deutung ließe sich noch durch einen Vergleich mit der genau in der Mitte des vierten Buches stehenden achten Ode vertiefen und weiterführen[143].

Horaz versuchte in einzelnen seiner Oden, die religiöse Lyrik der Griechen mit den Errungenschaften der hellenistischen Dichtung zu verschmelzen. Im Gegensatz zu den Neoterikern wollte er der Dichtkunst und dem Dichter mit Hilfe von Vorstellungen des Mythos und des Volksglaubens eine neue Weihe geben. Aus diesem Versuch des Horaz spricht zugleich auch der Geist des Augustus. Der Prinzeps hat sich selbst und seine Politik durch die Legende und den Mythos der Dichter verherrlichen lassen. Horaz hat mit manchem seiner religiösen Gedichte dem Verlangen des Augustus gedient. Zugleich aber hat er seine Unabhängigkeit dadurch bewiesen, daß er das gleiche religiöse Mittel eingesetzt hat, um seine Dichtkunst und die eigene Person zu erhöhen.

Die Folgen für den Wirklichkeitsgehalt der so behandelten religiösen Vorstellungswelt konnten nicht ausbleiben. Die Wandlung religiöser Aussagen in Aussagen der Kunst mußte bald zum Verfall von Mythos und ererbtem römisch-griechischen Götterglauben führen. Noch zu Lebzeiten des Augustus ist dieser Weg bis zu Ende durchschritten worden, wie die unreligiösen Dichtungen Ovids und das verstärkte Einströmen fremder östlicher Religionen nach Rom und Italien zeigen. So lagen in der weitgehend nur äußerlich betriebenen Restauration der altrömischen Religion des Augustus und seines gleichgestimmten Dichterfreundes Horaz alle Keime zum schnellen Verfall. Das glänzende äußere Bild des Augusteischen Zeitalters trügt. Diese Epoche war in Wirklichkeit eine Zeit des Verlustes religiöser Werte und von Transzendenzerfahrung, vor allem bei den Gebildeten und den kulturtragenden Schichten der Bevölkerung.

und DERS., The Cult of Virtues and Roman Imperial Ideology, ANRW II 17, 2 (1981) 827–948.

[143] Durch das Versmaß ist Hor. carm. 4, 8 eng mit carm. 1, 1 und 3,30 verknüpft.

31. Spuren der 'Genesis' in Ovids Metamorphosen?

Die Forschungen zur späthellenistischen und kaiserzeitlichen Literatur der Griechen und Römer haben erwiesen, daß die Heiligen Schriften der Juden in griechischer Übertragung – in Form der 'Septuaginta' oder anderer griechischer Übersetzungen von Teilen des Alten Testaments – nicht allein von hellenistischen Juden gelesen wurden, sondern, wenn auch selten, von einzelnen gebildeten Heiden[1]. Vor allem der 'Pentateuch' und hier wieder das erste Buch, die 'Genesis', scheint die Aufmerksamkeit auf sich gezogen zu haben[2]. Die dort mitgeteilte Weltschöpfung und Kulturentstehung konnten auf die Anteilnahme gelehrter Griechen und Römer des Späthellenismus und der frühen Kaiserzeit rechnen[3].

---

[1] Vgl. E. Norden, Das Genesiszitat in der Schrift vom Erhabenen, in: Abh. Berlin 1954, 1 (1955, geschrieben 1923) wieder abgedruckt in: Kleine Schriften (1966) 286–313; R. Harder, 'Ocellus Lucanus', 1926 (Nachdruck Zürich/Dublin 1966) 129–132; G. Björck, Der Fluch des Christen Sabinus (Arbet. V. Ekmans Universitetsfond 47) Uppsala 1938, 43, Anm. 1; D. A. Russell, Ausgabe von Pseudo-Longinus, De sublimitate, Oxford 1964, 92–94 zu c. 9, 9; M. Stern, Greek and Latin Authors on Jews and Judaism, Bd. 1: From Herodotus to Plutarch, Jerusalem 1974, 361–365 (zu Pseudo-Longinus, wohl 1. Hälfte des 1. Jh.s n. Chr.). Zu den Bemühungen der Juden um Gehör bei den Griechen vgl. W. Speyer, Die literarische Fälschung im heidnischen und christlichen Altertum, 1971, 155–160; M. Hengel, Anonymität, Pseudepigraphie und 'Literarische Fälschung' in der jüdisch-hellenistischen Literatur: Pseudepigrapha I (Entretiens sur l'antiquité classique 18, 1972, 229–308, ibid. 309–329 Diskussion.

[2] Vgl. Stern (Anm. 1) 361 und Anm. 1 mit Hinweis auf Hekataios von Abdera bei Diod. Sic. XL 3, 6 (ibid. 20–35) und 'Ocellus Lucanus' univ. nat. 45–46 (ibid. 131–133). – Aus dem ersten Buch eines berühmten literarischen Werks wurde gern zitiert. Leider fehlt bis heute eine Geschichte des Zitats in der Antike; vgl. M. von Albrecht, Art. Zitat, in: LdAW (1965) 3339; E. Nachmanson, Der griechische Buchtitel, in: Göteborgs Högskolas Årsskrift 47, 19 (Göteborg 1941, Nachdruck Darmstadt 1969) 34, Anm. 2.

[3] Vgl. W. Spoerri, Späthellenistische Berichte über Welt, Kultur und Götter (Schweizerische Beiträge zur Altertumswissenschaft 9, Basel 1959); G. Pfligersdorffer, Studien zu Poseidonios, in: SB Wien 232, 5 (Wien 1959); F. Lämmli, Vom Chaos zum Kosmos. Zur Geschichte einer Idee 1. 2 (Schweizerische Beiträge zur Altertumswissenschaft 9. 10, Basel 1962).

Ovid hat in zwei größeren Abschnitten seiner erzählenden Dichtungen das Thema der Weltentstehung dargestellt: am Anfang der Metamorphosen und im ersten Buch seiner 'Fasti'[4]. Der Einfluß philosophischer Theorien der Griechen ist unmittelbar zu erkennen, wenn auch im einzelnen der Anteil bestimmter Philosophen nur schwer festzustellen ist. Das liegt an der selbständigen Arbeitsweise des Dichters. Stets hat er seine Vorlagen umgestaltet. Seine Kraft, sich fremde Gedanken anzueignen und anzuverwandeln, zeigt sich vor allem in jenen Abschnitten seines Werks, die dem Lehrgedicht und der Gedankenlyrik nahestehen.

Bereits der Kirchenschriftsteller Laktanz hat auf bestimmte Parallelen zwischen Formulierungen Ovids am Anfang der Metamorphosen und der 'Genesis' hingewiesen[5]. Auf diesem Weg sind Oviderklärer des | 18. Jahrhunderts weitergegangen[6]. Ihre allzu allgemein und ungenau vorgetragene Behauptung einer Abhängigkeit Ovids von der 'Genesis' konnte jedoch die Philologen des 19. Jahrhunderts nicht überzeugen. Diese hielten schon aus allgemeinen Erwägungen über das kulturelle Ver-

---

[4] Ov. met. I 5–88; fast. I 89–144 (dazu G. PFLIGERSDORFFER, Ovidius Empedocleus. Zu Ovids Ianus-Deutung, in: Grazer Beiträge 1 [1973] 177–209); vgl. ferner ars II 467–478.

[5] Lact. inst. I 5, 13 (CSEL 19, 15): *Ovidius quoque in principio praeclari operis* [sc. Metamorphoseon lib. 1, 57. 79] *sine ulla nominis dissimulatione a deo, quem 'fabricatorem mundi', quem 'rerum opificem' vocat, mundum fatetur instructum.* An späterer Stelle kommt Laktanz noch einmal auf die Verwandtschaft von Ovids Gottesbegriff mit dem alttestamentlichen zurück: II 5, 24 (118): *quanto igitur Naso prudentius quam illi qui sapientiae studere se putant, qui sensit a deo lumina illa* [sc. *astra*] *ut horrorem tenebrarum depellerent instituta! is eum librum quo Phaenomena breviter conprehendit his tribus versibus terminavit: tot numero talique deus simulacra figura / inposuit caelo perque atras sparsa tenebras / clara pruinosae iussit dare lumina nocti* (vgl. Gen. 1, 14–15). Diese Verse Ovids haben sein verlorenes Lehrgedicht 'Über die Sternbilder' beendet, standen also an betonter Stelle. Die Formulierung: *deus . . . iussit . . .* wirkt wie ein Echo von Gen. 1, 14: Καὶ εἶπεν ὁ θεός. Γενηθήτωσαν φωστῆρες (zu den 'Phaenomena' Ovids vgl. M. SCHANZ / C. HOSIUS, Geschichte der römischen Literatur 2 [[4]1935, Nachdruck 1967] 253). Vgl. ferner Lact. inst. II 8, 63–64 (140): *Sanctae litterae docent hominem fuisse ultimum dei opus; . . . idem . . . poetae fatentur. Ovidius perfecto iam mundo et universis animalibus figuratis hoc addidit: «sanctius his animal . . . natus homo est»* [met. I 76/8]; L. ALFONSI, Ovidio nelle 'Divinae Institutiones' di Lattanzio, in: VigChr 14 (1960) 170–176, besonders 172–175.

[6] Beispielsweise A. BANIER (1673–1741), Les métamorphoses d'Ovide en latin traduites en françois avec des remarques et des explications historiques, Bd. 1, Amsterdam 1732, 1–14.

hältnis der Griechen und Römer zu den Juden eine derartige Beeinflussung zumindest in vorchristlicher Zeit für ganz unwahrscheinlich. Von einem solchen Vorurteil ist man erst in jüngster Zeit aufgrund eines tieferen Eindringens in den Geist des Späthellenismus abgerückt. So mehren sich heute Stimmen, die von der Möglichkeit sprechen, daß auch in den Metamorphosen Ovids Spuren einer Einwirkung der Genesis festzustellen sind[7].

Ovid hat an drei Stellen seiner Liebesdichtungen auf die jüdische Religion angespielt, und zwar jeweils auf den Sabbat[8]. Von einer Judenfeindschaft ist bei ihm nichts zu spüren. Zu seiner Zeit lebte in Rom eine ansehnliche jüdische Gemeinde, so daß, ganz abgesehen von Mittelquellen wie vielleicht Poseidonios, eine unmittelbare Berührung nicht auszuschließen ist.

Zu den bisher zu einzelnen Versen der Metamorphosen beigebrachten Parallelen aus der 'Genesis' sei auf folgende bisher nicht oder zu wenig beachtete inhaltliche und strukturelle Entsprechungen hingewiesen. Im freien Anschluß an Hesiods Mythos von den fünf Geschlechtern der Menschheit schildert Ovid, wie das die Menschheitsgeschichte eröffnende goldene Zeitalter über das silberne und eherne zum eisernen entartet. Im eisernen Zeitalter lebt eine Generation, die sich gegenseitig nach dem Leben trachtet. An dieser Stelle seiner Erzählung fügt der Dichter den Hinweis auf den Kampf der erdgeborenen Giganten gegen die Olympier ein und berichtet, daß ein noch verworfeneres Menschengeschlecht aus dem Blut der besiegten Giganten entstanden sei[9]. Dieses neue Geschlecht, das einen anderen Ursprung als die vorangehenden der vier Zeitalter hat, ist durch Götterfeindschaft, Mordlust und Gewalt-

---

[7] Vgl. R. CRAHAY / J. HUBAUX, Sous le masque de Pythagore: Ovidiana. Recherches sur Ovide, ed. par N. I. HERESCU, Paris 1958, 283–300, besonders 288–289 zu met. XV 143–154; D. MARIN, Intorno alle cause dell' esilio di Ovidio, ibid. 406–411, besonders 408–409; LÄMMLI (Anm. 3) 1, 125–129 und Register s.v. 'Genesis, Einfluß bei Ovid?', der Poseidonios als Vermittler erwägt (ibid. 131); F. BÖMER, P. Ovidius Naso, Metamorphosen 1–3 (1969) 42 zu I 76–88; 45 zu I 83; id., P. Ovidius Naso, Metamorphosen 8–9 (1977) 190–191 zu VIII 616–724; STERN (Anm. 1) 347, Anm. 1 zu met. I 294.

[8] Ov. ars I 75–80; 413–416; rem. 217–220; vgl. STERN (Anm. 1) 347–349.

[9] Ov. met. I 89–112: Goldenes Zeitalter; 113–124: Silbernes Zeitalter; 125–127: Ehernes Zeitalter; 127–150: Eisernes Zeitalter; 151–162: Kampf der Giganten und neues Geschlecht aus dem Blut der Giganten; vgl. BÖMER (Anm. 7) 47–73.

tätigkeit gekennzeichnet. Die Frage, ob dieses neue Geschlecht aus Gigantenblut das eiserne abgelöst hat oder neben ihm besteht, beantwortet der Dichter nicht ausdrücklich. Aus der folgenden Lykaonerzählung darf man aber vermuten, daß sich die Nachkommen aus dem Blut der Giganten infolge ihrer brutalen Kraft zu Herrschern über die Menschen des ehernen Geschlechts aufgeworfen haben[10]. Die Reaktion | des Himmels auf die Frevel des neuen Geschlechts läßt nicht auf sich warten. Jupiter beschließt im Rat der Götter, die entartete Menschheit durch eine große Wasserflut zu vernichten[11]. Am Beispiel des arkadischen Tyrannen Lykaon zeigt Jupiter den anwesenden Göttern, wie gottlos die Menschen geworden sind, so daß sie selbst vor Gottesmord und Geiseltötung nicht zurückschrecken[12]. Die von Jupiter gesandte Flut vernichtet das Geschlecht der Frevler mit Ausnahme von Deukalion und seiner Frau Pyrrha, die wegen ihrer Gottesfurcht gerettet werden[13].

Die 'Genesis' beschreibt ebenfalls ein goldenes Zeitalter, den paradiesischen Urzustand, der sich allerdings ohne Zwischenstufen infolge der Sünde des Urelternpaares zum leiderfüllten Zustand mit Mühsal, Tod und Mord – entsprechend dem eisernen Zeitalter Ovids – wandelt. Die Menschen beider Zeitalter sind durch Abstammung miteinander verbunden[14]. Ähnlich unvermittelt wie die Metamorphosen und an der gleichen Stelle der Gesamtkomposition, nämlich vor der Sintflut, berichtet die 'Genesis', daß ein neues Menschengeschlecht ohne Zutun Gottes auf eine außergewöhnliche Weise entstanden sei[15]. Dieses Geschlecht trägt in der 'Septuaginta' den Namen Giganten. Diese Giganten sollen Nachkommen der sogenannten Gottessöhne und der Menschentöchter sein. Die Giganten sind also auch in der 'Genesis' Wesen,

---

[10] Met. I 163–252, vgl. BÖMER (Anm. 7) 74–100; vgl. Pseudo-Lact. Plac. fab. Ov. I 6 (p. 634 MAGNUS) *de Gigantum sanguine nati quam sacrilega mente versati sunt, Lycaonis testatur exemplum;* W. SPEYER, Art. Gottesfeind, in: RAC 11 (1981) 996–1043, besonders 1007–1008.

[11] Met. I 187–188. 240–243.

[12] Met. I 198. 211–230.

[13] Met. I 253–348; vgl. BÖMER (Anm. 7) 100–120.

[14] Gen. 2, 8–25: Paradies; 3, 1–24: Sündenfall und Vertreibung aus dem Paradies; 4, 1–5, 32: Brudermord Kains; die Geschlechterfolgen von Adam bis zu den Söhnen Noahs.

[15] Gen. 6, 1–4.

die sich aufgrund ihrer besonderen Abkunft von den Menschen unterscheiden. Hinter ihren Vätern, die als Gottessöhne bezeichnet sind, werden wohl depotenzierte Götter Kanaans sichtbar. Erst das nachbiblische Judentum und die ihm folgenden Kirchenschriftsteller vor allem der vornizänischen Zeit haben unter ihnen gefallene Engel verstanden[16]. Wie die 'Genesis' berichtet, hat dieses neue gewaltige Menschengeschlecht einen noch frevelhafteren Sinn als die Nachkommen Adams gezeigt; denn Gott selbst mußte eingreifen. Als er sah, daß die Bosheit der Menschen, vor allem der Giganten, ins Ungeheure stieg, beschloß er, eine große Flut zu schicken, die alle vertilgen sollte[17]. Nur Noah und seine Angehörigen seien dem Tod des Ertrinkens wegen ihrer Gottesfreundschaft entgangen[18].

Die Übereinstimmungen zwischen den beiden Abschnitten der 'Genesis' und der Metamorphosen sind unschwer zu erkennen. Die Erzählung von einem neuen, auf außergewöhnliche Weise entstandenen und besonders frevelhaften Menschengeschlecht steht in beiden Werken an dersel-|ben Stelle der Gesamtkomposition. Außerdem werden beide Berichte durch den Begriff der Giganten miteinander verknüpft. In beiden Erzählungen ist die neue Menschengeneration nicht nach dem Willen der Gottheit entstanden, und in beiden Texten führen die Frevel dieses neuen Menschengeschlechts zum Strafgericht der großen Flut, aus der nur wenige, und zwar nur die gottesfürchtigen Menschen gerettet werden: Noah und die Seinen in der 'Genesis' und Deukalion und Pyrrha bei Ovid[19].

Diese Übereinstimmung zwischen den Metamorphosen und der 'Genesis' erhält insofern ein um so größeres Gewicht, als zu Ovids Darstellung die erhaltene Literatur der Griechen und Römer keine Parallele auf-

---

16 Vgl. H. Gunkel, Genesis übersetzt und erklärt, ³1910 (Nachdruck 1964) 55–59; C. Westermann, Genesis 1, 1, 1974, 491–517, besonders 502–503; W. Speyer, Art. Gigant, in: RAC 10 (1978) 1247–1276, besonders 1260–1262, 1264–1265.

17 Gen. 6, 5–7.

18 Gen. 6, 8–8, 14.

19 Vgl. Gen. 6, 8–9: Noah hatte wegen seiner Gerechtigkeit Gnade vor Gott gefunden. Ov. met. I 327 *innocuos ambos, cultores numinis ambos* [sc. *Deucalion, Pyrrha*]. Noah und die Seinen entsprechen Deukalion und Pyrrha. Sie stehen im Gegensatz zur sündhaften Gigantengeneration.

weist[20]. Varro ist der einzige, der im Zusammenhang einer Sintflut von Giganten spricht. In seiner Schrift 'De gente populi Romani' erklärt er auf rationalistisch-euhemeristische Weise, wie es zum Mythos von den schlangenfüßigen Giganten gekommen sei[21]. Die Griechen kannten aber außer der Deukalionischen Flut, die Ovid beschreibt, noch eine weitere Flut, nämlich die des Ogygos[22]. Vielleicht hat Varro in 'De gente populi Romani' an diese gedacht[23]. Wie Ovid kann aber auch Varro den Gedanken der Vernichtung der Giganten durch eine Sintflut der jüdischen Überlieferung entnommen haben, denn er zeigt sich auch sonst als Kenner der jüdischen Religion[24].

Nicht auszuschließen ist aber auch die Möglichkeit, daß Ovid durch ein Buch eines hellenistischen Juden von dieser 'Genesis'-Überlieferung Kenntnis erhalten hat. In späthellenistischer Zeit wiederholten jüdische Schriftsteller in griechischer Sprache Angaben der 'Genesis', schmückten sie aus oder vermischten babylonische, griechische und alttestamentliche Überlieferungen. So verfuhren sie auch mit den Nachrichten der 'Genesis' über die Giganten und die Sintflut[25].

---

[20] Serv. auct. Ecl. VI 41 geht auf Ovids Metamorphosen zurück; vgl. M. MAYER, Der Protesilaos des Euripides, in: Hermes 20 (1885) 101–143, besonders 136–137, Anm. 1.

[21] Überliefert durch Serv. Aen. III 578; vgl. P. FRACCARO, Studi Varroniani. De gente populi Romani lib. IV, Padova 1907 (Nachdruck Roma 1966) 262 *sed Varro dicit in diluvio aliquos ad montes confugisse cum utensilibus, qui lacessiti postea bello ab his, qui de aliis veniebant montibus, facile ex locis superioribus vicerunt: unde factum est, ut dii superiores dicerentur, inferiores vero terrigenae. Et quia de humillimis ad summa reptabant, dicti sunt pro pedibus habuisse serpentes;* vgl. Mythogr. Vat. III 1, 10 und Joh. Antioch. bei J. A. CRAMER, Anecdota Graeca e codd. manuscriptis bibliothecae regiae Parisiensis, Bd. 2, Oxford 1839, 380: der hier genannte Σέϱαιος ist der Vergilerklärer Servius; damit sind die Vermutungen von F. JACOBY im Kommentar zu FGrHist 47 (Leiden ²1957) 527 hinfällig. Vgl. auch F. VIAN, La guerre des Géants devant les penseurs de l'antiquité, in: Rev. Ét. Grec. 65 (1952) 1–39, besonders 21–22 und SPEYER, Gigant (Anm. 16) 1257.

[22] Vgl. J. MILLER, Art. Ogygos, in: RE 17, 2 (1937) 2076–2078; W. BURKERT, Homo necans (RGVV 32, 1972) 150, Anm. 10.

[23] Dies vermutet FRACCARO (Anm. 21); vgl. ferner MILLER (Anm. 22) 2078, 40–53.

[24] Vgl. STERN (Anm. 1) 207–212; wie er glaubt (ibid. 208), hat Varro eine unmittelbare Kenntnis des Judentums besessen.

[25] Vgl. beispielsweise Orac. Sibyll. I 1–124 (GCS Orac. Sibyll. 6–12); Jubiläenbuch 5, 1–11; 7, 21–26; Henoch aeth. 6–16; 106, 13–17; Apc. Bar. gr. 4, 10. Auf synkretistische Vorstellungen deutet Philo gig. 7, 58–60; Pap. Gr. Mag. IV 3059 (nicht er-

Aus der Zeit nach Ovid wäre noch auf Peisandros von Laranda hinzuweisen, der zur Zeit des Kaisers Severus Alexander gelebt hat. In seinem Epos 'Ἡρωικαὶ θεογαμίαι, das mit 60 Büchern wohl das umfangreichste Gedicht der Antike war, scheint auch er von einer Flut gesprochen zu haben, in der die von den Göttern noch nicht erlegten Giganten untergegangen sein sollen[26]. Diese Flut war hier wohl nur ein Mittel göttlicher Vernichtung neben anderen. |

Eine gewisse Beweiskraft dürfte auch folgenden Entsprechungen zwischen den Metamorphosen und der 'Genesis' zukommen: Bevor Jupiter nach der Erzählung Ovids die Sintflut schickt, will er sich vergewissern, wie weit die Menschen in ihrer Gottesfeindschaft gehen[27]. Er nimmt deshalb Menschengestalt an und sucht den arkadischen Tyrannen Lykaon auf. Dieser glaubt nicht an die Göttlichkeit seines Gastes und versucht ihn in der Nacht zu ermorden[28]. Als erste Strafe läßt Jupiter Lykaons Wohnsitz durch Feuer zerstören, darauf verwandelt er den Frevler in einen Wolf[29]. In der 'Genesis' nimmt Jahwe Menschengestalt an und besucht Abraham und Sara[30]. Diese Szene hat schon seit langem zum Vergleich mit dem Besuch von Jupiter und Mercur bei Philemon und Baucis gelockt[31]. Von Abraham und Sara wendet Gott sich nach Sodom, um Klarheit zu gewinnen, ob die Frevel tatsächlich so groß sind, wie das Gerücht

---

kannt von A. Deissmann, Licht vom Osten, ⁴1923, 224, Anm. 3). Vgl. ferner V. Nikiprowetzky, La troisième Sibylle, in: Études Juives 9 (Paris/La Haye 1970) 119–126: 'La Gigantomachie'; Speyer, Gigant (Anm. 16) 1263.

[26] Zu erschließen aus Joh. Malal. chron. 1 frg., hg. von R. Keydell, Die Dichter mit Namen Peisandros, in: Hermes 70 (1935) 301–311, besonders 304–305. Die Zeugnisse und Fragmente zu Peisandros bietet E. Heitsch, Die griechischen Dichterfragmente der römischen Kaiserzeit, Bd. 2 (Abh. Göttingen 3, 58 [1964]) 44–47 Nr. S 6.

[27] Vgl. met. I 211–215 *contigerat nostras infamia temporis aures: / quam cupiens falsam, summo delabor* [sc. *Iuppiter*] *Olympo / et deus humana lustro sub imagine terras. / longa mora est, quantum noxae sit ubique repertum, / enumerare. minor fuit ipsa infamia vero.*

[28] Ibid. 216–225.

[29] Ibid. 230–239; vgl. die Verwandlung Nebukadnezars in ein Rind: Daniel 4, 22. 30.

[30] Gen. 18, 1–15.

[31] Ov. met. VIII 611–724; vgl. M. Beller, Philemon und Baucis in der europäischen Literatur. Stoffgeschichte und Analyse, 1967, 11/36; dazu die Besprechung von F. Bömer, in: Gymnasium 82 (1975) 367–370 und id., P. Ovidius Naso, Metamorphosen 8–9 (1977) 190–232.

sagt[32]. Ähnlich wie Lykaons Frevel übersteigt auch die Ruchlosigkeit der Sodomiten jede Vorstellung: Die Sodomiten versuchen ihre Geschlechtslust sogar an den göttlichen Besuchern zu stillen. Daraufhin läßt Gott Feuer vom Himmel regnen und vernichtet die Sünder[33]. Eigentümlicherweise folgt in dieser Erzählung ebenfalls eine Verwandlung: Lots ungehorsame Frau erstarrt zu einer Salzsäule[34].

Abgesehen von diesen Ähnlichkeiten in Einzelheiten ist noch auf eine weitere Entsprechung hinzuweisen. Diese betrifft den Gesamtplan der Metamorphosen. In den Einleitungsversen der Metamorphosen kündigt Ovid ein universalgeschichtliches Gedicht an, das vom Anfang der Welt bis auf seine Zeit reichen soll[35]. Tatsächlich umfassen die Metamorphosen die Schöpfungsgeschichte, die Kulturentwicklung (Urzeit), die mythische und geschichtliche Zeit. Den kunstvollen Aufbau dieses Weltgedichtes hat W. LUDWIG erschlossen; dabei hat er den Anschluß Ovids an Hesiod und die antike Universalgeschichtsschreibung hervorgehoben, während man früher Ovids Plan, ein Gedicht vom Beginn der Welt bis auf Augustus zu schreiben, wegen fehlender Entsprechung in der griechischen und römischen Dichtung für das geistige Eigentum des Dichters gehalten hatte[36]. Ovid hat aber die Metamorphosen nicht nur als ein Weltgedicht entworfen, sondern seine Dichtung auch teleologisch angelegt. Bereits im ersten Buch finden sich prophetische Hinweise auf Augustus, ausgesprochen vom Dichter und von Apollon, dem Schutzgott der Dichter und des Kaisers[37]. In der vom Dichter angekündigten Apotheose

---

[32] Gen. 18, 16–22, besonders 20–21: εἶπεν δὲ κύριος. Κραυγὴ Σοδόμων καὶ Γομόρρας πεπλήθυνται, καὶ αἱ ἁμαρτίαι αὐτῶν μεγάλαι σφόδρα. Καταβὰς οὖν ὄψομαι, εἰ κατὰ τὴν κραυγὴν αὐτῶν τὴν ἐρχομένην πρός με συντελοῦνται, εἰ δὲ μή, ἵνα γνῶ (s. o. Anm. 27).

[33] Gen. 18, 16–19, 26. Zu der schwierigen überlieferungs- und religionsgeschichtlichen Frage nach dem Verhältnis Jahwes zu den 'Drei Männern' und zu den zwei Engeln in diesem Bericht vgl. GUNKEL (Anm. 16) 193–217.

[34] Gen. 19, 26; s. o. Anm. 29.

[35] Met. I 1–4; dazu vgl. O. St. DUE, Changing Forms. Studies in the Metamorphoses of Ovid, Copenhagen 1974, 94–97; G. K. GALINSKY, Ovid's Metamorphoses. An Introduction to the Basic Aspects, Oxford 1975, 3. 68–69.

[36] Vgl. W. LUDWIG, Struktur und Einheit der Metamorphosen Ovids, 1965, 74–86 und Anm. 95.

[37] Vgl. met. I 204–205. 562–563 (zur letzten Stelle A. ALFÖLDI, Die zwei Lorbeerbäume des Augustus, in: Antiquitas 3, 14 [1973]); LUDWIG (Anm. 36) 18. 20.

des Augustus gipfelt das Gedicht[38]. Auf Rom und Augustus zielen die Erzählungen des geschichtlichen Teils[39]. Eine derartige universalgeschichtliche Perspektive, verbunden mit einer Sichtweise, die auf ein geschichtliches Volk und einen Heilbringer königlichen Geschlechts zielt, kennzeichnet auch das Alte Testament. So wird schon in der 'Genesis' auf die Erwählung und die einzigartige Bedeutung des Volkes Israel hingewiesen[40].

Aufgrund der genannten Parallelen zwischen der 'Genesis' und den Metamorphosen ist vielleicht die Annahme nicht ganz abzulehnen, daß Ovid von der Heiligen Schrift der Juden eine mittelbare oder sogar unmittelbare Kenntnis besessen hat. Mag Ovid auch als der virtuose Dichter einer bereits sinkenden Kulturepoche dem Geist des Alten Testaments weithin fremd gegenübergestanden sein, so kann er doch als einfühlsamer, gebildeter und belesener Dichter auch von hier Anregungen für sein Weltgedicht empfangen haben.

---

[38] Met. XV 850–870.

[39] Met. XI 194–XV, 870; vgl. Ludwig (Anm. 36) 60–73.

[40] Gen. 12, 2–3; 18, 17–18 und öfter; zur Messiaserwartung vgl. W. Speyer, Art. Genealogie, in: RAC 9 (1976) 1205–1207; zur Gens Iulia, ibid. 1193–1195.

32. Religiöse Betrüger

Falsche göttliche Menschen und Heilige in Antike und Christentum

Zu den bis heute nicht oder zu wenig mit Kritik bearbeiteten Themen der Geschichtswissenschaft, näherhin der Religions-, Kultur- und Geistesgeschichte, zählt eine geschichtliche Darstellung des religiösen Betrugs in den einzelnen Kulturen der Menschheit[1]. Seitdem sich in Griechenland während des 6. und 5. Jahrhunderts eine philosophisch-wissenschaftliche Aufklärung entwickelt hatte, verstummte der Vorwurf nicht mehr, daß schlaue Menschen die Religion erfunden hätten, um sich durch sie die Macht über die von Angst und Aberglauben beherrschten Mitmenschen zu sichern. In den Augen der Vertreter dieser Denkrichtung wurden alle bis dahin als inspiriert und heilig angesehenen Gesetzgeber, Gründer, Stifter und Reformatoren der Religionen zu ich- und machtbesessenen Betrügern. Die Zeugnisse für diese Religionskritik beginnen mit Nachrichten bei Herodot und Euripides. Vor allem spricht das Satyrspiel Sisyphos, das bis vor kurzem dem Athener Kritias, einem der sogenannten 30 Tyrannen des Jahres 404/403 v. Chr. und Oheim Platons, zugeschrieben wurde, diesen Gedanken verallgemeinernd aus[2]. Zu derartigen Betrügern wurden die mythisch-historischen Gesetzgeber der Juden, Griechen und Römer

Abkürzungen
GCS = Die griechischen christlichen Schriftsteller der ersten Jahrhunderte
RE = Realencyklopädie der classischen Altertumswissenschaft

1) Zu Antike und Christentum vgl. G. d'Emiliane, Histoire des tromperies des prêtres et des moines décrite dans un voyage d'Italie (Rotterdam 1710); E. C. Brewer, A Dictionary of Miracles (1884) S. 180–204: ‚Imposture'; O. Weinreich, Engastrimythen, Archiv für Religionswissenschaft 13 (1910) S. 622 f. = ders., Ausgewählte Schriften 1 (1969) S. 31–33; ders., Der Trug des Nektanebos. Wandlungen eines Novellenstoffs (1911); P. Saintyves, La simulation du merveilleux (1912); J. Lhermitte, Echte und falsche Mystiker, deutsche Ausgabe von O. von Nostitz (1953).

2) W. Jaeger, Die Theologie der frühen griechischen Denker (1953) S. 214, 301; A. Dihle, Das Satyrspiel „Sisyphos", Hermes 105 (1977) S. 28–42, der mit beachtenswerten Gründen für Euripides als Verfasser eintritt.

gestempelt, ein Moses ebenso wie Minos, Lykurgos, Zaleukos und Numa[3]. Der Hohenstaufe Friedrich II, der im 13. Jahrhundert dem aufgeklärten Denken der Neuzeit schon recht nahekam, soll das Wort von den ‚drei Betrügern' geprägt haben; unter ihnen habe er Moses, Jesus und Mohammed verstanden[4]. Jahrhunderte später, im Zeitalter der beginnenden Aufklärung wurde unter dem Titel De tribus impostoribus eine selbständige Schrift veröffentlicht (nach 1687)[5]. Als religiöser Betrüger wurde im griechischen Altertum Pythagoras bezeichnet. Er soll seinen Abstieg in die Unterwelt, seine Katabasis, durch einen schlauen Betrug vorgetäuscht haben[6]. Wahrscheinlich liegt in der entsprechenden griechischen Überlieferung vom Trug des angeblich göttlichen Menschen der Geten, Za(l)moxis, ein Wandermotiv vor[7]. Jahrhunderte später wurden von Mani ganz ähnliche Machenschaften berichtet[8].

Die antiken Kritiker dieser Überlieferungen verkennen aber die magisch-religiöse Mentalität. Diese liegt der profanen, wissenschaftlichen Bewußtseinsstufe sachlich und zeitlich voraus und kann nicht mit den Kategorien von Lüge, Betrug und Täuschung erfaßt werden. Vielmehr haben sich die heiligen Menschen, zu denen die Genannten gehören, tatsächlich als von einer Gottheit erwählt und begnadet erlebt. Dieses Erlebnis wurde in mannigfacher Weise ausgedrückt und sinnenhaft vergegenwärtigt. Über die verschiedenen Formen und Gestaltungen, wie sich Heiden, Juden und Christen die göttliche Erwählung und die Übermittlung sowie den Empfang von Offenbarung vorgestellt

---

3) Nachweise bei W. Speyer, Religiöse Pseudepigraphie und literarische Fälschung im Altertum, Jb. für Antike und Christentum 8/9 (1965/66) S. 88–125, bes. S. 100–109 = N. Brox (Hg.), Pseudepigraphie in der heidnischen und jüdisch-christlichen Antike (Wege der Forschung 484, 1977) S. 195–263, bes. S. 218–234.

4) F. Mauthner, Der Atheismus und seine Geschichte im Abendlande 1 (1920) S. 306–308.

5) Ebd. S. 311–331; J. Presser, De tribus impostoribus (1926); L. Zscharnack/W. Maurer, Art. Impostores tres, in: Die Religion in Geschichte und Gegenwart 3 (1959) Sp. 689.

6) Hermippos bei Diog. Laert. 8,41; I. Lévy, La légende de Pythagore de Grèce en Palestine (Bibliothèque de l'École des Hautes Études 250, 1927) S. 129–135; J. H. Waszink, Kommentar zu Tertullian, De anima (1947) S. 356–361 zu cap. 28,2; W. Burkert, Lore and Science in Ancient Pythagoreanism (1972) S. 155–159.

7) Ebd. S. 157–159; vgl. K. von Fritz, Art. Zalmoxis, in: RE 9A, 2 (1967) Sp. 2301–2303; I. I. Russu, ebd. Sp. 2303–2305, der in Zalmoxis nur den Gott der Geten sieht.

8) Persischer Geschichtsschreiber Mîrchônd bei K. Kessler, Mani. Forschungen über die manichäische Religion (1889) S. 377–381, bes. S. 379.

haben, ist hier nicht näher zu sprechen[9]. Jedenfalls darf nicht ein jedes scheinbar einschlägige Zeugnis des Altertums unbesehen für eine Darstellung der Geschichte des religiösen Betrugs ausgewertet werden.

In den Zeiten, als die magisch-religiöse Erfahrung und Deutung der Wirklichkeit allein herrschten, waren die Repräsentanten der Magie und Religion, die numinosen Menschen, Träger höchster Autorität. Ein göttlicher oder heiliger Mensch zu sein war ein Ziel, das viele erstrebten. Mochten die Menschen vorwissenschaftlicher Zeiten insgesamt über magisch-religiöse Erfahrungen und Kräfte verfügen, so ragten doch einzelne unter ihnen aufgrund ihrer Anlage und ihrer abweichenden Lebensführung hervor. Bei den Griechen waren dies die ‚göttlichen Menschen', die θεῖοι ἄνδρες und θεῖαι γυναῖκες, bei den alten Israeliten die ‚Gerechten', die ‚Gottesmänner' und ‚Propheten', bei den Christen die ‚Heiligen'[10]. Der heilige Mensch, der aufgrund seines Wesens, seiner Erfahrung und auch seiner magisch-religiösen Übungen, etwa seiner Gebete und seiner Nahrungs- und Geschlechtsaskese, über wunderbar anmutende Kräfte verfügte, wie über die Kraft zu segnen und zu fluchen, über Hellsehen und die Gabe der Weissagung und der Herzenserkenntnis, über die Erhabenheit von Raum und Zeit sowie über die Macht, die Elemente und Naturgewalten zu beherrschen, war der Ausgangspunkt und Zielpunkt der Verehrung, aber auch der heimlichen Furcht seiner Mitmenschen. Sein Ansehen beruhte auf diesen magisch-religiösen Fähigkeiten. Diese Autorität gründete ihrerseits wieder in der von allen angenommenen und verehrten göttlichen Macht, die sich in den Erscheinungen der Wirklichkeit außerhalb und innerhalb des Menschen auf mannigfaltige Weise zeigte, am eindrucksvollsten vielleicht im heiligen Menschen selbst als ihrem Repräsentanten. Dieses Wesen des heiligen Menschen spiegelte sich in der Verehrung wider, die ihm seine Umwelt aufgrund seiner Weihe entgegenbrachte.

Jeder von einer Gesellschaft anerkannte Wert übt auf alle, die ihn nicht besitzen, eine Anziehungskraft aus. Die meisten begnügen sich damit, den Wert zu

---

9) W. Speyer, Fälschung, pseudepigraphische freie Erfindung und „echte religiöse Pseudepigraphie": Pseudepigrapha I (Entretiens sur l'antiquité classique 18, 1972) S. 333–366, bes. S. 339 f.

10) L. Bieler, ΘΕΙΟΣ ΑΝΗΡ. Das Bild des „göttlichen Menschen" in Spätantike und Frühchristentum, 2 Bde. (1935/36); W. Schottroff, Art. Gottmensch I (Alter Orient und Judentum), in: Reallexikon für Antike und Christentum 12 (1983) Sp. 155–234; H. D. Betz, Art. Gottmensch II (Griechisch-römische Antike und Urchristentum): ebd. Sp. 234–312; W. Speyer, Der numinose Mensch als Wundertäter, Kairos N. F. 2 (1984) S. 129–153.

bewundern, ohne ihn unmittelbar besitzen zu wollen. Einzelne aber versuchen, sich den Wert anzueignen, wobei sie auch nicht vor betrügerischen Mitteln zurückscheuen. Der Begriff des Betrugs schließt die Begriffe der Maske, Verstellung, Lüge und Fälschung ein. Ein Wert kann um seiner selbst willen oder als Mittel zur Gewinnung anderer Werte erstrebt werden. Im Fall der Fälschung eines bestimmten heiligen Menschen oder des Typus des heiligen Menschen wählten einzelne Betrüger diese Persönlichkeitsform, um die mit ihr verbundene Autorität zu genießen; andere aber versuchten damit auch außerreligiöse Zwecke durchzusetzen. Wie es bei der falschen Angabe der literarischen Urheberschaft, der Pseudepigraphie, vor allem zwischen bewußter und tendenziöser sowie literarisch-künstlerisch gemeinter zu unterscheiden gilt, so auch bei der falschen Persönlichkeit[11]. Deshalb sind bei den aus Antike und Christentum überlieferten falschen heiligen Menschen zwei Haupttypen zu unterscheiden. Man wird den geschichtlich nachweisbaren falschen, den ‚gefälschten' heiligen Menschen vom legendären und aus rein literarisch gemeinten Absichten erfundenen zu trennen haben. Auf diese Arten ist die Forschung bisher bereits aufmerksam geworden, wobei aber fast ausschließlich die christliche Überlieferung berücksichtigt wurde. So hat der bekannte Bollandist Hippolyte Delehaye bereits auf rein fiktive christliche Heilige hingewiesen[12]. Dies sind Heilige, die nie gelebt haben und die ihr Entstehen der Phantasie des Volkes oder der Einbildungskraft oder dem Irrtum eines Legendenschreibers verdanken[13]. Der Verfasser einer Legende kann seinerseits nur literarisch-

---

11) W. Speyer, Die literarische Fälschung im heidnischen und christlichen Altertum (Handbuch der Altertumswissenschaft 1,2, 1971) S. 21–25.

12) H. Delehaye, Les légendes hagiographiques (Subsidia Hagiographica 18 a, ⁴1955) S. 108 f.; ders., Sanctus (Subsidia Hagiographica 17, 1927) S. 208–232; vgl. auch E. von Kraemer, Les maladies désignées par le nom d'un saint (1949) S. 7 f., 133; A. P. Frutaz, Art. Katakombenheilige, in: Lexikon für Theologie und Kirche 6 (1961) Sp. 24–26.

13) Z. B. Albanus, König Ungarns: BHL 201–205; Amphibalus: ebd. 395 f.; Barbara: Bibliotheca Hagiographica Graeca (= BHG³) 213–218q; BHL 913–971; Bibliotheca Hagiographica Orientalis (= BHO) 132–134; Barlaam-Joasaph: BHG³ 224; Christophorus: A. Hermann, Art. Christophorus, in: Reallexikon für Antike und Christentum 2 (1954) Sp. 1241–1250; Pueri Septem dormientes: BHG³ 1593–1599d; BHL 2213–2219; BHO 1012–1022; Mercurius: BHG³ 1273–1277a; BHL 5933–5999; BHO 753; Nicephorus: BHG³ 1331 f.; Kyriake, Tetrade und Paraskeue: F. Halkin, Les trois saintes Dimanche, Mercredi et Vendredi, Analecta Bollandiana 86 (1968) S. 390; Sophia und ihre Töchter Pistis, Elpis und Agape: BHG³ 1637×–1639; BHL 2966–2973; BHO 1082–1085; Theodulos Stylites: BHG³ 1785-e, Ursula und ihre Gefährtinnen: BHL

künstlerische Ziele verfolgt haben, er kann aber auch einen Heiligen erfunden haben, um eine außerliterarische Absicht durchzusetzen[14]. Andere falsche Heilige sind erst durch gelehrte, aber irrtümliche Schlußfolgerungen entstanden[15]. Von diesen Arten des falschen heiligen Menschen ist jene zu unterscheiden, bei der infolge pathologischer Identifikation ein Kranker als heiliger Mensch oder sogar als ein Gott auftritt[16]. Schließlich haben aber auch Betrüger sich in eigener Person als heilige Menschen ausgegeben. Auf sie soll im folgenden hingewiesen werden.

Für diese Arten des falschen und gefälschten Heiligen gibt es Beispiele aus Antike und Christentum. Bisher ist man über eine Betrachtung einzelner Fälle nicht hinausgekommen; ein Gesamtbild fehlt. Dieses Bild kann im Rahmen dieses Aufsatzes nur skizziert und nicht ausgeführt werden.

Die Tatsache, daß sich im Altertum einzelne Menschen angemaßt haben, entweder eine bedeutsame religiöse Persönlichkeit der näheren oder entfernteren Vergangenheit zu sein oder als Ausprägung einer bestimmten Art des göttlichen und heiligen Menschen zu erscheinen, folgt bereits aus bestimmten literarischen Fälschungen. Einzelne fast stets im Dunkel bleibende Personen haben unter der Maske von Propheten, Sehern und als inspiriert geltenden Dichtern und Heiligen geschrieben und wollten aufgrund ihrer so getarnten literarischen Werke als göttliche und heilige Persönlichkeiten gelten[17]. In der Öffentlichkeit zeigten sie sich allerdings nicht mit dieser Maske. Anders verhält es sich mit jenen Personen, die in ihrer Umwelt offen den Anspruch erhoben, eine bekannte religiöse Gestalt zu sein. In einzelnen Fällen war die Bedingung für die Möglichkeit, für diese Behauptung Glauben zu finden, die in ihrer

---

8427–8452; V. Hopmann, Art. Ursula, in: Lexikon für Theologie und Kirche 10 (1965) Sp. 574 f. und viele andere. – Aus dem heidnischen Altertum sind vergleichbar: Diotima, die inspirierte Priesterin aus Mantinea, und der Pamphylier Er in Platons Symposion und Staat, der ‚pius' Aeneas Vergils, Philemon und Baukis in Ovids Metamorphosen.

14) Zu derartigen Absichten Speyer, Fälschung (wie Anm. 11) S. 131–149, 218–303.

15) F. Halkin, Faux martyrs et inscriptions pseudohagiographiques, Analecta Bollandiana 67 (1949) S. 87–108.

16) Beispiele aus Altertum und Neuzeit bespricht O. Weinreich, Menekrates Zeus und Salmoneus. Religionsgeschichtliche Studien zur Psychopathologie des Gottmenschentums in Antike und Neuzeit (Tübinger Beiträge zur Altertumswissenschaft 18, 1933), Neudruck: ders., Religionsgeschichtliche Studien (1968) S. 299–434.

17) Speyer, Fälschung (wie Anm. 11), Register unter den kursiv gesetzten Namen göttlicher und heiliger Menschen.

Umgebung geltende Überzeugung, daß Tote wiederkehren können[18]. In anderen Fällen war es die mangelhafte Unterrichtung der Menge über das Ende bedeutsamer zeitgenössischer Persönlichkeiten, die sie zu sein vorgaben. Bei dem in der Antike noch wenig entwickelten Nachrichtenwesen trat diese Bedingung relativ häufig ein.

So leicht grundsätzlich nicht zuletzt aufgrund von Entsprechungen aus der Neuzeit die Behauptung zutreffen wird, daß bei Heiden, Juden und Christen des Altertums und des Mittelalters derartige Betrüger aufgetreten sind, so schwierig erscheint die Beurteilung der uns überlieferten Fälle; denn gerade bei den erhaltenen Nachrichten ist mit tendenziöser Verzerrung der geschichtlichen Wahrheit zu rechnen. Die Anklage des religiösen Betrugs gehört wie die der geschlechtlichen Ausschweifung und des Inzestes zu den Anschuldigungen, die in den politisch-religiösen Auseinandersetzungen der Heiden, Juden und Christen miteinander und untereinander oftmals zu belegen sind und keineswegs immer einen realen Hintergrund besitzen müssen[19].

Der Vorwurf des religiösen Betruges traf vor allem Führer neuer religiöser und religiös-politischer Bewegungen und damit von Minderheiten. Diese Anklage war oft mit dem Vorwurf der Zauberei verknüpft, das heißt, man glaubte, der Betreffende wirke seine magisch-religiösen Machttaten unter Mithilfe von Dämonen, Geistern oder dem Teufel. Deshalb schwankt der Begriff des religiösen Betrügers in den aus Antike und Christentum erhaltenen Zeugnissen oft zwischen dem Begriff des Scharlatans und dem des dämonisch wirkenden Magiers[20]. Der Gedanke des Trugs ist bei dieser Anklage gewiß das ausschlaggebende Moment, nur wurde der Trug einmal mehr profan, dann wieder mehr magisch, genauer schwarz-magisch gedeutet. Die Anschuldigung, ein Zauberer zu sein, traf selbst jene Persönlichkeiten, die nach dem Urteil der einsichtigen Zeitgenossen und der Späteren göttliche und heilige Menschen waren[21]. Wie

---

18) Plinius, Nat. hist. 7, 173–179, 189; ferner W. STETTNER, Die Seelenwanderung bei Griechen und Römern (Tübinger Beiträge zur Altertumswissenschaft 22, 1934).

19) S. KOSTER, Die Invektive in der griechischen und römischen Literatur (Beiträge zur Klassischen Philologie 99, 1980), Register unter ‚Sexuelles'.

20) W. BURKERT, ΓΟΗΣ. Zum griechischen ‚Schamanismus', Rheinisches Museum für Philologie 105 (1962) S. 36–55.

21) W. SPEYER, Zum Bild des Apollonios von Tyana bei Heiden und Christen, Jb. für Antike und Christentum 17 (1974) S. 47–63; D. E. AUNE, Magic in Early Christianity, in: Aufstieg und Niedergang der Römischen Welt II 23,2 (1980) S. 1507–1557, bes. S. 1523–1539: ‚Jesus and Magic'; R. PESCH, Zur Entstehung des Glaubens an die Auferstehung Jesu, Freiburger Zs. für Philosophie und Theologie 30 (1983) S. 73–98. Für das

der Vorwurf des Betruges, so ist auch die Anklage der Zauberei oft aus religiösem Vorurteil oder auch aus Neid und Haß entstanden. Die Grenze zwischen Scharlatanerie und Betrug einerseits und Zauberei andererseits ist dabei fließend. Begrifflich ist eine derartige Unterscheidung notwendig und leicht durchführbar. Der jeweilige geschichtlich beglaubigte Einzelfall läßt sich hingegen nur schwer unter die Kategorien von Betrug und Zauberei sicher einordnen. Das liegt einmal an dem vieldeutigen Phänomen des religiösen Charismas[22], zum anderen an der oft lückenhaften oder auch tendenziösen Überlieferung.

Bereits aus dem profangeschichtlichen Bereich des Altertums gibt es einige bekannte und weniger bekannte Beispiele von Personenfälschungen. Für uns oft anonym bleibende Personen niedrigen Standes haben ihre Herkunft abgeleugnet und sich als den Sohn und Erben eines Herrschers ausgegeben. Vor allem boten Thronwirren Betrügern willkommenen Anlaß, als der nur angeblich oder zum Schein ermordete Herrschererbe aufzutreten[23]. So behauptete der persische Magier Gaumáta, griechisch Smerdis, der Sohn des Königs Kyros namens Bardya zu sein, den aber Kambyses (530–522 v. Chr.) ermordet hatte[24]. Vergleichbare Nachrichten des Altertums beziehen sich auf einen falschen Alexander. Gemeint ist ein junger Mann ganz niederer Herkunft namens Balas aus Smyrna, der Antiochos Eupator ähnlich sah und behauptete, der Sohn von Antiochos IV Epiphanes zu sein[25]. Andriskos, ein Walker aus Adramytteion, versuchte sich durch Lügen als den Sohn des makedonischen Königs Perseus einzuführen, mit dem er Ähnlichkeit hatte. Er nannte sich Philippos[26].

Derartige Betrüger haben ihr Unwesen auch in Rom während der späten Republik getrieben. So verstand ein falscher Gracchus, der sich als Sohn des Ti.

Mittelalter ist an die ‚Jungfrau von Orléans' zu erinnern: dazu P. Doncoeur, Art. Jeanne la Pucelle, in: Lexikon für Theologie und Kirche 5 (1960) Sp. 885–887.

22) H. Thurston, Die körperlichen Begleiterscheinungen der Mystik (1956) S. 99–125, 178 f.

23) Zur Neuzeit vgl. beispielsweise die drei falschen russischen Demetrii am Anfang des 17. Jahrhunderts; G. Lanczkowski, Verborgene Heilbringer (1977) S. 1 f.

24) Herodot 3, 65; Dionysios von Milet, in: Die Fragmente der griechischen Historiker, hg. von F. Jacoby, 687 F2; U. Kahrstedt, Art. Smerdis Nr. 3, in: RE 3A, 1 (1927) Sp. 711 f.

25) H. Volkmann, Demetrios I. und Alexander I., Klio 19 (1925) S. 373–412, bes. S. 403–412.

26) Livius, Epit. 49 f. (besiegt 148 v. Chr.); U. Wilcken, Art. Andriskos Nr. 4, in: RE 1,2 (1894) Sp. 2141–2143; G. Cardinali, Lo Pseudo-Filippo, Rivista di filologia e di istruzione classica 39 (1911) S. 1–20.

Gracchus ausgab, viel Anhang um sich zu scharen. Sein tatsächlicher Name blieb im Gedächtnis: L. Equitius[27]. Größerers Aufsehen erregte zur Zeit Ciceros und Cäsars der falsche Marius, der als Enkel des großen Marius auftrat und während längerer Zeit Rom in Atem hielt[28]. In der Kaiserzeit sind falsche Herrschersöhne und unechte Thronprätendenten bezeugt. Der Princeps Augustus überführte einen Juden, der als der wenig früher von Herodes getötete Sohn dieses Herrschers namens Alexandros auftrat und von vielen Juden gefeiert wurde[29]. Unter demselben Princeps vermochte ein Unbekannter, der dem von M. Antonius getöteten Herrscher Ariarathes von Kappadokien ähnlich sah, sich dieses Reich anzueignen[30]. Im Jahr 31 n. Chr. trat in Kleinasien und Achaia ein junger Mann auf, der sich für Drusus, den Sohn des Germanicus, ausgab[31]. Für die Religionsgeschichte wie für die Profangeschichte sind die Nachrichten über falsche Nerones wichtig. Während Nero den Juden, vor allem aber den Christen wegen seiner Verfolgung als dämonisierter Gottesfeind erschien, bildete sich bei den Heiden über ihn folgende Legende: Der Herrscher sei nicht tatsächlich gestorben, sondern entrückt worden und werde wiederkehren[32]. Die Legende fand auch bei den Juden und Christen mit veränderter Wertung Glauben: Nero wurde jetzt zum Vorläufer des Antichristen und damit zu einer eschatologischen Größe[33]. Wohl durch derartige Legenden geschützt, traten nach Neros Tod im Osten verschiedene Personen unter dem Namen dieses Herrschers auf und erschütterten das Reich[34]. Personenfälschungen in vornehmen Familien kamen auch in Rom vor. Valerius Maximus bietet dazu einen Katalog[35].

---

27) F. Münzer, Art. Equitius Nr. 3, in: RE 6,1 (1907) Sp. 322 f.

28) F. Münzer, Art. Marius Nr. 16, in: RE 14,2 (1930) Sp. 1815–1817.

29) Flavius Josephus, Bell. Iud. 2, 101–110; Ant. Iud. 17, 324–338.

30) Valerius Maximus 9, 15 ext. 2 (S. 471 f. Kempf).

31) Tacitus, Ann. 5, 10.

32) Sueton, Nero 57,2.

33) Lactantius, De morte persecutorum 2, 7 f. (Sources Chrétiennes 39, 1954, S. 80 f.). Zum religionsgeschichtlichen Hintergrund G. Strecker, Art. Entrückung, in: Reallexikon für Antike und Christentum 5 (1962) Sp. 465–476, wo aber dieses Zeugnis fehlt; Lanczkowski (wie Anm. 23) S. 16; M. Hengel, Entstehungszeit und Situation des Markusevangeliums, in: H. Cancik (Hg.), Markus-Philologie (Wissenschaftliche Untersuchungen zum Neuen Testament 33, 1984) S. 39 f.

34) Tacitus, Hist. 1,2: *mota prope etiam Parthorum arma falsi Neronis ludibrio*; Sueton, Nero 57, 2. Von diesem ist vielleicht der bei Tacitus, Hist. 2, 8 f. erwähnte falsche Nero verschieden; vgl. Stein, Art. Terentius Nr. 59, in: RE 5A, 1 (1934) Sp. 666.

35) Valerius Maximus 9, 15: *de his qui per mendacium se in alienas familias inserue-*

Mag bereits bei einzelnen Zeugnissen über die Fälschung mehr oder minder profaner Gestalten mit Interessen und Tendenzen der Berichterstatter sowie ihrer Vorlagen und Quellen zu rechnen sein, so gilt dies in erhöhtem Maße für Nachrichten über falsche heilige Menschen. Denn einmal spiegelt sich in ihnen der mit dem Auftreten der Sophisten in Griechenland einsetzende Kampf zwischen Glaube und Unglaube, zwischen Rationalismus und Supranaturalismus, zwischen Aufklärung und Romantik wider, zum anderen hat der Kampf der Religionen und der religiösen Bekenntnisse untereinander und mit der Magie während der Antike und dem Christentum zu Entstellungen der geschichtlichen Wahrheit geführt. Insofern sind die erhaltenen Zeugnisse insgesamt oder zu einem beträchtlichen Teil nur mit großer Vorsicht als geschichtlich zutreffend zu bezeichnen. Jedes Zeugnis wäre deshalb einzeln auf seine Glaubwürdigkeit zu überprüfen. Da aber in vielen Fällen nur ein einziges Zeugnis vorliegt, ist diese Nachprüfung mehr oder minder zum Scheitern verurteilt. So bleibt es im antiken Griechenland oftmals unklar, ob nur eine magisch-religiöse Identifizierung zwischen dem Verehrer oder der Verehrerin einer Gottheit oder eines Heros vorliegt oder religiöser Betrug oder eine Art von Geisteskrankheit. Nikostratos aus Argos trat als Herakles auf und zog beim Aufruhr des Tennes als Herakles in die Schlacht[36]. Die berühmte Hetäre Phye hat im Gewand der Pallas Athene den Tyrannen Peisistratos nach Athen geführt und wirkte auf die Volksmenge, als ob sie die Göttin wäre[37]. Andere Zeugnisse sprechen davon, daß einzelne im Krieg sich in das Gewand einer Gottheit oder eines Heros gekleidet haben, um so getarnt die Feinde zu verwirren. Beispiele bieten die antiken Verfasser von Schriften über Kriegslisten, wie

---

runt. – Ein Angehöriger des Volkes der Anten gab sich als der römische Feldherr Chilbudius aus (Procopius, De belle Gothico 3, 13, 26–14, 21. 31–36); zu Pseudo-Johannes Laskaris vgl. Georgios Pachymeres, De Michaele Palaeologo 3, 12 f. (MIGNE PG 143, Sp. 634–643).

36) Diodorus Siculus 16, 44. 47 f.; Athenaios, Deipnosophisten 6, 289 b; J. MILLER, Art. Nikostratos Nr. 2, in: RE 17,1 (1936) Sp. 541 f.; WEINREICH, Menekrates (wie Anm. 16).

37) Herodot 1,60; zurückhaltend J. BURCKHARDT, Griechische Kulturgeschichte 1 (²1930) S. 47 f.; vgl. J. SCHMIDT, Art. Phye, in: RE 20, 1 (1941) Sp. 968–970. F. BÖMER, Art. Pompa, in: RE 21, 2 (1952) Sp. 1973 Nr. 342 tritt für eine in Szene gesetzte Epiphanie ein; ferner vgl. W. SPEYER, Die Hilfe und Epiphanie einer Gottheit, eines Heroen und eines Heiligen in der Schlacht, in: Pietas, Festschrift B. Kötting (Jb. für Antike und Christentum, Erg.bd. 8, 1980) S. 55–77, bes. S. 69.

Polyainos und Frontinus. Sie berichten von falschen Dioskuren, wobei der legendäre Name des messenischen Helden Aristomenes fällt[38].

Andererseits konnte gerade die seelische Erschütterung von Kampf und Krieg bei allen jenen, deren magisch-religiöse Mentalität noch ungebrochen war, charismatische Kräfte freisetzen, so daß sich einzelne subjektiv wohl als göttliche Menschen fühlen konnten. Vielleicht gilt dies für den Sklaven Eunus, der als gebürtiger Syrer – er stammte wie Poseidonios, der über ihn berichtet, aus dem syrischen Apameia – aus Traumvisionen seinen Aufstieg weissagte, aber auch im Wachen Götter zu sehen und von ihnen die Zukunft zu hören behauptete[39]. Er soll auch Feuer geschnaubt haben. Ob man ihn deshalb aber nur für einen Gaukler halten darf, scheint nicht so gewiß zu sein[40]. Vielmehr könnte Eunus auch zu jenen apokalyptisch-eschatologischen Gestalten des syrischen Raumes gehören, die uns aus der Geschichte des Frühjudentums und des Urchristentums bekannt sind. Die nächste Nähe zeigt Eunus zu Bar Kochba, dem religiös-politischen Führer der Juden zur Zeit Hadrians. Bar Kochba wurde von den Seinen als Messias gefeiert; nicht zuletzt deshalb hieß er der „Sternensohn“[41]. Wie Hieronymus mitteilt, hat Bar Kochba aus seinem Mund Flammen hervorgehen lassen, wobei er, wie der Kirchenvater versichert, das Feuer mittels eines in seinem Mund angezündeten Strohhalms hervorgebracht habe[42]. Wie Eunus bei Poseidonios so erscheint auch Bar Kochba als Gaukler, der sich mit Hilfe betrügerischer technischer Mittel ein religiöses Charisma zulegen wollte. Feuer aus dem Mund zu hauchen galt im Umkreis der beiden nicht nur als ein Zeichen der Gottesmacht, wie das Alte Testament betont[43], sondern auch als Machterweis der Boten Gottes vor dem großen Gerichtstag am Ende der Zeiten. Dies bezeugt die Apokalypse des Johannes eindeutig[44]. So

38) Polyaenus 2, 31, 4; Pausanias 4, 27, 1/3; vgl. 3, 16, 6; Frontinus 1, 11, 8; Speyer, Hilfe (wie Anm. 37) 63.

39) Poseidonios bei Diodorus Siculus 34/35, 2, 5–9 = Fragment 136b Theiler; F. Münzer, Art. Eunus, in: RE 6, 1 (1907) Sp. 1144.

40) So nach Poseidonios K. Reinhardt, Art. Poseidonios, in: RE 22, 1 (1953) Sp. 634.

41) P. Schäfer, Der Bar-Kokhba-Aufstand (Texte und Studien zum antiken Judentum 1, 1981) S. 62.

42) Hieronymus, Apologia adversus libros Rufini 3, 31 (Sources chrétiennes 303, 1983, S. 296).

43) 2. Sam. 22, 9; vgl. 2. Thess. 2, 8; Apoc. 19, 15.

44) Apoc. 11, 5: die eschatologischen Vorboten des Messias, wohl Mose und Elia; vgl. F. Lang, Art. πῦρ, in: Theologisches Wörterbuch zum Neuen Testament 6 (1959) S. 942, 23–29.

wenig Bar Kochba ein religiöser Betrüger war, so wenig muß dies auch der Syrer Eunus gewesen sein.

Da im griechisch-hellenistischen Altertum die Grenze zwischen Mensch und Gott als fließend angesehen wurde, braucht auch nicht ein jeder, der sich als Gott ausgab, ein Betrüger gewesen zu sein[45]. So ließ sich im Jahr 69 n. Chr. der Boier Mariccus in Gallien als Gott ausrufen und kämpfte als solcher gegen die Römer[46]. War Mariccus von seiner Sendung persönlich überzeugt? Wir wissen es nicht. Als er von den Römern besiegt und zum Tod durch wilde Tiere verurteilt war, sollen ihn die Bestien verschont haben. Das Volk hielt ihn deshalb für unverwundbar. Darauf wurde er hingerichtet[47]. Von vielen christlichen Märtyrern wird Entsprechendes überliefert. So könnte man auch bei Mariccus zweifeln, ob er ein religiöser Betrüger war.

Die Motive, die zur Personenfälschung geführt haben, waren vor allem die Gier nach Macht und Geltung, nach Liebesgenuß und nach Besitz. Je nachdem wählten die einzelnen Betrüger die Maske eines Gottes, eines Heroen oder eines göttlichen und heiligen Menschen. Bisweilen begnügten sie sich auch damit, nur als Träger göttlicher Eingebung und göttlichen Charismas zu erscheinen, traten also als ein bestimmter Typus des göttlichen Menschen auf, als Wundertäter und Heiler, als Seher, Prophet oder sogar als Messias.

Von der Personenfälschung dieser Art sind alle jene magisch-religiösen Rituale zu unterscheiden, in denen ein Mensch, sei er Priester, Myste oder Zauberer, im Gewand einer Gottheit erscheint. Mehr zum Spiel und zur Schauspielerei als zum Betrug gehören die Göttermaskeraden, die Augustus in Rom und Antonius sowie Kleopatra in Alexandrien und Kleinasien aufgeführt haben[48]. Anders sind jene Fälle zu beurteilen, bei denen die Maske des Gottes dazu diente, sich Liebesgenuß zu verschaffen. Das Motiv ist aus Mythen des Zeus bekannt, wobei aber die Rolle des Liebhabers vertauscht ist: der Gott bedient sich der Maske eines Sterblichen, eines Tieres oder eines Elementes. Im Altertum

---

45) Empedocles, in: H. Diels, W. Kranz, Die Fragmente der Vorsokratiker (^{6}1951) 31 B S. 146 f.; Cicero, De natura deorum 3, 39 u. ö.

46) Tacitus, Hist. 2, 61; dazu H. Heubner im Kommentar (1968) S. 228 f.

47) Ebd.; O. Berthold, Die Unverwundbarkeit in Sage und Aberglauben der Griechen (Religionsgeschichtliche Versuche und Vorarbeiten 11, 1, 1911); F. Pfister, Der Reliquienkult im Altertum (Religionsgeschichtliche Versuche und Vorarbeiten 5, 1–2, 1909/12) S. 532 f.

48) Sueton, Augustus 70, 1 f.; Plutarch, Antonius 24, 3 f.; 26, 2–5; D. Mannsperger, Apollon gegen Dionysos. Numismatische Beiträge zu Octavians Rolle als Vindex Libertatis, Gymnasium 80 (1973) S. 381–404, bes. S. 386 f.

soll der letzte Pharao Nektanebos die Maske einer Schlangengottheit benutzt haben und so mit Olympias Alexander den Großen gezeugt haben[49]. Geschichtlich nachweisbar ist der Trug eines jungen römischen Ritters zur Zeit des Princeps Tiberius. In der Maske des ägyptischen Gottes Anubis hat er eine Dame der römischen Gesellschaft verführt[50].

Leichter durchzusetzen war der Trug, allgemein als göttlicher und heiliger Mensch aufzutreten, also nicht als eine bestimmte Person der Geschichte, sondern nur als der Vertreter eines Typos des religiösen Ausnahmemenschen. Ohne die Namen einzelner Personen zu nennen, weist der Verfasser der hippokratischen Schrift „Über die heilige Krankheit" auf zahlreiche ‚heilige' Heiler hin, die aus Habsucht mit religiös verbrämten Heilmitteln das unkundige Volk täuschten[51]. Bei dieser Bemerkung ist zu beachten, daß in der Zeit, als der unbekannte Verfasser schreibt, also im 5. Jahrhundert v. Chr., zwei gegensätzliche Strömungen des Zeitgeistes aufeinandertreffen: die magisch-religiöse, deren Vertreter damals vor allem die Orphiker waren, und die neue, bereits eine größere Bildungsschicht formende wissenschaftlich-aufklärerische Strömung, zu der der unbekannte Verfasser dieser Schrift zählt. Was zuvor gewachsener Glaube war und als solcher Wirklichkeit und Leben prägte und gestaltete, wurde nunmehr durch die Veränderung des Bewußtseins Aberglaube. Damit ent-

49) Pseudo-Callisthenes 1, 4–14; WEINREICH, Trug (wie Anm. 1) S. 1–17. Zum Schlangengott: DERS., Antike Heilungswunder (Religionsgeschichtliche Versuche und Vorarbeiten 8, 1, 1909) S. 93–95; H. EGLI, Das Schlangensymbol. Geschichte, Märchen, Mythos (1982).

50) Flavius Josephus, Ant. Iud. 18, 66–80; zur richtigen Datierung ins Jahr 19 n. Chr. Tacitus, Ann. 2, 85; K. LATTE, Römische Religionsgeschichte (Handbuch der Altertumswissenschaft 5, 4, 1960) S. 283. Vgl. STEIN, Art. Decius Nr. 14, in: RE 4,2 (1901) Sp. 2278; C. CICHORIUS, Römische Studien (1922) S. 440, der u. a. auf Pseudo-Aeschines, ep. 10 (S. 38 f. HERCHER) hinweist, der ähnliche Geschichten mitzuteilen weiß; WEINREICH, Trug (wie Anm. 1) S. 17–27; ebd. S. 27 f. zum Priester Tyrannos, der, wie Rufinus, Hist. eccl. 2, 25 (GCS Eusebius Werke 2,2, 1908, S. 1031 f.) mitteilt, die vornehmen Alexandrinerinnen in der Maske seines Gottes Saturnus verführt hat.

51) Pseudo-Hippocrates, De morbo sacro 1, 10–46, bes. 32 (S. 60–66 GRENSEMANN). Der Vorwurf der Bestechlichkeit und des Gewinnstrebens des Sehers durchzieht das ganze griechische und römische Altertum: Odyssee 2, 184–186; Aischylos, Agamemnon 1195; Sophokles, Antigone 1055; Oedipus tyrannus 387–389; Platon, Staat 364 b–365 a; dazu H. FLASHAR, Der Dialog Ion als Zeugnis platonischer Philosophie (1958) S. 72 f.; Cicero, Div. 1, 7 mit Versen aus Ennius, Telamo frg. 134 (S. 127 JOCELYN); Div. 1, 132: *quaestus causa*. Zum Ganzen K. F. NÄGELSBACH, Die nachhomerische Theologie des griechischen Volksglaubens bis auf Alexander (1857) S. 177–179.

arteten die Träger des alten Glaubens zu Scharlatanen und Betrügern[52]. Aus dem 5. Jahrhundert v. Chr. ist ein falscher Prophet namens Eurykles bekannt, der sich mit Hilfe des Bauchredens zunächst dieses Ansehen verschafft hat, dann aber entlarvt wurde[53].

Eher tendenziös als der Wirklichkeit entsprechend erscheint der Vorwurf religiösen Betrugs, der den Philosophen Herakleides Pontikos nach seinem Tod getroffen hat. Er soll seine Apotheose mit Hilfe einer gezähmten Schlange inszeniert haben. Hier ist mit Mißverständnissen und böswilliger Unterstellung zu rechnen[54]. Die gezähmte Schlange als Mittel religiösen Betrugs spielt eine große Rolle in der Darstellung, die Lukian von Alexandros von Abonuteichos gegeben hat[55]. Auch bei Lukian, einem Vorläufer der Aufklärer des 18. Jahrhunderts – nicht von ungefähr hat ihn Chr. M. Wieland übersetzt –, müssen wir fragen, ob er sein Bild von Alexandros nicht rationalistisch gezeichnet und damit verfälscht hat. Mit derartigen Absichten rechnet O. Weinreich bei den Überlieferungen über einen sonst unbekannten Libyer namens Psaphon. Dieser soll sich mit Hilfe abgerichteter Vögel zum Gott ausrufen haben lassen[56]. Eher ein religiöser Schwärmer dionysischer Prägung als ein Betrüger scheint jener falsche Alexander der Große gewesen zu sein, der um 221 n. Chr. mit einem Gefolge von 400 Männern von der unteren Donau aus, ohne

52) Burkert (wie Anm. 20).

53) Aristophanes, Vesp. 1019 f. mit Scholion (S. 162 Koster); die weiteren Zeugnisse nennt J. Tambornino, De antiquorum daemonismo (Religionsgeschichtliche Versuche und Vorarbeiten 7, 3, 1909) S. 59 f.; vgl. Weinreich, Engastrimythen (wie Anm. 1) und D. M. MacDowell in seiner Ausgabe des Aristophanes (1971) S. 264, der betont, daß die „prophetische" Stimme aus dem Bauch anderer kam.

54) Herakleides Pontikos bei Diogenes Laertes 5,89 = Fragment 16 Wehrli; vgl. ebd. Fragment 17 und F. Wehrli, Die Schule des Aristoteles (²1969) S. 63 f. zur Stelle.

55) Lukian, Ἀλέξανδρος ἢ ψευδόμαντις; Betz (wie Anm. 10) Sp. 251 f. Sollte Alexandros im Sinne Lukians ein religiöser Betrüger gewesen sein, der mit gefälschten Orakelsprüchen gearbeitet hat, so wäre ihm aus späterer Zeit Theoteknos, curator civitatis unter Kaiser Maximinus Daja, an die Seite zu stellen. Licinius machte ihm als religiösem Betrüger den Prozeß und überführte ihn und seine Helfer, unter anderem Orakel des Zeus Philios in Antiocheia gefälscht zu haben (Eusebius, Hist. eccl. 9, 2 f. 11, 6 [GCS Eusebius Werke 2, 1908, S. 806 f., 850]; Praeparatio evangelica 4, 2, 10 [GCS Eusebius Werke 8, 1, 1954, S. 168]; W. Ensslin, Art. Theoteknos Nr. 1, in: RE 5A, 2 [1934] Sp. 2253).

56) Maximos von Tyros 29 (S. 344 f. Hobein); Aelian, Variae Historiae 14, 30; Hippolytus Romanus, Refutatio omnium haeresium 6, 8 (GCS Hippolytus Werke 3, 1916, S. 135); O. Weinreich, Studien zu Martial (Tübinger Beiträge zur Altertumswissenschaft 4, 1928) S. 117–125, bes. S. 124.

Widerspruch bei Hoch und Niedrig zu finden, durch Kleinasien und Thrakien eilte und schließlich verschwand[57].

Wie die griechischen Bezeichnungen ψευδόμαντις, ‚falscher, lügnerischer Seher', und ψευδοπροφήτης, ‚falscher, lügnerischer Prophet' zeigen, wurde der Vorwurf der Täuschung und des Betruges keineswegs selten erhoben[58]. Dabei konnten diese Bezeichnungen den einzelnen bald als Scharlatan und Betrüger, bald aber auch als Zauberer treffen[59].

Die Frage der falschen Prophetie und damit der falschen Propheten beherrschte die alten Israeliten wohl mehr noch als andere Völker[60]. Das Wort als der eigentliche Träger der Offenbarung von einem Schöpfergott besaß für sie den Vorrang vor allen anderen Offenbarungsformen[61]. Diesen Vorrang behielt das Wort auch im Christentum. Die Frage nach dem echten und wahren Offenbarungswort wurde für das Urchristentum und die Alte Kirche vielleicht noch dringender[62]. Die Vorsteher der christlichen Gemeinden suchten nach Kriterien, wahre und falsche, echte und unechte, göttliche und dämonische Propheten und Prophetien zu unterscheiden. Die Gabe der ‚Unterscheidung der Geister' wurde so zu einem charakteristischen Charisma des christlichen Heiligen, des eigentlichen Trägers der neuen Religion[63]. Die seelisch-geistige

---

57) Dio Cassius 79, 18, 1–3.

58) ψευδόμαντις: z.B. Herodot 4, 69; Aischylos, Agamemnon 1195; Sophokles, Oedipus auf Kolonos, 1097; K. Holl, ψευδόμαρτυς in: ders., Gesammelte Aufsätze zur Kirchengeschichte 2 (1928) S. 110–114; E. Fascher, ΠΡΟΦΗΤΗΣ. Eine sprach- und religionsgeschichtliche Untersuchung (1927) S. 226, Register unter ψευδοπροφήτης.

59) Siehe oben S. 326.

60) H. Bacht, Wahres und falsches Prophetentum, Biblica 32 (1951) S. 237–262; G. Quell, Wahre und falsche Propheten (Beiträge zur Förderung christlicher Theologie [1] 46,1, 1952); E. Osswald, Falsche Prophetie im Alten Testament (Sammlung gemeinverständlicher Vorträge und Schriften aus dem Gebiet der Theologie und Religionsgeschichte 237, 1962); G. Münderlein, Kriterien wahrer und falscher Prophetie. Entstehung und Bedeutung im Alten Testament (Europäische Hochschulschriften, Reihe 23, 33, 1974).

61) Th. Boman, Das hebräische Denken im Vergleich mit dem griechischen ([6]1977) S. 45–56.

62) Speyer, Fälschung (wie Anm. 11) S. 171–175: ‚Die Bedeutung des Schriftzeugnisses für die Christen'.

63) 1. Cor. 12,10; 1. Joh. 4,1–6; Didache 11,7–12; Apollonios bei Eusebius, Hist. eccl. 5,18, 8.11; Pseudo-Clemens Romanus, Rekognitionen 4, 20, 4 (GCS Die Pseudoklementinen 2, 1965, S. 156); 21, 1–6 (S. 156 f.); Opus imperfectum in Matthaeum 7, 22 hom. 19 (Migne PG 56, Sp. 742); Joh. Chrysostomos in 1. Cor. 12,1 hom. 29 (Migne PG 61,

Erregtheit der apokalyptisch-eschatologischen Erwartung im Frühjudentum während des 1. Jahrhunderts v. Chr. und des 1. Jahrhunderts n. Chr. ließen Prophetismus und Messianismus nicht nur im Kreis der Jünger des Johannes des Täufers und Jesus aufkeimen. Während dieser Jahrzehnte traten in der römischen Provinz Palästina und in Syrien einzelne Juden mit hohem religiösen und religiös-politischen Anspruch auf. Wenn Flavius Josephus, der eine ganze Reihe dieser Männer nennt, sie durchweg als Verführer des Volkes und als Betrüger kennzeichnet, so scheint er damit eher im Sinn seiner heidnischen römischen Auftraggeber und Freunde gesprochen zu haben[64]. Tatsächlich werden diese jüdischen religiös-politischen Führer, deren Namen oder Tätigkeit noch bekannt sind, eher religiöse oder religiös-politische Schwärmer und Enthusiasten gewesen sein. Dies gilt auch noch für Bar Kochba[65]. Im ganzen werden wir in diesen Fällen ähnlich wie bei den charismatischen Gründern und Persönlichkeiten gnostischer und sogenannter häretischer Bewegungen mit der Anwendung des Begriffes ‚religiöser Betrüger' vorsichtig sein müssen, obwohl unsere Quellen, vornehmlich die Zeugnisse der Kirchenschriftsteller, diesen wer-

---

Sp. 239–242); H. WULF, Art. Unterscheidung der Geister, in: Lexikon für Theologie und Kirche 10 (1965) Sp. 533–535.

64) Ein messianischer Prophet in Samaria zur Zeit des Pontius Pilatus (35 n. Chr.; Flavius Josephus, Ant. 18, 85–87), Judas der Galiläer, der Begründer der Zeloten (Flavius Josephus, Bell. Iud. 2, 118. 433; 7, 253; Ant. 18, 4–10. 23–25; 20, 102; Act. 5, 37), Theudas zur Zeit des Statthalters Cuspius Fadius (44?–46 n. Chr.; Flavius Josephus, Ant. 20, 97–99; Act. 5,36), anonyme Propheten und Wundertäter zur Zeit des Felix (um 52–60 n. Chr.), die das Volk in die Wüste führten, um die Wunder des Mose zu wiederholen (Flavius Josephus, Ant. 20, 167 f.; Bell. Iud. 2, 258–260. 264), zur selben Zeit ein namenloser Prophet aus Ägypten (Ant. 20, 169–172; Bell. Iud. 2, 261–263; Act. 21, 38), ein Prophet unter Porcius Festus (um 60–62 n. Chr.; Flavius Josephus, Ant. 20, 188), der Unglücksprophet Jesus, Sohn des Ananias im Jahr 62 n. Chr. (Bell. Iud. 6, 300–309), zelotisch-apokalyptische Propheten zur Zeit der Einnahme der Stadt im Jahr 70 n. Chr. (Bell. Iud. 6, 285–288), der Prophet Jonathan in Kyrene zur Zeit des Prokonsuls von Kreta-Kyrene Catullus (73–74 n. Chr.; Flavius Josephus, Bell. Iud. 7, 437–450). Vgl. O. MICHEL/O. BAUERNFEIND in ihrer Ausgabe des Flavius Josephus, Bell. Iud. 2, 2 (1969) S. 178 f. Anm. 133–135. Zu den Genannten kommen die Messias-Prätendenten; dazu M. HENGEL, Die Zeloten. Untersuchungen zur jüdischen Freiheitsbewegung in der Zeit von Herodes I. bis 70 n. Chr. (²1976) S. 296–307. Zum Ganzen vgl. auch E. MEYER, Ursprung und Anfänge des Christentums 2 (⁴⁻⁵1925) S. 402–412; P. VIELHAUER, Apokalypsen und Verwandtes. Einleitung, in: E. HENNECKE/W. SCHNEEMELCHER, Neutestamentliche Apokryphen 2 (⁴1971) S. 423 f.; zu Celsus bei Origenes, Contra Celsum 7, 9 vgl. W. SCHNEEMELCHER, Apokalyptische Prophetie der frühen Kirche, ebd. S. 484 f.

65) Siehe oben S. 330.

tenden Begriff gerne verwenden. Bei ihrer Polemik gegen Andersdenkende und von der großkirchlichen Linie Abweichende vergessen sie dabei oft auch nicht, auf Satan als den Vater der Lüge und des Betrugs und damit als den Urheber der Häretiker hinzuweisen[66]. Folgte man so den christlichen Zeugnissen, dann begegneten echte heilige Menschen nur in der christlichen Glaubensgemeinschaft, der der jeweilige Zeuge angehört, und die Geschichte der alten Christenheit wäre ein Kampf zwischen Wahrheit und Lüge, zwischen den echten und den falschen Heiligen, den wahren und den falschen Propheten und Wundertätern. Dieses Vorstellungsschema hat sich tatsächlich in weiten Kreisen der christlichen Kirchen bis in unser Jahrhundert erhalten. Erst die religionsphänomenologische und religionspsychologische Betrachtungsweise hat hier einen Wandel herbeigeführt.

Die Vorstellung vom falschen Heiligen geht bis in die Anfänge des Christentums zurück und beherrscht seine gesamte Geschichte bald mehr, bald weniger tief. Bereits die Synoptiker überliefern als Herrenwort die Ankündigung ‚falscher Christusse'. Die Wortprägungen ‚falsche Christusse', ψευδόχριστοι, falsche Propheten, ψευδοπροφῆται, und falsche Apostel, ψευδοαπόστολοι, sind seit den Tagen des Urchristentums geläufig[67]. Verdichtet erscheint dieser

---

66) Ihr Vorbild war Paulus: 2. Cor. 11, 13–15 (Gal. 1,8); vgl. Pseudo-Clemens Romanus, Rekognitionen 4, 34, 5 (GCS Die Pseudoklementinen 2, 163 f.): *festinat* (sc. *princeps malitiae*) *continuo emittere in hunc mundum pseudoprophetas et pseudoapostolos falsosque doctores, qui sub nomine quidem Christi loquerentur, daemonis tamen facerent voluntatem*. Der Glaube, daß der Teufel und sein Anhang, zu denen auch die Irrlehrer zählten, sich in Lichtgestalten, sogar in Christus und seine Heiligen verwandeln könne, blieb weiter lebendig: Athanasius, Vita Antonii 35 (MIGNE PG 26, Sp. 893B); ebd. 28 (Sp. 888B. 901); Callinicus, Vita sancti Hypatii 15, 3 (Sources chrétiennes 177, S. 124); Anastasius Sinaita, Quaestiones et responsiones 20 (MIGNE PG 89, Sp. 524B); Tertullian, De anima 57, 8 (S. 77 WASZINK); Ambrosius, Expositio evangelii secundum Lucam 7, 73 (CC 14, S. 238); Sulpicius, Vita Martini 24, 4–8 (Sources chrétiennes 133, S. 306 f.); vgl. H. GÜNTER, Buddha in der abendländischen Legende? (1922) S. 234–238. – Zum Verhältnis von Rechtgläubigkeit und Ketzerei N. BROX, Art. Häresie, in: Reallexikon für Antike und Christentum 13 (1986) Sp. 248–297.

67) Marc. 13, 6. 21 f.; Matth. 7, 15; 24, 4 f. 11. 23 f. 26; Luc. 21, 8; der falsche Prophet der Apoc. 13, 11–17; 16, 13; 19, 20; 20, 10; ferner vgl. 2. Petr. 2, 1; 1. Joh. 4, 1. Der Begriff ‚falscher Apostel' begegnet Apoc. 2, 2. Für die Folgezeit: Didache 11, 5. 8–10; 16, 3; Offenbarung des Petrus 2 (2, S. 472 f. HENNECKE/ SCHNEEMELCHER [wie Anm. 64]); Hirt des Hermas 11; Markionitische Prologe zu den paulinischen Briefen: E. PREUSCHEN, Analecta 2. Zur Kanonsgeschichte (²1910) S. 85–87; Hegesippos bei Eusebius, Hist. eccl. 4, 22, 4–6; G. FRIEDRICH, Art. προφήτης κτλ., in: Theologisches Wörterbuch zum Neuen Testament 6 (1959) S. 831, 857 f., 862 f.

Gedanke vom falschen charismatischen Menschen in der Gestalt des Antichrist, des großen gottesfeindlichen Menschen, der am Ende der Tage als der eine religiöse Betrüger schlechthin erscheinen wird[68].

Bereits in Schriften des Neuen Testaments werden aber auch einzelne Pseudopropheten deutlicher erkennbar, so Bar Jesus-Elymas, den Paulus mit Blindheit schlägt[69], und die falsche Prophetin der Nikolaiten, die den Decknamen Isebel trägt[70]. Vom innerkirchlichen Blickpunkt aus erscheinen zahlreiche Gnostiker und Häretiker, vor allem die charismatischen unter ihnen, als falsche Heilige, an erster Stelle Simon Magus, dann Menander und Dositheos[71], ferner der gnostische Theurg Markos[72], aber auch Montanus und seine Prophetinnen in Phrygien[73]. Wie Hegesippos (2. Hälfte des 2. Jahrhunderts) behauptet, gibt es geradezu eine geistige Ahnenreihe der falschen Heiligen. Von den jüdischen Häresien stammen Menander und die Seinen ab, ferner die Markioniten, Karpokratianer, Valentinianer, Basilidianer und Saturnilianer; von diesen die Pseudochristusse, die Pseudopropheten und die Pseudoapostel[74].

---

68) 2. Thess. 2, 8–10; 1. Joh. 2, 18; 2. Joh. 7; E. LOHMEYER, Art. Antichrist, in: Reallexikon für Antike und Christentum 1 (1950) Sp. 450–457; W. SPEYER, Art. Gottesfeind, in: ebd. 11 (1981) Sp. 1032.

69) Act. 13, 6–11; dazu E. HAENCHEN, Die Apostelgeschichte (^{5}1965) S. 339–343. Paulus nennt hier Bar Jesus-Elymas einen Sohn des Teufels, voller Tücke und Bosheit (V. 10); siehe oben Anm. 66.

70) Apoc. 2, 20–23 (vgl. 2 Reg. 9, 22).

71) Zu Simon Magus: Act. 8, 9–25; H. G. KIPPENBERG, Garizim und Synagoge (Religionsgeschichtliche Versuche und Vorarbeiten 30, 1971) S. 122–127. 328–349; G. LÜDEMANN, Untersuchungen zur simonianischen Gnosis (Göttinger Theologische Arbeiten 1, 1975); BETZ (wie Anm. 10) S. 252 f.; zu Menander Iustinus, Apol. 1, 26. 56; Irenaeus, Adversus haereses 1, 23, 5 (Sources chrétiennes 264, S. 320); A. HILGENFELD, Die Ketzergeschichte des Urchristentums (1884) S. 187–190; KIPPENBERG S. 127; zu Dositheos, der sich mit dem von Mose geweissagten Propheten und Messias gleichgesetzt hat, Eusebius, Theophanie, Fragment 15 (GCS Eusebius Werke 3, 2, 1904, S. 33*); HILGENFELD S. 157 Anm. 262; KIPPENBERG Register: Dositheus.

72) Irenaeus, Adversus haereses 1, 13, 1–3 (Sources chrétiennes 264, 188–196); Hippolytus Romanus, Refutatio 6, 42, 2 (GCS Hippolytus Werke 3, 173 f.).

73) W. SCHEPELERN, Der Montanismus und die phrygischen Kulte (1929); FRIEDRICH (wie Anm. 67) S. 862 f.; A. STROBEL, Das heilige Land der Montanisten (Religionsgeschichtliche Versuche und Vorarbeiten 37, 1980) S. 231 f., 235.

74) Hegesippos bei Eusebius, Hist. eccl. 4, 22, 5 f.; zum Ganzen HILGENFELD (wie Anm. 71).

Wie bei der literarischen Fälschung die Gegenfälschung vor allem im Lager der Christen vorkommt, so begegnet etwas Entsprechendes auch bei der Personenfälschung[75]. Wie die Pseudoklementinen erzählen, hat der rechtgläubige Faustus einmal in wunderbarer Weise die Gestalt des Simon Magus angenommen und in dieser Maske den rechten Glauben gepredigt[76]. Hier dürften die Pseudoklementinen mittelbar Praktiken der damaligen geschichtlichen Glaubenspropaganda widerspiegeln. So wenig die literarische Gegenfälschung vielen anstößig erschienen ist, so wenig wird auch allen Heiligen die Personenfälschung zu einem sittlichen Problem geworden sein[77]. Einzelne werden auch hier nach dem Grundsatz entschieden haben, daß ein hoher sittlicher Wert, also vor allem die Durchsetzung des wahren Glaubens, auch dieses Mittel der Lüge und Täuschung ‚heilige'[78].

Zahlreiche Zeugnisse des christlichen Altertums sprechen davon, daß der Heilige der einen Glaubensrichtung von den Angehörigen einer anderen Glaubensgemeinschaft als Scharlatan und Betrüger abgewertet wurde. So soll Simon

75) Speyer, Fälschung (wie Anm. 11) S. 331, Register unter Gegenfälschungen.

76) Pseudo-Clemens Romanus, Homilie 20, 12–20 (GCS Die Pseudoklementinen 1, 1969, S. 275–280).

77) Speyer, Fälschung (wie Anm. 11) S. 94–99; N. Brox, Falsche Verfasserangaben. Zur Erklärung der frühchristlichen Pseudepigraphie (Stuttgarter Bibelstudien 79, 1975) S. 81–105.

78) Vom Trug einzelner Heiliger weiß die Überlieferung manches zu berichten; Symeon Salos verteilte unter die Armen Bohnen, statt sie zu verkaufen (Leontius Neapolitanus, Vita Symeonis Sali [S. 146, 7f. Rydén]); Bonifatius gab den Armen die Goldstücke, die ihm sein Neffe Constantius verschlossen zur Verwahrung anvertraut hatte (Gregorius Magnus, Dialogi 1, 9 [S. 54 Moricca]). Bekannt blieb die Legende vom Rosenwunder der hl. Elisabeth von Thüringen. Zum Ganzen G. Bornkamm, Mythos und Legende in den apokryphen Thomas-Akten (Forschungen zur Religion und Literatur des Alten und Neuen Testaments, N. F. 31, 1933) S. 21 f. – Vielleicht hat der hl. Kyrill von Alexandrien (412–444) die Auffindung der Reliquien der bis in seine Zeit gänzlich unbekannten Arztheiligen Kyros und Johannes in Szene gesetzt (Cyrillus Alexandrinus, Homilia XVIII, Migne PG 77, Sp. 1102). C. Cozzolino, Origine del culto di santi martiri Ciro e Giovanni in oriente e in occidente (1976) S. 85–87, 97 übersieht die Tragweite der Parallele des sprechenden Heiligennamens ‚Kyros': Kyros sollte die Heilgöttin ‚Kyra' Isis in Menuthis verdrängen. Zwei männliche Heilige sollten wohl die eine weibliche Göttin in den Herzen der Menschen jener Gegend besiegen; vgl. auch J. Leipoldt, Von Epidauros nach Lourdes (1957) S. 41, 254 Anm. 72. – Einen anderen Fall besprechen H. Gregoire/M. A. Kugener, Marc le diacre, Vie de Porphyre évêque de Gaza (1930) S. LXXXVIII f. zu cap. 61. 66–68.

Magus Petrus als Magier und Betrüger angeprangert haben[79]. In den Pseudoklementinen erscheint Paulus als falscher Heiliger[80]. Athanasius wurde von seinen theologischen Gegnern als Magier und Nekromant angeklagt[81]. Wie Gregor von Tours versichert, haben der arianische Bischof Cyrola im Reich Hunerichs und ein namentlich nicht bezeichneter arianischer Bischof unter König Leuvieldus scheinbare Heilungswunder vollbracht, wobei sie zuvor die angeblich Geheilten mit Gold gekauft haben[82]. Echtes charismatisches Wirken wurde nur den Angehörigen der eigenen Glaubensgemeinschaft zuerkannt. Die Charismatiker auf der gegnerischen Seite waren nach dieser Auffassung entweder Betrüger oder Zauberer und standen dann mit den Dämonen im Bunde[83]. So wirkte in den Auseinandersetzungen zwischen Rechtgläubigen und Häretikern das alte Vorstellungs- und Deuteschema weiter, das im Kampf mit den heidnischen Charismatikern entwickelt war. Auch hier hatte man die Wunder der Heiden teils als technisch in Szene gesetzten Trug, teils als Werk von Dämonen erklärt[84].

Aus den apokalyptisch-eschatologischen Voraussetzungen des Urchristentums blieb die Überzeugung lebendig, daß am Ende der Zeiten, also in der christlichen Gegenwart, bestimmte heilige Personen des Alten Testaments wie Elias oder Mose als Wegbereiter der Wiederkunft des Messias bzw. Christi erscheinen werden[85]. Nach dem Zeugnis der Synoptiker vermutete Herodes in Jesus den wiedergekommenen von ihm getöteten Johannes den Täufer[86]. Das

---

79) Pseudo-Clemens Romanus, Homilie 20, 13, 2; 19, 2 (GCS Die Pseudoklementinen 1, 1969, S. 275 f., 279).

80) Pseudo-Clemens Romanus, Rekognitionen 1, 70; Rekognitionen 4–6 (GCS Die Pseudoklementinen 2, 1965, S. 47–48, 146–196); G. STRECKER, Das Judenchristentum in den Pseudoklementinen (Texte und Untersuchungen 70, 1958) S. 187–196.

81) Socrates, Hist. eccl. 1, 27 (MIGNE PG 67, Sp. 157A).

82) Gregor von Tours, Historiae 2,3; In gloria confessorum 13 (MGH SS rer. Merov. 1,1, S. 40 f.; 1,2, S. 305 f.).

83) Ein Beispiel von vielen: Mani; vgl. Socrates, Hist. eccl. 1, 22 (MIGNE PG 67, Sp. 137B/C). Zum Ganzen Tertullian, De anima 57 (S. 76–78 WASZINK); Pseudo-Iustinus, Quaestiones et responsiones 5. 100 (Corp. Apol. 5, S. 10, 156).

84) Augustinus, De civitate Dei 21, 6; Basilius Seleuciensis, Vita Theclae 1 (MIGNE PG 85, Sp. 540 f.); Anastasius Sinaita, Quaestiones et responsiones 20 (MIGNE PG 89, Sp. 524 f.).

85) Matth. 11, 14; 16, 14; 17, 10–13; Luc. 9, 8; Joh. 1, 21; zu Mose redivivus J. JEREMIAS, Art. Μωυσῆς, in: Theologisches Wörterbuch zum Neuen Testament 4 (1942) S. 864–867.

86) Marc. 6, 14; Matth. 14, 2 (Luc. 9, 7 f.).

Frühjudentum hielt Ausschau nach dem eschatologischen Propheten, den Mose verkündet hatte[87]. Auch noch in christlicher Zeit begegnen Personen, die sich als eschatologische Heilige ausgegeben haben. Für ihr Erscheinen ist folgende Bedingung nicht zu unterschätzen: Durch Naturkatastrophen, Seuchen, Hungersnöte und Kriege wurden die Angehörigen des spätrömischen Reiches oftmals heimgesucht. Viele glaubten aufgrund der Voraussagen Jesu, das Ende der Welt und damit das Weltgericht stünden unmittelbar bevor. In dieser seelisch angespannten Lage traten religiöse und religiös-politische Schwärmer auf. Unter ihnen waren gewiß auch Betrüger. Wie Sulpicius Severus mitteilt, gab sich in Spanien ein junger Charismatiker als Elias aus, ja sogar als Christus. Zur selben Zeit hörte man im Osten von einem falschen Johannes dem Täufer[88]. Am Anfang des 5. Jahrhunderts soll in Kreta ein Jude als angeblicher Mose vielen den Tod gebracht haben: Er führte das Volk auf hohe Klippen und verhieß ihm durch den Sprung ins Meer die Unsterblichkeit[89].

Aus dem spätantiken Gallien und dem Osten sind einige religiöse Betrüger mit Namen bekannt geblieben. Ein gewisser Anatolius vollbrachte als wundertätiger Mönch erstaunliche Taten, bis ihn der hl. Clarus entlarven konnte[90]. Entsprechend erging es einem Aimilianos, den das Volk zu seinen Lebzeiten als Heiligen verehrt hat. Der hl. Mönch Euthymios konnte ihn des religiösen Betrugs überführen[91]. Gregor von Tours weiß in seinen Historiae manches von ähnlichen Betrügern mitzuteilen. Ausführlich berichtet er über einen angeblichen Wundertäter namens Desiderius (587 n. Chr.), der sich den Aposteln gleichsetzte, und über einen Reliquienbetrüger, einen entlaufenen Diener des Bischofs Amelius von Cieutat (Begorra)[92]. In diesen Jahren, die von Seuchen

87) Deut. 18, 15. 18; JEREMIAS (wie Anm. 85) S. 862–864; F. HAHN, Christologische Hoheitstitel (Forschungen zur Religion und Literatur des Alten und Neuen Testaments 83, [4]1974) S. 351–371.

88) Sulpicius Severus, Vita Martini 24, 1–3 (Sources chrétiennes 133, S. 306; 135, S. 1014–1022).

89) Socrates, Hist. eccl. 7, 38 (MIGNE PG 67, Sp. 825A–828A). Diese Überlieferung scheint aus Jüdischem und Griechischem gemischt zu sein; vgl. H. DÖRRIE, P. Ovidius Naso. Der Brief der Sappho an Phaon (Zetemata 58, 1975) S. 33–49: ‚Der Sprung vom Leukadischen Felsen', wo aber dieses Zeugnis fehlt. Möglicherweise liegt auch eine christliche judenfeindliche Legende vor.

90) Sulpicius Severus, Vita Martini 23, 1–11 (Sources chrétiennes 133, S. 302–306; 135, S. 988–1022); vgl. Vita Clari: AA SS Nov. 3, S. 784 f.

91) Cyrillus Scythopolitanus, Vita Euthymii 24 (S. 36 f. SCHWARTZ).

92) Gregor von Tours, Historiae 9, 6 (MGH SS rer. Merov. 1,1, S. 417–420).

und Hungersnöten heimgesucht wurden, gab es in Gallien eine größere Anzahl von Personen, die sich als Heilige, ja sogar als Christus ausgaben[93]. Wie weit sie dazu durch Einbildung und Selbstbetrug, durch Krankheit oder absichtlichen Betrug gebracht wurden, ist nicht zu entscheiden. Im 8. Jahrhundert soll der als Irrlehrer verurteilte Aldebert durch Bestechung einige dazu gebracht haben, daß sie verkündeten, sie seien durch seine Wunderkraft von ihren leiblichen Gebrechen geheilt worden[94].

Aufgrund des paulinischen Erbes blieb die Großkirche gegenüber Frauen skeptisch, die sich prophetisch und kultisch in der Gemeinde betätigten. Nicht nur die Prophetinnen des Montanus wurden als Pseudoprophetinnen verfemt, sondern auch andere Charismatikerinnen[95]. Einen charakteristischen Fall teilt Cyprian von Karthago mit: Er berichtet mit Verachtung und Abscheu über eine namenlos bleibende Wundertäterin, die auch die Sakramente der Eucharistie und der Taufe gespendet und sich auf Visionen berufen hat[96]. Im hohen Mittelalter hat eine Frau mit Namen Guillemette (lat. Guillelmina), gest. 1282, in Mailand beträchtliches Aufsehen erregt. Sie galt während ihres Lebens und noch kurz nach ihrem Tod als Heilige. Darauf glaubten die kirchlichen Kreise, sie als falsche Heilige verdammen zu müssen. Im Jahr 1300 wurden ihre Gebeine verbrannt. Guillemette soll in priesterlichem Schmucke aufgetreten sein und priesterliche Funktionen in einer geheimen Kulthöhle ausgeübt haben[97]. In diesem Zusammenhang begegnet auch der nicht nur aus der Geschichte des Frühchristentums bekannte Vorwurf der im Dunkeln verübten geschlechtlichen Promiskuität[98].

Eine eigene Untersuchung erforderte die Frage, in welcher Weise mit Hilfe von erdichteten Visionen scheinreligiöse und außerreligiöse Zwecke durchgesetzt wurden. Vielleicht ist auf keinem anderen Feld von Trug und Religion weniger eine klare Scheidung zwischen Absicht und Getriebensein, zwischen

---

93) Ebd. 10, 25 zum Jahr 591 (S. 518).

94) Vita quarta Bonifatii auctore presbytero Moguntino 2 (MGH SS. rer. Germ. [57], 1905, S. 93 ff.); siehe oben S. 339, Anm. 82.

95) Siehe oben Anm. 73.

96) Cyprian, Ep. 75, 10 f. (CSEL 3, 2, S. 816–818); zum Gnostiker Markos vgl. Hippolytus Romanus, Refutatio 6, 42, 2 (GCS Hippolyt, Werke 3, S. 173).

97) J. H. ZEDLER, Universallexikon 11 (1735) Sp. 1344 f.

98) Im Zusammenhang des sogenannten Bacchanalienfrevels vom Jahr 186 v. Chr.: Livius 39, 8. 13. 15; vgl. LATTE (wie Anm. 50) S. 28; A. HENRICHS, Pagan ritual and the alleged crimes of the early Christians, in: Kyriakon. Festschrift J. Quasten 1 (1970) S. 18–35.

Betrug eines anderen und seiner selbst möglich als bei der Vision[99]. Literarische Fälscher haben sich zur Beglaubigung der Echtheit ihrer Mitteilungen auf erfundene Visionen und Himmelsbriefe berufen[100]. Auch einzelne in der Kirche als Heilige verehrte Personen sind durch seelische Veranlagung, Einbildung und Täuschung zu falschen Visionen gekommen. Wie weit der Selbstbetrug jeweils reicht, ist nicht nachprüfbar[101]. Ein sprechendes Beispiel bietet die hl. Elisabeth von Schönau (wahrscheinlich 1129–1164) mit ihren Offenbarungen (*revelationes*) über die ungeschichtliche hl. Ursula und die 11 000 Jungfrauen. An den falschen Visionen hatte der Bruder der Heiligen, der Abt Ekbert, wesentlichen Anteil[102]. Bei Elisabeth von Schönau sehen wir, wie selbst bei einer anerkannten Heiligen die Grenze zwischen Wahrheit und Trug zu verschwimmen droht[103]. Die Lebenswirklichkeit des homo religiosus, die in einem magisch-religiösen Welterleben wurzelte, siegte in einzelnen Fällen über die Forderungen einer von christlicher Ethik geprägten Geistigkeit und Frömmigkeit.

Lüge und Betrug dürften auch an eine bestimmte geistige Stufe innerhalb der Entfaltung des menschlichen Geistes gebunden sein, ganz abgesehen von ihrer schwankenden Beurteilung innerhalb der Geschichte der Hochkulturen. Bekanntlich haben die frühen Griechen und ihre Nachbarn den Diebstahl, der sich auf Eigentum außerhalb der eigenen Gemeinschaft bezog, sogar für rühmenswert erachtet[104]. Frühe Verhaltens- und Bewertungsmuster konnten aber

---

99) Cyprian, Ep. 66, 10 (CSEL 3, 2, S. 734); A. HARNACK, Die Mission und Ausbreitung des Christentums in den ersten drei Jahrhunderten (^{4}1924) S. 223 Anm. 2 mit Hinweis auf Origenes, In Numeros homiliae 27, 11 (GCS Origenes Werke 7, 1921, S. 272); 225 f. Anm. 3; E. BENZ, Die Vision. Erfahrungsformen und Bilderwelt (1969) S. 278–310: ‚Die Angst vor der Illusion'.

100) SPEYER, Fälschung (wie Anm. 11) S. 65–67.

101) HARNACK (wie Anm. 99) S. 237.

102) W. LEVISON, Das Werden der Ursula-Legende (1928) S. 107–139; SPEYER, Fälschung (wie Anm. 11) S. 4 Anm. 1; A. BORST, Art. Ekbert von Schönau, in: Lexikon für Theologie und Kirche 3 (1959) Sp. 779.

103) Siehe auch oben Anm. 78. Der dort genannte Kyrill von Alexandrien soll aufgrund einer Traumvision zu seiner Auffindung der Reliquien der Hl. Kyros und Johannes gekommen sein (Sophron. in Cyr. et Joann. 27 [MIGNE PG 87, 3, Sp. 3413A]); vergleichbare Beispiele bei W. SPEYER, Bücherfunde in der Glaubenswerbung der Antike (Hypomnemata 24, 1970), Register unter ‚Vision'.

104) Thucydides 1, 5; dazu kritisch W. NOWAG, Raub und Beute in der archaischen Zeit der Griechen (1983) S. 163–170. Zum Gott Hermes als listigem Dieb H. HERTER, Hermes. Ursprung und Wesen eines griechischen Gottes, Rheinisches Museum für Philologie 119 (1976) S. 193–241, bes. S. 212–214.

auch noch auf späteren Stufen der Kultur, etwa in Spätantike und Mittelalter, wiederaufleben. Auch von dieser Möglichkeit aus betrachtet, wird es schwierig sein, das Verhalten der aus Antike und Christentum überlieferten sogenannten religiösen Betrüger und falschen heiligen Menschen eindeutig zu beurteilen.

33. Hat das Christentum das heutige Elend von Natur und Mensch mitverursacht?*

Unter dem im folgenden verwendeten Begriff des Christentums ist die Lehre Jesu von Nazareth und die Lehre der Apostel von Jesus als dem Christus zu verstehen, wie sie sich in den Evangelien und den übrigen Texten des Neuen Testaments niedergeschlagen hat sowie die von vielen Christen vor allem in Spätantike und Mittelalter vollzogene Umsetzung dieser Lehre ins Leben, die Nachfolge Christi. Gemeint ist vor allem jene Lebenshaltung der aufopfernden Liebe, die nach einem Wort des Kanzlers von Müller das Grundprinzip des Christentums darstellt[1]. Diese Nachfolge Jesu ist auf die Erwartung des Reiches Gottes gegründet, das in Jesus sichtbar erschienen, aber nicht ein Reich dieser Welt ist[2]. Wenn wir wissen wollen, was das Wesen des Christentums ist, so müssen wir uns an jene Männer und Frauen halten, die das Volk und viele Gebildete für Heilige gehalten haben, die Propheten, Märtyrer und Bekenner, die Wundertäter und Asketen beiderlei Geschlechts, die Eremiten und Mönchsväter, die Heiligen der Fürsorge für die Kranken, Armen, Unterdrückten und Gefangenen[3]. Nicht wenige Heilige und nicht nur der Hl. Franziskus haben gezeigt, wie behutsam der echte Christ mit den Tieren umzugehen weiß[4]. In diesem Christentum stand nicht der Mensch und seine irdischen Wünsche in der Mitte des Denkens, Fühlens und Wollens, sondern sein Schöpfer, Erhalter und Erlöser. Alle Formen eines nach weltlicher Macht und Anerkennung strebenden Christentums, also ein beträchtlicher Teil der Kirchengeschichte und der Geschichte der Christenheit, gehören | nicht

---

* Überarbeiteter und mit Anmerkungen versehener Vortrag vor dem Wissenschaftlichen Beirat der Gesellschaft für Ganzheitsforschung am 26. November 1987 in Klosterneuburg.

[1] R. GRUMACH (Hg.), Kanzler Friedrich von Müller, Unterhaltungen mit Goethe, München 1982, 36 (24. Januar 1819).

[2] Joh. 18,36.

[3] W. SPEYER, Der heilige Mensch in Antike und Christentum (in Vorbereitung).

[4] M. DONATUS, Beasts and Birds in the Lives of the Early Irish Saints, Diss., Philadelphia 1934; H. WADDELL, Beasts and Saints, London 1945, zur ägyptischen und irischen Tradition; J. BERNHART, Heilige und Tiere, 2. Aufl., München 1959; S. FRANK, Ἀγγελικὸς Βίος. Begriffsanalytische u. begriffsgeschichtliche Untersuchungen zum engelgleichen Leben im frühen Mönchtum, Münster (Westf.) 1964, 111 ff.; A. NITSCHKE, Tiere und Heilige: Dauer und Wandel der Geschichte, Festgabe f. K. von Raumer, Münster W. 1966, 62–100; K. GROSS, Menschenhand und Gotteshand in Antike und Christentum, Stuttgart 1985, 501–504.

zum Wesen des Christentums, sondern zum Wesen der Menschen innerhalb einer Hochkultur[5].

Die durch die moderne Technik und Industrie hervorgerufenen Gefahren, die täglich mehr die Wurzeln des Lebens, und nicht nur des leiblichen, auf unserem Planeten bedrohen, sind heute allen spürbar und müssen nicht genauer in ihren mannigfachen Auswirkungen beschrieben werden. Wie wohl die meisten übereinstimmend zugeben werden, sind diese lebensbedrohenden Herausforderungen und diese allen spürbaren weltweiten Krankheitssymptome dem Schoße der abendländischen Kultur und Zivilisation entstiegen. Weder Indien mit seiner buddhistischen Weltdeutung, noch China mit seiner Lehre vom Tao oder die Kulturen der Naturvölker können dazu beitragen, die Bedingungen für das Entstehen der Notlage zu verstehen, in der sich heute Mensch und Umwelt befinden. Diesen Aufschluß vermag allein der Entwicklungsweg der abendländischen Kultur zu geben. Weltraumrakete, Atombombe und elektronische Datenverarbeitung sind als Früchte des Menschengeistes nur auf einem einzigen Zweig des Baumes der Menschheitskulturen gereift, auf dem Zweig der abendländischen Kultur.

Die Idee des Abendlandes ist vor allem zwischen den beiden Weltkriegen in Festvorträgen immer wieder beschworen worden. Dabei besannen sich die Redner je nach der Weite ihres geistigen Blickes auf die drei Wurzeln unserer europäischen Kultur, auf die Stadtkulturen von Athen, Rom und Jerusalem, also auf die griechisch-römische Antike und die mit ihr mannigfach verbundene jüdisch-christliche Kultur der Spätantike. Als die völkischen Erben und die späteren Träger dieser spätantiken christlichen Kultur haben vor allem die germanischen Stämme Mittel- und Nordeuropas zu gelten. Hingegen dürfte für das Werden des europäischen Bewußtseins dem Islam und seinen Völkern nur eine bescheidene Rolle am Rand zuzuweisen sein, mögen auch die Wurzeln der Religion Mohammeds teilweise bis auf das Alte Testament zurückgehen und mag auch die Antike Maßgebliches zum Bau der islamischen Kultur beigetragen haben. Entsprechendes dürfte für die persisch-iranische Kultur und die Lehre Zarathustras gelten.

Im Zusammenhang einer Besinnung auf die geistigen Wurzeln des europäischen Bewußtseins wurde bisweilen vom christlichen Mittelalter als einer Blüte der Kultur gesprochen, in der die sakrale und die weltliche Macht nach einem Ausgleich ihrer Ansprüche gesucht und ihn auch annähernd gefunden habe. Öfter bedachten die Festredner auch den Beginn der sogenannten Neuzeit, also die Epoche des italienischen Humanismus | und der Renaissance, mit ihrer Laudatio. Ob sie dies mit Recht taten, wird die weitere Darlegung zu zeigen haben.

---

[5] Auf partielle Übereinstimmungen und mehr noch Divergenzen zu den Auffassungen und Thesen von C. Amery (Das Ende der Vorsehung. Die gnadenlosen Folgen des Christentums, Reinbek bei Hamburg 1972 u. ö.) und E. Drewermann (Der tödliche Fortschritt. Von der Zerstörung der Erde und des Menschen im Erbe des Christentums, 3. Aufl., Regensburg 1983) gehe ich im einzelnen nicht ein.

Seit den Atombomben auf Hiroshima und Nagasaki, seit der gigantischen atomaren Aufrüstung der Supermächte, seit der Vergiftung von Land, Flüssen, Meeren und der Luft durch die modernen Industrien beginnt langsam in Europa und in den europäischen Ländern der Erde auch bei Menschen mit geringerer Bildungshöhe der Glaube an die Segnungen des sogenannten technischen Fortschritts zu wanken. Nicht wenige beginnen heute auf der ganzen Erde zu fragen, wie lange noch die Mutter Erde die Ausbeutung durch ihre Söhne ertragen könne.

Die psychologische Folge dieser Bedrohungen, die der Mensch durch den von ihm in Gang gesetzten technischen Fortschritt selbst ausgelöst hat, ist die Angst. Diese Angst war von Anbeginn der Hominisation die Begleiterin des Menschen. Um sie zu beschwichtigen, hat der Mensch im Laufe der Jahrtausende und vor allem der beiden letzten Jahrhunderte vielerlei Mittel erdacht. In unserer Gegenwart wurden aber diese Mittel mehr und mehr von Mitteln des Heils und des Segens zu Objekten, die ihrerseits neue Ängste auslösten. Auf diese Weise erschuf sich der Mensch neue Feinde, nachdem er fast alle von der äußeren Natur gegen ihn aufgebotenen Gegner teils vernichtet, wie etwa die wilden Tiere, teils in ihrer tödlichen Bedrohung eingeschränkt hatte. Man denke an die modernen Gegenmittel gegen Naturkatastrophen, Hungersnöte und Seuchen. Ohne auf die metaphysische Frage einzugehen, ob es nicht ein ewig gültiges Gesetz des Ausgleichs und der Vergeltung von Heil und Unheil, Segen und Fluch gibt, das der Mensch in seiner formalen Geltung nicht aufzuheben, sondern nur in seinen materialen Inhalten zu wandeln vermag, möchte ich im folgenden nur die Frage nach den geschichtlichen Ursachen der gegenwärtigen unheilvollen und angsterfüllten Lage der Menschheit aufzuhellen versuchen.

Wie bereits angedeutet wurde, kann auf diese Frage nur eine Rückbesinnung auf den Entwicklungsgang des Bewußtseins im Abendland eine Antwort geben. Dabei wird sich zeigen, daß die auch denkbaren Gründe infolge von Veränderungen in Wirtschaft, Gesellschaft und Politik nur Folgeerscheinungen tieferliegender Gründe darstellen. Die eigentlichen Gründe und Ursachen sind geistig-seelischer Natur und beruhen auf Veränderungen im Erleben und Deuten der Wirklichkeit. Diese Veränderungen haben im zweiten Jahrtausend in Israel, einem im übrigen unbedeutenden kleinen Land des Vorderen Orients, und seit dem 8. Jahrhundert v. Chr. in Ionien, Griechenland und Süditalien stattgefunden. Beiden Völkern, den Juden und den Griechen, kommt hier eine ausschlaggebende kulturverändernde Bedeutung zu. Im alten Israel und in Griechenland ist jeweils in verschiedener Weise eine geistige Revolution eingeleitet worden, deren Folgen unsere Gegenwart zu tragen hat. Jeweils wurde, soweit wir urteilen können, das ursprüngliche mythisch-magische Weltbild zerstört, an dem die Menschen durch unübersehbar viele Jahr|tausende auf der ganzen Erde festgehalten haben. Das Ergebnis dieses Bewußtseinswandels war jedoch in Israel ein anderes als in Griechenland. In Israel verkündeten Abraham und die ihm folgenden Patriarchen, sodann Moses und die Propheten den einen Gott als den Schöpfer und Erhalter von Welt und Mensch, und in Griechenland verdrängten die Dichter-Philosophen mit den von ihnen gefundenen profanen Allgemeinbegriffen wie Natur, *φύσις*, Anfang, *ἀρχή*, Elemente, *στοιχεῖα*, Atom, *ἄτομος*, Materie, *ὕλη*, und vielen anderen sowie dem damit eingeleiteten wissenschaftlichen Denken mehr und mehr die alte mythische und magisch-religiöse Auffassung von Göttern als den in den Erscheinungen der Welt wirkenden Mächten.

Diese beiden geistigen Revolutionen hatten Folgen mit verschiedener Schubkraft. Während die von den griechischen Philosophen, Gelehrten und Technikern eingeleitete Revolution in römischer Zeit mehr und mehr zum Stehen kam, wirkte die religiöse Revolution der Juden mit ihrem Glauben an den einen Schöpfer-, Erhalter- und Erlöser-Gott in der Metamorphose des Christentums bis in die Gegenwart weiter. Die wissenschaftlich-technische Weltdeutung, die in der Antike nur von einer kleinen Minderheit getragen wurde, erfuhr erst nach einer Pause von ungefähr anderthalb Jahrtausenden im Zeitalter der italienischen Renaissance eine Erneuerung. Das Denken der Neuzeit, des technisch-wissenschaftlichen Zeitalters, gründet in der Uminterpretation zweier verschiedener Weisen, die Wirklichkeit zu erleben und zu begreifen: der jüdisch-christlichen Offenbarung von einem einzigen Schöpfer-, Erhalter- und Erlöser-Gott und des philosophisch-wissenschaftlichen Denkens, das bei *Homer* und *Hesiod* bereits wetterleuchtet, das sich bei den sogenannten Vorsokratikern und bei *Platon* deutlicher ankündigt und in der Schule des *Aristoteles* klar zutage tritt. Daß dieses erste wissenschaftliche Denken der Antike aber nicht unmittelbar zur technischen Zivilisation der beiden letzten Jahrhunderte geführt hat, daß dafür ein Umweg, nämlich der Durchgang durch das Christentum nötig wurde, dies darzulegen bedarf einer längeren Überlegung.

Hier ist einmal genauer auszuführen, welche Grenze die Antike dem profan-wissenschaftlich-technischen Denken gesetzt hat, so daß es nicht bereits im griechisch-römischen Altertum zu einer Lage gekommen ist, die mit unserer Gegenwart vergleichbar ist. Zum anderen muß deutlich gemacht werden, was das eigentlich Christliche ist und wie erst durch den Rückgriff auf die wissenschaftlich-technischen Leistungen der Antike im Zeitalter der italienischen Renaissance die geistig-seelischen Grundlagen für die Entwicklung geschaffen wurden, die ziemlich geradlinig vor allem in den protestantischen Ländern zu dieser unserer Gegenwart und ihrer Krise geführt haben.

Um das Ergebnis meiner Überlegungen in Form einer These vorwegzunehmen: Nicht das Christentum selbst als Inbegriff der zu Beginn dieser Ausführungen skizzierten Botschaft und ihres Nachvollzugs ist der | Grund für das heutige Elend von Mensch und Umwelt, sondern das Denken eines falsch verstandenen Humanismus, das in der italienischen Renaissance im Anschluß an bestimmte Denkströmungen der Antike und des Christentums begonnen und sich um zwei Grundpositionen beider Deutungsweisen der Wirklichkeit immer weniger gekümmert hat: um die Heiligkeit aller Erscheinungen der sichtbaren Wirklichkeit – dies war die Botschaft der Früh- und Hochkulturen, von der nur einzelne Griechen, eben bestimmte Philosophen wie die Atomisten, Epikureer und Skeptiker abgerückt sind – und um die Erwartung der Jünger Christi, die nach der Wiederkunft ihres Messias und nach dem Anbruch der Gottesherrschaft am Ende der Zeiten Ausschau hielten. Die Renaissance-Humanisten und die Gelehrten, die ihnen folgten, haben also, obwohl dem Namen nach noch Christen, den eschatologischen Aspekt – und dieser ist das Zentrum der ursprünglichen Botschaft von Jesus Christus – mehr und mehr aus den Augen verloren. Die Folge dieser Wandlung innerhalb des antik beeinflußten Christentums war, wie die weiteren Darlegungen zu zeigen haben, eine gänzlich andersartige Einstellung zur Wirklichkeit, die daraufhin allmählich ihren Charakter als Schöpfung verloren hat.

Die von den Menschen des mythisch-magischen Bewußtseins erlebte Heiligkeit der Natur, die nicht zuletzt auf ihrem geheimnisvollen Wesen beruht, das einem vorwissenschaftlichen Erleben und Denken größer, tiefer und machtvoller erschien als den Menschen der Neuzeit, die durch die wissenschaftlich-technische Aufklärung gegangen sind, diese Heiligkeit der Wirklichkeit wurde im griechisch-römischen Altertum nur zu einem Teil von der antiken Wissenschaft aufgelöst. Der eigentliche Schlag gegen die Heiligkeit und damit gegen die Göttlichkeit der Natur ging vom jüdisch-christlichen Offenbarungsbegriff von dem einen Schöpfergott aus. Der Begriff der Schöpfung, der theologisch-dogmatisch zugespitzt wurde in den Begriff der Creatio ex nihilo und des transzendenten Schöpfers, führte allmählich dazu, die sinnenhafte Wirklichkeit als etwas Gleichgültiges, als ein Adiaphoron, wie die Stoiker sagen würden, zu betrachten. Gewiß galt dem alttestamentlichen Frommen, daß die Himmel des Ewigen Ehre, seinen Glanz, seine Doxa, rühmen[6], doch verdunkelte bei den Christen der negativ aufgeladene Begriff der ‚Welt' mehr und mehr den Begriff der Schöpfung und der ihr verliehenen Herrlichkeit.

Dies geht beispielsweise aus dem neben der Bibel meistgelesenen Buch christlicher Innerlichkeit an der Schwelle zur Neuzeit hervor, der ‚Imitatio Christi'[7]. Der Verfasser der ‚Nachfolge Christi' empfiehlt den unmittelbaren Weg zu Gott, nicht den Weg über seine Gaben, die Welt. | Die Verachtung alles Weltlichen gegenüber dem Himmlischen wird immer wieder eingeschärft[8]. Trotzdem betont derselbe Verfasser: „Es gibt keine noch so kleine

---

[6] Ps. 19,2.

[7] P. Mons (Hg. u. Übers.), Die vier Bücher der Nachfolge Christi, Regensburg 1959. Der Verfasser war wohl Geert Groote, der Begründer der Devotio moderna (1340 in Deventer–1384); vgl. H. Grundmann, Art. Groote, G.: Die Religion in Geschichte u. Gegenwart 2, 3. Aufl., 1958, 1882f.

[8] 3,53,4: totum mundum nihil aestima; 3,10,23: magnus honor, magna gloria ... omnia

und nichtige Kreatur, die nicht die Güte Gottes vor Augen stellt"[9]. Soviel ist jedenfalls aus dieser einflußreichen Schrift ‚Nachfolge Christi' zu entnehmen: Christliche Existenz vollzieht sich in der Abkehr von profanen und weltlichen Gedanken und Tätigkeiten hin zu heiligen Gedanken und Tätigkeiten, zum Gebet, zur Betrachtung, zum Fasten und zur Überwindung seiner selbst sowie zu den Werken der Barmherzigkeit.

Der Christ hatte die Scheu vor den Wundern der göttlich durchwirkten Natur, vor den Wundern des Kosmos verloren, eine Scheu, durch die das Erleben der Griechen und Römer weithin geprägt war. Aus der einen von Göttern bewohnten Welt war die Zweiheit von göttlichem Schöpfer und nicht-göttlicher Schöpfung geworden.

Solange das Christentum seinem Ursprungsimpuls treu blieb – und dies ist auch noch der Verfasser der ‚Nachfolge Christi', der bereits zu Anfang der Renaissance in den Niederlanden lebte –, solange gab es keine Gefahren für die Natur. Ein derartiger Christ zerstörte die Erde nicht, er bekümmerte sich kaum um sie; denn „wo sein Schatz war, da war auch sein Herz"[10]. Erst das Ende des eigentlich Christlichen, also der Erwartung der Eschata, konnte durch die damit gegebene Rücklenkung des menschlichen Strebens vom geoffenbarten Ende aller Dinge und vom Jenseits zum sinnlich wahrnehmbaren Diesseits, das nunmehr das auf Unendlichkeit angelegte Glücksstreben des Menschen ausfüllen sollte, dadurch aber zur ausbeutbaren Quelle der Glücksgüter wurde, die Entwicklung einleiten, an deren Ende wir heute mit der allumfassenden Bedrohung aller unserer leiblichen, geistigen und seelischen Grundlagen stehen.

Der Abfall vom spezifisch Christlichen innerhalb des christlichen Glaubens, eben von der Erwartung des Weltenrichters, lief mit der Wiederentdeckung der wissenschaftlich-technischen Naturbetrachtung, wie sie die griechisch-römische Antike hervorgebracht hatte, parallel. Fast alle heute an den Universitäten gelehrten Fächer haben ihr Fundament in den Schriften der griechischen und römischen Fachschriftsteller, die die Humanisten der Renaissance entdeckt und durch den nicht zufällig in dieser Zeit gefundenen Buchdruck einer weit breiteren Öffentlichkeit bekanntmachten, als dies im Zeitalter der Papyrusrolle der Antike und der Pergamenthandschriften des Mittelalters möglich war. Damit waren die Bedingungen geschaffen, die ziemlich geradlinig in die moderne technische Zivilisation geführt haben. |

Betrachten wir die Christianisierung der Antike und die neue wissenschaftliche Erklärung der Wirklichkeit im Zeitalter der Renaissance, so sind beide Kulturprozesse als Formen einer Profanierung und einer Spiritualisierung zu verstehen. Um dies genauer zu verstehen, sei zunächst die antike Wirklichkeitserfahrung genauer beschrieben. Diese herrschte nicht nur vor

propter te (deum) contemnere; 3,4,23: (Spiritus veritatis) quia docet eos terrena despicere et amare caelestia, mundum negligere, et caelum tota die ac nocte desiderare.

[9] Ebd., 2,4,7.

[10] Mt. 6,21 par. Lc. 12,34.

dem Einbruch der philosophisch-wissenschaftlichen Aufklärung, sondern auch neben ihr und hat vor allem das griechisch-römische Altertum geprägt; denn die antiken philosophischen Aufklärer haben im Gegensatz zu ihren Nachfolgern in der Neuzeit nur eine schmale Bildungsschicht erreicht. Ohne die Erfindung des Buchdruckes, die damals von den geistigen Bedingungen aus betrachtet kaum möglich war, konnte aber eine Wirkung aufklärerischer Gedanken, wie sie die Neuzeit brachte, nicht erfolgen.

Die Wirklichkeit, die den Menschen der Früh- und auch der Hochkulturen gegenübertrat, wurde vor einer wissenschaftlich-rationalen Aufklärung und Denkweise als geheim und machtvoll erlebt, wobei aber beide Begriffe nicht im modernen Sinn zu verstehen sind, sondern im magisch-religiösen Sinn, das heißt im Sinn von Heiligkeit[11]. In jedem Wirklichen, sei es Naturerscheinung, Stein, Pflanze oder Tier, leuchtete das Übermenschlich-Göttliche auf.

Dieses Erleben hat Friedrich Schiller in seinem Trauergesang auf die Götter Griechenlands folgendermaßen beschrieben:

> „An der Liebe Busen sie zu drücken,
> gab man höhern Adel der Natur,
> Alles wies den eingeweihten Blicken
> alles eines Gottes Spur.
>
> Wo jetzt nur, wie unsre Weisen sagen,
> seelenlos ein Feuerball sich dreht,
> lenkte damals seinen gold'nen Wagen
> Helios in stiller Majestät.
> Diese Höhen füllten Oreaden,
> eine Dryas lebt' in jenem Baum,
> aus den Urnen lieblicher Najaden
> sprang der Ströme Silberschaum.
>
> Jener Lorbeer wand sich einst um Hilfe,
> Tantals Tochter schweigt in diesem Stein,
> Syrinx' Klage tönt' aus jenem Schilfe,
> Philomelas Schmerz aus diesem Hain.
> Jener Bach empfing Demeters Zähre,
> die sie um Persephonen geweint, |
> und von diesem Hügel rief Cythere
> ach umsonst! dem schönen Freund"[12].

Mit Recht bemerkt der bekannte Religionshistoriker und Philologe *H. Usener:* „Man darf sagen, daß der ursprüngliche Mensch nur religiös apperzipiert. Berg und Fels, Quell, Fluß und Meer, Bäume und Kräuter, die Tiere

[11] R. OTTO, Das Heilige. Über das Irrationale in der Idee des Göttlichen und sein Verhältnis zum Rationalen (München 1917, Ndr. ebd. 1963); C. COLPE (Hrsg.), Die Diskussion um das ‚Heilige' = WdF 305 (Darmstadt 1977).

[12] F. SCHILLER, Die Götter Griechenlandes V. 13–32: Schillers Werke. Nationalausgabe 2, 1 Gedichte (Weimar 1983) 363f.

vom überlegenen Raubtier bis herunter zu Maus und Käfer, Vögel und Fische – man muß fragen, was nicht mit göttlicher Persönlichkeit ausgestattet worden ist ..."[13]

Die religiöse Verehrung einer als göttlich beseelt erfahrenen und empfundenen Welt hielt die Angehörigen der sogenannten Naturreligionen davor zurück, die als heilig erlebte Natur nur als einen berechenbaren Automaten und damit als ein seelenloses Objekt für materielle Ausbeutung zu begreifen. Das Erleben des Weltganzen war in den polytheistischen Religionen anders geprägt als in der jüdischen und christlichen. Die Offenbarung des einen Gottes, der die Welt aus dem Nichts ins Dasein gerufen hat, machte diese sichtbare Welt zu einem Werk, das unterhalb des Menschen zu stehen schien[14]. Das Alte Testament spricht zwar von der Herrschaft des Menschen, der fast wie ein kleiner Gott auf Erden erscheint[15], aber diese Herrschaft war immer gegenüber dem Schöpfer zu verantworten; denn der Mensch blieb wie alles um ihn stets ein Geschöpf. Deshalb kann der Fromme im Buch der Weisheit ausrufen: „Gott der Väter und Herr des Erbarmens, der du das All durch dein Wort geschaffen und durch deine Weisheit den Menschen gebildet hast, daß er über die von dir hervorgebrachten Geschöpfe herrsche, die Welt in Heiligkeit und Gerechtigkeit leite und in aufrichtiger Gesinnung regiere!"[16] Aus der vom Alten Testament betonten Gottebenbildlichkeit des Menschen folgt, daß der Mensch nicht zum Ausbeuter, sondern zum Erhalter der Erde bestellt ist[17]. So sind einerseits zwar Erde und Natur im Zusammenhang des Alten Testaments profane Größen, denn Schöpfung und Schöpfer sind wesensmäßig verschieden, der Schöpfer über die Welt um ein Unendliches erhaben, andererseits aber sind sie nicht ausbeutbare Objekte unter der Willkürherrschaft des Menschen. Nach dem Glaubens|bild des Alten Testamentes ist der Mensch nur Stellvertreter und Verwalter Gottes auf Erden und hat seinem Herrn Rechenschaft über seine Verwaltung abzulegen. Erst als diese glaubensmäßig bedingte Rückbindung fiel, setzte der Prozeß ein, der in der italienischen Renaissance begonnen und sich nach der Aufklärung des 18. Jahrhunderts in der Folgezeit mit wachsender Beschleunigung fortgesetzt hat. Statt Verwalter, Hüter und Stellvertreter Gottes in dessen Schöpfung zu sein, wurde der Mensch zum Souverän und nahm die Stelle Gottes ein.

Wie bereits erwähnt, ist für die Antike und ihre Lebens- und Welterfahrung die Überzeugung charakteristisch, daß die Götter und das Göttliche in den Erscheinungen der sinnenhaften Wirklichkeit offenbar werden. Daraus

---

[13] H. Usener, Mythologie als Wissenschaft, in: Archiv f. Religionswiss. 7, 1904, 6–32 = Ders., Vorträge und Aufsätze, Leipzig/Berlin 1907, 37–65, bes. 43.

[14] Gen. 1,28; 9,2; vgl. Jac. 3,7.

[15] Ps. 8,6–9.

[16] Sap. 9,1–3.

[17] Gen. 1,26; vgl. H. Merki, Art. Ebenbildlichkeit; in: Reallexikon f. Antike und Christentum 4, 1959, 462f.

folgt unmittelbar die Heiligkeit aller Naturkräfte wie der Elemente und der Sterne. Damit ist eng der Glaube an die Ewigkeit dieser Erscheinungen gegeben. Der Kosmos aber ist selbst göttlich und zeigt sich in Kreisbewegungen: Der Kosmos offenbart sich als ewiger Kreis, als *κύκλος ἀίδιος*. Der Kreis ist nach diesem Erleben sichtbarer Ausdruck göttlicher Vollkommenheit[18]. Die Vorstellung von der Ewigkeit dieser einen Welt und damit ihrer Göttlichkeit gehört zu den Grundüberzeugungen antiker Lebens- und Wirklichkeitsauffassung. In dieser Überzeugung gründet der Glaube altgriechischer Mysterien wie der von Eleusis, daß der Mensch zu neuer Weltstunde wiedergeboren werde und so nicht gänzlich im Tode untergehen könne[19]. So wie Same und Frucht, Frucht und Same aufeinanderfolgen, so wird der Mensch geboren, so stirbt er und lebt wieder auf, wenn das neue große Weltenjahr zurückkehrt. Einmaligkeit, Unwiederholbarkeit, Geschichtlichkeit kann es für dieses Denken in Zyklen und Kreisen nicht geben. Von dieser Vorstellung der ewigen Wiederkehr des Gleichen haben sich auch die griechischen Philosophen niemals lösen können.

Dieser Welterfahrung und Weltdeutung, die wohl überhaupt für die Natur- und Volksreligionen auf der Erde mehr oder weniger charakteristisch sind, steht eine völlig andersartige Lehre der Juden und ihrer Erben, der Christen, gegenüber: Einmaligkeit und Geschichtlichkeit zeichnen alle Erscheinungen, Mächte und Wesen aus. Der die Welt um ein Unendliches überragende eine Gott hat die sinnenhafte Wirklichkeit aus dem Nichts geschaffen und hat zu bestimmten Zeiten in die Geschichte des Menschen eingegriffen und sich in ihr deutlich geoffenbart. Die Einmaligkeit gilt damit auch für den Menschen: er lebt nur ein einziges Leben und wirkt in ihm sein Heil oder Unheil für die Ewigkeit. Die Geschichte der Welt und des Menschen ist auf ein ewiges Ziel hin | ausgerichtet, auf das Reich Gottes, auf die Rücknahme der Schöpfung in das Leben Gottes. So steht dem ewigen Kreislauf der antiken Natur- und Volksreligionen bei Juden und Christen der einmalige teleologisch bestimmte Geschichtsverlauf und damit die Heils- oder Unheilsgeschichte gegenüber.

Für das Frühjudentum der Zeit Jesu ist die apokalyptisch-eschatologische Stimmung charakteristisch[20]. Von dieser ist eindeutig Johannes der Täufer geprägt. Zu seinem Kreis gehört zunächst Jesus, wie seine Taufe durch Johannes beweist[21]. Der Täufer predigte die unmittelbare Nähe des Gottes-

---

[18] M. Lurker, Der Kreis als Symbol im Denken, Glauben und künstlerischen Gestalten der Menschheit, Tübingen 1981.

[19] W. Burkert, Griechische Religion der archaischen und klassischen Epoche = Die Religionen der Menschheit 15, Stuttgart 1977, 426/32 u. Reg.: ‚Eleusis'.

[20] D. Hellholm (Hg.), Apocalypticism in the Mediterranean World and the Near East, Tübingen 1983. – M. Hengel, Die Zeloten. Untersuchungen zur jüdischen Freiheitsbewegung in der Zeit von Herodes I. bis 70 n. Chr., 2. Aufl., Tübingen 1976; E. Schürer, The History of the Jewish People in the Age of Jesus Christ (175 b.C. – a.D. 135), rev. and ed. by G. Vermes/F. Millar 2, Edinburgh 1979, 488–554: ‚Messianism'.

[21] Mc. 1,9 par.

gerichtes: „Wer hat euch gezeigt, vor dem kommenden Zorn zu entfliehen?... Bereits ist die Axt an die Wurzel der Bäume gelegt. Jeder Baum, der keine gute Frucht bringt, wird ausgehauen und ins Feuer geworfen."[22] Johannes forderte die religiös-sittliche Umkehr, die in seinen Tagen um so dringender geboten erschien, als viele den Einbruch des göttlichen Endgerichtes erwarteten. Noch für Paulus war es eine unbezweifelbare Tatsache, daß in seiner Epoche das Ende der Geschichte angebrochen sei. Darauf weist beispielsweise seine Bemerkung: „Als die Fülle der Zeit (d.h. das Ende der Zeit) gekommen war, da sandte Gott seinen Sohn."[23]

Wie die Apokalypse des Johannes und zahlreiche Stellen der Apostelbriefe zeigen, erwarteten die Christen des 1. und beginnenden 2. Jahrhunderts das baldige Gericht Gottes und die damit gegebene Wiederkunft Jesu Christi als des vom göttlichen Vater eingesetzten Weltenrichters. Wenn es im Gebet Jesu, das die Christen bis heute beten, heißt: ‚Dein Reich komme', so wird damit um dieses in Segen und Fluch sich vollziehende Erscheinen Gottes und seines Gesandten und um die Wandlung aller irdischen Verhältnisse gebetet[24]. Ein existenzielles Bewußtsein vom nahen Ende der Welt hat die Christen in den ersten anderthalb Jahrtausenden der Kirchengeschichte nicht verlassen. Innere und äußere Erschütterungen der politischen und gesellschaftlichen Verhältnisse, Naturkatastrophen und Seuchen erregten immer wieder diese eschatologische Erwartung. Das Ausgeliefertsein an Katastrophen jedweder Art verstärkte das Vertrauen der Christen auf religiöse Heilmittel. Buße, Askese, mönchi|sches Leben und Wallfahrten zu den lebenden und toten Heiligen sowie zu den Gnadenbildern mußten wie alle anderen Formen einer jenseitsgerichteten Frömmigkeit solange in Geltung bleiben, wie die Christen in den Gedanken des Neuen Testamentes und seiner Enderwartung lebten.

Aus einer derartigen Seelen- und Geisteshaltung konnten für die Natur und die Umwelt keine Gefahren entstehen. Gegenüber dem bereits erreichten Stand der Technik und Wissenschaft der Griechen und Römer[25] bedeutet die christliche Epoche von Konstantin bis zur Renaissance deshalb einen Rückschritt. Die Wunder der Natur wurden theologisch, nicht naturwissenschaftlich bedacht. Dies ergibt beispielsweise eine Prüfung der altchristlichen Meinungen über das Entstehen warmer Quellen. Den Christen kam es ähnlich wie den frommen Heiden bei dieser Frage mehr auf die religiöse als auf die naturwissenschaftliche Erklärung an. Nur selten haben sie mit der religiösen Deutung die antiken naturwissenschaftlichen Theorien verknüpft. An einer selbständigen Weiterentwicklung dieser rationalen Erklä-

---

[22] Mt. 3,7.10.
[23] Gal. 4,4.
[24] Mt. 6,10 par. Lc. 11,2.
[25] H. Diels, Antike Technik, 3. Aufl., Leipzig 1924; H. Klingelhöfer, Römische Technik, Zürich/Stuttgart 1961; W. H. Gross, Art. Technik: Der Kleine Pauly 5, 1975, 552f.; R. J. Forbes, Studies in Ancient Technology 1/9, Leiden 1964/72.

rungen lag ihnen nicht viel, weil die religiöse Herleitung im Mittelpunkt ihres Denkens stand. Durch dieses Beispiel wird die auch sonst zu machende Beobachtung bestätigt, daß die von den Griechen geschaffene Naturwissenschaft durch das Aufkommen des Christentums zwar nicht gänzlich behindert, gewiß aber nicht begünstigt worden ist[26].

Daraus folgt: Das Christentum, das auf diesen Namen einen Anspruch hat, weil es mit seinen Wurzeln identisch ist, also das eschatologisch ausgerichtete Christentum der ersten anderthalb Jahrtausende, hat unmittelbar mit dem gegenwärtigen Elend von Natur und Mensch nichts zu tun, wohl aber mittelbar. Mittelbar hat das Christentum als der Erbe der alttestamentlichen Offenbarungsreligion das kyklische Denken der Griechen und der übrigen Naturreligionen in Europa, Amerika, Afrika und Ozeanien infolge seiner Betonung der Geschichtlichkeit und seiner Entmythisierung der Wirklichkeit gesprengt. Insofern ist die Religion des Alten Testamentes und noch mehr das Christentum zugleich auch eine aufklärerische Bewegung. Diese Behauptung kann durch eine weitere Tatsache erhärtet werden. Das Christentum hat den Prozeß der Rationalisierung und der Spiritualisierung, den von anderen Voraussetzungen aus die antike Philosophie eingeleitet hatte, in verstärktem Maße weitergetrieben. Dafür sei ein Beispiel gegeben: Im antiken Griechenland, in Rom und in allen Kulturen der antiken Welt flammten täglich die Altäre vor den | Tempeln auf. Priester und Gläubige brachten im privaten und im staatlichen Kult blutige und unblutige Opfer den Göttern und dem Gott des Alten Testaments dar. Die Deutung des Kreuzesopfers Christi als des einzigen und einmalig dargebrachten Opfers für alle Menschen, die Paulus vorgenommen hat, ließ nach dem Sieg des Christentums mit einem Schlag alle unblutigen und blutigen Opfer aufhören. Die Konzentration des Christentums auf den einen Erlöser, der zugleich Opfergabe und Opferer war, ließ die vielen Opferer und Opfergaben als überflüssig, ja als verderblich erscheinen. So zeigt sich im Christentum auf dem Gebiet des Kultes und nicht nur auf diesem eine Tendenz zur Spiritualisierung und zur Konzentration. Als unwiederholbar galt das Erlösungswerk von Golgotha, das bekanntlich im sogenannten Meßopfer oder in der Eucharistie-Feier nicht wiederholt, sondern gegenwärtig gesetzt wird. Diese Intention der Vergeistigung und der sittlich-religiösen Aufklärung spricht auch aus den religiös-sittlichen Weisungen Jesu, der in der johanneischen Theologie nicht zufällig als der Logos bezeichnet wird.

Solange das Christentum seinen Anfängen, also der Naherwartung des Endes und der Wiederkunft des Messias und der daraus folgenden asketischen Lebensauffassung, treu blieb, solange war keine Gefahr für die Umwelt gegeben. Erst, als im Zeitalter des Humanismus der italienischen Renaissance die Rückbindung des Menschen an seinen Schöpfer und Erlöser

---

[26] W. Speyer, Der Ursprung warmer Quellen nach heidnischer und christlicher Deutung; in: Jahrb. f. Antike u. Christentum 20, 1977, 39–46 = oben S. 220–227.

mehr und mehr aufgegeben wurde und die Anthropozentrik allein übrigblieb, als die Heilsgeschichte hinter die profane Geschichte zurücktrat, als der Weltenrichter und Pantokrator Christus als zentrales Bildmotiv der kirchlichen und privaten Frömmigkeit verschwand[27] und der Goldgrund der Altartafeln mit den Darstellungen der Heiligen durch den Hintergrund einer realistisch gesehenen Landschaft ersetzt wurde, die Natur ihrerseits nur als Folie für den machtvoll auftretenden, profan gesehenen großen Menschen diente, wie dies die Bilder der Renaissance weitgehend zeigen[28], da begann ganz allmählich auch der Prozeß der Versklavung der Natur. Die angewandten Wissenschaften und die Technik feierten ihre ersten Triumphe.

Parallel hierzu zeichnete sich eine weitere erschreckende Entwicklung ab, die ebensowenig wie die Entfaltung von Technik und Industrie in den der Renaissance folgenden Jahrhunderten geradlinig abläuft. Die durch die Gegenreformation eingeleitete Epoche des Barock mit seinen ekstatischen Jenseitsvisionen und seiner Mystik war ein retardierendes Moment in dieser Entwicklung. Seit Renaissance, Manierismus, Klassizismus und den meisten weiteren geistigen Bewegungen des 19. und 20. Jahrhunderts können wir sehen, wie der Mensch mit dem Verlust der Transzendenzer|fahrung mehr und mehr vereinsamt und seine Trauer zunimmt. Vereinsamung und Trauer sprechen nicht wenige Schöpfungen der Renaissance aus, wie die Bilder eines Piero della Francesca oder Sandro Botticelli zeigen. Die Anthropozentrik endet so in der Trennung von Mensch und Wirklichkeit, sei diese als Erscheinungsweise göttlicher Mächte oder als Schöpfung Gottes gedacht. Die Ambivalenz des Göttlichen und damit der Wirklichkeit wird zuungunsten des Segensaspektes nur noch als Fluchmacht erlebt.

Die einmal von einem jenseitsgerichteten, der Erwartung der Heilswirklichkeit zugekehrten Christentum entbundenen und freigesetzten Kräfte des Geistes und der Seele blieben weiter in der neu entstehenden profanen Kultur wirksam; nur nahmen sie jetzt eine gänzlich andere Richtung. Das Ziel von Erleben und Denken hieß nunmehr das Diesseits. Die ursprünglich christliche Überzeugung von der Geschichtlichkeit, der Einmaligkeit und der Unwiederholbarkeit alles Gewordenen verstärkte jetzt nur den Willen, diese eine kurze Lebensspanne voll auszuleben und zu genießen. Die Möglichkeiten suchte man in den Gütern der Natur und der durch die Technik verwandelten Natur. Um sich dieser Güter zu bemächtigen, bestiegen im Zeitalter der Entdeckungen die profanierten Christen die Schiffe und zerstörten zahlreiche frühe Kulturen in bis dahin unbekannten Ländern. Sie raubten das Gold, dann die übrigen Schätze jener Länder. Ein Ziel schwebte den Eroberern vor Augen, das zukünftige Reich Gottes als irdisches Paradies selbst zu verwirklichen. Dieses Ziel, das am Anfang der Neuzeit nur eine kleine aristokratisch gegliederte Schicht für sich erstrebte, wie ihre Paläste, Schlös-

---

[27] C. Capizzi, *Παντοκράτωρ*. Saggio d'esegesi letterario-iconografica = Orientalia Christiana Anal. 170, Roma 1964; H. Hommel, Sebasmata 1, Tübingen 1983, 131–177.

[28] H. Lützeler, Die christliche Kunst des Abendlandes, Bonn 1932.

ser und Gartenanlagen vom 16. bis in das 19. Jahrhundert[29] zeigen, wurde seit der Demokratisierung Europas in diesem Jahrhundert das Ziel für viele. Die Kosten für dieses Ziel, daß jetzt fast ein jeder ein König auch dem Lebensstil nach sei, versuchten die moderne Technik und Industrie der Natur aufzubürden. Der europäische Scheinchrist, der auszog, um die übrigen Kontinente zu unterwerfen und sich ihre Schätze anzueignen, wurde in diesem Jahrhundert selbst in dem Gespinst gefangen, das er über die Erde geworfen hat. Der Rückschlag der versklavten Erde rüttelt ihn heute aus seinem Traum vom Genuß der unumschränkten Macht seines Geistes und vom Genuß der Güter dieser Erde.

Welche Wege der Heilung gibt es? In der Vergangenheit waren es zwei Wege, die die Menschheit vor dem Schlimmsten, der Vernichtung durch sich selbst, bewahrt haben. Der eine Weg war der der Naturreligionen, der andere der des eschatologisch ausgerichteten Christentums. Viele werden überzeugt sein, daß beide Wege für sie aufgrund ihres aufgeklärten und ungläubigen Bewußtseins nicht mehr in Betracht kommen. Ohne eine vertiefte religiöse Dimension zurückzugewinnen, wird die heutige | Menschheit sich aber kaum vor der äußeren Katastrophe, der Zerstörung der Lebensgrundlagen, und vor der inneren Katastrophe, der Verzweiflung am Sinn von Leben und Tod sowie dem Ausgeliefertsein an den Nihilismus, retten können. Nur wenn das Vertrauen auf die ewigen Mächte, das Göttliche und Gott wieder wächst und daraus ein neuer vergeistigter Gottesdienst entsteht, der die Menschen zum Ahnen und zur Verehrung einer souveränen allumfassenden geistigen Macht führt, kann Hoffnung auf Abwendung der Katastrophe keimen.

Zum Abschluß fasse ich das Ergebnis meiner Überlegungen zusammen:

Das kyklische Denken der Natur- und Hochkulturen der Menschheitsgeschichte und die Verehrung der Erscheinungen der Wirklichkeit als Manifestation des Göttlichen verhinderten die Entstehung einer Technik und Industrie nach Art der neuzeitlichen. Dies gilt auch für das antike Griechenland trotz der dort erstmals gefundenen Wissenschaft und Philosophie.

Die jüdisch-christliche Offenbarung mit ihren Vorstellungen vom transzendenten Schöpfergott, vom Menschen als dem Ebenbild und Stellvertreter Gottes auf Erden, von der teleologisch ausgerichteten Heilsgeschichte und vom unersetzbaren Wert dieses einen Lebens des je einzelnen, das über sein Heil oder Unheil entscheidet, verhinderte gleichfalls, die Erde und ihre Schätze auszubeuten. Das Christentum hat sogar die Weltflucht und den Aspekt des Jenseits als des eigentlichen Ziels menschlichen Handelns durch die Betonung der Eschatologie verstärkt. Dazu kam seine Grundforderung, an Jesus Christus als an den einen ‚Sohn Gottes' und Erlöser zu glauben, da allein dieser Glaube zum Heil führen könne.

---

[29] W. Hofmann, Das irdische Paradies. Motive und Ideen des 19. Jh., 2. Aufl., München 1974.

Erst als im Zeitalter der italienischen Renaissance die in der Antike begonnene Entsakralisierung und die profanen Wissenschaften, die damals nur auf einen kleinen Kreis beschränkt und damit auch in ihrer Wirkung eingegrenzt waren, auf die führende christliche Schicht der Gelehrten und bildenden Künstler Einfluß gewonnen hatten, kam es zu dem Umbruch, der in die moderne Industriegesellschaft geführt hat. Die erste Folge dieses Prozesses der Wendung aller emotionalen und geistigen Interessen vom Jenseits ins Diesseits war die Erfindung des Buchdruckes und die damit eingeleitete breite Aufklärung im Sinne des neuen Lebensideals. Die sogenannte Gegenreformation des 16. und 17. Jahrhunderts mit dem erneuten Aufleben christlichen spätantik-mittelalterlichen Fühlens in Mystik, Wunderglaube und Inquisition blieb nur ein retardierendes Moment. Das 18. Jahrhundert brachte dann einen erneuten Durchbruch der profanen Deutung der Wirklichkeit, die bis heute das Feld beherrscht.

Das Christentum, das in der Spätantike einen Pyrrhussieg über die Antike davongetragen hatte, wurde seit dem 15. Jahrhundert von einer Geistesströmung überschwemmt, deren Quellen in der Antike zu suchen sind. Die historische Kritik und die Religionskritik insbesondere versuchten die Fundamente aufzulösen, auf denen das geschichtliche Christentum stand, wie *Lorenzo Valla* zeigt. Die an die antiken Fachschriftsteller anknüpfenden humanistischen Neubegründer der Naturwissenschaften schufen das neue Weltbild, das in Varianten bis heute gilt.

So zeigt sich in der Vielzahl der heute miteinander im Streite liegenden, aber die Erde beherrschenden politischen, gesellschaftlichen, wirtschaftlichen und geistigen Kräfte und Mächte des Westens und des Ostens, die alle in eine Natur und Mensch bedrohende Richtung weisen, das Erbe von Antike und Christentum. Hatte in der Spätantike das Christentum vermocht, sich das antike Erbe anzuverwandeln, ohne dabei völlig unterzugehen, so ist seit der Renaissance die Bewegung umgekehrt gerichtet: die im Christentum aufgenommenen antiken Elemente verselbständigen sich und beginnen das Christentum zu überformen und die Grundlagen auch des natürlichen Menschen zu vernichten.

34. Das letzte Mahl Jesu im Lichte des sogenannten Eidopfers

Durch die Ungunst der Zeiten sind nur wenige Bruchstücke eines bis zum Jahr 1972 gänzlich unbekannten griechischen Romans erhalten geblieben, der Phönizischen Geschichten eines Lollianos[1]. Die spärlichen Fragmente bietet der Papyrus Coloniensis Nr. 3328, der im Postskript Lollianos als Verfasser nennt[2]. Der anspruchslose Stil des Romans dürfte der Annahme nicht günstig sein, der Verfasser sei der bekannte Sophist und Rhetor des 2. Jh. n. Chr. P. Hordeonius Lollianus aus Ephesos[3]. Wie fast bei allen griechischen Romanschriftstellern sind auch bei dem Lollianos der Phoinikika die näheren Lebensumstände unbekannt. Der Name ist für Ägypten aus nachchristlichen Papyrustexten belegt[4]. Der Verfasser der Phoinikika schreibt nicht nur kunstlos, sondern versucht, durch grelle Bilder der Erotik und des Grausens auf die Phantasie einer breiten Leserschaft einzuwirken. Unter literaturkritischem Gesichtspunkt kann man die Schrift als durchschnittlichen antiken Unterhaltungsroman bezeichnen[5].

Bekanntlich hat der antike Roman wesentliche Anregungen aus dem Hieros Logos und dem Ritual der Mysterien empfangen. Selbst wenn man nicht so weit wie R. Merkelbach gehen will, bleiben noch genügend Anhaltspunkte für die bereits von K. Kerényi im Jahr 1927 ausgesprochene und begründete These übrig, daß der Inhalt einzelner antiker Romane von den Hieroi Logoi der griechischen und hellenistischen Mysterien beeinflußt ist[6]. Wieweit einem bestimmten Romanschreiber diese Verbindung zwischen seinem Stoff und den Mysterien bewußt war, bedarf jeweils gesonderter Prüfung. Bei Apuleius und seinem Roman ‚Metamorphosen' steht dieses Wissen außer Frage; denn Apuleius war nicht nur ein Kenner der Magie und

---

[1] A. Henrichs, Die Phoinikika des Lollianos. Fragmente eines neuen griechischen Romans = Papyrol. Texte u. Abhandl. 14 (Bonn 1972).

[2] Ebd. 1–3; frg. A 2 verso; ebd. Taf. IV.

[3] O. Schissel, Lollianos aus Ephesos: Philologus 82 (1926) 181–201; ders., Art. Lollianus Nr. 15: RE 13, 2 (1927) 1373–1375.

[4] Henrichs a.a.O. 24–27.

[5] Ebd. 6f.

[6] K. Kerényi, Die griechisch-orientalische Romanliteratur in religionsgeschichtlicher Beleuchtung ²(Darmstadt 1962); R. Merkelbach, Roman und Mysterium in der Antike (München 1962); ablehnend R. Turcan, Le roman ‚initiatique'. A propos d'un livre récent: Revue de l'histoire des religions 163 (1963) 149–199.

der synkretistischen Religionen seiner Zeit, sondern selbst Myste[7]. Im folgenden soll aber nicht die Theorie von K. Kerényi und R. Merkelbach näher geprüft werden, sondern der rituelle Hintergrund zweier Szenen der Phoinikika betrachtet werden. Diese geben die Möglichkeit, Grundstrukturen einer bestimmten Kulturschicht der Religion freizulegen, die auch die Vorstellungen, aus denen die Berichte über das Letzte Abendmahl Jesu erwachsen sind, bestimmt haben.

Zunächst sei eine Szene der Phönizischen Geschichte des Lollianos zum Vergleich herangezogen, die, wie A. Henrichs wahrscheinlich gemacht hat, auf den Hieros Logos und das Ritual der Dionysos-Zagreus-Mysterien zurückzugehen scheint[8]. Der Roman bestand aus mehreren Büchern. Vom ersten Buch ist das Fragment einer Liebesszene erhalten. Ein weiteres Buch – welches, wissen wir nicht – bietet folgenden Inhalt: „Der Romanheld Androtimos befindet sich in der Gefangenschaft einer Räuberbande, die gerade einen Ritualmord an einem Knaben vorbereitet. Das Fragment beginnt mit Bruchstücken eines Dialogs, in dem wahrscheinlich Androtimos versucht hat, die Bande von diesem Vorhaben abzubringen. Er findet jedoch kein Gehör und bricht die fruchtlose Unterhaltung mit einem Fluch ab. Das Ritual nimmt seinen Lauf. Ein Mann, der bis auf einen Purpurgürtel um die Lenden nackt ist, bringt den Knaben herbei, der wohl erst jetzt getötet wird. Der Opferdiener wirft den Körper des Knaben auf den Rücken, öffnet den Brustkorb, nimmt das Herz heraus und legt es auf das Feuer. Das gebratene Herz zerteilt er in zwei Hälften, die er mit Mehl (?) bestreut und mit Öl begießt. Nachdem das Herz genügend zubereitet ist, gibt er davon den Eingeweihten. Mit den Portionen des zerteilten Herzens in der Hand läßt er sie beim Blut des Herzens einen Eid schwören, (ihn?) weder im Stich zu lassen noch zu verraten, selbst dann nicht, wenn sie ins Gefängnis geworfen oder grausamen Foltern ausgesetzt würden. Das Buch endet mit einer erneuten Nennung des Androtimos, der offenbar von dem übriggebliebenen Teil des Herzens essen soll".[9]

Die Tötung des Knaben dient unmittelbar dem anschließenden Eid, ist also Teil des Schwurritus. Tötung, Mahl und Schwur gehören in diesem Ritual zusammen. Ob von Opferung gesprochen werden darf oder nicht, wird sich im Folgenden noch herausstellen.

Ein weiteres Bruchstück ist aus dem anschließenden Buch der Phoinikika erhalten[10]. Auch sein Inhalt zeigt, daß die hier geschilderte Szene nicht aus

---

[7] A. Abt, Die Apologie des Apuleius von Madaura und die antike Zauberei = RGVV 4, 2 (Gießen 1908); J. G. Griffiths, Apuleius of Madauros, The Isis-Book (Metamorphoses, Book 11) = Études préliminaires aux religions orientales dans l'empire Romain 39 (Leiden 1975).

[8] Henrichs a.a.O. 28–79. Im Gegensatz dazu verteidigt J. Winkler, Lollianos and the Desperados: JournHellStud 100 (1980) 155–181 den rein literarästhetischen Gehalt des Romans.

[9] Ebd. 6; vgl. frg. B 1 recto (ebd. 92f.; Kommentar: ebd. 113–118).

[10] Frg. B 1 verso (ebd. 96–97; Kommentar: ebd. 119–129).

zügelloser Phantasie erwachsen ist, sondern in ihrer Substanz auf dasselbe Mysterienritual zurückgeht, wahrscheinlich auf die Dionysos-Zagreus-Mysterien[11]. Unter anderem wird ein Gelage mit Promiskuität der männlichen und weiblichen Mysten geschildert. Dieses Tun bildet wahrscheinlich den Nachklang eines Ritus vorgeschichtlicher Zeit. Ursprünglich gehören Töten eines menschlichen Wesens, eines Kindes, vielfach eines Mädchens, Kannibalismus und geschlechtliche Promiskuität einem Weltbild an, das nicht für die hochentwickelte Stadtzivilisation des Hellenismus, sondern für die frühe Ackerbaukultur kennzeichnend ist. Wie A. Jensen nachgewiesen hat, begegnen diese Riten auch in den Kulturen einzelner Naturvölker[12]. Kulturgeschichtlich gehören sie dem Weltbild der frühen Pflanzerkultur an. Für die Ackerbauern stehen Tod und Fortpflanzung bei Pflanze, Haustier und Mensch in der Mitte ihres Handelns und Erlebens. Der erste Tod auf Erden war nach einem weit verbreiteten Mythos der Pflanzer ein Mord, und das göttliche Wesen, das jenes Schicksal zum ersten Mal erleiden mußte und das nach A. Jensen fast überall mit dem Mond gleichgesetzt wird, schenkte den Menschen die Pflanze und die Fortpflanzung. Wenn die Menschen das zuvor erwähnte Ritual feierten, so erinnerten sie sich nicht nur an diese Stiftung der für sie gültigen Lebensordnung, sondern setzten sie gegenwärtig. Das getötete menschliche Wesen war für sie mit der Gottheit identisch. Tötung im Ritual ist eine kultische Erinnerungsfeier, in der der grundlegende Vorgang der zeitüberhobenen mythischen Urzeit als gegenwärtig erlebt wird. Tod und andererseits Zeugung und Geburt gehören zusammen, sind gleichsam das Antlitz von Abend und Morgen der in sich kreisenden Wirklichkeit und bilden ihre ideelle Einheit. Zu diesem frühen Weltbild bemerkt A. Jensen: „Es ist eine bekannte und auch durchaus nicht wegzuleugnende Tatsache, daß das hier behandelte Weltbild mit ganz entscheidenden Zügen durch den christlichen Mythos hindurchleuchtet. Es seien nur die sterbende (von den Menschen getötete) und wieder auferstehende Gottheit oder die Einsetzung des Abendmahls erwähnt, um das deutlich zu machen."[13]

Auf die geschichtlich nachweisbaren allgemeinen religiösen Grundvorstellungen, die im Tun Jesu beim Letzten Abendmahl erkennbar sind, fällt aber noch mehr Licht von der am Anfang mitgeteilten Schwurszene der Phoinikika des Lollianos. Diese Eidszene ordnet sich ihrerseits in eine alte Überlieferung, die weit über die geschichtliche Zeit der antiken Mittelmeerkulturen hinaufreicht. Für das griechisch-römische Altertum beginnt diese Tradition mit einer Schwur- und Bündnisszene der Ilias. Im dritten Gesang beschwören König Priamos für die Trojaner und König Agamemnon für die Achäer feierlich einen Vertrag[14]. Dieses Bündnis bestimmte, daß die Ent-

---

[11] S. o. Anm. 8.

[12] A. Jensen, Die getötete Gottheit. Weltbild einer frühen Kultur = Urban Bücher 90 (Stuttgart 1966) 31. 125.

[13] Ebd. 143.

[14] Il. 3, 250–301.

scheidung des Einzelkampfes zwischen Menelaos und Paris zugleich über Sieg und Niederlage der beiden feindlichen Völker den Ausschlag geben sollte. Beim Vertragsabschluß sprach Agamemnon den Eid und zerschnitt dabei zwei Lämmern die Kehlen. Andere Griechen gossen Wein aus und sprachen: „Zeus, erhabenster Herr, und ihr andern unsterblichen Götter! Welche zuerst von uns Gegnern das heilige Bündnis verletzen, denen fließe das Hirn zu Boden, so wie der Wein hier, ihnen selbst und den Kindern, und Fremden gehören die Weiber."[15]

Diesen Vorstellungen entspricht aus frührömischer Zeit das Bündnis zwischen Rom und Alba Longa vor dem Kampf der drei römischen Horatier und der drei albanischen Curiatier, der stellvertretend den Krieg der beiden verfeindeten Völker entscheiden sollte. Über dieses der römischen Sage angehörende Ereignis, das in den Jahren 672–640 v. Chr. stattgefunden haben soll, berichtet allerdings erst Livius in augusteischer Zeit[16]. In diesem Fall wird der Geschichtsschreiber, zumindest was die religionsgeschichtliche Struktur des Vertrages betrifft, Ursprüngliches erhalten haben. Ähnlich wie in der Ilias bestimmte ein eidgesicherter Vertrag die Bedingungen für einen Entscheidungskampf zwischen zwei feindlichen Völkern, der durch Einzelkämpfer ausgefochten werden sollte. In diesen und vergleichbaren anderen Fällen wurde ein Bündnis mit begleitendem Schwurritual immer dann geschlossen, wenn es um Leben und Tod einer religiös-politisch geeinten Gemeinschaft ging. Bei Bruch eines derartigen Bündnisses sollten die Meineidigen so umkommen wie das Tier, das sie bei ihrem Schwur getötet hatten. Dies ergibt sich aus der Mitteilung von Livius: „Dann sollst du, Jupiter, so das römische Volk tödlich treffen wie ich hier heute dieses Schwein schlachte."[17] Die bedingungsweise ausgesprochene Selbstverfluchung trifft zugleich den Vertreter und Repräsentanten des Volkes wie das Volk, das nach archaischem Glauben mit ihm in der Solidarität von Segen und Fluch verbunden ist[18]. Ein derartiger Repräsentant des Volkes war im frühen Rom der pater patratus. Die Bezeichnung pater patratus war die Rangbezeichnung für den obersten Fetialen, der das Bündnis schloß[19]. Beim Vertrag mußte er die notwendige Eidesformel sprechen und das diese Eidesformel spiegelnde sympathetische Schwurritual vollziehen[20]. Nach dem Bericht des Livius vollführten die Römer und die Albaner den Schwurritus

---

[15] Il. 3, 298–301; ferner vgl. die Schwurszene Il. 19, 249–268.

[16] Liv. 1, 24–25, 1.

[17] Liv. 1, 24, 8.

[18] W. Speyer, Religiös-sittliches und frevelhaftes Verhalten in seiner Auswirkung auf die Naturgewalten: JbAC 22 (1979) 30–39, bes. 33f. = oben S. 254–263.

[19] K. Latte, Römische Religionsgeschichte = Handb. d. Altertumswiss. 5, 4 (München 1960) 121f. versteht unter pater patratus einen ‚gemachten' Vater im Gegensatz zu einem natürlichen.

[20] E. Samter, Art. Fetiales: RE 6, 2 (1909) 2259–2265, bes. 2261–2263. Der Abschluß eines derartigen Vertrags heißt foedus ferire, da ein Ferkel mit einem Feuerstein getötet wurde. Danach wirft der pater patratus den Stein weg, indem er die heilige Formel spricht (Fest./Paul.

jeweils getrennt für sich. Die sachliche Identität blieb aber auch so gewahrt, da die Bündnispartner Formel und Ritual im gleichen Sinn verwendet haben. Zu dieser Bündniszeremonie gehörten als notwendige Bestandteile das Wort und die Handlung. Sie ergänzen sich wie der Hieros Logos und die rituelle Handlung in den Mysterien. Jeweils bilden Wort und Handlung eine Einheit und spiegeln einander.

Wie unschwer zu erkennen ist, gehören die beim Ritual eines beschworenen Vertrags und Bündnisses getöteten Tiere, der ausgeschüttete Wein oder andere vernichtete oder beseitigte Gegenstände nicht zu einem Opfer. So haben beispielsweise die Phokaier bei einem Bündnis im Jahre 534 v. Chr. einen glühenden Eisenklumpen ins Meer versenkt und dabei sich eidlich verpflichtet, niemals wieder in die Heimat zurückzukehren[21]. Das fälschlich in der Forschungsliteratur sogenannte Eid- oder Schwuropfer war ursprünglich kein Opfer und kein religiöser Ritus, sondern ein magisch wirkendes sympathetisches Ritual[22]. Die magische, das heißt die aus der geheimen Kraft des mächtigen Wortes, der bedingungsweise ausgesprochenen Selbstverfluchung, und der machtvollen Handlung notwendig und zwingend eintretende Wirkung besteht darin, daß der Eid- und Vertragsbrüchige das Schicksal der getöteten Tiere, des ausgeschütteten Weines und der vernichteten oder beseitigten Gegenstände magisch auf sich ziehen wird. Er wird die im magischen Ritual vorweggenommene und zunächst nur bedingungsweise ausgesprochene Selbstverfluchung an sich selbst als Wirklichkeit erfahren. Nach diesem magischen Glauben, der in vorgeschichtliche Zeiten zurückgeht, stand der jeweilige Frevler aber nicht allein unter dem Fluch, sondern zugleich mit ihm seine Familie und sein Geschlecht, ja, wenn er Herrscher war, sein ganzes Volk. Je höher der Rang war, den der Frevler in der religiös-politischen Gemeinschaft einnahm, um so folgenreicher und umfassender waren die von ihm ausgelösten Fluchfolgen[23].

Dieses rein magisch und damit automatisch wirkende Schwurritual, das zunächst mit einem Glauben an persönlich eingreifende Götter nichts zu tun hat, ist in die polytheistische und die monotheistische Religion eingedrungen. In den oben mitgeteilten Schwurszenen der Ilias und bei Livius werden Zeus, Helios und andere Götter bzw. Jupiter als Schwurzeugen und Eides-

---

s.v. lapidem silicem [102 Lindsay]): Si sciens fallo, tum me Dispiter salva urbe arceque bonis eiciat ut ego hunc lapidem; vgl. Latte a.a.O. 122f.

[21] Herodot. 1, 165, 2f. Eine entsprechende symbolische Eidhandlung bezeugen Aristot. rep. Athen. 23, 5 und Plut. vit. Aristid. 25, 1. Ethnologische Parallelen nennt R. Lasch, Der Eid. Seine Entstehung und Beziehung zu Glaube und Brauch der Naturvölker = Studien u. Forschungen zur Menschen- u. Völkerkunde 5 (Stuttgart 1908) 79–88.

[22] Diesen Unterschied zwischen Opfer und Schwurritual verwischt auch wieder Henrichs a.a.O. 37f.: ‚Das Eidritual', obwohl er auf meinen Artikel Fluch: RAC 7 (1969) 1202f. hinweist, wo weitere Belege genannt sind; vgl. M. P. Nilsson, Geschichte der griechischen Religion = Handb. d. Altertumswiss. 5, 2, 1[3] (München 1967) 139–142: ‚Das Eidopfer'.

[23] Speyer, Verhalten a.a.O. 33f.

helfer angefleht[24]. Ursprünglich fehlte aber diese Anrufung im Schwurritual[25]. Die Anrufung der Götter, die als Teil des Gebetes für jede Opferhandlung notwendig war und damit zum Grundbestand eines religiösen Ritus gehörte[26], und die äußerliche Ähnlichkeit der beim Schwurritus oft vorkommenden Tötung von Tieren mit einem blutigen Opfer ließen bereits im Altertum die Meinung aufkommen, der Schwurritus sei gleichfalls ein religiöser Ritus und ein Opfer.

Jedes Opfer endete in der Regel mit einem Mahl der am Opfer Beteiligten. Aus der nur äußerlichen Ähnlichkeit zwischen Opfer und Schwurritual erklärt es sich, daß mit der Zeit eine Vermischung beider Rituale in der Weise stattfand, daß die Schwörenden nach ihrem Schwur auch von den Tieren, die sie getötet hatten, aßen und vom Wein, von dem sie ausgeschüttet hatten, tranken. Ursprünglich war dies nicht der Fall, da das getötete Tier und der ausgeschüttete Wein als magisch unrein, als fluchbeladen galten[27]. Essen und Trinken in Gemeinschaft ist bekanntlich ein Akt, der das Gefühl für die Zusammengehörigkeit und persönliche Verbundenheit ungemein stärkt[28]. So haben im Altertum Verschwörer, *συνωμόται*, coniuratores, also Männer, die sich durch Eid und Schwurritual für ihr Vorhaben gebunden haben, vom Getöteten gekostet. L. Sergius Catilina (108–62 v. Chr.) soll die Bindung der Verschwörer an den gemeinsamen Eid dadurch verstärkt haben, daß er sie eine Mischung von Menschenblut und Wein trinken ließ. Sallust (86–34 v. Chr.) teilt dazu mit: „Es gab zu jener Zeit Leute, die sagten, Catilina habe nach seiner Rede, als er zum Eid für sein öffentliches Verbrechen [d. i. die Verschwörung] zwang, Menschenblut mit Wein vermischt in Schalen herumgereicht. Als nach dem Schwur (execratio) alle davon gekostet hatten, wie es bei feierlichen Opfern zu geschehen pflegt, habe er seinen Plan eröffnet und dadurch die feierliche Willenserklärung, zu einer Gemeinschaft zu gehören, ablegen lassen, damit sie untereinander treuer seien, da einer vom anderen ein so großes Verbrechen wußte."[29] Dio Cassius spricht in diesem Zusammenhang von der Opferung eines Kindes[30]. Die Frage, ob

---

[24] Il. 3, 276–280. 298; Liv. 1, 24, 7f.; s. o. S. 479f. Vgl. E. Norden, Aus altrömischen Priesterbüchern (Lund 1939) 210. 222–224.

[25] Nilsson a.a.O. 1, 802f.; Speyer, Fluch a.a.O. 1202; vgl. Xenoph. anab. 2, 2, 9.

[26] J. Laager, Art. Epiklesis: RAC 5 (1962) 577–599; E. von Severus, Art. Gebet I: ebd. 8 (1972) 1134–1258.

[27] P. Stengel, Zu den griechischen Schwuropfern: Hermes 49 (1914) 90–101, bes. 100f.; Nilsson a.a.O. 1, 46. – R. Merkelbach, Mithras (Königstein, Ts., 1984) 5f. betont den Zusammenhang von Vertrag und Opfermahl.

[28] Henrichs a.a.O. (o. Anm. 1) 38.

[29] Sall. Cat. 22, 1f.

[30] Dio. Cass. 37, 30, 3: *παῖδα γάρ τινα καταθύσας* [sc. *Κατιλίνα*]; ferner vgl. Plut. vit. Cic. 10, 4; Flor. 2, 12, 4; Tert. apol. 9, 9; Johann. Antioch.: FHG 4, 563 Müller; dazu K. Vretska im Kommentar zu Sall. Cat. 22, 1f., Bd. 1 (Heidelberg 1976) 331–333, der an eine entsprechende Szene in der Erzählung über die Verschwörung der Söhne des Brutus (Plut. vit. Poplic. 4, 1) erinnert; ferner vgl. F. J. Dölger, Sacramentum infanticidii: ders., Antike u. Christentum 4 (Münster, W., 1934) 188–228, bes. 207–210: ‚Das Blutbündnis im griechisch-römischen

hier Sallust und die übrigen antiken Schriftsteller, die darüber berichten, eine geschichtliche Tatsache oder eine böswillig erfundene Verleumdung der Feinde Catilinas weitergegeben haben, läßt sich heute nicht mehr entscheiden. Für die Religionsgeschichte bleibt der Bericht aber wertvoll, weil er zumindest das Weiterwirken des alten Schwurrituals bis in die Zeit der späten römischen Republik beweist. Die Tötung eines Menschen, eines Kindes, ist ausdrücklich erwähnt, gleichfalls ein mit dem Schwurritual verbundenes Mahl, bei dem vom Blut des Getöteten getrunken wurde. Dieser Trunk sollte die Bindung der Verschworenen untereinander noch sinnfälliger machen.

Näher an die Umwelt des Neuen Testaments heran führt der von griechischen Tendenzschriftstellern aus dem Umkreis des Antiochos Epiphanes gegen die Juden erhobene Vorwurf, sie töteten jährlich einen Griechen, kosteten von seinem Fleisch und legten einen Eid ab, Feinde der Griechen sein zu wollen. Flavius Josephus, der darüber berichtet, zählt die erhobenen Vorwürfe in dieser Reihenfolge auf, wobei er von der Opferung des Griechen spricht[31]. Tatsächlich wird den griechischen Tendenzschriftstellern auch hier ein Schwurritual vorgeschwebt haben, für das die antiken Nachrichten über Catilina eine treffende und ausführlichere Parallele bieten. Demnach gehört das mit Menschenblut besiegelte Schwurritual nicht nur zum Motivbestand eines Romanschriftstellers wie des Lollianos, sondern wird auch von Geschichtsschreibern für die eigene Gegenwart zumindest als mögliche Tatsache bezeugt.

Als bisheriges Ergebnis können wir feststellen: Im griechisch-römischen Altertum wurden Bündnisse, Verträge und Abmachungen zwischen Völkern, Gemeinschaften und politischen Gruppen, bei denen es um Leben und Tod ging, durch ein feierlich vollzogenes Schwurritual gesichert. Dieses Ritual bestand aus dem Vertragsinhalt und der gegenseitigen Verpflichtungsklausel, d.h. der bedingungsweise ausgesprochenen Selbstverfluchung, und dem ebenso bedingungsweise vollzogenen magisch-sympathetisch wirkenden Tötungs- oder Vernichtungsritual. Getötet wurde ein Mensch oder ein Tier; es konnten aber auch Wein ausgegossen oder Gegenstände vernichtet oder beseitigt werden. An das Schwurritual schloß sich bisweilen ein Mahl an. Dabei wurde von dem im Ritual getöteten Wesen, Mensch oder Tier, gekostet. Durch dieses Mahl sollte die absolute Bindung der Vertragspartner untereinander erneut zum Ausdruck kommen.

Nach der Lehre der katholischen Kirche ist das von Jesus mit seinen Jüngern vor seiner Passion gefeierte sogenannte Letzte Abendmahl das Urbild der täglich in der Kirche gefeierten Eucharistie und neben der Taufe

---

Verschwörungs-Eid'; E. Manni, Religione e politica nella congiura di Catilina: Athenaeum 24 (1946) 55–67. Unrichtig F. Schwenn, Die Menschenopfer bei den Griechen und Römern = RGVV 15, 3 (Gießen 1915, Ndr. Berlin 1966) 188f.

[31] Flav. Jos. c. Apion. 2, 93–95.

das Ursakrament, das auf Jesus selbst zurückgeht[32]. Das Wort sacramentum ist das lateinische Äquivalent für den griechischen Begriff *μυστήριον*[33]. Die katholische Kirche versteht unter einem Sakrament ein wahrnehmbares Zeichen, von Jesus Christus eingesetzt, durch das Gnade angezeigt und den würdigen Empfängern mitgeteilt wird. Nach diesem Verständnis gehören zu einem Sakrament drei Wesensmerkmale: Sachen, die sogenannte Materie, Worte, die sogenannte Form, und die Person des Spenders, der im Sinn der Kirche handelt[34]. Die Sakramente vermitteln also unverdiente Gnaden Gottes, indem sie diese an den gläubigen Menschen weiterleiten.

Von hier führen folgende Tatsachen zu den antiken Mysterien zurück: Da das Sakrament durch Zeichen, Worte und die Person des Spenders gekennzeichnet ist, sind also auch hier wie in den Mysterien Ritus und Wort auf das engste miteinander verknüpft. Diese Tatsache gilt für alle sieben Sakramente der Kirche und ist nicht allein für das Altarssakrament und das hinter ihm stehende Abendmahl charakteristisch[35]. Weiter ergibt sich ein Zusammenhang zwischen den Sakramenten der Kirche und den antiken Mysterien durch die Tatsache der gleichen Bezeichnung. Gelten diese Übereinstimmungen für alle sieben Sakramente, so kommt beim Letzten Abendmahl eine inhaltliche Übereinstimmung hinzu, auf die bisher die Forschung zuwenig geachtet hat[36].

Hatten Forscher des 19. Jahrhunderts vorschnell zahlreiche Parallelen zwischen dem Letzten Abendmahl und den hellenistischen Mysterien gezogen, so ist die überaus differenziert geführte neuere Abendmahlsforschung von diesen vielfach nur scheinbaren Parallelen abgerückt[37]. Im Folgenden soll

---

32 K. Prümm/R. Schnackenburg/J. Finkenzeller/K. Rahner, Art. Sakrament I–V: LThK 9 (1964) 218–230.

33 H. von Soden, *Μυστήριον* und Sacramentum in den ersten 2 Jhh. der Kirche: ZsNeutlWiss 12 (1911) 188–227; Finkenzeller a.a.O. 220f.; Henrichs a.a.O. 39 Anm. 8.

34 Rahner a.a.O. 225–230.

35 Wenn sich in der katholischen Kirche die Zahl von sieben Sakramenten durchgesetzt hat, so dürfte dies an der Kraft der Siebenzahl liegen, die infolge der Verehrung der sieben Planeten im Alten Orient und in den antiken Mittelmeerkulturen großen Einfluß auf das Denken und Empfinden ausgeübt hat. Beispielsweise bilden die beiden Sakramente Taufe und Firmung, sachlich betrachtet, nur ein einziges. Zum Zwang der Siebenzahl vgl. u. a. W. H. Roscher, Die Hebdomadenlehre der griechischen Philosophen und Ärzte = Abh. d. Sächs. Akad. d. Wiss. 24, 6 (Leipzig 1906); J. Hehn, Siebenzahl und Sabbat bei den Babyloniern und im Alten Testament = Leipziger Semitistische Studien 2, 5 (Leipzig 1907, Ndr. ebd. 1968); K. Gross, Die Unterpfänder der römischen Herrschaft = Neue Deutsche Forsch., Abt. Alte Gesch. 1 (Berlin 1935) 32f.; H. Meyer/R. Santrup, Zum Lexikon der Zahlenbedeutungen im Mittelalter. Einführung in die Methode und Problemartikel. Die Zahl 7: Frühmittelalterliche Studien 11 (1977) 1–73.

36 Überblicke über die komplizierte Text- und Traditionsgeschichte der Abendmahlsberichte bei den Synoptikern und Paulus (Mt. 26,20–29 par. Mk. 14,17–25 par. Lk. 22,14–38; 1 Kor. 11,23–30) geben u. a. H. Schürmann, Art. Abendmahl, letztes A. Jesu: LThK 1 (1957) 26–31; E. Schweizer, Art. Abendmahl I. Im NT: RGG 1³ (1957) 10–21; H. Feld, Das Verständnis des Abendmahls = Erträge der Forschung 50 (Darmstadt 1976).

37 Dies gilt überhaupt für die früher vielfach angenommene Beeinflussung des Christentums

nur ein Aspekt des Letzten Abendmahls herausgestellt werden, und zwar der Aspekt des ‚Bundes'. Dieser bedeutet mehr als nur ein „Einzelmotiv der Einsetzungsworte"[38], da er das gesamte Letzte Abendmahl in Handlung und Worten Jesu betrifft. Freilich schöpft dieser Aspekt des Bundes nicht die Sinnfülle dieser symbolischen Handlung Jesu aus. Vielmehr erschließt er erst in Verbindung mit den bereits hinlänglich erforschten übrigen Sinn- und Symbolbezügen des Letzten Abendmahls den ganzen Reichtum der Worte und Handlungen Jesu mit seinen Jüngern in dieser Szene, die ähnlich wie die Szenen von Geburt, Leiden, Tod und Auferstehung Jesu die Liturgie und die bildende Kunst zu einzigartigen Schöpfungen angeregt hat.

Der Aspekt des Bundesschlusses, also des Vertrags- und Schwurritus, enthüllt sich erst voll auf dem Hintergrund der altorientalischen, alttestamentlichen, griechischen und römischen Schwurriten, Bündnisse und gegenseitigen Verpflichtungen, bei denen Leben und Tod auf dem Spiele standen[39]. Um Leben und Tod geht es aber im allerhöchsten Maß beim Letzten Abendmahl. Auf die alttestamentlichen Bündnisse, vor allem zwischen Gott und Israel, hat die Forschung hingewiesen, ohne allerdings hier die tatsächliche Parallele klar erfaßt zu haben[40]. Andernfalls würde nicht in die aus sich verständliche Überlieferung der Synoptiker und des Paulus ein in dieser Hinsicht sachfremder Bezug herangetragen, indem als Grundlage der Deutung die Prophetie des Jeremias von einem neuen unblutigen Bund verwendet wird, den Gott in der Zukunft mit seinem Volk schließen werde[41]. Dieser Text des Propheten, der gewiß Bedeutung für die weitere Interpretation der Abendmahlsworte Jesu hat, darf aber nicht zur ersten Bedingung des Textverständnisses der Abendmahlsüberlieferung erhoben werden. Hier ist es methodisch verhängnisvoll, zunächst auf den gleichen Begriff, Neuer Bund, im Alten und Neuen Testament statt auf den Sinn des jeweiligen Zusammenhangs zu achten, in dem dieser Begriff begegnet. Ebenso falsch ist es, mit einer angeblich erst nach dem Tod Jesu in der Urgemeinde entstandenen Sühnetheologie zu rechnen, die dann ihrerseits in die Abendmahlsüberlieferung eingetragen worden wäre und ihre Spuren hinterlassen hätte[42]. Vielmehr sind die Texte, die vom neuen Bund in Christi

durch die Mysterienkulte, vgl. D. H. Wiens, Mystery Concepts in Primitive Christianity and in its Environment: Aufst. Nied. Röm. Welt 2, 23, 2 (1980) 1248–1284 mit erschöpfender Bibliographie.

[38] So F. Hahn, Die alttestamentlichen Motive in der urchristlichen Abendmahlsüberlieferung: EvangTheol 27 (1967) 337–374, bes. 358. 366–373.

[39] Zum semitischen ‚Schneiden' des Bundes vgl. E. Bickerman, Couper une alliance: ders., Studies in Jewish and Christian History 1 = Arbeiten z. Gesch. des antiken Judentums u. Urchristentums 9 (Leiden 1976) 1–32; A. Jaubert, Art. Gottesbund: RAC 11 (1981) 977–996, bes. 977–981.

[40] Hahn a.a.O. 366–373; Jaubert a.a.O. 984f. mit Hinweis auf E. Kutsch, Neues Testament – Neuer Bund? Eine Fehlübersetzung wird korrigiert (Neukirchen-Vluyn 1978) 107–135; vgl. dens., Art. Bund: TRE 7 (1981) 397–410.

[41] Jer. 31,31–34; Jaubert a.a.O. 984.

[42] Jaubert a.a.O. 984.

Blut sprechen, als echte Herrenworte anzusehen. Sie enthalten in sich den Schlüssel für das Grundverständnis, unter dem das Letzte Abendmahl zu verstehen ist: als Bündnis- und Schwurritus, bei dem es inhaltlich um Tod und Leben der Vertragspartner geht.

Derartige Schwurriten gehörten auch zu den antiken Mysterien. In bestimmten Mysterien wurden die Mysten durch einen Eid verpflichtet, die ihnen mitgeteilten heiligen Geheimnisse vor Profanierung zu schützen[43]. In den Dionysos-Zagreus-Mysterien begegnet eine Schwurhandlung in Form der Tötung eines Menschen mit anschließendem kannibalischem Mahl[44].

A. Henrichs hat sich nicht zu der Frage geäußert, ob überhaupt und dann in welcher Weise das Letzte Abendmahl Jesu in den Vorstellungskreis von Bündnis- und Schwurritual gehört. Wie die folgenden Darlegungen zu zeigen versuchen, gründen die Vorstellungen des Letzten Abendmahls über das von A. Jensen Beobachtete hinaus in frühen Schichten der antiken Religionen[45]. Sollte sich diese Behauptung erhärten lassen, so wird durch einen derartigen Nachweis das Letzte Abendmahl nicht seines eigentümlichen Sinnes beraubt. Vielmehr erweist sich dann an diesem Fall die öfter zu beobachtende Tatsache, daß die jüdisch-christliche Offenbarung die religiösen Ausdrucksmittel benutzt hat, die von den Natur- und Kulturreligionen der Menschheit seit jeher entwickelt und verstanden worden sind. Aber auch vom Inhalt der Botschaft des Letzten Abendmahls führen Linien zum Zentrum der antiken Religionen; denn im Zentrum aller Religionen, der Natur- und der Offenbarungsreligionen, steht das Geheimnis von Leben und Tod, von Heil und Unheil, von Segen und Fluch. Das bezeugen die blutigen Opfer, der Inhalt der Mysterien, die Schwurrituale und nicht zuletzt das Letzte Abendmahl und die Sakramente der Kirche.

Den Ausgangspunkt der weiteren Überlegungen bilden die Berichte der Synoptiker und des Paulus über das Letzte Abendmahl[46]. Während Markus und Matthäus die Szene mit der Ankündigung des Verrats des Judas vor der sogenannten Einsetzung der Eucharistie bieten, hat in diesem Fall Lukas wahrscheinlich das Ursprüngliche bewahrt: bei ihm folgt diese Szene der Eucharistieszene[47]. Daß diese Abfolge die sachlich richtige ist, wird die weitere Darlegung zeigen. Zu den von Jesus beim Letzten Abendmahl gesprochenen Kernworten gehört das Kelchwort: „Und er nahm einen Kelch, sprach das Dankgebet und gab ihn ihnen, und sie tranken alle daraus. Und er sprach zu ihnen: ‚Das ist mein Blut des Bundes, das für viele

---

[43] O. Perler, Art. Arkandisziplin: RAC 1 (1950) 667–676; Henrichs a.a.O. 40–44: ‚Der Mysterieneid'. Der Eid der Isismysten ist als einziger im Wortlaut erhalten (ebd. 40f.).

[44] S. o. S. 478f.

[45] S. o. S. 479.

[46] S. o. Anm. 36.

[47] Mk. 14,10f.22–25; Mt. 26,20–25.26–29; Lk. 22,19–23; vgl. Hahn a.a.O. 357f. Anm. 69.

vergossen wird...'"[48] Die Evangelisten berichten von einem Mahl, an dem Jesus und der engste Kreis seiner Schüler teilnehmen. Zugleich wird auf Tötung, auf Tod und Leben, hingewiesen. Die Tötung wird zeichenhaft verdeutlicht durch das Wort vom Brechen des Brotes[49] und vom Vergießen des Blutes: Beides weist auf Jesu Tod voraus, ja nimmt diesen zeichenhaft voraus; denn im Brechen des Brotes und im Ausgießen des Weines vollzieht sich bereits der Tod Jesu. Die Jünger aber nehmen an diesem Tod dadurch teil, daß sie vom gebrochenen Brot essen und vom ausgegossenen Wein trinken.

Zu einem weiteren Verständnis dieser Handlung führt die Betrachtung des Begriffes *διαθήκη* in der so eigenartigen Verbindung *τὸ αἷμα μου [τὸ] τῆς διαθήκης*. Während Markus und Matthäus nur von *διαθήκη* sprechen, geben Paulus und Lukas noch die genauere Kennzeichnung der *διαθήκη* als einer neuen *καινή*[50]. Der Begriff der *διαθήκη* begegnet also im Zusammenhang des Letzten Abendmahles bei den Synoptikern und bei Paulus an zentraler Stelle. Bedeutsam dabei ist, daß die Begriffe *διαθήκη* und *αἷμα*, Blut, in engstem Zusammenhang miteinander stehen[51].

Im Griechisch der klassischen Zeit bedeutet *διαθήκη* in der Regel ‚Anordnung', ‚Verfügung', vor allem ‚Testament'. Der Sinn ‚Vertrag', ‚Bund' kommt aber, wenn auch seltener, gleichfalls vor und darf nicht übersehen werden[52]. So schreibt Aristophanes in den Vögeln: „Wenn sie mit mir nicht eingehen den Vertrag, wie ihn mit seinem Weib der ‚Affe' schloß, der Messerschmied: – mich nicht zu beißen..."[53] Die Lexikographen haben bis in byzantinische Zeit die Doppelbedeutung ‚Testament' und ‚Bund' angemerkt[54]. Hier ist vor allem die Erklärung des griechischen Grammatikers

---

[48] Mk. 14,23f.; damit stimmt Mt. 26,27f. weitgehend überein: „Und er nahm einen Kelch, sprach das Dankgebet und gab ihn ihnen mit den Worten: ‚Trinket alle daraus. Denn das ist mein Blut des Bundes, das für viele vergossen wird zur Vergebung der Sünden.'" Lk. 22,20 berichtet demgegenüber: „Und ebenso nahm er nach dem Mahle auch den Kelch mit den Worten: ‚Dieser Kelch ist der Neue Bund in meinem Blute, das für euch vergossen wird.'" Paulus steht 1 Kor. 11,25 dieser Überlieferung nahe: „Ebenso (nahm er) auch den Kelch nach dem Mahle und sprach: ‚Dieser Kelch ist der neue Bund in meinem Blute...'"

[49] Mk. 14,22: „Und während des Mahles nahm er Brot, sprach das Segensgebet, brach es und gab es ihnen mit den Worten: ‚Nehmt, das ist mein Leib'"; vgl. Mt. 26,26; Lk. 22,19; 1 Kor. 11,23f.; J. Behm, Art. *κλάω*: TheolWbNT 3 (1938) 726–743.

[50] Bei Lukas kann das Adjektiv *καινή* aufgrund von 1 Kor. 11,25 hinzugefügt worden sein; in einer Anzahl von Lk.-Handschriften fehlt es.

[51] Mk. 14,24 und Mt. 26,28: *τὸ αἷμά μου [τὸ] τῆς διαθήκης*; Lk. 22,20: *ἡ καινὴ διαθήκη ἐν τῷ αἵματί μου* entspricht 1 Kor. 11,25: *ἡ καινὴ διαθήκη ἐστὶν ἐν τῷ ἐμῷ αἵματι*.

[52] Gewöhnlich heißt ‚Bund' ‚Vertrag' *σπονδή* oder *συνθήκη*. Zu *διαθήκη* vgl. H. Pohlmann, Art. Diatheke: RAC 3 (1957) 982–990 mit der älteren Literatur; H. Hegermann, Art. *διαθήκη*: Exeg. Wb. z. NT (1980) 718–725 und die Literatur im TheolWbNT 10, 2 (Stuttgart 1979) 1041–1046.

[53] Aristoph. av. 440–444; dazu Schol. z. St.: 220 Dübner.

[54] Photios, lex. s.v. *διαθήκη*: 1, 399 Theodoridis; Suda s.v. *διαθήκη*: 2, 57 Adler. – Zum entsprechenden Sprachgebrauch der Kirchenschriftsteller G. W. H. Lampe, A Patristic Greek Lexicon (Oxford 1961) 348.

Hesychios (5. oder 6. Jh. n. Chr.) aufschlußreich, der *διαθήκη* als *συνωμοσία*, also als ,Verschwörung', erklärt[55].

Die Septuaginta hat mit dem Ausdruck *διαθήκη* in der Regel alle jene Stellen des hebräischen Urtextes des Alten Testaments wiedergegeben, an denen in einem religiösen Zusammenhang von Bund und Vertrag (b'rît) die Rede ist, also jene Stellen, die vom Bund Gottes mit den von ihm erwählten Menschen sprechen[56]. Die Schlußfolgerung, die H. Pohlmann aus diesem Sachverhalt zieht, kann deshalb nicht zutreffen. Er läßt in der Septuaginta bei *διαθήκη* nur die Bedeutung Testament gelten, obwohl in der profanen Gräzität beide Bedeutungen, ,Testament' und ,Bund', ,Vertrag' begegnen, wenn auch letztere Bedeutung seltener zu belegen ist. Wie er behauptet, ist durch die Übersetzung der Septuaginta von hebräisch b'rît durch griechisch *διαθήκη* aus dem zweiseitigen Verhältnis des hebräischen ,Bundes' (Gott – Menschen) das einseitige Verhältnis des ,Testaments' geworden (*διαθήκη*: Gott handelt allein). So glaubt er, die Schlußfolgerung ziehen zu dürfen: „Fest steht ..., daß b'rît = *διαθήκη* weder dem alttestamentlichen Begriff b'rît noch dem griechischen Sprachgebrauch von *διαθήκη* entspricht. B'rît ist weder = Testament, noch ist *διαθήκη* = Vertrag."[57] Dieser verabsolutierenden Deutung des sprachlichen Befundes widerspricht der zuvor erwähnte Sprachgebrauch der Profangräzität.

Der Gebrauch von *διαθήκη* im Sinn von ,Vertrag' und ,Bund' ist also durchaus bereits vor der neutestamentlichen Zeit zu belegen. Wenn demnach ein neutestamentlicher Verfasser diesen Ausdruck in einem Zusammenhang verwendet, der inhaltlich auf ,Bund' und ,Vertrag' schließen läßt, so wäre es methodisch falsch, diese Bedeutung durch die gleichfalls für *διαθήκη* nachweisbare Bedeutung ,Testament' ersetzen zu wollen. Nur der jeweilige Sinnzusammenhang kann darüber Aufschluß geben, welche Bedeutung *διαθήκη* an der betreffenden Stelle besitzt, ob die Bedeutung von ,Testament' oder von ,Bund', ,Vertrag'.

Daß *διαθήκη* bei den Synoptikern und bei Paulus an den genannten Stellen im Sinn von ,Bund' und ,Vertrag' gemeint ist, ergibt sich nicht nur aus dem Textzusammenhang der von der *διαθήκη* ,in meinem Blut' spricht, also von einem Bündnis mit beglaubigendem Fluchritual, dem sogenannten Eidopfer, sondern auch aus der einzigen weiteren Stelle der Evangelien, in der der Begriff *διαθήκη* begegnet, bei Lukas im Lobgesang des Zacharias[58]: Der Zusammenhang von *διαθήκη* und Eid im Zusammenhang mit Abraham läßt hier am ehesten an den Bund Gottes mit Abraham denken, von dem im

---

55 Hesych. lex. s.v. *διαθήκη*: 1, 431 LATTE; s. o. S. 482f.

56 Vgl. z. B. den Noe-Bund Gen. 9,9–17, oder den Abraham-Bund ebd.

57 POHLMANN a.a.O. 983.

58 Lk. 1,72–75: „Barmherzigkeit zu üben an unseren Vätern und zu gedenken seines heiligen Bundes, des Eides, den er unserem Vater Abraham geschworen hat, uns zu verleihen, daß wir, erlöst aus der Hand unserer Feinde, ohne Furcht ihm dienen ..."

15. Kapitel der Genesis gesprochen wird[59]. Dieser Bund ist gleichsam die Gründungsurkunde des Volkes Israel. Gott verheißt dem Stammvater des israelitischen Volkes eine zahllose Nachkommenschaft und das heilige Land. Der Gottesbund sicherte die leiblich-völkische Grundlage: Abraham und seine echtbürtigen Nachkommen erlangten die Verheißung des Segens Gottes. Dieser Bund mit Abraham vollzog sich ganz nach Art eines Schwurrituals, wie es bei den Völkern des Alten Orients, bei Griechen und Römern üblich war: Abraham brachte Gott eine dreijährige Kuh, eine dreijährige Ziege und einen dreijährigen Widder, eine Turteltaube und eine junge Taube. Darauf schnitt Gott sie mitten durch und legte die Hälften einander gegenüber; die Vögel aber zerschnitt er nicht. V. 17: „Als aber die Sonne untergegangen und dichte Finsternis eingetreten war, ging etwas wie ein rauchender Ofen und eine brennende Fackel zwischen diesen Stücken hindurch. 18: An jenem Tage schloß Jahwe mit Abraham einen Bund, indem er sprach: ‚Deinen Nachkommen gebe ich dieses Land . . .'" Von einem Mahl hören wir hier nichts. Das altorientalische Schwurritual ist aber deutlich zu erkennen. Zwei Bündnispartner, die absolut ungleich sind, schließen einen eidgesicherten Vertrag, wobei hier nur Gott die bedingte Selbstverfluchung rituell begeht. Bricht er den Bund, was bei Gott eine Unmöglichkeit ist, so soll er den gleichen Tod wie die zerteilten Tiere erdulden. Deshalb wandelt Gott durch die Tiere. Daß die Szene so zu verstehen ist, zeigt eine Parallele beim Propheten Jeremia: „Und die Männer, die die mir gegenüber übernommene Verpflichtung (LXX: *διαθήκη*) nicht eingehalten und die Bestimmungen der feierlichen Abmachung (LXX: *διαθήκη*), die sie vor meinem Angesicht eingegangen sind, nicht ausgeführt haben, die behandle ich wie das Kalb, das sie in zwei Hälften zerschnitten haben und zwischen dessen Stücken sie hindurchgeschritten sind."[60]

Von diesen alttestamentlichen Schwurritualen ergeben sich folgende Entsprechungen zum Letzten Abendmahl: Wie Gott beim Bund mit Abraham, der Geburtsstunde des Volkes Israel, Tiere töten läßt und durch dieses Zeichen bedingungsweise das eigene göttliche Leben zum Pfand einsetzt, so sichert der Gottmensch Jesus Christus den neuen Gottesbund durch seine freiwillige Hingabe in den Tod. Sie ist die Bedingung für die Erlösung der Menschen und die geistliche Zeugung des neuen Gottesvolks. Diesen Bund schließt er mit den an ihn Glaubenden, wobei er sich selbst zum Pfand im Bündnisritual einsetzt; denn das Brechen des Brotes und das Reichen des

---

[59] Meist wird auf Gen. 22,15–18 hingewiesen, wo aber nur vom Schwur und Segen Gottes für Abraham gesprochen wird. Auf den Gottesbund mit Abraham, von dem Gen. 15 berichtet, spielt auch Petrus in der Apostelgeschichte an (3,25): „Ihr seid Söhne der Propheten und des Bundes (*διαθήκη*), den Gott mit euren Vätern geschlossen hat, als er zu Abraham sprach: ‚Und in deiner Nachkommenschaft werden alle Geschlechter der Erde gesegnet werden' [Gen. 12,3; 22,18]"; vgl. auch Akt. 7,8 mit Anspielung auf Gen. 17,10.

[60] Jerem. 34,18 (LXX 41, 18); vgl. W. Speyer, Eine rituelle Hinrichtung des Gottesfeindes, die Zweiteilung: Rhein Mus 123 (1980) 193–209 = oben S. 305–321.

ausgeschütteten Weines sind die Vorwegnahme seines Todes[61]. Gegenüber dem Gottesbund mit Abraham erfolgt aber bei Jesus eine Steigerung. Beim Letzten Abendmahl ist der eine göttliche Bündnispartner, von dem die Initiative zum Bund ausgeht, zugleich auch der Träger, an dem das sympathetische Schwurritual vollzogen wird. Jesus als der ‚Bundschneidende' ist mit dem Wesen identisch, an dem die Bündnishandlung als Unterpfand und Sicherheit der Einhaltung vollzogen wird. Hier überlagern und vermischen sich mit dem Gedanken des Schwurrituals die alten religiösen Vorstellungen vom Opfer in Form des stellvertretenden Opfers und der freiwilligen Hingabe. Für diese Form des Opfers bieten griechische Mythen und die römische Devotio gewisse Parallelen[62]. Insofern ist, wie Johannes betont, Jesus als der Geber mit seiner Gabe, dem eucharistischen Brot und dem eucharistischen Wein, identisch, zugleich Opferer und Opfergabe[63] oder genauer Bundschneidender und der im Bund Zerschnittene, Getötete.

Anders als der Bund Gottes mit Abraham ist der ‚neue' Bund Jesu mit den engsten Schülern in den Zusammenhang eines Mahls gerückt. Die mit Jesus versammelten Zwölf gehen den Bund infolge ihrer Teilnahme an diesem Mahl gleichfalls ein. Sie haben sich durch den Genuß von Jesu Fleisch und Blut auf Tod und Leben mit dem Inhalt des neuen Bundes verbunden. Phänomenologisch erinnert dies an die Schwurmähler der Dionysos-Mysten und der Catilinarier[64]. Wer an Jesu Mahl teilnimmt, hat Anteil an Jesus selbst und seinem Liebesbund, ist also auf das Innerlichste mit ihm verbunden – zum ewigen Leben[65]. Während der Bund Gottes mit Abraham die Geburtsstunde des auserwählten Volkes war, ist das Letzte Abendmahl die Geburtsstunde der geistlichen Kinder Gottes. In beiden Bünden geht es um die Zukunft des Menschen, um sein Heil, sein Leben.

Aber auch für den Bund Jesu gilt, was auf die antiken schwurgesicherten Verträge zutrifft: Wer am Bund teilgenommen und vom Schwurmahl gekostet hat und trotzdem den Bund bricht, verfällt dem Fluch. Dieser wird infolge des Verrats unmittelbar auf das Haupt des Verräters gelenkt. Diese Fluchfolgen, die der unwürdige Genuß der Eucharistie, der Vergegenwärtigung des Letzten Abendmahls, nach sich zieht, hat Paulus ausführlich beschrieben[66]. Aber auch die Evangelisten sprechen von diesen Fluchfolgen, vor allem Lukas und Johannes. Nach ihrem Bericht hat Judas, einer der

---

61 S. o. Anm. 49. Die Markosier haben deshalb roten Wein verwendet: Iren. adv. haer. 1, 13, 2; davon hängen ab Hippol. ref. 6, 39, 2 (256 MARCOVICH) und Epiphan. haer. 34, 1, 7; 2, 1 (GCS Epiphan. 2, 5f.); vgl. G. KRETSCHMAR, Art. Markus, Gnostiker: RGG 4^3 (1960) 774.

62 JOHANNA SCHMITT, Freiwilliger Opfertod bei Euripides = RGVV 17, 2 (Gießen 1921); K. WINKLER, Art. Devotio: RAC 3 (1957) 849–857; SPEYER, Fluch a.a.O. (o. Anm. 22) 1210f.; M. HENGEL, The Atonement (London 1981) 6–32.

63 Joh. 6,35. 48–58; HAHN a.a.O. (o. Anm. 38) 348f.

64 S. o. S. 478f. und 482f.

65 Wie in den o. S. 479 genannten Mythen der Pflanzer spendet hier der Tod des göttlichen Wesens das Leben.

66 1Kor. 11,27–34.

Zwölf, am Bundesmahl teilgenommen und durch seinen Verrat den neuen Bund der Liebe Gottes gebrochen[67]. Zwangsläufig verfällt er daraufhin dem Tod[68]. Judas war durch seinen ausgeführten Verrat, wie Paulus verallgemeinernd von jedem sagt, der unwürdig das Mahl Jesu empfängt, „schuldig am Leib und Blut des Herrn" geworden[69]. Auch unter diesem Gesichtspunkt empfiehlt sich somit die hier vorgeschlagene Deutung des Letzten Abendmahls als Bündnis- und Schwurritus.

Wenn bisher meist nur der Mosesbund als Typos des Letzten Abendmahls betrachtet wurde[70], so erhält der hier vorgeschlagene Weg, den Bund Gottes mit Abraham zum Ausgang der Interpretation zu wählen, den Vorteil, daß mit diesem Bund tatsächlich der Alte Bund, d. h. die Geschichte Gottes mit seinem Volk, beginnt. Damit aber tritt der ‚Neue Bund' des Letzten Abendmahls als die Geburtsstunde des Neuen Israel, in ein um so helleres Licht; denn er löst diesen Abrahambund auf einer höheren Stufe der Heilsgeschichte ab.

Bei der hier vorgeschlagenen Deutung ging es nicht um die Behauptung der einzigen möglichen Interpretation. Eine solche kann es nicht geben, da im Letzten Abendmahl Jesu zu viele Gedankenreihen aus den Religionen der Menschheit und aus der alttestamentlichen Überlieferung zusammenlaufen und ein neues Ganzes bilden[71].

Über das Verhältnis der griechischen Mysterien zu den beiden Hauptsakramenten des Christentums, zu Taufe und Abendmahl, hat E. Norden folgende erwägenswerte Gedanken geäußert: „Wer ... bei den Symbolen der Taufe und des Abendmahls an eine direkte Entlehnung aus den Eleusinien denkt, irrt: wer aber zeigt, welche Macht die Idee von Mysterien mit Kultsymbolen auf die Gemüter der Menschen jener Zeit ausübte und daraus die mit innerer Notwendigkeit sich vollziehende Anlehnung spezifisch christlicher Symbole an altüberlieferte heidnische erklärt, steht viel mehr auf dem Boden historischer Forschung als jene anderen, die glauben, daß das Wesen jeder Fortentwicklung nur in bewußter Herübernahme und Entlehnung besteht."[72] Mit den Mysterien verbindet das Letzte Abendmahl vor allem der Gedanke von Leben und Tod und der Überwindung beider. Wer in das Geheimnis der in der Gottheit vollzogenen Verbindung von Leben und Tod eingeweiht ist, kann dieses Geheimnis nur heilig halten oder verraten.

---

[67] Lk. 22,21–23; vgl. o. S. 486 und Joh. 13,26–30.

[68] Mt. 27,3–10; Akt. 1,16–20.

[69] 1 Kor. 11,27; vgl. 11,30.

[70] Pohlmann a.a.O. (o. Anm. 52) 984 glaubt sogar, daß Lk. 1,72 (dazu o. S. 488f.) „ideologisch den Sinaibund meint".

[71] Vielleicht erklärt sich auch von dieser Sicht her besser der bekannte Vorwurf der Heiden, die Christen seien Verschwörer: Min. Fel. 8, 4; Act. Procons. Cypr. 4 (172 Musurillo); vgl. auch Kelsos: Orig. c. Cels. 1, 1 (SC 132, 78); ferner S. Benko, Pagan Criticism of Christianity During the First Two Centuries A.D. = Aufst.Nied.Röm.Welt 2, 23, 2 (Berlin/New York 1980) 1055–1118, bes. 1109.

[72] E. Norden, Die antike Kunstprosa 2 ^{3}(Leipzig 1915, Ndr. Darmstadt 1958) 470f.

Die Folgen sind beim Abendmahl wie bei den Mysterien der Antike dieselben: Seligkeit oder Verderben. Eine weitere Parallele ergibt sich aus folgendem: Nach dem Bericht von Paulus und Lukas über das Letzte Mahl hat Jesus selbst den Gedanken des Gedächtnisses ausgesprochen: „Tut dies, sooft ihr ihn [den Kelch] trinket, zu meinem Gedächtnis.“[73] Jede Mysterienfeier ist eine Erinnerungsfeier im Sinn des Gegenwärtigsetzens eines mythischen Urzeitgeschehens. Die Eucharistiefeier aber ist die Vergegenwärtigung eines einmaligen geschichtlichen, genauer heilsgeschichtlichen Ereignisses. So steht die Heilsgeschichte der jüdisch-christlichen Offenbarung dem mythischen Urzeitgeschehen der Natur- und Kulturreligionen gegenüber. Die Religionen des Mythos wurden von der Religion der Geschichte abgelöst. Diese Ablösung bedeutete aber nicht ein absolutes Ende der alten Gedanken und Vorstellungen. Auch hier gilt das Axiom der thomistischen Philosophie: gratia supponit naturam. Entsprechend könnte man formulieren: Die Offenbarung setzt die Natur- und Volksreligionen voraus. Alles wahrhaft Bedeutsame in dieser sichtbaren Welt der Sinne und des Geistes ist nicht auf ein absolutes Ende hin angelegt, sondern auf Verwandlung. So leben auch die gewachsenen Urmythen oder Grundlagenmythen der Menschheit in verwandelter Form in der jüdisch-christlichen Offenbarungsreligion weiter. Unter dem Gesetz der Verwandlung stehen die Gestalten der sichtbaren Wirklichkeit und die Gestaltungen der geistigen Wirklichkeit: Wie in der sichtbaren Welt der Erscheinungen das seinsmäßige Niedere im seinsmäßig Höheren aufgehoben ist, so ist es auch in der Welt der geistigen Gebilde. In der christlichen Religion ist nicht nur der Formenreichtum der antiken Religionen aufgehoben und lebt verwandelt weiter, sondern sind auch ihre innersten Wünsche und Sehnsüchte zu einem Ende gebracht. Das Geheimnis von Jesu Tod und Auferstehung, von seinem Liebestod und Liebesbund bringt die alten Gedanken der Mysterien zu ihrem Abschluß und zu ihrer Erfüllung.

[73] 1 Kor. 11,25; vgl. Lk. 22,19: hier fordert Jesus beim Brotwort zum Gedächtnis auf.

Korrekturen und Nachträge

1. Zu den Vorwürfen der Heiden gegen die Christen

Zum Ganzen vgl. A. HENRICHS, Pagan Ritual and the Alleged Crimes of the Early Christians. A Reconsideration: Kyriakon, Festschrift J. Quasten 1 (Münster, W. 1970) 18–35; S. BENKO, Pagan Criticism of Christianity During the First Two Centuries A. D. = AufstNiedRömWelt 2, 23, 2 (1980) 1055–1118, bes. 1081–1089.

2. Octavius, der Dialog des Minucius Felix: Fiktion oder historische Wirklichkeit?

Zur literarischen Einkleidung, daß ein Bild, eine Statue oder eine Inschrift den Anlaß für ein philosophisches und religiöses Gespräch bieten, hat bereits E. NORDEN Belege gesammelt; er nennt dabei auch Minucius Felix (Agnostos Theos [2][Leipzig 1923, Ndr. Darmstadt 1974] 31–34); dazu vgl. O. WEINREICH, Ausgewählte Schriften 1 (Amsterdam 1969) 226f. 258f. 267. 270. Ebenso topisch ist das Gespräch am Meeresstrand (Philostr. vit. Apoll. 8, 11f.).

Die Geschichtlichkeit verteidigt H. VON GEISAU, Art. Minucius Felix: RE Suppl. 11 (1968) 952–1002, bes. 954–958.

3. Religiöse Pseudepigraphie und literarische Fälschung im Altertum

Zu S. 35: W. SPEYER, Der numinose Mensch als Mittler und Bürge der Lebensordnungen: M. W. FISCHER/E. MOCK/H. SCHREINER (Hrsg.), Worauf kann man sich noch berufen? Dauer und Wandel von Normen in Umbruchszeiten = Archiv für Rechts- und Sozialphilosophie, Beih. 29 (Wiesbaden 1987) 101–110.

Zu S. 36: Unter den bei Strabo 16, 2, 39 erwähnten ‚tyrrhenischen Horoskopoi' sind wohl die etruskischen Haruspices zu verstehen (Posidon. frg. 134 THEILER).

Zu S. 40 Anm. 125: M. WINIARCZYK, Nochmals das Satyrspiel ‚Sisyphos': WienStud 100 (1987) 35–45.

Im Fall der montanistischen Ekstatiker ist das Ich, das die ‚Orakel' kündet, nicht das Ich des Ekstatikers, sondern der göttliche Geist selbst; vgl. W. SCHEPELERN, Der Montanismus und die phrygischen Kulte (Tübingen 1929) 19. 152–159.

Zum Ganzen H. WEINEL, Die Wirkungen des Geistes und der Geister im nachapostolischen Zeitalter bis auf Irenaeus (Freiburg/Tübingen 1899) 101–109: ‚Die geistgewirkte Schriftstellerei'; N. BROX, Zum Problemstand in der Erforschung der altchristlichen Pseudepigraphie = Ders. (Hrsg.), Pseudepigraphie in der heidnischen und jüdisch-christlichen Antike = Wege der Forschung 484 (Darmstadt 1977) 311–334; D. G. MEADE, Pseudonymity and Canon. An Investigation into the Relationship and Authority in Jewish and Earliest Christian Tradition = Wiss. Unters. z. NT 39 (Tübingen 1986).

4. Der Tod der Salome

Zu S. 60f.: Ein weiterer Zeuge der hier besprochenen Überlieferung ist Dionysius bar Salibi (gest. 1171), comm. in ev.: Zu Mt. 14,11 (CSCO 85 = Scr. Syr. 40, 262).

Zu S. 61 Anm. 13: Vgl. U. VON WILAMOWITZ-MOELLENDORFF, Hellenistische Dichtung in der Zeit des Kallimachos 1 (Berlin 1924, Ndr. ebd. 1962) 133 Anm. 2.

Zu S. 62 Anm. 17: Cod. Ambros. S 16 sup., membr., saec. XV f. 45v; dazu R. SABBADINI, Spogli Ambrosiani latini: StudItalFilolClass 11 (1903) 361. – M. RUBENSOHN, Eine Übersetzung des Paulus Diaconus aus der griechischen Anthologie: JbbKlassPhilol 39 (1893) 764f. Ferner vgl. A. Decembrio, Politia litteraria (Augsburg 1540) f. 124.

Zum Ganzen vgl. W. SPEYER, Art. Gottesfeind: RAC 11 (1981) 996–1043, bes. 1034–1039.

5. Der bisher älteste lateinische Psalmus abecedarius

Zu S. 67: Empfängnis durch das Wort: J. MARTIN, Ogmios: WürzbJbb 1 (1946) 359–399, bes. 367–372. 390–399; J. H. WASZINK, Art. Empfängnis: RAC 4 (1959) 1253f.

Zu S. 67f.: Kenntnis des Lateinischen in Ägypten: Hist. mon. Aeg. 6, 3; 8,62 (44. 71 FESTUGIÈRE).

Zum Ganzen L. M. PERETTO, ‚Psalmus responsorius'. Un inno alla Vergine Maria di un papiro del IV secolo: Marianum 29 (1967) 255–265; A. BARIGAZZI, Rezension der Ausgabe von R. Roca-Puig; RivFilolIstrClass 96 (1968) 220–227.

6. Angebliche Übersetzungen des heidnischen und christlichen Altertums

Zu S. 73f.: ‚Demokrit': G. PFLIGERSDORFFER, Λόγιος und die λόγιοι ἄνθρωποι bei Demokrit: WienStud 61/62 (1943/47) 5–49, bes. 39–43.

Zu S. 76f.: W. EISENHUT (Hrsg.), Dictys Cretensis ²(Leipzig 1973) mit den griechischen Papyrus-Fragmenten ebd. 134–139; Ders., Spätantike Troja-Erzählungen mit einem Ausblick auf die mittelalterliche Troja-Literatur: MittellatJb 18 (1983) 1–28, bes. 11–16. 18–28.

Zu S. 77f.: Ob das in lateinischer Sprache vorliegende Trojabuch des Pseudo-Dares ursprünglich griechisch abgefaßt war, bleibt ungewiß; vgl. EISENHUT a.O. 16–18. 28.

Zu S. 78: Zu den vorgetäuschten Übersetzungen in der Historia Augusta vgl. H. Dessau, Über Zeit und Persönlichkeit der Scriptores Historiae Augustae: Hermes 24 (1889) 337–392, bes. 383f.; Ders., Über die Scriptores Historiae Augustae: Hermes 27 (1892) 561–605, bes. 591f.

Weitere Fälle angeblicher Übersetzung:

Die angeblich aus dem Lateinischen ins Griechische vom Notar Johannes Rhyzanos übertragene Weissagung des Theophilos; dazu K. Krumbacher, Geschichte der byzantinischen Literatur = Handb. d. Altertumswiss. 9, 1 ²(München 1897) 629 Nr. 6; die Tabula Smaragdina; dazu M. Plessner, Neue Materialien zur Geschichte der Tabula Smaragdina: Der Islam 16 (1927) 83. Diesen Kunstgriff verschmähten auch nicht einzelne Humanisten; R. Sabbadini, Le scoperte dei codici latini e greci ne' secoli XIV e XV, 1 (Firenze 1905, Ndr. ebd. 1967) 177f.; Ders., Antonio da Romagno e Pietro Marcello: Nuovo Archivio Veneto NS 30 (1915) 207–246, bes. 221–224. 241–244: angebliche Reden des Aischines, Demades und Demosthenes.

8. Die Euphemia-Rede des Asterios von Amaseia

Zum Ganzen W. Speyer, Art. Asterios: RAC Suppl.-Lief. 4 (1986) 626–639.

9. Fälschung, pseudepigraphische freie Erfindung und „echte religiöse Pseudepigraphie“

Zu S. 104 Anm. 3: H. Leisegang, Pneuma hagion. Der Ursprung des Geistbegriffs der synoptischen Evangelien aus der griechischen Mystik (Leipzig 1922, Ndr. Hildesheim 1970) 112–134: ‚Die Verleihung des heiligen Geistes an die Jünger Jesu.‘

Zum Ganzen O. Falter, Der Dichter und sein Gott bei den Griechen und Römern (Würzburg 1934) und die Nachträge zu Nr. 3.

10. Religionen des griechisch-römischen Bereichs
Zorn der Gottheit, Vergeltung und Sühne

Zu S. 143f.: Zum menschlichen Handeln und seiner Verantwortung J. Stallmach, Ate. Zur Frage des Selbst- und Weltverständnisses des frühgriechischen Menschen = Beiträge z. Klass. Philol. 18 (Meisenheim a. Gl. 1968).

Zu S. 148 Anm. 26: H. Hommel, Der Gott Achilleus = SbHeidelberg 1980, 1.

Zu S. 158: V. Buchheit, Junos Wandel zum Guten, Verg. Aen. 1, 279–282: Gymnasium 81 (1974) 499–503.

11. Die Segenskraft des ‚göttlichen' Fußes

Zu S. 161 f.: An diesen Glauben knüpft Goethe im Faust V. 6329–6343 an: Mephisto heilt durch seinen Fußtritt den erfrorenen Fuß der ‚Braunen'.

Zu S. 164 Anm. 20: M. Le Glay, Un ‚pied de Sarapis' à Timgad en Numidie: Hommage à M. J. Vermaseren 2 (Leiden 1978) 573–589.

Zu S. 165: Der linke Schuh Jasons blieb im Schlamm stecken (Etym. Magn. s. v. Bubastis; O. Jessen, Art. Iason Nr. 1: PW 9, 1 [1914] 765 f.).

Zu S. 165 f.: W. Fauth, Aphrodites Pantoffel und die Sandale der Hekate: Grazer Beiträge 12/13 (1985/86) 193–211, bes. 197.

Zu S. 166 Anm. 26: Die Epiphanie der Kybele wird von Apoll. Rhod. Arg. 1, 1141–1143 ähnlich beschrieben.

Zu S. 167 f.: Die von Gottes Füßen berührten Stätten sind heilig (Jes. 60, 13; Hes. 43, 7). Wie die Apc. Moys. 22 (146 Rießler) berichtet, schlugen alle Bäume, die nach der Sünde Adams ihr Laub verloren hatten, wieder aus, als Gott das Paradies betrat.

Zu S. 169 Anm. 34: Honestos: Anth. Pal. 9, 225 zu Hippokrene und Peirene; A. S. Pease zu Cic. nat. deor. 3, 13: in silice (Cambridge, Mass. 1958, Ndr. Darmstadt 1968) 996 f.

Zu S. 172 Anm. 46: Bieler a. O. (o. Anm. 15) 1, 80 f.: F. Preisigke, Die Gotteskraft der frühchristlichen Zeit = Schriften des Papyrusinstituts Heidelberg 6 (Berlin/Leipzig 1922), Ndr.: A. Suhle (Hrsg.), Der Wunderbegriff im Neuen Testament = WdF 295 (Darmstadt 1980) 210–247.

Zu S. 173 Anm. 48: Dadurch, daß sich Christus die Füße in einem Quell zu Emmaus gewaschen hat, soll sich sein Fluidum diesem Quell mitgeteilt haben (Sozom. hist. eccl. 5, 21, 5–7 [GCS Sozom. 228 f.]).

Zu S. 173 f.: Philostrat berichtet Entsprechendes von den indischen Weisen (vit. Apoll. 3, 15).

Zu S. 173 Anm. 51: Hölty a. O. variiert vielleicht Verg. ecl. 7, 59: Phyllidis adventu nostrae nemus omne virebit.

Zum Ganzen vgl. H. Güntert, Der arische Weltkönig und Heiland. Bedeutungsgeschichtliche Untersuchungen zur indo-iranischen Religionsgeschichte und Altertumskunde (Halle, S. 1923, Ndr. Hildesheim 1977) 297–303; W. Till, Schuh- und fußförmige Anhänger und Amulette, Diss. München 1971; A. Kehl: JbAC 18 (1975) 194 f.: Besprechung meines Aufsatzes.

12. Zum Bild des Apollonios von Tyana bei Heiden und Christen

E. L. Bowie, Apollonius of Tyana. Tradition and Reality: AufstNiedRömWelt 2, 16, 2 (1978) 1652–1699; H. D. Betz, Art. Gottmensch II: RAC 12 (1983) 246–251; F. Graf, Maximos von Aigai. Ein Beitrag zur Überlieferung über Apollonios von Tyana: JbAC 27/28 (1984/85) 65–73; G. Anderson, Philostratus. Biography and Belles Lettres in the Third Century A. D. (London, Sydney 1986) 121–239.

13. Die Nachahmung von Tierstimmen durch Besessene

Zu S. 194 Anm. 4: Hesiod schildert Typhoeus als den Sturmgott, der brüllt wie Stier und Löwe, bellt wie Hunde und zischt (theog. 829–835); vgl. M. L. West im Kommentar (Oxford 1966) 386–388. Hinter dieser Vorstellung verbirgt sich eine altorientalische, die dasselbe von Hadad annimmt: R. Eisler, Weltenmantel und Himmelszelt 2 (München 1910) 750 Anm. 1.

Zu S. 196: Zum hagiographischen Topos ‚Tierstimmen des Teufels': Hier. vit. Hilar. 6 (PL 23, 32 B/C); Mönchsvater Moyses: W. Till (Hrsg.), Koptische Heiligen- und Martyrerlegenden 2 = Orient. Christ. Anal. 102 (Roma 1936) 72; A. Nitschke, Tiere und Heilige: Dauer und Wandel der Geschichte. Festgabe K. v. Raumer (Münster, W. 1966) 62–100, bes. 68–70.

14. Kaiser Nero in einer christlichen Legende

Die technischen Wunderwerke Neros und des Chosroes werden von der Forschung nach Inhalt, Zielsetzung und Bedeutung widersprechend beurteilt. Gegen H. P. L'Orange, Studies on the Iconography of Cosmic Kingship in the Ancient World (Oslo 1953) 28 wendet sich S. Eriksson, Wochentagsgötter, Mond und Tierkreis (Stockholm 1956) 85–122; gegen die Hypothese von Hertzfeld ebd. 101–120: ‚Die Thronhalle des Khosrau' im Anschluß an F. Saxl, Frühes Christentum und spätes Heidentum in ihren künstlerischen Ausdrucksformen: Wiener Jb. f. Kunstgesch. N. F. 2 (1923) 63–121, bes. 102–121: ‚Darstellungen der Weltenkönigs-Idee'. – Zu Neros Domus aurea vgl. H. Prückner/S. Storz, Beobachtungen im Oktogon der Domus aurea: MittDeutschArchInst Röm. Abt. 81 (1974) 323–339; K. R. Bradley, Suetonius' Life of Nero. An Historical Commentary = Coll. Latomus 157 (Bruxelles 1978) 179f.

Zu S. 199 Anm. 2: J. Werner, Blauer Himmel bei Homer?: ForschFortschr. 33 (1959) 311–316.

Zu S. 200f. Anm. 12: W. Speyer, Kosmische Mächte im Bibelepos des Dracontius: Philologus 132 (1988) 275–285.

Zu den christlichen Quellen B. de Gaiffier, Recherches d'hagiographie latine = Subs. Hag. 52 (Bruxelles 1971) 139; ferner vgl. Act. Sebast. c. 16 (ASS Jan. 2, 273f.).

15. Die leibliche Abstammung Jesu im Urteil der Schriftsteller der alten Kirche

Zu S. 219: Zu dem nicht erwähnten Priscillian vgl. H. Chadwick, Priscillian of Avila (Oxford 1976) 85.

16. Der Ursprung warmer Quellen nach heidnischer und christlicher Deutung

F. Jürss, Bemerkungen zum naturwissenschaftlichen Denken in der Spätantike: Klio 43/45 (1965) 381–394, bes. 383.

18. Die Zeugungskraft des himmlischen Feuers in Antike und Urchristentum

Zu S. 236: Zur Feuernatur des höchsten Gottes: Tiberianus, versus Platonis de Graeco in Latinum translati: Anthol. Lat. 490, 18f. Riese; vgl. E. Pax, Art. Epiphanie: RAC 5 (1962) 886–888: ‚Pyrophanien'.

Zu S. 239: Der Apisstier (Epaphos) soll nach ägyptischer Lehre durch einen himmlischen Strahl, der die Kuh traf, gezeugt sein (Herodt. 3, 28, 2).

Zu S. 240 Anm. 33: W. Spoerri, A propos d'un texte d'Hippolyte: RevÉtAnc 57 (1955) 267–289.

Zu S. 242: Zu Hera als Erdgöttin: B. Snell, Gesammelte Schriften (Göttingen 1966) 158f.; R. Renehan, Hera as earth-goddess. A New Piece of Evidence: RheinMus 117 (1974) 193–201.

Zu S. 242f.: I. Trencsényi-Waldapfel, Untersuchungen zur Religionsgeschichte (Budapest 1966) 192–231: ‚Der Danaë-Mythos im Osten und im Westen'.

Zu S. 243 Anm. 48: Nachwirkung bei Novalis, Heinrich von Ofterdingen 1. Teil, 3. Kap.: Gewitter, Höhle, Liebesnacht.

Zu S. 249: Den von H. Usener für die Taufwasserweihe des Ritus Romanus erschlossenen symbolischen Sinn bestätigen die Verse des Paulinus Nolanus ep. 32, 5 (CSEL 29, 279): Hic reparandarum generator fons animarum / vivum divino lumine flumen agit. / Sanctus in hunc caelo descendit Spiritus amnem / caelestique sacras fonte maritat aquas; / concipit unda deum sanctamque liquoribus almis / edit ab aeterno semine progeniem. Die Vergeistigung der alten konkret gedachten Vorstellungen bietet bereits Philo, vit. contempl. 68.

Zu S. 249f.: J. Daniélou, Théologie du Judéo-Christianisme (Tournai 1958) 177–180: ‚L'Esprit-Saint et Gabriel'; Ascensio Jes. 11, 4: ‚Aber der Engel des Geistes erschien in dieser Welt' (2^4, 467 Hennecke/Schneemelcher); Feuer und Engel: Narr. de mirac. a Michaele Chonis patrato, lat. Fass. 5: AnalBoll 8 (1889) 297; griech. Fass. 11 (ebd. 304).

Zu S. 250 Anm. 87: Zur Vita Boeth. 1 vgl. die Parallele: C. Kirch (Hrsg.), Nicephori Scenophylacis encomium in S. Theodorum Siceotam c. 5: AnalBoll 20 (1901) 254.

Zu S. 252f.: F. Schiller, Die Gunst des Augenblicks: Schillers Werke. Nationalausgabe 2, 1 (Weimar 1983) 414, V. 13–16: „Zückt vom Himmel nicht der Funken, / Der den Heerd in Flammen sezt, / Ist der Geist nicht feuertrunken, / Und das Herz bleibt unergezt". V. 21–24: „Von dem allerersten Werden / Der unendlichen Natur, / Alles Göttliche auf Erden / ist ein Lichtgedanke nur". – F. Nietzsche spricht im Zarathustra 3. Teil, Die sieben Siegel 3 vom ‚Lachen des schöpferischen Blitzes'; vgl. ebd. 1.

19. Religiös-sittliches und frevelhaftes Verhalten in seiner Auswirkung auf die Naturgewalten

Zu S. 255f. vgl. K. BERGER, Hellenistisch-heidnische Prodigien und die Vorzeichen in der jüdischen und christlichen Apokalyptik: AufstNiedRömWelt 2, 23, 2 (1980) 1428–1469.

Zu S. 256 Anm. 12: Verg. georg. 1, 26–28: et te [sc. Caesarem Augustum] maximus orbis/ auctorem frugum tempestatumque potentem / accipiat; Hor. carm. 4, 4, 5–8; dazu V. PÖSCHL, Horaz und die Politik = SbHeidelberg 1956, 4 ^{2}(1963) 7f.; Hor. carm. 4, 15, 4f.; Ara Pacis mit Tellus in üppiger Fruchtbarkeit; vgl. D. KIENAST, Augustus (Darmstadt 1982) Reg. s. v. Ara Pacis.

Zu S. 261 Anm. 53: W. SCHAEFKE, Frühchristlicher Widerstand: AufstNiedRömWelt 2, 23, 1 (1979) 460–723, bes. 648–657: ‚Die Christen als Ursache allen Unglücks'.

Zu S. 262: H. H. ANTON, Pseudo-Cyprian, De duodecim abusivis saeculi und sein Einfluß auf den Kontinent, insbesondere auf die karolingischen Fürstenspiegel: H. LÖWE (Hrsg.), Die Iren und Europa im frühen Mittelalter 2 (Stuttgart 1982) 568–617, bes. 590f.

Zu S. 263: Nach der Legende verlor die Sonne ihren Schein beim Tod des Romulus (Plut. vit. Rom. 21. 28), Alexanders (F. PFISTER, Kleine Schriften zum Alexanderroman = Beiträge z. Klass. Philol. 61 [Meisenheim a. Gl. 1976] 188f.) und Cäsars (PsAurel. Vict. vir. ill. 78, 10; vgl. Verg. georg. 1, 466–468; Ov. met. 1, 200–203).

Zum Ganzen vgl. Philostr. vit. Apoll. 3, 20; 3, 34; D. und E. HENRY, The Mask of Power. Seneca's Tragedies and Imperial Rome (Warminster, Wiltshire 1985) 37–39. 75–91.

20. Die Geschichte vom Blinden und Lahmen

Zu S. 264 Anm. 1: = O. WEINREICH, Ausgewählte Schriften 3 (Amsterdam 1979) 280–316, bes. 314–316.

Zu S. 264 Anm. 4: Vgl. Salv. ad eccl. 4, 35 (SC 176, 332).

21. Die Hilfe und Epiphanie einer Gottheit, eines Heroen und eines Heiligen in der Schlacht

Zu S. 269 Anm. 1: H. GÜNTER, Die christliche Legende des Abendlandes = Religionswiss. Bibliothek 2 (Heidelberg 1910) 47f.: christliche Beispiele; 54f.: heidnische Beispiele.

Zu S. 269: G. BECKEL, Götterbeistand in der Bildüberlieferung griechischer Heldensagen (Waldsassen/Bayern 1961).

Zu S. 272 Anm. 10: Wie Vergil, Aen. 8, 678–681 mitteilt, nahm Augustus in die Schlacht von Actium die Penaten und die ‚magni di' mit. Die Vandalen scheinen die

Bibel als Unterpfand in die Schlacht mitgeführt zu haben (Salv. gub. 7, 46). Vgl. F. PFISTER, Art. Evocatio: RAC 6 (1966) 1164.

Zu S. 273 Anm. 18: E. HORNUNG, Der Eine und die Vielen [2](Darmstadt 1973) 207; ferner E. L. EHRLICH, Der Traum im Alten Testament = ZAW Beih. 73 (Berlin 1953) 148 Anm. 3.

Zu S. 273 Anm. 21: Flav. Jos. bell. Iud. 7, 317–319: Sieg der Römer durch den Beistand Gottes: Der Wind sprang um.

Zu S. 274 Anm. 28: 2 Reg. 19, 35 par.; dazu H. J. SCHOEPS, Mythologisches bei Symmachus: Biblica 26 (1945) 109. Vgl. ferner 2 Macc. 15, 15f.; dazu EHRLICH a.O. 148f.

Zu S. 275 Anm. 31: Flor. 1, 28, 14f.: Sieg der Römer über Perseus v. Makedonien: Die Dioskuren.

Zu S. 275f.: Wie Herodot 7, 10 *E* mitteilt, hat Artabanos seinen Neffen Xerxes darauf hingewiesen, daß selbst ein großes Heer durch einen Schrecken oder Donner, die eine neidische Gottheit schickt, zugrunde gehen kann. – In Attika galt Oidipus als hilfreicher Heros im Kampf: Schol. zu Aristides (560, 18 DINDORF):

Zu S. 275 Anm. 35: In Tronis, Phokis, wurde ein Heros Archegetes als ein guter Helfer im Kampf verehrt. Er hieß Xanthippos (goldgelbe Farbe) oder Phokos (Eponym); Paus. 10, 4, 10; vgl. K. ZIEGLER, Art. Xanthippos Nr. 3: PW 9A, 2 (1967) 1343.

Zu S. 277 Anm. 48: A. BAUMSTARK Art. Advent: RAC 1 (1950) 112–125, bes. 116–118: ‚Ruflieder und Verwandtes'. Der Aufsatz von L. DEUBNER ist jetzt in dessen Kleinen Schriften zur klassischen Altertumskunde = Beitr. z. Klass. Philol. 140 (Königstein, Ts. 1982) 607–634 nachgedruckt.

Zu S. 279 Anm. 68: Geisterschlacht: Damasc. vit. Isid. 63 (92 ZINTZEN); als Vorzeichen: K. BERGER, Hellenistisch-heidnische Prodigien und die Vorzeichen in der jüdischen und christlichen Apokalyptik: AufstNiedRömWelt 2, 23, 2 (1980) 1456f.

Zu S. 279 Anm. 69 und S. 280 Anm. 76: A. MARX, Griechische Märchen von dankbaren Tieren und Verwandten (Stuttgart 1889) 112f.

Zu S. 283 Anm. 105: H. KAMMERER – GROTHAUS, Der Deus Rediculus im Triopion des Herodes Atticus: MitteilDeutschArchäolInst, Röm. Abt. 81, 2 (1974) 131–252, bes. 162–199 und Anm. 153.

Zu S. 284 Anm. 107: Liv. 26, 112f. spricht von ungeheurem Regen, gemischt mit Hagel; Oros. hist. 4, 17, 5f. (CSEL 5, 252).

Zu S. 284 Anm. 109: Ov. fast. 1, 263–276 mit dem Kommentar von F. BÖMER (Heidelberg 1958) 35f.; met. 14, 785–804; Serv. Verg. Aen. 1, 291; Rut. Nam. 1, 107–110.

Zu S. 284 Anm. 114: Zu Verg. Aen. 8, 704–706 G. BINDER, Aeneas und Augustus (Interpretationen zum 8. Buch der Aeneis) = Beiträge z. Klass. Philol. 38 (Meisenheim a. Gl. 1971) 250–255; vgl. Manil. 1, 914–921, bes. 918: atque ipsa Isiaco certarunt fulmina sistro.

Zu S. 287: Zum Einfluß der Witterung auf Sieg und Niederlage eines Heeres vgl. Aeschyl. Pers. 495–514: Der zugefrorene Strymon taute plötzlich auf, so daß viele persische Soldaten ertranken; Greg. Tur. hist. Franc. 3, 28: Unwetter mit Blitzen, Donner und Hagel.

Zu S. 287 Anm. 130: Flor. 1, 28, 14f.; H. BENDER, Parapsychische Phänomene als wissenschaftliche Grenzfrage: Ders. (Hrsg.), Parapsychologie. Entwicklung, Ergebnisse, Probleme = WdF 4 [5](Darmstadt 1980) 107–141, bes. 109f.

Zu S. 287 Anm. 131: Iustin. 20, 3, 9.

Natürliche und übernatürliche Ursachen für den Untergang auch gut ausgerüsteter Heere zählt Julius Africanus auf (cest. frg. 1, 2 [111 f. VIEILLEFOND]).

22. Der heilkundige Hippozentaur, Alexander der Große und Hippokrates

Zu S. 297 f.: Enkidu, der Waldmensch, der Genosse der Steppentiere, wird durch die List des Gilgamesch an der Tränke der Waldtiere von einer Hierodulin verführt und zum Menschen gewandelt (Gilgamesch Epos, deutsch von H. SCHMÖKEL [3][Stuttgart 1974] 28–32: 1 Taf., 2, 35–4, 29); M. NINCK, Die Bedeutung des Wassers im Kult und Leben der Alten = Philologus, Suppl. Bd. 14, 2 (Leipzig 1921, Ndr. Darmstadt 1967) 174–176; F. VON LOCHNER-HÜTTENBACH, Zum Motiv der ‚Überlistung eines Jenseitigen': RheinMus 115 (1972) 24–27.

23. Eine rituelle Hinrichtung des Gottesfeindes: Die Zweiteilung

Zu S. 313 Anm. 25: F. BÖRTZLER, Janus und seine Deuter = Abh. u. Vorträge der Bremer Wiss. Gesellschaft 4 (Bremen 1930) 133–140.

Zu S. 316: Zum alten Israel: Daniel spricht zu den beiden Ältesten, die Susanna widerrechtlich angeklagt haben, daß sie der Engel Gottes mitten durchspalten werde (Dan. 13, 55. 59). – Zum Frühjudentum: Talmud, Berakoth 56 b (1, 247 GOLDSCHMIDT).

Zu S. 318 Anm. 46: Vgl. M. DELCOURT, Romulus et Mettius Fufetius: Hommages à G. Dumézil = Coll. Lat. 45 (Bruxelles 1960) 77–82.

Zu S. 318 f.: Spiritualisiert leben diese Vorstellungen bis heute in der Liturgie der Katholischen Kirche weiter: Missale Romanum Pauli pp. VI, zum Gedenktag der Martyrer Carolus Lwanga und Gefährten am 3. Juni, Collecta: Deus, qui sanguinem martyrum semen christianorum esse fecisti, concede propitius, ut tuae ager Ecclesiae, qui est beatorum Caroli eiusque sociorum cruore rigatus, in amplum tibi messem iugiter fecundetur.

24. Die Vision der wunderbaren Höhle

Zu S. 323 ff: In die hier besprochene Überlieferung gehört auch die jüdische, im Buch Sohar überlieferte Legende von Abraham und der Entdeckung der Grabeshöhle des Urelternpaares Adam und Eva. Auch hier finden sich die Motive der Vision, der Jenseitspforte und des Lichtes in der Höhle: Ḥaye Sarah 127 a: The Zohar, translated by H. SPERLING/M. SIMON 2 (London 1932) 13.

25. Das Weiblich-Mütterliche im christlichen Gottesbild

Zum griechisch-römischen Altertum vgl. A.-J. FESTUGIÈRE, La révélation d'Hermès Trismégiste 4 [3](Paris 1954) 43–51; W. SPOERRI, A propos d'un texte d' Hippolyte: RevÉtAnc 57 (1955) 289f.

Zum Judentum vgl. Philo, ebriet. 30f.; G. SCHOLEM, Von der mystischen Gestalt der Gottheit. Studien zu Grundbegriffen der Kabbala (Zürich 1962, Ndr. Frankfurt/M. 1973) 135–191. 290–296; „Schechina', das passiv-weibliche Moment in der Gottheit'; K. NIEDERWIMMER, Askese und Mysterium = Forsch. z. Rel. u. Lit. des AT u. NT 113 (Göttingen 1975) 44–52.

Zum Christentum: Christus erschien der Montanistin Quintilla/Priskilla während einer Traumvision in Gestalt einer Frau (Selbstzeugnis der Montanistin bei Epiphan. haer. 49, 1, 2 [GCS Epiphan. 2, 242]); dazu A. STROBEL, Das heilige Land der Montanisten = RGVV 37 (Berlin 1980) 234. 238–242. – Zur Kirche als weiblicher Hypostase J. DANIÉLOU, Théologie du Judéo-Christianisme (Tournai 1958) 318–341; C. ANDRESEN, Die Kirchen der alten Christenheit = Die Religionen der Menschheit 29, 1/2 (Stuttgart 1971) Reg. s. v. Brautsymbolik; NIEDERWIMMER a.a.O. 58–63: Jesus als Bräutigam der Kirche; zu den gnostischen Syzygien ebd. Reg. s. v. Syzygie.

26. Mittag und Mitternacht als heilige Zeiten in Antike und Christentum

Zu S. 340f.: Zur Stunde der Mitternacht bemerkt Hippolyt von Rom (trad. apost. 41 [SC 11bis, 130]): nam et hi qui tradiderunt nobis seniores ita nos docuerunt quia hac hora omnis creatura quiescit ad momentum quoddam, ut laudent dominum, stellas et arbusta et aquas stare in ictu, et omne agmen angelorum ministrans ei in hac hora una cum iustorum animabus laudare deum.

Zu S. 342 Anm. 9: D. GRAU, Das Mittagsgespenst (daemonium meridianum). Untersuchungen über seine Herkunft, Verbreitung und seine Erforschung in der europäischen Volkskunde, Diss. Bonn (1966).

Zu S. 343: In der Mitternachtsstunde erscheint ein Heros und spricht zu seinem Verehrer (Babr. fab. 63, 6f.).

Zu S. 344: Zum langen Schlaf des Epimenides vgl. CH. DAXELMÜLLER, Art. Entrückung: Enzyklopädie des Märchens 4 (1982) 42–58, bes. 52f. – Eine weitere Geschichte, die in den skizzierten Zusammenhang gehört, teilt Pausanias mit (9, 30, 10).

Zu S. 348 Anm. 61 und 349f.: Parallelen aus der christlichen Hagiographie verzeichnet F. GRAUS, Die Gewalt bei den Anfängen des Feudalismus und die ‚Gefangenenbefreiungen' der merowingischen Hagiographie: Jahrb. f. Wirtschaftsgeschichte 1961, 1, 61–156, bes. 107–115. 119f.

Zu S. 351: Die gleiche Vorstellung begegnet noch in den Selbstaussagen der Jeanne la Pucelle (P. CHAMPION, Procès de condamnation de Jeanne d'Arc 2 [Paris 1921] 128.; A. NITSCHKE, Heilige in dieser Welt = Urban Bücher 64 [Stuttgart 1962] 140).

27. Realität und Formen der Ekstase im griechisch-römischen Altertum

Zu S. 363 Anm. 32: H. WOLTERS, Der geflügelte Seher = SbMünchen 1928.

Zu S. 364 Anm. 36: H. LEISEGANG, Pneuma hagion. Der Ursprung des Gottesbegriffs der synoptischen Evangelien aus der griechischen Mystik (Leipzig 1922, Ndr. Hildesheim 1970) 14–72; E. LESKY, Art. Empfängnis: RAC 4 (1959) 1247.

Zu S. 364f.: Zur ‚ewigen Ekstase' Gottes: A. BECK, Die Trinitätslehre des hl. Hilarius von Poitiers = Forsch. z. christl. Lit.- u. Dogmengeschichte 3, 2/3 (Mainz 1903) 118–145: ‚Das göttliche Tun gleicht der irdischen Zeugung'.

Zeugnisse aus der Magie bespricht R. GANSCHINIETZ, Hippolytos' Capita gegen die Magier, ref. haer. IV 28–42 = Texte u. Unters. 39, 2 (Leipzig 1913) 50.

Zum Ganzen: E. SCHARANKOV, Feuergehen (Stuttgart 1980); H. CANCIK (Hrsg.), Rausch-Ekstase-Mystik. Grenzformen religiöser Erfahrung (Düsseldorf 1978); I. P. COULIANO, Expériences de l'extase (Paris 1984).

28. Der numinose Mensch als Wundertäter

Der in Anm. 3 und 97 genannte Beitrag über den Heiligen ist im RAC nicht erschienen, soll aber als Monographie herauskommen.

Zu S. 384 Anm. 71: Vgl. meinen Aufsatz über religiöse Betrüger o. S. 440–462.

Zu S. 385f.: S. EITREM/A. FRIDRICHSEN, Ein christliches Amulett auf Papyros (Kristiania 1921) 10f.

31. Spuren der ‚Genesis' in Ovids Metamorphosen?

Zu S. 431 Anm. 1: F. DORNSEIFF, Verschmähtes zu Vergil, Horaz und Properz = Berichte über die Verhandl. Sächs. Akad. d. Wiss. Leipzig 97, 6 (Berlin 1951) 44–85; N. STROSETZKI, Kain und Romulus als Stadtgründer: ForschFortschr 29 (1955) 184–188.

Zu S. 437 Anm. 30 und 31: Zur Vorstellung ‚Götter kehren bei einzelnen Menschen ein' vgl. E. ROHDE, Der griechische Roman und seine Vorläufer [3](Leipzig 1914, Ndr. Darmstadt 1960) 539–541 Anm. 2.

Bibliographische Nachweise

1. Zu den Vorwürfen der Heiden gegen die Christen: Jahrbuch für Antike und Christentum 6 (1963) 129–135.
2. Octavius, der Dialog des Minucius Felix: Fiktion oder historische Wirklichkeit: Jahrbuch für Antike und Christentum 7 (1964) 45–51.
3. Religiöse Pseudepigraphie und literarische Fälschung im Altertum: Jahrbuch für Antike und Christentum 8/9 (1965/66) 88–125 = N. Brox (Hrsg.), Pseudepigraphie in der heidnischen und jüdisch-christlichen Antike = WdF 484 (Darmstadt 1977) 195–263.
4. Der Tod der Salome: Jahrbuch für Antike und Christentum 10 (1967) 176–180.
5. Der bisher älteste lateinische Psalmus abecedarius. Zur Editio princeps von R. Roca-Puig: Jahrbuch für Antike und Christentum 10 (1967) 211–216.
6. Angebliche Übersetzungen des heidnischen und christlichen Altertums: Jahrbuch für Antike und Christentum 11/12 (1968/69) 26–41.
7. Die Legende von der Verbrennung der Werke Papst Gregors I: Jahrbuch für Antike und Christentum 13 (1970) 78–82.
8. Die Euphemia-Rede des Asterios von Amaseia. Eine Missionsschrift für gebildete Heiden: Jahrbuch für Antike und Christentum 14 (1971) 39–47.
9. Fälschung, pseudepigraphische freie Erfindung und „echte religiöse Pseudepigraphie“: Pseudepigrapha I = Entretiens sur l'Antiquité Classique 18 (Vandœuvres-Genève 1972) 331–366.
10. Religionen des griechisch-römischen Bereichs. Zorn der Gottheit, Vergeltung und Sühne: Theologie und Religionswissenschaft, hrsg. von U. Mann (Darmstadt 1973) 124–143.
11. Die Segenskraft des „göttlichen Fußes“. Eine Anschauungsform antiken Volksglaubens und ihre Nachwirkung: Romanitas et Christianitas: Studia Iano Henrico Waszink A. D. VI Kal. Nov. A. MCMLXXIII XIII lustra complenti oblata (Amsterdam 1973) 293–309.
12. Zum Bild des Apollonios von Tyana bei Heiden und Christen: Jahrbuch für Antike und Christentum 17 (1974) 47–63.

13. Die Nachahmung von Tierstimmen durch Besessene. Zu Platon, resp. 3, 396 b: Grazer Beiträge Zeitschrift für die Klassische Altertumswissenschaft 3 (1975) 335–340.
14. Kaiser Nero in einer christlichen Legende: Jahrbuch für Antike und Christentum 18 (1975) 87–89.
15. Die leibliche Abstammung Jesu im Urteil der Schriftsteller der alten Kirche: Commentationes philologicae en honor del P. J. Campos = Helmantica 28 (1977) 523–539.
16. Der Ursprung warmer Quellen nach heidnischer und christlicher Deutung: Jahrbuch für Antike und Christentum 20 (1977) 39–46.
17. Neue Pilatus-Apokryphen: Vigiliae Christianae 32 (1978) 53–59.
18. Die Zeugungskraft des himmlischen Feuers in Antike und Urchristentum: Antike und Abendland 24 (1978) 57–75.
19. Religiös-sittliches und frevelhaftes Verhalten in seiner Auswirkung auf die Naturgewalten: Jahrbuch für Antike und Christentum 22 (1979) 30–39.
20. Die Geschichte vom Blinden und Lahmen: Elemente der Literatur, Beiträge zur Stoff-, Motiv- und Themenforschung, E. Frenzel zum 65. Geburtstag Bd. 2 (Stuttgart 1980) 18–22.
21. Die Hilfe und Epiphanie einer Gottheit, eines Heroen und eines Heiligen in der Schlacht: Pietas, Festschrift für B. Kötting = Jahrbuch für Antike und Christentum, Erg.-Bd. 8 (Münster, W. 1980) 55–77.
22. Der heilkundige Hippozentaur, Alexander der Große und Hippokrates. Ein neuer Text über die erste Offenbarung der Heilpflanzen: Symmicta Philologica Salisburgensia, Georgio Pfligersdorffer sexagenario oblata (Roma 1980) 171–183.
23. Eine rituelle Hinrichtung des Gottesfeindes, die Zweiteilung: Rheinisches Museum 123 (1980) 193–209.
24. Die Vision der wunderbaren Höhle: Jenseitsvorstellungen in Antike und Christentum. Gedenkschrift für A. Stuiber: Jahrbuch für Antike und Christentum, Erg.-Bd. 9 (Münster, W. 1982) 188–197.
25. Das Weiblich-Mütterliche im christlichen Gottesbild: Kairos, NF 24 (1982) 151–158.
26. Mittag und Mitternacht als heilige Zeiten in Antike und Christentum: Vivarium, Festschrift Th. Klauser zum 90. Geburtstag = Jahrbuch für Antike und Christentum, Erg.-Bd. 11 (Münster, W. 1984) 314–326.
27. Realität und Formen der Ekstase im griechisch-römischen Altertum: P. Neukam (Hrsg.), Tradition und Rezeption = Klassische Sprachen und Literaturen 18 (München 1984) 21–34.
28. Der numinose Mensch als Wundertäter: Kairos, NF 26 (1984) 129–153.

29. Das wahrere Porträt. Zur Rivalität von bildender Kunst und Literatur: arcadia. Zeitschrift für vergleichende Literaturwissenschaft 20 (1985) 195–201.
30. Das Verhältnis des Augustus zur Religion: Aufstieg und Niedergang der römischen Welt II, 16, 3 (Berlin 1986) 1777–1805.
31. Spuren der „Genesis" in Ovids Metamorphosen?: Kontinuität und Wandel. Lateinische Poesie von Naevius bis Baudelaire. Franco Munari zum 65. Geburtstag (Hildesheim 1986) 90–99.
32. Religiöse Betrüger. Falsche göttliche Menschen und Heilige in Antike und Christentum: Fälschungen im Mittelalter. Internationaler Kongreß der Monumenta Germaniae Historica München, 16.–19. September 1986, Teil 5, Fingierte Briefe, Frömmigkeit und Fälschung, Realienfälschungen = Monumenta Germaniae Historica Schriften Bd. 33,5 (Hannover 1988) 321–343.
33. Hat das Christentum das heutige Elend von Natur und Mensch mitverursacht?: Zeitschrift für Ganzheitsforschung N.F. 32 (1988) 3–17.
34. Das letzte Mahl Jesu im Licht des sogenannten Eidopfers (Originalbeitrag).

Stellenregister

Altes Testament

Neues Testament

Personen- und Sachregister

Wissenschaftliche Untersuchungen zum Neuen Testament

Alphabetisches Verzeichnis der ersten und zweiten Reihe

APPOLD, MARK L.: The Oneness Motif in the Fourth Gospel. 1976. *WUNT II/1*
BAMMEL, ERNST: Judaica. 1986. *WUNT 37*
BARRET, C. K.: Die Umwelt des Neuen Testaments. 1959. *WUNT 3 (vergriffen)*
BAUERNFEIND, OTTO: Kommentar und Studien zur Apostelgeschichte. 1980. *WUNT 22*
BAYER, HANS F.: Jesus' Predictions of Vindication and Resurrection. 1986. *WUNT II/20*
BETZ, OTTO: Offenbarung und Schriftfassung in der Qumrangeschichte. 1960. *WUNT 6 (vergriffen)* – Jesus. Der Messias Israels. 1987. *WUNT 42*
BEYSCHLAG, KARLMANN: Simon Magus und die christliche Gnosis. 1974. *WUNT 16*
BIETENHARD, HANS: Die himmlische Welt im Urchristentum und Spätjudentum. 1951. *WUNT 2 (vergriffen)*
BITTNER, WOLFGANG J.: Jesu Zeichen im Johannesevangelium. 1987. *WUNT II/26*
BJERKELUND, CARL J.: Tauta Egeneto. 1987. *WUNT 40*
BOCKMUEHL, MARKUS N. A.: Revelation and Mystery in Ancient Judaism and Pauline Christianity. 1989. *WUNT II/36*
BÖHLIG, ALEXANDER: Gnosis und Synkretismus I. 1989. *WUNT 47* – Gnosis und Synkretismus II. 1989. *WUNT 48*
BURCHARD, CHRISTOPH: Untersuchungen zu Joseph und Aseneth. 1965. *WUNT 8 (vergriffen)*
BÜCHLI, JÖRG: Der Poimandres – ein paganisiertes Evangelium. 1987. *WUNT II/27*
BÜHNER, JAN A.: Der Gesandte und sein Weg im 4. Evangelium. 1977. *WUNT II/2*
CANCIK, HUBERT (Hrsg.): Markus-Philologie. 1984. *WUNT 33*
CARAGOUNIS, CHRYS C.: The Son of Man. 1986. *WUNT 38*
DOBBELER, AXEL von: Glaube als Teilhabe. 1987. *WUNT II/22*
EBERTZ, MICHAEL N.: Das Charisma des Gekreuzigten. 1987. *WUNT 45*
ECKSTEIN, HANS-JOACHIM: Der Begriff Syneidesis bei Paulus. 1983. *WUNT II/10*
EGO, BEATE: Im Himmel wie auf Erden. 1989. *WUNT II/34*
ELLIS, E. EARLE: Prophecy and Hermeneutic in Early Christianity. 1978. *WUNT 18*
FELDMEIER, REINHARD: Die Krisis des Gottessohnes. 1987. *WUNT II/21*
FOSSUM, JARL E.: The Name of God and the Angel of the Lord. 1985. *WUNT 36*
GARNET, PAUL: Salvation and Atonement in the Qumran Scrolls. 1977. *WUNT II/3*
GRÄSSER, ERICH: Der Alte Bund im Neuen. 1985. *WUNT 35*
GREEN, JOEL B.: The Death of Jesus. 1988. *WUNT II/33*
HAFEMANN, SCOTT J.: Suffering and the Spirit. 1986. *WUNT II/19*
HEILIGENTHAL, ROMAN: Werke als Zeichen. 1983. *WUNT II/9*
HEMER, COLIN J.: The Book of Acts in the Setting of Hellenistic History. 1989. *WUNT 49*
HENGEL, MARTIN: Judentum und Hellenismus. 1969, [3]1988. *WUNT 10*
HOFIUS, OTFRIED: Katapausis. 1970. *WUNT 11* – Der Vorhang vor dem Thron Gottes. 1972. *WUNT 14* – Der Christushymnus Philipper 2,6–11. 1976. *WUNT 17* – Paulusstudien. 1989. *WUNT 51*
HOMMEL, HILDEBRECHT: Sebasmata. Band 1. 1983. *WUNT 31* – Sebasmata. Band 2. 1984. *WUNT 32*
KAMLAH, EHRHARD: Die Form der katalogischen Paränese im Neuen Testament. 1964. *WUNT 7 (vergriffen)*
KIM, SEYOON: The Origin of Paul's Gospel. 1981, [2]1984. *WUNT II/4* – "The Son of Man" as the Son of God. 1983. *WUNT 30*
KLEINKNECHT, KARL TH.: Der leidende Gerechtfertigte. 1984, [2]1988 *WUNT II/13*
KLINGHARDT, MATTHIAS: Gesetz und Volk Gottes. 1988. *WUNT II/32*
KÖHLER, WOLF-DIETRICH: Die Rezeption des Matthäusevangeliums in der Zeit vor Irenäus. 1987. *WUNT II/24*

Kuhn, Karl G.: Achtzehngebet und Vaterunser und der Reim. 1950. *WUNT 1 (vergriffen)*
Lampe, Peter: Die stadtrömischen Christen in den ersten beiden Jahrhunderten. 1987, ^{2}1989. *WUNT II/18*
Maier, Gerhard: Mensch und freier Wille. 1971. *WUNT 12* – Die Johannesoffenbarung und die Kirche. 1981. *WUNT 25*
Marshall, Peter: Enmity in Corinth: Social Conventions in Paul's Relations with the Corinthians. 1987. *WUNT II/23*
Meade, David G.: Pseudonymity and Canon. 1986. *WUNT 39*
Mengel, Berthold: Studien zum Philipperbrief. 1982. *WUNT II/8*
Merkel, Helmut: Die Widersprüche zwischen den Evangelien. 1971. *WUNT 13*
Merklein, Helmut: Paulus und Jesus. 1987. *WUNT 43*
Nauck, Wolfgang: Die Tradition und der Charakter des 1. Johannesbriefes. 1957, *WUNT 3 (vergriffen)*
Niebuhr, Karl-Wilhelm: Gesetz und Paränese. 1987. *WUNT II/28*
Nissen, Andreas: Gott und der Nächste im antiken Judentum. 1974. *WUNT 15*
Okure, Teresa: The Johannine Approach to Mission. 1988. *WUNT II/31*
Räisänen, Heikki: Paul and the Law. 1983. ^{2}1987. *WUNT 29*
Rehkopf, Friedrich: Die lukanische Sonderquelle. 1959. *WUNT 5 (vergriffen)*
Reiser, Marius: Syntax und Stil des Markusevangeliums. 1984. *WUNT II/11*
Riesner, Rainer: Jesus als Lehrer. 1981, ^{3}1988. *WUNT II/7*
Rissi, Mathias: Die Theologie des Hebräerbriefs. 1987. *WUNT 41*
Röhser, Günter: Metaphorik und Personifikation der Sünde. 1987. *WUNT II/25*
Sato, Migaku: Q und Prophetie. 1988. *WUNT II/29*
Sänger, Dieter: Antikes Judentum und die Mysterien. 1980. *WUNT II/5*
Schimanowski, Gottfried: Weisheit und Messias. 1985. *WUNT II/17*
Schlichting, Günter: Ein jüdisches Leben Jesu. 1982. *WUNT 24*
Schutter, William L.: Hermeneutic and Composition in First Peter. 1989. *WUNT II/30*
Schnabel, Eckhard J.: Law and Wisdom from Ben Sira to Paul. 1985. *WUNT II/16*
Siegert, Folker: Nag-Hammadi-Register. 1982. *WUNT 26* – Drei hellenistisch-jüdische Predigten. 1980. *WUNT 20* – Argumentation bei Paulus. 1985. *WUNT 34* – Philon von Alexandrien: Über die Gottesbezeichnung ‚wohltätig verzehrendes Feuer' (De Deo). 1988. *WUNT 46*
Simon, Marcel: Le christianisme antique et son contexte religieux. Scripta varia. 2 Bände. 1981. *WUNT 23*
Smith, Terence V.: Petrine Controversies in Early Christianity. 1985. *WUNT II/15*
Snodgrass, Klyne: The Parable of the Wicked Tenants. 1983. *WUNT 27*
Speyer, Wolfgang: Frühes Christentum im antiken Strahlungsfeld. 1989. *WUNT 50*
Stadelmann, Helge: Ben Sira als Schriftgelehrter. 1980. *WUNT II/6*
Strobel, August: Die Stunde der Wahrheit. 1980. *WUNT II/21*
Stuhlmacher, Peter (Hrsg.): Das Evangelium und die Evangelien. 1983. *WUNT 28*
Tajra, H. W.: The Trial of St. Paul. 1989. *WUNT II/35*
Theißen, Gerd: Studien zur Soziologie des Urchristentums. 1979, ^{3}1989. *WUNT 19*
Wedderburn, A. J. M.: Baptism and Resurrection. 1987. *WUNT 44*
Wegner, Uwe: Der Hauptmann von Kafarnaum. 1985. *WUNT II/14*
Wrege, Hans Th.: Die Überlieferungsgeschichte der Bergpredigt. 1968. *WUNT 9 (vergriffen)*
Zimmermann, Alfred F.: Die urchristlichen Lehrer. 1984, ^{2}1988 *WUNT II/12*

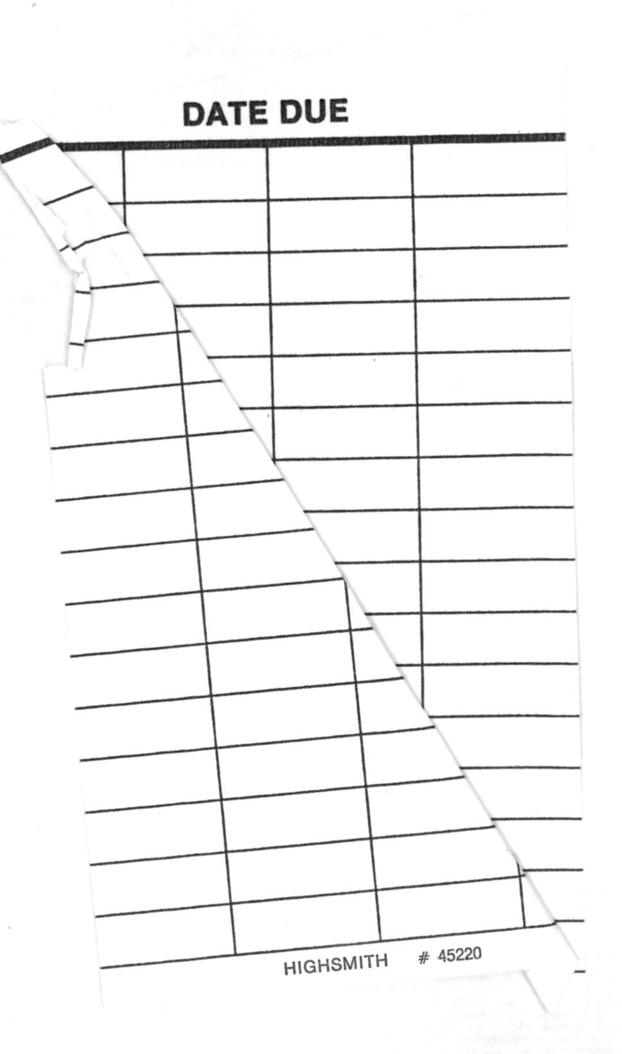